Handbuch Familienunternehmen und Unternehmerfamilien

Rechenberg / Thies / Wiechers (Hrsg.)

Handbuch Familienunternehmen und Unternehmerfamilien

Gestaltungspraxis in Zivil-, Gesellschafts- und Steuerrecht

2. Auflage

Schäffer-Poeschel Verlag Stuttgart

Bibliografische Information der Deutschen Nationalbibliothek

Die Deutsche Nationalbibliothek verzeichnet diese Publikation in der Deutschen Nationalbibliografie; detaillierte bibliografische Daten sind im Internet über http://dnb.dnb.de/ abrufbar.

Print:	ISBN 978-3-7910-4644-0	Bestell-Nr. 20257-0002
ePub:	ISBN 978-3-7910-4647-1	Bestell-Nr. 20257-0100
ePDF:	ISBN 978-3-7910-4646-4	Bestell-Nr. 20257-0151

Rechenberg / Thies / Wiechers (Hrsg.)
Handbuch Familienunternehmen und Unternehmerfamilien
2. Auflage, Juni 2020

www.schaeffer-poeschel.de
service@schaeffer-poeschel.de

Produktmanagement: Rudolf Steinleitner
Lektorat: Claudia Lange

Schäffer-Poeschel Verlag Stuttgart
Ein Unternehmen der Haufe Group

Vorwort

Familienunternehmen und der Mittelstand sind nach wie vor das Rückgrat der deutschen Wirtschaft. In Zeiten der Globalisierung der Wirtschaft müssen viele Familienunternehmen international tätig sein und gegen den Wettbewerb auf internationalen Märkten bestehen. In der stark exportorientierten und -abhängigen deutschen Volkswirtschaft spielen sie eine zentrale Rolle für das Wirtschaftsleben in diesem Land. Die jüngsten Erfahrungen mit den Herausforderungen und den wirtschaftlichen Folgen der Corona-Pandemie zeigen, wie flexibel, innovativ und beweglich mittelständische Unternehmen in Deutschland sind. In diesen Zeiten bewähren sich schlanke Managementstrukturen und Entscheidungshierarchien, die sich bei mittelständischen Unternehmen in Familienbesitz so oft finden.

Daneben zeigt sich, dass mittelständische Unternehmen gut beraten sind, für eine solide Kapitalausstattung zu sorgen. Inhabergeführte Unternehmen, wie es bei Familienunternehmen der Fall ist, zeigen hier oft ein hohes Maß an Verantwortungsbewusstsein für das Unternehmen und seine Belegschaft, die häufig Vorrang vor den wirtschaftlichen »Privatinteressen« der Unternehmerfamilie genießen. Es gibt aber auch Gegenbeispiele für finanziell nicht gut positionierte Unternehmen. So werden sich vermutlich eine Vielzahl gerade kleiner mittelständischer Unternehmen schwertun, in diesen herausfordernden Zeiten zu überleben.

Die rechtlichen Rahmenbedingungen für Familienunternehmen in Deutschland haben sich seit dem Erscheinen der 1. Auflage insbesondere im steuerlichen Bereich verändert. So wurde nach deren Erscheinen das Erbschaftsteuergesetz in den für Familienunternehmen bedeutsamen Regelungen der Verschonung von Betriebsvermögen aufgrund der Entscheidung des Bundesverfassungsgerichts vom 17. Dezember 2014 neu gefasst. Es hat dann noch drei Jahre gedauert, bis im Jahr 2019 die Neufassung der Erbschaftsteuerrichtlinien mit einer Darstellung der wesentlichen Positionen der Finanzverwaltung erschienen ist. Dennoch: Noch immer gibt es eine Vielzahl ungeklärter Fragen. Dies macht es umso wichtiger, bei der Zukunftssicherung von Familienunternehmen für zukünftige Generationen langfristig zu planen. Auch die erwarteten Neuregelungen im Hinblick auf die Grunderwerbsteuer und die vollständige Neufassung des Systems der Bewertung des Immobilienbesitzes für Zwecke der Grundsteuer werden Unternehmerfamilien mit besonderem Augenmerk verfolgen müssen, da der Immobilienbesitz bei der langfristigen Planung des Familienvermögens stets eine große Rolle spielt.

Das Buch richtet sich somit weiterhin an Familienunternehmen und Unternehmerfamilien. Die positiven Rückmeldungen seit der Erstauflage zeigen, dass es nicht nur von diesen und von Wirtschaftsjuristen sowie Steuerrechtlern, sondern auch von Vermögensverwaltern, Family Offices und Finanzinstituten als kompaktes, aber umfassendes Kompendium genutzt und geschätzt wird.

Die Herausgeber und Autoren freuen sich, dass nach nur relativ kurzer Zeit der Verlag bereits eine Neuauflage initiiert hat. Wir wünschen uns auch für diese Auflage nicht nur das große Interesse der adressierten Zielgruppen, sondern freuen uns insbesondere auf kritische Rückmeldungen, konstruktive Anmerkungen und einen intensiven Austausch mit den Lesern.

Großartig ist, dass alle Autoren trotz ihres regelmäßig vollständig ausgefüllten Kalenders noch Zeit gefunden haben, die Überarbeitung der von ihnen verantworteten Kapitel im Rahmen des gesetzten Zeitplans auf den Weg zu bringen. Wir freuen uns auch, dass es gelungen ist, die aus verschiedenen Gründen vakant gewordenen Kapitel durch neue kompetente Autoren fortführen zu können. Ihnen allen gilt unser herzlicher Dank!

Ferner bedanken wir uns beim Verlag, insbesondere bei Herrn Rudolf Steinleitner und Frau Claudia Lange, für die geduldige und kompetente Unterstützung des Projektes.

Schließlich gilt unser Dank Frau Mirela Ivadi für ihren wertvollen Beitrag bei der Koordination und Einstellung der Manuskripte.

Im Mai 2020 Die Herausgeber

Herausgeber

Dr. Wolf-Georg Freiherr von Rechenberg, Rechtsanwalt und Steuerberater, Berlin. Die Schwerpunkte seiner Tätigkeit liegen in der umfassenden Beratung von Familienunternehmen, im Gesellschaftsrecht, im Steuerrecht, im Bereich M&A und in der Unternehmensnachfolge auch im internationalen Kontext.

Prof. Dr. Angelika Thies, Dipl.-Ökonomin, Steuerberaterin, Partnerin, CMS Hasche Sigle, Partnerschaft von Rechtsanwälten und Steuerberatern mbB, München, Honorarprofessorin an der Johannes-Gutenberg-Universität Mainz. Sie berät insbesondere national und international tätige Familienunternehmen, wobei die Schwerpunkte ihrer Tätigkeit in der Steuerplanung, der steuerlichen Begleitung von Unternehmens- und Immobilientransaktionen sowie der Beratung bei Reorganisationen liegen.

Dr. Heiko Wiechers, Rechtsanwalt, Partner, CMS Hasche Sigle, Partnerschaft von Rechtsanwälten und Steuerberatern mbB, Stuttgart. Er berät nationale und internationale Unternehmen, insbesondere Familienunternehmen, zu allen Fragen des Gesellschaftsrechts, bei Umstrukturierungen, Gesellschafterstreitigkeiten, Unternehmenstransaktionen und besonders zu nationalen und internationalen Joint-Ventures.

Autoren

Dr. Jakob Billau, Rechtsanwalt und Steuerberater, Counsel, CMS Hasche Sigle, Partnerschaft von Rechtsanwälten und Steuerberatern mbB, Stuttgart. Er berät national und international tätige Unternehmen sowie vermögende Privatpersonen steuerrechtlich, wobei der Schwerpunkt seiner Tätigkeit auf dem internationalen und europäischen Steuerrecht, dem Umsatzsteuerrecht und der Prozessführung liegt.

Hans Christian Blum, Rechtsanwalt, Fachanwalt für Erbrecht, Partner, CMS Hasche Sigle, Partnerschaft von Rechtsanwälten und Steuerberatern mbB, Köln, Stuttgart. Er berät Unternehmer und Privatiers bei ihrer Vermögensstrukturierung, ihrem Beteiligungsmanagement an Unternehmensbeteiligungen und zu Fragen der nationalen und internationalen Ehegüterstands- und Vermögensnachfolgeplanung sowie des Stiftungsrechts einschließlich der testamentarischen Gestaltung.

Dr. Björn Demuth, Rechtsanwalt, Fachanwalt für Steuerrecht und Steuerberater, Partner, CMS Hasche Sigle, Partnerschaft von Rechtsanwälten und Steuerberatern mbB, Stuttgart. Er berät national und international tätige Unternehmen und Unternehmer steuer- und gesellschaftsrechtlich mit einem Schwerpunkt in Fragen des nationalen und internationalen Steuerrechts, insbesondere der Steuerplanung, der Compliance, im Steuerstrafrecht und bei der Unternehmensnachfolge.

Oliver Dreher, LL.M., Rechtsanwalt, Partner, Dentons Europe LLP, Frankfurt am Main. Seine Beratungsschwerpunkte sind Unternehmens- und Bankenanleihen, MTN- und strukturierte Emissionsprogramme, strukturierte Finanzprodukte, Schuldscheindarlehen und Namensschuldverschreibungen, Derivate und das Clearing von Finanzierungsinstrumenten.

Dr. Rainer Freudenberg, LL.M., Rechtsanwalt, Inhaber von FREUDENBERG LAW, eine auf Mittelstand und Familienunternehmen spezialisierte Kanzlei im Bereich Handels- und Gesellschaftsrecht.

Dr. Katharina Garbers-von Boehm, Rechtsanwältin, Partnerin, Büsing Müffelmann & Theye, Partnerschaft von Rechtsanwälten und Steuerberatern mbB, Berlin. Sie berät nationale und ausländische Unternehmen, Institutionen, Erbengemeinschaften, Family Offices, Banken und Privatpersonen in allen Angelegenheiten des Kunst- und Kulturrechts. Zudem berät sie nationale und internationale Unternehmen im IT-Recht und den angrenzenden Bereichen des geistigen Eigentums.

Kathrin Groß, Rechtsanwältin, Senior Associate, CMS Hasche Sigle, Partnerschaft von Rechtsanwälten und Steuerberatern mbB, Stuttgart. Der Schwerpunkt ihrer Tätigkeit liegt in der gesellschaftsrechtlichen Beratung sowie in der Begleitung von Gesellschafterstreitigkeiten. Zudem berät sie Unternehmen bei Immobilieninvestments.

Dr. Andreas Grunert, Rechtsanwalt, Counsel, CMS Hasche Sigle, Partnerschaft von Rechtsanwälten und Steuerberatern mbB, Stuttgart. Schwerpunkt seiner Tätigkeit ist die Beratung von Unternehmen bei finanzierungsrechtlichen Transaktionen.

Dr. Marcel Hagemann, eMBA, Rechtsanwalt, Partner bei CMS Hasche Sigle, Partnerschaft von Rechtsanwälten und Steuerberatern mbB, Düsseldorf. Schwerpunkt seiner anwaltlichen Tätigkeit ist die Beratung Europäischer Aktiengesellschaften und die Begleitung von M&A-Transaktionen.

Dr. Regine Hagen-Eck, Rechtsanwältin, Partnerin, CMS Hasche Sigle, Partnerschaft von Rechtsanwälten und Steuerberatern mbB, Stuttgart. Schwerpunkt ihrer Tätigkeit ist die Beratung von Familienunternehmen und ihren Gesellschaftern in allen gesellschaftsrechtlichen Fragestellungen und bei der Strukturierung von Nachfolgelösungen. Sie ist aktiv bei der Schlichtung von Gesellschafterstreitigkeiten und berät Organe und Gremien in Fragen der Corporate Governance und Compliance. Zudem ist sie Mitglied verschiedener Aufsichtsgremien sowie vereidigte Notarvertreterin.

Dr. Christoph Lächler, Rechtsanwalt, Partner, CMS Hasche Sigle, Partnerschaft von Rechtsanwälten und Steuerberatern mbB, Stuttgart. Schwerpunkte seiner Tätigkeit liegen im Bereich M&A, Unternehmensnachfolge und der Beratung von familiären Großvermögen im Zusammenhang mit unternehmerischen Beteiligungen.

Dr. Georg Lauster, Rechtsanwalt, Counsel, CMS Hasche Sigle, Partnerschaft von Rechtsanwälten und Steuerberatern mbB, Stuttgart. Schwerpunkt seiner Tätigkeit ist die Beratung von Unternehmen bei finanzierungs- und gesellschaftsrechtlichen Transaktionen.

Dr. Andreas Lohbeck, Rechtsanwalt, Counsel, CMS Hasche Sigle, Partnerschaft von Rechtsanwälten und Steuerberatern mbB, Stuttgart. Er berät im Gesellschaftsrecht, im Bereich M&A sowie in Fragen der Export- und Investitionskontrolle, insbesondere bei Projekten mit Bezug zu den USA. Einen Schwerpunkt der Tätigkeit bildet die Begleitung von Private-Equity-Investoren beim Erwerb und der Veräußerung von Unternehmen.

Niklas Lütcke, Rechtsanwalt, Partner, CMS Hasche Sigle, Partnerschaft von Rechtsanwälten und Steuerberatern mbB, Berlin. Er ist Fachanwalt für Insolvenzrecht und wird regelmäßig als Insolvenzverwalter bestellt. Außerdem berät er Mandanten im Bereich der Restrukturierung und Sanierung und vertritt Gläubiger bei der Durchsetzung von Rechten gegenüber insolventen Schuldnern oder bei der Abwehr von Ansprüchen gegenüber Insolvenzverwaltern.

Dipl.-Kffr. Dr. Michaela Ott, Steuerberaterin, Counsel, CMS GmbH Steuerberatungsgesellschaft, Stuttgart. Ihre Tätigkeitsschwerpunkte liegen in der steuerlichen Beratung von Unternehmen und der Steuerplanung.

Dr. Harald W. Potinecke, Rechtsanwalt, Partner, CMS Hasche Sigle, Partnerschaft von Rechtsanwälten und Steuerberatern mbB, München. Er hat seinen Schwerpunkt bei der Beratung von Unternehmen im Bereich des Produkthaftungsrechts und der umfassenden Compliance-Beratung, insbesondere bei der Implementierung von Compliance-Management-Programmen.

Dr. Wolf-Georg Freiherr von Rechenberg s. o. Herausgeber.

Dr. Simon Sabel, Rechtsanwalt, Partner bei Langwieser Rechtsanwälte Partnerschaft mbB, München und Berlin. Mit langjähriger Erfahrung aus Großkanzleien und einem Investment Advisor in München, Frankfurt, Hamburg und New York berät er vorrangig Unternehmer, Unternehmen und Investoren bei Strukturierungen und Transaktionen, oftmals mit Bezug zu Family Equity. Er ist Lehrbeauftragter für Gesellschaftsrecht an der Universität Bayreuth.

Dr. Dirk Schauer, Rechtsanwalt, Counsel, CMS Hasche Sigle, Partnerschaft von Rechtsanwälten und Steuerberatern mbB, Stuttgart. Er ist spezialisiert auf die Beratung von Unternehmern und Unternehmerfamilien in der nationalen und internationalen Vermögens- und Unternehmensnachfolge sowie auf die Beratung von Stiftungen, Stiftern und Mitgliedern von Stiftungsorganen.

Dr. Michael Schellenberger, Mag. rer. publ., Rechtsanwalt und Fachanwalt für Erbrecht, Principal Counsel, CMS Hasche Sigle Partnerschaft von Rechtsanwälten und Steuerberatern mbB, Stuttgart. Seine Tätigkeitsschwerpunkte liegen in der Strukturierung großer Familienvermögen sowie der nationalen und internationalen Nachfolgeplanung und Nachlassberatung, insbesondere für Unternehmerfamilien und vermögende Privatpersonen.

Dr. Kai-Guido Schick, M.B.L.-HSG, Rechtsanwalt, Partner, CMS Hasche Sigle, Partnerschaft von Rechtsanwälten und Steuerberatern mbB, Stuttgart. Ein Schwerpunkt seiner Beratungstätigkeit liegt im Gesellschafts- sowie Immobilienrecht, insbesondere bei der gesellschaftsrechtlichen Strukturierung sowie bei Immobilieninvestments.

Jan Peter Schiller, Rechtsanwalt, Fachanwalt für Arbeitsrecht, Dipl. Jur., Counsel, CMS Hasche Sigle, Partnerschaft von Rechtsanwälten und Steuerberatern mbB, Köln. Er berät deutsche und ausländische Unternehmen in kollektiv- und individualarbeitsrechtlichen Fragen, u. a. bei der Vertragsgestaltung, bei Umstrukturierungen, Betriebsübergängen, beim Outsourcing, bei Personalanpassungsmaßnahmen und Verhandlungen mit Arbeitnehmervertretungen.

Dr. Hendrik Schindler, Rechtsanwalt, Fachanwalt für Handels- und Gesellschaftsrecht, Partner, CMS Hasche Sigle, Partnerschaft von Rechtsanwälten und Steuerberatern mbB, Köln. Er berät seit vielen Jahren Familienunternehmer und -unternehmen in allen Fragen des Gesellschaftsrechts, bei Transaktionen und der Nachfolgeplanung.

Birgit Schneider, Rechtsanwältin, München. Der Schwerpunkt ihrer Tätigkeit ist die Beratung von Familienunternehmen und Start-ups sowie deren Gesellschaftern bei Fragen der gesellschaftsrechtlichen Gestaltung, insbesondere bei M&A-Transaktionen, Umstrukturierungen und gesellschaftsrechtlichen Streitigkeiten.

Nicole Schreiber, Dipl.-Finanzwirtin (FH), LL.M., Steuerberaterin, ehemals Counsel, CMS Hasche Sigle, Partnerschaft von Rechtsanwälten und Steuerberatern mbB, Stuttgart. Seit November 2015 tätig als Steuerberaterin im Single Family Office eines global aufgestellten mittelständischen Familienunternehmens.

Dr. Christoph Schücking, Rechtsanwalt und Notar, CMS Hasche Sigle, Partnerschaft von Rechtsanwälten und Steuerberatern mbB, Frankfurt a. M. Sein Schwerpunkt liegt im Gesellschafts- und Bankrecht; er ist Mitglied der Aufsichtsgremien mehrerer Familienunternehmen.

Dr. Marc Seibold, Rechtsanwalt, Partner, CMS Hasche Sigle, Partnerschaft von Rechtsanwälten und Steuerberatern mbB, Stuttgart. Schwerpunkt seiner Tätigkeit ist die Beratung von Unternehmen bei finanzierungsrechtlichen Transaktionen.

Stefan Sieling, Rechtsanwalt, Partner, CMS Hasche Sigle, Partnerschaft von Rechtsanwälten und Steuerberatern mbB, Stuttgart. Schwerpunkt seiner Tätigkeit ist die Beratung von Unternehmen und Management im Rahmen von gesellschaftsrechtlichen Transaktionen (v. a. M&A) und bei der Gestaltung von Managementbeteiligungen.

Prof. Dr. Angelika Thies s. o. Herausgeber.

Dr. Oliver Thurn, LL.M. (Univ. London), Rechtsanwalt, Partner, CMS Hasche Sigle, Partnerschaft von Rechtsanwälten und Steuerberatern mbB, München. Ein Schwerpunkt seiner Tätigkeit sind M&A- und Real-Estate-Transaktionen für in- und ausländische institutionelle Investoren und Strategen. Ein weiterer Schwerpunkt seiner Tätigkeit ist die Beratung von mittelständischen und Familienunternehmen bei Strukturierungen und gesellschaftsrechtlichen Fragen.

Luise Uhl-Ludäscher, Dipl.-Ökonomin/Dipl.-Finanzwirtin (FH), Steuerberaterin, Principal Counsel, CMS Hasche Sigle, Partnerschaft von Rechtsanwälten und Steuerberatern mbB, Stuttgart. Ihr Tätigkeitsschwerpunkt liegt in der steuerlichen Gestaltung der Unternehmens- und Vermögensnachfolge sowie der steuerlichen Gestaltungsberatung von Personen- und Kapitalgesellschaften, insbesondere im Bereich der Umstrukturierung, der Transaktion und Reorganisation von Unternehmen.

Dr. Heiko Wiechers s. o. Herausgeber.

Dr. Gerlind Wisskirchen, Fachanwältin für Arbeitsrecht, Partnerin, CMS Hasche Sigle, Partnerschaft von Rechtsanwälten und Steuerberatern mbB, Köln. Sie berät multinationale Konzerne, insbesondere zu Fragen der Umstrukturierung, des nationalen und internationalen Arbeitsrechts sowie Compliance-Fragen und verfügt über besondere Erfahrungen in grenzüberschreitenden Aspekten und leitet entsprechende europäische Projekte. Frau Dr. Wisskirchen hält regelmäßig Vorträge bei nationalen und internationalen Konferenzen zu Rechtsfragen des internationalen HR-Managements und zu Fragen des grenzüberschreitenden Arbeitsrechts.

Inhaltsverzeichnis

Abkürzungsverzeichnis

A	Abschnitt (Richtlinien)
a. A.	andere Ansicht, andere Auffassung
a. a. O.	am angegebenen Ort
ABl. EG	Amtsblatt der Europäischen Gemeinschaften
Abs.	Absatz
Abschn.	Abschnitt
abzgl.	abzüglich
AEAO	Anwendungserlass zur Abgabenordnung
AEUV	Vertrag über die Arbeitsweise der Europäischen Union
a. F.	alte Fassung
AfA	Absetzung für Abnutzung
AG	Aktiengesellschaft
AG	Die Aktiengesellschaft (Zeitschrift)
AGB	Allgemeine Geschäftsbedingungen
AktG	Aktiengesetz
Alt.	Alternative
AmtshilfeRLUmsG	Gesetz zur Umsetzung der Amtshilferichtlinie sowie zur Änderung steuerlicher Vorschriften
AnfG	Anfechtungsgesetz
Anh.	Anhang
AnlV	Anlageverordnung
Anm.	Anmerkung
AO	Abgabenordnung
AOÄndG	Gesetz zur Änderung der Abgabenordnung (und weiterer Gesetze)
ArbRB	Der Arbeits-Rechtsberater
ArbSchG	Arbeitsschutzgesetz
Art.	Artikel
AStG	Gesetz über die Besteuerung bei Auslandsbeziehungen (Außensteuergesetz)
AÜG	Arbeitsüberlassungsgesetz
Aufl.	Auflage
Az.	Aktenzeichen
BaFin	Bundesanstalt für Finanzdienstleistungsaufsicht
BAG	Bundesarbeitsgericht
BAGE	Sammlung von Entscheidungen des Bundesarbeitsgerichts
Ba-Wü	Baden-Württemberg
BB	Betriebsberater (Zeitschrift)
BCG	Boston Consulting Group
Bd.	Band
Beck Bil-Komm.	Beck'scher Bilanz-Kommentar

BeckOK	Beck'scher Onlinekommentar
BeckRS	Beck online Rechsprechung
Begr.	Begründung
BeitrRLUmsG	Beitreibungsrichtlinie-Umsetzungsgesetz
BEPS	Base Erosion and Profit Shifting
BetrVG	Betriebsverfassungsgesetz
BewG	Bewertungsgesetz
BFH	Bundesfinanzhof
BFHE	Sammlung der Entscheidungen und Gutachten des Bundesfinanzhofs
BFH/NV	Sammlung amtlich nicht veröffentlichter Entscheidungen des Bundesfinanzhofs
BGB	Bürgerliches Gesetzbuch
BGBl	Bundesgesetzblatt
BGH	Bundesgerichtshof
BGHZ	Entscheidungen des Bundesgerichtshofs in Zivilsachen
BKR	Zeitschrift für Bank- und Kapitalmarktrecht
BMF	Bundesministerium der Finanzen
BR	Bundesrat
BStBl	Bundessteuerblatt
BT	Bundestag
BT-Drs.	Bundestagsdrucksache
Buchst.	Buchstabe
BVerfG	Bundesverfassungsgericht
BVG	Besonderes Verhandlungsgremium
bzgl.	bezüglich
bzw.	beziehungsweise
ca.	circa
CB	Compliance Berater (Zeitschrift)
CCZ	Corporate Compliance (Zeitschrift)
CGK	Corporate Government Kodex
CMS	Compliance-Management-System
COSO	The Committee of Sponsoring Organizations
CRR-VO	Capital Requirements Regulation Verordnung
DB	Der Betrieb (Zeitschrift)
DBA	Abkommen zur Vermeidung der Doppelbesteuerung
DCKG	Deutscher Corporate Governance Kodex
DepotG	Depotgesetz
ders./dies.	derselbe/dieselbe(n)
d. h.	das heißt
DIN	Deutsches Institut für Normung
DIS	Deutsche Institution für Schiedsgerichtsbarkeit

DNotZ	Deutsche Notarzeitschrift
DrittelbG	Drittelbeteiligungsgesetz
Drucks.	Drucksache
DS	Der Sachverständige (Zeitschrift)
DStR	Deutsches Steuerrecht (Zeitschrift)
EBITDA	Earnings Before Interest, Taxes, Depreciation and Amortization
EFG	Entscheidungen der Finanzgerichte
EGAO	Einführungsgesetz zur Abgabenordnung
EGBGB	Einführungsgesetz zum bürgerlichen Gesetzbuch
einschl.	einschließlich
e. K.	eingetragender Kaufmann
EN	Europäische Norm
ErbSt	Erbschaft- und Schenkungsteuer
ErbStG	Erbschaft- und Schenkungsteuergesetz
ErbStH	Hinweise zu den Erbschaftsteuer-Richtlinien
ErbVO	Erbrechtsverordnung
ErfK	Erfurter Kommentar
ERM	Enterprise Risk Management
ESt	Einkommensteuer
EStDV	Einkommensteuer-Durchführungsverordnung
EStG	Einkommensteuergesetz
EStH	Einkommensteuer-Hinweise
EStR	Einkommensteuer-Richtlinien
ESUG	Gesetz zur weiteren Erleichterung der Sanierung von Unternehmen
EU	Europäische Union
EU-ErbVO	Europäische Erbrechtsverordnung
EuGH	Europäischer Gerichtshof
EuGVVO	Verordnung über die gerichtliche Zuständigkeit und die Anerkennung und Vollstreckung von Entscheidungen in Zivil- und Handelssachen
EURIBOR	Euro Interbank Offered Rate
EuZW	Europäische Zeitschrift für Wirtschaftsrecht
EWG	Europäische Wirtschaftsgemeinschaft
EWR	Europäischer Wirtschaftsraum
e. V.	eingetragener Verein
evtl.	eventuell
f., ff.	folgende, fortfolgende
FA	Finanzamt
FamFG	Gesetz über das Verfahren in Familiensachen und in den Angelegenheiten zur freiwilligen Gerichtsbarkeit (Familienverfassungsgesetz)
FamRB	Familien-Rechtsberater
FATCA	Foreign Account Tax Compliance Act

FD-HGR	fachdienst handels- und gesellschaftsrecht
FG	Finanzgericht
FGO	Finanzgerichtsordnung
FGPrax	Praxis der freiwilligen Gerichtsbarkeit (Zeitschrift)
FinMin	Finanzministerium
FR	Finanz-Rundschau (Zeitschrift)
FS	Festschrift
FTE	Full time equivalent
FuS	Zeitschrift für Familienunternehmen und Stiftungen
GA	Goltdammer's Archiv für Strafrecht (Zeitschrift)
GbR	Gesellschaft bürgerlichen Rechts
gem.	gemäß
GewO	Gewerbeordnung
GewSt	Gewerbesteuer
GewStG	Gewerbesteuergesetz
GF	Geschäftsführer
GG	Grundgesetz für die Bundesrepublik Deutschland
ggf.	gegebenenfalls
GmbH	Gesellschaft mit beschränkter Haftung
GmbH & Co. KG	Kommanditgesellschaft mit einer GmbH als persönlich haftendem Gesellschafter
GmbH & Co. OHG	Offene Handelsgesellschaft mit beschränkter Haftung
GmbHG	Gesetz betreffend die Gesellschaften mit beschränkter Haftung
GmbHR	GmbH-Rundschau (Zeitschrift)
GmbHStB	GmbH-Steuerberater (Zeitschrift)
GNotKG	Gesetz über Kosten der freiwilligen Gerichtsbarkeit für Gerichte und Notare (Gerichts- und Notarkostengesetz)
grds.	grundsätzlich
GrEStG	Grunderwerbsteuergesetz
GrS	Großer Senat des BFH
GWB	Gesetz gegen Wettbewerbsbeschränkungen
GWR	Gesellschafts- und Wirtschaftsrecht (Zeitschrift)
H	Hinweis
Hdb	Handbuch
HGB	Handelsgesetzbuch
h. M.	herrschende Meinung
Hrsg.	Herausgeber
HS	Halbsatz, Hebesatz
HSG	Hochschule Sankt Gallen

IC	Internal Control
i. d. R.	in der Regel
IDW	Institut der Wirtschaftsprüfer
IFF	Institut für Familienunternehmen
IfM	Institut für Mittelstandsforschung Bonn
IFRS	International Financial Reporting Standards
i. H. d.	in Höhe der/des
i. H. v.	in Höhe von
IKS	Internes Kontrollsystem
insbes.	insbesondere
InsO	Insolvenzordnung
IntGesR	Internationales Gesellschaftsrecht
i. R. d.	im Rahmen der/des
i. R. v.	im Rahmen von
i. S. d.	im Sinne der/des
ISO	Internationale Organisation für Normung
i. S. v.	im Sinne von
i. V. m.	in Verbindung mit
jM	Juris – Die Monatszeitschrift (Zeitschrift)
JSE	Jura Studium & Examen (Zeitschrift)
JStG	Jahressteuergesetz
KAGB	Kapitalanlagegesetzbuch
Kap.	Kapitel
KapCoRiLiG	Kapitalgesellschaften- u. Co.-Richtlinien-Gesetz
KapESt	Kapitalertragsteuer
KapGes	Kapitalgesellschaft
KG	Kommanditgesellschaft
KGaA	Kommanditgesellschaft auf Aktien
KK-AktG	Kölner Kommentar zum Aktiengesetz
KK WpÜG	Kölner Kommentar zum WpÜG
KMRK	Kapitalmarktrechts-Kommentar
KMU	Kleine oder mittelständische Unternehmen
krit.	kritisch
KSchG	Kündigungsschutzgesetz
KSt	Körperschaftsteuer
KStG	Körperschaftsteuergesetz
KStR	Körperschaftsteuer-Richtlinien
KWG	Kreditwesengesetz

LAG	Landesarbeitsgericht
LBO	Leveraged Buy-Out
LFD	Landesfinanzdirektion
Lfg.	Lieferung
LG	Landgericht
Ltd.	Privat Company Limited
MAC	Material Adverse Change
max.	maximal
MBI	Management-Buy-In
MBO	Management-Buy-Out
MgVG	Gesetz über die Mitbestimmung der Arbeitnehmer bei einer grenzüberschreitenden Verschmelzung
M/H/L/S	Michalski/Heidinger/Leible/J. Schmidt
Mio.	Millionen
MitbestG	Mitbestimmungsgesetz
MittBayNot	Mitteilungen des Bayrischen Notarvereins
MittRhNotK	Mitteilungen der Rheinischen Notarkammer
MoMiG	Gesetz zur Modernisierung des GmbH Rechts und zur Bekämpfung von Missbräuchen
MüKo	Münchner Kommentar zum BGB
MüKo AktG	Münchner Kommentar zum Aktiengesetz
MüKo StGB	Münchener Kommentar zum Strafgesetzbuch
Münch Hdb GesR	Münchner Handbuch des Gesellschaftsrechts
m. w. N.	mit weiteren Nachweisen
MwStSystRL	Mehrwertsteuersystemrichtlinie
n. F.	neue Fassung
NJW	Neue Juristische Wochenschrift (Zeitschrift)
npoR	Zeitschrift für das Recht der Non Profit Organisationen
Nr./n	Nummer/n
nrkr.	nicht rechtskräftig
NRW	Nordrhein-Westfalen
NWB	Neue Wirtschafts-Briefe für Steuer- und Wirtschaftsrecht (Zeitschrift)
NZA	Neue Zeitschrift für Arbeitsrecht
NZA-RR	Neue Zeitschrift für Arbeitsrecht – Rechtsprechungsreport
NZG	Neue Zeitschrift für Gesellschaftsrecht
NZI	Neue Zeitschrift für Insolvenz- und Sanierungsrecht
o. Ä.	oder Ähnliche/s
OECD	Organization for Economic Cooperation and Development
OECD-MA	OECD-Musterabkommen
OFD	Oberfinanzdirektion

o. g.	oben genannt/e/er/es
OHG	offene Handelsgesellschaft
OLG	Oberlandesgericht
OWiG	Ordnungswidrigkeitengesetz
p. a.	per annum, pro anno
PersGes	Personengesellschaft
ProspektVO	Prospektverordnung
PublG	Publizitätsgesetz
PV	Privatvermögen
R	Richtlinie
RegE	Regierungsentwurf
Rev.	Revision
RGBl	Reichsgesetzblatt
RIW	Recht der Internationalen Wirtschaft (Zeitschrift)
Rn.	Randnummer
rkr.	rechtskräftig
RNotZ	Rheinische Notarzeitschrift
Rpfleger	Der deutsche Rechtspfleger (Zeitschrift)
RStBl	Reichssteuerblatt
Rz.	Randziffer
s.	siehe
S.A.	Société Anonyme
SchVG	Gesetz über Schuldverschreibungen aus Gesamtemissionen
SE	Societas Europaea
SEBG	Gesetz über die Beteiligung der Arbeitnehmer in einer Europäischen Gesellschaft
SE-VO	Verordnung (EG) Nr. 2157/2001 des Rates über das Statut der Europäischen Gesellschaft (SE)
SGB	Sozialgesetzbuch
Slg.	Sammlung
sog.	so genannt/so genannte(r)
SolZ	Solidaritätszuschlag
st.	ständig/e
Stbg	Die Steuerberatung (Zeitschrift)
StBW	Steuerberater Woche (Zeitschrift)
StGB	Strafgesetzbuch
StiftG	Stiftungsgesetz
StPO	Strafprozessordnung
StuB	NWB Unternehmensteuern und Bilanzen (Zeitschrift)

TEV	Teileinkünfteverfahren
Tz.	Textziffer
u. a.	unter anderem
UG	Unternehmergesellschaft (haftungsbeschränkt)
UmwG	Umwandlungsgesetz
UmwStG	Umwandlungssteuergesetz
USt	Umsatzsteuer
UStG	Umsatzsteuergesetz
usw.	und so weiter
u. U.	unter Umständen
v.a.	vor allem
VAG	Gesetz über die Beaufsichtigung der Versicherungsunternehmen
VermAnlG	Vermögensanlagengesetz
VerSanG	Verbandssanktionengesetz
Vfg.	Verfügung
vgl.	vergleiche
VO	Verordnung
vs.	versus
VwVfG	Verwaltungsverfahrensgesetz
WM	Wertpapier-Mitteilungen – Zeitschrift für Wirtschafts- und Bankrecht
WpHG	Gesetz über den Wertpapierhandel (Wertpapierhandelsgesetz – WpHG)
WpPG	Wertpapierprospektgesetz
WpÜG	Wertpapiererwerbs- und Übernahmegesetz (WpÜG)
WpÜGAngebV	Verordnung über den Inhalt der Angebotsunterlage, die Gegenleistung bei Übernahmeangeboten und Pflichtangeboten und die Befreiung von der Verpflichtung zur Veröffentlichung und zur Abgabe eines Angebots
WSI Mitteilungen	Zeitschrift des Wirtschafts- und Sozialwissenschaftlichen Instituts in der Hans-Böckler-Stiftung
z. B.	zum Beispiel
ZErb	Zeitschrift für die Steuer- und Erbrechtspraxis
ZEV	Zeitschrift für Erbrecht und Vermögensnachfolge
ZEW	Zentrum für Europäische Wirtschaftsordnung
ZfB	Zeitschrift für Betriebswirtschaft
ZGR	Zeitschrift für Unternehmens- und Gesellschaftsrecht
ZHR	Zeitschrift für das gesamte Handels- und Wirtschaftsrecht
Ziff.	Ziffer
ZIP	Zeitschrift für Wirtschaftsrecht
ZollkodexAnpG	Zollkodexanpassungsgesetz

ZNotP	Zeitschrift für die Notarpraxis
ZPO	Zivilprozessordnung
ZRFC	Zeitschrift für Risk, Fraud & Compliance
ZStV	Zeitschrift für Stiftungs- und Vereinswesen
z. T.	zum Teil
zzgl.	zuzüglich

Teil I
Einleitung – Abgrenzung der Familienunternehmen von anderen Unternehmen

Dr. Wolf-Georg Freiherr von Rechenberg

1 Allgemeines

Dieses Werk beschäftigt sich mit rechtlichen, aber auch familien- und unternehmensstrategischen Fragen zu Familienunternehmen und Unternehmerfamilien in ihrem wirtschaftlichen und rechtlichen Umfeld. Es ist deswegen sinnvoll, am Beginn einmal zu untersuchen, was eigentlich unter den Begriffen Familienunternehmen und Unternehmerfamilien zu verstehen ist.

Danach soll in einem weiteren Abschnitt der Frage nachgegangen werden, ob sich Familienunternehmen von Nicht-Familienunternehmen in irgendeiner Weise unterscheiden. Dasselbe gilt für die Frage, welche Besonderheiten Unternehmerfamilien von sonstigen Familien unterscheiden.

Außerdem soll aufgezeigt werden, in welcher Phase und in welchen Situationen spezieller Beratungsbedarf bei Familienunternehmen und Unternehmerfamilien entsteht, der bei Nicht-Familienunternehmen nicht oder nicht in dieser Weise vorkommt.

Letztlich wird der Frage nachgegangen, ob die Begriffe Familienunternehmen und Unternehmerfamilie in der Wirklichkeit über die bloße Begrifflichkeit hinaus auch noch andere Gemeinsamkeiten vermitteln.

2 Definition des Familienunternehmens

Der Begriff Familienunternehmen ist kein Begriff mit rechtlicher Bedeutung. Sucht man den Begriff bei Wikipedia, findet man folgende Definition: »Als Familienunternehmen oder auch Familienbetrieb wird ein Unternehmen bezeichnet, wenn es maßgeblich von einer Familie oder einem in der Anzahl beschränkten Eigentümerkreis mit verwandtschaftlichen Beziehungen beeinflusst wird.« Diese Definition gibt aber keinerlei Auskunft über die Besonderheiten von Familienunternehmen und ist sowohl für die rechtliche Einordnung als auch für die Einschätzung der wirtschaftlichen Bedeutung nicht aussagekräftig. Es steht dabei aber fest, dass damit die Spannweite des Begriffs außerordentlich weit reicht. Sie umfasst sowohl den Betrieb des selbstständigen Handwerksmeisters und reicht bis zu dem börsennotierten international tätigen Großunternehmen, dessen einflussbestimmende Anteile sich in der Hand einer Familie oder mehrerer miteinander verbundener Familien befinden. Maßgeblich ist aber der Gesichtspunkt der Familie. Eine Familie besteht aus einer unterschiedlich großen Anzahl von natürlichen Personen, die einander verwandtschaftlich verbunden sind. Bei Unternehmen der ersten Generation (gründergeführte und beherrschte Unternehmen) handelt es sich typischerweise um die Familie des Gründers oder der Gründungsgesellschafter. Bereits bei Unternehmen der zweiten Generation wird der Begriff der Familie weiter zu fassen sein. Bei Unternehmen, die auch in späteren Generationen noch dem Einfluss einer Familie unterliegen und daher als Familienunternehmen gekennzeichnet werden, kommt es bei der Definition der »Familie« letztlich darauf an, dass sich die Anteilseigner verwandtschaftlich auf den oder die Unternehmensgründer zurückführen lassen. Das bedeutet auch, dass die Größe der Familie keine Aussagekraft im Hinblick auf die Frage hat, ob das Unternehmen als Familienunternehmen einzustufen ist. Unternehmen, deren Anteilseigner selbst keine natürlichen Personen sind, scheiden daher durch diese Definition als Familienunternehmen aus.

Bei der Frage, ob eine Familie Einfluss ausüben kann, gibt es verschiedene Möglichkeiten. Dabei kommt es nicht allein auf die Mehrheitsverhältnisse in der Gesellschafterversammlung an, auch wenn die Mehrheit der Stimmrechte ein klares Indiz für den Einfluss der Familie auf die Geschicke des Unternehmens ist. Ein maßgeblicher Einfluss kann sich vielmehr auch aus anderen Gesichtspunkten ergeben. So kann auch eine Minderheitsbeteiligung bei einer Publikumsgesellschaft aufgrund der nie vollständigen Präsenz in der Hauptversammlung rein faktisch zu einer Beherrschung führen. Der Einfluss kann aber auch durch eine Kombination der Stimmrechte mit anderen Faktoren gesichert werden. Bei börsennotierten Gesellschaften sichert auch eine relative Mehrheit in Kombination mit dem Einfluss auf die Besetzung des Aufsichtsrats und somit mittelbar auch der Geschäftsleitung Einfluss auf das Unternehmen. Dies gilt etwa für den Einfluss der Familien *Quandt/Klatten* auf die *BMW AG* oder den Einfluss der Familien *Porsche/Piëch* auf *Volkswagen*.

Aber immerhin eignet sich die vorstehende Definition zur negativen Abgrenzung. Demzufolge handelt es sich nicht um Familienunternehmen bei Unternehmen, bei denen es eine größere Zahl von anonymen, nicht über Familienbande verbundene Anteilseigner gibt. Auch Unternehmen, die börsennotiert sind, ohne dass einzelne Aktionäre oder einzelne Aktionärsgruppen maßgeblichen Einfluss hätten, scheiden unter dieser Definition unter dem Begriff Familienunternehmen aus. Schließlich sind Unternehmen, die institutionellen Investoren gehören, nicht von dieser Definition erfasst. Dasselbe gilt für Unternehmen, die zum öffentlichen Sektor gehören, sich also mehrheitlich unmittelbar oder mittelbar im Besitz der öffentlichen Hand befinden. Unternehmen, die von gemeinnützigen oder nicht gemeinnützigen Stiftungen gehalten werden, sind in der Regel keine Familienunternehmen. Dies gilt jedoch nur eingeschränkt für diejenigen Unternehmen, deren Anteilseigner etwa eine Familienstiftung ist, in der der Wille der Familie, die die Stiftung ins Leben gerufen hat, immerhin mittelbar in dem Beteiligungsunternehmen perpetuiert wird.

Abhängige Unternehmen innerhalb eines Konzerns können schon wegen des fehlenden Bezuges zu natürlichen Personen selbst nicht Familienunternehmen sein, wohl aber kann die Konzernspitze selbst unter die Definition des Familienunternehmens fallen. So kann man z. B. die *Volkswagen AG*, die *Henkel AG & Co KGaA* oder die *METRO AG* ohne weiteres als Familienunternehmen bezeichnen.

Neben der bloßen Berücksichtigung der Anteilseignerstruktur kann man bei der Definition der Familienunternehmen eine zusätzliche Kategorie, nämlich die Kategorie der »familiengeführten« Unternehmen berücksichtigen. Dies führt aber zu einer meines Erachtens unzutreffenden Einengung des Begriffs des Familienunternehmens. Dieser Gruppe sind diejenigen Unternehmen zuzuordnen, bei denen nicht nur die maßgebliche Mehrheit der Geschäftsanteile in der Hand einer Familie im weiteren Sinne liegt oder eine Familie sonst maßgeblich Einfluss ausübt, sondern Unternehmen, bei denen Mitglieder dieser Familie auch das Unternehmen selbst im Management führen.

Der Begriff des Familienunternehmens hat demzufolge eine weite und eine engere Komponente. Es gibt Familienunternehmen, bei denen lediglich die Anteilseignerstruktur zur Einordnung in die Kategorie führt, und andere Familienunternehmen, bei denen die Anteilseignerstruktur diesem Begriff entspricht und darüber hinaus jedoch auch Familienmitglieder im Management des Unternehmens bestimmend tätig sind. Gerade dann, wenn der durch die Beteiligungsverhältnisse vermittelte Einfluss allein nicht zu einer Einordnung in die Gruppe der Familienunternehmen führt, kann der Einfluss im Management in Kombination mit den Beteiligungsverhältnissen das Unternehmen zum Familienunternehmen machen.

Demzufolge definiert die Stiftung Familienunternehmen für ihre Zwecke das Familienunternehmen wie folgt[1]:

»Ein Unternehmen beliebiger Größe ist ein Familienunternehmen, wenn:

1. *sich die Mehrheit der Entscheidungsrechte im Besitz der natürlichen Person(en), die das Unternehmen gegründet hat/haben, der natürlichen Person(en), die das Gesellschaftskapital des Unternehmens erworben hat/haben oder im Besitz ihrer Ehepartner, Eltern, ihres Kindes oder der direkten Erben ihres Kindes befindet, und*
2. *die Mehrheit der Entscheidungsrechte direkt oder indirekt besteht, und/oder*
3. *mindestens ein Vertreter der Familie oder der Angehörigen offiziell an der Leitung bzw. Kontrolle des Unternehmens beteiligt ist.«*

Wenn es auch bei Familienunternehmen nicht zwangsläufig so sein muss, dass Familienmitglieder im Management sind, ist es auf der anderen Seite durchaus geradezu typisch für Familienunternehmen in der Gründerphase, dass die Familie oder die Familien der Anteilseigner das Management stellen. Allerdings gibt es in der Praxis gerade in der Gründerphase auch Unternehmen, in denen die Familie der Anteilseigner zwar über die Beteiligungsverhältnisse maßgeblichen Einfluss hat, jedoch am Management nicht beteiligt ist. Das ist etwa bei Start-ups der Fall. Hier steht nicht das unternehmerische Engagement der Familie im Vordergrund. Die Familie agiert lediglich wie ein Finanzinvestor. Solange es daher bei dem Einfluss über die

---

1 http://www.familienunternehmen.de/de/definition-familienunternehmen, Abrufdatum 14.01.2020

Beteiligungsverhältnisse bleibt, können diese Unternehmen nicht als Familienunternehmen bezeichnet werden.

Schwierigkeiten bereitet die obige Definition in der Praxis gerade dann, wenn das zunächst eigentümergeführte Familienunternehmen nicht oder nicht mehr ausschließlich auf Familienmitglieder zurückgreifen kann oder will, wenn es um die Besetzung der Stellen in der Unternehmensleitung geht. Auch wenn dies typischerweise nicht in der ersten oder zweiten Generation praktisch relevant wird, zeigt sich durch die Überlegung doch, dass das Abstellen auf einen Einfluss in der Unternehmensleitung durch eine entsprechende Position, die von Mitgliedern der Familie ausgeübt wird, den Begriff des Familienunternehmens zu Unrecht zu stark einengt. Wenn das Unternehmen außer der Geschäftsführung keine weiteren Organe als die Anteilseignerversammlung hat, bestimmt doch die Familie die Leitsätze für die Unternehmensführung. Dies gilt jedenfalls für alle Rechtsformen mit Ausnahme der AG und der KGaA, bei denen ein Aufsichtsrat zu den zwingenden gesetzlichen Organen gehört. Der Einfluss der Anteilseigner zeigt sich letztlich dadurch, dass diese frei sind, das Management zu bestimmen, unabhängig davon, ob es zur Familie gehört oder ob es sich um fremde Manager handelt. Die rechtliche Besonderheit liegt also darin, dass die Anteilseigner zwar nicht selbst durch einen ihrer Vertreter im Management aktiv sein müssen, sondern es ihnen jederzeit freisteht, das Management auszuwechseln. Ein weiter gehender Einfluss als die freie Entscheidung, das Management abzulösen, das den Vorstellungen der Familie nicht oder nicht mehr entspricht, ist schwerlich vorstellbar. Soweit die Familie also diese Möglichkeit hat, kann es auf eine eigene Repräsentanz innerhalb des Managements bei der Definition des Familienunternehmens nicht ankommen.

Für die Begriffsbestimmung des Familienunternehmens ist der rechtliche Rahmen, also die Rechtsform des Unternehmens, im Ergebnis völlig unbedeutend. Wie bereits gezeigt, kann Familienunternehmen im Sinne der vorgenannten Definition das einzelkaufmännische Unternehmen sein, aber auch die börsennotierte, von einer Familie beeinflusste AG. Die Rechtsform ist bei der Begriffsbestimmung des Familienunternehmens also nicht hilfreich. Dies wird auch dadurch belegt, dass fast für alle Rechtsformen, die am Markt erscheinen, Familienunternehmen in etwa mit gleichen Anteilen vertreten sind. So ist der Anteil bei Personengesellschaften mit 85 % nur unwesentlich höher als der Anteil bei Kapitalgesellschaften mit 78 %.[2] Auf der anderen Seite bilden die rechtlichen Regelungen, die aufgrund der Rechtsform des Unternehmens beachtet werden müssen, einen wichtigen Rahmen, um diejenigen Gesichtspunkte, die typischerweise bei Familienunternehmen einer Regelung bedürfen, auch zu regeln. Rechtsformen, die diese rechtlichen Möglichkeiten nicht oder nur eingeschränkt bieten, sollten daher als Gestaltungsmodell für Familienunternehmen nicht gewählt werden.

2 Studie der Stiftung Familienunternehmen 2019, S. 12 (www.familienunternehmen.de/media/public/pdf/publikationen-studien/studien/Die-volkswirtschaftliche-Bedeutung-der-Familienunternehmen-2019Stiftung Familienunternehmen.pdf)

Bei Familienunternehmen besteht typischerweise ein Interesse, das Unternehmen langfristig in der Hand der Familie zu behalten. Dieses Fortführungsinteresse ist ein weiteres Merkmal der Familienunternehmen und bestimmt auch (anders als bei Publikumsgesellschaften) das Verhalten der Gesellschafter. Dabei spielt bei Familienunternehmen gerade bei der Entwicklung in die zweite Generation und danach in weitere Generationen eine Rolle, dass oftmals gerade Regelungen gewünscht werden, die innerhalb des Unternehmens das Familienunternehmen sichern. Regelungen also, die einen Eintritt von fremden Gesellschaftern, seien es natürliche Personen, seien es Finanzinvestoren oder andere rechtliche Einheiten, verhindern oder zumindest erschweren. In gleicher Weise kann es im Familienunternehmen eine Rolle spielen, dass die Gesellschafter der ersten und auch der zweiten Generation ein Interesse daran haben, dass der Gesellschafterkreis in den folgenden Generationen nicht zu unüberschaubar und vor allem inhomogen wird. Zu denken ist an Regelungen, die die Nachfolge in den Gesellschafterkreis des Familienunternehmens etwa dahingehend beschränken, dass aus jedem Familienstamm nur einer oder eine überschaubare Zahl von Nachfolgern in den Gesellschafterkreis einrücken kann oder dass zumindest die Stimmabgabe in Gesellschafterversammlungen einheitlich und konzentriert durch einen Gesellschafter für jeden Familienstamm erfolgt.

Die Größe des Familienunternehmens ist für die Definition völlig unerheblich. Neben dem Einzelunternehmen, das typischerweise ein Familienunternehmen ist, können auch große mittelständische Unternehmen oder sogar weltweit tätige Konzerne unter die Definition der Familienunternehmen gefasst werden. Nach der Statistik über die bundesweit größten Unternehmen gehören zu den 20 größten Unternehmen, u. a. mit der *Volkswagen AG*, der *Metro AG*, der *BMW-Group*, der *Schwarz-Gruppe (Lidl)* und *Aldi*, immerhin mindestens 54 Familienunternehmen.[3]

Für die Konzeption dieses Buches wird die Definition des Familienunternehmens jedoch nicht etwa auf die Anteilseignerstruktur, die sich auf die erste Generation bezieht, beschränkt und es setzt auch nicht eine Beteiligung der Familie des Mehrheitsanteilseigners im Management voraus. Wie zu zeigen sein wird, gibt es in Deutschland eine erhebliche Anzahl auch großer Familienunternehmen, die über mehrere Generationen erfolgreich am Markt agiert haben. Gerade der Wechsel von einem unmittelbar von dem Gründer und seiner Familie gehaltenen Unternehmen zu einem Unternehmen mit wegen der Generationenfolge immer größer werdender Familie und demzufolge einer größeren und komplexeren Eigentümerstruktur bringt typische rechtliche und tatsächliche Probleme, auf die im Folgenden eingegangen werden soll. Dasselbe gilt für die Frage, die auch bei Familienunternehmen der zweiten Generation, aber jedenfalls in weiteren Generationen immer eine Rolle spielt, die Frage nämlich, ob es zwingend ist, dass Mitglieder der Familie auch in der Unternehmensleitung tätig sind.

3 https://die-deutsche-wirtschaft.de/die-liste-der-1000-groessten-familienunternehmenin-deutschland//

3 Volkswirtschaftliche Bedeutung

Betrachtet man die Zahlen der verschiedensten volkswirtschaftlichen Faktoren, so zeigt sich deutlich, dass Familienunternehmen die deutsche Wirtschaft tragen. Nach den von der *Stiftung Familienunternehmen* auf der Grundlage einer 2019 erstellten Studie veröffentlichten Zahlen[4] sind 2,95 Mio., d. h. ca. 91 % aller deutschen Unternehmen (ohne den öffentlichen Sektor) familienkontrollierte Unternehmen: Sie erzielen 52 % aller Umsätze auf dem deutschen Markt. 58 % aller sozialversicherungspflichtigen Beschäftigungsverhältnisse in Deutschland bestehen bei diesen Unternehmen. Nach der vorgenannten Untersuchung entspricht der Anteil der Familienunternehmen am Bruttoinlandsprodukt in etwa ihrem Anteil am Gesamtumsatz der deutschen Wirtschaft.

Erstaunlicherweise ist der Teil der eigentümergeführten Familienunternehmen mit 86 % aller Unternehmen außerhalb des öffentlichen Sektors nur unwesentlich kleiner. Der Anteil dieser Unternehmen aller Umsätze am deutschen Markt beträgt erstaunliche 47 % und immerhin 53 % aller Beschäftigten in Deutschland arbeiten hier.

Die weitaus größte Anzahl der Familienunternehmen sind mit 93 % kleine Unternehmen mit einem Umsatz von weniger als 1 Mio. € im Jahr. Aber auch 43 % der Unternehmen mit einem Umsatz von mehr als 50 Mio. € sind familienkontrollierte Unternehmen. Dies spiegelt sich auch bei der Anzahl der Mitarbeiter wider. 91 % der Unternehmen mit weniger als zehn Mitarbeitern und 88 % der Unternehmen mit bis zu 50 Mitarbeitern sind Familienunternehmen. Immerhin sind aber auch 31 %, also fast ein Drittel der Unternehmen mit 500 oder mehr Mitarbeitern Familienunternehmen. Selbst unter den größten Unternehmen in Deutschland findet sich eine sehr hohe Anzahl von Familienunternehmen.

Familienunternehmen sind entsprechend ihrem Anteil an der Anzahl der gesamten Unternehmen in Deutschland auch in allen Branchen entsprechend ihrem Anteil an der Gesamtzahl der Unternehmen in der Volkswirtschaft vertreten. Lediglich in den Bereichen Bergbau, Energie- und Wasserversorgung sowie Entsorgung ist ihr Anteil deutlich kleiner. Dies erklärt sich aber einfach daraus, dass die letztgenannten Branchen typischerweise von der öffentlichen Hand bedient werden und dass der Markt der Bergbauunternehmen historisch bedingt Publikumsgesellschaften vorbehalten war.

Nach dem Ergebnis der Untersuchungen haben Familienunternehmen eine signifikant höhere Eigenkapitalquote als der Durchschnitt der deutschen Wirtschaft.[5] Dies wird zum einen damit erklärt, dass wegen der engeren persönlichen Bindung der Gesellschafter an das Unternehmen diese eher bereit sind, zu Gunsten der Kapitalausstattung des Unternehmens auf die Aus-

4 *Stiftung Familienunternehmen* (Hrsg.), 2019 (Fn. 2).
5 *Stiftung Familienunternehmen*, 2019 (Fn. 2), S. 39

schüttung der Gewinne zu verzichten bzw. eher bereit sind, aus ihrem Privatvermögen Mittel zur Finanzierung des Unternehmens zur Verfügung zu stellen. Dies führt auch wegen der damit verbundenen größeren Unabhängigkeit von fremden Kapitalgebern zumeist zu einer höheren Unabhängigkeit. Auf der anderen Seite schränkt es den Spielraum für Investitionen und Wachstum auch manchmal ein. Die Einstellung der Gesellschafter von Familiengesellschaften, sich mit dem Familienunternehmen und seinem Schicksal zu identifizieren, führt zudem in der Krise des Unternehmens oftmals zu Situationen, in denen die Familiengesellschafter aus dem Privatvermögen dem Unternehmen Mittel zuführen, weil aufgrund der wirtschaftlichen Situation kein Fremdkapitalgeber mehr bereit ist, das Unternehmen zu stützen. Wenn sich Fremdkapitalgeber finden, verlangen diese in der Regel eine Besicherung der Kredite im Vermögen der Anteilseigner. Diese enge Verbindung zwischen den wirtschaftlichen Interessen des Unternehmens und der engen subjektiven Bindung der Familie an das Unternehmen beinhaltet das Risiko, dass zu Gunsten des Familienunternehmens auch das private Vermögen aufs Spiel gesetzt wird. Insbesondere bei mittelgroßen Familiengesellschaften geht dann die Insolvenz der Gesellschaft mit wirtschaftlichen Schwierigkeiten der Eigentümerfamilie einher. In derartigen Situationen ist es Aufgabe professioneller Berater, die Familie vor der Übernahme zusätzlicher Risiken für das private Vermögen zu schützen.

Noch nicht wissenschaftlich abgesichert ist die Frage, ob Familienunternehmen innovativer sind als Nicht-Familienunternehmen. Nach der Mannheimer Studie[6] lässt sich kein signifikanter Unterschied beim Innovationsverhalten feststellen. Die These, dass familiengeführte Unternehmen innovativer sind als nicht familienbestimmte Unternehmen, lässt sich jedenfalls nicht wissenschaftlich belegen. Gerade erfolgreiche Gründerunternehmer zeichnen sich durch eine hohe Innovationskraft aus, die oftmals den Erfolg ihrer Unternehmensgründung ausmacht. Im Laufe der Zeit ist jedoch nicht immer sichergestellt, dass die Innovationsideen des Gründerunternehmers auch fortgeführt werden können. Zumindest für kleinere und mittlere Familienunternehmen sind es auch die begrenzten finanziellen Ressourcen und die Zurückhaltung gegenüber Fremdkapitalgebern, die die Innovationskraft einschränken.

Die angeführten Fakten belegen eindrucksvoll, dass die deutsche Volkswirtschaft ganz wesentlich von Familienunternehmen geprägt ist. Dies ist auch dadurch erklärbar, dass die deutsche Wirtschaft von jeher nicht durch Konzerne, große Konglomerate oder vom öffentlichen Sektor gehaltene Unternehmen wie in anderen Ländern bestimmt wird.

6 *Stiftung Familienunternehmen,* 2019, Fn 2, S1.

4 Familienunternehmen der ersten Generation

Unter Familienunternehmen der ersten Generation werden hier solche Unternehmen verstanden, die von Mitgliedern der Familie gegründet oder von einem Dritten erworben wurden. Man kann sie auch als Gründerunternehmen oder gründergeführte Unternehmen bezeichnen. In dieser ersten Phase des Unternehmens liegt der Schwerpunkt im Aufbau des Geschäfts und allen Facetten der Etablierung des Unternehmens am Markt.

Aus juristischer Sicht besteht hier grundsätzlich kein Unterschied zu den übrigen beteiligten Unternehmen am Markt. Oftmals ist bis zu diesem Zeitpunkt auch noch überhaupt nicht klar, ob das Unternehmen fortbesteht und sich so überhaupt die Frage nach der Fortführung in der nächsten Generation stellt. Allerdings spielt bei Familienunternehmen der ersten Generation die Frage der Rechtsform anders als bei anderen Unternehmen durchaus eine bedeutende Rolle. Dabei geht es nicht um die rechtlichen Besonderheiten und überhaupt um die Möglichkeit der Beteiligung der Familie, sondern es geht darum, gerade am Beginn der unternehmerischen Tätigkeit eine rechtliche Struktur zu finden, die beispielsweise Haftungsrisiken begrenzt oder ausschließt. Die Frage der Beteiligung von Familienmitgliedern am Vermögen oder im Management stellt sich in der Anfangsphase typischerweise nicht. Einzelunternehmen erfüllen regelmäßig die Voraussetzungen der Definition von Familienunternehmen. Sie werden vom Einzelunternehmer geführt und dieser hält auch das gesamte Vermögen. Damit verbunden ist auch die persönliche Haftung mit dem gesamten persönlichen Vermögen. Berücksichtigt man, dass weniger als die Hälfte der neu gegründeten Unternehmen die ersten drei Jahre nach ihrer Gründung überleben, erstaunt es umso mehr, dass dennoch viele Unternehmen nicht in einer haftungsbeschränkenden Rechtsform gegründet werden. Dies gilt umso mehr, als mit der Unternehmergesellschaft seit einigen Jahren eine haftungsbeschränkende Rechtsform zur Verfügung steht. Daneben lässt sich die Haftungsbeschränkung auch bei nur einem Unternehmer ohne Einbeziehung der Familie oder von Mitunternehmern durch die Gründung einer Gesellschaft mit beschränkter Haftung oder einer GmbH & Co. KG, bei der der Gründerunternehmer einziger Kommanditist und Alleingesellschafter der GmbH ist, erreichen. Die Frage der Rechtsform spielt allerdings nicht nur für die Haftung, sondern auch noch für die Frage der Finanzierung eine Rolle. Es besteht die Möglichkeit, etwa eine Unternehmergesellschaft de facto ohne Stammkapital und persönliche Haftung zu gründen, wohingegen die Gründung einer GmbH eine Einlage von mindestens 12.500€ und auch die Gründung einer KG zwar keine gesetzlich zwingende Kapitalanlage verlangt, jedoch spätestens bei der Gründung einer GmbH & Co. KG die Mindestanforderungen für die GmbH zu erfüllen sind.

Bei der Auswahl dieser Alternativen kann unter anderem der Unterschied in der steuerlichen Behandlung eine Rolle spielen. Bei der Personengesellschaft besteht die Möglichkeit, jedenfalls bis zur vereinbarten Haftungseinlage die Anlaufverluste steuerlich geltend zu machen, d. h. mit anderen Einkünften zu verrechnen oder jedenfalls bei der Ermittlung der persönlichen Steuer als Verluste vorzutragen, bei der GmbH bestehen diese Möglichkeiten nicht. Diese kann die Anlaufverluste lediglich vortragen und mit zukünftigen Gewinnen verrechnen. Eine weitere Frage aus der Liste der Gesichtspunkte, die in dieser Phase zu beachten sind, ist etwa die Frage, wie die Rechtsform genutzt werden soll, um die Vergütung des Unternehmers und etwa die Ausgaben für die Altersversorgung des Geschäftsführers als Betriebsausgabe steuerlich geltend zu machen. Auf weitere Einzelheiten braucht hier nicht eingegangen zu werden.

Festzuhalten ist jedenfalls, dass dann, wenn der Gründerunternehmer seine geschäftlichen Aktivitäten nicht als Einzelunternehmer beginnt, bereits besondere Anforderungen an die rechtliche Gestaltung des Unternehmens erforderlich sind.

Im Übrigen gelten für dieses Familienunternehmen die ganz allgemeinen rechtlichen Rahmenbedingungen und Vorschriften wie für jedes andere Unternehmen. Aus seinem Status als familiengeführtes Unternehmen ergeben sich keine Besonderheiten.

Wenn das Unternehmen gut floriert und expandieren soll, besteht häufig zusätzlicher Finanzierungsbedarf. Anders als bei Konzernunternehmen steht in der Familie keine andere Finanzierungsquelle zur Verfügung. Es stellt sich in diesem Zusammenhang oftmals die Frage, ob für die Finanzierung trotz der haftungsbeschränkenden Rechtsform nicht nur die Familiengesellschaft selbst, sondern auch ihre Gesellschafter haften. Derartige zusätzliche Haftungsübernahmen werden von den Geschäftsbanken in aller Regel bei Investitionskrediten verlangt. Es sollte gerade in der Anfangsphase jedoch darauf geachtet werden, dass die Finanzierung nur so erfolgt, dass bei einem krisenhaften Szenario in der Gesellschaft nicht auch die Familie als solche in wirtschaftliche Schwierigkeiten gerät. Hier können öffentliche Förderprogramme für Existenzgründung oder die Expansion kleiner oder mittlerer Unternehmen (KMU) eine gute Unterstützung darstellen. Diese verlangen zwar in der Regel auch einen Eigenanteil, relativieren aber die Größenordnung der persönlichen Haftung.

Hat sich das Familienunternehmen gut etabliert, stellen sich die für Familienunternehmen typischen Fragestellungen dann, wenn es um die Frage geht, ob das Unternehmen bei altersbedingtem Ausscheiden des Gründerunternehmers »in der Familie« fortgeführt werden soll. Der Unternehmer muss sich die Frage stellen, ob auch andere Mitglieder der Familie der nächsten Generation in das Unternehmen bei der Leitung des Unternehmens und/oder bei der rechtlichen Beteiligung eintreten sollen. Alternativ sind zu einer familienorientierten Nachfolgeregelung auch Möglichkeiten außerhalb der Familie, wie ein vollständiger Verkauf des Unternehmens, die Übertragung an Mitarbeiter oder gar eine Liquidation in Betracht zu ziehen. Letztlich entscheidet sich in dieser Phase, ob das Unternehmen auf Dauer als von der Familie des Gründerunternehmers geprägtes Unternehmen fortbestehen soll oder ob dies wegen der persönlichen Verhältnisse in der Familie nicht in Betracht kommt. Dabei ist die Frage der Nachfolge im Vermögen im Grundsatz wesentlich leichter zu beantworten als die Frage nach der Nachfolge in der Unternehmensleitung. Auch wenn das Familienunternehmen in der ersten Generation typischerweise sehr stark vom Gründer bestimmt wird, kann dennoch die Übertragung der vermögensmäßigen Beteiligung in die nächste Generation leichter erreicht werden als eine

Kontinuität in der Unternehmensleitung durch die Einbeziehung von Mitgliedern der nächsten Generation. Hier muss der Gründerunternehmer entscheiden, ob aufgrund der persönlichen Verhältnisse im Unternehmen und der Familie das Unternehmen als Familienunternehmen in die nächste Generation geführt werden soll und kann. Dabei stellt sich die Frage, ob in der Familie Personen der nächsten Generation zur Verfügung stehen, die in die Unternehmensleitung eintreten und so dort für Kontinuität der Präsenz der Familie sorgen können. Aber auch die Nachfolge im Vermögen bedarf der guten Planung. Dies gilt nicht nur wegen der etwa anstehenden Erbschaftsteuerbelastung, die eine Nachfolgeregelung torpedieren kann. Vielmehr sind auch nicht immer alle Mitglieder der nächsten Generation bereit, unternehmerische Verantwortung als Miteigentümer des Familienunternehmens zu übernehmen.

Hat sich der Unternehmer entschieden, das Unternehmen als Familienunternehmen fortzuführen, ist dies rechtlich umzusetzen. In dieser Phase geht es darum, rechtliche Strukturen zu schaffen, die mithilfe von klaren Regelungen über die Aufgaben und Kompetenzen der Mitglieder der Familie im Management den Eintritt von Familienmitgliedern der nächsten Generation in die Unternehmensleitung strukturieren. Aber auch die Frage des Eintritts von Mitgliedern der nächsten Generation in die Vermögenspositionen darf nicht dem Zufall überlassen werden. Zwar erfolgt ohne individuell gestaltete Nachfolgeregelung auch aufgrund der gesetzlichen Vorschriften des Erbrechts eine Nachfolge in das Unternehmensvermögen. Dabei werden aber die persönlichen Verhältnisse der Familie, vor allem aber die persönlichen Vorstellungen des Gründerunternehmers über die zukünftige Gestaltung des Unternehmens nicht berücksichtigt werden. In Kombination mit der Einbindung der nächsten Generation in das Management bietet sich hier die Notwendigkeit und auch Chance einer integrierten Nachfolgeplanung, die nicht nur das Vermögen, sondern auch das Management umfasst. Dabei ist nicht nur an diejenigen Mitglieder der Familie zu denken, die als Nachfolger im Management und/oder im Vermögen in Betracht kommen, sondern es ist auch dafür Sorge zu tragen, dass die in der Vermögensnachfolge nicht berücksichtigten gesetzlichen Erben durch ihre Pflichtteilsansprüche die Liquidität der eingesetzten Unternehmenserben nicht über Gebühr belasten. In diesem Zusammenhang ist über eine umfassende gesellschaftsrechtliche und erbrechtliche Regelung der Nachfolge nachzudenken. Gemeinschaftliche Testamente oder Erbverträge sind so zu gestalten, dass sie nicht nur das Privatvermögen, sondern auch das Unternehmensvermögen sinnvoll zum Gegenstand haben. Auch die Position derjenigen Mitglieder der Familie, die am Unternehmen kein Interesse haben, muss angemessen berücksichtigt werden. Will der Unternehmer daher seine Interessen für die zukünftige Entwicklung des Unternehmens in Kontinuität gewahrt wissen, muss er eine erbrechtliche Regelung treffen, die diesem Umstand Rechnung trägt. Gefragt ist also ein umfassendes Unternehmertestament. Diese erbrechtliche Regelung ist zudem mit der gesellschaftsrechtlichen Regelung (wenn das Unternehmen als Gesellschaft und nicht als Einzelunternehmen geführt wird) zu verzahnen. Selbst wenn diese Nachfolgeregelungen erst mit dem Tod des Unternehmensgründers wirksam werden, ist dringend anzuraten, dass diese noch zu Lebzeiten mit den Beteiligten abgestimmt und kommuniziert werden. Dies gilt insbesondere dann, wenn die nächste Generation bei der Nachfolge im Vermögen und/oder im Management eine aktive Rolle spielen soll.

Um eine sinnvolle und kontinuierliche Fortführung des Familienunternehmens zu sichern, ist es oft empfehlenswert, nicht nur Regelungen über das Schicksal des Unternehmens nach einem Erbfall zu treffen, sondern auch die frühzeitige Einbeziehung der nächsten Generation in die Eigentümerstellung und erst recht in die Unternehmensleitung zu regeln. Eine solche Regelung geht über die bloße rechtliche Gestaltung einer vorweggenommenen Erbfolge hinaus. Gerade bei der Einbindung der nächsten Generation in die Unternehmensleitung ist vielmehr eine frühzeitige Planung und Abstimmung mit den dafür vorgesehenen Mitgliedern der Familie erforderlich.

In dieser Situation stellt sich die Frage, wer aus der Familie überhaupt als Nachfolge im Vermögen und oder dem Management in Betracht kommt. Dabei ist es denkbar, dass mehrere Mitglieder der nächsten Generation im Management tätig werden können oder auch nur einer in das Unternehmensmanagement eintritt. Schließlich sind auch Situationen nicht selten, in denen aus der Familie heraus für die Nachfolge im Management kein Nachfolger der nächsten Generation in Sicht ist. In dieser Konstellation geht es darum, das Unternehmen im Management so aufzustellen, dass es nicht von Managementkapazitäten innerhalb der Familie abhängig ist. Auf der anderen Seite soll das Vermögen in der Familie erhalten werden, um später einmal Mitgliedern der übernächsten Generation eine Chance zu geben, ihre berufliche Zukunft im Unternehmen der Familie zu sehen.

Spätestens beim Übergang der Unternehmen in die nächste Generation bzw. in der Phase, in der sich der Unternehmer entscheidet, ob das Familienunternehmen in weiteren Generationen geführt wird, spielt auch die Frage eine Rolle, ob anstatt einer Nachfolgeregelung innerhalb der Familie eine Nachfolgeregelung außerhalb der Familie in Betracht kommt. Dies gilt sowohl für die Nachfolge im Vermögen durch einen Verkauf des Unternehmens an fremde Dritte, strategische Investoren, Finanzinvestoren oder Mitarbeiter des Unternehmens als auch für die Nachfolge im Management durch die Einstellung fremder Dritter für die Unternehmensleitung.

In dieser Lebensphase des Gründerunternehmers (und auch des Familienunternehmens) findet die Weichenstellung statt, ob das Gründerunternehmen als Familienunternehmen in die nächste Generation wechseln oder im Management und/oder im Vermögen an fremde Dritte übergeben wird. Beide Gesichtspunkte hängen unmittelbar miteinander zusammen. Allerdings ist in aller Regel eine Einbeziehung von Mitgliedern der Familie nicht gewünscht, wenn die Nachfolge im Vermögen nicht innerhalb der Familie, sondern durch die Übertragung an Dritte erfolgt. Leichter ist der umgekehrte Fall, denn eine teilweise oder vollständige Übertragung des Vermögens in der Familie setzt nicht zwingend die Beteiligung der Mitglieder der Familie im Management voraus.

Für welchen Weg der Gründerunternehmer sich auch immer entscheidet, spätestens in dieser Phase entsteht umfassender Bedarf nach einer integrierten rechtlichen und wirtschaftlichen Beratung. Etwa gewünschte erbrechtliche Regelungen in einem Unternehmertestament oder Regelungen über die vorweggenommene Erbfolge durch Übertragung von (Teilen) des Unternehmens in die nächste Generation bedürfen der sorgfältigen juristischen Formulierung. Vor allem aber müssen sie mit den gesellschaftsrechtlichen Regelungen genau abgestimmt werden, um zu vermeiden, dass eine exzellente Regelung zur Nachfolge auf der erbrechtlichen Ebene dadurch konterkariert wird, dass die gesellschaftsrechtlichen Rahmenbedingungen des Unternehmens derartige Regelungen nicht zulassen oder diese aus gesellschaftsrechtlichen Gründen mit nicht tragbaren finanziellen Lasten einhergehen. Mit einer frühzeitigen durchdachten Nachfolgeregelung, die nicht nur die aktuelle Situation des Unternehmens abbildet, sondern die Regelungen antizipiert, die für das Unternehmen in der zweiten und den Folgegenerationen gelten sollen, hat es der Gründerunternehmer in der Hand, das von ihm auf den Weg gebrachte Unternehmen auf Dauer als Familienunternehmen zu positionieren.

5 Familienunternehmen der nachfolgenden Generationen

Hat sich die Gründergeneration aus dem Unternehmen zurückgezogen oder aber zumindest Mitglieder der nächsten Generation der Familie in das Unternehmen im Management und/oder im Vermögen aufgenommen, hat das Unternehmen den eigentlichen Schritt zum Familienunternehmen erreicht, weil seine Zukunft von der Familie getragen werden soll.

In dieser Phase stellen sich zunächst alle rechtlichen und wirtschaftlichen Fragen des laufenden Geschäfts und der Marktentwicklung wie bei allen anderen nicht familiengebundenen Unternehmungen auch.

Spätestens dann, wenn Angehörige der ersten Nachfolgegeneration, also typischerweise die Kinder des Gründers, am Vermögen des Unternehmens beteiligt sind, besteht aber Regelungsbedarf, der anders als beim Gründerunternehmer nicht mehr durch die alleinige Entscheidung des Gründers selbst, sondern durch mehrere Mitglieder der Familie zu bewältigen ist. Hierbei ist vor allem an eine Gestaltung der rechtlichen Grundlage des Unternehmens, typischerweise des Gesellschaftsvertrags zu denken. Dieser muss dem Umstand Rechnung tragen, dass nicht mehr nur ein allein bestimmender Gründerunternehmer am Vermögen der Gesellschaft beteiligt ist, sondern dass mehrere Mitglieder der Familie einen Gesellschafterkreis bilden, die nicht zwingend gleich gerichtete Interessen haben müssen. Dies gilt insbesondere dann, wenn einige Mitglieder der nächsten Generation im Unternehmen, eventuell sogar in der Geschäftsführung, tätig sind und sich das Interesse der anderen Mitglieder der Familie lediglich auf die Position als Anteilseigner konzentriert. Wenn die Verfassung des Unternehmens diese Situation nicht bereits antizipiert hat, etwa weil ein weitsichtiger Unternehmensgründer auch die Spielregeln für die nächste Generation im Gesellschaftsvertrag verankert hat, ist es erforderlich, dass eine interessengerechte Regelung gefunden wird, die durch die Vermeidung von internen Konflikten dazu beiträgt, dass das Unternehmen zukunftsfähig ist.

Spätestens in dieser Situation sind die Gesellschafter gut beraten, die Verfassung des Unternehmens, den Gesellschaftsvertrag, der veränderten Sachlage anzupassen. Dabei ist es in der Praxis hilfreich, wenn diese Anpassung, die in aller Regel nur mit einer großen Mehrheit oder gar nur einstimmig möglich ist, in einer Periode erfolgt, in der die Gesellschafter trotz aller möglichen Interessengegensätze an einem Strang ziehen. Um das Familienunternehmen zukunftsfähig zu machen, ist es erforderlich im Gesellschaftsvertrag umfassende Regelungen einzuführen, die dem Umstand Rechnung tragen, dass einige Gesellschafter aktiv im Unternehmen tätig sind und andere nicht. Es ist auch daran zu denken, die Interessen des Unternehmens an einer Finanzierung aus sich selbst heraus im Einklang mit dem Interesse aller oder einiger Gesellschafter an einer angemessenen Gewinnausschüttung zu koordinieren. Dies gilt insbesondere dann, wenn im Unternehmen tätige Gesellschafter ihr Einkommen bereits durch die dort (zu Lasten aller Gesellschafter) bezogene Vergütung sichern.

Der Gesellschaftsvertrag sollte also Regelungen enthalten, die dem angemessenen Kompromiss zwischen einer Vollausschüttung des erwirtschafteten Ergebnisses und der finanziellen Zukunftsvorsorge für Investitionen und Expansion Rechnung trägt. Es kann sich empfehlen, die nicht im Unternehmen tätigen Gesellschafter dadurch in das laufende Geschäft des Unternehmens einzubinden, dass grundlegende Entscheidungen, die gemeinsam definiert werden, der Zustimmung der Gesellschafterversammlung bedürfen. Dies gilt erst recht für die in der Praxis oftmals sehr heikle Frage der Vergütung der tätigen Gesellschafter. Wenn die außenstehenden Gesellschafter auf diese Art und Weise durch klare Mitwirkungsregelungen angemessen in den Fortgang des Unternehmens eingebunden werden, lassen sich spätere Auseinandersetzungen frühzeitig vermeiden. Dies gilt in gleicher Weise für klare Regelungen über die Information der außenstehenden Gesellschafter. Je umfassender diese über das laufende Geschäft der Gesellschaft informiert werden, desto einfacher ist es ihren Konsens für zukunftsweisende Maßnahmen zu erhalten. Der damit verbundene Mehraufwand ist in einem gut geführten Unternehmen gering, da die EDV-gestützten Datensysteme der Gesellschaft ein Reporting an die Gesellschafter ohne Weiteres auswerfen und es ohnehin zur ordnungsgemäßen Geschäftsführung gehört, die Kennzahlen des Unternehmens laufend zur Verfügung zu haben.

Auch ist es als Vorsorge für den worst case, den offenen Konflikt zwischen den Gesellschaftern, sinnvoll, ein Trennungsszenario im Gesellschaftsvertrag zu verankern, das den Interessen der Unternehmung am Fortbestand auch bei einem Austritt einzelner Gesellschafter und dem wirtschaftlichen Interesse kündigungswilliger Gesellschafter in ausgewogener Art und Weise Rechnung trägt. Dazu gehört auch bei Kapitalgesellschaften eine Regelung, die überhaupt eine Kündigung ermöglicht. Nach der gesetzlichen Regelung des GmbH-Gesetzes ist eine Kündigung der Beteiligung an einer GmbH normalerweise nicht vorgesehen. Hier muss durch klare Regelungen im Gesellschaftsvertrag ein Austrittszenario ermöglicht werden. Der Austritt eines Familiengesellschafters kann bei Personengesellschaften zwar durch einfache

Kündigung geschehen. Da das Ausscheiden eines Gesellschafters jedoch stets mit einer wirtschaftlichen Kompensation für die Aufgabe der Gesellschafterposition einhergeht, ist nicht nur eine Kündigungsregelung, sondern auch eine Regelung erforderlich, die die Abfindung für das Ausscheiden regelt. Das ist unter anderem deshalb sinnvoll, weil die Abfindungsforderungen ausscheidungswilliger Gesellschafter die finanziellen Möglichkeiten des Unternehmens und der verbleibenden Gesellschafter, typischerweise derjenigen, die im Unternehmen tätig sind, übersteigen können. Erforderlich sind deshalb nicht nur Regelungen über einen klaren und fairen Bewertungsmodus, sondern auch Überlegungen, ob eine ordnungsgemäß ermittelte Abfindung in voller Höhe sofort zu zahlen ist oder ob es eine Stundungsmöglichkeit (bei angemessener Verzinsung und ggf. Sicherstellung der Forderung) geben soll.

Um den Charakter des Unternehmens als Familienunternehmen zu sichern, sind auch Regelungen erforderlich, die verhindern, dass familienfremde Dritte in das Unternehmen als Gesellschafter eintreten, indem sie die Beteiligung eines Familiengesellschafters erwerben. Dies kann durch Kauf, aber auch durch Erbfall geschehen. Zu denken ist hier zunächst an bloße Zustimmungserfordernisse für die Anteilsübertragung durch die Gesellschaft selbst oder aufgrund eines Beschlusses der Gesellschafterversammlung. Um die Anteile am Unternehmen gar nicht »auf den Markt« kommen zu lassen, ist es auch empfehlenswert, dem Umstand, dass andere Gesellschafter an dem Unternehmen festhalten wollen, Rechnung zu tragen und ihnen einen ersten Zugriff auf die Anteile von Gesellschaftern zu geben, die die Gesellschaft verlassen wollen. Diese gesellschaftsrechtlichen Regelungen können beispielsweise eine Andienungspflicht, ein Ankaufsrecht und/oder Vorkaufsrecht der übrigen Gesellschafter für den Fall vorsehen, dass ein Gesellschafter die Gesellschaft verlassen will.

Ebenfalls dem Charakter des Familienunternehmens immanent sind Regelungen, die eine Zersplitterung des Anteilseignerkreises einschränken. Dies kann zu erwägen sein, um die Anteilseignerschaft an einen engeren Familienbegriff zu knüpfen. Zur Familie im weiteren Sinne gehören nach der Gründergeneration nämlich alle weiteren Abkömmlinge (auch aus verschiedenen Ehen und aus außerehelichen Beziehungen), aber auch deren Ehegatten, unabhängig davon, ob die Ehe noch fortbesteht. Da die gesellschaftsrechtliche Beteiligung zum Vermögen eines Gesellschafters gehört, das im Erbfall grundsätzlich auf alle Erben übergeht, ist es nicht ausgeschlossen, dass fremde Dritte (etwa die Ehegatten und Lebensgefährten von verstorbenen Gesellschaftern) in die Gesellschafterposition einrücken. Dies kann entweder aufgrund der gesetzlichen Erbfolge oder aufgrund etwaiger letztwilliger Verfügungen geschehen. Spätestens im Kreis der Gesellschafter der ersten Nachfolgegeneration empfiehlt es sich daher, sich darüber Gedanken zu machen, ob eine Zersplitterung oder eine Überfremdung des Gesellschafterkreises akzeptiert wird. Haben die derzeitigen Gesellschafter ein Interesse daran, dass das Unternehmen als Familienunternehmen im Kreis der engeren Familie fortgeführt wird, besteht Regelungsbedarf. Da es ausgeschlossen ist, auf erbrechtlichem Wege die Gesellschafter zu letztwilligen Verfügungen eines bestimmten Inhaltes zu verpflichten (§ 2302 BGB), muss und kann diese Problemkonstellation nur gesellschaftsrechtlich gelöst werden. Zu denken ist daher also an Klauseln im Gesellschaftsvertrag, wonach die Übertragung von Anteilen an Unternehmen jeweils nur auf einen von mehreren Erben als Nachfolger in Betracht kommt, an den dann auch noch besondere Anforderungen geknüpft werden können (beispielsweise nur Abkömmlinge). In der Praxis verbreitet sind auch Regelungen, nach denen nur eine bestimmte Personengruppe als Nachfolger in Betracht kommt (beispielsweise nur Abkömmlinge). Lässt man den Übergang der gesellschaftsrechtlichen Beteiligung auf eine Mehrzahl von Erben oder Vermächtnisnehmern zu, kann eine Regelung getroffen werden, nach der diese Gesellschaftergruppe ihre Gesellschafterrechte nur gemeinsam oder nur von einem ihrer Gruppe in der Gesellschafterversammlung wahrnehmen lassen kann. Bei all diesen Regelungen kann es sich – weil man zukünftige Entwicklungen nicht vorhersehen kann – anbieten, die Anforderungen an einen potenziellen Nachfolger in die Beteiligung im Gesellschaftsvertrag nicht zu regeln, sondern es den verbleibenden Gesellschaftern zu überlassen, ob sie die Gesellschaft mit dem Erben fortsetzen oder ob dieser aus dem Unternehmen ausscheidet und eine Abfindung erhält. Die vorgenannten Regelungen lassen sich auch beliebig kombinieren, so dass die individuelle Situation des Unternehmens und der Familiengesellschafter optimal Berücksichtigung finden kann.

Entsprechendes gilt für die Nachfolge im Management. Die Zahl der potenziellen für die Nachfolge im Management in Betracht kommenden Familienmitglieder wird beim Weg des Familienunternehmens von der zweiten in die dritte Generation bereits deutlich größer. Es empfiehlt sich daher spätestens zu diesem Zeitpunkt Regelungen in das Statut des Familienunternehmens aufzunehmen, die sich mit der Frage beschäftigen, ob, wie und bei welcher Qualifikation Familienmitglieder in das Management des Unternehmens aufgenommen werden können oder müssen. Dies ist deswegen von Bedeutung, weil die Bestellung der Organe von Gesellschaften im gesetzlichen Normalfall Aufgabe der Gesellschafterversammlung ist. Die Neubestellung von Mitgliedern der Geschäftsführung ist von digitalem Interesse für das Unternehmen. Dies gilt insbesondere dann, wenn die Geschäftsführer durch unvorhersehbare Ereignisse wie etwa Krankheit oder Tod aus ihrer Position ausscheiden müssen. Beinhaltet der Gesellschaftsvertrag keine klare, leicht und schnell handhabbare Regelung zur Neubestellung von Mitgliedern der Geschäftsführung, kann die Gesellschaft handlungsunfähig werden, wenn der Gesellschafterkreis zerstritten und nicht zu einer schnellen Lösung bereit ist. Gerade bei einem größeren Gesellschafterkreis ist die Zahl der Varianten, die sich hier anbieten, sehr weit. Sie reichen von dem Anspruch jedes Familienzweiges, ein Mitglied der Geschäftsführung zu stellen, bis hin zur Notwendigkeit des Konsenses aller Familienstämme oder im Falle der Nichteinigung zur Übergabe des Managements in die Hände von Dritten, d. h. familienfremden Managern. Derartige Regelungen zur Herstellung eines Konsenses über die Mitglieder der Geschäftsleitung können sich sowohl im Gesellschaftsvertrag wiederfinden als auch in sonstigen Regelungen, die sich die Familie zum Umgang mit dem Familienunternehmen gibt, wie etwa Familien-Codices, Gesellschaftervereinbarungen oder Familienpoolvereinbarungen. In diesen Regelungen außerhalb des Gesellschaftsvertrages können dann nicht nur Fragen der Entscheidungskompetenzen über die Aufnahme von Mitgliedern in das Management, sondern auch andere Regelungen behandelt werden, wie etwa die Frage nach Leitlinien, wie es Gesellschafter mit der

Verteilung etwaiger Gewinne halten wollen, Grundsatzentscheidungen über die Frage, ob die Jahresabschlüsse freiwillig geprüft werden sollen, Anforderungen an das Reportingsystem für die Gesellschafter und Regelungen zu der Frage, wann und wo Gesellschafterversammlungen abzuhalten sind.

Spätestens wenn das Familienunternehmen auf dem Weg von der zweiten in die dritte Generation ist, kann es sich wegen der höheren Zahl der beteiligten Gesellschafter empfehlen, die Kontrolle der Geschäftsführung und die Bestimmung der Strategie des Unternehmens nicht allein dem Management und einer im Zweifel nur einmal im Jahr tagenden Gesellschafterversammlung zu überlassen. Bei einer großen Zahl der Gesellschafter, die auch noch auf mehrere Familienstämme verteilt sind, kann es daher nahe liegen, die Gesellschafterversammlung, die wegen ihrer Größe und den langen Zwischenräumen zwischen ihren Tagungen immer weiter vom aktiven Geschäft der Gesellschaft entfernt ist, durch ein Gremium zu ergänzen, das die Interessen der Gesellschafter wahrnimmt und in engerem Kontakt zur Geschäftsleitung steht. Hier kann man etwa, so wie das bei vielen sehr großen Familienunternehmen üblich ist, an die Einführung eines Gesellschafterausschusses denken, in dem alle Familienstämme mit nur einem oder wenigen Vertretern repräsentiert sind. Die Einrichtung eines solchen Gremiums kann die Flexibilität für das Agieren des Unternehmens am Markt, vor allem bei wichtigen Grundlagenentscheidungen, erleichtern.

Bei einem größer werdenden Gesellschafterkreis, insbesondere von Gesellschaftern, die nicht aktiv im Unternehmen tätig sind, stellt sich zudem die Frage, ob neben der Gesellschafterversammlung als zusätzliches Organ ein Beratungs- oder Aufsichtsgremium eingeführt werden soll, welches die Interessen der Gesellschafter im Hinblick auf eine effektive Kontrolle und strategische Unternehmensentwicklung koordiniert. Auch deshalb, weil der zeitliche Aufwand für alle Gesellschafter, wenn sie ihre Gesellschafterstellung aktiv wahrnehmen wollen, regelmäßig höher ist. Hinzu kommt, dass es im Interesse der Gesellschafter ist, die Geschäftsführung durch fachlich kompetente Sparringpartner kontrollieren und beraten zu lassen.

Es kann daher ratsam sein, dass spätestens in Familienunternehmen in der dritten Generation ein freiwilliges, professionelles Aufsichts- oder Beratungsgremium eingeführt wird. Dessen Besetzung kann – ähnlich wie bei einem Gesellschafterausschuss – genutzt werden, um die Interessen einer größeren Zahl von Familienmitgliedern zu koordinieren, indem jeder der Familienstämme die Möglichkeit hat, ein Mitglied in dieses Gremium zu entsenden. Dabei kann es offen bleiben, ob dieses Mitglied ein Gesellschafter oder ein fremder Dritter ist. Aber allein die Frage, ob das Aufsichtsgremium nun mit Gesellschaftern oder auch mit fremden Dritten besetzt werden kann, ist eine Frage, die in dieser Phase beantwortet werden muss.

Daneben ergibt sich in Abhängigkeit der Rechtsform des Unternehmens ein gesetzliches Erfordernis der Einsetzung eines Aufsichtsrats nach den Regelungen über die unternehmerische Mitbestimmung. Zwar setzt die unternehmerische Mitbestimmung erst bei Kapitalgesellschaften mit einer Arbeitnehmerzahl von 500 ein. Diese Schwelle wird aber gerade bei expandierenden Familienunternehmen schnell erreicht sein. Deshalb ist es für die Familie besonders wichtig, wegen der konkurrierenden Kompetenz der Gesellschafterversammlung und des Aufsichtsrats sich über die kompetente Besetzung der Arbeitsgeberseite eines solchen Aufsichtsrats zu verständigen und dabei gleichzeitig die interessengerechte Vertretung aller Gesellschafterstämme sicherzustellen. Dies gilt umso mehr, wenn es sich bei weiterem Wachstum um einen paritätisch mitbestimmten Aufsichtsrat handelt, bei dem Anteilseignervertreter und Arbeitnehmervertreter in gleicher Zahl benannt werden, die Geschäftsführung zu bestellen und zu überwachen. In dieser Konstellation kommt der Stimme des von den Anteilseignern zu benennenden Aufsichtsratsvorsitzenden wegen seines Zweitstimmrechts bei Stimmengleichheit, vor allem aber auch wegen des tatsächlichen Geschicks in der Führung des Aufsichtsrats, eine große Bedeutung zu. Von daher ist es erforderlich, dass die Familiengesellschafter sich frühzeitig über die Besetzung des Gremiums auf der Anteilseignerseite verständigen.

Bei weiterem Wachstum des Familienunternehmens können sich dann wie bei jedem wachsenden Unternehmen zusätzliche Fragen für dessen Zukunft ergeben. Gerade bei der Finanzierung von Wachstum kann das Interesse des Familienunternehmens, sich aus sich selbst heraus oder zumindest aus dem Kreis der Gesellschafter zu finanzieren, um nicht von fremden Kapitalgebern abhängig zu sein, an Grenzen stoßen. Es ist dann eine Herausforderung bei der Finanzierung über alternative Finanzierungsformen, aber selbst bei der Finanzierung über den Kapitalmarkt oder über einen Börsengang, in geeigneter Weise sicherzustellen, dass der Finanzierungsbedarf gedeckt wird, ohne dass das Unternehmen seinen Charakter als Familienunternehmen aufgeben muss. Der Umstand, dass unter den 100 größten Unternehmen auch verschiedene börsennotierte Familienunternehmen zu finden sind, zeigt dass dies bei kompetenter Planung und Strukturierung gelingen kann.

6 Unternehmerfamilie

Neben der Darstellung des rechtlichen Rahmens und der Besonderheiten bei Familienunternehmen geht das vorliegende Werk darüber hinaus im Rahmen einer Gesamtbetrachtung auf die Situation der Unternehmerfamilie ein. Völlig unabhängig von der Betrachtung der rechtlichen Situation und der Entwicklung des Familienunternehmens werden hier die wirtschaftliche und rechtliche Situation der Unternehmerfamilie verbunden mit Überlegungen und Hinweisen für die Unternehmerfamilie dargestellt. Dabei verstehen wir unter Unternehmerfamilie nicht nur die Familienangehörigen des Gründerunternehmers oder der nächsten Generation, unabhängig davon, ob sie am Management der Gesellschaft beteiligt sind oder sich ihre Beteiligung nur auf das Vermögen bezieht, sondern auch in einem weiteren Sinne alle Mitglieder der Familie, die aufgrund des Wechsels des Familienunternehmens in die nachfolgenden Generationen zumindest ein Interesse am Wohlergehen des Unternehmens haben. Festzuhalten ist, dass in der frühen Phase der Entwicklung des Familienunternehmens, d.h. in den ersten beiden Generationen, die Verknüpfung des Schicksals der Familie mit demjenigen des Unternehmens wesentlich enger wird. Das Unternehmen ist hier typischerweise die wirtschaftliche Grundlage für das Leben der Unternehmerfamilie. Hingegen nimmt die Verknüpfung des Interesses der Familienmitglieder, die noch Gesellschafter des Familienunternehmens sind, mit zunehmender Größe des Gesellschafterkreises ab. Gerade deshalb ist es aber erforderlich, dass Konsens zwischen den Gesellschaftern besteht und ob und in welcher Weise das Unternehmen als Familienunternehmen in dem Sinne fortgeführt wird, dass jedenfalls fremde Dritte nicht Gesellschafter sein können oder dass das Management des Unternehmens nur aus der Familie heraus gestellt wird.

Üblicherweise hat sich bei erfolgreichen Familienunternehmen im Laufe der Zeit in der Familie auch neben der gesellschaftsrechtlichen Beteiligung weiteres Vermögen angesammelt. Dies ist deswegen sinnvoll, weil die Familie auf diese Art und Weise vom wirtschaftlichen Erfolg des Unternehmens mehr und mehr unabhängig wird. Auf der anderen Seite besteht jedoch eine soziale Verknüpfung zwischen dem Familienunternehmen und seinen Gesellschaftern. Diese Verknüpfung bestimmt in weiten Teilen auch den Umgang der Familie mit ihren übrigen Vermögen. Die tatsächliche Verknüpfung kann ganz unterschiedliche Intensität haben. In der Wirklichkeit oft anzutreffen sind beispielsweise Gestaltungen der Immobilien, die von dem Unternehmen genutzt werden und sich im Privatvermögen der Gesellschafterfamilie befinden. Der Umstand, dass in der Krise des Familienunternehmens oftmals das Vermögen der Familie entweder direkt durch die Zuführung von Kapital oder indirekt durch die Bestellung von Sicherheiten für die Kredite des Unternehmens eingesetzt wird, ist eine weitere Verknüpfung.

Im zweiten Teil des Buches werden daher Hinweise für den Umgang der Familie mit ihrem Gesamtvermögen, das nicht nur aus Anteilen an Familienunternehmen besteht, gegeben. Die Verwaltung des Gesamtvermögens, aber auch dessen Strukturierung und Weiterentwicklung bis hin zur Sicherung des Vermögens im Erbfall, wird dabei ganzheitlich abgehandelt. In diesem Zusammenhang gibt es für Unternehmerfamilien besondere Herausforderungen sowohl im Hinblick auf das Vermögen der Familie als auch außerhalb des Familienunternehmens etwa in Form von Immobilien oder Kunst. Diese werden ebenso dargestellt wie die Sicherung des Vermögens durch Stiftungslösungen und ähnliche Gestaltung. Innerhalb der Unternehmerfamilie gibt es ein Bestreben, das Vermögen der Familie ebenso wie das Familienunternehmen über Generationen hinweg zu vermehren oder zumindest zu erhalten. Dafür gibt es aber neben den allgemeinen wirtschaftlichen Risiken auch rechtliche Fallstricke für die Familie. Wenn diese Risiken etwa dadurch wachsen, dass Kinder heiraten oder Partnerschaften begründen, besteht ein Interesse daran, dass durch familienrechtliche Vorkehrungen (z.B. im Fall von Scheidung oder Tod von Familienmitgliedern) die Verfassung und das Vermögen der Unternehmerfamilie bei berechtigten Ansprüchen, die wirtschaftlich erhebliche Ausmaße annehmen können, in fairer Weise geschützt werden. Es ist notwendig, durch familienrechtliche Verträge und erbrechtliche Verfügungen oder Verträge einen fairen Ausgleich zu erzielen, um das gesamte

Familienunternehmen zu sichern. Hier kann die notwendige Klarheit z.B. durch umfassende Regelungen zur Testamentsvollstreckung erreicht werden.

Schließlich kann der Aufwand für die Verwaltung, die Strukturierung und das Monitoring nicht nur des im Unternehmen gebundenen Vermögens, sondern des gesamten Vermögens der Unternehmerfamilie ein Maß erreichen, das es sinnvoll und praktikabel erscheinen lässt, das Vermögen professionell von dritter Seite etwa über ein Family Office zu verwalten.

Teil II
Das Familienunternehmen

1 Gesellschaftsrechtliche Fragen

1.1 Die Unternehmerfamilie als rechtlicher Gestaltungsrahmen

Dr. Simon Sabel

Aus gesellschaftsrechtlicher Sicht ist die Unternehmerfamilie der Bestand der Gesellschafter der »Familiengesellschaft«, die Gesellschafter sind familiär verbundene Gesellschafter. Die familiäre Verbundenheit der Gesellschafter markiert dabei die Trennlinie zu »Nicht-Familiengesellschaften«.[7] Diese familiäre Verbundenheit schlägt sich in verschiedenen gesellschaftsrechtlichen Zusammenhängen des Familienunternehmens nieder.

1.1.1 Erwerb und Verlust der Gesellschafterstellung

Bei Familienunternehmen, die seit mehreren Generationen bestehen, ist der Erwerb der Gesellschafterstellung und damit auch die unternehmerische Betätigung der Familienmitglieder oftmals »Schicksal«:[8] Die Zugehörigkeit zu einer Familie führt häufig zwangsläufig zu dem Erwerb einer Gesellschafterstellung, sei es durch lebzeitige Übertragung, sei es durch Erbschaft. Die Erhaltung des Unternehmens und seine Weitergabe innerhalb der Familie werden als familiäre Verpflichtung gegenüber den vorhergehenden und den kommenden Generationen verstanden.[9] Für die Familienmitglieder scheidet eine Ablehnung der Gesellschafterstellung daher häufig nicht nur wegen der regelmäßig damit verbundenen wirtschaftlichen Einbußen, sondern auch aus emotionalen Gründen aus. So wie es einem Familienmitglied regelmäßig nicht ohne weiteres freisteht, sich für oder gegen den Erwerb der Gesellschafterstellung zu entscheiden, kann die einmal erworbene Gesellschafterstellung häufig nicht ohne weiteres frei veräußert werden.[10] Die Übertragbarkeit der Gesellschafterstellung ist bei Familienunternehmen regelmäßig kraft Rechtsform des Unternehmensträgers oder durch Vinkulierungsklauseln im Gesellschaftsvertrag an die Zustimmung der übrigen Gesellschafter oder einer bestimmten Gruppe von Gesellschaftern gebunden. Ergänzend können Andienungspflichten und Vorkaufsrechte eingesetzt werden, um das Unternehmen an die Familie zu binden.[11] Bisweilen wird die Entscheidungs- und Handlungsfreiheit der einzelnen Gesellschafter auch durch Mitveräußerungs- oder Mitnahmerechte anderer Gesellschafter eingeschränkt. Neben Call- und Put-Optionen

7 Vgl. auch *Holler*, DStR 2019, 931; *Habbe/Gieseler*, NZG 2016, 1010.
8 Baus, 2016, 46 f.
9 *Lange*, BB 2005, 2585 (2586).
10 Vgl. *Scherer/Blanc/Kormann/Groth/Wimmer*, 2012, Kap. 1 Rn. 52 f.; zur Anteilssteuerung bei Familienunternehmen zusammenfassend etwa *Wicke*, ZGR 2012, 450 (471 ff.); zum »lock-in-effect« bei Familienunternehmen *Wiedemann/Kögel*, 2008, § 2 Rz. 9; zur »closed-shop-Strategie« *Holler*, DStR 2019, 880 (884); 931 (934).
11 *Otto*, GmbHR 1996, 16; *Weitnauer*, NZG 2001, 1065 (1071).

können diese sog. Tag-along oder Drag-along-Rechte der gezielten Anteilssteuerung dienen.[12] Zum Schutz der Kapitalbasis des Unternehmens wird oftmals eine Abfindung unter dem realen Unternehmenswert vereinbart.[13]

1.1.2 Generationsübergreifende Dynamik

Unternehmen – als lebende Organismen – unterliegen verschiedenen Entwicklungsstufen. Typische Entwicklungsstufen von Familienunternehmen sind:

- Gründung (zumeist durch **einen** Gründer),
- Wachstum,
- Übertragung in die zweite Generation (zumeist auf **mehrere** Kinder),
- Übertragung in die dritte Generation (zumeist auf mehrere Stämme) etc.

Die damit einhergehende generationsübergreifende Dynamik und Entwicklung der Inhaberstruktur ist eine Besonderheit von Familienunternehmen, die Nicht-Familienunternehmen fremd ist.

Bei einem Familienunternehmen steigt mit jeder Generation sowohl die Zahl der Familienmitglieder als auch die Zahl der familienzugehörigen Gesellschafter. Die »Re-Inszenierung der Gründergeneration«[14] durch Übertragung des Unternehmens auf einen einzigen Nachfahren, beispielsweise den erstgeborenen Sohn oder die erstgeborene Tochter, widerspricht häufig nicht nur dem familiär bedingten Wunsch nach Gleichbehandlung der eigenen Nachkommen. Gerade bei größeren Familienunternehmen kann sie auch aus betriebswirtschaftlicher Sicht problematisch sein.[15]

Diese generationsübergreifende Dynamik bedingt meist eine sukzessive Anpassung der gesellschaftsrechtlichen Ausgestaltung des Familienunternehmens. Familienmitglieder können oder wollen nicht stets eine aktive unternehmerische Rolle übernehmen. Eine reine Fremdgeschäftsführung durch familienexterne Personen ist bei Familienunternehmen, die seit mehreren Generationen bestehen, keine Seltenheit. Bisweilen sollen bestimmte Familienmitglieder als Gesellschafter von den Erträgen des Unternehmens profitieren, ohne über ein Stimmrecht in der Gesellschafterversammlung an den unternehmerischen Entscheidungen teilzuhaben. Insbesondere bei einem großen Gesellschafterkreis kann es zur Verbesserung und Absicherung der Entscheidungs- und Handlungsfähigkeit sinnvoll sein, Kompetenzen auf einen Gesellschaf-

12 *Lange/Sabel*, NZG 2015, 1249 (1251 ff.).
13 *Wicke*, ZGR 2012, 450 (477 f.).
14 Z. T. auch als »Re-Inszenierung der Kleinfamilie« bezeichnet, vgl. *Scherer/Blanc/Kormann/Groth/Wimmer*, 2012, Kap. 1 Rn. 78, 116; *Plate/Groth/Ackermann/von Schlippe*, 2011, 25 ff.
15 Vgl. *Scherer/Blanc/Kormann/Groth/Wimmer*, 2012, Kap. 1 Rn. 78 ff.

terausschuss oder einen Beirat,[16] in dem gegebenenfalls auch familienexterne Personen vertreten sind, zu verlagern. Bei zunehmender Zersplitterung der Beteiligungsverhältnisse kann eine Stammesorganisation, bei der sich die Mitglieder eines jeden Familienstamms zur Ausübung ihrer Stimmrechte auf ein einheitliches Vorgehen festlegen (müssen), helfen, Entscheidungen im Gesellschafterkreis zu vereinfachen. Die Bedeutung von Pool- und Konsortialverträgen sowie von Gesellschaftervereinbarungen als Steuerungsinstrumente steigt.[17]

Die generationsübergreifende Dynamik betrifft allerdings nicht nur die Unternehmensebene, sondern ebenso die Ebene der Unternehmerfamilie. Die von Generation zu Generation steigende Anzahl von Familienmitgliedern und die zunehmende Entfernung der Verwandtschaftsgrade führen bei ungehinderter Entwicklung zu einer immer weiter fortschreitenden Entfremdung der Familienmitglieder.[18] Vor allem die Herausbildung von Stammeslinien hat sich immer wieder als erhebliches Risiko für die Verbundenheit und den Zusammenhalt des Gesamtverbandes der Familie erwiesen, da das Denken in Stämmen die Unterschiede zwischen den einzelnen Stämmen betont, anstatt das Bewusstsein für die Gemeinsamkeiten aller Familienmitglieder zu schärfen.[19] Insbesondere bei Familienunternehmen mit vielen Gesellschaftern gilt es daher, eine Familienstrategie festzulegen (und diese ggf. im Rahmen einer Familienverfassung schriftlich zu fixieren), die der besonderen Verbindung der Familie mit der unternehmerischen Aktivität Rechnung trägt.[20] Im Rahmen der Family Governance[21] spielen dabei insbesondere Integrationsmechanismen (beispielsweise gemeinsame Aktivitäten aller Familienmitglieder wie die Zusammenkunft auf einem regelmäßig veranstalteten Familientag oder ein familienweit organisiertes, institutionalisiertes Programm zur Heranführung der nächsten Generation an das Familienunternehmen) eine wichtige Rolle, um der Entstehung einer familialen Stammesstruktur entgegenzuwirken.[22] Daneben sind auch die Rückwirkungen der Entwicklungen auf Unternehmensebene auf den »Regelungskreis Familie« zu bedenken. So können Stammesregelungen auf Unternehmensebene die natürliche Tendenz zur Herausbildung einer an Stammeslinien orientierten Familienstruktur begünstigen. Gleichzeitig sind die Herausbildung und der Erhalt einer großfamiliären Struktur häufig überhaupt nur möglich, weil die generationsübergreifende Entwicklung des Familienunternehmens die Familienmitglieder miteinander verbindet.[23]

16 *Holler, DStR 2019, 880 (884); Sanders, NZG 2017, 961; zu empirischen Befunden betreffend den Beirat von Familienunternehmen Barsch, 91 ff.*
17 *Klein-Wiele, NZG 2018, 1401.*
18 *Baus*, 2016, XXIII.
19 *Plate/Groth/Ackermann/von Schlippe*, 2011, 28; *Scherer/Blanc/Kormann/Groth/Wimmer*, 2012, Kap. 2 Rn. 42.
20 Zu den Schnittstellen zwischen Familienverfassung und Gesellschaftsvertrag *Kirchdörfer/Lorz*, FuS 2011, 97 ff.
21 Zu den Elementen der Family Governance vgl. *Koeberle-Schmid/Schween/May*, BB 2011, 2499 (2506); zur Familienverfassung *Holler*, ZIP 2018, 553; *Fleischer*, ZIP 2016, 1509.
22 *Scherer/Blanc/Kormann/Groth/Wimmer*, 2012, Kap. 2 Rn. 40 f.; weitere Beispiele innerfamiliärer Integrationsmechanismen bei *Kirchdörfer/Lorz*, FuS 2011, 97 (100 f.).
23 *Scherer/Blanc/Kormann/Groth/Wimmer*, 2012, Kap. 2 Rn. 45.

Die generationsübergreifende Entwicklung von Familienunternehmen stellt spezifische Anforderungen an die Personal Governance der einzelnen Gesellschafter. So sind insbesondere die Eheverträge und die letztwilligen Verfügungen (Testament oder Erbvertrag) der Gesellschafter mit allen relevanten Gesellschaftsverträgen abzustimmen. Ergänzend sollte durch trans- oder postmortale Vollmachten sichergestellt werden, dass eine unfall- oder krankheitsbedingte Handlungsunfähigkeit oder der Tod eines Gesellschafters die Funktionsfähigkeit des Unternehmens nicht vorübergehend beeinträchtigt.[24] Daneben können die Gesellschafter Vorsorgevollmachten und Patientenverfügungen einsetzen, um ihre vermögens- und personenbezogenen Angelegenheiten im Krankheitsfall zu regeln.

1.1.3 Schnittfeld Gesellschaft und Familie

Anders als der Gesellschafter eines Nicht-Familienunternehmens steht der Gesellschafter eines Familienunternehmens im Schnittfeld zwischen dem geschäftlichen Engagement als Gesellschafter und der familiären Verbundenheit als Familienmitglied.[25]

Dies kann im Idealfall zu erheblichen Vorteilen führen, falls es gelingt das Potenzial der familiären Verbundenheit für die geschäftliche Betätigung als Gesellschafter fruchtbar zu machen. Zu denken ist daran, dass ein auf Grund familiärer Verbundenheit kohärentes Werteverständnis im Gesellschafterkreis den Abstimmungsbedarf über grundsätzliche Fragen der Unternehmensführung und -strategie verringern und die Identifizierung des Gesellschafters mit dem Unternehmen verstärken kann.[26] Ebenso können auf Grund familiärer Verbundenheit gewachsene und erprobte Kommunikations- und Entscheidungsstrukturen zwischen den Gesellschaftern in grundsätzlichen aber auch in operativen Angelegenheiten des Unternehmens zu zügigen Entscheidungen führen, die sowohl das Unternehmens- als auch das Familienwohl ausgewogen berücksichtigen.[27]

In der Realität führt das Schnittfeld zwischen dem geschäftlichen Engagement als Gesellschafter und der familiären Verbundenheit als Familienmitglied allerdings nicht nur zu Vorteilen. Vielmehr besteht die große Gefahr, dass familiäre Themen die geschäftlichen Aspekte negativ überlagern und so familiäre Konflikte im Unternehmen zum Nachteil des Unternehmens ausgetragen werden.[28] Umgekehrt können auch geschäftliche Probleme des Unternehmens oder Auseinandersetzungen auf Gesellschafterebene in die Familie hereingetragen werden und so zu Konflikten in der Familie führen.[29] In diesen Konfliktkonstellationen kann sich das Schnittfeld

24 Zu Vorsorgemaßnahmen für einen plötzlichen Ausfall *Wicke*, ZGR 2012, 450 (486 f.).
25 Zu den Wechselwirkungen zwischen Familien- und Unternehmenssphäre *Sudhoff*, (Familienunternehmen) 2005, § 5.
26 *Koeberle-Schmid/Schween/May*, BB 2011, 2499 (2502); *Krause*, BB 2012, 714 (715).
27 *Hinderer*, in: FS Hennerkes 2009, 371.
28 Vgl. *Lange*, BB 2005, 2585 (2588 f.).
29 Zur Gefahr eines sich hierdurch entwickelnden selbst verstärkenden Systems (»Ping-Pong-Effekt«) *Sudhoff*, (Familienunternehmen) 2005, § 5 Rz. 7.

zwischen dem geschäftlichen Engagement als Gesellschafter und der familiären Verbundenheit als Familienmitglied gerade als Nachteil erweisen.[30] Wichtige unternehmerische Entscheidungen können verhindert, die Leitung und Lenkung des Familienunternehmens blockiert werden. Das Konfliktpotenzial, das sich aus diesem Schnittfeld ergibt, sollte durch Maßnahmen zur Stabilisierung der Unternehmens- und der Familiensphäre vorbeugend befriedet werden.[31] Maßnahmen zur Stabilisierung der Unternehmenssphäre sind dabei v. a. die Wahl einer geeigneten gesellschaftsrechtlichen Struktur, die vorbeugende Entschärfung streitträchtiger Aspekte durch klare Regelungen in Gesellschaftsverträgen und in Gesellschaftervereinbarungen (v. a. zur Kompetenzverteilung, Ausschüttung, Vergütung und Nachfolge) sowie die Festlegung von Verfahren zur Streitlösung (v. a. eines Eskalationsmechanismus mit verbindlichem Letztentscheidungsrecht einer allseits akzeptierten Instanz). Maßnahme zur Stabilisierung der Familiensphäre ist v. a. die Etablierung einer Familienstrategie, die idealerweise im Rahmen einer Familienverfassung schriftlich fixiert werden sollte.

Die Verknüpfung von Unternehmerfamilie und Familienunternehmen führt zu einer weiteren Besonderheit: Bei Familienunternehmen bestehen üblicherweise erhöhte Vertraulichkeitsanforderungen.[32] Regelungen in Gesellschaftsverträgen können Rückschlüsse auf familiäre Verhältnisse zulassen. Ebenso kann eine Gesamtschau von Jahresabschlüssen und Gesellschaftsverträgen Anhaltspunkte für die Höhe des Einkommens der beteiligten Familienmitglieder liefern. Einerseits helfen hier besondere Regelungen zur Vertraulichkeit in der Dokumentation des Familienunternehmens (insbesondere Gesellschaftsvertrag und Nebenvereinbarungen). Andererseits sind Rechtsformen und Gestaltungen zu wählen, die möglichst geringe gesetzliche Publizitätspflichten nach sich ziehen (so hat die Kommanditgesellschaft beispielsweise gegenüber der Gesellschaft mit beschränkter Haftung den Vorteil, dass der Gesellschaftsvertrag nicht im Handelsregister hinterlegt und damit nicht für Dritte einsehbar ist). Der Einsatz natürlicher Personen als persönlich haftende Gesellschafter kann Publizitätspflichten weiter reduzieren.[33]

Schlussendlich ergibt sich aus dem Schnittfeld zwischen geschäftlichem Engagement als Gesellschafter und familiärer Verbundenheit als Familienmitglied das Bedürfnis nach Flexibilität in der Gestaltung des Familienunternehmens. Denn die Besonderheiten der Familie strahlen auf das Familienunternehmen aus und müssen bei der Gestaltung des Familienunternehmens berücksichtigt werden. Damit eignen sich insbesondere Rechtsformen für Familienunternehmen, die eine besondere Gestaltungsfreiheit im Binnenrecht erlauben.

---

30 Vgl. *Wiedemann/Kögel*, 2008, § 2 Rz. 13; *Hennerkes*, 2004, 58 ff.: »Der größte Wertvernichter im Familienunternehmen ist der Streit.«

31 Vgl. *Koeberle-Schmid/Schween/May*, BB 2011, 2499 ff; *Kirchdörfer/Lorz*, FuS 2011, 97 (98); *Habbe/Gieseler*, NZG 2016, 1010.

32 Zur Bedeutung der Unternehmenspublizität für Familienunternehmen *Sudhoff*, (Familienunternehmen) 2005, § 18 Rz. 1 ff.

33 *Sudhoff*, (Familienunternehmen) 2005, § 18 Rz. 12.

1.1.4 Einfluss familiärer Faktoren auf die Unternehmensorganisation und -struktur

Die Unternehmensorganisation und -struktur wird bei Familienunternehmen ebenso wie bei Nicht-Familienunternehmen grundsätzlich durch unternehmensbezogene Umstände bestimmt. Beispielsweise kann sich ein Familienunternehmen durch Expansion zu einer Unternehmensgruppe entwickeln: Unterschiedliche Standorte, ggf. im Ausland, oder verschiedene Geschäftsbereiche entstehen und werden als eigenständige Tochtergesellschaften organisiert; übernommene Gesellschaften als eigenständige Einheiten fortgeführt. Größere Unternehmensgruppen verfügen häufig über eine Konzern- und/oder Holdingstruktur, bei der bestimmte Gesellschaften der Unternehmensgruppe als Tochtergesellschaften geführt werden. Die konkrete Ausgestaltung der Unternehmensstruktur hängt dabei wesentlich von unternehmensstrategischen und -politischen sowie (insbesondere steuer-)rechtlichen Erwägungen ab.

Bei Familienunternehmen kann die Unternehmensorganisation zusätzlich durch die Verhältnisse innerhalb der Unternehmerfamilie beeinflusst werden: Auslandsniederlassungen oder Geschäftsbereiche werden zu eigenständigen (Tochter-)Gesellschaften verselbstständigt und unterschiedlichen Familienmitgliedern unterstellt, um zusätzliche Führungspositionen und abgegrenzte Verantwortungsbereiche innerhalb des Familienunternehmens zu schaffen und so ggf. Streitigkeiten auf Ebene der Geschäftsführung zu vermeiden. Durch die Einführung einer Holdingstruktur[34] und den Rückzug der Familienmitglieder auf eine Tätigkeit in der Dachgesellschaft kann der Einfluss der Unternehmerfamilie auf das operative Geschäft beschränkt und dieses vor Konflikten innerhalb der Familie abgeschirmt werden. Daneben können mehrstufige Unternehmensorganisationen bei Familienunternehmen beispielsweise auch zur Umsetzung der Unternehmensnachfolge (Vorbereitung der Realteilung) oder zur Steueroptimierung im Zusammenhang mit dem Verkauf des Familienunternehmens eingesetzt werden.

Bei besonders erfolgreichen Unternehmerfamilien lässt sich zudem ein weiteres Phänomen beobachten: Neben dem Kern-Familienunternehmen werden auf Ebene der Familie bzw. der einzelnen Familienmitglieder Beteiligungen an weiteren Unternehmen erworben oder neue Unternehmen gegründet. Es entstehen sog. **Family Business Groups.**[35] Erfolgreiche Unternehmerfamilien verfügen häufig über eine beträchtliche Anzahl von Unternehmensbeteiligungen.[36] Oftmals sind mehrere Familienmitglieder parallel in verschiedenen Formen unternehmerisch aktiv, wobei die Zahl der unternehmerisch aktiven Familienmitglieder insbesondere in den ersten drei Generationen erheblich steigt.[37] Im Gegensatz zu Unternehmensgruppen sind Family Business Groups allerdings nicht zwingend rechtlich organisiert und verfügen häufig über keine Konzern- oder Holdingstruktur.[38] Gleichzeitig kann es aber dennoch Sinn machen, Family Offices zu etablieren.

34 Zu Gestaltungselementen einer Familienholding *Sabel/Schauer*, ZStV 2018, 81.
35 *Zellweger/Kammerlander*, 2014, 1 ff.
36 *Zellweger/Kammerlander*, 2014, 17 f.
37 *Zellweger/Kammerlander*, 2014, 15.
38 *Zellweger/Kammerlander*, 2014, 8.

Diese Aspekte verdeutlichen, dass Entwicklungen und Strukturen innerhalb der Unternehmerfamilie auf die Unternehmensorganisation und -struktur zurückwirken: Konzerne, Holdings und Tochtergesellschaften sind zu gründen, Unternehmen umzustrukturieren, Family Offices zu etablieren.

1.1.5 Maßgebliche Gestaltungsfragen

Ausgehend von der Unternehmerfamilie als rechtlicher Gestaltungsrahmen ergeben sich die maßgeblichen Gestaltungsfragen:

- Welche Rechtsform? (vgl. 1.2.1–1.2.3)
- Welche Organisation (Gruppe/Konzernierung/Holding)? (vgl. 1.2.4)
- Welcher Gesellschaftsvertrag? Welche »Nebenvereinbarungen«? (vgl. 1.3.1–1.3.2)
- Welche Personal Governance? (vgl. 1.3.3)

1.2 Rechtsformwahl und Organisation

Birgit Schneider

Die Wahl der Rechtsform für ein Unternehmen ist eine grundlegende Frage bei der Gründung des Unternehmens und von strategischer Bedeutung.[39] Darüber hinaus lohnt es sich jedoch auch bei bestehenden Unternehmen regelmäßig zu prüfen, ob die ursprünglich gewählte Rechtsform noch den aktuellen Anforderungen entspricht oder ob eine andere Rechtsform vorteilhaft wäre.[40] Jedenfalls ist die gewählte Rechtsform zu überdenken bei Veränderungen, sei es im Unternehmen selbst, der Unternehmensstruktur, auf Seiten der Anteilseigner oder bei Änderungen der steuerlichen und rechtlichen Rahmenbedingungen.[41] Wird beispielsweise die Produktion von einem Unternehmen in Tochtergesellschaften im In- und/oder Ausland verlagert und übt die ursprünglich produzierende Gesellschaft nunmehr reine Holdingfunktionen aus, bietet es sich an, die Rechtsform im Hinblick auf die Unternehmenssteuerung und -leitung als auch in steuerlicher Hinsicht zu prüfen. Veränderungen auf Seiten der Anteilseigner, die für die Rechtsform von Bedeutung sind, sind insbesondere Situationen der Unternehmensnachfolge, der Aufteilung in mehrere Familienstämme oder der Rückzug bzw. der Eintritt von Familienmitgliedern aus der bzw. in die Unternehmensleitung. Zuletzt machen es häufig auch externe Faktoren erforderlich, die Rechtsform zu überdenken. Dazu gehören vor allem Veränderungen der steuerlichen Rahmenbedingungen oder auch die von Seiten der europäischen Gesetzgebung und Rechtsprechung geförderte Mobilität europäischer Gesellschaftsformen, die die Nutzung ausländischer Rechtsformen im Inland bzw. inländischer Rechtsformen im Ausland leichter möglich macht.

39 *Fleischer*, in: MüKo GmbHG, 2018, Einleitung Rz. 299.
40 *Prinz/Winkeljohann*, 2014, § 1 Rz. 5; *Breithaupt/Ottersbach*, 2010, Teil 1 A Rz. 1.
41 *Fleischer*, in: MüKo GmbHG, 2018, Einleitung Rz. 299.

1.2.1 Mögliche Rechtsformen

Für Unternehmen in Deutschland gibt es eine Vielzahl möglicher Rechtsformen für die Ausübung der Tätigkeit. Zur Wahl stehen 16 verschiedene Rechtsformen, einschließlich der Stiftung.[42] Hinzu treten diverse Mischformen – klassisch die GmbH & Co. KG – sowie ausländische Rechtsformen.

Die ausländische Rechtsform, die in Deutschland am häufigsten anzutreffen war und noch vor einigen Jahren in aller Munde war, ist die Private Company Limited by Shares des Englischen Companies' Act, kurz Ltd.[43] **Ausländische Rechtsformen** wie die **Limited** haben in Deutschland zunächst an Bedeutung gewonnen, nachdem der EuGH in den Jahren 2002 und 2003 entschieden hat, dass in einem Mitgliedsstaat der Europäischen Gemeinschaft gegründete Gesellschaften in den anderen Mitgliedsstaaten anerkannt werden müssen.[44] Die Diskussionen um die Limited sind zwischenzeitlich jedoch ebenso abgeflaut, wie die Anzahl der in Deutschland registrierten und für die Nutzung in Deutschland neu gegründeten Gesellschaften in Form der Limited, nicht zuletzt seit der Umsetzung des »Gesetzes zur Modernisierung des GmbH-Rechts und zur Bekämpfung von Missbräuchen (MoMiG)«.[45] Durch das MoMiG, das zum 01.11.2008 in Kraft trat, ist es zudem leichter geworden, die deutsche GmbH flexibel im Inland und europäischen Ausland zu nutzen (vgl. 1.4.4.2 und 1.4.4.3).[46] Mit dem Brexit, dem Austritt Großbritanniens aus der EU, verliert die Ltd. ebenso wie andere englische Rechtsformen, weiter an Attraktivität. Die Vorteile der Flexibilität der Gesellschaftsformen, insbesondere die Niederlassungsfreiheit, innerhalb der EU gelten für englische Gesellschaftsformen – abhängig von den letztlich getroffenen Austrittsvereinbarungen – jedenfalls nach Ablauf einer Übergangszeit nicht mehr.[47] Der deutsche Gesetzgeber hat aus diesem Grund bereits das Umwandlungsgesetz um Regelungen zur grenzüberschreitenden Verschmelzung ergänzt (§§ 122a–122l UmwG) und eine Übergangsvorschrift für die Verschmelzung einer Gesellschaft nach dem Recht des Vereinigten Königreichs geschaffen (§ 122 m UmwG), die eine rechtzeitige Umwandlung in eine deutsche Gesellschaft ermöglichen.[48]

Statistisch gesehen dominieren die Rechtsformen der GmbH und der KG, letztere zumeist in Form der Kapitalgesellschaft & Co. KG, deren Anzahl in Deutschland zudem in den letzten Jahren jeweils zugenommen hat.[49] Andere Rechtsformen sind von ihrer absoluten Anzahl zwar

---

42 *Hamann/Sigle*, 2012, § 4 Rz. 1.

43 *Kornblum*, GmbHR 2015, 687 (695); das Bundesministerium für Justiz und Verbraucherschutz ging vor dem Brexit von 8.000–10.000 Ltd. mit Verwaltungssitz in Deutschland aus, https://www.bmjv.de/SharedDocs/Gesetzgebungsverfahren/DE/Umwandlungsgesetz_viertes.html.

44 *Hamann/Sigle*, 2012, § 4 Rz. 32; EuGH vom 05.11.2002, NJW 2002, 3614 – *Überseering*; EuGH vom 30.09.2003, NJW 2003, 3331 – *Inspire Art*.

45 *Hamann/Sigle*, 2012, § 4 Rz. 32; *Niemeier*, ZIP 2007, 1794 (1794); *Kornblum*, GmbHR 2014, 694 (702).

46 *Fleischer*, in: MüKo GmbHG, 2018, Einleitung Rz. 311.

47 *Fleischer*, in: MüKo GmbHG, 2018, Einleitung Rz. 313a, Rz. 221; https://www.bmjv.de/SharedDocs/Gesetzgebungsverfahren/DE/Umwandlungsgesetz_viertes.html.

48 Viertes Gesetz zur Änderung des Umwandlungsgesetzes vom 19.12.2018, BGBl. I, 2694

49 *Kornblum*, GmbHR 2015, 687 ff.

weniger bedeutsam, interessant ist jedoch die jeweilige Entwicklung. Während die Zahl der AG in Deutschland seit Jahren leicht rückläufig ist, erfreuen sich vergleichsweise »exotisch« anmutende Rechtsformen wie die KGaA sowie die SE deutlich steigender Beliebtheit.[50] Bei Familiengesellschaften sind sowohl Personengesellschaften als auch Kapitalgesellschaften in Form der GmbH die vorherrschenden Rechtsformen. Rund 90 % der Personengesellschaften (ohne GmbH & Co. KG) und rund 80 % der GmbH befinden sich in Familienhand, fast alle davon auch inhabergeführt.[51]

Nicht alle existierenden und oben genannten Rechtsformen kommen für jede unternehmerische Tätigkeit in Betracht. So scheidet die Partnerschaftsgesellschaft für typische Familienunternehmen regelmäßig aus, da diese Rechtsform nach § 1 Abs. 1 PartGG nur für Angehörige freier Berufe zur Ausübung ihrer Berufe offensteht. Ärzte, Apotheken und andere Freiberufler sind durch ihr Standesrecht auf bestimmte Rechtsformen beschränkt, da sie kein Gewerbe betreiben. Umgekehrt kann die Gesellschaft bürgerlichen Rechts (GbR) kein Handelsgewerbe ausüben. Investmentgesellschaften, Banken oder Versicherungen stehen nur ausgewählte Rechtsformen, zumeist die AG, offen. Insofern ist die freie Wahl der Rechtsform durch standesrechtliche oder aufsichtsrechtliche Beschränkungen oder Begrenzung auf bestimmte Gesellschaftszwecke eingeschränkt.[52]

Nachfolgend wird daher zunächst ein kurzer Überblick über diejenigen Rechtsformen gegeben, die für Familienunternehmen in Deutschland typischerweise in Betracht kommen. Ausländische Rechtsformen bleiben unberücksichtigt.

1.2.1.1 Einzelunternehmen

Als Einzelunternehmen ist zunächst jedes Unternehmen zu verstehen, das von einer einzelnen Person kontrolliert und geführt wird. Auch wenn der Begriff des Einzelunternehmens im Gesetz verschiedentlich verwendet wird, so gibt es doch keine gesetzliche Definition.[53] Insbesondere im HGB finden sich der Begriff des Einzelunternehmens sowie insbesondere auch der Begriff des »einzelkaufmännischen Unternehmens«. Aus §§ 5, 19 Abs. 1 Nr. 1 HGB ergibt sich, dass einzelkaufmännische Unternehmen im Handelsregister unter den Bezeichnungen »eingetragener Kaufmann«, »eingetragene Kauffrau« oder Abkürzungen hiervon, z. B. »e. K.«, »e. Kfm.« oder »e. Kfr.«, eingetragen werden können. Legt man den Begriff des »Einzelunternehmens« weit aus, so würden darunter auch Gesellschaften fallen, die von einer einzelnen Person kontrolliert und geführt werden, z. B. eine Ein-Mann-GmbH, deren alleiniger Gesellschafter und Geschäftsführer dieselbe Person ist. Der Systematik nach werden solche Einzelunternehmen

50 *Kornblum*, GmbHR 2015, 687 (695 f.).
51 *Stiftung Familienunternehmen*, 2011, 23 f.
52 *Gummert*, 2015, § 1 Rz. 6 ff.
53 *Breithaupt/Ottersbach*, 2010, Teil 1 A § 1 Rz. 18.

nachfolgend unter der jeweiligen Gesellschaftsform erläutert. An dieser Stelle soll ausschließlich das einzelkaufmännische Unternehmen behandelt werden.

Einzelkaufmännische Unternehmen zeichnen sich dadurch aus, dass ein Handelsgewerbe betrieben wird, dessen Gewerbebetrieb nach Art und Umfang in kaufmännischer Weise eingerichtet ist.[54] Für die Handelsgeschäfte des Einzelkaufmanns gelten die Vorschriften des HGB. Charakteristisch für den Einzelkaufmann ist die Identität von Eingetragenem und Inhaber des Gewerbebetriebs.[55] Die Aufnahme weiterer Personen als Mitunternehmer ist nicht möglich, sie führt automatisch zu einem Wechsel der Rechtsform.[56] Der kaufmännische Einzelunternehmer ist nicht nur berechtigt, sondern auch verpflichtet, im Handelsverkehr seine Firma zu führen, und zwar in der Form, wie sie in das Handelsregister eingetragen ist.[57] Durch das Führen der Firma macht der Einzelkaufmann klar, dass das unter seiner Firma abgeschlossene Rechtsgeschäft zu seinem Handelsgewerbe gehört und damit Handelsgeschäft i. S. d. § 343 HGB ist.[58]

Den klassischen Einzelunternehmer in Form des Einzelkaufmannes findet man im Bereich kleingewerblicher Unternehmen oder zu Beginn der Unternehmenstätigkeit.[59] Doch es ist durchaus möglich, auch größere Unternehmen oder Unternehmensgruppen durch ein einzelkaufmännisches Unternehmen zu führen. Ein bekanntes Beispiel ist der von Anton Schlecker bis zur Insolvenz 2012 geführte Schlecker-Konzern, an dessen Konzernspitze das einzelkaufmännische Unternehmen Anton Schlecker e.K. stand. Charakteristisch für derartige Unternehmensgruppen ist der Zuschnitt auf eine Person.

1.2.1.2 Personengesellschaften

Die für Familienunternehmen in erster Linie relevanten Personengesellschaften sind die Gesellschaft bürgerlichen Rechts (GbR), die offene Handelsgesellschaft (OHG) sowie die Kommanditgesellschaft (KG). Sowohl bei OHG als auch bei KG treten Mischformen auf, wie die GmbH & Co. OHG oder die GmbH & Co. KG. Personengesellschaften sind nach dem gesetzlichen Leitbild personalistisch strukturiert und von einer überschaubaren Anzahl von Gesellschaftern geprägt.[60]

Die **GbR** entsteht, wenn sich mehrere Beteiligte zur Erreichung eines gemeinsamen Zwecks verpflichten (§ 705 BGB). Sie ist damit die Grundform eines gesellschaftsrechtlichen Zusammenschlusses in Form einer Personengesellschaft.[61] Die Gründung einer GbR setzt voraus, dass

54 *Oetker*, in: Staub Großkommentar HGB, 2009, § 1 Rz. 105.
55 *Oetker*, in: Staub Großkommentar HGB, 2009, § 5 Rz. 11; *Hopt*, in: Baumbach/Hopt, HGB, 2018, § 5 Rz. 3, Rz. 5.
56 *Breithaupt/Ottersbach*, 2010, Teil 1 A § 1 Rz. 30, 32.
57 *Burgard*, in: Staub Großkommentar HGB, 2009, § 17 Rz. 51.
58 *Burgard*, in: Staub Großkommentar HGB, 2009, § 17 Rz. 7.
59 *Breithaupt/Ottersbach*, 2010, Teil 1 A § 1 Rz. 34.
60 *Gummert*, 2015, § 1 Rz. 20.
61 *Sprau*, in: Palandt, BGB, 78. Aufl. 2019, § 705 Rz. 1; *Roth*, in: Baumbach/Hopt, HGB, 2018, Einleitung vor § 105 Rz. 14; *Breithaupt/Ottersbach*, 2010, Teil 1 A § 1 Rz. 35.

mindestens zwei Gesellschafter vorhanden sind, eine Ein-Mann-GbR ist nicht möglich.[62] Die GbR grenzt sich von anderen Personengesellschaften wie der OHG und KG dadurch ab, dass sie nicht auf den Betrieb eines Handelsgewerbes gerichtet ist. Betreibt eine Personengesellschaft ein Handelsgewerbe, d. h. eine planmäßige, auf Dauer angelegte selbstständige wirtschaftliche Tätigkeit am Markt, die einen kaufmännisch eingerichteten Gewerbebetrieb erfordert, so ist sie damit automatisch nicht mehr GbR, sondern Personenhandelsgesellschaft (in der Regel OHG).[63] Die GbR nimmt mit dem gesamthänderisch gebundenen gemeinschaftlichen Vermögen der Gesellschafter (§ 718 BGB) am Rechtsverkehr teil, begründet eigene Rechte und Pflichten und ist (mit einigen Einschränkungen) rechtsfähig.[64] Neben der nach außen tätigen GbR kommt die Rechtsform der GbR häufig auch als reine **Innengesellschaft** vor. Während bei der Außen-GbR jeder Gesellschafter grundsätzlich gegenüber Dritten haftet, fehlt es bei der reinen Innengesellschaft an einer gemeinsamen Vertretung nach außen und an einem gesamthänderischen Vermögen, das nach außen rechtsfähig ist.[65] Eine Form der Innengesellschaft sind die **Unterbeteiligung** und die **stille Gesellschaft.** Hier beteiligt sich ein (stiller) Gesellschafter an dem Handelsgewerbe eines anderen oder dem Anteil, den ein Gesellschafter an einer Kapital- oder Personengesellschaft hält, mit einer Vermögenseinlage (§§ 230 ff. HGB).[66]

Anders als die GbR, die kein Handelsgewerbe betreiben kann, ist die **OHG** die Grundform der Zusammenarbeit von Kaufleuten.[67] Die Rechtsverhältnisse der OHG richten sich in erster Linie nach den §§ 105 ff. HGB. Soweit dort keine Regelung getroffen ist, finden ergänzend die Vorschriften zur GbR (§§ 705 ff. BGB) Anwendung (§ 105 Abs. 3 HGB). Charakteristisch für die OHG ist die unbeschränkte Haftung aller Gesellschafter gegenüber den Gesellschaftsgläubigern (§ 105 Abs. 1 HGB). Darin unterscheidet sie sich von der KG. Liegen die Voraussetzungen einer OHG vor (Betrieb eines Handelsgewerbes durch mindestens zwei Gesellschafter), ist die Gesellschaft automatisch OHG, unabhängig von dem Willen der Gesellschafter oder der Eintragung als OHG im Handelsregister.[68] Wie die GbR, besteht die OHG aus mindestens zwei Gesellschaftern, eine Ein-Personen-OHG ist nicht möglich.[69] Gesellschafter der OHG können nicht nur natürliche Personen, sondern auch rechtsfähige Personengesellschaften und juristische Personen sein.[70] Im Hinblick auf die dann möglicherweise beschränkte Haftungsmasse einzelner Gesellschafter muss unter dem Gesichtspunkt des Gläubigerschutzes eine solche Konstellation im Rechtsverkehr deutlich gemacht werden. Die Gesellschaft muss daher beispielsweise als GmbH & Co.

62 *Sprau*, in: Palandt, BGB, 78. Aufl. 2019, § 705 Rn. 1; *Gummert*, 2015, § 1 Rz. 43.
63 *Sprau*, in: Palandt, BGB, 78. Aufl. 2019, § 705 Rz. 6.
64 *Sprau*, in: Palandt, BGB, 78. Aufl. 2019, § 705 Rz. 23 ff., *Gummert*, 2015, § 1 Rz. 50.
65 *Sprau*, in: Palandt, BGB, 78. Aufl. 2019, § 705 Rz. 33, *Gummert*, 2015, § 1 Rz. 23 f.
66 *Sprau*, in: Palandt, BGB, 78. Aufl. 2019, § 705 Rz. 50 f.; *Gummert*, 2015, § 1 Rz. 25.
67 *Roth*, in: Baumbach/Hopt, HGB, 2018, Einleitung vor § 105 Rz. 15; § 105 Rz. 1.
68 *Roth*, in: Baumbach/Hopt, HGB, 2018, § 105 Rz. 7; *Schmidt*, in: MüKo HGB, 2016, § 105 Rz. 10.
69 *Roth*, in: Baumbach/Hopt, HGB, 2018, § 105 Rz. 18; *Schmidt*, in: MüKo HGB, 2016, § 105 Rz. 7, 24.
70 *Roth*, in: Baumbach/Hopt, HGB, 2018, § 105 Rz. 28 f. (nach h. M. auch Außen-GbR); *Schmidt*, in: MüKo HGB, 2016, § 105 Rz. 84.

OHG firmieren (§ 19 Abs. 2 HGB).[71] Umgekehrt kann die OHG auch Gesellschafter anderer Personen- oder Kapitalgesellschaften sein.[72]

Die **KG** unterscheidet sich von der OHG dadurch, dass nicht alle Gesellschafter persönlich haften. In der KG muss es mindestens einen persönlich haftenden Gesellschafter (Komplementär) geben, daneben mindestens einen beschränkt haftenden Gesellschafter (Kommanditist) (§ 161 Abs. 1 HGB).[73] Gesellschafter einer KG, sowohl Komplementär als auch Kommanditist, kann jede natürliche oder juristische Person sowie rechtsfähige Personengesellschaft sein.[74] Die beschränkte Haftung der Kommanditisten zeichnet sich dadurch aus, dass nur in Höhe der im Handelsregister eingetragenen Haftsumme des Kommanditisten gehaftet wird, wenn und soweit diese Haftsumme nicht voll einbezahlt ist. Ist die Haftsumme einbezahlt, kommt es nicht zur persönlichen Haftung (§§ 171 ff. HGB). Die KG ist wie die OHG stets auf den Betrieb eines Handelsgewerbes gerichtet. Während bei GbR und OHG grundsätzlich sämtliche Gesellschafter die Geschäfte führen und die Gesellschaft vertreten, ist der Kommanditist einer KG von der Geschäftsführung und Vertretung ausgeschlossen (§§ 164, 170 HGB). Kommanditisten können zwar zur Geschäftsführung,[75] jedoch nur sehr eingeschränkt zur Vertretung ermächtigt werden, z. B. im Wege der Vollmacht oder Prokura. Dies darf aber nicht dazu führen, dass der einzige persönlich haftende Gesellschafter allein nicht handlungsfähig ist (Prinzip der Selbstorganschaft).[76]

OHG oder KG kommen häufig auch als sog. Mischformen vor, in welcher ein persönlich haftender Gesellschafter eine Kapitalgesellschaft ist. Häufig anzutreffen ist die **GmbH & Co. KG**. Möglich sind selbstverständlich auch andere Gesellschaften oder Stiftungen als persönlich haftender Gesellschafter, wie z. B. die **SE & Co. KG** oder die **Stiftung & Co. KG**. Diese Mischformen sind grundsätzlich genauso wie eine KG zu behandeln. Die Besonderheit ergibt sich ausschließlich daraus, dass persönlich haftender Gesellschafter keine natürliche Person, sondern eine Kapitalgesellschaft oder Stiftung ist, bei denen die Haftung wiederum grundsätzlich auf ihr Gesellschafts- oder Stiftungsvermögen beschränkt ist.

1.2.1.3 Kapitalgesellschaften

Klassische Kapitalgesellschaften des deutschen Rechts sind die GmbH und die AG. Als für Familiengesellschaften relevante Rechtsform tritt die KGaA hinzu, die trotz ihrer Zwitterstellung zwischen KG und AG als Kapitalgesellschaft zu behandeln ist.[77]

---

71 *Roth*, in: Baumbach/Hopt, HGB, 2018, § 105 Rz. 28.
72 *Roth*, in: Baumbach/Hopt, HGB, 2018, § 124 Rz. 32, *Schmidt*, in: MüKo HGB, 2016, § 105 Rz. 93.
73 *Gummert*, 2015, § 1 Rz. 70; *Grunewald*, in: MüKo HGB, 2012, § 161 Rz. 2, 3.
74 *Weipert*, in: Ebenroth/Boujong/Joost/Strohn, 2014, § 161 Rz. 2.
75 *Grunewald*, in: MüKo HGB, 2012, § 164 Rz. 22 ff.
76 *Roth*, in: Baumbach/Hopt, HGB, 2018, § 170 Rz. 1; § 127 Rz. 3.
77 Hüffer/Koch, AktG, 2018, § 278 Rz. 2 f.

Anders als Personengesellschaften kann die **GmbH** durch eine oder mehrere Personen zu jedem gesetzlich zulässigen Zweck errichtet werden (§ 1 GmbHG). Für die GmbH charakteristisch ist die fehlende persönliche Haftung der Gesellschafter für die Gesellschaftsschulden (§ 13 Abs. 2 GmbHG). Das gesetzliche Mindestkapital, das die Gesellschafter aufzubringen haben, beträgt 25.000 € (§ 5 Abs. 1 GmbHG). Das im Wesentlichen im GmbHG geregelte Recht der GmbH hat zuletzt durch das Gesetz zur Modernisierung des GmbH-Rechts und zur Bekämpfung von Missbräuchen (MoMiG) im Jahr 2008 größere Änderungen erfahren. So ist es seit dem MoMiG möglich, eine GmbH mit einem Stammkapital zu gründen, das den Betrag des Mindeststammkapitals von 25.000 € unterschreitet, sog. Unternehmergesellschaft (UG) (§ 5a GmbHG). Im Zuge der Flexibilisierung des GmbH-Rechts sollte dadurch erreicht werden, dass auch kleinere Existenzgründer die Rechtsform der GmbH wählen können.[78] Allerdings muss in der Firma die Bezeichnung »Unternehmergesellschaft (haftungsbeschränkt)« oder »UG (haftungsbeschränkt)« geführt werden. Im Interesse des Gläubigerschutzes unterliegt die UG besonderen Regelungen, unter anderem ist eine gesetzliche Rücklage zu bilden (§ 5a Abs. 3 GmbHG).

Die GmbH entsteht erst mit ihrer Eintragung in das Handelsregister (§ 11 GmbHG). Neben den im Handelsregister selbst veröffentlichten Angaben, wie Geschäftsführer, Stammkapital und Geschäftsadresse, sind zur Einsicht im Handelsregister auch vorzulegen der Gesellschaftsvertrag sowie eine Liste der Gesellschafter. Im Verhältnis zur Gesellschaft gelten nur diejenigen als Gesellschafter, die als solche in der im Handelsregister aufgenommenen Gesellschafterliste eingetragen sind (§ 16 Abs. 1, § 40 GmbHG). Demnach können Gesellschafterbeschlüsse nur durch die in der im Handelsregister aufgenommenen Gesellschafterliste genannten Personen wirksam gefasst werden. Anders als die Personengesellschaften wird die GmbH nicht durch einen oder mehrere Gesellschafter geführt, sondern durch einen oder mehrere Geschäftsführer (§ 6 Abs. 1, Abs. 3 Satz 1 GmbHG), die die GmbH auch nach außen vertreten (§ 35 GmbHG). Geschäftsführer kann nur eine natürliche, unbeschränkt geschäftsfähige Person sein (§ 6 Abs. 2 GmbHG). Die Aufgaben und Rechte der Gesellschafter hinsichtlich der Geschäftsführung beschränken sich auf die Bestellung und die Abberufung der Geschäftsführer, deren Entlastung sowie Maßnahmen zur Prüfung und Überwachung der Geschäftsführung (§ 46 Nr. 5, 6 GmbHG) einschließlich der Möglichkeit, Weisungen zu erteilen. Darüber hinaus steht den Gesellschaftern ein Auskunfts- und Einsichtsrecht über die Angelegenheiten der Gesellschaft zu (§ 51a GmbHG).

Auch die **AG** kann einen oder mehrere Gesellschafter haben (§ 2 AktG). Sowohl natürliche als auch juristische Personen können Aktionäre sein.[79] Nach außen haftet für Verbindlichkeiten der Gesellschaft ausschließlich das Gesellschaftsvermögen (§ 1 Abs. 1 Satz 2 AktG). Das gesetzliche Mindestkapital beträgt 50.000 € (§ 7 AktG). An die Gesellschafter werden Aktien ausgegeben, entweder als Nennbetragsaktien oder Stückaktien (§ 8 AktG), die Aktien können dabei auf den Inhaber oder auf den Namen lauten (§ 19 AktG). Aktien können in verschiedene Gattungen

78 Entwurf eines Gesetzes zur Modernisierung des GmbH-Rechts und zur Bekämpfung von Missbräuchen (MoMiG), BT-Drs. 16/6140.

79 Hüffer/Koch, AktG, 2018, § 2 Rz. 5 ff.

geteilt und jeder Gattung unterschiedliche Rechte zugestanden werden (§ 11 AktG), so dass in erster Linie unterschiedliche Vermögensrechte gewährt werden können, z. B. das Recht auf Dividende oder zum Bezug neuer Aktien.[80] Mehrstimmrechte sind jedoch unzulässig (§ 12 AktG). Die Geschäfte der AG werden durch den Vorstand geleitet (§ 76 AktG), der die Gesellschaft auch nach außen vertritt (§ 78 AktG). Der Vorstand wird durch den Aufsichtsrat bestellt (§ 84 AktG). Vorstandsmitglieder können für eine Amtszeit von bis zu fünf Jahren bestellt werden, wobei eine – auch mehrfache – Wiederbestellung oder Verlängerung der Amtszeit für jeweils maximal fünf weitere Jahre möglich ist (§ 84 AktG). Der Aufsichtsrat hat die Geschäftsführung durch den Vorstand zu überwachen (§ 111 AktG), der Vorstand hat dem Aufsichtsrat zu berichten (§ 90 AktG). Die Mitglieder des Aufsichtsrats werden von der Hauptversammlung der Aktionäre gewählt, soweit sie nicht in den Aufsichtsrat zu entsenden oder als Aufsichtsratsmitglieder der Arbeitnehmer nach den Mitbestimmungsgesetzen zu wählen sind (§ 101 AktG). Die Aktionäre üben ihre Rechte in der Hauptversammlung aus (§ 118 ff. AktG).

Die **KGaA** ist eine Mischform zwischen AG und KG. Wie die KG, und anders als die AG, hat die KGaA zwei Arten von Gesellschaftern, mindestens einen persönlich haftenden Gesellschafter (Komplementär) sowie mindestens einen beschränkt haftenden Gesellschafter (Kommanditaktionär). Im Unterschied zur KG jedoch hängt die beschränkte Haftung des Kommanditaktionärs nicht von der Leistung seiner Einlage ab.[81] Dennoch kann ein und dieselbe natürliche oder juristische Person sowohl persönlich haftender Gesellschafter als auch Kommanditaktionär sein.[82] Mit dem Wegfall der Vorgabe einer Gründerzahl in § 280 AktG durch Art. 1 Nr. 34 UMAG vom 22.09.2005,[83] kann die KGaA nunmehr von einer einzelnen Person durch einseitiges Rechtsgeschäft gegründet werden.[84] Vergleichbar mit der KG gilt auch bei der KGaA, dass die Firma auf die Haftungsbeschränkung hinweisen muss, wenn keine natürliche Person persönlich haftet (§ 279 Abs. 2 AktG). Möglich sind demnach Konstellationen wie die GmbH & Co. KGaA, AG & Co. KGaA oder SE & Co. KGaA. Anders als die AG, hat die KGaA keinen Vorstand. Geschäftsführung und Vertretung erfolgen durch die persönlich haftenden Gesellschafter (§ 278 Abs. 2 AktG i. V. m. §§ 161 Abs. 2, 114 bis 118 HGB). Die Kommanditaktionäre sind von der Geschäftsführung und Vertretung ausgeschlossen (§ 278 Abs. 2 AktG i. V. m. §§ 164, 170 HGB). Wie die AG, muss die KGaA einen Aufsichtsrat haben (§ 278 Abs. 3 i. V. m. §§ 95 ff. AktG). Dieser ist im Wesentlichen mit denselben Rechten ausgestattet, wie der Aufsichtsrat der AG. Allerdings hat der Aufsichtsrat der KGaA keine Personalkompetenz zur Besetzung der Geschäftsleitung, da die Stellung der Komplementäre als persönlich haftende Gesellschafter unmittelbar aus dem Gesellschaftsvertrag folgt.[85] Der im Vergleich zur AG geringere Einfluss des Aufsichtsrats auf die Geschäftsleitung wird insbesondere bei Gesellschaften, die der unternehmerischen Mitbestimmung unterliegen, als rechtsformspezifischer Vorteil der KGaA für Familienunternehmen

80 Hüffer/Koch, AktG, 2018, § 11 Rz. 4.
81 Hüffer/Koch, AktG, 2018, § 278 Rz. 4.
82 Hüffer/Koch, AktG, 2018, § 278 Rz. 5.
83 BGBl I 2005, 2802.
84 Hüffer/Koch, AktG, 2018, § 280 Rz. 2.
85 *Arnold*, in: Henssler/Strohn, Gesellschaftsrecht, 2019, § 287 AktG Rz. 3.

gesehen. Zudem muss bei einer paritätisch mitbestimmten KGaA kein Arbeitsdirektor bestellt werden (§33 Abs. 2 MitbestG). Komplementäre können nicht Mitglieder des Aufsichtsrats sein (§287 Abs. 3 AktG). In der Hauptversammlung üben die Kommanditaktionäre die Rechte aus, die in der AG den Aktionären zustehen (§278 Abs. 3 i.V.m. §118 ff. AktG). Persönlich haftende Gesellschafter haben in der Hauptversammlung kein Stimmrecht, es sei denn, sie sind zugleich Kommanditaktionär (§285 Abs. 1 AktG).

1.2.1.4 Europäische Gesellschaftsformen

Dr. Marcel Hagemann

Für Familienunternehmen kommt aus dem Kreis der europäischen Gesellschaftsformen aktuell lediglich die Europäische AG (Societas Europaea, SE) in Frage. Die anderen europäischen Gesellschaftsformen sind entweder strukturell für Familiengesellschaften nur in Ausnahmekonstellationen passend (Europäische Genossenschaft, Societas Cooperativa Europaea, SCE) oder befinden sich noch im Gesetzgebungsverfahren (Societas Unius Personae, SUP).

Die Europäische AG ist konzeptionell mit der deutschen AG vergleichbar. Dies ist dem Umstand geschuldet, dass die europäischen Rechtsgrundlagen (SE-VO und SE-RL) die SE nicht umfassend regeln und dem nationalen Recht Gestaltungsspielräume belassen. Für diese nicht europarechtlich vorgegebenen Bereiche gilt entweder unmittelbar nationales Aktienrecht oder der deutsche Gesetzgeber hat Gestaltungsspielräume den nationalen Regelungen zur AG entsprechend genutzt.[86] Dementsprechend gelten die Ausführungen zur Haftung, zu den Aktienarten und -gattungen und zur Registerpublizität bei der AG für die SE entsprechend. Anders als bei der deutschen AG beträgt das Grundkapital der SE allerdings 120.000€, vgl. Art. 4 Abs. 2 SE-VO. Die SE ist damit die Rechtsform mit den höchsten Grundkapitalanforderungen.

Zu den wesentlichen Unterschieden zwischen der SE und der AG zählt zum einen das Recht der Aktionäre, bei der Leitungsstruktur zwischen dem monistischen und dem dualistischen Leitungssystem wählen zu können. Während das dualistische Leitungssystem, also die Leitung durch den Vorstand und dessen Überwachung durch den Aufsichtsrat, der deutschen AG sehr ähnlich ist, bietet die SE als einzige der gängigen Rechtsformen das so genannte Board-System (monistisches System) an.[87] In dieser Konstellation ist der Verwaltungsrat (das Board) das zentrale Leitungs- und Überwachungsgremium der SE. Nach der gesetzlichen Konzeption trifft der Verwaltungsrat sämtliche strategischen Entscheidungen der Gesellschaft. Das Tagesgeschäft wird im monistischen System von den geschäftsführenden Direktoren verrichtet, die allerdings

86 Zur Normenhierarchie siehe *Jannott/Frodermann*, 2014, Kap. 4 Rz. 6 ff.
87 *Jannott/Frodermann*, 2014, Kap. 5 Rz. 131 ff.

die Weisungen des Verwaltungsrats befolgen müssen. Eine vergleichbare Leitungsstruktur lässt sich bei anderen Rechtsformen nur mit erheblichem Aufwand nachbilden.

Darüber hinaus unterscheidet sich die SE von den übrigen deutschen Gesellschaftsformen durch das Mitbestimmungsregime.[88] Anders als beispielsweise bei der GmbH oder der AG wird die unternehmerische Mitbestimmung bei der SE zwischen der Unternehmensleitung und den Arbeitnehmern ausgehandelt, so dass sich – gemeinsam mit den Arbeitnehmern – Lösungen entwickeln lassen, die den Besonderheiten des jeweiligen Familienunternehmens Rechnung tragen. Diese einmal verhandelte Lösung bleibt – abgesehen von strukturellen Änderungen, die geeignet sind, die Beteiligungsrechte der Arbeitnehmer zu mindern, vgl. § 18 Abs. 3 SEBG – dauerhaft und unabhängig von der Anzahl der Arbeitnehmer bestehen (sog. »Einfrieren« der Mitbestimmung).

Ferner ist die SE die einzige Rechtsform, die für die grenzüberschreitende Sitzverlegung einen kompletten Regelungskanon vorsieht. Zwar sollte die grenzüberschreitende (Satzungs-)Sitzverlegung auch für andere Rechtsformen nach den EuGH-Entscheidungen *Cartesio*[89] und *Vale*[90] grundsätzlich möglich sein. Da es insoweit allerdings an kodifizierten Normen fehlt, ist die grenzüberschreitende Sitzverlegung bei anderen Rechtsformen mit erheblichen Unsicherheiten behaftet. Zu guter Letzt unterscheidet sich die SE von den nationalen Gesellschaftsformen dadurch, dass diese in ihrem Außenauftritt bereits die europäische Identität zum Ausdruck bringt. Auch wenn es sich hierbei nur um einen weichen Faktor handelt, wird die europäische Corporate Identity in der Praxis – gerade bei Unternehmen die international tätig sind – besonders hervorgehoben.

Die SE kann – wie auch die AG und die GmbH – als Komplementärin einer KG oder einer KGaA fungieren. Gerade die letztgenannte Kombination von SE und KGaA ist in jüngster Zeit bei Familienunternehmen vermehrt zu beobachten (z. B. *Bertelsmann SE & Co. KGaA*, *Sto SE & Co. KGaA*).

Nach dem gesetzlichen Leitbild führt der Weg in die SE grundsätzlich über andere Gesellschaftsformen. Es gibt also einen so genannten Numerus clausus der Gründungsformen, wobei jede der Gründungsalternativen das Bestehen von Unternehmen und einen supranationalen Bezug erfordert (vgl. Art. 2 SE-VO). Diese Beschränkungen der Gründungsmöglichkeiten spielen in der Praxis indes keine Rolle. Soweit die Voraussetzungen für die Gründung im konkreten Fall nicht vorliegen sollten, ist es mittlerweile anerkannt, über eine Vorratsgesellschaft in die SE wechseln zu können.[91]

88 Zur Mitbestimmung bei der SE vgl. *Jannott/Frodermann*, 2014, Kap. 13 Rz. 16 ff.
89 EuGH vom 16.12.2008, NJW 2009, 569 -*Cartesio*.
90 EuGH vom 12.07.2012, NJW 2012, 2715 – *Vale*.
91 *Jannott/Frodermann*, 2014, Kap. 3 Rz. 304 ff.

1.2.1.5 Stiftung

Die Stiftung ist vielfach bekannt im Zusammenhang mit gemeinnützigem Wirken. Gleichwohl kann die Rechtsform der Stiftung auch für unternehmerische Tätigkeiten genutzt werden. Grundsätzlich charakterisiert sich die Stiftung dadurch, dass sie eine mit Rechtsfähigkeit ausgestattete nicht verbandsmäßig organisierte Einrichtung ist. Die Stiftung verfolgt einen vom Stifter bestimmten Zweck, den sie mit Hilfe eines dazu gewidmeten Vermögens dauerhaft fördern soll.[92] In diesem Rahmen ist es möglich, dass das der Stiftung übertragene Vermögen ganz oder teilweise in Unternehmensbeteiligungen besteht (sog. **Beteiligungsträgerstiftung**).[93] Die Stiftung als Gesellschafter des jeweiligen Unternehmens erhält dementsprechend die Gewinne, die die Stiftung entsprechend ihres Stiftungszwecks verwendet. Ist es Zweck der Stiftung, Mitgliedern einer (oder mehrerer) Familie(n) zu ermöglichen, das Stiftungsvermögen zu nutzen und/oder die Stiftungserträge einzuziehen, liegt eine sog. **Familienstiftung** vor.[94] Die Stiftung kann aber auch das Unternehmen selbst betreiben und so unmittelbar die Gewinne erwirtschaften, die sie anschließend entsprechend dem Stiftungszweck verwendet (sog. **Unternehmensträgerstiftung**).[95]

Die Stiftung unterscheidet sich von anderen Rechtsformen grundlegend dadurch, dass sie keine Gesellschafter oder Mitglieder hat. Die Stiftung kennt lediglich Destinatäre, das sind diejenigen Personen, welchen Mittel von der Stiftung zugewendet werden sollen.

Regelungen zur Stiftung finden sich in § 80 ff. BGB sowie in den Stiftungsgesetzen der Länder. Die Stiftung wird errichtet durch das Stiftungsgeschäft. Dieses beinhaltet die Erklärung des oder der Stifter, welches Vermögen die Stiftung übertragen erhalten soll und zu welchem Zweck es gewidmet wird, sowie eine Stiftungssatzung (§ 81 BGB). Neben Name, Sitz, Zweck und Vermögen der Stiftung wird in der Stiftungssatzung auch der Vorstand der Stiftung geregelt. Die Satzung muss dabei die Zahl der Mitglieder sowie das Verfahren ihrer Bestellung und Abberufung regeln.[96] Darüber hinaus kann die Satzung weitere Regelungen enthalten, z. B. über die Destinatäre, die Einrichtung eines Kontrollorgans oder die Möglichkeit, spätere Satzungsänderungen durchzuführen.[97] Zusätzlich zum Stiftungsgeschäft bedarf es der Anerkennung durch die zuständige Behörde des Landes, in dem die Stiftung ihren Sitz haben soll (§ 80 Abs. 1 BGB). Mit der Anerkennung durch die Stiftungsbehörden ist die Stiftung errichtet, ein späterer Widerruf oder eine Auflösung der Stiftung ist grundsätzlich nicht mehr möglich. Nur unter engen Voraussetzungen, z. B. bei endgültiger Erfüllung des Stiftungszwecks oder Gefährdung des Gemeinwohls kann die Stiftung durch die Stiftungsbehörde aufgehoben werden (§ 87 Abs. 1 BGB).

92 *Ellenberger*, in: Palandt, BGB, 78. Aufl. 2019, Vorbemerkung vor § 80 Rz. 5; BayObLG vom 25.10.1972, NJW 1973, 249.
93 *Gummert*, 2015, § 1 Rz. 137.
94 *Weitemeyer*, in: MüKo BGB, 2018, § 80 Rz. 177; zum Einsatz ausländischer Familienstiftungen in der Nachfolgeplanung *Lange/Sabel*, ZStV 2014, 201 ff.
95 *Gummert*, 2015, § 1 Rz. 137.
96 *Ellenberger*, in: Palandt, BGB, 78. Aufl. 2019, § 81 Rz. 9.
97 *Ellenberger*, in: Palandt, BGB, 78. Aufl. 2019, § 81 Rz. 10.

Eine Stiftung kann zudem aufgelöst werden, wenn das Insolvenzverfahren über ihr Vermögen eröffnet wird (§ 86 i. V. m. § 42 BGB) oder Umstände vorliegen, die in der Satzung der Stiftung ausdrücklich als Auflösungsgründe genannt werden, z. B. eine auflösende Bedingung oder eine von vornherein auf einen bestimmten Endtermin gerichtete Stiftung.[98] Sobald die Stiftung von der Stiftungsbehörde anerkannt ist, muss der Stifter entsprechend dem Stiftungsgeschäft das zugesagte Vermögen endgültig auf die Stiftung übertragen (§ 82 BGB; zur Stiftung im Einzelnen vgl. 3).

1.2.2 Kriterien für die Rechtsformwahl

Bei der Wahl der richtigen Rechtsform für ein Unternehmen spielen eine Vielzahl von unterschiedlichen Kriterien eine Rolle. Nicht alle Kriterien werden bei jedem Unternehmen gleichermaßen bedeutsam sein. Einzelne Kriterien mögen im Einzelfall im Vordergrund stehen, im Ergebnis wird es jedoch immer eine Abwägung mehrerer Kriterien in der Gesamtschau geben müssen.[99]

!

Hinweis

Die Wahl der Rechtsform setzt zunächst eine sorgfältige Analyse der Situation von Unternehmen und Familie sowie der strategischen Ausrichtung des Unternehmens einerseits, und der Ziele der Familie (Familienstrategie) andererseits voraus. Auf dieser Basis sollten dann die einzelnen Kriterien untersucht und abgewogen werden.

Allgemeine Kriterien, die insbesondere bei der Neugründung eine Rolle spielen, sind die Frage nach dem Mindestkapital, der Haftungsverfassung und der steuerlichen Belastung. Das **Mindestkapital** bewegt sich je nach Rechtsform zwischen 1 € bis 50.000 € (zu den einzelnen Rechtsformen vgl. 1.2.1). Ausschlusskriterium wird die Kapitalausstattung daher allenfalls bei Kleinunternehmen sein, mittelständische Unternehmen rechnen von Haus aus mit einer höheren Kapitalausstattung.

Die **Haftungsverfassung** spielt demgegenüber eine deutlich größere Rolle, zumal sie auch die Frage nach der Haftung mit dem persönlichen Vermögen der Gründer, Gesellschafter oder Geschäftsführer betrifft. Die Unterschiede zwischen den Rechtsformen sind groß. Die Spanne reicht von der vollumfänglichen persönlichen Haftung, über eine beschränkte persönliche Haftung, bis zum Ausschluss der persönlichen Haftung bzw. Haftung nur des Gesellschaftsvermögens. Die persönliche Haftung zumindest eines Gesellschafters bei sämtlichen Personengesellschaften lässt diese Rechtsformen zunächst unattraktiv erscheinen. Dennoch lohnt hier ein zweiter Blick. So lässt sich die unmittelbare persönliche Haftung einer natürlichen Person beispielsweise bei KG und KGaA dadurch vermeiden, dass eine Kapitalgesellschaft die Stellung des

98 *Ellenberger*, in: Palandt, BGB, 78. Aufl. 2019, § 87 Rz. 3.
99 *Fleischer*, in: MüKo GmbHG, 2018, Einleitung Rz. 300; *Prinz/Winkeljohann*, 2014, § 1 Rz. 8.

persönlich haftenden Gesellschafters (Komplementärs) übernimmt. Über die GmbH & Co. KG, die SE & Co. KGaA oder vergleichbare Kombinationen wird im Ergebnis doch eine Abschirmung des Privatvermögens des oder der Unternehmer ermöglicht. Dieses Ziel kann auch dadurch erreicht werden, dass innerhalb eines Unternehmensverbunds haftungsträchtige, produzierende Unternehmen in Form einer haftungsbeschränkten Kapitalgesellschaft geführt werden, während an der Spitze der Unternehmensgruppe eine Personengesellschaft eine Holdingfunktion übernimmt. In allen Konstellationen sollte dennoch nicht außer Acht gelassen werden, dass selbst bei grundsätzlich beschränkter Haftung in Ausnahmefällen auch eine persönliche Haftung der Gesellschafter drohen kann, insbesondere in Missbrauchsfällen.[100] Zu Recht wird auch darauf hingewiesen, dass ein Haftungsprivileg in der gewählten Rechtsform faktisch an Wert verlieren kann, wenn die Gesellschafter im Rahmen einer Fremdfinanzierung der Gesellschaft persönliche Sicherheiten stellen müssen.[101]

Auch die **Besteuerung** von Unternehmen und Gesellschaftern spielt bei der Rechtswahl eine Rolle (zur Besteuerung vgl. 6.). Zu berücksichtigen sind sowohl die laufende Besteuerung mit Gewerbe-, Einkommens- und Körperschaftssteuer als auch die Besteuerung von besonderen Vorfällen. Hierunter fällt insbesondere die Besteuerung bei der Veräußerung von Anteilen bei Umwandlungsvorgängen sowie im Zusammenhang mit der Unternehmensnachfolge.[102] Welche Rechtsform für ein bestimmtes Unternehmen steuerlich vorteilhaft ist oder nicht, hängt von vielen Einzelfaktoren ab, wie z.B. der Größe, der Ertragsstärke, der Gestaltung von Vertragsbeziehungen zwischen Gesellschaft und Gesellschaftern sowie der sonstigen Einkünfte der Gesellschafter, und ist an dieser Stelle nicht pauschal zu beantworten. Die Rechtsform der Kapitalgesellschaft ist bei geringer Ertragssteuerbelastung vor allem für große und ertragsstarke Familienunternehmen günstig. Aufgrund der seit der Unternehmenssteuerreform 2008 reduzierten Gewerbesteuerbelastung und der verbesserten Anrechnungsmöglichkeit der Gewerbesteuer, der Thesaurierungsbegünstigung sowie der Möglichkeit der Verlustverrechnung mit anderen Einkünften des Gesellschafters sind jedoch Personengesellschaften weiterhin für Familienunternehmen eine interessante Rechtsform.[103] Auch im Erbfall unterscheidet sich die Belastung der Erben mit Erbschaftsteuer abhängig von der Rechtsform, aber selbstverständlich spielen auch sachliche und persönliche Steuererleichterungen bei der konkreten Berechnung der Erbschaftsteuerbelastung eine nicht unerhebliche Rolle.[104]

Neben diesen allgemeinen Kriterien werden nachfolgend diejenigen Kriterien näher beleuchtet, welche speziell für Familienunternehmen von besonderer Bedeutung sind.

100 *Sudhoff*, (Personengesellschaften) 2005, § 1 Rz. 30.
101 *Sudhoff*, (Personengesellschaften) 2005, § 1 Rz. 31; *Gummert*, 2015, § 1 Rz. 173.
102 *Gummert*, 2015, § 1 Rz. 179 ff.; *Sudhoff*, (Personengesellschaften) 2005, § 2 Rz. 20 ff.
103 ZEW, 2008, IX f.
104 ZEW, 2008, X f.

1.2.2.1 Entscheidungsfindung der Gesellschafter

Sobald mehrere Gesellschafter an einem Unternehmen beteiligt sind, stellt sich die Frage, mit welchen **Mehrheiten** Entscheidungen getroffen werden können und in welcher Form. Zunächst gilt der Grundsatz, dass Entscheidungen der Gesellschafterversammlung bei Personengesellschaften einstimmig erfolgen müssen. Bei Kapitalgesellschaften dagegen genügt in der Regel für laufende Geschäfte die einfache Mehrheit der abgegebenen Stimmen (§ 47 Abs. 1 GmbHG, § 133 Abs. 1 AktG), für grundlegende Themen, wie z. B. die Änderung des Gesellschaftsvertrags, Kapitalerhöhungen oder -herabsetzungen, schreibt das Gesetz eine qualifizierte Mehrheit von 3/4 der abgegebenen Stimmen vor (§ 53 Abs. 2 Satz 1 GmbHG, § 179 Abs. 2 Satz 1 AktG).

Weitaus wichtiger als die gesetzlichen Mehrheiten ist jedoch die Frage, ob und inwieweit im Gesellschaftsvertrag von gesetzlichen Vorgaben abgewichen und die Entscheidungsfindung an die Interessen der Gesellschafter angepasst werden kann (zum Kriterium der Flexibilität vgl. 1.2.2.9). So kann der Grundsatz der einstimmigen Beschlussfassung bei Personengesellschaften im Gesellschaftsvertrag zu Gunsten einer einfachen oder qualifizierten Mehrheit abbedungen werden.[105] Bei Kapitalgesellschaften können die gesetzlich vorgegebenen Mehrheiten zwar im Gesellschaftsvertrag nicht herabgesetzt werden, es können jedoch höhere Mehrheiten bis hin zur Einstimmigkeit vorgesehen werden. Sollen **Mehrheitsklauseln** nicht nur gewöhnliche Beschlussgegenstände umfassen, sondern auch grundlegende Geschäfte, so muss sich dies unzweideutig oder durch Auslegung aus dem Gesellschaftsvertrag ergeben. Darüber hinaus sind Mehrheitsbeschlüsse im Einzelfall unwirksam, wenn sie treuwidrig in grundlegende Rechte eines einzelnen Gesellschafters eingreifen und der betroffene Gesellschafter nicht zugestimmt hat.[106]

! **Hinweis**

Die Frage, welche Mehrheiten man für die Entscheidungsfindung der Gesellschafter zugrunde legen möchte, hängt entscheidend von der Situation in der konkreten Gesellschaft, der Zusammensetzung der Gesellschafter und der weiteren Perspektive ab.

Regelungen zur Einstimmigkeit können für bestimmte grundlegende Geschäfte sinnvoll sein, wenn die Gesellschaft einen überschaubaren Gesellschafterkreis hat und die Familie nahe am Unternehmen steht. Andererseits können einzelne Gesellschafter das Erfordernis der Einstimmigkeit zur Blockade nutzen, was das Unternehmen im schlimmsten Fall handlungsunfähig machen kann. Mehrheitsklauseln bieten in jedem Fall mehr Flexibilität. Sie können jedoch dann zu einem Zerwürfnis zwischen den Gesellschaftern führen, wenn eine immer gleiche Mehrheit sämtliche Entscheidungen gegen den Willen der Minderheit durchsetzt. Denkbar sind

105 Für GbR: § 709 Abs. 2 BGB; *Sprau*, in: Palandt, BGB, 78. Aufl. 2019, Vorbemerkung vor § 709 Rz. 11a; für OHG und KG: § 119 Abs. 2 HGB; *Roth*, in: Baumbach/Hopt, HGB, 2018, § 119 Rz. 34.

106 *Sprau*, in: Palandt, BGB, 78. Aufl. 2019, Vorbemerkung vor § 709 Rz. 11a, 17 f.; *Roth*, in: Baumbach/Hopt, HGB, 2018, § 119 Rz. 35 ff.; BGH vom 21.10.2014, DB 2014, 2640.

in solchen Fällen fein austarierte Regelungen, die beispielsweise für bestimmte Entscheidungen **Zustimmungserfordernisse** jedes Familienstammes vorsehen. In diesem Zusammenhang können auch **Stimmpoolvereinbarungen** hilfreich sein.

Im Zusammenhang mit der Entscheidungsfindung der Gesellschafter ist weiterhin von Bedeutung, in welcher **Form** die Entscheidungen getroffen werden müssen. Grundsätzlich erfolgt die Meinungsbildung in der Gesellschafterversammlung durch Beschluss. Eine Beschlussfassung auf anderem Weg, z. B. schriftlich im Umlaufverfahren, mündlich per Telefon, über E-Mail oder auch per Videokonferenz, kann für Gesellschafter, die sich nicht regelmäßig am Sitz der Gesellschaft aufhalten, wichtig sein. Derartige Möglichkeiten alternativer Beschlussfassung müssen jedoch bei allen Gesellschaftsformen im Gesellschaftsvertrag vorgesehen sein. In diesem Zusammenhang kann es auch entscheidend sein, ob sich einzelne Gesellschafter bei der Beschlussfassung vertreten lassen können. Das Stimmrecht ist grundsätzlich ein mit der Mitgliedschaft verbundenes Recht, das nicht von der Mitgliedschaft abgespalten werden kann. Dennoch ist eine Vertretung bei der Stimmabgabe zulässig, wenn der Gesellschaftsvertrag entsprechende Möglichkeiten vorsieht. Sorgfältig zu überlegen ist dabei, ob man jeglichen Vertreter zulassen möchte. Im Hinblick auf die Behandlung vertraulicher Themen in der Gesellschafterversammlung wird üblicherweise eine Vertretung nur durch andere Gesellschafter und durch von Berufs wegen zur Verschwiegenheit verpflichtete Berater (Rechtsanwälte, Steuerberater, Wirtschaftsprüfer) zugelassen. Daneben kann überlegt werden, ob man Gesellschaftern zugesteht, zusätzlich in der Gesellschafterversammlung einen Berater hinzuzuziehen. Ist dies im Gesellschaftsvertrag nicht ausdrücklich gestattet, müssen die Gesellschafter in der jeweiligen Versammlung der Hinzuziehung dritter Personen zustimmen.

1.2.2.2 Leitung und Überwachung des Unternehmens

Grundlegend für das Kriterium der Unternehmensleitung ist zunächst die Beantwortung der Frage, ob Mitglieder der Familie bzw. die Gesellschafter die Unternehmensleitung ausschließlich selbst übernehmen möchten, ob sie das Unternehmen zusammen mit Managern außerhalb des Gesellschafterkreises leiten wollen oder ob sich Familienmitglieder ausschließlich auf die Rolle der Gesellschafter beschränken und das Management vollständig durch externe Dritte erfolgt. In einem zweiten Schritt ist zu überlegen, welche Rechtsform auch bei zukünftigen Entwicklungen geeignet ist. Ist zu erwarten, dass nachfolgende Generationen zwar als Gesellschafter aktiv sein wollen, nicht jedoch unmittelbar in die Unternehmensleitung gehen möchten, verändert sich die Struktur des Unternehmens. Gleiches gilt, wenn zukünftige Generationen erst später in die Unternehmensleitung nachrücken, zusammen mit externen Managern oder als Ersatz für diese. Da solche zukünftigen Entwicklungen nicht im Einzelnen vorhergesagt werden können, bietet sich gerade eine anstehende Veränderung in diesem Bereich an, die einmal gewählte Rechtsform zu überdenken und ggf. einen Rechtsformwechsel einzuleiten, um die neuen Strukturen besser abzubilden.

Bei Personengesellschaften gilt der Grundsatz der **Selbstorganschaft.** Die Gesellschafter führen die Geschäfte (§ 709 BGB, § 114 Abs. 1 HGB). Es ist jedoch möglich, einzelne Gesellschafter per Regelung im Gesellschaftsvertrag von der Geschäftsführung auszuschließen (§ 710 BGB, § 114 Abs. 2 HGB). Darüber hinaus ist es auch möglich, einen Dritten, der nicht Gesellschafter ist, schuldrechtlich mit Geschäftsführungsaufgaben zu betrauen. Einem solchen »Geschäftsführer« kann auch Vollmacht zur Vertretung der Gesellschaft erteilt werden. Die Übertragung der Geschäftsführung, die üblicherweise mittels eines Dienstvertrages erfolgt, kann dabei so weit gehen, dass ein umfassender Betriebsführungsvertrag abgeschlossen wird. Entscheidend ist jedoch, dass die Gesellschafter weisungsbefugt bleiben und die Kontroll- und Planungsbefugnisse nicht aus der Hand geben können.[107]

Demgegenüber steht das Prinzip der **Fremdorganschaft** bei Kapitalgesellschaften. Zum Geschäftsführer einer GmbH bzw. zum Vorstandsmitglied einer AG kann jede natürliche, unbeschränkt geschäftsfähige Person bestellt werden, die die gesetzlichen Eignungsvoraussetzungen (§ 6 Abs. 2 GmbHG, § 76 Abs. 3 AktG) erfüllt. Die Geschäftsführerstellung ist unabhängig von der Gesellschafterstellung (§ 6 Abs. 3 GmbHG). Es bleibt den Gesellschaftern unbenommen, zusätzliche Eignungsvoraussetzungen aufzustellen, wie z. B. besondere sachliche Qualifikationen, und diese auch gesellschaftsvertraglich festzuschreiben.[108] Wollen sich GmbH-Gesellschafter einen gewissen unmittelbaren Einfluss auf die Geschäftsführung vorbehalten, kann der Gesellschaftsvertrag auch ein satzungsmäßiges Recht einzelner Gesellschafter auf die Ausübung der Geschäftsführerstellung vorsehen. Etwas weniger streng, aber ebenso möglich, ist eine Regelung im Gesellschaftsvertrag, wonach einzelne Gesellschafter oder Gesellschaftergruppen (z. B. Familienstämme) das Recht auf Benennung eines von mehreren Geschäftsführern haben.

! **Hinweis**

Neben der Frage, ob und in welchem Umfang Familienmitglieder als Gesellschafter auch in der Geschäftsführung aktiv werden können oder müssen, ist auch im Blick zu haben, welche Rechte die Gesellschafter gegenüber der Geschäftsführung haben.

In Personengesellschaften und auch bei einer GmbH (§ 51a GmbHG) gibt es umfassende **Informationsrechte** der Gesellschafter. Damit korrespondiert die Pflicht der Geschäftsführung, die Gesellschafter über die Geschäftsführung, insbesondere wesentliche Geschäftsvorfälle, zu unterrichten.[109] Das Informations- und Kontrollrecht steht in Personengesellschaften auch den Gesellschaftern zu, die von der Geschäftsführung ausgeschlossen sind (§ 716 BGB, § 118 HGB). Allerdings verfügen Kommanditisten grundsätzlich nur über sehr eingeschränkte Informationsrechte (§ 166 Abs. 2 HGB), soweit nicht im Gesellschaftsvertrag etwas anderes geregelt

107 *Roth*, in: Baumbach/Hopt, HGB, 2018, § 115 Rz. 24 f.

108 *Fastrich*, in: Baumbach/Hueck, GmbHG, 2017, § 6 Rz. 8.

109 *Sprau*, in: Palandt, BGB, 78. Aufl. 2019, § 713 Rz. 4 ff.; *Roth*, in: Baumbach/Hopt, HGB, 2018, § 118 Rz. 12; *Zöllner/Noack*, in: Baumbach/Hueck, GmbHG, 2017, § 35 Rz. 52.

ist. Daneben haben die Gesellschafter von Personengesellschaften und GmbH umfassende **Weisungsrechte** gegenüber der Geschäftsführung.[110] Anders stellt sich die Situation bei der AG dar. Hier haben die Aktionäre zwar gewisse **Auskunftsrechte** (§ 131 AktG), es ist jedoch Aufgabe des Aufsichtsrats, die Geschäftsführung zu überwachen (§ 111 Abs. 1 u. 2 AktG). Zudem ist der Aufsichtsrat auf die Überwachung beschränkt, er kann keine Weisungen an den Vorstand erteilen.[111] Auch den Aktionären steht kein Weisungsrecht zu. Nur bei Bestehen eines Beherrschungsvertrags ist das herrschende Unternehmen berechtigt, dem Vorstand Weisungen zu erteilen (§ 308 AktG).[112]

In diesem Zusammenhang ist es auch von Bedeutung, ob und in welchem Rahmen die Geschäftsführung an **Zustimmungsvorbehalte** gebunden werden kann. So können Gesellschaftsverträge vorsehen, dass die Geschäftsführung für die Durchführung bestimmter Maßnahmen einen vorherigen Beschluss der Gesellschafterversammlung (oder eines Aufsichtsrats, Beirats oder vergleichbaren Gremiums) einholen muss. Allerdings sind Satzungsregelungen bei der GmbH nur unter Einhaltung der entsprechenden Formularien, wie notarielle Beurkundung und Erfordernis einer 3/4-Mehrheit änderbar. Etwas flexibler als Satzungsregelungen sind Zustimmungsvorbehalte, die in einer Geschäftsordnung für die Geschäftsführung festgehalten sind. Die Geschäftsordnung kann durch einfachen Beschluss der Gesellschafterversammlung modifiziert werden.

1.2.2.3 Übertragbarkeit der Anteile

Das Kriterium der Übertragbarkeit besteht im Wesentlichen aus zwei Komponenten: Zum einen stellt sich die Frage, unter welchen Voraussetzungen Gesellschaftsanteile überhaupt übertragbar sind. Zum anderen geht es darum, inwieweit die Übertragbarkeit von Anteilen eingeschränkt werden kann. Letzteres ist für Familienunternehmen von besonderer Bedeutung (vgl. 1.3.1.1). Befindet sich ein Unternehmen ausschließlich in Familienhand, besteht vielfach der Wunsch, die familiäre Bindung zu erhalten und den Einstieg eines familienfremden Dritten zu verhindern oder nur unter engen Voraussetzungen zuzulassen.[113] Weiterhin sind Familienunternehmen häufig auf Beständigkeit bedacht. Eine Fortführung durch die nächste Generation soll sichergestellt sein.[114] In diesem Zusammenhang spielt es eine Rolle, ob die Nachfolge in einen Gesellschaftsanteil von Todes wegen möglich ist bzw. inwieweit der Erblasser hier Vorsorge treffen kann.

110 *Sprau*, in: Palandt, BGB, 78. Aufl. 2019, § 713 Rz. 3; *Roth*, in: Baumbach/Hopt, HGB, 2018, § 115 Rz. 24 f.; *Zöllner/Noack*, in: Baumbach/Hueck, GmbHG, 2017, § 37 Rz. 20.
111 Hüffer/Koch, AktG, 2018, § 76 Rz. 25, 27.
112 Hüffer/Koch, AktG, 2018, § 76 Rz. 27.
113 *Gummert*, 2015, § 1 Rz. 157.
114 *Gummert*, 2015, § 1 Rn. 156.

Bei Personengesellschaften ist die Übertragbarkeit der Beteiligung grundsätzlich eingeschränkt. Von Gesetzes wegen bedarf die Übertragung der Zustimmung der anderen Gesellschafter.[115] Zwar ist die Zustimmung grundsätzlich einstimmig durch alle Gesellschafter zu erteilen, der Gesellschaftsvertrag kann jedoch auch andere Mehrheiten vorsehen, bis hin zur zustimmungsfreien Übertragung.[116] So wird die Möglichkeit der Übertragung auf andere Gesellschafter oder an Familienangehörige bzw. Abkömmlinge häufig zustimmungsfrei ermöglicht. Für Gesellschaften, die in einer speziellen Branche tätig sind und in welcher die Mitarbeit der Gesellschafter erforderlich oder gewünscht ist, kann die Übertragung auch an die Erfüllung sonstiger Kriterien geknüpft werden. So kann z. B. vorgesehen werden, dass der neue Gesellschafter bestimmte Qualifikationen aufweisen muss. Da dies die Handlungsfähigkeit des Gesellschafterkreises jedoch stark einschränkt, sollte von derartigen Beschränkungen nur sparsam Gebrauch gemacht werden.

Für Kapitalgesellschaften gilt das Prinzip der freien Übertragbarkeit der Anteile. Spiegelbildlich zu den Personengesellschaften können Beschränkungen im Gesellschaftsvertrag vorgesehen werden, bei der AG allerdings nur für Namensaktien (§ 68 Abs. 2 AktG). Zudem sind die Anteile an Kapitalgesellschaften zwingend vererblich. Insoweit wird bei Kapitalgesellschaften ebenfalls häufig von **Zustimmungsvorbehalten** oder der Möglichkeit der Einziehung Gebrauch gemacht, wenn ein Anteil an Dritte, insbesondere familienfremde Personen, übertragen wird.

1.2.2.4 Vertraulichkeit versus Publizität

Das Kriterium der Vertraulichkeit spielt in Familienunternehmen eine besondere Rolle. Für die Mitglieder der Familie ist es häufig bedeutsam, dass Familieninterna und häufig auch detaillierte wirtschaftliche Verhältnisse nicht öffentlich werden. So kann es durchaus wichtig sein, ob und in welcher Form Beteiligungsverhältnisse, Absprachen zwischen den Gesellschaftern und wirtschaftliche Daten Publik gemacht werden müssen und in öffentlichen Registern von jedermann eingesehen werden können.

Der Einzelkaufmann sowie die Gesellschafter einer OHG sind aus dem **Handelsregister** unmittelbar ersichtlich. Gleiches gilt auch für den Komplementär einer KG und deren Kommanditisten, einschließlich der Angabe der jeweiligen Haftsumme. Gesellschafter einer GmbH sind zwar nicht im Handelsregister unmittelbar genannt, als Gesellschafter mit den entsprechenden Rechten gilt jedoch nur, wer in der im Handelsregister aufgenommenen Gesellschafterliste eingetragen ist (§§ 16, 40 GmbHG). Über die Gesellschafterliste, deren Bedeutung im Zuge des MoMiG seit 01.11.2008 aufgewertet wurde, sind die Gesellschafter nebst Adresse und Höhe der Beteiligung über das Handelsregister ermittelbar. Durch Zwischenschaltung von Holding-

115 Für GbR: *Sprau*, in: Palandt, BGB, 78. Aufl. 2019, § 719 Rz. 6 f.; für OHG/KG: *Roth*, in: Baumbach/Hopt, HGB, 2018, § 105 Rz. 69 f.

116 *Roth*, in: Baumbach/Hopt, HGB, 2018, § 105 Rz. 70.

gesellschaften oder Beteiligungsgesellschaften werden Beteiligungen weniger offensichtlich. Allerdings sind in den aufgrund der 4. EU-Geldwäsche-Richtlinie in den EU-Ländern eingeführten Transparenzregister auch die letztlich hinter den Unternehmen stehenden Gesellschafter publik zu machen, soweit sie als sog. wirtschaftlich Berechtigte gelten.[117] Eine vollständige Vertraulichkeit wird sich somit nicht herstellen lassen, sofern nicht eine in- oder ausländische Rechtsform verwendet wird, deren Gesellschafter nicht in öffentlichen Registern genannt werden müssen. Bei der AG dagegen sind die Aktionäre nicht aus öffentlich zugänglichen Registern ersichtlich. Hat die AG Namensaktien ausgegeben, sind diese unter Angabe des Namens, Geburtsdatums und der Adresse des Inhabers sowie der Stückzahl oder der Aktiennummer in das Aktienregister der Gesellschaft einzutragen (§ 67 Abs. 1 Satz 1 AktG). Das Aktienregister selbst ist jedoch nicht öffentlich, sondern nur zur Verwendung durch die Gesellschaft bestimmt. Aktionäre haben lediglich Anspruch auf Auskunft über die zu ihrer Person im Aktienregister eingetragenen Daten (§ 67 Abs. 6 Satz 1 AktG). Das früher bestehende allgemeine Einsichtsrecht jedes Aktionärs ist im Hinblick auf Anforderungen des Datenschutzes 2011 abgeschafft worden.[118] Nicht börsennotierte AG können jedoch weitergehende Auskunfts- und Einsichtsrechte in ihrer Satzung festlegen.[119] Auch bei der Stiftung sind die Destinatäre, die Zuwendungen von der Stiftung erhalten, nicht zwingend publik. Sie können zwar im Stiftungsgeschäft bzw. der Satzung ausdrücklich benannt sein. Die Stiftungssatzung ist jedoch grundsätzlich nicht öffentlich einsehbar, soweit sie nicht nach dem jeweiligen Landesgesetz im Amtsblatt bekanntgemacht oder im Rahmen einer Handelsregisteranmeldung zum Register eingereicht oder in den Stiftungsverzeichnissen geführt werden muss.[120] Aber auch für AG und Stiftung gelten – ebenso wie für Personengesellschaften – die Veröffentlichungspflichten der Transparenzregister.

Etwas anders stellt sich das Bild bei der **Publizität** von gesellschafterinternen Vereinbarungen dar. Gesellschaftsverträge bei Personengesellschaften müssen nicht zum Handelsregister eingereicht werden. Satzungen von GmbH und AG sind dagegen Bestandteil der Anmeldung der Gesellschaft zum Handelsregister (§ 8 Abs. 1 Nr. 1 GmbHG, § 37 Abs. 4 Nr. 1 AktG). Entsprechend muss jede Satzungsänderung nicht nur notariell beurkundet, sondern auch die neue Satzung zum Handelsregister eingereicht werden. Auch die wirtschaftlichen Verhältnisse müssen Kapitalgesellschaften offenlegen. Sie sind verpflichtet, den Jahresabschluss beim Betreiber des Bundesanzeigers elektronisch einzureichen und im Bundesanzeiger bekanntmachen zu lassen (§ 325 HGB). Bei einem Verstoß gegen die Offenlegungspflicht kann ein Bußgeld gegen die Geschäftsführer bzw. den Vorstand verhängt werden (§ 334 Abs. 1 Nr. 5 HGB). Denkbar sind auch Schadensersatzansprüche seitens der Gläubiger. Diese Publizitätspflichten

117 Art. 30 Abs. 3 Richtlinie (EU) 2015/849 des Europäischen Parlaments und des Rates vom 20.05.2015 zur Verhinderung der Nutzung des Finanzsystems zum Zwecke der Geldwäsche und der Terrorismusfinanzierung zur Änderung der Verordnung (EU) Nr. 648/2012 des Europäischen Parlaments und des Rates und zur Aufhebung der Richtlinie 2005/60/EG des Europäischen Parlaments und des Rates und zur Aufhebung der Richtlinie 2006/70/EG der Kommission (ABl. L 141 vom 05.06.2015, 73); §§ 18–26 GwG (Gesetz über das Aufspüren von Gewinnen aus schweren Straftaten (Geldwäschegesetz)), BGBl 2017 I, 1822 f.

118 Hüffer/Koch, AktG, 2018, § 67 Rz. 28.

119 Hüffer/Koch, AktG, 2018, § 67 Rz. 30.

120 *Schlüter/Stolte*, 2016, Kap. 6 Rz 36 f.; *Richter*, 2019, § 20 Rz. 51, 58 ff.

gelten entsprechend auch für Personenhandelsgesellschaften, bei welchen nicht mindestens eine natürliche Person oder eine OHG, KG oder andere Personengesellschaft mit einer natürlichen Person als persönlich haftendem Gesellschafter der persönlich haftende Gesellschafter ist (§ 264a HGB). Diese Offenlegungspflichten lassen sich auch nicht durch Wahl einer ausländischen Rechtsform umgehen, soweit diese einen Verwaltungssitz in Deutschland hat.[121] Ab einer bestimmten Unternehmensgröße (bezogen auf Bilanzsumme, Umsatzerlöse und/oder Arbeitnehmer) sind allerdings auch Einzelunternehmer sowie Personenhandelsgesellschaften mit mindestens einer natürlichen Person als persönlich haftender Gesellschafter nach dem PublG verpflichtet, den Jahresabschluss offenzulegen (vgl. §§ 1, 3, 9 PublG).

1.2.2.5 Kapital- und Liquiditätssicherung

Im Hinblick auf die Kapital- und Liquiditätssicherung einer Gesellschaft stellt sich zunächst die Frage, welche Beiträge die Gesellschafter zu leisten verpflichtet sind und ob es eine Pflicht zur Leistung von Nachschüssen gibt, wenn die finanzielle Situation der Gesellschaft dies erfordert. Während bei Personengesellschaften die Frage der Beiträge ausschließlich durch die Gesellschafter im Gesellschaftsvertrag bestimmt wird,[122] gibt es bei den Kapitalgesellschaften ein gesetzliches System der Kapitalaufbringung und -erhaltung. Dieses beinhaltet zwar ebenfalls keine gesetzliche **Nachschusspflicht**, bindet die Gesellschafter in ihren Kapitalmaßnahmen jedoch stärker, als dies bei Personengesellschaften der Fall ist (z. B. durch das Verbot der Einlagenrückgewähr in § 30 GmbHG, § 57 AktG).

Auch hinsichtlich der **Beitragsleistung** sind Personengesellschaften flexibler. Die Art und Weise der Leistung sowie der Wert, der ihr beigemessen wird, bestimmen sich ausschließlich nach dem Willen der Gesellschafter im Gesellschaftsvertrag. Leistet ein Gesellschafter einer Kapitalgesellschaft dagegen als Einlage keinen Barbetrag, sondern einen Sachwert, so ist dieser jedenfalls dann durch ein externes Werthaltigkeitsgutachten zu bepreisen, wenn die Sacheinlage Gegenleistung für die dem Gesellschafter gewährten Anteile ist.

1.2.2.6 Finanzierung

Grundsätzlich können die Gesellschafter in allen Gesellschaftsformen die Gesellschaft durch Eigen- und Fremdkapital (in Form von Darlehen) finanzieren. Forderungen der Gesellschafter, z. B. auf Rückzahlung des **Gesellschafterdarlehens**, sind im Fall der Insolvenz der Gesellschaft – unabhängig von deren Rechtsform – nachrangig (§ 39 Abs. 1 Nr. 5 InsO). Insofern unterliegt die Finanzierung durch einen Gesellschafter anderen Regelungen, als eine Fremdfinanzierung durch Dritte.

121 *Merkt*, in: Baumbach/Hopt, HGB, 2018, § 325 Rz. 1 m. w. N.
122 *Roth*, in: Baumbach/Hopt, HGB, 2018, § 109 Rz. 6.

Kaum ein Unternehmen wird sich ausschließlich über die aktuellen Gesellschafter finanzieren. Die Finanzierung kann zum einen über die Aufnahme neuer Gesellschafter und Erhöhung des Eigenkapitals erreicht werden. Für die AG gibt es insbesondere die Möglichkeit des Börsengangs. Zum anderen besteht die Möglichkeit der Finanzierung durch externe Kreditgeber. Hier wird sich vielfach die Frage stellen, ob die Gesellschaft selbst in der Lage ist, ausreichende Sicherheiten zu stellen, oder ob die Gesellschafter persönlich zusätzliche Haftungen übernehmen müssen.

Studien zeigen, dass Familienunternehmen stärker eigenkapitalorientiert sind und die Eigenkapitalquote mit teilweise über 50 % sehr hoch ist.[123] Bei der Fremdfinanzierung greifen Familienunternehmen eher zu traditionellen Finanzierungsmitteln wie Bankkrediten oder Leasing. Vielfach stellen Familienunternehmen nicht die kurzfristige, durch Ausschüttungen erzielte Eigenkapitalrendite in den Vordergrund, sondern bevorzugen eine Reinvestition zur Verfolgung langfristiger strategischer Ziele. Dies wird zumeist dahingehend interpretiert, dass die finanzielle Unabhängigkeit von externen Kapitalgebern für Familienunternehmen wichtig ist.[124] Diese Besonderheiten führen jedoch nicht dazu, dass Familienunternehmen in ihrer Finanzierung schlechter oder besser gestellt sind als nicht familiengeführte Unternehmen gleicher Rechtsform und Größe.[125]

1.2.2.7 Versorgung der Familie und Altersversorgung

Hinsichtlich der Versorgung des Gesellschafters, seiner Altersvorsorge und der Versorgung seiner Familie stellt sich zunächst – rechtsformunabhängig – die Frage, inwieweit die Gesellschaft ausreichend und laufend Erträge produziert, die für die Versorgung, ggf. neben weiteren Quellen, ausreichend sind. Bei Kapitalgesellschaften ist grundsätzlich vorgesehen, dass einmal jährlich über die **Ausschüttung** des Gewinns aus dem Vorjahr beschlossen wird. Vorabausschüttungen können in gewissem Umfang zulässig sein. Eine zuverlässigere, weil regelmäßigere Einnahmequelle sind dagegen **Vergütungen**, die ein Gesellschafter für eine Tätigkeit erhält, die er für die Gesellschaft ausübt, z. B. aus einem Geschäftsführer- oder Vorstandsdienstvertrag. Im Rahmen solcher Tätigkeitsvergütungen findet sich regelmäßig auch ein Element der Altersvorsorge, z. B. über eine Direktversicherung oder Einzahlungen in ein Pensionswerk. Schwierig mag insofern der Wechsel von einer aktiven Leitungsposition in die reine Gesellschafterstellung oder eine reduzierte Beraterfunktion sein. In allen Rechtsformen gibt es jedoch Möglichkeiten, wie die Beraterfunktion ausgeübt werden kann. Die Frage der Honorierung ist dabei insbesondere unter steuerlichen Gesichtspunkten (verdeckte Gewinnausschüttung) zu betrachten.

123 *Cravotta*, 2010, 18.
124 ZEW, 2008, VI f.
125 ZEW, 2008, VII.

Soll ein völliger Rückzug aus der Unternehmensleitung erfolgen, ist dies nicht selten verbunden mit dem Verkauf der Beteiligung, um die Versorgung aus dem Verkaufserlös sicherzustellen. Insoweit gelten zunächst die Grundsätze zur Übertragbarkeit von Gesellschaftsanteilen (vgl. 1.2.2.3).

1.2.2.8 Sicherung des Bestands des Unternehmens

Familienunternehmen, insbesondere wenn sie inhabergeführt sind, sind gekennzeichnet durch eine enge Verbindung von Gesellschaftern bzw. Familie und Unternehmen. Nicht selten macht das Unternehmen einen überwiegenden Teil des Familienvermögens aus. Die Versorgung der Familie hängt vom wirtschaftlichen Erfolg des Unternehmens ab. Dies motiviert Familienunternehmer in besonderem Maße, das Unternehmen mittel- bis langfristig zu erhalten. Familienunternehmen sind daher stärker auf die Verfolgung langfristiger strategischer Ziele ausgerichtet.[126] Gleichzeitig ist die Unternehmenskultur durch die Familie geprägt. Inhaber von Familienunternehmen, die selbst die Unternehmensleitung innehaben, sind Vorbild für die Mitarbeiter.[127] Diese enge Verbindung von Familie, Gesellschaftern und Geschäftsführung einerseits sowie Mitarbeitern andererseits führt auch zu einer engeren, mitunter emotionalen Bindung, insbesondere in Unternehmen überschaubarer Größe. Dies hat regelmäßig zur Folge, dass Familienunternehmer eine besondere Verantwortung gegenüber dem Unternehmen und seinen Mitarbeitern, aber auch gegenüber der Familie und den nachfolgenden Generationen spüren. Es werden daher häufig langfristige strategische Ziele verfolgt.

Solange die Familie über die Mehrheit von Kapital, Stimmrechten und Leitungspositionen verfügt, hat sie – unabhängig von der Rechtsform – die Möglichkeit, das Unternehmen in diesem Sinne zu lenken und zu erhalten. Für Unternehmer bedeutsam ist jedoch der Zeitpunkt der Nachfolge innerhalb der Familie. Hier stellt sich die Frage, inwieweit auch für die Zukunft Vorsorge getroffen werden kann, das Unternehmen innerhalb der und für die Familie zu erhalten. Die Stiftung ermöglicht es dem Stiftungsgründer, präzise Vorgaben zu machen, die von nachfolgenden Generationen nicht mehr geändert werden können. Diese Dauerhaftigkeit ist einmalig im Vergleich zu anderen Rechtsformen. Dort besteht allenfalls die Möglichkeit, Anordnungen während der Testamentsvollstreckung für die Dauer von maximal 30 Jahren zu treffen und ansonsten im Rahmen letztwilliger Verfügungen Vorgaben zu machen. Diese können auch Niederschlag in den gesellschaftsrechtlichen Vereinbarungen finden (vgl. 1.2.2.3). Letztlich bleibt es aber in der Hand der nachfolgenden Generation, diese Vorgaben auszufüllen.

126 *Häring*, 2005, 19.
127 *Häring*, 2005, 19.

1.2.2.9 Flexibilität in der Gestaltung

Für jede Rechtsform sieht das Gesetz Regelungen vor, die den Rahmen der Ausgestaltung der Gesellschaft im Einzelnen abstecken. Dennoch sind nicht alle gesetzlichen Vorgaben zwingend oder gar vollständig. Innerhalb des vorgegebenen Rahmens bleibt stets die Möglichkeit, individuelle Regelungen zu finden, die den Vorstellungen und Bedürfnissen der Gesellschafter entsprechen. Die Gestaltungsfreiheit ist jedoch nicht bei allen Rechtsformen die Gleiche.

Der regulatorische Rahmen ist bei Kapitalgesellschaften deutlich enger als bei Personengesellschaften. Bei letzteren ist der Gesellschaftsvertrag, also die Vereinbarung, die die Gesellschafter untereinander treffen, von großer Bedeutung. Das Gesetz macht kaum Vorgaben, wie die Regelungen des Gesellschaftsvertrags auszugestalten sind. Es enthält in erster Linie Auffangregelungen für den Fall, dass die Gesellschafter keine andere Vereinbarung treffen. Kapitalgesellschaften dagegen unterliegen nicht nur inhaltlichen Vorgaben, z. B. zur Kapitalaufbringung und -erhaltung, Beschlussfassung und innerer Ordnung, sondern auch Formvorschriften, z. B. der notariellen Beurkundung. Dennoch bietet die Rechtsform der GmbH eine erhebliche Gestaltungsfreiheit, wohingegen der Grundsatz der formellen Satzungsstrenge bei der AG eine individuelle Anpassung der Gesellschaft weitgehend ausschließt.

1.2.3 Vor- und Nachteile möglicher Rechtsformen

1.2.3.1 Einzelunternehmen

Das Einzelunternehmen eignet sich in erster Linie für kleine Unternehmungen, die auf eine Person zugeschnitten sind. Die Führungsstruktur ist einfach, der Verwaltungsaufwand überschaubar. Hat sich das Einzelunternehmen etabliert und stehen eine Ausweitung der operativen Tätigkeit oder eine Einbeziehung von weiteren Familienmitgliedern an, überwiegen jedoch die Nachteile. Mit zunehmender Größe und Komplexität des Unternehmens ist eine Trennung der privaten und unternehmerischen Vermögens- und Haftungsmassen sinnvoll. Komplexere Strukturen erfordern ohnehin eine mehrschichtige Organisation, die in anderen Gesellschaftsformen leichter umsetzbar ist. Fremde Manager mit Führungsaufgaben in Einzelunternehmen hereinzunehmen, ist schwierig. Eine Unternehmensnachfolge, die die Hereinnahme und (schrittweise) Übergabe an mehrere Personen vorsieht, ist mit dem Einzelunternehmen ebenfalls nur mit Einschränkungen umsetzbar.

1.2.3.2 Personengesellschaften

Ein wesentlicher Vorteil der Personengesellschaften ist, dass die gesetzlichen Vorgaben weitgehend disponibel sind. Der Gesellschaftsvertrag kann den Vorstellungen der Gesellschafter und den Erfordernissen der konkreten Situation angepasst werden.[128]

Die größte Flexibilität weist die **GbR** auf, sie ist insbesondere auch für nicht auf Dauer angelegte Projekte ohne großen Aufwand zu nutzen. Weitere Vorteile der GbR sind die Formfreiheit, die unkomplizierte Übertragung der Beteiligung und die fehlende Publizität. Dies macht die GbR vor allem für Innengesellschaften attraktiv.[129] Die persönliche Haftung der Gesellschafter ist ein Nachteil, der jedoch für reine Innengesellschaften, die nicht im Rechtsverkehr nach außen auftreten, nur eingeschränkt zum Tragen kommt. Allerdings kann die GbR nicht für Handelsgewerbe genutzt werden. Für ein unternehmerisch am Markt tätiges Familienunternehmen kommt die GbR daher nicht in Betracht. Sie ist jedoch mögliche Rechtsform für die Verwaltung eigenen Vermögens, sofern sie dabei nicht überwiegend gewerblich tätig wird. Nutzbar ist die GbR auch, wenn der Zweck das Halten und Verwalten eines gemeinschaftlichen Gegenstandes wie Immobilienvermögen oder einer Gesellschaftsbeteiligung ist.[130] Häufig wird die GbR auch für **Poolverträge** genutzt, z. B. wenn sich mehrere Gesellschafter einer Familiengesellschaft im Innenverhältnis hinsichtlich der Stimmrechte poolen oder auf andere Weise binden.[131]

Für die Führung eines Handelsgewerbes eignet sich wiederum die **OHG**, welche ansonsten vergleichbare Vor- und Nachteile aufweist wie die GbR. Die persönliche Haftung der Gesellschafter führt häufig zu einer höheren Kreditwürdigkeit. Allerdings ist die OHG bei zunehmender Größe, unterschiedlicher Beteiligung der Gesellschafter und beim Generationenwechsel unattraktiv: Eine Geschäftsführung durch Angestellte, die nicht Gesellschafter sind, ist nicht möglich. Gesellschafter, die nicht gleichzeitig in der OHG tätig sein wollen oder können, unterliegen gleichwohl der persönlichen Haftung. Das ist insbesondere nachteilhaft, wenn der passive Gesellschafter gleichzeitig über ein hohes Vermögen verfügt.[132]

Die **KG** ermöglicht dagegen eine Differenzierung zwischen aktiven, geschäftsführenden und passiven, kapitalgebenden Gesellschaftern, die gesellschaftsrechtliche Mitbestimmungsrechte haben, in ihrer Haftung aber auf die Kommanditeinlage beschränkt sind.[133] Für Familienunternehmen ist dies insbesondere dann vorteilhaft, wenn das Unternehmen z. B. in Nachfolgesituationen weiter in Familienhand gehalten werden soll, eine aktive Tätigkeit im Unternehmen jedoch nicht (mehr) durch (alle) Familienmitglieder geleistet werden kann.[134] Allerdings setzt

128 Nawroth in: *Hasselbach/Nawroth/Rödding*, 2016, B Rz. 60 (S. 36).
129 *Gummert*, 2015, § 1 Rz. 52 ff.
130 *Sprau*, in: Palandt, BGB, 78. Aufl. 2019, § 705 Rz. 6, 20.
131 BGH vom 21.09.2009, NZG 2010, 62.
132 *Gummert*, 2015, § 1 Rz. 64.
133 *Gummert*, 2015, § 1 Rz. 76.
134 *Gummert*, 2015, § 1 Rz. 77.

die Rechtsform der KG, wie die anderen Personengesellschaften auch, voraus, dass stets eine ausreichende Anzahl von Gesellschaftern zur Geschäftsführung bereit und in der Lage ist. Die Führung der Geschäfte obliegt bei allen Personengesellschaften zwangsläufig mindestens einem der Gesellschafter, eine organschaftliche Geschäftsführung durch Dritte ist nicht möglich. Dies führt nicht selten dazu, dass Unternehmen in Form der Personengesellschaft Schwierigkeiten haben, qualifiziertes Personal mit Führungsambitionen zu bekommen oder zu halten. Ein Aufstieg in die Unternehmensleitung bleibt familienfremden Personen verwehrt.[135] Auch Übergangslösungen bei plötzlichem Ausfall der geschäftsführenden Gesellschafter sind nur schwer möglich. Die Rechtsform der Personengesellschaft kann aus diesem Grund gerade in Nachfolgesituationen auf dem Prüfstand stehen, wenn die nachfolgenden Gesellschafter für die Geschäftsführung (noch) nicht in der Lage oder willens sind.

Die **GmbH & Co. KG** (oder andere Kombinationen unter Verwendung einer Kapitalgesellschaft als persönlich haftender Gesellschafter) vereint die genannten Vorteile der Personengesellschaften mit den Vorteilen der Haftungsbeschränkung und der Möglichkeit der Hereinnahme fremder Manager, die sonst nur die Kapitalgesellschaften bieten.[136] Sie ist daher insbesondere von Familienunternehmen mittelständischen Zuschnitts eine häufig gewählte Rechtsform.[137] Ein weiterer Vorteil der GmbH & Co. KG ist die Möglichkeit, Gesellschaftsvermögen und Leitungsmacht in unterschiedlicher Weise auf die Gesellschafter zu verteilen. Familienmitglieder, die sich nicht aktiv in der Unternehmensführung engagieren wollen, können mit der Stellung als Kommanditist eine überwiegend finanzielle Beteiligung haben, während andere (zusätzlich) als Gesellschafter der Komplementär-GmbH über die ihnen zustehenden Weisungs- und Informationsrechte Einfluss auf die Geschäftsführung nehmen können, selbst wenn sie die Geschäftsführung nicht unmittelbar übernehmen.[138] Im Gegensatz zur GmbH & Co. KG ist die AG & Co. KG weniger flexibel in der Gestaltung. Soweit die Vorteile der AG im konkreten Fall aber die geringere Flexibilität überwiegen, ist auch sie eine geeignete Gestaltungsvariante.[139] Die **KGaA & Co. KG** mag in ihrer Ausgestaltung zunächst komplizierter anmuten. Sie ermöglicht es aber, Gesellschafter mit unterschiedlichen Rechten auszustatten und bringt daher ein großes Maß an Flexibilität für die Berücksichtigung unterschiedlicher Beteiligungen. Ein weiteres Plus ist die höhere Kreditwürdigkeit aufgrund der persönlichen Haftung des Komplementärs der KGaA.[140] Diese persönliche Haftung wiederum ist ein Nachteil gegenüber reinen Kapitalgesellschaften.

135 *Gummert*, 2015, § 1 Rz. 65.
136 *Gummert*, 2015, § 1 Rz. 112, 119, 128.
137 *Gummert*, 2015, § 1 Rz. 2, 128.
138 *Prinz/Winkeljohann*, 2014, § 1 Rz. 26, 30.
139 *Gummert*, 2015, § 1 Rz. 130 ff.
140 *Gummert*, 2015, § 1 Rz. 134.

1.2.3.3 Kapitalgesellschaften

Im Gegensatz zur Personengesellschaft kann bei der Kapitalgesellschaft weniger von den gesetzlichen Vorgaben durch Gesellschaftsvertrag oder Beschluss abgewichen werden. Dies gilt insbesondere bei der AG (Prinzip der formellen Satzungsstrenge).[141] Ein Vorteil der Kapitalgesellschaften ist die Möglichkeit, sowohl Gesellschafter als auch fremde Dritte in die Unternehmensleitung zu berufen, während bei Personengesellschaften grundsätzlich nur die Gesellschafter zur Geschäftsführung ermächtigt sind. Dies spielt für Familienunternehmen vor allem dann eine Rolle, wenn ein Generationenwechsel ansteht oder Gesellschafter aus anderen Gründen nicht, nicht mehr oder noch nicht aktiv in der Unternehmensleitung tätig sein wollen.[142] Auch Übergangslösungen mit familienfremden Geschäftsführern sind in der Kapitalgesellschaft ohne weiteres möglich.[143] Sollen die Unternehmensanteile dauerhaft in Familienhand gehalten werden, ist die hohe Fungibilität der Anteile einer Kapitalgesellschaft zunächst von Nachteil. Allerdings bieten auch GmbH, AG oder KGaA Möglichkeiten, die Übertragung von Anteilen auf familienfremde Personen zu beschränken, z. B. durch Anteilsvinkulierung, Vorkaufsrechte, Vorzugsaktien oder Höchststimmrechte.[144] Ist eine Öffnung des Familienunternehmens nach außen nicht gänzlich ausgeschlossen, bieten AG und KGaA die zusätzliche Möglichkeit der Finanzierung über den Kapitalmarkt.

Die **GmbH** weist ein Maß an Flexibilität in der organisatorischen Gestaltung auf, das in vielen Fällen ausreichend ist. Durch die Möglichkeit der Ein-Personen-GmbH ist die GmbH nicht nur für kleine Unternehmen interessant, deren Inhaber zugleich Alleingesellschafter und Geschäftsführer sind, sondern auch als Tochtergesellschaft innerhalb einer Unternehmensgruppe. Da sie für jeden zulässigen Zweck genutzt werden kann, ist die GmbH auch nicht auf die Führung eines Handelsgewerbes beschränkt. Die GmbH vereint den Vorteil der Haftungsbeschränkung einer Kapitalgesellschaft mit einer gewissen Gestaltungsfreiheit für die innere Ordnung. Sie ist damit nicht nur für Tochtergesellschaften im Konzern eine attraktive Rechtsform, sondern auch für personalistisch aufgestellte Familienunternehmen, die den höheren Organisationsgrad und Verwaltungsaufwand der AG nicht wollen und eine Finanzierung über den Kapitalmarkt (noch) nicht anstreben.[145] Die Möglichkeit, die Geschäftsführung auch mit Personen zu besetzen, die nicht zum Gesellschafterkreis gehören, ist ein weiterer Vorteil im Vergleich zu den Personengesellschaften. Vor allem in Nachfolgesituationen ist dies hilfreich und ermöglicht auch Übergangslösungen, wenn und soweit Familienmitglieder die Unternehmensleitung (noch) nicht fortführen können oder wollen. Die **AG** ist ebenfalls geeignet, wenn die Gesellschafter sich im Wesentlichen auf ihre kapitalmäßige Beteiligung zurückziehen möchten oder die Gesellschaft für einen größeren Gesellschafterkreis, z. B. über den Kapitalmarkt, geöffnet werden soll.[146]

141 *Müller/Rödder*, 2009, § 1 Rz. 1.
142 *Prinz/Winkeljohann*, 2014, § 1 Rz. 24.
143 *Müller/Rödder*, 2009, § 1 Rz. 21.
144 *Müller/Rödder*, 2009, § 1 Rz. 25, 26.
145 *Prinz/Winkeljohann*, 2014, § 1 Rz. 1, 153; Nawroth in: *Hasselbach/Nawroth/Rödding*, 2016, B Rz. 42.
146 Nawroth in: *Hasselbach/Nawroth/Rödding*, 2016, B Rz. 28 f.

Soweit die Aktionäre nicht gleichzeitig eine Organstellung im Vorstand oder Aufsichtsrat wahrnehmen, bleiben sie bei der AG auf eine kapitalmäßige Beteiligung mit wenigen Einflussmöglichkeiten auf das operative Geschäft beschränkt.

Auch die **KGaA** unterliegt in ihrer Ausgestaltung teilweise dem zwingenden Recht der AG, soweit dieses anwendbar ist, insbesondere im Hinblick auf die Rechtsstellung der Kommanditaktionäre. Soweit sie jedoch dem Recht der KG unterliegt, genießt man auch in der Rechtsform der KG den Gestaltungsfreiraum einer Personengesellschaft. Insbesondere das Verhältnis von persönlich haftenden Komplementären und Kommanditaktionären kann daher individuell ausgestaltet werden. Übernimmt die Familie (oder – mit dem Vorteil der Haftungsbeschränkung – eine von ihr geführte Kapitalgesellschaft) die Stellung des Komplementärs, bleibt die Unternehmensleitung in der Hand der Unternehmerfamilie. Gleichzeitig erhält man über die Kommanditaktionäre bei Bedarf Zugang zum Kapitalmarkt.[147] Außerdem ist die unternehmerische Mitbestimmung bei der KGaA schwächer ausgeprägt als bei der AG oder GmbH. Dies macht die KGaA für Familiengesellschaften attraktiv, sofern sie den etwas höheren Organisations- und Verwaltungsaufwand nicht scheuen, den die KGaA gegenüber der GmbH, AG oder auch GmbH & Co. KG mit sich bringt.

1.2.3.4 Europäische Gesellschaftsformen

Dr. Marcel Hagemann

Aufgrund der Ähnlichkeit zwischen AG und SE sind die Anwendungsbereiche dieser beiden Gesellschaftsformen vergleichbar. Auch bei der SE ist die Rechtsstellung des einzelnen Aktionärs im Wesentlichen auf seine kapitalmäßige Beteiligung und die Rechte in der Hauptversammlung beschränkt. Die SE ist ebenfalls kapitalmarkttauglich und ermöglicht es, auch gesellschaftsfremde Dritte aufzunehmen, ohne dabei gleichzeitig die Leitungsmacht aus den Händen zu geben. Anders als bei der AG liegt ein wesentlicher Vorteil der SE in der Möglichkeit, ein monistisches Leitungssystem zu etablieren.[148] Dieses Leitungssystem hat in Deutschland unter Familienunternehmen viele Anhänger, da es zum einen die klare Ausrichtung der SE auf eine Person und zum anderen – gerade in Nachfolgekonstellationen – einen gleitenden Generationsübergang ermöglicht.

Darüber hinaus ist auch die Flexibilität in Bezug auf unternehmerische Mitbestimmung ein weiterer Vorteil der SE gegenüber den sonstigen Rechtsformen. Denn, anders als nach dem Drittelbeteiligungs- oder dem Mitbestimmungsgesetz, wird bei der SE die unternehmerische Mitbestimmung zwischen dem Leitungsorgan und den Arbeitnehmern verhandelt.[149] Führen diese Verhandlungen

147 *Müller/Rödder*, 2009, § 1 Rz. 3, 28.
148 *Jannott/Frodermann*, 2014, Kap. 5 Rz. 131 ff.
149 Zur Mitbestimmung bei der SE vgl. *Jannott/Frodermann*, 2014, Kap. 13 Rz. 16 ff.

zu keinem Ergebnis, gilt die so genannte Auffangregelung, nach der es bei der Mitbestimmungssituation bleibt, die vor der Gründung galt. Waren die an der Gründung beteiligten Unternehmen vor der Gründung beispielsweise nicht mitbestimmt, ist auch die SE nicht bestimmt. Da das so etablierte Mitbestimmungsregime sich grundsätzlich nicht ändert, wird vom »Einfrieren« der Mitbestimmung gesprochen. Denn nur dann, wenn strukturelle Änderungen im Unternehmen eintreten, die geeignet sind, die Beteiligungsrechte der Arbeitnehmer zu mindern (§ 18 Abs. 3 SEBG), müssen neue Verhandlungen durchgeführt werden. Das bloße personelle Wachstum, also das Erreichen der Schwellenwerte nach den Mitbestimmungsgesetzen, reicht hierfür nicht aus.[150]

1.2.3.5 Stiftung

Ein wesentliches Merkmal der Stiftung, ihre Unveränderlichkeit und dauerhafte Beständigkeit, kann sich im Zusammenhang mit der Führung eines Unternehmens als Vorteil aber auch als Nachteil erweisen. Für ein Wirtschaftsunternehmen, das am Markt agieren und sich veränderten Gegebenheiten anpassen muss, ist die fehlende Flexibilität des Stiftungsgeschäfts ein Hemmnis.[151] Dies gilt insbesondere für die Unternehmensträgerstiftung. Bei Verwendung einer Stiftung ist daher in besonderem Maße auf die Ausgestaltung des Stiftungsgeschäfts zu achten. Das Stiftungsgeschäft muss der Stiftung und ihren Organen die erforderliche Freiheit lassen, auf Veränderungen der Rahmenbedingungen, insbesondere wirtschaftlicher Art, angemessen reagieren zu können. Gleichzeitig kann der Stifter selbstverständlich Vorgaben machen, welche über den Tod des Stifters hinaus auf Dauer unveränderlich sind, anders als die Testamentsvollstreckung, die in der Regel nicht länger als 30 Jahre andauert.[152]

1.2.4 Organisation von Familienunternehmen

1.2.4.1 Familienunternehmen als einzelnes Unternehmen

Die klassische Grundstruktur eines Familienunternehmens ist das einzelne Unternehmen. Es tritt allein am Markt auf, ohne mit weiteren Unternehmen gesellschaftsrechtlich verbunden zu sein. Derartige Familienunternehmen beschränken sich jedoch nicht auf Einzelunternehmen, die von einem einzigen Familienmitglied geführt und verwaltet werden. Auch Unternehmen mit mehreren Familienmitgliedern als Gesellschafter und/oder in geschäftsführender Funktion, die »stand alone« am Markt tätig sind, fallen unter die Gruppe der »einzelnen Unternehmen«.

Für die Organisation eines solchen einzelnen Unternehmens gelten die grundlegenden Fragen, wie sie auch in diesem Buch dargestellt sind, insbesondere: Welche Rechtsform ist die für

150 *Jannott/Frodermann*, 2014, Kap. 13 Rz. 444.
151 *Gummert*, 2015, § 1 Rz. 143, 148.
152 *Gummert*, 2015, § 1 Rz. 137.

das Unternehmen günstige (vgl. 1.2.1 bis 1.2.3), an welchem Ort soll das Unternehmen ansässig sein (vgl. 1.4), welche innere Struktur soll das Unternehmen haben (vgl. 1.3), wie soll die Unternehmensleitung und Corporate Governance organisiert werden (vgl. 1.5 und 1.6)? Sind mehrere Personen an dem Unternehmen beteiligt, stellen sich darüber hinaus organisatorische Fragen auf Gesellschafterebene (vgl. II 1).

Vorteile des Einzelunternehmens sind in erster Linie die einfache Managementstruktur, die in der Regel eine klare Unternehmensführung ermöglicht, sowie steuerlich die Möglichkeit, Gewinne und Verluste unterschiedlicher Unternehmensteile miteinander zu saldieren. Die Organisation in Form eines einzelnen Unternehmens bietet sich dennoch vor allem für kleinere Unternehmungen an, die eine überschaubare Anzahl von Produkten oder Leistungen auf einem regional begrenzten Markt anbieten. Durch Größe und Diversifikation des Geschäfts sowie bei Notwendigkeit, global zu agieren, wird die Organisation des einzelnen Unternehmens zunehmend komplex. Mehrere Standorte, auch in verschiedenen Ländern, sind in Form von Niederlassungen organisiert, die rechtlich unselbständig sind. Insbesondere der Vorteil der einfachen Führungsstruktur relativiert sich bei größeren Unternehmen, die über verschiedene, möglicherweise sogar räumlich getrennte Betriebe, Unternehmensteile oder Produktlinien verfügen. Die Komplexität des Unternehmens erfordert die Einrichtung zusätzlicher, selbstständig agierender Untereinheiten mit einer mehrschichtigen Managementstruktur.[153]

1.2.4.2 Familienunternehmen als Unternehmensgruppe

Auch wenn es keine Statistiken darüber gibt, so sind doch eine Vielzahl, vermutlich sogar die Mehrheit aller Unternehmen in irgendeiner Weise mit anderen verbunden. Der Begriff der »Unternehmensgruppe« ist allerdings nicht gesetzlich definiert. Nachfolgend werden unter einer »Unternehmensgruppe« alle Konstellationen verstanden, in welchen mehrere Gesellschaften miteinander verbunden sind, sei es durch ein Abhängigkeitsverhältnis i. S. v. § 17 AktG, sei es als Konzern i. S. v. § 18 AktG (vgl. 1.2.4.4) oder über eine Holding (vgl. 1.2.4.3).[154] Die Ausgestaltung der Unternehmensgruppe und ihre Organisation hängen dabei in erster Linie von der verfolgten Unternehmensstrategie ab.[155]

1.2.4.2.1 Motivation für die Bildung einer Unternehmensgruppe

Die Motive für die Bildung einer Unternehmensgruppe sind vielschichtig und von Fall zu Fall unterschiedlich. Betriebswirtschaftliche Überlegungen spielen häufig eine Rolle, meist kombiniert mit operativen Themen sowie rechtlichen und steuerlichen Gründen. Daneben können auch familieninterne Gründe entscheidungserheblich sein.

153 *Olbing*, GmbH-StB 2003, 263.
154 Mentz in: *Hasselbach/Nawroth/Rödding*, 2016, A Rz. 1ff.
155 Mentz in: *Hasselbach/Nawroth/Rödding*, 2016, A Rz. 17.

Die **betriebswirtschaftlichen** Gründe für die Begründung einer Gruppenstruktur sind vielfältig[156]: Die Aufteilung verschiedener Geschäftsbereiche auf mehrere, rechtlich selbständige Einheiten verschafft den so entstandenen kleineren Einheiten die notwendige Flexibilität, auf sich ändernde Anforderungen des Marktes sowie spezifische Kundenwünsche zu reagieren.[157] Die Aufteilung schafft zudem klare Zuständigkeiten und Verantwortlichkeiten. Die einzelnen Einheiten können sich auf ihren spezifischen Geschäftsbereich konzentrieren und innerhalb ihrer eigenständigen, überschaubaren Struktur schnelle Entscheidungen treffen.[158] Positiv auf das Unternehmen wirkt sich auch aus, dass die Leitung der eigenständigen Unternehmen attraktiv für hochqualifizierte, unternehmerisch denkende Manager ist, die für eine Position im mittleren Management eines Einzelunternehmens vermutlich nicht gewonnen werden könnten. Die unternehmerische Verantwortung als Geschäftsführer einer eigenständigen Gesellschaft erhöht nicht nur die Motivation, sondern fördert aufgrund der Spezialisierung auf den Geschäftsbereich auch Innovation und unternehmerische Kreativität.[159] Die Organisation der einzelnen Unternehmen innerhalb einer Unternehmensgruppe kann auf die spezifischen Anforderungen der jeweiligen Geschäftstätigkeit zugeschnitten werden, sei es im Hinblick auf die Anforderungen des jeweiligen Marktes, der Kunden oder der Mitarbeiter. Jedes Einzelunternehmen der Gruppe kann entsprechend dem jeweiligen Geschäftsbereich eine eigenständige Strategie verfolgen.[160] Gleichzeitig können die in der Unternehmensgruppe verbundenen Unternehmen in bestimmten Bereichen Synergieeffekte erzielen und die Verbundstärke ausnutzen.[161] Für die Familie als Unternehmensinhaber ist die Gruppenstruktur darüber hinaus vorteilhaft, da sie die Transparenz der unterschiedlichen Geschäftsbereiche erhöht. Kosten und Ergebnisbeiträge können präzise zugeordnet werden. Dies ermöglicht eine bessere Verteilung von Ressourcen und deckt unrentable Bereiche auf, die dann konkret zur Verbesserung des Ergebnisses bearbeitet werden können.[162]

Auch **rechtlich** sprechen einige Gründe für die Aufteilung eines Unternehmens und die Errichtung einer Unternehmensgruppe.[163] Haftungsträchtige oder risikoreiche Geschäftsbereiche können in einer eigenständigen Gesellschaft vom Rest der Gruppe abgeschirmt werden.[164] Im Gegensatz zu einem einzelnen Unternehmen ist eine Unternehmensgruppe zudem besser in der Lage, neu erworbene Unternehmen zu integrieren oder einzelne Unternehmensbereiche zu veräußern.[165] Ist ein Unternehmensteil, der veräußert werden soll, bereits in einer eigenständigen Gesellschaft organsiert, können die Anteile an dieser Einheit verkauft werden (**Share Deal**). Ansonsten bedürfte es vor einer Veräußerung einer (möglicherweise aufwendigen)

156 *Lutter*, (Holding-Handbuch) 2004, § 1 Rz. 2, 4; § 2 Rz. 20 ff.
157 *Hamann/Sigle*, 2012, § 12 Rz. 3; *Lettl*, DStR 1997, 1016 (1018).
158 *Hamann/Sigle*, 2012, § 12 Rz. 3; *Lettl*, DStR 1997, 1016 (1017 f.); *Lutter*, (Holding-Handbuch) 2004, § 2 Rz. 43.
159 *Hamann/Sigle*, 2012, § 12 Rz. 5; *Lettl*, DStR 1997, 1016 (1018).
160 *Lettl*, DStR 1997, 1016 (1018).
161 *Lutter*, (Holding-Handbuch) 2004, § 2 Rz. 54.
162 *Hamann/Sigle*, 2012, § 12 Rz. 4; *Lutter*, (Holding-Handbuch) 2004, § 2 Rz. 49.
163 *Lutter*, (Holding-Handbuch) 2004, § 1 Rz. 7.
164 *Hamann/Sigle*, 2012, § 12 Rz. 6.
165 *Lutter*, (Holding-Handbuch) 2004, § 2 Rz. 53.

Herauslösung des zu veräußernden Geschäftsbereichs aus dem Unternehmen, sei es im Wege der Einzelübertragung (**Asset Deal**) an den Erwerber oder im Wege einer vorangeschalteten Ausgliederung (**Carve Out**).[166] Nicht nur Veräußerung oder Erwerb, sondern auch die Kooperation mit dritten Unternehmen gestaltet sich in kleineren Einheiten einfacher. Die Kooperation kann spezifisch mit dem betroffenen Geschäftsbereich erfolgen, ohne dass die übrigen Bereiche der Unternehmensgruppe unmittelbar davon tangiert sind.[167] Des Weiteren bietet die Schaffung einer Gruppenstruktur die Möglichkeit, dritte, familienfremde Personen an einzelnen Teilbereichen zu beteiligen. In Betracht kommen insbesondere Management- oder Mitarbeiterbeteiligungsmodelle sowie Finanzinvestoren oder Kapitalanleger. Einzelne Geschäftsbereiche können auf diese Weise mit zusätzlichem Kapital ausgestattet werden, ohne dass die Unternehmerfamilie die gesamte Unternehmung für dritte Personen öffnen muss.[168]

Steuerliche Gründe spielen ebenfalls eine Rolle und beeinflussen in der Regel die konkrete Ausgestaltung der Unternehmensgruppe. Ziel der Gestaltung ist es zumeist, die Gesamtsteuerbelastung zu senken. Eine Gruppenstruktur kann dabei unter anderem helfen, Quellensteuern zu minimieren, Veräußerungsgewinne in Hochsteuerländern zu vermeiden und Akquisitionen steuerwirksam zu finanzieren.[169] Veräußerungen von Unternehmensteilen im Wege des Share Deals können ebenfalls steuerliche Vorteile aufweisen.[170]

Neben diesen allgemeinen Gründen gibt es auch eine Reihe von **Motiven**, die speziell **bei familiengeführten Gesellschaften** für die Bildung einer Unternehmensgruppe sprechen. Aus dem oben geschilderten Vorteil im Hinblick auf die Managementstrukturen in der Unternehmensgruppe ergibt sich für Familiengesellschaften ein weiterer Aspekt. Familienmitglieder, die sich auch in der Unternehmensleitung betätigen möchten, können in operativ tätigen Tochtergesellschaften Führungserfahrung und Branchen-Knowhow sammeln. Mit diesen Erfahrungen fällt es Familienmitgliedern leichter, anschließend die Gesamtverantwortung für die Unternehmensgruppe zu übernehmen.[171] Auch die Akzeptanz neuer Familienmitglieder an der Spitze der Unternehmensgruppe durch Mitarbeiter und im Markt kann durch Erfahrungen »an der Basis« erhöht werden. Die Diversifizierung der Geschäftsbereiche in selbständige Einheiten ermöglicht es Familien auch, einzelne Geschäftsbereiche auf verschiedene Familienstämme »zu verteilen« oder zumindest für einzelne Gesellschaften der Unternehmensgruppe unterschiedliche Beteiligungsquoten festzulegen.[172] In die gleiche Richtung geht es, wenn Familien Pool-Gesellschaften bilden. Dadurch können insbesondere unterschiedliches Engagement als Gesellschafter und/oder in der Geschäftsleitung abgebildet werden. Gleichzeitig kann die Errichtung von

166 *Hamann/Sigle*, 2012, § 12 Rz. 8; *Lettl*, DStR 1997, 1016 (1018).
167 *Hamann/Sigle*, 2012, § 12 Rz. 7; *Lettl*, DStR 1997, 1016 (1018).
168 *Jacobs/Endres/Spengel*, 2011, 1020; *Lettl*, DStR 1997, 1016 (1018).
169 *Jacobs/Endres/Spengel*, 2011, 1021.
170 *Hamann/Sigle*, 2012, § 12 Rz. 9.
171 *Kraft*, DStR 1999, 1499.
172 *Benndorf/Otto*, BB 2012, 731.

Pool-Gesellschaften dazu beitragen, das Unternehmensvermögen im Familienkreis zu halten oder die Unternehmensnachfolge zu sichern.[173]

1.2.4.2.2 Der Weg in die Unternehmensgruppe

Eine Unternehmensgruppe wird im Wesentlichen auf zwei Arten gebildet. Zum einen durch Erwerb eines anderen Unternehmens bzw. Erwerb von Anteilen an einem anderen Unternehmen. Zum anderen durch Gründung eines neuen Unternehmens und Einbringung bzw. Ausgliederung einzelner Vermögensgegenstände, Teilbetriebe oder Gesellschaftsbeteiligung in die neue Einheit.

Beim **Erwerb eines Unternehmens** ist die zentrale Frage, an welcher Stelle des bestehenden Unternehmens die neue Gesellschaft angegliedert wird. Hält die Familie bislang Anteile an einem Unternehmen und tritt nun ein zweites hinzu, bestehen folgende Möglichkeiten:

1. Die bestehende Gesellschaft erwirbt das neue Unternehmen. Es entsteht eine dreigliedrige Struktur, das neue Unternehmen wird **Tochtergesellschaft** des bisherigen Unternehmens bzw. Enkelgesellschaft der Familienmitglieder. Der unmittelbare Einfluss der Familienmitglieder als Gesellschafter der Obergesellschaft auf die neue Enkelgesellschaft ist in dieser Form lediglich ein mittelbarer. Über gesellschaftsvertragliche Gestaltungen oder die Einführung von Zustimmungs- und Weisungsrechten lassen sich jedoch insbesondere bei Gesellschaften in Form der GmbH oder GmbH & Co. KG weitergehende Einflussrechte gestalten.
2. Alternativ kann die neue Gesellschaft als **Schwestergesellschaft** der bestehenden Gesellschaft geführt werden. In diesem Fall erwerben die Familienmitglieder bzw. Gesellschafter die neue Gesellschaft unmittelbar. Dies ist im Hinblick auf die unmittelbare Einflussnahme vorteilhaft. Eine parallele Struktur bietet sich auch an, wenn ein neuer, eigenständiger Geschäftsbereich erworben wird, der operativ nur wenig Synergien mit dem bestehenden Geschäft bringt.

In jedem Fall ist aber die steuerliche Struktur zu prüfen. Auch die Integration des neuen Unternehmens in die bestehende Struktur kann schwerer sein, wenn die beiden Unternehmen nicht unmittelbar verbunden, sondern lediglich über die Familienmitglieder gleichsam unter dieselbe Inhaberschaft gestellt werden. In diesen Fällen bietet es sich daher an, mit dem Erwerb des neuen Unternehmens gleichzeitig über die Einführung einer **Holding-Struktur** nachzudenken (vgl. 1.2.4.3).

Wird ein Beteiligungsunternehmen **neu gegründet**, ist die Stellung innerhalb der Unternehmensgruppe sorgfältig zu wählen. Möglich ist die **Sachgründung**, bei welcher die Gesellschafter unmittelbar Vermögensteile, z. B. Anteile an den Tochterunternehmen einlegen, ggf. auch

173 *Wälzholz*, FamRB 2007, 85.

kombiniert mit einer Bargründung. Alternativ kann auch zunächst die neue Gesellschaft im Wege der **Bargründung** errichtet werden. Anschließend ist die Gesellschaft mit den für ihren Zweck erforderlichen Vermögensgegenständen auszustatten. Dies ist häufig der einfachere Weg, zumal die Vermögensgegenstände nicht zwangsläufig im Eigentum der Gesellschafter stehen und von diesen eingebracht werden können.

Bei der **Ausgliederung** eines Teilbereiches des Familienunternehmens wird das bestehende Unternehmen in mehrere Gesellschaften aufgespalten. Rechtlich ist dies grundsätzlich auf zwei Arten möglich: Durch Übertragung der Aktiva und Passiva im Wege der **Einzelrechtsnachfolge** auf die neue Einheit oder durch Ausgliederung oder Abspaltung nach den Vorschriften des Umwandlungsgesetzes, was zu einer (partiellen) **Gesamtrechtsnachfolge** führt. Soweit steuerlich ein **Teilbetrieb** übertragen wird, besteht in beiden Varianten die Möglichkeit der steuerlichen Privilegierung (§§ 20, 24 UmwStG).[174] So können auch beispielsweise Holding-Strukturen geschaffen werden (vgl. 1.2.4.3). Die ursprüngliche Familiengesellschaft bleibt als solche erhalten, übt jedoch nur noch spezielle Holding-Funktionen aus, während die operativen Aufgaben auf das oder die Tochtergesellschaften übertragen werden.[175]

Vorteil der Gesamtrechtsnachfolge ist, dass sämtliche Aktiva und Passiva, die dem auszugliedernden oder abzuspaltenden Teilbetrieb zugehören, ohne zusätzliche Maßnahmen auf die neue Gesellschaft übergehen. Vor allem, wenn der zu übertragende Unternehmensteil eine Vielzahl von Verträgen beinhaltet, ist deren Übertragung im Wege der Gesamtrechtsnachfolge einfacher. Bei der Einzelrechtsnachfolge bedarf die Übertragung jedes einzelnen Vertrages der ausdrücklichen Zustimmung des jeweiligen Vertragspartners. Andererseits ist bei der Ausgliederung oder Abspaltung zu beachten, dass alle an der Umwandlung beteiligten Rechtsträger für einen Zeitraum von fünf Jahren für die Verbindlichkeiten der übertragenden Gesellschaft gesamtschuldnerisch haften (§ 133 UmwG). Allen Varianten gemeinsam ist die Notwendigkeit, vor der Übertragung genau zu definieren, welcher Geschäftsbereich übertragen werden soll und welche Aktiva und Passiva diesem Geschäftsbereich zuzuordnen sind.

1.2.4.2.3 Family Business Groups

Die Entwicklung von Familienunternehmen von der Gründung, häufig als Alleinunternehmen, über die Phase des Wachstums und der Diversifikation, anschließender Portfolio-Bereinigung und selektiver Entwicklung von Unternehmensgruppen, bis hin zum Entstehen einer Family Business Group, beschreibt eine Studie des Center for Family Business der Universität Sankt Gallen. Als Family Business Group wird dabei eine Organisation verstanden, die häufig eine Pyramidenstruktur aufweist, mehrere Unternehmen umfasst und von einer Einzelperson oder Familie kontrolliert wird. Eine gesellschaftsrechtliche Verbindung der gesamten Unternehmensgruppe

174 *Hamann/Sigle*, § 12 Rz. 58.
175 *Lutter*, (Holding-Handbuch) 2004, § 3 Rz. 98 ff.

ist nicht erforderlich und liegt in der Regel auch nicht vor.[176] Die Verbindung besteht in erster Linie über die Verwandtschaft der Eigentümer.[177] Dennoch sind Family Business Groups meist zumindest in Teilbereichen rechtlich verbunden, z. B. über Familienstiftungen, Family Offices oder Holding-Strukturen.[178] Charakteristisch für Family Business Groups ist oftmals ein generationenübergreifender Investitionsprozess. Gerade bei erfolgreichen Unternehmerfamilien kann man eine Strategie des »Buy, build and selectively quit« sehen. Unternehmen werden mittel- bis langfristig entwickelt und aktiv unternehmerisch Einfluss genommen. Einzelaktivitäten werden aufgespalten, das Unternehmen wird internationalisiert oder durch Zukäufe erweitert. Anschließend werden ausgewählte Teile ganz oder teilweise, z. B. durch Aufnahme von Drittgesellschaftern oder einen Börsengang, veräußert. Auf diese Weise agieren insbesondere spätere Familiengenerationen als unternehmerische Investoren. Sie unterscheiden sich dabei aber von Private Equity Investoren durch einen deutlich längeren Anlagehorizont, bedingt durch eine fehlende finanzierungsgetriebene Wertsteigerung.[179] Motivation für die Gründung von Family Business Groups sind vielmehr die Risikominimierung durch Diversifikation, aber auch die Vereinfachung von Nachfolgeregelungen und die Schaffung von Tätigkeitsfeldern für die im Verlauf der Generationen wachsende Zahl von Familienangehörigen.[180]

Das unternehmerische Investment der Familien wird in Family Offices oder Holding-Gesellschaften gebündelt. Dabei treten sowohl Holdings einzelner Familienmitglieder auf, als auch Holding-Gesellschaften, die die Beteiligungen mehrerer Familienmitglieder zusammenfassen. So bleibt eine gemeinsame Identifikationsbasis für die Familie erhalten, auch wenn sich alle oder einzelne Familienmitglieder aus der operativen Leitung der Unternehmen zurückziehen. Konzernverbindungen finden sich auf der Beteiligungsebene der Familie nicht. Diese treten lediglich an nachgeordneter Stelle bei den einzelnen Beteiligungsunternehmen auf.[181]

1.2.4.3 Holdingstrukturen

1.2.4.3.1 Definition und Erscheinungsformen

Der Begriff der Holding ist gesetzlich nicht definiert. In der Regel versteht man unter einer Holding eine Unternehmung, deren betrieblicher Hauptzweck in einer auf Dauer angelegten Beteiligung an rechtlich selbständigen Unternehmen liegt.[182] Unter der Holding werden somit verschiedene selbständige Rechtsträger zusammengefasst.[183] Eine Holding kann sowohl an der

176 *Zellweger/Kammerlander*, 2014, 10.
177 *Zellweger/Kammerlander*, 2014, 8.
178 *Zellweger/Kammerlander*, 2014, 8, 42.
179 *Zellweger/Kammerlander*, 2014, 43 ff.
180 *Zellweger/Kammerlander*, 2014, 9.
181 *Zellweger/Kammerlander*, 2014, 48 f.
182 *Lutter*, (Holding-Handbuch) 2004, § 1 Rz. 11; Mentz in: *Hasselbach/Nawroth/Rödding*, 2016, A Rz. 3; *Jacobs/Endres/Spengel*, 2011, 1017.
183 *Olbing*, GmbH-StB 2003, 263.

Spitze einer Unternehmensgruppe stehen, als auch die Funktion einer Zwischenholding einnehmen.[184] Die Holding ist dabei meist nicht selbst operativ am Markt tätig, sondern beschränkt sich auf strategische Aufgaben und Koordination, kann jedoch auch als sog. Mischholding neben ihrer Holdingfunktion eigene unternehmerische Tätigkeit entfalten.[185] Eine Holding-Struktur kann gleichzeitig einen Konzern bilden (vgl. 1.2.4.4), dies ist aber nicht zwingend.[186]

Aufgrund der sehr allgemeinen Definition des Holding-Begriffs findet sich die Holding in ganz unterschiedlichen Erscheinungsformen, je nachdem, welchem konkreten Zweck sie dient und wie sie strukturiert ist. Abhängig vom Zweck der Holding gibt es im Wesentlichen folgende Erscheinungsformen:

- **Landesholdings, Regionalholdings, Auslandsholdings**
  In derartigen, regional gegliederten Holding-Strukturen bündelt die Holding typischerweise länderbezogene Themen. In der Holding werden landes- bzw. regionaltypische Fragen koordiniert. Häufig dient eine Landesholding auch der Finanzierung in einem einheitlichen Währungsraum.[187] Landes-, Regional- und Auslandsholdings sind daher häufig Zwischenholdings mit einer räumlich abgegrenzten Zuständigkeit die wiederum einer übergeordneten Finanz-, Dienstleistungs- oder Managementholding unterstehen.
- **Finanz- oder Vermögensholding**
  Die Funktion der Finanzholding ist regelmäßig beschränkt auf das Halten und Verwalten von Beteiligungen. Dies beinhaltet die Wahrnehmung der Gesellschafterrechte in Beteiligungsunternehmen sowie die Überwachung der Geschäftsführung der nachgeordneten Gesellschaften, ohne dabei eine aktive Führungsfunktion auszuüben.[188] Kennzeichen der Finanzholding ist das Fehlen einer Investitions- und Finanzplanung für die gesamte Gruppe.[189] Ein Vorteil der Finanzholding für Familienunternehmen ist, dass Veränderungen der Anteilseigner im Familienkreis nicht unmittelbar auf die operativen Einheiten durchschlagen und so eine Kontinuität der Unternehmensgruppe bei gleichzeitiger Flexibilität in der Unternehmensnachfolge erreicht wird.[190]
- **Dienstleistungsholding**
  Die Dienstleistungsholding übernimmt neben dem Halten und Verwalten von Beteiligungen auch bestimmte Dienstleistungsaufgaben für die Beteiligungsunternehmen. In der Regel handelt es sich bei den Dienstleistungen um Hilfsaufgaben, während die eigentliche operative Tätigkeit vollständig bei den Tochterunternehmen verbleibt. Typische Aufgaben der Holding sind Rechnungswesen und Bilanzierung, Controlling, IT, Mergers & Acquisitions sowie die Finanzierung, aber teilweise auch Forschung und Entwicklung, Personalmanage-

184 *Lutter*, (Holding-Handbuch) 2004, § 1 Rz. 25 ff.
185 *Lutter*, (Holding-Handbuch) 2004, § 1 Rz. 16, 21.
186 Mentz in: *Hasselbach/Nawroth/Rödding*, 2016, A Rz. 11 ff.
187 *Hintzen*, DStR 1998, 1319 (1322); *Dorfmueller*, IStR 2009, 826.
188 *Lutter*, (Holding-Handbuch) 2004, § 1 Rz. 22, § 2 Rz. 2; Mentz in: *Hasselbach/Nawroth/Rödding*, 2016, A Rz. 22 f.; *Hintzen*, DStR 1998, 1319 (1320).
189 Mentz in: *Hasselbach/Nawroth/Rödding*, 2016, A Rz. 22.
190 *Lutter*, (Holding-Handbuch) 2004, § 2 Rz. 29.

ment, Versicherungspolitik und Marketing. Die Vorteile der Zentralisation dieser Aufgaben in einer Holding liegen darin, dass Prozesse besser standardisiert, dadurch Kosten gesenkt und Qualität gesteigert sowie bessere Konditionen gegenüber Dritten ausgehandelt werden können, indem die Bedürfnisse der einzelnen Unternehmen zusammengefasst werden. Die Dienstleistungsholding als Finanzierungsholding hat darüber hinaus den Vorteil, dass sie zusätzlich interne Finanzmittel aus Gewinnen der Tochtergesellschaften generieren und den Beteiligungsunternehmen wiederum als Eigen- oder Fremdkapital zur Verfügung stellen kann. Sie wird daher häufig als zentrales Cash Management eingesetzt.[191]

- **Managementholding**
  Die Managementholding übernimmt auch die operative Steuerung ihrer Tochtergesellschaften, um dadurch den Wert der Unternehmensgruppe nachhaltig zu sichern und zu erhöhen. Das Konzerninteresse steht im Vordergrund.[192] Sie findet sich daher regelmäßig an der Spitze eines Teils der Unternehmensgruppe, der branchen-, produkt- oder regionalbezogen aufgestellt ist.[193] Um die Vorteile der wirtschaftlichen Selbständigkeit der Tochtergesellschaften auszunutzen, trifft die Managementholding in der Regel nur die strategischen Entscheidungen und setzt diese im Rahmen eines einheitlichen Controllings um.[194]
- **Familienholding**
  Die Familienholding ist dadurch gekennzeichnet, dass ihre Anteilseigner Mitglieder einer Familie sind. Ihr Zweck ist zunächst, die Unternehmensanteile, die die verschiedenen Familienmitglieder halten, zu bündeln. Auf diese Weise können etwaige Themen, die sich im Familien- bzw. Gesellschafterkreis stellen, wie z. B. die Unternehmensnachfolge oder Auseinandersetzungen, von den operativen Einheiten ferngehalten werden.[195] Die Familienholding kann daneben jede der vorgenannten Formen annehmen.[196]

1.2.4.3.2 Die Holdingspitze

Erst wenn festgelegt ist, welche konkreten Aufgaben die Holding wahrnehmen soll, schließen sich Überlegungen zur Ausgestaltung der Holdingspitze an. Organisatorisch stellen sich hier wiederum die grundlegenden Fragen nach der Wahl der Rechtsform (vgl. 1.2.1 bis 1.2.3), der inneren Struktur (vgl. 1.3) sowie der Sitzwahl (vgl. 1.2.4).

Bei der **Rechtsformwahl** für die Gesellschaft an der Spitze einer Unternehmensgruppe, welche im Wesentlichen dazu dient, die Beteiligungen der Familienmitglieder zu bündeln, sind neben steuerlichen Kriterien[197] vor allem Fragen nach der Einflussnahme der Familienmitglieder auf die Holdingspitze und weiter auf die nachgeordneten Gesellschaften (vgl. 1.2.2.2), der

191 *Hintzen*, DStR 1998, 1319 (1321); *Lutter*, (Holding-Handbuch) 2004, § 2 Rz. 32 ff.
192 *Lutter*, (Holding-Handbuch) 2004, § 2 Rz. 3, 36, 40 ff.
193 *Hintzen*, DStR 1998, 1319 (1322).
194 *Lutter*, (Holding-Handbuch) 2004, § 1 Rz. 17; Mentz in: *Hasselbach/Nawroth/Rödding*, 2016, A Rz. 20 f.
195 *Lutter*, (Holding-Handbuch) 2004, § 3 Rz. 148 ff.
196 *Lutter*, (Holding-Handbuch) 2004, § 2 Rz. 7.
197 Rödding in: *Hasselbach/Nawroth/Rödding*, 2016, D Rz. 37.

Übertragbarkeit der Anteile (vgl. 1.2.2.3) sowie der Vertraulichkeit (vgl. 1.2.2.4) von Bedeutung. Daneben spielt es eine Rolle, wie die Entscheidungsfindung in der Holdinggesellschaft gestaltet werden kann (vgl. 1.2.2.1). In mehrgliedrigen Konzernen, in welchen zwischen die Unternehmensspitze und die operativen Gesellschaften ein oder mehrere Zwischenholdings geschaltet sind, stehen bei der Frage der Rechtsformwahl für die **Zwischenholding** meist andere Gesichtspunkte im Vordergrund. Eine Rolle spielt in der Regel die Frage, inwieweit durch die Zwischenholding der Haftungsdurchgriff von den operativen Einheiten auf die Unternehmensspitze bzw. die Familie vermieden oder reduziert werden kann (vgl. 1.2.2). Je nachdem, wie eng die Zwischenholding und die ihr untergeordneten Gesellschaften an die Unternehmensspitze und die Familie gebunden werden sollen, kommt der Frage nach den Möglichkeiten der Leitung und Überwachung der Zwischenholding Bedeutung zu (vgl. 1.2.2.2). Entscheidend sind wiederum die Aufgaben der Holdinggesellschaften. Untersteht eine Zwischenholding einer Unternehmensspitze, die sowohl die operative Steuerung und strategische Ausrichtung der gesamten Unternehmensgruppe übernimmt, als auch Dienstleistungs- und Finanzierungsfunktionen ausübt, müssen die Einflussmöglichkeiten anders sein, als bei reinen Finanzholdings, die sich auf das Halten und Verwalten der Beteiligungen beschränken. Darüber hinaus kann es von Bedeutung sein, inwieweit Familienmitglieder Leitungsfunktionen in der Holdingspitze und/oder in Zwischenholdings bzw. operativen Gesellschaften übernehmen wollen oder ob in einzelnen Bereichen ausschließlich Fremdmanager tätig werden sollen. In den Rechtsformen der GmbH, GmbH & Co. KG, KG und OHG bestehen aufgrund der starken Gesellschafterrechte größere Einflussmöglichkeiten der Gesellschafter als bei der AG oder der KGaA. Dort hat das Management eine stärkere bzw. autonomere Stellung. Die Einflussnahme der Familie lässt sich aber auch hier über die Besetzung von Positionen in Aufsichtsrat und/oder Management verstärken.[198] Die AG ermöglicht einen Börsengang der Holding und dadurch Zugang zu zusätzlichem Eigenkapital.[199] Personengesellschaften, insbesondere in Form der »Kapitalgesellschaft« & Co. KG, sind darüber hinaus vor allem wegen ihrer steuerlichen Transparenz interessant.[200] Insbesondere in internationalen Unternehmensgruppen ist die Societas Europaea (SE) eine alternative Rechtsform für die Holdingspitze. Hinsichtlich Satzungsstrenge und Gesellschafterrechten ist die SE vergleichbar mit der AG. Die SE ermöglicht es jedoch, internationale Organisationsstrukturen zu vereinfachen und grenzüberschreitende Maßnahmen einfacher umzusetzen.[201]

Bei der **Sitzwahl** stellt sich zunächst die grundsätzliche Frage, ob die Holdinggesellschaft im In- oder im Ausland angesiedelt werden soll. Soll die Holding die Aufgabe haben, regionale Themen zu bündeln (Landesholding, Regionalholding, Auslandsholding, vgl. 1.2.4.3.1), bietet sich ein Sitz der Holdinggesellschaft in dem Land bzw. der Region an, für welche die Holdinggesellschaft zuständig sein soll. Welcher Standort für die Holding-Gesellschaft infrage kommt, hängt in erster Linie von steuerlichen Faktoren ab. Dies erfordert stets eine Prüfung im Einzelfall,

198 *Lutter*, (Holding-Handbuch) 2004, § 3 Rz. 31, 34.
199 Nawroth in: *Hasselbach/Nawroth/Rödding*, 2016, B Rz. 9.
200 Nawroth in: *Hasselbach/Nawroth/Rödding*, 2016, B Rz. 61.
201 Nawroth in: *Hasselbach/Nawroth/Rödding*, 2016, B Rz. 79.

insbesondere der erwarteten Zahlungsströme, und eine Abwägung der jeweiligen Vor- und Nachteile. Den idealen Holding-Standort gibt es nicht.[202] Entscheidend sind sowohl die steuerliche Belastung als auch die Verlässlichkeit steuerrechtlicher Regelungen und die damit verbundene Planungssicherheit.[203] Für die steuerliche Anerkennung eines ausländischen Sitzes ist stets zu beachten, dass die Holding bestimmte Substanzkriterien erfüllt, z. B. der tatsächliche Ort der Geschäftsleitung sich im jeweiligen Land befinden muss.[204]

1.2.4.4 Konzernierung von Familienunternehmen

Von der Holding ist es meist nicht mehr weit zur Bildung eines Konzerns. Ein Konzern liegt nach der Legaldefinition des § 18 AktG dann vor, wenn ein herrschendes und ein oder mehrere abhängige Unternehmen unter der einheitlichen Leitung des herrschenden Unternehmens zusammengefasst sind. Eine einheitliche Leitung ist insbesondere dann gegeben, wenn zwischen Unternehmen ein Beherrschungsvertrag (§ 291 AktG) besteht oder das eine in das andere Unternehmen eingegliedert ist (§ 319 AktG). Im Übrigen sind die Voraussetzungen für das Vorliegen einer einheitlichen Leitung im Detail umstritten. Während früher ein Konzern nur dann angenommen wurde, wenn eine wirtschaftliche Einheit und eine auf das Gesamtinteresse der verbundenen Unternehmen ausgerichtete Zielkonzeption für nahezu alle zentralen unternehmerischen Bereiche vorlag, genügt heute zumeist eine einheitliche Leitung auch nur in zentralen Teilen.[205] Im Ergebnis spricht es für das Vorliegen eines Konzerns, wenn die nachfolgenden **Kriterien** erfüllt sind:

- Zentrale Finanzplanung und zentrales Finanzmanagement,
- wirtschaftlich einheitliche Gesamtzielsetzung,
- eine dieser Einheit entsprechende Organisation und Zuständigkeitsregelung,
- einheitliche Leitungs- und Weisungsausübung,
- Tätigkeitsabstimmung und Zielkontrolle sowie
- einheitliches Berichtssystem auf der Basis einheitlicher Regeln zur Rechnungslegung.[206]

Somit bilden auch viele Holding-Strukturen einen Konzern, wenn sie in Form von Management- oder Dienstleistungsholdings organisiert sind. Lediglich die Finanzholding, die sich auf das Halten und Verwalten der Tochtergesellschaften beschränkt, wird häufig nicht zur Konzernbildung führen.[207]

---

202 *Dorfmueller*, IStR 2009, 826 (831).

203 Rödding in: *Hasselbach/Nawroth/Rödding*, 2016, D Rz. 15.

204 *Ebert*, IStR 2005, 534; Rödding in: *Hasselbach/Nawroth/Rödding*, 2016, D Rz. 212.

205 Hüffer/Koch, AktG, 2018, § 18 Rz. 9; *Bayer*, in: MüKo AktG, 2018, § 18 Rz. 33; *Emmerich*, in: Emmerich/Habersack, 2016, § 18 Rz. 10 ff.

206 *Hamann/Sigle*, 2012, § 12 Rz. 16.

207 *Hamann/Sigle*, 2012, § 12 Rz. 16; *Liebscher*, in: MüKo GmbHG, 2018, § 13 Anhang GmbH-Konzernrecht Rz. 78 ff.

Die **Gründe** für eine Konzernierung sind regelmäßig wirtschaftlicher Natur. Unternehmen diversifizieren, um weniger anfällig für Konjunkturschwankungen und Strukturkrisen zu sein, bleiben aber unter einheitlicher Leitung. Gleichzeitig zwingen Marktwirtschaft und Wettbewerb zu ständiger Verbesserung der Organisation. Dies wird über die Schaffung von **Konzernstrukturen** möglich.[208] Statistiken über die Anzahl von konzernverbundenen Unternehmen fehlen. Schätzungen gehen davon aus, dass mindestens 30 % bis 40 % aller GmbH konzernverbunden sind.[209] Damit dürfte der Konzern als Verbindung rechtlich selbständiger Unternehmen unter einheitlicher Leitung im Vergleich zu anderen Kooperationsformen die häufigste Form der Kooperation sein.

Die **Besonderheiten** des Konzernrechts ergeben sich aus der unterschiedlichen Interessenlage der herrschenden und der abhängigen Gesellschaft und der daraus entstehenden, rechtsformunabhängigen **Konfliktsituationen.**[210] Die Abhängigkeit führt zu Situationen, die den Interessen der abhängigen Gesellschaft zuwiderlaufen können. So verfolgt das herrschende Unternehmen im Konzern in der Regel übergeordnete Konzerninteressen, welchen sich die einzelnen Konzerngesellschaften unterzuordnen haben. Daher besteht die Gefahr, dass Gewinn- und Geschäftschancen einer abhängigen Gesellschaft auf ein anderes Konzernunternehmen verlagert oder nachteilige Geschäfte mit einem anderen Konzernunternehmen abgeschlossen werden müssen, Gewinne, Arbeitnehmer oder wertvolle Assets auf andere Konzernunternehmen verlagert werden oder gar die unternehmerische Ausrichtung des abhängigen Unternehmens sich nur auf Interessen des herrschenden Unternehmens oder Konzerns richtet. Selbst wenn hinter derartigen Maßnahmen keine Schädigungsabsicht steht, sondern übergeordnete Konzerninteressen, sind sowohl Organe und Mitarbeiter als auch Gläubiger des abhängigen Unternehmens schutzbedürftig.[211]

Im Hinblick auf die Obergesellschaft des Konzerns bestehen Konfliktsituationen vor allem zwischen Unternehmensleitung und Gesellschaftern. Die Gesellschafter begeben sich ihres unmittelbaren Einflusses auf die operativen Konzernunternehmen. Sowohl die Beteiligungen an den untergeordneten Gesellschaften, also das Vermögen der Gesellschafter, als auch die Kompetenzen zur Unternehmensführung werden von den Gesellschaftern auf das herrschende Unternehmen übertragen. Zum anderen haben die Geschäftsführungs- und Kontrollorgane des herrschenden Unternehmens aufgrund ihrer Aufgaben für den gesamten Konzernverbund besondere Pflichten.[212]

208 *Liebscher*, in: MüKo GmbHG, 2018, § 13 Anhang GmbH-Konzernrecht Rz. 13.
209 *Liebscher*, in: MüKo GmbHG, 2018, § 13 Anhang GmbH-Konzernrecht Rz. 8.
210 *Hamann/Sigle*, 2012, § 12 Rz. 13.
211 *Liebscher*, in: MüKo GmbHG, 2018, § 13 Anhang GmbH-Konzernrecht Rz. 16 ff.
212 *Liebscher*, in: MüKo GmbHG, 2018, § 13 Anhang GmbH-Konzernrecht Rz. 23 ff.

Vor dem Hintergrund dieser Konfliktlage entstanden die Regelungen des Konzernrechts. Das **Konzernrecht** ist ausschließlich im Aktienrecht kodifiziert. Die auf das Aktienrecht zugeschnittenen Regelungen können jedoch auch für Konzerne herangezogen werden, die aus Gesellschaften anderer Rechtsformen, in der Regel GmbH und GmbH & Co. KG, bestehen, wenn die jeweilige Norm verallgemeinerungsfähig ist und die Konfliktsituation auch bei anderen Rechtsformen auftreten kann.[213] Der Schwerpunkt des Konzernrechts liegt zum einen im Schutz der Minderheitsgesellschafter, zum anderen im Schutz der Gläubiger.[214] Ausführliche Regelungen im Konzernrecht finden sich in erster Linie im Bereich des **Vertragskonzerns**, also für den Fall des Bestehens eines Beherrschungsvertrages. Im Gegenzug für die Leitungsmacht und das Weisungsrecht, das das herrschende Unternehmen erhält, wird eine Verlustübernahmepflicht begründet sowie eine angemessene Kompensation von Minderheitsaktionären und Gläubigern. Dem gegenüber steht der **faktische Konzern.** Im faktischen Konzern sind mehrere Unternehmen ohne Beherrschungsvertrag in einer Weise verbunden, die zu einem tatsächlichen Abhängigkeitsverhältnis führt, weil das mehrheitlich beteiligte Unternehmen in die Geschäftstätigkeit und Rechtspositionen des abhängigen Unternehmens zu dessen Nachteil eingreift.[215] Obwohl in der Praxis häufig, ist der faktische Konzern nur in Grundzügen kodifiziert. Zudem ergeben sich insbesondere beim faktischen Konzern deutliche Unterschiede zwischen den Rechtsformen. Organisation und Kapitalschutz der AG unterscheidet sich in den für das Konzernrecht relevanten Punkten deutlich von dem System der GmbH oder GmbH & Co. KG, so dass die Regelungen des Aktienrechts hier keine Anwendung finden.[216]

Der Schutz der Gläubiger und (Minderheits-)Gesellschafter ist im Wesentlichen in drei Bereichen geregelt. Der Konzernbildung, der Konzernleitung mit den Themen Haftung und Organisation, sowie der Beendigung des Konzerns.[217] Bei der **Konzernbildung** steht zunächst der Schutz von Minderheitsgesellschaftern im Vordergrund. Minderheitsgesellschafter der Obergesellschaft verlieren den direkten Einfluss auf das in der Tochtergesellschaft befindliche Vermögen. Entscheidungen der Mehrheit, z. B. zur Gewinnthesaurierung bei der Tochtergesellschaft, belasten Minderheitsgesellschafter zusätzlich.[218] Daher spielt die Konzernbildungskontrolle insbesondere bei Familienunternehmen eine Rolle, in welchen verschiedene Familienmitglieder oder -stämme beteiligt sind und es klare Mehrheitsverhältnisse gibt. Der **Minderheitenschutz** wird zunächst dadurch gewährleistet, dass Umstrukturierungsmaßnahmen nach dem Gesellschaftsvertrag der zukünftigen Konzernobergesellschaft zugelassen sein müssen. Die Gesellschafter des Familienunternehmens müssen daher in ausreichender Mehrheit, in der Regel 3/4-Mehrheit oder gar Einstimmigkeit, der Konzernbildung als solcher bzw. dem Abschluss

213 Hüffer/Koch, AktG, 2018, § 15 Rz. 6.

214 *Liebscher*, in: MüKo GmbHG, 2018, § 13 Anhang GmbH-Konzernrecht Rz. 172 ff.

215 Hasselbach in: *Hasselbach/Nawroth/Rödding*, 2016, B Rz. 268.

216 *Liebscher*, in: MüKo GmbHG, 2018, § 13 Anhang GmbH-Konzernrecht Rz. 177; Hasselbach in: *Hasselbach/Nawroth/Rödding*, 2016, B Rz. 271.

217 *Liebscher*, in: MüKo GmbHG, 2018, § 13 Anhang GmbH-Konzernrecht Rz. 182 ff., Rz. 186 ff.

218 *Hamann/Sigle*, 2012, § 12 Rz. 18.

des Beherrschungsvertrages zugestimmt haben.[219] Im Rahmen der Konzernleitungskontrolle geht es für Familiengesellschaften in erster Linie darum, sicherzustellen, welche Informations- und Mitwirkungsrechte die Familienmitglieder als Gesellschafter der Konzernobergesellschaft haben. Grundsätzlich erfolgt die **Konzernleitung** ausschließlich durch die Geschäftsführung der Konzernobergesellschaft. Die Gesellschafter der Konzernobergesellschaft müssen sicherstellen, dass sie auch über Angelegenheiten der Tochtergesellschaften des Konzerns ausreichend informiert werden, um bei der Obergesellschaft die erforderlichen Entscheidungen treffen zu können.[220] Für Familiengesellschaften in der Rechtsform der GmbH ist darüber hinaus auf eine sorgfältige Formulierung – im Gesellschaftsvertrag oder zumindest der Geschäftsordnung – derjenigen Maßnahmen zu achten, für die die Geschäftsführung der Zustimmung der Gesellschafterversammlung bedarf und diesen Katalog auch auf Maßnahmen bei den Tochtergesellschaften zu erstrecken. Bei Personengesellschaften, insbesondere auch der GmbH & Co. KG, ist zusätzlich darauf zu achten, für welche Maßnahmen vom grundsätzlichen Prinzip der Einstimmigkeit abgewichen und eine Mehrheitsentscheidung zugelassen wird.[221]

1.3 Dokumentation in Familienunternehmen

Dr. Oliver Thurn

Eine professionelle Struktur kann zum Erfolg eines Familienunternehmens beitragen. Festgehalten wird eine solche Struktur im Wesentlichen in dem Gesellschaftsvertrag und ggf. geschlossenen Nebenvereinbarungen. Angesichts der Vielfältigkeit der Erscheinungsformen von Familienunternehmen werden im Folgenden nur zentrale Fragestellungen und deren mögliche Regelungen dargestellt.

Die Regelungen der Corporate Governance sollten ergänzt werden durch Regelungen der Personal Governance.

1.3.1 Gesellschaftsvertrag

Die Wahl der **Rechtsform** bestimmt die Struktur des Familienunternehmens langfristig (vgl. 1.2). Mit der Entscheidung für eine bestimmte Rechtsform sind, je nach Rechtsform unterschiedlich, wesentliche Fragen entschieden, wie etwa Fragen der Leitung und Überwachung des Unternehmens, der Übertragung von Beteiligungen, der Besteuerung, der Finanzierung,

219 *Hamann/Sigle*, 2012, § 12 Rz. 20 ff.
220 *Liebscher*, in: MüKo GmbHG, 2018, § 13 Anhang GmbH-Konzernrecht Rz. 1177 ff.
221 *Hamann/Sigle*, 2012, § 12 Rz. 41 ff.

der Haftung, des Zugangs zum Kapitalmarkt, der Mitbestimmung, der Rechnungslegung und Publizität.[222]

Familienunternehmen entwickeln sich etwa von der Phase der Gründung in die Phase einer überschaubaren Anzahl von maßgeblichen Gesellschaftern in die Phase von verschiedenen Generationen und einer Vielzahl von Gesellschaftern bis hin zur denkbarerweise börsennotierten Gesellschaft.[223] Dementsprechend ist die Wahl der Rechtsform nicht statisch, sondern muss in Abständen überdacht und ggfs. neu getroffen werden, um dem Lebenszyklus des jeweiligen Familienunternehmens gerecht zu werden. Ebenso verhält es sich mit der Corporate Governance; auch der Gesellschaftsvertrag und ggf. bestehende Nebenabreden müssen in Abständen geprüft und ggf. fortgeschrieben werden.

Familienunternehmen sind regelmäßig geprägt durch den beherrschenden oder starken Einfluss von familiär verbundenen Anteilsinhabern, eine verstärkte Identifizierung der Gesellschafter mit dem Unternehmen, das regelmäßig verfolgte Anliegen der Sicherung des Familieneinflusses, aber auch durch gesteigertes Konfliktpotenzial.[224] Ziel der Corporate Governance ist, die Wettbewerbsfähigkeit und den Fortbestand des Familienunternehmens zu erhalten und zu sichern sowie systembedingte Risiken zu minimieren. Dies ist Aufgabe einer verantwortungsvollen Vertragsgestaltung.[225]

Zahlenmäßig besonders weit verbreitet sind die GmbH sowie die GmbH & Co. KG, die weitreichende Gestaltungsfreiheit ermöglichen, anders als die AG, die der gesetzlichen Satzungsstrenge unterliegt.[226]

1.3.1.1 Übertragbarkeit der Beteiligung

1.3.1.1.1 Übertragungsbeschränkungen, Vinkulierung

Familiengesellschaften sind geschlossene Gesellschaften. Es gilt, das Eindringen Familienfremder zu verhindern. Dadurch soll der Familiencharakter gewahrt bleiben.[227] Dementsprechend sollen die Gesellschaftsanteile nicht auf Gesellschafterfremde übertragbar sein . Sie dürfen aber auch nicht zu Gunsten Dritter belastet werden, denn über solche Belastungen kann ein Gesellschaftsfremder Einfluss auf die Gesellschafter und damit indirekt auf die Gesellschaft ausüben. Zu denken ist in diesem Zusammenhang auch an die Verwendung des Gesellschafteranteils als Sicherungsinstrument, also den verpfändeten Gesellschaftsanteil oder den zur

222 *Wicke*, ZGR 2012, 450 (462).
223 *Wicke*, ZGR 2012, 450 (460).
224 *Wicke*, ZGR 2012, 450 (458).
225 *Wicke*, ZGR 2012, 450 (488).
226 § 23 Abs. 5 AktG.
227 *Hennerkes/May*, NJW 1988, 2761 (2766).

Sicherung oder treuhänderisch abgetretenen Gesellschaftsanteil. Nießbrauch und Unterbeteiligungen an Gesellschaftsanteilen sind ebenso unerwünschte Rechtsgeschäfte.

Das GmbHG geht grundsätzlich davon aus, dass die Geschäftsanteile an einer GmbH frei übertragbar sind. Es sieht jedoch auch die Möglichkeit vor, die freie Übertragbarkeit einzuschränken, zu vinkulieren.[228] Wie eine solche Einschränkung ausgestaltet wird, ist den Gesellschaftern überlassen. Es gilt Vertragsfreiheit. So kann die Übertragung des Geschäftsanteils generell der Zustimmung der Gesellschafterversammlung unterworfen werden.[229] Weiter kann geregelt werden, dass zustimmungsfreie Übertragungen nur auf Mitgesellschafter, Verwandte, Abkömmlinge oder Ehegatten möglich sind. Hinzu kommen Andienungspflichten und Vorkaufsrechte, die mit einer Vinkulierung kombiniert werden können.[230] Schließlich kann die Übertragung auch gänzlich ausgeschlossen werden.[231] Um mittelbare Verstöße gegen eine Vinkulierung zu verhindern, können Change of Control Klauseln vorsehen, dass die Veränderung der Gesellschafterstruktur eines Gesellschafters bestimmte Folgen nach sich zieht.[232]

Bei Personengesellschaften ist die gesetzliche Regelung anders. Das Gesetz schreibt vor, dass sämtliche Änderungen des Gesellschafterbestandes der Zustimmung aller Gesellschafter bedürfen. Eine Absicherung ist deshalb nicht notwendig. Allerdings muss bei Familienunternehmen darüber nachgedacht werden, die gesetzliche Regelung zu lockern[233] und beispielsweise für die Übertragung von Anteilen auf Mitgesellschafter, Verwandte, Abkömmlinge oder Ehegatten eine qualifizierte Mehrheitsentscheidung vorzusehen oder sie ganz vom Zustimmungserfordernis auszunehmen.[234]

Bei der AG gilt dagegen der Grundsatz der freien Verfügbarkeit und lediglich Namensaktien können vinkuliert werden.[235] Vergleichbare Regelungen, die Eingang in den Gesellschaftsvertrag einer GmbH oder einer Personengesellschaft finden können, müssen bei der AG deshalb in schuldrechtlichen Nebenvereinbarungen, wie etwa Aktionärsvereinbarungen oder Pool-Vereinbarungen getroffen werden. Das Aktienrecht lässt dagegen eine Zwangseinziehung der Aktien im Fall der Zwangsvollstreckung oder Insolvenz, aber auch bei der Veräußerung an Familienfremde zu.[236]

---

228 § 15 Abs. 5. GmbHG.
229 *Reichert*, GmbHR 2012, 713 (714) zu den Ausgestaltungsmöglichkeiten solcher Zustimmungserfordernisse.
230 *Binz/Mayer*, NZG 2012, 201 (209).
231 *Hennerkes/May*, NJW 1988, 2761 (2767).
232 *Schmidt*, GmbHR 2011, 1289 (1294); *Wicke*, ZGR 2012, 450 (472).
233 *Schmidt*, GmbHR 2011, 1289 (1289).
234 *Hennerkes/May*, NJW 1988, 2761 (2767).
235 § 68 Abs. 2 AktG; *Koch* in: Hüffer/Koch, AktG, 2018, § 68, Rn. 10.
236 *Koch*, in: Hüffer/Koch, AktG, 2018, § 237 Rn. 11 f.

1.3.1.1.2 Nachfolge

Regelungen der Unternehmensnachfolge sind meist außerordentlich komplex und dementsprechend schwierig. Die Unternehmenskontinuität soll gesichert, eine Zersplitterung durch Erbengemeinschaften soll verhindert, der Unternehmer soll wirtschaftlich abgesichert werden und zugleich sollen ausreichende Liquidität im Unternehmen verbleiben, sowohl steuerliche Aspekte berücksichtigt als auch adressiert werden sowie die Nachfolgeregelung soll den betroffenen Personen gerecht werden und zum Familienfrieden beitragen.[237]

Zur Sicherung des Fortbestandes des Familienunternehmens trägt eine fachlich und persönlich qualifizierte Unternehmensleitung ganz maßgeblich bei. Trifft der Gesellschaftsvertrag keine Vorsorge, gelten die gesetzlichen Regelungen.[238]

So werden die Vorstandsmitglieder einer AG vom Aufsichtsrat bestellt und abberufen. Der Aufsichtsrat setzt sich aus von der Hauptversammlung gewählten oder in den Aufsichtsrat entsandten Mitgliedern zusammen. Die Wahl durch die Hauptversammlung erfolgt mit oder ohne Bindung an Wahlvorschläge, für die Entsendung ist ein satzungsmäßiges Entsendungsrecht notwendig.[239] Bei einer GmbH unterliegt die Bestellung und die Abberufung von Geschäftsführern der Bestimmung der Gesellschafter, und zwar mit Mehrheit der abgegebenen Stimmen.[240] Bei Personengesellschaften ist die Position des persönlich haftenden Gesellschafters grundsätzlich mit der Geschäftsführungsposition verbunden.

Jedenfalls die auf die GmbH und Personengesellschaften Anwendung findenden gesetzlichen Regelungen stellen nicht sicher, dass fachlich und persönlich qualifizierte Geschäftsführer berufen werden, denn die Gesellschafter können sich bei der Ausübung ihrer Rechte von ganz persönlichen Überlegungen leiten lassen.

Die anzutreffenden Stammesklauseln, nach denen verschiedene Familienstämme, Personen in die Unternehmensleitung entsenden dürfen, führen zwar insoweit zur Gleichberechtigung, verlieren aber das Thema, eine qualifizierte Unternehmensleitung zu bestellen, aus dem Blick und können die Gegensätze zwischen den Familienstämmen verschärfen. Der Gesellschaftsvertrag kann dem entgegenwirken und die Bestellung und Abberufung der Geschäftsführung einem Beirat übertragen. So kann das Erfordernis der Zustimmung des Beirats vorgesehen werden oder dem Beirat die Entscheidungsbefugnis bis hin zum Abschluss oder der Beendigung von Arbeits- und Dienstverträgen übertragen werden.[241]

---

237 *Wicke*, ZGR 2012, 450 (485).

238 *Hennerkes/May*, NJW 1988, 2761 (2762), der die Risiken der gesetzlichen Regelungen herausstellt und hiervon abweichende vertragliche Regelungen empfiehlt.

239 §§ 84, 101 AktG; dazu *Koch*, in: Hüffer/Koch, AktG, 2018,§ 101 Rn. 3, 9.

240 §§ 46 Nr. 5, 47 GmbHG.

241 *Wicke*, ZGR 2012, 450 (468).

Besonderheit von Familiengesellschaften ist jedoch, dass jedenfalls in bestimmten Phasen des Unternehmens ein enger Zusammenhang zwischen der Unternehmensleitung und dessen Inhaberschaft besteht. Nicht immer wird es gelingen, aus der Familie einen geeigneten Nachfolger zu finden und so lohnt es sich, über externe Lösungen nachzudenken. Diese können die Unternehmensleitung betreffen, also darin bestehen, Fremdgeschäftsführer zu akquirieren. Diese können aber auch, unter Einbeziehung der Gesellschafterebene, in einem Management Buy-Out (MBO) oder Management Buy-In (MBI), die beide die Fortführung des Unternehmens durch qualifizierte Mitarbeiter und/oder Manger vorsehen, oder der Beteiligung eines Finanzinvestors als Mehrheits- oder Minderheitsgesellschafter bestehen.

Möglich ist aber auch, Geschäftsanteile im Wege der Nachfolge bestimmten Personen, also Erben und Vermächtnisnehmern oder besonders qualifizierten Personen, zuzuweisen, was regelmäßig durch Nachfolgeklauseln erfolgt.[242] Zunächst einmal muss, rechtsformabhängig, sichergestellt werden, dass die Gesellschaft durch den Tod des Gesellschafters nicht aufgelöst wird, und geregelt werden, dass bestimmte Erben als Nachfolger in die Gesellschaft eintreten können. Die gesetzliche Regelung für die KG sieht vor, dass die Gesellschaft mit sämtlichen Erben des verstorbenen Kommanditisten fortgesetzt wird. GmbH-Anteile sind frei vererblich. Diese beiden Regelungen stellen keinen Schutz vor dem Eindringen von Nichtfamilienmitgliedern oder ungeeigneten Familienmitgliedern in das Familienunternehmen dar.

Der Gesellschaftsvertrag muss deshalb Regelungen enthalten, die vorsehen, dass die Geschäftsanteile nur an bestimmte Personen übergehen dürfen oder dass der Gesellschafter nur zu Gunsten bestimmter Personen im Hinblick auf die Geschäftsanteile letztwillig verfügen darf, andernfalls die Gesellschaft die Geschäftsanteile einziehen kann oder deren Übertragung an die Gesellschaft oder andere Gesellschafter verlangen und damit also dafür sorgen kann, dass nur ein bestimmter Personenkreis die Geschäftsanteile letztendlich behalten darf. Denjenigen, denen auf diesem Weg der Zutritt zu der Gesellschaft versagt wird, steht ein erbrechtlicher Ausgleichsanspruch, eine Abfindung oder Entgelt zu, deren Modalitäten im Gesellschaftsvertrag geregelt sein sollten.[243] Die hierzu notwendigen Übertragungen sollten von der ggf. an anderer Stelle vorgenommenen Vinkulierung ausgenommen werden.[244]

Von mehreren Erben kann der Gesellschaftsvertrag durch eine Vertreterklausel verlangen, dass sie einen Bevollmächtigten benennen, der ihre Rechte in der Gesellschaft gebündelt ausübt; bis dahin ruhen die Gesellschafterrechte.[245]

242 *Winkler*, ZErb 2006, 195.
243 *Kespohl*, GWR 2011, 130.
244 *Binz/Mayer*, NZG 2012, 201 (211).
245 *Werner*, StBW 2013, 1075.

Gerade für den Fall, dass Minderjährige in die Gesellschafterstellung nachrücken sollen, sollte der Gesellschaftsvertrag auch die Testamentsvollstreckung zulassen, um eine geordnete und reibungslose Nachfolge zu gewährleisten.[246]

Auf Ebene der Personal Governance muss eine entsprechende letztwillige Verfügung allerdings regeln, dass der im Gesellschaftsvertrag begünstigte Gesellschafter oder Gesellschafterkreis insoweit auch Erbe oder Vermächtnisnehmer wird. Gesellschaftsvertrag und letztwillige Verfügung müssen zwingend aufeinander abgestimmt sein, damit die gewünschte Nachfolge gewährleistet ist.

Der Gesetzgeber unterstützt die Erhaltung von Familienunternehmen und sieht einen zusätzlichen Abschlag auf das begünstigte Vermögen i. S. v. § 13b ErbStG vor, wenn der Gesellschaftsvertrag neben der dargelegten Verfügungsbeschränkung auf Mitgesellschafter, Angehörige oder eine Familienstiftung eine Entnahme- oder Ausschüttungsbeschränkung sowie eine Abfindungsbeschränkung bei Ausscheiden enthält, § 13a Abs. 9 Nr. 1–3 ErbStG.[247]

1.3.1.2 Konfliktlösung

Konflikte zwischen Gesellschaftern können Unternehmen lähmen. Familienunternehmen sind, wie andere Unternehmen, aber gerade auch weil sie Familienunternehmen sind, konfliktanfällig. Der Gesellschaftsvertrag muss deshalb im besonderen Maße versuchen, unterschiedliche Interessen zum Ausgleich zu bringen, Mechanismen zur Konfliktlösung vorhalten und im schlimmsten Fall eine Trennung ermöglichen.

Gesellschaftsvertragliche Regelungen, die der Konfliktvermeidung dienen, sind etwa

- eine klare Kontrolle der Unternehmensleitung,
- ausreichende Informationen der Gesellschafter,
- die Einschaltung des Beirates bei entstehenden Konflikten,
- Mehrheitserfordernisse, die auf die Beteiligungsverhältnisse so abgestimmt sind, dass sie einerseits Beschlüsse erlauben, andererseits berechtigte Interessen von Minderheiten respektieren sowie
- Regelungen zum Minderheitenschutz, wie etwa Mindestentnahmemöglichkeiten.

Verfahren, die zur Konfliktlösung beitragen können sind vielfältig, wie etwa

- die verbindliche oder unverbindliche Beauftragung von Gutachtern zur Tatsachenfeststellung,
- die verbindliche oder unverbindliche Beauftragung von Gutachtern zur Klärung von Rechtsfragen,

246 *Krause* in: Scherer, Unternehmensnachfolge, 2020, § 14, Rn. 78 ff.
247 *Viskorf/Löcherbach/Jehle*, DStR 2016, 2425 (2430)

- die Durchführung eines nicht bindenden Schlichtungsverfahrens,
- die Durchführung eines Mediationsverfahrens und schließlich
- das Schiedsgerichtliche Verfahren oder das Verfahren vor den ordentlichen Gerichten.

Besteht keine Möglichkeit, Konflikte auf diesen Wegen zu lösen, und die Gefahr, dass der Gesellschafterstreit das Unternehmen lähmt und schädigt, sollte der Gesellschaftsvertrag die Möglichkeit vorsehen, dass der Gesellschafter, der die Gesellschaft verlassen will, die Gesellschaft verlassen kann. Andererseits muss es möglich sein, Gesellschafter, die etwa existenzielle Beschlüsse blockieren, aus der Gesellschaft auszuschließen.

Regelmäßig findet sich in Gesellschaftsverträgen eine Ausschlussmöglichkeit aus wichtigem Grund mit entsprechenden Abfindungsregelungen. Seltener sind dagegen Regelungen, die dem trennungswilligen Gesellschafter die Möglichkeit geben, abzuwandern. Diesen hindern regelmäßig die Vinkulierung der Anteile, Kündigungsfristen sowie Abfindungsregelungen. Berechtigter Grund für diese restriktive Handhabung, trennungswillige Gesellschafter ziehen zu lassen, ist das Ziel von Familiengesellschaftern, das Eindringen Fremder in die Gesellschaft zu verhindern. Als ultima ratio kommen dennoch in echten Deadlock Situationen Verfahren in Frage, mit denen ein Gesellschafter eine Art Bieterverfahren initiieren kann, das damit endet, dass ein Gesellschafter den anderen Gesellschafter auskauft.[248] Um hier zu sinnvollen Ergebnissen im Gesellschaftsvertrag zu kommen, muss man die konkreten Beteiligungsverhältnisse beachten; so macht es z. B. einen Unterschied, ob die zerstrittenen Gesellschafter nahezu gleich oder unterschiedlich stark an dem Unternehmen beteiligt sind. Von etwa gleich stark Beteiligten kann man hier erwarten, dass eine Seite versucht, die andere Seite auszukaufen; hier kommt es insbesondere darauf an, einen Mechanismus zur Bepreisung zu finden, der nicht streitanfällig ist. Insoweit kommen Angebotshinterlegungsverfahren, echte offene Bieterverfahren oder salomonische Lösungen, bei denen die eine Seite ihr Angebot für die andere Seite auch gegen sich gelten lassen muss, in Frage. Ein Minderheitsgesellschafter dürfte dagegen eher an Mitverkaufsgelegenheiten gelegen sein.[249]

1.3.1.3 Leitung und Überwachung des Unternehmens

Durch die Kontrolle der Unternehmensleitung sollen sowohl die Wahrung der Gesellschafterinteressen, als auch die Erhaltung des Unternehmens sichergestellt werden.[250]

Die für Handels-Gesellschaften vorgesehenen gesetzlichen Regelungen sehen lediglich vor, dass Handlungen, die über den gewöhnlichen Betrieb des Handelsgewerbes hinausgehen, der

248 *Lange/Sabel*, NZG 2015, 1249 (1250 ff.).
249 *Otto*, GmbHR 1996, 16; *Werner*, StBW 2010, 811 (815); *Lange/Sabel*, NZG 2015, 1249 (1251 ff.).
250 *Hennerkes/May*, NJW 1988, 2761 (2762).

Zustimmung der Mitgesellschafter bedürfen.[251] In einer GmbH können die Gesellschafter der Geschäftsführung durch Gesellschafterbeschluss Weisungen erteilen, und zwar sowohl verbietend, als auch gebietend; diese Kompetenz ist nicht ausdrücklich im GmbHG festgeschrieben, sondern Folge der dominierenden Stellung der Gesellschafterversammlung in der GmbH.[252]

Diese sehr grundsätzlichen Regelungen mögen Gesellschaften mit eng verbundenen und überschaubaren Gesellschafterkreis gerecht werden, bei Familiengesellschaften mit zahlreichen Gesellschaftern oder kapitalistisch strukturierten Familiengesellschaften ist jedoch fraglich, ob diese Grundsätze allein ausreichen, Kontrollkompetenz wahrzunehmen.[253]

Wichtig ist, dass Kontrolle qualifiziert und sachlich ausgeübt wird.[254] Nur dann entsteht ein fruchtbares Zusammenspiel zwischen der Unternehmensleitung und dem Kontrollorgan.

Die Installation eines Aufsichtsrats oder Beirats ist in vielen Fällen sinnvoll. Die Ausgestaltung der Aufgaben und Rechte dieses Gremiums ist bei der GmbH und den Personengesellschaften weitgehend frei regelbar. Die Bezeichnung als Aufsichtsrat, Beirat, Verwaltungsbeirat etc. ist nicht maßgeblich; maßgeblich sind die vertraglich gewährten Rechte und Pflichten. So kann der Beirat lediglich repräsentative Funktionen erfüllen, er kann beraten, überwachen, aber der Beirat kann auch der Geschäftsführung Weisungen erteilen, je nachdem wie der Beirat ausgestattet wird. In jedem Fall sollte Inhalt und Umfang der Aufgaben des Beirats präzise bestimmt sein. Zugleich sollte der Beirat durch ausreichende Informationsrechte in die Lage versetzt werden, seine Aufgaben zu erfüllen.

Beiräte werden oft mit Personalfragen, mit Fragen im Zusammenhang mit der Feststellung der Bilanz sowie der Ergebnisverteilung, Nachfolgethemen, sowie der Moderation, Schlichtung und Entscheidung in Konfliktsituationen betraut. Die personelle Zusammensetzung des Beirats ist besonders wichtig. Professionelle Beiräte haben etwa Branchenkenntnisse, Kenntnisse auf dem Gebiet der Rechnungslegung und Finanzierung, vielleicht auch juristische Kenntnisse.

Die Beiräte können durch Beschluss der Gesellschafterversammlung gewählt werden oder von Familienstämmen entsandt werden. Wegen denkbarer Interessenkonflikte sollte die Besetzung des Beirates mit ständigen Beratern (Steuerberater, Hausanwalt) des Familienunternehmens oder einem Vertreter seiner Hausbank hinterfragt werden. Professionelle Beiräte sollten angemessen vergütet werden. Schließlich können Fragen der Haftung der Beiräte und ihrer Zusammenarbeit geregelt werden.[255]

---

251 § 164 Satz 1 HGB.

252 *Beurskens,* in: Baumbach/Hueck, GmbHG, 2019, § 37 Rn. 20.

253 *Hennerkes/May,* NJW 1988, 2761 (2763 f.).

254 *Hennerkes/May,* NJW 1988, 2761 (2763).

255 *Wicke,* ZGR 2012, 450 (465 ff.).

1.3.1.4 Kapital- und Liquiditätssicherung

Ein Regelungskreis im Gesellschaftsvertrag, der besondere Aufmerksamkeit bedarf, ist die Kapital- und Liquiditätsbasis des Unternehmens. Hier sind die Interessen des Gesellschafter-geschäftsführers, der Gesellschafter und etwa eines am Gewinn beteiligten Fremdgeschäftsführers unterschiedlich.[256]

1.3.1.4.1 Ausschüttungen

Oft wird in Gesellschaftsverträgen lediglich geregelt, dass der Jahresabschluss der Gesellschaft geprüft werden soll, sofern dies nicht bereits gesetzlich vorgeschrieben ist. Gegenstand der Prüfung ist jedoch nur die Ordnungsmäßigkeit der Bilanzierung. Wie etwa Bilanzierungsspielräume ausgeübt werden, ist dagegen nicht Gegenstand der Prüfung.

Dies kann der Gesellschaftsvertrag ändern, indem Anforderungen an die Bilanzpolitik gestellt werden; diese sind dann auch Gegenstand der Prüfung. Eine gesellschaftsvertragliche Regelung passt jedoch nicht in allen Situationen des Unternehmens. Flexibler sind Regelungen, die den Beirat insoweit einbinden. Dem Beirat müssen dazu entsprechende Informationsrechte zustehen. Der Beirat kann bei der Aufstellung oder der Feststellung des Jahresabschlusses beteiligt sein und idealerweise sieht der Gesellschaftsvertrag für den Fall, dass sich Geschäftsführung und Beirat nicht einigen können, eine Entscheidung der Gesellschafterversammlung vor.[257]

1.3.1.4.2 Thesaurierung

Die gesetzlichen Regelungen für Kommanditgesellschaften enthalten keine Regelungen, die eine Thesaurierung vorsehen. Vielmehr haben sowohl die Kommanditisten als auch der persönlich haftende Gesellschafter weitgehende gesetzliche Entnahmemöglichkeiten; diese sind allerdings dispositiv und können im Gesellschaftsvertrag modifiziert werden. In der GmbH genügt für die Ausschüttung ein mit einfacher Mehrheit gefasster Gewinnverwendungsbeschluss.

Zur Stärkung der Eigenfinanzierung des Unternehmens empfiehlt sich deshalb eine gesellschaftsvertragliche Regelung. Hier bietet sich oft die Vereinbarung von Regelthesaurierungssätzen und davon zulässige Abweichungen an.[258]

Entnahmeregelungen im Gesellschaftsvertrag sind – wie bereits thematisiert – auch aus erbschaftsteuerlichen Gründen in Erwägung zu ziehen. So verlangt § 13a Abs. 9 Nr. 1 für die Gewährung des zusätzlichen Abschlags von 30 % auf das der Besteuerung unterliegende Betriebsvermögen, dass

256 *Hennerkes/May*, NJW 1988, 2761 (2764).
257 *Hennerkes/May*, NJW 1988, 2761 (2764).
258 *Hennerkes/May*, NJW 1988, 2761 (2765).

der Gesellschaftsvertrag eine Beschränkung der Entnahmen auf höchstens 37,5 % des um die auf den Gewinnanteil oder die Ausschüttungen anfallenden Steuern vom Einkommen gekürzten Betrages des steuerrechtlichen Gewinns vorsieht.

1.3.1.4.3 Abfindungen

Das Ausscheiden eines Gesellschafters kann für das Unternehmen ein hohes Liquiditätsrisiko bedeuten. Dies liegt insbesondere bei Personengesellschaften vor, in denen dem ausscheidenden Gesellschafter – unabhängig von Grund seines Ausscheidens – ein fälliger Anspruch in Höhe des Verkehrswertes seiner Beteiligung zusteht.[259]Anders dagegen ist die Lage in der AG, aus der der Aktionär von sich aus nur durch Übertragung seiner Anteile auf einen Dritten ausscheiden kann.

Um die Liquiditätsbelastung einzudämmen, kommt insbesondere die Stundung und die wertmäßige Beschränkung der Abfindung in Frage.[260] Die Stundungsregelungen, auch über mehrere Jahre, sind oft anzutreffen. Abfindungsbeschränkungen müssen die von der Rechtsprechung gesetzten Grenzen zur angemessenen Abfindung beachten.[261]

Im Hinblick auf den erbschaftsteuerlichen Abschlag in Höhe von 30 % verlangt der Gesetzgeber eine gesellschaftsvertragliche Beschränkung der Abfindung auf 70 % des Verkehrswertes.

1.3.1.4.4 Familienrechtlicher oder erbrechtlicher Liquiditätsbedarf

Bei im gesetzlichen Güterstand der Zugewinnausgleichsgemeinschaft lebenden Gesellschaftern besteht im Fall der Scheidung des Gesellschafters die Gefahr, dass der Gesellschafter einer Ausgleichsforderung ausgesetzt ist, die er nur durch Veräußerung oder Belastung des Geschäftsanteils erfüllen und/oder finanzieren kann. Aufgrund dessen sollte eine Güterstandsklausel in den Gesellschaftsvertrag aufgenommen werden mit der Verpflichtung der Gesellschafter, eine entsprechende Güterrechtsvereinbarung mit dem Ehegatten zu schließen. Da eine derartige Verpflichtung rechtlich kaum durchsetzbar ist, wird die Nichteinhaltung mit der Ausschließung bzw. Einziehung oder Abtretung der Gesellschaftsbeteiligung sanktioniert.[262]

Gesellschaftsanteile sind grundsätzlich frei vererblich. Um den Familiencharakter einer Gesellschaft zu erhalten, können Gesellschaftsverträge vorsehen, dass die Nachfolge in der Gesellschaft nur bestimmte Personen antreten dürfen. Auch wenn der Gesellschaftsvertrag solche Regelungen enthält, fällt die Beteiligung nach wie vor in den Nachlass. Die gesellschaftsvertragliche

259 *Hennerkes/May*, NJW 1988, 2761 (2765); vgl. §§ 738 ff. BGB.

260 *Kirchdörfer/Lorz*, FuS 2012, 176 (179) zu den verschiedenen Bewertungsverfahren.

261 *Hennerkes/May*, NJW 1988, 2761 (2766).

262 *Krause in: Scherer, Unternehmensnachfolge, 2020, § 14, Rn. 88 ff.; Wachter*, GmbH-StB 2006, 234 (237); kritisch dazu aber *Brambring*, DNotZ 2008, 724 (730) mit dem Hinweis, dass die dann zu zahlende Abfindung die Gesellschaft auch vor Liquiditätsprobleme stellt.

Regelung bedarf deshalb der erbrechtlichen Ergänzung, etwa durch Teilungsanordnungen, (Voraus-)Vermächtnisse oder Pflichtteilsverzichtsvereinbarungen.[263]

1.3.2 Schuldrechtliche Nebenvereinbarungen

Soweit die Regelungen zwischen den Gesellschaftern nicht zwingend in den Gesellschaftsvertrag aufgenommen werden müssen, kommen Regelungen in Nebenvereinbarungen in Frage. Andererseits dürfen bestimmte Regelungen nicht in den Gesellschaftsvertrag aufgenommen werden, so dass die Gesellschafter insoweit eine Nebenvereinbarung zur Regelegung treffen müssen.[264]

Gründe, die für Nebenvereinbarungen sprechen, sind insbesondere die Möglichkeit, Registerpublizität zu vermeiden, denn Nebenabreden müssen nicht im Handelsregister hinterlegt werden. Weitere Gründe sind Formerleichterungen beim Abschluss von Nebenvereinbarungen, was auch voraussetzt, dass diese nicht tatsächlich einen zwingend gesellschaftsvertraglichen Bestandteil regelt, was jedenfalls im Fall der GmbH zur Beurkundungspflicht führt.[265]

Wichtige Anwendungsfälle von Nebenabreden sind bei Familienunternehmen insbesondere Stimmbindungsvereinbarungen, Vertretervereinbarungen, Mitarbeiterbeteiligungsvereinbarungen sowie Regelungen zur Steuerung des Gesellschafterbestandes, etwa Vorkaufsrechte, Andienungsrechte, und -pflichten sowie, Mitverkaufsrechte und -pflichten.[266] Stimmbindungsvereinbarungen verfolgen bei Familienunternehmen oft das Ziel, die Willensbildung innerhalb eines Familienstammes mit dem Ziel zu bündeln, dass in der Gesellschafterversammlung dieser Stamm einheitlich abstimmt. Vertretervereinbarungen regeln oft, dass die »schwächere« oder betroffene Partei so wie die »stärkere« Partei abzustimmen hat.[267]

Die Wahl einer Nebenvereinbarung hat erhebliche Rechtsfolgen, etwa im Hinblick auf die formellen Anforderungen des Abschlusses oder der Änderung, aber auch im Hinblick auf ihre Übertragung. Anders als gesellschaftsvertragliche Regelungen wirken Nebenvereinbarungen nur zwischen den jeweiligen Parteien und gehen nicht automatisch auf neue Gesellschafter über, sondern müssen übertragen werden. Die Gesamtrechtsnachfolge findet auf die Erben statt, nicht dagegen auf die Vermächtnisnehmer.

263 *Hennerkes/May*, NJW, 1988, 2761 (2768).
264 *Wicke*, DNotZ 2006, 419 (426, 430).
265 *Wälzholz*, GmbHR 2009, 1020 (1021); *Priester*, GmbHR 2013, 225 (229).
266 *Cziupka/Kliebisch*, BB 2013, 715.
267 *Werner*, StBW 2011, 331 (332).

Nebenabreden können durchaus ein probates Mittel sein, bestimmte Abreden unter Gesellschaftern zu treffen. Sie empfehlen sich aber eher für einen Gesellschafterkreis, der überschaubar ist. In jedem Fall sollte sorgfältig analysiert werden, welchen rechtlichen Charakter die konkrete Abrede hat und dies auch zum Ausdruck bringen.[268]

1.3.3 Personal Governance

Die Personal Governance ergänzt die Corporate Governance und manche Regelungsziele der Corporate Governance können ohne eine Entsprechung in der Personal Governance nicht umgesetzt werden. Wie die Corporate Governance, bedarf auch die Personal Governance in Abständen der Überprüfung, ggf. der Fortschreibung.

1.3.3.1 Testament

Das Unternehmertestament ist notwendig, denn nur im Zusammenspiel der gesellschaftsvertraglichen Regelungen auf Ebene der Corporate Governance und der letztwilligen Verfügung auf Ebene der Personal Governance werden im Hinblick auf die Unternehmensnachfolge funktionierende Ergebnisse erzielt. Daneben gilt es Anordnungen zu treffen, die mit dem Unternehmen nicht direkt in Verbindung stehen.

Deshalb ist dringend zu empfehlen, ein Testament zu erstellen, und auch dieses ist in Abständen zu prüfen und ggf. fortzuschreiben.

1.3.3.2 Ehevertrag

Zahlreiche Gesellschaftsverträge von Familienunternehmen verlangen zu Recht den Abschluss eines Ehevertrages mit dem Ziel, das Unternehmen von den mit einer Scheidung einhergehenden Belastungen, etwa durch persönliche, zeitliche und finanzielle Belastungen des Gesellschafters, durch Publizität und durch Scheidung »zur Unzeit« zu schützen. Der Inhalt des Ehevertrages wird im Gesellschaftsvertrag nur insoweit umschrieben, als dies notwendig ist, um die aus Sicht der Gesellschaft verfolgten Ziele zu erreichen.

Die konkrete Umsetzung erfolgt als Teil der Personal Governance im Ehevertrag. Auf dieser Ebene schützt der Ehevertrag den Gesellschafter neben seinen unternehmerischen Belangen vor persönlichen und finanziellen Belastungen sowie von Liquiditätsabflüssen.[269]

268 *Wicke*, DNotZ 2006, 419 (437); *Wälzholz*, GmbHR 2009, 1020 (1021).
269 *Wachter*, GmbH-StB 2006, 234.

1.3.3.3 Vollmachten

Oft unterschätzt wird das Risiko, das durch den plötzlichen Ausfall des Unternehmers und der Leitung für ein Familienunternehmen entsteht. Zu denken ist an Krankheiten oder Unfälle. Auch in diesen Fällen muss das Unternehmen handlungsfähig bleiben; daneben sollte an die persönliche Ebene des Betroffenen gedacht werden.[270]

Dementsprechend kommen betriebliche Vorsorgevollmachten, etwa Handlungsvollmachten, Generalvollmachten, Prokura oder Organbestellungen[271] in Betracht; deren Wirkungsbereich über den Tod hinaus zu erstrecken (postmortale Vollmacht), kann sich als sehr sinnvoll erweisen. Auf persönlicher Ebene kommen ebenfalls General- und Vorsorgevollmachten sowie Patientenverfügungen in Frage.

1.4 Sitzwahl

Birgit Schneider

1.4.1 Begriffsbestimmung

Der Begriff »Sitz der Gesellschaft« hat verschiedene Facetten. Für Kapitalgesellschaften ist der Sitz im Gesetz definiert als »der Ort im Inland, den die Satzung bestimmt« (§ 5 AktG, § 4a GmbHG) (sog. **Satzungssitz**). Ergänzend kennen Kapitalgesellschaften den tatsächlichen **Verwaltungssitz**. Damit ist der Ort gemeint, an welchem die Gesellschaft ihre tatsächliche wirtschaftliche Tätigkeit entfaltet und an dem die grundlegenden Entscheidungen der Unternehmensleitung effektiv in laufende Geschäftsführungsakte umgesetzt werden.[272] Bei Personengesellschaften wird eine Differenzierung in Satzungssitz und Verwaltungssitz nicht vorgenommen. Personengesellschaften haben lediglich einen – einheitlichen – Sitz der Gesellschaft. Maßgeblich ist der Ort, von dem aus die Geschäfte der Gesellschaft geleitet werden und an dem sich der Schwerpunkt der geschäftlichen Tätigkeit befindet.[273]

---

270 *Wicke*, ZGR 2012, 450 (487).
271 *Reymann*, ZEV 2005, 457 (459).
272 *Märsch*, in: Bamberger/Roth, BeckOK BGB, Art. 12 EGBGB Rz. 59; *Spahlinger/Wegen*, 2005, Rz. 82.
273 *Langhein*, in: MüKo HGB, 2016, § 106 Rz. 26; *Preuß*, in: Oetker, HGB, 2019, § 8 Rz. 68; *Reichert*, 2015 § 15 Rz. 16.

1.4.2 Bedeutung des Gesellschaftssitzes

Für die Sitzwahl ist zunächst entscheidend, welche Bedeutung der Gesellschaftssitz hat. Der Sitz der Gesellschaft spielt sowohl für die Geschäftstätigkeit der Gesellschaft nach außen als auch für innergesellschaftliche Maßnahmen eine Rolle. Im Einzelnen:

Zunächst bestimmt der (Satzungs-) Sitz der Gesellschaft das zuständige **Handelsregister** (§ 7 Abs. 1 GmbHG, § 377 Abs. 1 FamFG, § 106 Abs. 1 HGB). Gleichzeitig legt der Satzungssitz den Ort der Hauptniederlassung fest mit der Folge, dass das Registergericht des Satzungssitzes auch für die Eintragung von Zweigniederlassungen zuständig ist (§ 13 Abs. 1 Satz 1 HGB). Im Ergebnis richtet sich das auf die Gesellschaft anwendbare Recht (Gesellschaftsstatut) nach dem Recht am Sitz der Gesellschaft.

Daneben bestimmt der Sitz der Gesellschaft den allgemeinen **Gerichtsstand** (§ 17 Abs. 1 ZPO). Der allgemeine Gerichtsstand ist nicht abdingbar, durch den Gesellschaftsvertrag kann lediglich ein weiterer allgemeiner Gerichtsstand neben dem des Sitzes geschaffen werden (§ 17 Abs. 3 ZPO). Maßgeblich für die Sitzbestimmung ist das auf die Gesellschaft anwendbare materielle Recht. Für die GmbH und die AG ist der Satzungssitz nach § 3 Abs. 1 GmbHG bzw. § 5 AktG einschlägig. Ergibt sich aus dem anwendbaren materiellen Recht kein eindeutiger Sitz, ist der tatsächliche Verwaltungssitz maßgeblich (§ 17 Abs. 1 Satz 2 ZPO). Für die KG und GmbH & Co. KG ist dies demnach der Ort der Hauptverwaltung, selbst dann, wenn ein anderer Ort im Handelsregister als Sitz eingetragen ist.[274] Auch bei ausländischen Gesellschaften ist grundsätzlich der Sitz nach dem anwendbaren materiellen Recht zu bestimmen.[275] Nach der Rechtsprechung des EuGH und nun auch des BGH ist für Auslandsgesellschaften das Recht des Staates maßgeblich, in dem die Gesellschaft gegründet wurde.[276] Lässt sich der Sitz jedoch aus dem anwendbaren Recht nicht ermitteln, ist auch hier der tatsächliche Verwaltungssitz maßgeblich. Im Geltungsbereich der EuGVVO sind in internationalen Streitigkeiten die Gerichte des Vertragsstaates international zuständig, in dessen Hoheitsgebiet die Prozesspartei ihren Sitz hat (Art. 22 Nr. 2 EuGVVO). Ergänzend regelt § 17 ZPO die örtliche Zuständigkeit, sofern nach Art. 22 Nr. 2 EuGVVO die deutschen Gerichte zuständig sind.

Der allgemeine Gerichtsstand am Sitz der Gesellschaft ist auch maßgeblich für die Bestimmung des zuständigen Insolvenzgerichts (§ 3 Abs. 1 Satz 1 InsO). Ist allerdings eine Gesellschaft schwerpunktmäßig an einem anderen Ort als dem Sitz wirtschaftlich tätig, so ist ausschließlich das Insolvenzgericht zuständig, in dessen Bezirk der Ort des Schwerpunkts der wirtschaftlichen Tätigkeit liegt (§ 3 Abs. 1 Satz 2 InsO, »Comi« = Center of main interest). Soweit Satzungssitz und tatsächlicher Verwaltungssitz auseinanderfallen können, ist demnach auch die Zuständigkeit

274 *Langhein*, in: MüKo HGB, 2016, § 106 Rz. 26; *Preuß*, in: Oetker, HGB, 2019, § 8 Rz. 68; *Sudhoff*, (Personengesellschaften) 2005, § 4 Rz. 23.

275 *Patzina*, in: MüKo ZPO, 2016, § 17 Rz. 10.

276 *Patzina*, in: MüKo ZPO, 2016, § 17 Rz. 20; BGH vom 12.07.2011, NJW 2011, 3373.

des Insolvenzgerichts durch eine abweichende Sitzwahl zu beeinflussen. Möchte man durch die Wahl eines Sitzes im Ausland das deutsche Insolvenzrecht umgehen, ist daher zwingend der tatsächliche Verwaltungssitz, von dem aus die Gesellschaft gesteuert wird, ins Ausland zu verlegen.

Sieht die Satzung nicht ausdrücklich einen anderen Ort für die Abhaltung von **Gesellschafterversammlungen** vor, sind Gesellschafterversammlungen am (Satzungs-) Sitz der Gesellschaft einzuberufen (§ 121 Abs. 5 Satz 1 AktG[277]). Der Sitz der Gesellschaft ist **Erfüllungsort** für die Rechte und Pflichten der Gesellschaft gegenüber ihren Organmitgliedern (Geschäftsführern, Vorständen).[278] Der Sitz der Gesellschaft ist auf allen **Geschäftsbriefen** anzugeben (§ 125a HGB, § 177a HGB, § 35a GmbHG, § 80 Abs. 1 AktG). Sinn und Zweck dieser Regelung ist die Publizität wesentlicher Gesellschaftsverhältnisse, die die Suche nach den allgemeinen Registerinformationen der Gesellschaft erleichtert.[279]

1.4.3 Kriterien für die Sitzwahl

Die Kriterien, nach welchen ein Ort als Sitz der Gesellschaft gewählt wird, sind nicht nur vielseitig, sondern werden auch in jedem Einzelfall unterschiedlich gewichtet. Folgende Kriterien spielen regelmäßig eine Rolle:

- Wirtschaftliche Standortfaktoren,
- Rechtssicherheit,
- Qualität der Finanzverwaltung,
- Steuerbelastung,
- Familienstruktur,
- Praktikabilität.

Die Sitzwahl beginnt in der Regel mit der Wahl eines geeigneten Standorts für die Unternehmung, sei es bei einem Produktionsunternehmen, einer Vertriebsgesellschaft oder einer reinen Holdinggesellschaft. Hier spielen in erster Linie **wirtschaftliche Faktoren** eine Rolle. So ist es meist wichtig, dass das Unternehmen an dem gewählten Standort einen guten **Marktzugang** hat. Selbst bei exportierenden Unternehmen spielt dies eine Rolle, zumindest wenn es um die Frage geht, ob die **Logistik** vor Ort ausreichend ist, um die produzierte Ware schnell und sicher zum Kunden transportieren zu können. Auf der anderen Seite kann es entscheidend sein, dass am gewählten Standort in Quantität und Qualität ausreichende **Arbeitskräfte** zur Verfügung stehen. Manchmal ist die Nähe zu Zulieferern oder Großkunden oder zu Forschungs- und Entwicklungseinrichtungen entscheidend. Im Ausland sind auch Fragen der **politischen Stabilität**

277 Analog für GmbH: *Zöllner/Noack*, in: Baumbach/Hueck, GmbHG, 2017, § 51 Rz. 15; für KG: *Reichert*, 2015, § 15 Rz. 12.
278 *Reichert*, 2015, § 15 Rz. 12.
279 Hüffer/Koch, AktG, 2018, § 80 Rz. 1; *Noack*, in: Baumbach/Hueck, GmbHG, 2017, § 35a Rz. 1.

sowie des **Investitionsschutzes** zu beachten. Außerdem können **Wechselkursrisiken** die Wahl des Unternehmensstandortes beeinflussen.

Die nach wirtschaftlichen Kriterien getroffene Vorauswahl ist anschließend im Hinblick auf **rechtliche und steuerliche Rahmenbedingungen** zu verproben. Insbesondere wenn verschiedene Länder und damit verschiedene Rechtsordnungen zur Wahl stehen, kann es eine Rolle spielen, wie verlässlich die jeweilige Gesetzgebung ist. Eine zumindest in den Grundlagen stabile und möglicherweise jahrelang erprobte Rechtsordnung bietet höhere Planungssicherheit. Doch nicht nur der **regulatorische Rahmen** spielt bei der Sitzwahl eine Rolle, sondern auch die Möglichkeit effektiver **Rechtsdurchsetzung**. Qualität und Verfahrensdauer bei staatlichen Gerichten sind höchst unterschiedlich. Für Unternehmen mit internationalen Beziehungen ist es insbesondere wichtig, dass die vor dem zuständigen Gericht erlangten Entscheidungen im jeweiligen Ausland auch vollstreckbar sind. Neben der **Rechtssicherheit** spielt auch die **Qualität der Finanzverwaltung** eine Rolle. Gibt es die Möglichkeit, verbindliche Vereinbarungen hinsichtlich der Steuerfolgen zu treffen oder verbindliche Auskünfte einzuholen, bringt dies ein höheres Maß an Rechts- und Planungssicherheit. Abgerundet wird dies durch die generelle Frage nach der **Steuerbelastung** am gewählten Standort. Hier lohnt jedoch ein Blick darauf, an welchen Sitz die Besteuerung anknüpft. In Deutschland hat der Satzungssitz lediglich subsidiäre Bedeutung für die Zuständigkeit der mit der Körperschaftssteuererhebung betrauten Finanzämter (§ 20 Abs. 2, § 11 AO). Sowohl für die Frage der Körperschaftssteuer, die primär an den Ort der Geschäftsleitung und damit an die faktischen Verhältnisse anknüpft (§§ 20 Abs. 1, 10 AO), als auch im Hinblick auf die Umsatzsteuer (§ 21 Abs. 1 AO) und die Bestimmung der hebesatzberechtigten Gemeinde bei der Gewerbesteuer (§ 4 Abs. 1 GewStG) sind in erster Linie faktische Verhältnisse maßgeblich und nicht der Satzungssitz oder die Eintragung im Handelsregister.[280] Die Steuerbelastung spielt damit zunächst bei der Frage eine Rolle, ob der Sitz im Inland oder Ausland gewählt wird. Bei einem Sitz in Deutschland kommt es dann darauf an, ob durch eine unterschiedliche Wahl von Satzungssitz und tatsächlichem Verwaltungssitz günstigere Regelungen Anwendung finden.

Bei der Sitzwahl von Familiengesellschaften nicht zu unterschätzen sind auch Kriterien wie die **Familienstruktur** und die **Praktikabilität** des Sitzes für die Familie. Ist der Kreis der Gesellschafter überschaubar und lebt und arbeitet man zudem noch an einem Ort oder in der Nähe, ist die Wahl dieses Ortes als Sitz der Gesellschaft naheliegend. Wird der Sitz der Gesellschaft am Stammsitz der Familie gewählt, so erzeugt dies eine besondere Verbundenheit. Dies kann auch eine Rolle spielen, wenn die Familienmitglieder weit gestreut sind und der Stammsitz der Familie einen gewissen Zusammenhalt bietet, z. B. als ein Ort, an dem sich die Familie regelmäßig trifft. Auf der anderen Seite kann auch eine gewisse Distanz zwischen Familie und Gesellschaft gewünscht sein. Nehmen Mitglieder der Familie keine aktive Rolle in der Geschäftsleitung des Unternehmens ein, und beschränken sich auf ihre Funktion als Gesellschafter, z. B. über eine

280 *Meckbach*, NZG 2014, 526 (527) m. w. N.

Holding, kann es praktikabler sein, den Sitz der operativen Gesellschaft an deren tatsächlichem Standort zu wählen, wenn dies nach den vorgenannten Kriterien günstig ist. Familiäre Belange können dann in den Hintergrund treten. Die Praktikabilität spielt vielfach eine Rolle, wenn über die Wahl eines ausländischen Sitzes nachgedacht wird. Hat die Familie bereits Bezug zu einem anderen Staat, etwa weil Mitglieder der Familie dort leben und arbeiten oder sich häufig dort aufhalten, kann die Wahl eines Sitzes in diesem Staat naheliegen, wenn auch die übrigen Kriterien passen. Fällt jedoch die Wahl auf ein Land, zu dem kein Bezug besteht, sollten Praktikabilitätserwägungen nicht unberücksichtigt bleiben. Die Wahl eines Sitzes im Ausland ist stets mit erhöhtem Verwaltungsaufwand verbunden, sei es durch erforderliche Reisen, sei es durch Dokumentation nach ausländischem Recht in einer fremden Sprache. Dies kann zum Hindernis werden, wenn nicht alle Familienmitglieder gleichermaßen mit dem Umfeld im Ausland vertraut sind. Steht die Familie an der Spitze einer Unternehmensgruppe, kann es praktikabel sein, die Verwaltung einer Vielzahl von Gesellschaften an einem Sitz zu konzentrieren.

1.4.4 Sitzwahl in Deutschland

1.4.4.1 Personengesellschaften

Bei Personengesellschaften (OHG, KG, GmbH & Co. KG) ist die Wahl des Sitzes nur eingeschränkt möglich. Entscheidend ist allein, welcher Ort für die Ausübung der Geschäftstätigkeit nach den oben unter 1.4.3 genannten Kriterien gewählt wird. Der Ort, von dem aus die Geschäfte der Gesellschaft tatsächlich geleitet werden und an dem sich der Schwerpunkt der geschäftlichen Tätigkeit der Personengesellschaft befindet, bestimmt auch den Sitz der Gesellschaft.[281] Anders als bei Kapitalgesellschaften, bei welchen der Satzungssitz und der Verwaltungssitz auseinanderfallen können (vgl. 1.4.1), verfügt die Personengesellschaft nur über einen einheitlichen Sitz.

Personenhandelsgesellschaften sind demnach bei dem Gericht, in dessen Bezirk sie ihren Sitz haben, also ihre Geschäftstätigkeit ausüben, zur Eintragung in das Handelsregister anzumelden (§§ 106 Abs. 1, 161 Abs. 2 HGB). In der Anmeldung ist sowohl der Ort, an dem die Gesellschaft ihren Sitz hat, als auch die inländische Geschäftsanschrift anzugeben (§§ 106 Abs. 2 Nr. 2, 161 Abs. 2 HGB). Die Vorschrift, dass sowohl der Ort des Sitzes als auch eine inländische Geschäftsanschrift angemeldet werden müssen, bedeutet jedoch nicht, dass die Geschäftsanschrift vom Sitz abweichen kann. Ort des Sitzes ist lediglich die politische Gemeinde. Die Angabe der inländischen Geschäftsanschrift konkretisiert zusätzlich die Adresse mit Straße, Hausnummer und Postleitzahl.[282] Anders als bei Kapitalgesellschaften, für die Zustellerleichterungen nach §§ 185 Nr. 2 ZPO, 15a HGB gelten, soll zumindest über die Angabe der inländischen

281 *Langhein*, in: MüKo HGB, 2016, § 106 Rz. 26; *Preuß*, in: Oetker, HGB, 2019, § 8 Rz. 68; *Reichert*, 2015, § 15 Rz. 16 f.
282 *Krafka*, in: MüKo HGB, 2016, § 29 Rz. 9.; OLG Schleswig vom 14.11.2011, BeckRS 2012, 09339.

Geschäftsanschrift eine faktische Zustellungserleichterung erzielt werden.[283] Diese faktische Zustellungserleichterung würde vereitelt, wenn unter der angegebenen Adresse tatsächlich kein Vertreter der Gesellschaft erreichbar ist.[284] Daher wird man auch nach Inkrafttreten des MoMiG zum 01.11.2008 bei Personenhandelsgesellschaften ein Auseinanderfallen von Sitz, tatsächlicher Verwaltung und Geschäftsanschrift nicht annehmen können, da die Erleichterungen des MoMiG unter Fortgeltung der Sitztheorie bislang ausdrücklich nicht auf Personenhandelsgesellschaften Anwendung finden. Die allgemeingültige Verankerung der Gründungstheorie wird dennoch vielfach gefordert.[285]

Verlegt eine Personenhandelsgesellschaft ihre Hauptverwaltung bzw. den Ort der tatsächlichen Geschäftstätigkeit innerhalb Deutschlands, so ändert sich entsprechend auch der Sitz. Der neue Ort des Sitzes sowie die neue inländische Geschäftsanschrift sind entsprechend nach §§ 106 Abs. 1 Nr. 2, 161 Abs. 2 HGB zum Handelsregister anzumelden. Die Sitzverlegung richtet sich demnach allein nach den tatsächlichen Gegebenheiten, eines ausdrücklichen Gesellschafterbeschlusses zur Verlegung des Sitzes bedarf es darüber hinaus nicht.[286]

1.4.4.2 Kapitalgesellschaften

Bei der Neugründung kann der **Satzungssitz** der Kapitalgesellschaft frei gewählt werden. Einzige Voraussetzung für die Gründung einer deutschen GmbH oder AG ist, dass sich der Sitz in Deutschland befindet (§ 4a GmbHG bzw. § 5 AktG). Der Satzungssitz ist im Gesellschaftsvertrag der Gesellschaft festzulegen (§§ 3 Abs. 1 Nr. 1, 4a GmbHG bzw. § 5 AktG). Anders als bei Personengesellschaften (vgl. 1.4.4.3), muss der Satzungssitz jedoch nicht mit dem Ort übereinstimmen, an dem die Gesellschaft ihre Hauptverwaltung hat, die Geschäfte geleitet werden bzw. die Gesellschaft ihre Geschäftstätigkeit entfaltet. Der Satzungssitz kann abweichend vom **Verwaltungssitz** gewählt werden. Die Funktion des Satzungssitzes kann sich daher, zusammen mit der im Inland gelegenen Geschäftsadresse (§ 8 Abs. 4 Nr. 1 GmbHG bzw. § 37 Abs. 3 Nr. 1 AktG), darauf reduzieren, die Geschäftsadresse der Gesellschaft zu bezeichnen, an welcher die Gesellschaft erreichbar ist.[287] Die Ansicht, die Wahl eines Satzungssitzes, zu dem die Gesellschaft keinerlei räumliche Beziehung aufweise und die allein zur Begründung der Zuständigkeit des erwünschten Registergerichts getroffen werde, sei rechtsmissbräuchlich und damit unwirksam, wird nur vereinzelt vertreten.[288] Folge einer rechtsmissbräuchlichen Sitzwahl wäre

---

283 BT-Drs. 16/6140, 49.

284 OLG Schleswig vom 14.11.2011, BeckRS 2012, 09339.

285 *Langhein*, in: MüKo HGB 2016, § 106 Rz. 26 ff.; OLG Schleswig vom 14.11.2011, BeckRS 2012, 09339; *Leitzen*, RNotZ 2011, 536 (537, 539); a. A. *Hüffer*, in: Staub Großkommentar HGB,.2009, § 13 Rz. 44; *Schäfer*, in: Staub Großkommentar HGB, 2009, § 106 Rz. 18 ff.; Roth, in: Baumbach/Hopt, HGB, 2018, § 106 Rz. 8, Einl, § 105 Rz. 29; BMJ RefE Ges zum IPR der Ges v. 07.01.2008.

286 *Reichert*, 2015, § 15 Rz. 26; *Langhein*, in: MüKo HGB 2016, § 106 Rz. 29; a. A. *Roth*, in: Baumbach/Hopt, HGB, 2018, § 106 Rz. 10, 8; *Schäfer*, in: Staub Großkommentar HGB, 2009, § 106 Rz. 18 f.

287 *Cziupka*, in: Scholz, Kommentar zum GmbHG, 2018, § 4a Rz. 3.

288 *Fastrich*, in: Baumbach/Hueck, GmbHG, 2017, § 4a Rz. 4.

die Nichtigkeit der zugrunde liegenden Bestimmung im Gesellschaftsvertrag. Dies könnte ein Amtsauflösungsverfahren nach § 399 Abs. 4, Abs. 1 Satz 1 FamFG und damit faktisch einen Zwang zur Sitzverlegung nach sich ziehen.[289] Die Begründung, mit der Aufhebung der bisherigen §§ 4a Abs. 2 GmbHG, 5 Abs. 2 AktG hätte der Gesetzgeber lediglich die Gründung von Gesellschaften mit faktischem Sitz im Ausland gestatten, jedoch kein *Forum Shopping* in Deutschland ermöglichen wollen, vermag nicht zu überzeugen.[290] Die Schwelle des Rechtsmissbrauchs bei der Wahl eines vom Verwaltungssitz abweichenden Satzungssitzes wird von der herrschenden Meinung deutlich höher gesetzt. Es ist im Grundsatz anerkannt, dass die Gesellschaft ihren satzungsmäßigen Sitz an jedem beliebigen Ort in Deutschland haben kann, unabhängig davon, ob sie an diesem Ort eine operative Tätigkeit entfaltet oder möglicherweise sonst eine Beziehung zu diesem Ort hat.[291] So wird es insbesondere für zulässig erachtet, einen vom tatsächlichen Verwaltungssitz abweichenden Satzungssitz zu wählen, um die Zuständigkeit eines bestimmten Registergerichts zu begründen, etwa weil es besonders zügig arbeitet oder um im Konzern eine organisatorische Konzentration aller Handelsregistervorgänge am Sitz der Konzernspitze sowie einen einheitlichen allgemeinen Gerichtsstand für alle Konzernunternehmen zu erreichen.[292] Führt die abweichende Wahl des Satzungssitzes dazu, dass an dem im Gesellschaftsvertrag bestimmten Satzungssitz lediglich eine »Briefkastenfirma« existiert, so wird dies noch nicht als rechtsmissbräuchlich angesehen.[293]

Hinweis !

Fallen Satzungssitz und Verwaltungssitz auseinander, ist in jedem Fall die Erreichbarkeit der Gesellschaft sicherzustellen. Anderenfalls besteht die Gefahr von Nachteilen aufgrund der Zustellerleichterungen nach § 185 Nr. 2 ZPO und § 15a HGB, wonach öffentliche Zustellungen erfolgen können.

Auch bei der späteren Verlegung des Sitzes gilt der Grundsatz der freien Sitzwahl. Diese wird allerdings ebenfalls dadurch eingeschränkt, dass die Sitzverlegung nicht rechtsmissbräuchlich sein darf. Rechtsmissbrauch kann z. B. dann in Frage kommen, wenn mit der Verlegung des Satzungssitzes gezielt Maßnahmen des bisherigen Registergerichts vereitelt oder im Vorfeld der Insolvenz Verschleierungsmaßnahmen getroffen werden sollen.[294] In der Regel sind die Hürden für die Annahme eines Rechtsmissbrauchs bei der Verlegung des Sitzes hoch.[295]

Die nachträgliche Verlegung des Satzungssitzes stellt eine Änderung des Gesellschaftsvertrages dar. Es bedarf daher eines satzungsändernden Gesellschafterbeschlusses. Dieser ist

289 *Meckbach*, NZG 2014, 526 (528) m. w. N.
290 *Fastrich*, in: Baumbach/Hueck, GmbHG, 2017, § 4a Rz. 4.
291 *Meckbach*, NZG 2014, 526 (528); *Leitzen*, RNotZ 2011, 536; *Cziupka*, in: Scholz, Kommentar zum GmbHG, 2018, § 4a Rz. 11 f.14; *Heinze*, in: MüKo GmbHG, 2018, § 4a Rz. 9.
292 *Jaeger*, in: Ziemons/Jaeger, BeckOKGmbHG, § 4a Rz. 4.
293 *Cziupka*, in: Scholz, Kommentar zum GmbHG, 2018, § 4a Rz. 12; *Heinze*, in: MüKo GmbHG, 2018, § 4a Rz. 11; *Meckbach*, NZG 2014, 526 (528).
294 *Cziupka*, in: Scholz, Kommentar zum GmbHG, 2018, § 4a Rz. 12; *Meckbach*, NZG 2014, 526 (530); *Wicke*, GmbHG, 2011, § 4a Rz. 4; *Ganter/Lohmann*, in: MüKo InsO, 2013, § 3 Rz. 40 ff.
295 *Meckbach*, NZG 2014, 526 (528 ff.).

notariell zu beurkunden und mindestens mit einer Mehrheit von ¾ der abgegebenen Stimmen zu fassen, sofern der Gesellschaftsvertrag keine höhere Mehrheit vorsieht. Die Änderungen im Gesellschaftsvertrag sowie der neue Satzungssitz sind dementsprechend zum Handelsregister anzumelden. Die Änderung des Verwaltungssitzes dagegen ändert die Satzung nicht. Dies gilt jedenfalls dann, wenn die Satzung der Gesellschaft, wie üblich, keine Regelung zum Verwaltungssitz enthält. In der Regel geschieht die Änderung des Verwaltungssitzes durch Beschluss der Gesellschafterversammlung. Darüber hinaus empfiehlt es sich, die Sitzverlegung in den Katalog zustimmungsbedürftiger Geschäfte in der Satzung aufzunehmen. Dies vermeidet Streitigkeiten darüber, ob es zur Verlegung des Verwaltungssitzes eines Gesellschafterbeschlusses bedarf oder ob die Geschäftsführung dies in ihrer Kompetenz entscheiden kann.[296] Grundsätzlich bedarf der Beschluss über die Verlegung des Verwaltungssitzes der einfachen Mehrheit, es sei denn, der Gesellschaftsvertrag sieht eine höhere Mehrheit vor. Da die Verlegung des Verwaltungssitzes mitunter eine grundlegende Entscheidung mit weitreichenden Folgen sein kann, kann es sinnvoll sein, hierfür ausdrücklich eine höhere Mehrheit vorzusehen.

! **Hinweis**

Der Gesellschaftsvertrag sollte klare Regelungen zur Zuständigkeit für die Entscheidung über eine Sitzverlegung enthalten.

1.4.4.3 Ausländische Gesellschaften

Für die Sitzwahl ausländischer Gesellschaften gilt grundsätzlich das auf diese Gesellschaft anwendbare Recht. Zu unterscheiden ist jedoch auch hier die Verlegung des Satzungssitzes und die Verlegung des tatsächlichen Verwaltungssitzes. Wird der Satzungssitz einer ausländischen Gesellschaft z. B. nach Deutschland verlegt, wird dies in der Regel dazu führen, dass die Gesellschaft in ihrem Gründungsstaat aufzulösen und eine entsprechende Gesellschaft in Deutschland zu gründen ist. Auch bei der bloßen Verlegung des Verwaltungssitzes ist Vorsicht geboten.[297] Die Verlegung in ein Land, das die Sitztheorie anwendet, kann dazu führen, dass die auf die Gesellschaft anwendbare Rechtsordnung wechselt.[298] Etwas anderes gilt jedoch, wenn eine in einem EU-Staat gegründete Gesellschaft ihren effektiven Verwaltungssitz nach Deutschland verlegt. Deutschland hat in diesem Fall die ausländische Gesellschaft als rechtsfähig anzuerkennen.[299]

---

296 *Blasche*, GWR 2010, 25 (26).

297 Zu den Besonderheiten beim Einsatz ausländischer Familienstiftungen in der Nachfolgeplanung s. *Lange/Sabel*, ZStV 2014, 201 (201 ff.).

298 *Hamann/Sigle*, 2012, § 12 Rz. 117 m. w. N.

299 EuGH vom 05.11.2002, NJW 2002, 3614 (3617) – *Überseering*; *Hamann/Sigle*, 2012, § 12 Rz. 118.

1.4.5 Sitzwahl im Ausland

Wenn Unternehmen über die Wahl eines ausländischen Sitzes nachdenken, kommt es zunächst darauf an, ob gemeinsam mit dem ausländischen Sitz auch eine ausländische Rechtsform für die Gesellschaft gewählt wird oder ob eine deutsche Gesellschaft einen Sitz im Ausland haben soll. Geht es um eine ausländische Rechtsform mit Sitz im Ausland, unterliegt diese Gesellschaft ausschließlich dem Recht im jeweiligen Land. Berührungspunkte nach Deutschland gibt es erst, wenn über eine Verlagerung nach Deutschland nachgedacht wird. Soll dagegen eine deutsche Gesellschaft einen Sitz im Ausland haben, kann nur der **Verwaltungssitz** im Ausland gewählt werden. Die Wahl einer deutschen Rechtsform verlangt einen **Satzungssitz** in Deutschland. Anderenfalls ist der Satzungsänderungsbeschluss nichtig, nach früherer Rechtsprechung wird die Gesellschaft sogar aufgelöst und in den jeweiligen Registern gelöscht.[300] Die Wahl eines ausländischen Satzungssitzes ist daher nur bei Wahl einer ausländischen Rechtsform möglich.

Soll bei einer bestehenden Gesellschaft der Sitz verlegt werden, so ist dies innerhalb der **Europäischen Union** aufgrund der Niederlassungsfreiheit nach Art. 49 und 54 AEUV und der Rechtsprechung des EuGH zulässig.[301] Der Staat, in den der Sitz verlegt werden soll, hat die Rechtsfähigkeit der in einem anderen Mitgliedsstaat gegründeten Gesellschaft anzuerkennen. Er darf auch keine zusätzlichen Voraussetzungen an die Errichtung einer Niederlassung stellen, die nicht auch für inländische Gesellschaften gelten.[302] Allerdings darf der Staat, in dem die Gesellschaft ursprünglich gegründet wurde, Voraussetzungen an den Wegzug knüpfen. So gilt für deutsche Gesellschaften, wie oben dargestellt, dass lediglich der effektive Verwaltungssitz ins europäische Ausland verlegt werden kann, nicht jedoch der Satzungssitz.[303]

Bei der Verlegung des Sitzes ins **außereuropäische Ausland** hängt die Anerkennung der Rechtsfähigkeit einer Gesellschaft davon ab, ob der Zuzugsstaat der Gründungs- oder Sitztheorie folgt. Gilt im Zuzugsstaat die **Sitztheorie**, ist eine Verlagerung des effektiven Verwaltungssitzes von Deutschland in diesen Staat nur möglich, wenn das Recht des Zuzugsstaates dies zulässt. In der Regel scheitert die Verlegung jedoch an der fehlenden Einhaltung der Gründungsvorschriften im Zuzugsstaat. Gilt die **Gründungstheorie**, kann der effektive Verwaltungssitz verlagert werden, wenn der Satzungssitz in Deutschland verbleibt.[304]

Hinweis !

Die Wahl eines effektiven Verwaltungssitzes im Ausland ist in jedem Fall steuerlich zu prüfen. Der tatsächliche Ort der Geschäftsführung ist für Fragen der Besteuerung in den jeweiligen Ländern maßgeblich.

300 *Hamann/Sigle*, § 12 Rz. 81; *Fastrich*, in: Baumbach/Hueck, GmbHG, 2017, § 4a Rz. 9 f.
301 EuGH vom 05.11.2002, NZG 2002, 1164 – *Überseering*.
302 EuGH vom 30.09.2003, NJW 2003, 3331 – *Inspire Art*.
303 *Hamann/Sigle*, § 12 Rz. 81; EuGH vom 16.12.2008, NZG 2009, 61 – *Cartesio*.
304 *Hamann/Sigle*, § 12 Rz. 80; *Kindler*, in: MüKo BGB, 2018, IntGesR Rz. 821 ff.

1.5 Unternehmensleitung

Dr. Christoph Schücking/Dr. Rainer Freudenberg, LL.M.

Die Leitung eines Familienunternehmens muss den besonderen Herausforderungen gerecht werden, die dieser Unternehmenstyp mit sich bringt.[305] Hierzu zählen zum einen Besonderheiten bei der Corporate Governance (näher II.1.6) und der Unternehmensfinanzierung (eingehend II.3). Zu den Erfolgsrezepten von gut geführten Familienunternehmen zählen ebenso die Bewahrung der Familienwerte, eine kluge Beschäftigungspolitik für Familienmitglieder, die umsichtige Einbindung von familienfremden Führungskräften sowie eine vorausschauende Nachfolgeregelung (zu diesen Punkten in diesem Kapitel).[306]

1.5.1 Familienwerte und Unternehmenskultur

Familienunternehmen unterscheiden sich unter anderem deshalb signifikant von Publikumsgesellschaften, weil Familienunternehmen über tradierte Werte und eine gewachsene Unternehmenskultur verfügen. Eine der vordringlichsten Aufgaben des Managements eines Familienunternehmens besteht darin, diese Werte und die damit zu verbindende Unternehmenskultur fest im Unternehmen zu verankern und daraus eine operative Unternehmenspolitik abzuleiten und durchzusetzen.[307]

Die Werte eines Familienunternehmens gehen in der Regel auf den Gründer oder andere frühe einflussreiche Familienmitglieder zurück. Die Eigentümer pflegen diese überlieferten Werte, sie identifizieren sich mit diesen und reichen sie an die nächste Generation weiter. Sie stellen den Kern der unternehmerischen Identität des Familienunternehmens dar und nehmen einen nicht zu unterschätzenden Stellenwert für die Eigentümer, aber gleichfalls für die Unternehmensleitung ein.[308] Die Werte beinhalten z. B. Festlegungen im Umgang mit Mitarbeitern und Kunden, Bekenntnisse zu technologischem Fortschritt und Innovation, Ausschluss bestimmter Geschäftszweige (z. B. Rüstung), Akzeptanzschwellen für Risikonahmen (z. B. Eigenkapitalquote), Erhalt von Umwelt und Natur etc. Konzeptionell setzen derlei Werte auf langfristige tragfähige Beziehungen zu allen wesentlichen Stakeholdern und verbieten prinzipiell eine ausschließliche Ausrichtung auf die kurzfristige Steigerung des Shareholder Value.[309]

Der Wertekanon wird der Geschäftsführung durch die Eigentümer vorgegeben verbunden mit dem Auftrag, diese im Unternehmen zu implementieren, eine passende Unternehmenskultur

305 Instruktiv auch unter Berücksichtigung der betriebswirtschaftlichen Erfordernisse *May, Erfolgsmodell Familienunternehmen, 2012, 59 ff.*

306 Vgl. *Fernandéz-Aráoz/Iqbal/Ritter/Sadowski*, in: Harvard Business Manager 2/2016, 6 ff.

307 Hierzu *Kenyon-Rouvinez*, in: Koeberle-Schmid/Fahrion/Witt, 2012, 91 ff.

308 Zum Dualismus von Unternehmensführung und Moral *Dürr*, in: FS Hennerkes, 2011 445 ff.

309 *May*, in: ZfB-Special Issue 2/2009, 113 (119).

daraus abzuleiten und die operative Tätigkeit nach den Familienwerten auszurichten. Um dies nachhaltig bewerkstelligen zu können, ist es unabdingbar, dass die Unternehmensleitung in Zusammenarbeit mit Familienmitgliedern verbindliche operative Richtlinien - Geschäftsgrundsätze und Personalrichtlinien - ausarbeitet und diese fortwährend in das Unternehmen über alle Hierarchieebenen hinweg kommuniziert und für deren Verbreitung und Akzeptanz sorgt.

Die Eigentümer werden den Erfolg der Unternehmensleitung auch danach beurteilen, ob sie in der Lage ist, die Familienwerte zu bewahren und die gewünschte Unternehmenskultur zu leben. Ein dauerhaftes Vertrauensverhältnis zu den Eigentümern wird sich nur dadurch aufbauen lassen, indem die Unternehmensleitung unter Beweis stellt, dass sie aus Überzeugung hinter den Familienwerten steht. Daher ist es für die Unternehmensleitung von eminenter Bedeutung, dass sie die Familienwerte nicht nur verinnerlicht, sondern zu jeder Zeit als ein Botschafter der Unternehmenskultur auftritt und dadurch zum Vorbild für Mitarbeiter und Kunden wird.

Diese auf Langfristigkeit und Beständigkeit hin angelegte Unternehmerkultur ist auch deshalb auf das Engste mit der Unternehmensleitung verzahnt, da Führungskräfte in Familienunternehmen - anders als bei Publikumsgesellschaften - regelmäßig über viele Jahre hinweg ihre Funktion ausüben und angesichts dieser personellen Kontinuität[310] eine Übereinstimmung von Familienwerten und Führung ohne jede Alternative ist.

1.5.2 Beschäftigung von Familienmitgliedern im Unternehmen

1.5.2.1 Ausgangslage

Es ist eine der am schwierigsten zu beantwortenden Fragen, ob und unter welchen Voraussetzungen Familienmitglieder im Unternehmen tätig werden können bzw. dies ggf. sollen oder auch nicht dürfen. Jede Familie hat hierauf ihre eigene individuelle Antwort zu finden. Die hierbei gefundenen Lösungen sind weit gespreizt. Was sich bei einem anderen Familienunternehmen bewährt hat oder für gut befunden wird, das kann für das eigene Unternehmen völlig unpassend sein, da sich Familienunternehmen insbesondere hinsichtlich ihres Eigentümerkreises und Entwicklungsstadiums stark unterscheiden.[311] Der Berater sollte daher Zurückhaltung mit generischen Lösungskonzepten üben und sich vielmehr in die konkrete Situation des betroffenen Unternehmens hineinversetzen und den Dialog mit Familie und Unternehmen aufnehmen.[312]

310 Vgl. *Land*, in: Koeberle-Schmid/Fahrion/Witt, 2012, 88.

311 Instruktiv zum Lebenszyklus von Familienunternehmen *Klein*, 2004, 271 ff.

312 Zum Leitbild und Aufgabenfeld eines Familienunternehmensberaters *Sigle*, in: FS Rowedder, 1994, 459, (471) ff.

Weltweit beschäftigen mehr als 80 % aller Familienunternehmen Familienmitglieder im Unternehmen. Als Beweggründe für die Beschäftigung von Familienmitgliedern werden in der Praxis vorgebracht:[313]

- der Zugang zu wertvollen Humanressourcen, die ihre Arbeitskraft häufig gegen ein unterdurchschnittliches Entgelt zur Verfügung stellen;
- das hohe Vertrauensverhältnis zu Familienangehörigen, das in aller Regel höher ist als zu familienfremden Angestellten;
- die Vorbereitung und Sicherung der Nachfolge im Familienunternehmen, die eines der zentralen Probleme für Familienunternehmen darstellt; und
- die Möglichkeit zur Aus- und Weiterbildung von Familienmitgliedern, die ggf. erste praktische Erfahrungen sammeln möchten und nicht unbedingt in die Unternehmensleitung aufrücken wollen.

Auf der anderen Seite gibt es im Zusammenhang mit der Beschäftigung von Familienmitgliedern eine Reihe typischer Konstellationen, welche die Familie vor erhebliche Herausforderungen stellen und den Zusammenhalt unter den Familienmitgliedern außerordentlich strapazieren können:

- In einer wachsenden und an Begabungen reichen Unternehmerfamilie wachsen für die Geschäftsleitung des Unternehmens geeignete Persönlichkeiten zahlreicher heran, als sie im Unternehmen benötigt werden.
- Es tritt das Gegenteil der zunächst beschriebenen Situation ein: Die Kinder der Unternehmerfamilie begeistern sich für künstlerische oder andere Berufe, die keine Qualifikation für eine Tätigkeit im Familienunternehmen mit sich bringen. Hierin liegt die statistische Hauptursache für das Scheitern einer familieninternen Nachfolge.[314]
- Es tritt erstmals die Frage auf, ob auch Ehegatten von Gesellschaftern im Familienunternehmen tätig werden dürfen. In einem Drittel aller Familienunternehmen arbeiten Ehepartner gemeinsam im Unternehmen mit.[315]
- Von verschiedenen am Unternehmen beteiligten Familienstämmen, die bislang jeweils einen eigenen Familiengeschäftsführer gestellt haben, bringt nur noch ein Stamm einen für die Tätigkeit im Unternehmen geeignete Nachfolger hervor.
- Ein Familienmitglied in einer Führungsposition verfügt nicht über die ausreichenden Fähigkeiten zur Ausübung der Funktion und gefährdet damit den wirtschaftlichen Erfolg der Unternehmung und den Frieden im Eigentümerkreis.
- Die Leistungsfähigkeit eines Familienmitglieds, das Führungsverantwortung erhalten soll oder bereits innehat, kann nicht objektiv beurteilt werden.[316]
- Konflikte im Gesellschafterkreis werden direkt oder indirekt auf Ebene der operativ tätigen Familienmitglieder ausgetragen und greifen dadurch auf das Unternehmen über.[317]

313 Siehe *Felden/Hack*, 2014, 160 f.
314 Siehe IfM Bonn, 2009 Schriften zur Mittelstandsforschung Nr. 116 NF, 53–70.
315 *Kormann*, in: Scherer/Blanc/Kormann/Wimmer, 2012 Kap. 1 Rn. 126.
316 Zu der hiermit verbundenen Problematik *Klein*, 2004, 223 ff.
317 Vgl. *Klein*, 2004, 221.

1.5.2.2 Entscheidungsgesichtspunkte

In all' den vorgenannten Problemsituationen muss die Unternehmerfamilie sich zu Entscheidungen durchringen, die für einzelne ihrer Mitglieder, die sich unter Umständen eine Hoffnung auf eine berufliche Karriere im eigenen Unternehmen gemacht haben, und auch für das Selbstbewusstsein der Familie als ganzer schwierige Entschließungen verlangen. Aus der Perspektive des Beraters sollte dabei Folgendes beachtet werden:

Es ist grundsätzlich stets dafür Sorge zu tragen, dass Missstimmungen und Katastrophen, die die Familie betreffen, möglichst nicht auf das Familienunternehmen durchschlagen.[318] Dies bedeutet im Fall der Entscheidung über die Aufnahme eines Ehegatten eines Gesellschafters in den Kreis der Mitarbeiter oder gar Führungskräfte des Familienunternehmens, dass von vornherein feststehen muss, welche Auswirkungen ein etwaiges Scheitern seiner Ehe auf die Tätigkeit des Ehegatten im Unternehmen hat.[319] Nur bei sehr großen Unternehmen ist vorstellbar, dass ein ehemaliger Ehegatte nach einer Ehescheidung weiter im Unternehmen tätig ist und auch das regelmäßig nur, wenn die Tätigkeit nicht auf der obersten Führungsebene ausgeübt wird. Die sachlich konsequenteste Regel ist sicher, die Tätigkeit von Ehegatten im Familienunternehmen ganz auszuschließen, und zwar auch dann, wenn dies von den Betroffenen und ihren nächsten Verwandten als unbillige Härte empfunden wird. Einfach ist dies allerdings ganz und gar nicht. Denn es gibt auch diejenigen Fälle, in denen eine Führungskraft erst nach jahrelanger erfolgreicher Tätigkeit im Unternehmen Ehegatte eines Gesellschafters wird. Dann ist es schwerlich zu rechtfertigen, zur reinen Vorbeugung für einen Fall, der vielleicht nie eintritt, dem gesamten Unternehmen und damit mittelbar auch allen seinen Gesellschaftern potenziell oder gar generell zuzumuten, auf die Weiterbeschäftigung einer qualifizierten Führungskraft zu verzichten, nur weil diese sich schwägerschaftlich mit der Eigentümerfamilie verbunden hat.

Bei Unternehmen, die von der Unternehmerfamilie bereits in vierter oder fünfter Generation gehalten werden und bei denen einzelne Familienstämme[320] für die Tätigkeit im Unternehmen und an seiner Führungsspitze geeignete Persönlichkeiten hervorbringen, während dies bei anderen Familienstämmen nicht mehr der Fall ist, ist es regelmäßig nicht angemessen, der Familie insgesamt zu raten, sich vom Prinzip der Familiengeschäftsführung zu lösen und auf eine familienfremde Unternehmensleitung umzustellen, nur weil die Parität der Familienstämme in der Unternehmensleitung nicht mehr hergestellt werden kann. In aller Regel besteht auch zu Neffen oder Vettern aus einem anderen Familienstamm, die den übrigen Gesellschaftern seit Jahrzehnten bekannt sind, eine viel größere Vertrauensbasis, als sie einer familienfremden Führungskraft je entgegengebracht werden kann. Entscheidend ist in diesem Fall jedoch, dass die familienangehörigen Führungskräfte nach dem Urteil unabhängiger Personalberater

318 Zu den vorbereitenden Maßnahmen für den Fall des (plötzlichen) Todes eines Unternehmers *Habig/Berninghaus*, 2010, 247 ff.

319 Hierzu *Langenfeld*, in: *DWS-Institut* (Hrsg.), Stand Oktober 2014, Rn. 19 I.

320 Zum Stammesprinzip eingehend *Kormann*, in: Scherer/Blanc/Kormann/Wimmer, 2012, Kap. 6.

dieselbe Qualität aufweisen, wie die besten auf dem freien Markt verfügbaren externen Kandidaten für dieselben Führungspositionen.

Langfristig wird sich jedoch die Eigentümerfamilie, auch wenn ihre Mitglieder in die Hunderte gehen, fragen müssen, ob die statistische Wahrscheinlichkeit hoch genug ist, aus sich selbst heraus immer wieder Führungskräfte hervorzubringen. Diese Führungskräfte sollten ebenso qualifiziert sein wie die Fremdgeschäftsführer, welche die Konkurrenzunternehmen leiten, und zusätzlich auch noch geneigt sein, ihre professionelle Tätigkeit in den Dienst des Familienunternehmens zu stellen.[321] Und selbst wenn in der Familie ein geeignetes Talent heranreift, ist damit nicht gesagt, dass die Familie auch hinter diesem Familienmitglied steht und die Übernahme und Ausübung der Führung durch dieses fördert und mitträgt – Rivalität und Neid spielen hierbei eine nicht zu unterschätzende Rolle.

Bei hinreichender Fähigkeit zur Selbstkritik, die die Berater bisweilen auch noch durch entsprechende Fragen und Anmerkungen herausbilden müssen, wird die Unternehmerfamilie im Laufe der Jahrzehnte, meist erst ab der vierten Familiengeneration nach dem Gründer, einen Punkt erreichen, indem sie sich in einem häufig länger dauernden und mühevollen Prozess zu der Erkenntnis durchringt, dass sie die Führung ihres Familienunternehmens überwiegend oder gar nur noch familienfremden Personen anvertrauen möchte. Grundsätzlich nimmt mit wachsenden Umsatzgrößen die Beteiligung der Familie an der operativen Leitung des Unternehmens ab.[322] Dies kann dann dazu führen, dass Angehörige der eigenen Unternehmerfamilie in Fremdunternehmen Führungspositionen übernehmen, weil ihnen der Weg an die Spitze des eigenen Familienunternehmens verbaut wird.

Man spricht in dieser Situation davon, dass die Unternehmerfamilie zur Eigentümerfamilie wird. Mit dieser Änderung in der Rolle der Unternehmerfamilie sind regelmäßig eine Reihe organisatorischer Änderungen verbunden. Hierzu gehört, dass die Familie ihren Einfluss auf das Unternehmen über die jährlich stattfindende Gesellschafterversammlung hinaus dadurch abzusichern sucht, dass sie in dem für die aus familienfremden Personen bestehende Geschäftsleitung geschaffenen Aufsichtsgremium die Mehrheit gegenüber den familienfremden Mitgliedern hat. Dies ist leider nicht bei allen Rechtsformen ohne Weiteres möglich, vor allem dann nicht, wenn das Unternehmen unter das Mitbestimmungsgesetz fällt. Hier sind bisweilen komplexe gesellschaftsrechtliche Lösungen gefordert (vgl. II.1.8). Mit dem angesprochenen Einschnitt ist häufig auch verbunden, dass die Eigentümerfamilie zur Erledigung ihrer persönlichen Angelegenheiten (z. B. Vorbereitung der Steuererklärungen für die Familienmitglieder, private Vermögensanlage usw.) ein sog. Family Office außerhalb des eigenen Unternehmens einrichtet.

321 Vgl. *Peltzer*, in: FS Sigle, 2000, 93 (94).
322 Vgl. *Felden/Hack*, 2014, 157.

Schließlich kommt es immer wieder vor, dass sich aus der Tätigkeit von Mitgliedern der Eigentümerfamilie auf verschiedenen unteren und mittleren Ebenen des Unternehmens Schwierigkeiten ergeben, die typischerweise nicht von den betroffenen Familienmitgliedern, dafür aber umso stärker von ihren Kollegen im Unternehmen und von den für sie zuständigen familienfremden Führungskräften der jeweils nächsthöheren Ebene empfunden werden.[323] Diese Schwierigkeiten resultieren regelmäßig aus der Doppelrolle, einerseits Mitarbeiter oder mittlere bzw. höhere Führungskraft des Unternehmens und andererseits dessen Gesellschafter zu sein. Natürlich führen solche Doppelrollen auch dazu, dass Informationen, die ein Gesellschafter typischerweise aus dem Unternehmen, an dem er beteiligt ist, gar nicht erhalten würde, ihren Weg in den Gesellschafterkreis finden. Die mit solchen Situationen verbundenen Schwierigkeiten haben bei einer Reihe größerer und älterer Familienunternehmen dazu geführt, dass sie Regelungen[324] eingeführt haben, die die Tätigkeit von Familienmitgliedern im Unternehmen weitgehend einschränken, etwa so, dass nur noch Praktika etwa bis zum Ende des Studiums absolviert werden können. Diese Regelung kann dann dadurch ergänzt werden, dass daneben nur ein Eintritt in die oberste operative Führungsebene des Unternehmens möglich ist, wenn sich das betreffende Familienmitglied außerhalb des eigenen Unternehmens so qualifiziert hat, dass es nach dem Urteil externer Personalberater der beste Kandidat für eine im Unternehmen freigewordene Position in der Geschäftsleitung ist. Die Alternative besteht darin, auch diese Tätigkeit an der Spitze des Familienunternehmens für Familienmitglieder ganz auszuschließen, wofür es durchaus prominente Beispiele in der Praxis gibt.

Das höchste Ziel sollte stets sein, dass das Unternehmen von den fachlich wie persönlich bestqualifizierten Geschäftsführern geleitet werden muss.[325] Denn jede Organisation ist nur so gut, wie ihre Führungskräfte es sind. Will eine Unternehmung im Wettbewerb nachhaltig bestehen, darf diese Maxime zu keiner Zeit aus den Augen verloren werden.[326] Gleichzeitig ist zu beachten, dass es ohne Familie im Unternehmen kein Familienunternehmen im eigentlichen Sinne gibt. Ein Familienunternehmen ist nur solange ein solches, wie die Familie beherrschenden Einfluss auf das Unternehmen ausübt.[327] Damit ist nicht gemeint, dass die Geschäftsführung oder andere operative Leitungsebenen zwangsläufig mit Familienmitgliedern besetzt sein müssen, um als Familienunternehmen fortbestehen zu können. Bei einem Rückzug aus der operativen Verantwortung bleibt jedoch nur dann ausreichend Familienunternehmer-Substrat, wenn die Eigentümer durch die Gesellschafterversammlung bzw. das Aufsichtsgremium hinreichend Einfluss auf die strategische Führung der Unternehmung ausüben können.[328] Die Eigentümerfamilie ist in dieser Situation verantwortlich für die Formulierung der grundsätzlichen Geschäftspolitik und

323 Dazu *Felden/Hack*, 2014, 162.
324 S. *Kormann*, in: Scherer/Blanc/Kormann/Wimmer, 2004 Rn. 127.
325 Ebenda. S. *Hennerkes/May*, NJW 1988, 2761 (2762); *Klein*, 2013, 219 f.; *Sigle*, in: FS Rowedder, 1994, 459 (475).
326 Vgl. *Hennerkes/May*, NJW 1988, 2761 (2762); *Klein*, 2013, 219 f.; *Sigle*, in: FS Rowedder, 1994, 459 (475).
327 *Lange*, BB 2005, 2585 f.; *Peltzer*, in: FS Sigle, 2000, 93 (95); *Sigle*, in: FS Rowedder, 1994, 459 (460).
328 Zur Verankerung der »Unternehmerfunktion« im Aufsichtsgremium *Kormann*, in: Scherer/Blanc/Kormann/Wimmer, 2012, Rn. 134 ff.

der strategischen Ausrichtung sowie für die Berufung und Kontrolle der Unternehmensleitung.[329] Der vollständige Rückzug in die Investorenrolle dagegen lässt auch eine Mehrheitsbeteiligung zur bloßen Vermögensverwaltung werden.

1.5.2.3 Regelwerk

Die Beschäftigung von Familienmitgliedern im Unternehmen sollte ausdrücklich und förmlich geregelt werden.[330] Dies empfiehlt sich schon deshalb, weil eine klare Regelung hilft, die gegenseitigen Erwartungen mir der vereinbarten Wirklichkeit abzugleichen und an diese anzupassen. Dadurch werden nicht nur Konflikte in der Familie verhindert, sondern auch Schaden vom Unternehmen abgewendet, der durch innerfamiliäre Streitigkeiten bzw. durch Beschäftigung eines ungeeigneten Familienmitglieds entstehen kann.

Gesichtspunkte, die für die Auffindung einer sachgerechten Regelung eine Rolle spielen, sind vor allem:

- der Führungsanspruch der Familie,
- das Vorhandensein hinreichend qualifizierter und bereitwilliger Familienmitglieder bzw. Ehegatten von diesen,
- die Akzeptanz von im Unternehmen tätigen Ehegatten,
- der diffizile Umgang mit der Doppelrolle von operativ tätigen Familienmitgliedern als Angestellte und Gesellschafter,
- der vorherrschende Wertekanon (insbesondere: »Unternehmen vor Familie«) und die daraus abzuleitenden Konsequenzen,
- die Größe des Unternehmens und der Umfang der damit einhergehenden Verantwortung,
- der Anspruch an professionelles Management,
- die Größe des Gesellschafterkreises im Allgemeinen und
- etwaiges Stammesdenken.

Die Regelung sollte in eine verbindliche interne Richtlinie oder in eine Gesellschaftervereinbarung aufgenommen werden. Der Gesellschaftsvertrag ist hierfür aufgrund der vielfach bestehenden Publizität dagegen eher ungeeignet. Hinsichtlich des juristischen Gestaltungsspielraums sind die allgemeinen Grenzen des Zivilrechts (§§ 134, 138 BGB) und die Vorbehalte des AGG zu berücksichtigen.

Große Sorgfalt ist auf das Verfahren zur Niederlegung einer Beschäftigungsrichtlinie für Familienmitglieder zu verwenden. Nach geltendem Recht handelt es sich zwar im Kern um eine bloße Geschäftsführungsmaßnahme. Für die Akzeptanz der Regelung und zur Wahrung des Familien-

329 *Felden/Hack*, 2014, 159.

330 Die Bedeutung von klaren Vereinbarungen unter den Gesellschaftern betont *Leibinger-Kammüller*, in: FS Hennerkes, 2009, 37 f.

friedens ist es jedoch wichtig, die Familie in den Entscheidungsfindungsprozess mit einzubeziehen. Dies sollte mit einer frühzeitigen Kommunikation des Vorhabens in die Familie beginnen. Die eigentliche Arbeit sollte in einem Arbeitskreis bestehend aus Familienmitgliedern, Führungskräften und Beratern stattfinden. Im weiteren Verlauf sollten die erarbeiteten Regelungsvorschläge zu gegebener Zeit der Familie mitgeteilt und mit dieser diskutiert werden. Ob darüber hinaus ein rechtlich nicht zwingend notwendiger Gesellschafterbeschluss über die Verabschiedung der Beschäftigungsrichtlinie gefasst werden sollte, kann nicht pauschal beantwortet werden. Dagegen spricht, dass damit der gesamte Gesellschafterkreis zum Herrn über das Wohl und Wehe der Richtlinie erhoben wird. Darin liegt aber auch gerade die Stärke dieses Vorgehens, da die eigene Entscheidung eine stärkere Akzeptanz und festere Verbindlichkeit erwarten lässt.

Von entscheidender Bedeutung ist schließlich, dass die gefundene Regelung auch so wie beschlossen gelebt wird. Der Familienfriede ist nachhaltig gefährdet und das Ansehen der betroffenen Personen nimmt Schaden, wenn sich einzelne oder Gruppen von Gesellschaftern willkürlich über die Absprachen hinwegsetzen. Das bedeutet Selbstdisziplin und Umgang mit enttäuschten Erwartungen, insbesondere müssen sich Patriarchen und ambitionierte Nachfolger daran gewöhnen, dass es keinen Freifahrtschein in die Unternehmensleitung gibt.

1.5.3 Familienmitglieder in der Unternehmensleitung

1.5.3.1 Ausgangslage

In der Familienunternehmerpraxis herrscht die Vorstellung, dass die harmonische Verbindung von Führung und Eigentum durch einen fähigen und von der Familie akzeptierten geschäftsführenden Gesellschafter den Idealzustand für ein Familienunternehmen darstellt, den es grundsätzlich anzustreben lohnt.[331] Für junge Familienunternehmen in der ersten und zweiten Generation ist es nachgerade selbstverständlich, dass diese durch den Inhaber geführt werden. Führungsleitbild ist der Familienpatriarch, der zugleich Gesellschafter und Geschäftsführer ist. Bei Unternehmen besteht bis etwa zur dritten Eigentümergeneration im Allgemeinen regelmäßig der Anspruch, dass das Unternehmen durch Familienmitglieder operativ geleitet wird. So sind in der Mehrzahl deutscher Familienunternehmen (86 %) Familienmitglieder in der Unternehmensleitung vertreten.[332] In dieser Konstellation entfalten sich schlagende **Stärken** von Familienunternehmungen:

- Ein Familiengeschäftsführer stiftet – nach außen zu den Lieferanten und Kunden wie nach innen zu den Mitarbeitern hin – Identifikation mit und Vertrauen zu dem Unternehmen und ist ein Leitbild sowie eine Inspirationsquelle für seine Mitarbeiter.[333]

331 Vgl. *Kenyon-Rouvinez*, in: Koeberle-Schmid/Fahrion/Witt, 2012, 91 (96); *Kormann*, in: Scherer/Blanc/Kormann/Wimmer, 2012, Rn. 149.

332 *Klein*, 2013, 217.

333 Vgl. *Götz*, in FS Sigle, 2000, 67 (73); *Sigle*, in: FS Rowedder, 1994, 459 (462 ff.).

- Darüber hinaus dient ein Familienmanager als Transmissionsriemen für die Etablierung der Familienwerte sowie als Klammer zwischen Familie und Unternehmensleitung.[334]
- Ebenso ist regelmäßig zu beobachten, dass sich ein Familiengeschäftsführer in besonderem Maße, manchmal sogar bis zum Rande der Erschöpfung und darüber hinaus für sein Unternehmen engagiert und sein Leben nach diesem ausrichtet.[335] Diese durch die Eigentümerfunktion und das Familienerbe begründete Motivation wird verstärkt durch den Gleichlauf von Chance, Risiko und Einfluss auf das Unternehmen.
- Zudem ist das Familienmitglied ggf. bereits als Sprössling eines Familiengeschäftsführers aufgewachsen, sodass es von Kindesbeinen an eine unternehmerische Prägung erfahren haben mag und eventuell bereits in die Kontaktnetze zu Geschäftspartnern eingebunden ist und diese fortführen kann.[336]

Es gibt jedoch auch eine Reihe von erheblichen **Nachteilen:**[337]
- Es besteht naturgemäß nur eine sehr beschränkte Auswahl an Kandidaten. Die Auswahl kann dann dazu führen, dass ein nicht hinreichend qualifiziertes Familienmitglied in die Unternehmensleitung berufen wird.
- Es kann zu Missgunst und Rivalität in der Familie hinsichtlich einzelner Posten und Kandidaten in der Unternehmensleitung kommen.[338]
- Die Besetzungsentscheidung ist nur schwer revisibel, wobei es im Fall der Abberufung zu erheblichen Konflikten in der Familie kommen kann und diese zudem ein negatives, die Reputation von Familie und Unternehmen schädigendes Signal nach außen ausstrahlt.
- Schon der Anschein einer als ungerecht empfundenen Bevorzugung des Familienmitglieds kann die Zusammenarbeit mit den Kollegen erheblich erschweren.
- Die Leistung eines Familienmitglieds kann kaum objektiv beurteilt werden, weder durch die Familie noch durch die anderen Führungskräfte.
- Die Gesellschafterversammlung bzw. das Aufsichtsorgan können einen geschäftsführenden Gesellschafter ggf. weniger effektiv kontrollieren.

Nach allem Für und Wider sollte die Berufung eines Familiengeschäftsführers nur dann ernsthaft verfolgt werden, wenn das Familienmitglied über die gleiche Eignung wie ein qualifizierter Fremdgeschäftsführer verfügt, und dieses hinreichend Rückhalt im Eigentümerkreis genießt.[339] Dies bedeutet insbesondere für Patriarchen, dass diese Zurückhaltung mit der Durchsetzung persönlicher Präferenzen üben und die Entscheidung einem an objektiven Kriterien ausgerichteten Prozess überlassen müssen. Ungeachtet dessen muss allen Beteiligten klar sein, dass die Alternative zu einem Familiengeschäftsführer einzig in der Anstellung eines

334 *Simon*, in: Koeberle-Schmid/Fahrion/Witt, 2012, 83 (84).
335 Zur auffälligen Ausprägung von Leidenschaft und Vision bei Führungskräften von Familienunternehmen *Ward/Aronoff*, Nation's Business, 1992, 83 (3), 50 f.
336 *Kormann*, in: Scherer/Blanc/Kormann/Wimmer, 2012, Kap. 1 Rn. 149.
337 In Anlehnung an *Kormann*, in: Scherer/Blanc/Kormann/Wimmer, 2012, Kap. 1 Rn. 148.
338 Zur Psychologie der familieninternen Nachfolge *v. Schlippe*, in: FS Hennerkes, 2009, 39 ff.
339 *Kersting/Bitzer/Dupiery*, 2014, 172 f.

Fremdgeschäftsführers besteht, dessen Aufnahme in die Unternehmensleitung und Amtsausübung eigenen Gesetzmäßigkeiten unterliegt (hierzu unter 1.5.4).

1.5.3.2 Nachfolge in der Unternehmensleitung

Die Nachfolge ist eine der größten Sorgen von Familienunternehmen.[340] Jährlich müssen 70.000 Unternehmen in Deutschland eine Antwort auf diese Problem finden, wobei es in 5.000 Fällen nicht gelingt, einen Nachfolger zu finden.[341] Für kleine und mittlere Unternehmen bedeutet dies häufig eine Existenzfrage. Gerade für diese ist die Nachfolge durch ein Familienmitglied oft die einzige Möglichkeit, das Unternehmen fortzuführen, da qualifizierte Fremdgeschäftsführer aufgrund der häufig als geringer empfundenen Attraktivität noch nicht gewonnen werden können.[342]

Soll ein Familienmitglied dem amtierenden Patriarch in der Unternehmensleitung nachfolgen[343], ist große Sorgfalt darauf zu verwenden, dass der Nachfolgeprozess frühzeitig geplant und konsequent durchgeführt wird[344]. Es ist deshalb wichtig, dass der Nachfolgeprozess als Bestandteil der strategischen Unternehmensplanung angesehen wird.[345] Damit ist die Nachfolgeplanung und -durchführung eine entscheidende Managementaufgabe, die durch die amtierende Unternehmensleitung einzuleiten und rechtzeitig abzuschließen ist.

Für das Ausscheiden des Seniors sollte ein fester Zeitpunkt, z. B. ein bestimmter Kalendertag oder das Erreichen einer definierten Altersgrenze vorgesehen werden, um den Prozess planbar zu gestalten.[346] Der Senior hat sich dazu zu verpflichten, mit Erreichen des vereinbarten Zeitpunkts auszuscheiden und fortan keinen bestimmenden Einfluss mehr auf das Tagesgeschäft auszuüben. Eine etwa für erforderlich gehaltene Übergangszeit, in welcher der Junior als Protegé des Patriarchen dient, sollte möglichst kurz, ca. ein Jahr, ausfallen.

An das Familienmitglied sind hinsichtlich der fachlichen und persönlichen Eignung die gleichen Voraussetzungen zu stellen, die von einem Fremdgeschäftsführer zu erwarten sind.[347] Es sollte ein klares Anforderungsprofil erstellt werden.[348] Im besten Fall hat das Familienmitglied bereits Führungsfunktionen in Drittunternehmen verantwortet. Dies steigert auch die Glaubwürdigkeit und Akzeptanz des Familienmitglieds bei den Mitarbeitern.[349] Zudem muss sichergestellt

340 *Sigle*, in: FS Rowedder 1994, 459 (465).
341 Zahlen bei *Albach*, ZfB Ergänzungsheft 2002, 163 ff.
342 *Kormann*, in: Scherer/Blanc/Kormann/Wimmer, 2012, Kap. 1 Rn. 141.
343 Zur lebzeitigen Übertragung der Gesellschaftsanteile *Habig/Berninghaus*, 2010, 215 ff.
344 Ausführlich zur Organisation der Nachfolge, *Habig/Berninghaus*, 2010, 79 ff., 135 ff. sowie *Kerstin/Bitzer/Dupierry*, 2014, 171 ff.
345 *Kormann*, in: Scherer/Blanc/Kormann/Wimmer, 2012, Kap. 1 Rn. 142.
346 *Peltzer*, in: FS Sigle, 2000, 93, 106 f.; *Scherer*, in: Scherer/Blanc/Kormann/Wimmer, 2012, Kap. 4 Rn. 78.
347 Zu den Anforderungen an den Nachfolger *Habig/Berninghaus*, 2010, 67 ff.
348 Vgl. *Götz*, in: FS Sigle, 2000, 67 (69 ff.).
349 Zutreffend *Felden/Hack*, 2014, 162.

sein, dass das Familienmitglied die überlieferten Familienwerte teilt, und es die Bereitschaft zeigt, die Unternehmensgeschichte nach deren Maßgabe fortzuschreiben. Diese Anforderungen sollten in einer Richtlinie schriftlich festgehalten werden.[350]

Die Beurteilung des Familienmitglieds sollte nicht ausschließlich durch die Familie oder gar den Senior erfolgen. Denn innerhalb der Familie ist eine klare objektive Leistungsbeurteilung, wie sie im Verhältnis zu Dritten selbstverständlich ist, kaum möglich. Zur Gewährleistung einer Mindestobjektivität sollte das Assessment durch die Personalabteilung oder besser durch externe Berater[351] begleitet werden, die losgelöst von den unternehmensinternen Abhängigkeiten und Rücksichtnahmegeboten agieren können[352]. Bei Bestehen eines Aufsichtsgremiums ist dieses im Rahmen seiner Kompetenzen an dem Prozess zu beteiligen.

Soll ein bestimmtes Familienmitglied langfristig auf den Eintritt in die Unternehmensleitung vorbereitet werden, ist ein strukturierter Nachfolgeprozess über einen längeren Zeitraum von bis zu zehn Jahren aufzusetzen.[353] In diesem durchläuft das Familienmitglied verschiedene zuvor definierte Stationen im Unternehmen, die dieses auf die Übernahme der Führungsverantwortung schrittweise vorbereitet. Hierfür müssen vor allem drei Punkte klar formuliert sein:

- die Position und die Dauer der einzelnen Phasen,
- die Voraussetzungen für den Übergang von der einen zur nächsten Phase und
- das den Erfolg des Kandidaten beurteilende Gremium.[354]

Ein erhebliches Problem stellt die ggf. spätere, nicht aus Altersgründen bedingte Abberufung des Familienmitglieds dar.[355] Angesichts des immensen Konfliktpotentials ist es ratsam, bereits bei der Bestellung verbindliche Bestimmungen über die Gründe sowie das Verfahren der Abberufung und die Verhaltensanforderungen nach der Trennung zu treffen.[356]

1.5.3.3 Mehrere Familienmitglieder in der Unternehmensleitung

Vorsicht ist geboten, sollen mehrere Familienmitglieder in die Unternehmensleitung berufen werden. Denn in einer Geschäftsleitung mit mehreren Familiengeschäftsführern besteht die Gefahr, dass familiäre Konflikte und Animositäten auf Ebene des Unternehmens ausgetragen

350 *Scherer*, in: Scherer/Blanc/Kormann/Wimmer, 2012, Kap. 4 Rn. 75 empfiehlt die Verankerung im Gesellschaftsvertrag.

351 Zur Rolle und Aufgabenfeld von Beratern im Nachfolgeprozess *Huber/Sterr-Kölln*, 2006, 95 ff.

352 Vgl. *Scherer*, in: Scherer/Blanc/Kormann/Wimmer, 2012, Kap. 4 Rn. 72 f.

353 Vgl. *Kenyon-Rouvinez*, in: Koeberle-Schmid/Fahrion/Witt, 2012, 91 (102 ff.).

354 *Kenyon-Rouvinez*, in: Koeberle-Schmid/Fahrion/Witt, 2012, 91, 103.

355 *Kormann*, in: Scherer/Blanc/Kormann/Wimmer, Rn. 147, 151 hält die Bestellung eines Fremdgeschäftsführers bei allem Für und Wider deshalb für tendenziell vorzugswürdig, weil ein etwaiger Machtwechsel »ohne Blutvergießen« vollzogen werden kann.

356 Siehe *Klein*, 2013, 221.

werden und dadurch die Qualität des Managements leidet.[357] Besonders anfällig sind hierfür institutionalisierte Entsenderechte, die einzelnen Stämmen das Recht gewähren, einen Geschäftsführer ihrer Wahl zu bestellen, der regelmäßig ein Familienmitglied des eigenen Stammes sein wird.

In diesen Fällen ist durch Festlegung formalisierter Streitlösungsmechanismen Vorsorge dagegen zu treffen, dass die Unternehmensleitung behindert oder das Unternehmen gar gänzlich lahm gelegt wird. Solche Verfahren können im Gesellschaftsvertrag oder in der Geschäftsordnung für die Unternehmensleitung geregelt werden.

Ist ein Familienmitglied in der Unternehmensleitung tätig und bietet ein zweites fähiges Familienmitglied seine Dienste an, wird in der Praxis häufig daran gedacht, dieses mit dem Vorsitz des Aufsichtsorgans zu betrauen bzw. eine solche Stelle für dieses einzurichten. Aber auch in dieser Konstellation kann ein intra-familiäres Spannungsverhältnis zwischen den beteiligten Familienmitgliedern entstehen, das sich negativ auf die Unternehmensleitung auswirkt. Denn die unter Governance-Gesichtspunkten übliche Ablehnung von unternehmerischen Initiativen der Unternehmensleitung durch das Aufsichtsorgan, das eben durch seinen Vorsitzenden spricht, kann leicht zu Unmut zwischen den beteiligten Familienmitgliedern führen.[358] In der Tat bietet es sich unter dem Gesichtspunkt der Konfliktprävention mehr an, einem Familiengeschäftsführer einen externen Vorsitzenden im Aufsichtsgremium gegenüberzustellen.[359] Qualifizierte Familienmitglieder können aber als reguläre Mitglieder in das Aufsichtsgremium aufgenommen werden, da das Eskalationspotenzial hier bei weitem nicht so hoch ist, wie dies bei der vielfach engeren Einbindung des Vorsitzenden der Fall ist.

1.5.4 Familienfremde in der Unternehmensleitung

1.5.4.1 Ausgangslage

Der erstmalige Wechsel von einer Familiengeschäftsführung zur Anstellung eines Fremdmanagers ist für viele Familienunternehmen ein mit starken Emotionen behafteter Schritt.[360] Die Familie kann Angst haben, die operative Kontrolle über das Unternehmen aus der Hand zu geben und insgesamt nicht mehr hinreichend Einfluss auf ihr Unternehmen zu haben. Auch besteht regelmäßig Ungewissheit, ob ein geeigneter Fremdgeschäftsführer überhaupt gewonnen werden kann und, falls ja, ob der Kandidat sich in die Unternehmenskultur einfügt, sich um die Mitarbeiter kümmert und das Unternehmen voranbringen wird.

357 Aus diesem Grund eine aus mehreren Familiengeschäftsführern zusammengesetzte Unternehmensleitung ausdrücklich ablehnend *Simon*, in: Koeberle-Schmid/Fahrion/Witt, 2012, 83 (85).

358 Siehe *Kormann*, in: Scherer/Blanc/Kormann/Wimmer, 2012, Kap. 1 Rn. 144.

359 Vgl. *Kenyon-Rouvinez*, in: Koeberle-Schmid/Fahrion/Witt, 2012, 91 (105).

360 *Kenyon-Rouvinez*, in: Koeberle-Schmid/Fahrion/Witt, 2012, 91 (97).

Aus der nüchternen Warte der Statistik betrachtet, werden sich die allermeisten Unternehmen mit zunehmender Reife und Größe dieser Herausforderung stellen müssen, da der Anteil von Fremdgeschäftsführern in Familienunternehmen mit ihrem Wachstum signifikant ansteigt[361]. In Familienunternehmen kommen Fremdgeschäftsführer zum einen in gemischten Geschäftsführungen vor, in denen familienfremde Manager neben Familiengeschäftsführern stehen, aber auch in rein mit Fremdgeschäftsführern besetzten Unternehmensleitungen, in denen auch der Vorsitzende ein Familienfremder ist.[362] Die Gründe für die Aufnahme von Fremdmanagern sind dabei vielgestaltig.[363]

- Die Nachfolge eines Familienmitglieds in die Unternehmensleitung soll vorbereitet werden. Dies kann zum Anlass haben, dass das zur Nachfolge vorgesehene Familienmitglied noch nicht alt und erfahren genug ist, um Führungsverantwortung zu übernehmen. Ein Fremdgeschäftsführer kann in diesen Fällen als Übergangslösung mit der Unternehmensleitung betraut werden, bis der Junior zu deren Übernahme bereit ist. Ziel kann aber auch die Einrichtung einer gemischten Unternehmensleitung nach Ausscheiden des alleinherrschenden Patriarchen sein, in der das nachrückende Familienmitglied und ein Fremdgeschäftsführer sich die Aufgaben teilen, etwa weil der Junior keine ausreichende Technikbegeisterung zeigt, um diesen Bereich verantworten zu können.
- Der Familienpool verfügt nicht über ausreichend qualifizierten Nachwuchs, sodass die Anstellung eines Fremdgeschäftsführers die einzige Möglichkeit zur Fortführung des Unternehmens darstellt.
- Die Professionalisierung des Unternehmens soll aufgrund der wachsenden Größe und damit einhergehenden Verantwortung vorangetrieben werden. Hierbei fällt die Wahl häufig auf höher qualifizierte Fremdmanager, die dauerhaft die Führung des Unternehmens übernehmen sollen.
- Die Besetzung der Unternehmensleitung mit einem Familienfremden kann in der Gesellschafterversammlung bzw. dem Aufsichtsgremium leichter durchzusetzen sein als die Einigung auf ein bestimmtes Familienmitglied. Dieser Aspekt spielt gerade bei schwierigen Familienkandidaten und Rivalitäten innerhalb der Familie eine wichtige Rolle.
- Die Trennung von einem Fremdmanager ist in der Regel wesentlich einfacher zu bewältigen als der Bruch mit einem Familienmitglied.

Demgegenüber stehen eine Reihe typischer Probleme, die mit der Bestellung von Fremdgeschäftsführern verbunden sind:[364]

- Die Größe des Familienunternehmens bestimmt in gewissem Umfang, für welchen Kreis von Fremdmanagern eine Berufung in die Unternehmensleitung überhaupt attraktiv ist. Hierbei setzten nicht bloß die zur Incentivierung bereitstehenden finanziellen Ressourcen Grenzen, herausragende Führungskräfte zu gewinnen. Einen wesentlichen Entscheidungsfaktor stellt

361 Vgl. *Felden/Hack*, 2014, 157.

362 *Jeuschede*, in: Hennerkes/Kirchdörfer, 1998, Rn. 37.2.

363 Vgl. *Aronoff/Ward*, 1992 Nation's Business 80 (10); *Götz*, in: FS Sigle, 2000, 67 (77); *Felden/Hack*, 2014, 157; *Kenyon-Rouvinez*, in: Koeberle-Schmid/Fahrion/Witt, 2012, 91 (98 f.).

364 In Anlehnung an *Felden/Hack*, 2014, 159; *Kormann*, in: Scherer/Blanc/Kormann/Wimmer, Rn. 150.

auch das mit der Position verbundene Prestige dar und die Aussicht, eine bedeutende Funktion zu übernehmen. Hieran kann es bei einem mittelständischen Unternehmen fehlen.[365]

- Fremdmanager können Familienunternehmen als unflexible und wenig innovative Organisationen wahrnehmen. Zudem kann die Vermutung bestehen, dass für Familienmitglieder ein kürzerer und schnellerer Weg an die Spitze des Unternehmens führt; das damit verbundene Ungerechtigkeitsgefühl kann Familienfremde gegen eine Mitarbeit bei einem Familienunternehmen veranlassen.
- Ambitionierte Führungskräfte können Schwierigkeiten mit den selbstbeschränkenden Rahmenbedingungen von Familienunternehmen haben. Diese bestehen namentlich in der hohen Risikosensitivität, die auf den Schutz des Familienvermögens zurückzuführen ist, und in einer begrenzten Kapitalbasis, die einem rasanten Wachstum regelmäßig im Wege steht.
- Dem Fremdgeschäftsführer gelingt es nicht, sich die Familienwerte zu eigen zu machen, sich in die Unternehmenskultur einzufügen und das Vertrauen der Familie zu erwerben. Zum Beispiel kann ein aufwendiger Lebensstil des Fremdmanagers bei den bodenständig lebenden Gesellschaftern zu Irritationen führen.

Letztlich darf nicht verkannt werden, dass die Anstellung eines Fremdgeschäftsführers in vielen Fällen den einzig gangbaren Weg darstellt, ein Familienunternehmen verantwortungsvoll fortzuführen.[366] Statistisch betrachtet ist es schlechthin unwahrscheinlich, dass eine einzige Familie über einen längeren Zeitraum stets ausreichend fähige und auch willige Talente hervorbringt, um die operative Leitung dauerhaft in Familienhand zu behalten.[367] Das Gewinnen und Halten von Fremdgeschäftsführern ist für Familienunternehmen deshalb eine existenzielle Aufgabe.[368] Familienunternehmen sollten sich diesen Tatsachen nicht verschließen, sondern frühzeitig daran denken und Vorkehrungen treffen, die Geschäftsführung – wenn auch ggf. nur vorübergehend – für Familienfremde zu öffnen. Im Idealfall kann die vakante Geschäftsführungsposition aus den eigenen Reihen besetzt werden. Dies hat den unschätzbaren Vorteil, dass die Arbeitsweise und der Charakter des Kandidaten bekannt sind und damit das Risiko einer Fehleinschätzung und mithin eines Scheiterns deutlicher geringer sind.[369] Externe Führungskräfte können meist nur durch Einschaltung eines Personalberaters rekrutiert werden.[370] Bei einem noch unbekannten Kandidaten kann es dabei empfehlenswert sein, diesen zunächst auf der zweiten Führungsebene einzusetzen und dort einige Zeit lang zu beobachten, was von der Führungskraft freilich als unsichere und daher abschreckende Probezeit wahrgenommen werden kann.[371]

365 *Aronoff/Ward*, Nation's Business, 1991, 79 (2), 38 halten dagegen dafür, dass mittelständische Familienunternehmen in diesem Punkt eine in der Sache unangebrachte Bescheidenheit und Zurückhaltung an den Tag legen.

366 Zur Nachfolge unter Berücksichtigung der Veräußerung des Unternehmens an Dritte *Habig/Berninghaus*, 2004, 118 ff. sowie *Kerstin/Bitzer/Dupierry*, 2010, 195 ff.

367 *Habig/Berninghaus*, 2010, 112.

368 *Jeuschede*, in: Hennerkes/Kirchdörfer, 1998, Rn. 37.7.

369 *Habig/Berninghaus*, 2010, 116; *Hennerkes/Kirchdörfer*, 2015, 249.

370 Vgl. *Habig/Berninghaus,* 2010, 116 f.; *Hennerkes/Kirchdörfer*, 2015, 252ff.

371 *Hennerkes/Kirchdörfer*, 2015, 249 f.

1.5.4.2 Anforderungen und Herausforderungen für Familienfremde

Familienunternehmen stellen an Fremdgeschäftsführer – jenseits der fachlich mitzubringenden Qualifikation – spezielle Anforderungen, die maßgeblich über Erfolg bzw. Scheitern der Fremdgeschäftsführer entscheiden und über die sich Familienfremde daher Klarheit verschaffen sollten. Gleichzeitig sind Fremdgeschäftsführer bei der Führung von Familienunternehmen mit besonderen Herausforderungen konfrontiert, für die Familienfremde eine Sensibilität meist erst entwickeln müssen.[372] Diese familienunternehmensspezifischen Anforderungen und Herausforderungen sollen im Folgenden skizziert werden:

Familienfremden Kandidaten muss klar sein, dass bereits ihre Anstellung, aber auch ihr unternehmerischer Erfolg davon abhängt, ob sie die in Familie und Unternehmen vorherrschenden Werte teilen, und ob aus Sicht der Eigentümer zu erwarten ist, dass sich der Kandidat aktiv um die Umsetzung und Verbreitung der Werte bemühen wird (hierzu schon unter II.1.5.1).[373] Familienfremde Manager tun gut daran, Respekt vor den Familienwerten zu zeigen und sich nicht ohne Not über diese hinwegzusetzen, was von der Familie mit äußerstem Unwillen aufgenommen werden kann.

Familienunternehmer erwarten von dem Charakter eines familienexternen Managers Vertrauen, Loyalität und Verlässlichkeit.[374] Vor allem Vertrauen stellt das Fundament für eine tragfähige und langfristige Zusammenarbeit dar. Dieses wird nicht bereits mit der Einstellung erworben, sondern muss im Laufe der Zeit durch den Fremdgeschäftsführer beharrlich aufgebaut werden. Unbedingt anzuraten ist ein sparsamer Umgang mit Firmengeldern und der Verzicht auf überbordenden Protz und Statussymbole. Fremdgeschäftsführer sollten das Unternehmen wie ihr eigenes behandeln, ohne sich jedoch als dessen Eigentümer aufzuspielen. Die Repräsentation des Unternehmens im Sinne der Eigentümerrolle muss der Familie vorbehalten bleiben.[375] Die Familie kann äußerst irritiert reagieren, wenn Fremdgeschäftsführer diese unsichtbare Linie überschreiten. Fremdgeschäftsführer müssen akzeptieren, dass die Familie die letzte oberste Instanz bleibt und sie nie völlige Gleichheit mit einem Eigentümergeschäftsführer erreichen können.[376] Bescheidenheit und Maßhalten sollten zu den Kardinaltugenden von Fremdgeschäftsführern zählen.[377]

Fremdgeschäftsführer sollten kompromissbereit sein und keinesfalls versuchen, der Familie ihren Willen aufzuzwingen.[378] Fremdgeschäftsführer müssen sich bewusst sein, dass sie das

372 Pointiert *Aronoff/Ward*, Nation's Business, 1993, 81 (8), 62.
373 Vgl. *Habig/Berninghaus*, 2010, 113.
374 *Habig/Berninghaus*, 2010, 113; *Jeuschede*, in: Hennerkes/Kirchdörfer, 1998, Rn. 37.3.
375 Vgl. *Hennerkes/Kirchdörfer*, 2015, 246 f.
376 Vgl. *Habig/Berninghaus*, 2010, 114; *Jeuschede*, in: Hennerkes/Kirchdörfer, 1998, Rn. 37.3.
377 Ein anschauliches Beispiel, wie es laufen kann, wenn Familienfremden der Erfolg zu Kopfe steigt, findet sich bei *Hennerkes/Kirchdörfer*, 2015, 247.
378 *Habig/Berninghaus*, 2010, 114.

Unternehmen nicht dauerhaft gegen den Willen der Familie führen können und die Eigentümer letztlich am längeren Hebel sitzen.[379] Dies bedeutet indes nicht, dass sie nicht couragiert ihre Meinung vertreten sollen. Im Gegenteil: von Fremdgeschäftsführern wird seitens der Familie erwartet, dass sie Rückgrat zeigen, zur Not auch unbequeme Entscheidungen treffen und Autorität unter den Mitarbeitern erwerben.[380] Nur müssen sie die Familie als letzte oberste Instanz anerkennen und dürfen nicht nach deren Throne greifen.[381]

Fremdgeschäftsführer müssen sehen, dass die verfügbaren finanziellen Ressourcen in Familienunternehmen eingeschränkter sind und die hinter den Unternehmen stehenden Familien regelmäßig in geringerem Maße bereit sind, unternehmerische Risiken einzugehen - schließlich geht es um ihr Familienerbe sowie um das individuelle Privatvermögen.[382] Diese Umstände setzten dem Entfaltungswunsch und unternehmerischen Ehrgeiz von Fremdgeschäftsführern spürbare Grenzen.

Familienfremde Manager, die aus auf Effizienz getrimmten Konzernen mit präzisen Informations- und Führungsprozessen kommen, können daran scheitern, dass sie zu viele Dinge auf einmal und zur falschen Zeit anpacken.[383] Bevor sie Änderungen anstoßen, sollten sie - von Krisenfällen abgesehen - zuerst das Unternehmen, die wichtigsten Mitarbeiter und die bestehenden Entscheidungswege kennenlernen und verstehen. Auch mit allzu harscher Kritik an den überkommenen Strukturen sollten sich Fremdgeschäftsführer solange zurückhalten, bis sie sich einen guten Überblick über das Unternehmen verschafft haben - selbst wenn sie von Anfang an Recht haben, am Anfang steht: Lernen.

Neben der Führung des operativen Geschäfts besteht eine nicht zu unterschätzende Aufgabe von Fremdgeschäftsführern darin, ein gutes Einvernehmen mit der Familie zu pflegen und deren langfristiges Vertrauen zu gewinnen. Hierzu ist es wichtig, dass sie - bildlich gesprochen - auf die Familie zugehen und dieser die Hand reichen. Fremdgeschäftsführer sollten Empathie gegenüber der Familie zeigen und sich offen auf Gespräche auch jenseits der geschäftlichen Themen einlassen. Ebenso sollten sie möglichst in Veranstaltungen für Gesellschafter eingebunden werden. Auf der anderen Seite sollten die Beziehungen zu den Familienmitgliedern nicht allzu vertraut werden, sondern stets auf einer professionellen Ebene bleiben.[384] Gute Verhältnisse zu nur einzelnen Familienmitgliedern oder Gruppen von Gesellschaftern können dazu führen, dass sich andere Familienmitglieder herabgesetzt oder ausgeschlossen fühlen[385],

379 Vgl. *Hennerkes/Kirchdörfer*, 2015, 246.
380 Vgl. *Habig/Berninghaus*, 2010, 114 f.
381 *Habig/Berninghaus*, 2010, 115; *Jeuschede*, in: Hennerkes/Kirchdörfer, 1998, Rn. 37.3.
382 Vgl. *Jeuschede*, in: Hennerkes/Kirchdörfer, 1998, Rn. 37.3.
383 So *Jeuschede*, in: Hennerkes/Kirchdörfer, 1998, Rn. 37.7.
384 *Aronoff/Ward*, Nation's Business, 1993, 81 (8), 62.
385 Vgl. *Scherer*, in: Scherer/Blanc/Kormann/Wimmer, 2012, Rn. 88.

weshalb Fremdgeschäftsführer darauf achten sollten, freundlichen und gleichmäßigen Abstand zu allen Familienmitgliedern zu halten[386].

Die Zusammenarbeit mit der Familie gelingt dann besonders gut, wenn die Familie als selbstbewusster qualifizierter Partner auftritt, der über eine einheitliche Willensbildung verfügt.[387] Dabei ist es unerlässlich, dass die Familie dem Fremdgeschäftsführer einen rechtlich und wirtschaftlich definierten unternehmerischen Handlungsspielraum einräumt und belässt, innerhalb dessen der Fremdgeschäftsführer nach eigenem Ermessen handeln kann, ohne dass er sich bei der Leitung des Tagesgeschäfts ständig bei den Eigentümern rückversichern muss; insofern hat sich die Familie einer Einmischung in den unternehmerischen Zuständigkeitsbereich des Fremdgeschäftsführers tunlichst zu enthalten, will sie diesen nicht verschrecken.[388]

Schwierigkeiten mit der Familie werden sich unweigerlich ergeben, wenn die Familie schwach ist und keine Ansprechpartner vorhanden sind, mit denen die Fremdgeschäftsführer auf Augenhöhe verhandeln können. Persönliche und fachliche Schwäche der Familie drückt sich dabei nicht nur in Unfähigkeit aus, auf Ebene der Unternehmensführung mit den Fremdgeschäftsführern zu kooperieren, sie macht die Familie auch unberechenbar, sodass sich die Unternehmensleitung nicht auf die Familie als Partner verlassen kann, sondern stets mit emotionalen Handlungen und Querfeuer rechnen muss.

Fremdgeschäftsführer sollten sich davor hüten, sich in Konflikte zwischen Familienmitgliedern einzumischen, Partei zu ergreifen oder auch nur als Schlichter einzuschreiten.[389] All solche Bemühungen, mögen sie auch aus redlichen Motiven unternommen sein, führen schwerlich dauerhaft zu einer Entspannung der Animositäten in der Familie. Das unterliegende Familienmitglied wird sich gekränkt und möglicherweise ungerecht behandelt fühlen, wenn eine familienfremde Autorität zu seinem Nachteil in den Konflikt eingreift. Dies hat unweigerlich zur Folge, dass jenes Familienmitglied dem Fremdgeschäftsführer künftig reserviert begegnet oder ihm gar sein Vertrauen in Gänze entzieht. Begibt sich der Familienfremde erstmals außerhalb der Rolle eines professionellen, auf das Wohl des Unternehmens fokussierten Unternehmensleiters, wird es ihm kaum gelingen, diese Neutralität in den Augen der Familie wieder zurückzuerlangen. Kurzum: familieninterne Streitigkeiten sollte die Familie selbst lösen.[390]

Eine weitere Herausforderung liegt darin, dass Fremdmanager in stärkerem Maße, als dies bei Publikumsgesellschaften der Fall sein kann, einerseits im Interesse des Unternehmens und der Mitarbeiter zu handeln haben, aber gleichzeitig die Bedürfnisse der Familie, insbesondere nach Einbindung aber auch nach Dividende, befriedigen müssen.[391] Es ist daher unerlässlich, dass

386 *Habig/Berninghaus*, 2010, 113; *Jeuschede*, in: Hennerkes/Kirchdörfer, 1998, Rn. 37.3.
387 Vgl. *Jeuschede*, in: Hennerkes/Kirchdörfer, 1998, Rn. 37.7.
388 Vgl. *Habig/Berninghaus*, 2010, 115.
389 Vgl. *Habig/Berninghaus*, 2010, 114; *Hennerkes/Kirchdörfer*, 2015, 246.
390 Vgl. *Hennerkes/Kirchdörfer*, 2015, 246.
391 *Felden/Hack*, 2014, 159.

Fremdmanager eine aufmerksame und stetige Kommunikation mit allen Beteiligten aufbauen, ein Gespür für die individuellen Bedürfnisse entwickeln und eine harmonische Einbindung aller Beteiligten erzielen. Letztgültige Maxime für jeden Fremdgeschäftsführer muss dabei stets das Unternehmensinteresse sein.

1.5.4.3 Einräumung einer Managementbeteiligung

Es kann sich unter Umständen anbieten, einem familienfremden Manager die Stellung eines Gesellschafters einzuräumen.[392] Die Motive für eine Beteiligung von Fremdgeschäftsführern sind dabei unterschiedlich:[393]

- Eine Beteiligung in Aussicht zu stellen, kann ein starkes Argument sein, um einen potenziellen Kandidaten für das Unternehmen zu gewinnen.
- Der Familienfremde soll nachhaltig motiviert werden, sich für den Erfolg des Unternehmens einzusetzen, und langfristig an die Gesellschaft gebunden werden.
- In einer Familien-Personengesellschaft, in der die Geschäfte von natürlichen Personen als persönlich haftende Gesellschafter geleitet werden, ist kein Familienmitglied willens oder in der Lage, die Komplementärrolle zu übernehmen.
- In der Familie herrscht unüberwindbarer Streit über die Besetzung der Komplementärposition mit einem Familienmitglied.
- Das Unternehmen benötigt zusätzliches Eigenkapital. Hierbei wird der Fremdgeschäftsführer als Investor aufgenommen.
- Ein Familiengesellschafter scheidet aus der Gesellschaft aus. Sein Anteil wird deshalb von einem Fremdgeschäftsführer übernommen, weil das Unternehmen die Abfindung nicht selbst aufbringen kann.

Die Gesellschafterstellung eines Familienfremden ist regelmäßig nicht auf Dauer angelegt. Meist soll der Familienfremde nur solange in der Gesellschaft verbleiben, wie er in der Unternehmensleitung tätig ist. Nach Beendigung seines Geschäftsführeramtes soll er gegen Abfindung aus der Gesellschaft ausscheiden. Der Wunsch der Familie, nach Auflösung der Arbeitsbeziehung wieder unter sich sein zu wollen, wird von den Familienfremden in aller Regel respektiert.[394]

Die Rechtsprechung hatte der effektiven Einräumung einer Managementbeteiligung über längere Zeit Steine in den Weg geräumt.[395] Die Entscheidung des BGH vom 19.09.2005 zum sog. »Managermodell«[396] hat jedoch zu einer erheblichen Liberalisierung geführt und die Gestaltung

392 Vgl. *Aronoff/Ward*, Nation's Business, 1991, 79 (2), 38.
393 Vgl. *Sigle*, in: FS Semler, 1993, 767 ff.
394 *Sigle*, in: FS Semler, 1993, 767, 769.
395 Vgl. *Sigle*, in: FS Semler, 1993,767, 769 ff.
396 BGHZ 164, 98 = NJW 2005, 3641.

von Managementbeteiligungen auf rechtssichere Füße gestellt – danach gilt nunmehr Folgendes[397]:

- Zulässig sind in jedem Fall tatbestandlich definierte Ausschlussklauseln, solange nicht die Klausel als solche oder die Umstände ihrer Anwendung gegen § 138 BGB oder § 242 BGB verstoßen.
- Zulässig können aber auch freie, tatbestandsmäßig nicht präzisierte Ausschlussklauseln – sog. »Hinauskündigungsklauseln« – sein. Dies ist der Fall, wenn die Klausel durch einen sachlichen Grund gerechtfertigt ist. Einen solchen Grund hat die Rechtsprechung anerkannt, wenn einem Geschäftsführer im Hinblick auf seine Geschäftsführeranstellung eine Beteiligung eingeräumt wird, für die er lediglich ein Entgelt in Höhe des Nennwerts zu zahlen hat und die er bei Beendigung des Geschäftsführeramtes gegen eine der Höhe nach begrenzte Abfindung zurückzuübertragen hat.

Bei der Gestaltung der Managementbeteiligung sollte mit den Eigentümern besprochen werden, welche Rolle der Fremdgeschäftsführer als Gesellschafter einnehmen soll. Wird er als vollwertiger mit Stimmrecht versehener Gesellschafter aufgenommen, kann dies unter Umständen zur Folge haben, dass sich die Machtverhältnisse im Gesellschafterkreis verschieben. Dies ist evident der Fall, wenn die dem Familienfremden eingeräumte Beteiligung so groß ist, dass dieser selbst z. B. über eine Sperrminorität verfügt. Seine Beteiligung kann aber auch zur Folge haben, dass zuvor Mehrheiten, die sich aus Gruppen von Gesellschaftern zusammengesetzt haben, verlorengehen, was die Willensbildung in der Gesellschaft nachhaltig verändern kann. Alternativ kann erwogen werden, dem Fremdgeschäftsführer einen stimmrechtslosen Vorzugsanteil zu gewähren, der insbesondere über ein höheres Gewinnbezugsrecht verfügt.

Zudem sollte bereits der Trennungsprozess in allen Details berücksichtigt werden.[398] Hierfür ist zunächst erforderlich, dass die Gründe, die zum Ausschluss des Neugesellschafters führen können, im Gesellschaftsvertrag klar umschrieben werden. Daran anschließend ist das Ausschlussprozedere einschließlich zu erreichender Beschlussmehrheiten, Stimmrechtsausschluss des Betroffenen, Zeitpunkt des Wirksamwerdens etc. zu regeln. Besondere Sorgfalt sollte schließlich auf die Abfassung der Abfindungsbestimmungen verwandt werden.

1.5.4.4 Sicherung des Einflusses der Familie

Die Übergabe der operativen Leitungsverantwortung an Familienfremde bringt es naturgemäß mit sich, dass der Einfluss der Familie über ihr Unternehmen vermindert wird. Dies muss jedoch keinesfalls bedeuten, dass die Familie die Kontrolle über das Unternehmen im Ganzen verliert oder gar aufhört, ein Familienunternehmen zu sein. In den Fällen einer durch Familienfremde

397 *Peltzer*, ZGR 2006, 702, 709 ff.; *K. Schmidt*, in: Tröger/Wilhelmi, 2006, 37, 51.
398 Vgl. *Peltzer*, ZGR 2006, 702, 716 ff.

dominierten Geschäftsführung sind jedoch Maßnahmen zu treffen, die den Einfluss der Familie neu ordnen und absichern.

Begibt sich die Familie der operativen Leitung, so hat sie ihren Einfluss durch strategische Führung auszuüben. Strategische Führung bedeutet im Kern, dass sich die Fremdgeschäftsführer persönlich vor der Familie verantworten müssen, die Familie der Unternehmensleitung einen normativen Rahmen vorgibt und diese in wichtigen Angelegenheiten berät und überwacht[399] – im Einzelnen:

Strategische Führung beginnt und endet mit der Kompetenz der Familie zur Bestellung und Abberufung der Unternehmensleitung. Durch diese Personalverantwortung der Familie für die Besetzung der Unternehmensleitung ist sichergestellt, dass sich die Fremdgeschäftsführer zum Beginn ihrer Laufbahn sowie periodisch wiederkehrend vor den Eigentümern verantworten müssen, indem die Aufnahme bzw. Fortführung ihrer Tätigkeit von der Familie bestätigt werden muss. Dies ist das schärfste Schwert einer Familie, deren Unternehmen durch Familienfremde geführt wird, und die Eigentümer sollten darauf achten, es mit Bedacht einzusetzen. Institutionell kann die Personalzuständigkeit durch die Gesellschafterversammlung oder aber ein eigentümerdominiertes Aufsichtsgremium wahrgenommen werden.

Inhaltlich leitet sich strategische Führung grundlegend und zuerst aus den Familienwerten und der tradierten Unternehmerkultur ab. Durch diese setzt die Familie der Unternehmensleitung einen normativen Rahmen, innerhalb dessen die operative Leitung ihre unternehmerischen Aktivitäten entfalten darf und soll (hierzu schon unter 1.5.1).

Bezogen auf das operative Tagesgeschäft wird strategische Führung vor allem durch effektive Aufsicht verwirklicht. Die Eigentümerversammlung allein kann dies nur zum Teil und insgesamt nur unzureichend gewährleisten. Insbesondere die periodisch anstehende Entlastungsentscheidung sowie die ggf. bestehende Kompetenz der Eigentümerversammlung zur Feststellung des Jahresabschlusses und zur Bestellung des Abschlussprüfers reichen hierfür keinesfalls aus. Eine engmaschigere Kontrolle kann allerdings durch den Erlass einer Geschäftsordnung für die Geschäftsführung erreicht werden. Diese kann für bestimmte in der Geschäftsordnung aufzuzählende Maßnahmen erfordern, dass die Unternehmensleitung zuvor die Zustimmung der Gesellschafter einholen muss.[400] Insbesondere in der Rechtsform der GmbH können die Gesellschafter darüber hinaus durch Weisungen an die Geschäftsführung aktiv Einfluss auf die operative Leitung nehmen. Eingedenk einer sinnvollen und auch notwendigen Kompetenzabgrenzung sollten die Gesellschafter von ihrem Recht auf Weisung jedoch nur in Notfällen Gebrauch machen. Ohnehin werden sich diese Vorgehensweisen allenfalls in Familienunternehmen mit einem kleinen eng verbundenen Gesellschafterkreis anbieten, da sie andernfalls an die Grenzen ihrer praktischen Durchführbarkeit stoßen.

399 Vgl. *Felden/Hack*, 2014, 159.
400 Instruktiv *Gerber*, in: Lorz/Pfisterer/Gerber, 2010, E. VI.

Langfristig wird sich effektive Kontrolle institutionell nur dadurch absichern lassen, dass die Eigentümer ein Aufsichtsgremium einrichten und dieses gesellschaftsvertraglich mit eindeutigen Kompetenzen ausstatten.[401] Zu seinen Zuständigkeiten sollten insbesondere zustimmungsbedürftige Maßnahmen sowie Informations- und Auskunftsrechte zählen (dazu unter 1.7.2.3.2). Personell sollte darauf geachtet werden, fähige externe Berater zu gewinnen, die das Gremium um nützlichen Sachverstand anreichern. Vorsitzender sollte im Falle einer von Familienfremden dominierten Geschäftsführung nach Möglichkeit stets ein Familienmitglied sein[402], damit die Interessen der Familie hinreichend zur Geltung gebracht werden können.

1.5.5 Anstellungsverträge der Unternehmensleitung

1.5.5.1 Anstellungsverträge mit Gesellschaftern

Die Anstellung von Gesellschaftern – Familienmitgliedern und beteiligten Fremdgeschäftsführern – sollte auf der Grundlage eines Anstellungsvertrags, wie er auch mit Nicht-Gesellschaftern abgeschlossen wird, erfolgen.[403] Hierbei ist aus steuerrechtlicher Sicht bei der Anerkennung der Personalkosten als Betriebsausgaben darauf zu achten, dass die Anstellungsverträge schriftlich abgeschlossen werden, die Vergütung sowie die Sozialausgaben tatsächlich geleistet werden und die Vergütung einschließlich der Nebenleistungen einem Fremdvergleich standhalten.[404] Eine unangemessen hohe Vergütung bzw. allzu üppige Nebenleistungen können durch die Finanzverwaltung als verdeckte Gewinnausschüttung gewertet werden, die eine Qualifizierung als Betriebsausgaben ausschließt.[405]

Bei persönlich haftenden Gesellschaftern einer Personengesellschaft folgt bereits aus der gesellschaftsrechtlichen Zweckförderungspflicht eine tragfähige juristische Grundlage für die Tätigkeit in der Unternehmensleitung.[406] Kommanditisten sind dagegen gem. § 164 HGB grundsätzlich von der Geschäftsführung ausgeschlossen. Diesen kann jedoch per Gesellschaftsvertrag ein organschaftliches Geschäftsführungsrecht eingeräumt werden.[407] Dennoch sollten die Einzelheiten, etwa die Vergütung und Nebenleistungen, in einem schriftlichen Vertrag festgelegt werden.

401 Monographisch *Ruter/Thümmel*, 2009, passim.
402 Vgl. *Kenyon-Rouvinez*, in: Koeberle-Schmid/Fahrion/Witt, 2012, 91, 105.
403 Vgl. *Schlüter*, in: Sudhoff, (Familienunternehmen) 2005, § 20 Rn. 1; differenzierend *Langenfeld*, in: *DWS-Institut* (Hrsg.), (Oktober 2014), Rn. 165 I
404 *Langenfeld*, in: *DWS-Institut* (Hrsg.), (Oktober 2014), Rn. 167 I; *Schlüter*, in: Sudhoff, (Familienunternehmen) 2005, § 20 Rn. 1.
405 Vgl. *Baumann*, in: Oppenländer/Trölitzsch, 2011, § 14 Rz. 36; *Langenfeld*, in: *DWS-Institut* (Hrsg.), (Oktober 2014), Rn. 168 I.
406 *Schlüter*, in: Sudhoff, (Familienunternehmen) 2005, § 20 Rn. 3.
407 Zur Rechtsstellung des geschäftsleitenden Kommanditisten *Grunewald*, in: MüKo HGB, 2012, § 164 Rn. 25 ff.

Der geschäftsführende Gesellschafter einer GmbH kann sein Geschäftsführungsamt prinzipiell allein aufgrund seiner organschaftlichen Stellung als Geschäftsführer ausüben.[408] Es empfiehlt sich jedoch auch an dieser Stelle, die Details in einem Anstellungsvertrag zu regeln. Ob ein geschäftsführender Gesellschafter arbeitsrechtlich als freier Dienstnehmer i. S. d. §§ 611 ff. BGB oder als Arbeitnehmer zu qualifizieren ist, hängt nach der Rechtsprechung des BAG im Wesentlichen davon ab, ob die Gesellschafter diesem gegenüber weisungsbefugt sind.[409] Mehrheitsgesellschafter, aber auch Minderheitsgesellschafter, die über eine Sperrminorität verfügen, können daher nicht Arbeitnehmer der Gesellschaft sein.[410] Auf geschäftsführende Minderheitsgesellschafter, die zwar als Arbeitnehmer einzuordnen sind, finden die Bestimmungen des Arbeitsrechts indes nicht uneingeschränkt Anwendung[411], insbesondere genießen sie keinen Kündigungsschutz (§ 14 Abs.1 KSchG)[412]. Der Fremdgeschäftsführer einer GmbH kann als Arbeitnehmer im Sinne des AGG zu qualifizieren sein, wenn die Gesellschafterversammlung die wesentlichen unternehmerischen Entscheidungen trifft und diese durch Weisung an die Geschäftsführung umsetzt und der Geschäftsführer jederzeit abberufen werden kann.[413]

In Personengesellschaften wird die Gesellschaft bei Abschluss eines Anstellungsvertrags grundsätzlich durch alle Gesellschafter vertreten, da es sich hierbei um ein Drittgeschäft handelt, das wegen seiner Bedeutung keine Angelegenheit der Geschäftsführung darstellt.[414] In der GmbH ist die Gesellschafterversammlung für den Abschluss zuständig (Annexkompetenz zu § 46 Nr. 5 GmbHG).[415] In der AG ist der Aufsichtsrat verantwortlich (§ 112 AktG).

1.5.5.2 Einzelne Regelungsmaterien in Anstellungsverträgen

Anstellungsverträge in Familienunternehmen unterscheiden sich nicht wesentlich von solchen, die mit Geschäftsführern von Publikumsgesellschaftern abgeschlossen werden, sodass nachfolgend lediglich ein Überblick über die wichtigsten Regelungsmaterien gegeben werden soll.[416]

Geschäftsführer sollten eine angemessene Vergütung erhalten. Was der Höhe nach als angemessen anzusehen ist, kann nicht pauschal beantwortet werden. Einen groben Orientierungspunkt bietet die jährliche Kienbaum-Studie über die Vergütung von Geschäftsführern in

408 Zum Verhältnis von Organstellung und Anstellungsvertrag *Baumann*, in: Oppenländer/Trölitzsch, 2011, § 13 Rn. 1 ff.
409 BAG vom 09.01.1990, NZA 1990, 525; BAG vom 28.11.1990, 1991, 392; *Schlüter*, in: Sudhoff, (Familienunternehmen) 2005, § 20 Rn. 4.
410 Eingehend *Baumann*, in: Oppenländer/Trölitzsch, 2011, § 15 Rn. 7 ff.; zu den Folgen im Sozialversicherungsrecht ausführlich *Baumann*, in: Oppenländer/Trölitzsch, 2011, § 15 Rn. 19 ff.
411 Im Einzelnen *Nägele*, BB 2001, 305 ff.
412 Vgl. *Schlüter*, in: Sudhoff, (Familienunternehmen) 2005, § 20 Rn. 4.
413 BGH vom 26.03.2019, II ZR 244/17
414 *Drescher*, in: Ebenroth/Boujong/Joost/Strohn, HGB, 2014, § 114 Rn. 49.
415 BGHZ 79, 38, 42; 91, 217, 218.
416 Formularbeispiel bei *Gerber*, in: Lorz/Pfisterer/Gerber, 2010, E. VI.

Deutschland. Ungeachtet dessen können die Beteiligten die Höhe der Vergütung frei vereinbaren. Die Einschränkungen des Gesetzes zur Angemessenheit der Vorstandsvergütung (vgl. § 84 AktG) gelten ausschließlich für Vorstände von AG, jedoch nicht für GmbH-Geschäftsführer, selbst wenn die GmbH von Gesetzes wegen einen Aufsichtsrat einzurichten hat.

Strukturell sollte sorgsam ausgearbeitet werden, aus welchen Komponenten sich die Vergütung zusammensetzt. Üblich sind fixe und variable Bestandteile. Das Fixum wird ratierlich unabhängig vom Erreichen bestimmter Zielvorgaben ausgezahlt. Zur Incentivierung der Unternehmensleitung wird daneben in den meisten Fällen eine variable Vergütungskomponente, ein sog. Bonus, vereinbart. In der Regel beläuft sich der variable Vergütungsanteil auf etwa 30 bis 40 % der Gesamtbezüge.[417] Die Auszahlungsvoraussetzungen können in den Grenzen von §§ 134, 138 BGB vertraglich frei definiert werden. Dabei ist es ratsam, die Auszahlung an möglichst objektive und kontrollierbare Zielvorgaben, z. B. betriebswirtschaftliche Steuerungsgrößen[418], zu binden. Hierfür ist es notwendig, mit dem Geschäftsführer jährlich eine Zielvereinbarung[419] über die zu erreichenden Zielgrößen zu schließen. Die Koppelung an schillernde Begriffe, wie etwa der »langfristige Unternehmenserfolg«, oder die Vereinbarung schierer Ermessensboni können leicht zu Unstimmigkeiten mit dem Betroffenen führen, wenn die Auszahlungsvoraussetzungen als nicht gegeben angesehen werden.[420]

Nebenleistungen umfassen insbesondere eine Gehaltsfortzahlung im Krankheitsfall von sechs Wochen bis zu 18 Monaten, die Weiterzahlung des Gehalts im Todesfall bis zu drei Monaten sowie eine Unfallversicherung für den Fall von Invalidität und Tod. Ein privat nutzbarer Dienstwagen zählt zur Normalausstattung.[421] Sinnvollerweise gibt das Unternehmen ein Anschaffungsbudget vor, das der Geschäftsführer nach Wunsch mit eigenen Mitteln aufstocken kann. Ob der Geschäftsführer im Flugzeug Business Class reisen darf, ist mitunter eine sensible Frage, die aus Vorsichtsgründen mit den Gesellschaftern abgestimmt werden sollte.

In den auf langfristige Zusammenarbeit hin angelegten Anstellungsverhältnissen in Familienunternehmen kommt der Altersrente, Invaliditätsrente und Hinterbliebenenversorgung ein besonders hoher Stellenwert zu.[422] Andererseits bedeuten die Versorgungszusagen für das Unternehmen eine erhebliche langfristige Belastung, sodass bei den Vertragsverhandlungen mit Bedacht vorgegangen werden sollte.[423] Eine auskömmliche Vollversorgung gewähren pensionierten Geschäftsführern circa 60 Prozent der letzten Brutto-Gesamtbezüge. Unter Berücksichtigung der staatlichen Sozialversicherungsrente, eines zumutbaren Eigenbeitrags in Höhe von circa 15 % ergibt sich damit eine durch die betriebliche Rente zu deckende Versorgungslücke von

417 Vgl. *Hennerkes/Kirchdörfer*, 2015 257.
418 Überblick bei *Baumann*, in: Oppenländer/Trölitzsch, 2011, § 14 Rn. 37.
419 Dazu *Bauer/Diller/Göpfert*, BB 2002, 882 ff.
420 Abratend auch *Hennerkes/Kirchdörfer*, 2015, 258.
421 Einzelheiten bei *Baumann*, in: Oppenländer/Trölitzsch, 2011, § 14 Rn. 39 ff.
422 Vgl. auch *Baumann*, in: Oppenländer/Trölitzsch, 2011, § 15 Rn. 25.
423 Warnend *Hennerkes/Kirchdörfer*, 2015, 265.

etwa 25 bis 40%der letzten Brutto-Bezüge. Die Hinterbliebenenversorgung beträgt circa 60% der Altersrente.[424]

Zu besprechen ist auch der eventuelle Abschluss einer Vermögensschaden-Haftpflichtversicherung für den Geschäftsführer.[425] Die vermögensmäßige Absicherung der Geschäftsführung durch eine sog. D&O-Versicherung kann in besonders haftungsträchtigen Branchen angemessen sein. Unter Governance-Gesichtspunkten ist jedoch – auch aus der Warte der Eigentümer – zu berücksichtigen, dass das Vorhandensein einer D&O-Versicherung bzw. ihr Fehlen den Umgang eines Geschäftsführers mit geschäftlichen Risiken beeinflussen kann.

Die gesellschaftsrechtlichen Wettbewerbsverbote bestehen nur für die Dauer der Organstellung: Während des Gesellschaftsverhältnisses unterliegen persönlich haftende Gesellschafter einer OHG und KG gem. § 112 HGB (i. V. m. § 161 Abs. 2 HGB) einem Wettbewerbsverbot. Für den geschäftsführenden Kommanditisten gilt § 112 HGB trotz § 165 HGB sinngemäß.[426] Das für einen GmbH-Geschäftsführer geltende Wettbewerbsverbot wird aus der ihm obliegenden Treuepflicht hergeleitet.[427] Für Vorstände einer AG folgt ein solches aus § 88 AktG. Ein nach Beendigung der organschaftlichen Beziehung wirkendes Wettbewerbsverbot muss dagegen ausdrücklich im Anstellungsvertrag vereinbart werden.[428] Nach der Rechtsprechung sind solche »nachvertraglichen Wettbewerbsverbote« nur dann zulässig, wenn sie dem Schutz eines berechtigten Interesses des Unternehmens dienen und nach Ort, Zeit und Gegenstand die Berufsausübung und die wirtschaftliche Betätigung des Betroffenen nicht unbillig erschweren.[429] Das bedeutet insbesondere, dass der räumliche, zeitliche und gegenständliche Geltungsbereich des nachvertraglichen Wettbewerbsverbots genau konturiert und beschränkt werden muss. Darüber hinaus kann die Tragweite eines nachvertraglichen Wettbewerbsverbots die Zahlung einer Karenzentschädigung erforderlich machen.[430] Grundsätzlich ist es hierbei ausreichend, dem ausgeschiedenen Geschäftsführer eine Entschädigung in Höhe von 50% seiner letzten Brutto-Gesamtbezüge zu zahlen.[431] Fehlt eine notwendige Entschädigungsklausel oder ist die Kompensation zu niedrig bemessen, ist das nachvertragliche Wettbewerbsverbot unwirksam.[432]

Anstellungsverhältnisse mit Leitungsmitgliedern in Familienunternehmen werden regelmäßig in Erwartung einer langfristigen Zusammenarbeit abgeschlossen. Daher nimmt es nicht Wunder, dass die meisten Anstellungsverträge für unbestimmte Zeit eingegangen werden, wenn auch größere Familienunternehmen mittlerweile häufig Vertragslaufzeiten von drei bis fünf

424 Zahlen bei *Langenfeld*, in: *DWS-Institut* (Hrsg.), (Oktober 2014), Rn. 169 I.
425 Hierzu *Dreher/Thomas*, ZGR 2009, 31 ff.
426 *Grunewald*, in: MüKo HGB, 2012, § 165 Rn. 5 ff.
427 BGH vom 11.10.1976, NJW 1977, 247; BGH vom 12.06.1989, NJW 1989, 2697.
428 *Baumann*, in: Oppenländer/Trölitzsch, 2011, § 14 Rn. 14.
429 BGH vom 26.03.1984, BGHZ 91, 1 (5).
430 Eingehend *Baumann*, in: Oppenländer/Trölitzsch, 2011, § 14 Rn. 23 ff.
431 *Baumann*, in: Oppenländer/Trölitzsch, 2011, § 14 Rn. 24.
432 *Baumann*, in: Oppenländer/Trölitzsch, 2011, § 14 Rn. 25.

Jahren vorsehen.[433] Zur Erprobung der Zusammenarbeit kann jedoch eine anfängliche Befristung vorgesehen werden. Die Kündigungsfristen sollten zur Vermeidung einer kurzfristigen Vakanz in der Unternehmensleitung großzügig bemessen sein. In der Praxis betragen diese regelmäßig zwischen sechs und zwölf Monaten.[434]

1.5.6 Rechtsformspezifische Besonderheiten der Unternehmensleitung

1.5.6.1 Gesetzliche Rahmenbedingungen in den einzelnen Rechtsformen

Die rechtsformspezifischen Besonderheiten der Unternehmensleitung betreffen vor allem die Frage, wie die Mitglieder der Unternehmensleitung in der jeweils gegebenen Rechtsform bestellt bzw. abberufen werden und unter welchen Bedingungen diese ihre Leitungsbefugnisse ausüben können. Dieses Kapitel gibt zunächst einen Überblick über die bestehenden gesetzlichen Rahmenbedingungen, bevor im Anschluss darauf einzugehen ist, wie diese im Interesse von Familienunternehmen gestaltet werden können.

Die offene Handelsgesellschaft wird durch ihre (persönlich haftenden) Gesellschafter geleitet. Dabei ist jeder Komplementär vorbehaltlich einer abweichenden gesellschaftsvertraglichen Regelung allein geschäftsführungs- (§§ 114 Abs. 1, 115 Abs. 1 HGB) und vertretungsbefugt (§ 125 Abs. 1 HGB).

Die Geschäfte der Kommanditgesellschaft werden durch die persönlich haftenden Gesellschafter geleitet. Hinsichtlich ihrer Geschäftsführungs- und Vertretungsrechte gilt das zur OHG Ausgeführte. Die Kommanditisten sind grundsätzlich von der Geschäftsführung ausgeschlossen (§ 164 HGB) und nicht befugt, im Namen der KG zu handeln (§ 170 HGB). Die Kommanditisten verfügen jedoch gem. § 164 HGB über ein Widerspruchsrecht in Geschäftsführungsangelegenheiten, die über den gewöhnlichen Betrieb der KG hinausgehen. Zudem ist jeder Kommanditist gem. § 166 HGB berechtigt, die abschriftliche Mitteilung des Jahresabschlusses zu verlangen und dessen Richtigkeit unter Einsicht der Bücher der KG zu prüfen. Anders als bei der GmbH haben weder die Kommanditisten noch die Gesellschafter in ihrer Gesamtheit ein Weisungsrecht gegenüber den persönlich haftenden Gesellschaftern.

Die GmbH wird durch die Geschäftsführung geleitet. Mehrere Geschäftsführer sind grundsätzlich gemeinschaftlich geschäftsführungs-[435] und vertretungsbefugt (§ 35 Abs. 1 Satz 1 GmbHG), in der Satzung können jedoch abweichende Regelungen getroffen werden. Die Geschäftsführer werden grundsätzlich von den Gesellschaftern bestellt und abberufen (§ 46 Nr. 5 GmbHG). In der qualifiziert mitbestimmten GmbH wird diese Aufgabe durch den obligatorischen Aufsichtsrat

433 Vgl. *Hennerkes/Kirchdörfer*, 2015, 266.
434 Vgl. *Hennerkes/Kirchdörfer*, 2015, 266.
435 Statt aller *Stephan/Tieves*, in: MüKo GmbHG, § 37 Rn. 78.

wahrgenommen (§ 31 MitbestG). Die Gesellschafter einer GmbH besitzen dagegen kein originäres Geschäftsführungsrecht. Die Gesellschafter sind jedoch befugt, der Geschäftsführung bindende Weisungen auch hinsichtlich der Leitung des Tagesgeschäfts zu erteilen.[436]

Die GmbH & Co. KG stellt eine Kommanditgesellschaft dar, deren persönlich haftender Gesellschafter eine GmbH ist. Die Geschäfte der GmbH & Co. KG werden durch die Komplementär-GmbH geführt, die wiederum durch deren Geschäftsführung geleitet wird. Unter den Voraussetzungen von § 4 MitbestG ist bei der Komplementär-GmbH ein obligatorischer Aufsichtsrat zu bilden, der über die Bestellung und Abberufung der Geschäftsführer entscheidet (§ 31 MitbestG). Im Übrigen gelten die Ausführungen zu KG und GmbH sinngemäß.

Die AG[437] wird gem. §§ 76 Abs. 1 AktG durch den weisungsunabhängigen Vorstand geleitet. Der Vorstand wird nicht durch die Aktionäre, sondern gem. § 84 AktG durch den Aufsichtsrat bestellt und abberufen. Grundsätzlich sind die Vorstandsmitglieder nur gemeinschaftlich geschäftsführungs- und vertretungsbefugt, die Satzung kann jedoch eine abweichende Regelung vorsehen (§§ 77, 78 AktG) und macht hiervon regelmäßig Gebrauch.

1.5.6.2 Gestaltung der gesetzlichen Rahmenbedingungen

Die gesetzlichen Rahmenbedingungen für die Unternehmensleitung können weitgehend durch Gesellschaftsvertrag und schuldrechtliche Vereinbarungen an die individuellen Bedürfnisse des Unternehmens und der Familie angepasst und gestaltet werden. Die Gestaltung sollte dabei nachstehenden Zielvorgaben folgen:

- Nur die am besten Qualifizierten sollten in die Unternehmensleitung berufen werden.
- Der beherrschende Einfluss der Familie sollte gesichert werden.
- Zwischen operativer Leitung und strategischer Führung durch die Eigentümer sollte eine klare Kompetenzaufteilung bestehen.

1.5.6.2.1 Bestellung und Abberufung der Unternehmensleitung

Die gesetzliche Ausgangslage für die Bestellung der Unternehmensleitung ist insbesondere in den Rechtsformen OHG, KG und GmbH (›soweit diese keiner qualifizierten Mitbestimmung unterliegen‹) für Familienunternehmen nicht problemlos, da die Unternehmensleitung im Falle von OHG und KG mit der bloßen Stellung als persönlich haftender Gesellschafter verbunden ist bzw. die Geschäftsführung bei der GmbH durch Mehrheitsentscheid der Gesellschafterversammlung bestellt wird. Mit Blick auf die bestmögliche Besetzung der Unternehmensleitung

436 Vgl. *Zöllner/Noack, in: Baumbach/Hueck, 2019, § 37 Rn. 20.*

437 Ausführlich zu den Besonderheiten der Familien-AG *Wälzholz*, in: Sudhoff, (Familienunternehmen) 2005, § 13 Rn. 1 ff.

birgt ein Festhalten an der gesetzlichen Ausgangslage die Gefahr, dass subjektiv motivierte Entscheidungen an die Stelle von objektiven Auswahlkriterien treten.[438]

Es ist jedoch für den langfristigen Fortbestand des Unternehmens unerlässlich, dass möglichst nur die geeignetsten Kandidaten in die Geschäftsführung berufen werden. An dieser Stelle hilft ein objektiver Auswahlprozess, der durch ein Gremium durchgeführt wird, das jedenfalls zum Teil mit neutralen Mitgliedern besetzt ist. Dies kann ein fakultatives oder aufgrund qualifizierter Mitbestimmung verbindlich einzurichtendes Aufsichtsgremium sein (hierzu unter 1.7). Diese Aufgabe kann jedoch ebenso durch ein mit erfahrenen Führungskräften und externen Beratern besetztes Gremium übernommen werden, das nicht zugleich als ein Organ der Gesellschaft ausgestaltet sein muss. Wichtig ist, dass sich die Familie zu der Entscheidung durchringt, dass ein von objektiven Maßstäben bestimmter Auswahlprozess erheblich mehr Gewähr dafür bietet, dass das Unternehmen von den hierfür geeigneten Personen geleitet wird.

Dessen ungeachtet ist es das ureigene Recht der Eigentümer, nicht nach dem Prinzip der Bestenauslese, sondern vielmehr nach der Maxime »Blut ist dicker als Wasser« zu verfahren. Es kommt, insbesondere in Unternehmen bis zur vierten Generation, nicht selten vor, dass in der Familie der Wille vorherrscht, dass die Unternehmung durch Familienmitglieder geleitet werden soll. Findet der Berater eine solche Mentalität vor, sollte er, nachdem er auf die Risiken und Alternativen hingewiesen hat, den Wunsch der Eigentümer respektieren und diese bei der bestmöglichen Umsetzung unterstützen.

In Familien, die über eine funktionierende Willensbildung verfügen, kann die Entscheidung, welcher Kandidat in die Geschäftsführung aufrückt, der Gesellschafterversammlung überlassen werden. Das anzuwendende Verfahren, einschließlich Vorschlagsrechte und erforderlicher Mehrheiten, sollte ausdrücklich im Gesellschaftsvertrag geregelt werden. Bei Gesellschaften, denen eine solche kollektive Willensbildung fremd ist bzw. die schlechte Erfahrungen mit Mehrheitsentscheidungen gemacht haben, kann das Besetzungsverfahren über ein Aufsichtsgremium kanalisiert werden.[439] Dem Aufsichtsgremium kann hierbei durch Gesellschaftsvertrag entweder ein Vorschlagsrecht oder darüber hinaus auch die Kompetenz zur organschaftlichen Bestellung eingeräumt werden. In Personengesellschaften erfordert das Prinzip der Selbstorganschaft in diesem Fall, dass der Beirat überwiegend mit Gesellschaftern besetzt ist. Das Gremium sollte zumindest in Teilen mit externen Mitgliedern besetzt sein (näher unter 1.7.1.2.6). In qualifiziert mitbestimmten Gesellschaften mbH (§ 31 MitbestG) sowie in AG (§ 84 AktG) ist der Aufsichtsrat ohnehin von Gesetzes wegen für die Bestellung und Abberufung der Unternehmensleitung zuständig.

438 *Hennerkes/May*, NJW 1988, 2761, 2762.

439 Vgl. *Scherer*, in: Scherer/Blanc/Kormann/Wimmer, 2012, Rn. 77.

Schließlich sollte für die Mitwirkung in der Unternehmensleitung eine feste Altersobergrenze festgesetzt werden.[440] Der Festlegung einer bestimmten Altershöchstgrenze, z. B. 65 oder 70 Lebensjahre, haftet zwar stets der Makel von Willkürlichkeit an. Die Erfahrung zeigt jedoch, dass bei Annäherung an die Altersschwelle bei den Betroffenen häufig die notwendige Einsicht fehlt, das Heft an die nächste Generation weiterzureichen.

1.5.6.2.2 Kommanditisten und Nichtgesellschafter als Leiter von Personengesellschaften

Vom gesetzlichen Leitbild her werden Personengesellschaften durch die persönlich haftenden Gesellschafter geführt. Aufgrund der im Personengesellschaftsrecht weitreichend bestehenden Vertragsfreiheit ist es jedoch möglich, einen Familien-Kommanditisten oder einen Nichtgesellschafter in die Unternehmensleitung zu berufen, deren Rechtsstellung der eines Komplementärs im Wesentlichen angenähert werden kann.

Kommanditisten kann durch gesellschaftsvertragliche Vereinbarung eine organschaftliche Geschäftsführungsbefugnis eingeräumt werden.[441] Damit diese die Kommanditgesellschaft auch nach außen hin vertreten können, kann ihnen eine Handlungsvollmacht oder Prokura erteilt werden. Nur mit umfassender organschaftlicher Vertretungsbefugnis kann ein Kommanditist nicht ausgestattet werden, da diese den persönlich haftenden Gesellschaftern vorbehalten bleibt.[442] Die Gewährung eines Geschäftsführungsrechts führt dabei vom Grundsatz her nicht dazu, dass der Kommanditist gleich einem Komplementär gegenüber den Gesellschaftsgläubigern persönlich haftet, es sei denn, der Kommanditist hat hierzu nach den Prinzipien der Rechtsscheinhaftung hinreichend Anlass gegeben. Im Innenverhältnis zur Gesellschaft haftet er jedoch wie ein Komplementär.[443] Zugunsten der Kommanditisten kann durch gesellschaftsvertragliche Regelung ferner ein Weisungsrecht gegenüber den Komplementären begründet werden.[444]

Auch ein Nichtgesellschafter kann mit umfassender Vollmacht ausgestattet und per Dienstvertrag zum Geschäftsführer bestellt werden (sog. Drittorganschaft). Aufgrund des im Personengesellschaftsrecht vorherrschenden Prinzips der Selbstorganschaft unterliegt die Geschäftsführung durch Dritte jedoch bestimmten Grenzen, insbesondere dürfen nicht alle Gesellschafter von der Geschäftsführung ausgeschlossen werden.[445]

---

440 *Peltzer*, in: FS Sigle, 2000, 93, 106 f.; *Scherer*, in: Scherer/Blanc/Kormann/Wimmer, 2012, Rn. 78.
441 *Roth*, in: Baumbach/Hopt, 2018, § 164 Rn. 7.
442 *Roth*, in: Baumbach/Hopt, 2018, § 170 Rn. 1.
443 *Roth*, in: Baumbach/Hopt, 2018, § 164 Rn. 9.
444 BGHZ 45, 204.
445 Vgl. *Roth*, in: Baumbach/Hopt, HGB, 2018, § 114 Rn. 24 f., § 125 Rn. 5; *K. Schmidt*, in: MüKo HGB, 2016, § 125 Rn. 5 ff.

1.5.6.2.3 Zustimmungsbedürftigkeit von Geschäften

Im Hinblick auf Geschäfte, die eine erhebliche Tragweite für das Unternehmen entfalten oder hohe Risiken enthalten, kann es zum Schutz des Unternehmens sowie der Eigentümer geboten sein, die Geschäftsleitungskompetenz durch die Festlegung von Zustimmungsprärogativen zu beschränken.

In concreto kann der Abschluss herausragender Geschäfte von der Zustimmung der Gesellschafterversammlung oder des Aufsichtsgremiums abhängig gemacht werden, um eine Kontrolle der Unternehmensleitung in besonders wichtigen Angelegenheiten zu gewährleisten. Der Katalog zustimmungsbedürftiger Geschäfte kann sowohl im Gesellschaftsvertrag als auch in einer Geschäftsordnung für die Unternehmensleitung geregelt werden. Letztere Variante hat zumindest in der GmbH den Reiz, dass die Geschäftsordnung leichter als der Gesellschaftsvertrag, nämlich durch einfachen Gesellschafterbeschluss, geändert werden kann und auch nicht für jedermann einsehbar ist. Der Katalog sollte auf wesentliche Geschäfte, z. B. Akquisitionen mit einem bestimmten Transaktionsvolumen oder Neueinrichtung bzw. Einstellung von Geschäftszweigen, beschränkt werden und die relevanten Fälle tatbestandlich konkret beschrieben werden.[446] Der Verstoß gegen eine bestehende Zustimmungspflicht beschneidet nicht die Vertretungsbefugnis der Unternehmensleitung im Außenverhältnis, sodass ein verbotswidrig abgeschlossenes Geschäft nicht unwirksam ist; allerdings bedeutet der Verstoß eine Pflichtverletzung im Innenverhältnis, die eine Abberufung aus wichtigen Grund rechtfertigen und zu einer Schadensersatzpflicht führen kann.[447]

Im Übrigen ist jedoch darauf zu achten, dass die nicht geschäftsführungsbefugten Gesellschafter außerhalb der in der Governance[448] hierfür vorgesehenen Kanäle keinen Einfluss auf das Tagesgeschäft des Unternehmens nehmen, sondern die Unternehmensleitung das Geschäft nach pflichtgemäßem Ermessen in eigener Verantwortung führen kann[449].

1.5.6.2.4 Gesellschafter-Sonderrechte

In Familienunternehmen, die stark durch einzelne Gesellschafter bestimmt werden, ist abzuwägen, inwiefern die Stellung dominanter Gesellschafter rechtlich fundiert werden soll. Ist der Betreffende Komplementär einer Personengesellschaft, sind ihm bereits durch das Gesetz umfassende Geschäftsführungs- und Vertretungsbefugnisse gewährt. Diese können ihm gem. §§ 117, 127 HGB nur aufgrund eines Antrags der übrigen Gesellschafter durch gerichtliche Entscheidung aus wichtigem Grund entzogen werden. Auf diese Weise sichert bereits die gesetzli-

446 Formulierungsbeispiel bei *Reichert*, in: Sudhoff, GmbH & Co. KG, 2005, § 63 dort § 12 des Muster-Gesellschaftsvertrags.
447 Vgl. zum Recht der Personenhandelsgesellschaften *Jickeli*, in: MüKo HGB, 2016, § 116 Rn. 44 f.
448 Zur Corporate Governance in börsenfernen Familiengesellschaften *Bettermann/Henneric*, in: Hommelhoff/Hopt/v. Werder, 2009, 849 ff.
449 Vgl. *Wälzholz*, in: Sudhoff, (Familienunternehmen) 2005, § 11 Rn. 119.

che Ausgangslage den Einfluss eines Komplementärs auf die Unternehmensleitung. Ergänzend können gesellschaftsvertragliche Regelungen vorgesehen werden: etwa ein restriktiver Katalog von Abberufungsgründen oder die Abhängigkeit der Abberufung von der Zustimmung des Beirats.[450] Einzig der vollständige Verzicht auf die Abberufung soll nach der Rechtsprechung ausgeschlossen sein.[451] Zur Ausweitung der Handlungsfreiheit kann der Komplementär zusätzlich vom Verbot des Selbstkontrahierens (§ 181 BGB) befreit werden. Besteht die Unternehmensleitung aus weiteren Mitgliedern, kann zugunsten des dominanten Familienmitglieds eine einseitige Gesamtgeschäftsführung- und -vertretung vorgesehen werden.[452] Es können auch alle anderen Familienmitglieder von der Geschäftsleitung ausgeschlossen werden. Ferner kann dem dominanten Familienmitglied das Recht eingeräumt werden, durch einseitige Erklärung andere Mitgesellschafter ebenfalls mit Geschäftsführungs- und Vertretungsbefugnis auszustatten (sog. Präsentationsrecht).[453]

Da bei einer GmbH die Gesellschafter nicht bereits von Gesetzes wegen in die Geschäftsführung einbezogen sind, sondern die Geschäftsführer durch die Gesellschafterversammlung gewählt werden (§ 46 Nr. 5 GmbHG), spielen Geschäftsführungssonderrechte eine wichtige Rolle.[454] Denn durch diese kann die Entscheidung, wer zum Geschäftsführer bestellt wird, der Gesellschafterversammlung entzogen und den Inhabern bestimmter Geschäftsanteile zugewiesen werden. Derartige Rechte zur Bestimmung der Geschäftsführung lassen sich als Sonderrechte i. S. d. § 35 BGB zugunsten einzelner Gesellschafter ausgestalten (BGH vom 10.10.1988, NJW-RR 1989, 542). Die nachträgliche Einführung eines Sonderrechts auf Geschäftsführung stellt eine Satzungsänderung dar, für die es über § 53 Abs. 1, 2 GmbHG hinaus der Zustimmung aller Gesellschafter bedarf.[455] Hierbei sollte geregelt werden, ob das Sonderrecht untrennbar mit der Person des Gesellschafters verbunden und im Falle seines Ausscheidens untergehen oder mit Übertragung des Geschäftsanteils auf den nächsten Gesellschafter übergehen soll. Auch die Konsequenzen einer Aufteilung des Geschäftsanteils sollten berücksichtigt werden. Rechtsfolge des Sonderrechts ist, dass der entsandte Geschäftsführer nicht ohne wichtigen Grund abberufen werden kann (§ 38 Abs. 2 GmbHG).[456] Das Sonderrecht als solches kann nur durch Satzungsänderung unter Zustimmung des Privilegierten aufgehoben werden, wobei die Zustimmung bei Vorliegen eines wichtigen Grunds entbehrlich ist (§ 35 BGB, § 53 Abs. 3 GmbHG).[457]

Vorsicht ist jedoch geboten, werden Geschäftsführungssonderrechte zur Zementierung eines Stammesprinzips eingesetzt – wenn also jeder Stamm die Befugnis haben soll, einen Geschäftsführer seiner Wahl (zumeist aus den eigenen Reihen) zu entsenden. Die hierdurch

450 *Wälzholz*, in: Sudhoff, (Familienunternehmen) 2005, § 11 Rn. 143.
451 RG JW 1935, 696.
452 Vgl. *Wälzholz*, in: Sudhoff, (Familienunternehmen) 2005, § 11 Rn. 139.
453 *Wälzholz*, in: Sudhoff, (Familienunternehmen) 2005, § 11 Rn. 141.
454 Vgl. *Wälzholz*, in: Sudhoff, (Familienunternehmen), 2005, § 11 Rn. 145 ff.
455 Weiterführend *Wälzholz*, in: Sudhoff, (Familienunternehmen) 2005, § 11 Rn. 146.
456 BGH vom 17.10.1983, WM 1984, 29.
457 *Fastrich*, in: Baumbach/Hueck, 2019 § 14 Rn. 19.

scheinbar erzielte Gerechtigkeit zwischen den Stämmen, wird mit der handfesten Gefahr erkauft, dass nicht eben die am besten geeigneten Kandidaten in die Geschäftsleitung berufen werden, sondern die Entscheidung allein aufgrund der Stammeszugehörigkeit getroffen wird. Dadurch wird die Wahrnehmung der Unterschiede zwischen den Stämmen verstärkt, wohingegen die Gemeinsamkeiten in der Familie in den Hintergrund treten.[458] Zudem besteht in einer mit mehreren Stammesvertretern besetzten Geschäftsführung das Risiko, dass die Konflikte der Stämme in der Geschäftsführung ausgetragen werden und dadurch die Qualität der Unternehmensleitung leidet.

1.6 Corporate Governance und Compliance in Familienunternehmen

Dr. Hendrik Schindler

1.6.1 Familienunternehmen als Gegenstand und Träger von Verantwortung

Als Teilnehmer am Wirtschaftsleben ist das Familienunternehmen typischerweise zugleich Gegenstand und Träger von Verantwortung. Seit den 1990er Jahren wird das Verhältnis des Unternehmens zu den unterschiedlichen Interessensgruppen sowie das Verhältnis der Interessengruppen untereinander in Deutschland unter dem Stichwort **Corporate Governance** diskutiert und behandelt. Anders als bei börsennotierten Gesellschaften oder Gesellschaften, die von Finanzinvestoren geführt werden, kommt bei Familiengesellschaften neben den üblichen Interessengruppen Gesellschafter, Management, Fremdkapitalgeber, Arbeitnehmer, Lieferanten und Kunden mit der Familie eine weitere Interessengruppe hinzu, die ihrerseits höchst differenziert ausgestaltet sein kann. Diese Besonderheit hat dazu geführt, dass die Corporate Governance von Familienunternehmen in den letzten Jahren sowohl rechtstheoretisch als auch praktisch immer stärker in den Vordergrund getreten ist. Im Folgenden soll nach einem Überblick zum Begriff der Corporate Governance (vgl. 1.6.1.1) und zur Diskussion über gute Corporate Governance (vgl. 1.6.1.2), die Besonderheiten bei Familienunternehmen dargelegt (vgl. 1.6.1.3) und in Bezug zum Begriff der sog. **Family Governance** gesetzt werden (vgl. 1.6.1.4). Außerdem wird auf den von einer Initiative von Unternehmern verabschiedeten Coporate Governance Kodex für Familienunternehmen eingegangen (vgl. 1.6.1.5).

1.6.1.1 Der Begriff Corporate Governance

Der englische Begriff der Corporate Governance wird heute in Deutschland allgemein als der rechtliche und faktische Ordnungsrahmen für die Leitung und Überwachung eines Unternehmens

458 Vgl. *Sigle*, in: FS Happ, 2006, 295 ff.

definiert.[459] Gemeint ist damit die Ausgestaltung des rechtlichen Verhältnisses zwischen den einzelnen Interessengruppen eines Unternehmens durch vertragliche und gesetzliche Regelungen. Unterschieden wird dabei zwischen der externen und der internen Corporate Governance. Die externe Corporate Governance beinhaltet die rechtliche Ausgestaltung der Beziehungen zu den Interessengruppen (»**Stakeholdern**«), die nicht zugleich Organ oder Organteil der Gesellschafter sind, also Fremdkapitalgebern oder sonstigen Gläubigern, Arbeitnehmern, Lieferanten, Kunden und der Allgemeinheit.[460] Sie ist häufig durch einen zwingenden gesetzlichen Regelungsrahmen gekennzeichnet und deckt sich weitgehend mit dem Begriff **Compliance**, der die allgemeine Verpflichtung zur Einhaltung geltenden Rechts beinhaltet.

Gegenüber der externen steht die interne Corporate Governance, die im Deutschen treffend auch als **Unternehmensverfassung** bezeichnet wird. Sie bezeichnet die Binnenstruktur zwischen den einzelnen Bezugsgruppen im Unternehmen, d. h. Umfang und Grenzen von Entscheidungs- und Kontrollrechten der einzelnen Organe und Organmitglieder einer Gesellschaft. Außer im Falle des Einzelkaufmannes, bei dem sämtliche Interessengruppen in einer Person zusammenfallen, sind dies mindestens immer die Anteilseigner bzw. Gesellschafter (»**Shareholder**«) einerseits und die Geschäftsleiter (»**Management**«) andererseits. Je nach Ausgestaltung des Unternehmens kommen weitere Interessengruppen hinzu, die in der Regel Kontroll- und Beratungsfunktionen wahrnehmen, wie z. B. ein Aufsichtsrat oder Beirat. Die nachfolgenden Ausführungen verstehen Corporate Governance immer in diesem engen Sinne und beschäftigen sich mit der Gestaltung der eigentlichen Unternehmensverfassung in Familiengesellschaften.

1.6.1.2 Die Diskussion über »gute« Corporate Governance

Die Diskussion um die »gute« oder »richtige« Corporate Governance eines Unternehmens wurde in Deutschland zunächst im Zusammenhang mit der Gestaltung der Binnenstruktur börsennotierter Aktiengesellschaften diskutiert. Hintergrund hierfür war die Erkenntnis, dass in Publikumsgesellschaften die Interessen des Managements und die Interessen der Eigentümer (Aktionäre) häufig auseinanderlaufen, da das Management die Zersplitterung der Inhaber und das Informationsungleichgewicht dazu nutzen kann, opportunistisch ihre eigenen wirtschaftlichen Interessen zu verfolgen. Zurückgegriffen werden konnte dafür auf rechtstheoretische Überlegungen aus den USA. Hier wurde bereits seit den 1960ern Jahren basierend auf dem grundlegenden Werk von *Berle* und *Means*[461] diskutiert, inwieweit eine gute Corporate Governance, Marktmechanismen und ausreichende Kontrolle in der Lage sind, die Interessen der Inhaber des Unternehmens (Principals) und der Geschäftsleitung (Agents) in Publikumsgesellschaften

459 *Fleischer*, in: MüKo GmbHG, 2018, Einleitung Rn. 295; *v. Werder*, in: Hommelhoff/Hopt/v. Werder, 2. Aufl. 2009, 4.
460 *V. Werder*, in: Hommelhoff/Hopt/v. Werder, 2. Aufl. 2009, 8.
461 *Berle/Means*, The Modern Corporation and Private Property, New York 1967.

angemessen zum Ausgleich zu bringen. Diese Diskussion fand auch in der deutschen Rechtswissenschaft große Beachtung.[462]

Die verstärkte Betonung des Shareholder Value und eine Reihe von Börsenskandalen und Unternehmenszusammenbrüchen führten in den 1990er Jahren dazu, dass sich auch in Deutschland Wirtschaft und Gesetzgeber zunehmend mit dem Thema einer guten Corporate Governance beschäftigten. Mehrere Gesetzesänderungen des Aktienrechts[463] widmeten sich seit 1998 einer Verbesserung der Corporate Governance. Im Jahr 2002 wurde nach Ausarbeitung durch eine hochkarätig aus Industrie, Wissenschaft und Politik zusammengesetzte Kommission[464] erstmals der Deutsche Corporate Governance Kodex (CGK) vorgestellt und im Bundesanzeiger veröffentlicht. Er wird seither jährlich überprüft und ist in seiner aktuellen Fassung öffentlich zugänglich.[465] Durch die gesetzliche Verpflichtung zur Abgabe einer Entsprechenserklärung gem. § 161 AktG sind die börsennotierten deutschen Gesellschaften angehalten, regelmäßig zu überprüfen, von welchen der gesetzlich nicht bindenden »Soll-Bestimmungen« guter Corporate Governance abgewichen wird. Abweichungen sind in der öffentlich zugänglichen Entsprechenserklärung offenzulegen (Prinzip des »**comply or explain**«). Ziel hiervon ist es, Transparenz für die Aktionäre und die Marktteilnehmer an den Börsen über die Einhaltung der definierten Corporate Governance Standards zu schaffen.[466] Die tatsächliche Akzeptanz zur Einhaltung der Empfehlungen des CGK ist hoch, wie jüngere empirische Untersuchungen von Entsprechenserklärungen zeigen.[467]

1.6.1.3 Besonderheit bei Familienunternehmen

Bereits der Ausgangspunkt der Corporate Governance-Diskussion für börsennotierte Unternehmen zeigt, dass diese nur sehr eingeschränkt auf Familienunternehmen übertragen werden kann. Die dysfunktionale Wirkung der Trennung von Eigentum und Verfügungsmacht existiert typischerweise im inhabergeführten Familienunternehmen nicht. Opportunistisches Verhalten der Geschäftsleitung hat unmittelbare Auswirkung auf die Gesellschafterstellung und schränkt daher den Anreiz ein, die Geschäftsführerstellung im eigenen Interesse zu missbrauchen. Aufgrund eines kleineren Gesellschafterkreises unterliegt die Geschäftsleitung überdies einer engeren Kontrolle und kann ihren Informationsvorsprung nur eingeschränkt nutzen. Die Orientierung an einer langfristigen Erhaltung des Unternehmens als eigene Lebensgrundlage und das der Familie steht im genauen Widerspruch zum Interesse des Fremdgeschäftsführers

462 *V. Werder*, in: Hommelhoff/Hopt/v. Werder, 2. Aufl. 2009, 7 ff. m. w. N.
463 Den Anfang machte das Gesetz zur Kontrolle und Transparenz im Unternehmensbereich (KonTraG) vom 27.04.1998, BGBl I 1998, 786.
464 Regierungskommission Deutscher Corporate Governance Kodex; die jeweils aktuelle Zusammensetzung ist abrufbar unterwww.dcgk.de.
465 www.dcgk.de, Abrufdatum: 15.11.2019.
466 Vgl. RegBegr. BT-Drs. 14/8769 22; zur Diskussion über den Regelungszweck m. w. N.: *Hüffer/Koch*, 2020, § 161 Rn. 1.
467 *Werder/Talaulicar*, DB 2010, 853 (854); *Hüffer/Koch* 2018, § 161 Rn. 3; kritisch *Mutter*, in ; Semler/v. Schenck, Der Aufsichtsrat 2015, § 161 Rn. 11.

oder -vorstands, dessen Amtszeit begrenzt ist und der deshalb versuchen muss, in dieser kurzen Zeit seinen bestmöglichen wirtschaftlichen Vorteil zu suchen.

Der vorstehend beschriebene Befund führt jedoch nicht zu der Schlussfolgerung, dass die Corporate Governance Diskussion für börsennotierte Unternehmen nicht auf Familienunternehmen übertragbar sei. Zunächst einmal ist festzuhalten, dass je nach **Realtypus** des Familienunternehmens viele Aspekte auch für die Familiengesellschaft maßgeblich sind. Die Prinzipal-Agent-Problematik stellt sich dort unmittelbar, wo das Familienunternehmen eine Fremdgeschäftsführung etabliert oder der Gesellschafter-Geschäftsführer über einen so geringen Anteil am Unternehmen verfügt, dass er seinen Vorteil vor allem in der Ausnutzung der Geschäftsführerposition sieht. Letzteres lässt sich in Familienunternehmen gelegentlich auch dann beobachten, wenn dem Mehrheitsgesellschafter-Geschäftsführer eine Mehrzahl gering beteiligter Minderheitsgesellschafter gegenübersteht. Für die großen börsennotierten Gesellschaften, bei denen eine Unternehmerfamilie maßgeblichen Einfluss ausübt (z. B. *BMW, VW*), gelten die Corporate Governance Regeln des Kodex i. V. m. der Regelung des § 161 AktG ohnehin unmittelbar.

Die Frage nach der richtigen Gestaltung der Corporate Governance in der Familiengesellschaft ist jedoch aus anderen Gründen wesentlich vielschichtiger als bei börsennotierten Gesellschaften. Während dort von einem eindimensionalen Interesse des Anlegers an einer Gewinnmaximierung seiner Beteiligung ausgegangen werden kann, kommen im Familienunternehmen das Interesse der Gesellschafter am langfristigen Erhalt des Unternehmens als Lebensgrundlage sowie emotionale Aspekte hinzu. Die Gewinnmaximierung ist daher in der Regel nur ein Aspekt der Zielsetzung, da sich der Unternehmer »seinem« Unternehmen verbunden fühlt.

Die Vielzahl von möglichen Interessensgruppen in Familienunternehmen sowie die engere Bindung hieran führt zu einer wesentlich breiteren Auffächerung der möglichen Realtypen, deren Corporate Governance zu gestalten ist. In der Praxis lässt sich beobachten, dass diese Realtypen häufig mit dem Lebenszyklus einer solchen Familiengesellschaft zusammenhängen. Solange der Gründer allein das Unternehmen führt, stellt sich die Frage einer internen Corporate Governance nicht. Mit dem Hinzutritt weiterer Gesellschafter (Kinder, Ehefrau, Finanzinvestoren) ändert sich dies schlagartig. Dies kann noch zu Lebzeiten des Gründers geschehen, stellt sich als Problem jedoch automatisch nach der ersten Unternehmensnachfolge. Die Gestaltung wird umso komplexer, desto mehr sich die Familie in Familienstämme aufgliedert, Anteile aufgrund der Nachfolge unterschiedlich groß ausfallen oder Fremdgeschäftsführer hinzutreten. Mit diesen Themen ist die im Streubesitz befindliche börsennotierte Gesellschaft typischerweise nicht konfrontiert.

Die Vielgestaltigkeit der Familienunternehmen ist zugleich Herausforderung und Ansporn für eine maßgeschneiderte Corporate Governance von Familienunternehmen. Dabei lassen sich, orientiert am **Lebenszyklus** der Familienunternehmen und ihrer Gesellschafterstruktur folgende **Realtypen** unterscheiden:

- Ein-Familien-Unternehmen (beherrschender Gesellschafter-Geschäftsführer plus Kinder/Ehefrau als nicht in der Geschäftsführung tätige Minderheitsgesellschafter),
- Mehrgenerationengesellschaft (Elternteil und Sohn/Tochter in der Geschäftsleitung oder Sohn/Tochter Geschäftsführer/in und Elternteil im Aufsichtsorgan),
- Zwei-Familien-Unternehmen (Parität oder Mehrheit-Minderheits-Situation),
- Mehr-Familien-Unternehmen (großer Gesellschafterkreis, ggf. organisiert in Familienstämmen und ggf. Fremdgeschäftsführung).

1.6.1.4 Zusammenhang mit Family Governance

Neben der Corporate Governance wird in der Diskussion um die richtige Unternehmensverfassung immer häufiger auch der Begriff der Family Governance ins Spiel gebracht. Abgegrenzt wird diese in der Weise, dass sich die Corporate Governance konkret auf das Unternehmen und das Zusammenwirken der unterschiedlichen Interessengruppen, die Family Governance auf das Miteinander in der Inhaberfamilie bezieht.[468] Der Zweck der Family Governance wird darin gesehen, dass sie den Zusammenhalt innerhalb der Unternehmerfamilie sowie deren Bindung und Identifikation mit dem Unternehmen stärken und langfristig sicherstellen soll.[469]

Der Begriff der Family Governance wird in der Praxis zumeist dann ins Spiel gebracht, wenn der Inhaberkreis des Familienunternehmens durch Generationswechsel oder Eheschließungen so gewachsen ist, dass ein einheitliches Verständnis darüber, was die Familie miteinander verbindet und welche langfristigen Ziele das Unternehmen verfolgen soll, nicht mehr erkennbar ist. Die Erstellung einer schriftlichen Familienverfassung kann dann ggf. helfen, den verloren gegangenen Kern der Familienzugehörigkeit in einem strukturierten Prozess wieder hervor zu holen oder ggf. neu zu definieren[470]. Allerdings bewegt sich die so definierte Family Governance, wenn sie nicht ganz oder teilweise in den vertraglichen Regelungen (z. B. der Präambel einer Gesellschaftervereinbarung) Berücksichtigung findet, außerhalb des rechtlich durchsetzbaren Bereichs. Sie kann aber durch die Besinnung auf gemeinsame Wurzeln und Ziele der präventiven Konfliktvermeidung zwischen den Gesellschaftern oder einzelnen Gesellschafterstämmen dienen. Daher überrascht es nicht, dass in einer Studie aus dem Jahr 2011 als wichtigste Motive zur Erarbeitung einer Familienverfassung die Nachfolge in den Gesellschafterkreis und die Konfliktprävention genannt wurden.[471]

468 *Krause*, BB 2012, 714; *Hastenteufel/Staub*, StB 2019, 185 ff.

469 *Krause*, BB 2012, 714; *May/Koeberle-Schmid*, DB 2011, 485 (486); *Hastenteufel/Staub*, StB 2019, 185 (186).

470 Laut einer jüngeren Studie haben rund 35 % der familiengeführten Unternehmen eine solche Familienverfassung, vgl. *Hastenteufel/Staub*, StB 2019, 185 (188).

471 *Koeberle-Schmid/Schween/May*, BB 2011, 2499 (2502).

1.6.1.5 Der Corporate Governance Kodex für Familienunternehmen

Die Ausgestaltung einer effektiven Corporate Governance zum Ziel hat der Corporate Governance Kodex für Familienunternehmen, der 2004 erstmals auf Basis einer privaten Initiative herausgegeben wurde und nunmehr in der Fassung vom 29.05.2015 vorliegt.[472] Er stellt nach seiner Präambel Leitlinien auf, welche den Inhabern von Familienunternehmen helfen sollen, individuelle auf die jeweilige Situation von Unternehmen und Familie zugeschnittene Antworten zu finden. In seiner Systematik der Soll-Bestimmungen und Empfehlungen orientiert sich der Kodex für Familienunternehmen am aktienrechtlichen CGK, ohne jedoch die gesetzlichen Vorgaben der Unternehmensverfassung in gleicher Weise wiederzugeben und in den Kontext zu den Empfehlungen zu setzen. Dies wäre jedoch auch rechtlich angesichts der Gestaltungsvielfalt, die der Familienunternehmer zur Auswahl hat (der CGK kann sich insoweit auf AG und KGaA beschränken), kaum in angemessenem Umfange möglich.

Inhaltlich geht der Kodex sowohl auf die Frage der Family Governance (vgl. 1 und 7) als auch auf die Corporate Governance ein und unterteilt hier zwischen Inhaber (vgl. 2), Aufsichtsgremium (vgl. 3), Unternehmensführung (vgl. 4), Ergebnisermittlung- und Verwendung (vgl. 5) und der Übertragbarkeit und Ausscheiden aus der Inhaberschaft (vgl. 6).

In der wissenschaftlichen Diskussion hat der Kodex für Familienunternehmen eine große Kontroverse ausgelöst. Zum Teil wird er rundherum abgelehnt, da er nur Leerformeln enthalte[473] und lediglich als neues Betätigungsfeld von Unternehmensberatern diene[474]. Andere sehen in ihm einen Leitfaden, anhand dessen sich quasi auf Basis einer Checkliste effektive und konfliktvermeidende Corporate Governance für Familienunternehmen entwickeln lasse.[475] Da die Privatinitiative, die den Kodex entwickelt hat, von Anfang an dessen Zweck in einem Fragenkatalog mit allgemeinen Handlungsempfehlungen gesehen hat, ist weder die scharfe, zum Teil polemische Kritik berechtigt, noch das Vertrauen darauf, dass der Kodex ein ausreichender Katalog zur Erstellung einer effektiven Coporate Governance bietet. Im Hinblick auf das Verhältnis von Corporate Governance zu Family Governance enthält der Kodex für einzelne Interessengruppen allgemeine Aussagen, anhand derer der Unternehmer seine eigene individuelle Governance entwickeln kann (Stichwort: Was wollen wir im Hinblick auf eine bestimmte Interessenlage?). Dies gilt vor allem dann, wenn die Familienunternehmer von dem Willen getragen sind, bei der Festlegung ihrer Ziele und Wünsche eine Familienverfassung zu erarbeiten. Richtig ist aber auch, dass der Kodex aufgrund seiner Struktur nicht die sorgfältige Entwicklung der rechtlichen Rahmenbedingungen in Form des Gesellschaftsvertrages und ggf. ergänzend durch eine Gesellschaftervereinbarung ersetzen kann. Dies setzt einerseits voraus, dass die unterschiedlichen Interessen durch die Familiengesellschafter klar herausgearbeitet und

472 Abrufbar im Internet unterwww.kodex-fuer-familienunternehmen.de. Abrufdatum: 15.11.2019.

473 *Graf/Bisle,* DStR 2010, 2409.

474 *Hennerkes,* BB 7/2010, I.

475 *Koeberle-Schmid/Schween/May,* BB 2011, 2499 (2500).

beschrieben werden; andererseits muss der beratende Fachmann (Anwalt oder Notar) im Einzelnen die rechtlichen Möglichkeiten zur Lösung von Interessenkonflikten vorstellen. Am Ende müssen sich die Familienunternehmer entscheiden, welchen Interessen sie im Zweifels- bzw. Konfliktfalle den Vorrang geben wollen.

1.6.2 Corporate Governance als Gestaltungsauftrag

Die vorstehend beschriebene Bedeutung einer guten Corporate-Governance-Struktur für den wirtschaftlichen Erfolg des Familienunternehmens und den Ausgleich der unterschiedlichen Interessen hat zur Folge, dass die individuelle Ausgestaltung der Corporate Governance unter Berücksichtigung der vorhandenen Familien- und Beteiligungsstruktur, der langfristigen Ziele und der unterschiedlichen Interessen die zentrale Aufgabe der Inhaber ist. Wie der deutsche Begriff der Unternehmensverfassung zutreffend widerspiegelt, handelt es sich hier um das interne Organisationsgerüst, das Konflikte vermeiden und eine erfolgreiche Konzentration auf den unternehmerischen Gegenstand des Unternehmens sicherstellen soll.

Inwieweit die Unternehmensverfassung in einem bereits bestehenden Unternehmen gestaltbar ist, hängt entscheidend von der gewählten Rechtsform ab. Ist das Unternehmen in der Rechtsform der Personengesellschaft (GbR, OHG, KG) oder als GmbH strukturiert, besteht in erheblichem Umfange Vertragsfreiheit. Wählen die Gesellschafter hingegen die Rechtsform der AG, ist die Corporate Governance aufgrund des Prinzips der begrenzten Satzungsautonomie, das in § 23 Abs. 5 AktG verankert ist, weitgehend zwingend vorgegeben. Die Frage, wie individuell die Unternehmensverfassung ausgestaltet sein soll, bestimmt damit bereits die Frage der Rechtswahl.

Die Befassung der Inhaber eines Unternehmens mit der Organisationsverfassung erfolgt in der Praxis häufig nur anlassbezogen. Notwendigerweise sind dies die Gründung des Unternehmens, der Hinzutritt weiterer Gesellschafter oder die Beschäftigung mit der Unternehmensnachfolge. Wie ein Blick in viele Gesellschaftsverträge von Familienunternehmen zeigt, wäre eine Befassung mit der eigenen Corporate Governance auch unabhängig von den vorbeschriebenen Anlässen zweckmäßig, vor allem dann, wenn das Unternehmen auch wirtschaftlich gewachsen ist und die faktische Leitungsstruktur mit den gesellschaftsvertraglichen Grundlagen nicht mehr im Einklang steht. Sehr häufig lässt sich beobachten, dass der klassische Unternehmer den rechtlichen Grundlagen seines Unternehmens zunächst keine größere Bedeutung beimisst und sich auf einen Standardgesellschaftsvertrag beschränkt. Das Versäumnis tritt häufig erst dann zu Tage, wenn ein Konflikt unter den Gesellschaftern oder zwischen Gesellschaftern und Geschäftsführung entsteht und der Gesellschaftsvertrag keine Antwort auf eine mögliche Deeskalation oder ein geordnetes Prozedere außerhalb eines Verfahrens vor staatlichen Gerichten bereit hält. Ist die interne Auseinandersetzung aber bereits so eskaliert, dass als einzige Alternative nur noch der Gang der Gesellschafter zum Gericht verbleibt, ist eine langfristige Zusammenarbeit häufig nicht mehr möglich. Nicht selten enden solche Konflikte dann mit der Trennung durch Austritt oder Verkauf, im schlimmsten Fall mit der Liquidation oder Insolvenz der Gesellschaft. Ein Beispiel aus jüngerer Zeit ist der Rechtsstreit im *Suhrkamp*-Verlag zwischen *Ella Unseld-Berkéwicz* und *Hans Barlach* und dessen Auswirkungen auf das Unternehmen[476]. Eine nicht auf Konfliktvermeidung ausgerichtete Corporate Governance gefährdet daher in Familienunternehmen nicht nur den Rechtsfrieden, sondern im schlimmsten Falle sogar deren Bestand.

Die Gestaltung einer für ein Familienunternehmen maßgeschneiderten Corporate Governance erfolgt idealerweise in **fünf Schritten**, die grundsätzlich aufeinander aufbauen:

- **Schritt 1** ist die Bestandsaufnahme der aktuellen und – bei anstehenden Veränderungen im familiären Bereich – zukünftigen Familiensituation sowie der beabsichtigten oder vorhandenen Beteiligungsstruktur am Unternehmen (vgl. 1.6.2.1).
- **Schritt 2** ist die Festlegung der langfristigen Ziele der Unternehmerfamilie im Hinblick auf den Gegenstand und die Führung des Unternehmens (vgl. 1.6.2.2).
- **Schritt 3** besteht in einer Rechtsformanalyse, mit welcher Gesellschaftsform sich die definierten Ziele vor dem Hintergrund der aktuellen oder geplanten Beteiligungsstruktur am besten Umsätzen lässt (vgl. 1.6.2.3).
- **Schritt 4** besteht in der Festlegung des notwendigen Regelwerks (vgl. 1.6.2.4).
- Sodann geht es bei **Schritt 5** um die eigentliche Festlegung der Corporate Governance im Detail, indem man einzelne typische Problemfelder innerhalb der Unternehmensverfassung abarbeitet, unterschiedliche Regelungsmöglichkeiten abwägt und sodann zu der für den konkreten Fall angemessensten Lösung kommt (vgl. 1.6.2.5).

1.6.2.1 Bestandsaufnahme

Ausgangspunkt für die Erstellung einer maßgeschneiderten Unternehmensverfassung ist in der Beratungspraxis immer die Bestandsaufnahme der aktuellen sowie der kurz- oder mittelfristig beabsichtigten Familien- und Beteiligungsstruktur. Diese eigentlich selbstverständliche Feststellung scheint gelegentlich in der Praxis nicht richtig beachtet zu werden. Dies zeigen immer wieder Gesellschaftsverträge, deren Inhalt mit der Realstruktur der Familie und der unternehmerischen Beteiligung nicht zusammenpasst. Es kann sich z. B. um qualifizierte Mehrheiten handeln, die niemanden schützen, weil die Beteiligung der vorhandenen Minderheitsgesellschafter unter der festgelegten Schwelle liegt oder eine generelle Befreiung sämtlicher Geschäftsführer von den Beschränkungen des § 181 BGB, obwohl inzwischen Fremdgeschäftsführer das Unternehmen leiten, denen man solche Befugnisse gar nicht zubilligen wollte. Auch die Verankerung eines einfachen Mehrheitserfordernisses für alle rechtlich möglichen Beschlussgegenstände ist in solchen Gesellschaften wenig hilfreich, in denen entweder bei

476 Vgl. nur den Rechtsstreit im *Suhrkamp*-Verlag; ausf. Bericht z. B. in Welt-Online vom 21.01.2015, Abrufdatum: 07.10.2015.

einer Vielzahl von Gesellschaftern wechselnde Mehrheiten die Entscheidungsfindung unberechenbar macht oder in denen ein einzelner Mehrheitsgesellschafter die anderen dauerhaft majorisiert.

Die Bestandsaufnahme umfasst grundsätzlich zwei Aspekte:

1. Der eine besteht in der **familiären Situation**. Hier stellen sich u. a. folgende Fragen: Wie viele Familienmitglieder gibt es? Ist die Familie bereits in Familienstämme aufgegliedert oder steht dies demnächst zu erwarten? Gibt es Ehe- oder Lebenspartner die am Unternehmen beteiligt sind oder beteiligt werden sollen? Wie alt sind die Kinder bzw. wann ist mit einer Unternehmensnachfolge zu rechnen?
2. Der zweite Aspekt der Bestandsaufnahme betrifft das **Verhältnis zwischen Familie und Unternehmen**. Hier stellen sich u. a. folgende Fragen: Wie sind die aktuellen Beteiligungsverhältnisse? Gibt es eine feste Struktur von Mehrheits-Minderheitsgesellschaftern? Sollen sich die Beteiligungsverhältnisse kurz- oder mittelfristig ändern? Ist die Geschäftsleitung ausschließlich mit Familienmitgliedern besetzt oder auch mit Fremdgeschäftsführern? Welchen Kindern traut der Unternehmer eine Nachfolge in seine Beteiligung oder gar in der Geschäftsführung zu?

Im Falle der Beschäftigung mit bzw. Beratung einer Unternehmensnachfolge ist bei der Bestandsaufnahme ein zusätzlicher Aspekt zu berücksichtigen, der für die möglichen Lösungen von entscheidender Bedeutung ist: Die Vermögenssituation des potenziellen Erblassers. Hierbei ist genau zu analysieren, ob neben dem Betriebsvermögen auch weitere Vermögensgegenstände vorhanden sind, die eine Differenzierung zwischen Erben, die das Betriebsvermögen erhalten sollen und solchen, denen das Privatvermögen zugewandt wird, überhaupt erst möglich macht. Ist kein oder nicht ausreichend Privatvermögen vorhanden, scheidet eine solche »Aufteilung« in der Regel aus. Zum einen widerspräche eine wertmäßig sehr ungleiche Verteilung im Zweifel dem Interesse des Erblassers an einer Gleichbehandlung seiner Kinder; zum anderen sähen sich die Nachfolger in das Betriebsvermögen erheblichen Pflichtteilsansprüchen der weichenden Erben ausgesetzt, die ggf. mangels Liquidität auch zu einer Gefährdung des Familienunternehmens führen können. Allein die Vermögenssituation nötigt daher in der kautelarjuristischen Praxis häufig dazu, auch diejenigen Erben am Familienunternehmen zu beteiligen, die in fachlicher Hinsicht für eine solche Beteiligung nicht geeignet sind oder hieran eigentlich kein Interesse haben. In diesem Falle einen angemessenen Interessenausgleich zu finden, der die in der Unternehmensleitung befindlichen Erben an der Fortentwicklung des Unternehmens nicht hindert und zugleich die Vermögensinteressen der sonstigen Erben schützt ist eine der Problemstellungen, die nachfolgend noch näher beschrieben werden soll (vgl. 1.6.3.7).

1.6.2.2 Festlegung der langfristigen Ziele

Nach der Bestandsaufnahme sollten sich die Inhaber des Familienunternehmens mit den langfristigen Zielen des Unternehmens, aber auch mit den persönlichen Zielen und der beabsichtigten weiteren Lebensplanung auseinandersetzen.

In der wissenschaftlichen Diskussion wird häufig vertreten, die Zielsetzung der Familienunternehmer sei vor allem die Sicherung des langfristigen Fortbestands des Unternehmens.[477] Teilweise wird dieses Ziel sogar als Wesensmerkmal des Familienunternehmens bezeichnet.[478] In der veränderten Lebenswirklichkeit des 21. Jahrhunderts trifft dies zwar weiterhin auf die Mehrzahl der Familienunternehmen zu, da das Unternehmen zugleich die Lebensgrundlage der dahinter stehenden Unternehmerfamilie über mehrere Generationen bildet. Beobachten lässt sich aber auch hier eine veränderte Denkweise. Der Wunsch nach der Verwirklichung persönlicher Lebensziele außerhalb des Unternehmens, das Empfinden der Verantwortung für das Unternehmen als Belastung oder schlicht das Fehlen geeigneter Nachfolger aus der eigenen Familie führen dazu, dass Familienunternehmer immer häufiger auch den kurz- oder mittelfristigen Verkauf ihres Unternehmens in Betracht ziehen, wie z. B. Verkauf der *Rodenstock GmbH* durch Randolf Rodenstock 2003, die (dann nicht realisierten) Verkaufserwägungen von Willy Bogner[479], Verkauf des Familienunternehmens *Gütermann* an die US-Firma *American & Efird*[480]. Auch diesem Umstand ist bei Neugestaltung der Unternehmensverfassung Rechnung zu tragen zu und ggf. durch erleichterte Veräußerungsmöglichkeiten zu berücksichtigen.

Die denkbaren langfristigen Ziele, die mit dem Familienunternehmen selbst verbunden sein können, sind so vielgestaltig, wie die Unternehmen und ihre Inhaber selbst. Neben der Gewinnerzielung, die außer bei gemeinnützigen Unternehmen, typischerweise den Zweck des Unternehmens bildet, lassen sich beispielsweise Ziele definieren wie Förderung der Nachhaltigkeit, Inverkehrbringen ökologischer Produkte oder die Förderung von Forschung und Wissenschaft.

Für die interne Corporate Governance sind typische Ziele neben dem langfristigen Fortbestand des Unternehmens in der Hand der Unternehmerfamilie solche, die dem internen Frieden und damit einem möglichst konfliktfreien Betrieb des Unternehmens dienen: z. B. Vermeidung von Machtmissbrauch, Vermeidung von Konflikten und Transparenz für die Familienmitglieder, die nicht in der Geschäftsleitung tätig sind. In dieser Grundsätzlichkeit handelt es sich um Ziele, die von den allermeisten Inhabern von Familienunternehmern sofort bejaht werden. Problematisch ist jedoch immer die Festlegung der einzelnen Rechte und Pflichten in der Organisationsverfassung, durch die die vorbeschriebenen Ziele erreicht werden sollen.

---

477 *Krause*, BB 2012, 714.
478 *von Holtzbrinck*, in: FS Sigle, 2000, 33.
479 vgl. den Bericht in: Die Süddeutsche vom 12.08.2014.
480 vgl. den Bericht in: Badische Zeitung vom 16.02.2015.

Die langfristigen Ziele, die die Inhaber eines Familienunternehmens verfolgen, können auf unterschiedliche Weise festgelegt werden. Der Corporate Governance Kodex für Familienunternehmen schlägt vor, diese in einer Familienverfassung aufzunehmen, die sodann von sämtlichen Familienmitgliedern zu unterzeichnen ist (vgl. 1.6.3.7 des Kodex). Nachteil hiervon ist jedoch, dass eine solche Familienverfassung schon aus Formgründen rechtlich unverbindlich ist und allenfalls eine moralische Verpflichtung der Familienmitglieder im Hinblick auf die gemeinsam festgesetzten Ziele auslöst. Sollen die Ziele ganz oder teilweise zur echten, rechtlich verbindlichen Geschäftsgrundlage werden, können sie entweder, wenn sie im Zusammenhang mit dem Unternehmensgegenstand stehen, direkt in den Gesellschaftsvertrag oder die Satzung aufgenommen werden (z. B. Gegenstand des Unternehmens soll der Vertrieb ökologisch hergestellter Nahrungsmittel oder die Forschung und Entwicklung eines bestimmten Produkts sein) oder die Ziele können in der Präambel einer rechtlich verbindlichen Gesellschaftervereinbarung verankert werden. Im erstgenannten Fall beschränkt der Unternehmensgegenstand den Umfang der Geschäftsführungsbefugnis der Unternehmensleiter[481]. Im zweiten Fall können die definierten Ziele verbindlich für die Auslegung der vertraglichen Regelungen der Gesellschaftervereinbarung herangezogen werden[482].

1.6.2.3 Rechtsformwahl

Erheblichen Einfluss auf die Gestaltung der Organisationsverfassung des Familienunternehmens hat die Wahl der geeigneten Rechtsform, über die nach der Bestandsaufnahme der Fakten und der Festlegung der langfristigen Ziele des Familienunternehmens spätestens in Schritt 3 zu entscheiden ist. Durch die Rechtsformwahl wird im Hinblick auf die weitere Corporate Governance u. a. festgelegt, ob und ggf. in welchem Umfange die Gesellschafter mit ihrem Privatvermögen haften, ob die Übertragung ihrer Beteiligung einem Zustimmungsrecht unterliegt, wie die Gewinn- und Verlustbeteiligung geregelt ist, wie weit die Leitungsbefugnisse der Geschäftsführung reichen und wie weit die Organisationsverfassung von den gesetzlichen Vorgaben abweichen darf.

Seit einigen grundlegenden Entscheidungen des EuGH zur Niederlassungsfreiheit[483] stehen den Familienunternehmern dabei nicht nur die durch das deutsche Recht angebotenen Gesellschaftsformen zur Verfügung, sondern auch **ausländische Gesellschaften**, die nach dem Recht des jeweiligen EU-Mitgliedsstaats zu gründen sind, aber ihren Sitz auch in Deutschland haben

---

481 Vgl. *Beurskens*, in: Baumbach/Hueck, 2019, § 37 Rn. 26.

482 Bei ihnen handelt es sich um individualrechtliche Bestimmungen des Gesellschaftsvertrages, die auch bei Kapitalgesellschaften für die Auslegung nach Maßgabe von §§ 133, 157 BGB herangezogen werden können, vgl. *Fastrich*, in: Baumbach/Hueck, 2019, § 2 Rn. 32.

483 Vgl. EuGH vom 09.03.1999, NJW 1999 (2027) – *Centros*; EuGH vom 05.11.2002, NJW 2002, 3614 – *Überseering*; EuGH vom 30.09.2003, NJW 2003, 3331 – *Inspire Art*; dem folgend die heutige BGH-Rechtsprechung: BGH vom 13.03.2003, NJW 2003, 1461; BGH vom 14.03.2005, NJW 2005, 1648, 1649; BGH vom 27.10.2008, NJW 2009, 289, 290; BGH vom 12.07.2011, NJW 2011, 3372, 3373.

können. Wegen der geringen Gründungskosten hat dies vor allem dazu geführt, dass vermehrt englische Limiteds gegründet wurden, die ihren Sitz in Deutschland haben. Die erhöhten Folgekosten durch die Bilanzierungspflicht und Publizitätspflicht in England[484], die automatische Löschung der Gesellschaft bei verspäteter Einreichung der Bilanz zum Gesellschaftsregister (**Registrar of Companies**) sowie stärkere Durchgriffsmöglichkeiten im Insolvenzfalle haben aber dazu geführt, dass sich die Limited wie auch andere ausländische Gesellschaftsformen in Deutschland nicht durchgesetzt haben. Seit der Entscheidung Großbritanniens zum EU-Austritt (»Brexit«) scheidet die englische Limited für in Deutschland tätige Unternehmen aber nunmehr ohnehin als Rechtsformalternative praktisch aus.

Viele deutsche Familienunternehmen sind nach wie vor als **Personengesellschaften** organisiert. Die beiden Grundformen, die Gesellschaft bürgerlichen Rechts (GbR) im nichtkaufmännischen Bereich und die Offene Handelsgesellschaft (OHG) im kaufmännischen Bereich sind jedoch wegen der damit verbundenen persönlichen Haftung in der Praxis nur noch selten zu finden. Familienunternehmen, die als Personengesellschaft organisiert sind, wählen aus Gründen der Haftungsbeschränkung meist die Rechtsform der **GmbH & Co. KG**, also einer Kommanditgesellschaft, bei der der persönlich haftende Gesellschafter (Komplementär) eine GmbH ist. Teilweise findet sich auch noch die »reine« KG, bei der eine natürliche Person persönlich haftet. Die KG ist für Familienunternehmen vor allem deshalb interessant, da sie mit dem geschäftsführenden persönlich haftenden Gesellschafter und dem nur finanziell beteiligten Kommanditisten ein Grundkonzept zur Verfügung stellt, das eine unterschiedliche Beteiligung von Familienmitgliedern am Unternehmen ermöglicht. Dies betrifft insbesondere Gestaltungen, in denen nur einzelne Unternehmensnachfolger in die Leitungsverantwortung gelangen sollen. Will man eine persönliche Haftung des Unternehmensnachfolgers vermeiden, bietet sich hier beispielsweise an, ihn alleine oder als Mehrheitsgesellschafter an der Komplementär-GmbH zu beteiligen und ihm somit die unternehmerische Verantwortung zu überantworten.[485] Die übrigen Kinder sind dann über ihre Beteiligung als Kommanditisten am Erfolg des Unternehmens beteiligt, ohne Einfluss auf die tägliche Geschäftsführung zu haben.

Die Vorgaben zur **Kommanditgesellschaft** enthalten §§ 161 ff. HGB. Im Hinblick auf die Gestaltung der Organisationsverfassung gilt jedoch mit Ausnahme der unentziehbaren Rechte der Gesellschafter der Grundsatz der Vertragsfreiheit (§ 163 HGB), so dass das Binnenverhältnis ähnlich flexibel geregelt werden kann wie das der GmbH. Durch die Kombination mit einem Komplementär anderer Rechtsform bietet die KG zudem Familienunternehmen einen großen Gestaltungsspielraum für alle Arten von Fragestellungen. Möglich sind daher neben der GmbH & Co. KG auch die AG & Co. KG oder die Stiftung & Co. KG, bei der eine AG bzw. eine Stiftung die Geschicke des Unternehmens leiten, während die Familienmitglieder selbst als Kommanditisten beteiligt sind. Denkbar ist auch, eine ausländische Kapitalgesellschaft als Komplementärin

484 Vgl. zu den Nachteilen: *Fleischer*, in: MüKo GmbHG, 2018, Einleitung, Rn. 312.
485 *Hennerkes/Binge*, in: Hennerkes/Kirchdörfer, 1998, § 2 Rn. 2.20.

zu beteiligen (z. B. Ltd. & Co. KG), was sich z. B. bei Familienkonzernen zur Vermeidung der paritätischen Mitbestimmung anbieten kann.

Als **Kapitalgesellschaften** stellt das deutsche Recht die GmbH, die AG und die KGaA zur Verfügung. Für die meisten Familienunternehmer kommt hierbei nur die **GmbH** als zweckmäßige Rechtsform in Betracht. Hintergrund ist das unterschiedliche Regelungskonzept von GmbH einerseits und AG/KGaA andererseits. So ermöglicht die GmbH durch den Grundsatz der Privatautonomie eine weitgehende Gestaltungfreiheit der Organisationsverfassung sowohl im Hinblick auf die Geschäftsführung, etwaige Aufsichtsorgane als auch auf die Gesellschafterversammlung.[486] Das GmbHG sieht nur Mindestanforderungen für den Gesellschaftsvertrag vor (§ 3) und enthält einige Mindestanforderungen im Hinblick auf die Vertretung der Gesellschaft (§§ 35 Abs. 1, 37 Abs. 2 GmbHG), den Schutz des Rechtsverkehrs (§ 35a GmbHG) und der Gläubiger (vor allem durch den Grundsatz der Kapitalaufbringung und Kapitalerhaltung, §§ 5 Abs. 4, 7 Abs. 2 und 3, 30, 31 GmbHG) und den Minderheitenschutz (§ 51a GmbHG). Daneben lässt sich die Corporate Governance in der GmbH frei gestalten (vgl. § 45 Abs. 1 GmbHG), einschließlich der Schaffung eigenständiger Organe, die wie Beirat, Verwaltungsrat oder eine Schlichtungskommission im Gesetz gar nicht geregelt, aber weit verbreitet sind. Auch die Befugnisse und die Binnenorganisation eines Aufsichtsrat kann abweichend von den gesetzlichen Bestimmungen geregelt werden (§ 52 Abs. 1 GmbHG), wenn es sich nicht um einen mit bestimmten Aufsichtsrat handelt, der zwingend nach dem Drittelbeteiligungsgesetz oder nach dem Mitbestimmungsgesetz eingerichtet werden muss.

Die durch das Gesetz zur Modernisierung des GmbH-Rechts eingeführte **Unternehmergesellschaft** (UG) ist eine Sonderform der GmbH, die eine Gründung mit einem Stammkapital unterhalb der 25.000 €-Schwelle ermöglicht. Stattdessen verpflichtet das Gesetz die Gesellschafter jährlich mindestens ein Viertel des um den Verlustvortrag aus dem Vorjahr geminderten Jahresüberschusses in eine gesetzliche Rücklage einzustellen. Da das Stammkapital auch bei normaler Gründung als Investitionskapital zu Verfügung steht und die UG aufgrund des geringen oder nicht vorhandenen Stammkapitals (»1 €-GmbH«) wenig Kreditwürdigkeit besitzt, kommt sie nur für Kleinunternehmen und Start-Up-Firmen in Betracht. Für typische mittelständische Familienunternehmen, in denen Investitionen von über 25.000 € die Regel sind, ist die UG nicht zu empfehlen.

Die **AG** ist anders als KG und GmbH durch eine nur geringe Flexibilität zur Gestaltung der Organisationsverfassung gekennzeichnet.[487] Auch wenn der Gesetzgeber durch verschiedene Reformvorhaben die AG für mittelständische Unternehmer attraktiver gemacht hat, bleibt es bei dem Grundsatz der limitierten Satzungsautonomie, der in § 23 Abs. 5 AktG verankert ist. Dies bedeutet beispielsweise, dass neben Vorstand und Hauptversammlung der Aufsichtsrat in seiner

486 *Fleischer*, in: MüKo GmbHG, 2018, Einleitung, Rn. 303, 306.
487 *Fleischer*, in: MüKo GmbHG, 2018, Einleitung, Rn. 303.

gesetzlichen Ausgestaltung immer zwingend drittes Organ der Gesellschaft ist (§ 95 AktG). Weisungsrechte der Hauptversammlung oder des Aufsichtsrats gegenüber dem Vorstand sind durch das Gesetz ausgeschlossen und können auch nicht durch Satzungsregelung nachträglich implementiert werden.[488] In der Praxis ist zu beobachten, dass die zwingenden Vorgaben des Aktienrechts Vorstand und Aktionäre in Familiengesellschaften, die sich ein hohes Maß an Flexibilität wünschen, häufig überfordern und gelegentlich auch zu rechtlichen Schwierigkeiten bis hin zu unwirksamen Beschlüssen führen. Im Einzelfall kann die Rechtsform der AG allerdings in Familienunternehmen bewusst eingesetzt werden, z. B. bei einem nach mehreren Generationswechseln entstandenen unüberschaubaren Kreis von Familiengesellschaftern, der eine unabhängige und starke Unternehmensleitung erfordert. Nicht zu vergessen ist auch die nach wie vor gute Reputation der AG im Ausland als Rechtsform für größere Unternehmen. Gerade letzteres hat in den vergangenen Jahren dazu geführt, dass immer mehr gut geführte Familienunternehmen auch in die Rechtsform der AG gewechselt haben.

Zusammenfassend lässt sich festhalten, dass die Wahl der richtigen Rechtsform letztlich immer von zwei unterschiedlichen Erwägungen geleitet wird: Einerseits der gewünschten **Flexibilität für die Ausgestaltung der Corporate Governance**; andererseits den **steuerlichen Erwägungen** der Gesellschafter, da Personen- und Kapitalgesellschaften in Deutschland nach wie vor unterschiedlichen Regelungen, insbesondere unterschiedlichen Steuersätzen unterliegen. Für Einzelheiten des gesellschaftsrechtlichen und des steuerlichen Rechtsformvergleichs wird auf die Ausführungen in 1.2 ff. verwiesen. Wichtig ist an dieser Stelle festzuhalten, dass beide Erwägungen bei der Rechtsformwahl gleichberechtigt nebeneinander stehen müssen, da gerade in Familienunternehmen eine steueroptimiert gestaltete Gesellschaft ohne zweckmäßige Unternehmensverfassung ebenso gefährlich ist, wie eine zweckmäßige Unternehmensverfassung, die die steuerlichen Gegebenheiten nicht zutreffend abbildet. Beide vorgenannten Fälle würden langfristig nicht zu einer Zufriedenheit der Familienunternehmer führen, da entweder Probleme in der Organisationsstruktur oder in steuerlicher Hinsicht aufträten. Richtig ist es daher beide Aspekte gleichgewichtig zu betrachten, und nicht von einem Primat des Steuerrechts auszugehen wie dies in der Praxis gelegentlich der Fall zu sein scheint.[489] Falsch wäre es hingegen, Steuervorteile einseitig in den Vordergrund zu rücken[490].Aufgrund der Unterschiedlichkeit der einzelnen Gesellschaftsformen verbleibt ausreichend Gestaltungsspielraum (z. B: bei der GmbH & Co. KG im Vergleich zur GmbH), beide Gesichtspunkte maßgeschneidert zur Anwendung zu bringen.

488 BGH vom 05.05.2008, AG 2008, 541 Rn. 13; *Hüffer/Koch*, 2020, § 76 Rn. 25.

489 Vgl. *Fleischer*, in: MüKo GmbHG, 2018, Rn. 300; *Grziwotz*, in: Münch Hdb GesR,, Bd. III, 2018, § 2 Rn. 2; *K. Schmidt*, 2002, § 1 II 6 c, 23.

490 *K. Schmidt*, 2002, § 1 II 6 c, 23: »Die Vertragsgestaltungspraxis muss davor gewarnt werden, Steuervorteile einseitig in den Vordergrund zu rücken«.

1.6.2.4 Art des Regelwerks

Die Organisationsverfassung des Familienunternehmens ist regelmäßig zunächst im **Gesellschaftsvertrag** niedergelegt. Bei den Personengesellschaften ist der Gesellschaftsvertrag nicht zwingend schriftlich niederzulegen, sondern kann grundsätzlich auch mündlich vereinbart werden. Bei der Vereinbarung einer Abweichung von den gesetzlichen Regelungen ist jedoch dringend zu empfehlen, ihn schriftlich niederzulegen. Der notariellen Form bedarf der Gesellschaftsvertrag bei OHG oder KG nicht. Allerdings sind beide Gesellschaften elektronisch in öffentlich beglaubigter Form (§ 12 Abs. 1 HGB) beim Handelsregister unter Bezeichnung der Mindestangaben (§§ 106 Abs. 2, 162 Abs. 1 HGB) anzumelden, so dass jedenfalls insofern ein Notar zu involvieren ist. Bei den Kapitalgesellschaften bedarf der Gesellschaftsvertrag wie auch jede weitere Änderung desselben immer der notariellen Beurkundung. Zudem ist der (geänderte) Gesellschaftsvertrag zum Handelsregister einzureichen und wird dort vollinhaltlich hinterlegt.

Die Publizität des Gesellschaftsvertrages bei GmbH und AG, aber auch die interne Gestaltung von Gesellschafterrechten innerhalb einzelner Familienstämme löst regelmäßig die Frage aus, ob bestimmte Rechte und Pflichten nicht neben dem Gesellschaftsvertrag in sog. **Gesellschaftervereinbarungen** bzw. satzungsergänzenden Nebenvereinbarungen geregelt werden sollen (englisch: »Shareholders' Agreement«). Im Unterschied zu Gesellschaftsvertrag und Satzung in GmbH bzw. AG unterliegen diese Vereinbarung keiner besonderen Form (wenn sie nicht ihrerseits wieder formbedürftige Verpflichtungen wie z. B. ein Vorkaufsrecht für Geschäftsanteile an einer GmbH enthalten) und entfalten Rechtswirkungen nur für die Gesellschafter, die diese Vereinbarung als Vertragspartei unterschrieben haben. Änderungen bedürfen grundsätzlich der Einstimmigkeit. Anders als Gesellschaftsverträge können rechtliche Beschränkungen in solchen Vereinbarungen auch keine quasi-dingliche Drittwirkung entfalten, z. B. bei Vereinbarung einer Zustimmungspflicht zur Anteilsübertragung.

Zu unterscheiden sind dabei in der Praxis zwei grundsätzlich verschiedene Arten von Gesellschaftervereinbarungen: Die Gesellschaftervereinbarung, die **zwischen allen Gesellschaftern** geschlossen wird und Elemente enthält, die grundsätzlich auch im Gesellschaftsvertrag selbst geregelt werden können. Typische Regelungen in solchen Gesellschaftervereinbarungen können sein:

- Einrichtung eines außerstatutarischen Beirats[491],
- Rechte und Pflichten des Beirats,
- Zustimmungspflichtige Rechtsgeschäfte für die Geschäftsführung,
- Art und Umfang der Berichtspflichten der Geschäftsführung,
- Zustimmung zu Anteilsverkäufen an Dritte,

491 Zu den Befugnissen eines solchen außerstatutarischen Organs vgl. *Schindler*, in: Ziemons/Jäger, BeckOK GmbHG, 11/2019, § 45 Rn. 67 ff.; *Uffmann*, NZG 2015, 169 (170 ff.).

- An- und/oder Vorkaufsrechte,
- Andienungsrechte und Andienungspflichten,
- Mitverkaufsrechet und Mitverkaufspflichten,
- Beschränkungen der Nachfolgeregelungen,
- Schiedsvereinbarung.

Diese Gesellschaftervereinbarung bieten sich vor allem in Familienunternehmen in der Rechtsform der GmbH und AG an, wenn bestimmte Regelungen bewusst nicht der sonst geltenden Publizität des Handelsregisters unterworfen werden sollen. Bei der AG kommt der Gesellschaftervereinbarung zudem noch eine besondere Bedeutung zu, da sie im Hinblick auf die limitierte Satzungsautonomie Gestaltungsspielräume eröffnet, die die Satzung nicht besitzt. Sieht die Gesellschaftervereinbarungen Pflichten vor, denen die Geschäftsführung unterworfen sein soll (vgl. in der Auflistung die Punkte 3 und 4), ist mangels körperschaftlicher Wirkung der Vereinbarung darauf zu achten, dass diese von den Geschäftsführern mit unterschrieben wird.[492]

Die zweite Art der Gesellschaftervereinbarungen sind solche, die nur **von einem Teil der Gesellschafter** geschlossen werden und die das Rechtsverhältnis der Gesellschafter untereinander im Hinblick auf die Gesellschaft regeln sollen. In Familiengesellschaften sind dies häufig Vereinbarungen der Mitglieder von Familienstämmen im Hinblick auf das Abstimmungsverhalten in der Gesellschafterversammlung, sog. **Poolvereinbarungen** . Sie dienen der Stimmbündelung, um ein einheitliches Auftreten der Familie zu gewährleisten und in der Gesellschafterversammlung den Mehrheitswillen der Familie oder des Familienstammes durchzusetzen.[493] Zu diesem Zweck werden in der Vereinbarung das Prozedere der Vorabstimmung zwischen den Poolmitgliedern und die Stimmverhältnisse innerhalb des Pools festgelegt. Ergänzt wird dies durch eine Stimmbindung der überstimmten Mitglieder in der darauffolgenden Gesellschafterversammlung. Die Rechtsprechung sieht solche Stimmbindungsvereinbarung grundsätzlich als zulässig an[494], wenn sich die Stimmabgabe nicht auf ein rechtlich unzulässiges Abstimmungsverhalten bezieht.[495] Rechtlich wird die typische Poolvereinbarung, wenn sie eine gemeinsame Zweckbindung beinhaltet und ihrerseits die Binnenstrukturen einer Gesellschaft aufweist, als Gesellschaft bürgerlichen Rechts qualifiziert. Neben der Festlegung der Stimmrechtsausübung können Poolvereinbarungen auch ähnliche Regelungen vorsehen, wie die oben beschriebene Vereinbarung zwischen allen Gesellschaftern. Soll eine weitere Zersplitterung von Familien oder eine »Überfremdung«[496] vermieden werden, können wiederum Zustimmungspflichten oder Andienungspflichten bzw. Vorkaufsrechte zwischen den Parteien sinnvoll sein, die dann

492 Weitergehend als die bislang h. M.: *Uffmann,* NZG 2015, 169 (171 ff.), wonach ein Gesellschafterbeschluss mit einfacher Mehrheit ausreichen soll.

493 *Sickinger*, in: Schüppen/Schaub, 2018, § 11 Rn. 45.

494 BGH vom 29.05.1967, BGHZ 48, 163 (166 ff.); BGH vom 20.01.1983, NJW 1983, 1910 (1911); BGH vom 27.10.1986, NJW 1987, 1890 (1892).

495 *Zöllner/Noack*, in: Baumbach/Hueck, 2019, § 47 Rn. 113; *Römermann*, in: Michalski, 2017, § 47 Rn. 512; zu den weiteren Schranken ausführlich: *Schindler*, in: Ziemons/Jäger, BeckOK GmbHG, 11/2019, § 47 Rn. 65 ff.

496 Diesen Aspekt betonend: *Sickinger*, in: Schüppen/Schaub, 2018, § 11 Rn. 45.

regelmäßig »vor« den gesellschaftsvertraglichen Regelungen greifen. Allerdings ist dann darauf zu achten, dass beide Regelwerke genau aufeinander abgestimmt sind, da im Falle von Widersprüchen der Gesellschaftsvertrag grundsätzlich vorgeht (z. B. wenn Poolvereinbarung eines Familienstammes die freie Übertragung an Ehegatten erlaubt, der Gesellschaftsvertrag hingegen nicht). Ein weiterer Grund für den Abschluss einer Poolvereinbarung können erb- und schenkungssteuerliche Erwägungen sein. § 13b Abs. 1 Nr. 3 Satz 2 ErbStG ermöglicht, die für die Privilegierung des § 13b ErbStG notwendige 25 %ige Beteiligung auch dadurch zu erreichen, dass eine Zurechnung innerhalb einer bestehenden Poolvereinbarung stattfindet.[497]

Das dritte Regelwerk, in dem neben Gesellschaftsvertrag und Gesellschaftervereinbarung langfristige Zielsetzungen oder Verhaltensanforderungen festgesetzt werden können, ist die bereits oben erwähnte **Familienverfassung**. Sie unterscheidet sich von der Gesellschaftervereinbarung in der Weise, dass sie bewusst keine Rechte und Pflichten der Familiengesellschafter verbindlich statuiert. Ihr kommt daher nur die Bedeutung einer moralischen Leitlinie zu.[498] Dies ermöglicht andererseits in einer solche Familienverfassung auch Aspekte der Family Governance mit aufzunehmen, die mehr den familiären Bereich als das Unternehmen betreffen. Sollen einzelne Verhaltensanforderungen rechtlich durchsetzbar gestaltet werden, müssen diese entweder Eingang in eine echte Gesellschaftervereinbarung oder in den Gesellschaftsvertrag selbst finden.

1.6.2.5 Beschäftigung mit einzelnen Themenfeldern

Nach Bestandsaufnahme, Festlegung der langfristigen Ziele, Rechtsformwahl und Entscheidung über das Regelwerk selbst steht als fünfter Schritt die Beschäftigung mit den einzelnen Themenfeldern an, die basierend auf dem Wunsch der Familienunternehmer und ausgerichtet an ihren langfristigen Zielen regelungsbedürftig sind. Hier liegt für die Familiengesellschafter zumeist das Hauptaugenmerk der Diskussion und für den Kautelarjuristen der Schwerpunkt der Beratung. Dabei sind die zuvor gefundenen Ergebnisse bei Bedarf nochmals zu hinterfragen, so dass ggf. je nach Entscheidung der Gesellschafter auch in dieser Phase noch die Entscheidung fallen kann, eine zuvor favorisierte rein gesellschaftsvertragliche Lösung doch noch um eine Gesellschaftervereinbarung zu ergänzen.

Neun typische Themenfelder, die in Familienunternehmen besondere Bedeutung haben, sollen einschließlich möglicher Regelungen nachfolgend in 1.6.3 skizziert werden.

497 *Graf/Bisle*, DStR 2010, 2409 (2412); *Sickinger* in: Schüppen/Schaub, 2018, § 11 Rn. 45.
498 *Koeberle-Schmid/Schween/May*, BB 2011, 2499 (2501).

1.6.3 Corporate Governance in Familienunternehmen und mögliche Regelungsansätze

1.6.3.1 Umfang und Schranken der Unternehmensleitung

1.6.3.1.1 Problemstellung

Ein grundlegendes Thema in allen Unternehmen ist die Ausgestaltung von Umfang und Schranken der Unternehmensleitung. In Familiengesellschaften stellt sich diese Frage in zwei Ausprägungen. Soll eine **Fremdgeschäftsführung**, also eine Geschäftsführung ohne Familienmitglieder bzw. Gesellschafter, installiert werden, ist die Fragestellung die gleiche wie in allen anderen Gesellschaften: Welchen Umfang an Geschäftsleitungsermessen räume ich der Geschäftsführung ein und bei welchen Rechtsgeschäften beschränke ich dieses Ermessen?

Ist die **Geschäftsführung mit Familienmitgliedern** besetzt, die zugleich Gesellschafter sind, hängt die Frage davon ab, ob die Gesellschafter – wie im Grundmodell der Familiengesellschaft – mit gleichen Anteilen beteiligt sind oder ob eine Mehrheits-Minderheitssituation besteht, bei der etwaige Schranken zugleich einem Schutz der Minderheitsgesellschafter gegen einen Machtmissbrauch des das Unternehmen leitenden Mehrheitsgesellschafters dienen sollen.

1.6.3.1.2 Regelungsansätze

Die Lösungsansätze der kautelarjuristischen Praxis haben zunächst von dem Dualismus der **Vertretungsmacht der Geschäftsleitungsorgane nach außen und der internen** Geschäftsführungsbefugnis auszugehen. Quer durch alle Gesellschaftsformen geht das deutsche Recht aus Gründen des Verkehrsschutzes davon aus, dass die Vertretungsmacht des Geschäftsleitungsorgans nur insoweit einschränkbar ist, als dies in das Handelsregister der Gesellschaft eingetragen werden kann. Ansonsten hat die Beschränkung der Geschäftsführung gegenüber Dritten keine Wirkung (§§ 37 Abs. 2 Satz 1 GmbHG, 82 Abs. 1 AktG). Schranken setzt das Gesetz der Geschäftsleitung bei den Kapitalgesellschaften schon dadurch, dass es grundsätzlich vom Prinzip der Gesamtvertretung durch alle Vorstände bzw. Geschäftsführer ausgeht, sofern nicht ausdrücklich aufgrund des Gesellschaftsvertrages oder eines darauf beruhenden Beschlusses der Gesellschafterversammlung etwas anderes im Handelsregister eingetragen ist (§ 35 Abs. 2 Satz 1 GmbHG; § 78 Abs. 2 Satz 1 AktG). Eine Sonderform ist die unechte Gesamtvertretung durch einen Geschäftsführer und einen Prokuristen. Eine weitere Schranke setzt das Verbot des Insichgeschäfts und der Mehrfachvertretung gem. § 181 BGB, das auch in inhabergeführten Unternehmen strikt zu beachten ist.

Den Vertretungsmöglichkeiten der Geschäftsführungsorgane wird im Innenverhältnis durch die **Geschäftsführungsbefugnis** Grenzen gesetzt. Sie ist durch den Gesellschaftsvertrag, aber auch durch satzungsergänzende Nebenvereinbarungen, eine Geschäftsordnung für die Geschäftsführung oder ausdrückliche Schranken in einem Geschäftsführeranstellungsvertrag gestaltbar (§§ 37 Abs. 1 GmbHG, 82 Abs. 1 AktG). Dies gilt auch für die AG, wobei hier darauf zu achten ist, dass durch die Gestaltung der Grundsatz der weisungsfreien Leitung des Unternehmens nach § 76 Abs. 1 AktG nicht eingeschränkt wird. In der Vertragspraxis herausgebildet hat sich die Festlegung bestimmter zustimmungsbedürftiger Rechtsgeschäfte und Maßnahmen, für die die Geschäftsleitung die vorherige Zustimmung der Gesellschafterversammlung oder eines anderen Organs, z. B. des Aufsichtsrats oder Beirats einzuholen hat.

Das Hauptaugenmerk ist bei der Vertragsgestaltung auf einen an der Größe und der Beteiligungsstruktur des Unternehmens ausgerichteten **Enumerativkatalog** zu richten. Typischerweise enthält der Katalog über den gewöhnlichen Geschäftsbetrieb hinausgehende Rechtsgeschäfte und Maßnahmen (z. B. Erwerb/Veräußerung von Grundstücken, Erwerb/Veräußerung von Beteiligungen an anderen Unternehmen, Gewährung von Krediten an Mitarbeiter) oder Hilfsgeschäfte des Unternehmens (z. B. Abschluss von Anstellungsverträgen oder Mietverträgen ab einem bestimmten Gegenstandswert, Erteilung und Widerruf von Prokuren, Aufnahme von Darlehen, Investitionen in Güter des Anlagevermögens ab einem bestimmten Gegenstandswert), die entweder per se oder unter Aufnahme einer bestimmten Wertschwelle zustimmungsbedürftig sein sollen.[499] Der Umfang des Katalogs und die Wertschwellen sollten im Idealfalle so festgesetzt werden, dass der Geschäftsführung einerseits ausreichend unternehmerisches Leitungsermessen verbleibt, das Tagesgeschäft zu betreiben und für weiteren Wachstum zu sorgen, andererseits aber die Gesellschafter das Gefühl haben, als (Mit-)Inhaber bei wesentlichen, vor allem erheblich liquiditätswirksamen und strategischen Maßnahmen gefragt zu werden.

Der Enumerativkatalog kann entweder **abschließend oder nur beispielhaft** formuliert sein. Im letztgenannten Falle lautet die typische Formel, dass »sämtliche Maßnahmen und Rechtsgeschäfte außerhalb des gewöhnlichen Geschäftsverkehrs der Zustimmung bedürfen, insbesondere …«. Die beispielhafte Aufzählung birgt typischerweise die Gefahr der Rechtsunsicherheit für die Geschäftsleitung. Wenn die Generalklausel allerdings durch die Aufzählung einschließlich der Festlegung von Schwellenwerte konkretisiert wird, ist die Rechtsunsicherheit begrenzt und die Generalklausel kann als probates Mittel der Vertragsgestaltung eingesetzt werden.[500]

Formal stellt sich im Rahmen der Vertragsgestaltung regelmäßig die Frage, in welchem **Regelwerk** ein derartiger Zustimmungskatalog festzulegen ist. Soll die Beschränkung der Geschäftsführungsbefugnis nur für einen bestimmten Geschäftsführer gelten (z. B. Fremdgeschäftsführer neben Inhaber-Geschäftsführer), kann die Verankerung allein im Anstellungsvertrag zweckmäßig sein. Ansonsten ist eine Verankerung im Gesellschaftsvertrag oder einer Geschäftsordnung

---

499 Beispiele für Zustimmungskataloge finden sich in *Hoffmann-Becking/Gebele*, 13. Aufl. 2019, Muster IX.53, § 3; *Fuhrmann/Wälzholz*, 2018, Muster 13.2, § 5.

500 Kritisch insoweit: *Hennerkes/Binz*, DB 1987, 469 (470); *Lange*, GmbHR 2006, 897 (900) die anstelle von Zustimmungskatalogen die Zustimmung zur Unternehmensplanung und zum Jahresabschluss als Kriterien für den modernen Gesellschaftsvertrag bezeichnen; in der Praxis hat sich jedoch zumeist ein Zusammenspiel dieser drei Gesichtspunkte bewährt; vgl. hierzu nachstehend 1.6.3.2.

für die Geschäftsführung sinnvoll, wobei letztere bei Kapitalgesellschaften grundsätzlich den Vorteil hat, dass eine Änderung nicht nochmals der notariellen Beurkundung bedarf. Dies erhöht die Flexibilität und Anpassungsfähigkeit bei sich verändernden Umständen.[501] Eine Alternative wäre die ausdrückliche Bezeichnung als bloß formeller Satzungsbestandteil, was ebenfalls die Änderung mit einfacher Mehrheit ohne Beurkundung ermöglichen würde.[502]

Eine weitere bei Familiengesellschaften nicht unbedeutende Formalie ist die Entscheidung über das **zustimmungsberechtigte Organ**. Nach dem Modell von KG und GmbH ist grundsätzlich die Gesellschafterversammlung für die Entscheidung über die Zustimmung zuständig, wenn die Satzung nicht etwas Abweichendes vorsieht. Zur Konfliktvermeidung in Familiengesellschaften kann es dabei zweckmäßig sein, die Entscheidungskompetenz dem autonom eingesetzten Beirat oder Aufsichtsrat zu überlassen, der im Idealfall über die größere Sachkompetenz verfügt und emotionale Aspekte unberücksichtigt lässt.[503] In der mitbestimmten GmbH ist kraft Gesetzes der Aufsichtsrat für die Entscheidung über die zustimmungspflichtigen Rechtsgeschäfte gem. § 111 Abs. 4 Satz 2 AktG zuständig.[504] Sinnvoll kann auch ein Zweistufenmodell sein, bei dem grundsätzlich der Beirat zuständig ist, bei strategischen Maßnahmen und besonders wichtigen Rechtsgeschäften zusätzlich aber auch die Zustimmung der Gesellschafterversammlung gefordert wird.[505] Ist die Familiengesellschaft in der Rechtsform der AG organisiert, muss darauf geachtet werden, dass das Zustimmungsrecht grundsätzlich nur auf den Aufsichtsrat übertragen werden kann, wobei der Vorstand bei verweigerter Zustimmung die Möglichkeit zur Anrufung der Hauptversammlung hat (§ 111 Abs. 4 Satz 2 und 3 AktG).

1.6.3.2 Information und Kontrolle

1.6.3.2.1 Problemstellung

Eine typische Fragestellung in der Familiengesellschaft ist die ausgewogene Gestaltung von Informations- und Kontrollrechten einerseits und einer durch das Informationsbedürfnis der Gesellschafter nicht behinderten Unternehmensleitung andererseits. Das Informationsbedürfnis ist in der Regel umso größer, desto weiter die Familiengesellschafter von der Unternehmensleitung »entfernt« sind. Bei der Gestaltung zu berücksichtigen ist dabei, dass die gesetzliche Ausgestaltung der Informations- und Kontrollrechte in allen Gesellschaftsformen äußerst unterschiedlich ausgestaltet sind. In OHG (§ 118 HGB) und GmbH (§ 51a GmbHG) besitzen die nicht an der Geschäftsleitung beteiligten Gesellschafter grundsätzlich sehr weitgehende Einsichts- und Informationsrechte, die in der GmbH auch durch die Satzung nicht eingeschränkt

501 Vgl. *Haasen*, in: Beck'sches Formularbuch GmbH-Recht, 2010, C.I.2 Rz. 13.
502 *Wälzholz*, in: Fuhrmann/Wälzholz, 2018, Kap. 13 Rz. 13.
503 *Erker*, DStR 2014, 105 (106); *Hennerkes/Binz* DB 1987, 469.
504 *Beurskens*, in: Baumbach/Hueck, 2019, § 37, Rn. 42.
505 *Erker*, DStR 2014, 106.

werden können. Anders sieht es hingegen für Kommanditisten aus, die grundsätzlich nur über ein eingeschränktes Kontrollrecht verfügen (§ 166 HGB). Am weitesten eingeschränkt ist das Kontrollrecht der Aktionäre, das sich grundsätzlich nur auf das Auskunftsrecht in der Hauptversammlung erstreckt (§ 131 AktG) und auch in der Satzung nicht ausgeweitet werden kann.

1.6.3.2.2 Regelungsansätze

Um in Familiengesellschaften dem Informationsbedürfnis der Familiengesellschafter Rechnung zu tragen, ist es zweckmäßig, dass Gesellschaftsverträge oder satzungsergänzende Nebenvereinbarungen über die gesetzlichen Anforderungen hinausgehen und ein **regelmäßiges Reporting** zugunsten der Gesellschafter vorsehen. Hierbei kann es sich um einen Monats-, Quartals- oder Halbjahresbericht mit den wesentlichen betriebswirtschaftlichen Kennziffern und einer Beschreibung der aktuellen Auftragslage handeln. Erfahrungen in der Praxis zeigen, dass die Etablierung eines solchen Reportings und damit eine laufende Transparenz gegenüber den Gesellschaftern häufig punktuelle Einsichts- und Auskunftsbegehren von einzelnen Gesellschaftern zu verhindern hilft, die von der Geschäftsleitung regelmäßig als störend und manchmal sogar als konkludentes Misstrauensvotum empfunden werden.

Ist die Gesellschaft in einer Rechtsform organisiert, in denen die Teilhabe der Gesellschafter an den Informationen des Unternehmens kraft Gesetzes nur eingeschränkt besteht (KG oder AG), ist darüber nachzudenken, diese **eingeschränkten Rechte zu erweitern**. Bei der AG kann eine solche Erweiterung allerdings nicht in der Satzung, sondern nur in einer schuldrechtlich satzungsergänzenden Nebenvereinbarung niedergelegt werden, die die Gesellschaft als Vertragspartner einbezieht. Von Bedeutung ist die Erweiterung in der KG, sofern die Kommanditisten nicht zugleich an der Komplementär-GmbH beteiligt sind. Im letzteren Fall hat die Rechtsprechung seit längerem anerkannt, dass sich der Informationsanspruch des Gesellschafters der GmbH gem. § 51a GmbHG auch auf die Angelegenheiten der KG erstreckt.[506] Ist der Kommanditist hingegen nicht an der Komplementär-GmbH beteiligt, bedarf es einer gesellschaftsvertraglichen Regelung um eine mit § 51a GmbHG vergleichbare Regelung zugunsten des Kommanditisten zu schaffen.[507]

Von den Informations- und Einsichtsrechten zu unterscheiden sind sonstige Kontrollrechte bis hin zu den Zustimmungsrechten, wie sie in 1.6.3.1.2 beschriebenen wurden. Im Hinblick auf die Kontrollrechte stellt sich in Familienunternehmen, in denen nicht mehr die Gründergeneration die Geschäftsleitung führt, regelmäßig die Frage nach der Schaffung eines von der Gesellschafterversammlung **unabhängigen Kontroll- und Aufsichtsorgans.** Angelehnt an das dualistische Modell der AG hat sich hier in den letzten Jahrzehnten in vielen Familiengesellschaften die

506 BGH vom 11.07.1988, WM 1988, 1448 (obiter dictum); OLG Hamm vom 06.02.1986, WM 1986, 740 (741); OLG Düsseldorf vom 02.03.1990, ZIP 1990, 1346; OLG Karlsruhe vom 08.05.1998, GmbHR 1998, 691; *Gunnert*, in: Münchener Hdb GesR, Bd. II, 2019, § 51 Rn. 16; *Schlitt/Meier-Reinhardt*, in: Reichert, GmbH & Co. KG, 2015, § 25 Rn. 64.

507 H. M., vgl. zum Meinungsstand *Schindler*, in: Ziemons/Jäger; BeckOK GmbHG, 11/2019, § 51a Rn. 82.

Einführung eines **Beirats** als drittes Organ der Gesellschaft durchgesetzt. Teilweise wird das Kontroll- oder Aufsichtsorgan auch als (freiwilliger) Aufsichtsrat oder Verwaltungsrat bezeichnet. Als Mittler zwischen Gesellschaftern und Geschäftsführung kommt dem Beirat, wenn er ganz oder überwiegend mit familienfremden Mitgliedern besetzt ist, grundsätzlich eine besondere Befriedungs- und Konfliktvermeidungsfunktion zu.[508] Er kann entweder als Kontrollorgan ähnlich einem Pflichtaufsichtsrat ausgestaltet werden; aufgrund der Vertragsfreiheit im Personengesellschaftsrecht und bei der GmbH kann er aber auch mit schiedsrichterähnlicher oder beratender Funktion ausgestattet werden, so dass dann seine Befugnisse über die eines reinen Kontrollorgans hinausgehen. Umgekehrt ist es möglich, die Funktionen des Beirats auf die Stellung eines reinen Beratergremiums für die Geschäftsführung zu begrenzen. Maßgeblich ist diese Unterscheidung nicht nur für die Stellung des Beirats, sondern auch für den Umfang der Organverantwortung der einzelnen Beiratsmitglieder bis hin zu einer aufsichtsratsähnlichen Organhaftung für fehlerhafte Entscheidungen. Zu den Einzelheiten der Ausgestaltung der Rechte und Pflichten des Beirats, der Auswahl der Beiratsmitglieder und dessen Organisationsstruktur wird auf die Ausführungen in 1.7.1.2 ff. verwiesen.

Zu den wichtigen Bausteinen einer unabhängigen Kontrolle der Geschäftsleitung gehört in den Familiengesellschaften regelmäßig auch der **Abschlussprüfer** . Ihm wird von den Gesellschaftern kraft seiner Funktion und Unabhängigkeit in der Regel ein hohes Maß an Vertrauen entgegengebracht. Ist die Familiengesellschaft aufgrund ihrer geringen Größe nicht prüfungspflichtig, bietet sich an, in dem Gesellschaftsvertrag eine freiwillige Prüfung des Jahresabschlusses durch einen Abschlussprüfer vorzusehen. Der Umfang der Prüfung kann dann auch - ggf. aus Kostengründen - gegenüber dem gesetzlichen Umfang begrenzt werden.

1.6.3.3 Teilhabe der Gesellschafter an unternehmerischen Entscheidungen

1.6.3.3.1 Problemstellung

Kehrseite der engen Bindung des Familienunternehmers an die Familiengesellschaft ist häufig eine Tendenz zur verstärkten Einmischung in die Geschäftsführung. Je stärker sich ein Unternehmer mit »seinem« Unternehmen identifiziert, desto stärker ist der Wunsch, unternehmerische Entscheidungen mitgestalten zu wollen.

Aufgabe der Vertragsgestaltung ist daher, die Interessen der Geschäftsleitung an einem vom Vertrauen der Inhaber getragenen Leitungsermessen einerseits und das Bedürfnis der Inhaber an einer, wenn auch eingeschränkten, Teilhabe an unternehmerischen Entscheidungen andererseits miteinander in Einklang zu bringen.

508 Dies betonend: *Erker*, DStR 2014, 105 ff.; vgl. zu den Motivationen zur Einsetzung von Beiräten auch *Buth/Herrmanns*, DStR 1996, 597 (598 ff.); *Hennerkes/Binz/May*, DB 1987, 469 f.; *Hinterhuber/Minrath*, BB 1991, 1201 (1202 ff.); *Peltzer*, in: FS Sigle, 2000, 93, 98 ff.; *Turner*, in: FS Sigle, 2000, 111, 112 ff.

1.6.3.3.2 Regelungsansätze

Mögliche Lösungsansätze hängen zunächst einmal von der Rechtsform des Familienunternehmens und der Anzahl der Inhaber ab. Geht man vom Idealmodell der OHG aus, stellt sich die Frage nach der Teilhabe an unternehmerischen Entscheidungen nicht, da alle Inhaber gleichermaßen an der Geschäftsführung beteiligt werden. In der GmbH hat zumindest jeder Gesellschafter ein Initiativrecht, Weisungen gegenüber der Geschäftsführung zu verlangen, die von der Gesellschafterversammlung ausgeübt werden. Problematisch ist hingegen die Teilhabe in KG und AG, da beide Rechtsformen idealtypisch davon ausgehen, dass eine Beteiligung von Kommanditisten bzw. Aktionären an unternehmerischen Entscheidungen der Geschäftsleitung nicht gewünscht sind.

Sieht man von der Verankerung weitreichender Zustimmungspflichten ab, die jedoch mehr Mittel der Kontrolle als Beteiligung an unternehmerischen Entscheidungen sind (vgl. 1.6.3.1.2), kann dem Bedürfnis der Inhaber nach Beteiligung im Wesentlichen durch Beteiligung an der in die Zukunft gerichteten **Unternehmensplanung** Rechnung getragen werden. Diese sollte dabei nicht nur die kurz- und mittelfristige Planung umfassen, sondern sich auch auf die langfristige und die strategische Planung beziehen.[509] Verankert werden kann diese Beteiligung in Gesellschaftsvertrag oder Gesellschaftervereinbarung in unterschiedlicher Weise. Denkbar ist eine unmittelbare Beteiligung der Gesellschafterversammlung am Planungsprozess, der aber in größeren Gesellschaften bereits organisatorisch Grenzen gesetzt sind. Die Beteiligung der Gesellschafter besteht hier meist nur noch in einem formalen »Abwinken« der von der Geschäftsführung vorgestellten Planung. Soll eine intensivere Einbindung in den Planungsprozess erfolgen, ist die Delegation der Entscheidung auf einen Aufsichtsrat oder Beirat denkbar, in dem jeweils (auch) Mitglieder der einzelnen Familienstämme sitzen. Hier kann die Satzung vorsehen, dass der Beirat seinerseits einen »Planungsausschuss« bestellt, der Ideen der Gesellschafter sammelt und so eine aktive Beteiligung am Planungsprozess ermöglichen kann. Wenn Geschäftsleitung und Inhaber die Beteiligung der Gesellschafter ernst nehmen, sollte insoweit die Aufgabe des Beirats gerade nicht in einer reinen Überwachungstätigkeit bestehen.[510]

In einigen größeren Familiengesellschaften hat sich eingebürgert, neben der eigentlichen Gesellschafterversammlung sog. **»Familientage«** einzurichten, in denen die Gesellschafter mit Informationen versorgt und ggf. auch zukünftige unternehmerische Entscheidungen im Wege eines »Sounding« vorbesprochen werden sollen. Dies kann den Vorteil haben, dass bei frühzeitiger Information über bestimmte Pläne ein Meinungsbild der Gesellschafter eingeholt werden kann, ohne dass diese unter dem Druck der sofortigen Entscheidungspflicht stehen (Soll ein Produkt in den Markt gebracht oder eine wenig ertragsstarke Produktserie eingestellt werden?). Außer der Tatsache, dass und in welchem Turnus solche »Familientage« stattfinden

509 *Hennerkes/Binz/May*, DB 1987, 469 (472).

510 Zu eng daher *Hennerkes/Binz/May*; DB 1987, 469 (472), die andererseits gerade die Steuerungsfunktion der Beteiligung an der Unternehmensplanung betonen.

sollen, kann jedoch wenig zu deren Ausgestaltung in Gesellschaftsvertrag oder Gesellschaftervereinbarung aufgenommen werden, da diese die eigentliche Gesellschafterversammlung als oberstes Organ der Gesellschaft nicht ersetzen können. Ihre praktische Durchführung und die frühzeitige Einbindung der Inhaber von Familienunternehmen in strategische Entscheidungen kann jedoch zur Folge haben, dass die Akzeptanz der Geschäftsführung steigt und frühzeitig Konflikte zwischen Geschäftsführung und Inhabern vermieden werden.

1.6.3.4 Teilhabe der Gesellschafter am wirtschaftlichen Erfolg des Unternehmens

1.6.3.4.1 Problemstellung

Eine zentrale Problemstellung guter Corporate Governance ist der Ausgleich zwischen den Finanzierungsinteressen des Unternehmens einerseits und der Teilhabe der Inhaber an dessen wirtschaftlichen Erfolg. Diese Frage, die in Gesellschaften immer wieder Anlass für Konflikte gibt, stellt sich grundsätzlich für alle Gesellschaftstypen gleichermaßen. In der Familiengesellschaft, in der die Beteiligung möglicherweise die wichtigste Einnahmequelle einzelner Familienmitglieder ist, kommt diesem Gesichtspunkt jedoch eine besondere Bedeutung zu. Hungert beispielsweise ein Mehrheitsgesellschafter die übrigen Gesellschafter durch eine zu restriktive Rücklagenpolitik aus, kann dies sehr schnell in eine Gesellschafterauseinandersetzung eskalieren. Nicht selten ist in Familiengesellschaften der Mehrheitsgesellschafter selbst zugleich Geschäftsführer, der seinen Lebensunterhalt durch sein Geschäftsführergehalt bestreiten kann. Einem solchen Verhalten lässt sich, je nach Gesellschaftsform, durch geschickte Gestaltung im Gesellschaftsvertrag ein Riegel vorschieben, der etwaige Konflikte von vornherein vermeidet.

1.6.3.4.2 Regelungsansätze

Die Teilhabe der Inhaber am wirtschaftlichen Erfolg des Unternehmens wird im deutschen Personengesellschafts- und Kapitalgesellschaftsrecht sehr unterschiedlich geregelt. Während das Gesetz bei OHG und KG mit wenigen Einschränkungen zum Schutz der Gesellschaft[511] von der Vollausschüttung und Möglichkeit zur Entnahme des jährlichen Bilanzgewinns mit Feststellung des Jahresabschlusses[512] ausgeht (§§ 121, 122, 169 HGB), unterstellen GmbH-Gesetz und Aktiengesetz die Gewinnausschüttung einer Mehrheitsentscheidung der Gesellschafter in Form des Gewinnverwendungsbeschlusses (§ 29 Abs. 1 und 2 GmbHG, § 174 Abs. 1 AktG). Das Aktiengesetz mit seinen strengeren Kapitalerhaltungsvorschriften schreibt sogar die Bildung einer gesetzlichen Rücklage bis zu 10 % des Stammkapitals vor (§ 150 AktG).

511 Vgl. § 122 Abs. 1 HGB (OHG): Nach dem vierprozentigen Vorzugsentnahmerecht ist eine weitere Entnahme nur möglich, »wenn dies nicht zum offenbaren Schaden der Gesellschaft gereicht«; § 169 Abs. 1 HGB (KG): Entnahme nicht, wenn Verlustvortrag besteht.

512 Es bedarf keines Gewinnverwendungsbeschlusses: *Roth*, in: Baumbach/Hopt, HGB, 38. Aufl. 2018, § 122 Rn. 4.

Diese unterschiedliche Regelung hat unmittelbare Auswirkung auf die juristische Gestaltungspraxis: Aufgabe in der **Personengesellschaft** ist es, die **Entnahmeregelungen** der Gesellschafter so zu gestalten, dass der Gesellschaft ausreichend Spielraum für eine Eigenkapitalfinanzierung bleibt. In Kommanditgesellschaften wird dies meist über eine vertraglich festgelegte Mindestrücklage erreicht, wobei die Beträge im Rücklagenkonto der Kommanditisten gebucht werden. Zur Vermeidung eines existenzgefährdenden Liquiditätsabflusses werden darüber hinaus Auszahlungsfristen oder Raten für die Gewinnentnahme vorgesehen. Im Interesse der Gesellschafter müssen die Regelungen aber so beschaffen sein, dass diese immer ihre auf den jährlichen Gewinn anfallenden Einkommenssteuern zahlen können. Zu beachten ist bei Personengesellschaften des Weiteren, dass die Beschlussfassung über die Feststellung des Jahresabschlusses und über die Gewinnverwendung, wenn dies im Gesellschaftsvertrag vorgesehen ist, nach der neueren Rechtsprechung des BGH auch von einer allgemeinen Mehrheitsklausel erfasst wird und kein Grundlagengeschäft ist.[513] Dies hat zur Folge, dass bei einer einfachen Mehrheitsklausel (»Die Gesellschafterversammlung entscheidet grundsätzlich mit einfacher Mehrheit.«) die Minderheit bei diesen Entscheidungen regelmäßig majorisiert werden kann. Will man daher einen Schutz für Minderheitsgesellschafter vorsehen, sollte jedenfalls für eine Rücklagenbildung eine höhere Mehrheit und ggf. eine prozentuale Schranke vorgesehen werden.

Die **Kapitalgesellschaften** gehen nach ihrem gesetzlichen Leitbild von einer Entscheidung der einfachen Mehrheit über die Feststellung des Jahresabschlusses und über die **Gewinnverwendung** aus. Zur Vermeidung eines Konflikts über die Ausschüttungspolitik sind hierdurch von vornherein Vorkehrungen zu treffen, die sowohl die Finanzierungsinteressen des Unternehmens als auch die Ausschüttungsinteressen der Gesellschafter berücksichtigen. Ein häufig gewählter Lösungsansatz ist dabei ein Drei-Stufen-Modell: Neben einer vertraglichen Rücklage (z.B. 20 %) wird eine Mindestausschüttung des Bilanzgewinns (z.B. 40 %) und ein verbleibender Betrag (z.B. 40 %) vorgesehen, über dessen Verwendung dann mit Mehrheit entschieden wird. Eine derartige Regelung sichert beide Interessen gleichermaßen. Um Flexibilität zu erhalten ist eine solche Regelung allerdings regelmäßig abdingbar zu gestalten, wobei diese Abweichung dann aber einem auf die Beteiligungsverhältnisse in der Familiengesellschaft abgestimmten hohen Quorum unterworfen werden muss.

Die einfachere Variante in Gesellschaftsverträgen zum Zwecke des Minderheitsschutzes kann darin bestehen, grundsätzlich die Vollausschüttung vorzusehen und die Rücklagenbildung nur mit qualifizierter Mehrheit zuzulassen. Eine solche Lösung berücksichtigt aber die Finanzierungsinteressen der Gesellschaft nur unzulänglich, so dass sie immer mit einer bestimmten für angemessen erachteten vertraglichen Rücklage gekoppelt werden sollte.

513 BGH vom 15.01.2007, NJW 2007, 1685, 1687 Rz. 13 – *Otto*; anders noch: BGH vom 29.03.1996, BGHZ 132, 263, 268 = NJW 1996, 1678.

1.6.3.5 Verhinderung von Blockademöglichkeiten

1.6.3.5.1 Problemstellung

Das Bestehen einer Patt-Situation lähmt unternehmerische Entscheidungen und kann letztendlich, wenn konträre Meinungen über grundlegende Fragen der Strategie bestehen, bis hin zu einer echten Gesellschafterauseinandersetzung eskalieren. In Familiengesellschaften besteht ein solches Risiko typischerweise in zweigliedrigen Gesellschaften, insbesondere wenn zwei Gesellschafter oder Familienstämme jeweils zu 50 % beteiligt sind. Der Konflikt setzt sich dann häufig auf der Ebene der Geschäftsführung fort, wenn beispielsweise zwei Geschwister die Gesellschaft gemeinsam leiten. In abgeschwächter Form findet sich das Risiko der Blockademöglichkeit bei Gesellschaftsverträge, die für sehr viele Entscheidungen eine hohe qualifizierte Mehrheit erfordern (Problematik der Sperrminorität) oder in gesetzestypischen Personengesellschaften, in denen mangels abweichender Regelung im Gesellschaftsvertrag weiterhin das Einstimmigkeitserfordernis gilt.

1.6.3.5.2 Regelungsansätze

Konflikte in zweigliedrigen Gesellschaften lassen sich auch durch kluge Vertragsgestaltung nicht vollständig verhindern. Notwendig sind jedoch Vorkehrungen, die einen Ausweg aus einer Patt-Situation aufzeigen und klare Verfahrensvoraussetzungen festlegen.

Eine besondere Bedeutung kommt hier wieder dem durch Gesellschaftsvertrag eingerichteten **Beirat** oder einem sonstigen Organ, z. B. einer **Schieds- oder Schlichtungsstelle** zu. Die Flexibilität des GmbH-Rechts und des Personengesellschaftsrechts ermöglicht hier, einem solchen Organ die Funktion eines Mittlers bzw. Mediators zwischen den Geschäftsführern bzw. Gesellschaftern einzuräumen, der versucht durch Anhörung beider Parteien zu einer einvernehmlichen Lösung zu kommen.[514] Der Gesellschaftsvertrag kann grundsätzlich dem dritten Organ sogar die **Letztentscheidungskompetenz** für unternehmerische Entscheidungen zuweisen und dieses mit einem Weisungsrecht gegenüber der Geschäftsführung ausstatten.[515] Dieses Organ hat nach h. M. allerdings auch dann nicht die Stellung eines Schiedsgerichts.[516] Sofern der Beirat oder die Schiedsstelle nicht mit Familienmitgliedern, sondern mit Fachleuten besetzt ist, sollte dies die Bereitschaft zur Akzeptanz der Entscheidung durch den »unterlegenen« Gesellschafter oder Geschäftsführer erhöhen. Im Idealfall findet der Beirat sogar den berühmten dritten Weg, der von allen beteiligten Geschäftsführern oder Gesellschaftern akzeptiert werden kann.

514 *Erker*, DStR 2014, 105 (106); *Hinterhuber/Minrath* BB 1991, 1201 (1204); *Wedemann*, 2013, 275.

515 BGH vom 25.02.1965, BGHZ 43, 261; *Römermann*, in: Michalski, 2017, § 45 Rn. 67; *Schmidt*, in: Scholz, 2014, § 45 Rn. 15; *Zöllner/Noack*, in: Baumbach/Hueck, 2019, § 45 Rn. 24.

516 *Römermann*, in: Michalski, 2017, § 45 Rn. 67; *Zöllner/Noack*, in: Baumbach/Hueck, 2019, § 45 Rn. 24.

Eine vor allem aus der Gestaltung von Joint-Venture-Gesellschaften bekannte Lösung ist bei einem Patt in Grundsatzfragen das **Andienungsrecht** mit korrespondierendem Erwerbsrecht des anderen Anteils zum gleichen Preis, wenn der Mitgesellschafter ablehnt[517], bzw. ein gesellschaftsvertragliches **Austrittsrecht** . Kann auch eine Schiedskommission Meinungsverschiedenheiten zwischen paritätisch beteiligten Gesellschaftern nicht lösen, kann der in seiner Entscheidung unterlegene Gesellschafter dem anderen seine Anteile andienen oder ein Austrittsrecht ausüben und so aus der Gesellschaft ausscheiden. Diese Regelung findet sich gelegentlich auch in Gesellschaftsverträgen von zweigliedrigen Familiengesellschaften. Von ihr ist jedoch mit Vorsicht Gebrauch zu machen. Dieses Instrument passt für das auf Langfristigkeit angelegte Familienunternehmen schlecht und kann durch den Kaufpreis- bzw. Abfindungsanspruch die Liquidität des Mitgesellschafters oder des Unternehmens gefährden.

Die Blockademöglichkeit beim Bestehen von **Sperrminoritäten** lässt sich ebenfalls grundsätzlich nicht verhindern. Dies hängt bereits mit der Grundsatzentscheidung der Familiengesellschafter zusammen, bestimmte Rechtsgeschäfte und Entscheidungen nicht der Mehrheitsentscheidung überlassen zu wollen und somit im bestimmten Umfang einen Minderheitenschutz zu garantieren. Die drohende Blockade zeigt aber, dass bei der Verabschiedung der Satzung sehr sorgfältig auf die individuelle Beteiligungssituation abgestimmt werden muss, welches Mehrheitserfordernis (z. B. 75, 80 oder 90 %) festgelegt wird und welche Entscheidungen ausnahmsweise einer qualifizierten Mehrheit unterstellt werden sollen. Um einen dauerhaften Konflikt zwischen Mehrheit und der mit Sperrminorität ausgestatteten Minderheit zu vermeiden, kann man bestimmte unternehmerische und strategische Maßnahmen auf Antrag der Mehrheit wieder der Entscheidung eines Beirats oder eines vergleichbaren Expertengremiums unterstellen, das dann aber eine ausdrückliche Letztentscheidungskompetenz haben sollte. Dies ist rechtlich aber nur insoweit möglich, als das Gesetz nicht bestimmte Grundlagenentscheidungen zwingend einer qualifizierten Mehrheit der Gesellschafterversammlung unterwirft (z. B. Kapitalerhöhung, Liquidation, Maßnahmen nach dem Umwandlungsgesetz).

1.6.3.6 Regelung des Gesellschafterwechsels und des Ausscheidens

1.6.3.6.1 Problemstellung

Die Frage, in welchem Umfange der Gesellschafterkreis beschränkt bleiben soll, ist eine der Kernfragen für Familiengesellschaften. Zumeist besteht zwischen den Gesellschaftern ein Konsens, dass der Charakter des Unternehmens als Familienunternehmen erhalten werden und ein Gesellschafterwechsel durch Beitritt oder Anteilsübertragung möglichst erschwert werden soll.

517 *Mayer/Weiler*, in Münch Hdb GesR, Bd. 3, 2018, § 20 Rn. 39 (auch »Texan-Shoot-Out-Klausel« genannt).

Die gesellschaftsvertragliche Verankerung von Übertragungsschranken und die häufig ohnehin bestehende faktische Unveräußerlichkeit von Beteiligungen an geschlossenen Familiengesellschaften führen jedoch zu einem Konflikt mit denjenigen, die ihre Beteiligung veräußern wollen oder ggf. aufgrund einer wirtschaftlichen Zwangslage veräußern müssen. Hier stellt sich die Frage auch in Familiengesellschaften, ob Gesellschafter dauerhaft in der Gesellschaft »eingemauert« werden können.

Erkennt ein Gesellschaftsvertrag hingegen die Möglichkeit an, die Gesellschaft durch einseitige Erklärung zu verlassen, steht dem ausscheidenden Gesellschafter eine Abfindung zu, die ihrerseits wegen des damit verbundenen Liquiditätsabflusses je nach Wert des Anteils und wirtschaftlicher Lage der Gesellschaft deren Bestand gefährden kann.

Angesichts dieser unterschiedlichen Interessen im Hinblick auf Übertragbarkeit und Ausscheiden, besteht in Gesellschaftsverträgen von Familiengesellschaften regelmäßig ein hoher Gestaltungsbedarf.

1.6.3.6.2 Regelungsansätze

Die Sicherstellung eines geschlossenen Gesellschafterkreises erfolgt in nahezu allen Gesellschaften durch eine **Vinkulierungsklausel** (von: lat. *vincula* = die Fessel), d. h. die Übertragung der Gesellschaftsbeteiligung wird an die Zustimmung der übrigen Gesellschafter oder der Gesellschafterversammlung gebunden.[518] Vinkulierungsklauseln finden sich in Familiengesellschaften in unterschiedlichen Ausprägungen. Teilweise als absolute Vinkulierung, bei der jede Übertragung der Zustimmung bedarf, teilweise nur begrenzt auf Nichtfamilienmitglieder, wobei dann definiert ist, wer Familienmitglied in diesem Sinne sein kann. Häufig wird nur eine Übertragung an leibliche Abkömmlinge zustimmungsfrei gestellt, so dass die Übertragung an die Ehefrau oder adoptierte Kinder bereits nicht mehr privilegiert ist. Bei der Abstimmung in der Gesellschafterversammlung ist der veräußerungswillige Gesellschafter grundsätzlich stimmberechtigt, wenn der Gesellschaftsvertrag nicht ausdrücklich einen Stimmrechtsausschluss vorsieht.[519]

Einen Kompromiss zwischen den Interessen an einem geschlossenen Gesellschafterkreis und dem Ausscheidensinteresse beinhalten **Vorkaufs- bzw. Ankaufsrechte**, wenn deren Nichtausüben zu einer Veräußerbarkeit an einen zuvor den übrigen Gesellschaftern mitgeteilten Kaufinteressenten führen. Dies erhöht den Druck auf die Familien-Mitgesellschafter, das Vorkaufs- bzw. Ankaufsrecht auch auszuüben. Umgekehrt ist eine solche Klausel auch gefährlich, wenn keiner der übrigen Gesellschafter wirtschaftlich in der Lage ist, den zwischen ausscheidenswilligem Gesellschafter und Dritten ausgehandelten Preis zu zahlen. Die Kautelarpraxis hilft sich

518 Vgl. *Langenfeld*, in: *DWS-Institut* (Hrsg.), 2014, Rz. 8 bis 11 I; *Mayer/Weiler*, in Münch Hdb GesR, Bd. 3, 2018, § 20 Rn. 31.
519 *Ebbing*, in: Michalski, 2017, § 15 Rn. 149; *Servatius*, in: Baumbach/Hueck, 2019, § 15 Rn. 43.

hier häufig damit, dass der ausscheidende Gesellschafter einen Abschlag auf den Verkehrswert seines Anteils hinnehmen muss. Zum Teil sieht man auch, dass Vorkaufsrechte mit einer Vinkulierungsklausel kombiniert werden, was im Endeffekt aber auf keine bessere Lösung als die reine Vinkulierungsklausel hinausläuft.

Um einen Ausgleich für die eingeschränkte Fungibilität der Beteiligung in Familiengesellschaften zu schaffen, schlägt Ziffer 1.6.2 des Corporate Governance Kodex für Familienunternehmen vor, den Inhabern ein angemessenes **Austrittsrecht** zuzugestehen. In der Praxis findet sich dies gelegentlich in Gestalt eines Rechts zur Kündigung der Mitgliedschaft in der Gesellschaft nach einem längeren, genau definierten Zeitraum (z. B. 25 Jahre nach Gründung). In der idealtypischen Personengesellschaft ist eine solche Kündigung bereits früher möglich (vgl. § 723 Abs. 1 Satz 1 BGB: jederzeit (GbR), §§ 131 Abs. 3 Nr. 3, 132 HGB: sechs Monate zum Schluss eines Geschäftsjahres (OHG, KG)), wird in der Praxis aber im Interesse der Gesellschaft im Gesellschaftsvertrag immer eingeschränkt und nur nach langen Zeiträumen ermöglicht. Grundsätzlich kann ein ordentliches Kündigungs- oder Austrittsrecht auch ganz ausgeschlossen werden. Nicht beschränkbar ist das in § 723 Abs. 1 Satz 2 BGB für die Personengesellschaften niedergelegte und durch die Rechtsprechung in der GmbH seit langem anerkannte[520] Recht zum Austritt aus wichtigem Grund. Dieses Recht kann jedoch nur in Ausnahmefällen ausgeübt werden, wenn dem ausscheidenswilligen Gesellschafter der weitere Verbleib in der Gesellschaft unzumutbar geworden ist.[521] Die mangelnde Fungibilität durch ablehnenden Gesellschafterbeschluss führt nach ganz h. M. als solches noch nicht zur Unzumutbarkeit.[522]

Jede Anerkennung eines Kündigungs- oder Austrittsrechtsrechts birgt die Gefahr des Liquiditätsabflusses aus der Gesellschaft, da der ausscheidende Gesellschafter Anspruch auf eine angemessene Abfindung durch die Gesellschaft hat. Die Möglichkeit, den Abfindungsanspruch gesellschaftsvertraglich zu beschränken, ist seit langem anerkannt. In welchem Umfange dies möglich ist, gehört jedoch zu den Rechtsfragen, die immer wieder diskutiert werden und zu einer Vielzahl von gerichtlichen Entscheidungen geführt haben. An dieser Stelle kann daher nur darauf hingewiesen werden, dass die Rechtsprechung die Frage nicht schematisch beantwortet, sondern unter Würdigung der Gesamtumstände anhand des jeweiligen Einzelfalles.[523] Lediglich als Faustformel lässt sich bei Analyse der Rechtsprechung festhalten, dass eine Beschränkung der Abfindung auf 75 % des Verkehrswertes in der Regel als zulässig anerkannt wird. Für Details wird auf die einschlägige Kommentarliteratur zu dieser Frage verwiesen.[524]

520 BGH vom 01.04.1953, BGHZ 9, 157, 162 f.; BGH vom 16.12.1991, BGHZ 116, 359, 369; *Schindler*, 1999, 44 ff.

521 Zu den Voraussetzungen im Einzelnen: *Schindler*, in: Ziemons/Jäger, BeckOK GmbHG, 11/2019, § 34 Rn. 171 ff.

522 *Eschenlohr*, in: FS Sigle, 2000, 131, 141; *Schindler*, in: Ziemons/Jäger, BeckOK GmbHG, 11/2019, § 34 Rn. 175.

523 *Schindler*, in: Ziemons/Jäger, BeckOK GmbHG, 11/2019, § 34 Rn. 91.

524 Vgl. *Kersting*, in: Baumbach/Hueck, 2019, § 34 Rn. 25 ff.; *Mayer/Weiler*, in Münch Hdb GesR Bd. 3, 2018, § 20 Rn. 105; *Schindler*, in: Ziemons/Jäger, BeckOK GmbHG, 11/2019, § 34 Rn. 87 ff.

1.6.3.7 Nachfolge in die Unternehmensleitung

1.6.3.7.1 Problemstellung

Eine der wichtigstenFragen[525] guter Corporate Governance in Familiengesellschaften, die sich regelmäßig mit dem Wechsel in die nächste Generation stellt, ist die Neubesetzung der Unternehmensleitung. Da die Familiengesellschaft in der ersten Generation typischerweise inhabergeführt ist, stellt sich beim altersbedingten Ausscheiden des ersten Gesellschafter-Geschäftsführers die Frage, ob Mitglieder der nächsten Generation wieder in die Unternehmensleitung eintreten sollen oder ob nicht der Zeitpunkt gekommen ist, die Geschäftsleitung in die Hände von Fremdgeschäftsführern zu legen.[526] Gleiches gilt selbstverständlich auch in den nachfolgenden Generationen bei Ausscheiden eines Geschäftsführers. Die Frage ist vor allem deshalb virulent, da manche negative Entwicklungen in Familiengesellschaften zeigen, dass nicht automatisch der Sohn oder die Tochter der objektiv beste Nachfolger für die Fortführung des Familienunternehmens ist.[527] Besonders kritisch wird die Situation in Familiengesellschaften dann, wenn zwischen Familienmitgliedern oder -stämmen unterschiedliche Auffassungen über die Besetzung des Geschäftsleiterpostens bestehen und ein Mehrheitsgesellschafter versucht, seinem Sohn oder seiner Tochter diese Position zu beschaffen. Dann kann die Frage der Besetzung ggf. sogar zu einem Gesellschafterstreit eskalieren.

Eine weitere Fragestellung beim Wechsel in der Geschäftsleitung setzt beim Gesellschafter-Geschäftsführer selbst an und berührt ein äußerst sensibles Thema: Wann ist es Zeit, die Unternehmensleitung aus der Hand zu geben?[528] Hier ist die Tendenz zu beobachten, dass dies häufig zu spät geschieht mit dem Nachteil, dass dann etwaige Nachfolger aus der kommenden Generation aus den unterschiedlichsten Gründen gar kein Interesse mehr am Eintritt in das Familienunternehmen haben oder sich Frustrationen gebildet haben, die den Übergang zwischen den Generationen belasten. Gelegentlich führt ein zu langes Festhalten an der Unternehmensführung auch dazu, dass notwendige Innovationen ausbleiben, da auf Altbewährtes gesetzt wird, obwohl Innovation angesagt wäre.

1.6.3.7.2 Regelungsansätze

Gute Corporate Governance in Familiengesellschaften erfordert, dass der Gesellschaftsvertrag oder ggf. eine Gesellschaftervereinbarung die für die Besetzung der Geschäftsführerposition maßgeblichen materiellen Kriterien und Verfahrensvorschriften aufstellt.[529] Die Festlegung materieller Kriterien ist naturgemäß schwierig. Je nach Gegenstand des Unternehmens reicht

525 *Koeberle-Schmid/Schween/May*; BB 2011, 2499 (2504): »eine der größten Herausforderungen«.
526 *Maier*, in: FS Sigle, 2000, 51 (53).
527 Vgl. *Eberspächer*, in: FS Sigle 2000, 25 (31).
528 Vgl. *Brösztl*, in: FS Sigle 2000, 3 (18).
529 Vgl. auch Ziffer 4.2.2 Corporate Governance Kodex für Familienunternehmen.

es jedoch aus, Eckpunkte hinsichtlich der fachlichen Qualifikationen des Bewerbers zu definieren oder einschlägige berufliche Erfahrungen in einem anderen Unternehmen zu verlangen.

Da die Auswahl geeigneten Führungspersonals immer eine individuelle Einzelentscheidung bleibt, kommt den Verfahrensvorschriften ein ungleich größeres Gewicht zu. Die Vorabauswahl sollte regelmäßig durch ein nicht oder nicht mehrheitlich mit Gesellschaftern besetztes Gremium, z. B. einen Aufsichtsrat oder Beirat erfolgen.[530] Im Idealfalle ist dieser nach dem aktienrechtlichen Modell auch entscheidungsbefugt, ohne dass die Gesellschafter diese Entscheidung nochmals in Zweifel ziehen können. Wie das für Personalentscheidungen zuständige Gremium vorzugehen hat, können die Gesellschafter z. B. in einer Geschäftsordnung für den Personalausschuss festlegen.[531] Üblicherweise wird sich das Gremium erst einmal mit einem Anforderungsprofil befassen, bevor die Stelle allgemein ausgeschrieben wird.[532]

Dem Interesse an einer Beteiligung von Familienmitgliedern in der Geschäftsleitung wird im Gesellschaftsvertrag häufig durch eine Vorzugsregelung Rechnung getragen, wonach bei gleicher Befähigung immer dem Familienmitglied der Vorzug zu geben ist.

Die angesprochene zweite Problematik ist die nach dem richtigen **Zeitpunkt des Wechsels** in der Geschäftsleitung. Sofern diese Frage nicht durch Befristungen in Anstellungsverträgen geregelt ist, die der Gesellschafter nicht kraft seiner Mehrheitsstellung wieder außer Kraft setzen kann, ist die Festlegung einer Höchstaltersgrenze für die Geschäftsführertätigkeit im Gesellschaftsvertrag denkbar. Gleiches sollte für die Tätigkeit in einem Aufsichtsrat oder Beirat gelten. Der Wunsch vieler Inhaber, solange wie möglich unternehmerischen Einfluss auf »ihr« Unternehmen zu nehmen, führt allerdings nicht selten dazu, dass solche Altersgrenzen bewusst vermieden werden.

1.6.3.8 Nachfolge in die Gesellschafterstellung

1.6.3.8.1 Problemstellung

Eine weitere für das Familienunternehmen grundlegende Fragestellung ist die der Nachfolge in die Gesellschafterstellung. Sie unterscheidet sich von der Frage nach dem Wechsel in der Geschäftsleitung dadurch, dass sie den Gesellschaftern grundsätzlich größere Flexibilität gibt. Die Gesellschafter müssen nicht oder jedenfalls nicht in gleicher Weise über die Eignung der Folgegeneration befinden, da es ausreichend Gestaltungsspielraum gibt, auch nicht für die Geschäftsleitung geeignete Kinder weiter als reine »Anlagegesellschafter« am Unternehmen zu beteiligen. Eine Aufteilung zwischen dem Unternehmererben einerseits und dem Erben des

530 *Eberspächer*, in: FS Sigle 2000; 32; *Götz*, in: FS Sigle, 2000, 68 ff. mit Vorschlägen zur Vorgehensweise.

531 *Koeberle-Schmid/Schween/May*, BB 2011, 2499 (2504) schlagen ein Fünf-Stufen-Modell vor.

532 *Götz*, in: FS Sigle, 2000, 69; *Koeberle-Schmid/Schween/May* BB 2011, 2499 (2504).

sonstigen Vermögens andererseits kommt angesichts des deutschen Pflichtteilsrechts aber in vielen Fällen aus rein finanziellen Gründen nicht in Betracht. Bildet die Beteiligung am Unternehmen den wertmäßig größten Anteil am Vermögen des Unternehmers, riskiert der scheidende Gesellschafter, dass die Unternehmer-Erben den Gesellschaftsbetrieb schon mangels Liquidität zur Befriedigung von Pflichtteilsansprüchen der übrigen Erben veräußern oder zum Zwecke von Kreditaufnahmen erheblich belasten müssen.

Die Thematik der Unternehmensnachfolge ist nicht allein eine solche des jeweiligen Gesellschafters. Unter dem gleichen Gesichtspunkt, der auch für die Übertragung unter Lebenden eine Rolle spielt, müssen sich die Familiengesellschafter die Frage stellen, ob und inwieweit der Zutritt familienfremder Dritter durch Satzungsgestaltung verhindert werden soll. Hinzu kommt, dass Gesellschaften in der Rechtsform von GbR und OHG schon aufgrund der gesetzlichen Regelung eine gesellschaftsvertragliche Nachfolgeregelung vorsehen müssen, wenn die Gesellschaft nicht durch den Todesfall eines Gesellschafters aufgelöst werden soll (GbR, § 727 Abs. 1 BGB) bzw. die Erben automatisch aus der Gesellschaft ausscheiden sollen (OHG, § 131 Abs. 3 Nr. 1 HGB).

1.6.3.8.2 Regelungsansätze

Da die Gestaltung der Unternehmensnachfolge in der Folge noch Gegenstand eines eigenen Kapitels sein wird (s. unten III 1.2.2) sei an dieser Stelle nur auf vier wichtige Gesichtspunkte eingegangen, die regelmäßig bei der Gestaltung der Corporate Governance von Familiengesellschaften eine entscheidende Rolle spielen.

- **Auswahl der nachfolgeberechtigten Gesellschafter:**

Im Gesellschaftsvertrag ist vorab abstrakt festzulegen, welche Familienangehörige als nachfolgeberechtigte Gesellschafter überhaupt in Betracht kommen. In Zeiten eines veränderten Familienbildes und der Patchwork-Familie kommt der Befassung mit dieser Frage eine besondere Bedeutung zu. Neben der Frage, welche Abkömmlinge nachfolgeberechtigt sein sollen (alle, nur eheliche, nur leibliche?) entzündet sich die Diskussion meist an der Nachfolgeberechtigung von Ehepartnern oder Lebenspartnern.[533] Da Ehe- und Lebenspartner aus Sicht der vorherigen Generation »von außen« kommen, besteht insoweit häufig die Tendenz, diese von einer Nachfolge auszuklammern. Dies gilt erst recht, wenn Ehe- und Lebenspartner zum Zeitpunkt der Nachfolgeplanung noch nicht einmal bekannt sind.

- **Verfahren im Nachfolgefall:**

Die unterschiedliche gesetzliche Regelung der Nachfolgeproblematik für die einzelnen Gesellschaftsformen nötigt dazu, die Gestaltung für den Nachfolgefall im Gesellschaftsvertrag auf die jeweilige Rechtsform anzupassen. Bei der GbR und OHG sind danach einfache oder qualifizierte Nachfolgeklauseln vorzusehen, da die Gesellschaft andernfalls mit dem Tode aufgelöst wird

533 Vgl. *Brösztl*, in FS Sigle 2000, 3 (20); *Hennerkes/Kirchdörfer*, 1998, 96 ff.; *Rittershaus*, in: FS Sigle 2000, 375 (378).

(GbR: § 727 Abs. 1 BGB) oder der verstorbene Gesellschafter aus der Gesellschaft ausscheidet und die Erben nicht in dessen Gesellschafterstellung eintreten (OHG: § 131 Abs. 3 Nr. 1 HGB). Sollen nur bestimmte Familienmitglieder Erbe werden können, kommt nur eine qualifizierte Nachfolgeklausel in Betracht. Gleiches gilt für die KG, bei der die Gesellschaft jedoch grundsätzlich mit allen Erben fortgesetzt wird (§ 177 HGB). Sollen also beispielsweise nur die Abkömmlinge als Kommanditisten nachfolgeberechtigt sein, ist dies im Gesellschaftsvertrag zu verankern.[534] Da GmbH und AG Geschäftsanteile bzw. Aktien vererblich stellen, ist eine Beschränkung der Nachfolge nur dadurch möglich, dass in der Satzung ein Einziehungsrecht durch Beschluss der Gesellschafterversammlung vorgesehen wird, wenn der Erbe nicht eine bestimmte Qualifikation aufweist.[535] Mit Einziehung wandelt sich dann die Gesellschafterstellung in einen schuldrechtlichen Abfindungsanspruch gegen die Gesellschaft um. Insoweit ist in gleicher Weise wie beim Austrittsrecht zu überlegen, von vornherein eine Abfindung unterhalb des vollen Verkehrswertes vorzusehen, um die Liquidität der Gesellschaft nicht unnötig zu belasten. Um dem Interesse des Erben an Rechtssicherheit Rechnung zu tragen, ist das Einziehungsrecht im Gesellschaftsvertrag auf einen bestimmten Zeitraum nach Kenntnis der Gesellschafter über die Erbenstellung zu befristen.

- **Wechsel der Rechtsform:**

Beabsichtigt der Familiengesellschafter seine Nachfolge so zu gestalten, dass einzelne Nachfolger die Geschäftsleitung übernehmen, andere hingegen mehr die Stellung von Anlage-Gesellschaftern bekommen, kann sich ggf. anbieten, frühzeitig über einen Rechtsformwechsel nachzudenken. Vor allem immer dann, wenn die Gesellschaft als GmbH organisiert ist, bei der die Gesellschafterversammlung grundsätzlich ein Weisungsrecht gegenüber der Geschäftsführung ausüben kann, ist die Umwandlung in eine KG oder eine AG in einer solchen Konstellation zu erwägen. Die Unterscheidung zwischen geschäftsführendem persönlich haftenden Gesellschafter und den grundsätzlich nicht geschäftsführenden Kommanditisten eröffnet insoweit Gestaltungsmöglichkeiten[536] Noch deutlicher wird die unterschiedliche Einflussmöglichkeit zwischen den Aktionären als reine Anlagegesellschafter und dem Inhaber-Vorstand in der AG aufgrund von dessen weisungsfreier Leitungsbefugnis gem. § 76 Abs. 1 AktG. Grundsätzlich kann der Unternehmer überlegen, eine entsprechende Struktur bereits zu Lebzeiten einzurichten, so dass diese dann in seinem Todesfalle bereits besteht. Denkbar ist aber auch, die Umwandlung der Gesellschaft durch letztwillige Verfügung (einschließlich der Vorgabe einer Satzung) zur Auflage zu machen und deren Umsetzung über die Einsetzung eines Testamentsvollstreckers abzusichern.

- **Poolvereinbarungen:**

Ein weiteres Mittel der Nachfolgegestaltungen können Poolvereinbarungen sein, in denen Stimmbindungen sowie Rechte und Pflichten im Hinblick auf eine Veräußerung festgelegt

534 Formulierungsbeispiel bei *Langenfeld*, in: *DWS-Institut* (Hrsg.), 2014, Rz. 9 I.
535 *Hennerkes/Kirchdörfer* 1998, 99.
536 Vgl. *Langenfeld*, in: *DWS-Institut* (Hrsg.), 2014, Rz. 5 I.

werden. Sie dienen meist dem Erhalt einer bestimmten Entscheidungsmacht innerhalb von Familienstämmen[537] Auch sie können vom scheidenden Gesellschafter kraft letztwilliger Verfügung vorgegeben und ihre Implementierung durch einen Testamentsvollstrecker durchgesetzt werden.

1.6.3.9 Konfliktvermeidung und Konfliktregelung

1.6.3.9.1 Problemstellung

Die Regelungsansätze zu den vorstehend beschriebenen Corporate-Governance-Themen in Familiengesellschaften zeigen, dass sie alle darauf abzielen, auf der Grundlage der definierten Zielsetzung des Unternehmens unterschiedliche Interessen miteinander in Ausgleich zu bringen und hierdurch konfliktvermeidend zu wirken. In der Praxis gelingt dies jedoch auch bei Familiengesellschaften nicht immer. Stärker als bei anderen Gesellschaften spielen hier emotionale Gesichtspunkte eine Rolle, so dass sich Konflikte aus dem familiären Umfeld auf die Gesellschafterstellung auswirken können. Die Konflikte drehen sich dann nicht selten um »Macht, Geld und Liebe«.[538]

Umso wichtiger ist es, im Rahmen guter Corporate Governance auf einen solchen Konfliktfall vorbereitet zu sein und angemessene Mechanismen für ein umfassendes Konfliktmanagement vorzusehen. Dieses sollte verschiedene Eskalationsstufen enthalten mit dem Ziel, Konflikte zwischen den Familienmitgliedern oder zwischen den Gesellschaftern und dem Management möglichst frühzeitig und ohne großen »Gesichtsverlust« für alle Beteiligten beizulegen. Gelingt dies nicht, muss die Organisationsverfassung aber auch auf einen drohenden Rechtsstreit vorbereitet sein.

1.6.3.9.2 Regelungsansätze

In Gesellschaftsverträgen und Gesellschaftervereinbarungen finden sich regelmäßig drei Eskalationsstufen zur Konfliktbeilegung: Auf der ersten Stufe sind die Gesellschafter zu verpflichten, eine etwaige Forderung möglichst frühzeitig zu adressieren und binnen einer angemessenen Frist (z. B. einem Monat) den Versuch zu einer einvernehmlichen Lösung zu unternehmen.

Scheitert dies oder ist eine einvernehmliche Lösung von vornherein aussichtslos, sollte eine gute Corporate Governance eine **unabhängige Stelle** vorsehen, die beide Konfliktparteien anrufen können und die die Funktion eines Schlichters bzw. Mediators einnimmt. Die Gestaltungsmöglichkeiten sind hier vielgestaltig. In den meisten Fällen wird diese Funktion dem

537 *Hennerkes/Kirchdörfer*, 1998, 105 f.; *Rittershaus*, in: FS Sigle 2000, 375 (383).

538 So zutreffend: *May/Koeberle-Schmid*, DB 2011, 485 (491), unter Hinweis auf die vor den Augen der Öffentlichkeit ausgetragenen Auseinandersetzungen in der Familie Piech 2010.

Beirat oder dem Beiratsvorsitzenden zuerkannt.[539] Dies setzt jedoch voraus, dass der Beirat mit familienfremden Dritten besetzt ist, um nicht von vornherein in den Verdacht der Parteilichkeit zu geraten. In manchen Gesellschaften wird die Schlichtung einem besonderen Organ zugeordnet, das als Schiedsstelle oder Schiedskommission bezeichnet wird.[540] Diesem Organ kann allerdings nach ganz h. M. nicht die Funktion eines echten Schiedsgerichts eingeräumt werden[541], da sich die rechtsstaatlichen Grundsätze eines fairen Verfahrens nicht mit der dauerhaften Einrichtung eines Organs in Einklang bringen lassen. Eine dritte Alternative besteht darin, die Konfliktparteien zu verpflichten, ein förmliches externes Schlichtungsverfahren durchzuführen. Regeln für ein solches Schlichtungsverfahren, auf die verwiesen werden kann, hält z. B. die Deutsche Institution für Schiedsgerichtsbarkeit e. V. (DIS) in Bonn bereit.[542]

Lässt sich eine Einigung auch nicht durch Schlichtung erreichen, stellt sich regelmäßig die Frage nach Anrufung der zuständigen Gerichte. Da viele Familiengesellschaften – aus gutem Grund – den Gang in die Öffentlichkeit bei internen Konflikten vermeiden wollen, empfiehlt sich für den Fall eines Rechtsstreits die Anrufung eines **Schiedsgerichts** vorzusehen. Die Entscheidung eines Schiedsgerichts hat grundsätzlich die gleichen Rechtswirkungen wie das Urteil eines staatlichen Gerichts, vermeidet jedoch die Öffentlichkeit und kann so ausgestaltet werden, dass die Entscheidung endgültig ist und eine weitere Instanz vermieden wird. Ein Gang zu staatlichen Gerichten ist dann nur noch möglich, wenn das Schiedsgericht gegen fundamentale Grundsätze eines rechtsstaatlichen Verfahrens verstoßen hat oder das Urteil gegen die guten Sitten verstößt. Gelegentlich wird eine Schiedsklausel aus Kostengründen abgelehnt, weil die Kosten für ein Schiedsverfahren, insbesondere für das Gericht, in der Regel höher sind als für das staatliche Gericht. Dies wird aber immer dann relativiert, wenn sich nach einer endgültigen Entscheidung des Schiedsgerichts keine weitere ebenfalls mit Kosten verbundene Instanz mehr anschließt.

Zur Ausgestaltung von **Schiedsklauseln** in Gesellschaftsverträgen finden sich viele Beispiele in den einschlägigen Formularbüchern. Für deutsche Gesellschaften ist grundsätzlich zu empfehlen im Gesellschaftsvertrag auf die Schiedsgerichtsordnung (DIS-SchO) und die Ergänzenden Regeln für gesellschaftsrechtlichen Streitigkeiten (DIS-ERGeS) der DIS zurückzugreifen[543]. Beide Verfahrensordnungen haben sich in einer Vielzahl von Verfahren bewährt und werden regelmäßig, bei etwaigen Rechtssprechungsänderungen, durch die Fachleute der DIS auf den neuesten Stand gebracht.

539 Zur Schlichterfunktion des Beirats vgl. *Buth/Herrmann*; DStR 1996, 597 (600); *Ruter/Thümmel*, 2009, 5 (40); *Wälzholz*; DStR 2003, 511 (512); *Wedemann*, 2013, 275; kritisch: *Erker*, DStR 2014, 105 (106).

540 *Zöllner/Noack*, in: Baumbach/Hueck, 2019, § 45 Rn. 24.

541 *Römermann*, in: Michalski, 2017, § 45 Rn. 69; *Zöllner/Noack*, in: Baumbach/Hueck, 2019, § 45 Rn. 24.

542 DIS-Schlichtungsordnung (DIS-SchlO) abrufbar unterwww.dis-arb.de, Abrufdatum 15.11.2019.

543 Abrufbar unterwww.dis-arb.de; Abrufdatum: 15.11.2019.

1.6.4 Compliance in Familienunternehmen

Dr. Harald W. Potinecke

1.6.4.1 Compliance und Corporate Governance

Wurde Compliance vor ein paar Jahren noch hin und wieder als Modeerscheinung oder als »alter Wein in neuen Schläuchen« abgetan, so ist Compliance heute ein zentraler und unverrückbarer Bestandteil vieler global agierender Unternehmen. Vor allem eine ordnungsgemäße Unternehmensführung und nachhaltige Unternehmensentwicklung, d. h. gute Corporate Governance, ist ohne Compliance nicht mehr möglich. Angesichts der allgemein verschärften Haftung von Unternehmen und Geschäftsleitungen sowie einer veränderten Erwartungshaltung der Öffentlichkeit ist Compliance heute für alle Unternehmen unabdingbar, also nicht nur ein Thema für internationale Großkonzerne. Insbesondere sind Unternehmen des Mittelstands und hier auch Familienunternehmen gefordert, wobei der damit verbundene Aufwand für diese häufig eine nicht unerhebliche Herausforderung darstellt. Eines ist trotz teilweise intransparenter Rechtslage nämlich mittlerweile sicher: Compliance ist eine Aufgabe, die jedes Unternehmen unabhängig von Größe, Rechtsform oder Branche trifft und von allen zu erfüllen ist.

Wörtlich übersetzt bedeutet Compliance »Einhaltung«, »Befolgung« oder »Konformität«, rechtlich betrachtet also »Einhaltung des geltenden Rechts« oder »Rechtskonformität«. Corporate Governance entspricht am ehesten dem deutschen Begriff der »Unternehmensverfassung«.[544]

Ihre rein wörtliche Bedeutung haben die Begriffe aber sowohl im angelsächsischen als auch im kontinentaleuropäischen Raum schon seit Längerem abgelegt. Vielmehr werden unter Compliance mittlerweile unternehmerische Strategien und Konzepte verstanden, die rechtmäßiges Verhalten durch organisatorische Maßnahmen sicherstellen sollen,[545] oder kurz: Die »Organisation von Legalität im Unternehmen«.[546] Corporate Governance repräsentiert hingegen den gesamten Ordnungsrahmen für die Leitung und Überwachung eines Unternehmens.[547]

1.6.4.1.1 Risikomanagement

Compliance und Corporate Governance stehen in enger Verbindung mit dem Thema des Risikomanagements, das sich mit der strategischen Erkennung, Bewertung und Steuerung von

544 *Hauschka/Moosmayer/Lösler*, in: Hauschka/Moosmayer/Lösler, 2016, § 1 Rn. 1 f.; *Rotsch*, in: Rotsch, 2015, § 1 Rn. 5.
545 *Hölters*, in: Hölters, AktG, 2017, § 93 Rn. 91; *Koch*, in: Hüffer/Koch, AktG, 2018, § 76 Rn. 11; *Saitz/Tempel/Brühl*, in: Wieland/Steinmeyer/Grüninger, 2014, 211.
546 *Campos Nave/Bonenberger*, BB 2008, 734.
547 *Hauschka/Moosmayer/Lösler*, in: Hauschka/Moosmayer/Lösler, 2016, § 1 Rn. 1.

Risiken beschäftigt.[548] Bei Compliance geht es dabei in erster Linie um die Prävention rechtlicher Haftungsrisiken, indem der Gefahr rechtswidrigen Verhaltens entgegengewirkt wird. Corporate Governance ist hingegen weiter gefasst und mit der Steuerung aller betriebswirtschaftlichen Risiken verknüpft.[549]

Vor allem die Bekämpfung von Wirtschaftskriminalität spielt angesichts immer wiederkehrender Skandale im In- und Ausland seit Beginn der Entwicklung eine zentrale Rolle. Standen vor einigen Jahren noch Unternehmen wie Siemens und MAN wegen erheblicher Schäden infolge von Non-Compliance-Fällen im Fokus der Öffentlichkeit, so waren in den letzten Jahren Meldungen zu entsprechenden Themen bei u. a. VW, Fifa, DFB und der Deutschen Bank infolge von unzureichender Compliance zu beklagen. Insbesondere haben diese Vorfälle Unternehmen an deren Grenzen geführt und waren bzw. sind für diese existenzgefährdend.[550] Auch noch im Jahr 2018 sind in rund 43 % der deutschen Unternehmen Compliance-Probleme aufgetreten, womit Deutschland im Ländervergleich zu Großbritannien, Frankreich und der Schweiz nach dem internationalen »Whistleblowing Report 2019« den Vorreiter darstellt.[551] Den dadurch entstandenen Schaden beziffern 17 % der betroffenen Unternehmen auf mehr als 100.000 €.[552] Die Kosten von Volkswagen für den sog. Dieselskandal haben sich bisher sogar auf 28 Mrd. € summiert.[553] In der Folge installierten zahlreiche Großunternehmen umfassende ComplianceSysteme, um die Gefahr rechtswidrigen und insbesondere korrupten Verhaltens angemessen bekämpfen zu können.[554]

Seine Bestätigung fand dieser risikoorientierte Ansatz Ende 2013 im sog. »Neubürger-Urteil« des LG München I, das ebenfalls eine »auf Schadensprävention und Risikokontrolle angelegte Compliance-Organisation« verlangt.[555] Auch wenn die Entscheidung im Rahmen des Siemens-Skandals und somit in Zusammenhang mit einem Großunternehmen erging, so macht sie doch deutlich, dass Compliance in jedem Unternehmen als spezielle Form des Risikomanagements erforderlich und geboten ist. Das bedeutet: Auch Familienunternehmen müssen ihr betriebsspezifisches Risiko, dass es im Rahmen ihres Geschäftsbetriebs zu Rechtsverstößen und insbesondere kriminellem Verhalten kommen kann, systematisch identifizieren, bewerten und

548 *Hauschka/Moosmayer/Lösler*, in: Hauschka/Moosmayer/Lösler, 2016, § 1 Rn. 8; *Koch*, in: Hüffer/Koch, AktG, 2018, § 76 Rn. 11; *Hölters*, in: Hölters, AktG, 2017, § 93 Rn. 91; *Otremba*, in: Wieland/Steinmeyer/Grüninger, 2014, 528; *Rotsch*, in: Rotsch, 2015, § 1 Rn. 62 ff.

549 *Grüninger*, in: Wieland/Steinmeyer/Grüninger, 2015, 48 ff.

550 *Fissenewert*, CB 2016, 89.

551 Whistleblowing Report 2019 (abrufbar unter: https://whistleblowingreport.eqs.com/, abgerufen am 12.03.2020).

552 An der Online-Befragung, die der Studie zugrunde liegt, haben 331 britische, 352 deutsche, 344 französische und 365 Schweizer Unternehmen teilgenommen, wobei sich die Stichprobe pro Land zu jeweils rund einem Drittel aus kleinen und mittleren Unternehmen (KMU) mit 20 bis 249 Mitarbeitenden und zu zwei Dritteln aus Großunternehmen (ab 250 Mitarbeitenden) zusammensetzt.

553 *Werner*, Handelsblatt, 02.02.2019 (abrufbar unter: https://www.handelsblatt.com/unternehmen/industrie/dieselskandal-vw-rechtsvorstaendin-werner-die-kunden-haben-weder-verluste-noch-schaeden-erlitten/23957046.html?ticket=ST-1938379-IXcTz0p1PuuLTrwMulSU-ap2, abgerufen am 12.03.2020).

554 Siehe hierzu etwa https://new.siemens.com/global/de/unternehmen/nachhaltigkeit/compliance.html (Siemens) und http://www.corporate.man.eu/de/unternehmen/compliance/uebersicht/Uebersicht.html (MAN), abgerufen am 11.05.2020.

555 LG München I vom 10.12.2013, NZG 2014, 345.

minimieren. Die Ansicht, Compliance sei nur ein Thema für Großunternehmen, ist falsch und kann insbesondere für Familienunternehmen existenzgefährdend sein, da diese in aller Regel nicht über annähernd vergleichbare Reserven verfügen wie Großunternehmen. Dass die hohe Relevanz des Themas Compliance jedoch auch von Familienunternehmen erkannt wurde, zeigt sich daran, dass 72 % der im Rahmen der »Studie Familienunternehmen 2014« befragten Unternehmen angaben, über einen schriftlichen Verhaltenskodex zu verfügen.[556]

1.6.4.1.2 Standardisierung

Eine zentrale Voraussetzung für ein funktionierendes Compliance-Management-System (CMS) ist die Kenntnis und das Bewusstsein der die Haftungsrisiken auslösenden Gebote und Verbote. Dabei stehen Familienunternehmen, ebenso wie alle Unternehmen, vor der Herausforderung, dass das Zusammenspiel aus Compliance, Corporate Governance und Risikomanagement anhand eines immer komplexer werdenden Regelungsgeflechts aus staatlichen, halbstaatlichen und wirtschaftlichen Standards geprüft wird.[557]

Seit Mitte der 1990er Jahre hat eine einsetzende und bis heute anhaltende Regulierungs- und Rechtsprechungswelle die Rechtslage umfassend reformiert. Zu nennen sind hier vor allem die neu geschaffenen Regelungen des Wirtschaftsaufsichtsrechts (§ 25a KWG, § 33 WpHG, § 23 VAG, § 28 KAGB) sowie die konkretisierten und verschärften Haftungsmaßstäbe des Gesellschafts- (§§ 76, 91, 93 AktG), Straf- (§§ 13, 15 StGB) und Ordnungswidrigkeitenrechts (§§ 130, 9, 30 OWiG).[558]

Zudem haben verschiedene Normierungsansätze und wirtschaftliche Eigeninitiativen zur Herausbildung von gewissen Standards beigetragen. Dies geschah insbesondere in Form des Deutschen Corporate Governance Kodex (DCGK),[559] des Prüfungsstandards 980 des Instituts der Wirtschaftsprüfer in Deutschland (IDW PS 980)[560] und des Governance Kodex für Familienunternehmen (GKFU).[561] Auf internationaler Ebene gilt seit 2015 zudem der Compliance-Standard ISO 19600 der Internationalen Organisation für Normierung.[562]

556 *IFF Institut für Familienunternehmen Stuttgart*, Studie Familienunternehmen 2014, S. 17 f. (abrufbar unter: http://www.institut-fuer-familienunternehmen.de/pdf/IFF_Studie_141216.pdf, abgerufen am 12.03.2020).

557 *Wieland*, in: Wieland/Steinmeyer/Grüninger, 2014, 16.

558 Vgl. *Fissenewert*, in: Behringer, 2018, 56 ff.; *Moosmayer*, in: Moosmayer, 2015, 39 ff.; *Spindler*, in: Goette/Habersack/Kalss, MüKo AktG, 2019, § 93 Rn. 3.

559 Verfügbar unter: http://www.dcgk.de/de/kodex.html.

560 Abgedruckt in: *IDW*, WPg Supplement 2/2011, 78 ff.

561 Verfügbar unter: http://www.kodex-fuer-familienunternehmen.de/index.php/kodex.

562 Austrian Standards, Pressemeldung vom 11.07.2014 .

1.6.4.2 Rechtliche Grundlagen

Ausgangspunkt eines jeden Compliance-Management-Systems ist das gesetzliche Haftungssystem. Da Compliance die Haftung und Risikoreduzierung zum Ziel hat – 83 % der im Rahmen einer Studie[563] befragten mittelständischen Unternehmen gaben Haftungsvermeidung als relevantes Motiv für Compliance an –, ist die Einschätzung als auch der daraus abgeleitete Umgang mit den potenziellen Haftungsrisiken als originäre Aufgabe der Geschäftsleitung (und nicht etwa staatlicher Institutionen) zu verstehen. Grundsätzlich bestehen weder eine allgemeine Pflicht zur Schaffung eines Compliance-Management-Systems noch explizite Anforderungen an dessen Ausgestaltung.[564] Das erforderliche Ausmaß ergibt sich vielmehr erst aus dem Zusammenspiel betriebsspezifischer Risiken und allgemeiner Haftungsmaßstäbe des Gesellschaftsrechts sowie des Straf- und Ordnungswidrigkeitenrechts. In der Praxis führt dieser risikoadäquate Compliance-Ansatz nichtsdestotrotz dazu, dass auch mittelständische Familienunternehmen kaum an einer systematischen Herangehensweise vorbeikommen.

1.6.4.2.1 Gesellschaftsrechtliche Innenhaftung

Den zentralen Anknüpfungspunkt des Gesellschaftsrechts bilden die Prinzipien der Gesamtverantwortung und Allzuständigkeit sowie die Sorgfaltspflichten der Geschäftsleitung. Demnach ist die Geschäftsleitung grundsätzlich für alle Angelegenheiten des Unternehmens gemeinschaftlich verantwortlich, sodass sie gem. § 93 Abs. 1 AktG bzw. § 43 Abs. 1 GmbHG wie ein ordentlicher Geschäftsmann für die Legalität, Leitung und Überwachung des Unternehmens und seiner Mitarbeiter zu sorgen hat.[565] Die Legalitätspflicht der Leitungsorgane endet also nicht bei der eigenen Rechtstreue, sondern umfasst auch eine sich auf alle Unternehmensangehörigen beziehende Legalitätskontrolle.[566]

Delegiert die Geschäftsleitung einzelne Aufgaben dieser Legalitätskontrollpflicht auf Mitglieder (horizontale Delegation), nachgeordnete Ebenen (vertikale Delegation) oder außenstehende Dritte (externe Delegation), trifft sie weiterhin eine Restverantwortung, die sie zu sorgfältiger Auswahl, Instruktion und Überwachung des Aufgabenempfängers verpflichtet.[567] Auch durch die Ernennung eines Compliance-Beauftragten kann sich die Geschäftsleitung der Verantwortung nicht gänzlich entziehen, sondern hat den Beauftragten sorgfältig auszuwählen, einzuweisen

563 *Center for Business Compliance & Integrity,* Studie Compliance im Mittelstand, 2014, S. 20 (abrufbar unter: https://opus.htwg-konstanz.de/frontdoor/deliver/index/docId/859/file/CBCI_Studie_Compliance_im_Mittelstand.pdf, abgerufen am 12.03.2020).

564 *Hauschka/Moosmayer/Lösler,* in: Hauschka/Moosmayer/Lösler, 2016, § 1 Rn. 31; anders: *Liese,* BB Beilage 2008, Nr. 005, 17 ff.

565 *Fleischer,* in: Spindler/Stilz, AktG, 2019, § 91 Rn. 47; *Koch,* in: Hüffer/Koch, AktG, 2018, § 76 Rn. 12; *Schmidt-Husson,* in: Hauschka/Moosmayer/Lösler, 2016, § 6 Rn. 4 f.

566 BGH vom 15. 01. 2013, NZG 2013, 295 (Rn. 22); vgl. auch *Fleischer,* NZG 2014, 322.

567 *Fleischer,* in: Spindler/Stilz, AktG, 2019, § 93 Rn. 100; *Schmidt-Husson,* in: Hauschka/Moosmayer/Lösler, 2016, § 6 Rn. 6 ff.

und zu überwachen. Für Verletzungen ihrer Pflichten haftet die Geschäftsleitung gem. § 93 Abs. 2 S. 1 AktG bzw. § 43 Abs. 2 GmbHG grundsätzlich nur gegenüber der Gesellschaft.

1.6.4.2.2 Ermessensspielraum

Bei der Erfüllung ihrer Legalitätskontrollpflicht steht der Geschäftsleitung nach der Business Judgement Rule grundsätzlich ein Ermessensspielraum zu, der seit 2005 als Haftungsfreiraum in § 93 Abs. 1 S. 2 AktG gesetzlich verankert ist und auch für andere Gesellschaftsformen gilt.[568] Um diesen Spielraum ausschöpfen zu können, bedarf es in erster Linie einer gutgläubigen und informierten Entscheidung, d. h. einer Entscheidung, bei der die Geschäftsleitung vernünftigerweise davon ausgehen darf, dass sie auf Grundlage angemessener Information zum Wohle der Gesellschaft handelt.[569] Wie einzelne Unternehmen und somit auch Familienunternehmen mit dieser Verpflichtung umgehen, ist ihnen nicht explizit vorgeschrieben. Erforderlich ist aber in jedem Fall, für angemessene Informationen in Sachen Compliance zu sorgen. Vor allem die zu beachtenden Rechtsvorschriften müssen daher klar identifiziert werden.

Bei der Schaffung und Ausgestaltung eines Compliance-Management-Systems besteht jedoch grundsätzlich ein weiter betriebswirtschaftlicher Gestaltungsspielraum.[570] Eine Konkretisierung des Gestaltungsspielraums erfolgt über § 91 Abs. 2 AktG, der den Gedanken des Risikomanagements in das Ermessen einfließen lässt, indem er die frühzeitige Erkennung bestandsgefährdender Risiken einfordert.[571] Auch in Familienunternehmen verlangt das Thema Compliance daher, nicht nur alle verfügbaren Informationsquellen auszuschöpfen, sondern auf dieser Grundlage zudem die Vor- und Nachteile der bestehenden Handlungsoptionen sorgfältig abzuwägen und den erkennbaren Risiken Rechnung zu tragen.[572] Ein kardinaler Fehler wäre es also, sich zwar des Themas Compliance anzunehmen, indem man sich etwa eines gängigen Compliance-Modells bedient, es jedoch zu unterlassen, dieses an die betriebsspezifischen Risiken des jeweiligen Unternehmens anzupassen. Bloßer Aktionismus (sog. »Window Dressing« bzw. »Schönwetter-Compliance«) kann der Gefahr eines Rechtsverstoßes nämlich gerade nicht entgegenwirken.[573]

1.6.4.2.3 Wirtschaftsaufsichtsrecht

Gerade in staatlich beaufsichtigten Branchen wie der Kredit-, Wertpapier- und Versicherungswirtschaft, in denen der Gesetzgeber mit § 25a KWG, § 33 WpHG, § 23 VAG und § 28 KAGB besondere Anforderungen an die Organisation der betroffenen Unternehmen schuf, wird das

568 BT Drs. 15/5092, 11.
569 *Fleischer*, in: Spindler/Stilz, AktG, 2019, § 93 Rn. 59 ff.; *Koch*, in: Hüffer/Koch, AktG, 2018, § 93 Rn. 8 ff.
570 *Fleischer*, in: Spindler/Stilz, AktG, 2019, § 93 Rn. 59 ff.; *Koch*, in: Hüffer/Koch, AktG, 2018, § 76 Rn. 14 ff.; *Spindler*, in: Goette/Habersack/Kalss, Müko AktG, 2019, § 91 Rn. 67.
571 Vgl. *Fleischer*, in: Spindler/Stilz, AktG, 2019, § 91 Rn. 29 ff.
572 BGH vom 14. 07. 2008, NJW 2008, 3361.
573 *Meyer*, CCZ 2014, 114; *Moosmayer*, NJW 2012, 3014.

Erfordernis von Compliance klar statuiert.[574] Obwohl nur eine sehr begrenzte Zahl von Familienunternehmen dem Anwendungsbereich dieser Spezialvorschriften unterfällt (zu denken ist etwa an Privatbanken in Familienbesitz), so liefern sie für die Konzeption eines Compliance-Management-Systems doch in jedem Falle wertvolle Orientierung. Zentrale Norm ist mittlerweile § 25a KWG, der ein angemessenes und wirksames Risikomanagement und eine darin eingebundene Compliance-Funktion verlangt.[575] Bei der konkreten Ausgestaltung dienen die Mindestanforderungen der Bundesanstalt für Finanzdienstleistungsaufsicht (BaFin) an das Risikomanagement (MaRisk)[576] und die Compliance (MaComp)[577] als wesentliche Leitlinien. Als norminterpretierende Verwaltungsvorschriften entfalten sie jedoch nur verwaltungsinterne Verbindlichkeit, sodass selbst Familienunternehmen, die den speziellen Regelungen des Aufsichtsrechts unterworfen sind, von der Auffassung der BaFin abweichen können.[578]

1.6.4.3 Straf- und ordnungswidrigkeitenrechtliche Verantwortlichkeit

Besondere Bedeutung kommt aufgrund ihrer erheblichen Sanktionen auch den Vorschriften des Straf- und Ordnungswidrigkeitenrechts zu. Ausgangspunkt ist hierbei die sog. »Organisationsherrschaft« der Unternehmensführung, die nicht nur zu eigenverantwortlicher wirtschaftlicher Betätigung berechtigt, sondern auch zur Kontrolle der aus dem Geschäftsbetrieb entspringenden sachlichen und personellen Gefahren verpflichtet.[579] Um im Falle eines strafrechtlich relevanten Fehlverhaltens Sanktionen abwehren zu können, muss das Familienunternehmen ein risikoadäquates und unternehmensweites Compliance-Management-System zur Verhinderung von Unternehmenskriminalität vorweisen.[580]

1.6.4.3.1 Strafrecht

Im Strafrecht dient die mindestens fahrlässig unterlassene Überwachung einer betrieblichen Gefahrenquelle als Anknüpfungspunkt einer Geschäftsherrenhaftung nach Maßgabe des § 13 StGB. Unerheblich ist dabei, ob die Gefahrenquelle sachlicher oder personeller Natur ist.[581] Entscheidend ist allein, ob die infolge der Aufsichtspflichtverletzung eingetretene Rechtsgutverletzung auch bei Fahrlässigkeit strafbewehrt ist (vgl. § 15 StGB). So ist die fahrlässige

574 Vgl. *Kort*, AG 2013, 582; *Spindler*, in: Goette/Habersack/Kalss, MüKo AktG, 2019, § 91 Rn. 55 ff.

575 *Braun/Wolfgarten*, in: Boos/Fischer/Schulte-Mattler, KWG, CRR-VO, 2016, § 25a KWG Rn. 93 ff.; *Momsen*, in: Rotsch, 2015, § 26 Rn. 18.

576 Verfügbar unter http://www.bafin.de/SharedDocs/Veroeffentlichungen/DE/Rundschreiben/rs_1210_marisk_ba.html (MaRisk für Banken) und http://www.bafin.de/SharedDocs/Veroeffentlichungen/DE/Rundschreiben/rs_0903_va_marisk.html (MaRisk für Versicherungen).

577 Verfügbar unter http://www.bafin.de/SharedDocs/Veroeffentlichungen/DE/Rundschreiben/rs_1004_wa_macomp.html.

578 *Momsen*, in: Rotsch, 2015, § 26 Rn. 20; *Spindler*, in: Goette/Habersack/Kalss, MüKo AktG, 2019, § 91 Rn. 56.

579 *Knierim*, in: Wabnitz/Janovsky, 2014, Kap. 5 Rn. 72; *Stree/Bosch*, in: Schönke/Schröder, StGB, 2019, § 13 Rn. 53 f.; *Wohlers/Gaede*, in: Kindhäuser/Neumann/Paeffgen, StGB, 2017, § 13 Rn. 53.

580 Vgl. *Rogall*, in: Mitsch, OWiG, 2018, § 130 Rn. 2 f.; *Rotsch*, in: Rotsch, 2015, § 4 Rn. 7 ff.

581 *Rotsch*, in: Rotsch, 2015, § 4 Rn. 9 ff.

Körperverletzung gem. § 229 StGB im Rahmen strafrechtlicher Produkthaftung seit der Lederspray-Entscheidung des BGH allgemein anerkannt.[582] Eine weitreichende Fahrlässigkeitshaftung sieht außerdem das in den §§ 324 ff. StGB geregelte Umweltstrafrecht vor. Insbesondere wenn also die Rechtsgüter Leben, Gesundheit und Umwelt betroffen sind, erweitert sich die ordnungswidrigkeiten-rechtliche sogar zu einer strafrechtlichen Verantwortlichkeit der Geschäftsleitung.[583] Dies stellt vor allem für Unternehmen im produzierenden Gewerbe ein nicht zu unterschätzendes Haftungsrisiko dar.

Bei vorsätzlich unterlassener Aufsicht kommt außerdem eine Strafbarkeit der Verantwortlichen wegen Untreue nach § 266 StGB in Betracht.[584] Ist die Unternehmensführung aktiv an einer Straftat beteiligt und werden die »regelhaften Abläufe« des Unternehmens gezielt »ausgenutzt«, um eine Straftat durch einen Mitarbeiter zu begehen, so folgt hieraus nicht nur eine Strafbarkeit als Teilnehmer, sondern sogar als mittelbarer Täter kraft Organisationsherrschaft i. S. d. § 25 Abs. 1 Alt. 2 StGB.[585]

Für das Unternehmen selbst ergeben sich demgegenüber strafrechtliche Rechtsfolgen bislang nur über die Anordnung der Einziehung des durch eine rechtswidrige Tat Erlangten i. S. d. §§ 73 ff. StGB (Abschöpfung unrechtmäßig erlangten Vermögens). § 73b Abs. 1 StGB regelt insofern die Einziehung von Taterträgen auch gegenüber anderen, die nicht Täter oder Teilnehmer der Straftat sind, d. h. auch gegenüber juristischen Personen (sog. Dritteinziehung).[586] Ausgeschlossen ist gem. § 30 Abs. 5 OWiG die Einziehung nach § 73 StGB nur, wenn gegen das Unternehmen bereits wegen einer Straftat eine Geldbuße festgesetzt wurde.[587]

Darüber hinaus bedeuten Korruptions- und Kartellrechtsdelikte für Unternehmen jeglicher Größe ein Problem mit nicht unerheblichem Risiko. Die Korruptionstatbestände verbieten grundsätzlich alle Verhaltensweisen, bei denen ein durch Delegation anvertrautes Aufgabengebiet zum Vorteil missbraucht wird.[588] Sowohl im Verkehr mit Geschäftspartnern (§§ 299, 300 StGB) als auch mit Amtsträgern (§§ 331 ff. StGB) sowie gegenüber Wählern und Mandatsträgern (§§ 108b, 108e StGB) ist dieser Machtmissbrauch strafbar und kann im öffentlichen Bereich mit bis zu zehn Jahren Freiheitsstrafe sanktioniert werden. Das Kartellrecht soll vor allem wettbewerbsbeschränkende Vereinbarungen sowie den Missbrauch von Marktmacht verhindern. Für eine Strafbarkeit genügen hier teilweise schon fahrlässige Verletzungen. Verstöße können gem. § 81 Abs. 4 GWB mit Bußgeldern bis zu 1 Mio. € respektive 10 % des im vorausgegangenen

---

582 BGH vom 06.07.1990, BGHSt 37, 106 (»Lederspray«).

583 Vgl. hierzu etwa *Schmitz*, in: Joecks/Miebach, MüKo StGB, 2019, vor §§ 324 ff. Rn. 141.

584 Vgl. *Hauschka/Moosmayer/Lösler*, in: Hauschka/Moosmayer/Lösler, 2016, § 1 Rn. 28.

585 BGH vom 26.07.1994, BGHSt 40, 21 (»Mauerschützen«); vgl. auch *Roxin*, GA 1963, 193, an dessen Zurechnungskonzept sich die Auffassung des BGH anlehnt.

586 *Heger*, in: Lackner/Kühl, StGB, 2018, § 73b Rn. 1 ff.

587 *Fischer*, in: Fischer, StGB, 2019, § 73 Rn. 8.

588 *Bannenberg*, in: Wabnitz/Janovsky, 2014, Kap. 12 Rn. 4; Transparency International definiert Korruption als »Missbrauch von anvertrauter Macht zum privaten Vorteil«; https://www.transparency.de/ueber-uns/was-ist-korruption/, abgerufen am 11.05.2020.

Geschäftsjahr erzielten Gesamtumsatzes eines Unternehmens geahndet werden, was eine erhebliche finanzielle Belastung des Unternehmens verursacht. Im Rahmen von Ausschreibungen sind wettbewerbsbeschränkende Absprachen sogar mit Freiheitsstrafe bis zu fünf Jahren bedroht.[589]

Das Bundesministerium der Justiz und für Verbraucherschutz hat zudem am 22.04.2020 einen Referentenentwurf für das Gesetz zur Bekämpfung der Unternehmenskriminalität veröffentlicht. Mit diesem soll das »Gesetz zur Sanktionierung von verbandsbezogenen Straftaten (Verbandssanktionengesetz – VerSanG)« eingeführt werden.[590] Der Entwurf sieht eine erhebliche Verschärfung des Sanktionsrahmens für Straftaten vor, die aus Unternehmen heraus begangen werden. Diese gesetzgeberische Maßnahme würde das Haftungsrisiko, insbesondere auch für Familienunternehmen, enorm erhöhen. Neben der Verbandsgeldsanktion enthält der Entwurf jedoch auch explizite Regelungen zur Berücksichtigung von Compliance-Maßnahmen und internen Untersuchungen bei der Sanktionsbemessung. Damit entstehen gesetzliche Anreize für die Einführung und kontinuierliche Aktualisierung von Compliance-Maßnahmen, ebenso wie für die Durchführung interner Untersuchungen zur Aufklärung von Verbandsstraftaten.[591]

1.6.4.3.2 Ordnungswidrigkeitenrecht

Im Ordnungswidrigkeitenrecht ist § 130 OWiG die zentrale Vorschrift. Diese verpflichtet die Unternehmensleitung in Anlehnung an die gesellschaftsrechtliche Legalitätskontrollpflicht ausdrücklich dazu, die Ausführung delegierter Aufgaben zu beaufsichtigen. Bezugspunkt der Aufsichtspflicht ist allerdings nicht die Verhinderung von Rechtsverstößen jeglicher Art, sondern von Unternehmenskriminalität, also Straftaten und Ordnungswidrigkeiten,[592] die aus dem Unternehmen heraus begangen werden können (etwa Korruption). Wird die zur Verhinderung von Unternehmenskriminalität erforderliche Aufsicht vorsätzlich unterlassen, so drohen den Unternehmensverantwortlichen i. S. v. §§ 9, 130 Abs. 3 S. 1 OWiG Geldbußen bis zu 1 Mio. € (gem. § 17 Abs. 2 OWiG bis zu 500.000 € bei fahrlässigen Aufsichtsrechtsverletzungen).

Gegen das Unternehmen selbst kann über § 30 Abs. 1, 2 OWiG sogar eine Geldbuße bis zu einer Höhe von 10 Mio. € verhängt werden.[593] Daher birgt die Haftungstrias der §§ 130, 9, 30 OWiG auch für Familienunternehmen ein erhebliches Risiko, indem die Haftung des Unternehmens im Falle von Unternehmenskriminalität um ein mitunter drastisches Bußgeld erweitert wird.[594] Eine derartige Sanktionierung des Unternehmens ist gem. § 30 Abs. 4 OWiG sogar dann mög-

589 Vgl. *Dannecker/N. Müller*, in: Wabnitz/Janovsky, 2014, Kap. 18 Rn. 1 ff.; *Lampert/Matthey*, in: *Hauschka/Moosmayer/Lösler*, 2016, § 26 Rn. 2 f., 30 ff.

590 Referentenentwurf des Bundesministeriums der Justiz und für Verbraucherschutz vom 22.04.2020.

591 *Potinecke/Keil*, CMS Deutschland bloggt, 04.09.2019 (abrufbar unter: https://www.cmshs-bloggt.de/compliance/referentenentwurf-zum-verbandssanktionengesetz/#, abgerufen am 12.03.2020).

592 Der Gesetzeswortlaut fasst Straftaten und Ordnungswidrigkeiten mit dem Begriff der »Zuwiderhandlung« zusammen.

593 Vgl. *Bock*, in: Rotsch, 2015, § 8 Rn. 3; *Rogall*, in: Mitch, OWiG, 2018, § 130 Rn. 121 ff.

594 *Vorholt/Dimarch*, NZA-Beilage 2018, 108.

lich, wenn es zu keiner Einleitung eines Straf- oder Bußgeldverfahrens kommt, das Verfahren eingestellt oder von Strafe abgesehen wird.[595] Als Alternative zur Gewinnabschöpfung durch Geldbuße ermöglicht die seit Mitte 2017 neu gefasste Vorschrift des § 29a OWiG zudem die Einziehung von Taterträgen, um unrechtmäßig Erlangtes abzuschöpfen. Über § 29a Abs. 2 OWiG sind auch Unternehmen in die Möglichkeit, Einziehung anzuordnen, einbezogen.[596]

1.6.4.4 Compliance und Risikomanagement in Familienunternehmen

Insbesondere von mittelständischen Unternehmen wird immer wieder die Meinung vertreten, Compliance betreffe nur Großkonzerne und sei eine unmittelbare Folge der diversen Skandale der letzten Jahre, von denen diese betroffen gewesen seien. Auch wenn diese Skandale sicherlich zur Etablierung des Compliance-Gedankens beigetragen haben, so ist doch klarzustellen, dass Compliance für Unternehmen jeglicher Größe und Form von grundlegender Wichtigkeit ist. Denn es ist eine der zentralsten Aufgaben eines jeden Unternehmens und seiner Führung, für die Einhaltung der im Rahmen des Geschäftsbetriebs zu beachtenden Vorschriften zu sorgen. Auch für Familienunternehmen stellt sich somit nicht die Frage nach dem »Ob«, sondern vielmehr und ausschließlich nach dem »Wie«. Genauer gesagt: Welche Maßnahmen sind in einzelnen Familienunternehmen notwendig, um der Gefahr der Entstehung von Rechtsverstößen effektiv entgegenzuwirken?

Diese Frage lässt sich nur beantworten, wenn man sich über die zentralen Merkmale eines Familienunternehmens und vor allem seine strukturellen Unterschiede im Vergleich zu Großunternehmen im Klaren ist.

1.6.4.4.1 Unternehmensführung

Eines der zentralsten Kennzeichen von Familienunternehmen ist der Umstand, dass sich diese Unternehmen im Eigentum eines begrenzten Personenkreises befinden, der durch eine familiäre Beziehung miteinander verbunden ist.[597] Die Unternehmensführung wird dabei häufig entweder von der gesamten oder jedenfalls von einem Teil der Familie übernommen.[598] Ab einer gewissen Größe kommt es jedoch auch hier zur Berufung einer familienfremden Geschäftsführung. Über die unterschiedlichen Organe einer Gesellschaft übt die Familie aber auch in diesen Fällen regelmäßig erheblichen Einfluss auf die Führung des Unternehmens aus. Das Fundament bildet ungeachtet der konkreten Führungsstruktur die besondere Verbundenheit der Familie mit ihrem Unternehmen und eine darauf ausgerichtete Strategie. Nur so kann die Familie die Existenz und Wertschöpfung des Unternehmens über Generationen hinweg sicherstellen.[599]

595 *Bohnert/Krenberger/Krumm*, in: Krenberger/Krumm, OWiG, 2018, § 30 Rn. 60.
596 *Rogall*, in: Mitsch, OWiG, 2018, § 30 Rn. 123 ff.
597 *Behringer*, in: Behringer, 2016 (KMU), 23.
598 *Schulte/Balk*, ZRFC 2011, 63.
599 *Koeberle-Schmid/May*, ZRFC 2011, 54 f.

1.6.4.4.2 Unternehmensgröße und -form

Familienunternehmen sind nahezu in jeder Größe und Rechtsform anzutreffen. So ist etwa die Schaeffler-Gruppe mit mehr als 80.000 Mitarbeitern weltweit eines der größten deutschen und europäischen Industrieunternehmen in Familienbesitz. Gesellschafter sind allein Maria-Elisabeth Schaeffler-Thumann und ihr Sohn Georg F. W. Schaeffler.[600]

Das Beispiel *Schaeffler* ist aber natürlich nicht die Regel. Die Mehrzahl der Familienunternehmen sind vielmehr kleine oder mittelständische Unternehmen (KMU), die sich in ihren Strukturen deutlich von Großunternehmen unterscheiden. Üblicherweise ist die Unternehmensführung eines KMU in der Hand des Inhabers. Die geringere Größe erfordert weniger formalisierte Strukturen, sodass häufig eine informelle Vertrauens- statt einer formellen Kontrollkultur anzutreffen ist. Zudem sind die meisten KMU nicht börsennotiert, wodurch auch die Beachtung zahlreicher kapitalmarktrechtlicher Vorgaben entfällt.[601]

1.6.4.4.3 Unternehmenskultur

Der Unternehmenskultur kommt in einem Familienunternehmen ein ganz besonderer Stellenwert zu. Als integrative Maßnahme begriffen, besitzt sie grundsätzlich verhaltenssteuernde Wirkung, die nicht nur dem Risiko unethischen, sondern auch rechtswidrigen Verhaltens entgegenwirken kann.[602] Familienunternehmen wohnt die kulturelle Integration ihrer Angehörigen und Mitarbeiter bereits von Haus aus inne. Dies stellt einen entscheidenden Vorteil dar, den sich viele große Unternehmen erst mühevoll durch die Implementierung einer umfassenden und werteorientierten Unternehmenskultur erarbeiten müssen. Meist sorgen nämlich schon der generationsübergreifende Ansatz sowie die Identität von Familien- und Firmenname für eine starke Verbindung, sodass die Beziehung zwischen Familie, Unternehmen und Mitarbeitern durch besondere Loyalität gekennzeichnet ist, die sich auch in Krisenzeiten nicht so leicht erschüttern lässt. Gerade im Rahmen eines Compliance-Management-Systems können diese Vorteile umfassend genutzt werden.

1.6.4.4.4 Herausforderungen

Aufgrund der besonderen Strukturen und Bedingungen von Familienunternehmen stellen sich bei der Entwicklung eines angemessenen Compliance-Management-Systems spezifische Herausforderungen. Diese hängen naturgemäß vom jeweiligen Unternehmen und seiner konkreten Risikolage ab. So ist etwa ein produzierendes Familienunternehmen anderen Risiken ausgesetzt als eine Privatbank in Familienbesitz. Ersteres muss sein Augenmerk vor allem auf die Sicherheit seiner Produkte richten, während letzteres den Anforderungen des Bankenaufsichtsrechts zu

600 https://www.schaeffler.com/content.schaeffler.com/de/company/shareholder/shareholder.jsp, abgerufen am 08.05.2020.

601 *Behringer*, in: Behringer, 2016 (KMU), 24 ff.; *Saitz/Tempel/Brühl*, in: Wieland/Steinmeyer/Grüninger, 2014, 214 f.; *Schulte/Balk*, ZRFC 2011, 63.

602 Vgl. hierzu *Pape*, CCZ 2009, 235 f.

genügen hat. Daneben müssen sich Familienunternehmen in Sachen Compliance insbesondere vor dem Hintergrund des Spannungsverhältnisses zwischen dem Einfluss der Familie, informellen und historisch gewachsenen Strukturen sowie immer wieder anzutreffenden Überwachungsdefiziten bewähren.

Ausgangspunkt ist zunächst die in jedem Unternehmen existierende Arbeitsteilung, die zwar einerseits eine effiziente Verteilung von Aufgaben und Verantwortungsbereichen ermöglicht, andererseits aber auch das Risiko rechtswidrigen Verhaltens erhöht.[603] Dieser Konflikt tritt ebenso in Familienunternehmen auf, wobei die Ausprägung dieses Problems hier maßgeblich von den Führungsstrukturen und der Komplexität der Unternehmensorganisation abhängig ist. Gerade wenn sich ein Familienfremder um die Führung und die Geschäfte kümmert, weiterhin aber die »sehr informelleren Strukturen« eines Familienunternehmens anzutreffen sind, stellt sich die Frage, wie dem Risiko eines Rechtsverstoßes entgegengewirkt werden kann.[604] Die gleiche Herausforderung stellt sich auch bei der Bekämpfung wirtschaftskrimineller Machenschaften von Mitarbeitern. Gerade die informelleren Strukturen eines Familienunternehmens erhöhen nämlich das Risiko, zu kriminellen Zwecken missbraucht zu werden.[605]

Für Großunternehmen bedeuten die Risiken der Arbeitsteilung regelmäßig, eine Compliance-Organisation samt standardisierten Überwachungsprozessen zu schaffen. Nur so lässt sich für das notwendige Maß an organisatorischer Kontrolle sorgen. Familienunternehmen stehen hier – wie viele Mittelständler – allerdings vor dem Problem, dass sie weder in personeller noch in zeitlicher und meist erst recht nicht in finanzieller Hinsicht über die erforderlichen Ressourcen verfügen. Häufig gestaltet sich schon die Schaffung einer Vollzeitstelle zur Wahrnehmung der Compliance-Funktion als schwierig.[606] Die im Rahmen einer Studie befragten Familienunternehmen verneinten zu 44 % die Frage nach der Existenz eines Compliance-Officers oder einer ähnlichen Kontrollstelle.[607] Vor allem die unreflektierte Übertragung der stark formalisierten Strukturen und Prozesse von Großunternehmen verbietet sich deshalb von vornherein.[608] Für Familienunternehmen stellen sich daher vor allem zwei Fragen: Wie lässt sich trotz begrenzter Ressourcen das erforderliche Maß an Kontrolle sicherstellen? Und wer soll sich darum kümmern?

Angesichts der beschriebenen Herausforderungen muss in einem Familienunternehmen die Bildung einer ausgeprägten Unternehmenskultur der Legalität höchste Priorität genießen.[609] Denn aufgrund ihrer verhaltenssteuernden Wirkung ist diese grundsätzlich dazu geeignet, das

603 Vgl. *Knierim*, in: Wabnitz/Janovsky, 2014, Kap. 5 Rn. 1.

604 *Koeberle-Schmid/May*, ZRFC 2011, 55.

605 *Behringer*, in: Behringer, 2016 (KMU), 27 f.

606 Vgl. hierzu *Ulrich*, ZRFC 2011, 71 ff.

607 *IFF Institut für Familienunternehmen* Stuttgart, Studie Familienunternehmen 2014, S. 18 (abrufbar unter: http://www.institut-fuer-familienunternehmen.de/pdf/IFF_Studie_141216.pdf, abgerufen am 12.03.2020); vgl. auch *Deloitte*, Studie Compliance im Mittelstand 2011, S. 19 (abrufbar unter: https://www2.deloitte.com/content/dam/Deloitte/de/Documents/Mittelstand/Studie-Compliance-im-Mittelstand.pdf, abgerufen am 12.03.2020).

608 So u. a. auch *Saitz/Tempel/Brühl*, in: Wieland/Steinmeyer/Grüninger, 2014, 216.

609 Vgl. *Ulrich*, ZRFC 2011, 69 f.; *Wendt*, in: Behringer, 2016 (KMU), 231 f.

häufig existente strukturelle Überwachungsdefizit jedenfalls zu einem Großteil zu kompensieren.[610] Je wirkungsvoller also ein Familienunternehmen seine Angehörigen zu rechtmäßigem Verhalten motivieren kann, desto mehr kann der Aufwand an organisatorischen Kontrollstrukturen reduziert werden. Dennoch: Einen vollständigen Verzicht auf zumindest punktuelle Überwachung kann auch die beste Kultur nicht rechtfertigen.

1.6.4.5 Compliance-Management-System

Insbesondere für Familienunternehmen besteht die zentrale Herausforderung also darin, ein Compliance-Management-System zu entwickeln und implementieren, das es unter Einsatz geringstmöglicher Ressourcen schafft, die Vorteile und Möglichkeiten kultureller Verhaltenskontrolle in ein risikoadäquates Verhältnis zur Notwendigkeit organisatorischer Verhaltenskontrolle zu setzen. Mit anderen Worten: Auf Grundlage des betriebsspezifischen Risikos eines Rechtsverstoßes sind Vertrauen (kulturelle Verhaltenskontrolle) und Überwachung (organisatorische Verhaltenskontrolle) in ein optimales Verhältnis zu bringen, welches die Möglichkeiten und Ressourcen eines Familienunternehmens immer im Blick hat. Dabei können Familienunternehmen grundsätzlich mehr auf Vertrauen setzen als dies bei Großunternehmen ohne familiäre Bindungen der Fall ist. Sieht sich ein Familienunternehmen also etwa einem mittlerem Korruptionsrisiko ausgesetzt, so muss es nicht jeden Kontakt zu Geschäftspartnern akribisch überwachen. Vielmehr kann es aufgrund des rechtlich zugestandenen Gestaltungsspielraums seine Unternehmenskultur dazu nutzen, eine wirkungsvolle Legalitätskultur aufzubauen, um das Ausmaß an aufwendiger Überwachung in Grenzen zu halten. Dies gilt jedoch nur so lange, wie auch die besondere Kultur existiert und wirklich gelebt und nicht etwa nur bei Firmenjubiläen verkündet wird.

1.6.4.5.1 Bereichsübergreifende Risikostrategie

Den allgemeinen Ausgangspunkt bildet das in Sachen Compliance zugestandene Geschäftsleiterermessen nach § 93 Abs. 1 S. 2 AktG. Das bedeutet: Je breiter die in Sachen Compliance geschaffene Informationsgrundlage ausfällt, desto geringer ist das Risiko für das Unternehmen und seine Leitung, für Rechtsverstöße von Mitarbeitern und Dritten haften zu müssen.

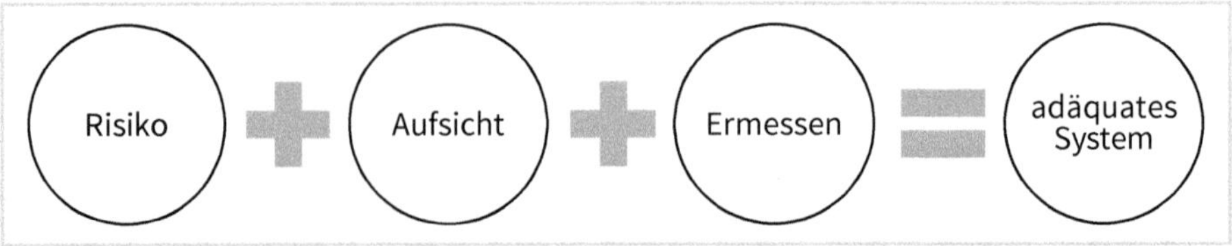

610 Vgl. *Pape*, CCZ 2009, 235.

Die Grundlage eines Compliance-Management-Systems muss demzufolge eine bereichsübergreifende Risikostrategie bilden, die grundsätzlich alle Bereiche des Unternehmens als interaktive Teile eines Gesamtsystems betrachtet. Auch das Compliance-System ist damit keine in sich abgeschlossene Organisation. Vielmehr ist sie in die Unternehmensstrukturen zu verweben, sodass gezielte Verknüpfungen mit allen wesentlichen Unternehmensbereichen entstehen.[611] Compliance ist und darf keine Parallelstruktur im Unternehmen sein, welche die vorhandenen Prozesse verlangsamt. Dabei gilt es vor allem die Bereiche Corporate Governance, Risikomanagement und Compliance miteinander in Zusammenhang zu bringen und angemessen zu verbinden.[612]

1.6.4.5.2 Managementstandards

Bei der Umsetzung der unternehmensspezifischen Risikostrategie empfiehlt sich angesichts des rechtlichen Gestaltungsspielraums eine Orientierung an anerkannten Managementstandards.[613] Zwar entfaltet die Einhaltung derartiger Standards nicht per se eine enthaftende Wirkung. Vergleichbar mit den Rundschreiben der BaFin liefern die Standards jedoch sachkundige Informationen, wie sich ein rechtlich und betriebswirtschaftlich sinnvolles Compliance-Management-System für das jeweilige Unternehmen entwickeln lässt.[614] Als Standards, die hier herangezogen werden können, bieten sich an:

a) Governance Kodex

Eine erste Orientierungshilfe liefert seit 2002 der DCGK.[615] Zum einen gibt er die wesentlichen gesetzlichen Vorschriften zur Leitung und Überwachung deutscher börsennotierter Gesellschaften wieder. Zum anderen enthält er international und national anerkannte Standards guter und verantwortungsvoller Unternehmensführung. Auch wenn es sich bei diesen Standards um rechtlich unverbindliche Empfehlungen (Soll-Regelungen) oder Anregungen (Sollte-Regelungen) handelt, so geben sie doch wertvolle Auskunft über das komplexe Zusammenspiel von Corporate Governance, Risikomanagement und Compliance. Börsennotierte Familienunternehmen müssen gem. § 161 Abs. 1 AktG außerdem jedes Jahr erklären, inwieweit sie den Empfehlungen entsprechen, und Abweichungen begründen (comply or explain).[616] Seit 2004 existiert zudem der speziell auf die Bedürfnisse von Familienunternehmen zugeschnittene GKFU.[617] Seine ebenfalls rechtlich unverbindlichen Empfehlungen sind allerdings nicht von § 161 AktG erfasst.

611 So im Ausgangspunkt u. a. auch *Wieland*, in: Wieland/Steinmeyer/Grüninger, 2014, 21 ff.

612 *Grüninger*, in: Wieland/Steinmeyer/Grüninger, 2014, 56 ff.

613 Vgl. *Knierim*, in: Wabnitz/Janovsky, 2014, Kap. 5 Rn. 105.

614 Vgl. *Fleischer*, in: Spindler/Stilz, AktG, 2019, § 93 Rn. 41 ff.; *Spindler*, in: Goette/Habersack/Kalss, MüKo AktG, 2019, § 91 Rn. 64 ff.

615 Verfügbar unter: http://www.dcgk.de/de/kodex.html.

616 Vgl. *Koch*, in: Hüffer/Koch, AktG, 2018, § 161 Rn. 1 ff.

617 Verfügbar unter: http://www.kodex-fuer-familienunternehmen.de/kodex.html.

b) COSO-Rahmenwerk

Als weltweit anerkannter Managementstandard gilt seit langem das US-amerikanische COSO-Framework. 1992 unter dem Titel »Internal Control – Integrated Framework« (COSO IC) veröffentlicht, liegt seit 2013 eine überarbeitete Version vor. Seit 2004 existiert es als »Enterprise Risk Management – Integrated Framework« (COSO ERM) auch in einer erweiterten Form als strategisches Risikomanagementmodell.[618] Zur Veranschaulichung des COSO-Modells existiert der sog. COSO-Würfel. Er visualisiert die Verknüpfung der Unternehmensziele (oben) mit den Prozesskomponenten (vorne) in jeder Organisationsebene (rechts). Die Ausprägung der einzelnen Bestandteile ist an die spezifischen Umstände des Unternehmens, insbesondere seine Art, Größe und Geschäftslage anzupassen.[619] Gerade für das breite Spektrum an Familienunternehmen bietet das COSO-Modell daher sowohl die nötigen Orientierungspunkte als auch die erforderliche Flexibilität bei der Ausgestaltung eines Compliance-Management-Systems.[620]

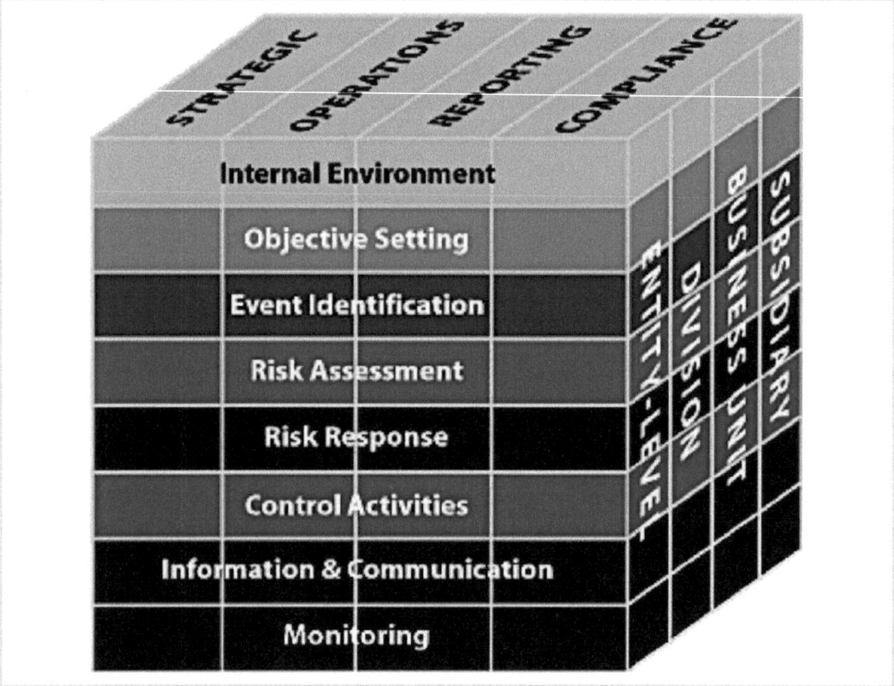

618 Vgl. *Dierks/Sandmann/Herre*, CCZ 2013, 164 ff.; *Pampel/Glage*, in: *Hauschka/Moosmayer/Lösler*, 2016, § 16 Rn. 39 ff. Das COSO-Modell ist in seinen unterschiedlichen Ausgestaltungen verfügbar unter: www.coso.org.

619 Siehe hierzu auch Enterprise Risk Management – Integrated Framework, Executive Summary (verfügbar unter: http://www.coso.org/documents/coso_erm_executivesummary.pdf).

620 So auch *Schulte/Balk*, ZRFC 2011, 62.

c) Wirtschaftsprüfungsstandard

Seit 2011 existiert der IDW PS 980.[621] Seine Prüfungsvorgaben entfalten zwar ebenfalls keine Gesetzeskraft, als berufsrechtlich verbindlicher Prüfungsstandard für Wirtschaftsprüfer bringt er jedoch in jedem Fall eine besondere Sachkompetenz zum Ausdruck. Inhaltlich lehnt sich der PS 980 stark an das US-amerikanische COSO-Framework an.[622] Um als angemessen im Sinne des PS 980 zu gelten, muss ein Compliance-System insbesondere an Größe, Art und Situation des Unternehmens angepasst sein und die sieben Compliance-Elemente Kultur, Ziele, Risiken, Programm, Organisation, Kommunikation sowie Überwachung und Verbesserung beinhalten.[623]

d) Internationaler Standard

Im Dezember 2014 hat die Internationale Organisation für Normierung (ISO) zudem ihren Compliance-Standard 19600 veröffentlicht, der als grenz- und branchenübergreifendes Regelwerk für international einheitliche Rahmenbedingungen bei der Einrichtung und Implementierung von Compliance-Management-Systemen in verschiedensten Organisationstypen sorgt.[624] Im Vergleich zum ISO 19600 hat der IDW PS 960 zwar andere Adressaten und eine andere Herangehensweise, da sich die Vorschriften des Prüfungsstandards IDW PS 980 an Wirtschaftsprüfer richten. Jedoch zeigt die Zuordnung der Kriterien nach ISO 19600 zu den Grundelementen nach IDW PS 980 deren vollständige konzeptionelle Abdeckung. Der ISO 19600 kann somit, vorbehaltlich der unternehmensindividuellen Ausprägung, die Basis für ein angemessenes und wirksames Compliance-Management-System i. S. d. IDW PS 980 bilden.[625] Dem Empfehlungscharakter des ISO 19600 folgend ist es Aufgabe der anwendenden Organisation, auf Grundlage einer regelmäßig zu aktualisierenden Risikoanalyse festzustellen, wie die einzelnen Kriterien eines angemessenen und wirksamen Compliance-Management-System nach den unternehmensindividuellen Rahmenbedingungen auszugestalten sind.[626] Er basiert insofern auf den Prinzipien guter Unternehmensführung, Verhältnismäßigkeit, Transparenz und Nachhaltigkeit und legt Wert auf eine höchst flexible Anwendung, um effizienteres Wirtschaften zu ermöglichen.[627] Daneben stellen Risikominimierung und Kultur einen Schwerpunkt des ISO 19600 dar. Insofern ist dieser Prüfungsstandard besonders geeignet, die in KMU anstehenden Herausforderungen zu erfüllen. Auch Familienunternehmen können von dieser Herangehensweise an Compliance-Lösungen stark profitieren.[628]

1.6.4.5.3 Bausteine eines Compliance-Management-Systems

Obwohl die aktuelle Gesetzeslage keine konkrete Vorgehensweise zur Implementierung und Strukturierung eines Compliance-Management-Systems vorschreibt, so bringen die anerkann-

621 Abgedruckt in: *IDW*, WPg Supplement 2/2011, 78 ff.

622 *Heißner*, in: Wieland/Steinmeyer/Grüninger, 2014, 871 ff.; *Spindler*, in: Goette/Habersack/Kalss, MüKo AktG, 2019, § 91 Rn. 61.

623 *IDW*, WPg Supplement 2/2011, 79 f.

624 *Fissenewert*, CB 2016, 89.

625 *Schmidt*, in: *Hauschka/Moosmayer/Lösler*, 2016, § 45 Rn. 112 ff.

626 *Schmidt*, in: *Hauschka/Moosmayer/Lösler*, 2016, § 45 Rn. 121.

627 *Fissenewert*, CB 2016, 89.

628 *Fissenewert*, CB 2016, 89.

ten Managementstandards doch eines klar zum Ausdruck: Um sowohl für Rechtskonformität als auch für Wirtschaftlichkeit zu sorgen, müssen auch Familienunternehmen unter Anwendung der Grundprinzipien des allgemeinen Risikomanagements ein Compliance-Management-System entwickeln, mit dessen Hilfe sie das unternehmensspezifische Risiko rechtswidrigen Verhaltens gezielt erkennen, bewerten und minimieren können.[629]

Bausteine des Compliance-Management-Systems sind:

a) Legalitätskultur

Das Fundament des Systems bildet die Unternehmenskultur. Sie entscheidet maßgeblich darüber, wie die Unternehmensangehörigen mit Risiken umgehen und welche Rolle Recht und Integrität in den Geschäftsabläufen spielen. Um eine ausgeprägte Legalitätskultur zu etablieren, welche das bei Familienunternehmen vorzufindende Ressourcen- und Überwachungsdefizit kompensiert, bedarf es eines ethischen und kulturellen Prozesses, wodurch sich die Achtung des Rechts zu einem gemeinsamen Wert entwickeln kann. In diesen Prozess sind alle Unternehmensangehörigen zu integrieren. Vor allem bedarf es aber eines klaren Bekenntnisses der Familie, des Unternehmens und seiner Leitung zu Recht und Integrität und damit zum Leitbild des »ehrbaren Kaufmannes«.[630] Deshalb muss das Familienunternehmen gegenüber allen Angehörigen und Geschäftspartnern eindeutig zum Ausdruck bringen, dass insbesondere

- die Wertschöpfung des Unternehmens ihre Grenze in den rechtlichen Rahmenbedingungen findet und daher Rechtsverstöße jeglicher Art niemals im Interesse des Unternehmens und der Familie sein können (Legalität),
- im Falle eines rechtlichen Entscheidungsspielraums Risiken nur kalkuliert, d.h. auf einer angemessenen Informationsgrundlage im Interesse des Unternehmens, einzugehen sind (Prävention) und
- der Verdacht rechtswidrigen Verhaltens umgehend erforscht und im Falle der Bestätigung sanktioniert wird (Reaktion).

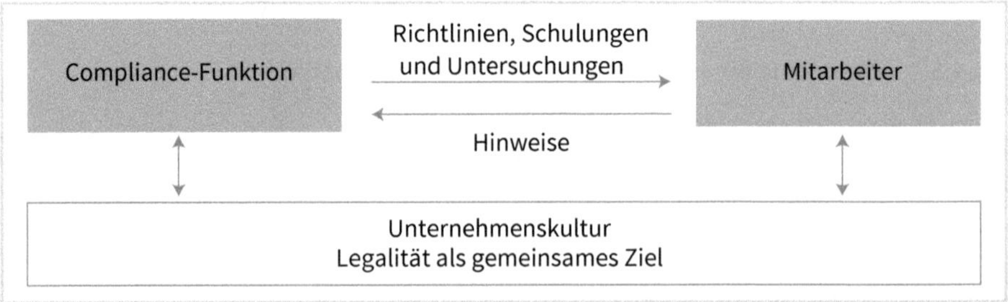

629 Vgl. *Staub*, CCZ 2009, 125 ff.

630 *Saitz/Tempel/Brühl*, in: Wieland/Steinmeyer/Grüninger, 2014, 224 ff.; *Wendt*, in: Behringer, 2016 (KMU), 233 ff.

b) Risikoanalyse

Das Ziel eines Compliance-Systems liegt grundsätzlich in der Prävention von Rechtsverstößen jeglicher Art. Es ist dem Familienunternehmen jedoch erlaubt, sich auf jene Bereiche zu konzentrieren, die eine erhöhte Gefahr von Rechtsverstößen bergen. In aller Regel haben Familienunternehmen auf die fast weltweit strafbare Korruption und die sich hieraus ergebenden Präventionsmaßnahmen zu achten. Risikobereiche sind regelmäßig auch das Wettbewerbsrecht und die Produkthaftung.[631] Unter den Top Ten der Compliancerisiken rangieren jedoch weiterhin die Themen IT-Sicherheit und Datenschutz an oberster Stelle. Verstärkt werden die in diesem Bereich erkannten Compliancerisiken durch die am 25.05.2018 in Kraft getretene Datenschutz-Grundverordnung, die die Unternehmen mit weiteren erheblichen Sanktionen bei entsprechenden Verstößen belegt.[632] Auch das Steuerrecht entfaltet erhebliches Risikopotential, da insbesondere seit dem BMF-Schreiben vom 23.05.2016 zu § 153 AO für Unternehmen im Bereich Tax-Compliance unmittelbarer Handlungsbedarf besteht.[633] Nachdem der zu berücksichtigende Kreis an Normen identifiziert wurde, gilt es das Risiko eines Verstoßes zu ermitteln. Dabei lässt sich durch Multiplikation von Eintrittswahrscheinlichkeit und Schadenshöhe das Risikopotenzial errechnen, welches zur Priorisierung der Risiken dient.[634] Je höher das Risikopotenzial ausfällt, desto größer muss der betriebliche Aufwand zur Verhinderung des Gefahreneintritts sein. Familienunternehmen, die z. B. in sehr korruptionsanfälligen Ländern tätig sind, müssen von einem höheren Risiko ausgehen als Familienunternehmen, die primär in Deutschland aktiv sind.

c) Compliance-Programm

Das Compliance-Programm umfasst alle Maßnahmen, die zur Reduktion der identifizierten Risiken erforderlich sind. Eine vollständige Risikovermeidung kann allerdings auch bei Familienunternehmen nicht gelingen, da auch diese das Verhalten ihrer Angehörigen schlichtweg nicht vollumfänglich steuern können. Um das System in allen Bereichen des Unternehmens verankern zu können, sind Kommunikationsstrukturen zu generieren, die für einen risikoadäquaten Informationsfluss sorgen.[635] Zunächst sind die Mitarbeiter durch Verhaltensrichtlinien (Code of Conduct) und Schulungen sowohl über die allgemeinen Verhaltensstandards als auch über besonders risikoanfällige Bereiche aufzuklären. Die Mitarbeiter sollten in die Lage versetzt werden, selbst zu erkennen, ob sie durch ihr Verhalten gegen Regeln und Gesetze verstoßen.

Zudem muss es den Mitarbeitern möglich sein, sich mit Problemen und Hinweisen auch anonym an Vertrauenspersonen zu wenden (Hinweisgebersystem). Meldestellen für Compliance-Vorfälle gibt es bislang nur in 56 Prozent der deutschen Unternehmen, die sich am Whistleblowing-

631 *Knierim*, in: Wabnitz/Janovsky, 2014, Kap. 5 Rn. 20 ff.; *Saitz/Tempel/Brühl*, in: Wieland/Steinmeyer/Grüninger, 2014, 216 ff.

632 *Uebele*, EuZW 2018, 440.

633 *Menner/Bexa*, CCZ 2019, 129.

634 Vgl. *Powilleit*, GWR 2010, 29 ff.; *Staub*, CCZ 2009, 126 ff.

635 *Kiehte*, GmbHR 2007, 399.

Report 2019 beteiligt haben.[636] Nach der im April 2019 vom EU-Parlament beschlossenen Direktive zum Schutz von Hinweisgebern wird dies künftig sogar für Gesellschaften mit mehr als 50 Mitarbeitern oder mehr als 10 Mio. € Jahresumsatz sowie für Unternehmen bestimmter Branchen (z. B. im Bereich der Finanzdienstleistungen) verpflichtend sein.[637] Neben der Einführung eines dreistufigen Meldesystems und klaren Vorgaben zur konkreten Ausgestaltung des Meldesystems müssen die Unternehmen den Schutz des Whistleblowers vor Vergeltungsmaßnahmen sicherstellen. Auch besteht für die Mitgliedstaaten die Pflicht zur Einführung von Sanktionen für Unternehmen, die gegen die Pflichten aus der Richtlinie verstoßen.[638] Insofern können die innerhalb von zwei Jahren vom deutschen Gesetzgeber umzusetzenden Anforderungen insbesondere mittelständische Unternehmen vor weitere Herausforderungen stellen.

Neben einem internen Compliance-Ansprechpartner ist es darüber hinaus regelmäßig angezeigt, eine externe Ombudsperson zu bestimmen, da diese grundsätzlich den weitreichendsten Schutz hinsichtlich der Anonymität von Hinweisgebern rechtssicher gewährleisten kann (Ausnahme Beschlagnahmeschutz, siehe unten »Outsourcing«).[639] Zusätzlich sind Prozesse zu schaffen, die es dem Unternehmen ermöglichen, bei Bekanntwerden verdächtiger Verhaltensweisen eine interne Ermittlung einzuleiten und diesen Hinweisen nachzugehen (Internal Investigation).[640]

d) Überwachung

Ein wesentlicher Bestandteil des Compliance-Programms sind auch in einem Familienunternehmen standardisierte Prozesse, die neben der kulturellen Verhaltenskontrolle auch eine formelle Kontrolle ermöglichen (sog. internes Kontrollsystem oder IKS). Die Durchführung der Kontrollen ist nachvollziehbar zu dokumentieren, damit die Geschäftsleitung ihre Überwachungspflicht erfüllen kann.[641] Im Bereich der Korruptionsprävention sind Prozesse zu etablieren, die eine Überprüfung von Geschäftspartnern und Zuwendungen ermöglichen. Bei hohem Korruptionsrisiko bedarf es zudem standardisierter Genehmigungsverfahren.[642] Auch das System an sich bedarf einer regelmäßigen Überprüfung und Anpassung. Defizite können sich aus einer Änderung der rechtlichen oder betrieblichen Lage ergeben. Um auf beides reagieren zu können, ist eine regelmäßige Revision durch die Compliance-Funktion angezeigt.

636 Whistleblowing Report 2019 (abrufbar unter: https://whistleblowingreport.eqs.com/), abgerufen am 12.03.2020.

637 Richtlinie zum Schutz von Personen, die Verstöße gegen Unternehmen melden (2019/1937), (abrufbar unter: https://eur-lex.europa.eu/legal-content/DE/TXT/PDF/?uri=CELEX:32019L1937&from=EN, abgerufen am 11.05.2020).

638 *Wiedmann/Seyfert*, CCZ 2019, 12.

639 Vgl. *Buchert/Jacob-Hofbauer*, in: Knierim/Rübenstahl/Tsambikakis, 2016, Kap. 9 Rn. 30 ff.; *Tur*, in: Wieland/Steinmeyer/Grüninger, 2014, 702 ff.

640 *Moosmayer*, in: Moosmayer, 2015, Rn. 311 f.; *Potinecke/Block*, in: Knierim/Rübenstahl/Tsambikakis, 2016, Kap. 2 Rn. 4 ff.

641 *Kiehte*, GmbHR 2007, 399 f.

642 *Hauschka/Greeve*, BB 2007, 167 ff.

1.6.4.5.4 Compliance-Funktion

Die Compliance-Funktion ist für das Compliance-Management-System zuständig und ihr organisatorischer Kern. Umfang und Ausgestaltung hängen genauso wie das Gesamtsystem von den betriebs- und länderspezifischen Risiken des jeweiligen Familienunternehmens ab. So kann es etwa genügen, dass die Compliance-Funktion von einer Person wahrgenommen wird. Genauso kann aber auch eine umfassende Organisationsstruktur erforderlich sein, die aus einer eigenständigen Abteilung besteht.

Wichtige Teile des Organisationsaufbaus sind:

a) Geschäftsleitung
Compliance ist aufgrund des Prinzips der All- und Gesamtverantwortung zuallererst Aufgabe der Geschäftsleitung. Daher ist es sinnvoll, auch die Compliance-Funktion von der Geschäftsleitung ausführen zu lassen.[643] Damit lässt sich nicht nur der Kosten- und Personalaufwand erheblich eindämmen, sondern vor allem auch ein klares Bekenntnis zur Wichtigkeit regelkonformen Verhaltens ablegen. Zu bedenken ist jedoch, dass Aufsicht und Kontrolle auch bei kleineren Familienunternehmen ein nicht nur zeitintensives, sondern auch komplexes Unterfangen sind. Die Geschäftsleitung sollte die Compliance-Funkton daher nur dann selbst wahrnehmen, wenn das Unternehmen einem lediglich niedrigen Risikopotenzial ausgesetzt ist oder sich das Compliance-System noch im Aufbau befindet und die Unternehmensführung durch ihr persönliches Engagement klar zum Ausdruck bringt, dass die Implementierung des neuen Systems höchste Priorität genießt. Machbar ist dies nur in kleinen Familienunternehmen, die in mäßig regulierten Branchen auf einem regionalen Markt agieren.

b) Compliance-Beauftragter und Komitee
Sofern ein nicht nur geringes Risikopotenzial vorhanden ist, wird die Geschäftsleitung den erforderlichen Aufwand kaum selbst bewerkstelligen können und es ist eine Delegation der Aufgabenausführung auf einen Compliance-Beauftragten erforderlich. Bewegt sich das Risikopotenzial in einem mittleren Bereich, so kann regelmäßig eine Teilzeit-Stelle genügen. Wichtig ist jedoch, dass der Beauftragte weder in zeitlicher noch in fachlicher Hinsicht überfordert wird und die Verbindung mehrerer Kompetenzen in einer Stelle nicht zu Interessenkonflikten führt.[644] Sobald ein Unternehmen einem hohen Risikopotenzial ausgesetzt ist, wird im Normalfall ein Teilzeit-Beauftragter nicht ausreichen. Erforderlich ist dann die Ernennung eines Vollzeit-Beauftragten (Compliance Officer). Unterstützung sollten die Verantwortlichen zudem von einem Compliance-Komitee erhalten, in dem die verschiedenen Risikoexperten, etwa der Datenschutzbeauftragte, der Beauftragte für Arbeitssicherheit und der Umweltschutzbeauftragte, mit eingebunden sind. Durch Bildung eines Compliance-Komitees können die

643 So auch *Kiehte*, GmbHR 2007, 397.
644 *Kiehte*, GmbHR 2007, 397 f.

im Unternehmen bereits vorhandenen Risikoexpertisen zur Unterstützung des Compliance-Beauftragten in effizienter und ressourcensparender Weise genutzt werden, sodass in allen Risikobereichen das nötige Wissen und die nötige Objektivität zur Verfügung stehen.

c) Compliance-Abteilung

Wird die Aufgabenerfüllung auf einen Compliance-Beauftragten delegiert, so stellt sich zwangsläufig die Frage, in welchem Ressort dieser anzusiedeln ist. Bewährt haben sich die Bereiche Controlling und Revision, die Rechtsabteilung sowie die Schaffung einer eigenständigen Compliance-Abteilung. Compliance im Bereich Revision oder Controlling anzusiedeln, gewährleistet eine optimale Einbindung in die Unternehmensprozesse. Neben der zusätzlichen Arbeitsbelastung sind jedoch Kompetenzkonflikte vorprogrammiert. Im Niedrigrisikobereich ist dieser vorwiegend integrative Ansatz durchaus empfehlenswert. Bei mittlerem Risiko ist die Rechtsabteilung jedoch der zwingend nächste Schritt. Hier steht nicht nur die nötige Objektivität, sondern vor allem auch das notwendige rechtliche Fachwissen zur Verfügung. Der zusätzliche Zeitaufwand darf aber auch in der Rechtsabteilung in keinem Fall unterschätzt werden. Im Hochrisikobereich bleibt daher auch Familienunternehmen trotz regelmäßig erheblicher Kosten nichts anderes übrig, als die dann bestehenden Defizite von Controlling, Revision und Rechtsabteilung durch eine eigenständige Compliance-Abteilung auszugleichen. Nur so können rechtliches und wirtschaftliches Spezialwissen nicht nur gebündelt angeboten, sondern auch beständig weiterentwickelt werden.

d) Outsourcing

Als weitere Organisationslösung kommt eine Delegation gewisser Teilaufgaben auf Unternehmensexterne in Betracht. Vor allem die Rollen der Ombudsperson und des internen Ermittlers sollten aufgrund der juristischen Komplexität auf Rechtsanwälte ausgelagert werden. So lässt sich nicht nur das Haftungsrisiko durch einen Risikotransfer auf ein Minimum reduzieren, sondern auch das Zeugnisverweigerungsrecht des Rechtsanwalts gegenüber staatlichen Behörden nutzen.[645] Bei der Einschaltung einer Ombudsperson ist allerdings zu beachten, dass nach Ansicht des LG Bochum bei Rechtsanwälten kein Beschlagnahmeschutz mangels Mandatsverhältnis zum Hinweisgeber besteht.[646] Die Möglichkeit der Beschlagnahme von Unterlagen gefährdet insofern die für den Hinweisgeber meist entscheidende Zusicherung von Vertraulichkeit und Anonymität, um keine Repressalien fürchten zu müssen.[647] Insofern bleibt abzuwarten, ob der Schutz der Hinweisgeber durch die Umsetzung der Richtlinie zum Schutz von Personen, die Verstöße gegen Unternehmen melden (2019/1937) wieder gestärkt wird.[648] Zudem ist anzumerken, dass die teilweise bei mittelständigen Unternehmen anzutreffenden, die vollständige

645 *Egger*, CCZ, 2018, 126; *Buchert/Jacob-Hofbauer*, in: Knierim/Rübenstahl/Tsambikakis, 2016, Kap. 9 Rn. 30 ff.; vgl. zur Beschlagnahme interner Untersuchungsergebnisse LG Mannheim vom 03.07.2012, CCZ 2013, 78; *de Lind van Wijngaarden/Egler*, NJW 2013, 3549.

646 LG Bochum, Beschluss vom 16.03.2016 – II-6 Qs 1/16, NStZ 2016, 500; *Egger*, CCZ, 2018, 126.

647 *Süße*, Newsdienst Compliance 2016, 21009.

648 Richtlinie zum Schutz von Personen, die Verstöße gegen Unternehmen melden (2019/1937), (abrufbar unter: https://eur-lex.europa.eu/legal-content/DE/TXT/PDF/?uri=CELEX:32019L1937&from=EN, abgerufen am 11.05.2020).

Compliance-Funktion betreffenden Delegationslösungen, sprich die komplette Übertragung der Compliance Verantwortlichkeit auf einen externen Rechtsanwalt, sich in sehr vielen Fällen nicht bewährt hat. Grund hierfür ist, dass es für ein effizientes Compliance-Management-System insbesondere erforderlich ist, dass der Compliance-Beauftragte im Unternehmen vor Ort ist und als Ansprechpartner für die Mitarbeiter möglichst kurzfristig zur Verfügung steht. Demgegenüber lässt sich die Schulung von Mitarbeitern problemlos auf externe Experten übertragen. Dieser Lösungsansatz bietet sich vor allem dort an, wo nicht in sämtlichen Spezialrisikobereichen die notwendige Expertise im Unternehmen vorgehalten werden kann.

1.6.4.5.5 Zusammenfassung

Die **Minimalanforderungen an ein Compliance-Management-System** in Familienunternehmen lassen sich folgendermaßen zusammenfassen:

- **Legalitätskultur:** Stabiles ethisches Fundament, das Legalität zum gemeinsamen Wert der Familie, des Unternehmens und der Mitarbeiter macht.
- **Compliance-Funktion:** Mindestens eine qualifizierte Person im Unternehmen, die bei Fragen und Problemen weiterhelfen, Kontrollen durchführen und dem Verdacht rechtswidrigen Verhaltens nachgehen kann.
- **Verhaltensrichtlinien:** Ein allgemeiner Verhaltenskodex sowie spezielle Richtlinien für besonders anfällige Bereiche.
- **Schulungen:** Kontinuierliche Information der Unternehmensangehörigen über das Thema Compliance sowie die einschlägigen Gesetze und Standards.
- **Hinweisgebersystem**: Kommunikationsstrukturen, die Hinweise auf den Verdacht eines Compliance-Verstoßes ermöglichen und die Anonymität des Hinweisgebers gewährleisten können.

1.7 Aufsichts- und Beratungsgremium

Dr. Christoph Schücking/Dr. Rainer Freudenberg, LL.M.

1.7.1 Einleitung

Die Einrichtung von Aufsichts- und Beratungsgremien bei Familienunternehmen ist schon bisher weit verbreitet. Das liegt daran, dass eine beträchtliche Zahl von ihnen gesetzlich zur Einrichtung solcher Gremien gezwungen ist. Andere haben gute Erfahrungen damit gemacht, dass bei ihnen freiwillig eingerichtete Beiräte, Verwaltungsräte oder Gesellschafterausschüsse bestehen, und halten gerne an diesen Gremien fest.

1.7.1.1 Personen und Familien

Wenn von Aufsichtsgremien bei Familienunternehmen die Rede ist, geht es nicht um abstrakte Einrichtungen, sondern um konkrete Gruppen von Menschen, die im Dreieck, das zwischen der Unternehmensleitung, dem Aufsichtsgremium und den Familiengesellschaftern entsteht, miteinander kommunizieren und interagieren. Deshalb soll der Einstieg in das Thema »Aufsichtsgremium« zunächst über die sozialen Bezüge und funktionalen Themen gewählt werden, um die es in Familienunternehmen mit solchen Gremien geht, ehe die rechtlichen Grundlagen und Gestaltungsmöglichkeiten angesprochen werden, auf die es bei der Einrichtung von Aufsichts- und Beratungsgremien in Familienunternehmen ankommt.

Die landläufige Vorstellung davon, was Beratungs- und Aufsichtsgremien in Unternehmen leisten können und sollen, wird durch die Institution des Aufsichtsrats der börsennotierten AG geprägt, die auch rechtlich (vgl. § 52 GmbHG) weithin als Vorbild solcher Gremien angesehen wird. In Familienunternehmen haben Aufsichts- und Beratungsgremien indes neben ihnen nach den jeweils durch die maßgebenden Gesetze zugewiesenen Aufgaben noch zusätzliche Funktionen, die aus dem besonderen Charakter dieser Unternehmen resultieren. So nehmen sie insbesondere eine Brückenfunktion zwischen den Mitgliedern der Eigentümerfamilie(n) und dem Management des Familienunternehmens ein, und zwar selbst dann, wenn letzteres aus Mitgliedern der Eigentümerfamilie besteht. Denn zumindest die etwas weiter mit den Familienmitgliedern im Management verwandten Gesellschafter pflegen Wert darauf zu legen, dass das Management nach üblichen Standards überwacht und beraten wird.

Eine besondere Situation kann sich für die Mitglieder des Aufsichtsgremiums dann ergeben, wenn sie ihrerseits von Familienmitgliedern, die zugleich Mitglieder der Geschäftsleitung sind und die sie bei der Wahrnehmung ihrer Aufgaben überwachen müssen (vgl. hierzu 1.7.1.2.1), gewählt sind und wiedergewählt werden möchten.

1.7.1.1.1 Personen

Personen, die im Zusammenhang mit Aufsichts- und Beratungsgremien in Familien eine Rolle spielen, sind entweder Gesellschafter und damit Familienmitglieder oder Nichtgesellschafter. Letztere kommen definitionsgemäß nur als Mitglieder der Geschäftsleitung oder der Aufsichts- und Beratungsgremien vor. Sie haben, wenn sie Nichtgesellschafter sind, den großen Vorteil, jederzeit mit den Familiengesellschaftern kommunizieren zu können, und zwar nicht nur punktuell wie der Vorstand einer im Streubesitz befindlichen AG z. B. bei einer Roadshow zur Präsentation des letzten Quartalsberichts, sondern dauerhaft. Denn die Familiengesellschafter sind dem Management bekannt und mit ihrem Unternehmen typischerweise so fest verbunden, dass die Mitglieder der Unternehmensorgane sich langfristig darauf einstellen können und werden, mit wem sie es auf Eigentümerseite zu tun haben.

1.7.1.1.2 Familien

Die Struktur der Eigentümerfamilien kann bei Familienunternehmen außerordentlich vielfältig sein. Sie wird in erster Linie stark davon beeinflusst, wie alt das Familienunternehmen ist. Je länger es bereits besteht, desto größer ist typischerweise die Eigentümerfamilie und desto zahlreicher können die Familienstämme sein, in die sie sich gliedert. Aber selbst zu dieser Regel gibt es Ausnahmen, und zwar vor allem in Familien, in denen die Erbfolge nach dem Grundsatz der (patrolinearen) Primogenitur geregelt wird, also z. B. in traditionell an diesem Prinzip festhaltenden Adelsfamilien und den von ihnen betriebenen Unternehmen, etwa Brauereien, Weingütern, Forstbetrieben usw. In diesem Bereich finden sich freiwillig gebildete Aufsichts- und Beratungsgremien sogar bei solchen Unternehmen, die einem Alleineigentümer gehören.

1.7.1.1.3 Dritte (Finanzinvestoren, strategische Partner)

In einer Minderheit von Fällen sind an Familienunternehmen auch familienfremde Dritte beteiligt. Dies können Manager sein, denen zum Dank für erfolgreich geleistete Dienste (oder als Ansporn für solche) eine bisweilen auch zeitlich beschränkte Beteiligung an einem Familienunternehmen eingeräumt wurde. Noch häufiger sind allerdings die Fälle, in denen zur Abfindung eines Familienmitglieds oder -stammes die Beteiligung eines Finanzinvestors oder zur strategischen Entwicklung der Gesellschaft ein familienfremder Partner aufgenommen werden musste. In den letztgenannten Fällen finden wir fast immer ein Aufsichts- und Beratungsgremium, das einerseits der Gesellschafterminderheit den notwendigen Einfluss sichert und andererseits als ausgleichender Puffer zwischen den Interessen der Gesellschaftergruppen den einen oder anderen Stoß abzufedern und auszugleichen hat.

1.7.1.2 Aufsichts- und Beratungsgremien

Die Antworten auf die wichtigsten Fragen, die sich bei der Einrichtung eines Aufsichts- und Beratungsgremiums einer Familiengesellschaft stellen, werden durch die folgenden Überlegungen bestimmt, die ihrerseits jeweils an den sich konkret stellenden Sachverhalt anknüpfen:

a) Vertragsfreiheit oder zwingende Rechtsvorschriften

Im durch die Vertragsfreiheit bestimmten Bereich kann wesentlich einfacher eine Gestaltung gefunden werden, die sich flexibel an die Anforderungen und Erwartungen der Familienunternehmen und -gesellschafter anpassen lässt, als dies in den Fällen möglich ist, in denen zwingende Rechtsvorschriften beachtet werden müssen. Vertragsfreiheit herrscht – grob gesagt und mit erheblichen Abstufungen zwischen den angegebenen Rechtsformen – im Bereich der Einzelunternehmen, in Personengesellschaften und in als GmbH oder nach dem 10.08.1994 in das Handelsregister eingetragene AG verfassten Unternehmen, mit bis zu 500 inländischen Mitarbeitern (Einzelheiten nachstehend in 1.7.2.2.2). Doch ist die Grenze zum Bereich des zwingenden Rechts fließend, und es gibt bis in den Kreis der DAX-30-Unternehmen hinein Beispiele von

Familiengesellschaften, die sich für sie wichtige Stücke von Vertragsfreiheit bei der Einrichtung und Gestaltung ihrer Beratungs- und Aufsichtsgremien haben erhalten können.

b) Familie
Die Größe des vorzuschlagenden Gremiums, seine Struktur und seine organisatorische Einpassung in vorhandene Unternehmensstrukturen werden wesentlich auch durch die Größe und Struktur der das Unternehmen tragenden Eigentümerfamilie bestimmt.

1.7.1.2.1 Funktion

Die Einrichtung eines Aufsichts- oder Beratungsgremiums ist zwar in vielen Fällen ein sinnvolles und nützliches Mittel zur Stärkung der Corporate Governance eines Familienunternehmens. Sie ist aber kein Allheilmittel und kann weder Wunder bewirken noch sich in jedem Fall garantiert segensreich auf die Entwicklung des Familienunternehmens auswirken. Das zeigen ohne Weiteres die regelmäßig wiederkehrenden Beispiele solcher Familienunternehmen, denen trotz bestehender und grundsätzlich erfolgreich tätiger Aufsichts- und Beratungsgremien existenzbedrohende Krisen nicht erspart bleiben. Gleichwohl wäre es falsch, unter Hinweis auf solche Fälle von der Einrichtung von Aufsichts- und Beratungsgremien bei Familienunternehmen abraten zu wollen. Vielmehr gilt wie im Straßenverkehr, dass sinnvolle Sicherheitsmaßnahmen (z. B. Airbags oder ABS) die Risiken statistisch auch dann vermindern, wenn sie im Einzelfall einmal versagt oder sich gar als kontraproduktiv erwiesen haben sollten. Die Erweiterung der Corporate-Governance-Strukturen eines Familienunternehmens um ein Aufsichts- oder Beratungsgremium ist in jedem Fall eine solche sinnvolle Sicherheitsmaßnahme.

Ihre Wirkung liegt in erheblichem Maße schon darin, dass die regelmäßige Berichterstattung der Geschäftsleitung an das Aufsichts- und Beratungsgremium über die aktuelle und die erwartete Entwicklung der Geschäfte sowie die Erarbeitung von Geschäftsplänen für künftige Geschäftsjahre der Geschäftsleitung Gelegenheit geben, selbst einmal Abstand von den zahlreichen Fragen und Problemen des Tagesgeschäfts zu gewinnen und sich mit den großen Linien der Entwicklung des eigenen Unternehmens und seiner Geschäftschancen zu befassen und Strategien für die Zukunft zu entwickeln.

Die häufig an erster Stelle genannte Beratungsfunktion eines freiwillig eingerichteten Aufsichts- oder Beirats stellt in jedem Fall eine wesentliche und für die Rechtfertigung der Existenz dieses Gremiums entscheidende weitere Wirkung dar. Mit der Beratungsfunktion eng verbunden ist die Kontroll- oder Überwachungsfunktion. Sie gehört für obligatorisch zu bildende Aufsichtsgremien zwingend zum Kanon ihrer Aufgaben und wird auch freiwillig gebildeten Gremien häufig zugewiesen.

Eine weitere Funktion von Aufsichtsgremien liegt in vielen Fällen darin, die für die jeweilige Unternehmensleitung erforderlichen Personalentscheidungen zu planen, vorzubereiten und umzusetzen. Auch bei dieser Aufgabe ist es so, dass sie einem obligatorisch gebildeten

Aufsichtsgremium mit einer sogleich zu erwähnenden Ausnahme kraft Gesetzes obliegt, bei freiwillig gebildeten Beratungs- oder Aufsichtsgremien jedoch nur, wenn ihnen der Gesellschaftsvertrag diese Aufgabe ganz oder teilweise zuweist. Die genannte Ausnahme betrifft die drittelparitätisch mitbestimmte GmbH. Bei dieser verbleiben nach § 46 Nr. 5 GmbHG die Zuständigkeiten für die Bestellung und Abberufung der Geschäftsführer sowie für den Abschluss, die Änderung und die Beendigung der Anstellungsverträge mit den Geschäftsführern bei der Gesellschafterversammlung, soweit der Gesellschaftsvertrag diese Aufgaben nicht ausdrücklich dem Aufsichtsrat zuweist.[649] Solche Regelungen finden sich jedoch nur äußerst selten in den Gesellschaftsverträgen drittelparitätisch mitbestimmter Familien-GmbHs. Umgekehrt ist es bei der KGaA. In dieser Rechtsform liegen die die Unternehmensleitung betreffenden Personalzuständigkeiten grundsätzlich beim Aufsichtsrat, können aber durch die Satzung einem zusätzlich gebildeten Gremium, etwa einem Gesellschafterausschuss oder Verwaltungsrat, zugewiesen werden, und zwar selbst dann, wenn die KGaA der paritätischen Mitbestimmung unterliegt.

Schließlich übernimmt das Aufsichtsgremium häufig auch Brückenfunktionen, z. B. zwischen der Geschäftsleitung und den Gesellschaftern oder zwischen dem Unternehmen und seinen Geldgebern oder auch seinen Lieferanten und/oder Kunden. Das Material, aus dem die angesprochenen Brücken gebaut sind, ist in den meisten Fällen das zusätzliche Vertrauen, das die genannten Gruppen dem Familienunternehmen wegen seines Aufsichts- oder Beratungsgremiums entgegenbringen. Es setzt sich aus dem Vertrauen in dessen Mitglieder, aber auch aus Vertrauen in die durch seine Einrichtung im Familienunternehmen geschaffenen Strukturen zusammen.

1.7.1.2.2 Motive

Die Motive von Familienunternehmen zur Einrichtung von Aufsichts- oder Beratungsgremien können höchst unterschiedlich sein.[650] Als typische Fälle können folgende Situationen bezeichnet werden:

- **Zwingende Rechtslage**
  Das Unternehmen wird sich unter Umständen erst mit einiger Verzögerung oder durch Hinweise aus dem Betriebsrat oder einer Gewerkschaft bewusst, dass es die Grenzen der Mitarbeiterzahl (vgl. unten Abschnitt 1.7.2.2.2) überschritten hat, die die Einrichtung eines Aufsichtsrats zwingend erforderlich machen.
- **Krisensituationen**
  Wenn sich eine der für Familienunternehmen nicht untypischen Schwächen solcher Unternehmen realisiert haben sollte, z. B. dadurch, dass starkes Wachstum des Unternehmens eingeleitet wurde, ohne die Unternehmensfinanzierung und das Cashflow Management rechtzeitig an die steigenden Anforderungen anzupassen, wäre es nicht untypisch, wenn am Erfolg des Unternehmens interessierte Gruppen wie die Gesellschafter, die Fremdkapi-

649 *Zöllner/Noack*, in: Baumbach/Hueck, GmbHG, 2019, § 52 Rn. 251.
650 Vgl. *May*, in: Hennerkes/Kirchdörfer, 1998, 359, 360 ff.; *Wiedemann/Kögel*, 2008, § 8 Rn. 8 ff.

talgeber oder ein Großkunde als Voraussetzung für die Erhöhung ihrer finanziellen Unterstützung des Unternehmens oder die Fortführung der Geschäftsbeziehung die Einrichtung eines Aufsichts- oder Beirats verlangen.[651]

- **Konflikte**
  Eine strukturelle Schwäche von Familienunternehmen liegt darin, dass in der Familie emotional begründete Konflikte auf das Unternehmen durchschlagen können. Dabei kann es sich um bis in ihre Kindheit zurückreichende Konflikte zwischen Familienmitgliedern in der Geschäftsleitung, die scheiternde Ehe eines mit einer Tochter der Eigentümerfamilie verheirateten tüchtigen und erfolgreichen Geschäftsführers oder auch um Rivalitäten zwischen Familienstämmen handeln. Zur Verhinderung des Durchschlagens von Emotionen auf geschäftliche Entscheidungen und zur Versachlichung der Diskussion kann die Einrichtung eines Aufsichts- oder Beirats große Hilfe leisten. Sie vermag aber auch nicht jede Form von Konflikten zwischen den Eigentümern von Familienunternehmen zu bewältigen, vor allem dann nicht, wenn die am Konflikt beteiligten Personen nachhaltig starrsinnig oder selbstschädigend irrational handeln.
- **Generationswechsel**
  Wenn eine Generation der Eigentümerfamilie aus der Geschäftsleitung ausscheidet, kann es sich zur Gestaltung eines gleitenden Übergangs auf die nächste Generation von Familienmitgliedern oder von familienfremden Geschäftsführern anbieten, ein Beratungs- oder Aufsichtsgremium einzurichten, in dem der oder die bisherigen Geschäftsführer noch für eine Übergangszeit mitwirken. Allerdings sollten dabei die hinter der – nicht unumstrittenen – Cooling-Off-Regel in den Abschnitten C.7 und C.8 des Deutschen Corporate Governance Kodex (2019) stehenden Motive nicht aus dem Auge verloren werden. Der Wechsel eines Familienpatriarchen in ein Aufsichtsgremium oder gar an dessen Spitze kann sich in bestimmten Konstellationen auch zu einer demotivierenden Belastung für die nächste Generation von Führungskräften auswirken, mögen sie aus der eigenen Familie stammen oder fremde Dritte sein. In dieser Konstellation hängt sehr viel von der Persönlichkeit der beteiligten Personen ab, wenn vermieden werden soll, dass die gut gemeinte Einrichtung eines Aufsichtsgremiums im Ergebnis nachteilig für das Unternehmen wirkt.
- **Attraktivität für familienfremde Manager**
  Familienunternehmen mit einer größeren Zahl von Gesellschaftern können bisweilen für familienfremde Manager Organisationen sein, deren Strukturen als unklar erscheinen und bei denen sie sich nicht sicher fühlen, allein nach Leistung und anderen sachlichen Kriterien beurteilt zu werden. Dies kann dazu führen, dass die Besetzung einer Führungsposition von außen auf Schwierigkeiten stößt, weil die besten Kandidaten lieber in Unternehmen arbeiten, die kraft Rechtsform oder Größe eine für sie vertraute Corporate Governance mit einem Aufsichtsrat aufweisen. In solchen Fällen kann mit der Einführung einer solchen Corporate Governance auch im Familienunternehmen und gegebenenfalls der Mitwirkung familienfremder Dritter im Aufsichtsrat, die Attraktivität des Familienunternehmens für externe Führungskräfte gesteigert werden.

651 *Wiedemann/Kögel*, 2008, § 8 Rn. 8.

1.7.1.2.3 Fakultatives oder obligatorisches Gremium

Für die Beurteilung eines bei einer Familiengesellschaft bestehenden Beratungsgremiums und der mit ihm gemachten Erfahrungen ist von entscheidender Bedeutung, ob es sich um ein im Rahmen der Vertragsfreiheit (vgl. 1.7.1.2) oder um ein aufgrund rechtlich zwingender Vorschriften (vgl. 1.7.1.2.2) geschaffenes Aufsichtsgremium handelt. Das bedeutet keinesfalls, dass aufgrund zwingender Rechtsvorschriften eingerichtete Beratungs- und Aufsichtsgremien zu kritischeren Erfahrungen führen als freiwillig eingerichtete Gremien dieser Art. Ein solcher Schluss könnte denen in den Sinn kommen, die zwingend eingerichtete Aufsichtsgremien mit der Vorstellung verbinden, dass in solchen Gremien Arbeitnehmervertreter mitwirken. Er wäre indes schon deshalb falsch, weil es auch unterhalb der Schwellen, die das Gesetz für die Mitbestimmung der Arbeitnehmer in Aufsichtsgremien setzt, zwingend zu beachtende Rechtsvorschriften gibt, was die Errichtung von Aufsichtsräten angeht, und zwar einerseits rechtsformabhängig für die AG und die KGaA (in §§ 95 ff., 278 Abs. 3, 287 AktG) und andererseits aufsichtsrechtlich für Branchen, die einer besonderen gewerberechtlichen Aufsicht unterliegen (z. B. in § 18 Abs. 2 bis 5 KAGB; §§ 32 Abs. 1 Satz 2 Nr. 8, 25d KWG; §§ 5 Abs. 5 Nr. 9, 35, 119 Abs. 2 Satz 2 Nr. 12 VAG). Zudem gibt es durchaus auch Erfahrungen von Familienunternehmen, in deren Aufsichtsgremien Arbeitnehmervertreter mitwirken, die pauschale Vorurteile gegen die Bildung solcher Aufsichtsgremien widerlegen oder zumindest zu einer differenzierten Beurteilung führen.

Die entscheidende Bedeutung der Grenze zwischen Vertragsfreiheit und Freiwilligkeit bei der Einrichtung eines Aufsichts- oder Beratungsgremiums einerseits und der obligatorischen Berücksichtigung anzuwendender Rechtsvorschriften bei einem solchen Vorgang andererseits liegt vielmehr in der gestalterischen Freiheit, die den Beteiligten im Bereich der Freiwilligkeit und Vertragsfreiheit bleibt. Sie können z. B. die Zahl der Mitglieder des Aufsichtsgremiums frei wählen, selbst eine Einzelperson als Beirat etablieren, den Mitgliedern des Aufsichtsgremiums Haftungsprivilegien einräumen und ihre Aufgaben maßgeschneidert nach den Bedürfnissen ihres Familienunternehmens gestalten. Dagegen setzen zwingend anwendbare Rechtsvorschriften in jedem Fall einen starren Rahmen für das Aufsichtsgremium und die ihm obliegenden Aufgaben sowie die Haftung seiner Mitglieder.

In der Praxis wirken sich die hier hervorgehobenen Unterschiede zwischen freiwillig eingerichteten Beratungs- oder Aufsichtsgremien einerseits und obligatorisch bestehenden Aufsichtsräten andererseits weniger stark aus, als die Gegenüberstellung dieser beiden Typen von Gremien in diesem Abschnitt vermuten lässt. Das hängt unter anderem damit zusammen, dass die Qualität eines Aufsichtsgremiums weniger dadurch bestimmt wird, ob seiner Einrichtung zwingende Rechtsnormen zugrunde liegen, als dadurch, wie gut seine Mitglieder die ihnen obliegenden Aufgaben erfüllen und die für sie bestehenden Möglichkeiten nutzen, im Interesse des Unternehmens aktiv zu werden. Dabei kommt dem Vorsitzenden des Gremiums eine Schlüsselrolle zu, aber auch das Gremium als Ganzes nimmt durch die Entwicklung eines für das jeweilige Aufsichtsgremium charakteristischen Stils und einer dem konkreten Familienunternehmen und seinen Bedürfnissen angepassten Kultur seiner Arbeit erheblichen Einfluss auf die Effizienz, mit der die Aufgaben erfüllt werden. Dieser Stil der Arbeit des Aufsichtsgremiums, diese Herangehensweise an die sich stellenden Aufgaben sind in den einzelnen Unternehmen so unterschiedlich wie die Fingerabdrücke der beteiligten Personen. Und sie hängen vor allem nicht davon ab, ob das jeweilige Aufsichtsgremium freiwillig oder in Erfüllung zwingender Rechtsvorschriften gebildet wurde.

1.7.1.2.4 Kosten

Die Einrichtung eines Aufsichts- oder Beratungsgremiums in einer Familiengesellschaft verursacht Kosten. Diese setzen sich einerseits aus den an die Mitglieder des Gremiums gezahlten Vergütungen und andererseits aus den im Unternehmen durch seine Existenz verursachten Folgekosten (z. B. für die Organisation des Beratungs- oder Aufsichtsgremiums und seiner Sitzungen oder für die laufende Berichterstattung an das Gremium) zusammen.

Die Folgekosten in einem ordentlich geführten Familienunternehmen dürften kaum ins Gewicht fallen, weil die meisten an das Beratungs- oder Aufsichtsgremium zu erstattenden Berichte ohnehin im Unternehmen erstellt werden sollten und die Organisation der Arbeit des Gremiums häufig durch gut eingespielte Kräfte im Sekretariat der Geschäftsleitung mit erledigt werden kann.

Die Vergütung der Mitglieder des Aufsichts- oder Beratungsgremiums wird durch die Höhe der festgelegten Jahresbeträge und die Zahl der Mitglieder bestimmt. Sie wird typischerweise jährlich nachschüssig, und zwar meist nach der Gesellschafterversammlung entrichtet, die den Jahresabschluss des vorangegangenen Geschäftsjahrs festgestellt hat. Ein seit langem gerügtes Ärgernis besteht darin, dass die Vergütung der Mitglieder der Aufsichtsorgane von Körperschaften, also insbesondere AG und GmbH nach § 10 Nr. 4 KStG nur zur Hälfte als Betriebsausgabe steuerlich abgesetzt werden darf.[652]

Die Höhe der Vergütung wird im Bereich der obligatorisch eingerichteten Aufsichtsgremien durch § 113 AktG geregelt und soll nach Abs. 1 Satz 3 dieser Norm in einem angemessenen Verhältnis zu den Aufgaben der Aufsichtsratsmitglieder und zur Lage der Gesellschaft stehen. Dies führt im Ergebnis dazu, dass die bei Unternehmen vergleichbarer Größe vorgefundenen Vergütungen als Maßstab herangezogen werden.[653] Weil solche Vergütungen bei einer börsennotierten AG publik sind, dienen diese Gesellschaften allen anderen Unternehmen als Maßstab. Da dieser Maßstab zugleich die Marktgegebenheiten widerspiegelt, kommt er auch für die Vergütung von Mitgliedern freiwillig gebildeter Aufsichtsgremien zum Tragen. Das gilt umso mehr, als sich die Zahl derjenigen, die für die Übernahme von Mandaten in Aufsichtsgremien anderer Unternehmen zur Verfügung stehen, in letzter Zeit eher verringert hat. Hierzu haben

652 *Mertens/Cahn*, in: KK-AktG, 2013, § 113 Rn. 56 m. w. N. in Fn. 184 f.; *Hüffer/Koch*, AktG, 2020, § 113 Rn. 25; *Peltzer*, *in:* FS Zimmerer, 1997, 377, 387 ff.

653 *Mertens/Cahn*, in: KK-AktG, 2013, § 113 Rn. 30.

Rechtsänderungen, die die Höchstzahl solcher Mandate einschränken, ebenso beigetragen wie die immer stärkere Zurückhaltung aktiver Führungskräfte großer Unternehmen, solche Aufgaben zu übernehmen.

1.7.1.2.5 Transparenz und Vertraulichkeit

Voraussetzung für die erfolgreiche Arbeit eines Aufsichts- oder Beirats in einem Familienunternehmen ist es, dass zwischen der Geschäftsleitung und dem Aufsichtsgremium, zwischen dessen Vorsitzenden und den Mitgliedern, sowie zwischen den Mitgliedern untereinander Transparenz in allen das Unternehmen betreffenden Angelegenheiten herrscht. Es ist ungünstig und für die Arbeit des Gremiums nachteilig, wenn seine Mitglieder über unterschiedlich gute Informationen verfügen. Natürlich setzt die erforderliche Offenheit bei der Information der Mitglieder des Aufsichtsgremiums auch voraus, dass sich die Geschäftsleitung felsenfest darauf verlassen kann, dass sie die der Gesellschaft geschuldete Vertraulichkeit wahren. Das wechselseitige Vertrauen in die rückhaltlose Offenheit bei der Information einerseits und die Wahrung der Vertraulichkeit der mitgeteilten Informationen andererseits sind wesentliche Grundlagen für die erfolgreiche Zusammenarbeit der Geschäftsleitung mit einem Aufsichts- oder Beratungsgremium. Diese eigentlich selbstverständliche Situation bedarf deshalb der Erwähnung, weil es immer wieder Familienunternehmer gibt, denen es ausgesprochen schwer fällt, Betriebs- und Geschäftsgeheimnisse mit Dritten zu teilen, die nicht zu ihrer eigenen Familie gehören. Diese Hemmschwelle muss erfolgreich überwunden werden, wenn die Einrichtung eines Aufsichts- oder Beirats zum Erfolg des Familienunternehmens beitragen soll.

1.7.1.2.6 Besetzung

Auch für die Besetzung des Aufsichts- oder Beirats ist es entscheidend, ob das Gremium freiwillig oder aufgrund zwingender Rechtsvorschriften gebildet wird. Denn im letztgenannten Fall können zwingende Rechtsvorschriften verlangen, dass Vertreter der Arbeitnehmer, der für sie zuständigen Gewerkschaft, der leitenden Angestellten oder – im Falle staatlich beaufsichtigter Unternehmen – Personen mit besonderen beruflichen Qualifikationen in den Aufsichtsrat gewählt werden.

Soweit die Familiengesellschafter frei sind, die Vertreter des Aufsichtsgremiums selbst zu bestimmen, denken sie bisweilen an Personen aus folgenden Gruppen[654], wenn es um die Besetzung des Aufsichtsgremiums geht: eigene Freunde und Bekannte; Banken, Lieferanten und Kunden; Rechts-, Steuer- oder Unternehmensberater; oder auch ehemalige Geschäftsleiter des Unternehmens.

654 *Wiedemann/Kögel*, 2008, 117 f.

Gesellschafter sollten, obwohl sie nach dem Deutschen Corporate Governance Kodex nicht als unabhängig gelten (Nrn. C.6 – C.8 DCGK), keinesfalls von der Mitwirkung im Aufsichtsrat oder Beirat des Familienunternehmens ausgeschlossen werden[655]. Etwas anderes kommt allenfalls für freiwillig gebildete Beiräte in Betracht, die ausschließlich Beratungsfunktion haben und insbesondere keine Personalentscheidungen treffen können.

Bei größeren Familienunternehmen und Unternehmerfamilien, die über hinreichend qualifizierte Familienmitglieder verfügen, spricht alles dafür, dass die Unternehmerfamilie im Aufsichtsgremium entscheidenden Einfluss besitzt. Gleichzeitig sollte sie aber auch unabhängige Vertreter der Anteilseigner in das Gremium entsenden, um sich deren Erfahrungen und Sachverstand ebenso nutzbar zu machen wie ihre Distanz zu emotionalen Befindlichkeiten, die es innerhalb der Unternehmerfamilie geben mag. Es liegt auf der Hand, dass sich eine solche Mischung von Familienvertretern und externen Mitgliedern leichter herstellen lässt, wenn es sich um einen Aufsichts- oder Beirat ohne Arbeitnehmervertreter handelt, der neun oder zwölf Mitglieder hat, als wenn ein solches Gremium mit drei oder sechs Mitgliedern zu besetzen ist, von denen auch noch ein Drittel Arbeitnehmervertreter sein müssen. In den letztgenannten Fällen bietet es sich an, neben dem obligatorischen Aufsichtsrat noch einen rein der Beratung der Geschäftsleitung dienenden Beirat zu etablieren, dem auch die Anteilseignervertreter im Aufsichtsrat angehören sollten.

1.7.2 Rechtliche Gestaltung

Für die rechtliche Gestaltung eines Aufsichts- oder Beratungsgremiums in einem Familienunternehmen kommt es entscheidend auf dessen Rechtsform und Größe an und darauf, ob sich aus diesen Kriterien die zwingende Einführung eines Aufsichtsrats ergibt, oder ob für das betreffende Familienunternehmen Vertrags- und Gestaltungsfreiheit besteht.

1.7.2.1 Bedeutung der Rechtsform

Familienunternehmen in der Rechtsform einer dem dualistischen System folgenden SE, einer AG oder einer KGaA müssen aufgrund zwingender gesetzlicher Vorschriften einen Aufsichtsrat bilden. Die persönlich haftenden Gesellschafter und Kommanditaktionäre einer KGaA haben allerdings die Freiheit, ein zusätzliches Gremium einzurichten und diesem die Zuständigkeit für die Personalangelegenheiten der persönlich haftenden Gesellschafter und auch bestimmte Zustimmungsbefugnisse zu wichtigen Geschäftsvorfällen einzuräumen, die ggf. zusätzlich zu denen des Aufsichtsrats bestehen.

655 A. A. *Wiedemann/Kögel*, 2008. 118.

1.7.2.2 Obligatorische Aufsichtsgremien

Neben den Unternehmen der öffentlichen Hand, die als Familienunternehmen nicht in Betracht kommen, gibt es zwei Gruppen privater Unternehmen, die kraft Gesetzes Beratungs- und Aufsichtsgremien einrichten müssen, nämlich diejenigen, die durch ihre Rechtsform oder durch Mitbestimmungsgesetze hierzu verpflichtet sind und diejenigen, die wegen ihres Unternehmensgegenstandes staatlicher Aufsicht unterliegen, die in aufsichtsrechtlichen Gesetzen die Einrichtung eines Aufsichtsrats verlangt.

1.7.2.2.1 Rechtsform

Kraft ihrer Rechtsform müssen
- AG gem. §§ 95 ff. AktG,
- KGaA gem. §§ 278 Abs. 3, 95 ff. AktG und
- dem dualistischen System folgende SE gem. Art. 9 Abs. 1c, 40 ff. VO Statut SE, §§ 95 ff. AktG

einen Aufsichtsrat einrichten, auf den die Vorschriften des Aktiengesetzes über den Aufsichtsrat anzuwenden sind, wobei für eine KGaA die vorstehend in 1.7.2.1 angesprochenen Gestaltungsspielräume bestehen.

1.7.2.2.2 Mitbestimmungsgesetze und Quotengesetz

Rechtsformübergreifend müssen auch Familienunternehmen einen Aufsichtsrat errichten, wenn sie der Mitbestimmung unterliegen. Dies ist dann der Fall, wenn eines der folgenden Gesetze auf sie anzuwenden ist, deren Regeln über die Mitbestimmung auf Unternehmensebene jeweils mit dem Überschreiten der in Klammern hinzugesetzten Mitarbeiterzahlen anwendbar werden:
- das Drittelbeteiligungsgesetz (500 Mitarbeiter);[656]
- das Mitbestimmungsgesetz (2.000 Mitarbeiter);[657]
- das Montanmitbestimmungsgesetz (1.000 Mitarbeiter);[658] oder
- das Mitbestimmungsergänzungsgesetz (1.000 Mitarbeiter).[659]

Die beiden letztgenannten Gesetze sind der Vollständigkeit halber aufgeführt. Ihre praktische Bedeutung ist allgemein nicht mehr groß und dürfte für Familienunternehmen noch geringer sein. Für die Anwendung der genannten Größenkriterien wird im Zweifel eher nach Köpfen als nach Vollzeitmitarbeitern (FTE) gezählt.[660]

656 BGBl I 2004, 974, letzte Änderung BGBl I 2015, 642.
657 BGBl I 1976, 1153, letzte Änderung BGBl I 2015, 642.
658 BGBl I 1951, 347, letzte Änderung BGBl I 2015, 642.
659 BGBl I 1956, 707, letzte Änderung BGBl I 2015, 642.
660 Zu den verwirrend komplizierten Einzelheiten siehe etwa *Henssler*, in: Ulmer/Habersack/Henssler, 2013, § 3 Rn. 8–72.

Dagegen ist es das Ergebnis einer neueren Rechtsentwicklung, dass das Gesetz über die Geschlechterquote[661] mit seinen Bestimmungen über flexible Zielgrößen für den Frauenanteil in Aufsichtsräten und auf den Führungsebenen der Unternehmen daran anknüpft, dass die Unternehmen einem der vorgenannten Mitbestimmungsgesetze unterliegen.

1.7.2.2.3 Regulierte Industrien

Bei bestimmten aufsichtspflichtigen Unternehmensgegenständen, die aus der Sicht des Gesetzgebers mit besonderen Risiken verbunden sind, schreibt er in den betreffenden Aufsichtsgesetzen vor, dass solche Unternehmen zwingend über Aufsichtsräte verfügen müssen und ergänzt dies meist auch noch mit Anforderungen an die persönliche Qualifikation der Aufsichtsratsmitglieder.

Systematisch gibt es hierfür zwei unterschiedliche Ansätze. Den einen hat der Gesetzgeber bei Versicherungen gewählt. Er besteht darin, für Unternehmen, die das regulierte Geschäft ausüben, nur Rechtsformen zuzulassen, bei denen ein Aufsichtsgremium zwingend gebildet wird. Dies erreicht für Versicherungen die Vorschrift des § 8 Abs. 2 VAG.

Die Alternative zu diesem Ansatz besteht darin, Unternehmen, die ein staatlich beaufsichtigtes Geschäft betreiben, unabhängig von der Rechtsform die Einrichtung eines Aufsichts- oder Verwaltungsrats vorzuschreiben. Diesen Weg wählt das Aufsichtsrecht für Kredit- und Finanzdienstleistungsinstitute, das in § 24 Abs. 1 Nrn. 15 und 15a, § 25d und § 32 Abs. 1 Satz 2 Nr. 8 KWG schlicht voraussetzt, dass ein solches Institut ein Aufsichtsorgan hat, worin zugleich die entsprechende Anordnung des Gesetzgebers zur Einrichtung eines solchen Organs auch für Institute mit Rechtsformen gesehen wird, die kein obligatorisches Aufsichtsorgan vorschreiben. In ähnlicher Weise geht das KAGB vor, das in § 18 Abs. 2 KAGB die Bildung von Aufsichtsräten für externe Kapitalverwaltungsgesellschaften auch dann vorschreibt, wenn diese in der Rechtsform einer GmbH oder einer GmbH & Co. KG betrieben werden.

1.7.2.3 Fakultative Aufsichtsgremien

Für die freiwillige Einrichtung von Aufsichts- und Beratungsgremien verbleiben somit vor allem diejenigen Unternehmen, die als Personenhandelsgesellschaften, insbesondere auch in der Rechtsform der GmbH & Co. KG, im großen Bereich der nicht regulierten Industrien betrieben werden. Dabei sollte nicht übersehen werden, dass auch Einzelunternehmen gelegentlich Beratungsgremien einrichten. Beispiele hierfür gibt es etwa im Bereich großer Vermögen, die mit einer Ausrichtung auf Land- und Forstwirtschaft und/oder die allgemeine Vermögensverwaltung von Alleineigentümern gehalten werden.

661 BGBl I 2015, 642.

1.7.2.3.1 Rechtliche Grundlagen

Rechtliche Grundlage für die Einrichtung eines fakultativen Beratungs- oder Aufsichtsgremiums ist in erster Linie der Gesellschaftsvertrag des betreffenden Unternehmens. Zweckmäßigerweise werden die Einzelheiten, insbesondere das Verfahren dieses Gremiums zur Entlastung des Gesellschaftsvertrags in einer Geschäftsordnung geregelt. Bei einem Einzelunternehmen ist die Geschäftsordnung des Gremiums die einzige abstrakt generelle Regelungsmöglichkeit. Sie wird dann ggf. noch durch schriftliche Beratungsverträge mit seinen Mitgliedern ergänzt, während die mit den Beiratsmitgliedern von Personengesellschaften geschlossenen Dienstverträge häufig nur mündlich bestehen.

1.7.2.3.2 Gesellschaftsvertrag

Für einen freiwillig eingerichteten Bei- oder Aufsichtsrat sind die seine Einrichtung betreffenden Bestimmungen im Gesellschaftsvertrag des Familienunternehmens grundlegend. Ein ohne ein solches rechtliches Fundament im Gesellschaftsvertrag eingerichtetes Beratungs- und Aufsichtsgremium bliebe ein rechtliches Nullum und könnte keine von der Geschäftsleitung des Familienunternehmens zwingend zu beachtenden Befugnisse (z. B. Zustimmungsrechte) haben. Die Gestaltung der das Aufsichtsgremium betreffenden Bestimmung im Gesellschaftsvertrag wird dadurch geprägt, dass einerseits alles Regelungsbedürftige aufgenommen und andererseits die Regelung auf das Wesentliche beschränkt werden sollte. Denn die Details der Arbeit des Aufsichtsgremiums lassen sich flexibler und kostengünstiger in der Geschäftsordnung regeln, die bei den Kapitalgesellschaften (AG, SE und GmbH) noch dazu den Vorteil hat, nicht für jedermann einsehbar beim Handelsregister hinterlegt werden zu müssen. Typischerweise kommt deshalb die Regelung des Aufsichtsgremiums im Gesellschaftsvertrag mit einem oder maximal zwei Paragraphen aus.

In jedem Fall regelungsbedürftig sind, sofern die Gesellschafter das Aufsichtsgremium mit entsprechenden Befugnissen ausstatten möchten, die folgenden Themen:

- die Einsetzung eines Aufsichtsgremiums;
- seine Aufgaben, z. B. die Beratung und Überwachung der Geschäftsleitung, die Mitwirkung bei der Aufstellung und Prüfung von Jahresabschlüssen und/oder der Abhaltung von Gesellschafterversammlungen;
- die Zahl der Mitglieder des Aufsichtsgremiums;
- Anforderungen an die Mitglieder des Aufsichtsgremiums, z. B. hinsichtlich eines Mindest- und/oder Höchstalters, ihres Geschlechts, ihrer fachlichen Qualifikation;
- die Amtszeit der Mitglieder, für die sich als Mindestdauer drei und als Höchstdauer fünf Jahre (in Anlehnung an § 102 Abs. 1 AktG) empfehlen;
- das Verfahren zur Bestellung und Abberufung der Mitglieder;
- Entsendungsrechte für einzelne Gesellschafter oder Gruppen von Gesellschaftern, bei denen auch geregelt werden sollte, für welche Amtszeit sie jeweils ausgeübt werden;

- ein Katalog zustimmungspflichtiger Geschäfte oder die Ermächtigungsgrundlage für die Gesellschafterversammlung oder das Aufsichtsgremium, in der (nicht öffentlich einsehbaren) Geschäftsordnung des Gremiums einen solchen Katalog festzulegen;
- die Frequenz der Sitzungen des Aufsichtsgremiums;
- eine Ermächtigungsgrundlage zum Erlass einer Geschäftsordnung des Aufsichtsgremiums, wobei die entsprechende Ermächtigung entweder diesem Gremium selbst oder der Gesellschafterversammlung oder so erteilt werden kann, dass eines der beiden Organe zum Erlass der Geschäftsordnung ermächtigt, dabei aber gleichzeitig an die Zustimmung des jeweils anderen Organs gebunden wird;
- eine Klarstellung, ob die aktienrechtlichen Vorschriften über den Aufsichtsrat auf das Aufsichtsgremium anwendbar sein sollen oder nicht;
- die Vergütung der Mitglieder des Aufsichtsgremiums, für die auch geregelt werden kann, dass sie von der Gesellschafterversammlung festgesetzt wird;
- gegebenenfalls Haftungserleichterungen oder -beschränkungen zugunsten der Mitglieder des Aufsichtsgremiums, wenn solche Bestimmungen gewünscht werden.

1.7.2.3.3 Geschäftsordnung

Eine Geschäftsordnung für das Aufsichtsgremium wird entweder von diesem selbst oder, wenn der Gesellschaftsvertrag dies vorsieht, von der Gesellschafterversammlung oder von einem dieser beiden Gremien mit Zustimmung des jeweils anderen erlassen. Ihr Gegenstand sind vor allem Verfahrensfragen, also z. B.

- das Verfahren zur Bestellung eines Vorsitzenden und seines oder seiner Stellvertreter sowie deren Rechte und Aufgaben;
- Einladungsfristen;
- die Sitzungsvorbereitung (z. B. das Erfordernis einer Tagesordnung);
- die Beschlussfassung;
- die Sitzungsleitung durch den Vorsitzenden oder seinen Stellvertreter;
- die Protokollierung des wesentlichen Inhalts der Beratungen oder jedenfalls der Beschlüsse des Aufsichtsgremiums;
- das Recht der Mitglieder der Geschäftsleitung zur Teilnahme an den Sitzungen und seine Grenzen;
- Beschlussfassungen außerhalb von Sitzungen;
- ggf. Notzuständigkeiten des Vorsitzenden in Eilfällen.

1.7.2.4 Berücksichtigung von Familienstämmen

In vielen Fällen von Familienunternehmen entstehen ab der zweiten Generation von Anteilseignern dadurch Familienstämme, dass es entweder mehrere Gründungsgesellschafter aus einer oder mehreren Familien gab oder dass der Gründungsgesellschafter mehrere Kinder aus einer oder mehreren Ehen oder eheähnlichen Verbindungen hat. In solchen Fällen kann es sein, dass die Gesamtheit der Gesellschafter sich in Familienstämme zu gliedern beginnt, in denen jeweils das Gefühl entsteht, eigene von den Interessen der übrigen Familienstämme unterscheidbare Interessen zu haben. Darauf, ob dieser Eindruck objektiv berechtigt ist, kommt es nicht entscheidend an. Es geht vielmehr darum, einem sich gruppendynamisch entwickelnden Stammesbewusstsein, das weder zwingend ist noch von der Gesamtheit der Gesellschafter gestärkt werden sollte, mit gesellschaftsrechtlichen Mitteln gerecht zu werden. Zu diesen Mitteln gehören neben Vorerwerbsrechten an innerhalb der Familienstämme zur Veräußerung gelangenden Anteilen, vor allem Entsendungsrechte in ein Aufsichtsgremium, mit deren Hilfe Familienstämme, die nur mit Minderheit beteiligt sind, vor der Sorge bewahrt werden können, sie blieben von jedem Einfluss auf ihr Unternehmen ausgeschlossen.

Wird allerdings ein Aufsichtsgremium von den Familieneigentümern ausschließlich durch die Ausübung von Entsendungsrechten der Familienstämme besetzt, so ist nachdrücklich zu empfehlen, dass diesem Aufsichtsgremium zu etwa 25 bis 35 % seiner Mitglieder auch familienfremde Experten angehören. Sie können dann einen geeigneten Zusammenhalt zwischen den Stammesvertretern im Aufsichtsgremium bewirken und dazu beitragen, dass es im Interesse des ganzen Unternehmens handelt und sich nicht durch die allzu starke Betonung von Stammesinteressen prägen lässt, die häufiger emotional begründet als rational verständlich sind.

1.7.2.5 Zusammensetzung des Aufsichtsgremiums

Die Zusammensetzung eines Aufsichtsgremiums wird stark durch die konkrete Situation im Einzelfall geprägt. Maßgebende Faktoren sind

- die Rechtsform des Unternehmens;
- die Größe des Unternehmens und die Zahl seiner Mitarbeiter, von der abhängen kann, ob für das Aufsichtsgremium eine (drittel-)paritätische Mitbestimmung der Arbeitnehmer und die an dieses Kriterium der Mitbestimmung anknüpfenden Rechtsfolgen des Quotengesetzes[662] gelten;
- die Zahl der am Unternehmen beteiligten Familienmitglieder;
- die Komplexität der vom Unternehmen betriebenen Geschäfte und der mit seinem Betrieb verbundenen Risiken;
- das Maß, in dem die Gesellschafter bereit sind, Empfehlungen des Corporate Goverance Kodex umzusetzen, selbst wenn dieser gesetzlich nicht auf ihr Unternehmen anwendbar sein sollte.

Neben diesen Kriterien spielen die nachstehend angesprochenen Umstände bei der Zusammensetzung des Aufsichtsgremiums eine Rolle.

---

662 BGBl I 2015, 642.

1.7.2.5.1 Zeitliche Verfügbarkeit

Grundvoraussetzung für eine Mitwirkung im Aufsichtsgremium ist die ausreichende zeitliche Verfügbarkeit jedes einzelnen seiner Mitglieder. Wer es aus Gründen beruflicher Überlastung oder mangelnder Gesundheit nicht einrichten kann, die ihm zugehenden laufenden Berichte des Unternehmens sorgfältig zu analysieren und zu prüfen sowie an allen Sitzungen des Aufsichtsgremiums und seiner Ausschüsse, denen er ggf. angehört, und an der jährlichen Gesellschafter- oder Hauptversammlung teilzunehmen, und diese Sitzungen im erforderlichen Umfang vor- und nachzubereiten, sollte sich entweder nicht wählen lassen oder bei nachträglichem Eintreten der hindernden Umstände sein Amt niederlegen. Denn andernfalls schwächt er das Aufsichtsgremium und seine Funktion und setzt sich möglicherweise obendrein noch Haftungsrisiken aus.

1.7.2.5.2 Lebenserfahrung

Lebenserfahrung ist ein wertvolles Kriterium für die Mitwirkung in Aufsichtsgremien, vor allem, wenn sie sich auf unternehmerische Entscheidungen erstreckt. In welchem Maße sie dem Unternehmen, um dessen Aufsichtsgremium es geht, im konkreten Fall nützlich sein kann, hängt vor allem von dessen Geschäftsgegenstand ab. Unternehmen, die neue Technologien oder innovative Vertriebskonzepte verfolgen, können durchaus auch von erfolgreichen Jungunternehmern oder jüngeren Technikern in ihren Aufsichtsgremien profitieren. Mit Altersgrenzen von mindestens 40 und höchstens 72 bis 75 Jahren lassen sich gute Mischungen von Nähe zu aktuellen Trends und Lebenserfahrung erzielen.

1.7.2.5.3 Gesellschafter

Gesellschafter gehören, auch wenn sie nach dem Deutschen Corporate Governance Kodex (»DCGK«) nicht als unabhängig angesehen werden, in jedem Fall in das Aufsichtsgremium ihres Familienunternehmens. Sie sollten dort aber keinesfalls unter sich bleiben, sondern sich mit familienfremden Nichtgesellschaftern mischen, die unabhängig sind und den Gesellschaftern Anregungen aufgrund ihrer beruflichen Spezialkenntnisse und ihrer Erfahrungen in der Leitung oder Beaufsichtigung anderer Unternehmen geben können.

1.7.2.5.4 Freunde, Bekannte und Geschäftspartner

Gegenüber persönlichen Freunden der Hauptgesellschafter, noch dazu, wenn letztere in der Geschäftsleitung tätig sind, ist als potenziellen Mitgliedern des Aufsichts- oder Beirats ebenso Zurückhaltung anzuraten, wie gegenüber Vertretern wichtiger Lieferanten oder Kunden.[663] Bei den einen kann es leicht die bisherige Freundschaft trüben, wenn gegensätzliche geschäftliche

663 *Wiedemann/Kögel*, 2008, 118.

Ansichten zur Sprache kommen, und die anderen haben eigene Interessen, die sich zwar teilweise mit denen des Familienunternehmens decken mögen, aber dies niemals vollständig tun.

1.7.2.5.5 Berater

Wirtschaftsprüfer sind meistens durch ihr Berufsrecht an der Annahme von Mandaten gehindert. Rechtsanwälte und Steuerberater haben bei obligatorisch eingerichteten Gremien Nachteile aus der extensiven Auslegung, die § 114 AktG durch die Rechtsprechung erfahren hat und sollten möglichst auch nicht persönlich an der professionellen Beratung der Familiengesellschaft beteiligt sein, deren Aufsichtsgremium sie angehören.

1.7.2.5.6 Bankenvertreter

Vertreter einer Hausbank sollten eher nicht in das Aufsichtsgremium einer Familiengesellschaft gewählt werden, weil sie leicht in einen Interessenkonflikt geraten können, wenn sich die Interessen des Unternehmens nicht mit denen der Bank decken. Sie können jedoch möglicherweise dann nicht übergangen werden, wenn ihre Bank eine Schlüsselrolle bei einer Sanierung oder Restrukturierung der Familiengesellschaft spielt.

1.7.2.5.7 Wissenschaftler

Bei stark von einer bestimmten Technologie geprägten Unternehmen ist es regelmäßig hilfreich, unter den familienfremden Mitgliedern des Aufsichtsgremiums einen einschlägig tätigen Wissenschaftler einer (technischen) Universität oder Forschungseinrichtung zu haben, der einerseits die aktuellen Entwicklungen dieser Technologie kennt und andererseits Hinweise für die zweckmäßige Organisation der Forschung und Entwicklung des Unternehmens geben kann. Der zweitgenannte Aspekt spricht einen Bereich an, in dem alle Unternehmen, die eine eigene Forschung und Entwicklung unterhalten, von den Erfahrungen eines Wissenschaftlers profitieren können, der größere Forschungsprojekte durchgeführt hat und weiterhin abwickelt.

1.7.2.5.8 Ehemalige Geschäftsleiter

Zu ehemaligen Geschäftsleitern wurde bereits an Nr. C.7 DCGK erinnert, eine Regel, die zu befolgen es auch bei nicht börsennotierten Familiengesellschaften gute Gründe gibt. Mit den sich daraus ergebenden Einschränkungen können ehemalige Geschäftsleiter natürlich äußerst wertvolle Ratgeber eines Familienunternehmens sein, sowohl in einem Aufsichtsgremium als auch außerhalb desselben.

1.7.2.6 Der Vorsitzende und seine Stellvertreter

Die Arbeit eines Aufsichtsgremiums wird maßgeblich durch seinen Vorsitzenden geprägt und zusätzlich durch den oder die stellvertretenden Vorsitzenden beeinflusst. Bei einem Familienunternehmen gehört der Vorsitzende häufig der Gründer- oder Eigentümerfamilie an. In diesem Fall hat er mehrere Rollen auszufüllen. Er ist dann nämlich:
- der Leiter des Aufsichtsgremiums und als solcher das wichtigste Bindeglied zwischen seinen familienangehörigen und familienfremden Mitgliedern;
- die wichtigste Verbindungsperson zwischen den Familiengesellschaftern und den familienfremden Geschäftsleitern; und
- in vielen Fällen auch ein Kristallisationspunkt für die Eigentümerfamilie, dessen Rolle bisweilen auch als diejenige eines Familienoberhaupts wahrgenommen wird.

Stellvertretende Vorsitzende haben grundsätzlich eine wesentlich weniger sichtbare Funktion als Vorsitzende von Aufsichts- oder Beiräten. Sie können aber über ihre Aufgabe, den Vorsitzenden im Fall seiner Verhinderung zu vertreten, auch zu seiner Entlastung beitragen, indem sie etwa einzelne Projekte des Aufsichtsgremiums federführend übernehmen. Zudem ist die Aufgabe als stellvertretender Vorsitzender gut geeignet, um sich auf das Amt eines Vorsitzenden vorzubereiten. Gar nicht so selten findet man Unternehmen mit zwei stellvertretenden Vorsitzenden, bei Familienunternehmen etwa dergestalt, dass je ein stellvertretender Vorsitzender von den familienangehörigen und den familienfremden Mitgliedern des Aufsichtsgremiums gestellt wird.

1.7.2.7 Corporate Governance

Je nach ihrer Größe und auch abhängig von ihrer Rechtsform und danach, ob sie kapitalmarktorientiert ist oder nicht, wird auch eine Familiengesellschaft sich mit der Frage ihrer Corporate Governance zu befassen haben. Ihr Aufsichtsgremium ist hier einerseits als Ratgeber gefragt und andererseits mit seiner Organisation und Arbeit selbst betroffen. Dabei sollte es sich vor allem mit den nachfolgend stichwortartig angesprochenen Themen befassen:

1.7.2.7.1 Ausschüsse

Ab einer gewissen Größe des Aufsichtsgremiums und vor allem des von ihm beaufsichtigten Unternehmens empfiehlt sich unabhängig von den Vorgaben in § 107 Abs. 3 AktG, Grundsatz 14 des DCGK und den dazu im DCGK gegebenen Empfehlungen sowie von § 25d Abs. 7 bis 12 KWG die Einrichtung von Ausschüssen, um die Arbeit des Plenums von Detailaufgaben zu entlasten und seine Entscheidungen vorzubereiten. Dabei kommt den Ausschüssen, die sich mit dem internen und externen Rechnungswesen, der Abschlussprüfung und dem Risikomanagement befassen und denjenigen, die Personalentscheidungen auf der Ebene der Unternehmensleitung vorbereiten, eine besondere Bedeutung zu. Welche weiteren Ausschüsse sich für ein

Aufsichtsgremium eines Familienunternehmens empfehlen, hängt stark vom Zuschnitt des Unternehmens ab. So können etwa bei einem Unternehmen der Markenartikelindustrie ein Marketingausschuss und bei einem High Tech-Unternehmen ein Technologieausschuss sinnvoll sein. Ausschüsse sollten nur gebildet werden, wenn das Plenum in der Lage ist, mindestens drei seiner Mitglieder in den Ausschuss zu entsenden.

1.7.2.7.2 Risikomanagement

Auch kleine und mittlere Familienunternehmen müssen sich mit den ihrem Geschäft drohenden Risiken und geeigneten Strategien zu deren Minimierung und Steuerung befassen. Ein Aufsichtsgremium kann bei der Erfüllung dieser Aufgabe wertvolle Erfahrungen und Hinweise beisteuern.

1.7.2.7.3 Compliance

Im modernen geschäftlichen Umfeld ist es essentiell, dass Unternehmen die für ihre Geschäftstätigkeit maßgeblichen Rechtsvorschriften des In- und Auslands kennen und einhalten. Die Befolgung dieser Regel wird als Compliance bezeichnet. Bei ihrer Einführung, Ausgestaltung und Verstärkung sowie bei der Prüfung ihrer Effizienz können und sollten die Mitglieder eines Aufsichtsgremiums durch die Einbringung ihrer Erfahrungen Hilfe leisten.

1.7.2.7.4 Unabhängigkeit

In Abschnitt C.II. DCGK wird das Prinzip der Unabhängigkeit der Mitglieder von Aufsichtsgremien besonders intensiv behandelt. Ein wesentlicher Aspekt der in dieser Empfehlung geregelten Unabhängigkeit ist die Frage, ob Familiengesellschafter trotz ihrer Beteiligung am Unternehmen »unabhängig« sein können. Diese Frage erscheint für die große Zahl am langfristigen Erfolg ihrer Unternehmen interessierter Unternehmer- und Eigentümerfamilien falsch gestellt. Denn ihre Mitglieder können nicht unbesehen mit Finanzinvestoren in einen Topf geworfen werden, die sich mit der Absicht kurzfristiger Maximierung realisierter Kapitalrenditen an Unternehmen beteiligen. Familienunternehmen sollten sich deshalb nicht mit dem Stichwort »Unabhängigkeit« in die Defensive treiben lassen, sondern ihre auf langfristigen unternehmerischen Erfolg zielenden Strategien als Gegenargument dafür verwenden, dass gerade ihre diesem Ziel verpflichteten Eigentümer Garanten für die Nachhaltigkeit der Unternehmensentwicklung sind. Die Neufassung 2019 des DCGK hat in dessen Abschnitt C.8 mit der Hinwendung zum Prinzip »Comply or Explain« einen Schritt in die richtige Richtung unternommen.

1.7.2.7.5 Finanzexperte

Sollte eine Familiengesellschaft Wertpapiere ausgeben, die an einem organisierten Markt gehandelt werden oder deren Zulassung zu einem solchen Markt beantragt ist, so wird sie dadurch zu einem kapitalmarktorientierten Unternehmen i. S. v. § 264d HGB. Dies hat zur

Folge, dass ihrem Aufsichtsrat nach § 100 Abs. 5 AktG (ggf. i. V. m. § 52 GmbHG) ein unabhängiger Finanzexperte angehören muss. Bildet ein solcher Aufsichtsrat einen Prüfungsausschuss, muss nach § 107 Abs. 4 AktG auch diesem Prüfungsausschuss ein unabhängiger Finanzexperte angehören, der mit dem nach § 100 Abs. 5 AktG erforderlichen identisch sein kann. Großen Familienunternehmen ist die freiwillige Befolgung dieser Regeln durchaus auch dann zu empfehlen, wenn sie bewusst keine in organisierten Märkten gehandelten Wertpapiere ausgeben.

1.7.2.7.6 Internes Kontrollsystem

Eckpfeiler jeder guten Corporate Governance in einem Familienunternehmen ist ein der Größe und Komplexität des Unternehmens entsprechendes internes Kontrollsystem. Es muss dem Finanzbereich der Unternehmensleitung jederzeit einen aktuellen Einblick in die Entwicklung aller wesentlichen betriebswirtschaftlichen Kennzahlen und deren Vergleich mit dem vorangegangenen Geschäftsjahr und mit der jeweils maßgeblichen Unternehmensplanung ermöglichen und setzt den Einsatz zuverlässig arbeitender und leistungsfähiger EDV-Systeme voraus. Ohne eine Infrastruktur, die mit einem solchen Kontrollsystem arbeitet und auch eine Revision umfasst, die die Einhaltung aufgestellter Regeln und die Effizienz der eingesetzten Systeme prüft, vermögen auch die höchste Innovationskraft und technische Kompetenz oder ein besonders erfolgreiches Vertriebssystem keinen nachhaltigen wirtschaftlichen Erfolg zu sichern. Deshalb sollte jedes Aufsichtsgremium eines Familienunternehmens die effiziente Arbeit der internen Kontrollsysteme zum regelmäßig wiederkehrenden Gegenstand seiner Tätigkeit machen und sich auch vom Abschlussprüfer immer wieder darüber berichten lassen.

1.8 Mitbestimmung im Familienunternehmen

Dr. Gerlind Wisskirchen/Jan Peter Schiller

Die Mitbestimmung der Arbeitnehmer im Unternehmen findet auf der betrieblichen Ebene durch Betriebsräte sowie im Aufsichtsrat durch die Wahl von Arbeitnehmervertretern statt. Zweck der Mitbestimmung ist die **Teilhabe der Arbeitnehmer** an unternehmerischen und wirtschaftlichen Entscheidungen, die die Interessen der Arbeitnehmer betreffen.[664]

Während einerseits in Familienunternehmen traditionell ein gutes und konstruktives Verhältnis zwischen Unternehmensleitung und Betriebsrat besteht, haben andererseits die Inhaberfamilien in der Regel den Wunsch, einen mitbestimmten Aufsichtsrat zu vermeiden. Zur Vermeidung der unternehmerischen Mitbestimmung stehen verschiedene Gestaltungsmöglichkeiten zur Verfügung; bei der betrieblichen Mitbestimmung eröffnen sich hingegen keine substanziellen Gestaltungsoptionen.

664 BAG vom 13.03.2013, NZG 2013, 876, Rn. 35; *Heither/v. Morgen*, in: H/B/D, Vor MitbestG, Rn. 1.

1.8.1 Unternehmerische Mitbestimmung

Die unternehmerische Mitbestimmung in Deutschland richtet sich maßgeblich nach dem Mitbestimmungsgesetz (MitbestG), dem Drittelbeteiligungsgesetz (DrittelbG), dem Montan-Mitbestimmungsgesetz (MontanMitbestG), dem Montan-Mitbestimmungsergänzungsgesetz (Montan-MitbestGErgG), dem Gesetz über die Beteiligung der Arbeitnehmer in einer Europäischen Gesellschaft (SEBG) und dem Gesetz über die Mitbestimmung der Arbeitnehmer bei einer grenzüberschreitenden Verschmelzung (MgVG).

Für Familienunternehmen besonders relevant sind die Bestimmungen des DrittelbG und des MitbestG.

1.8.1.1 Geltungsbereich

Die Mitbestimmungsgesetze gelten für deutsche Kapitalgesellschaften sowie GmbH & Co. KG. Sie finden keine Anwendung auf Personengesellschaften und Einzelkaufleute; diejenigen, die persönlich haften, sollen auch frei über die Ausrichtung der Gesellschaft entscheiden können. Ausgenommen von dem Geltungsbereich der Mitbestimmungsgesetze sind Tendenzunternehmen.[665] Anknüpfungspunkt für die unternehmerische Mitbestimmung ist das Unternehmen selbst, und nicht, wie für die betriebliche Mitbestimmung, der einzelne Betrieb.

1.8.1.1.1 Drittelbeteiligung

Nach dem DrittelbG ist der Aufsichtsrat einer AG, einer KGaA, einer GmbH, eines Versicherungsvereins auf Gegenseitigkeit und einer Erwerbs- und Wirtschaftsgenossenschaft zu einem **Drittel mit Vertretern der Arbeitnehmer** zu besetzen, sofern diese Gesellschaften **in der Regel** mehr als 500 Arbeitnehmer beschäftigen oder diese ihnen zuzurechnen sind (s. dazu unter 1.8.1.2.3). Es steht den Unternehmen jedoch frei, über die Drittelbeteiligung hinaus mehr Arbeitnehmervertreter in den Aufsichtsrat wählen zu lassen.[666]

Eine Ausnahme besteht hierbei jedoch für eine AG, die vor dem 10.08.1994 eingetragen worden und nicht als **Familienunternehmen** zu klassifizieren ist. Für solche AGs gilt die Drittelbeteiligung im Aufsichtsrat auch bei weniger als 501 Mitarbeitern.[667] Familienunternehmen in diesem Sinne sind AGs, bei denen lediglich eine natürliche Person als Aktionär fungiert, oder bei denen die Aktionäre miteinander verwandt oder verschwägert sind i. S. v. § 15 AO. Dabei ist irrelevant, ob die Anteile durch die Familienmitglieder selbst oder durch Gesellschaften gehalten werden,

665 Vgl. § 1 Abs. 4 MitbestG; § 1 Abs. 2 Satz 1 Nr. 2, Abs. 2 Satz 2 DrittelbG.

666 OLG Bremen vom 22.03.1977, NJW 1977, 1153.

667 Die Verfassungsmäßigkeit dieser Regelung wurde vom BVerfG bestätigt, Beschluss vom 09.01.2014, 1 BvR 2344/11.

solange deren Gesellschafter ihrerseits die Anforderungen i. S. v. § 15 AO erfüllen, der Familienbesitz also ausschließlich bleibt.[668]

Die Drittelbeteiligung gilt grundsätzlich somit für die erfassten Unternehmen mit einer Mitarbeiteranzahl zwischen 501 und 2.000 Mitarbeitern.

1.8.1.1.2 Paritätische Beteiligung

Das MitbestG setzt für die **paritätische Mitbestimmung** im Aufsichtsrat voraus, dass das Unternehmen in der Regel mehr als 2.000 Arbeitnehmer beschäftigt. Erfasst vom MitbestG sind nur solche Unternehmen, die in der Rechtsform der AG, der KGaA, der GmbH und der Genossenschaft organisiert sind. Unter besonderen Umständen (§ 4 MitbestG) findet die Mitbestimmung auch auf die typischen Gestaltungsformen der Kommanditgesellschaft Anwendung, die eine Kapitalgesellschaft als Komplementär haben (z. B. GmbH & Co. KG, AG & Co. KG).

Für die Europäische Gesellschaft (SE) gelten besondere Voraussetzungen im Hinblick auf die unternehmerische Mitbestimmung (vgl. unter 1.8.3.1.10).

1.8.1.2 Schwellenwerte beschäftigter Arbeitnehmer

Ob und welche Mitbestimmungsregelung Anwendung findet, richtet sich nach der Zahl der regelmäßig beschäftigten Arbeitnehmer.

1.8.1.2.1 Arbeitnehmerbegriff

Zunächst ist zu klären, welche Beschäftigten als Arbeitnehmer i. S. d. Schwellenwertberechnung gelten.

- **Rückgriff auf § 5 Abs. 1 BetrVG**

Sowohl das DrittelbG als auch das MitbestG nehmen für die Bestimmung des Arbeitnehmerbegriffs Rückgriff auf das Betriebsverfassungsrecht. Danach ist **Arbeitnehmer**, wer auf Grundlage eines privatrechtlichen Vertrags im Dienste eines anderen zur Leistung weisungsgebundener, fremdbestimmter Arbeit in persönlicher Abhängigkeit verpflichtet ist (§ 5 Abs. 1 BetrVG).[669] Hierzu gehören auch Teilzeitbeschäftige und Auszubildende.[670] Zu den Arbeitnehmern i. S. d. MitbestG gehören zusätzlich die **leitenden Angestellten** i. S. v. § 5 Abs. 3 BetrVG. Diese finden bei der Mitbestimmung nach dem DrittelbG jedoch keine Berücksichtigung. Von praktischer

668 Vgl. *Koch*, in: *Schaub*, 2017, § 258 Rn. 2; (BAG, Beschluss vom 06.04.1955, BAGE 1, 328).
669 Ständige Rechtsprechung des BAG, vgl. nur BAG vom 21.01.2017, NJW 2018, 1194.
670 Weiterführend *Lambrich/Reinhard*, NJW 2014, 2229 (2230).

Bedeutung ist auch die aktuelle Problematik der missbräuchlichen Nutzung von **Werkverträgen** und **freier Mitarbeit**, die bei gerichtlicher Feststellung zu einem Arbeitsverhältnis i. S. d. § 5 Abs. 1 BetrVG führen kann.[671]

Ob Arbeitnehmer, die in unselbstständigen Niederlassungen deutscher Unternehmen im Ausland oder bei einem ausländischen Tochterunternehmen beschäftigt werden, bei der Berechnung der Schwellenwerte zu berücksichtigen sind, ist in jüngerer Zeit, insbesondere unter europarechtlichen Gesichtspunkten, umstritten. Einzubeziehen sind sie jedenfalls, sofern sie nur vorübergehend im Ausland tätig sind, etwa im Rahmen einer Entsendung. Ansonsten waren nach bislang h. M. Arbeitnehmer ausländischer Betriebe und Tochtergesellschaften nicht zu berücksichtigen. Der EuGH[672] hat auf eine Vorlage des KG Berlin hin geurteilt, dass die Arbeitnehmerfreizügigkeit (Art. 45 AEUV[673]) durch die deutschen Vorschriften des MitbestG im Fall einer rechtlich *selbstständigen Tochtergesellschaft* des betroffenen Konzerns nicht verletzt ist, das heißt die Arbeitnehmer zählen beim Schwellenwert nicht mit. Er hat dabei aber betont, dass die Entscheidung nur diesen Einzelfall betrifft. Damit ist weiterhin ungeklärt, ob die Entscheidung auf Arbeitnehmer übertragbar ist, die in *unselbstständigen Niederlassungen* im Ausland beschäftigt sind. Im neueren Schrifttum halten sich die Stimmen für und gegen eine Europarechtswidrigkeit der Nichtberücksichtigung die Waage. Die Rechtsprechung hatte eine Europarechtswidrigkeit bislang eher abgelehnt.[674] Arbeitnehmer von ausländischen Tochtergesellschaften einer deutschen Konzernholding, die in einer inländischen, unselbstständigen Betriebsstätte beschäftigt werden, sind bei der Berechnung der Schwellenwerte nach ebenfalls umstrittener Ansicht nicht zu berücksichtigen.[675] Hier gilt das **Territorialitätsprinzip.**

- **Berücksichtigung von Leiharbeitnehmern**

Die Berücksichtigung von Leiharbeitnehmern bei der Unternehmensmitbestimmung wurde zum 01.04.2017 gesetzlich geregelt (§ 14 Abs. 2 Satz 5 und 6 AÜG).[676] Leiharbeitnehmer sind

671 Weiterführend *Lembke,* NZA 2013, 1312.

672 EuGH vom 18.07.2017, NZA 2017, 1000.

673 Die in Art. 45 AEUV garantierte Arbeitnehmerfreizügigkeit steht jeder nationalen Maßnahme entgegen, die geeignet ist, die Ausübung dieser Grundfreiheit durch die Unionsbürger zu behindern oder weniger attraktiv zu machen. Arbeitnehmer könnten sich, wenn sie bei einem Wechsel zu einer ausländischen Tochtergesellschaft ihre Mitbestimmungsrechte verlören (sie nicht mehr für die Bestimmung der Schwellenwerte herangezogen würden), an der Ausübung ihrer Freizügigkeit gehindert fühlen. Die Freizügigkeit kann aber nicht garantieren, dass ein Umzug in einen anderen Mitgliedstaat auch in sozialer Hinsicht neutral ist, da ein solcher Umzug aufgrund der unterschiedlichen Systeme und Rechtsvorschriften in den Mitgliedstaaten für den Arbeitnehmer je nach Einzelfall immer Vor- oder Nachteile haben kann. Für den betreffenden Fall hat der EuGH entschieden, dass Art. 45 AEUV so auszulegen ist, »dass er einer Regelung wie der [des deutschen MitbestG] nicht entgegensteht, wonach die bei den inländischen Betrieben eines Konzerns beschäftigten Arbeitnehmer das aktive und passive Wahlrecht bei den Wahlen der Arbeitnehmervertreter im Aufsichtsrat der [deutschen] Muttergesellschaft sowie gegebenenfalls das Recht auf Ausübung eines Aufsichtsratsmandats verlieren, wenn sie ihre Stelle in einem solchen Betrieb aufgeben und eine Stelle bei einer in einem anderen Mitgliedstaat ansässigen *Tochtergesellschaft* dieses Konzerns antreten.«

674 Siehe ausführlich zum Ganzen: *Henssler,* in: Habersack/Henssler, 2018, § 3 MitbestG Rn. 40 ff.

675 Vgl. *Seibt,* in: W/H/S/S 2016, Abschn. F, Rn. 149 m. w. N; a. A. *Henssler,* in: Habersack/Henssler, 2018, § 3 MitbestG, Rn. 44.

676 Gesetz zur Änderung des Arbeitnehmerüberlassungsgesetztes und anderer Gesetze vom 21.02.2017 (BGBl I 2017, 258; AÜG-ReformG).

demnach nun auch im Entleiherunternehmen für die Schwellenwerte nach § 1 DrittelbG und § 1 MitbestG zu berücksichtigen, wenn die Einsatzdauer sechs Monate übersteigt.

Die Mindesteinsatzdauer von sechs Monaten betrifft allein die hier in Rede stehenden Schwellenwerte über die Anwendbarkeit der Mitbestimmungsgesetze. Für Schwellenwerte in sonstigen Vorschriften hat die Einschränkung keine Bedeutung (etwa für das Wahlverfahren oder die Anzahl der Aufsichtsratsmitglieder – hierbei werden auch Leiharbeitnehmer mit kürzerer Einsatzzeit berücksichtigt).[677] Die Bestimmung der Einsatzdauer kann arbeitnehmerbezogen oder arbeitsplatzbezogen erfolgen. Hierüber besteht Uneinigkeit in der Literatur.[678] In einem aktuellen Beschluss[679] hat sich der BGH nun für die arbeitsplatzbezogene Auslegung entschieden und dafür maßgeblich den systematischen Zusammenhang des § 14 Abs. 2 Satz 6 AÜG sowie den Sinn und Zweck der Vorschrift herangezogen. Somit kommt es für die Berücksichtigung von Leiharbeitnehmern bei der Unternehmensmitbestimmung nicht auf die Dauer des Einsatzes des einzelnen Leiharbeitnehmers, sondern darauf an, wie viele Arbeitsplätze in einem Unternehmen regelmäßig über die Dauer von sechs Monaten hinaus mit – auch wechselnden – Leiharbeitnehmern besetzt sind.

Durch die neue Regelung in § 14 Abs. 2 AÜG wird lediglich bestimmt, dass Leiharbeitnehmer Arbeitnehmer i. S. d. Schwellenbestimmungen in den Mitbestimmungsgesetzen sind; weitere Voraussetzungen (wie etwa die Beschäftigung »in der Regel«, s. dazu unter 1.8.1.2.2) müssen im Anschluss daran auch für Leiharbeitnehmer gesondert geprüft werden.[680] Dies entspricht der Auffassung des BGH, der in seinem aktuellen Beschluss auch eine zweistufige Prüfung vorsieht und vornimmt.[681]

- **Gemeinschaftsbetrieb**

Die Berücksichtigung von Arbeitnehmern eines Gemeinschaftsbetriebes bei der Berechnung der Schwellenwerte ist ebenfalls noch nicht abschließend geklärt.[682] Die vorherrschende Meinung in der Literatur und einzelne unterinstanzliche Gerichte gehen hierbei davon aus, dass die beschäftigten Arbeitnehmer beiden Trägerunternehmen zugeordnet werden, so dass sich daraus eine Berücksichtigung für die Schwellenwerte bei beiden Rechtsträgern ergibt.[683]

---

677 Vgl. *Hamann*, in: Schüren/Hamann, AÜG, 2018, § 14, Rn. 140; *Oetker*, NZA 2017, 29 (33 f.); siehe auch BT-Drs. 18/9232, 30.

678 Für eine arbeitnehmerbezogene Bestimmung siehe *Motz*, in: BeckOK ArbR, 2019, § 14 AÜG, Rn. 26; *Oetker*, NZA 2017, 29 (33), jeweils m. w. N.; für eine arbeitsplatzbezogene Bestimmung siehe *Hamann*, in: Schüren/Hamann, AÜG, 2018, § 14, Rn. 141 m. w. N.

679 BGH vom 25.06.2019, Az. II ZB 21/18.

680 Vgl. *Hamann*, in Schüren/Hamann, AÜG, § 14 Rn. 138.

681 BGH vom 25.06.2019, Az. II ZB 21/18.

682 Zum Gemeinschaftsbetrieb vgl. BAG vom 13.08.2008, NZA-RR 2009, 255 (256 f.); BAG vom 21.02.2001, NZA 2002, 56; vgl. zur ständigen Rechtsprechung des BAG zum Vorliegen eines Gemeinschaftsbetriebs insbesondere auch BAG vom 14.12.1994, BAGE Band 79, 47 = NZA 1995, 906; BAG vom 03.12.1997, BAGE Band 87, 186 (BAGE Band 87, 190 f.) = NZA 1998, 876.

683 *Henssler,* in: Habersack/Henssler, 2018, § 3 MitbestG Rn. 121; *Manthey/Hinrichs,* NZG 2014, 1096 (1098 f.); *Lambrich/Reinhard,* NJW 2014, 2229 (2231 f.).

Eine solche doppelte Berücksichtigung von Arbeitnehmern widerspricht jedoch dem Zweck der Mitbestimmung im Aufsichtsrat, da der jeweilige Arbeitnehmer nur einen Arbeitsvertrag mit einem Unternehmen geschlossen hat. Es sind somit richtigerweise nur diejenigen Arbeitnehmer heranzuziehen, die in einem **Arbeitsverhältnis** zu dem jeweiligen Unternehmen stehen.[684]

1.8.1.2.2 »In der Regel«-Beschäftigte

In den Mitbestimmungsgesetzen wird für das Überschreiten der Schwellenwerte vorausgesetzt, dass in dem Unternehmen bzw. Betrieb eine bestimmte Anzahl von Arbeitnehmern »in der Regel« beschäftigt wird. Auch diesbezüglich finden zur Bestimmung der Regelmäßigkeit der Arbeitnehmerzahl die **Grundsätze des Betriebsverfassungsrechts** Anwendung.[685] Danach kommt es nicht auf eine bestimmte Belegschaftsstärke zu einem bestimmten Stichtag an; es ist auf die Arbeitnehmerzahl abzustellen, die für das Unternehmen **allgemein kennzeichnend** ist, wobei auch zukünftige personelle Entwicklungen berücksichtigt werden.[686] Vorübergehende Schwankungen werden nicht berücksichtigt, so dass ein Schwellenunternehmen nicht ständig damit rechnen muss, den Aufsichtsrat entsprechend der neuen Situation im Unternehmen anpassen zu müssen.[687] Nach dem BAG sind Arbeitnehmer »in der Regel« beschäftigt, die während des größten Teiles eines Jahres in einem Unternehmen normalerweise beschäftigt werden. Die Bemessung des **Referenzzeitraums** ist bisher nicht höchstrichterlich entschieden. Vielmehr reichen die Zeiträume, die zur Bemessung herangezogen werden sollen, von 6–12 Monaten[688] bis hin zu 17–24 Monaten[689], wobei der letztgenannten Ansicht aufgrund der **langfristigen Zielrichtung** der unternehmerischen Mitbestimmung der Vorrang gebührt. Die Prognose ist anhand der gesicherten Personal- und Stellenplanung für die Zukunft aufzustellen, wobei lediglich auf die Entwicklung abzustellen ist, deren Umsetzung konkret geplant und beschlossen ist.[690] Hierzu dürfte ein Vorstandsbeschluss zur Verringerung der Belegschaftsstärke und ggf. die Aufnahme von Verhandlungen mit dem Betriebsrat ausreichen.

Auch im Hinblick auf Leiharbeitnehmer (s. hierzu unter 1.8.1.2.1) ist zu ermitteln, wie viele von ihnen zu den regelmäßig Beschäftigten zählen. Hier ist ebenfalls prognostisch zu entscheiden, wie viele Leiharbeitnehmer zur Deckung eines regelmäßig wiederkehrenden Beschäftigungsbedarfs eingesetzt werden und daher zu den regelmäßig beschäftigten Stammmitarbeitern hinzuzuzählen sind.[691]

---

684 *Manthey/Hinrichs,* NZG 2014, 1096 (1099).
685 S. § 1 BetrVG; vgl. *Döring,* in: Grobys/Panzer, 2017, 157, Rn. 22.
686 BAG vom 16.04.2003, NZA 2003, 1345; BAG vom 25.11.1992, NZA 1993, 955.
687 Vgl. BAG vom 16.11.2004, ZIP 2005, 500 [=NZA-RR 2005, 615]; *Lambrich/Reinhard,* NJW 2014, 2229 (2232).
688 *Ulmer*, in: FS Heinsius, 1991, 855 (864).
689 Vgl. *Henssler*, in: Habersack/Henssler, 2018, § 3 MitbestG Rn. 62; OLG Düsseldorf vom 09.12.1994, BeckRS 1994, 09503.
690 Vgl. *Raiser/Veil*, 2015, § 1 MitbestG, Rn. 20; *Henssler*, in: Habersack/Henssler, 2018, § 3 MitbestG, Rn. 62; *Lambrich/Reinhard,* NJW 2014, 2229 (2233).
691 Vgl. *Motz* in: BeckOK ArbR, 2019, § 14 AÜG, Rn. 24.

1.8.1.2.3 Zurechnung im Konzern

Sowohl DrittelbG als auch MitbestG sehen eine Zurechnung von Arbeitnehmern der Tochtergesellschaften zur Muttergesellschaft im Konzern vor, um einer Umgehung der Mitbestimmung im Aufsichtsrat vorzubeugen.

- **Drittelbeteiligter Aufsichtsrat**

Für den **drittelbeteiligten Aufsichtsrat** werden die Arbeitnehmer der Konzernunternehmen dem herrschenden Unternehmen zugerechnet, sofern zwischen den Unternehmen ein **Beherrschungsvertrag** (§ 291 AktG) besteht oder das abhängige Unternehmen in das herrschende Unternehmen gem. § 319 AktG **eingegliedert** ist (§ 2 DrittelbG). Die nur faktische Abhängigkeit genügt nicht.[692] Das herrschende Unternehmen muss in einer der in § 1 DrittelbG genannten Rechtsformen verfasst sein. Die Rechtsform des abhängigen Unternehmens ist für die Zurechnung hingegen irrelevant, solange es tauglicher Partner eines Beherrschungsvertrages sein oder in das herrschende Unternehmen eingegliedert werden kann. Beide Fälle der Zurechnung sind heute praktisch wenig relevant, insbesondere seit für die steuerliche Organschaft ein Beherrschungsvertrag nicht mehr erforderlich ist.[693]

- **Paritätisch besetzter Aufsichtsrat**

Für den **paritätisch besetzten Aufsichtsrat** sieht das MitbestG ebenfalls eine Zurechnung von Arbeitnehmern im Konzern vor (§ 5 MitbestG). Danach wird jedoch lediglich die Zuordnung in einem **Unterordnungskonzern** (§ 18 Abs. 1 AktG) erfasst. Im Unterordnungskonzern werden ein oder auch mehrere abhängige Unternehmen unter der einheitlichen Leitung eines herrschenden Unternehmens zusammengefasst, so dass die Mitbestimmung der Arbeitnehmervertreter in dem Aufsichtsrat des Unternehmens erfolgt, bei dem die Leitungsmacht für das beherrschte Unternehmen liegt.[694] Entscheidend ist die Möglichkeit beherrschender Einflussnahme, ohne dass es des Nachweises ihrer tatsächlichen Ausübung bedarf.[695] Hierbei ist es für die Zurechnung der Arbeitnehmer im Konzern unerheblich, welche Rechtsform das konzernabhängige Unternehmen hat, solange dessen Sitz nicht im Ausland liegt.[696]

Bei einem **mehrstufigen Konzern** (mindestens drei Stufen) werden die Arbeitnehmer dem Unternehmen zugerechnet, welches die gesetzlichen Voraussetzungen erfüllt und der mitbestimmungsfreien Konzernspitze am nächsten steht, sofern die Konzernleitung über dieses ihr am nächsten stehende Unternehmen weitere nachgeordnete Unternehmen beherrscht (§ 5 Abs. 3 MitbestG).[697] Dabei genügt für die Zurechnung der Konzernarbeitnehmer nach Ansicht

692 Vgl. *Raiser/Veil*, 2015, § 2 DrittelbG Rn. 13.
693 Dazu *Schiessl/Brinkmann, in: Lüdicke/Sistermann, Unternehmenssteuerrecht, § 4 Rn. 43 f.*
694 Vgl. *Heither/v. Morgen*, in: H/B/D, § 5 MitbestG Rn. 5; *Habersack*, in: Habersack/Henssler, 2018, § 5 MitbestG Rn. 10.
695 *Habersack*, in: Habersack/Henssler, 201, § 5 MitbestG Rn. 13.
696 Vgl. *Heither/v. Morgen, in:* H/B/D, § 5 MitbestG Rn. 21ff.
697 *Döring,* in: Grobys/Panzer, 2017, 157, Rn. 44.

des OLG Düsseldorf die reine Kapitalverflechtung (Mehrheitsbeteiligung) zwischen Konzernspitze und den nachgeordneten Unternehmen; auf die Ausübung der tatsächlichen Leitungsmacht kommt es nicht an.[698] Diese Regelung beugt einer Umgehung der Konzernmitbestimmungsregelungen vor, die bei einer ausländischen Konzernspitze oder bei einer Konzernspitze, deren Unternehmensform nicht vom MitbestG erfasst ist, drohen würde.

Für die Anwendung des MitbestG kommt es bei der Konzernzurechnung nur darauf an, dass im gesamten Konzern mehr als 2.000 Arbeitnehmer beschäftigt sind; die Zahl der Arbeitnehmer im herrschenden Unternehmen (z. B. bei einer Holdinggesellschaft mit wenigen Mitarbeitern) ist unerheblich.[699]

1.8.1.2.4 Sonderfall: GmbH & Co. KG

Familienunternehmen bevorzugen oft die Rechtsform der GmbH & Co. KG, da sich so die Vorteile der beschränkten Haftung einer GmbH mit denen der einfacheren Entscheidungsdurchsetzung einer KG verbinden.

Die **GmbH & Co. KG** unterfällt nicht der Mitbestimmung nach dem DrittelbG.[700]

Sie wird jedoch mittelbar in die unternehmerische Mitbestimmung einbezogen (§ 4 MitbestG). Danach werden die Arbeitnehmer der KG der Komplementärgesellschaft zugerechnet, sofern diese in Form der GmbH, AG oder SE besteht und selbst nicht mehr als 500 Arbeitnehmer beschäftigt, da die Komplementärgesellschaft ansonsten selbst dem DrittelbG unterfallen würde.[701] Weitere Voraussetzung ist, dass die Mehrheit der Kommanditisten der KG die Mehrheit der Anteile oder der Stimmen in der Komplementärgesellschaft innehat. Beschäftigen Komplementärgesellschaft und KG unter diesen Voraussetzungen kumuliert mehr als 2.000 Arbeitnehmer, unterliegt der **Aufsichtsrat der Komplementärin** der paritätischen Mitbestimmung nach dem MitbestG. Die Mitbestimmung im Aufsichtsrat der Komplementärin soll letztlich auf die gesamte Kapitalgesellschaft & Co. KG durchschlagen. Damit dies nicht durch gesellschaftsrechtliche Gestaltungsmöglichkeiten unterlaufen werden kann, regelt das MitbestG, dass die mitbestimmte Komplementärin nicht von der Führung der Geschäfte der KG ausgeschlossen werden kann (§ 4 Abs. 2 MitbestG).[702]

Schließlich wird die Zurechnung der Arbeitnehmer auch auf die **doppel- oder mehrstöckige GmbH (oder AG) & Co. KG** erweitert (§ 4 Abs. 1 Satz 2 und 3 MitbestG). Darunter ist eine Kapi-

698 OLG Düsseldorf vom 30.10.2006, ZIP 2006, 2375 mit dem Argument, der Wortlaut des § 5 Abs. 3 MitbestG konkretisiere nicht die Art der Beherrschung der nachgeordneten Unternehmen, auch eine reine Mehrheitsbeteiligung genüge (im Anschluss an OLG Stuttgart vom 30.03.1995, ZIP 1995, 1004).

699 *Raiser/Veil*, 2015, § 5 MitbestG Rn. 6.

700 *Binz/Sorg*, 2018, § 14 Rn. 2 m. w. N.

701 *Oetker*, in: ErfK, 2019, § 4 MitbestG Rn. 1; *Gaul*, in: Frodermann/Jannott, 2017, Kap. 15 Rn. 20.

702 *Binz/Sorg*, 2018, § 14 Rn. 5; zur gesetzgeberischen Überlegung siehe auch BT-Drucks. 7/2172 Seite 21.

talgesellschaft & Co. KG zu verstehen, deren Komplementärin oder Kommanditistin wiederum eine zweite Kapitalgesellschaft & Co. KG ist. Die Zurechnung der Arbeitnehmer innerhalb dieses mehrstufigen Systems erfolgt jedoch nur auf der obersten Ebene. Es erfolgt also eine Zurechnung aller Arbeitnehmer zur Komplementärgesellschaft (AG oder GmbH) der obersten KG. Hiervon ist eine Ausnahme zu machen, wenn die Zwischengesellschaft eigene Leitungsmacht ausübt.

1.8.1.3 Aufgaben, Größe und Zusammensetzung des Aufsichtsrats

1.8.1.3.1 Drittelbeteiligungsgesetz

Beschäftigt ein vom Geltungsbereich des DrittelbG erfasstes Unternehmen in der Regel mehr als 500 Arbeitnehmer, so ist ein Aufsichtsrat zu bilden, der zu 1/3 aus Vertretern der Arbeitnehmerseite besteht.

- **Aufgaben des Aufsichtsrats**

Das DrittelbG enthält keine spezifischen Angaben über die Rechte und Pflichten der Aufsichtsratsmitglieder. Diese richten sich somit nach den gesetzlichen Regelungen der jeweiligen Gesellschaftsform. Für den obligatorischen Aufsichtsrat der GmbH verweist das DrittelbG (§ 1 Abs. 1 Nr. 3) auf die entsprechenden aktienrechtlichen Vorschriften.[703]

- **Größe des Aufsichtsrats**

Für die Größe des Aufsichtsrats gelten die **spezialgesetzlichen Regelungen** der jeweiligen Unternehmensform. Für die AG und die KGaA gelten die Bestimmungen des § 95 AktG direkt; für die GmbH gilt diese Regelung durch den Verweis in § 1 Abs. 1 Nr. 3 DrittelbG. Danach muss der Aufsichtsrat aus mindestens drei Mitgliedern bestehen. Die Satzung der Unternehmen kann davon abweichend jedoch auch eine höhere Anzahl bestimmen, wobei die Höchstzahl der Aufsichtsratsmitglieder an das Grundkapital gekoppelt ist und bei maximal 21 Mitgliedern liegt (vgl. § 95 AktG). Die Anzahl der Aufsichtsratsmitglieder muss durch drei teilbar sein.

- **Zusammensetzung des Aufsichtsrats**

Für die Arbeitnehmervertreter im Aufsichtsrat gilt eine **Mindestquote** für unternehmensangehörige Arbeitnehmer (§ 4 Abs. 2 DrittelbG). Bei einem Aufsichtsrat, der insgesamt aus drei oder sechs Mitgliedern besteht, müssen alle Arbeitnehmervertreter im Unternehmen beschäftigt sein. Ist durch Satzung ein größerer Aufsichtsrat festgesetzt, müssen nur zwei Arbeitnehmervertreter Unternehmensangehörige sein. Für diese Gruppe sieht das Gesetz keine besonderen Voraussetzungen vor, so dass diese Posten auch durch (interne oder externe) Gewerkschaftsvertreter oder leitende Angestellte besetzt werden können (sofern letzteren nicht § 105 Abs. 1

703 Vgl. zu den Aufgaben des Aufsichtsrats nach dem MitbestG unten unter 1.8.1.3.2.

AktG entgegensteht).[704] Als »Soll«-Vorschrift gilt, dass Frauen und Männer entsprechend ihrem zahlenmäßigen Verhältnis im Unternehmen im Aufsichtsrat als Arbeitnehmervertreter vertreten sein sollen (§ 4 Abs. 4 DrittelbG).

1.8.1.3.2 Mitbestimmungsgesetz

Beschäftigt ein vom Geltungsbereich des MitbestG erfasstes Unternehmen in der Regel mehr als 2.000 Arbeitnehmer, so ist ein Aufsichtsrat zu bilden, der zur Hälfte aus Vertretern der Arbeitnehmerseite besteht.

- **Aufgaben des Aufsichtsrats**

Der Aufsichtsrat in paritätisch mitbestimmten Unternehmen hat besondere Rechte und Pflichten. Diese richten sich grundsätzlich nach den für die Gesellschaftsform einschlägigen gesetzlichen Bestimmungen (§ 30 MitbestG).

Darüber hinaus wird dem Aufsichtsrat die Pflicht zur Bestellung eines Arbeitsdirektors übertragen (§ 33 MitbestG).[705]

In Ergänzung der aktienrechtlichen Vorschriften regelt das MitbestG Bestellung und Widerruf der gesetzlichen Vertreter der Gesellschaft (§ 31 MitbestG). Im Gegensatz zur AG hat diese Regelung bei der GmbH und GmbH & Co. KG eine Änderung der Personalkompetenz zur Folge. Danach geht die Personalkompetenz zur Bestellung des (Komplementär-)Geschäftsführers von der Gesellschafterversammlung auf den Aufsichtsrat über.[706]

Der Aufsichtsrat einer Obergesellschaft kann die Ausübung von bestimmten Beteiligungsrechten (Bestellung, Widerruf und Entlastung von Verwaltungsträgern sowie Beschlussfassung von Unternehmensverträgen) in der mitbestimmten Untergesellschaft von seinem Beschluss abhängig machen (§ 32 MitbestG). Dieser Beschluss bedarf nur der Mehrheit der Stimmen der Aufsichtsratsmitglieder der Anteilseigner. Zweck dieser Einschränkung ist die Verhinderung einer auch nur indirekten Mitbestimmung bei Grundlagenentscheidungen.[707]

- **Größe des Aufsichtsrats**

In Unternehmen mit mehr als 2.000 Arbeitnehmern sind Aufsichtsräte zu bilden, die mindestens 12 und maximal 20 Mitglieder haben, abhängig von der Zahl der Arbeitnehmer (§ 7 Abs. 1 MitbestG). Die gesetzliche Maximalgröße von 20 Aufsichtsratsposten ist zwingend.[708]

---

704 Weiterführend *Oetker*, in: ErfK, 2019, § 4 DrittelbG Rn. 8–10; *Gaul*, in: Frodermann/Jannott, 2017, Kap. 15 Rn. 50; *Henssler*, in: Habersack/Henssler, 2018, § 4 DrittelbG Rn. 13.

705 Dies gilt allerdings nicht für die KgaA, § 33 Abs. 1 Satz 2 MitbestG.

706 *Habersack*, in: Habersack/Henssler, 2018, § 30 MitbestG Rn. 17.

707 *Annuß*, in: MüKo AktG, 2019, § 32 MitbestG Rn. 1; *Habersack* in: Habersack/Henssler, 2018, § 32 MitbestG Rn. 2.

708 Vgl. BGH vom 30.01.2012, NZG 2012, 347.

- **Zusammensetzung des Aufsichtsrats**

Auf Arbeitnehmerseite müssen in einem Aufsichtsrat mit insgesamt 12 oder 16 Mitgliedern jeweils zwei der Mitglieder (interne oder externe) **Gewerkschaftsvertreter** sein.[709] Allerdings kann nach umstrittener Auffassung bei der Gründung einer SE – in der alle Belange der Mitbestimmung zwischen dem Arbeitgeber und den in einem besonderen Verhandlungsgremium organisierten Arbeitnehmervertretern in der Beteiligungsvereinbarung geregelt wurden – vorgesehen werden, dass im Falle der Reduzierung der Aufsichtsratsmitglieder die Gewerkschaftssitze wegfallen. Die Sicherung des Vorschlagsrechtes innerhalb der Beteiligungsvereinbarung ist danach nicht erforderlich.[710] Die restlichen Mitglieder auf Arbeitnehmerseite entfallen auf Arbeitnehmer des Unternehmens, die das 18. Lebensjahr vollendet haben und dem Unternehmen seit mindestens einem Jahr angehören. Bei einem 20-köpfigen Aufsichtsrat entfallen drei der zehn Aufsichtsratsmandate auf Arbeitnehmerseite auf Gewerkschaftsvertreter. Die Vertreter müssen von Gewerkschaften stammen, die selbst im Unternehmen mit zumindest einem Arbeitnehmer vertreten sind, oder die in einem anderen Konzernunternehmen vertreten sind, dessen Arbeitnehmer nach dem MitbestG an der Wahl von Aufsichtsratsmitgliedern des übergeordneten Unternehmens teilnehmen (§ 7 Abs. 4 MitbestG). Die Einordnung einer Vereinigung als Gewerkschaft richtet sich im Rahmen des MitbestG nach dem allgemeinen arbeitsrechtlichen Gewerkschaftsbegriff, wie er namentlich im Tarifvertrags- und Betriebsverfassungsrecht gilt.[711]

Auf Arbeitnehmerseite ist zumindest **ein leitender Angestellter** in den Aufsichtsrat zu wählen (§ 15 Abs. 1 Satz 2 MitbestG).

Hinsichtlich des zahlenmäßigen Verhältnisses von Frauen und Männern im Aufsichtsrat gilt im MitbestG seit dem 01.05.2015 eine Quotenregelung, die eine Zusammensetzung des Aufsichtsrats zu jeweils mindestens 30 % aus Frauen und Männern vorsieht.[712] Die Regelung gilt nur für börsennotierte Unternehmen (AG und KGaA), die der paritätischen Mitbestimmung unterliegen.[713] Grundsätzlich soll der Aufsichtsrat insgesamt die Mindestquote von jeweils 30 % erfüllen (Gesamterfüllung), es besteht aber auch die Möglichkeit, dass Anteilseigner- und Arbeitnehmerseite jeweils separat die 30 %-Quote erfüllen (Getrennterfüllung).[714]

Eine Besetzung des Aufsichtsrats unter Verletzung der Mindestquote ist nichtig, so dass die für das minderrepräsentierte Geschlecht vorgesehenen Plätze rechtlich unbesetzt bleiben (sog. leerer Stuhl).[715]

---

709 Vgl. *Henssler*, in: Habersack/Henssler, 2018, § 7 MitbestG Rn. 78 m. w. N.

710 LAG BaWü vom 09.10.2018, ZIP 2018, 2414; *Deilmann/Häfere*, NZA 2017, 607, 610 ff.; *Jacobs*, in: MüKo AktG, § 21 SEBG Rn. 53; a. A. *Feuerborn*, in: KölnerKomm AktG, § 21 SEBG Rn. 76.

711 Vgl. *Raiser/Veil*, 2015, § 7 MitbestG Rn. 15.

712 Gesetz für die gleichberechtigte Teilhabe von Frauen und Männern an Führungspositionen in der Privatwirtschaft und im öffentlichen Dienst (BGBl I 2015, 642).

713 Vgl. *Henssler*, in: Habersack/Henssler, 2018, § 7 MitbestG Rn. 85.

714 Vgl. *Henssler*, in: Habersack/Henssler, 2018, § 7 MitbestG Rn. 89.

715 *Habersack*, in: MüKoAktG, 2019, § 96 AktG Rn. 50, 53.

1.8.1.4 Streitigkeiten

Bestehen Streitigkeiten oder Zweifel darüber, ob erstmalig ein Aufsichtsrat zu bilden ist, wie er erstmalig zusammenzusetzen ist, oder ob die Größe des Aufsichtsrats aufgrund von relevanten Änderungen in der Unternehmensgröße nach unten bzw. nach oben angepasst werden muss, so ist ein **Statusverfahren** durchzuführen (§ 98 AktG).[716] Dafür ist das Landgericht, in dessen Bezirk die Gesellschaft ihren Sitz hat, erstinstanzlich zuständig. Antragsberechtigt sind verschiedene interne und externe Interessenvertretungen sowie die Gesellschaftsorgane und Anteilseigner.[717] Diese Regelungen gelten für alle Rechtsformen, die der Mitbestimmung nach dem MitbestG oder dem DrittelbG unterliegen.[718]

1.8.1.5 Exkurs: Mitbestimmung bei SE

Die Europäische Union bietet auch für Familienunternehmen viele Optionen der Expansion, Internationalisierung und Herstellung einer **europäischen Corporate Identity.** Hier bietet sich die Societas Europaea (Europäische Aktiengesellschaft, auch »SE«) als passende Gesellschaftsform an. Ziel der unternehmerischen Mitbestimmung in einer SE ist es, die erworbenen Rechte der Arbeitnehmer zu schützen (§ 1 Abs. 1 SEBG). Das SEBG findet Anwendung auf alle SE mit Sitz in Deutschland, für die im Inland tätigen Arbeitnehmer einer SE, die ihren Sitz in einem anderen Mitgliedsstaat hat und für die Arbeitnehmer beteiligter Gesellschaften, betroffener Betriebe und Tochtergesellschaften mit Sitz in Deutschland (§ 3 Abs. 1 SEBG). Gesetzliche Schwellenwerte bzgl. Arbeitnehmeranzahl und Größe des Aufsichtsorgans bestehen nicht. Vielmehr sieht das SEBG vor, dass vor Gründung einer SE ein **Besonderes Verhandlungsgremium (BVG)** gewählt wird, das die Mitbestimmung zwischen Anteilseigner und Belegschaft frei verhandelt (§ 21 Abs. 3 SEBG). Kommt es innerhalb von sechs Monaten[719] nicht zu einer Einigung, wird die unternehmerische Mitbestimmung auf das höchste Mitbestimmungsniveau festgesetzt, welches bei einer der an der Gründung beteiligten Gesellschaften besteht (**Vorher-Nachher-Prinzip**, §§ 22, 34 SEBG).[720] In diesem Zusammenhang stellt sich die Frage, ob hierfür diejenige Mitbestimmungssituation maßgebend sein soll, die tatsächlich in den umzuwandelnden Unternehmen praktiziert wurde oder diejenige, die nach geltendem Recht hätte praktiziert werden müssen. Der BGH hat nunmehr die Tendenz erkennen lassen, dass im Rahmen des Vorher-Nachher-Prinzips diejenige Mitbestimmung gelten soll, die vor der Umwandlung richtigerweise hätte gelten

---

716 Vgl. OLG Düsseldorf vom 20.06.1978, DB 1978, 1358.

717 Vgl. Aufzählung in § 98 Abs. 2 AktG.

718 Sie gelten unmittelbar nur für die AG, für andere Rechtsformen verweist § 6 Abs. 2 Satz 1 MitbestG auf die aktienrechtlichen Vorschriften. Für die drittelmitbestimmte GmbH regelt § 1 Abs. 1 Nr. 3 DrittelbG Entsprechendes. Gleiches gilt durch den Verweis in § 278 Abs. 3 AktG für die KGaA; weiterführend *Kleinsorge*, in: Wißmann/Kleinsorge/Schubert, 2017, § 6 MitbestG Rn. 103 f.; § 1 DrittelbG Rn. 64.

719 § 20 Abs. 1 SEBG; die Parteien können den Zeitraum einvernehmlich auf zwölf Monate verlängern, § 20 Abs. 2 SEBG.

720 S. auch zu den sich hieraus ergebenden Gestaltungsmöglichkeiten unter 1.8.3.1.10 sowie weiterführend *Gaul*, in: Frodermann/Jannott, 2017, Kap. 15, Mitbestimmung, Rn. 155ff.; *Kleinsorge*, in: Wißmann/Kleinsorge/Schubert, 2017, EU-Recht, Rn. 32 ff.

sollen.[721] Der zweite Senat stellt in dieser Entscheidung allerdings heraus, dass damit keine abschließende, grundsätzliche Entscheidung zu dieser Frage getroffen worden sei und schließt sich in seiner Argumentation – entgegen derjenigen des erstinstanzlichen Gerichts[722] – im Wesentlichen dem Berufungsgericht[723] an. Jedenfalls in der entscheidungsgegenständlichen Konstellation, dass das SE-Statusverfahren vor der Eintragung in das Handelsregister eingeleitet wurde, soll allein die objektive Lage entscheidend sein. Maßgebend ist daher lediglich der Umstand, ob vor der Umwandlung mehr als 2.000 Arbeitnehmer bzw. Leiharbeitnehmer im Konzern gearbeitet haben; ob vor der Umwandlung in eine SE ein mitbestimmter Aufsichtsrat bereits bestanden hat, ist danach irrelevant. Ob sich diese Ansicht verallgemeinern lässt und auch angenommen werden kann, wenn das Statusverfahren nach einem entsprechenden Registereintrag angestrengt wird, hat der BGH ausdrücklich offengelassen. Es wird abzuwarten bleiben, wie sich die höchstrichterliche Rechtsprechung insoweit positioniert.

Strebt ein Unternehmen die Internationalisierung durch eine **grenzüberschreitende Verschmelzung** an, so gilt auch hier das Vorher-Nachher-Prinzip, denn auch hier sieht das Gesetz als Zweck vor, dass die Beteiligungsrechte der Arbeitnehmer erhalten bleiben (§ 1 Abs. 1 Satz 2 MgVG).[724] Es gilt das Mitbestimmungsrecht des Staates, in dem die aus der grenzüberschreitenden Verschmelzung hervorgehende Gesellschaft ihren Sitz hat (§ 4 MgVG). Dem Ziel des Gesetzes und der Richtlinie (2005/56/EG) folgend soll zunächst eine Übereinkunft zur Mitbestimmung zwischen Anteilseigner und der Arbeitnehmerseite gefunden werden, allerdings können im Unterschied zur SE die »Leitungen« der beteiligten Gesellschaften einvernehmlich beschließen, dass keine Verhandlungen stattfinden und direkt die gesetzlichen Regelungen Anwendung finden sollen (§ 23 Abs. 1 Satz 1 Nr. 3 MgVG).

1.8.2 Betriebliche Mitbestimmung

Die betriebliche Mitbestimmung[725] richtet sich maßgeblich nach dem BetrVG.[726] Das BetrVG erfasst in seinem **räumlichen Geltungsbereich** alle Betriebe in Deutschland (**Territorialitätsprinzip**).[727] In seinem persönlichen Geltungsbereich erfasst das BetrVG Arbeitnehmer, zu ihrer Berufsausbildung Beschäftigte, sowie Heimarbeiter, die in der Hauptsache für den Betrieb arbeiten (§ 5 Abs. 1 BetrVG). Nicht erfasst werden leitende Angestellte i. S. v. § 5 Abs. 3 BetrVG sowie unter anderem Mitglieder der Organe juristischer Personen und geschäfts-

---

721 BGH vom 23.07.2019 – II ZB 20/18, NZG 2019, 1157.

722 LG Frankfurt a. M. vom 23.11.2017, NZG 2018, 820.

723 OLG Frankfurt a. M. vom 27.08.2018, BB 2018, 2387.

724 S. zu den sich hieraus ergebenden Gestaltungsmöglichkeiten und den Unterschieden zur Gründung einer SE unter 1.8.3.1.11.

725 §§ ohne Gesetzesbezeichnung sind solche des BetrVG.

726 Neben dem BetrVG wird die betriebliche Mitbestimmung je nach Anwendungsbereich auch durch SprAuG, EBRG, BPersVG und LPersVG geregelt.

727 BAG vom 22.03.2000, DB 2000, 2330; *Koch*, in: ErfK, 2019, BetrVG, § 1 Rn. 5; *Fitting*, in: BetrVG, 2018, § 1 Rn. 13; *Wiese*, in: GK-BetrVG, 2018, Einl. Rn. 108; *Richardi*, in: Richardi BetrVG, 2018, Einl. Rn. 66.

führende Gesellschafter bei Personengesellschaften (§5 Abs. 2 BetrVG). In sachlicher Hinsicht gilt das BetrVG für den Betrieb.[728] Die betriebliche Mitbestimmung erfolgt durch **abgestufte Rechte**, die eine Beteiligung der Arbeitnehmer an Willensbildung und Entscheidungen des Arbeitgebers hinsichtlich des jeweiligen Betriebs ermöglichen.

Aus Platzgründen kann im Rahmen des vorliegenden Buches keine vollständige Darstellung der betrieblichen Mitbestimmung erfolgen. Daher sollen nachfolgend schwerpunktmäßig die für Familienunternehmen besonders praxisrelevanten Beteiligungsrechte dargestellt werden.

1.8.2.1 Grundsätze

Das Betriebsverfassungsrecht kennt Mitwirkungs- und Mitbestimmungsrechte.[729]

1.8.2.1.1 Mitwirkungsrechte

Mitwirkungsrechte sind Informationsrechte, Anhörungs- und Beratungs- sowie Vorschlagsrechte des Betriebsrats. Diese sind dadurch gekennzeichnet, dass der Betriebsrat zwar beteiligt werden muss, die Entscheidung dann jedoch eigenverantwortlich vom Arbeitgeber getroffen wird.[730]

1.8.2.1.2 Mitbestimmungsrechte

Die (echten) Mitbestimmungsrechte sind als Widerspruchsrechte oder Zustimmungserfordernisse ausgestaltet. Es handelt sich dabei um eine paritätische Beteiligung in der Form des **positiven Konsensprinzips**, d. h. der Betriebsrat ist an den Entscheidungen aktiv zu beteiligen und kann durch die Ausübung seines Beteiligungsrechts die Umsetzung der unternehmerischen Entscheidung verhindern.[731] Bei **Widerspruchs- oder Vetorechten** kann der Betriebsrat im Rahmen der Widerspruchsgründe seine Zustimmung verweigern und der Entscheidung des Arbeitgebers widersprechen. Bei **Zustimmungserfordernissen** ist der Betriebsrat ein gleichberechtigter Partner des Arbeitgebers, da dieser nicht alleine entscheiden kann, sondern das Einverständnis des Betriebsrates benötigt.[732] Das Betriebsverfassungsgesetz bezeichnet eine Reihe von Angelegenheiten, in welchen die Mitbestimmung des Betriebsrats **erzwingbar** ist.[733] In diesen Fällen verfügt der Betriebsrat über ein Initiativrecht, kann also zu seinen Vorschlägen

728 *Koch*, in: ErfK, 2019, § 1 BetrVG Rn. 7 ff.; *Franzen*, in: GK-BetrVG, 2018, § 1 Rn. 28; *Richardi/Maschmann*, in: Richardi BetrVG, 2018, § 1 Rn. 15 ff.
729 *Koch*, in: Schaub, 2017, § 230 Rn. 1.
730 *Koch*, in: Schaub, 2017, § 230 Rn. 2 und 3.
731 *Richardi*, in: Richardi BetrVG, 2018, § 87 Rn. 6; *Biester* in: Grobys/Panzer, 2017, 119 Rn. 6 und 12.
732 *Biester*, in: Grobys/Panzer, 2017, 119 Rn. 12.
733 Aufzählung bei *Werner*, in: BeckOK ArbR, 2019, § 76 BetrVG Rn. 3.

vom Arbeitgeber eine Entscheidung verlangen, im Weigerungsfall einer Partei kann die andere die Einigungsstelle zur verbindlichen Entscheidung anrufen.[734]

Die **Einigungsstelle** hat die Funktion einer innerbetrieblichen Schlichtungsstelle, mit deren Hilfe zunächst eine einvernehmliche Einigung zwischen Arbeitgeber und Betriebsrat versucht werden soll (§ 76 BetrVG).[735] Gelingt dies nicht, fällt die Einigungsstelle einen Spruch, dieser ersetzt in Fällen erzwingbarer Mitbestimmung die Einigung zwischen Arbeitgeber und Betriebsrat.[736]

Zentrales Mittel zur Ausübung der Mitbestimmung ist der Abschluss von **Betriebsvereinbarungen**, da nur durch sie unmittelbar Rechte und Pflichten für Arbeitgeber und Arbeitnehmer begründet werden (normative Wirkung, § 77 Abs.4 BetrVG).[737] Betriebsvereinbarungen bedürfen der Schriftform (§ 77 Abs. 2 Satz 1 BetrVG). Alternativ können zur Regelung betrieblicher Angelegenheiten auch **Betriebsabsprachen bzw. Regelungsabreden** zwischen den Parteien abgeschlossen werden. Dabei handelt es sich um einen formlos abgeschlossenen Vertrag, der **keine normative Bindung** entfaltet, sondern lediglich ein Schuldverhältnis sui generis begründet.[738]

1.8.2.2 Praxisrelevante Mitbestimmungsrechte

1.8.2.2.1 Soziale Angelegenheiten gem. § 87 BetrVG

§ 87 BetrVG bildet die zentrale Vorschrift im Rahmen der betrieblichen Mitbestimmung. Der Betriebsrat hat in dem abschließenden Katalog des Abs. 1 Nr. 1 bis 13 BetrVG ein erzwingbares Mitbestimmungsrecht (§ 87 Abs. 2 BetrVG), soweit nicht bereits eine gesetzliche, tarifliche oder abschließende betriebliche Regelung besteht.[739]

- **§ 87 Abs. 1 Nr. 1 BetrVG: Ordnungsverhalten**
  Mitbestimmungspflichtig sind verbindliche Verhaltensvorschriften für die Arbeitnehmer, soweit sie nicht das Arbeitsverhalten betreffen. Das Bundesarbeitsgericht differenziert zwischen **mitbestimmungsfreiem Arbeitsverhalten**[740] (Maßnahmen, mit denen die Arbeitspflicht konkretisiert wird) und **mitbestimmungspflichtigem Ordnungsverhalten** [741] (allgemeingültige Verhaltensregeln). Danach stellen z. B. das Führen von Anwesenheitslisten, eine Regelung zur Nutzung des Internets und die Benutzungsordnung für Wasch- und

734 *Kania*, in: ErfK, 2019, § 87 Rn. 9; *Biester*, in: Grobys/Panzer, 2017, 119 Rn. 13.
735 *Richardi/Maschmann*, in: Richardi BetrVG, 2018, § 76 Rn. 6; *Kreitner*, in: Küttner, 21. Aufl. 2019, Stichwort 153 Rz. 1.
736 *Richardi/Maschmann*, in: Richardi BetrVG, 2018, § 76 Rn. 8, 30; *Kreitner*, in: Küttner, 21. Aufl. 2019, Stichwort 153 Rz. 1.
737 *Kania*, in: ErfK, 2019, § 87 BetrVG Rn. 3.
738 Vgl. *Werner*, in: BeckOK ArbR, 2019, § 77 BetrVG Rn. 73 – 75 m. w. N.; *Worzalla*, in: Hess/Worzalla/Glock/Nicolai/Rose/Huke, 2018, § 77 BetrVG Rn. 185.
739 *Kania*, in: ErfK, 2019, § 87 BetrVG Rn. 1.
740 St. Rspr., vgl. BAG vom 25.09.2012, NZA 2013, 467.
741 St. Rspr., vgl. BAG vom 22.07.2008, DB 2008, 2485.

Umkleideräume mitbestimmungspflichtige Maßnahmen dar, wohingegen die Aufnahme allgemeiner Arbeitsbedingungen in den Arbeitsvertrag und der Erlass einer Dienstreiseordnung in den Bereich des mitbestimmungsfreien Arbeitsverhaltens fallen.[742]

- **§ 87 Abs. 1 Nr. 6 BetrVG: Einführung und Anwendung technischer Einrichtungen**
  Aufgrund der fortschreitenden technischen Entwicklung ist das Mitbestimmungsrecht des § 87 Abs. 1 Nr. 6 BetrVG von zunehmender Bedeutung. Demnach bedarf die **Einführung und Anwendung von technischen Einrichtungen** der Mitbestimmung, die dazu geeignet sind, das Verhalten oder die Leistung der Arbeitnehmer zu überwachen. Allerdings muss die Funktion zur Überwachung bereits vorhanden sein, die konkrete Möglichkeit zur Überwachung muss also bestehen.[743] Auf die tatsächliche Überwachung durch den Arbeitgeber kommt es nicht an, die Eignung der technischen Anlage genügt.[744] Die Daten müssen grundsätzlich die Zuordnung zu einem bestimmten Arbeitnehmer ermöglichen.[745] Unter § 87 Abs. 1 Nr. 6 BetrVG fallen beispielsweise Videokameras[746], Stempeluhren[747], der Arbeitsplatzrechner mit entsprechender Software (z. B. Internetbrowser oder MS Outlook Express)[748], Mobiltelefone und Telefonanlagen.[749]
- **§ 87 Abs. 1 Nr. 7 BetrVG: Arbeits- und Gesundheitsschutz**
  Für den Arbeits- und Gesundheitsschutz existiert eine Vielzahl von gesetzlichen Regelungen, Verordnungen und Unfallverhütungsvorschriften (z. B. ArbSchG, BildscharbV, UnfallVV). Trotz des Mitbestimmungsrechts bei der Umsetzung bleibt das Unternehmen für Einhaltung der geltenden Regelungen allein verantwortlich.[750] Die Mitbestimmung des Betriebsrats ist **Wirksamkeitsvoraussetzung** für die arbeitgeberseitig ergriffenen Arbeitsschutzmaßnahmen.[751] Die Arbeitnehmer selbst können allerdings ein **Leistungsverweigerungsrecht** nur geltend machen, wenn zwingende Arbeitsschutzvorschriften verletzt sind und eine Gefährdung von Leib und Leben am Arbeitsplatz besteht.[752]

Von großer praktischer Relevanz ist das Mitbestimmungsrecht bei der Gefährdungsbeurteilung nach § 5 ArbSchG. Hier ist aktuell besonderes Augenmerk auf die psychischen Belastungen (§ 5 Abs. 3 Nr. 6 ArbSchG) zu richten, da eine Beschäftigung des Arbeitgebers mit diesem Thema im Rahmen der Gefährdungsbeurteilung oftmals von den Aufsichtsbehörden und dem Betriebsrat

742 vgl. *Fitting*, in: BetrVG, 2018, § 87 Rn. 71–75 m.w.N; *Worzalla*, in: Hess/Worzalla/Glock/Nicolai/Rose/Huke, 2018, § 87 BetrVG Rn. 139 ff.

743 *Werner*, in: BeckOK ArbR, 2019, § 87 BetrVG Rn. 93.

744 *Werner*, in: BeckOK ArbR, 2019, § 87 BetrVG Rn. 92.

745 *Werner*, in: BeckOK ArbR, 2019, § 87 BetrVG Rn. 94.

746 BAG vom 26.08.2008, 1 ABR 16/07, NZA 2008, 1187; BAG vom 14.12. 2004, 1 ABR 34/03, NZA 2005, 839; BAG vom 27.03.2003, 2 AZR 51/02, NJW 2003, 3436.

747 *Werner*, in: BeckOK ArbR, 2019, § 87 BetrVG Rn. 95 mit weiteren Beispielen.

748 Diese Programme erstellen Logdateien, die den Bearbeiter und den Bearbeitungszeitpunkt einer Datei nachvollziehbar machen, bzw. verfügen über eine Funktion zur Verfolgung des Verlaufs der besuchten Internetseiten, vgl. *Kania*, in: ErfK, 2019, § 87 BetrVG Rn. 62.

749 Bei diesen kann der Arbeitgeber durch Einzelverbindungsnachweis die ein- und ausgehenden Telefonate mit Nummer, Dauer und Zeitpunkt nachvollziehen, vgl. *Kania*, in: ErfK, 2019, § 87 BetrVG Rn. 62.

750 *Fitting*, in: BetrVG, 2018, § 87 BetrVG Rn. 257 m. w. N.

751 *Werner*, BeckOK ArbR, 2019, § 87 BetrVG Rn. 118.

752 BAG vom 19.02.1997, NZA 1997, 821; *Werner*, in: BeckOK ArbR, 2019, § 87 BetrVG Rn. 119.

gefordert wird. Eine gesetzliche Definition des Begriffes der psychischen Belastung fehlt bisher[753], dies macht den Umgang in der Praxis hiermit sehr schwierig.

1.8.2.2.2 Personelle Angelegenheiten gem. §§ 92 ff., 99 ff. BetrVG

Unterschieden wird im Rahmen der personellen Angelegenheiten zwischen den allgemeinen personellen Angelegenheiten (§§ 92–95 BetrVG), der Berufsbildung (§§ 96–98 BetrVG) und den personellen Einzelmaßnahmen (§§ 99–105 BetrVG), wobei auch hier die Intensität der Mitwirkungsrechte variiert. Hier soll lediglich auf die §§ 99 ff. BetrVG eingegangen werden.

In Unternehmen mit in der Regel mehr als zwanzig wahlberechtigten Arbeitnehmern muss der Arbeitgeber gem. § 99 Abs. 1 BetrVG vor jeder **Einstellung, Eingruppierung, Umgruppierung und Versetzung** die Zustimmung des Betriebsrats einholen, wobei dem Betriebsrat nur die aus § 99 Abs. 2 BetrVG folgenden, abschließenden Zustimmungsverweigerungsgründe zur Verfügung stehen. Der Arbeitgeber hat jedoch gem. § 100 BetrVG die Möglichkeit, alle personellen Einzelmaßnahmen **vorläufig durchzuführen**, sofern dies aus sachlichen Gründen dringend erforderlich ist und z. B. der Betriebsrat seine Zustimmung verweigert hat. Die Unterrichtung über die vorläufige Durchführung kann auch bereits mit der Anhörung nach § 99 BetrVG verbunden werden.[754] Widerspricht der Betriebsrat der vorläufigen Durchführung, darf der Arbeitgeber diese nur aufrechterhalten, wenn er innerhalb von drei Tagen die Ersetzung der Zustimmung und die Feststellung des dringenden Sachgrundes der vorläufigen Durchführung beim Arbeitsgericht im Wege des Beschlussverfahrens beantragt (§ 100 Abs. 2 Satz 3 BetrVG). Erfahrungsgemäß stehen die Chancen des Arbeitgebers gut, in dem Beschlussverfahren zu obsiegen.

Nach § 102 Abs. 1 BetrVG ist der Betriebsrat vor jeder **Kündigung** anzuhören, ihm steht nach Abs. 2 und 3 ein Widerspruchsrecht zu, das zwar nicht die Wirksamkeit der Kündigung berührt, aber u. U. einen Weiterbeschäftigungsanspruch des Arbeitnehmers begründet.[755] Auf die Korrektheit und Vollständigkeit der Betriebsratsanhörung muss größte Sorgfalt verwendet werden. Die Unrichtigkeit oder Unvollständigkeit der Anhörung führt in den meisten Fällen zur unrettbaren Unwirksamkeit der Kündigung (§ 102 Abs. 1 Satz 3 BetrVG). Lediglich in Fällen unbewusst unrichtiger oder unvollständiger Anhörung durch den Arbeitgeber kann der Grundsatz der subjektiven Determination die Wirksamkeit der Kündigung erhalten.[756] Angesichts langer Verfahrensdauer vor den Arbeitsgerichten ist es jedoch überaus ärgerlich, wenn aus formalen Gründen die Kündigung unwirksam und zwischenzeitlich über ein Jahr vergangen ist.

753 Definition nur nach DIN EN ISO 10075; weiterführend hierzu: *Lützeler*, BB 2014, 309 (310 f.).
754 *Kania*, in: ErfK, 2019, § 100 BetrVG Rn. 3.
755 *Biester*, in: Grobys/Panzer, 2017, 119 Rn. 11.
756 *Koch*, in: *Ascheid/Preis/Schmidt*, Kündigungsrecht, 2017, § 102 BetrVG Rn. 88–91 m. w. N.

1.8.2.2.3 Wirtschaftliche Angelegenheiten gem. §§ 106 ff. BetrVG

Die Beteiligung in wirtschaftlichen Angelegenheiten erfolgt durch Information und Beratung mit dem **Wirtschaftsausschuss** (§ 106 BetrVG) und durch **Mitbestimmung des Betriebsrats bei Betriebsänderungen** (§ 111 BetrVG). Der **Wirtschaftsausschuss** ist kein Mitbestimmungsorgan, sondern ein **Hilfsorgan** des Betriebsrats, dessen Aufgabe die Beratung über wirtschaftliche Angelegenheiten mit dem Unternehmer und die Information des Betriebsrats ist. **Wirtschaftliche Angelegenheiten** sind alle Vorgänge und Vorhaben, die die Interessen der Arbeitnehmer im sozialen, karitativen, kulturellen, politischen oder wirtschaftlichen Bereich wesentlich berühren können.[757]

Der **Informationspflicht des Arbeitgebers** sind damit kaum Grenzen gesetzt, Betriebs- und Geschäftsgeheimnisse muss er allerdings grundsätzlich nicht offenlegen (§ 106 Abs. 2 Satz 1 BetrVG). Die Information des Wirtschaftsausschusses muss »**rechtzeitig**« erfolgen, die Pflicht entsteht mit dem Entschluss zur Planung. Definitiv verspätet ist die Information, wenn sie erst nach der Entscheidung im betreffenden Unternehmensorgan erfolgt.[758] Die vorsätzliche Verletzung der Unterrichtungspflicht durch den Arbeitgeber stellt eine Ordnungswidrigkeit dar (§ 121 BetrVG). Allerdings kommt der Vorschrift in der Praxis kaum Bedeutung zu.[759]

1.8.2.2.4 Zuständigkeitsabgrenzung

Neben dem (örtlichen) Betriebsrat gibt es auf Unternehmens- bzw. Konzernebene Gremien der arbeitnehmerseitigen Interessenvertretung.[760] Auf der Ebene des Unternehmens ist ein **Gesamtbetriebsrat** zu bilden (§§ 47 ff. BetrVG). Er setzt sich aus Mitgliedern der örtlichen Betriebsräte zusammen. Ein konzernweites Mitbestimmungsgremium in Form des **Konzernbetriebsrats** kann durch Beschlüsse der einzelnen Gesamtbetriebsräte errichtet werden (§ 54 Abs. 1 BetrVG). Für das Verhältnis der originären Zuständigkeit von Betriebsrat, Gesamtbetriebsrat und Konzernbetriebsrat gilt der Grundsatz der **Zuständigkeitstrennung**. Die Zuständigkeiten schließen sich wechselseitig aus, ein Weisungsrecht des Einen gegenüber dem Anderen besteht nicht.[761] Der **Gesamtbetriebsrat** ist nur zuständig, wenn eine überbetriebliche Angelegenheit vorliegt, d. h. zumindest mehrere Betriebe des Unternehmens betroffen sind und die Angelegenheit nicht durch die einzelnen Betriebsräte innerhalb ihrer Betriebe geregelt werden kann (§ 50 Abs. 1 BetrVG). An der letzten Voraussetzung scheitert oft die Zuständigkeit des Gesamtbetriebsrats, da bloße Zweckmäßigkeitserwägungen, Kosten- oder

757 § 106 Abs. 3 Nr. 10 BetrVG erfasst als beschränkte Generalklausel auch die beispielhaft aufgezählten Angelegenheiten der Nrn. 1–9.

758 *Hess*, in: Hess/Worzalla/Glock/Nicolai/Rose/Huke, 2018, § 106 BetrVG Rn. 27 ff; *Kania*, in: ErfK, 2019, § 106 BetrVG Rn. 4.

759 *Werner*, in: BeckOK ArbR, 2019, § 121 BetrVG vor Rn. 1.

760 Aus Platzgründen muss auf die Darstellung des SE-Betriebsrats und des EBR verzichtet werden.

761 *Fitting*, in: BetrVG, 2018, § 50 BetrVG Rn. 7, 9; *Mauer*, in: BeckOK ArbR, 2019, § 50 BetrVG Rn. 1.

Koordinationsinteressen des Arbeitgebers oder der bloße Wunsch nach einer einheitlichen Regelung nicht ausreichen.[762]

Überbetriebliche Angelegenheiten können z. B. bei der unternehmenseinheitlichen Einführung von SAP, der betriebsübergreifenden Einführung einer betrieblichen Altersversorgung[763] oder der Personalplanung auf überbetrieblicher Ebene vorliegen. Weiterhin steht dem Gesamtbetriebsrat unter bestimmten Voraussetzungen das Recht zu, die Wahl der Aufsichtsratsmitglieder auf Arbeitnehmerseite anzufechten (§ 22 Abs. 2 MitbestG). Der Gesamtbetriebsrat ist hingegen bei den sozialen Angelegenheiten wie z. B. bei der Einführung von Kurzarbeit nicht zuständig.[764]

Die Zuständigkeit des **Konzernbetriebsrats** betrifft Angelegenheiten des Konzerns oder mehrerer Konzernunternehmen (§ 58 Abs. 1 BetrVG); es muss eine **zwingende sachliche oder rechtliche Notwendigkeit** für eine konzerneinheitliche oder unternehmensübergreifende Regelung bestehen.[765] Dies kann z. B. bei konzernweiten Ethikrichtlinien der Fall sein.[766]

1.8.3 Gestaltung der Mitbestimmung durch das Unternehmen

1.8.3.1 Gestaltungsmöglichkeiten auf unternehmerischer Mitbestimmungsebene

Große Aufsichtsräte erschweren und verlangsamen oftmals die Entscheidungsfindung und stellen einen hohen Kostenfaktor dar. Können sich viele Unternehmer noch mit der Mitbestimmung nach dem DrittelbG arrangieren, versuchen sie oftmals die paritätische Mitbestimmung im Aufsichtsrat zu vermeiden. Schließlich geht mit der Mitbestimmung nach dem MitbestG unter anderem die Beteiligung bei der Bestellung von Organmitgliedern (vgl. §§ 30, 31 Abs. 1 Satz 1 MitbestG i. V. m. § 84 AktG) und die Präsenz von Gewerkschafsvertretern (vgl. § 7 Abs. 2 MitbestG) einher. Im internationalen Vergleich nimmt die paritätische Mitbestimmung nach dem MitbestG eine einmalige Stellung ein.

Obwohl die deutschen Mitbestimmungsgesetze mit ihren Schwellenwerten zwingendes Recht darstellen, gibt es gesellschaftsrechtliche **Gestaltungsmöglichkeiten**, um die Mitbestimmung der Arbeitnehmer im Aufsichtsrat zu begrenzen bzw. trotz Wachstums auf dem aktuellen (niedrigeren) Stand zu halten.

762 *Fitting*, in: BetrVG, 2018, § 50 BetrVG, Rn. 21–23.
763 BAG vom 21.01.2003, NZA 2003, 992.
764 *Mauer*, in: BeckOK ArbR, 2019, § 50 BetrVG Rn. 5 m. w. N.
765 *Koch*, in: ErfK, 2019, § 58 BetrVG Rn. 2.
766 BAG vom 22.07.2008, NZA 2008, 1248.

1.8.3.1.1 Reine (inländische) Vermögensholding

Gem. §5 Abs. 1 MitbestG kann die Zurechnung der Arbeitnehmer innerhalb eines Konzerns dazu führen, dass die Schwelle von 2.000 in der Regel beschäftigten Arbeitnehmern überschritten wird (vgl. 1.8.1.2.3). Voraussetzung dafür ist, dass es auf der Ebene der Obergesellschaft eine einheitliche Leitung i. S. v. §18 AktG gibt. Um eine Zurechnung zu umgehen, wurde und wird erwogen, eine **reine Vermögensholding** (ohne eigenes operatives Geschäft) an der Spitze der Beteiligungen zu installieren, die nicht in die Leitungsaufgaben der nachgeordneten Gesellschaften eingreift.[767] Dieses Vorgehen erscheint jedoch vor dem Hintergrund aktueller Rechtsprechung riskant bis nicht ratsam. Die Gerichte gehen dazu über, auch geringere Einflussnahmeschwellen, wie formlose Ratschläge, personelle Verflechtungen und unternehmenspolitische Abstimmungen und Absprachen ausreichen zu lassen, um eine Zurechnung anzunehmen. Danach kann auch eine reine Vermögensholding Objekt der Zurechnung nach §5 Abs. 1 MitbestG sein. Ausreichend wurde es angesehen, dass sich den Geschäftsberichten der Vermögensholding Indizien dazu fanden ließen, dass eine faktische Einflussnahme auf die beteiligten Unternehmen erfolgte.[768] Offenlassen konnten die Gerichte die Frage, die zum Teil ausgesprochene Empfehlung, zur Verhinderung der Zurechnung einen **Entherrschungsvertrag** zwischen den Gesellschaften abzuschließen,[769] eine andere Bewertung rechtfertigen kann. In Anbetracht der genauen gerichtlichen Betrachtung der faktischen Gegebenheiten steht indessen zu vermuten, dass auch derartige Verträge die nach außen tretenden Umstände einer »leitenden« Finanzholding nicht erschüttern können.

1.8.3.1.2 Unselbstständige Niederlassung ausländischer Unternehmen

Unselbstständige Niederlassungen ausländischer Unternehmen sind aufgrund der abschließenden Aufzählung der erfassten Gesellschaftsformen in MitbestG und DrittelbG von der Mitbestimmung ausgeschlossen. Dies gilt unabhängig von der Gesamtzahl ihrer Arbeitnehmer. Somit kann über den Weg der unselbstständigen Niederlassung eines **ausländischen Unternehmens** eine Mitbestimmung der Arbeitnehmer im Aufsichtsrat vermieden werden. Dies gilt selbst dann, wenn das ausländische Unternehmen wiederum Tochtergesellschaft einer deutschen Holding ist.[770]

---

767 Vgl. *Seibt*, in: Henssler/Willemsen/Kalb, 2018, §5 MitbestG Rn. 7; *Wisskirchen/Bissels/Begiebing*, FuS 2012, 209 (210).

768 OLG Düsseldorf vom 05.06.2018, I-26 W 12/17 (AktE), ZIP 2018, 1976.

769 Vgl. *Habersack* in: Habersack/Henssler, 2018, §5 MitbestG Rn. 13.

770 H. M., vgl. *Michalski*, GmbHG, 2017, Band 1, Syst. Darst. Rn. 171 f.; vgl. für das Betriebsverfassungsrecht 1.8.1.2.1.

1.8.3.1.3 Stiftung

Die Stiftung (§§ 80 ff. BGB) sowie die Stiftung & Co. KG unterfallen in Ermangelung von Anteilseignern nicht der unternehmerischen Mitbestimmung; ihre **Rechtsform wird von den Mitbestimmungsgesetzen nicht erfasst.**[771] Eine Stiftung als Holding verhindert somit die Zurechnung von Arbeitnehmern im Konzern. Dadurch kann aber ebenfalls nicht die Mitbestimmung in den Tochtergesellschaften ausgeschlossen werden. Bei dieser Variante gilt es jedoch zu beachten, dass Stiftungen der staatlichen Aufsicht unterstellt sind, so dass dieses Modell nicht für alle Konstellationen geeignet erscheint (vgl. §§ 6 ff. StiftG NRW).

1.8.3.1.4 Einsatz von Leiharbeitnehmern

Der Einsatz von Leiharbeitnehmern ist, nachdem ihre Berücksichtigung nun gesetzlich vorgeschrieben ist, keine praxistaugliche Möglichkeit mehr, die Überschreitung der Schwellenwerte bei der unternehmerischen Mitbestimmung zu verhindern. Nachdem der BGH sich für die arbeitsplatzbezogene Betrachtung der Mindesteinsatzdauer in § 14 Abs. 2 Satz 6 AÜG ausgesprochen hat[772], besteht auch keine Möglichkeit mehr, die Überschreitung der Schwellenwerte allein dadurch zu verhindern, dass Leiharbeitnehmer nie länger als sechs Monate beschäftigt werden (vgl. 1.8.1.2.1).

1.8.3.1.5 Unternehmenswachstum im Ausland

Ob die Mitbestimmung vermieden werden kann, wenn das Personalwachstum ausschließlich bei ausländischen Tochtergesellschaften oder unselbstständigen Niederlassungen im Ausland vollzogen wird, ist aufgrund der jüngeren Debatte über die europarechtliche Zulässigkeit der Nichtberücksichtigung dort beschäftigter Arbeitnehmer nicht mit Sicherheit zu beantworten (s. 1.8.1.2.1). Nach dem Urteil des EuGH[773] dürfte jedenfalls durch Personalwachstum in selbstständigen ausländischen Tochtergesellschaften die Mitbestimmung weiterhin vermieden werden können. Die deutschen Gerichte haben eine Europarechtswidrigkeit auch im Falle unselbstständiger Niederlassungen im Ausland bislang abgelehnt, sodass die Mitbestimmung auch durch Personalzuwachs in diesen Niederlassungen vermieden werden konnte. Wie sich die Rechtsprechung im Lichte der europarechtlichen Diskussion entwickeln wird, bleibt abzuwarten.

1.8.3.1.6 Inländische Kapitalgesellschaft & Co. KG

Die von Familienunternehmen vielfach gewählte Gesellschaftsform der Kapitalgesellschaft (oftmals GmbH) & Co. KG bietet die Möglichkeit, die Mitbestimmung gänzlich zu verhindern, so lange nicht mehr als 2.000 Arbeitnehmer beschäftigt werden. Sollte die KG mehr als 2.000

---

771 Vgl. *Rieble,* BB 2006, 2018 (2019).

772 BGH vom 25.06.2019, Az. II ZB 21/18.

773 EuGH vom 18.07.2017, NZA 2017, 1000.

Arbeitnehmer haben, kann die Mitbestimmung nach dem MitbestG durch eine **inkongruente Gesellschaftsstruktur** vermieden werden. Voraussetzung dafür ist, dass die Kommanditisten nicht die Mehrheit der Anteile an der Komplementärin besitzen.[774] Dies kann dadurch erreicht werden, dass ein (konzernangehöriges) Unternehmen die Mehrheitsanteile an der Komplementärgesellschaft besitzt, ohne jedoch Kommanditistin der KG zu sein.[775] Zu berücksichtigen ist dabei allerdings, dass eine Zurechnung zwar auch, jedoch nicht nur an den gesellschaftsvertraglichen Vereinbarungen festzumachen ist. Entsprechend begründet nicht nur die unmittelbare Beteiligung eine Zurechnung von Arbeitnehmern nach § 4 Abs. 1 MitbestG, sondern auch eine bloß mittelbare Beteiligung. Damit rücken auch familiäre Bindungen in den Fokus.[776] Diese sollen nur dann keine mittelbare und damit zuzurechnende Beteiligung darstellen, wenn diese Verbindung (gesellschafts-)rechtlich nicht abgesichert ist.[777]

1.8.3.1.7 Ausländische Kapitalgesellschaft & Co. KG

Die Zurechnung von Arbeitnehmern bei einer inländischen KG und damit auch das Erfordernis eines mitbestimmten Aufsichtsrats kann dadurch vermieden werden, dass als **Komplementärin eine ausländische Kapitalgesellschaft** fungiert. Häufig verwendet werden dafür: die GmbH nach österreichischem, luxemburgischem, Schweizer oder liechtensteinischem Recht; die Ltd.; die B.V.; die S.A. und die AG nach französischem/luxemburgischem Recht. Die Fähigkeit einer ausländischen Kapitalgesellschaft, in Deutschland die Stellung eines Komplementärs einzunehmen, ist mittlerweile anerkannt[778] und wird vielfach verwendet.[779] Durch diese Gestaltungsmöglichkeit kommt eine Zurechnung der Arbeitnehmer auf den ausländischen Komplementär gem. § 4 Abs. 1 MitbestG nicht in Betracht, da diese Gesellschaftsformen nicht von der Aufzählung gem. § 1 MitbestG erfasst sind.

Jedoch ist möglicherweise die künftige neue Umwandlungs-Richtlinie[780] als Teil des »Company Law Package« der Europäischen Union zu beachten. Durch sie werden die bisherigen Vorschriften zu grenzüberschreitenden Verschmelzungen geändert und parallele Regelungen zu grenzüberschreitenden Umwandlungen und Spaltungen eingeführt. Neue Vorgaben finden sich insbesondere zum Schutz der von grenzüberschreitenden Umwandlungen, Verschmelzungen und Spaltungen betroffenen Arbeitnehmer und zur Stärkung ihrer Mitbestimmungsrechte.

---

774 Vgl. nur Wortlaut des § 4 I MitbestG sowie *Habersack*, in: Habersack/Henssler, 2018, § 4 MitbestG Rn. 12. ff.

775 Vgl. *Wisskirchen/Bissels/Begiebing,* FuS 2012, 209 (211); *Götze/Winzer/Arnold,* ZIP 2009, 245 (246).

776 *Mutter*, in: MHdB GesR, Bd. 2, 2019, § 5 Rn. 10.

777 OLG Bremen vom 30.04.1980, 1 W 3(80 ©, DB 1980, 1332.

778 Vgl. OLG Stuttgart vom 30.03.1995, ZIP 1995, 1004, OLG Saarbrücken vom 21.04.1989, NJW, 1990, 647; siehe auch *Habersack*, in: Habersack/Henssler, 2018, § 1 MitbestG Rn. 6.

779 Vgl. Statistik bei *Sick/Pütz,* WSI Mitteilungen 1/2011, 34 (35 ff.).

780 Die Richtlinie des Europäischen Parlamentes und des Rates zur Änderung der Richtlinie (EU) 2017/1132 im Hinblick auf grenzüberschreitende Umwandlungen, Verschmelzungen und Spaltungen wurde am 18.11.2019 vom Europäischen Rat beschlossen.

1.8.3.1.8 Nutzung einer ausländischen Gesellschaft im Inland

Die unternehmerische Mitbestimmung kann auch dadurch vermieden werden, dass eine nach ausländischem Recht gegründete Gesellschaft ihren Sitz ins Inland verlegt, und zwar unter Beibehaltung ihrer **ausländischen Rechtsform**. Der EuGH hat die Möglichkeit der tatsächlichen Verlegung des Verwaltungssitzes nach Deutschland auf Grundlage der Niederlassungsfreiheit in mehreren Urteilen bestätigt.[781] Dieser Rechtsprechung hat sich der BGH angeschlossen.[782]

Gesellschaftsformen aus dem EWR werden ebenfalls vom BGH anerkannt, unabhängig von ihrem tatsächlichen Verwaltungssitz, so dass dieser auch im Inland liegen kann.[783] Bei in den Vereinigten Staaten gegründeten Gesellschaften richtet sich diese Gestaltungsmöglichkeit nach Art. XXV Abs. 5 des Deutsch-amerikanischen Handels-, Schifffahrts- und Freundschaftsvertrages vom 29.10.1954.

Die praktischen Konsequenzen dieser Gestaltungsmöglichkeit sind allerdings nicht zu vernachlässigen, denn die ausländischen Gesellschaften unterliegen weiterhin dem für sie geltenden Gesellschaftsrecht und möglicherweise auch einem für sie nach nationalem Recht anwendbaren Mitbestimmungsrecht.[784] Zudem können die Kosten für eine Beratung und Kommunikation in der Sprache des Gründungsstaates erheblich sein und sollten bei der Abwägung berücksichtigt werden.[785] Keine Relevanz hat die sog. **Wegzugsbesteuerung**, da der Anknüpfungspunkt des KStG insoweit allein die Verlegung des effektiven Verwaltungssitzes ist. Die bloße ausländische Rechtsform reicht hierfür nicht aus.

1.8.3.1.9 Holdinggesellschaft im Ausland

Die deutschen Mitbestimmungsgesetze sind in ihrem räumlichen Geltungsbereich auf das Inland beschränkt,[786] so dass die Gründung einer **Auslandsgesellschaft als Holding** einen mitbestimmten Aufsichtsrat bei inländischen Tochtergesellschaften mit je weniger als 2.000 Arbeitnehmern verhindern kann. § 5 Abs. 3 MitbestG versucht der Flucht aus der Mitbestimmung dadurch zu begegnen, dass in einem mehrstufigen Konzern der mitbestimmte Aufsichtsrat bei dem der Konzernspitze am nächsten stehenden, dem MitbestG unterfallenden

---

781 EuGH vom 30.09.2003, NJW 2003, 3331, *Inspire Art*; EuGH vom 05.11.2002, NJW 2002, 3614, *Überseering*; EuGH vom 09.03.1999, NJW 1999, 2027, *Centros*.

782 BGH vom 13.03.2003, NJW 2003, 1461; BGH vom 01.07.2002, BB 2002, 2031.

783 Vgl. für Schweizerische AG: BGH vom 27.10.2008, NZG 2009, 68; vgl. für AG aus Lichtenstein: BGH vom 19.09.2005, NZG 2005, 974.

784 Vgl. dazu auch: *Drouven/Mödl*, NZG 2007, 7 (9).

785 Hinsichtlich des Steuerrechts ist anzumerken, dass bei Verlegung des Satzungs- und Verwaltungssitzes der ausländischen Gesellschaft nach Deutschland diese regelmäßig dem deutschen Steuerrecht und regelmäßig im Wegzugstaat auch der dortigen Wegzugsbesteuerung unterliegen wird. Gleiches dürfte auch bei der bloßen Satzungssitzverlegung gelten. Insgesamt muss der steuerliche Aspekt einer solchen Maßnahme im Vorfeld genau geprüft werden.

786 Vgl. *Annuß*, in: MüKo AktG, 2019, § 1 MitbestG Rn. 6; *Habersack*, in: Habersack/Henssler, 2018, § 1 MitbestG Rn. 6.

Unternehmen zu errichten ist;[787] diesem Unternehmen werden alle inländischen Konzernarbeitnehmer zugerechnet.

Sind in einem Teilkonzern also im Inland über 2.000 Arbeitnehmer beschäftigt, so gilt es, die Konzernvermutung zu widerlegen, da diese Voraussetzung der Zurechnung der Arbeitnehmer ist. Dies kann dadurch erreicht werden, dass zwischen die Tochtergesellschaften und die Auslandsholding noch eine **Zwischenholding** geschaltet wird, welche durch Beherrschungsverträge zwischen Auslandsholding und den inländischen Enkelgesellschaften von einer Beherrschung ihrer Tochtergesellschaften ausgeschlossen wäre.[788] Diese Gestaltungsoption ist jedoch nicht höchstrichterlich abgesegnet. Durch die Zurechnung der Arbeitnehmer zur Zwischenholding würde es dort zur Bildung eines paritätischen Aufsichtsrats kommen.[789] Die Zwischenholding kann aber aufgrund der Beherrschungsverträge keine Leitungsmacht gegenüber den Tochtergesellschaften ausüben, so dass die Mitbestimmung auf dieser Ebene der Konzernstruktur keine Auswirkung auf die wirtschaftlichen Entscheidungen des Konzerns hätte. Die Wahl eines mitbestimmten Aufsichtsrats ohne Funktion entspricht indes nicht dem Zweck des MitbestG.[790]

1.8.3.1.10 Gründung einer Societas Europaea (SE)

Die Gründung einer SE bietet ebenfalls die Möglichkeit, die Mitbestimmung der Arbeitnehmer im Aufsichtsorgan zu vermeiden. Hierbei gibt es verschiedene Optionen. Die Mitbestimmung richtet sich nach dem SEBG (vgl. 1.8.1.5), DrittelbG und MitbestG finden keine (auch keine analoge) Anwendung. Nach dem SEBG bestehen keine fixen Schwellenwerte, deren Überschreiten zu einer Mitbestimmung im Aufsichtsrat führt. Vielmehr wird die Mitbestimmung über das BVG verhandelt, und im Falle des Scheiterns »eingefroren« (**»Auffangregelung«** gem. §§ 22, 34 SEBG). Es gilt dann das höchste Mitbestimmungsniveau der an der Gründung beteiligten Gesellschaften. Ein Belegschaftswachstum führt dann auch nicht zu einem »Mitwachsen« der Mitbestimmung. Aufgrund der Auffangregelung bietet sich die Gründung einer SE insbesondere für Unternehmen an, deren **Arbeitnehmerzahl unterhalb der Schwellenwerte** des DrittelbG oder MitbestG liegen, da in diesen Fällen nach der Auffangregelung der mitbestimmungsfreie Status in die SE transferiert und eingefroren wird. Die praktische Wirksamkeit dieser Gestaltung zeigt auch die Statistik; Im Jahre 2018 unterlagen fast 79 % aller deutschen SE keiner

787 *Habersack*, in: Habersack/Henssler, 2018, § 5 MitbestG Rn. 65.

788 Im Gegensatz zum OLG Düsseldorf (Beschluss vom 30.10.2006, ZIP 2006, 2375) hat das BAG vom 14.02.2007, DB 2007, 1589 eine analoge Anwendung von § 5 Abs. 3 MitbestG auf die Bildung des KBR verneint, da der Abschluss von Beherrschungsverträgen zwischen Auslandsholding und inländischen Enkeln die Leitungsmacht der Zwischenholding über die anderen Gesellschaften beendet; dies spricht dafür, dass auch im Fall der Zurechnung von Arbeitnehmern für die unternehmerische Mitbestimmung diese Lösung möglich ist; siehe auch *Wisskirchen/Bissels/Begiebing*, FuS 2012, 209 (212) m. w. N.; aktuell bestätigt durch BAG vom 23.05.2018, 7 ABR 60/16, wonach es insbesondere an der für die Annahme einer Analogie erforderlichen planungswidrigen Regelungslücke mangelt.

789 Im Sinne der Zurechnung der Arbeitnehmer zur Zwischenholding entschied das OLG Düsseldorf vom 30.10.2006, ZIP 2006, 2375, das für die Annahme einer fiktiven Konzernspitze allein die kapitalmäßige Verflechtung von Zwischenholding und Tochtergesellschaften ausreichen ließ.

790 *Wisskirchen/Bissels/Begiebing*, FuS 2012, 209 (212) m. w. N.; *Rieble*, BB 2006, 2018 (2019); *Henssler*, RdA 2005, 330.

unternehmerischen Mitbestimmung.[791] Eine dauerhafte Vermeidung der Mitbestimmung ist allerdings nur dann möglich, wenn die SE keine »strukturellen Änderungen« plant. Unter **strukturellen Änderungen** sind nur Vorgänge mit gründungsähnlichem Charakter zu verstehen, bloße Veränderungen der Organisationsstruktur genügen nicht.[792] Es ist h. M., dass ein bloßes Belegschaftswachstum, das nach deutschem Recht zur Einführung oder Erweiterung der Mitbestimmung führen würde, keine Pflicht zur Neuverhandlung der Unternehmensmitbestimmung auslöst.[793] Ebenso gilt dies (keine Pflicht zur Neuverhandlung) beim Beteiligungserwerb. Liegt eine strukturelle Änderung vor, kommt es gem. § 18 Abs. 3 SEBG zu einem neuen Verhandlungsverfahren, bei dessen Scheitern die Auffangregelung wieder eingreifen würde.

Ein weiterer Aspekt, der im Zusammenhang mit der Verhandlung der Mitbestimmung interessant ist, ist die Tatsache, dass sich die **Größe des Aufsichtsrats** auch verkleinern lässt. Die SE ist nicht an die Mindestgröße des Aufsichtsrats nach § 95 AktG bzw. § 7 MitbestG gebunden.[794]

Schließlich bietet sich auch die Gründung einer »Vorrats-SE« an, die gar keine Arbeitnehmer beschäftigt, weil sie bloß operativ tätig wird.[795] Von einem Arbeitnehmerbeteiligungsverfahren ist dabei abzusehen, was seit einer Entscheidung des OLG Düsseldorfs im Jahr 2009 in der Rechtsprechung auch anerkannt ist.[796] Grundsätzlich wäre der Nachweis der Durchführung des Arbeitnehmerbeteiligungsverfahrens Voraussetzung für die Eintragung der SE (Art. 12 Abs. 2 SE-VO). Erklären die maßgeblichen Beteiligten an der Gründung der SE, weder Arbeitnehmer zu haben noch solche jemals beschäftigen zu wollen, stellt der fehlende Nachweis der Durchführung des Arbeitnehmerbeteiligungsverfahrens kein Eintragungshindernis dar.

Umstritten ist, ob für das Beteiligungsverfahren neben der Beschäftigung von mindestens zehn Arbeitnehmern auch erforderlich ist, dass die »Vorrats-SE« wirtschaftlich aktiviert wird. Das ist davon abhängig, ob die wirtschaftliche Aktivierung einer SE eine strukturelle Änderung i. S. d. § 18 Abs. 3 SEBG (analog) darstellt. Die vorzugswürdige h. M. bejaht dies unter Verweis auf eine Analogie zu § 18 Abs. 3 SEBG.[797] Andernorts wird eine Analogie abgelehnt und die tatbestandlichen Voraussetzungen des § 18 Abs. 3 SEBG allein für maßgebend erachtet.[798] Zudem wird vertreten, wegen der drohenden Wertungswidersprüche greife die Auffanglösung bereits für die arbeitnehmerlose Vorrats-SE mit der Eintragung derselben. Allein die rein tatsächliche

791 Entnommen aus dem »SE-Datenblatt – Fakten zur Europäischen Aktiengesellschaft – Stand: 30.6.2018« des Instituts für Mitbestimmung und Unternehmensmitbestimmung der Hans-Böckler-Stiftung.

792 Vgl. *Jacobs*, MüKo AktG 2017, § 18 SEBG Rn. 12 m. w. N.

793 *Rieble*, BB 2006, 2018 (2022); *Götze/Winzer/Arnold*, ZIP 2009, 245 (252); *Schuberth/von der Höh*, AG 2014, 439 (442).

794 *Schuberth/von der Höh*, AG 2014, 439 (443) m. w. N.

795 Vgl. hierzu im Folgenden: *Naber/Sittard*, in: MHdbArbR, Band 4, 2018, § 384 Rn. 98 ff.

796 OLG Düsseldorf vom 30.03.2009, I-3 Wx 248/08, DNOtZ 2009, 699.

797 MüKoAktG/*Jacobs*, § 18 SEBG Rn. 17; *Hohenstatt/Müller-Bonani/Habersack/Dirnhausen*, § 18 SEBG Rn. 11; *Schmaus/Bangen*, ZIP 2019, 1360, 1363; *Winter/Marx/De Decker*, NZA 2016, 334, 337 f.; *Forst*, NZG 2009, 687, 690; kritisch hierzu *Boecken/Düwell/Diller/Hanau/Sagan*, Gesamtes Arbeitsrecht, § 18 SEBG Rn. 26 f.

798 So *Jannott/Frodermann/Kienast*, Handbuch der Europäischen Aktiengesellschaft – Societas Europaea, Rn. 493; zu weiteren Auffassungen *Boecken/Düwell/Diller/Hanau/Sagan*, Gesamtes Arbeitsrecht, § 18 SEBG Rn. 25 ff. m. w. N.

Möglichkeit der Mitbestimmung (in der SE und deren Tochtergesellschaften werden mindestens zehn Arbeitnehmer beschäftigt), reiche für das Auslösen der Mitbestimmung aus.[799] Weil die von der h. M. abweichenden Ansichten indessen sowohl dem Wortlaut als auch dem Zweck der SE-Mitbestimmung noch ferner stünden als die »Analogielösung«, sprechen die besseren Argumente für ebenjene.

1.8.3.1.11 Grenzüberschreitende Verschmelzung

Bei der grenzüberschreitenden Verschmelzung sind zwei Varianten zu beachten:

- **»Hineinverschmelzung«**
  Die gesetzlichen Grundlagen der grenzüberschreitenden Verschmelzung ähneln in Aufbau und Zweckrichtung denen des SEBG. Im Hinblick auf die unternehmerische Mitbestimmung ist bei einer dem Geltungsbereich gem. § 5 MgVG unterworfenen Verschmelzung zunächst ein Verhandlungsverfahren mit den Arbeitnehmervertretern durchzuführen. Im Gegensatz zum Verhandlungsverfahren nach dem SEBG bietet § 23 Abs. 1 Satz 1 Nr. 3 MgVG die Möglichkeit, dass sich die beteiligten Gesellschaften darauf einigen, dass die Verhandlungen überhaupt nicht aufgenommen werden, sondern unmittelbar die **Auffanglösung** Anwendung findet.[800] Dies geschieht unmittelbar mit Eintragung der aus der Verschmelzung hervorgehenden Gesellschaft. In diesem Fall richtet sich das Maß der Mitbestimmung nach dem höchsten Mitbestimmungsniveau der beteiligten Gesellschaften, welches zumeist das deutsche Mitbestimmungsrecht stellt. Zu beachten ist hierbei jedoch, dass gem. § 30 MgVG ein dreijähriger **Bestandsschutz** gilt, wenn das Mitbestimmungsniveau nach der innerstaatlichen Verschmelzung unter dem Mitbestimmungsniveau der vorherigen grenzüberschreitenden Mitbestimmung liegt. Ein weiterer Vorteil der grenzüberschreitenden Verschmelzung ist, dass strukturelle Änderungen in der Regel keine Neuverhandlungspflicht auslösen, wie dies gem. § 18 Abs. 3 SEBG bei der SE der Fall ist.

Nach herrschender Meinung finden die deutschen Mitbestimmungsgesetze keine Anwendung auf die aus der Verschmelzung hervorgegangene deutsche Gesellschaft; ein »**Misch-Statut**« aus MgVG und deutschem Mitbestimmungsrecht ist nicht vorgesehen.[801] Anders als bei der »Herausverschmelzung« kann das Mitbestimmungsniveau jedoch nicht durch eine zweite innerstaatliche Verschmelzung zusätzlich verringert werden; es bleibt bei dem »eingefrorenen« Zustand, sofern nicht im Zuge der Verhandlungen eine erneute Verhandlungspflicht gem. § 22 Abs. 2 MgVG bei späteren Änderungen vereinbart wurde.

799 *Boecken/Düwell/Diller/Hanau/Sagan*, Gesamtes Arbeitsrecht, § 18 SEBG Rn. 29.
800 Vgl. auch *Wisskirchen/Bissels/Begiebing,* FuS 2012, 209 (214).
801 Vgl. *Seibt,* in: W/H/S/S, Abschnitt F, Rn. 171 m. w. N.

- **»Hinausverschmelzung«**
  Umgekehrt ist es auch möglich, eine deutsche Gesellschaft auf eine ausländische Gesellschaft zu verschmelzen.[802] Diese Verschmelzung unterfällt gem. § 3 Abs. 1 Satz 2 MgVG nicht dem MgVG, sondern den Umsetzungsvorschriften der Verschmelzungsrichtlinie[803] am Sitz der übernehmenden Gesellschaft im Ausland.[804]
  Die deutsche Mitbestimmung kann durch eine **zweite Verschmelzung** der ausländischen Gesellschaft auf ein weiteres Unternehmen im selben Staat ganz ausgeschaltet werden. Voraussetzung dafür ist, dass die grenzüberschreitende Verschmelzung auf eine ausländische Gesellschaft vollzogen wird, die nach dem dort geltenden Recht keiner Unternehmensmitbestimmung unterliegt.
- **»Sitzverlegung ins Ausland«**
  Eine weitere Gestaltungsvariante ist die (isolierte) Verlegung des Sitzes in einen ausländischen Staat. Für die EU-Staaten hat der EuGH klargestellt, dass auch die isolierte Verlegung des Gesellschaftssitzes per se zulässig und durch mitgliedstaatliche Regelungen grundsätzlich nicht erschwert werden kann, ohne gegen die Niederlassungsfreiheit zu verstoßen.[805] Durch die Verlegung des – je nach Rechtsordnung des Wegzugsstaats – Satzungs- und/oder Verwaltungssitzes in einen anderen Staat kann sich eine Gesellschaft daher dem Mitbestimmungsregime des Wegzugsstaates entziehen und sich demjenigen unterwerfen, das geringere Unternehmensmitbestimmungsmaßstäbe ansetzt.[806]

Alle vorstehend beschriebenen Varianten erfahren durch die in dem »Company Law Package« der EU enthaltenen Umwandlungs-Richtlinie[807] für grenzüberschreitende Umwandlungen, Verschmelzungen und Spaltungen weitere Änderungen. Danach bleibt es zwar bei dem Grundsatz (der indessen praktisch wohl eher die Ausnahme bleiben wird), dass die (mitbestimmungsrechtlichen) Vorschriften des Zuzugsstaates anzuwenden sind. Allerdings gilt dies zum Zwecke der Vermeidung von Umgehungskonstellationen bezogen auf die Arbeitnehmermitbestimmung nicht, wenn die Gesellschaft, die restrukturiert wird, bereits in den vorausgehenden sechs Monaten eine durchschnittliche Arbeitnehmerzahl beschäftigt hat, die vier Fünfteln des im Recht des Wegzugsmitgliedstaats festgelegten Schwellenwerts entspricht, der die Mitbestimmung der Arbeitnehmer auslöst. Damit soll verhindert werden, dass sich die Gesellschaft kurz vor Erreichen des maßgeblichen Schwellenwerts dem Mitbestimmungsrecht

802 Vgl. hierzu *Bissels/Wisskirchen*, in: Braun/Wisskirchen, Konzernarbeitsrecht, Teil II Rn. 195.

803 Richtlinie 2005/56/EG vom 26.10.2005.

804 Es gelten nur bestimmte Verfahrensvorschriften wie §§ 10 ff. und § 29 Satz 1 MgVG; *Müller-Bonanni/Müntefering*, NJW 2009, 2347 (2348) und *Habersack*, in: Habersack/Henssler, § 3 MgVG Rn. 1, § 29 MgVG Rn. 1.

805 EuGH vom 25.10.2017, C-106/16, *Polbud*, NZG 2017, ZIP 2017, 2145.

806 Bei alledem müssen stets die steuerlichen Folgen der Sitzverlegung ins Ausland genau in den Blick genommen werden, um die Wirtschaftlichkeit des Vorhabens insgesamt verlässlich bewerten zu können und insbesondere zu vermeiden, dass eine Exitbesteuerung und damit die Deklassierung aller stillen Reserven mit der Verlegung einhergeht. Insbesondere vor dem Hintergrund des Art. 86 t der Richtlinie (EU) 2019/2121 ist die deutsche Umsetzung insoweit derzeit (noch) nicht exakt abzuschätzen.

807 Richtlinie ((EU) 2019/2121 des Europäischen Parlaments und des Rates vom 27.11.2019 zur Änderung der Richtlinie (EU) 2017/1132 in Bezug auf grenzüberschreitende Umwandlungen, Verschmelzungen und Spaltungen.

des Wegzugsstaats entziehen und den mitbestimmungsfreien Zustand auf Dauer »einfrieren« könnte. In solchen Fällen wird ein eigenes, der Umwandlung auf die SE entsprechendes Verfahren ausgelöst. Die Verhandlungen zwischen Arbeitgeber und besonderem Verhandlungsgremium haben entweder eine Beteiligungsvereinbarung oder das »Einfrieren« der bisherigen Mitbestimmung zur Folge. Das so gefundene Mitbestimmungsregime genießt temporären Bestandsschutz hinsichtlich weiterer Folgeumwandlungen, -verschmelzungen und -spaltungen, der durch die neue Richtlinie von drei auf vier Jahre ausgeweitet wird. Ferner sollen die restrukturierten Gesellschaften allgemein dazu verpflichtet sein, eine Rechtsform zu wählen, die die Ausübung von Mitbestimmungsrechten ermöglicht, wenn in der Gesellschaft bislang auch ein System der Arbeitnehmermitbestimmung bestanden hat.[808]

Für deutsche Unternehmen muss daher die Überlegung grenzüberschreitender Restrukturierung bereits vor[809] Erreichen der Schwelle von 400 (DrittelbG) bzw. 1600 (MitbestG) konkretisiert werden.

1.8.3.2 Gestaltungsmöglichkeiten auf betrieblicher Mitbestimmungsebene

Gestaltungsmöglichkeiten auf der Ebene der betrieblichen Mitbestimmung bieten sich nur sehr begrenzt. Nach dem **Territorialitätsprinzip** ist das BetrVG mit seinen Mitbestimmungsrechten auf alle Betriebe (nicht: Unternehmen) anwendbar, die innerhalb der Bundesrepublik Deutschland liegen. Es kommt nicht darauf an, in welcher Rechtsform das Unternehmen verfasst ist oder wer die Anteile an dem Unternehmen hält.

Eine Gestaltungsoption bietet jedoch **§ 3 BetrVG**, der es ermöglicht, die Struktur der Betriebsräte zu beeinflussen. Danach können durch Tarifvertrag oder Betriebsvereinbarung z. B. mehrere Betriebe eines Unternehmens zusammengefasst oder ein unternehmenseinheitlicher Betriebsrat gebildet werden. Weiterhin besteht die Möglichkeit, Spartenbetriebsräte zu bilden oder zusätzliche Arbeitsgemeinschaften zu installieren. Moderne Strukturformen wie die der Matrixstruktur können hierdurch allerdings nicht abgebildet werden.

Eine **inhaltliche Beeinflussung** von Mitbestimmungsrechten ist jedoch **nicht möglich.** Aus diesem Grund ist es ratsam, Strategien zu entwickeln, die den Wunsch der Belegschaft nach der Gründung eines Betriebsrats nicht aufkommen lassen. Voraussetzung dafür ist in erster Linie ein gutes Verhältnis zu den Arbeitnehmern, insbesondere durch die Schaffung und Pflege direkter **Kommunikationskanäle** zwischen Betriebs- bzw. Unternehmensleitung und Arbeitnehmerschaft.

808 Erwägungsgrund 30 der Richtlinie; zum Ganzen noch im Entwurfsstadium *Luy*, NJW 2019, 1905 (1906).

809 Für die Berechnung der durchschnittlichen beschäftigten Arbeitnehmer ist der Zeitpunkt der Veröffentlichung des Umwandlungsplans maßgebend.

Ist bereits ein Betriebsrat gewählt, so ist auch der richtige Umgang mit diesem ein wichtiger Aspekt zur Erleichterung der täglichen Arbeit. Dazu ist ein **Konzept zur richtigen Verhandlung** mit dem Betriebsrat von wesentlicher Bedeutung. Die durch den Betriebsrat formulierten Anliegen der Arbeitnehmer sollten ernst genommen werden, jedoch empfiehlt es sich, vor dem Abschluss von Vereinbarungen genau zu prüfen, ob es sich um eine mitbestimmungspflichtige Materie handelt und Vereinbarungen auf solche Regelungsgegenstände zu begrenzen.

2 Unternehmenskauf und -verkauf bei Familienunternehmen

2.1 Unternehmenstransaktionen als Umsetzung der Unternehmens- und Familienstrategie

Dr. Simon Sabel

Unternehmenstransaktionen – der Kauf und Verkauf von Unternehmen bzw. Unternehmensbeteiligungen – von und durch Familienunternehmen können unternehmerisch oder familiär begründet sein.

2.1.1 Unternehmerische Gründe

Aus unternehmerischem Blickwinkel sind Unternehmenskäufe und -verkäufe allgemein mit der Absicherung und dem Ausbau der Marktposition des Unternehmens begründet. Insoweit besteht grundsätzlich kein bedeutsamer Unterschied zwischen Familienunternehmen und Nicht-Familienunternehmen.[810] Allerdings weist die Unternehmensstrategie von Familienunternehmen typischerweise Besonderheiten auf, die sich auch auf die Transaktionstätigkeit dieser Unternehmen auswirken.

2.1.1.1 Gründe für den Unternehmenskauf

Durch den Erwerb anderer Unternehmen bzw. von Unternehmensbeteiligungen können Familienunternehmen ebenso wie Nicht-Familienunternehmen Marktanteile hinzukaufen, neue Märkte erschließen und/oder sich den Zugriff auf Produkte, Technologien, Knowhow, Personal und sonstige Ressourcen des Zielunternehmens sichern. Allerdings nutzen Familienunternehmen die Möglichkeit, das Wachstum des Unternehmens durch Akquisitionen zu stärken, häufig in spezifischer Weise.[811]

So verfolgen insbesondere deutsche Familienunternehmen häufig eine Nischenstrategie. Akquisitionen werden von Familienunternehmen oftmals gezielt genutzt, um die eigene Marktposition innerhalb dieser Nische durch die Erhöhung von Marktanteilen oder durch die

---

810 Im Hinblick auf den Unternehmensverkauf *Hennerkes/Kirchdörfer*, in: FS Lüer 2008, 538; *Kirchdörfer/Braun*, FuS 2011, 58 (59).

811 Hierzu ausführlich *Hinderer*, in: FS Hennerkes 2009, 372 ff.

Erschließung neuer geographischer Märkte zu sichern und auszubauen.[812] Dies gilt grundsätzlich auch für größere Familienunternehmen, die in mehreren Geschäftsfeldern aktiv sind; diese verfolgen oftmals eine Multi-Nischen- und Fokussierungsstrategie.[813] Studien zu M&A-Aktivitäten von Familienunternehmen zeigen, dass Familienunternehmen dabei häufig eher kleinere Zielunternehmen erwerben. Dies kann als Ausdruck einer eher vorsichtigen Geschäftspolitik von Familienunternehmen gewertet werden: Die Beschränkung auf kleinere Zielunternehmen schont die Kapitalbasis des Familienunternehmens und erleichtert in der Regel die Integration des Zielunternehmens.[814] Interessant ist, dass trotz der unterdurchschnittlichen Transaktionsvolumina der Wertzuwachs durch M&A bei Familienunternehmen – gemessen an der Marktkapitalisierung – überdurchschnittlich hoch zu sein scheint.[815]

2.1.1.2 Gründe für den Unternehmensverkauf

Unternehmensstrategische Gründe für den Verkauf eines Unternehmensteils können beispielsweise die Konzentration auf das Kerngeschäft, die Trennung von unrentablen Geschäftsbereichen, die Zusammenführung einzelner Geschäftsbereiche mit anderen Unternehmen oder der Verkauf von Unternehmensteilen zur Verbesserung der Kapitalbasis sein.[816]

Wegen der spezifischen Finanzierungssituation von Familienunternehmen spielt insbesondere der Verkauf von Unternehmensteilen zur Kapitalbeschaffung eine wichtigere Rolle als bei Nicht-Familienunternehmen.[817] Neben der Verbesserung der Kapitalbasis kann die Öffnung für Minderheitsbeteiligungen von Finanzinvestoren an dem Gesamtunternehmen oder an einzelnen Tochtergesellschaften auch zu einer Professionalisierung der Unternehmensleitung beitragen (zur Minderheitsbeteiligung von Finanzinvestoren (vgl. 2.4.2.4).

Auch der vollständige Verkauf des Familienunternehmens bzw. aller operativ tätigen Einheiten kann unternehmensstrategisch motiviert sein, beispielsweise, wenn die langfristige Fortführung des Unternehmens als eigenständige Einheit wegen des zunehmenden Wettbewerbs unwahrscheinlich ist.[818]

Der frühzeitige Verkauf des Familienunternehmens aus einer Position der Stärke erleichtert dabei im Vergleich zum Verkauf eines inzwischen notleidenden Unternehmens den Verkaufsprozess, hilft der Verkäuferseite, einen möglichst hohen Preis für das Unternehmen zu erzielen,

812 *Eiben*, in: WHU, M&A in Familienunternehmen, 2007, 15 f.; *Hinderer*, in: FS Hennerkes 2009, 375 f.

813 *Hinderer*, in: FS Hennerkes 2009, 377; *Caspar/Dias/Elstrodt*, in: McKinsey, The five attributes of enduring family businesses 2010.

814 *Kachaner/Stalk/Bloch*, in: BCG, What You Can Learn from Family Business, 2012.

815 *Caspar/Dias/Elstrodt*, in: McKinsey, The five attributes of enduring family businesses, 2010.

816 *Hennerkes/Kirchdörfer*, in: FS Lüer 2008, 538; *Kirchdörfer/Braun*, FuS 2011, 58 (59).

817 *Hennerkes/Kirchdörfer*, in: FS Lüer 2008, 540.

818 *Hennerkes*, 1995, 445.

und kann die langfristige Fortführung der Unternehmensstandorte und die Übernahme der Belegschaft durch den neuen Investor wahrscheinlicher machen.

2.1.2 Gründe in der Familie

Aus familiärem Blickwinkel sind Unternehmenskauf und -verkauf allgemein mit der Absicherung und dem Ausbau des Familienvermögens begründet.

2.1.2.1 Gründe für den Unternehmenskauf

Der Kauf weiterer Unternehmen oder Unternehmensbeteiligungen durch das Familienunternehmen kann durch die Familie genutzt werden, um das Familienvermögen zu diversifizieren. Gerade bei mittelständischen Familienunternehmen ist häufig der Großteil des Familienvermögens im Unternehmen gebunden, so dass das Investitionsrisiko nicht durch eine Diversifikation auf »privater Ebene« gestreut werden kann.[819] Das unternehmerische Engagement der Unternehmerfamilie muss daher immer auch unter dem Blickwinkel der privaten Vermögensverwaltung betrachtet werden. Die Bindung des Großteils des Familienvermögens im Familienunternehmen kann dabei zu einem paradoxen Effekt führen: aus Gründen der privaten Vermögenssicherung werden auf Unternehmensebene übermäßig risikoscheue Entscheidungen gefällt, die langfristig den Erfolg des Unternehmens und damit wiederum zugleich den Großteil des Privatvermögens gefährden.[820] Diesem Risiko lässt sich durch eine Diversifikation auf Unternehmensebene entgegenwirken: Durch den Erwerb von (Tochter-)Unternehmen, die in unterschiedlichen Märkten aktiv sind, können die Ertragsströme des Familienunternehmens stabilisiert und das Ausfallrisiko beschränkt werden, da die relative Bedeutung der einzelnen Geschäftsfelder abnimmt.[821] Größere Familienunternehmen entwickeln sich daher manchmal durch Diversifikation in fremde Geschäftsfelder zu Mischkonzernen. Diese Diversifikation auf Unternehmensebene dürfte bei nichtbörsennotierten Familienunternehmen tendenziell unproblematischer sein als bei börsennotierten Gesellschaften, da die Herausbildung einer Mischkonzernstruktur bei diesen häufig zu Bewertungsabschlägen führt.[822]

819 *Hinderer*, in: FS Hennerkes 2009, 377.

820 *Caspar/Dias/Elstrodt*, in: McKinsey, The five attributes of enduring family businesses, 2010.

821 *Hinderer*, in: FS Hennerkes 2009, 376 f.

822 Vgl. *Jansen*, in: FS Hennerkes 2009, 404.

2.1.2.2 Gründe für den Unternehmensverkauf

2.1.2.2.1 Fehlende familieninterne Nachfolge

Der Verkauf des Familienunternehmens findet oftmals statt, wenn ein tauglicher und übernahmewilliger familieninterner Nachfolger fehlt.[823] Tritt ein untaugliches oder unwilliges Familienmitglied die Nachfolge an, führt dies oftmals zur Schwächung des Familienunternehmens, zu Konflikten in der Familie und letztlich zur Vernichtung von Familienvermögen. Der Verkauf von Familienunternehmen wird daher häufig im Zusammenhang mit Nachfolgesituationen relevant.[824] Zwar kann bei größeren Familienunternehmen ein zeitlich begrenzter oder dauerhafter Übergang zu einem Fremdmanagement als Alternative zum Verkauf des Familienunternehmens in Betracht kommen, wenn potenzielle Erben der bisherigen Inhaber vorhanden sind oder das Unternehmen in eine Stiftung eingebracht werden soll.[825] Allerdings bewerten Familienunternehmer diese Alternative bisweilen als bedenklich, da sie durch ein möglicherweise eigensinniges und kurzfristiges Handeln des Fremdmanagements den langfristigen Bestand des Unternehmens gefährdet sehen.[826]

2.1.2.2.2 Streit in der Familie

Ein weiterer familiärer Grund für den Verkauf des Familienunternehmens ist der Streit in der Unternehmerfamilie, beispielsweise unter den familieneigenen Geschäftsführern oder im Gesellschafterkreis. Die möglichen Streitpunkte sind dabei vielfältig und reichen von unterschiedlichen Auffassungen über Sachfragen wie beispielsweise die Art der Unternehmensführung, die strategische Ausrichtung des Familienunternehmens, die Rolle von Familienangehörigen in Bezug auf das Familienunternehmen oder die Finanzierung des Kapitalbedarfs bis hin zu persönlichen Konflikten zwischen den beteiligten Personen oder verschiedenen Familienstämmen. Insbesondere länger andauernde Streitigkeiten wirken sich negativ auf die operative Tätigkeit des Familienunternehmens aus, schaden damit diesem und der Familie und vernichten letztlich Familienvermögen. In dieser Situation kann der Verkauf des Familienunternehmens innerhalb der Familie oder an Familienexterne die letzte Möglichkeit sein, um streitbedingte Blockaden zu beseitigen und weiteren Schaden von dem Unternehmen und der Familie sowie dem Familienvermögen abzuwenden.[827]

Der Verkauf des Familienunternehmens stellt sich in diesen Fällen häufig als reaktiver Vorgang dar und erfolgt daher aus einer Position der Schwäche: ohne geeignete Nachfolger oder angesichts unvereinbarer Interessen der Familienmitglieder ist der Verkauf oftmals die einzig

823 *Hennerkes/Kirchdörfer*, in: FS Lüer 2008, 538.
824 Vgl. etwa *Picot*, 2008, 373 ff.
825 Zum Interim Management im Rahmen der Unternehmensnachfolge vgl. *Uffmann*, ZGR 2013, 273 ff.
826 *Hennerkes/Kirchdörfer*, in: FS Lüer 2008, 538 ff.; *Kirchdörfer/Braun*, FuS 2011, 58 (59).
827 *Hennerkes/Kirchdörfer*, in: FS Lüer 2008, 539 f.; *Kirchdörfer/Braun*, FuS 2011, 58 (59).

mögliche oder sinnvolle Option. Als mögliche Folge drohen Belastungen des Verkaufsprozesses und ein aus Sicht der Unternehmerfamilie und deren Vermögen suboptimales Verkaufsergebnis.[828]

2.1.2.2.3 Harvesting

Der Verkauf des Familienunternehmens kann aber auch aus rein opportunistischen Gründen sinnvoll sein: insbesondere im Falle eines Verkäufermarktes (beispielsweise auf Grund hoher Nachfrage, hoher Unternehmensbewertung) verbunden mit günstigen Finanzierungsbedingungen (für den Erwerber) kann sich eine gute Verkaufsgelegenheit ergeben. Dann erfolgt der Verkauf aus einer Position der Stärke. Durch den Verkauf erntet die Unternehmerfamilie die Früchte des bisherigen unternehmerischen Engagements und kann das im Familienunternehmen gebundene Vermögen in andere Vermögensanlagen umschichten.[829] Ein solches »Harvesting«[830] ist allerdings häufig mit einem einschneidenden Rollenwechsel für die Unternehmerfamilie verbunden: Die Familienmitglieder entwickeln sich von klassischen Unternehmern zu unternehmerischen Vermögensverwaltern, Kapitalanlegern und Investoren.[831]

Hinweis !

Dieser Rollenwechsel ist bewusst und proaktiv zu gestalten. Die Realisierung des Unternehmenswertes durch den Verkauf bietet der Unternehmerfamilie die Möglichkeit, ihre Vermögensstruktur strategisch neu auszurichten.[832] Die Etablierung professioneller Vermögensverwaltungsstrukturen, sowohl hinsichtlich Erhalt als auch hinsichtlich Ausbau des Familienvermögens[833] bietet sich an, beispielsweise durch eine passgenaue (Single-)Family Office-Struktur[834] und/oder ein professionelles Beteiligungsmanagement. Auch kann so ein »Klumpenrisiko« langfristig erfolgreich abgebaut werden.

2.1.2.2.4 Aufbau eines Portfolios

Bei größeren und Großvermögen, häufig entstanden aus Unternehmensverkäufen, ist oftmals eine rege Transaktionstätigkeit zu beobachten. Es kommt zu dem Aufbau eines Unternehmensportfolios auf Ebene der Familie oder durch einzelne Familienmitglieder (vgl. 1.1.4). Untersuchungen zeigen, dass erfolgreiche Unternehmerfamilien häufig über eine beträchtliche Anzahl

828 *Pöllath/Greitemann/Viskorf*, in: FS Rödl 2008, 305 ff.
829 Hierzu ausführlich *Kirchdörfer/Braun*, FuS 2011, 58 ff.
830 Zum Begriff »Harvesting« sowie zum Verkauf des Familienunternehmens aus vermögensstrategischen Gründen vgl. auch *Baus*, 2016, 95.
831 *Hennerkes/Kirchdörfer*, in: FS Lüer 2008, 536; zu rechtlichen Implikationen von »family investors« *Eilers/Jander-McAlister*, DB 2018, 1513.
832 Zur Entwicklung einer Vermögensstrategie nach dem Verkauf des Familienunternehmens vgl. *Kirchdörfer/Braun*, FuS 2011, 58 (68 ff.).
833 Zu Möglichkeiten der Gestaltung einer Familienholding als Gesellschaft oder Stiftung *Sabel/Schauer*, ZStV 2018, 81; *Rawert*, ZGR 2018, 835.
834 Zu rechtlichen Implikationen von Family Offices *Zetzsche*, ZIP 2017, 945.

von Unternehmensbeteiligungen verfügen.[835] Die einzelnen Unternehmensbeteiligungen werden dabei teilweise nicht nur aktiv begleitet und fortentwickelt, beispielsweise durch Umstrukturierungen, Zusammenschlüsse oder weitere Zukäufe, sondern auch für Beteiligungen Dritter geöffnet, um weiteres Wachstum zu generieren. Die durch Unternehmensverkäufe freiwerdenden Mittel werden wiederum in neue Unternehmen oder Beteiligungen reinvestiert. Das Portfolio wird so im Sinne einer »Buy, built and selectively quit«-Strategie durch Zu- und Verkäufe beständig erneuert und über mehrere Generationen fortgeführt.[836]

2.1.3 Aktive Gestaltung der Transaktionstätigkeit

Die Gründe für Transaktionsaktivitäten von Familienunternehmen und Unternehmerfamilien sind mannigfaltig. Sowohl die unternehmerische als auch die familiäre Ebene spielen eine wesentliche Rolle. Wie auch sonst bei Familienunternehmen stehen dabei Unternehmensebene und Familienebene nicht beziehungslos nebeneinander; sie überlagern und beeinflussen sich vielmehr wechselseitig.

! **Hinweis**

Die Transaktionsaktivität von Familienunternehmen und Unternehmerfamilie ist proaktiv und nachhaltig zu gestalten. Nur so kann vermieden werden, dass insbesondere aus einer Position der Schwäche heraus verkauft wird. Gleichzeitig gelingt es nur so, die positiven Aspekte, die Transaktionen mit sich bringen können, umfassend zum Wohle des Unternehmens, der Familie und des Familienvermögens zu nutzen. Hierzu sind strategische Überlegungen sowohl auf Unternehmens- als auch auf Familienebene anzustellen, die dann idealerweise zur Entstehung einer Transaktionsstrategie der Unternehmerfamilie führen.

2.1.3.1 Analyse des Status Quo

Im Rahmen der Erarbeitung der Transaktionsstrategie ist in einem ersten Schritt zu analysieren, wie das Familienunternehmen und die Unternehmerfamilie aufgestellt sind.

Neben der aktuellen wirtschaftlichen Situation sind dabei insbesondere die Entwicklungspotenziale und -risiken des Familienunternehmens zu berücksichtigen. Insoweit wird beispielsweise der Befund, dass eine Fortführung des Unternehmens als eigenständige Einheit aus unternehmerischer Sicht nicht sinnvoll erscheint, regelmäßig den Verkauf des Familienunternehmens nach sich ziehen. Hingegen kann die Identifizierung vielversprechender

835 *Zellweger/Kammerlander*, 2014, 17 f.
836 *Zellweger/Kammerlander*, 2014, 43 ff.

Entwicklungspotenziale die Unternehmerfamilie veranlassen, das Unternehmen für eine Beteiligung Dritter zu öffnen, um das erforderliche Wachstumskapital einzuwerben.

Mit Blick auf die Unternehmerfamilie stellt sich vor allem die Frage, ob taugliche und übernahmewillige familieninterne Nachfolger für die Geschäftsführung und die Gesellschafterstellung vorhanden sind. Daneben kann aber auch die Frage nach der Familienstruktur, die Anzahl der Gesellschafter und der sonstigen Familienmitglieder, insbesondere auch im Hinblick auf zukünftige Belastungen durch Pflichtteils- oder Abfindungsansprüche, die Entscheidung über einen möglichen Verkauf des Familienunternehmens beeinflussen.

2.1.3.2 Identifizierung von Zielen

In einem zweiten Schritt sind die Ziele der Familienmitglieder im Hinblick auf das Familienunternehmen, aber auch die langfristige Entwicklung des Familienverbandes zu klären. Können und wollen Familienmitglieder langfristig im Unternehmen tätig sein oder als Gesellschafter unternehmerisches Risiko tragen? Ist abzusehen, ob einer zunehmenden Entfremdung zwischen den Familienmitgliedern erfolgreich entgegengewirkt werden bzw. das Unternehmen vor möglichen Konflikten geschützt werden kann?

Falls das Familienunternehmen verkauft werden soll ist zudem zu klären, ob die Familienmitglieder bereit sind, nach dem Verkauf einen Teil ihres Vermögens weiterhin gemeinsam zu verwalten und in welcher Struktur dies geschehen soll. Außer einer Kooperation auf schuldrechtlicher Ebene ist insoweit beispielsweise die Errichtung einer gemeinsamen Vermögensverwaltungsgesellschaft, eines Family Offices oder auch einer Stiftung denkbar.[837]

2.1.3.3 Vereinbarung einer Transaktionsstrategie

Im Idealfall führt die Analyse des Status Quo und die Identifizierung der Ziele zu der Entstehung einer Transaktionsstrategie der Unternehmerfamilie. Diese sollte idealerweise ein Baustein einer umfassenden Familienstrategie sein und als solcher schriftlich in einer Familienverfassung niedergelegt werden.

837 *Kirchdörfer/Braun*, FuS 2011, 58 (62 ff.); zu Family Offices *Zetzsche*, ZIP 2017, 945; zur Familien-Stiftung *Sabel/Schauer*, ZStV 2018, 81; *Rawert*, ZGR 2018, 835.

2.2 Ablauf von Unternehmenstransaktionen

Birgit Schneider

Der Ablauf einer Unternehmenstransaktion, gleich ob aus Verkäufer- oder Käufersicht oder aus Sicht des Zielunternehmens, gliedert sich in drei wesentliche Abschnitte: (1) Die Vorbereitungsphase, (2) die eigentliche Transaktionsphase mit Vertragsverhandlungen bis hin zum Abschluss und Vollzug der Verträge, sowie (3) die Phase nach Abschluss der Transaktion.[838] Für den Käufer und das verkaufte Unternehmen ist dieser letzte Zeitraum die Phase der *Post Merger Integration*. Der Verkäufer eines Familienunternehmens hat sich nach Beendigung der Unternehmerstellung insbesondere mit Optionen der Vermögensverwaltung oder der Neustrukturierung seiner verbleibenden unternehmerischen Beteiligungen auseinander zu setzen. Diese Grobgliederung und der typische Ablauf einer Transaktion innerhalb der drei Phasen sind grundsätzlich unabhängig von der Rechtsform und der Art des Unternehmens als solcher.

Allerdings gibt es einige **Besonderheiten** für Transaktionen, an welchen Familienunternehmen beteiligt sind. Einige der Besonderheiten sind auf die typischerweise enge Verbundenheit von Familie und Unternehmen zurückzuführen. Die Verbindung besteht sowohl in struktureller und organisatorischer, als auch in emotionaler Hinsicht. Insbesondere Familienunternehmen, die seit Generationen in Familienhand geführt werden oder bei welchen Mitglieder der Familie nicht nur als Gesellschafter auftreten, sondern auch aktiv in der Geschäftsleitung des Unternehmens mitwirken, sind zunächst scheinbar untrennbar mit der Familie verbunden. Die emotionale Komponente bei einem Verkauf eines Familienunternehmens ist dabei nicht zu unterschätzen.[839] Die Trennung einer mit einem Unternehmen verwurzelten Familie von dem Unternehmen ist ein einschneidendes Ereignis.[840] Den beteiligten Familienmitgliedern fällt es häufig schwer, an eine Transaktion rein objektiv heranzugehen. Der Verkaufsprozess ist daher nicht selten emotional geprägt und kann sowohl für eine verkaufende Familie als auch für den Käufer eines Familienunternehmens Überraschungen mit sich bringen.[841] Hinzu tritt, dass nicht alle an dem Verkaufsprozess Beteiligten über ausreichende Erfahrung in vergleichbaren Transaktionsprozessen verfügen. Stehen transaktionsunerfahrene Familien einem professionell aufgestellten Vertragspartner gegenüber, wird sich zwangsläufig die Art und Weise der Durchführung der Transaktion gegenüber einem »typischen« Verlauf verändern. Bei den Verhandlungen ist insbesondere der Gesichtspunkt des gegenseitigen Vertrauens entscheidend, um zu einem für beide Seiten zufriedenstellenden Ergebnis zu gelangen.[842]

---

838 *Picot*, 2013, § 1 Rz. 58 ff.; *Schramm/Hansmeyer*, 2010, 5 ff.

839 *Kirchdörfer/Braun*, FuS 2011, 58 (58 f.).

840 *Hennerkes/Kirchdörfer*, in: FS Lüer 2008, 535 f.

841 *Riedel*, GmbH-StB 2012, 245; *Lucks*, 2013, 525 ff.; *Hennerkes/Kirchdörfer*, in: FS Lüer 2008, 536; *Pöllath/Greitemann/Viskorf*, in: FS Rödl 2008, 310 f.

842 *Lucks*, 2013, 529.

Darüber hinaus sind Familie und Unternehmen auch organisatorisch meist eng verzahnt. Die Struktur des Familienunternehmens ist zugeschnitten auf die Familie und die Rollen als Gesellschafter oder aktiv in der Geschäftsleitung mitwirkende Familienmitglieder. Die Strukturen sind gerade bei Familienunternehmen, die bereits seit mehreren Generationen in der Hand der Familie sind, langfristig gewachsen und nicht zuletzt auch steuerlich im Hinblick auf die Familie als Eigentümer optimiert. Das gilt vor allem dann, wenn das Familienunternehmen Jahre oder Jahrzehnte lang darauf ausgerichtet war, in Familienhand zu bleiben. Der Verkauf des Familienunternehmens oder die Hereinnahme familienfremder Gesellschafter stellt die traditionelle Struktur des Unternehmens in Frage.[843] Der Käufer eines Familienunternehmens wird nicht selten ein Unternehmen vorfinden, das ohne die Verbindungen zur bisherigen Eigentümerfamilie in vielen Bereichen neu aufgestellt werden muss.

Hinweis !

Die Besonderheiten erfordern es, dass bei Transaktionen unter Mitwirkung von Familienunternehmen ein besonderes Augenmerk auf die Vorbereitungsphase gerichtet werden sollte. Die sorgfältige Vorbereitung sowohl der Verkäufer- als auch der Käuferseite unter Berücksichtigung der Interessen der jeweils anderen Vertragspartei erhöht die Erfolgsaussichten für einen erfolgreichen Abschluss der Transaktion.

2.2.1 Interne Vorbereitungsmaßnahmen

Die sorgfältige Vorbereitung einer Transaktion auf Verkäuferseite wird in der Regel einige Monate in Anspruch nehmen. Auch Vorbereitungsphasen von mehr als einem Jahr sind durchaus üblich. Teilweise wird für Familienunternehmen sogar eine Vorbereitungsphase von drei bis fünf Jahren empfohlen.[844] Die Länge der Vorbereitungsphase ist dadurch bestimmt, wie das Unternehmen bereits für eine Transaktion aufgestellt ist. Familienunternehmen, die über einen überschaubaren, homogenen Gesellschafterkreis verfügen oder bereits Erfahrung in M&A-Transaktionen haben, werden die Vorbereitungsphase schneller durchlaufen als Unternehmen, bei welchen die Entscheidungsfindung im Gesellschafterkreis problematisch ist oder umfangreiche Umstrukturierungsmaßnahmen die Gesellschaft auf einen Verkauf vorbereiten müssen.

2.2.1.1 Gesellschaftervereinbarung

Am Anfang eines jeden Transaktionsprozesses steht die **Entwicklung eines gemeinsamen Verständnisses im Gesellschafterkreis**. Dies gilt vor allem, wenn der Verkauf des Familienunternehmens geplant wird. Auch die Entwicklung einer mittel- bis langfristigen Kaufstrategie ist

843 *Peemöller*, in: FS Rödl 2008, 172.
844 *Hennerkes*, 1995, 445.

eine grundlegende Angelegenheit, die im Gesellschafterkreis besprochen werden muss. Beim Verkauf des Familienunternehmens erweist sich zudem eine professionelle und mittelfristige Unternehmensstrategie und Unternehmensplanung wertsteigernd.[845]

Zunächst ist ein gemeinsames Verständnis über die Tatsache zu entwickeln, dass verkauft oder zugekauft werden soll. In der Regel ist ein offener Austausch über die Gründe, Motive und Ziele des geplanten Verkaufs oder Kaufs hilfreich. Dieser ermöglicht es den weiteren Gesellschaftern, die von einem Gesellschafter getroffene Entscheidung nachzuvollziehen und mitzutragen. Die einseitige Durchsetzung eines Verkaufs- oder Kaufprozesses durch eine Gesellschaftermehrheit führt leicht zu Widerständen und Blockaden der Minderheit. Selbst wenn diese von der Papierform her kein »Veto-Recht« haben, können Minderheitsgesellschafter einen Transaktionsprozess doch erheblich stören oder im schlimmsten Fall zunichtemachen, wenn sie den Prozess nicht mittragen. Zur Absicherung können Mitverkaufsrechte oder -pflichten vereinbart werden.[846]

Neben dem grundsätzlichen Verständnis über Verkauf oder Kauf ist daher im Gesellschafterkreis auch Einvernehmen zu erzielen über die **Zielstruktur**. Soll ein Unternehmen insgesamt gekauft oder verkauft werden oder will man lediglich eine zusätzliche Finanzierung durch Hereinholen eines weiteren Mehrheits- oder Minderheitsgesellschafters erschließen bzw. sich mehrheitlich oder minderheitlich an anderen Unternehmen beteiligen?[847] Die Gesellschafter sollten darüber hinaus über die konkreten Ziele sprechen, die mit der Transaktion verfolgt werden. Im Falle des Kaufs von Unternehmen ist die strategische Aufstellung der zukünftigen Unternehmensgruppe bedeutsam. Welche Geschäftsbereiche sollen durch die Akquisitionen gestärkt werden, in welchen Märkten will man wachsen? Welche Geschäftsbereiche sollen möglicherweise verkauft werden, weil die strategische Ausrichtung des Gesamtunternehmens geändert werden soll? Aber auch im Verkaufsfall ist es wichtig, die jeweiligen »Post-Merger-Settings« zu kennen. Für die Familie stellt sich zudem die grundlegende Frage, ob man nach einem Verkauf »getrennte Wege« geht und jeder den Verkaufserlös selbständig verwaltet oder ob man ein gemeinsames Family Office oder gemeinsame Beteiligungsunternehmen einrichtet, die eine gemeinsame Vermögensverwaltung oder gemeinsame neue Investments verwirklichen. Dabei kann sich auch zeigen, dass nicht nur die Gesellschafter des Familienunternehmens in den Diskussionsprozess einbezogen werden müssen, sondern auch weitere Familienmitglieder. Insbesondere in Nachfolgesituationen erscheint dies fast zwingend. Ein Verkauf des Familienunternehmens oder eine strategische Neuausrichtung ist auch für die nächste Generation, die möglicherweise noch nicht am Unternehmen beteiligt ist, von Bedeutung. Ihre Vorstellungen und Ziele sollten daher bei der Planung nicht übergangen werden.

845 *Hennerkes/Kirchdörfer*, in: FS Lüer 2008, 544.
846 *Otto*, GmbHR 1996, 16 (21).
847 *Hennerkes*, 1995, 446.

Die Ergebnisse dieses internen Abstimmungsprozesses sollten am Ende in einer **Gesellschaftervereinbarung** festgehalten werden. Dort legen die Gesellschafter ihr gemeinsames Verständnis im Hinblick auf eine geplante Transaktion schriftlich nieder. Sinnvoll ist es, einem Gesellschafter eine Verhandlungsvollmacht zu erteilen, damit der Gesellschafterkreis nach außen hin als Einheit auftritt.[848] Die Verhandlungsvollmacht wird jedoch kein Freibrief sein. Empfehlenswert ist es, in der Gesellschaftervereinbarung sog. »Milestones« festzulegen. Der Verhandlungsführer wird dann in regelmäßigen Abständen den Mitgesellschaftern Bericht über den Verhandlungsstand geben und sich bei Erreichen bestimmter Abschnitte im Transaktionsprozess die weitere Zustimmung der übrigen Gesellschafter für die anstehenden Maßnahmen einholen. Die Gesellschaftervereinbarung ist daher in der Regel ein Dokument, welches im Laufe des Transaktionsprozesses fortgeschrieben wird und an die aktuellen Entwicklungen angepasst werden kann. Sie setzt dennoch ein gewisses Vertrauen sämtlicher Gesellschafter in den oder die Verhandlungsführer voraus. Gegenstand der Gesellschaftervereinbarung können auch Mitveräußerungsrechte (Tag along-rights) und Mitveräußerungspflichten (Drag along-rights) sein.[849] Vereinbarungen, die der Verhandlungsführer hinsichtlich seiner Anteile trifft, gelten dann auch automatisch für die weiteren Gesellschafter.

Als Alternative, insbesondere in Situationen, in welchen sich die Familienmitglieder nicht auf eine gemeinsame Vorgehensweise einigen können oder wenn ein einheitliches Auftreten aufgrund der Zersplitterung der Anteile einem Vertragspartner in einer Transaktion schwierig zu vermitteln ist, kommen **familieninterne Anteilsveräußerungen** in Betracht. Auf diese Weise kann im Vorfeld einer Transaktion ein einheitliches Bild auf Seiten der Gesellschafter hergestellt werden.[850] Intern sind derartige Maßnahmen in der Regel flankiert von Mehrerlösklauseln. Einzelne Gesellschafter werden ihre Anteile nur dann an einen Gesellschafter abgeben, wenn sie an dem späteren Verkauf des Familienunternehmens in gleicher Weise partizipieren, wie der dann alleinig verkaufende Gesellschafter. Gerade wenn familieninterne Anteilsveräußerungen in Situationen gewählt werden, in welchen eine anderweitige Einigung der Gesellschafter schwierig ist, sollte für die internen Transaktionen ausreichend Zeit eingeplant werden. Erst wenn die internen Maßnahmen abgeschlossen sind, kann der weitere Transaktionsprozess sinnvoll vorangetrieben werden.

2.2.1.2 Einbindung des familienfremden Managements

In jedem Kauf- oder Verkaufsprozess stellt sich die Frage, zu welchem Zeitpunkt das familienfremde Management der ersten und ggf. auch der zweiten Ebene in den Transaktionsprozess einbezogen wird. Grundsätzlich gilt, dass eine Information und aktive Einbindung des Managements erst erfolgen sollte, wenn im Gesellschafterkreis Einigkeit über das weitere Vorgehen

848 *Pöllath/Greitemann/Viskorf*, in: FS Rödl 2008, 312.
849 *Lange/Sabel*, NZG 2015, 1249 (1251 ff.).
850 *Pöllath/Greitemann/Viskorf*, in: FS Rödl 2008, 312 f.

besteht und klare Ziele definiert sind. Sofern nicht die Gesellschafterfamilie die Leitungspositionen im Unternehmen innehat und den Transaktionsprozess auch auf operativer Ebene weitgehend selbst steuern kann, wird eine aktive Einbeziehung des Managements erforderlich sein. Die Aufgabenteilung ergibt sich aus der generellen Organisation des Unternehmens. Die Gesellschafterfamilie nimmt die strategischen Planungsaufgaben wahr, während das Management operative Themen bearbeitet und Spezialaufgaben, z. B. die Zusammenstellung eines Datenraums, im Auftrag der Gesellschafter abarbeitet. Im Einzelnen hängt die Aufgabenverteilung auch von der Rechtsform und Organisation des konkreten Unternehmens ab. Die Stellung der Gesellschafterfamilie ist in der GmbH oder auch der KG deutlich stärker als in der AG, da sie über Weisungsrechte gegenüber der Geschäftsleitung verfügt. Demzufolge ist das Management einer AG meist stärker einzubinden, zumal die Hauptversammlung auf die aktive Unterstützung durch den Vorstand zwingend angewiesen ist.

Bei der Einbindung des Managements ist zu beachten, dass sich familienfremde Manager in Transaktionen häufig in einem Zielkonflikt mit dem Gesellschafterkreis befinden. Dies gilt insbesondere in Verkaufsszenarien. Während für die Gesellschafterfamilie der Ausstieg zu einem angemessenen Kaufpreis das Ziel ist, stellt sich für familienfremde Manager die wesentliche Frage, ob und in welcher Form das Unternehmen durch einen Käufer fortgeführt wird und welche Stellung sie nach dem Verkauf persönlich bekleiden können. Aufgrund dieses Interessengegensatzes kann man in Verkaufsprozessen feststellen, dass sich das familienfremde Management ab einem bestimmten Zeitpunkt mehr auf die Seite des Käufers konzentriert, als weiter für die verkaufende Familie zu arbeiten.[851] Dies wird man auf Verkäuferseite kaum verhindern können. Wichtig aus Sicht einer verkaufenden Gesellschafterfamilie ist jedoch, den Kontakt mit dem Management zu halten und bereits zu Beginn des Verkaufsprozesses eine ausreichende Vertrauensbasis geschaffen zu haben. Aus Sicht des Käufers ist es dagegen wesentlich, mit dem familienfremden Management, das auch nach Abschluss der Transaktion im Unternehmen verbleiben soll, Gespräche über die zukünftige Ausrichtung des Unternehmens und die Position des jeweiligen Managers geführt zu haben. Ist das Familienunternehmen Käufer eines anderen Unternehmens, kommt der Impuls für Transaktionen häufig aus dem (familienfremden) Management. Die Zielrichtung von Management und Gesellschaftern ist daher grundsätzlich die gleiche. Die strategische Ausrichtung ist jedoch von der Gesellschafterfamilie vorzugeben.

2.2.1.3 Auswahl der Berater

Unternehmenstransaktionen erfordern besonderes Knowhow, was die Steuerung des Prozesses betrifft, aber auch hinsichtlich rechtlicher, steuerlicher, mitunter auch betriebswirtschaftlicher Themen und der Finanzierung. Daneben bindet eine Unternehmenstransaktion erhebliche Ressourcen. Aus diesem Grund greifen auch transaktionserfahrene Unternehmen auf

851 *Pöllath/Greitemann/Viskorf*, in: FS Rödl 2008, 314.

Berater zurück. Für Familienunternehmen, die in Unternehmenstransaktionen wenig erfahren sind, ist es umso wichtiger, erfahrene Berater hinzuzuziehen.[852]

Berater haben unterschiedliche Rollen im Transaktionsprozess: **M&A-Berater** sind regelmäßig schon im Vorfeld der eigentlichen Transaktion tätig. Sie strukturieren den Prozess, identifizieren potenzielle Käufer oder Zielunternehmen, nehmen ersten Kontakt zu diesen auf und koordinieren die an der Transaktion Beteiligten. Auf Verkäuferseite erstellen sie das Informationsmemorandum. Zusätzlich haben sie betriebswirtschaftliche Expertise und Vergleichsdaten, die bei der Bewertung von finanziellen Kennzahlen und Business-Plänen hilfreich sind.[853] Sowohl das Familienunternehmen als auch die Unternehmerfamilie wird durch den M&A-Berater in diesen Aufgaben entlastet, zumal der Berater über die entsprechende Erfahrung verfügt.[854] Fachliche Expertise steuern Rechtsanwälte und Steuerberater bei. Die Aufgabe der Rechtsanwälte ist die rechtliche Prüfung sämtlicher Dokumente, die im Laufe der Transaktion erstellt werden, einschließlich der Begleitung bei Vertragsverhandlungen und der Koordination des anschließenden Vollzugs.[855] Wirtschaftsprüfer und Steuerberater übernehmen zunächst die wirtschaftliche Prüfung und in Ergänzung oder als Alternative zum M&A-Berater können sie in Themen der Bewertung eingeschaltet werden.[856] Sowohl Rechtsanwälte als auch Wirtschaftsprüfer und Steuerberater übernehmen auch im Rahmen der Due Diligence wesentliche Aufgaben und überprüfen die Dokumentation des Zielunternehmens auf rechtliche und steuerliche Risiken.[857]

In zeitlicher Hinsicht sollten sich Familienunternehmen nicht scheuen, spezialisierte Berater bereits in einem frühen Stadium der Transaktionsvorbereitung einzuschalten. Dies gilt insbesondere für Unternehmen mit wenig Transaktionserfahrung, die von professioneller Unterstützung in vielen Bereichen profitieren.[858] Berater können hier wesentliche Impulse für die Strukturierung geben und dazu beitragen, dass die Weichen rechtzeitig richtig gestellt werden. Dies spart im Ergebnis meist Zeit. Zudem entlasten Berater insbesondere in der Vorbereitung der Transaktion, so dass sich Management und Gesellschafter weiterhin dem laufenden Geschäft widmen können.

852 *Pöllath/Greitemann/Viskorf*, in: FS Rödl 2008, 305.
853 *Riedel*, GmbH-StB 2012, 245 (245 f.); *Hinderer*, in: FS Hennerkes 2009, 385 f.; *Hennerkes/Kirchdörfer*, in: FS Lüer 2008, 558 ff.
854 *Lucks*, 2013, 513; *Hinderer*, in: FS Hennerkes 2009, 386; *Hennerkes/Kirchdörfer*, in: FS Lüer 2008, 558 ff.
855 *Riedel*, GmbH-StB 2012, 245.
856 *Riedel*, GmbH-StB 2012, 245.
857 *Riedel*, GmbH-StB 2012, 245.
858 *Pöllath/Greitemann/Viskorf*, in: FS Rödl 2008, 313.

2.2.1.4 Identifizierung von Kauf- und Verkaufsoptionen

Bevor konkrete Zielunternehmen oder Käufer identifiziert und angesprochen werden, ist der Transaktionsprozess intern zu strukturieren.

Zunächst ist, jedenfalls aus Verkäufersicht, eine Entscheidung über die Art des Verfahrens zu treffen. In Betracht kommt ein exklusives Verfahren, im Gegensatz zum Auktionsverfahren. Beim **exklusiven Verfahren** werden Verhandlungen ausschließlich mit einem Kaufinteressenten geführt. Das exklusive Verfahren kommt insbesondere dann in Betracht, wenn man bereits Kontakt zu Kaufinteressenten hat, möglicherweise einzelne Kaufinteressenten, die von sich aus auf das Familienunternehmen bzw. die Gesellschafter zugegangen sind und ihre Kaufabsicht geäußert haben, oder es aus anderen Gründen einen Wunschkandidaten gibt, der grundsätzlich einem Erwerb nicht abgeneigt ist.[859] Aus Käufersicht kann es ebenfalls erstrebenswert sein, in exklusive Verhandlungen zu treten. Dies wird am ehesten möglich sein, wenn der Kaufinteressent von sich aus auf Verkäufer oder Zielunternehmen zugeht und Gespräche anbietet.

Im Gegensatz zu exklusiven Verhandlungen bietet sich aus Verkäufersicht ein Auktionsverfahren an, wenn sich nicht im Vorfeld ein eindeutig bevorzugter Käufer abzeichnet. Im **Auktions- oder Bieterverfahren** werden zunächst mehrere mögliche Käufer angesprochen. Ziel des Bieterverfahrens ist es, mehrere, grundsätzlich vergleichbare Angebote zu erhalten, so dass sich der Verkäufer das für ihn beste heraussuchen kann. Dies schafft auf Seiten der potenziellen Käufer einen Wettbewerb. Bei attraktiven zum Verkauf stehenden Unternehmen kann durch den Wettbewerb am Ende möglicherweise ein besseres Ergebnis erzielt werden.[860] Allerdings steigt mit der Zahl der Beteiligten an einem Verkaufsprozess die Gefahr, dass die Verkaufsabsicht in einem frühen Stadium publik wird, was von Familienunternehmen häufig nicht gewünscht ist.[861] Für die Kaufinteressenten hat das Auktionsverfahren den Nachteil, dass sie sich einem vorgegebenen, von Verkäuferseite strukturierten Verfahren unterwerfen und möglicherweise einen hohen Aufwand für die Due Diligence und die Erstellung eines Angebots eingehen müssen, der »umsonst« ist, wenn man im weiteren Verfahren nicht zum Zuge kommt.

Eine weitere Möglichkeit, das Verfahren zu strukturieren, ist das **Dual Track-Verfahren**. Hier wird ein Bieterverfahren mit der Vorbereitung eines Börsengangs kombiniert. Diese Variante kommt insbesondere in Betracht, wenn unklar ist, ob ein (Gesamt-) Verkauf des Unternehmens zu für den Verkäufer akzeptablen Konditionen zustande kommt und die Variante, über den Börsengang zusätzliches Kapital hereinzuholen, ohne dass sich die Verkäuferfamilie gänzlich aus dem Unternehmen zurückzieht, eine realistische Alternative ist. Der Börsengang ermög-

859 *Hennerkes/Kirchdörfer*, in: FS Lüer 2008, 552.
860 *Pöllath/Greitemann/Viskorf*, in: FS Rödl 2008, 308.
861 *Hennerkes/Kirchdörfer*, in: FS Lüer 2008, 553.

licht zudem eine schrittweise Übertragung, wenn der Gesamtverkauf (noch) nicht zur Debatte steht.[862] Der Vorbereitungsaufwand ist allerdings beträchtlich.[863]

Neben der Entscheidung über die Art des Verfahrens hat die Verkäuferseite auch eine Entscheidung darüber zu treffen, ob Anteile an dem Unternehmen verkauft werden (**Share Deal**) oder einzelne Unternehmenseinheiten, Geschäftsbereiche oder Vermögensgegenstände (**Asset Deal**). Die Entscheidung zwischen Share Deal und Asset Deal ist zum einen durch die Frage bedingt, ob ein Unternehmen bzw. einzelne Unternehmen einer Unternehmensgruppe im Ganzen verkauft werden sollen, oder ob Kauf- bzw. Verkaufsgegenstand nur einzelne Geschäftsbereiche oder Einheiten sind. Zum anderen können sich Share Deal und Asset Deal unterschiedlich auf die finanzielle und steuerliche Situation von Verkäufer und Käufer auswirken. Für die Unternehmerfamilie, die ihr Familienunternehmen veräußern möchte, stellt sich insbesondere die Frage, ob sie selbst als Verkäufer beim Share Deal auftreten und den Kaufpreis persönlich vereinnahmen oder ob, wie beim Asset Deal, das Familienunternehmen oder eine Holding-Gesellschaft Verkäufer ist und der Kaufpreis daher zunächst in dem verkaufenden Unternehmen vereinnahmt wird.[864] Sollte sich Letzteres für die Verkäuferfamilie als vorteilhaft herausstellen, bietet ein Verkauf von Beteiligungen durch eine Familien-Holding eine mögliche Lösung an. Für den Käufer bleibt es bei einem Share Deal.

2.2.1.5 Interne Umstrukturierungen

Stehen die Ziele fest, die mit einer Transaktion erreicht werden sollen, ist der Weg zum Ziel in groben Zügen strukturiert und sind die Personen ausgewählt, die den Prozess begleiten, sollte als nächster Schritt eine Bestandsaufnahme der mit einem Verkauf verbundenen potenziellen Risiken folgen. Insbesondere für Familienunternehmen, die verkauft werden sollen, ist eine **Verkäufer-Due Diligence** (*Vendor Due Diligence*) hilfreich. Dabei werden unter Einbeziehung der M&A-Berater, Steuerberater und Rechtsanwälte einzelne oder alle Bereiche des Unternehmens auf etwaige Risiken hin untersucht, die den Verkaufsprozess erschweren können oder die nicht mit den mit der Transaktion verfolgten Zielen in Einklang zu bringen sind. Ziel einer Vendor Due Diligence ist es in erster Linie, diejenigen Themen zu identifizieren, die für potenzielle Käufer nicht akzeptabel sein können oder welche einen erfolgreichen Verkauf erschweren. Sind diese Risiken bekannt, können sie vielfach vor dem Verkauf behoben werden. Zumindest ist jedoch eine objektive Einschätzung des Werts des Unternehmens für einen potenziellen Käufer möglich. Ein nicht zu unterschätzender Nebeneffekt der Vendor Due Diligence ist die frühzeitige Sammlung und, soweit erforderlich, Aufbereitung der Dokumentation, die im anschließenden Transaktionsprozess Kaufinteressenten zur Verfügung gestellt wird. Das Schaffen einer ausreichenden Datenbasis zur Bewertung des Unternehmens ist ein maßgeblicher Baustein für den erfolgreichen Verkauf.[865]

862 *Pöllath/Greitemann/Viskorf*, in: FS Rödl 2008, 305.
863 *Hinderer*, in: FS Hennerkes 2009, 384 f.; *Pöllath/Greitemann/Viskorf*, in: FS Rödl 2008, 307 f.
864 *Kirchdörfer/Braun*, FuS 2011, 58 (59 f.); *Hennerkes/Kirchdörfer*, in: FS Lüer 2008, 545 f.
865 *Pöllath/Greitemann/Viskorf*, in: FS Rödl 2008, 310.

Auf Basis der Bestandsaufnahme können anschließend erforderliche Änderungen in Struktur, Organisation oder operativer Hinsicht vorgenommen werden. Das betriebliche Vermögen ist eindeutig vom privaten und nicht betriebsnotwendigen Vermögen zu trennen.[866] Liegt auf Verkäuferseite – wie häufig bei Familienunternehmen – eine Betriebsaufspaltung in Besitz- und Betriebsgesellschaft vor, ist dies bei der rechtlichen und steuerlichen Strukturierung des Verkaufs zu berücksichtigen.[867] Steht nicht das Familienunternehmen als Ganzes zum Verkauf, sondern nur einzelne Geschäftsbereiche, ist das Unternehmen so aufzustellen, dass die zu verkaufenden Einheiten eindeutig abgegrenzt werden können.[868] Sämtliche Assets und Mitarbeiter der jeweiligen Bereiche können beispielsweise in einer Gesellschaft zusammengeführt werden, um den anschließenden Share Deal zu ermöglichen (**Carve in/Carve out**). Darüber hinaus kann an identifizierten Schwächen des Unternehmens gearbeitet werden, die die Verhandlungsposition des Verkäufers verschlechtern und zu Bewertungsabschlägen oder Garantieerfordernissen führen.[869]

Soweit die Gesellschafterfamilie eines zu verkaufenden Familienunternehmens wesentliche Leitungspositionen im Unternehmen innehat, ist auch frühzeitig zu klären, ob sich die Familie mit einem Verkauf vollständig aus diesen Positionen zurückzieht. Ist dies der Fall, müssen rechtzeitig Mitarbeiter oder Externe für die Nachfolge in den Leitungspositionen vorbereitet werden. Ansonsten besteht die Gefahr, dass das operative Geschäft unter dem Wechsel leidet oder ein Käufer das Unternehmen niedriger bewertet.[870] Parallel oder alternativ hierzu können sich Gesellschafter auch, zumindest für eine Übergangszeit, weiterhin für Führungsaufgaben oder Beratungstätigkeiten zur Verfügung stellen.

2.2.1.6 Dokumentation

Sind die internen Vorbereitungsmaßnahmen abgeschlossen und soll ein Familienunternehmen mehreren Kaufinteressenten vorgestellt werden, erweisen sich zwei Dokumente als sinnvoll: zum einen ein Teaser, zum anderen ein Information Memorandum. Der meist nur ein oder zwei Seiten kurze **Teaser** enthält Hinweise, welche Art von Unternehmen zum Verkauf steht, i. d. R. noch auf anonymer Basis. Das **Information Memorandum** stellt das Verkaufsobjekt ausführlicher vor und wird erst nach Abgabe einer Vertraulichkeitserklärung der Interessenten herausgegeben.[871]

866 *Schoberth/Ihlau*, BB 2008, 2114 (2114 f.); *Schoberth/Wittmann*, BB 2012, 759 (761 f.); *Peemöller*, in: FS Rödl 2008, 167, 172 f.

867 *Kirchdörfer/Braun*, FuS 2011, 58 (60); *Schoberth/Wittmann*, 2012, 759 (762); *Hennerkes/Kirchdörfer*, in: FS Lüer 2008, 546 f.

868 *Picot*, 2013, § 1 Rz. 66.

869 *Hennerkes/Kirchdörfer*, in: FS Lüer 2008, 547 f.; *Kirchdörfer/Braun*, FuS 2011, 58 (60 f.).

870 *Schoberth/Ihlau*, BB 2008, 2114 (2116 f.); *Hennerkes/Kirchdörfer*, in: FS Lüer 2008, 557; *Peemöller*, in: FS Rödl 2008, 168.

871 *Picot*, 2013, § 1 Rz. 68, 75; *Schramm/Hansmeyer*, 2010, 83.

2.2.1.7 Schnittstellen zur Familie

Familienunternehmen verfügen häufig über vertragliche Beziehungen zu den Gesellschaftern und/oder Familienangehörigen. Es ist beispielsweise denkbar, dass ein Familienangehöriger Gesellschafter-Geschäftsführer ist oder ein Gesellschafter oder sonstiger Familienangehöriger der Gesellschaft finanzielle Mittel in Form von Darlehen oder Betriebsmittel zur Verfügung stellt (beispielsweise eine Immobilie im Rahmen eines Mietvertrags). Ebenso können Familienangehörige als Angestellte in der Gesellschaft bzw. im Unternehmen tätig sein. Diese Vertragsverhältnisse beruhen üblicherweise auf der besonderen Nähebeziehung der Familie zu dem Unternehmen. Wechselt der Eigentümer, endet diese Nähebeziehung und es stellt sich die Frage, wie mit den betreffenden Vertragsverhältnissen umgegangen werden muss.

Entscheidend ist zunächst der Wunsch der Beteiligten. Sollen die Vertragsverhältnisse beendet werden oder sollen diese nach Unternehmensübernahme, ggf. modifiziert, weitergeführt werden? Falls die Vertragsverhältnisse beendet werden sollen, sollte die Beendigung – beispielsweise durch Abschluss einer Aufhebungsvereinbarung – als aufschiebende Bedingung im Kaufvertrag vereinbart werden. Nur dann hat der Käufer die Gewähr, dass die Vertragsverhältnisse beim Übergang des Unternehmens tatsächlich beendet sind. Gleichzeitig sollte sichergestellt werden, dass sämtliche Ansprüche aus diesen Vertragsverhältnissen mit Beendigung vollständig abgegolten sind; dies kann durch entsprechende Erklärungen des Verkäufers (beispielsweise Garantien, ggf. auch Verzichtserklärungen) abgesichert werden. Außerdem müssen die steuerlichen Effekte der Vertragsbeziehungen sowie deren Beendigung berücksichtigt werden. Letztlich muss sichergestellt werden, dass sich für den Käufer aus diesen Vertragsverhältnissen keine Haftungsrisiken ergeben.

Sollen die Vertragsverhältnisse weitergeführt werden, sind die bestehenden Verhältnisse vor Übernahme zu prüfen, insbesondere, ob die Konditionen einem Drittvergleich standhalten, und anzupassen, soweit dies nicht der Fall ist. Weiterhin sind steuerliche Risiken zu bedenken. Sämtliche Neuregelungen sind in einer Änderungsvereinbarung abzubilden, deren Abschluss als aufschiebende Bedingung im Kaufvertrag vorgesehen werden sollte.

Sollen Familienmitglieder, die in leitender Position im Unternehmen tätig waren (beispielsweise als Geschäftsführer) dem Unternehmen nach dem Verkauf verbunden bleiben, wird häufig ein Beirat im Unternehmen etabliert. In diesem können die betreffenden Familienmitglieder beratende Funktionen wahrnehmen. Dies kann zum einen sinnvoll sein, weil die bisher im Unternehmen tätigen Familienmitglieder über spezielles Knowhow verfügen. Zum anderen kann durch die weitere Einbindung dieser Familienmitglieder trotz des Unternehmensübergangs eine personelle Kontinuität verwirklicht werden, die den Integrationsprozess erleichtert.

! **Hinweis**

Die Art und Weise der zukünftigen Zusammenarbeit zwischen Familie und Unternehmen sollte klar definiert werden, so dass es über die veränderte Rolle des Familienmitglieds keine Unstimmigkeiten gibt, die der Entwicklung des verkauften Unternehmens unter Führung des Käufers schaden.

Wurden von Gesellschaftern und/oder sonstigen Familienmitgliedern Darlehen an die Gesellschaft ausgereicht, können diese vor Closing zurückgeführt werden; dabei sind die Auswirkungen der Rückführung auf den Unternehmenswert und damit den Kaufpreis zu berücksichtigen (insbesondere, wenn Verkäufer und Darlehensgeber personenidentisch sind).

Denkbar ist aber auch, dass die Darlehen fortgeführt und nach Vollzug des Kaufvertrages entsprechend der Regelung in den Darlehensverträgen zurückgeführt oder die Darlehen gleichzeitig mit den Unternehmensbeteiligungen an einen neuen Gesellschafter oder einen Dritten veräußert werden. Bei der Behandlung der Darlehen sind ebenfalls die steuerlichen Effekte der gewählten Gestaltung zu berücksichtigen. Außerdem sind im Zusammenhang mit Gesellschafterdarlehen besondere Risiken im Hinblick auf eine Insolvenz der Zielgesellschaft nach Vollzug der Unternehmenstransaktion zu beachten. Auf Grundlage der Rechtsprechung des BGH zur insolvenzrechtlichen Anfechtung der Rückgewähr von Gesellschafterdarlehen[872] kann sich hier eine insolvenzrechtliche Nachhaftung der bisherigen Gesellschafter ergeben, die durch eine entsprechende, vorbeugende Gestaltung abgefangen werden sollte.

2.2.2 Vorvertragliches Verhandlungsstadium

Mit der ersten Kontaktaufnahme der Kauf- bzw. Verkaufsinteressenten beginnt das vorvertragliche Verhandlungsstadium, das erst mit Abschluss des verbindlichen Unternehmenskaufvertrags endet. Bis zur Unterzeichnung des Kaufvertrags bleiben die Verhandlungen regelmäßig unverbindlich, jede der Parteien kann von der geplanten Transaktion Abstand nehmen. Je weiter eine Transaktion fortgeschritten ist, desto mehr Ressourcen haben jedoch sowohl Verkäufer als auch Käufer investiert. Um die Fortschritte in den Vertragsverhandlungen zu dokumentieren und Zwischenergebnisse abzusichern, treffen die Verhandlungspartner auch während des Verhandlungsstadiums vielfach Vereinbarungen.

Unabhängig vom Abschluss derartiger vorvertraglicher Vereinbarungen ist zu beachten, dass auch im Laufe der Vertragsverhandlungen rechtliche Pflichten gegenüber dem Verhandlungspartner entstehen können. Nach § 311 Abs. 2 Nr. 1 BGB entsteht ein **vorvertragliches gesetzliches Schuldverhältnis** durch die Aufnahme von Vertragsverhandlungen. Dies hat zur Folge, dass die Vertragsparteien der jeweils anderen Partei zur Rücksichtnahme verpflichtet sind (§ 241 Abs. 2 BGB). Grund für diese Rücksichtnahmepflichten ist das mit den Verhandlungen

872 BGH vom 21.01.2013, NJW 2013, 2284 f.

entstehende Vertrauensverhältnis. Werden die Pflichten verletzt, besteht ein Anspruch auf Ersatz des Vertrauensschadens nach §§280 ff. BGB. Als Vertrauensschaden gelten beispielsweise Beraterkosten, die im Vertrauen auf die Fortsetzung der Verhandlungen aufgewendet wurden. Ansprüche auf Vertragserfüllung bestehen nicht.[873] Teilweise wird versucht, die Vertrauenshaftung durch sog. Disclaimer einzuschränken. Dies ist bei vorformulierten Haftungsbeschränkungen jedoch nur in den engen Grenzen des §309 Nr. 7 und 8 Buchst. a BGB möglich.[874]

Darüber hinaus werden im vorvertraglichen Verhandlungsstadium meist eine oder mehrere vertragliche Vereinbarungen geschlossen, die, entsprechend dem aktuellen Verhandlungsstadium, bestimmte Zwischenschritte festhalten.

2.2.2.1 Geheimhaltungsvereinbarung

Die Geheimhaltungsvereinbarung (Non-Disclosure Agreement, NDA) wird in der Regel sehr früh nach der ersten Kontaktaufnahme abgeschlossen. Insbesondere in strukturierten Bieterverfahren oder wenn M&A-Berater in die Transaktion involviert sind, wird der Käufer regelmäßig unmittelbar nach der ersten Kontaktaufnahme zur Unterzeichnung einer Vertraulichkeitserklärung aufgefordert. In exklusiven Verhandlungen, insbes. wenn die Unternehmen unmittelbar miteinander sprechen, ohne dass der Prozess von einem Berater koordiniert wird, stellt sich die Frage nach der Unterzeichnung einer Geheimhaltungsvereinbarung oft erst später, wenn vertiefte Gespräche gewünscht sind und vertrauliche Informationen ausgetauscht werden. Grund für den Abschluss einer Vertraulichkeitsvereinbarung ist der Austausch unternehmensinterner Dokumente und Informationen, die die jeweils andere Vertragspartei, insbesondere wenn sie sich in einer Wettbewerbssituation befindet, ohne die Transaktion nicht erlangt hätte.[875] Für Familienunternehmen besteht darüber hinaus oft ein zusätzliches Bedürfnis nach Geheimhaltung der Tatsache, dass überhaupt ein Verkauf beabsichtigt ist.[876]

Wesentlicher Inhalt einer Vertraulichkeitsvereinbarung ist:
1. Definition der Informationen, die vertraulich zu behandeln sind,
2. Verpflichtung zur Vertraulichkeit,
3. Definition des Personenkreises, an welchen vertrauliche Informationen weitergegeben werden können,
4. Beschränkung der Verwendung der vertraulichen Informationen ausschließlich auf die geplante Transaktion,

873 *Picot*, 2012, 247 f.; *Picot*, 2013, § 2 Rz. 9 ff.
874 *Picot*, 2013, § 2 Rz. 17.
875 *Picot*, 2013, § 2 Rz. 89; *Hennerkes/Kirchdörfer*, in: FS Lüer 2008, 554.
876 *Lucks*, 2013, 521 f.; *Hennerkes/Kirchdörfer*, in: FS Lüer 2008, 553.

5. Rückgabe bzw. Vernichtung von vertraulichen Informationen nach Abschluss der Verhandlungen und
6. Rechtsschutz, einschließlich etwaiger Vertragsstrafen, bei Verletzung der Geheimhaltungspflichten.

2.2.2.2 Legal Transplants

Im weiteren Verhandlungsverlauf können einseitige Erklärungen abgegeben oder Vereinbarungen getroffen werden, die in erster Linie dazu dienen, bestehende Verhandlungsergebnisse festzuhalten und die weitere Vorgehensweise abzustecken. Meist wird in diesen Erklärungen und Vereinbarungen jedoch ausdrücklich die Unverbindlichkeit festgehalten. Ist die Reichweite der Verbindlichkeit nicht ausdrücklich abgesteckt, besteht die Gefahr, dass die Erklärung einen qualifizierten Vertrauenstatbestand i. S. v. § 311 Abs. 2 BGB begründet, da die Verhandlungsposition soweit konkretisiert wird, dass bestimmte Verhaltensweisen nicht mehr sanktionslos möglich sind oder der endgültige Vertragsabschluss nur noch aus bestimmten Gründen verweigert werden kann.[877]

Die im vorvertraglichen Stadium abgegebenen Erklärungen oder getroffenen Vereinbarungen tragen in der Praxis unterschiedliche Bezeichnungen, die dem angloamerikanischen Rechtskreis entstammen. So findet man die Bezeichnungen **Letter of Intent, Term Sheet, Memorandum of Understanding, Heads of Agreement** oder schlichte Verhandlungsprotokolle.[878] Ziel derartiger Vereinbarungen ist es, rechtsgeschäftliche Absichten oder ein bereits erreichtes Verhandlungsergebnis festzuhalten. Daneben können die nächsten Schritte festgelegt werden. Je nachdem, in welchem Stadium sich die Verhandlungen befinden, wird der Käufer versuchen, eine **Exklusivitätsvereinbarung** in das Dokument aufzunehmen. Für den Verkäufer schränken exklusive Verhandlungen mit nur einem potenziellen Käufer die Handlungsalternativen erheblich ein.[879] Andererseits kann eine Transaktion durch exklusive Verhandlungen meist vertraulicher behandelt werden. Soweit nicht ausdrücklich die Bindungswirkung von einzelnen Vereinbarungen und Sanktionen bei etwaigen Verstößen geregelt bzw. ein genereller Vorbehalt der Unverbindlichkeit gemacht wird, hat das Dokument in erster Linie verhandlungspolitische und verhandlungspsychologische Wirkung.[880] Aus diesem Grund werden insbesondere bei Beteiligung von Familienunternehmen die Regelungen eines Letter of Intent sorgfältiger verhandelt. Dies muss kein Nachteil sein. Die Verhandlungen über den Unternehmenskaufvertrag können dann in entscheidenden Punkten häufig schneller vonstattengehen und unliebsame Überraschungen vermieden werden.[881]

877 *Picot*, 2013, § 2 Rz. 23 ff.
878 *Picot*, 2013, § 2 Rz. 32; *Picot*, 2012, 249; *Riedl*, GmbH-StB 2012, 245 (247).
879 *Pöllath/Greitemann/Viskorf*, in: FS Rödl, 2008, 308.
880 *Picot*, 2012, 249 f.; *Riedel*, GmbH-StB 2012, 245 (247).
881 *Hennerkes/Kirchdörfer*, in: FS Lüer 2008, 541.

2.2.2.3 Due Diligence

Unter Due Diligence ist allgemein die sorgfältige Prüfung des Zielunternehmens zu verstehen.[882] Eine Pflicht zur Durchführung einer Due Diligence besteht nicht. Grundsätzlich ist jeder Vertragspartner selbst dafür verantwortlich, ob er die Transaktion für sich als vorteilhaft einstuft und durchführen möchte.[883] Dass dennoch in der Regel eine Due Diligence durchgeführt wird, hat mehrere Gründe[884]: Zum einen ermöglicht eine Due Diligence dem Käufer, Informationen über das Zielunternehmen zu erhalten und auch Chancen und Risiken sowie den Wert des Zielunternehmens für den Käufer abzuschätzen. Zum anderen verfügt das deutsche Kaufrecht nicht über Haftungsvorschriften, die auf den Unternehmenskauf zugeschnitten sind. Daher ermöglicht die Due Diligence Risiken zu identifizieren, zu definieren, wann ein Mangel des Unternehmens und damit ein Anspruch des Käufers vorliegt, und dies im Kaufvertrag entsprechend abzubilden. Die Erkenntnisse aus der Due Diligence dienen auch der Vorbereitung und Umsetzung des Post-Merger-Integration Konzepts. Zuletzt sind Geschäftsführer und Vorstände im Hinblick auf die ihnen obliegende ordnungsgemäße Erfüllung ihrer Organpflichten gehalten, die Entscheidung für oder gegen eine Transaktion auf Basis von belastbaren Fakten zu treffen. Die Erkenntnisse hierfür erhalten sie durch eine Due Diligence.[885]

Der Ablauf einer Due Diligence ist in der Regel wie folgt: Der Verkäufer stellt Informationen zum Zielunternehmen dem Käufer in einem Datenraum zur Verfügung. Während der Datenraum früher in der Tat ein Raum war, in welchem sich Papierunterlagen befanden, die vom Kaufinteressenten und seinen Beratern eingesehen werden konnten, wird heute in der Regel ein virtueller Datenraum verwendet, in dem elektronischer Zugriff auf die Informationen gegeben wird. Für den Verkäufer hat dies den Vorteil, dass er nachverfolgen kann, welche Unterlagen der Käufer in welcher Intensität geprüft hat. Die Zusammenstellung des Datenraums ist ebenso wie die Aufstellung der Regeln, die für die Benutzer des Datenraums gelten, eine Aufgabe, die von den Beratern der Verkäufer koordiniert wird. Abhängig vom Grad der Vertraulichkeit einzelner Informationen kann der Verkäufer auch darüber entscheiden, welche Informationen so vertraulich sind, dass sie erst in einem späteren Zeitpunkt des Transaktionsprozesses offengelegt werden. Ebenso wird festgelegt, ob die Unterlagen lediglich zur Einsicht bereitstehen und ob bzw. welche Unterlagen in Kopie herausgegeben werden. Üblicherweise werden sich im Verlauf der Due Diligence auf Seiten der Käufer eine Reihe von Fragen ergeben, die im Rahmen eines formalisierten Q&A-Verfahrens gestellt und beantwortet werden.[886] Ergänzend können Informationen bei einer Management Presentation ausgetauscht werden. Hier erhält der Kaufinteressent zusätzlich einen persönlichen Eindruck vom Verkäufer bzw. dem Management des Zielunternehmens, und umgekehrt.[887]

882 *Picot*, 2013, § 2 Rz. 111.
883 *Picot*, 2012, 254.
884 *Schramm/Hansmeyer*, 2010, 8 ff., 79 f.
885 *Picot*, 2013, § 2 Rz. 27; *Picot*, 2012, 255 f.
886 *Picot*, 2013, § 2 Rz. 116; *Schramm/Hansmeyer*, 2010, 84 f.
887 *Schramm/Hansmeyer*, 2010, 83.

Die Due Diligence umfasst in der Regel die Bereiche Legal, Tax, Financial und, je nach Art der Transaktion, technische und operative Themen, einschließlich IT, Human Resources und Umwelt.[888]

! **Hinweis**

Kaufinteressenten sollten sich vor bzw. zu Beginn der Due Diligence klar werden, auf welche Bereiche sie den Schwerpunkt ihrer Prüfung legen wollen und dies auch mit den involvierten Beratern besprechen.

Die Due Diligence spiegelt sich später in dem Garantie- und Haftungsregime des Unternehmenskaufvertrags wieder. Der Verkäufer hat ein Interesse daran, seine Haftung für das auszuschließen, was er dem Käufer im Rahmen der Due Diligence offengelegt hat. Der Käufer wird für Risiken, die er im Rahmen der Due Diligence identifiziert hat, zur Absicherung eine Garantie oder Freistellung verlangen.[889] Auch der Preis, den der Käufer für das Unternehmen zu zahlen bereit ist, hängt von den Erkenntnissen ab, die im Rahmen der Due Diligence über das Unternehmen gewonnen wurden.

2.2.3 Der Unternehmenskaufvertrag

Dr. Oliver Thurn

Der Unternehmenskaufvertrag ist das zentrale Dokument in einer Unternehmenstransaktion. Ist die Unternehmenstransaktion als Asset Deal strukturiert, sind Gegenstände des Unternehmenskaufvertrags die betrieblichen Vermögensgegenstände des konkreten Unternehmens. Ist der Unternehmenskauf als Share Deal strukturiert, sind Gegenstand des Unternehmenskaufvertrags die jeweiligen Beteiligungen an dem konkreten Unternehmen (vgl. 2.2.1.4 und 2.4.1.5.1).[890]

Der Unternehmenskaufvertrag bildet das schuldrechtliche Grundgeschäft für die Unternehmenstransaktion. Durch den Abschluss des Unternehmenskaufvertrags (»Signing«) werden Verpflichtungen zur Übertragung der Vermögensgegenstände bzw. Unternehmensbeteiligungen begründet. Daneben ist im Unternehmenskaufvertrag häufig auch geregelt, dass die Vermögensgegenstände bzw. die Unternehmensbeteiligungen vom Verkäufer auf den Käufer übergehen, sobald bestimmte Umstände vorliegen, deren Eintreten als aufschiebende Bedingung im Kaufvertrag vereinbart ist. Alternativ kann der Übergang der Vermögensgegenstände bzw. der Unternehmensbeteiligungen (»dinglicher Vollzug« oder »Closing«) auch durch einen separaten Vollzugsvertrag herbeigeführt werden, der nach dem Eintreten der im Kaufvertrag

888 *Schramm/Hansmeyer*, 2010, 96 f.; *Lucks*, 2013, 108.
889 *Picot*, 2013, § 2 Rz. 27; *Schramm/Hansmeyer*, 2010, 80.
890 Zum Vertragsgegenstand bei Unternehmenskaufverträgen vgl. *Picot*, 2013, § 4 Rz. 25 ff.

vereinbarten Vollzugsvoraussetzungen geschlossen wird.[891] Der dingliche Vollzug des Unternehmenskaufs ist letztlich der entscheidende Vorgang der Unternehmenstransaktion, denn mit ihm wechselt die Inhaberschaft am Unternehmen. Grundsätzlich gehen mit dem dinglichen Vollzug auch die Gewinne und Verluste und die Chancen und Risiken aus dem Unternehmen auf den Käufer über.[892] Die Parteien können aber mit schuldrechtlicher Wirkung auch einen früheren oder späteren Termin als Stichtag für den wirtschaftlichen Übergang des Unternehmens vereinbaren.[893]

Im Unternehmenskaufvertrag sind u. a. die in der Due Diligence identifizierten Risiken abzubilden. Dies geschieht üblicherweise vor allem durch Garantien, die der Verkäufer gegenüber dem Käufer abgibt. Zeigen sich im Rahmen der Due Diligence oder während des sonstigen Vorbereitungsprozesses, dass bestimmte Voraussetzungen eingetreten sein müssen, damit der Unternehmenskauf überhaupt vollzogen werden kann, ist der jeweilige Eintritt dieser Voraussetzungen als aufschiebende Bedingungen zu regeln. Neben Garantie und aufschiebender Bedingung ist auch die Freistellung ein weiteres typisches Gestaltungsinstrument, um identifizierte Risiken im Kaufvertrag abzubilden.

Außerdem enthalten Kaufverträge regelmäßig Verpflichtungen, wie das Unternehmen im Zeitraum zwischen Signing und Closing zu führen ist (»Covenants«).[894]

Der Unternehmenskaufvertrag ist vor allem ein technisches Dokument. Aufgrund der individuellen Eigenheiten jedes Unternehmens und jeder Transaktion gibt es keinen Standardvertrag für Unternehmenskäufe, weder allgemein noch speziell für den Kauf bzw. Verkauf von Familienunternehmen. Die folgende Darstellung beschränkt sich auf die wirtschaftlich wichtigsten Regelungsbereiche eines Unternehmenskaufvertrags und soll ein Grundverständnis für die entsprechenden Thematiken vermitteln.

2.2.3.1 Kaufpreisermittlung und -anpassung

Die Kaufpreisermittlung und -anpassung bilden den zentralen wirtschaftlichen Regelungsbereich des Unternehmenskaufvertrages.

891 Zum Zusammenspiel zwischen Signing und Closing sowie den unterschiedlichen Gestaltungsmöglichkeiten des Closing vgl. *Picot*, 2013, § 4 Rz. 582 ff.; *Bruse*, in: FS Spiegelberger 2009, 598.

892 *Beisel/Klumpp*, 2016, Kap. 9 Rz. 127.

893 *Picot*, 2013, § 4 Rz. 592; *Bruse*, in: FS Spiegelberger 2009, 598 f.

894 Zu Code of Business-Klauseln vgl. *Picot*, 2013, § 4 Rz. 118 ff.

2.2.3.1.1 Kaufpreisermittlung

Die Ermittlung des Kaufpreises ist ein kaufmännisches Thema. In der Regel beeinflusst der Unternehmenswert den Kaufpreis maßgeblich.[895] Die Parteien können zur Festlegung des Unternehmenswerts auf verschiedene Bewertungsmethoden zurückgreifen, eine verbindliche oder allgemein gültige Bewertungsmethode existiert nicht.[896] Übliche Bewertungsmethoden sind Substanzwert- oder Ertragswertmethoden. Während die Substanzwertmethode an die Wiederbeschaffungskosten aller zum Unternehmen gehörenden Vermögensgegenstände anknüpft und damit die potenziellen Kosten für die Errichtung eines vergleichbaren Unternehmens durch einen Käufer abbildet, orientieren sich die Ertragswertmethoden an der (künftigen) Ertragskraft des Unternehmens, indem die künftigen Erträge des Unternehmens prognostiziert und mit einem Kapitalisierungszinssatz abgezinst werden.[897] Bei Unternehmenstransaktionen werden üblicherweise Ertragswertmethoden angewandt, insbesondere die Discounted Cashflow Methode,[898] bei der als Basis für die Ermittlung des Ertragswerts auf den prognostizierten künftigen Cashflow des Zielunternehmens abgestellt und dieser abgezinst wird. In der Praxis wird zur Festlegung des Unternehmenswerts häufig auch – zumindest ergänzend – auf eine sogenannte Multiplikator-Bewertung zurückgegriffen, bei der bestimmte Unternehmenskennzahlen mit einem branchenabhängigen Faktor multipliziert werden.[899]

Zur Ermittlung des Kaufpreises wird der so ermittelte Unternehmenswert häufig auf der Basis bereinigter Nettobilanzwerte weiter angepasst. So werden die liquiden Mittel (Cash) und die Verbindlichkeiten (Debt) häufig – insbesondere im Hinblick auf eine spätere Kaufpreisanpassung – durch eine sogenannte Cash Free/Debt Free-Berechnung herausgerechnet.[900] Außerdem fließen häufig subjektive Bewertungsfaktoren in die Kaufpreisermittlung ein.[901]

2.2.3.1.2 Anpassung des Kaufpreises

Veränderungen des Unternehmenswerts zwischen Signing und Closing

Zwischen dem Abschluss des Kaufvertrags (Signing) und dem dinglichen Vollzug (Closing) der Unternehmenstransaktion können sich die für die Kaufpreisermittlung herangezogenen Ausgangszahlen ändern. Der ursprünglich vereinbarte Kaufpreis bildet dann nicht mehr den aktuellen Unternehmenswert ab. Es gibt grundsätzlich zwei Möglichkeiten, eventuelle Änderungen des Unternehmenswerts zwischen Signing und Closing im Kaufvertrag abzubilden.[902]

---

895 Vgl. *Geyrhalter/Zirngibl*, in: FS Spiegelberger 2009, 667; *Koblenzer*, ZEV 2002, 350 (353).

896 *Picot*, 2013, § 2 Rz. 12.

897 Zu den verschiedenen Bewertungsmethoden ausführlich *Picot*, 2013, § 3 Rz. 12 ff., § 4 Rz. 132 ff.; *Niehues*, BB 1993, 2241 (2247 ff.).

898 *Picot*, 2013, § 3 Rz. 1.

899 *Niehues*, BB 1993, 2241 (2248 f.).

900 *Weber in:* Hölters Handbuch Unternehmenskauf, 2019, Kap. 9 Rz. 9.174; *Geyrhalter/Zirngibl*, in: FS Spiegelberger 2009, 668.

901 Vgl. *Picot*, 2013, § 3 Rz. 1; zu weiteren nicht quantifizierbaren Einflussgrößen *Beisel/Klumpp*, 2016, Kap. 3 Rz. 4.

902 Zur Kaufpreisanpassung an Veränderungen des Unternehmenswerts zwischen Signing und Closing vgl. *Picot*, 2013, § 3 Rz. 130 ff.; *Hölters*, 2019, Kap. VII Rz. 157 ff.; siehe Rz. 91; *Holzapfel/Pöllath*, 2017, Rz. 798 ff.

Käufer und Verkäufer können einen Fixpreis ohne Kaufpreisanpassungsklausel vereinbaren. Die Vereinbarung eines Fixpreises bietet dem Verkäufer und dem Käufer zwar Planungssicherheit. Sie kann aber bei einer positiven oder negativen Entwicklung des Unternehmenswertes zwischen Signing und Closing entweder aus Sicht des Verkäufers (er partizipiert nicht an positiven Entwicklungen) oder aus Sicht des Käufers (bei einer negativen Entwicklung zahlt er einen zu hohen Kaufpreis) problematisch sein. Zum Schutz des Käufers kann die Fixpreisklausel daher mit einem »Locked Box«-Mechanismus und einer sog. »No Leakage«-Klausel kombiniert werden. In diesem Fall darf der Verkäufer zwischen Signing und Closing dem Zielunternehmen grundsätzlich keine Mittel mehr entziehen und nur noch bestimmte, im Kaufvertrag als Ausnahmetatbestände definierte Zahlungen (beispielsweises Zahlungen im üblichen Geschäftsverkehr bis zu einem bestimmten Betrag) aus dem Vermögen des Zielunternehmens leisten. Durch einen solchen Locked Box-Mechanismus kann zwar die Gefahr von unternehmenswertrelevanten Liquiditätsabflüssen zwischen Signing und Closing zu Lasten des Käufers verhindert werden. Das Risiko einer Verschlechterung des operativen Geschäfts der Zielgesellschaften lässt sich über ihn aber nicht erfassen.[903]

Alternativ können Käufer und Verkäufer eine nachträgliche Kaufpreisanpassung vereinbaren. Im Kaufvertrag wird dann nur ein vorläufiger oder variabler Kaufpreis genannt, der anhand eines im Vertrag geregelten Verfahrens auf Grundlage einer Stichtagsbilanz endgültig festgelegt wird. Die Parteien sollten im Kaufvertrag eindeutig definieren, welche Bilanzpositionen bei der Kaufpreisanpassung zu berücksichtigen sind.[904] Es bietet sich an, dem Kaufvertrag in einer Anlage Beispielsrechnungen für die Kaufpreisanpassung beizufügen. Außerdem muss die Stichtagsbilanz nach den gleichen Bilanzierungsgrundsätzen erstellt sein wie die Bilanz, die der vorläufigen Kaufpreisbestimmung zugrunde lag.[905] Käufer und Verkäufer sollten zudem bereits im Kaufvertrag festlegen, wer von Ihnen welchen Wirtschaftsprüfer mit der Erstellung der Bilanz beauftragt. Vorteil einer nachträglichen Kaufpreisanpassung ist, dass ein möglichst realistisches Bild des Unternehmenswertes und damit des Kaufpreises zum Zeitpunkt des Vollzugs der Unternehmenstransaktion sichergestellt wird. Allerdings können personeller und organisatorischer Aufwand und damit auch Kosten für die Erstellung der Stichtagsbilanz entstehen.[906]

Weitere Änderungen nach Closing

Eine Anpassung des Kaufpreises kann auch an die Entwicklung des Unternehmens nach Closing anknüpfen, indem sich bei Erreichen einer oder mehrerer vordefinierter Erfolgsgrößen innerhalb eines bestimmten Zeitraums nach Closing der ursprüngliche Kaufpreis erhöht bzw. der Verkäufer einen zusätzlichen Betrag als Mehrkaufpreis verlangen kann.[907] Ein solcher sogenannter Earn Out-Mechanismus kann genutzt werden, um unterschiedliche Auffassungen des Verkäufers

903 *Geyrhalter/Zirngibl*, in: FS Spiegelberger 2009, 670.
904 *Bruse*, in: FS Spiegelberger 2009, 599.
905 *Geyrhalter/Zirngibl*, in: FS Spiegelberger 2009, 669.
906 *Geyrhalter/Zirngibl*, in: FS Spiegelberger 2009, 669 f.
907 Zur Kaufpreisanpassung durch Earn Out-Mechanismen und der Definition von Milestones vgl. *Lucks*, 2013, 283 ff.; *Picot*, 2013, § 4 Rz. 157 ff.; *Geyrhalter/Zirngibl*, in: FS Spiegelberger 2009, 670 ff.; *Hennerkes/Kirchdörfer*, in: FS Lüer 2008, 549.

und des Käufers über die zukünftige Ertragskraft des Unternehmens und damit den Unternehmenswert zu überbrücken. Daneben kann ein Earn Out bei Unternehmen, bei denen der Erfolg nicht unerheblich an die Person des bisherigen Inhabers gebunden ist, als Anreizinstrument eingesetzt werden, damit dieser die an seine Person anknüpfenden Ertragspotenziale dem Unternehmen weiter zur Verfügung stellt bzw. auf den neuen Inhaber überträgt.[908]

Möglicher Anknüpfungspunkt für einen Earn Out können das Erreichen bestimmter finanzwirtschaftliche Ertragsgrößen (beispielsweise EBIT) oder operativer Größen sein, die als Meilensteine vertraglich definiert werden.[909] Beispielsweise kann die Erhöhung des Kaufpreises dadurch bedingt sein, dass ein Produkt, das sich zur Zeit der Transaktion noch im Entwicklungsstadium befindet, später die Marktreife erlangt. Die Entscheidung, ob finanzwirtschaftliche oder operative Erfolgsgrößen gewählt werden, sollte sich im Wesentlichen daran orientieren, ob die Bewertungsunterschiede zwischen Verkäufer und Käufer auf finanzwirtschaftlichen oder operativen Kriterien beruhen.[910]

Vorteil eines Earn Out-Mechanismus für den Käufer ist, dass die durch den Verkäufer im Rahmen der Earn Out-Regelung prognostizierte Entwicklung des Unternehmens häufig realistischer ist als in den Fällen, in denen eine Earn Out-Regelung fehlt.[911] Außerdem kann der Käufer den Earn Out-Mechanismus als verdeckten Kaufpreiseinbehalt nutzen, da er grundsätzlich die Möglichkeit hat, eine an sich geschuldete Kaufpreiserhöhung nicht auszuzahlen und zur Befriedigung möglicher Garantie- und Freistellungsansprüche zu verwenden.[912] Aus Sicht des Verkäufers birgt die Vereinbarung eines Earn Out die Gefahr, dass ihm der Käufer durch eine Manipulation der als Bemessungsgrundlagen dienenden Ertragsgrößen oder durch ein aggressives Vertragsmanagement einen an sich geschuldeten Zuschlag vorenthält.[913] Zudem trägt der Verkäufer bezüglich dieses Zuschlags grundsätzlich das Insolvenzrisiko des Käufers. In der Praxis sind Earn Out-Mechanismen häufig sehr streitanfällig und können sich daher sowohl für die Verkäufer- als auch für die Käuferseite als problematisch erweisen.[914]

2.2.3.2 Gewährleistungen

Ein wesentliches Mittel zur Beseitigung der in der Due Diligence identifizierten Risiken ist das Gewährleistungsregime des Kaufvertrags.[915] Wird in der Due Diligence ein Sachverhalt identifiziert, der ein mögliches Risiko beinhaltet, verlangt der Käufer üblicherweise von den

908 Zu Varianten und Einsatzmöglichkeiten von Earn Out-Mechanismen vgl. *Lucks*, 2013, 284 f.
909 *Lucks*, 2013, 283; zum Begriff Earn Out enger *Geyrhalter/Zirngibl*, in: FS Spiegelberger 2009, 671.
910 *Lucks*, 2013, 285 f.
911 *Hennerkes/Kirchdörfer*, in: FS Lüer 2008, 549.
912 *Hennerkes/Kirchdörfer*, in: FS Lüer 2008, 549; *Geyrhalter/Zirngibl*, in: FS Spiegelberger 2009, 671.
913 *Hennerkes/Kirchdörfer*, in: FS Lüer 2008, 549; *Geyrhalter/Zirngibl*, in: FS Spiegelberger 2009, 671.
914 Zu den Risiken von Earn Out-Mechanismen auch *Lucks*, 2013, 285 f.
915 Zum Gewährleistungsregime bei Unternehmenskaufverträgen vgl. *Picot*, 2013, § 4 Rz. 201 ff.; *Beisel/Klumpp*, Unternehmenskauf, 5. Aufl. 2016, Kap. 16; *Holzapfel/Pöllath*, 2017, Rz. 873 ff. und 952 ff.

Verkäufern eine Garantie hinsichtlich dieses Sachverhalts.[916] Der Verkäufer garantiert dann, dass ein bestimmter Sachverhalt zutreffend und vollständig ist. Falls eine Garantie verletzt wird, muss der Verkäufer den Zustand herzustellen, der bestünde, wenn der garantierte Sachverhalt richtig bzw. vollständig gewesen wäre. Kann dieser Zustand nicht hergestellt werden, muss der Verkäufer Schadensersatz leisten.

Üblicherweise gibt es einen bestimmten Kernbestand an Garantien, die im Kaufvertrag enthalten sind. Dazu gehört vor allem die Garantie, dass der Verkäufer Inhaber des Kaufgegenstandes und diese Inhaberschaft unbelastet von Rechten Dritter ist (sog. Title Garantie). Handelt es sich bei dem Kaufgegenstand um Gesellschaftsbeteiligungen, so werden üblicherweise auch Standardgarantien zu der Gesellschaft verlangt, beispielsweise, dass diese ordnungsgemäß errichtet worden ist, alle notwendigen Handelsregisteranmeldungen vorgenommen und sonstige unmittelbar die Gesellschaft betreffende Vorgaben eingehalten wurden.

Neben diesen Kerngarantien können auch operative Aspekte zum Gegenstand einer Garantie gemacht werden. Beispielsweise kann garantiert werden, dass ein bestimmter Vertriebs- oder Lieferantenvertrag wirksam ist. Ebenso können Garantien zur Umwelthaftung oder zu Personalthemen vorgesehen werden. Außerdem wird üblicherweise ein separater Garantiekatalog zu steuerrechtlichen Sachverhalten vereinbart.

Für den Umfang der Garantien ist zunächst maßgeblich, auf welchen Zeitpunkt sich die Garantiezusage bezieht. Garantien können sich auf den Zeitpunkt des Signing oder des Closing beziehen;[917] denkbar sind aber auch abweichende Zeitpunkte. Während es für den Verkäufer grundsätzlich günstig ist, auf einen möglichst frühen Zeitpunkt abzustellen, hat der Käufer ein Interesse daran, dass die Garantiezusagen des Verkäufers an einen möglichst späten Zeitpunkt anknüpfen.[918]

Wesentlich für den Umfang der Garantien ist weiter, ob eine sog. Kenntnisqualifizierung vorgenommen wird.[919] Möglich ist, dass der Verkäufer Garantien nur hinsichtlich seiner positiven Kenntnis von bestimmten Sachverhalten abgibt. Dann steht der Verkäufer nur für Umstände ein, von denen er tatsächlich Kenntnis hatte. Der Verkäufer kann aber auch Garantien übernehmen, nach denen er auch für eine (grob) fahrlässige Unkenntnis vom Vorliegen oder Nichtvorliegen bestimmter Umstände einzustehen hat. Ihn trifft dann ggf. eine Obliegenheit, sich über diese Umstände zu informieren.

Garantien in Unternehmenskaufverträgen sind in der Regel als selbständige und verschuldensunabhängige Garantieversprechen i. S. d. § 311 Abs. 1 BGB formuliert.[920] Der Verkäufer kann

916 *Koblenzer*, ZEV 2002, 350 (352).
917 Vgl. hierzu *Lucks*, 2013, 264 f.
918 *Bruse*, in: FS Spiegelberger 2009, 601.
919 Vgl. hierzu *Lucks*, 2013, 265.
920 *Lucks*, 2013, 264.

sich dann nicht darauf berufen, er habe den Garantieverstoß nicht zu verschulden. Die verschuldensunabhängige Einstandspflicht des Verkäufers wird weithin als angemessen angesehen, da die garantierten Umstände regelmäßig seiner Risikosphäre zugeordnet werden können.

Üblicherweise werden in Unternehmenskaufverträgen auch die Rechtsfolgen einer Garantieverletzung unter Ausschluss der gesetzlichen Haftung privatautonom vereinbart. Wie im Falle des (gesetzlichen) deutschen Schadensrechts schuldet der Verkäufer regelmäßig Naturalrestitution, d. h. er muss im Fall einer Garantieverletzung den Zustand herstellen, der bestünde, wenn die Garantie nicht verletzt worden wäre.

Falls der Verkäufer die Herstellung dieses Zustandes verweigert oder ihm die Herstellung nicht innerhalb einer gewissen Frist gelingt, kann der Käufer Schadensersatz verlangen.[921] Aus Sicht des Käufers empfiehlt es sich, einen möglichst weiten Katalog an ersatzfähigen Schadensposten vorzusehen (beispielsweise unter Einschluss des Ersatzes mittelbarer Schäden wie einer Reduzierung des Unternehmenswerts). Aus Verkäufersicht bietet es sich hingegen an, die ersatzfähigen Schadensposten zu begrenzen und klar zu definieren (beispielsweise nur Ersatz unmittelbarer Schäden).

Die Schadensersatzpflicht des Verkäufers ist üblicherweise ausgeschlossen, wenn der Käufer von den schadenbegründenden Umständen Kenntnis hatte. Hier stellt sich die Frage, ob ein solcher Ausschluss auch für Fälle der (grob) fahrlässigen Unkenntnis des Käufers gelten soll.[922]

Außerdem wird üblicherweise vorgesehen, dass Schadensersatzansprüche nur dann geltend gemacht werden können, wenn der jeweilige Schaden einen gewissen Mindestbetrag überschreitet (De-minimis-Grenze). Weiterhin kann vorgesehen werden, dass Schadensersatzansprüche erst dann geltend gemacht werden können, wenn mehrere Ansprüche, die jeweils für sich die De-minimis-Grenze überschreiten, zusätzlich in der Summe einen gewissen Mindestbetrag überschreiten (sog. Basket). Es stellt sich in diesen Fällen jeweils die Frage, ob die De-minimis-Grenze bzw. der Basket als Freibetrag oder als Freigrenze zu verstehen sind. Im Falle eines Freibetrages kann bei Überschreiten der entsprechenden Freibetragsgrenze nur der überschreitende Betrag verlangt werden. Im Falle einer Freigrenze ist bei deren Überschreitung der Gesamtbetrag zu ersetzen.[923] Im Kaufvertrag sollte klargestellt werden, ob mit der De-minimis-Grenze bzw. dem Basket ein Freibetrag oder eine Freigrenze vereinbart werden sollte.

Häufig wird neben der De-minimis-Grenze bzw. dem Basket auch ein sog. Höchstbetrag bzw. Cap vorgesehen. Der Verkäufer muss dann einen Schaden nur bis zu diesem vertraglich vereinbarten Höchstbetrag ersetzen. Falls ein Haftungshöchstbetrag vereinbart wird, sollte ggf. darauf geachtet werden, dass die Verletzung besonders wichtiger Garantien nicht unter den

921 *Bruse*, in: FS Spiegelberger 2009, 603.
922 Vgl. *Lucks*, 2013, 268.
923 *Lucks*, 2013, 267.

Cap fällt und in diesen Fällen eine unbegrenzte Haftung greift oder der Haftungshöchstbetrag zumindest höher ausfällt als in Fällen, in denen sonstige Garantien verletzt werden.[924]

Außerdem ist die Verjährung von Schadensersatzansprüchen zu regeln. Auch hier können die Parteien je nach Wichtigkeit der Garantie unterschiedliche Verjährungsregelungen vereinbaren.[925] Bei der Verjährung sollte stets geregelt werden, zu welchem Zeitpunkt die Verjährung exakt beginnt und unter welchen Umständen die Verjährung gehemmt wird.

Welches Garantieregime letztendlich durchsetzbar ist, ist vor allem eine Verhandlungsfrage. Aus Käufersicht sollte darauf geachtet werden, dass Risiken, die in der Due Diligence identifiziert werden, auch durch entsprechende Garantien abgedeckt werden. Allerdings sollte der Käufer darauf achten, nicht durch überzogene Forderungen die Bereitschaft des Verkäufers zu einem realistischen Haftungsregime zu überspannen. Es bietet sich an, vor den Vertragsverhandlung Informationen darüber zu sammeln, welcher Garantieapparat für den konkreten Fall marktüblich ist. Hierzu sind entsprechende Studien verfügbar.

Jeder Kaufvertrag enthält eine Steuerklausel. Diese sollte auf Grundlage der steuerlichen Due Diligence von steuerlichen Spezialisten entworfen und verhandelt werden (vgl. 2.2.3.3). Die Steuerklausel soll vor allem Gewähr dafür bieten, dass alle Steuern, die auf Geschäftsvorfälle vor einem bestimmten Stichtag beruhen, vom Verkäufer und alle Steuern, die auf Geschäftsvorfälle nach diesem Stichtag beruhen, vom Käufer getragen werden. Bestehen spezifische Steuerrisiken in der Gesellschaft oder entstehen solche durch die Unternehmenstransaktion, muss geklärt werden, wer die Haftung für diese übernimmt. Steuerklauseln enthalten üblicherweise eine Freistellungsvereinbarung, die die getroffene Stichtagsabgrenzung auch rechtlich umsetzbar macht.

2.2.3.3 Steuerklauseln

Dr. Wolf-Georg Freiherr von Rechenberg

2.2.3.3.1 Allgemeines

Steuerklauseln sind in Unternehmenskaufverträgen Teil des normalen Gewährleistungskataloges. Wegen der für die steuerlichen Gewährleistungen erforderlichen Sonderregelungen zum Beispiel im Hinblick auf die Laufzeit der Gewährleistungsfristen und der Verjährung kann es sich jedoch empfehlen eine besondere Steuerklausel neben der Gewährleistungsklausel in den Vertrag aufzunehmen und diese allerdings dann kompetent mit den allgemeinen

924 Zur Vereinbarung unterschiedlicher Haftungshöchstbeträge für verschiedene Garantieansprüche vgl. *Lucks*, 2013, 267.
925 Vgl. *Lucks*, 2013, 267.

Gewährleistungsregeln zu verzahnen. Bedeutung hat dies vor allem deshalb, weil die Gewährleistungen für Steuerrisiken in der Regel eine vollständige Freistellung der Käuferseite vorsehen. Dies hat sich inzwischen in der Praxis weitgehend durchgesetzt.[926]

2.2.3.3.2 Anteilskauf (Share-Deal)

Handelt es sich bei dem Unternehmenskauf um einen Share-Deal, hat der Erwerber ein besonderes Interesse daran alle steuerlichen Risiken, die in der erworbenen Gesellschaft bis zum Erwerbsstichtag vorhanden, aber unter Umständen noch gar nicht erkannt oder etwa durch Betriebsprüfungen identifiziert worden sind, von dem Gewährleistungskatalog zu erfassen. Dies bedeutet, dass im Idealfall eines käuferfreundlichen Vertrages der Verkäufer für all diejenigen steuerlichen Risiken einsteht, die sich auf den Zeitraum und diejenigen geschäftlichen Aktivitäten und deren steuerlichen Auswirkungen beziehen, die vor dem Übernahmestichtag liegen. Aus Sicht der Verkäufer wird insofern formal darauf verwiesen, dass der Verkäufer die Möglichkeit hatte, eine umfassende Due Diligence vorzunehmen und zudem oftmals einige Zeiträume vor dem Unternehmenserwerb bereits durch Betriebsprüfungen steuerlich dauerhaft erledigt sind. Allerdings kann auch eine intensive steuerliche Due Diligence, da sie gerade nicht alle einzelnen Geschäftsvorfälle erfassen kann, nicht alle steuerlichen Risiken identifizieren. Und selbst wenn der Geschäftsbetrieb des Zielunternehmens bereits Gegenstand einer umfänglichen Betriebsprüfung war, bedeutet dies nicht, dass keine steuerlichen Risiken mehr bestehen. Dies folgt schon daraus, dass nach dem steuerlichen Grundsatz der Abschnittsbesteuerung die Finanzverwaltung bei späteren Betriebsprüfungen, die sich auf nachfolgende Veranlagungsjahre beziehen, weder an die Ergebnisse der früheren Betriebsprüfungen gebunden ist noch sich die Gesellschaft insoweit auf Vertrauensschutz berufen kann. Etwas anderes gilt nur, wenn der Sachverhalt Gegenstand einer verbindlichen Auskunft[927] oder einer Lohnsteueranrufungsauskunft[928] war. Zudem können auch bereits veranlagte und von der Betriebsprüfung erfasste Veranlagungszeiträume unter bestimmten Voraussetzungen, schlimmstenfalls wegen Steuerhinterziehung solange die steuerliche Verjährung noch nicht eingetreten ist, neu veranlagt werden (§ 173 Abs. 2 AO).

Steuern bedeutet dabei zunächst alle Art von Steuern i. S. v. § 3 AO; Regelungen über die steuerliche Gewährleistung werden darüber hinaus aber regelmäßig so formuliert, dass sie nicht nur Gewährleistungen im Hinblick auf die im Unternehmen anfallenden Steuern erfassen, sondern auch steuerliche Nebenforderungen wie Zinsen, Säumniszuschläge, Steuerstrafen, sonstige Gelder wie etwa gemeindliche öffentliche Abgaben etc., aber auch Risiken im Hinblick auf Zölle, staatliche Zuschüsse und Fördermaßnahmen wie etwa Investitionszulagen, staatliche

926 *Stummel*, Standardvertragsmuster, V.2. Unternehmenskauf; *Walz*, in: Beck'sches Formularbuch Zivil-, Wirtschafts- und Unternehmensrecht, Deutsch Englisch, 2018 , N.4.; *Schwerthelm/Wollweber*, in: Formularbuch Recht und Steuern, 2019, B. 21.; *Meyer-Sparenberg*, in: Beck'sches Formularbuch Bürgerliches, Handels- und Wirtschaftsrecht, 2019, III A.

927 § 89 Abs. 2 AO; vgl. dazu *Klein*, AO § 89/12.

928 § 42e EStG; vgl. dazu *Blümich/Heuermann* EStG § 42e/30 ff.

oder europarechtliche Subventionen und letztlich auch den gesamten Bereich der Beiträge an die Sozialversicherung einschließlich der Beiträge zu Berufsgenossenschaften und Einrichtungen der betrieblichen Altersversorgung abdecken sollen.

Bei einem Share-Deal geht die Gesellschaft mit allen ihren bereits bestehenden steuerlichen Verpflichtungen, jedoch auch mit den steuerlichen Risiken, die sich im Geschäftsbetrieb der Gesellschaft bis zum Übergangsstichtag angesammelt haben können, auf den neuen Erwerber über. Zwar haftet dieser - anders als beim Asset Deal (vgl. dazu 2.2.3.3.3) - nicht für die persönlichen Verbindlichkeiten der Gesellschaft, jedoch ist die wirtschaftliche Bewertung der Gesellschaft und damit der Kaufpreis natürlich abhängig davon, ob noch steuerliche Risiken bestehen, die in dem der Transaktion zugrunde liegenden Zahlenwerk noch nicht, etwa durch Steuerrückstellungen, erfasst sind. Der Käufer muss sich also durch eine entsprechende Steuerklausel davor schützen, dass nicht nur die steuerlichen Verpflichtungen durch die Gesellschaft bisher ordnungsgemäß erfüllt wurden, sondern dass auch alle Geschäftsvorfälle steuerlich ordnungsgemäß durchgeführt und im Rechnungswesen abgebildet wurden. Ist dies nicht der Fall, besteht die Gefahr, dass etwa bei späteren Betriebsprüfungen Steuernachforderungen entstehen, die auf unzutreffender Behandlung von Geschäftsvorfällen in der Zeit vor dem Übertragungsstichtag beruhen. Typische insoweit bestehende Risiken sind etwa die Annahme von verdeckten Gewinnausschüttungen wegen unzutreffender Behandlung der rechtlichen und wirtschaftlichen Beziehungen zwischen Gesellschaft und ihren Gesellschaftern, deren Angehörigen oder verbundenen Unternehmen, unzutreffende Verrechnungspreise, falsche umsatzsteuerliche Behandlung von Geschäftsvorfällen oder Risiken aus der falschen lohnsteuerlichen und sozialversicherungsrechtlichen Behandlung von Mitarbeitern (zum Beispiel steuerlich und sozialversicherungsrechtlich als freie Mitarbeiter behandelte Betriebsangehörige, die bei genauerer Betrachtung entweder als Scheinselbstständige oder sogar als »echte« Arbeitnehmer einzuordnen wären). Im Ergebnis muss die Steuerklausel aus Sicht des Käufers das Risiko sämtlicher bislang nicht in den Steuerrückstellungen abgedeckter Risiken aus Betriebsprüfungen umfassen.

Die Erklärung des Verkäufers muss daher darauf gerichtet sein, dass all die soeben dargestellten Risiken nicht bestehen. In einer abgeschwächten Klausel wird der Verkäufer erklären, dass er darüber keine Kenntnisse hat.

Hinzu kommt, dass bei den steuerlichen Gewährleistungen die üblicherweise vereinbarten Verjährungsfristen für Gewährleistungen von ein, zwei oder auch drei Jahren regelmäßig nicht ausreichend sind, um Klarheit über steuerliche Risiken zu haben. Steuerliche Betriebsprüfungen erfolgen regelmäßig rückwirkend und umfassen normalerweise Zeiträume von bis zu fünf Jahren in der Vergangenheit. Geht man davon aus, dass das vergangene Geschäftsjahr, aber auch der Teil des Geschäftsjahres (Rumpfgeschäftsjahr) vor dem Übergangsstichtag zumeist nicht von einer Erklärung abgedeckt werden und erst recht noch nicht steuerlich veranlagt sind, ergibt sich hier großes Risikopotenzial.

Eine umfassende Steuerklausel sollte daher mindestens die folgenden Gewährleistungen enthalten:

- Die Gesellschaft hat alle fälligen Steuererklärungen ordnungsgemäß vorbereitet und abgegeben;
- sämtliche bis zum Stichtag fälligen Steuern und sonstigen betrieblichen Abgaben sind ordnungsgemäß bezahlt worden;
- für die Versteuerung des Jahresgewinns sind Rückstellungen in den Jahresabschlüssen gebildet worden.

Wegen der Einzelheiten der genauen Formulierungen kann auf die oben genannten Muster verwiesen werden.[929]

Des Weiteren muss die Steuerklausel regeln, unter welchen Voraussetzungen und in welcher Weise Gewährleistung geschuldet wird. Die Formulierung muss sicherstellen, dass bei jeglicher Abweichung zwischen der steuerlichen Situation zum Übergangsstichtag und einer späteren Festsetzung von Abgaben abweichend von dem bisher Erklärten ein Gewährleistungsfall gegeben ist. Dies bedeutet, dass, wenn sich zum Übertragungsstichtag aus noch nicht bestandskräftigen Steuerveranlagungen, z.B. aufgrund von Änderungen von Steuerbescheiden oder etwa als Folge von Außenprüfungen, im Hinblick auf die von der Steuerklausel umfassten Abgaben (einschl. Sozialversicherungsabgaben, Subventionen etc.) Mehrforderungen ergeben, die im Rechnungswesen mit entsprechenden Passivposten (einschl. Rückstellungen) nicht berücksichtigt sind, diese der Gesellschaft oder dem Erwerber zu erstatten sind. Wegen der Bezugnahme auf den Inhalt der Jahresabschlüsse konkurrieren die Ansprüche aus Steuerklauseln typischerweise mit möglichen Gewährleistungsforderungen wegen der Verletzung von Bilanzgarantien. Zu berücksichtigen ist allerdings, dass eine Gewährleistung nicht in voller Höhe und uneingeschränkt in Betracht kommt, wenn sich die Ergebnisse einer Betriebsprüfung zwar in einem Jahr zulasten der Gesellschaft auswirken, dieser Mehraufwand jedoch in den Folgejahren neutralisiert wird. Dies kann etwa dann der Fall sein, wenn im Rahmen einer Betriebsprüfung die ursprünglich gewählte Abschreibungsart oder Abschreibungsdauer für Vermögensgegenstände verändert wird. Die Klausel muss dem Umstand Rechnung tragen und eine Gewährleistung nur insofern annehmen, als die Mehrbelastung in einem Jahr durch Vergünstigung in anderen Jahren ausgeglichen wird. Ein typisches Beispiel hierfür ist die Nichtanerkennung von Aufwendungen als sofort abzugsfähige Betriebsausgaben und stattdessen eine Aktivierung der Wirtschaftsgüter mit ratierlicher Abschreibung. Der steuerliche Schaden beläuft sich dann nur auf die zeitliche Verschiebung des Betriebsausgabenabzugs, allerdings mit entsprechenden Liquiditätsauswirkungen. Darüber hinaus entspricht es einer ausgewogenen Klausel, dass Steuererstattungen, die sich später ergeben und die ebenfalls nicht im Rechenwerk abgebildet sind, an den Verkäufer auszukehren sind oder rückwirkend den Kaufpreis erhöhen.

929 Vgl. Angaben in Fn. 115.

Neben der rein technischen Ermittlung etwaiger Gewährleistungsfälle im Bereich des Steuerrechts erfordert die ordnungsgemäße Abwicklung der Gewährleistung typischerweise auch die Einbindung des Veräußerers in steuerliche Prozesse. Die Steuerklausel enthält daher Regelungen darüber, dass der Veräußerer nicht nur über die Ergebnisse zu informieren ist, sondern (jedenfalls bei verkäuferfreundlichen Klauseln), sogar berechtigt ist, an einer Außenprüfung, die die Zeit vor dem Übergangsstichtag betrifft, teilzunehmen oder sich in diesem Verfahren durch einen bevollmächtigten Sachkundigen, typischerweise zur Berufsverschwiegenheit verpflichteten Beauftragten vertreten zu lassen. Daneben wird dem Verkäufer Gelegenheit gegeben – auf seine Kosten – im Rahmen von Rechtsbehelfsverfahren zu versuchen, steuerliche Mehrforderungen abzuwehren.

Dem Umstand des typischerweise sehr langen Zeitraums der Unsicherheit über die steuerliche Situation muss in der Steuerklausel zusätzlich dadurch Rechnung getragen werden, dass Ansprüche daraus erst dann verjähren, wenn auch die steuerlichen Nachforderungen, die Gegenstand der Gewährleistungsklausel sind, ihrerseits verjährt sind, weil Festsetzungsverjährung eingetreten ist und keine Möglichkeit zur Änderung der Steuerbescheide mehr besteht. Dies kann einen Zeitraum von bis zu fünf Jahren betreffen. Maßstab hierfür sind dann jeweils materiell und formell bestandskräftige Steuerbescheide. Gerade diese Erstreckung auf einen sehr langen Zeitraum der Gewährleistung ist häufig Anlass für Diskussionen im Rahmen der Vertragsverhandlungen. Dies gilt erst recht soweit Gewährleistungen dafür abgegeben werden, dass keine Rückforderungsrisiken für staatliche Beihilfe bestehen. Hier greift ein Rückforderungsrecht zum Beispiel bei nachträglich von der EU-Kommission als staatliche Beihilfe qualifizierte Leistungen sogar zehn Jahre zurück.

2.2.3.3.3 Asset Deal

Etwas einfacher ist die Situation bei Steuerklauseln in einem Asset Deal. Da hier nicht Geschäftsanteile oder Gesellschaftsanteile, sondern lediglich die Sachgesamtheit des Betriebs oder Teilbetriebs, d. h. alle aktiven und passiven Vermögensgegenstände des Kaufobjekts, nicht aber, die Anteile an dem das Unternehmen betreibenden Rechtsträger erworben wird, gehen steuerliche Verpflichtungen nur insoweit auf den Käufer über als sie den übernommenen Betrieb betreffen und eine ausdrückliche Überleitungsvorschrift besteht. Die steuerlichen Ansprüche entstehen also nicht originär beim Käufer, sondern es bedarf vielmehr einer Haftungsvorschrift, der Regelung in § 75 AO. Danach haftet der Erwerber eines Betriebes für betriebliche Steuern und Steuerabzugsbeträge, die im Zeitraum seit Beginn des letzten, vor der Übereignung liegenden Kalenderjahres entstanden sind und bis zum Ablauf von einem Jahr nach Anmeldung des Betriebsübergangs durch den Erwerber festgesetzt oder angemeldet werden. Zudem beschränkt sich die Haftung auf das im Kaufvertrag übernommene Vermögen. Insoweit ist das Risiko des Käufers beim Asset Deal begrenzt.

Demzufolge beziehen sich die Gewährleistungen in der Steuerklausel hier regelmäßig nur auf diejenigen Steuern und Abgaben, für die eine Haftung nach § 75 AO oder vergleichbaren

Vorschriften.[930] Ebenfalls betroffen sind diejenigen anderen Zahlungsverpflichtungen, etwa abzuführende Sozialversicherungsabgaben, für die eine Haftung des Betriebsübernehmers als Arbeitgeber überhaupt in Betracht kommen. Zudem ist der Haftungszeitraum schon durch die gesetzliche Regelung auf Ansprüche begrenzt, die im letzten Kalenderjahr vor dem Stichtag und bis zum Stichtag entstanden sind. Die gesetzliche Regelung sieht vor, dass eine Haftung nur für diejenigen Steuerbeträge besteht, die innerhalb eines Jahres nach Anmeldung des Betriebs durch den Erwerber festgesetzt oder angemeldet werden (§ 75 Abs. 1 Satz 1 AO). Von daher ist unabhängig von dem Inhalt der Steuerklausel von Bedeutung, dass der Erwerber baldmöglichst nach dem Wirksamwerden des Unternehmensglaubens den Betriebsübergang beim Finanzamt anzeigt, um die Jahresfrist in Gang zu setzen. Positiv für den Betriebserwerber ist es auch, dass nach der ausdrücklichen Regelung des Gesetzes die Haftung nur auf den Bestand des übernommenen Vermögens beschränkt ist. Dies ist allerdings aus Haftungsgründen angenehm, aber vor dem Hintergrund, dass das Unternehmen erworben wird, um es fortzuführen und dass dafür ein Kaufpreis bezahlt wurde, wenig hilfreich.

Im Übrigen entspricht jedoch die Steuerklausel auch bei Asset Deals in weiten Teilen derjenigen bei der Veräußerung von Geschäftsanteilen.[931]

Beim Asset Deal kommt allerdings der umsatzsteuerlichen Komponente der Transaktion eine besondere Bedeutung zu. Bei einem Asset Deal wird in den meisten Fällen eine Geschäftsveräußerung im Ganzen vorliegen, die nach § 1 Abs. 1a UStG nicht steuerbar ist. Liegt jedoch – entgegen der Annahme der Parteien – keine nicht umsatzsteuerbare Geschäftsveräußerung im Ganzen vor, ist der gesamte Vorgang umsatzsteuerpflichtig. Unabhängig davon, ob von Seiten des Verkäufers eine Gewährleistung dafür gegeben wird, dass tatsächlich eine Geschäftsveräußerung im Ganzen vorliegt, muss jedenfalls durch die Steuerklausel dafür Sorge getragen werden, dass bei einer anderen, durch entsprechende rechtskräftige Steuerbescheide manifestierten Auffassung der Finanzverwaltung eine ordnungsgemäße umsatzsteuerliche Abwicklung der Transaktion gewährleistet ist. Durch die Steuerklausel ist sicherzustellen, dass in diesem Fall ordnungsgemäße Rechnungen mit entsprechendem Umsatzsteuerausweis zu stellen sind. Dies gilt umso mehr für Fälle, in denen es sich bei den erworbenen Assets um inländische Immobilien handelt. In diesem Fall muss die umsatzsteuerliche Behandlung im Hinblick auf etwaige Optionen beachtet und eine Regelung in die Klausel aufgenommen werden, die die Parteien verpflichtet, dieser Situation durch entsprechende Erklärungen, etwa durch eine unwiderrufliche Ausübung der umsatzsteuerlichen Option gem. § 9 UStG, Rechnung zu tragen.

Bei ausländischen Erwerbern in Deutschland, die nur beschränkt steuerpflichtig sind, ist zusätzlich die Regelung des § 50a Abs. 7 EStG zu beachten. Danach kann das Finanzamt, das für den Verkäufer zuständig ist, anordnen, dass der Käufer den Kaufpreis in Höhe des Steuerabzugsbetrages von 25 % oder einem anderen niedrigeren, vom Finanzamt festgesetzten Wert

930 Vgl z. B. §§ 28d, 28e SGB IV; aber auch § 266a StGB i. V. m. § 823 II BGB.

931 Vgl. hierzu die Formulare in den Fundstellen zu Fn. 115.

direkt an das Finanzamt und nicht an den Verkäufer abführt. Dies ist insbesondere dann ein Problem, wenn aus dem Kaufpreis etwa bei Immobilientransaktionen Grundpfandrechte und Kredite abzulösen sind, bevor der Eigentumserwerb stattfindet. Reicht der Kaufpreis in diesen Fällen nicht aus, um neben der Ablösung der Kredite auch die vom Finanzamt angeordnete Kaufpreisabführung zu leisten, kommt es regelmäßig nicht zum Vollzug des Kaufvertrages, weil die vollständige Ablösung der Kredite scheitert. Auch für derartige Situationen ist im Unternehmenskaufvertrag bei einem Asset Deal mit beschränkt steuerpflichtigen Verkäufern eine Klausel aufzunehmen, die klarstellt, dass die Zahlungen an das Finanzamt wirksam auf den Kaufpreis geleistet werden. Zudem ist der Verkäufer zu verpflichten, ein etwaiges Delta zur Ablösung der Kredite auf seine Kosten zu schließen.

2.3 Die Unternehmerfamilie als Verkäufer oder als Käufer

Dr. Heiko Wiechers/Dr. Andreas Lohbeck

2.3.1 Bindung an und Trennung von Familienunternehmen

Im deutschen Mittelstand wechseln jährlich etwa 500 bis 1.000 Unternehmen den Eigentümer.[932] Diese Zahlen lassen vermuten, dass Verkäufe für die Eigentümer etwas Alltägliches seien. Doch dieser Eindruck täuscht: Unternehmerfamilien betrachten ihr Unternehmen gerade nicht als verkehrsfähiges Wirtschaftsgut, dem nur ein Geldwert gegenüberstehen würde. Im Gegenteil, die Familien identifizieren sich damit und es verbindet sie.[933]

Den Verkauf des Familienunternehmens oder von Unternehmensteilen nehmen die Familie oder einzelne Mitglieder der Familie oft als Bruch oder Trennung wahr. Das erklärt, warum ein Verkauf des Familienunternehmens an Gesellschaftsfremde oft nicht das Mittel der Wahl ist, sich von seinem Unternehmen zu trennen. Nicht einmal ein Drittel der anstehenden Nachfolgefragen in Familienunternehmen wird durch einen Verkauf an Dritte gelöst, so erwartet es zumindest das in Bonn ansässige *Institut für Mittelstandsforschung* für die kommenden Jahre.[934] Würde nicht die Identifikation der Familie mit dem Unternehmen im Vordergrund stehen, hätten Dritte eher eine Chance zum Zug zu kommen – zumal viele der Unternehmen im deutschen Mittelstand hohe Verkaufspreise erzielen würden, wenn sie denn auf den Markt kämen. Der Verkauf ist für die Familie aber meist alles andere als nur eine Frage des Preises.[935]

932 *Raffel*, M&A Review 2011, 466.
933 *Hennerkes*, 2015, 37 f.
934 *Kay/Suprinovič/Schlömer-Laufen/Rauch*, 2018, 22 f.
935 Vgl. das Beispiel bei *Gottschalk*, Finance, Heft 7/8/2003, 80.

Spiegelbildlich zum Verkauf geht auch der Erwerb eines Unternehmens für Unternehmerfamilien im Zweifel mit Fragen nach der Verantwortung für das Zielunternehmen und nach dessen Identifikationspotenzial einher.[936] Selbst die strategisch beste Erweiterung des bisherigen Unternehmens wird unterbleiben, wenn die Unternehmerfamilie sich nicht zutraut, das erworbene Unternehmen operativ und kulturell integrieren zu können und den damit verbundenen Zuwachs an Aufgaben und Entscheidungen zu stemmen.[937]

Die Bindung von Unternehmerfamilien an das Unternehmen macht die Besonderheiten von Verkäufen und Käufen von solchen Unternehmen aus. M&A-Prozesse werden dadurch facettenreicher. Die Facetten jenseits der Zahlen und Fakten zu erkennen und zu berücksichtigen, kann den Erfolg von Transaktionen mit Familienunternehmen maßgeblich beeinflussen.

2.3.2 Die Unternehmerfamilie als Verkäufer

Wenn die Unternehmerfamilie ihr Unternehmen oder Teile davon verkaufen will, hat sie den Verkauf selten gezielt vorbereitet. Das liegt zum einen daran, dass Planungen und Entscheidungen über eine Unternehmensveräußerung die identitätsstiftende Funktion des Familienunternehmens und damit das Selbstverständnis der Unternehmerfamilie stören. Zum anderen beeinflussen Vorbereitungsmaßnahmen für einen Verkauf nicht nur bestehende Betriebsabläufe, sondern bedeuten oft einen konkreten Eingriff in die gelebte Unternehmenskultur, der möglichst (lange) vermieden werden soll. Das gilt insbesondere mit Blick auf den unsicheren Ausgang eines Veräußerungsprozesses.

Wegen der als störend empfundenen Veränderungsprozesse rückt der Verkauf eines Familienunternehmens erst dann auf die Agenda von Gesellschaftern, Unternehmensleitung und Beratern, wenn akuter Handlungsbedarf entstanden ist.

2.3.2.1 Anlässe und Alternativen zum Verkauf

Ein Unternehmensverkauf hat seinen Grund in der Eigentümersphäre oder in der Unternehmenssphäre (vgl. hierzu auch 2.1). Ein Verkauf kommt etwa in Betracht, wenn sich das Unternehmen nur durch Wachstum am Markt behaupten wird, die Eigentümer aber die Finanzierung des Wachstums nicht leisten können oder wollen.[938] Neuordnungen im Wege von Teilverkäufen sind ebenfalls häufig und dienen unterschiedlichsten wirtschaftlichen Zielen. Hierzu zählen die

936 *Raffel*, M&A Review 2006, 117 (120).

937 *Raffel*, Finance, 12/2005, 20.

938 *Beisel/Klumpp*, Unternehmenskauf, 7. Aufl. 2016, Kap. 1 Rn. 4; *Scherer/Blanc/Kormann/Wimmer*, 2012, Kap. 3 Rn. 72; *Arnet/Hartmann*, Der Schweizer Treuhänder, 2004, 833 (834).

Konzentration auf Kerngeschäftsfelder, das Abstoßen nicht rentabler Bereiche, die Verbesserung der Liquidität, der Abbau von Schulden oder das Überwinden von Unternehmenskrisen.[939]

Bei Unternehmerfamilien treten ungelöste Nachfolgefragen und familiäre Gesellschafterstreitigkeiten als Anlässe für einen Unternehmensverkauf hinzu. Nachfolgeprobleme können sich auf Ebene der Gesellschafter und auf Ebene der Unternehmensführung ergeben.

Gesellschafterstreitigkeiten entspringen in Unternehmerfamilien häufig nicht gesellschaftsrechtlichen Unklarheiten, sondern haben ihren Ursprung in den familiären Beziehungen.[940] Ohne Lösung eskalieren die Streitigkeiten über die Zeit und ziehen das Unternehmen in Mitleidenschaft.[941] Am Ende steht nicht selten eine Trennung. Entweder veräußern Familienmitglieder ihre Beteiligung oder die Familie trennt sich insgesamt vom Unternehmen. Vielfach sind einzelne Familiengesellschafter selbst potenzielle Käufer und nutzen Anteilsvinkulierungen und ähnliche Schutzmechanismen aus, um den Verkauf an Dritte zu verhindern und selbst günstig die Kontrolle über das Unternehmen zu erlangen.[942] Veräußerungen bei Familienunternehmen vor dem Hintergrund streitender Gesellschafter zählen aufgrund der Auseinandersetzung der Beteiligten auf verschiedenen Ebenen und den starken Einflüssen von Emotionen zu den am schwersten kontrollierbaren Verkaufsprozessen für Verkäufer, Käufer, Management und Berater.

Als Motiv für Verkäufe kann außerdem die langfristige Vermögensplanung eine Rolle spielen. So kann weitgehend unternehmerisch gebundenes Vermögen der Familie durch einen Verkauf des Unternehmens in »Privatvermögen« umgeschichtet werden, oder die Familie investiert in andere Anlageklassen.[943] Die Unternehmerfamilie hat bei einem Verkauf des gesamten Unternehmens zu entscheiden, was sie mit den neuen liquiden Mitteln anfängt. Gerade in Niedrigzinsphasen kann es aber sein, dass Unternehmerfamilien lieber im Unternehmen investiert bleiben, als liquide Mittel nicht sinnvoll anderweitig investieren zu können. Andererseits sind in solchen Phasen die Kaufpreise höher, weil die Erwerber wegen günstigerer Refinanzierungskosten einen höheren Bewertungsmultiplikator anzusetzen bereit sind.[944]

Hinweis !

Auch wegen der oben beschriebenen Identifikation mit dem Unternehmen wird es die Ausnahme sein, dass die Familie den Zeitpunkt eines Verkaufs nach ökonomischen Maßstäben bestimmt. Nicht selten bemerken die Beteiligten erst spät, dass etwa eine Streitigkeit im Gesellschafterkreis in ein Verkaufsszenario mündet. Unternehmer und deren Berater sollten mögliche Anlässe für einen Verkauf deshalb vorausschauend im Auge behalten.

939 *Hennerkes/Kirchdörfer*, 2008, 538.
940 *Scherer/Blanc/Kormann/Wimmer*, 2012, Kap. 3 Rn. 73.
941 *Hennerkes/Kirchdörfer*, 2008, 539.
942 *Hennerkes/Kirchdörfer*, 2008, 539.
943 Vgl. *Gollnick*, VentureCapital Magazin, 2014, 52.
944 *Gollnick*, VentureCapital Magazin, 2014, 52.

Auch wenn sich eine Neuordnung der Eigentümerstruktur am Familienunternehmen ankündigt, ist der Verkauf an fremde Dritte keineswegs die einzige Option. Wenn die Familie den für Wachstum oder Restrukturierung erforderlichen Bedarf an Eigenkapital nicht aufbringen kann oder möchte, bietet es sich an, einen Finanzinvestor als Minderheitsbeteiligten aufzunehmen, um auf diese Weise noch an der erwarteten Wertsteigerung des Unternehmens teilzuhaben (vgl. unten 2.4.2.4). Bei einer mehrgliedrigen Gesellschaft kommt zudem stets in Betracht, dass die Mitgesellschafter sich untereinander Anteile abkaufen. Da die Mitgesellschafter das Unternehmen kennen und die Übertragung von Anteilen an Mitgesellschafter regelmäßig keinen Beschränkungen unterliegt, ist dieser Weg oft einfacher umzusetzen als der Verkauf an Dritte. Wenn kein erwerbswilliger Mitgesellschafter vorhanden ist, kommt in einer mehrgliedrigen Gesellschaft auch der Austritt oder die Kündigung in Betracht.

! **Hinweis**

Gängige Gesellschaftsverträge sehen für Austritte und Kündigungen in Raten zu zahlende Abfindungen vor. Die Abfindungen liegen teils deutlich unter dem Verkehrswert.[945] Vor diesem Hintergrund kommen Austritt und Kündigung oft nur als Notlösung in Betracht.

Hat das Unternehmen eine ausreichende Größe und bleibt die Zeit für die langwierigen Vorbereitungen, kann sich ein Börsengang als Alternative zum Verkauf des Unternehmens anbieten.

Wenn der Verkauf zur Lösung von Konflikten im Gesellschafterkreis bestimmt ist, kann mit gleichem Ergebnis eine Naturalteilung des Unternehmens oder eine Aufteilung im Wege der nichtverhältniswahrenden Spaltung nach UmwG in Frage kommen. Die Naturalteilung wird im Steuerrecht auch Realteilung genannt und bedeutet, dass die Gesellschafter einer zwei- oder mehrgliedrigen Personengesellschaft das Gesamthandsvermögen unter sich verteilen.[946] Sie ist handelsrechtlich eine »andere Form der Auseinandersetzung« i. S. v. § 145 Abs. 1 HGB.[947] Die Aufteilung durch eine nichtverhältniswahrende Spaltung ist zum einen in Form der Aufspaltung gem. § 123 Abs. 1 UmwG möglich, bei der der übertragende Rechtsträger nicht mehr fortbesteht. Zum anderen ist sie in Form der Abspaltung gem. § 123 Abs. 2 UmwG möglich, bei der der übertragende Rechtsträger bestehen bleibt. Beide Formen sind auch als sogenannte »Spaltung zu null« möglich, so dass jeweils Anteilsinhaber des übertragenden Rechtsträgers keine Anteile an einem der (Aufspaltung) bzw. am (Abspaltung) übernehmenden Rechtsträger erhalten.[948] Die Aufteilung setzt bei der Abspaltung zusätzlich voraus, dass die Anteilsinhaber des übernehmenden Rechtsträgers keine Anteile mehr am übertragenden Rechtsträger halten. Dies ist ebenfalls zulässig, sofern eine Minderquote am übernehmenden Rechtsträger durch eine fortan erhöhte Beteiligung am übertragenden Rechtsträger kompensiert wird.[949]

945 Zu Abfindungsbeschränkungen bei Familiengesellschaften vgl. *Wolf*, MittBayNot 2013, 9 ff.; *Strohn*, in: MüKo GmbHG, Bd. 1, 2018, § 34 Rn. 221 ff.

946 *Salger*, in: *Reichert*, GmbH & Co. KG, 2015, § 47 Rn. 95.

947 *Roth*, in: *Baumbach/Hopt*, HGB, 2020 § 145 Rn. 10.

948 OLG München vom 10.07.2013, NZG 2013, 951; *Priester*, in: *Lutter*, Umwandlungsgesetz, 2019, § 128 Rn. 13.

949 *Priester*, in: *Lutter*, Umwandlungsgesetz, 2019, § 126 Rn. 75.

Hinweis !

Die Naturalteilung gem. § 145 Abs. 1 HGB setzt eine Vereinbarung der Gesellschafter voraus. Die nichtverhältniswahrende Spaltung ist gem. § 128 UmwG nur mit Zustimmung aller Gesellschafter möglich. Ob diese Einigkeit im Streitfall erzielt werden kann, ist eine Frage des Einzelfalls. Die Naturalteilung oder die Spaltung sollten ernsthaft in Erwägung gezogen werden, wenn die Gesellschafter so zerstritten sind, dass der Verkaufsprozess leiden und der Kaufpreis deshalb niedriger ausfallen könnte. Allerdings setzt diese Lösung voraus, dass aus der Teilung überlebensfähige (Teil-)Unternehmen hervorgehen.

2.3.2.2 Entscheidung über die Transaktionsstruktur

Ist die Entscheidung über einen Verkauf gefallen, wird sich die Unternehmerfamilie Klarheit darüber verschaffen, welche Gegenstände in welcher Form veräußert werden sollen. Hiervon hängt der weitere Prozess ab.

Zu entscheiden ist zunächst, in welchem Umfang die Veräußerung stattfinden soll, ob also das gesamte unternehmerisch gebundene Vermögen der Familie zum Verkauf steht oder nur Teile davon.[950] Dazu gehört die Frage, ob Immobilien mitverkauft werden oder noch aus dem Unternehmen herauszulösen sind.

Daran schließt sich die Entscheidung an, in welcher Form das zum Verkauf stehende Vermögen möglichst optimal unter kauf-, gesellschafts-, steuer- und haftungsrechtlichen Aspekten angeboten wird. Grundsätzlich können die Gesellschafter ihre Anteile im Wege eines Share Deals veräußern oder die Gesellschaft kann als Unternehmensträger das Betriebsvermögen veräußern. Nicht selten treten Mischformen auf, um für Teilbereiche der Transaktion optimierte Lösungen zu finden oder auf die Bedürfnisse des Erwerbers Rücksicht zu nehmen.

Hinweis !

Transaktionsstrukturen zu entwickeln und zwischen verschiedenen Transaktionsstrukturen zu entscheiden, gehört zu den schwierigen Aufgaben in der Transaktionsvorbereitung. Spätestens hier werden in aller Regel auf die verschiedenen Fragen spezialisierte Rechts-, Steuer- und Unternehmensberater hinzugezogen. Deren gute Zusammenarbeit ist besonders wichtig, um die möglichen Varianten zu durchdenken und ihre Auswirkungen auf den weiteren Prozess einzuschätzen. Eingespielte Beraterteams bieten hier nicht nur Effizienz- und damit Kostenvorteile, sondern erzielen durch gegenseitiges Vertrauen und ihren gemeinsamen Erfahrungsschatz auch bessere Ergebnisse.

950 Zur Herauslösung von Unternehmensteilen vgl. *Meyding/Adolphs*, BB 2012, 2383.

2.3.2.3 Vorbereitung des Verkaufs auf Unternehmensebene

Das Unternehmen auf den Verkauf vorzubereiten, kann den Wert des Unternehmens und damit auch den zu erzielenden Kaufpreis deutlich steigern. Jedenfalls aber sichert die Vorbereitung den Kaufpreis nach unten ab, wie eine Befragung potenzieller Käufer von Unternehmen aus dem Jahr 2011 ergab.[951] 40 % der zum Verkauf angebotenen Unternehmen waren demnach kaum oder gar nicht zum Verkauf vorbereitet. Dadurch drohen nach den Ergebnissen der Studie nicht nur 10 % bis 25 % Abschlag auf den Kaufpreis. Wenn der Verkauf scheitert, glückt außerdem ein neuer Versuch oft erst Jahre später oder geht mit noch größeren Abschlägen auf den Kaufpreis einher.

In operativer Hinsicht zielt die Vorbereitung zum Verkauf von Familienunternehmen häufig darauf ab, das Unternehmen zu entpersonalisieren und seine Abläufe zu normieren, damit ein Erwerber den sicheren Eindruck gewinnt, dass das Unternehmen auch ohne die Unternehmerfamilie funktioniert und erfolgreich sein kann.[952]

Aus rechtlicher Sicht kann das Familienunternehmen durch strukturelle Maßnahmen sowie durch das Eliminieren oder die Minderung rechtlicher Risiken auf einen Verkauf vorbereitet werden. Außerdem sind organisatorische Vorbereitungen für den Verkaufsprozess zu treffen.

2.3.2.3.1 Strukturelle Maßnahmen

Zu den strukturellen Maßnahmen zählen zunächst gesellschaftsrechtliche Maßnahmen im Unternehmen. Sie zielen darauf ab, dem Unternehmen eine an den Erfordernissen der geschäftlichen Tätigkeit oder auch an den Geschäftsfeldern orientierte rechtliche Struktur zu geben. Häufig findet man in Familienunternehmen eine Vielzahl an verschiedenen Personen- und Kapitalgesellschaften vor. Oft ist nicht mehr klar, weshalb die Organisation einmal so geschaffen wurde.[953] Bisweilen liegen auch keine schriftlichen Gesellschaftsverträge und keine schriftlich dokumentierten gruppeninternen Vereinbarungen vor. Oder aber das Unternehmen ist durch Akquisitionen gewachsen und hat die gesellschaftsrechtliche Integration vernachlässigt. Die rechtliche Reorganisation des Familienunternehmens im Vorfeld einer Veräußerung wird dann meist durch umwandlungsrechtliche Maßnahmen oder Carve-ins bzw. Carve-outs durchgeführt.

2.3.2.3.2 Minderung von Risiken

Um beim Verkauf keine bösen Überraschungen zu erleben, kann das Unternehmen im Vorfeld auf besondere Risiken hin untersucht werden. Der Unternehmensführung sind häufig Problemfelder bekannt, die der bisherige Unternehmensinhaber nicht als Brennpunkte mit Handlungsbedarf empfand. Ein Käufer könnte sie aber zum Anlass für einen Preisabschlag nehmen. Oder es tun sich

951 *Raffel*, M&A-Review 11/2011, 466 (468).
952 *Arnet/Hartmann*, Der Schweizer Treuhänder 2004, 833 (836).
953 *Hennerkes/Kirchdörfer*, 2008, 547.

erst im Verlauf der Transaktion Risiken auf, die bei einer vorgelagerten Prüfung hätten erkannt, gemindert oder zumindest proaktiv in den Verhandlungen zur Sprache gebracht werden können.

Hinweis

!

Risiken sollten vor oder noch während eines Verkaufsprozesses identifiziert und dann eliminiert oder minimiert werden, um so preismindernde Faktoren auszuschließen oder pro-aktiv für Verhandlungen zu gestalten.

Die Intensität der Risikoprüfung hängt von den erwarteten Risiken und der Bereitschaft zu ergänzendem Aufwand ab. Die Prüfung kann als Vendor Due Diligence darauf angelegt sein, möglichst sämtliche Risiken im Vorfeld zu ermitteln, um Maßnahmen zur Risikominderung einleiten zu können.[954] Eine Vendor Due Diligence kommt insbesondere in Betracht, wenn den Interessenten in einem Auktionsverfahren bereits strukturierte Informationen in einem sogenannten Legal Fact Book zur Verfügung gestellt werden sollen, um den Prozess zu vereinheitlichen und damit zu beschleunigen.

Die Prüfung kann sich aber auch auf bereits bekannte oder regelmäßig zu Tage tretende Problemfelder beschränken. Aus Kostengründen bevorzugen Unternehmerfamilien meist diese Form der Risikominimierung.

BEISPIELE

- Mittelständische Unternehmen betreiben häufig ein Liquiditätsmanagement, das eher an den finanziellen Tagesbedürfnissen einzelner Gesellschaften als an den rechtlichen Erfordernissen an Kapitalschutz orientiert ist. In solchen Fällen sollte die Unternehmensgruppe Cash Pool-Vereinbarungen aufsetzen, die die Risiken für die einzelnen Gruppengesellschaften und das Management mindern.
- Wenn während eines Verkaufsprozesses Korruptionsfälle, Preisabsprachen oder Verstöße gegen Exportkontrollvorschriften bekannt werden, ist wegen der immensen Haftungsfolgen die Transaktion grundsätzlich in Frage gestellt. Familienunternehmen und insbesondere inhabergeführte Unternehmen haben in vielen Fällen noch kein organisiertes Compliance Management System. Im Vorfeld einer Transaktion lohnt es sich deshalb, entweder ein Compliance Management System einzuführen oder zumindest eine risikoorientierte Prüfung der Prozesse im Unternehmen durchzuführen.
- Andere Beispiele von typischen preisrelevanten Risiken sind schwebende Rechtsstreitigkeiten, Change of Control-Klauseln in wichtigen Vereinbarungen des Unternehmens, hohe Vorfälligkeitsentschädigungen für vorhandene Finanzierungen, die Mithaftung des Unternehmens für fremde Verbindlichkeiten oder auch Klumpenrisiken, die sich aus der Abhängigkeit des Unternehmens von einem einzelnen Kunden oder Lieferanten ergeben.

954 Zur Due Diligence und ihren Varianten allgemein vgl. 2.2.2.3.

2.3.2.3.3 Organisatorische Vorbereitungen

Die organisatorische Vorbereitung beginnt damit, die Unternehmensführung einzubinden und Projektverantwortliche auf Ebene der Gesellschafter, der Unternehmensführung und erforderlichenfalls auf operativer Ebene zu benennen. Diese Personen bilden gemeinsam mit externen Beratern das Projektteam zur Durchführung der Transaktion. Größere Unternehmen haben meist eine M&A-Abteilung, die die Projektsteuerung übernimmt. Andernfalls übernimmt diese Aufgabe ein M&A-Berater oder die beratende Investmentbank.

Die für eine Due Diligence erforderlichen Informationen sind bereitzustellen. Dies bedeutet einen ganz erheblichen und nicht zu unterschätzenden Aufwand. Das Unternehmen benötigt hierfür in der Regel einen gewissen Vorlauf, da die Verantwortlichen dies neben ihrem Tagesgeschäft oder möglichst vertraulich erledigen müssen. Die Informationen werden dann regelmäßig von M&A-Beratern in einem virtuellen – nicht mehr so häufig in einem physischen – Datenraum aufbereitet und den Interessenten zugänglich gemacht.

Zu den organisatorischen Maßnahmen kann es auch gehören, das Management des Unternehmens oder die Mitgesellschafter auf einen Verkauf vorzubereiten. Das Management muss sich im Klaren darüber sein, dass das eigene berufliche Schicksal von der Transaktion beeinflusst werden kann. In einer Vielzahl von Fällen wird das Management nach einem Verkauf wechseln. Gerade in Familienunternehmen setzt der neue Eigentümer häufig Fremdmanager ein, um die Kontrolle über das Unternehmen zu sichern.[955] Das kann die Bereitschaft des Managements zur Mitarbeit an der Transaktion beeinträchtigen. Auch bei den Gesellschaftern des Familienunternehmens kann der einmal geäußerte Verkaufsentschluss ins Gegenteil umschlagen, wenn sich Erwartungen nicht erfüllen oder wenn schlicht der Tag des Loslassens näher rückt.

! **Hinweis**

Wenn die veräußerungswilligen Gesellschafter des Familienunternehmens das Management und ggf. auch die anderen Gesellschafter frühzeitig in die Planung einbeziehen, steigert dies nicht nur die Akzeptanz der Veräußerung. Es hebt auch Potenziale, da Management und Mitgesellschafter ihr Wissen frühzeitig einbringen und ihre Absichten formulieren können. Auf diese Weise können Interessenkonflikte geklärt werden.

2.3.2.4 Strukturierung und Einleitung des Verkaufsverfahrens

Vor der Suche nach Käufern ist über die Frage zu entscheiden, mit welchem Kreis von Interessenten der Verkaufsprozess eingeleitet werden soll. Das Angebot kann an einzelne mögliche Interessenten gehen, mit denen die Unternehmerfamilie exklusiv verhandelt. Die Alternative ist ein strukturiertes Auktionsverfahren.

955 *Rempp*, in: *Hölters*, 2019, Rn. 1.47.

Ein exklusives Verhandeln ist vorzugswürdig, wenn ohnehin nur ein Käufer in Frage kommt, etwa ein bisheriger Wettbewerber oder das Management des Unternehmens, oder wenn der Verkauf möglichst diskret ablaufen soll. Im Gegensatz dazu dient ein Auktionsprozess vor allem dazu, Wettbewerb unter den Bietern zu erzeugen und so von mehreren Angeboten das attraktivste aussuchen zu können. Dabei ist die Attraktivität häufig auch, aber nicht nur eine Frage des Preises. Gerade Unternehmerfamilien legen Wert darauf, dass der Interessent sich dem Unternehmen, seinen Standorten und den Mitarbeitern gegenüber verpflichtet zeigt.

BEISPIEL

In der Praxis sind immer wieder Fälle zu beobachten, in denen ein Interessent mit einem finanziell weniger attraktiven Angebot den Zuschlag erhält, weil er besonderen aber nicht sofort erkennbaren Interessen der Familie Beachtung schenkt, etwa indem er eine mehrjährige Standort- und Beschäftigungsgarantie abgibt oder den Namen des Unternehmens unverändert lässt.

In jedem Fall müssen potenzielle Käufer identifiziert werden. Unter ihnen wird herkömmlich zwischen strategischen Investoren und Finanzinvestoren unterschieden (vgl. 2.4.1 und 2.4.2). Eine Übernahme durch Finanzinvestoren geht im Normalfall damit einher, dass das bestehende oder ein neues Management neben dem Investor beteiligt wird (vgl. 2.4.3). Potenzielle Käufer werden in der Regel durch Investmentbanken oder M&A-Berater identifiziert und kontaktiert.

Nach Auswahl von potenziellen Käufern erhalten diese vorab komprimierte Informationen über das Unternehmen, zuweilen noch in anonymisierter Form, in einem sogenannten Teaser und einem weitergehenden Information Memorandum.[956] Mehr Informationen einschließlich Namen der Zielgesellschaft und der Verkäufer werden erst nach Abschluss einer Vertraulichkeitsvereinbarung (auch NDA) bekannt gegeben.

In vielen Fällen werden die Parteien vor Eintritt in den Prozess eine Vorvereinbarung abschließen, die die Absichten der Parteien wiedergibt, rechtlich weitgehend nicht bindend ausgestaltet ist und meist als Letter of Intent oder Memorandum of Understanding bezeichnet wird. Der Letter of Intent sollte eher den Prozess beschreiben und noch keine kaufvertraglichen Regelungen vorwegnehmen. Gerade unerfahrene oder unberatene Parteien lassen sich aber auf festgezurrte Absichtserklärungen zu Kaufpreis, Haftung und Garantien ein, ohne den psychologischen Einfluss der vermeintlich unverbindlichen Erklärungen auf die weiteren Verhandlungen zu erkennen. Die Unternehmerfamilie sollte sich deshalb bereits in diesem frühen Stadium von geeigneten M&A-Beratern und Anwälten unterstützen lassen.

956 *Stratz/Hettler*, in: Hettler/Stratz/Hörtnagl (Hrsg.), 2013, § 1 Rn. 66.

2.3.2.5 Due Diligence

Im Rahmen der Due Diligence verschafft sich der Interessent entweder selbst ein Bild von der rechtlichen, steuerlichen und finanziellen Lage des Unternehmens (Purchaser Due Diligence) oder er überprüft die Angaben, die er vom Verkäufer auf Grundlage einer Vendor Due Diligence erhalten hat.

Die Due Diligence dient nicht nur der Absicherung der Unternehmensbewertung des Käufers, sondern ist darüber hinaus auch für die Bedingungen des Kaufvertrags von erheblicher Bedeutung.[957]

Auf die Due Diligence entfällt ein wesentlicher Teil des Gesamtaufwands des Unternehmensverkaufs. Neben Projektverantwortlichen auf Ebene der Gesellschafter und der Unternehmensführung sind in der Regel auch Verantwortliche in den verschiedenen Funktionseinheiten und Gesellschaften des Familienunternehmens zu benennen, die die von der Käuferseite angeforderten Informationen und Dokumente beschaffen und aufbereiten. Meist wird am Ende der Informationskette zum Käufer noch eine beratende Investmentbank oder eine Anwaltskanzlei stehen, die den Informationsfluss kanalisiert und auch transaktionstaktische Überlegungen einfließen lässt.

! **Hinweis**

Die klare Zuordnung von Verantwortlichkeiten und Entscheidungsbefugnissen dient dazu, Klarheit über den Bestand und die möglichen Folgen der Offenlegungen zu behalten. In keinem Fall sollten Informationen ungesteuert (»over the counter«) von der Arbeitsebene im Familienunternehmen an Interessenten und deren Berater gehen.

Bei der Due Diligence kann die Interessenlage der Beteiligten auf der Verkäuferseite unterschiedlich sein. Wenn alle Verkäufer neben ihrer Gesellschafterstellung auch in der Unternehmensführung tätig sind, kann sich ein weitgehendes Informationsgleichgewicht ergeben. Soweit jedoch das Familienunternehmen von einzelnen Gesellschaftern geführt wird, müssen sich die übrigen Gesellschafter für die Due Diligence auf die geschäftsführenden Gesellschafter verlassen. Führen ausschließlich Fremdgeschäftsführer das Unternehmen, ist die Unternehmerfamilie auf deren Kooperation und Loyalität angewiesen. In den beiden letzteren Fällen sind die Führungspersonen zuweilen Interessenkonflikten ausgesetzt. Die Offenlegung von Risiken kann zugleich bedeuten, dass eigene Versäumnisse unvorbereitet und in einer mitunter kritischen Situation auf die Agenda rücken. Leicht sind die Wissensträger dann geneigt, das Risiko nicht oder nicht vollständig zu benennen und aufzuklären.

957 *Koffka*, in: *Eilers/Koffka/Mackensen/Paul*, 2018, Kap. I 3. Rn. 6 f.

Hinweis

!

Die Lösung von Interessenkonflikten können interne Haftungsvereinbarungen unter den Gesellschaftern und Haftungsfreistellungen zugunsten von Fremdgeschäftsführern sein. In der Haftungsvereinbarung wird geregelt, dass im Unternehmen tätige Familienmitglieder in keinem Fall strenger haften als andere Familienmitglieder. Fremdgeschäftsführern wird gewissermaßen im Vorhinein Entlastung erteilt. Beide Gestaltungen zielen darauf ab, möglichst umfassende Informationen über das Familienunternehmen zu erhalten und diese Informationen in den Unternehmensverkauf einfließen zu lassen. Damit entfallen zwar Regressmöglichkeiten gegen Mitgesellschafter und Fremdgeschäftsführer. Jedoch wiegt der Vorteil der Absicherung im Kaufvertrag dies in der Regel auf. Je besser eine Due Diligence den Gesellschaftern die im Familienunternehmen bestehenden Risiken zur Kenntnis bringt, desto weniger wahrscheinlich werden Streitigkeiten mit dem Käufer und – nicht zuletzt – auch unter den Gesellschaftern.

Das Ergebnis der Due Diligence bildet die Grundlage für die Höhe und Fälligkeit des Kaufpreises und für den Garantiekatalog sowie eventuelle Freistellungen, die ein Käufer für bekannt gewordene Risiken verlangen wird.[958] Die Risikokenntnis des Käufers wird den Verkäufern nicht notwendigerweise bekannt oder bekannt gemacht. Der Käufer erlangt sie in der Regel erst durch eine Due Diligence. Diese Kenntnis kann je nach Ausgestaltung des Kaufvertrags Schadensersatzansprüche ausschließen. Eine restriktive Informationspolitik seitens der Verkäufer kann sich rächen, wenn etwa Garantien verletzt werden und eine Offenlegung der hierfür relevanten Sachverhalte im Vorfeld des Abschlusses des Unternehmenskaufvertrags zu einer Enthaftung geführt hätte. Das Unterlassen einer Offenlegung kann auch zu einer Haftung der Verkäufer wegen Arglist führen. Wenn die Gesellschafter ein Risiko kennen, es nicht offenlegen und dabei wissen, dass die Kaufentscheidung davon abhängen könnte, sind die im Unternehmenskaufvertrag getroffenen Haftungsausschlüsse unwirksam und der Käufer kann die gesetzlichen Mängelrechte geltend machen.[959] Die Verkäufer laufen also Gefahr, unbeschränkt auf Schadensersatz zu haften und der Rückabwicklung des Kaufvertrags infolge eines Rücktritts des Käufers ausgesetzt zu sein.

Häufig vernachlässigen Gesellschafter und Unternehmensführung den Datenschutz bezüglich der Mitarbeiter sowie der Ansprechpartner bei Kunden und Lieferanten. Seit im Jahr 2018 die Datenschutzgrundverordnung in Kraft getreten ist, sind die datenschutzrechtlichen Anforderungen an eine Due Diligence erheblich strenger geworden. Offenzulegende Daten sollten so weit wie möglich anonymisiert oder pseudonymisiert werden, so dass sie keiner Person mehr zugeordnet werden können. Wenn durch Anonymisierung/Pseudonymisierung der Informationszweck der Offenlegung vereitelt würde, können unter bestimmten Voraussetzungen auch personenbezogene Daten offengelegt werden. Da aber keine Einwilligung der Betroffenen in die Offenlegung vorliegen wird, ist zwischen dem berechtigten Interesse an der Prüfung des Unternehmens und den Interessen der betroffenen Personen abzuwägen.[960] Außerdem ist zu

958 *Hansmeyer/Roling*, in: *Schramm/Hansmeyer* (Hrsg.), 2010, 80.
959 *Hoenig/Klingen*, NZG 2013, 1046, 1047.
960 *Tribess/Spitz*, GWR 2019, 261, 264.

beachten, dass Informationspflichten gegenüber den Betroffenen der Offenlegung bestehen, die problematisch sein können, da Transaktionen vor Unterzeichnung bindender Verträge gerade geheim gehalten werden sollen.

! **Hinweis**

Zum Abschluss der Due Diligence bietet es sich an, dass die Gesellschafter, die Unternehmensführung und der Erwerbsinteressent die Ergebnisse der Due Diligence und mögliche Abhilfemaßnahmen für identifizierte Risiken besprechen. Dadurch wird nicht nur das Vertrauen der Parteien in die Offenheit und Ernsthaftigkeit der Verhandlungen gestärkt, sondern werden auch wesentliche Meilensteine auf dem Weg zum Signing bzw. Closing definiert. Hier kann sich zeigen, ob die Parteien auf einem guten Weg sind oder ob noch wesentliche Hindernisse und Meinungsverschiedenheiten bestehen.

2.3.2.6 Verhandlungsphase

Die Verhandlungen des Unternehmenskaufvertrags haben meist keinen klar umrissenen Startpunkt, sondern beginnen fließend. Schon die erste Kontaktaufnahme mit möglichen Interessenten kann Verhandlungselemente aufweisen. In einem Letter of Intent oder beim Bieterverfahren in einem Process Letter sind regelmäßig Eckpunkte des späteren Unternehmenskaufvertrags und spezifische Annahmen zur Kaufpreisberechnung enthalten. Die Verhandlungen können mehr oder weniger strukturiert sein, je nach Organisation und Professionalität des Prozesses.

Tendenziell treten Unternehmenskäufer in den Verhandlungen erfahrener auf als Unternehmensverkäufer.[961] Auch und gerade für die typische Unternehmerfamilie ist der Verkauf ihres Familienunternehmens ein einmaliger Vorgang. Zukäufe hingegen sind in größeren Unternehmen keine Seltenheit, sondern sind ein Instrument der strategischen Geschäftsentwicklung. Insofern können M&A-Berater und auf Unternehmenskäufe spezialisierte Rechtsanwälte in solchen Situationen einen besonderen Mehrwert für die Unternehmerfamilie beisteuern.[962]

! **Hinweis**

Asymmetrien in der Erfahrenheit können sich leicht zum Nachteil der Unternehmerfamilie auswirken, wenn sie die Gepflogenheiten des Unternehmenskaufs nicht kennt. Die Käuferseite kann dann ihre Verhandlungserfahrung und ihr Verhandlungsgeschick ausspielen. Die Unternehmerfamilie kann ein etwaiges Ungleichgewicht mit spezialisierten Beratern ausgleichen.

Wie sich die Verhandlungen entwickeln, ist wegen der vorab kaum erkennbaren Interessen der Beteiligten nicht kalkulierbar. Verkäufer werden einen hohen, sofort in voller Höhe zu zahlenden Festkaufpreis, den weitgehenden Ausschluss der Gewährleistung und keine Wettbewerbsver-

961 *Niggemann/Hartisch*, Firmenberatung Spezial 7/2011, 5.
962 *Arnet/Hartmann*, Der Schweizer Treuhänder 2004, 833 (839 f.); *Hennerkes/Kirchdörfer*, 2008, 558.

bote erreichen wollen. Ein Käufer wird gegenläufige Ziele verfolgen. Daneben und darüber können die Parteien aber noch sehr unterschiedliche und nicht sofort erkennbare Ziele verfolgen.

BEISPIEL

Für einen Käufer ist es weniger dramatisch, wenn die wichtigsten Kunden des Zielunternehmens die Lieferverträge nicht verlängern, sofern der Käufer an dem Familienunternehmen vorwiegend zur Erweiterung seiner eigenen Produktionskapazitäten oder zum Erwerb von Schutzrechten interessiert ist.

Die Unternehmerfamilie sollte mit ihren Beratern die eigenen Verhandlungsziele möglichst detailliert vorbereiten. Nachdem die einzelnen relevanten Ziele und Positionen formuliert sind, können diejenigen Punkte identifiziert werden, die keinesfalls zur Disposition zu stellen sind (Deal Breaker) und bei denen eher nachgegeben werden kann (Verhandlungsmasse). Diese Festlegungen sind auch für die beteiligten Berater immens wichtig, um Klarheit über das eigene Verhandlungsmandat und den für ein souveränes Auftreten erforderlichen Handlungsspielraum zu gewinnen. Schließlich sollten sich die Beteiligten auch Gedanken über die möglichen Ziele, Positionen und die Verhandlungsmasse der Gegenseite machen.

Hinweis !

Im Idealfall steht am Ende der Verhandlungsvorbereitung eine schriftlich fixierte Übersicht, wie sich die Verkäufer zu den einzelnen Punkten verhalten wollen und welches Vorgehen sie bei der Gegenseite erwarten. Bei mehreren Gesellschaftern hilft dies, die Geschlossenheit zu steigern und das gemeinsame Verständnis der Ziele zu verbessern.

Unternehmenskaufverträge werden verhandelt, indem die Parteien ihre Positionen austauschen und nacheinander Überarbeitungen des Kaufvertragsentwurfs vorlegen. So nähern sich die Beteiligten schrittweise der Unterschriftsreife. Die Sequenz von Verhandlungs- und Überarbeitungsrunden ist einzelfallabhängig. Der Verlauf der Verhandlungen wird jedoch stets wesentlich davon beeinflusst, wer den ersten Entwurf des Unternehmenskaufvertrags vorlegt, denn dieser setzt eine erste Agenda für Verhandlungen. Meist wird schon in einem Letter of Intent festgeschrieben sein, wer den ersten Entwurf anfertigt. Üblicherweise ist es der Käufer.[963] Anders sieht es meist aus, wenn die Unternehmerfamilie ein Bieterverfahren durchführt, in dem die Bieter üblicherweise mit ihrem bindenden Angebot auch eine Überarbeitung des allen Bietern von den Verkäufern bereitgestellten Entwurfs des Unternehmenskaufvertrags vorzulegen haben. So hat die Unternehmerfamilie nicht nur den Vorteil des ersten Entwurfs für sich, sondern kann auch wählen, welcher Bieter die akzeptabelste Überarbeitung vorgelegt hat und eine Gewähr für angemessene Vertragsverhandlungen bietet. In den üblichen Fällen (Käufer stellt ersten Entwurf) ist hingegen die erste Verhandlungs- und Überarbeitungsrunde für die Unternehmerfamilie als Verkäufer besonders wichtig, da mit der ersten Überarbeitung

963 *Lips*, in: *Hettler/Stratz/Hörtnagl* (Hrsg.), 2013, § 3 Rn. 30.

die Extrempositionen der Parteien auf dem Tisch sind und ein Verschärfen der Positionen oder ein Abrücken von früheren Zugeständnissen die Verhandlungsatmosphäre empfindlich stören können. Wichtig ist hier, dass nicht nur die Familie einen Verhandlungsführer benennt, sondern auch M&A-Berater und Rechtsanwälte ihre Rollen abstecken und eng zusammenarbeiten.

! **Hinweis**

Besondere Schwierigkeiten können sich ergeben, wenn die Familienmitglieder unterschiedliche Interessen haben. Dann sind die Berater zusätzlich gefordert, eine einheitliche Position zu erarbeiten und die Familienmitglieder darauf einzuschwören, bevor mit der Käuferseite verhandelt werden kann.

Die Parteien können sich im Verlauf der Verhandlungen eines nahezu endlosen Repertoires an Verhandlungstaktiken bedienen, die hier nicht im Einzelnen dargestellt werden können. Typische Praktiken betreffen die Auswahl der Verhandlungsorte, die Zusammenstellung und Größe von Verhandlungsteams, den Aufbau von Zeitdruck oder das Erzeugen von Verzögerungen, das Offenlassen von Hintertüren, wenn z. B. der Entscheider nicht am Verhandlungstisch sitzt und die gezielte Zuweisung von Rollen (Good Guy, Bad Guy, Schlichter usw.). All diese Praktiken sind verbreitet und anerkannt, solange sie fair und den Spielregeln entsprechend eingesetzt werden. Am Ende werden die Parteien aber nur zu einer Unterzeichnung des Unternehmenskaufvertrags gelangen, wenn sie einander vertrauen. Dieses Vertrauen entsteht und wächst in fairen und respektvollen Verhandlungen. Unfaires und insbesondere unvorbereitetes und unstrukturiertes Verhandeln kostet Zeit und Geld und bringt selten den gewünschten Erfolg.

Kaufinteressenten versuchen möglichst früh, Exklusivität für und in den Verhandlungen zu erreichen. Das gilt insbesondere zu Zeitpunkten, zu denen ein Kaufinteressent entscheiden muss, ob er weiter erhebliche Ressourcen (Managementkapazität und Geld) für den Erwerbsprozess bereitstellt. Die Verkäufer hingegen werden versuchen, solange wie möglich mit mehreren Interessenten gleichzeitig zu verhandeln, um den Unternehmenskaufvertrag zu den günstigsten Bedingungen abschließen zu können. Akzeptieren sie den Wunsch nach Exklusivität, ist ihnen ein wesentlicher Teil ihrer Bewegungsfreiheit genommen, nämlich die Freiheit des anderweitigen Verkaufs.[964]

! **Hinweis**

Exklusivität sollte möglichst in einem späten Stadium der Verhandlungen für eine begrenzte Zeit gewährt werden. Andernfalls begeben sich die Verkäufer zu sehr in Abhängigkeit zu dem exklusiven Interessenten.

Nicht selten versuchen Verkäufer, Exklusivität nur gegen Kostenerstattung, Exklusivitätsprämie oder Strafzahlung (Breakup Fee) für den Fall des grundlosen Verhandlungsabbruchs zu gewähren. Interessenten gehen hierauf meist dann ein, wenn die Verhandlungen weit gediehen

964 *Stratz/Hettler* in: *Hettler/Stratz/Hörtnagl* (Hrsg.), 2013, § 1 Rn. 94 f.; *Nawroth/Braun* in: *Eilers/Koffka/Mackensen/Paul*, 2018, Kap. I 2. Rn. 28, 31.

sind oder andere starke Mitbieter hierdurch unschädlich gemacht werden können. Diese Art der vorvertraglichen Bindung der Parteien kann unter besonderen Umständen bereits formbedürftig sein. Wenn etwa Geschäftsanteile an einer GmbH veräußert werden sollen, unterliegt die Veräußerung als Hauptgeschäft nach § 15 Abs. 3 und 4 GmbHG der notariellen Beurkundung. Kostenerstattung und Breakup Fee sind als Vorgeschäft zwar regelmäßig nicht beurkundungsbedürftig.[965] Jedoch kann das Vorgeschäft beurkundungsbedürftig werden, wenn es bereits faktisch zum Abschluss des Hauptgeschäfts zwingt, also etwa bei Verhandlungsabbruch besonders hohe Zahlungen fällig werden.[966] Diese Gefahr stellt sich nicht, wenn die Übertragung formfrei möglich ist wie zum Beispiel bei Aktien und, sofern der Gesellschaftsvertrag nichts anderes bestimmt, bei Anteilen an Personengesellschaften.

2.3.2.7 Zentrale Punkte im Unternehmenskaufvertrag

Unternehmenskaufverträge enthalten viele inzwischen fast standardisierte Regelungen (vgl. 2.2.3). Für Unternehmerfamilien als Verkäufer sind einige Regelungsgegenstände von besonderer Bedeutung. Die Besonderheiten ergeben sich vor allem daraus, dass der Kaufvertrag das Verhältnis mehrerer Verkäufer zueinander und ihr Verhältnis zum Erwerber regeln muss.

2.3.2.7.1 Parteien

Die Parteien des Unternehmenskaufs beschränken sich bei Familienunternehmen meist nicht auf einen Käufer und einen Verkäufer. Sofern das Unternehmen nicht in der Hand eines einzelnen Gesellschafters ist, treten als Verkäufer entweder mehrere Gesellschafter auf oder die Verkäufer treten gebündelt über eine oder mehrere Familiengesellschaften auf.

Dabei sind die Entscheidungsprozesse oft schwierig zu durchschauen.[967] Es kann durchaus sein, dass unausgesprochene Vorbehalte und unklare Vorstellungen den Prozess in die Länge ziehen oder gefährden. Ebenso kommt es bei Familienunternehmen häufig vor, dass »Hidden Negotiators« im Spiel sind, etwa der Ehegatte eines Gesellschafters oder ein ehemaliger Gesellschafter, der noch faktischen Einfluss ausübt. Es sind also vielfach mehr Parteien am Tisch, als das Vertragsrubrum vermuten lässt. Das ist bei den Verhandlungen stets zu berücksichtigen.

2.3.2.7.2 Externe und interne Haftungsregeln

Wenn mehrere Personen auf Verkäuferseite agieren, entsteht oft das Bedürfnis, deren Haftung im Verhältnis zum Erwerber sowie untereinander zu regeln.

965 OLG München vom 19.09.2012 – 7 U 736/12, GWR 2012, 468.
966 *Bergjan/Schwarz*, GWR 2013, 4 (5 f.); LG Paderborn vom 28.04.2000 – 2 O 132/00, NZG 2000, 899 (901).
967 *Hennerkes/Kirchdörfer*, 2008, 541 f.

Ein Erwerber wird meist wollen, dass die Verkäufer gesamtschuldnerisch haften. Dann kann er jeden Verkäufer in volle Haftung nehmen. Er bekommt den Haftungsbetrag jedoch insgesamt nur einmal. Typisches Argument für eine gesamtschuldnerische Haftung ist die Verbundenheit der Verkäufer: dass sie gegenüber dem Käufer als Einheit auftreten und dass sie untereinander das Ausfallrisiko tragen sollten.

Demgegenüber sind Verkäufer darauf bedacht, nur für ihren Teil der möglichen Haftung einstehen zu müssen. Sie verweisen darauf, dass Vor- und Nachteile vertraglich korrespondieren sollten. Gerade wenn Minderheitsgesellschafter mit relativ kleinen Beteiligungen auf Verkäuferseite stehen, ist ihnen schwer zu vermitteln, dass sie für die Schulden eines Mehrheitsgesellschafters aufkommen sollen.

Die Verkäufer sollten ihre Haftung untereinander regeln. Dies gilt nicht nur bei einer gesamtschuldnerischen Außenhaftung, sondern kann auch bei Einzelschuldnern eine Rolle spielen. Zum Beispiel sind Verkäufer, die zugleich in der Geschäftsführung tätig waren, größeren Haftungsgefahren ausgesetzt als bloße Gesellschafter. Am wichtigsten ist die Haftungsabgrenzung aber bei Gesamtschuldnern. Sie sind sich untereinander zum Ausgleich verpflichtet.

! **Hinweis**

Es ist für Verkäufer ratsam zu vereinbaren, wie die Last einer Haftungsinanspruchnahme intern verteilt werden soll. Mit der wichtigste Teil einer solchen Vereinbarung ist das abgestimmte Verhalten, wenn einer der Gesamtschuldner in Anspruch genommen wird. Die anderen Gesamtschuldner haben dann ein Interesse an Information und Mitentscheidungsbefugnissen, um nicht Ausgleich für eine unberechtigte Inanspruchnahme leisten zu müssen. Ein abgestimmtes Verhalten fördert zudem eine effiziente gemeinsame Verteidigung gegen unberechtigte Ansprüche der Käuferseite.

2.3.2.7.3 Zustimmungserfordernisse

Transaktionen bei Familienunternehmen bedürfen regelmäßig der Zustimmung Dritter.[968] Zum einen sind dies typische gesellschaftsrechtliche Beschränkungen, wonach die Übertragung von Anteilen an der unternehmenstragenden Gesellschaft nur mit Zustimmung der Mitgesellschafter zulässig ist. Zum anderen spielen familienrechtliche Beschränkungen eine Rolle.

So muss etwa der Ehegatte nach § 1365 BGB oder § 1423 BGB zustimmen, wenn ein Gesellschafter mit der Beteiligung sein gesamtes Vermögen bzw. das Gesamtgut veräußert. Schließt der Ehegatte einen Kaufvertrag ohne Zustimmung, ist dieser schwebend unwirksam. Erfüllt der Ehegatte einen solchen Kaufvertrag ohne Zustimmung, ist die Übertragung unwirksam.

968 Übersicht über Zustimmungserfordernisse bei: *Lips*, in: *Hettler/Stratz/Hörtnagl* (Hrsg.), 2013, § 3 Rn. 79.

Sind Minderjährige, Pflegebedürftige oder der Vormundschaft Unterliegende an der Transaktion als Partei beteiligt, muss in der Regel das Vormundschaftsgericht eingeschaltet werden. Nach §1822 Nr. 3 BGB unterliegt der Unternehmenskauf der Genehmigung des Vormundschaftsgerichts. Zwar spricht das Gesetz von der Veräußerung eines Erwerbsgeschäfts. Damit ist aber jedes Unternehmen gemeint und insbesondere auch Anteile an Personengesellschaften.[969] Der Verkauf von Anteilen an Kapitalgesellschaften fällt zwar dem Grundsatz nach nicht unter die Vorschrift, ist jedoch unter anderem dann genehmigungsbedürftig, wenn mehr als eine bloß kapitalmäßige Beteiligung vorliegt. Ausschlaggebend dafür ist bei wirtschaftlicher Betrachtungsweise das Unternehmerrisiko, also das Maß der Beteiligung, die Zahl der weiteren Gesellschafter und das Verhältnis von Veräußerer und Erwerber zum Geschäftsbetrieb.[970] Der BGH zieht die Grenze zwischen nur kapitalmäßiger Beteiligung und Tragen von Unternehmerrisiko bei einer Beteiligung von mehr als 50 %.[971]

Hinweis !

In Zweifelsfällen sollte eine Genehmigung eingeholt werden bzw. eine (allerdings nicht verbindliche) Erklärung des Vormundschaftsgerichts, dass keine Genehmigung erforderlich ist.[972]

2.3.2.8 Post-Closing-Phase

Mit dem Vollzug der Transaktion (Closing) endet zwar die Gesellschafterstellung der Unternehmerfamilie. Meist enden jedoch noch nicht die Pflichten aus dem Unternehmenskaufvertrag. Häufig wird der Kaufpreis nachträglich angepasst oder ein Earn Out vereinbart. In jedem Fall werden die Verkäufer Garantien für die rechtlichen Eigenschaften des Unternehmens übernommen haben. Aus deren Verletzung droht die Haftung auf Schadensersatz für einige Monate bis Jahre nach dem Vollzug. Für sämtliche solcher Ansprüche haften die Familienmitglieder dem Erwerber einzeln oder als Gesamtschuldner. In jedem Fall ist ein einheitliches Auftreten ratsam, um unberechtigte Ansprüche abzuwehren und berechtigte Ansprüche im Verhältnis der internen Risikoverteilung zu erfüllen.

Dieses Ziel kann sich allerdings als problemträchtig erweisen: Das Familienunternehmen verbindet die Unternehmerfamilie nicht mehr auf Gedeih und Verderb. Das vormals gemeinschaftlich verbundene Vermögen ist nun faktisch geteilt. Einzelne Familienmitglieder können sehr unterschiedliche Ansichten haben, wie sie ihr Vermögen verwenden wollen. Dazu gehört auch die Frage, ob und wie intensiv man sich mit dem Erwerber auseinanderzusetzen bereit ist. Wo ein Verkäufer sich bis zum Ende gegen Ansprüche verteidigen will, kann ein anderer Verkäufer lieber seine Ruhe haben wollen und sich mit dem Erwerber einigen. Die Unternehmerfamilie

969 *Kroll-Ludwigs*, in: MüKo BGB, 2020, Bd. 10, § 1822 Rn. 17.
970 *Weber*, in: *Hölters*, 2019, Rn. 9.158.
971 BGH vom 28.01.2003 – X ZR 199/99, DNotZ 2004, 152 ff.
972 *Weber*, in: *Hölters*, 2019, Rz. 9.158.

sollte deshalb noch vor Abschluss des Unternehmenskaufvertrags vereinbaren, wie die Zusammenarbeit, die Entscheidungsfindung und nicht zuletzt die Verteilung der Haftung nach Vollzug des Verkaufs aussehen sollen.

Ein Erwerber wird zudem häufig verlangen, dass alle Verkäufer einen der Verkäufer bevollmächtigen, dem Erwerber gegenüber Erklärungen abzugeben und zu empfangen. Dies dient nicht nur der Vereinfachung für den Käufer. Auch die Verkäufer handeln besonnener, wie die Erfahrung zeigt, wenn sie sich zunächst einig werden müssen, bevor sie handeln.

! **Hinweis**

Eine interne Vereinbarung der Verkäufer ist ratsam, um verschiedene Interessen in Einklang zu bringen. Am wenigsten streitanfällig sind Regelungen, die die Entscheidungsbefugnisse und Haftungsquoten an die gesellschaftsrechtlichen Regelungen anlehnen, die vor Veräußerung des Unternehmens galten. Freilich ist auch hier Fingerspitzengefühl gefragt: Wenn die Unternehmerfamilie zerstritten war, kann sich auch ein Modell mit mehreren Stimmenpools oder ein Gremienmodell mit abgestuften Entscheidungsbefugnissen anbieten.

2.3.3 Die Unternehmerfamilie als Käufer

Der Zukauf von Unternehmen ist eine beliebte Wachstumsmaßnahme: 55,6 % der größten deutschen Familienunternehmen haben laut einer Studie aus dem Jahr 2014 in den vorangegangenen zehn Jahren eines oder mehrere Unternehmen in Deutschland hinzugekauft. Bei 37,1 % von ihnen war das auch im Ausland der Fall.[973]

So beliebt der Zukauf auch ist, so besonders bleibt er für Familienunternehmen: Bei Unternehmerfamilien steht die langfristige und nachhaltige Renditefähigkeit des Unternehmens im Vordergrund, nicht die Steigerung des Unternehmenswerts um jeden Preis.[974] Wenn sich eine größere Akquisition als Fehlschlag erweist, kann sie den Bestand des Familienunternehmens oder seine Unabhängigkeit gefährden.[975] Deshalb agieren Unternehmerfamilien in der Regel vorsichtiger, wenn sie Unternehmen erwerben wollen.

Dennoch spielen die zum Verkauf von Familienunternehmen erläuterten Erwägungen spiegelbildlich auch beim Unternehmenserwerb durch Unternehmerfamilien eine Rolle. Auch wenn nicht die Familie als Käufer auftritt, sondern das Familienunternehmen Partei des Kaufvertrags ist, bestimmt die Familie den Unternehmenserwerb.

973 *Bundesverband der Deutschen Industrie* (Hrsg.), 2014, 24.
974 *Raffel*, M&A Review 2006, 117.
975 *Raffel*, Finance 12/2005, 20.

Das erworbene Unternehmen muss zum Familienunternehmen »passen«. Eine Due Diligence Prüfung sollte diesen Aspekt berücksichtigen.

Ein Familienunternehmen ist im Regelfall auf gute Beziehungen zur Belegschaft bedacht. Familienunternehmen sind häufig Innovationstreiber, so dass qualifizierte und an das Zielunternehmen gebundene Mitarbeiter für die Erwerbsentscheidung relevant sein können. Folglich sind bei der Prüfung des Unternehmens Aspekte wie die Ausbildungs- und Vergütungsstruktur, die Fluktuation unter den Beschäftigten, das Verhältnis der Arbeitnehmer zur Unternehmensführung sowie arbeitsrechtliche Streitigkeiten besonders zu berücksichtigen.

Außerdem spielt für Familienunternehmen häufig eine Rolle, möglichst unabhängig von externen Kreditgebern zu sein.[976] Finanzierungsbeziehungen spielen für sie eine besondere Rolle. Ist das Zielunternehmen in starkem Maße fremdfinanziert, mag das zwar den Kaufpreis reduzieren. So wird beispielsweise auf Basis der Discounted Cashflow Methode ein umso niedrigerer Eigenkapitalwert (Equity Value) und damit Kaufpreis ermittelt, je höher der Anteil an verzinslichem Fremdkapital ist.[977] Aus Sicht des Zielunternehmens mag es sinnvoll sein, Fremdkapital einzusetzen, da Fremdkapital regelmäßig günstiger ist als Eigenkapital.[978] Ist aber das erwerbende Familienunternehmen anders finanziert, wird das Zielunternehmen mit großer Wahrscheinlichkeit im Rahmen der Integration refinanziert. Dann kann die möglichst reibungslose Beendigung der bestehenden Finanzierung und die Überleitung in eine neue Finanzierung die Entscheidung zum Erwerb erheblich beeinflussen.

Wichtig sind außerdem zunehmend reputationsbildende sowie gegebenenfalls reputationsschädigende Umstände. Familienunternehmen und die dahinter stehenden Unternehmerfamilien sind besonders sensibel, wenn es um die Reputation des Unternehmens geht, da sie die Unternehmeridentität letztlich ausmacht.[979] Sensible Bereiche wie Umweltschutz, Produktsicherheit, geschäftliche Integrität (Korruptionsbekämpfung), Arbeitssicherheit und seriöse Lieferantenstruktur sind in diesem Zusammenhang besonders wichtig.

Familienunternehmen erwerben aus diesen Gründen gerne andere Familienunternehmen. Kulturell werden die Unternehmen einander ähnlicher sein, als bei einer börsennotierte Aktiengesellschaft und einem Familienunternehmen. Häufig kennen die Unternehmer einander, so dass Verhandlungen vertrauensvoller verlaufen können. Der Erwerberfamilie ist das Zielunternehmen vielleicht aus dem eigenen Marktumfeld oder als Kunde oder Lieferant bekannt. Obwohl Konzerne und Finanzinvestoren vielfach die erfahreneren Unternehmenskäufer sind, kann die kulturelle Nähe als Familienunternehmen und die Bekanntheit mit dem Veräußerer ein Wettbewerbsvorteil für die Erwerberfamilie sein.

---

976 Vgl. *Peters/Westerheide*, Short-term Borrowing for Long-term Projects: Are Family Businesses More Susceptible to »Irrational« Financing Choices?, Discussion Paper No. 11-006, Mannheim 2011, 1.

977 *Kästle/Oberbracht*, 2018, B. III. 4., Erläuterung 1. c).

978 *Fleischer*, in: *Michalski/Heidinger/Leible/Schmidt*, GmbHG, 2017, Band 1, Systematische Darstellung 5, A. Rn. 30.

979 *Wimmer*, in: *von Schlippe/Nischak/El Hachimi (Hrsg.)*, 2011, 110 f.

2.4 Das Familienunternehmen als Zielunternehmen

Dr. Simon Sabel

Die Stellung der Familie als Eigentümerin eines Unternehmens hat Auswirkungen auf die Unternehmensebene, v. a. auf die gesellschaftsrechtliche Verfassung, die Organisation und die Struktur des Unternehmens (vgl. 1.1.4). Darüber hinaus wirkt die Stellung der Familie als Eigentümerin auch auf die konkreten operativen Tätigkeiten des Unternehmens. Die strategische Ausrichtung der operativen Unternehmensführung (Produktpalette, Innovation, Forschung und Entwicklung, Expansion etc.) hängt wesentlich von den Vorstellungen des Eigentümers ab.

Wird ein Familienunternehmen von der Familie an einen Dritten veräußert, wechselt der Eigentümer des Unternehmens. Der neue Eigentümer hat eigene Vorstellungen von der gesellschaftsrechtlichen Verfassung, der Unternehmensorganisation/-struktur und dem operativen Geschäft. Denkbare Erwerber (und somit neue Eigentümer) sind v. a. sog. strategische Investoren (dies können auch andere Familienunternehmen sein), Finanzinvestoren[980] oder das eigene Management des Familienunternehmens.[981]

Die Vorstellungen der neuen Eigentümer schlagen dann auch auf den konkreten Erwerbsprozess und den damit zusammenhängenden Maßnahmen auf Unternehmensebene durch. Während beispielsweise ein strategischer Investor an der langfristigen Einbindung des Zielunternehmens in sein Unternehmen interessiert ist, zielt der Finanzinvestor üblicherweise auf eine Veräußerung des erworbenen Unternehmens nach einer gewissen Haltedauer. Dies muss schon bei Erwerb des Unternehmens berücksichtigt werden.

Im Folgenden wird ein Überblick zu den verschiedenen Erwerbsszenarien, gegliedert nach Art des Erwerbers (Stratege, Finanzinvestor, Management) gegeben. Ausgehend von den jeweiligen Vorstellungen und Motiven der neuen Eigentümer werden die jeweils besonderen rechtlichen Fragen des Erwerbsvorgangs untersucht.

2.4.1 Erwerb durch strategische Investoren

2.4.1.1 Übersicht

Der strategische Investor ist selbst ein operativ tätiges Unternehmen. Typische strategische Investoren sind Wettbewerber sowie Kunden und Lieferanten des Familienunternehmens.[982] Darüber hinaus können aber auch diversifikationswillige Konzerne, die bisher auf anderen

980 Zur Unterscheidung Private Equity Investoren zu »family investors« *Eilers/Jander-McAlister*, DB 2018, 1513.
981 *Ettinger/Jaques*, 2017, 3 ff.
982 *Hinderer*, in: FS Hennerkes 2009, 384.

Märkten tätig waren und durch den Erwerb des Familienunternehmens ihr Unternehmensportfolio fortentwickeln wollen, als strategische Investoren auftreten. Der strategische Investor kann auch selbst ein Familienunternehmen sein. Ein typischer Fall für ein strategisches Investment ist der Erwerb eines Zulieferbetriebs, der in die eigene Unternehmensstruktur integriert wird, beispielsweise zum Ausbau der unternehmenseigenen Wertschöpfung. Dieser Fall zeigt exemplarisch den Investmenthorizont von strategischen Investoren: anders als bei Finanzinvestoren, die von Anfang an den Verkauf des erworbenen Unternehmens planen, geht es strategischen Investoren i. d. R. um die langfristige Integration eines erworbenen Unternehmens in die eigene Unternehmensstruktur. Das erworbene Unternehmen wird dabei häufig nicht als eigenständige Einheit fortgeführt, sondern vollständig in die Unternehmensstruktur des strategischen Investors integriert.[983] Deshalb ist bei strategischen Investitionen auch die sog. **post merger integration** so bedeutsam: Eine strategische Investition ist dann ein Erfolg, wenn die Integration gelingt.[984] Für das erworbene Familienunternehmen ist diese Integration häufig nicht nur mit notwendigen Umstrukturierungen, sondern auch mit einem Verlust der bisherigen Unternehmensidentität und -kultur verbunden.[985]

Der Erwerb durch einen strategischen Investor muss aber nicht zwingend zu einer vollständigen Integration des Zielunternehmens in die Unternehmensstruktur des Käufers führen. Gerade bei breit diversifizierten Konzernen oder Holdings, bietet es sich an, die erworbenen Unternehmen nicht in einen integrierten Gesamtkonzern zu überführen, sondern selbständig fortzuentwickeln.[986]

2.4.1.2 Motivation des strategischen Investors

2.4.1.2.1 Unternehmensbezogene Motive

Ein strategisches Investment kann zunächst dem Wachstum des strategischen Investors ohne Änderung der Produktpalette dienen: der strategische Investor ist unmittelbarer Wettbewerber des Familienunternehmens und übernimmt dieses. Es findet ein sog. horizontaler Zusammenschluss in demselben Markt statt. Auch der Erwerb eines Unternehmens mit gleichen Produkten, die aber in einem anderen geographischen Markt angeboten werden, ist ein horizontaler Zusammenschluss. Es kommt zu einer horizontalen Markterweiterung. Der »Einkauf« zusätzlicher Marktanteile, Umsätze und Kunden oder die Erschließung neuer Märkte durch eine horizontale Diversifikation führen für den strategischen Investor häufig zu beträchtlichen Synergie- und Skaleneffekten, die das Unternehmenswachstum beschleunigen. Außerdem kann

983 *Pöllath/Greitemann/Viskorf*, in: FS Rödl 2008, 304.

984 Zur besonderen Bedeutung des Post Merger Prozesses für das Gelingen von M&A-Transaktionen zusammenfassend *Stradtmann*, in: FS Rödl 2008, 32 ff.

985 *Hinderer*, in: FS Hennerkes 2009, 384.

986 *Zellweger/Kammerlander*, 2014, 46.

der strategische Investor durch die horizontale Diversifikation gegebenenfalls Zugriff auf neue Technologien, spezielles Knowhow, Patente und andere Schutzrechte des Zielunternehmens erhalten.[987]

Ein strategisches Investment kann weiter der Integration der Lieferkette dienen, beispielsweise, wenn ein strategischer Investor ein Kunde des Familienunternehmens ist und dieses übernimmt. Es findet ein sog. vertikaler Zusammenschluss in zwei unmittelbar hintereinander gelagerten Märkten statt. Aus Sicht des strategischen Investors kann ein vertikaler Zusammenschluss die eigene Unabhängigkeit stärken, indem sie den dauerhaften Zugang des Investors zu den von dem Familienunternehmen hergestellten Vorprodukten sichert. Zudem kann sie helfen, bei unvollkommenen Märkten zwischen den beteiligten Wertschöpfungsstufen die Bezugs- oder Absatzkosten zu senken oder beispielsweise die Komplexität technologischer Schnittstellen zu reduzieren.[988]

Ein strategisches Investment kann zudem der Erweiterung der unternehmerischen Tätigkeit in neue Märkte dienen: der strategische Investor ist auf einem ganz anderen Markt als das Familienunternehmen tätig und übernimmt dieses. Es findet ein sog. konglomerater Zusammenschluss statt. So erhält der strategische Investor Zugang zu einem neuen Markt und dadurch beispielsweise Zugang zu neuen Produkten. Ziele eines konglomeraten Zusammenschlusses sind häufig die Risikodiversifikation durch Verringerung des Klumpenrisikos sowie die Stabilisierung von Ertragsströmen.[989] Darüber hinaus können durch eine konglomerate Diversifikation aber auch das Know-how oder andere Kapazitäten des übernommenen Unternehmens für die übrigen Portfoliounternehmen des Investors nutzbar gemacht und so Synergieeffekte realisiert werden.[990]

2.4.1.2.2 Managementbezogene Motive

In der wirtschaftswissenschaftlichen Forschung wird diskutiert, ob neben den unternehmensbezogenen Motiven auch Eigeninteressen des Managements Auswirkungen auf strategische Investitionsentscheidungen haben können. Theoretischer Ausgangspunkt dieser Diskussion ist die sog. Prinzipal-Agent-Theorie: nach dieser Theorie handelt das Management (Agent) für die Anteilseigner des Unternehmens (Prinzipal). Das Management verfügt aber auf Grund der operativen Verantwortung im Unternehmen über einen Informationsvorsprung gegenüber den Anteilseignern. Diese Informationsasymmetrie führt zu einem sog. **moral hazard** des Managements: das Management kann versucht sein, den Informationsvorsprung zu seinen Gunsten auszunutzen und hierdurch möglicherweise die Anteilseigner schädigen.[991]

987 *Hennerkes*, 1995, 438.
988 *Hinderer*, in: FS Hennerkes 2009, 376.
989 *Hinderer*, in: FS Hennerkes 2009, 376 f.
990 *Hennerkes*, 1995, 439.
991 Zur Prinzipal-Agent-Theorie zusammenfassend *Lange*, BB 2005, 2585.

Auf den Prozess eines strategischen Investments übertragen: Motiv für ein strategisches Investment kann auch die Sicherung und Verbesserung der Situation des Managements im Unternehmen sein. Denkbar ist z. B. dass strategische Investments nur getätigt werden, um gewissen Kennzahlen zu erreichen, die eine attraktivere Vergütung des Managements nach sich ziehen (beispielsweise Erhöhung der Kennzahl Umsatz, um durch das Erreichen einer gewissen Schwelle Bonuszahlungen an das Management auszulösen). Ebenso denkbar ist, dass strategische Investments getätigt werden, um den Informationsvorsprung des Managements weiter auszubauen und auf diese Weise für das Unternehmen unverzichtbar zu werden. Es besteht dann die Gefahr, dass eine durch managementbezogene Motive bestimmte Expansionspolitik zu einer ineffizienten Reinvestition der erwirtschafteten Unternehmenserlöse führt.[992] In der wirtschaftswissenschaftlichen Literatur wird dieses Szenario als »**managerial empire building**« bezeichnet.

Zwar ist der Einfluss managementbezogener Motive auf strategische Investitionen nicht empirisch messbar; dennoch werden managementbezogene Motive für die durchaus beachtenswerte Misserfolgsrate von Unternehmenszusammenschlüssen mitverantwortlich gemacht. Allerdings ist fraglich, ob die für Publikumsgesellschaften entwickelten Argumentationsmuster angesichts der üblicherweise andersartigen Governance-Struktur[993] auch auf die Investitionstätigkeit fremdgeführter Familienunternehmen übertragen werden können.[994]

2.4.1.3 Motivation der Unternehmerfamilie für Verkauf an strategischen Investor

Die Motivation und Gründe der Unternehmerfamilie für einen Verkauf des Familienunternehmens werden in 2.1.2.2 ausführlich dargestellt. Oftmals sind gerade strategische Investoren mit ihrem typischerweise langfristigen Investmenthorizont passende Käufer für ein Familienunternehmen.[995]

2.4.1.4 Vorbereitung des Erwerbs

Ein strategisches Investment beginnt mit der strategischen Entscheidung des Investors, ein Unternehmen zu erwerben. Dann folgen verschiedene Vorbereitungsmaßnahmen auf dem Weg zum Erwerb.

992 *Otto*, AG 2013, 357 (370 ff.).

993 Zur Ausprägung des Prinzipal-Agent- Konflikts bei Familienunternehmen vgl. *Lange*, BB 2005, 2585 (2587 f.); *Weller*, ZGR 2012, 386 (390 ff.).

994 Für eine Übertragbarkeit *Jansen*, in: FS Hennerkes 2009, 402.

995 *Hinderer*, in: FS Hennerkes 2009, 379.

2.4.1.4.1 Identifizierung geeigneter Zielunternehmen

Strategische Investoren verfügen oftmals schon durch ihre operative Tätigkeit über Kontakte zu möglichen Zielunternehmen: man kennt seine Wettbewerber, Lieferanten und Kunden. Der Aufwand für die Identifizierung geeigneter Zielunternehmen aus diesem Kreis ist daher meist überschaubar. Im Übrigen kann eine Analyse der jeweiligen Zielbranche anhand eines klar definierten, objektiven Anforderungsprofils bei der Identifizierung möglicher Zielunternehmen helfen.[996] Häufig führen auch Industrie- und Handelskammern Datenbanken, in denen Unternehmen verzeichnet sind, die verkauft werden sollen.[997] Üblicherweise sind in solchen Datenbanken aber nur kleinere Unternehmen enthalten.

Ob der Kauf eines Familienunternehmens durch einen strategischen Investor überhaupt in Frage kommt, ist allerdings in der Regel nicht nur eine Frage der »Eignung« aus Sicht des Käufers, sondern hängt ganz wesentlich von subjektiv geprägten Präferenzen des Verkäufers ab.[998] Dabei kann neben der langfristigen Sicherung der Unternehmensstandorte insbesondere die Unternehmenskultur des Käufers für den Verkäufer entscheidend sein.[999] Aus dessen Sicht steht nicht selten bereits vor Beginn des Verkaufsprozesses fest, wer als »Wunschpartner« überhaupt als Käufer des Familienunternehmens in Betracht kommt. Mitunter wird dann auf ein Bieterverfahren verzichtet und sofort der Kontakt mit dem potenziellen Erwerber gesucht.[1000]

In der Regel sollten sowohl bei der Auswahl als auch bei der Ansprache eines potenziellen Zielunternehmens spezialisierte Dienstleister, insbesondere ein M&A-Berater, eingebunden werden.

2.4.1.4.2 Vorbereitungsprozess beim Verkauf von Familienunternehmen

Ist das Zielunternehmen identifiziert, sind die üblichen Vorbereitungsmaßnahmen zu treffen. Die üblichen Vorbereitungsmaßnahmen aus Sicht des Familienunternehmens als Zielunternehmen werden unter 2.2.1 ausführlich dargestellt.

Aus Sicht eines strategischen Investors ist beim Kauf eines Familienunternehmens im Rahmen des Vorbereitungsprozesses insbesondere die emotionale Bindung der Verkäuferseite an das Zielunternehmen zu beachten.[1001] Der Verkaufsprozess hinsichtlich eines Familienunternehmens ist häufig fragiler als bei der Übernahme des Tochterunternehmens einer Publikumsgesellschaft. Gelegentlich gerät der Verkaufsprozess unvorhergesehen ins Stocken oder scheitert

996 *Hennerkes*, 1995, 440.
997 Vgl. auch die Internetplattform »nexxt-change«, die als Gemeinschaftsprojekt u. a. vom Bundesministerium für Wirtschaft und Energie, KfW Bankengruppe, dem DIHK und dem Zentralverband des deutschen Handwerks getragen wird.
998 *Hennerkes/Kirchdörfer*, in: FS Lüer 2008, 536 f.
999 *Hinderer*, in: FS Hennerkes 2009, 384.
1000 *Hennerkes/Kirchdörfer*, in: FS Lüer 2008, 552 f.
1001 Vgl. hierzu *Pöllath/Greitemann/Viskorf*, in: FS Rödl 2008, 310 f.

gar, weil die Verkäuferseite ihre Veräußerungsabsicht aufgibt. Der potenzielle Erwerber eines Familienunternehmens sollte daher die Bedeutung eines von der Verkäuferseite unterzeichneten **Letter of Intent** (oder den Abschluss eines **Memorandum of Understanding**) nicht unterschätzen und auch eine gegebenenfalls zeitintensive Verhandlung über diese Instrumente in Kauf nehmen.[1002] Zwar ist ein Letter of Intent in der Regel so gestaltet, dass er die Verkäuferseite rechtlich nicht zum Abschluss eines Kaufvertrags verpflichtet. Allerdings ergibt sich eine gewisse faktische Verbindlichkeit.

Als weitere mögliche »Stolpersteine« für die Verhandlungen können sich die bereits angesprochenen subjektiv geprägten persönlichen Präferenzen auf Verkäuferseite erweisen. In diesem Zusammenhang ist das in der Regel stark ausgeprägte persönliche Verantwortungsgefühl der bisherigen Inhaberfamilie gegenüber der Belegschaft sowie die gesellschaftliche Integration der Familie am (i. d. R. Stamm-)Sitz des Unternehmens zu beachten. Nicht selten fordern Familienunternehmer als Verkäufer deshalb Garantien des Erwerbers hinsichtlich der Erhaltung von Arbeitsplätzen (beispielsweise kein Arbeitsplatzabbau in einem bestimmten Zeitraum) oder der Standorte des Zielunternehmens. Um die subjektiven Anliegen der Verkäuferseite frühzeitig identifizieren zu können, sollte der potenzielle Erwerber eines Familienunternehmens sich im Rahmen seiner Vorbereitung möglichst intensiv mit der Geschichte, der Kultur und den Werten des Familienunternehmens und der Unternehmerfamilie beschäftigen.[1003] Außerdem muss sich der potenzielle Erwerber eines Familienunternehmens darauf einstellen, dass die bisherigen Inhaber umfangreiche und detaillierte unternehmensbezogenen Informationen meist erst in einem späten Verfahrensabschnitt offenlegen wollen und zur Absicherung der Vertraulichkeit dieser Informationen in der Regel auf sehr strikte Vertraulichkeitsvereinbarungen bestehen.[1004]

2.4.1.4.3 Due Diligence mit Fokus auf spätere Integration

Wesentlicher Bestandteil der Vorbereitung des Erwerbs des Zielunternehmens ist die Due Diligence (vgl. 2.3.2.5). Während ein Finanzinvestor bei der Due Diligence des Zielunternehmens v. a. solche Risiken identifizieren will, die sein (finanzielles) Investment gefährden (vgl. 2.4.2.4.3), hat der strategische Investor einen anderen Fokus.[1005] Der strategische Investor will das Geschäft des Zielunternehmens verstehen und Anknüpfungspunkte für die Integration des Zielunternehmens in das eigene Unternehmen finden. Wird beispielsweise ein Wettbewerber in demselben Markt erworben, ist es für den Käufer wesentlich zu verstehen, welche Kundenverträge beim Wettbewerber bestehen, wie diese aufgebaut sind und ob ggf. schon Überschneidungen mit der Struktur der eigenen Kundenverträge bestehen. Ebenso relevant ist, welche Lieferverträge bestehen, insbesondere, ob diese (ggf. auch aus Anlass der Transaktion) beendet werden können. Denn verfügt der strategische Investor für seine eigenen Produkte schon

1002 *Hennerkes/Kirchdörfer*, in: FS Lüer 2008 541.
1003 *Hennerkes/Kirchdörfer*, in: FS Lüer 2008, 536 f.
1004 *Hennerkes/Kirchdörfer*, in: FS Lüer 2008, 554.
1005 Mit Blick auf Carve-Out-Transaktionen *Peemöller/Gehlen*, BB 2010, 1139 (1140).

über günstige Lieferverträge, ist es ggf. interessant, die Lieferverträge für die Produkte des Zielunternehmens kündigen zu können. Genauso relevant sind die Arbeitsverträge der Belegschaft des Zielunternehmens. Bestehen nach Zusammenschluss personelle Redundanzen zwischen Zielunternehmen und Käufer, ist die Frage der Kündbarkeit der Arbeitsverträge wesentlich für das Gelingen der Integration. Neben der Risikoanalyse dient die Due Diligence aus Sicht des strategischen Investors daher insbesondere auch der Identifizierung und Bewertung möglicher Synergiepotenziale.[1006] Vor diesem Hintergrund sind strategische Investoren häufig an einer ausführlichen Beschreibung des Unternehmens (sog. deskriptive Due Diligence-Reports) und weniger an einer ausschließlich risikoorientierten Darstellung des Unternehmens (sog. Red Flag-Due Diligence-Reports) als Ergebnis der Due Diligence interessiert.

2.4.1.4.4 Umstrukturierung auf Seiten des Zielunternehmens

Damit die Integration des Zielunternehmens gelingen kann, muss das Zielunternehmen vor dem Vollzug des Kaufvertrags nicht selten umstrukturiert werden. Häufig haben Gesellschafter dem Zielunternehmen Vermögensgegenstände gegen Vergütung überlassen (beispielsweise wurde eine Immobilie, die im Eigentum eines Gesellschafters steht, an das Zielunternehmen vermietet). Die entsprechenden Verträge sind zu beenden oder zumindest anzupassen. Ist das Zielunternehmen eine Konzerngesellschaft, müssen sog. **intergroup agreements**, unter denen die Zielgesellschaft bestimmte Leistungen von anderen Konzernunternehmen bezieht oder solche Leistungen gegenüber anderen Konzernunternehmen erbringt, beendet bzw. so angepasst werden, dass sie nur noch für einen bestimmten Zeitraum unter geänderten Bedingungen weiter laufen. Soll das Zielunternehmen nicht mehr als eigenständige Gesellschaft weitergeführt werden, muss an eine Umwandlung gedacht werden, beispielsweise eine Verschmelzung. Ggf. sind Betriebsteile des Zielunternehmens auszugliedern und zu verkaufen oder Personal des Zielunternehmens abzubauen. Wie bereits dargestellt können einige dieser – aus Sicht des strategischen Investors notwendigen – Umstrukturierungen die Verkaufsverhandlungen belasten oder sogar zu deren Abbruch führen. Wesentlich bei Verhandlung und Umsetzung der Umstrukturierung ist es damit, die Besonderheiten des Familienunternehmens und der Unternehmerfamilie sowie deren Befindlichkeiten angemessen zu berücksichtigen.

2.4.1.5 Erwerbsstruktur

Der Erwerb an sich erfolgt durch die Unterzeichnung und den Vollzug des Kaufvertrags. Bei Erwerb sind zudem die unter 2.4.1.4.4 dargestellten Umstrukturierungsmaßnahmen auf Seiten des Zielunternehmens als flankierende Maßnahme durchzuführen.

1006 *Berens/Brauner/Strauch/Knauer*, 2019, 136 ff.

2.4.1.5.1 Kauf

Erste Weichenstellung für die Gestaltung des Kaufvertrags ist die Struktur des Erwerbs: werden Beteiligungen am Familienunternehmen (sog. share deal) oder werden die betrieblichen Vermögensgegenstände des Familienunternehmens (sog. asset deal) erworben. Im ersten Fall handelt es sich dem Grunde nach um den Kauf von Anteilsrechten, im zweiten Fall dem Grunde nach um den Kauf von Sachen (vgl. 2.2.1.4 und 2.2.3).

Der Kaufvertrag ist häufig so strukturiert, dass bis zur Übereignung der Beteiligungen am Familienunternehmen oder der betrieblichen Vermögensgegenstände des Familienunternehmens bestimmte Voraussetzungen eingetreten sein müssen. Diese Voraussetzungen werden üblicherweise als aufschiebende Bedingung für die Übereignung der Beteiligungen am Familienunternehmen oder der betrieblichen Vermögensgegenstände des Familienunternehmens gestaltet. Als aufschiebende Bedingungen kommen verschiedenste Umstände in Betracht. Bedarf der Vollzug des Kaufvertrags einer behördlichen Genehmigung (beispielsweise eine Entscheidung des Bundeskartellamts), ist die Erteilung dieser behördlichen Genehmigung als aufschiebende Bedingung zu gestalten. Bedarf der Vollzug des Kaufvertrags der Zustimmung Dritter (beispielsweise die Zustimmung der Gesellschafter einer GmbH hinsichtlich der Übertragung der vinkulierter Geschäftsanteile), ist die Erteilung dieser Zustimmungen als aufschiebende Bedingung zu gestalten. Denkbar ist auch, dass die Beendigung oder der Abschluss bestimmter Verträge (z. B. Geschäftsführeranstellungsverträge, Mietverträge) als aufschiebende Bedingung für den Vollzug des Kaufvertrags gestaltet werden.

Die einzelnen Regelungen eines Unternehmenskaufvertrags werden unter 2.2.3 ausführlich dargestellt.

2.4.1.5.2 Flankierende Maßnahmen

Die Notwendigkeit flankierender Maßnahmen ergibt sich häufig aus der Struktur des strategischen Investments: weil das Zielunternehmen regelmäßig in das erwerbende Unternehmen integriert werden soll, müssen Umstrukturierungen auf Seiten des Zielunternehmens stattfinden (vgl. 2.4.1.4.4). Notwendige Umstrukturierungsmaßnahmen sind als flankierende Maßnahmen zum Erwerb vorzusehen. Denkbar ist z. B. die Umsetzung der Umstrukturierungsmaßnahmen als aufschiebende Bedingung für den Vollzug des Kaufvertrags vorzusehen (vgl. 2.2.3).

2.4.1.5.3 Behandlung der bisherigen Gesellschafter

Gerade wenn das Zielunternehmen ein Familienunternehmen ist, stellt sich bei Erwerb die Frage, wie die bisherigen Gesellschafter, die zugleich Verkäufer sind, nach der Veräußerung des Unternehmens zu behandeln sind. Denn die emotionale Verbundenheit der Gesellschafter mit »ihrem« Unternehmen, reicht meist über diese Veräußerung hinaus. Ein strategischer Investor sollte zwei Grundszenarien durchspielen: Vollständige Beendigung oder weitere Einbindung der bisherigen Gesellschafter. Im Fall der vollständigen Beendigung veräußern die bisherigen Gesellschafter nicht nur ihre Unternehmensbeteiligung. Sie geben auch jede Funktion in dem Unternehmen auf bzw. erhalten keine neue Position. Im Fall der weiteren Einbindung veräußern die bisherigen Gesellschafter ihre Unternehmensbeteiligung zwar ebenfalls; allerdings üben sie auch weiterhin eine Funktion im Unternehmen aus; waren sie zuvor beispielsweise Geschäftsführer des Unternehmens, so bleiben sie dies auch – jedenfalls für einen Übergangszeitraum – nach Veräußerung. Denkbar ist auch, dass die bisherigen Gesellschafter einen Sitz in einem – ggf. neu einzurichtenden – Beirat erhalten (zum Beirat vgl. 1.7) oder ihre weitere Mitarbeit auf der Grundlage von Beraterverträgen geregelt wird.

Gelingt die weitere Einbindung der bisherigen Gesellschafter, kann wertvolles Knowhow, das nur die bisherigen Gesellschafter besitzen, auch nach dem Erwerb für das Unternehmen genutzt werden. Außerdem können die bisherigen Gesellschafter möglicherweise die Integration des Unternehmens in die neue Eigentümerstruktur erleichtern, wenn und weil die Belegschaft ihnen ein besonderes Vertrauen entgegenbringt.

Die weitere Einbindung der bisherigen Gesellschafter kann aber auch Risiken bergen: stehen sie beispielsweise nicht mehr hinter dem Unternehmensverkauf, können sie ihre Position nutzen, um eine gelungene Integration zu verhindern, beispielsweise durch gezielte Beeinflussung der Belegschaft. Es kommt daher auf den jeweiligen Einzelfall an, ob die weitere Beteiligung der bisherigen Gesellschafter nach Erwerb des Familienunternehmens sinnvoll ist.

2.4.1.5.4 Behandlung des bisherigen Managements

Neben der Behandlung der bisherigen Gesellschafter stellt sich auch die Frage, ob und wie lange das bisherige Management des Zielunternehmens nach der Übernahme im Unternehmen verbleiben soll: Im Gegensatz zu Finanzinvestoren verfügen strategische Investoren häufig selbst über qualifiziertes Personal mit der notwendigen Branchenkenntnis, das die operative Leitung des Zielunternehmens übernehmen und damit das bisherige Management ersetzen kann. Die Entscheidung hängt auch hier von den konkreten Umständen des Einzelfalls ab: So kann der Austausch des bisherigen Managements durch Personal des Erwerbers die Integration des Zielunternehmens erleichtern.[1007] Es darf allerdings nicht unterschätzt werden, dass neben den bisherigen Gesellschaftern gerade das bisherige Management häufig über besonderes Knowhow verfügt, das insbesondere bei der Integration des Zielunternehmens in die Struktur des Erwerbs sehr wertvoll sein kann.

Der strategische Investor sollte die zukünftige Führungsstruktur möglichst frühzeitig festlegen, um ein Entscheidungsvakuum nach Vollzug der Transaktion zu verhindern.[1008] Kommt der

1007 *Pöllath/Greitemann/Viskorf*, in: Rödl u. a., FS Rödl, 2008, 309.
1008 *Stradtmann*, in: Rödl u. a., FS Rödl, 2008, 35 f.

strategische Investor zu dem Schluss, dass er Mitglieder des bisherigen Managements übernehmen will, können diese weiterhin auf Managementebene, aber auch als Beiratsmitglied oder Berater eingebunden werden.

2.4.2 Erwerb durch Finanzinvestoren

Dr. Heiko Wiechers/Dr. Andreas Lohbeck

2.4.2.1 Übersicht

Finanzinvestoren – auch Private Equity Investoren genannt – sind nicht nur ein wichtiger Teil des Transaktionsmarktes,[1009] sondern bieten gerade für Unternehmerfamilien interessante Möglichkeiten, das Familienunternehmen weiterzuentwickeln und sich schrittweise oder vollständig aus dem Unternehmen zurückzuziehen. Sie stellen außerbörsliches Eigenkapital (Private Equity) zur Verfügung, was sie von über die Börse agierenden Investoren abgrenzt (Public Equity).[1010]

Private Equity Investments zeichnen sich auch dadurch aus, dass die Portfoliounternehmen – wie Familienunternehmen aus dem Mittelstand – einen geschlossenen Gesellschafterkreis aufweisen und damit sehr flexibel und handlungsfähig sind. Darin erkennen einige eine Parallele zwischen Private Equity Beteiligungen und mittelständischen Familienunternehmen.[1011] Möglicherweise ist auch das ein Grund, warum sich die Mehrheit der deutschen Mittelständler inzwischen vorstellen kann, einen Finanzinvestor mit an Bord zu nehmen.[1012] Jedoch sollte dabei nicht verkannt werden, dass durchaus unterschiedliche Welten aufeinandertreffen können.

2.4.2.2 Motivation der Beteiligten

2.4.2.2.1 Motivation des Finanzinvestors für Mehrheitsbeteiligung

Finanzinvestoren unterscheiden sich von strategischen Investoren dadurch, dass sie das Unternehmen vorwiegend unter dem Aspekt von Wachstums- und Renditepotenzial betrachten und das Unternehmen nach einem gewissen Zeitraum mit Wertsteigerung verkaufen wollen

1009 Im Jahr 2015 verwalteten die in Deutschland ansässigen Fonds Kapital im Umfang 39 Mrd. €, vgl. *Weinheimer/Renner*, in: Hölters, 2019, Rn. 14.35.

1010 *Weinheimer/Renner*, in: Hölters, 2019, Rn. 14.1.

1011 *Holzapfel/Pöllath*, 2017, Rn. 1701.

1012 *Schmidt-Carré*, Mittelstand verliert Angst vor Heuschrecken, manager-magazin.de vom 03.07.2014, abgerufen am 11.05.2020.

(Exit).[1013] Meist streben die Investoren einen Investmenthorizont von drei bis sieben Jahren an.[1014] Dabei ist stets zu bedenken, dass die meisten Investoren bereits beim Einstieg in ein Unternehmen die möglichen Ausstiegsszenarien entwickeln und mit ihnen planen.[1015] Diese Arbeitsweise kann für eine Unternehmerfamilie befremdlich wirken, liegt aber am Geschäftsmodell der Private Equity Investoren. Ein Investment auf Zeit hat, wenn es gut angelegt ist, bereits ein geplantes Ende und damit ein Ziel, auf das die Beteiligten hinarbeiten können. Das gelingt für den Investor umso leichter, je mehr Einfluss er auf das Unternehmen ausüben kann.

Während der Investitionsphase steht für den Investor nicht die Ausschüttung von Gewinnen, sondern die Wertsteigerung der Beteiligung im Vordergrund, insbesondere durch Steigerung des Ertragswerts des Unternehmens.[1016] Dabei versucht der Private Equity Investor Einfluss auf die Unternehmensführung zu nehmen, um die geplante Steigerung des Unternehmenswerts zu erreichen.[1017] Dies ist mit einer Mehrheitsbeteiligung oder einer Komplettübernahme einfacher, als hielte der Investor nur eine Minderheitsbeteiligung.

Bei den Handelnden der Private Equity Investoren wirken dabei üblicherweise verschiedene Anreiz- und Vergütungsstrukturen. Die eigentlichen Geldgeber (z. B. Pensionsfonds, Versicherungen, Banken, Staaten oder vermögende Privatpersonen) geben Gelder an die von Private Equity Firmen verwalteten Fondsvermögen. Darin agieren die Initiatoren und Manager der Private Equity Firmen in der Regel in zwei Funktionen: Zum einen verwalten sie Mittel durch Erwerb, Begleitung und Veräußerung von Beteiligungen. Zum anderen sind sie selbst mit kleineren Investments beteiligt. Über dieses kleinere Investment erhalten die Initiatoren und Manager eine besondere Erfolgsbeteiligung (sog. Success Fee oder auch Carried Interest). Der Anspruch auf diese Erfolgsbeteiligung entsteht typischerweise erst, wenn die hinter dem Fonds stehenden Geldgeber mit dem Exit eine gewisse Grundrendite (sog. Hurdle Rate) erzielt haben.[1018] Folglich ist es auch für die das Tagesgeschäft meist als Beiräte oder Berater begleitenden Fondsmanager ebenfalls von Vorteil, möglichst viel Einfluss auf das Portfoliounternehmen ausüben zu können, um die Hurdle Rate für die Geldgeber und in der Folge den Carried Interest für sich selbst zu erreichen.

Allerdings steht der Private Equity Investor bei einem Mehrheitserwerb vor dem Problem, dass sein eigenes Personal das Unternehmen nicht kennt und es zumeist nicht selbst leiten und fortentwickeln könnte. Deshalb haben sich besondere Typen von Private Equity Investments entwickelt: Management-Buy-Out (MBO) und Management-Buy-In (MBI). Die Begriffe beschreiben einen (meist vollständigen) Unternehmenserwerb durch einen Finanzinvestor mit einer Rück-

1013 *Hannapel/Fresl*, in: Schramm/Hansmeyer (Hrsg.), 2010, 207 f.
1014 *Weinheimer/Renner*, in: Hölters, 2019, Rn. 14.19.
1015 *Fischer/Palenker*, in: Münch Hdb GesR, Bd. 2, 2019, § 26 Rn. 126.
1016 *Picot*, in: Picot (Hrsg.), 2013, § 4 Rn. 600.
1017 *Weinheimer/Renner*, in: Hölters, 2019, Rn. 14.14.
1018 *Holzapfel/Pöllath*, 2017, Rn. 1744.

beteiligung von Personen, die künftig das Unternehmen führen sollen. In Fällen, in denen das aktuelle Führungspersonal das Unternehmen kauft, spricht man von einem Management-Buy-Out. Wenn externe Manager ein Unternehmen kaufen und anschließend selbst führen sollen, ist von einem Buy-In die Rede. Bei einem Mehrheitserwerb ist der Finanzinvestor also daran interessiert, entweder mit dem bestehenden Management weiterarbeiten zu können oder ein externes Management zu finden, das bereit und fähig ist, das Unternehmen fortzuführen. Bisweilen kommt auch in Betracht, dass die »zweite Führungsebene« rückbeteiligt wird, wenn das bestehende Top-Management nicht mehr zur Verfügung steht, zum Beispiel weil die bisherigen Manager als Gesellschafter ausscheiden. Der Unternehmenserwerb steht und fällt mit der Frage, ob geeignetes Personal vorhanden ist, um den Unternehmenswert über den Investmenthorizont zu steigern.

2.4.2.2.2 Motivation der Unternehmerfamilie

Private Equity kommt in der Form der Veräußerung einer Mehrheitsbeteiligung für Unternehmerfamilien für einen teilweisen oder vollständigen Rückzug aus dem Unternehmen in Betracht. Damit handelt es sich in der Regel um eine Finanzierungsmaßnahme in der späteren Entwicklungsphase im Lebenszyklus des Unternehmens (sog. Later Stage Finanzierungen).[1019] Venture Capital ist demgegenüber eine besondere Form von außerbörslichem Eigenkapital, die auf die Finanzierung von Früh- und Wachstumsphasen von Unternehmen abzielt. Für Familienunternehmen spielt diese Form keine Rolle. Im Unterschied zum Mehrheitserwerb wird eine Wachstumsfinanzierung in der Regel durch eine Minderheitsbeteiligung realisiert (vgl. 2.4.2.4). Außerdem können Private Equity Investoren als Partner in Betracht kommen, wenn ein Unternehmensteil verselbstständigt und veräußert werden soll (Carve Out).

Private Equity Finanzierungen sind gerade in Deutschland besonders attraktiv, da sie für den Veräußerer nur wenigen Beschränkungen unterliegen. Bankfinanzierungen waren und sind in Deutschland das klassische Mittel zur Unternehmensfinanzierung im Mittelstand. Als Fremdkapitalinstrumente sind sie aber nur sehr eingeschränkt geeignet, unternehmerische Verantwortung zu teilen oder abzugeben. Der regulierte Markt für Eigenkapital an den Börsen steht nur wenigen Unternehmen offen und ist durch hohe Zugangsschranken für viele Unternehmen ungeeignet und zu teuer.[1020]

Schließlich ist Private Equity ein sehr differenzierter und umkämpfter Markt; die Teilnehmer stehen in einem starken Wettbewerb und sind ständig auf der Suche nach guten Investmentmöglichkeiten. Die Unternehmerfamilie kann sich diesen Markt zunutze machen und eine Veräußerung an einen Finanzinvestor erwägen. Sie kann mit Hilfe eines Bieterverfahrens unter

1019 *Weinheimer/Renner*, in: Hölters, 2019, Rn. 14.11.
1020 *Weinheimer/Renner*, in: Hölters, 2019, Rn. 14.10.

Umständen einen höheren Veräußerungspreis erzielen, als wenn sie sich nur an einen oder mehrere strategische Investoren wenden würde.

Unternehmerfamilien fühlen sich meist stark für Wohl und Wehe »ihres« Unternehmens verantwortlich.[1021] Ihnen ist wichtig, dass die Mitarbeiter auch künftig im Unternehmen beschäftigt sind, dass gute Kunden- und Lieferantenbeziehungen bestehen bleiben und nicht zuletzt dass das Unternehmen im Wesentlichen als solches bestehen bleibt. Gerade in Deutschland sind mittelständische Unternehmen oft lokal verwurzelt und Teil des öffentlichen Lebens in der Gemeinde und Region. So schwingt ein Verantwortungsgefühl gegenüber Dritten mit, wenn die Unternehmerfamilie über die Veräußerung nachdenkt und einen Erwerber aussucht. Die Unternehmerfamilie verfolgt meistens auch Ziele abseits der finanziellen Motivation. Dies kann besonders sensibel sein, wenn der Erwerbsinteressent ein Finanzinvestor ist. Der Finanzinvestor ist gut beraten, seine Pläne offen zu erläutern und plausibel zu begründen. Andernfalls kann der Erwerb scheitern.

2.4.2.3 Transaktionsprozess

Private Equity Investoren sind hochprofessionelle Unternehmenskäufer. Der Familienunternehmer trifft beim potenziellen Investor auf versierte Manager, Mitarbeiter und Berater sowie auf gut eingespielte Prozesse.

2.4.2.3.1 Besondere Abläufe

Zu Beginn steht die Identifikation von Zielunternehmen (Deal Origination). Private Equity Häuser sehen sich oft hunderte von Übernahmekandidaten im Jahr an, aber meist gelangen nur eine Handvoll Unternehmen in die engere Auswahl. Die Zurückhaltung rührt auch daher, dass externe Beraterkosten nur bei einem erfolgreichen Deal direkt oder indirekt aus Mitteln der Fonds beglichen werden können. Bei gescheiterten Deals zahlen die Private Equity Häuser solche Kosten aus ihrer Management Fee.[1022]

Private Equity Investoren verlangen häufig schnell Exklusivität. Gegenüber Auktionsverfahren verspricht ein exklusives Verhandeln nicht nur schnellere Ergebnisse, sondern spart auch Geld. Allerdings werden sich Verkäufer ihrerseits nur auf Exklusivität einlassen, wenn sie im Zeitdruck sind oder etwa den Verkauf so lange wie möglich geheim halten wollen.[1023] Hinzu kommt, dass Exklusivität aus Verkäufersicht nur gewährt werden sollte, wenn eine gewisse

1021 Vgl. z. B. *Bertelsmann Stiftung*, Stiftung Familienunternehmen (Hrsg.), Das gesellschaftliche Engagement von Familienunternehmen, 2011, 6 f.

1022 *Hannapel/Fresl*, in: Schramm/Hansmeyer (Hrsg.), 2010, 213.

1023 *Hannapel/Fresl*, in: Schramm/Hansmeyer (Hrsg.), 2010, 212.

Wahrscheinlichkeit besteht, mit dem entsprechenden Erwerbsinteressenten auch zum erfolgreichen Abschluss eines Kaufvertrags kommen zu können.

Die Transaktionsphase selbst unterscheidet sich nicht wesentlich von anderen Formen des Unternehmenskaufs. Zunächst wird der Investor Gespräche mit den Gesellschaftern und dem Management führen. Das Management wird das Unternehmen, die künftige Ausrichtung und seine eigenen Fähigkeiten präsentieren. Die Management-Präsentationen spielen für den Investor eine entscheidende Rolle. Da der Investor die operative Führung des Unternehmens nicht selbst übernehmen kann, hängt die Entscheidung über die Investition stark davon ab, ob der Investor Vertrauen in die Fähigkeiten und die Kooperations- und Einsatzbereitschaft des Managements fasst.[1024]

Anschließend wird der Investor auf Basis zunächst beschränkter Information ein indikatives Angebot abgeben, dies bestimmten Annahmen unterwerfen und unter den Vorbehalt einer Due Diligence Prüfung stellen. Nach der Due Diligence Prüfung folgt dann regelmäßig ein bindendes Angebot und der Kaufvertrag wird verhandelt. Schließlich wird der Kaufvertrag unterzeichnet und vollzogen.

2.4.2.3.2 Besonderheiten im Unternehmenskaufvertrag

Inhaltlich unterscheiden sich Kaufverträge mit Private Equity Investoren zunächst nicht grundlegend von anderen Unternehmenstransaktionen. Sie enthalten jedoch nicht selten zusätzlich besondere Regeln.

Dazu zählen zum Beispiel verschiedene Kündigungsmöglichkeiten für die Zeit zwischen Signing und Closing. Eine Financing-Out-Regelung besagt beispielswiese, dass der Investor sich vom Kaufvertrag lossagen kann, wenn er keine Finanzierung für den vereinbarten Kaufpreis beschaffen kann.[1025] Damit sinkt potenziell die Transaktionssicherheit. Solche Regelungen sind in den USA üblich, in Deutschland eher die Ausnahme. Der Verkäufer wird dem Verlangen nach einer Financing-Out-Regelung entgegensetzen, dass es allein der Kontrolle des Käufers unterliegt, die Finanzierung des Kaufpreises sicherzustellen[1026] und verlangen, dass der Käufer die Finanzierung vor Signing sicherstellt oder schlicht keinen entsprechenden Vorbehalt akzeptieren. Dasselbe gilt für den Vorbehalt der Zustimmung von Aufsichts-, Investment- oder sonstigen Gremien auf Erwerberseite. Häufiger sind sog. MAC-Klauseln und No-Warranty-Breach-Klauseln anzutreffen. MAC ist die Abkürzung für Material Adverse Change und bezeichnet bestimmte, vorher definierte Ereignisse oder Entwicklungen des Unternehmens, die derart nachteilig sind, dass sie die Unternehmensbewertung des Erwerbers hinfällig werden lassen.

1024 *Nawroth/Braun* in: Eilers/Koffka/Mackensen/Paul, 2018, I.2. Rn. 14.
1025 *Koffka/Mackensen*, in: Eilers/Koffka/Mackensen/Paul, 2018, I.4. Rn. 46.
1026 *Weber*, in: Hölters, 2019, Rn. 9.203.

Für solch einen Fall will der Investor zur Kündigung des Kaufvertrags berechtigt sein.[1027] So verlagert sich das Risiko einer Verschlechterung der Lage des Unternehmens bis zum Closing auf den Verkäufer.[1028] No-Warranty-Breach-Klauseln stellen lediglich einen Unterfall von MAC-Klauseln dar und räumen dem Erwerber ein Kündigungsrecht für den Fall ein, dass vor Closing Garantieverletzungen auftreten oder bekannt werden. Ein häufiger Grund, eine MAC-Klausel in den Kaufvertrag aufzunehmen, ist die Tatsache, dass Banken in vielen Finanzierungsverträgen entsprechende MAC-Klauseln verlangen.[1029] Dann stellt die MAC-Klausel den Gleichlauf zwischen Finanzierung und Erwerb sicher. Wiederum trägt der Verkäufer das Risiko einer negativen Veränderung zwischen Signing und Closing.

Ferner zählen zu den mögliche Besonderheiten auch Mehrerlösklauseln (Anti-Embarassment-Klauseln). Danach muss der Käufer, wenn er das Unternehmen innerhalb einer gewissen Frist weiterveräußert, den Mehrerlös aus einer solchen Veräußerung ganz oder teilweise an den Verkäufer abführen.[1030] Obwohl diese Klauseln typischerweise beim Verkauf notleidender Unternehmen als earn-out-ähnliche Absicherung des Verkäufers vorkommen,[1031] können gerade Unternehmerfamilien ein großes Interesse an einer solchen Klausel haben. Sie bietet der Familie zumindest eine symbolische Gewähr, dass sich der Investor zur Entwicklung des Unternehmens auf eine gewisse Zeit verpflichtet. In der Praxis sind solche Klauseln allerdings schwer durchzusetzen, da der Investor nach dem Erwerb des Unternehmens freie Hand haben möchte.

Häufig sind auch Finanzierungszusagen für Eigen- und Fremdkapital. Das Akquisitionsvehikel, also der Käufer, verfügt nur selten über frei verfügbare Mittel. In der Regel erhält der Käufer das Eigenkapital über den Private Equity Fonds, der es von sein Investoren auf Abruf erhält (sog. Capital Call oder Drawdown Notice).[1032] Bei der Fremdfinanzierung ist es ähnlich: Das Akquisitionsvehikel erhält die Mittel von den Banken erst, wenn die Vollzugsvoraussetzungen des Kaufvertrags eingetreten sind. Um dem Verkäufer zu zeigen, dass die Finanzierung des Kaufpreises gesichert ist, haben sich deshalb sog. Equity Commitment Letter und Debt Commitment Letter durchgesetzt. Darin verpflichten sich die Geldgeber gegenüber dem Akquisitionsvehikel oder gegenüber dem Erwerber zur Bereitstellung der Mittel unter bestimmten Konditionen.[1033] Bei der Fremdfinanzierungskomponente kommt es jedoch nicht selten vor, dass bei Signing noch keine dauernde Akquisitionsfinanzierung, sondern lediglich eine Übergangsfinanzierung (sog. Bridge Facility) nachgewiesen wird, die zum Closing bestimmte Zahlungen sicherstellt.[1034] Schließlich ist zu beachten, dass Commitment Letter im Zusammenhang mit dem Erwerb von GmbH-

1027 *Kuntz*, DStR 2009, 377, 377.
1028 *Lange*, NZG 2005, 454, 455.
1029 *Von Schorlemer*, in: Lorz/Pfisterer/Gerber (Hrsg.), 2010, D. III. Rn. 24.
1030 *Schmidt-Hern/Behme*, NZG 2012, 81, 82; *Siebert*, FD-HGR 2008, 256799.
1031 *Hofer*, BB 2013, 972, 975.
1032 *Leyendecker/Mackensen*, NZG 2012, 129, 130 f.
1033 *V. Rosenberg*, in: Eilers/Koffka/Mackensen/Paul, Private Equity, 2018, I.5. Rn. 1.
1034 *V. Rosenberg*, in: Eilers/Koffka/Mackensen/Paul, Private Equity, 2018, I.5. Rn. 18.

Geschäftsanteilen beurkundungsbedürftig sein können, wenn für den Käufer erkennbar ist, dass der Verkäufer den Kaufvertrag nicht ohne den Commitment Letter abgeschlossen hätte.[1035]

Mit Covenants bezeichnet man beim Unternehmenskauf bestimmte Pflichten, die das Zielunternehmen bzw. die Verkäufer in der Phase zwischen Signing und Closing zu erfüllen haben. Sie zielen darauf ab, das Verkaufsobjekt in diesem Zeitraum möglichst unverändert zu halten.[1036] Klassische Beispiele sind die Fortführung des Geschäfts wie in der bisherigen und üblichen Praxis oder auch das Verbot, wesentliche Strukturänderungen vorzunehmen. Beim Erwerb durch Private Equity Investoren kommen spezifische Covenants hinzu, die mit der Fremdfinanzierung zu tun haben. Die finanzierenden Banken verlangen zumeist, dass die Zielgesellschaft und ihre Gruppengesellschaften bereits zum Closing oder kurz danach Schuldner bzw. Garantiegeber unter den Finanzierungsverträgen werden.[1037] In solchen Fällen sieht der Unternehmenskaufvertrag entsprechende Handlungs- und Mitwirkungspflichten des Verkäufers und der Zielgesellschaften vor. Der Verkäufer verlangt im Gegenzug meist, dass er vollen Ersatz seiner Kosten und eventueller Schäden erhält, falls es nicht zum Closing kommen sollte, häufig in Form eines pauschal festgelegten Betrags (Break Fee).[1038] In jüngerer Zeit ist es üblicher geworden, dass die finanzierenden Banken auskömmliche Fristen gewähren, innerhalb derer die Zielgesellschaft und ihre Gruppengesellschaften den Finanzierungsverträgen als Schuldner oder Garantiegeber beitreten müssen.[1039]

2.4.2.3.3 Besonderheiten des Leveraged-Buy-Out

Der Leveraged-Buy-Out (LBO) bildet die typische Form des Unternehmenserwerbs durch Finanzinvestoren. Er ist dadurch gekennzeichnet, dass der Investor den Kaufpreis nicht vollständig als Eigenkapital, sondern zum Teil über Fremdkapital aufbringt. Dabei entsteht die sog. Leverage, eine Hebelwirkung auf den Eigenkapitaleinsatz. Sie entsteht, wenn der Kapitalzins unter der Gesamtrendite des eingesetzten Kapitals bleibt.[1040]

> BEISPIEL
>
> Bringt der Investor den gesamten Kaufpreis von 100 als Eigenkapital auf und erwirtschaftet das Unternehmen einen Gewinn vor Zinsen von 10, so entfällt ein Gewinn von 10 % auf das Eigenkapital. Nimmt der Investor 50 % des Kaufpreises als Fremdkapital (Leverage 1:1) mit einer Verzinsung von 5 % p. a. auf bei einem Gewinn vor Zinsen von 10, zahlt er Zinsen in Höhe von 2,5 und hat einen Gewinn von 7,5. Dadurch entfaltet das Fremdkapital seine Hebelwirkung: Der Investor erwirtschaftet einen Gewinn von 15 % auf das Eigenkapital.

1035 *Temme*, in: Picot (Hrsg.), 2013, § 5 Rn. 15; *Erbacher/Klarmann*, CFL 2011, 151; a. A. *Herrmann*, GmbHR 2009, 625, 631; *Leyendecker/Mackensen*, NZG 2012, 129, 134.

1036 *Hanke/Socher*, NJW 2010, 1576, 1577.

1037 Vgl. *Koffka/Mackensen*, in: Eilers/Koffka/Mackensen/Paul, Private Equity, 2018, I.4. Rn. 59.

1038 *SchraderKoffka/Mackensen*, in: Eilers/Koffka/Mackensen/Paul, Private Equity, 2018, I.4. Rn. 2647.

1039 *Ingenhoven/Eisen* in: Hölters, 2019, Rn. 4.91, Fn. 124.

1040 *Weinheimer/Renner*, in: Hölters, 2019, Rn. 14.23.

Das Beispiel zeigt, dass LBO vornehmlich bei Unternehmen mit starkem Cashflow in Betracht kommen, die in der Lage sind, die Zinslast während der Laufzeit des Investments und ggf. auch die Tilgung der Akquisitionsfinanzierung zu schultern.[1041] Außerdem verlangen Fremdkapitalgeber Sicherheiten für die Rückzahlung von Darlehen. Finanzinvestoren sind regelmäßig nicht in der Lage, selbst Sicherheiten zu stellen. Außerdem ist die Besicherung durch den Investor steuerlich ungünstiger.[1042] Deshalb wird das Vermögen des Zielunternehmens in der Regel so weit wie möglich zur Besicherung der Akquisitionsfinanzierung herangezogen.[1043]

Die rechtliche Struktur eines LBO unterscheidet sich nicht grundlegend von einem Unternehmenskauf ohne Fremdfinanzierung. Um aber die Vorteile der Fremdfinanzierung voll ausnutzen zu können, wählen die Parteien meist eine zweistufige Erwerbsstruktur.[1044] Auf einer ersten Stufe kauft eine eigens gegründete Zweckgesellschaft (Special Purpose Vehicle, SPV) die Geschäftsanteile an der Zielgesellschaft. Das SPV ist Kreditnehmer im Rahmen der Akquisitionsfinanzierung und begleicht einen Teil des Kaufpreises mit den Fremdmitteln. Auf einer zweiten Stufe kauft dann das SPV entweder das Vermögen der Zielgesellschaft (Asset Deal Modell) oder die Zielgesellschaft wird in eine GmbH & Co. KG umgewandelt (Umwandlungsmodell). Dadurch werden die stillen Reserven der Zielgesellschaft steuerneutral aufgedeckt (Buchwertaufstockung, sog. Step Up) und es entsteht Abschreibungspotenzial.[1045]

Vor und während der Akquisition und während der Laufzeit des Darlehens sind mit den finanzierenden Banken weitere Parteien finanziell und vertraglich in das Investment eingebunden. Da Darlehen und Zinsen aus dem Cashflow zurückgeführt werden, liegt das Hauptaugenmerk der Fremdkapitalgeber auf dem Business Plan und der Plausibilität und Belastbarkeit von dort angenommenen Szenarien.[1046] Neben der Besicherung der Zahlungsansprüche lassen sich die Banken bei Akquisitionsfinanzierungen stets auch Auskunfts-, Zinserhöhungs-, Mitsprache, Eingriffs- und Kündigungsrechte einräumen. In der Praxis als Financial Covenants bezeichnete Vertragsklauseln bestimmten die Verpflichtung, dass das Zielunternehmen bestimmte Finanzkennzahlen einhält, etwa bestimmte Werte bei Cashflow, Eigenkapital, Ertragskennzahlen wie EBIT/EBITDA oder beim Verschuldungsgrad. Die Finanzkennzahlen sind ein Gradmesser der wirtschaftlichen Leistungsfähigkeit und dienen als Gewähr, dass das Unternehmen nicht in Zahlungsverzug gerät.[1047] Ein LBO kann so dazu führen, dass das Zielunternehmen in seiner wirtschaftlichen Gestaltungsfreiheit eingeschränkt wird.

1041 *Picot*, in: Picot (Hrsg.), 2013, § 4 Rn. 598, 603.
1042 *Holzapfel/Pöllath*, 2017, Rn. 1417, 1452.
1043 *Picot*, in: Picot (Hrsg.), 2013, § 4 Rn. 599.
1044 *Picot*, in: Picot (Hrsg.), 2013, § 4 Rn. 607 ff.
1045 *Heukamp/Beutel*, in: Eilers/Koffka/Mackensen/Paul, Private Equity, 2018, VII.6. Rn. 16 ff.
1046 *Hannapel/Fresl*, in: Schramm/Hansmeyer (Hrsg.), 2010, 210.
1047 *Merkel/Richrath*, in: Schimansky/Bunte/Lwowski, 2017, § 98 Rn. 174.

2.4.2.3.4 Gesellschaftervereinbarung

Für den Investor mindestens so wichtig wie der Kaufvertrag ist die Gesellschaftervereinbarung. Sie regelt die Zusammenarbeit des Investors mit den übrigen Gesellschaftern (verbleibende Minderheitsgesellschafter und an der Gesellschaft beteiligte Manager) sowie die gegenseitigen Rechte und Pflichten. Die Gesellschaftervereinbarung sichert dem Investor Entscheidungsbefugnisse, hat aber auch Schutzfunktion für verbleibende Minderheitsgesellschafter und insbesondere die im nachfolgenden Abschnitt zu behandelnden beteiligten Manager.

Gesellschaftervereinbarungen können beliebige Bestimmungen enthalten, sofern nicht zwingendes Recht entgegensteht. Bei der GmbH etwa können zwingende Satzungsinhalte nicht in Gesellschaftervereinbarungen geregelt werden. Beispiele hierfür sind die Regelungen im Anwendungsbereich der §§ 3 Abs. 1 und 5 Abs. 4 GmbHG und die Voraussetzungen einer Einziehung von Geschäftsanteilen oder auch jegliche Umgehung der Grundsätze der Kapitalaufbringung und der Kapitalerhaltung.[1048] Bei der AG ist die Rechtslage restriktiver. Auch hier gilt, dass zwingende Satzungsinhalte nicht wirksam vereinbart werden können; dies wirkt sich jedoch stärker aus als bei der GmbH, da wegen des in § 23 Abs. 5 AktG niedergelegten Prinzips der Satzungsstrenge nur vom Gesetz abgewichen werden kann, wenn dies ausdrücklich zugelassen ist. Dennoch finden sich in der Praxis regelmäßig Gesellschaftervereinbarungen, um den Gesellschafterbestand und die Zusammenarbeit in personalistisch geprägten Gesellschaften zu steuern, zum Beispiel durch Vorkaufsrechte, Stimmbindungen, Abreden zur Besetzung des Aufsichtsrats oder des Vorstands und durch Informationspflichten.[1049]

Gesellschaftervereinbarungen unterliegen keinen besonderen Formerfordernissen und sind im Unterschied zu Gesellschaftsverträgen rein schuldrechtliche Abreden zwischen Gesellschaftern.[1050] Formerfordernisse können aber durch besondere Formvorschriften entstehen, beispielsweise wenn die Gesellschaftervereinbarung eine Verpflichtung zur künftigen Übertragung von GmbH-Geschäftsanteilen enthält und daher gem. § 15 Abs. 4 Satz 1 GmbHG der notariellen Beurkundung bedarf.[1051] Wenn dauernde oder wiederkehrende Pflichten bestehen, die ein Zusammenwirken der Parteien beinhalten und einen gemeinsamen Zweck der Parteien erkennen lassen, kann dadurch eine BGB-Gesellschaft der Gesellschafter begründet sein, die neben der eigentlichen Gesellschaft besteht. Das ist etwa der Fall bei Stimmbindungsvereinbarungen oder sonstigen Verpflichtungen zur gegenseitigen Unterstützung bei der Ausübung von Gesellschafterrechten.[1052]

1048 *Fastrich*, in: Baumbach/Hueck, GmbHG, 2019, § 3 Rn. 57; *Schmiegelt/Schmidt*, in: Prinz/Winkeljohann (Hrsg.), Beck'sches Handbuch der GmbH, 2014, § 3 Rn. 169.

1049 *Koch*, in: Hüffer/Koch, Aktiengesetz, 2020, § 23 Rn. 45.

1050 Ständige Rechtspr., vgl. nur BGH, Beschluss vom 15.03.2010 – II ZR 4/09, NJW 2010, 3718, 3719.

1051 *Schmiegelt/Schmidt*, in: Prinz/Winkeljohann (Hrsg.), Beck'sches Handbuch der GmbH, 2014, § 3 Rn. 176.

1052 *Fastrich*, in: Baumbach/Hueck, GmbHG, 2019, § 3 Rn. 56, 58.

Gesellschaftervereinbarungen binden nur die Parteien. Überträgt ein Gesellschafter seine Anteile an der Gesellschaft, ist der Erwerber nur an die Gesellschaftervereinbarung gebunden, wenn er ihr beitritt.[1053] Häufig sehen Gesellschaftervereinbarungen Verpflichtungen vor, Geschäftsanteile nur zu veräußern, wenn der Erwerber zugleich Partei der Gesellschaftervereinbarung wird. Eine Verletzung dieser Verpflichtung hindert einen Dritten aber nicht am sog. dinglichen Erwerb von Geschäftsanteilen, sondern ist nur im Verhältnis der bisherigen Parteien der Gesellschaftervereinbarung relevant. Ein Verstoß gegen die Vereinbarung kann so zum Beispiel Schadensersatzansprüche begründen. Bei der GmbH kann aber die übliche Vinkulierung im Gesellschaftsvertrag die übrigen Parteien dagegen absichern, dass Dritte Gesellschafter werden, ohne zugleich der Gesellschaftervereinbarung als Partei beizutreten.

Als Parteien einer Private Equity Gesellschaftervereinbarung kommen regelmäßig in Betracht: der Investor als Mehrheitsgesellschafter,[1054] das künftige Management des Zielunternehmens, Altgesellschafter als verbleibende Minderheitsgesellschafter sowie bisweilen auch künftige Beiratsmitglieder. Der wichtigste Fall, nämlich die Beteiligung des Managements wird sogleich gesondert beschrieben. Eine Beteiligung der Altgesellschafter kommt vor allem dann in Betracht, wenn der Investor das Risiko befristet oder unbefristet teilen möchte oder wenn die Expertise der Altgesellschafter noch für das Unternehmen zur Verfügung stehen soll. Dann werden Kernpunkte einer Gesellschaftervereinbarung vor allem Vorerwerbsrechte, Exit-Regelungen und Beratungspflichten sein. Da die Altgesellschafter parallel den Unternehmenskauf mitverhandeln, haben sie relativ viel Verhandlungsmacht auch für die Gesellschaftervereinbarung. Im Vergleich dazu müssen Beiratsmitglieder, die vorher keine Gesellschafter waren, eher nehmen, was ihnen angeboten wird.

2.4.2.4 Finanzinvestoren als Minderheitsbeteiligte

Dr. Simon Sabel

2.4.2.4.1 Übersicht

Die Minderheitsbeteiligung ist für einen Finanzinvestor[1055] häufig die einzige Möglichkeit sich an attraktiven Familienunternehmen zu beteiligen, denn Familienunternehmer sind oftmals nicht bereit, das Familienunternehmen für Mehrheitsgesellschafter zu öffnen.[1056]

Erwirbt ein Finanzinvestor nur eine Minderheitsbeteiligung, sind Finanzinvestor und Familienunternehmer nach dem Erwerb beide Gesellschafter desselben Unternehmens. Finanzinvestor

1053 *Schmiegelt/Schmidt*, in: Prinz/Winkeljohann (Hrsg.), Beck'sches Handbuch der GmbH, 2014, § 3 Rn. 160.
1054 Zu Minderheitsbeteiligungen siehe 2.4.2.4.5.
1055 Rechtliche Implikationen v.a. hinsichtlich regulatorischen Anforderungen von Private Equity *Pöllath/Rodin/Wewel*, 2018.
1056 *Cichy/JanderMcAlister*, BB 2012, 723 (724).

und Familienunternehmer verfügen dabei über unterschiedliche Motivationen und Interessen. Daraus ergeben sich besondere Herausforderungen, die durch eine umsichtige Gestaltung der Minderheitsbeteiligung aufgefangen werden müssen.

2.4.2.4.2 Motivation der Beteiligten

2.4.2.4.2.1 Motivation des Finanzinvestors

Der Finanzinvestor betrachtet die Minderheitsbeteiligung als Investment. Es geht ihm regelmäßig um eine Wertsteigerung des Unternehmens, die er durch den späteren Verkauf realisieren möchte. Der Fokus des Finanzinvestors liegt daher meist auf dem Exiterlös und weniger auf laufenden Ausschüttungen.[1057]

Minderheitsbeteiligungen können auch interessant für Finanzinvestoren sein, weil die Transaktionskosten im Vergleich zum vollständigen Erwerb eines Unternehmens üblicherweise geringer sind, insbesondere, da regelmäßig kein kostenintensives Bieterverfahren durchgeführt wird.[1058] Diese Kosteneinsparung kann sich durchaus in der Gesamtrechnung des Investments auszahlen.

2.4.2.4.2.2 Motivation des Familienunternehmers

Aus Sicht des Familienunternehmers kann die Minderheitsbeteiligung zunächst ein Finanzierungsmittel sein, wenn eine Bankenfinanzierung nicht verfügbar oder erwünscht ist.[1059] Insbesondere die Möglichkeit, Wachstumskapital durch eine Eigenkapitalerhöhung zu finanzieren, stellt für viele Familienunternehmer eine Alternative zur klassischen Fremdfinanzierung dar.[1060]

Die Minderheitsbeteiligung bietet des Weiteren die Chance, die Leitung des Familienunternehmens zu professionalisieren.[1061] Der Finanzinvestor lässt sich im Rahmen der Minderheitsbeteiligung häufig Einfluss auf die Leitung des Unternehmens einräumen (vgl. 2.4.2.4.5.1). Wertvolles Knowhow kann so unmittelbar in die Unternehmensleitung einfließen. Das Netzwerk des Finanzinvestors kann für das Familienunternehmen genutzt werden.[1062] Die hierdurch bewirkte Professionalisierung des Familienunternehmens zählt wohl zu den wichtigsten Motiven von Familienunternehmern für eine Öffnung gegenüber Finanzinvestoren.[1063]

Im Idealfall kann die Minderheitsbeteiligung als Finanzierungs- und Professionalisierungsinstrument gezielt als Wachstumsbeschleuniger eingesetzt werden.[1064]

1057 *Cichy/Jander-McAlister*, BB 2012, 723 (725); *Niethammer*, in: Rödl u. a., FS Rödl, 2008, 219.
1058 *Cichy/Jander-McAlister*, BB 2012, 723 (724).
1059 Vgl. hierzu *Niethammer*, in: Rödl u. a., FS Rödl, 2008, 218 f.
1060 *Achleitner/Schraml/Tappeiner*, Stiftung Familienunternehmen 2008, 21 und 23 f.
1061 *Breuninger/Ernst*, FR 2008, 659 (660); *Achleitner/Schraml/Tappeiner*, Stiftung Familienunternehmen 2008, 22.
1062 Speziell für den Venture Capital-Bereich *Möllmann/Möllmann*, BWNotZ 2013, 78.
1063 *Achleitner/Schraml/Tappeiner*, Stiftung Familienunternehmen 2008, 23.
1064 Vgl. *Hinderer*, FS Hennerkes 2009, 379 f.

Minderheitsbeteiligungen können für Familienunternehmer zudem eine interessante Option sein, um familienunternehmensspezifische Sondersituationen zu bewältigen. Scheidet ein Gesellschafter aus, kann der Finanzinvestor dessen Anteile übernehmen oder den Abfindungsanspruch des ausscheidenden Gesellschafters finanzieren. In der Praxis steht für Familienunternehmer bei der Öffnung für Minderheitsbeteiligungen von Finanzinvestoren im Zuge eines Gesellschafterwechsels allerdings häufig weniger die Deckung des mit dem Gesellschafterwechsel verbundenen Kapitalbedarfs, sondern vielmehr die Professionalisierung der Unternehmensleitung im Vordergrund.[1065] Bei fehlenden innerfamiliären Nachfolgeoptionen kann die Minderheitsbeteiligung ein sinnvoller Zwischenschritt sein, um sich möglichst viele Optionen offen zu halten und einen überstürzten Verkauf des gesamten Unternehmens zu vermeiden.[1066] Bei Gesellschafterkonflikten kann die Minderheitsbeteiligung eines neutralen Finanzinvestors zu einer Versachlichung/Befriedung des Konflikts führen. In der Praxis spielt diese mögliche Befriedigungsfunktion als Motiv für die Beteiligung neutraler Minderheitsgesellschafter allerdings wohl nur eine untergeordnete Rolle.[1067]

2.4.2.4.2.3 Gegenläufige Interessen

Es zeigt sich, dass die Interessen des Familienunternehmers bei einer Minderheitsbeteiligung häufig in einen langfristigen Planungshorizont eingebettet sind, während die Interessen des Finanzinvestors häufig durch dessen kurzfristigen Anlagehorizont bestimmt werden. Entgegen einer in der Öffentlichkeit verbreiteten Kritik an Private-Equity-Gesellschaften weisen Studien zur ökomischen Bewertung von Private-Equity-Investments allerdings darauf hin, dass diese keinesfalls die langfristige und nachhaltige Investitionspolitik des Zielunternehmens gefährden. Vielmehr werden die Auswirkungen von Private-Equity-Beteiligungen auf die Investitionstätigkeit und die Ertragskraft der betroffenen Zielunternehmen sowie auf die Zahl der bei diesen beschäftigten Arbeitnehmern überwiegend positiv eingeschätzt.[1068] Dennoch ergeben sich aus den gegenläufigen Interessen von Familienunternehmer und Finanzinvestor als Minderheitsgesellschafter typischerweise die folgenden Spannungsfelder[1069]:

Der Finanzinvestor strebt eine Beteiligung mit unternehmerischem Charakter an und benötigt dafür Einflussmöglichkeiten und Informationsrechte. Die Unternehmerfamilie will ihren Führungsanspruch und ihre Unabhängigkeit wahren; sie hat ein erhöhtes Bedürfnis nach Vertraulichkeit.

Der Finanzinvestor strebt eine hohe Rendite auf den Zeitraum seiner Minderheitsbeteiligung an. Zur Maximierung der Rendite muss der Finanzinvestor im Idealfall das gesamte Familienunternehmen verkaufen können (Mitnahme eines »Paketzuschlags«). Die Unternehmerfamilie ist am langfristigen Erhalt des Unternehmens in Familienhand interessiert.

1065 *Achleitner/Schraml/Tappeiner*, Stiftung Familienunternehmen 2008, 22 f.

1066 *Breuninger/Ernst*, FR 2008, 659 (660).

1067 *Achleitner/Schraml/Tappeiner*, Stiftung Familienunternehmen 2008, 23.

1068 Hierzu ausführlich *Otto*, AG 2013, 357 (363 ff.) m. w. N.; vgl. auch *Breuninger/Ernst*, FR 2008, 659 (660) m. w. N.

1069 Hierzu jeweils *Cichy/Jander-McAlister*, BB 2012, 723 (724 ff.) sowie *Achleitner/Schraml/Tappeiner*, Stiftung Familienunternehmen 2008, 41 ff.

Der Finanzinvestor strebt regelmäßig einen hohen Exiterlös an und will daher laufende Ausschüttungen minimieren. Die Unternehmerfamilie ist hingegen üblicherweise auf laufende Ausschüttungen angewiesen, um den Lebensunterhalt der Familienmitglieder zu finanzieren und steuerliche Belastungen bedienen zu können.

Wesentliches Element zur Auflösung dieser Spannungsfelder und der Gestaltung einer für alle Seiten erfolgreichen Minderheitsbeteiligung ist die Ausgestaltung der Minderheitsbeteiligung. Dabei ist neben dem Vorbereitungsprozess und dem konkreten Erwerb v. a. eine Anpassung der Governance-Struktur des Familienunternehmens notwendig.[1070]

2.4.2.4.3 Vorbereitungsprozess

Ebenso wie bei einem Erwerb des gesamten Familienunternehmens durch einen Finanzinvestor gibt es typische Vorbereitungsschritte für die Umsetzung der Minderheitsbeteiligung. Insoweit wird auf die Ausführungen unter 2.4.1.4 verwiesen. Beispielsweise liegt der Fokus der Due Diligence sowohl beim Erwerb einer Minderheitsbeteiligung als auch beim Erwerb des gesamten Familienunternehmens durch einen Finanzinvestor auf einer Untersuchung renditereduzierender Risiken, die in einem Red Flag-Due Diligence-Report dokumentiert werden.

Aus empirischen Erhebungen geht hervor, dass Prozesse beim Erwerb von Minderheitsbeteiligungen tendenziell länger dauern, als beim Erwerb von Mehrheitsbeteiligungen.[1071] Dies lässt sich wohl neben der besonderen rechtlichen Komplexität von Minderheitsbeteiligungen u. a. auf eine schlechte Vorbereitung des Familienunternehmens und der Unternehmerfamilie auf die Minderheitsbeteiligung zurückführen.[1072] Dieser Befund zeigt, wie wichtig eine frühzeitige und umsichtige Vorbereitung ist. Im Idealfall verfügt die Unternehmerfamilie schon über eine klare Vorstellung von der Minderheitsbeteiligung und deren Einsatzmöglichkeiten, die im Rahmen einer Transaktionsstrategie für das eigene Familienunternehmen konkretisiert ist (vgl. 2.1.3). Auf dieser Grundlage gilt es dann, einen geeigneten Finanzinvestor zu identifizieren. Für Familienunternehmer sind dabei neben den finanziellen Konditionen häufig vor allem das Vertrauen in die auf Seiten des Finanzinvestors involvierten Personen sowie dessen Investitionsstrategie die letztlich ausschlaggebenden Entscheidungskriterien.[1073]

2.4.2.4.4 Erwerb der Minderheitsbeteiligung

Der Erwerb der Minderheitsbeteiligung kann zunächst durch einen gewöhnlichen Kauf- und Abtretungsvertrag über bereits bestehende Unternehmensbeteiligungen umgesetzt werden (vgl. 2.2.3). Dies kann sinnvoll sein, wenn die Minderheitsbeteiligung im Zusammenhang mit

1070 *Cichy/Jander-McAlister*, BB 2012, 723 (724 ff.).
1071 *Achleitner/Schraml/Tappeiner*, Stiftung Familienunternehmen 2008, 31.
1072 *Achleitner/Schraml/Tappeiner*, Stiftung Familienunternehmen 2008, 31 f.
1073 *Achleitner/Schraml/Tappeiner*, Stiftung Familienunternehmen 2008, 34 f.

einem Gesellschafterwechsel oder einer Nachfolgesituation eingesetzt wird. Hierbei wird die Unternehmensbeteiligung des ausscheidenden Gesellschafters oder ein Teil dieser an den Finanzinvestor verkauft und auf diesen übertragen.

Wird keine Unternehmensbeteiligung »frei« oder ist der Finanzinvestor nach Durchführung der Legal Due Diligence nicht bereit, eine bereits bestehende Unternehmensbeteiligung zu erwerben, findet der Erwerb häufig durch eine Kapitalerhöhung unter Ausgabe neuer Anteile statt. Für den Investor bietet die Ausgabe neuer Anteile u.a. den Vorteil, dass mögliche rechtliche Risiken, die bereits bestehender Anteile anhaften, nicht auf ihn übergehen.

In allen Fällen des Erwerbs müssen die im Red Flag-Due Diligence-Report beschriebenen Risiken im Rahmen der Erwerbsdokumentation abgebildet werden, beispielsweise durch Garantien oder Freistellungen.

Häufig wird der Erwerb der Minderheitsbeteiligung durch weitere Maßnahmen flankiert, um dem Familienunternehmen zusätzlich Kapital zur Verfügung zu stellen: oftmals werden stille Beteiligungen begründet, Einlagen in die freie Rücklage geleistet und/oder Genuss-, Wandlungs- oder Optionsrechte eingeräumt.[1074] Bei diesen Finanzierungsinstrumenten sind die Grenzen zwischen Fremd- und Eigenkapital – zumal aus bilanzieller Sicht -fließend; man nennt sie daher auch Mezzanine-Kapital bzw. hybride Beteiligungen. Im Gegenzug lässt sich der Finanzinvestor in der Regel zusätzliche Einflussmöglichkeiten einräumen. Weitere flankierende Maßnahmen ergeben sich aus der Notwendigkeit, die Governance-Struktur des Familienunternehmens anzupassen.

2.4.2.4.5 Anpassung der Governance-Struktur

Die Anpassung der Governance-Struktur des Familienunternehmens ist für die Ausgestaltung der Minderheitsbeteiligung von zentraler Bedeutung.[1075] Nur so können die divergierenden Interessen des Finanzinvestors und der Unternehmerfamilie in Ausgleich gebracht und das wesentliche Ziel des Finanzinvestors – Wertsteigerung der Beteiligung und Realisierung der Wertsteigerung durch Veräußerung (vgl. 2.4.2.2.1) – erreicht werden.

2.4.2.4.5.1 Einflussnahme des Finanzinvestors

Der Finanzinvestor strebt eine unternehmerische Beteiligung an. Er möchte die Entwicklung seines Investments kontrollieren können, bisher nicht ausgeschöpfte Entwicklungspotenziale des Zielunternehmens heben und dieses durch sein eigenes Knowhow voranbringen. Dies ist nur möglich, wenn der Finanzinvestor Einflussmöglichkeiten auf das Familienunternehmen

1074 *Jesch/Striegel/Boxberger*, 2010, 237 f.; zu diesen Finanzierungsinstrumenten auch *Breuninger/Ernst*, FR 2008, 659 (660 ff.).

1075 Umfassende Darstellung der Ausgestaltung, insbesondere hinsichtlich Gesellschaftsvertrag und Gesellschaftervereinbarung bei *Achleitner/Schraml/Tappeiner*, Stiftung Familienunternehmen 2008, 41 ff.; *Cichy/Jander-McAlister*, BB 2012, 723 (724 f.).

erhält und mit entsprechenden Informationsrechten ausgestattet wird.[1076] Die gesetzlichen Rechte als Minderheitsgesellschafter reichen hierfür häufig nicht aus: Ist das Familienunternehmen als GmbH & Co. KG organisiert, hat der Finanzinvestor als Kommanditist beispielsweise nur beschränkte Einflussmöglichkeiten und Informationsrechte. Die Einfluss- und Informationsrechte werden typischerweise im Gesellschaftsvertrag und/oder in einer Gesellschaftervereinbarung festgelegt, deren Abschluss dann beispielsweise als aufschiebende Bedingung für den Erwerb der Minderheitsbeteiligung vereinbart wird.

a) Sonderrechte

Dem Finanzinvestor werden regelmäßig Sonderrechte eingeräumt, die über den gesetzlichen Standard hinausgehen. So kann der Einfluss des Finanzinvestors beispielsweise durch Mehrfachstimmrechte oder sonstige **golden share**-Gestaltungen pauschal erhöht werden.

Der Finanzinvestor erhält häufig Zustimmungs- und Vetorechte hinsichtlich bestimmter Geschäftsführungsmaßnahmen, insbesondere bezüglich Entscheidungen über die Finanz- und Investitionsplanung des Familienunternehmens.[1077] Zur effektiven Wahrnehmung dieser Rechte werden Informationsrechte zu Gunsten des Finanzinvestors begründet; es werden umfassende Reporting-Standards (beispielsweise die monatliche Vorlage der Gewinn- und Verlustrechnung; einer Liquiditätsübersicht und -planung, des Auftragseingangs und einer Vertriebsvorschau sowie des Status von Investitionen) implementiert.[1078]

Dabei kann vorgesehen werden, dass (bestimmte) Sonderrechte erst dann entstehen, wenn bestimmte Zielvorgaben durch das Familienunternehmen nicht erfüllt werden:[1079] der Finanzinvestor erhält dann beispielsweise das Recht zum Austausch der Geschäftsführung oder zusätzliche Zustimmungsvorbehalte und Vetorechte. Denkbar ist auch, dass sich die Beteiligungsverhältnisse am Familienunternehmen performanceabhängig verschieben[1080]: für den Fall, dass gewisse Zielvorgaben vom Familienunternehmen nicht erreicht werden, kann dem Finanzinvestor eine Option auf den Erwerb weiterer bereits bestehender Anteile oder das Recht eingeräumt werden, neue Anteile am Familienunternehmen zu Vorzugskonditionen zu erwerben.[1081]

Statistische Untersuchungen weisen darauf hin, dass Familienunternehmer insbesondere performanceabhängige Sonderrechte zugunsten des Finanzinvestors sehr kritisch sehen und entsprechende Forderungen häufig als Ausschlusskriterium einstufen.[1082] Da die Sonderrechte aber aus Sicht des Finanzinvestors wesentlich sind, wird es regelmäßig nicht gelingen, den

1076 *Weitnauer*, NZG 2001, 1065 (1070 f.).

1077 Vgl. *Achleitner/Schraml/Tappeiner*, Stiftung Familienunternehmen 2008, 45 ff.; *Cichy/Jander-McAlister*, BB 2012, 723 (724).

1078 *Weitnauer*, 2019, F, Rz. 168–170; *Achleitner/Schraml/Tappeiner*, Stiftung Familienunternehmen 2008, 48 f.

1079 Zu diesen sog. »Step-in-Rights« vgl. *Niethammer*, in: Rödl u. a., FS Rödl, 2008, 222 f.; *Achleitner/Schraml/Tappeiner*, Stiftung Familienunternehmen 2008, 47; *Cichy/Jander-McAlister*, BB 2012, 723 (724 f.)

1080 *Niethammer*, in: Rödl u. a., FS Rödl 2008, 223.

1081 *Weitnauer*, NZG 2001, 1065 (1066).

1082 *Achleitner/Schraml/Tappeiner*, Stiftung Familienunternehmen 2008, 47.

Finanzinvestor hiervon abzubringen. Das Familienunternehmen sollte sich darauf einstellen, dass die Gewährung von Sonderrechten Bedingung für den Erwerb der Minderheitsbeteiligung durch den Finanzinvestor ist.

b) Beirat

Die Sonderrechte können dem Finanzinvestor entweder unmittelbar als Gesellschafter oder über die Mitgliedschaft in einem – ggf. neu einzurichtenden – Beirat eingeräumt werden. Regelmäßig bestehen Private-Equity-Gesellschaften auf die Einrichtung eines Beirats, soweit ein solcher nicht bereits vorhanden ist.[1083] Der Beirat wird regelmäßig im Gesellschaftsvertrag des Familienunternehmens verankert. Einzelheiten, insbesondere zum Geschäftsgang des Beirats, können in einer separaten Geschäftsordnung für den Beirat festgelegt werden.[1084]

Der Beirat kann ausschließlich mit Vertretern des Finanzinvestors oder mit Vertretern sowohl des Finanzinvestors als auch der Unternehmerfamilie besetzt werden. Grundsätzlich können dem Beirat auch Nichtgesellschafter angehören; allerdings sind dann gewisse Grenzen bei der Übertragung von Rechten auf den Beirat zu beachten.[1085] Die konkrete Besetzung des Beirats ist eine Frage des Einzelfalls, v. a. auch der »Machtverhältnisse« zwischen Unternehmerfamilie und Finanzinvestor.

Neben der personellen Besetzung des Beirats hängt der Einfluss des Finanzinvestors außerdem entscheidend davon ab, ob Rechte dem Beirat als Gremium oder den einzelnen bzw. nur bestimmten Beiratsmitgliedern zustehen. Dies ist besonders dann relevant, wenn der Finanzinvestor weniger als die Hälfte der Beiratsmitglieder entsenden kann.

Neben der Wahrnehmung der ihm eingeräumten Rechte erfüllt der Beirat in der Regel außerdem die Rolle eines »Coach« oder »Sparringspartners«[1086] für die Geschäftsführung des Familienunternehmens: Der Finanzinvestor rekrutiert aus seinem Netzwerk regelmäßig qualifizierte und erfahrene Personen, die dann als Beiratsmitglieder die Geschäftsführung beraten und so ihr Knowhow gezielt in das Familienunternehmen einbringen. Aus Sicht von Familienunternehmern zählt dieser Knowhow-Transfer zu den wichtigsten Funktionen des Beirats.[1087]

c) Ausschüttungsregelungen

Meist müssen im Zuge der Umsetzung von Minderheitsbeteiligungen die bestehenden Ausschüttungsregelungen angepasst werden, um die insoweit divergierenden Interessen zwischen Finanzinvestor und Unternehmerfamilie auszugleichen. Finanzinvestoren streben i. d. R. möglichst geringe laufende Ausschüttungen an und wollen, dass ausschüttungsfähige Beträge

---

1083 *Achleitner/Schraml/Tappeiner*, Stiftung Familienunternehmen 2008, 50; *Cichy/Jander-McAlister*, BB 2012, 723 (724).

1084 Zu den Gestaltungsmöglichkeiten vgl. *Wiedemann/Kögel*, 2008, § 13 Rz. 19 ff.

1085 Zu den Grenzen einer Übertragung von Rechten auf Beiräte, die mit Nicht-Gesellschaftern besetzt sind, ausführlich *Wiedemann/Kögel*, 2008, § 5 Rz. 29 ff.

1086 *Wiedemann/Kögel*, 2008, § 4 Rz. 21.

1087 Vgl. *Achleitner/Schraml/Tappeiner*, Stiftung Familienunternehmen 2008, 51 f.

thesauriert und reinvestiert werden. Die Mitglieder der Unternehmerfamilie sind hingegen üblicherweise auf laufende Ausschüttungen angewiesen, um den Lebensunterhalt der Familienmitglieder zu finanzieren und steuerlichen Belastungen bedienen zu können.[1088] Die Lösung dieses Zielkonflikts hängt wiederum von den konkreten Interessen- und Machtkonstellationen im Einzelfall ab und kann über Mindestthesaurierungs- und Mindestausschüttungsquoten gesteuert werden.[1089] Bei Personengesellschaften sollten wg. der steuerrechtlichen Transparenz jedenfalls die zur Finanzierung der persönlichen Steuerbelastung der Gesellschafter erforderlichen laufenden Ausschüttungen über Mindestausschüttungsquoten abgesichert werden.

d) Poolvereinbarungen

Häufig werden im Zusammenhang mit Minderheitsbeteiligungen auch Poolvereinbarungen zwischen den Gesellschaftern abgeschlossen. Diese können beispielsweise den Einfluss der Unternehmerfamilie auf das Familienunternehmen absichern: Durch den Abschluss einer Poolvereinbarung verhindern die familienzugehörigen Gesellschafter, dass Uneinigkeiten zwischen ihnen zu einer gegenseitigen Blockade führen, die der Finanzinvestor zu seinen Gunsten ausnutzen kann.[1090] Oftmals schließen aber auch die familienzugehörigen Gesellschafter und der Finanzinvestor Poolvereinbarungen ab, in denen sie vorab das Stimmverhalten für bestimmte Sachfragen festlegen, damit die familienzugehörigen Gesellschafter Maßnahmen zugunsten des lediglich minderheitsbeteiligten Finanzinvestors nicht boykottieren können.

2.4.2.4.5.2 Exitsteuerung

Aus Sicht des Finanzinvestors ist die Realisierung der Wertsteigerung wesentliches Ziel seiner Minderheitsbeteiligung (vgl. 2.4.2.4.2.1). Diese Realisierung erfolgt durch den sog. »Exit«, den Verkauf der Beteiligung. Familienunternehmer wollen häufig die Möglichkeit erhalten, im Zuge dieses Exits die Minderheitsbeteiligung des Finanzinvestors zurückzuerwerben. Aus Sicht des Finanzinvestors kann hingegen der Verkauf der Beteiligung an einen anderen Finanz- oder strategischen Investor oder ein Börsengang des Unternehmens im Hinblick auf eine möglicherweise höhere Rendite attraktiver sein.[1091] Dies gilt insbesondere, wenn die Minderheitsbeteiligung des Finanzinvestors gemeinsam mit den Anteilen der Unternehmerfamilie verwertet wird, da die Gesellschafter dann in der Regel einen höheren Kaufpreis erzielen können als beim Verkauf einer bloßen (Minderheits-) Beteiligung.

1088 *Achleitner/Schraml/Tappeiner*, Stiftung Familienunternehmen 2008, 53 f.; *Cichy/Jander-McAlister*, BB 2012, 723 (725).
1089 Vgl. *Sudhoff*, Familienunternehmen 2005, § 11 Rz. 112.
1090 Vgl. *Cichy/Jander-McAlister*, BB 2012, 723 (724); *Weitnauer*, NZG 2001, 1065 (1070).
1091 *Achleitner/Schraml/Tappeiner*, Stiftung Familienunternehmen 2008, 61 f.

Zur Umsetzung dieser exit-bezogenen Interessen von Finanzinvestor und Unternehmerfamilie stehen unterschiedliche Regelungsinstrumente zur Verfügung,[1092] die entweder im Gesellschaftsvertrag oder in einer Gesellschaftervereinbarung geregelt werden können.[1093] Untersuchungen deuten darauf hin, dass der Ausstieg des Finanzinvestors trotz des aufgezeigten Interessenkonflikts in der Praxis ganz überwiegend einvernehmlich umgesetzt wird.[1094]

a) Vinkulierung

Gesellschaftsverträge von Familienunternehmen sehen häufig vor, dass die Veräußerung einer Gesellschaftsbeteiligung nur möglich ist, wenn die Gesellschaft und/oder einzelne oder alle Gesellschafter der Veräußerung zustimmen. Diese sog. Vinkulierungsklauseln haben grundsätzlich das Ziel, einen ungewollten Wechsel im Gesellschafterkreis und eine Änderung der Beteiligungsverhältnisse zu verhindern.[1095] Vinkulierungsklauseln werden aber auch im Zusammenhang mit Vorerwerbsrechten oder Andienungspflichten eingesetzt und sollen dann letztlich nicht den Gesellschafterkreis stabilisieren, sondern lediglich die Vorerwerbsrechte oder Andienungspflichten absichern und so das Eindringen unerwünschter Gesellschafter erschweren.[1096] Sie können dabei durch Regelungen ergänzt werden, nach denen die Zustimmung unter bestimmten Voraussetzungen erteilt werden muss oder als erteilt gilt, beispielsweise, wenn Gesellschafter ihre Beteiligungen auf Abkömmlinge übertragen wollen.[1097]

Da die im Gesellschaftsvertrag von Familienunternehmen typischerweise vereinbarten Vinkulierungsklauseln i. d. R. den von Anfang an geplanten Ausstieg des Finanzinvestors behindern würden, müssen diese Vinkulierungsklauseln im Rahmen des Erwerbs der Minderheitsbeteiligung meist angepasst bzw. neue Regelungen vorgesehen werden. Der Finanzinvestor möchte dabei typischerweise zum einen erreichen, dass während der Dauer seiner Beteiligung nur solche neuen Gesellschafter hinzukommen, die keinen negativen Einfluss auf den Wert des Familienunternehmens und damit auf den Wert der eigenen Beteiligung haben. Zum anderen geht es dem Finanzinvestor darum, seine Beteiligung im Falle seines Veräußerungswunsches auch tatsächlich veräußern zu können; eine unbeschränkte Vinkulierungsklausel darf dem Exit nicht im Weg stehen. Im Gegenzug möchten die familienzugehörigen Gesellschafter häufig verhindern, dass der Finanzinvestor seine Beteiligung frei an einen Dritten veräußern kann.[1098] Aus ihrer Sicht kann es daher sinnvoll sein, ein Vorerwerbsrecht oder eine Andienungspflicht des Investors (hierzu 2.4.2.4.5.2b)) mit einer Vinkulierungsklausel zu kombinieren.

1092 Vgl. hierzu ausführlich *Achleitner/Schraml/Tappeiner*, in: Stiftung Familienunternehmen 2008, 56 ff.; zusammenfassend *Cichy/Jander-McAlister*, BB 2012, 725; zur Steuerung der Gesellschafterstellung im Familienunternehmen Lange/Sabel, NZG 2015, 1249.

1093 Zu aktienrechtlichen Schranken der Gestaltungsfreiheit und typischen Gestaltungen bei Minderheitsbeteiligungen von Finanzinvestoren an einer AG vgl. *Mayer*, MittBayNot 2006, 281 ff.

1094 *Achleitner/Schraml/Tappeiner*, in: Stiftung Familienunternehmen 2008, 62, 64.

1095 *Bayer*, in: Lutter/Hommelhoff, 2016, § 15 Rz. 69.

1096 Vgl. *Loritz*, NZG 2007, 362.

1097 Alternativ können Übertragungen an bestimmte Personen, bspw. Abkömmlingen oder sonstige Familienangehörige, von der Zustimmungspflicht ausgenommen werden, *Eckhardt/Hermanns*, 2014, Kap. 2 Rz. 277.

1098 *Picot*, 2008, 380.

Ein Kompromiss zum Ausgleich der unterschiedlichen Interessen könnte in der Vereinbarung einer Vinkulierungsklausel liegen, wobei der Veräußerung unter genau definierten Umständen zugestimmt werden muss. Die Interessen des Finanzinvestors und der familienzugehörigen Gesellschafter lassen sich dabei durch die Definition dieser Umstände hinreichend abbilden. Die Voraussetzungen der Zustimmungspflicht sollten idealerweise objektiv feststellbar sein und weder von leicht manipulierbaren Kennzahlen abhängen noch durch auslegungsfähige Begriffe umschrieben werden.

b) Andienungspflichten/Vorerwerbsrechte

Gesellschaftsverträge oder Gesellschaftervereinbarungen können vorsehen, dass ein veräußerungswilliger Gesellschafter seine Beteiligung den Mitgesellschaftern anbieten muss, bevor er mit Dritten über einen Verkauf der Beteiligung verhandeln darf. Alternativ zu einer solchen sog. Andienungspflicht kann den Mitgesellschaftern ein Vorerwerbsrecht eingeräumt werden, durch das diese die Beteiligung des veräußerungswilligen Gesellschafters zu den Bedingungen übernehmen können, die er zuvor mit einem externen Erwerbsinteressenten vereinbart hat.[1099] Nur wenn die Mitgesellschafter die Beteiligung des veräußerungswilligen Gesellschafters nicht (bzw. nicht innerhalb eines bestimmten Zeitraums) übernehmen, darf dieser seine Beteiligung an den Dritten veräußern.[1100] Regelungen zur Andienungspflicht und zum Vorerwerbsrecht können mit einer Vinkulierungsklausel verzahnt werden; beispielsweise ist denkbar, dass Mitgesellschafter, die einen Vorerwerb ablehnen, mit der Ablehnung zugleich ihre Zustimmung zur Veräußerung erteilen bzw. diese fingiert wird.

Andienungspflichten und Vorerwerbsrechte können bei der Minderheitsbeteiligung eines Finanzinvestors an einem Familienunternehmen in zwei Richtungen interessant sein:[1101] Eine Andienungspflicht der familienzugehörigen Gesellschafter bzw. ein Vorerwerbsrecht zu Gunsten des Finanzinvestors kann diesen davor schützen, dass ihm ein weiterer familienexterner Gesellschafter aufgedrängt wird. Im Gegenzug kann eine Andienungspflicht des Finanzinvestors bzw. ein Vorerwerbsrecht zu Gunsten der Unternehmerfamilie diese vor der Veräußerung der Minderheitsbeteiligungen an familienexterne Dritte schützen. Für den Finanzinvestor führt ein Vorerwerbsrecht der Unternehmerfamilie allerdings häufig zu einer faktischen Unverkäuflichkeit seiner Minderheitsbeteiligung, da das Vorerwerbsrecht der Familie mögliche Interessenten abschreckt. Untersuchungen weisen darauf hin, dass Andienungspflichten bzw. Vorerwerbsrechte in der Praxis eher selten vereinbart werden.[1102]

1099 Zu den Unterschieden zwischen Andienungspflichten und Vorerwerbsrechten vgl. *Fleischer/Schneider*, DB 2012, 961 (964).

1100 Vgl. *Otto*, GmbHR 1996, 16 (17).

1101 *Achleitner/Schraml/Tappeiner*, Stiftung Familienunternehmen 2008, 57.

1102 *Achleitner/Schraml/Tappeiner*, Stiftung Familienunternehmen 2008, 64.

c) Call Option, Put Option

Optionen gewähren dem Optionsinhaber das Recht, Gesellschaftsbeteiligungen eines anderen zu kaufen (*Call Option*) oder eigene Gesellschaftsbeteiligungen an einen anderen zu verkaufen (*Put Option*). In Optionsvereinbarungen werden dabei die konkreten Konditionen des Erwerbs oder der Veräußerung definiert, v. a. das Zeitfenster für die Optionsausübung und die Modalitäten der Wertermittlung. Häufig wird die Optionsvereinbarung so gestaltet, dass die jeweilige Gesellschaftsbeteiligung aufschiebend bedingt auf die Ausübung des Optionsrechts abgetreten wird; die Ausübung der Option ist dann nur in einem bestimmten Zeitfenster und/oder bei Vorliegen bestimmter Voraussetzungen (z. B. Kaufpreiszahlung) gestattet und führt – soweit diese Voraussetzungen vorliegen – unmittelbar zum Übergang der betreffenden Gesellschaftsbeteiligung.

Statistische Untersuchungen deuten darauf hin, dass bei Minderheitsbeteiligungen von Finanzinvestoren an Familienunternehmen häufig zeitlich gestaffelte Call Optionen zugunsten der Unternehmerfamilie mit Put Optionen zugunsten des Finanzinvestors kombiniert werden.[1103] Die Call Option bietet für die Unternehmerfamilie Planungssicherheit, wann und zu welchen Kosten sie die Anteile des Finanzinvestors am Unternehmen zurückerwerben kann; der Finanzinvestor kann durch die Berücksichtigung einer »Mindestverzinsung« bei der Wertermittlung wirtschaftlich geschützt werden.[1104] Die Put Option garantiert dem Finanzinvestor die Fungibilität seiner Beteiligung und – je nach Gestaltung der Wertermittlung – eine sichere Mindestrendite (vorbehaltlich ausreichender Finanzkraft der Unternehmerfamilie).[1105]

Schwierig und streitanfällig bei Optionsvereinbarungen sind regelmäßig die Regelungen zur Wertermittlung.[1106] Diese müssen so formuliert werden, dass sich der für die jeweilige Partei geltende Kaufpreis eindeutig bestimmen lässt, weil anderenfalls der dingliche Vollzug der Option (d. h. die Übertragung der Gesellschaftsbeteiligung) nicht stattfinden bzw. vereitelt werden kann.

Insbesondere bei Minderheitsbeteiligungen, die in Krisenzeiten eingeräumt werden, um die Kapitalstruktur des notleidenden Unternehmens zu verbessern, muss bei der Vereinbarung eines Optionsmechanismus berücksichtigt werden, dass die Unternehmerfamilie später ggf. nicht über ausreichende Eigenmittel verfügen wird, um eine Call Option auszuüben oder den geschuldeten Kaufpreis bezahlen zu können, wenn der Investor eine Put Option ausübt.[1107] Die Möglichkeit einer Fremdfinanzierung des Kaufpreises hängt entscheidend davon ab, über welche Vermögensgegenstände die Unternehmerfamilie verfügt, um diese ggf. als Sicherheit

1103 Vgl. hierzu *Achleitner/Schraml/Tappeiner*, Stiftung Familienunternehmen 2008, 59 ff.

1104 *Cichy/Jander-McAlister*, BB 2012, 723 (725); dort auch zur Kombination einer Call Option zugunsten der Unternehmerfamilie mit einem Drag along-Recht des Finanzinvestors.

1105 *Achleitner/Schraml/Tappeiner*, Stiftung Familienunternehmen 2008, 61.

1106 Münch Hdb GesR, Bd. 1, 2019, § 28 Rz. 55.

1107 Zur Finanzierung des Rückkaufs durch die Unternehmerfamilie allgemein *Achleitner/Schraml/Tappeiner*, Stiftung Familienunternehmen 2008, 62 f.

einsetzen zu können. Die Mehrheitsbeteiligung am Familienunternehmen dürfte als beleihungsfähiger Gegenstand nur dann infrage kommen, wenn sich der Wert des Familienunternehmens nachhaltig erholt.

d) Mitveräußerungsrechte (Tag along-rights) und Mitnahmerechte (Drag along-rights)
Tag along-rights und Drag along-rights beziehen sich auf Situationen, in denen ein veräußerungswilliger Gesellschafter die Gelegenheit hat, seine Beteiligung an einen Dritten zu veräußern.

Ein Mitveräußerungsrecht ermöglicht den mitveräußerungsberechtigten Gesellschaftern, ihre Beteiligung zu denselben Konditionen zu veräußern, die der veräußerungswillige Gesellschafter für den Verkauf seiner eigenen Anteile aushandelt.[1108] Mitveräußerungsrechte können unterschiedlich ausgestaltet sein.[1109] Häufig ist der veräußerungswillige Gesellschafter verpflichtet, dem Erwerbsinteressenten auch die Beteiligungen der mitveräußerungsberechtigten Gesellschafter zu denselben Konditionen anzubieten, die er für den Verkauf seiner eigenen Anteile aushandelt. Da das Mitveräußerungsrecht zwischen den Gesellschaftern vereinbart wird, kann es zwar nicht zu einer Verpflichtung des Erwerbsinteressenten führen (Verbot des Vertrags zu Lasten Dritter). Ist der Erwerbsinteressent allerdings nicht bereit oder nicht in der Lage, auch die Beteiligungen der mitveräußerungsberechtigten Gesellschafter zu übernehmen, muss die Veräußerung je nach Gestaltung des Mitveräußerungsrechts entweder ganz unterbleiben oder die mitveräußerungsberechtigten Gesellschafter können ihre Beteiligungen vorrangig oder anteilig entsprechend der bisherigen Beteiligungsverhältnisse an den Erwerbsinteressenten veräußern.[1110]

Mitveräußerungsrechte werden typischerweise zum Schutz von Minderheitsgesellschaftern eingesetzt, die durch die Mitveräußerungsmöglichkeit sowohl vor einem unliebsamen Erwerber geschützt werden als auch von der Verhandlungsmacht des Mehrheitsgesellschafters profitieren.[1111] Im Fall der Minderheitsbeteiligung eines Finanzinvestors an einem Familienunternehmen kann die Vereinbarung eines Mitveräußerungsrechts allerdings sowohl zugunsten der familienzugehörigen Gesellschafter als auch zugunsten des Finanzinvestors sinnvoll sein.[1112] Die familienzugehörigen Gesellschafter können durch das Mitveräußerungsrecht davor geschützt werden, dass sie infolge einer Veräußerung der Minderheitsbeteiligung des Finanzinvestors an einen Dritten einem unerwünschten Mitgesellschafter ausgesetzt sind. Zwar entspricht die Veräußerung der Beteiligung oftmals nicht dem primären Interesse der Unternehmerfamilie. Vielmehr wollen die familienzugehörigen Gesellschafter ihre Beteiligung in der Regel behalten

1108 *Eckhardt/Hermanns*, 2014, Kap. 2 Rz. 293; *Römermann*, 2018, § 2 Rz. 310.
1109 Zu den Gestaltungsmöglichkeiten *Fleischer/Schneider*, DB 2012, 961 (963) m. w. N.; zur typischen Ausgestaltung von Mitveräußerungsrechten bei Management-Beteiligungen *von Werder/Li*, BB 2013, 1736 (1739).
1110 *Fett/Spiering*, 2015, Kap. 7 Rz. 641 ff.; vgl. auch *Weitnauer*, 2019, F, Rn. 197.
1111 *Fleischer/Schneider*, DB 2012, 961; *Römermann*, 2018, § 2 Rz. 310.
1112 *Achleitner/Schraml/Tappeiner*, Stiftung Familienunternehmen 2008, 57.

und sind im Gegenteil häufig daran interessiert, die Minderheitsbeteiligung des Finanzinvestors nach Beendigung der Beteiligung wieder zu erwerben.

Die Inanspruchnahme eines Mitveräußerungsrechts kann aber dennoch sinnvoll sein, wenn die familienzugehörigen Gesellschafter die hierzu vereinbarten Vorerwerbsrechte oder Call Optionen nicht ausüben können oder wollen,[1113] beispielsweise weil sie den Kaufpreis nicht ohne Weiteres finanzieren können oder die Absicht haben, sich ohnehin von »ihrem« Familienunternehmen zu trennen. Für den minderheitsbeteiligten Finanzinvestor kann ein Mitveräußerungsrecht wertvoll sein, wenn der wirtschaftliche Erfolg des Familienunternehmens stark an das weitere Engagement der Unternehmerfamilie gebunden ist.[1114] Falls diese den Ausstieg sucht, ist es für den Finanzinvestor wichtig, sich unkompliziert von seiner Beteiligung trennen zu können.

Ein Mitnahmerecht ermöglicht es dem veräußerungswilligen Gesellschafter, einem Erwerbsinteressenten auch die Beteiligungen der mitveräußerungsverpflichteten Gesellschafter zu verschaffen, indem er von diesen verlangen kann, dass sie ihre Beteiligungen zu den gleichen Konditionen an den Erwerbsinteressenten veräußern, die er für den Verkauf seiner eigenen Anteile ausgehandelt hat.[1115]

Minderheitsbeteiligte Finanzinvestoren haben regelmäßig ein großes Interesse, dass zu ihren Gunsten ein Mitnahmerecht vereinbart wird, da der isolierte Verkauf einer Minderheitsbeteiligung schwierig ist und die Veräußerung aller Beteiligungen häufig zu einem »Paketzuschlag« führt, wodurch sich die Profitabilität des Investments erhöht.[1116] Für die familienzugehörigen Gesellschafter birgt ein Mitnahmerecht zugunsten des Finanzinvestors allerdings das Risiko, dass sie ihre Beteiligung an dem Familienunternehmen unfreiwillig verlieren.[1117] Statistische Untersuchungen deuten aber darauf hin, dass Finanzinvestoren Mitnahmerechte in der Regel nicht gegen den Willen der Unternehmerfamilie ausüben, da ein Verkaufsprozess gegen den Willen der Unternehmerfamilie tatsächlich nur schwer durchsetzbar und zudem für das Image des Finanzinvestors äußerst schädlich wäre. Die Vereinbarung eines Mitnahmerechts zugunsten des Finanzinvestors dürfte deshalb praktisch vor allem dazu dienen, dessen Verhandlungsposition im Hinblick auf die Exitmodalitäten zu stärken.[1118]

Aus Sicht der Unternehmerfamilie sollte ebenfalls sichergestellt werden, dass der minderheitsbeteiligte Finanzinvestor mitziehen muss, wenn die Unternehmerfamilie ihre Beteiligung an

1113 Vgl. *Wälzholz*, GmbH-StB 2007, 85; *Schulte/Pohl*, 2015, 181; *Fett/Spiering*, 2015, Kap. 7 Rz. 639.
1114 Zur vergleichbaren Interessenlage von Finanzinvestoren im Venture Capital-Bereich vgl. *Fleischer/Schneider*, DB 2012, 961 f.; *Möllmann/Möllmann*, BWNotZ 2013, 83.
1115 *Eckhardt/Hermanns*, 2014, Kap. 2 Rz. 291; *Langenfeld/Miras*, 2019, Rz. 569; *Göthel*, BB 2014, 1477.
1116 *Jesch/Striegel/Boxberger*, 2010, 252 f.
1117 Vgl. *Eckhardt/Hermanns*, 2014, Kap. 2 Rz. 291.
1118 *Achleitner/Schraml/Tappeiner*, Stiftung Familienunternehmen 2008, 57 ff.

dem Unternehmen veräußern möchte.[1119] Die familienzugehörigen Gesellschafter sollten sich daher hinsichtlich der Minderheitsbeteiligung des Finanzinvestors ebenfalls ein Mitnahmerecht einräumen lassen, um den Verkaufsprozess zu erleichtern und ggf. einen höheren »Paketzuschlag« realisieren zu können.

Wesentlich für die Gestaltung von Mitveräußerungs- und Mitnahmerechten ist, unter welchen Voraussetzungen diese entstehen (beispielsweise Ablauf einer Mindesthaltedauer, gescheiterte Bemühungen für isolierten Verkauf der eigene Beteiligung)[1120] und wie sie umgesetzt werden sollen (umfassende Verhandlungs- und Abschlussvollmacht oder nur Verhandlungsvollmacht).[1121] Hier ergeben sich Abstufungen bei der »Aggressivität« der Rechte: Die Rechte können veräußerungshemmend oder veräußerungserleichternd ausgestaltet werden. Darüber hinaus können diese modernen Gestaltungsinstrumente auch der dynamischen Steuerung der Gesellschafterstellung in Familienunternehmen dienen.[1122]

2.4.2.4.5.3 Beteiligung an Wertsteigerung

Kommt es in Folge einer Wertsteigerung der Minderheitsbeteiligung zum Exit des Finanzinvestors muss sichergestellt sein, dass der Finanzinvestor an der Wertsteigerung ausreichend partizipiert.

Für den Fall eines Rückkaufs der Minderheitsbeteiligung durch die Unternehmerfamilie kann dies dadurch sichergestellt werden, dass die konkreten Konditionen des Verkaufs, insbesondere das Bewertungsverfahren zur Ermittlung des zu zahlenden Kaufpreises, schon im Zeitpunkt des Erwerbs der Minderheitsbeteiligung festgelegt werden (beispielsweise bei Einräumung einer Call- oder Put Optionen). Zur Sicherung einer Mindestrendite für den Finanzinvestor wird dabei häufig ein Mindestkaufpreis vereinbart (vgl. 2.4.2.4.5.2 c)).[1123]

Außerdem sollte ebenfalls bereits im Zeitpunkt des Erwerbs der Minderheitsbeteiligung klar geregelt werden, wie der Veräußerungserlös zwischen den familienzugehörigen Gesellschaftern und dem Finanzinvestor verteilt wird, wenn im Anschluss an die Minderheitsbeteiligung das gesamte Unternehmen an Ditte veräußert wird. Oftmals wird eine Rangfolge festgelegt, welche Gesellschafter in welchem Umfang an dem Veräußerungserlös partizipieren.[1124] Um die Mindestrendite des Finanzinvestors zu erreichen, können dabei auch disproportionale Erlösverteilungen vorgesehen werden, beispielsweise durch sog. liquidation preferences.[1125]

1119 Vgl. *Fleischer/Schneider*, DB 2012, 962; *Wälzholz*, GmbH-StB 2007, 85 f.
1120 Zu typischen Voraussetzungen für die Ausübung siehe *Jesch/Striegel/Boxberger*, 2010, 253; *Fleischer/Schneider*, DB 2012, 964; *Weitnauer*, 2019, F, Rn. 199–203.
1121 Vgl. *Wälzholz*, GmbH-StB 2007, 86; *von Werder/Li*, BB 2013, 1740.
1122 *Lange/Sabel*, NZG 2015, 1249 (1251 ff.).
1123 *Cichy/Jander-McAlister*, BB 2012, 725.
1124 *Jesch/Striegel/Boxberger*, 2010, 253 f., *Weitnauer*, 2019, F, Rn. 209–211.
1125 Vgl. *Niethammer*, in: Rödl u. a., FS Rödl 2008, 223; zu Liquidation Preferences auch *Martinius/Stubert*, BB 2006, 1978.

Neben der Transparenz wird als Vorteil disproportionaler Erlösverteilungen zugunsten des Finanzinvestors gezählt, dass sie das rein finanzielle Interesse des Finanzinvestors abbilden ohne dabei die Einfluss- und Beteiligungsrechte der familienzugehörigen Gesellschafter zu beschränken.[1126] Aus Sicht der Unternehmerfamilie ist die Einräumung von Vorzugsanteilen am Liquidationserlös dennoch problematisch, insbesondere wenn keine ausreichende Absicherung der Interessen der Unternehmerfamilie besteht; denn die Liquidationspräferenz kann den Anreiz des Finanzinvestors auslösen, das Familienunternehmen »mit allen Mitteln« zu liquidieren, um sich eine gewisse Mindestrendite zu sichern.[1127]

2.4.3 Management-Buy-Out und Management-Buy-In

Dr. Heiko Wiechers/Dr. Andreas Lohbeck

Management-Buy-Out (MBO) und Management-Buy-In (MBI) bezeichnen nicht etwas anderes als der Begriff Leveraged-Buy-Out, sondern lediglich einen anderen Aspekt einer Private Equity Transaktion. Üblicherweise finden beide Konzepte nebeneinander Anwendung.

Die größten Auswirkungen dieser Konzepte finden sich in der Gesellschaftervereinbarung, die das Investitionsziel und die Zusammenarbeit von Investor und Management regelt. Beim MBO kann zudem der Unternehmenskaufvertrag von der Beteiligung des Managements beeinflusst werden. Dies nicht nur unter dem Aspekt, dass Manager Anteile erwerben, sondern auch indem der Investor den Managern abverlangt, selbst neben den Altgesellschaftern Garantien im Hinblick auf die Zielgesellschaft abzugeben, sei es gegenüber dem Verkäufer, sei es gegenüber dem Erwerber.[1128] Sinn und Zweck ist nicht primär der wirtschaftliche Rückgriff auf die Manager, sondern der Druck zu erhöhter Transparenz und Transaktionssicherheit.[1129] Sie sollen sicherstellen, dass dem Erwerber im Rahmen der Due Diligence korrekte Auskünfte erteilt worden sind.[1130] Typische Regelungsgegenstände für solche Garantien sind die Angemessenheit und Umsetzbarkeit eines von den Managern erstellten Businessplans und die Richtigkeit von erteilten Informationen. Üblich und sinnvoll ist es dabei, die Garantien auf die Kenntnis des Managements zu beschränken.[1131]

Eine Rechtspflicht zur Abgabe solcher Garantien besteht ohne ausdrückliche Vereinbarung freilich nicht, insbesondere nicht aus der Organstellung oder einem regulären Anstellungsverhältnis von Organmitgliedern.[1132] Verkäufer bewegen das Management aber häufig mit besonderen

1126 *Niethammer*, in: Rödl u. a., FS Rödl 2008, 223 f.
1127 *Achleitner/Schraml/Tappeiner*, in: Stiftung Familienunternehmen 2008, 55.
1128 Beipiele bei *von Schorlemer*, in: Lorz/Pfisterer/Gerber (Hrsg.), 2010, C. III. 3.
1129 *Hohaus/Kaufhold*, BB 2015, 709 (710).
1130 *Seibt/Wunsch*, ZIP 2008, 1093 (1094).
1131 *Mackensen*, in: Eilers/Koffka/Mackensen/Paul, Private Equity, 2018, VI.7. Rn. 74.
1132 *Seibt/Wunsch*, ZIP 2008, 1093, 1096 ff.; *Hohaus/Kaufhold*, BB 2015, 709 (712).

Transaktionsboni zur Abgabe von Garantien, Käufer tun dies durch besondere Vorteile in der künftigen Managementbeteiligung.[1133]

Hinweis !

Manager und Mitarbeiter reagieren häufig sehr sensibel, wenn sie Garantien abgeben oder schriftliche »Erklärungen« zum Zustand eines Unternehmens machen sollen. Dies liegt meist daran, dass sie eine solche Transaktionsstruktur und die damit verbundenen Gepflogenheiten nicht kennen und sie persönlich nicht rechtlich beraten sind. Zudem haben sie außer der Erwartung einer zukünftigen Beteiligung keinen sonstigen Vorteil oder Anreiz, solche Erklärungen abzugeben. Gerade beim Management kann es sinnvoll sein, sie frühzeitig auf die zu erwartenden Garantieerklärungen hinzuweisen, deren Zusammenhang zu erläutern und die Kosten für unabhängigen rechtlichen Rat zu übernehmen, um so auch das Vertrauen und die Bereitschaft des Managements zur Unterstützung der Transaktion zu fördern. Wenn erst monatelang Informationen abgefragt werden und dann im Nachhinein eine Garantie über deren Korrektheit und Vollständigkeit eingefordert wird, sind die Betroffenen überrascht und hinterfragen den Prozess über Gebühr. Dies kann den Abschluss verzögern und im Extremfall scheitern lassen.

Die Gesellschaftervereinbarung dient beim MBO und MBI dazu, einen möglichst weitgehenden Interessengleichlauf zwischen Investor und Management herzustellen. Dies geschieht dadurch, dass das Management zum Miteigentümer des Unternehmens wird, also Chance und Risiko mit dem Investor teilt.[1134] Da der Investor auf das Management angewiesen ist, befindet sich dieses nicht selten in einer sehr günstigen Verhandlungsposition.

Gesellschaftervereinbarungen bei MBO und MBI sehen regelmäßig Regelungen zur Strukturierung und Finanzierung des Erwerbs, zur Zusammenarbeit und Entscheidungsfindung während der Haltedauer des Investments, Vorerwerbsrechten während des Investments, Mitverkaufsrechten (Tag Along), Mitverkaufspflichten (Drag Along) und sonstigen Regelungen zur Einleitung und Durchführung des Exit einschließlich der Erlösverteilung sowie Regelungen zum vorzeitigen Ausscheiden von Managern aus ihrer Anstellung und Organstellung (Leaver Regeln) vor.

Die Strukturierung und Finanzierung des Erwerbs gibt das Erwerbskonzept wieder, das der Investor mit seinen Finanz- und Steuerberatern erarbeitet. Die Struktur legt auch die Beteiligungsart und Beteiligungshöhe der Manager fest. Die Beteiligung sollte dabei für den Manager einen spürbaren Verlust bedeuten können, ihn aber nicht ruinieren. Andernfalls würden seine geschäftlichen Entscheidungen zu stark hiervon beeinflusst und eine übersteigerte Risikoaversion gefördert. Manager sollten deshalb Beteiligungen im Umfang von bis zu zwei Jahresbruttogehältern eingehen.[1135] Für alle Manager zusammen stehen typischerweise zwischen 5 % und 15 % des rechtlichen Eigenkapitals des Erwerbsvehikels zur Verfügung.[1136]

1133 *Mackensen*, in: Eilers/Koffka/Mackensen/Paul, Private Equity, 2018, VI.7. Rn. 72.
1134 *Mackensen*, in: Eilers/Koffka/Mackensen/Paul, Private Equity, 2018, VI.1. Rn. 3 f.
1135 *Hohaus/Inhester*, DStR 2003, 1765; *Sosnitza*, DStR 2006, 99 (102).
1136 *Mackensen*, in: Eilers/Koffka/Mackensen/Paul, Private Equity, 2018, VI.1. Rn. 13 m. w. N.

Die Zusammenarbeit und Entscheidungsfindung während der Haltedauer des Investments ist geprägt von der Anteilsmehrheit des Investors. Der Investor will möglichst freie Hand haben, da er den weit überwiegenden Teil des Risikos trägt. Das Management hat jedoch ein nachvollziehbares Interesse daran, bei bestimmten wesentlichen Einzelentscheidungen nicht nur ein Mitsprache-, sondern auch ein Mitentscheidungsrecht zu haben. Dies betrifft insbesondere Finanzierungsmaßnahmen (Verwässerungsschutz), vertragliche Beziehungen der Zielgesellschaft mit dem Investor, die Besetzung von Beirats- und Aufsichtsgremien und strukturelle Maßnahmen wie den Abschluss von Unternehmensverträgen oder Umwandlungsmaßnahmen. Ob das Management dies durchsetzen kann, hängt von der Verhandlungsposition ab. Im Regelfall wird der Investor hierbei sehr zurückhaltend sein. Die Entscheidung über einen Exit trifft der Investor in aller Regel allein.[1137] Dies schließt auch die Entscheidung ein, ob der Exit durch Verkauf der Anteile an einen Dritten (sog. Trade Sale) oder durch einen Börsengang (Initial Public Offering, IPO) durchgeführt wird. Auch Entscheidungen über die Finanzierung des Unternehmens in oder vor einer Krise wird sich der Finanzinvestor vorbehalten, wenn er den Verlust des Investments verhindern kann oder muss.

Die Entscheidungsfindung im Allgemeinen wird geprägt durch die Governance Struktur, die ebenfalls in der Gesellschaftervereinbarung zu regeln ist. Die typische Struktur sieht vor, dass neben der Geschäftsführung ein Beirats- oder Aufsichtsgremium eingerichtet ist. An dieses Gremium berichtet die Geschäftsführung regelmäßig in Form festgelegter Reportings. Dokumentiert werden diese Entscheidungsmechanismen im Gesellschaftsvertrag und in einer Geschäftsordnung für die Geschäftsführung. Meist finden sich auch Zustimmungsvorbehalte für Fälle, in denen die Geschäftsführung außergewöhnliche Geschäfte tätigen will.[1138] Ein beratender Beirat muss bei einer GmbH und einer GmbH & Co. KG nicht zwingend im Gesellschaftsvertrag verankert sein, ein fakultativer Aufsichtsrat und ein Beirat mit Weisungsbefugnissen gegenüber der Geschäftsführung hingegen schon.[1139] Bei einer AG hat der Aufsichtsrat die gesetzlichen Befugnisse gem. § 111 AktG.

! **Hinweis**

Der Investor übernimmt keine operative Rolle im Unternehmen. Beirats- oder Aufsichtsgremien geben der Zusammenarbeit zwischen Geschäftsführung und Investor daher eine Grundlage und das Forum für einen Austausch. Das Beirats- oder Aufsichtsgremium dient auch dazu, mögliche Uneinigkeiten über Richtungsentscheidungen zu vermeiden oder auf einer Ebene unterhalb der Gesellschafter zu lösen. Der Investor wird zudem nicht nur eigene Vertreter in einen Beirat entsenden, sondern auch versuchen, Kenner der jeweiligen Branche mit langjähriger Erfahrung und Expertise für den Beirat zu gewinnen.[1140]

1137 *V. Schorlemer,* in: Lorz/Pfisterer/Gerber (Hrsg.), 2010, C. III. 3., Anm. 49.

1138 *Weitnauer*, NZG 2001, 1065 (1070).

1139 *Hommelhoff*, in: Lutter/Hommelhoff, 2020, § 52 Rn. 4, 110 f.; *Reichert/Ullrich*, in: Reichert, 2015, § 19 Rn. 57 ff.; a. A. *Uffmann*, NZG 2015, 169 (175 f.).

1140 *KPMG* (Hrsg.), 2012, 20.

Die Beteiligung der Gesellschafter ist gebunden an den Zweck, gemeinsam eine Wertsteigerung des Unternehmens und deren Realisierung durch einen Exit zu erreichen. Gesellschaftervereinbarungen sehen bei Private Equity Investitionen daher immer Beschränkungen und Mitwirkungspflichten in dieser Hinsicht vor.

Beschränkt ist vor allem die Veräußerbarkeit der zu Beginn des Investments eingegangenen Beteiligungen. Auch dies bindet die Manager an ihre Tätigkeit bei der Zielgesellschaft. Die Veräußerung steht regelmäßig unter dem Vorbehalt der Zustimmung der Gesellschafterversammlung, die hierüber mit einer Mehrheit Beschluss fasst, die dem Investor die Kontrolle über Rechtsgeschäfte mit Beteiligungen vermittelt. Beschränkungen in Gesellschaftervereinbarungen wirken jedoch nur schuldrechtlich nach § 137 Satz 1 BGB.[1141] Sie hindern also die Übertragung nicht. Deshalb werden entsprechende Vereinbarungen durch satzungsmäßige und durch § 137 BGB nicht eingeschränkte Zustimmungsvorbehalte abgesichert, die den dinglichen Erwerb ohne Zustimmung unwirksam machen. Bei der AG können Namensaktien nach § 68 Abs. 2 AktG so ausgestaltet werden, dass sie nur mit Zustimmung der Gesellschaft übertragen werden können. Über die Grenzen des § 68 Abs. 2 AktG hinaus sind jedoch nur schuldrechtliche Abreden möglich.[1142] Auch bei der GmbH sind Anteile nur mit Zustimmung übertragbar, wenn der Gesellschaftsvertrag dies nach § 15 Abs. 5 GmbHG bestimmt (Vinkulierung). Bei der GmbH & Co. KG schließlich ist die Übertragung nur zulässig, wenn der Gesellschaftsvertrag dies bestimmt oder alle Gesellschafter der Übertragung im Einzelfall zustimmen.[1143] In allen in der Praxis üblichen Gesellschaftsformen kann also ein Schutz gegen das Eindringen von unerwünschten Gesellschaftern erreicht werden. Gesellschaftervereinbarungen sehen darüber hinaus ähnliche Zustimmungsmechanismen für die Aufnahme neuer Gesellschafter vor. Dies dient nicht nur dem Investor, sondern auch den Managern, damit ihre Beteiligungen und Einflussrechte nicht verwässert werden.

Wenn ein Gesellschafter seine Beteiligung veräußern möchte, stehen den Mitgesellschaftern üblicherweise Vorerwerbsrechte zu. Auch dies sichert den Bestand und die Einflussmöglichkeiten der Mitgesellschafter. Vorerwerbsrechte stehen regelmäßig unter dem Vorbehalt einer Mindesthaltefrist, die dem Investor und den anderen Beteiligten eine Bindung aller Beteiligten auf eine gewisse Dauer sichert. Vor Ablauf dieser Frist, häufig korrelierend mit dem vereinbarten Investmenthorizont, soll sich kein Beteiligter von dem gemeinsamen Ziel lossagen können.[1144]

Rechtstechnisch sind Vorerwerbsrechte gegenüber Vorkaufsrechten vorzugswürdig. Der Nachteil des in §§ 463 ff. BGB geregelten Vorkaufsrechts ist, dass der Verkäufer zunächst einen Kaufvertrag mit einem Käufer abschließen muss, bevor Vorkaufsberechtigte ihr Vorkaufsrecht ausüben können. Der Verkaufswillige muss also zunächst einen Kaufvertrag verhandeln. Er

1141 *V. Schorlemer*, in: Lorz/Pfisterer/Gerber (Hrsg.), 2010, C. III. 3., Anm. 27.
1142 *Weinheimer/Renner*, in: Hölters, 2019, Rn. 14.108.
1143 *Schmidt*, in: MüKo HGB, Bd. 2, 2016, § 105 Rn. 217 ff.
1144 *Meyer-Sparenberg*, in: Hoffmann-Becking/Gebele, 2019, III. A.26., Ziffer 8 und Anm. 21.

muss damit bereits Informationen über die Beteiligung und deren Umstände an einen Dritten preisgeben. Der Dritte hat aber seinerseits keine Transaktionssicherheit.[1145] Deshalb sind reine Vorkaufsrechte in der Praxis nicht weit verbreitet. Stattdessen vereinbaren die Parteien Vorerwerbsrechte, aus Veräußerersicht auch als Andienungspflichten bezeichnet. Hier ist der veräußerungswillige Gesellschafter zunächst verpflichtet, den Mitgesellschaftern seine Beteiligung anzubieten. Regelmäßig muss er einen Preis und sonstige Bedingungen bereits in der Andienung benennen; bisweilen ist auch der mögliche Dritterwerber bereits zu benennen. Wenn mehrere Mitgesellschafter ihr Erwerbsrecht ausüben, können sie meist die Beteiligung pro rata ihrer Beteiligung untereinander erwerben. Wenn keiner der Mitgesellschafter sein Erwerbsrecht ausübt, ist der veräußerungswillige Gesellschafter berechtigt, an den Dritten zu veräußern. Es empfiehlt sich jedoch festzuschreiben, dass der Verkauf nicht zu günstigeren als den in der Andienung mitgeteilten Konditionen erfolgen darf. Diese Beschränkung kann wiederum durch ein entsprechendes Vorkaufsrecht abgesichert werden. Diese Absicherung ist aber noch nicht hinreichend. Vorerwerbs- und Vorkaufsrechte in Gesellschaftervereinbarungen wirken nur schuldrechtlich.[1146] Sie sind daher durch Vinkulierungen in der Satzung abzusichern. Häufig ist darin vorgesehen, dass die Zustimmung zur Übertragung erteilt werden muss, wenn der veräußerungswillige Gesellschafter das Andienungsverfahren durchgeführt hat und kein wichtiger Grund zur Verweigerung der Zustimmung gegeben ist. Dies wiederum sichert ab, dass die Mitgesellschafter das Ausscheiden des veräußerungswilligen Gesellschafters nicht mutwillig oder grundlos verhindern.

Während die zuvor genannten Aspekte die Stabilität des Gesellschafterkreises während des Investments sichern, dienen Mitverkaufspflichten (sog. Drag Along Rights) und Mitverkaufsrechte (sog. Tag Along Rights) der Durchführung des Exit. Soll die Wertsteigerung der Zielgesellschaft voll realisiert werden, ist der Investor darauf angewiesen, einem Erwerber nicht nur die Mehrheitsbeteiligung des Investors, sondern sämtliche Anteile an der Zielgesellschaft verschaffen zu können. Erwerber zahlen einen Bewertungsaufschlag, wenn sie nicht nur die Kapitalmehrheit, sondern die alleinige Kontrolle über ein Unternehmen erwerben. Der Investor kann deshalb die Mitgesellschafter auffordern, ihre Anteile zu mindestens gleich günstigen Bedingungen wie er selbst an einen Dritten zu veräußern.[1147] Auch hier ist bisweilen ein Mindestpreis oder eine Mindesthaltedauer vorgesehen, ab derer die Mitverkaufspflichten gelten. Die minderheitsbeteiligten Manager sichern ihre Interessen demgegenüber durch Mitverkaufsrechte ab. Will der Investor seine Beteiligung ganz oder zum Teil veräußern, muss der Dritte auf Verlangen der Manager auch deren Beteiligung entsprechend erwerben. Andernfalls ist der Investor nicht berechtigt, seine Beteiligung zu veräußern. So sichern sich Manager dagegen ab, einem neuen Mehrheitsgesellschafter ausgesetzt zu sein, ohne hierüber entscheiden zu können. Dies verschafft ihnen auch in Fällen, in denen wiederum ein Finanzinvestor das

1145 *Seibt,* in: Römermann, 2018, § 2 Rn. 302.

1146 BGH vom 13.07.1967, NJW 1967, 2159, 2161; *Ebbing,* in: Michalski/*Heidinger/Leible/Schmidt*, GmbHG, Bd. 1, 2017, § 15 Rn. 77.

1147 *Seibt,* in: Römermann, 2018, § 2 Rn. 313.

Zielunternehmen übernimmt (sog. Secondary Buy-Out), eine günstige Verhandlungsposition für eine neue Managementbeteiligung.[1148] Zudem wird der Investor in der Regel zu günstigen Konditionen verkaufen, woran die Manager partizipieren können.[1149]

Die Verteilung des Erlöses aus einem Exit (sog. Waterfall) schließt das Investment aus Sicht der Beteiligten ab. Die Gesellschaftervereinbarung sieht hierfür eine Rangfolge an Empfangsberechtigten für bestimmte Auszahlungen vor. Beispielsweise[1150] werden zunächst Transaktions- und Beratungskosten abgezogen und bezahlt, bevor in einem ersten Verteilungsschritt bestehende Gesellschafterdarlehen und Zinsen hierauf bedient werden. Sodann werden die zugeführten Eigenkapitalmittel ausgekehrt. Schließlich wird der verbleibende Betrag nach bestimmten Schlüsseln verteilt. Hierbei wird den Managern in vielen Fällen eine überproportionale Beteiligung am Erlös eingeräumt (sog. Ratchet), wenn der Investor mit dem Investment eine besonders hohe Rendite erzielt. Basis der Ermittlung ist einerseits die Rendite auf die eingesetzten Mittel, die nach der internen Zinsfußmethode errechnet wird (Internal Revenue Rate, meist abgekürzt als IRR), andererseits kann aber auch der Multiplikator auf eingesetzte Mittel (sog. Multiple) eine Rolle spielen.[1151]

Hinweis !

Bestimmungen zur Verteilung des Veräußerungserlöses sind insofern komplex, als die Voraussetzungen der bestimmten Verteilungsmechanismen klar definiert und funktionierende Regelungen formuliert sein müssen. Andernfalls ist Streit am Ende einer ansonsten erfolgreichen Zusammenarbeit programmiert. Für die Praxis bieten sich Beispielsrechnungen an, die der Gesellschaftervereinbarung als Anlage beigefügt werden.

Gesellschaftervereinbarungen für einen MBO sehen auch stets Regelungen zum vorzeitigen Ausscheiden von Managern aus ihrer Organstellung oder dem Anstellungsverhältnis vor (sog. Leaver Regeln). Aus Sicht des Investors kann dies in den meisten Fällen nicht folgenlos bleiben, da dem Management im Beteiligungsszenario die aktive Rolle zukommt und deren Beteiligung an der Wertsteigerung des Unternehmens an ihren Beitrag an eben dieser geknüpft ist. Deshalb ermöglichen sog. Leaver-Regeln, einem nicht mehr im Unternehmen tätigen Manager seine Beteiligung an der Wertsteigerung des Unternehmens gegen Entschädigung zu entziehen.

Vertraglich ist hier Vorsicht geboten. Satzungsregelungen können genau wie schuldrechtliche Vereinbarungen sittenwidrig und damit gem. § 138 Abs. 1 BGB nichtig sein, wenn sie einem Hinauskündigungsrecht gleichkommen, das heißt den übrigen Gesellschaftern einen faktischen Ausschluss ohne sachlichen Grund ermöglichen.[1152] Allerdings steht dieses Verbot

1148 *Seibt*, in: Römermann, 2018, § 2 Rn. 310.
1149 *Ellrott*, in: Eilers/Koffka/Mackensen/Paul, Private Equity, 2018, VIII. 1. Rn. 15, 17.
1150 Vgl. *v. Schorlemer*, in: Lorz/Pfisterer/Gerber (Hrsg.), 2010, C. III. 3.
1151 *Mackensen*, in: Eilers/Koffka/Mackensen/Paul, Private Equity, 2018, VI. 6. Rn. 62 f.
1152 *Weinheimer/Renner*, in: Hölters, 2019, Rn. 14.115.

dem Rückerwerb einer Beteiligung nicht entgegen, wenn dem Manager gerade aufgrund seiner Geschäftsführerstellung eine Minderheitsbeteiligung eingeräumt wird, für die er nur ein Entgelt in Höhe des Nennwerts zu zahlen hat und die er bei Beendigung seines Geschäftsführeramtes gegen eine der Höhe nach begrenzte Abfindung zurückzuübertragen hat.[1153] Bislang nicht höchstrichterlich entschieden ist, ob dies auch gilt, wenn der Manager mehr als die nominale Einlageleistung für seine Beteiligung aufbringen muss, was in der Praxis der Regelfall sein dürfte. Auch in diesen Fällen befürwortet die Literatur jedoch die Zulässigkeit von Kaufoptionen, die an sachliche Voraussetzungen geknüpft sind.[1154]

In der Regel sieht die Gesellschaftervereinbarung für solche Fälle eine Kaufoption (Call Option) zugunsten des Investors auf die Anteile des Managers vor, wenn sein Anstellungsvertrag gekündigt wird oder er nicht mehr zum Geschäftsführungsorgan der Gesellschaft gehört. Diese Kaufoption verschafft dem Investor im Ausscheidensfall die Kontrolle über das Schicksal der Beteiligung des Managers. Bisweilen ist aber auch das Investitionsvehikel aller Manager Begünstigter der Kaufoption oder, in seltenen Fällen, der ausscheidende Manager hat eine Verkaufsoption (Put Option).[1155] Die Ausübung einer Option hat dann zur Folge, dass ein Kauf- und Abtretungsvertrag über die Beteiligung zustande kommt. Zentral ist die bereits in der Gesellschaftervereinbarung getroffene Regelung zur Kaufpreishöhe und zu dessen Fälligkeit. Die Kaufpreishöhe hängt vom Grund des Ausscheidens des Managers ab. Scheidet der Manager wegen im weitesten Sinne unverschuldeter Umstände aus, also etwa aufgrund Pensionierung, Berufsunfähigkeit, Tod oder wegen Kündigung durch den Manager aus wichtigem Grund, liegt ein sog. Good Leaver-Fall vor.[1156] Wenn Put Optionen vereinbart sind, sind sie auf Good Leaver-Fälle beschränkt. Marktüblich beträgt der Kaufpreis beim Good Leaver-Fall die Erwerbskosten der Beteiligung für den Manager oder den Marktwert der Beteiligung, wobei der höhere der beiden Werte für den Preis maßgeblich ist. Scheidet der Manager hingegen aus freien Stücken oder wegen Verfehlungen aus, etwa wegen einer ordentlichen Kündigung durch den Manager oder aufgrund einer Kündigung durch die Gesellschaft aus wichtigem Grund, liegt ein sog. Bad Leaver-Fall vor. Dann erhält der Manager meist den von Einstiegskosten oder Marktwert niedrigeren Wert.[1157] In der Praxis sind auch Regelungen anzutreffen, die Fälle auf der Schwelle vom Bad Leaver zum Good Leaver erfassen, etwa das freiwillige Ausscheiden nach Ablauf der Mindestbeteiligungsfrist oder das Ausscheiden wegen unüberbrückbaren Meinungsverschiedenheiten mit dem Investor über die Geschäftspolitik.[1158] Daneben können weitere Parameter für die Kaufpreishöhe eine Rolle spielen, etwa der Zeitablauf, während dessen die Beteiligung eines Good Leaver »in den Verkehrswert hineinwächst«[1159] (sog. Vesting). Für alle Fälle sollte die

1153 BGH vom 19.09.2005 – II ZR 173/04, NJW 2005, 3641; BGH vom 19.09.2005 – II ZR 342/03, NJW 2005, 3644; *Schneider/Wiechers*, DB 2005, 2450.

1154 *Schneider/Wiechers*, DB 2005, 2450 (2451 f.); *Drinkuth*, NJW 2006, 410 (413); *Weinheimer/Renner*, in: Hölters, 2019, Rn. 14.115.

1155 *Mackensen*, in: Eilers/Koffka/Mackensen/Paul, Private Equity, 2018, VI. Rn. 43, 55 f.

1156 *Kästle/Heuterkes*, NZG 2005, 289 (290).

1157 *Sosnitza*, DStR 2006, 99 (102).

1158 *Kästle/Heuterkes*, NZG 2005, 289 (290).

1159 *Kästle/Heuterkes*, NZG 2005, 289 (291).

Gesellschaftervereinbarung genau regeln, nach welcher Bewertungsmethode die betreffenden Werte zu ermitteln sind. Andernfalls droht später Streit. Schließlich ist die Fälligkeit des Kaufpreises zu regeln. Der Investor verfügt häufig während des Investments nicht über die nötigen freien Mittel, um eine Beteiligung zu erwerben. Für diesen Fall kann die Gesellschaftervereinbarung vorsehen, dass die Kaufpreiszahlung bis zum Exit gestundet ist. In den Verhandlungen kann es dann aber vorkommen, dass die Manager Sicherheit verlangen oder zumindest eine Verzinsung des Kaufpreises. Bei der Höhe und den Zahlungsmodalitäten des Kaufpreises ist die Rechtsprechung zur Angemessenheit von Abfindungen zu beachten. Der Kaufpreis darf nicht in einem groben Missverhältnis zum Wert der Beteiligung stehen. Ansonsten korrigieren Gerichte den zu zahlenden Betrag.[1160]

2.5 Wichtige steuerliche Aspekte bei Anteilseignerwechsel

Dr. Wolf-Georg Freiherr von Rechenberg

2.5.1 Allgemeines

Neben der Besteuerung des Veräußerungsgewinns sind bei der Veräußerung von Anteilen an Personengesellschaften oder Kapitalgesellschaften weitere Aspekte zu beachten, die im Zusammenhang mit dem Übergang der Anteile typischerweise für den Erwerber der Geschäftsanteile von Bedeutung sind. Wegen der Auswirkungen dieser steuerlichen Sonderregelungen ist es nicht nur erforderlich, dass diese Regelungen bereits im Vorfeld der Verhandlung des Anteilskaufvertrages oder des Kaufvertrages über Assets in ihren Auswirkungen bedacht werden. Sie sind darüber hinaus typischerweise wegen der damit einhergehenden wirtschaftlichen Belastung Teil der Überlegungen zur Kaufpreisbemessung und müssen deshalb frühzeitig auch von dem Verkäufer berücksichtigt werden.

Im Folgenden wird zu drei wesentlichen Auswirkungen von Unternehmenskäufen bzw. Anteilseignerwechseln bei Kapitalgesellschaften oder Personengesellschaften Stellung genommen.

2.5.2 Steuerliche Verlustvorträge

2.5.2.1 Steuerliche Verlustvorträge bei Kapitalgesellschaften

Nach der gesetzlichen Regelung des § 8c KStG gehen bei Kapitalgesellschaften vorhandene steuerliche Verlustvorträge bei Übertragung von Gesellschaftsanteilen, Beteiligungsrechten

1160 *Schneider/Wiechers*, DB 2005, 2450 (2451 f.).

oder Stimmrechten an einen Erwerber von mehr als 50 % innerhalb von fünf Jahren vollständig verloren. Dies hat zur Folge, dass sämtliche in der Gesellschaft ab dem Anteilseignerwechsel anfallenden Gewinne nunmehr wieder vollständig der Körperschaftssteuer und der Gewerbesteuer unterliegen. Eine Reduzierung der Steuerlast kommt weder durch einen Verlustvortrag noch durch die zukünftige Nutzung eines in der Gesellschaft vorhandenen Verlustvortrages in Betracht.

Nach dem Gesetzeswortlaut liegt ein »schädlicher Beteiligungserwerb« alternativ vor, wenn mehr als 50 % des Kapitals, der Mitgliedschaftsrechte, Beteiligungsrechte **oder** der Stimmrechte übertragen werden. Damit ist der Tatbestand sehr weit gefasst, er umfasst lediglich solche Übertragungen nicht, in denen jemand auf andere Weise am wirtschaftlichen Ergebnis der Gesellschaft beteiligt wird. Dies gilt etwa für die Einräumung von Genussrechten, atypischen oder typischen stillen Beteiligungen, Unterbeteiligungen oder partiarischen Darlehen.[1161] Hierbei ist zu berücksichtigen, dass das Gesetz von vornherein nicht nur die Übertragung selbst, sondern auch »vergleichbare Sachverhalte« unter die Regelung fasst. Ein solcher vergleichbarer Sachverhalt liegt dann vor, wenn der Erwerber eine Rechtsposition erreicht, die ihm ohne Übertragung der Anteile eine wirtschaftliche Rechtsposition einräumt, die die Beherrschungssituation tatsächlich ändert.[1162]

Schädlich sind nur Übertragungen an einen Erwerber. Dabei ist zu beachten, dass nach der ausdrücklichen gesetzlichen Regelung, die von unmittelbarem oder mittelbarem Erwerb spricht, auch Übertragungen an mehrere Erwerber im Konzernverbund schädlich sind. Darüber hinaus wird nach dem ausdrücklichen Wortlaut des § 8c Abs. 1 Satz 2 KStG auch eine Gruppe von Erwerbern gleichgerichteter Interessen als ein Erwerber behandelt, z. B. Treuhänder und Treugeber.[1163] Eine klare Definition, was man unter gleichgerichteten Interessen verstehen will, enthält das Gesetz aber nicht. Nach Ansicht der Finanzverwaltung liegen gleichgerichtete Interessen vor, wenn mehrere Erwerber einer Körperschaft zur einheitlichen Willensbildung zusammenwirken.[1164] Ein weiteres Indiz gleichgerichteter Interessen ist auch die gemeinsame Beherrschung der Körperschaft. Für die Rechtsprechung ist entscheidend ein erwerbsbezogenes tatsächliches Zusammenwirken der neuen Gesellschafter zur späteren Ausübung der Herrschaftsmacht.[1165] Die Literatur nimmt an, dass eine Beziehung i. S. d. § 15 AO erforderlich sein soll, die so koordiniert ist, dass eine einheitliche Ausübung der Beteiligungen nahe liegt. Der Grund dieser Beziehungen zwischen verschiedenen Anteilserwerbern kann rein schuldrechtlicher Art sein oder auch daraus folgen, dass die Erwerber gesellschaftsrechtlich im Hinblick auf diese Anteile miteinander verbunden sind.[1166]

1161 *Brandis*, in: Blümich, KStG, § 8c Rz. 40 ff. m. w. N.
1162 *Brandis*, in: Blümich, KStG, § 8c Rz. 55 m. w. N.
1163 FG Köln vom 31.8.2016 – 10 K 85/15, EFG 2017, 57.
1164 BMF vom 28.11.17, BStBl I 2017, 1645 Tz. 28.
1165 BFH vom 22.11.16 – I R 30/15, BStBl II 17, 921; *Brandis*, in: Blümich, KStG, § 8c Rz. 52 m. w. N.
1166 *Roser*, in: Gosch, KStG, § 8c Rz. 74; *Brandis*, in: Blümich, KStG, § 8c Rz. 52.

Schließlich ordnet das Gesetz an, dass auch Kapitalerhöhungen als schädlicher Beteiligungserwerb anzusehen sind, wenn sie zu einer Veränderung der Beteiligungsquoten führen, die einer Übertragung der Beteiligung entspricht (s. § 8c Abs. 1 Satz 3 KStG).

Das Gesetz erhält zudem in § 8c Abs. 1 Satz 5 KStG eine Ausnahmevorschrift, wonach zwar keine Ausnahme vom Tatbestand »schädlicher Beteiligungserwerb« eingeführt wird. Die Verlustnutzung wird aber insoweit zugelassen, als dass der Verlust, der aufgrund des schädlichen Beteiligungserwerbs verloren ginge, erhalten bleibt, soweit die stillen Reserven des im Inland steuerpflichtigen Betriebsvermögens der Körperschaft nicht übersteigt.[1167]

Hinzuweisen ist noch darauf, dass die im ursprünglichen Gesetzeswortlaut enthaltene Sanierung als Ausnahme wegen Verstoßes gegen EU-Recht nicht wirksam geworden ist.[1168]

2.5.2.2 Steuerliche Verlustvorträge bei Personengesellschaften

Wegen der Transparenz der Besteuerung der Erträge von Personengesellschaften gibt es auf der Ebene der Gesellschaft selbst keine einkommensteuerlichen Verlustvorträge, da die Verluste der Gesellschaft jeweils schon in der laufenden Besteuerung individuell zugerechnet und in den individuellen Kapitalkonten innerhalb der Gesellschaft abgebildet werden. Eine Nutzung der bei den ausscheidenden Gesellschaftern vorhandenen Verlustvorträge durch den eintretenden neuen Gesellschafter scheidet daher regelmäßig aus.

2.5.3 Steuerliche Zins- und EBITDA-Vorträge

2.5.3.1 Grundlagen

Auf der Grundlage der im Jahre 2007 durch das Unternehmenssteuerreformgesetz 2008 (BGBl I 2007, 1912) eingeführten Zinsschrankenregelung nach § 4h Abs. 1 EStG und § 8a Abs. 1 KStG können Aufwendungen für Zinsen nur in eingeschränktem Umfang bei der Ermittlung des steuerlichen Gewinns der Gesellschaft abgezogen werden. Der Zinsausgabenabzug ist beschränkt auf 30 % des verrechenbaren EBITDA, d. h. auf 30 % des Gewinns des Unternehmens, der um die Zinsaufwendungen und die Abschreibungen nach § 6 Abs. 2 Satz 1, § 6 Abs. 2a Satz 2 und § 7 EStG erhöht und um die Zinserträge reduziert wird, soweit dieser Betrag den Betrag von 3 Mio. € überschreitet (s. § 4h Abs. 2 Satz 1 Buchst. a EStG), es sei denn, die Gesellschaft gehört zu keinem Konzern oder bei Konzernzugehörigkeit liegt die Eigenkapitalquote nicht um mehr als 2 % unter der Eigenkapitalquote des Konzerns (s. § 4h Abs. 2 Satz 1 Buchst. c EStG).

1167 *Brandis*, in: Blümich, KStG, § 8c Rz. 61.
1168 Vgl. *Brandis*, in: Blümich, KStG, § 8c Rz. 5.

Der für die Anwendung der Zinsschrankenregelung nicht berücksichtigte EBITDA kann, soweit die Zinsschrankenregelung für das Unternehmen überhaupt Anwendung findet, bis zu fünf Jahre vorgetragen werden (s. §4h Abs. 1 Satz 3 HS 1 EStG). Sind die Schranken für die Abzugsfähigkeit der Zinsen überschritten, können die in der Vergangenheit vom Betriebsausgabenabzug ausgeschlossenen Zinsaufwendungen in der Zukunft noch als Betriebsausgaben abgezogen werden, wenn der Zinsaufwand in den Folgejahren unterhalb der Grenzen für die Abzugsfähigkeit liegt (s. §4h Abs. 1 Satz 5 EStG). Sowohl der nicht verbrauchte EBITDA eines Wirtschaftsjahres als auch die in einem Wirtschaftsjahr nicht zum Abzug zugelassenen Zinsen werden steuerlich gesondert festgestellt, damit die zukünftige Berücksichtigung gesichert ist (s. §4h Abs. 4 Satz 1 EStG).

2.5.3.2 Kapitalgesellschaften

Nach §8a Abs. 1 Satz 3 KStG gilt für den Zinsvortrag nach §4h Abs. 1 Satz 5 EStG (nicht für den EBITDA-Vortrag) §8c KStG entsprechend, und ab dem Veranlagungszeitraum 2016 auch die fortführungsgebundenen Regelungen des §8d KStG. Das bedeutet: Der Zinsvortrag kann unter den Voraussetzungen des §8c KStG bei einem schädlichen Beteiligungserwerb untergehen. Durch die Änderungen des §8c KStG im Rahmen des »Jahressteuergesetzes 2018« vom 11.12.2018 (BGBl I 18, 2338) ist der lediglich quotale Untergang rückwirkend ab 2008 ausgeschlossen. Allerdings ermöglicht das Gesetz der Körperschaft in §8d KStG, den Zinsvortrag weiterhin zu nutzen (Wahlrecht), solange sie ihren Geschäftsbetrieb unverändert fortführt.[1169]

2.5.3.3 Personengesellschaften

Personengesellschaften gelten für die Zwecke der Zinsschrankenregelung als ein Betrieb, wobei auch das Sonderbetriebsvermögen der Gesellschafter für die Ermittlung der Zinsschrankenbeträge in das einheitliche Gesellschaftsvermögen einbezogen wird.[1170]

Bei Aufgabe oder Übertragung des Betriebs gehen ein nicht verbrauchter EBITDA-Vortrag und ein nicht verbrauchter Zinsvortrag unter (s. §4h Abs. 5 Satz 1 EStG). Scheidet ein Mitunternehmer aus einer Gesellschaft aus, gehen der EBITDA-Vortrag und der Zinsvortrag anteilig mit der Quote unter, mit der der ausgeschiedene Gesellschafter an der Gesellschaft beteiligt war (s. §4h Abs. 5 Satz 2 EStG). Dabei kommt es nicht darauf an, ob Zinsen dem allgemeinen Gesellschaftsvermögen oder dem Sonderbetriebsvermögen des ausscheidenden Gesellschafters zugeordnet sind.[1171]

1169 *Loewens* in: Blümich, KStG, § 8a Rz. 12.
1170 BMF vom 04.07.2008, Anwendungsschreiben zur Zinsschranke, BStBl I 2008, 718 Tz. 6.
1171 *Frotscher/Geurts*, § 4h EStG Rz. 194.

Dies bedeutet jedenfalls, dass bei einem vollständigen Gesellschafterwechsel eine Übertragung der entsprechenden Vortragsbeträge nicht möglich ist.

Vermögensverwaltende Personengesellschaften fallen grundsätzlich nicht unter die Zinsschranke, es sei denn, ihre Einkünfte würden Kraft gewerblicher Prägung nach § 15 Abs. 3 Nr. 2 EStG als Gewinneinkünfte gelten.[1172]

2.5.4 Grunderwerbsteuer

Sowohl bei der Übertragung von Anteilen an Personengesellschaften als auch bei der Übertragung von Anteilen an Kapitalgesellschaften fällt bei einer vollständigen Übertragung aller Geschäftsanteile an fremde Dritte in aller Regel Grunderwerbsteuer an.

2.5.4.1 Kapitalgesellschaften

Neuregelung für Kapitalgesellschaften, § 1 Abs. 2b GrEStG-E: Gehört zum Vermögen einer Kapitalgesellschaft ein inländisches Grundstück und ändert sich innerhalb von zehn Jahren der Gesellschafterbestand unmittelbar oder mittelbar dergestalt, dass mindestens 90 % der Anteile der Gesellschaft auf neue Gesellschafter übergehen, gilt dies als ein auf die Übereignung eines Grundstücks auf eine neue Kapitalgesellschaft gerichtetes Rechtsgeschäft. Mittelbare Änderungen im Gesellschafterbestand von den an einer Kapitalgesellschaft beteiligten Personengesellschaften werden durch Multiplikation der Vomhundertsätze der Anteile der drei Gesellschafter anteilig berücksichtigt. Ist eine Kapitalgesellschaft an einer Kapitalgesellschaft unmittelbar oder mittelbar beteiligt, gelten die Sätze 4 und 5. Eine unmittelbar beteiligte Kapitalgesellschaft gilt in vollem Umfang als neue Gesellschafterin, wenn an ihr mindestens 90 % der Anteile auf neue Gesellschafter übergehen. Bei mehrstufigen Beteiligungen gilt Satz 4 auf der Ebene jeder mittelbar beteiligten Kapitalgesellschaft entsprechend. Bei der Ermittlung des Vomhundertsatzes bleibt der Erwerb von Anteilen von Todes wegen außer Betracht.

Übergangsregelung § 23 Abs. 17 GrEStG-E: Gem. § 23 Abs. 17 GrEStG-E soll die neue Vorschrift § 1 Abs. 2b GrEStG-E erstmals auf Erwerbsvorgänge angewendet werden, die nach dem 31.12.2019 verwirklicht werden. Maßgeblicher Zeitpunkt für die Verwirklichung des Steuertatbestandes ist somit das Verfügungsgeschäft (»Closing«) und nicht das Verpflichtungsgeschäft (»Signing«).

Die unmittelbare Übertragung von Grundbesitz in unterschiedlicher Weise unterliegt nach § 1 Abs. 1 GrEStG der Grunderwerbsteuer. Nach der Regelung in § 1 Abs. 3 GrEStG liegt ein grund-

1172 BMF vom 04.07.2008, Anwendungsschreiben zur Zinsschranke, BStBl I 2008, 718 Tz. 5.

erwerbsteuerpflichtiger Vorgang jedoch auch dann vor, wenn die Gesellschaft Grundbesitz hat und durch die Anteilsübertragung unmittelbar oder mittelbar mindestens 95/90 % der Anteile der Gesellschaft in der Hand des Erwerbers oder in der Verfügungsgewalt von herrschenden und abhängigen Unternehmen oder abhängigen Personen oder in der Hand von abhängigen Unternehmen oder abhängigen Personen allein vereinigt werden würde. Dies bedeutet, dass beim Verkauf von Geschäftsanteilen an Kapitalgesellschaften, die Grundbesitz halten, bei einem vollständigen Unternehmensverkauf stets Grunderwerbsteuer anfällt, obwohl ein Kaufpreis für diese Grundstücke nicht gesondert ausgewiesen ist.

Dabei ist in der Praxis insbesondere zu berücksichtigen, dass unmittelbar und mittelbar gehaltene Beteiligungen bei der Ermittlung der 95/90 %-Schwelle zusammengerechnet werden. Mittelbar gehaltene Beteiligungen werden dabei nach der anteiligen Beteiligungsquote berücksichtigt. Von besonderer praktischer Bedeutung kann die Einbeziehung von gehaltenem Grundbesitz dann sein, wenn zwar nicht das erworbene Unternehmen, jedoch Tochter- oder Enkelgesellschaften über Grundbesitz verfügen. Damit tritt auch insofern bei der Veräußerung von mehr als 95/90 % der Beteiligung an der Muttergesellschaft ein grunderwerbsteuerpflichtiger Vorgang ein. Befinden sich daher im Portfolio des eigentlichen Zielunternehmens (ohne Grundbesitz) abhängige Unternehmen, in denen sich Grundbesitz befindet, ist der Anfall von Grunderwerbsteuer bei wirtschaftlicher Bewertung und der Durchführung der Unternehmenstransaktionen zu berücksichtigen.

Bemessungsgrundlage für die Grunderwerbsteuer ist in den Fällen des § 1 Abs. 3 GrEStG gem. § 8 Abs. 2 Nr. 3 GrEStG der Bedarfswert nach den Vorschriften des Bewertungsgesetzes über die Bedarfsbewertung (s. § 138 Abs. 2–4 BewG), der im Einzelfall bei der Transaktion gesondert festzustellen ist.

Gehen weniger als 95/90 % der Geschäftsanteile an einer Kapitalgesellschaft auf neue Anteilseigner über, fällt keine Grunderwerbsteuer an. In der Vergangenheit ist versucht worden, durch sogenannte RETT-Blocker-Modelle den Anfall von Grunderwerbsteuer dadurch zu vermeiden, dass 5,1 % der Anteile nicht von dem Erwerber der restlichen Geschäftsanteile, sondern von einer Personengesellschaft erworben wurden, an der wiederum der Erwerber der Hauptbeteiligung mit einem Prozentsatz, typischerweise 96 %, beteiligt war. Damit erhielt der Erwerber wirtschaftlich fast 100 % (94,9 % + (96 % aus 5,1 % =) 4,9 %)) der Anteile. Da die Personengesellschaft die Immobilie als gesamthänderisch gebundenes Vermögen hält, konnten die von ihr gehaltenen Anteile dem Haupterwerber im Rahmen der Regelung von § 1 Abs. 3 GrEStG nicht zugerechnet werden.

Durch die Neuregelung des § 1 Abs. 3a GrEStG mit dem AmtshilfeRLUmsG scheidet diese Gestaltung zukünftig aus. Nach dieser neuen, auf die Bekämpfung der RETT-Blocker-Modelle ausgerichtete Regelung werden bei der Ermittlung der 95 %-Grenze zusätzlich auch »wirtschaftliche« Beteiligungen einbezogen. Die wirtschaftliche Beteiligung wird dabei aus der Summe der unmittelbaren und mittelbaren Beteiligungen an Kapital oder am Vermögen der Gesellschaft ermittelt, wobei bei mittelbaren Beteiligungen eben nicht mehr nur die Beteiligung am Kapital, sondern auch am Vermögen der beteiligten Gesellschaften erfasst werden. Damit wird im Ergebnis in dem vorab genannten Beispiel auch die dem Haupterwerber zustehende mittelbare Beteiligung über die Personengesellschaft in Höhe der mittelbaren Beteiligung am Vermögen und damit in Höhe von 4,9 % zugerechnet.

Damit sind zukünftig Strukturen, die gerade der Vermeidung der Grunderwerbsteuer bei Unternehmenstransaktionen dienen, kaum noch möglich.

2.5.4.2 Personengesellschaften

Neuregelung für Personengesellschaften, § 1 Abs. 2a GrEStG-E: Gehört zum Vermögen einer Personengesellschaft ein inländisches Grundstück und ändert sich innerhalb von zehn Jahren der Gesellschafterbestand unmittelbar oder mittelbar dergestalt, dass mindestens 90 % der Anteile am Gesellschaftsvermögen auf neue Gesellschafter übergehen, gilt dies als ein auf die Übereignung eines Grundstücks auf eine neue Personengesellschaft gerichtetes Rechtsgeschäft. Mittelbare Änderungen im Gesellschafterbestand von den an einer Personengesellschaft beteiligten Personengesellschaften werden durch Multiplikation der Vomhundertsätze der Anteile am Gesellschaftsvermögen anteilig berücksichtigt. Ist eine Kapitalgesellschaft an einer Personengesellschaft unmittelbar oder mittelbar beteiligt, gelten die Sätze 4 und 5. Eine unmittelbar beteiligte Kapitalgesellschaft gilt in vollem Umfang als neue Gesellschafterin, wenn an ihr mindestens 90 % der Anteile auf neue Gesellschafter übergehen. Bei mehrstufigen Beteiligungen gilt Satz 4 auf der Ebene jeder mittelbar beteiligten Kapitalgesellschaft entsprechend. […]

Übergangsregelung § 23 Abs. 18 GrEStG-E: Gem. § 23 Abs. 18 GrEStG-E soll die Verlängerung der Haltefrist und die Absenkung der Beteiligungsgrenze auf die Rechtsvorgänge angewendet werden, die nach Ablauf des 31.12.2019 verwirklicht werden. Ist der Gesellschafter jedoch zum 31.12.2019 Altgesellschafter nach dem bisherigen Recht, so kann er nicht nach dem neuen Gesetz Neugesellschafter werden. Für den Gesellschafter, der zum 31.12.2019 Neugesellschafter nach dem bisherigen Recht ist, verlängert sich die Haltefrist auf zehn Jahre. Neugesellschafter ist nach bisherigem Recht jeder Gesellschafter, der noch nicht mindestens fünf Jahre an der Personengesellschaft beteiligt ist.

Die vorstehenden Ausführungen gelten auch für Fälle, in denen zum Vermögen einer Personengesellschaft inländischer Grundbesitz gehört. Nach § 1 Abs. 2a GrEStG gilt es auch hier als ein grunderwerbsteuerpflichtiger Vorgang, wenn sich die Beteiligungsverhältnisse binnen fünf/zehn Jahren unmittelbar oder mittelbar derart verändern, dass mindestens 95/90 % der Anteile am Gesellschaftsvermögen auf neue Gesellschafter übergehen. Auch für Übertragungsvorgänge bei Personengesellschaften gilt die Auffangvorschrift des neu eingefügten Abs. 3a.

2.5.5 Umsatzsteuer

Regelmäßig fällt bei der Übertragung von Anteilen an Kapitalgesellschaften oder von Personengesellschaften keine Umsatzsteuer an. Umsätze in Bezug auf Anteile an Gesellschaften sind gem. § 4 Nr. 8 Buchst. f UStG umsatzsteuerfrei.[1173] Zwar ist gem. § 9 Abs. 1 UStG grundsätzlich eine Option auf die Umsatzsteuer möglich. Dies ist in der Praxis jedoch regelmäßig nicht relevant, da Geschäftsanteile regelmäßig, soweit diese nicht börsennotiert sind, nicht gehandelt werden und daher ein Vorsteuerabzug beim Erwerber aus praktischen Gründen ausscheidet.

Bei einem Unternehmenskauf in Form eines Asset Deals, d. h. der Veräußerung eines Betriebes oder Betriebsteils, liegt kein umsatzsteuerbarer Vorgang vor. Zumeist stellt eine solche Transaktion nämlich eine Geschäftsveräußerung im Ganzen i. S. v. § 1 Abs. 1a UStG dar.[1174]

Eine Geschäftsveräußerung im Ganzen ist, da das Umsatzsteuerrecht auf europarechtlichen Vorgaben basiert, sowohl nach deutschem als auch nach europäischem Recht zu betrachten. Die Begrifflichkeiten sind nämlich nicht übereinstimmend. Dies beruht darauf, dass das europäische Recht, auf das die Regelung zurückgeht (s. Art. 19 Abs. 1 und 2 und Art. 29 MwStSystRL), und das deutsche Recht in § 1 Abs. 1a UStG nicht deckungsgleich sind. Die nationale Regelung versteht unter einer Geschäftsveräußerung als Ganzes, wenn ein Unternehmen oder ein in der Gliederung eines Unternehmens gesondert geführter Betrieb im Ganzen entgeltlich oder unentgeltlich übereignet oder eine Gesellschaft eingebracht wird. Die europäische Regelung in Art. 19 MwStSystRL versteht darunter die Übertragung des Gesamtvermögens oder eines Teilvermögens, die entgeltlich oder unentgeltlich oder durch Einbringung in eine Gesellschaft erfolgt. Diese Regelung ist nach der Rechtsprechung des EuGH[1175] ein autonomer unionsrechtlicher Begriff, der verhindern soll, dass das einheitliche europäische Mehrwertsteuersystem in einzelnen Mitgliedstaaten unterschiedlich ausgelegt wird.[1176] Eine Geschäftsveräußerung im Ganzen liegt demnach vor, wenn die wesentlichen Grundlagen eines Unternehmens oder eines gesondert geführten Betriebes in einer Art und Weise übertragen werden, dass der erwerbende Unternehmer sie ohne großen finanziellen Aufwand fortsetzen kann.[1177] Eine Geschäftsveräußerung im Ganzen kann auch vorliegen, wenn Grundstücke, die vermietet sind, übertragen werden.[1178] Umsatzsteuerlich tritt der Erwerber an die Stelle des veräußernden Unternehmers, soweit er das Unternehmen fortführt (s. § 1 Abs. 1a Satz 3 UStG). Dies ist bei der Übertragung von Immobilien insbesondere unter dem Gesichtspunkt möglicher Veränderung der Verhältnisse und einer von daher erforderlichen Korrektur des Vorsteuerabzugs nach § 15a UStG von Bedeutung. Dem ist bei einem entsprechenden Unternehmenskaufvertrag durch Regelungen,

1173 *Heidner*, in: Bunjes, UStG, § 4 Rz. 45 m. w. N.
1174 *Oelmaier* in: Sölch/Ringleb, § 1 UStG Rz. 188; vgl. *Schwarz/Widmann/Radeisen*, § 1 UStG Rz. 424 ff. m. w. N.; *Robisch*, in: Bunjes, § 1 UStG Rz. 120 ff. m. w. N.
1175 EuGH vom 27.11.2003 – C-497/01 »Zita modes«.
1176 Vgl. *Robisch*, in: Bunjes, § 1 UStG Rz. 119 m. w. N.
1177 BFH vom 28.11.2002 V R 3/01 BStBl II 2004, 665.
1178 *Robisch*, in: Bunjes, § 1 UStG Rz. 120 ff. m. w. N.

die die Risikoverteilung bezogen auf die jeweilige Besitzzeit der Immobilie betreffen, Rechnung zu tragen.

Ausnahmsweise kann eine Übertragung doch umsatzsteuerpflichtig sein, wenn die geplante Übertragung eines Geschäftsbetriebs im Ganzen gem. § 1 Abs. 1a UStG etwa daran scheitert, dass der Veräußerer wesentliche Betriebsgrundlagen, etwa eine für den Betrieb notwendige und betriebstypische Immobilie, zurückbehält und diese etwa an den vom Erwerber geführten Betrieb vermietet. In diesem Fall liegt ein umsatzsteuerpflichtiger Vorgang vor, bei dem auch die Vorsteuer abzugsfähig ist.

2.6 Transaktionsnachbereitung und Integration

Dr. Heiko Wiechers/Dr. Andreas Lohbeck

Unternehmenskäufer verfolgen unterschiedliche Ziele. Regelmäßig wiederkehrende Ziele sind strategischer und finanzieller Natur. Dazu zählen die Erschließung neuer Geschäftsfelder und Märkte, die Sicherung der eigenen Marktposition sowie die Hebung von Synergieeffekten und Einsparpotenzialen. Deshalb ist es im Nachgang zu einer Akquisition besonders wichtig, diese Ziele durch eine konsequente Integration des Zielunternehmens zu verfolgen und zu erreichen.[1179] Nach den Ergebnissen zahlreicher Studien werden die verfolgten Ziele in der Mehrzahl der Fälle nicht erreicht.[1180] Dabei versagen besonders häufig die Nachbereitung einer Transaktion und die auf sie folgende Integration.[1181]

Die Integration des Zielunternehmens ist eine schwierige Aufgabe, die heutzutage meist spezialisierten Unternehmensberatern zufällt.[1182] Dies liegt insbesondere an dem Umstand, dass Akquisitionen zunächst von eher strategisch ausgerichteten Unternehmensabteilungen und Beratern geplant und durchgeführt werden. Gelangt das Projekt dann zur Umsetzung im Detail, rücken die Fachleute nach und ein eher operativ-prozessorientiertes Denken beginnt. Erst während der kritischen Anfangsphase des Zielunternehmens im neuen Umfeld, werden operative Schwierigkeiten im Detail offenbar.

Im Vordergrund steht zunächst, die wirtschaftlichen Ziele durch betriebswirtschaftliche Integrationsmaßnahmen zu erreichen.[1183] Diese Ziele und die Maßnahmen dorthin müssen bei Closing, also dem rechtlichen Kontrollerwerb bereits ebenso definiert sein wie Team und Arbeitsprogramm. Die Umsetzung muss von »Tag 1« an beginnen können. Meist verfügen die Käufer

1179 *Billing/Flötotto* in: Hölters, 2019, Rn. 2.15.
1180 Vgl. *Schramm* in: Schramm/Hansmeyer, 2010, 4.
1181 *Andreas*, in: *Beisel/Andreas (Hrsg,)*, 2017, § 11 Rn. 19.
1182 Zu den betriebswirtschaftlichen Abläufen vgl. *Schramm/Hansmeyer*, 2010, 333 ff.
1183 Vertiefend *Billing/Flötotto*, in: Hölters, 2019, Teil 2.

über kurzfristige und mittelfristige Pläne. Kurzfristig spricht man in der Praxis von 100 Tage-Plänen. Während dieser Zeit sind die Entscheidungsstrukturen im Zielunternehmen zu festigen und Organisation und Mitarbeiter an die neue Lage zu gewöhnen. Beispielsweise ist zu klären, wer fortan das letzte Wort bei Investitionsentscheidungen oder der Besetzung wichtiger Stellen im Unternehmen hat.[1184] Es ist eminent wichtig, die Mitarbeiter des Zielunternehmens über die Vorteile der Transaktion zu informieren und ihnen Veränderungen frühzeitig und behutsam vor Augen zu führen. Die einzelnen Arbeitsstränge der Integration sind ebenfalls in dieser ersten Phase auf den Weg zu bringen. Dies beinhaltet vor allem eine Evaluation der Umsetzungsmöglichkeiten und die Festlegung der einzelnen Schritte. Diese Vorgänge münden in die mittelfristige Integrationsplanung. Sie umfasst die Implementierungspläne und im Idealfall ein Benchmarking, um den Fortschritt messen zu können. Die Umsetzungsmaßnahmen nähern sich dann im günstigen Fall dem gesetzten Ziel, das in der Regel in einem Zeitraum von zwei bis fünf Jahren fixiert werden sollte. Während der Integrationsphase werden die gewonnenen Erkenntnisse und Erfahrungen systematisch erfasst und idealerweise abschließend in einem Workshop aufbereitet, um das erarbeitete Knowhow für künftige Projekte festzuhalten.[1185]

Wirtschaftliche Integrationsmaßnahmen sind häufig flankiert durch rechtliche Integrationsmaßnahmen, um die erworbene Organisation in die Organisation des Erwerbers einzufügen. Die strategischen Übernahmeziele können durch eine konsequente Organisation zielgerichteter erreicht werden. Aber auch steuerliche oder rechtliche Vorteile können den Erwerber zu einer restrukturierenden Integration motivieren.[1186] Die Bandbreite juristischer Integration reicht von Berichtslinien zwischen dem erworbenen Unternehmen zu einer Holdinggesellschaft (häufig bei Finanzinvestoren) über eine detailliertere Corporate Governance mit Abgabe bestimmter Unternehmensfunktionen vom erworbenen Unternehmen an andere Einheiten, eine Konzernierung des erworbenen Unternehmens über den Abschluss von Beherrschungs- und Gewinnabführungsverträgen und das Aufsetzen eines Cash Pools bis hin zur vollständigen (juristischen) Verschmelzung und zum (organisatorischen) Aufgehen des erworbenen Unternehmens in das erwerbende Unternehmen.

Gut beratene Unternehmenskäufer werden bereits vor der Due Diligence-Phase mit ihren verschiedenen Beraterteams und internen Due Diligence-Beauftragten besprochen haben, welche Ziele sie mit der Transaktion verfolgen und welche Schritte dorthin erforderlich sein könnten.[1187] So haben die Due Diligence-Teams die Chance, ihre Prüfung auch darauf auszurichten und konkrete Handlungshinweise in ihre Berichte einfließen zu lassen. Die externen Berater brauchen für eine zielführende Prüfung jedoch auch Informationen über das Unternehmen ihres eigenen Mandanten.[1188] Dann sind sie gerüstet, um beide Seiten der Transaktion von Beginn an in ihre Prüfung einzubeziehen.

1184 *Sünderhauf*, in: Schramm/Hansmeyer, 2010, 363.
1185 *Sünderhauf*, in: Schramm/Hansmeyer, 2010, 367.
1186 *Andreas*, in: *Beisel/Andreas (Hrsg,)*, 2017, § 11 Rn. 19.
1187 *Billing/Flötotto*, in: Hölters, 2019, Rn. 2.14 ff.
1188 *Andreas*, in: Beisel/Andreas (Hrsg.), 2017, § 11 Rn. 21 f.

2.7 Besonderheiten internationaler Unternehmenstransaktionen

Dr. Heiko Wiechers/Dr. Andreas Lohbeck

Internationale Sachverhalte steigern nicht nur die tatsächliche, sondern auch die rechtliche Komplexität von Unternehmenstransaktionen. Neben sprachlichen und kulturellen Unterschieden sind vor allem die verschiedenen Rechtsordnungen miteinander in Einklang zu bringen. Dabei sind grenzüberschreitende Transaktionen keineswegs selten. Nach einer Erhebung der Investmentbank J.P. Morgan waren 30 % der weltweit im Jahr 2018 bekannt gegebenen Transaktionen grenzüberschreitend.[1189]

Internationale Unternehmenstransaktionen lassen sich nicht abschließend definieren. Im Grunde reicht dem Wortsinn nach jeder Auslandsbezug aus; sei es nur, dass die Zielgesellschaft Rechtsbeziehungen mit dem Ausland unterhält.[1190] Die praktisch bedeutsamen Fälle sind dadurch gekennzeichnet, dass der Erwerber aus einem anderen als dem Land stammt, in dem die Hauptverwaltung des Zielunternehmens ihren Sitz hat. Als hier zu behandelnde Fälle ergeben sich daraus: Die Unternehmerfamilie veräußert als Verkäufer ihr Unternehmen an einen ausländischen Erwerber oder erwirbt als Käufer ein Unternehmen im Ausland. Praktisch auch bedeutsam, aber weniger komplex sind die Fälle, in denen lediglich der Veräußerer aus dem Ausland stammt.

Zu den nachfolgend abgehandelten Themen können zahllose weitere hinzukommen, auf die hier nur hingewiesen werden kann: Etwa sind internationale fusionskontrollrechtliche Anmeldepflichten heute eher die Regel als die Ausnahme.[1191] Oder die Transaktion unterliegt anderen öffentlich-rechtlichen Beschränkungen, etwa aus dem Devisenkontroll-, dem Direktinvestitions- oder dem Außenwirtschaftsrecht.[1192] Außerdem tritt regelmäßig die Frage auf, ob die Transaktion eine Doppelbesteuerung zur Folge haben kann und wie diese zu vermeiden ist.[1193] Schließlich gewinnt auch das Arbeitsrecht bei grenzüberschreitenden Sachverhalten an Bedeutung.[1194]

2.7.1 Existenz- und Vertretungsnachweise

Natürliche Personen treten selbst oder durch Bevollmächtigte auf, wenn sie Verträge schließen. Ihre Existenz ist ohne weiteres erkennbar und sie sind durch Ausweisdokumente identifizierbar. Personengesellschaften und juristische Personen handeln hingegen durch natürliche

1189 J.P. Morgan (Hrsg.), 2019 Global M&A Outlook, S. 4.
1190 Überblick der Konstellationen bei *Wetzler*, in: Hölters, 2019, Rn. 18.1.
1191 Vgl. *Davies* (Hrsg.), 2014.
1192 Vgl. *Göthel*, in: *Göthel*, 2015, § 2 Rn. 122 ff.; § 10 Rn. 48 ff.
1193 Vgl. *Hörtnagl/Hoheisel*, in: Hettler/Stratz/Hörtnagl (Hrsg.), 2013, § 8 Rn. 199 ff.
1194 Vgl. *Schramm*, in: Göthel, 2015, § 14, § 15, § 16.

Personen.[1195] Ihre Existenz ist erst durch eine rechtliche Prüfung erkennbar. Bei innerdeutschen Transaktionen bereiten Existenz- und Vertretungsnachweise regelmäßig keine Probleme.[1196] Vertragspartner können sich nach § 15 Abs. 1 HGB grundsätzlich auf das Handelsregister verlassen, in das die Existenz von Gesellschaften und die vertretungsberechtigten Personen eingetragen werden.[1197]

Ausländische Rechtsordnungen kennen teilweise keine entsprechenden Register. Selbst wenn entsprechende Register bestehen, können deutsche Vertragspartner in der Regel nicht beurteilen, ob die Person rechtswirksam besteht und vertreten ist. Dasselbe gilt für Notare und Behörden. In der Regel sind aber Notare nach §§ 12, 17 BeurkG und Registergerichte nach § 26 FamFG zu einer entsprechenden Überprüfung verpflichtet.[1198] Deshalb erfordern internationale Unternehmenstransaktionen meist besondere Existenz- und Vertretungsnachweise.

2.7.1.1 Art des Nachweises

Wenn ein Nachweis über die Existenz und Vertretungsberechtigung geführt werden muss, sollte in jedem Fall vorab geklärt werden, welchen Nachweis der Adressat des Nachweises anerkennen wird. Besonders die Registergerichte haben eine sehr unterschiedliche Praxis. Aber auch Vertragspartner sollten Vertretungsnachweise frühzeitig abstimmen, um die Vertragsunterzeichnung nicht wegen Formalia zu verzögern.

Soweit in ausländischen Rechtsordnungen ähnliche Register wie in Deutschland bestehen, können entsprechende Auszüge zum Nachweis von Existenz und wirksamer Vertretung herangezogen werden. Beispiele hierfür sind die Staaten der Europäischen Union (mit Ausnahme des Vereinigten Königreichs[1199]), die Schweiz, die Türkei, Japan, Island, Liechtenstein und Norwegen.[1200] Zahlreiche Hinweise und Gutachten zum Nachweis der Existenz und Vertretung ausländischer Gesellschaften sind auf den Internetseiten des Deutschen Notarinstituts abrufbar.[1201]

Wenn das ausländische Register dem deutschen Register vergleichbar ist, kann auch ein deutscher Notar nach § 21 BNotO eine Bescheinigung über die Existenz und die Vertretungsberechtigung durch Einsicht in das ausländische Register erstellen.[1202]

1195 *Stephan/Tieves,* in: MüKo GmbHG, Bd. 2, 2019, § 35 Rn. 15.
1196 *Langhein,* ZnotP 1999, 218.
1197 Näher *Hopt,* in: Baumbach/Hopt, 2020, § 15 Rn. 4 ff.
1198 *Krafka/Kühn,* 2019, Rn. 118.
1199 Hierzu OLG Dresden, DNotZ 2008, 146; OLG Düsseldorf, NZG 2014, 199; OLG Nürnberg, GWR 2015, 101; *Schaub,* in: Ebenroth/Boujong/Joost/Strohn, 2020, Anhang zu § 12 Rn. 181 f.
1200 *Pfeiffer,* Rpfleger 2012, 240, 243; Überblicke bei *Schaub,* in: Ebenroth/Boujong/Joost/Strohn, 2020, Anhang zu § 12 Rn. 162 ff.; *Gebele,* in: *Göthel,* 2015, § 3 Rn. 21 f, 64 f.
1201 www.dnoti.de, abgerufen am 11.05.2020.
1202 OLG Schleswig, DNotZ 2008, 709; OLG Schleswig, FGPrax 2012, 127, 128; LG Aachen MittBayNot 1990, 125; zweifelnd OLG Brandenburg MittBayNot 2011, 222; a. A. OLG Hamm NJW-RR 1995, 469. Die Gleichwertigkeit für das *Companies House* im Vereinigten Königreich verneinend OLG Dresden, GWR 2015, 115.

Auch ausländische Notare können solche Bescheinigungen ausstellen.[1203] Diese müssen dann nicht den formalen Anforderungen des § 21 BNotO, sondern dem Recht des Ausstellungsstaats entsprechen.[1204] Allerdings werden derartige Bescheinigungen in Deutschland insbesondere von Behörden nur anerkannt, wenn der bescheinigende Notar dem sogenannten lateinischen Notariat angehört.[1205] Solche Notare haben eine dem deutschen Notariat vergleichbare Amtsstellung und verfügen über eine juristische Ausbildung.[1206] Anders ist die Beurteilung des **Notary Public** im anglo-amerikanischen Rechtskreis. Mit Ausnahme der **Scrivener Notaries** in der **City of London** sind **Notaries Public** nicht mit deutschen Notaren vergleichbar.[1207]

Am meisten Aufwand bereiten Existenz- und Vertretungsnachweise für Gesellschaften aus Ländern, in denen weder ein aussagekräftiges Register noch zu einer Bescheinigung fähige Notare existieren. In solchen Fällen ist ein mehrstufiger Nachweis zu führen, insbesondere in Ländern des **Common Law**. Auf der ersten Stufe wird die Existenz der Gesellschaft mit Urkunden von öffentlichem Glauben nachgewiesen. Auf der zweiten Stufe wird die Vertretungsberechtigung auf Basis gesellschaftsrechtlicher Unterlagen nachgewiesen.[1208]

In der Regel wird der Existenznachweis von staatlichen Stellen beurkundet. In den USA erstellt etwa der **Secretary of State** des jeweiligen Bundesstaats ein **Certificate of Good Standing.**[1209] In Großbritannien erteilt der Registrar of Companies entsprechende Bescheinigungen über die Existenz von Gesellschaften.[1210] Die konkrete Vertretungsbefugnis der handelnden Personen wird in diesen Rechtsordnungen durch eine Bescheinigung des **Company Secretary** nachgewiesen.[1211] Regelmäßig erkennen Registergerichte ein solches sog. **Secretary Certificate** an, insbesondere da die Gesellschaft sich nach dem **Common Law** nicht darauf berufen kann, eine in einem **Secretary Certificate** bescheinigte Vertretungsbefugnis sei in Wahrheit nicht gegeben.[1212] In Einzelfällen verlangen Registergerichte zusätzlich die zugrunde liegenden gesellschaftsrechtlichen Dokumentation sowie ermächtigende Beschlüsse des Board auf Directors. In solchen Fällen lohnt es sich klarzustellen, dass die gesellschaftsrechtliche Dokumentation in den betreffenden Ländern privatschriftlich erstellt wird und weder öffentliche Register noch die Satzung Auskunft über die Vertretungsbefugnis geben können.[1213] Gerade bei umfangreichen oder komplexen Dokumenten verlangen die Gerichte auch deutsche Übersetzungen. Im

1203 *Wachter*, DB 2004, 2795, 2799; OLG Schleswig, FGPrax 2012, 127, 128.
1204 OLG Köln, MittRhNotK 1988, 181, 182; LG Kleve, RNotZ 2008, 30; *Gebele*, in: Göthel, 2015, § 3 Rn. 28.
1205 LG Kleve, RNotZ 2008, 30; *Schaub*, in: Ebenroth/Boujong/Joost/Strohn, 2020, Anhang zu § 12 Rn. 51. Das sind Notare in den 86 Ländern, die der Union Internationale du Notariat angehören, vgl. näherwww.uinl.org, abgerufen am 16.01.2020.
1206 *Gebele*, in Göthel, 2015, § 3 Rn. 27.
1207 *Kau/Wiehe*, RIW 1991, 32, 33; *Fischer*, ZNotP 1999, 352, 353; *Wachter*, DB 2004, 2795, 2799; *Spahlinger/Wegen*, 2005, Rn. 689.
1208 *Gebele*, in: Göthel, 2015, § 3 Rn. 66.
1209 *Heinemann*, FGPrax 2015, 1, 4; OLG Köln, FGPrax 2014, 74.
1210 *Pfeiffer*, Rpfleger 2012, 240, 243.
1211 KG Berlin, FGPrax 2012, 172; *Pfeiffer*, Rpfleger 2012, 240, 245.
1212 *Merkt*, 2013, Rn. 611, 613; *Gebele*, in: Göthel, 2015, § 3 Rz. 34.
1213 *Gerber*, in: Süß/Wachter, 2016, USA Rn. 136.

Zweifel sollte gemeinsam mit dem Registergericht eine Nachweismöglichkeit gesucht werden, die kostengünstiger ist als eine beeidigte Übersetzung gesellschaftsrechtlicher Unterlagen.

2.7.1.2 Form des Nachweises

Existenz- und Vertretungsnachweise bedürfen im Handelsregisterverfahren zwar keiner besonderen Form, wie sich aus § 12 Abs. 2 HGB ergibt. Zwingend vorgeschrieben ist die Beglaubigung nur für Anmeldungen zum Handelsregister, für Handelsregistervollmachten und andere Vollmachten z. B. für die Gründung einer GmbH und für Kapitalmaßnahmen.[1214] Die Nachweisform bestimmt jedoch die Beweiskraft und dient der Substantiierung der behaupteten Fakten für die Prüfung des Notars und des Registergerichts.[1215]

Grundsätzlich ist der Nachweis der Echtheit ausländischer Urkunden im Wege der Legalisation zu führen. Hierfür hat ein deutscher Konsularbeamter im Ausstellungsstaat die Echtheit der Urkunde zu bestätigen.[1216] Für Urkunden zahlreicher Staaten[1217] reicht jedoch eine Apostille aus.[1218] Mit der Apostille bestätigt eine im Herkunftsstaat dafür zuständige Behörde die Echtheit der Urkunde und Behörden des Ziellandes akzeptieren diese Bestätigung als Echtheitsnachweis.[1219] Mit einigen Ländern hat die Bundesrepublik Deutschland Staatsverträge abgeschlossen, die weitere Erleichterungen bis hin zur Anerkennung sämtlicher Urkunden ohne weitere Nachweise vorsehen.[1220]

Vollmachten sind als solche keine öffentlichen Urkunden, sondern private Urkunden. Wenn sie nicht für die zuvor genannten besonderen Zwecke dienen, brauchen sie grundsätzlich nicht beglaubigt zu werden. Jedoch empfiehlt es sich aus praktischen Gründen, Vollmachten stets beglaubigen zu lassen und die Beglaubigungen erforderlichenfalls legalisieren bzw. apostillieren zu lassen. Insbesondere in internationalen Unternehmenstransaktionen ist dieses Vorgehen auch dann üblich, wenn es rechtlich nicht erforderlich wäre. Ein Nachweis über die wirksame Vertretung fördert das gegenseitige Vertrauen der Parteien und steigert so die Transaktionssicherheit für beide Seiten.

1214 *Gebele,* in Göthel, 2015, § 3 Rn. 39.
1215 *Pfeiffer*, Rpfleger 2012, 240, 246.
1216 *Gebele,* in: Göthel, 2015, § 3 Rn. 45.
1217 Vgl. *Gebele,* in: Göthel, 2015, § 3 Rn. 49, dort Fußnote 79.
1218 Haager Übereinkommen über die Befreiung ausländischer öffentlicher Urkunden von der Legalisation vom 05.10.1961.
1219 *Spahlinger/Wegen*, 2005, Rn. 698.
1220 *Gebele*, in: *Göthel*, 2015, § 3 Rn. 50 f.

2.7.2 Auslandsbeurkundung

In Deutschland ist die GmbH die am häufigsten gewählte Rechtsform. Anteile an einer GmbH können nach § 15 Abs. 3 und 4 GmbH nur durch eine notariell beurkundete Vereinbarung verkauft und übertragen werden. Die Beurkundungskosten richten sich dabei zwingend nach dem Wert der übertragenen Anteile und können bei einem Unternehmenskauf schnell hohe Summen erreichen. Da ausländische Notare nicht an die deutschen Gebührenvorschriften gebunden sind, versuchen die Parteien bisweilen durch eine Beurkundung durch einen ausländischen Notar Kosten zu sparen.[1221] Hierbei ist Vorsicht geboten. Die Wirksamkeit der Auslandsbeurkundung von Anteilsübertragungen ist höchstrichterlich nur für Notare im Schweizer Kanton Basel-Stadt geklärt.[1222] Ansonsten hängt sie davon ab, ob die Auslandsbeurkundung der deutschen Beurkundung gleichwertig ist. Dies ist der Fall, wenn sowohl die Urkundsperson als auch der Beurkundungsvorgang Voraussetzungen unterliegen, die den tragenden Grundsätzen des deutschen Beurkundungsrechts entsprechen.[1223] Die Literatur bejaht die Gleichwertigkeit größtenteils für das sog. lateinische Notariat.[1224] Hingegen wird die Gleichwertigkeit beim Notary Public des angelsächsischen Rechtskreises verneint. Bei Notaren in der Schweiz ist die Gleichwertigkeit für jeden Kanton einzeln zu prüfen.[1225]

Hinweis !

Eine Auslandsbeurkundung bedeutet stets einen höheren logistischen Aufwand. Da ausländische Notare regelmäßig keine deutsche juristische Ausbildung haben, entfällt zudem eine mitunter wichtige Instanz, die die Vertragswerke einer unabhängigen Kontrolle unterzieht. Wenn dennoch eine Auslandsbeurkundung gewollt ist, empfiehlt es sich für die Praxis, Anteilsabtretungen bis auf weiteres lediglich bei Notaren in Basel-Stadt beurkunden zu lassen.

2.7.3 Vertragssprache und anwendbares Recht

Internationale Unternehmenskaufverträge werden in aller Regel auf Englisch abgeschlossen. Die Parteien haben zwar verschiedene Muttersprachen, sie verhandeln aber auf Englisch als die gebräuchliche Geschäftssprache.[1226] Das geht oft auch mit der anglo-amerikanischen Regelungstechnik einher, die zu deutlich detaillierteren Regelungen in Verträgen führt als die deutsche. Jedoch wäre es eine irrige Annahme, dass ein detaillierter Vertrag jede Einzelheit und jede Unwägbarkeit regeln kann.[1227] Im internationalen Kontext haben detaillierte Regelungen aber

1221 *Holzapfel/Pöllath*, 2016, Rn. 1145.

1222 BGH, Beschluss vom 16.02.1981 – II ZB 8/80, NJW 1981, 1160, BGH, Beschluss vom 17.12.2013 – II ZB 6/13, NJW 2014, 2026, 2027.

1223 *Mayer/Weiler*, in: Beck'sches Notar-Handbuch, 2019, § 22 Rn. 460.

1224 Siehe hierzu bereits 2.7.1; teils umstritten vgl. *Göthel*, in Göthel, 2015, § 9 Rn. 33.

1225 *Göthel*, in: Göthel, 2015, § 9 Rn. 34.

1226 *Wetzler*, in: Hölters, 2019, Rn. 18.262.

1227 *Land*, BB 2013, 2697, 2697.

auch erklärende und vertrauensstiftende Funktion, da mindestens eine Vertragspartei sich mit den rechtlichen und kulturellen Gegebenheiten des Vertragslandes nicht so gut auskennt wie die andere.[1228] Das Verhandeln und das Regeln in einer Fremdsprache bedingen aber die Gefahr von Missverständnissen.[1229] So kennt der anglo-amerikanische Rechtsraum z. B. keine exakten Entsprechungen für Begriffe wie Willenserklärungen und Rechtsgeschäfte. Dennoch wird ein englischer Vertragstext Ausdrücke hierfür finden müssen, meist etwa **Declaration of Will** und **Legal Transaction**. Jedoch ist damit nicht gesagt, dass die ausländischen Beteiligten diesen Ausdrücken dieselbe Bedeutung beimessen wie die deutschen Partner, sei es bei den Verhandlungen, sei es bei späteren Streitigkeiten.[1230]

! **Hinweis**

Fremdsprachige Unternehmenskaufverträge sollten bei rechtstechnischen Begriffen stets einheitliche Übersetzungen wählen und den zugrunde liegenden Rechtsbegriff in der Ursprungssprache in Klammern nennen. Am Ende des Unternehmenskaufvertrags wird dann meist eine Klausel aufgenommen, wonach zwar die Vertragssprache Englisch ist, die in der Ursprungssprache genannten Rechtsbegriffe jedoch den englischen Übersetzungen vorgehen. Zweisprachige Fassungen von Verträgen sind nur bedingt empfehlenswert, da die Verträge häufig bis in letzter Minute verhandelt und geändert werden. Sofern dennoch zweisprachige Fassungen erstellt werden, mindert eine Regelung über den Vorrang einer der beiden Fassungen das Konfliktpotenzial.[1231]

Wenn die Beteiligten aus unterschiedlichen Ländern stammen, ergibt sich auch die für den Vertrag maßgebliche Rechtsordnung nicht von selbst. Vielmehr ist das anwendbare Recht nach dem Internationalen Privatrecht (IPR) zu bestimmen. In der Europäischen Union gilt für vertragliche Schuldverhältnisse seit dem 17.12.2009 die Rom I-Verordnung.[1232]

Nach der Grundregel des Art. 3 Abs. 1 Satz 1 Rom I-Verordnung gilt für Schuldverträge das von den Parteien gewählte Recht. Vor diesem Hintergrund ist es ratsam, eine Rechtswahlklausel vorzusehen. Dabei ist allerdings zu berücksichtigen, dass die Rechtswahlklausel weitgehend nur den schuldrechtlichen Teil des Geschäfts erfasst. Beispielsweise unterliegt die dingliche Übertragung von GmbH-Geschäftsanteilen und von Grundstücken stets dem deutschen Recht. Diese unterliegen dem Gesellschaftsstatut (**lex societatis**) bzw. dem Belegenheitsstatut (**lex rei sitae**).[1233]

In vielen Fällen werden sich die Parteien einig sein, welches Recht Anwendung findet. Meist ist diese Frage bereits in einem Letter of Intent aufgeworfen. Wenn dies aber nicht der Fall ist,

1228 *Wetzler*, in: Hölters, 2019, Rn. 18.6.
1229 *Triebel/Balthasar*, NJW 2004, 2189, 2190.
1230 *Wetzler*, in: Hölters, 2019, Rn. 18.266.
1231 *Wetzler*, in: Hölters, 2019, Teil XV Rn. 18.280.
1232 Verordnung (EG) Nr. 593/2008 des Europäischen Parlaments und des Rates vom 17. Juni 2008 über das auf vertragliche Schuldverhältnisse anzuwendende Recht (Rom I), ABl. EG Nr. L 177,6, ber. 2009 Nr. L 309, 87.
1233 *Göthel*, in: Göthel, 2015, § 8 Rn. 7 ff., 74, 100 ff.; *Schneider/Korn*, WM 2015, 62 (63).

werden Käufer und Verkäufer versuchen, den Vertrag ihrer jeweils heimischen Rechtsordnung zu unterwerfen.

Hinweis !

Diese Frage ist zwingend zu Beginn der Verhandlungen zu klären. Andernfalls überführt man am Ende der Verhandlungen einen unter einer Rechtsordnung verhandelten Vertrag oftmals unbesehen und ohne weitere Prüfung durch entsprechend qualifizierte weitere Rechtsberater in eine andere, was besonders fehleranfällig ist. Wird über die Rechtswahl verhandelt, setzen sich meist sachliche Argumente durch. Am wichtigsten dürfte sein, eine Rechtsordnung zu wählen, mit der die Parteien und ihre Berater hinlänglich vertraut sind. Sind die Parteien des Unternehmenskaufvertrags Deutsche und nur das Zielunternehmen außerhalb Deutschlands ansässig, werden sie deutsches Recht wählen.[1234] Kommen mehrere Rechtsordnungen in Betracht, ist der mit der größten sachlichen Nähe der Vorzug zu geben. Naturgemäß spielt der Sitz des Zielunternehmens für die Rechtswahl eine besonders große Rolle. Dies gilt insbesondere vor dem Hintergrund, dass die meisten Streitigkeiten Garantieverletzungen betreffen und die meisten Garantietatbestände nach dem Recht des Sitzes des Zielunternehmens zu beurteilen sind.[1235] Weiter ist zu beachten, dass die Vertragserfüllung, die Haftung, das Arbeitsrecht, das Kartellrecht, das öffentliche Recht und das Steuerrecht einer Rechtswahl nicht zugänglich sind.[1236]

Treffen die Parteien keine explizite oder konkludente Rechtswahl, ist bei Unternehmenskaufverträgen (**share deal** und **asset deal**) nach Art. 4 Abs. 2 Rom I-Verordnung das Recht des Staates anzuwenden, in dem die Partei ihren gewöhnlichen Aufenthalt hat, die die für den Vertrag charakteristische Leistung schuldet. Das ist also zunächst der Herkunftsstaat des Verkäufers. Jedoch gilt dies nach Art. 4 Abs. 3 Rom I-Verordnung nicht, wenn eine offensichtlich engere Verbindung zu einem anderen Staat besteht. Das ist ein recht unscharfes Kriterium, für dessen Bestimmung ganz verschiedene Indizien herangezogen werden wie z. B. der Sitz des Zielunternehmens, die Vertragswährung, die Vertragssprache, der Abschlussort, die Verwendung rechtsordnungsspezifischer Fachtermini oder die Festlegung von Gerichtsstands- und Schiedsgerichtsvereinbarungen.[1237]

Hinweis !

Wird der Vertrag beurkundet, kann der Verzicht auf eine Rechtswahlklausel Kosten sparen. Die Rechtswahl ist nach § 111 Nr. 4 GNotKG ein selbstständiger Beurkundungsgegenstand. Sie hat gem. § 103 Abs. 3 GNotKG einen Geschäftswert von 30 % des Hauptgeschäfts, für das die Rechtswahl getroffen wird. Eine Rechtswahlklausel erhöht damit die Beurkundungskosten u. U. erheblich. Auf eine solche Klausel sollten die Parteien aber nur verzichten, wenn unter allen Umständen klar ist, dass das gewünschte Recht auch ohne Rechtswahl Anwendung findet.[1238] Ob aber Art. 4 Abs. 2 Rom I-Verordnung oder Art. 4 Abs. 3 Rom I-Verordnung Anwendung findet, wird später ein Gericht entscheiden. Die Parteien sollten sich, auch wenn sie in dieser Frage einer Meinung sind, nicht darauf verlassen, dass das Gericht diese Meinung teilt.

1234 *Land*, BB 2013, 2697 (2698).
1235 *Lips*, in: Hettler/Stratz/Hörtnagl (Hrsg.), 2013, § 3 Rn. 297.
1236 *Göthel*, in Göthel, 2015, § 6 Rn. 55 f.
1237 *Schneider/Korn*, WM 2015, 62, 63.
1238 Hierzu *Schneider/Korn*, WM 2015, 62 ff.

2.7.4 Gerichtsstand und Schiedsvereinbarungen

Gerichtsstands- und Schiedsvereinbarungen sichern die Vorstellungen der Parteien verfahrensrechtlich ab, indem der Ort und der Ablauf von Streitigkeiten vorbestimmt werden. Fehlt es an entsprechenden Vereinbarungen, ist allein der Weg zu staatlichen Gerichten eröffnet. Das vom Kläger angerufene Gericht entscheidet dann selbst, ob es für die Entscheidung des Rechtsstreits zuständig ist.[1239] Darüber hinaus hat der Gerichtsstand Bedeutung für die Ermittlung des anwendbaren Rechts. Das mit der Sache befasste Gericht wendet hierfür das am Gerichtsort anwendbare internationale Privatrecht an.[1240]

Für internationale Gerichtsstandsvereinbarungen gilt in Europa die EuGVVO.[1241] Sofern, wie bei einem Unternehmenskaufvertrag stets, eine Zivil- und Handelssache vorliegt, mindestens eine Partei ihren Sitz in einem Mitgliedsstaat der EU hat und die Parteien in einer Vereinbarung eine Gerichtsstandsvereinbarung treffen, ist dieses Gericht nach Art. 25 EuGVVO für Streitigkeiten im Zusammenhang mit der Vereinbarung zuständig.

! **Hinweis**

Die Wahl des Gerichtsstands sollte den Gleichlauf von Gerichtsort und materiellem Recht sicherstellen. So kann das Verfahren zügig, mit einem entscheidungsfähigen Gericht und mit der größten Sicherheit durchgeführt werden, dass keine Rechtsanwendungsfehler unterlaufen. Daneben mag die Zuverlässigkeit und Erfahrenheit der Gerichte eine Rolle spielen. In Deutschland ziehen die Parteien von Unternehmenskaufverträgen häufig Großstädte den kleineren Städten vor, da die Chance größer ist, an ein mit solchen Geschäften und Streitigkeiten vertrautes Gericht zu geraten.

Die Frage des Gerichtsstands stellt sich nicht, wenn die Parteien die staatliche Gerichtsbarkeit abbedingen und Streitigkeiten einem privaten Schiedsgericht unterstellen. Das ist in der Praxis sehr häufig der Fall. Tragende Gründe hierfür sind meist die Gestaltbarkeit und Vertraulichkeit des Verfahrens, die zügigere Abwicklung, die durch die mögliche Bestimmung der Schiedsrichter, bessere Expertise von Schiedsgerichten gegenüber staatlichen Gerichten sowie die vergleichsweise einfache internationale Durchsetzung von Schiedssprüchen.[1242]

Die Entscheidung für ein Schiedsgericht ist in einer Schiedsklausel niederzulegen. Das deutsche Schiedsrecht ist in §§ 1025 ff. ZPO geregelt. Häufig nehmen die Partien aber auch Bezug auf eine Schiedsordnung einer nationalen oder internationalen Schiedsinstitution wie zum

1239 *Wolf*, in: Göthel, 2015, § 11 Rn. 3.

1240 *Wolf*, in: Göthel, 2015, § 11 Rn. 5.

1241 Verordnung (EU) Nr. 1215/2012 des Europäischen Parlaments und des Rates vom 12.12.2012 über die gerichtliche Zuständigkeit und die Anerkennung und Vollstreckung von Entscheidungen in Zivil- und Handelssachen; Neufassung, ABl. Nr. L 351, 1, Celex-Nr. 3 2012 R 1215, zuletzt geändert durch Art. 1 ÄndVO (EU) 2015/281 vom 26. 11. 2014 (ABl. 2015 Nr. L 54, 1).

1242 *Beisel/Klumpp*, Unternehmenskauf, 7. Aufl. 2016, Kap. 18 Rn. 8; *Lips*, in: Hettler/Stratz/Hörtnagl (Hrsg.), 2013, § 3 Rn. 298.

Beispiel der **Deutschen Institution für Schiedsgerichtsbarkeit e.V. (DIS)**, der **International Chamber of Commerce (ICC)** oder des London Court of International Arbitration.

Hinweis

!

Auch bei Bezugnahme auf eine Schiedsgerichtsordnung empfiehlt sich eine ausdrückliche Regelung der Besetzung des Gerichts, des Orts der Verhandlungen, der Sprache der Verhandlungen und der Fragen der Form, Begründung und Anfechtbarkeit des Schiedsspruchs. Die einzelnen Schiedsinstitutionen halten zudem Standardklauseln bereit und empfehlen Abweichungen nur insoweit, als einzelne Punkte von den Parteien als regelungsbedürftig erachtet werden.

2.8 Die Übernahme börsennotierter Familienunternehmen

Dr. Heiko Wiechers/Dr. Andreas Lohbeck

2.8.1 Börsennotierung von Familienunternehmen

Es liegt nicht unmittelbar auf der Hand, bei der (Planung einer) Übernahme eines börsennotierten Unternehmens an ein Familienunternehmen zu denken. Familienunternehmen werden allgemein als verschwiegen, wenig transparent, ihre Inhaber teilweise gar als öffentlichkeitsscheu wahrgenommen. Diese Kategorien passen so gar nicht in das Bild eines börsennotierten Unternehmens, das gerade wegen dieser Notierung in einem weitgehenden Maße transparent zu sein hat.[1243] Dennoch finden sich in einer Liste der größten deutschen Familienunternehmen[1244] eine Reihe börsennotierter Großkonzerne, wie *Volkswagen, BMW, Fresenius* und *Porsche*. Diese Unternehmen werden in der Öffentlichkeit zum Teil möglicherweise gar nicht als Familienunternehmen qualifiziert, ist doch die Familie als Gründer, größter Aktionär oder Unternehmenslenker wenig sichtbar oder die Familienverbundenheit nicht sehr öffentlich. Neben den vorgenannten Unternehmen gibt es umgekehrt bekannte Familienunternehmen, von denen teilweise nicht bekannt sein mag, dass Anteile an diesen Unternehmen an Börsen gehandelt werden wie die *Fielmann AG*, die *ElringKlinger AG* oder die *Henkel AG & Co. KGaA*.

Was macht letztlich ein börsennotiertes Unternehmen zu einem börsennotierten Familienunternehmen? Hierfür gibt es verschiedene Ansätze und Definitionen.[1245] Die Klassifizierung als Familienunternehmen erfolgt im Wesentlichen entweder über die Führung des Unternehmens

1243 Siehe zu diesem Paradigmenwechsel *Kalss/Probst*, 2013, Rn. 15/49 ff.; sowie die Erfahrungsberichte von *Fielmann*, in: FS Binz, 199 ff. und *Wolf*, 2014, 839 ff.

1244 So u. a. in einer Aufstellung der FAZ vom 06.07.2011.

1245 Siehe hierzu *Haunschild/Wallau*, IfM-Familienunternehmen, 2010, 3; *Kalss/Probst*, 2013, Rn. 2/23 ff.; *Achleitner/Kaserer/Kauf/Günther/Ampenberger*, Börsennotierte Familienunternehmen, 2009, 16 ff.

durch eine oder mehrere bestimmende Familien oder über die Anteilseignerschaft. Mitglieder von bestimmten Familien sind demnach im Vorstand und/oder im Aufsichtsrat, jedenfalls in den Leitungsorganen des Unternehmens als bestimmende Kraft vertreten. In Betracht kommt aber auch, dass eine oder mehrere Familien als Anteilseigner über die Kontrolle auf Gesellschafterebene über das börsennotierte Unternehmen verfügen. So liegt es beispielsweise im Fall von *Volkswagen* und *BMW,* bei denen zwar sogenannte Fremdmanager die Geschäfte führen, die maßgeblichen Stimmrechtsmehrheiten aber bei den Familien *Porsche/Piëch*, respektive *Quandt* liegen. Natürlich können auch beide Kriterien kumulativ vorliegen und so ein börsennotiertes Unternehmen zu einem Familienunternehmen machen.

2.8.1.1 Gründe für eine Börsennotierung

Die Gründe für eine Börsennotierung eines Familienunternehmens können unterschiedlich sein. Eine Hauptmotivation dürfte sein, Finanzmittel über den Kapitalmarkt für weiteres Wachstum oder anderen Eigenmittelbedarf einzuwerben.[1246] So wird gerade in letzter Zeit die Kommanditgesellschaft auf Aktien (KGaA) als eine gut geeignete Rechtsform für Familienunternehmen propagiert, die sich für künftiges Wachstum oder für andere Zwecke Mittel am Kapitalmarkt beschaffen wollen.[1247]

Denkbar ist auch eine Börsennotierung, um die Fungibilität der Anteile an dem Unternehmen zu erhöhen und so Familienmitgliedern ein einfaches Desinvestment zu ermöglichen, das die Liquidität weder der übrigen Gesellschafter noch des Unternehmens belastet. Für dieses Szenario allein ist ein Börsengang sicher nicht die richtige Wahl. Wird in der Familie aber eine grundsätzliche Entscheidung getroffen, das Unternehmen sowohl nach außen zu öffnen als auch Familienmitgliedern eine Ausstiegsmöglichkeit zu schaffen, ist ein Börsengang eine sinnvolle Option.

Mit der Unternehmensfinanzierung über den Kapitalmarkt geht nicht selten das Ziel einher, das Management und die Strukturen des Familienunternehmens zu professionalisieren und ggf. die Führung des Unternehmens unabhängiger von der Inhaberfamilie zu machen. Teilweise ist diese Folge auch ein später gut geheißener Nebeneffekt einer Börsennotierung.[1248]

1246 So *Kalss/Probst*, 2013, Rn. 15/51.

1247 Vgl. hierzu *Mayer-Uellner/Otte*, NZG 2015, 737; *Hasselbach/Ebbinghaus*, DB 2015, 1269; *Kruse/Domning/Frechen*, DStR 2017, 2440, 2443.

1248 In diesem Sinne beispielsweise *Fielmann*, in: FS Binz, 199 ff.

2.8.1.2 Rahmenbedingungen einer Börsennotierung

Nicht nur der Gang an die Börse, sondern auch die Börsennotierung selbst sollte gut erwogen sein, denn beides erfordert die Beachtung strenger regulatorischer Anforderungen und hinreichende personelle, zeitliche und nicht zuletzt finanzielle Ressourcen. Sowohl aus Sicht der Inhaberfamilie als auch aus Sicht der Unternehmensleitung eines Familienunternehmens ist bei der Frage, ob das Unternehmen gelistet werden oder notiert bleiben soll, zu erwägen, ob man sich dem regulatorischen Regime des Kapitalmarktrechts, insbesondere dem des Wertpapierhandelsgesetzes (WpHG) und des Wertpapiererwerbs- und Übernahmegesetzes (WpÜG) sowie der Marktmissbrauchsverordnung vom 16.04.2014[1249] (MMVO oder MAR) unterwerfen will.[1250]

Eine Börsennotierung hat aber auch Einfluss auf den Kauf eines Familienunternehmens sowie auf die Abwehr eines etwaigen Übernahmeversuchs. So kommen bei einer Übernahme von börsennotierten Familienunternehmen aus Sicht des Übernahmeinteressenten Besonderheiten zum Tragen. Dies wird in 2.8.4 erörtert. Aus dem Blickwinkel der Inhaberfamilie und der Unternehmensleitungsorgane ist zu beleuchten, wie sich börsennotierte Familienunternehmen gegen eine – feindliche – Übernahme wehren können, vgl. 2.8.3 und 2.8.4.2.

Eine Besonderheit bieten börsennotierte Familienunternehmen zudem bei der Unternehmensnachfolge. Bei ihnen sind nicht nur die üblichen erb- und familienrechtlichen, gesellschaftsrechtlichen und steuerlichen Themen zu berücksichtigen. Oftmals wird übersehen, dass auch kapitalmarktrechtliche Bestimmungen wie das WpÜG Anforderungen an die Gestaltung der Unternehmensnachfolge stellen können, vgl. 2.8.5.

2.8.2 Die Übernahme börsennotierter Unternehmen

Eine Unternehmensübernahme erfolgt bei nicht notierten Unternehmen durch Vereinbarungen zwischen Verkäufer und Käufer über den Kauf und die Übertragung des Unternehmens. Inhalt und Umfang dieser Verträge können grundsätzlich frei zwischen den Parteien vereinbart werden. Zwar haben sich in der Praxis hierzu bestimmte Standards herausgebildet und es sind bestimmte Mindestregelungen zu erwarten. Die Parteien haben es aber grundsätzlich in der Hand, was sie wie regeln wollen. Nur die Mindestregelungen, die sog. essentialia negotii, sind aufzunehmen. Das sind bei einem Kauf- und Übertragungsvertrag der Kaufgegenstand und der Kaufpreis – nicht mehr und nicht weniger. Auch der Prozess einer Unternehmensveräußerung mit der Vorbereitung der Erwerbsinteressentensuche, des Abschlusses eines Letter of Intent

1249 Verordnung (EU) Nr. 596/2014 des Europäischen Parlaments und des Rates vom 16. April 2014 über Marktmissbrauch (Marktmissbrauchsverordnung) und zur Aufhebung der Richtlinie 2003/6/EG des Europäischen Parlaments und des Rates und der Richtlinien 2003/124/EG, 2003/125/EG und 2004/72/EG der Kommission, ABl. EU L 173/1 vom 12.06.2014.

1250 Vgl. auch (allerdings mit Blick auf die Regularien in Österreich): *Kalss/Probst*, 2013, Rn. 15/51 ff.

oder eines Memorandum of Understanding, das Aufsetzen eines Datenraums, die Durchführung einer Due Diligence etc., ist von den Beteiligten im Grunde genommen frei gestaltbar, wenn sich auch hierzu bestimmte best practices herausgebildet haben.

Die Übernahme eines börsennotierten Unternehmens folgt aber nicht den allgemeinen Regeln und Prozessschritten eines Unternehmenserwerbs. Erwerber und Veräußerer von börsennotierten Gesellschaften sowie das Zielunternehmen sind in der Gestaltung des Erwerbsprozesses und der Erwerbsvereinbarung nicht frei. Der Erwerb unterliegt verschiedenen Regeln des Kapitalmarktrechts, die im Wesentlichen das Funktionieren des Kapitalmarkts sicherstellen und dem Anlegerschutz dienen sollen. Hierzu gehören das Wertpapiererwerbs- und Übernahmegesetz (WpÜG), das Wertpapierhandelsgesetz (WpHG) und die Marktmissbrauchsverordnung[1251] (MMVO oder MAR).

Grundsätzlich kann ein börsennotiertes Unternehmen auf zwei Wegen übernommen werden. Zum einen kommt die Übernahme mittels eines freiwilligen Übernahmeangebots an das Anlegerpublikum in Betracht. Ein Erwerb mittels eines solchen Angebots hat nach den Regeln des WpÜG zu erfolgen, hierzu nachfolgend 2.8.2.1. Eine andere Möglichkeit besteht darin, große Anteilspakete außerhalb der Börse oder Anteile nach und nach über die Börse zu erwerben, bis der Erwerber die Kontrolle über die Zielgesellschaft erlangt hat. Solche Paketerwerbe mit großen Einzelaktionären können regelmäßig frei verhandelt und durchgeführt werden. Es sind aber sowohl die Regeln der MMVO betreffend Insidertatsachen und Meldepflichten als auch die des WpÜG im Hinblick auf ein sog. Pflichtangebot in Folge eines Kontrollerwerbs zu beachten. Auch haben insbesondere Erwerbe von größeren Beteiligungen in kurzer Zeit über die Börse – so sie überhaupt verfügbar sind – erhebliche Preisfolgen sowohl während des Beteiligungsaufbaus als auch für das anzuschließende Pflichtangebot. Hierzu nachstehend in 2.8.2.2.

2.8.2.1 Übernahme mittels öffentlichen Angebots

Ein börsennotiertes Unternehmen kann mittels eines erfolgreichen freiwilligen öffentlichen Angebots an die bestehenden Anteilsinhaber übernommen werden. Ein solches auf den Erwerb der Kontrolle gerichtetes Angebot an das Anlegerpublikum wird als Übernahmeangebot bezeichnet (§ 29 Abs. 1 WpÜG). Der Erwerbsinteressent wird Bieter genannt (§ 2 Abs. 4 WpÜG).

Das WpÜG findet Anwendung auf öffentliche Angebote zum Erwerb von Wertpapieren von Zielgesellschaften, die an einem organisierten Markt zugelassen sind (§§ 1 Abs. 1, 2 Abs. 1 WpÜG). Zielgesellschaft kann dabei jede AG und KGaA sein, die ihren Sitz im Inland hat, und jede

1251 Verordnung (EU) Nr. 596/2014 des Europäischen Parlaments und des Rates vom 16. April 2014 über Marktmissbrauch (Marktmissbrauchsverordnung) und zur Aufhebung der Richtlinie 2003/6/ EG des Europäischen Parlaments und des Rates und der Richtlinien 2003/124/EG, 2003/125/EG und 2004/72/EG der Kommission (ABl. L 173 vom 12. Juni 2014, S. 1)

Gesellschaft mit Sitz in einem anderen Staat des Europäischen Wirtschaftsraums (§ 2 Abs. 3 WpÜG). Wertpapiere sind gem. § 2 Abs. 2 WpÜG Aktien, mit diesen vergleichbare Wertpapiere und Zertifikate, die Aktien vertreten, sowie andere Wertpapiere, die den Erwerb der vorgenannten Papiere zum Gegenstand haben. Ein organisierter Markt ist der regulierte Markt an einer Börse im Inland (und damit nicht der sog. Freiverkehr) sowie vergleichbare Märkte in Staaten der Europäischen Gemeinschaften und anderen Staaten des Europäischen Wirtschaftsraums (§ 2 Abs. 7, 8 WpÜG).

Verstöße gegen die Regeln der MMVO und des WpÜG sind strikt sanktioniert. Die Sanktionen reichen vom Verlust des Stimmrechts (so z. B. gem. § 59 WpÜG bei Verstoß gegen die Pflicht zur Abgabe eines Pflichtangebots) über Bußgelder (z. B. gem. § 60 WpÜG bei Verstoß gegen Veröffentlichungspflichten nach dem WpÜG) bis hin zu Freiheits- und Geldstrafen (so z. B. bei Verstoß gegen Insiderhandelsverbote nach der MMVO, § 119 Abs. 3 WpHG).

Die Übernahme eines an einem organisierten Markt notierten Unternehmens meint den übernahmerechtlichen Kontrollerwerb. Dies ist nicht wie in anderen Unternehmen der Erwerb von mehr als 50 % des Kapitals oder einer Kapitalquote, die dem Erwerber die einfache Mehrheit der Stimmrechte vermittelt. Das WpÜG bestimmt, dass bereits das Halten von mindestens 30 % der Stimmrechte an der Zielgesellschaft die Kontrolle vermittelt (§ 29 Abs. 2 WpÜG). Diese Schwelle erscheint auf den ersten Blick niedrig. Der Gesetzgeber hat sich jedoch einerseits an den Regelungen in anderen europäischen Ländern auf Basis der europäischen Übernahmerichtlinie (RL 2004/25/EG vom 21.04.2004, ABl. EU Nr. L 142/12 vom 30.04.2004, 12) sowie an der durchschnittlichen Präsenz in Hauptversammlungen börsennotierter Unternehmen orientiert.[1252] Danach besteht bei einer Beteiligung von 30 % der Stimmrechte häufig bereits eine einfache Stimmrechtsmehrheit in der Hauptversammlung.[1253]

Bei der Berechnung, ob ein Erwerber bereits über 30 % der Stimmrechte verfügt, sind unter Umständen auch Stimmrechte Dritter zu berücksichtigen. In § 30 WpÜG sind Zurechnungstatbestände und Regelungen über abgestimmtes Verhalten (sog. **acting in concert**) bestimmt, die regelmäßig dann eine besondere Rolle spielen, wenn es darum geht, ob ein Erwerber von Anteilen oder Stimmrechten an einem börsennotierten Unternehmen ohne ein öffentliches Übernahmeangebot die Kontrollschwelle nach § 29 Abs. 2 WpÜG überschritten und daher ein Pflichtangebot nach § 35 WpÜG abzugeben hat.

Hinweis !

Bei einem börsennotierten Unternehmen ist nach dem WpÜG die Kontrolle bereits dann erworben, wenn der Erwerber mindestens 30 % der Stimmrechte hält und nicht erst mindestens 50 %.

1252 *Assmann/Favoccia,* in: Assmann/Pötzsch/Schneider, WpÜG, 2020, § 29 Rn. 9.
1253 Begr. RegE, BT-Drs. 14/7034, 53.

Die Unternehmensübernahme mittels öffentlichen Übernahmeangebots erfolgt in verschiedenen Phasen. Generell wird zwischen der Vorbereitungsphase, der Angebotsphase, der Annahmephase und der Nachangebotsphase unterschieden.

!

Hinweis

Aufgrund der strikten Vorgaben des WpÜG, der MMVO und des WpHG über den Erwerb von Anteilen an börsennotierten Unternehmen, das Verwenden von Insiderinformationen und die Ankündigung und Durchführung eines öffentlichen Angebots zum Kontrollerwerb an einer börsennotierten Gesellschaft ist dringend anzuraten, den Prozess und seine einzelnen Schritte mittels eines Maßnahmen- und Fristenkatalogs durchzuplanen, bevor mit einer solchen Transaktion begonnen wird.

2.8.2.1.1 Die Vorbereitung eines öffentlichen Übernahmeangebots

Am Anfang einer Übernahme mittels öffentlichen Angebots steht die Vorbereitungsphase. Diese endet mit der Veröffentlichung der Absicht eines Bieters, ein Übernahmeangebot abgeben zu wollen – und damit noch vor der Abgabe des eigentlichen Übernahmeangebots.

In der Vorbereitungsphase ist der Bieter noch nicht so strikt durch die Verhaltens- und Mitteilungspflichten des WpÜG gebunden.[1254] Er hat aber möglicherweise Pflichten nach der MMVO und dem WpHG zu beachten. Hierzu gehören insbesondere das Insiderhandelsverbot und etwaige Meldepflichten, sollten schon im Vorfeld des Übernahmeangebots Anteile an der Zielgesellschaft in einem Umfang erworben werden, dass die relevanten Meldeschwellen des WpHG überschritten werden.

Wie der Prozess vorbereitet und abgestimmt wird, hängt zu einem gewissen Grad davon ab, worauf es dem Bieter maßgeblich ankommt. Dies kann die möglichst hohe Sicherheit sein, dass das Übernahmeangebot Erfolg hat. In einem solchen Fall wird sich der Bieter in der Vorbereitungsphase auf die Informationsgewinnung und Sicherstellung der Finanzierung konzentrieren, denn dann geht es um eine zeitlich optimierte Vorgehensweise bei Inkaufnahme eines höheren Übernahmepreises wegen einer größeren Übernahmeprämie. Soll die Übernahme trotz des öffentlichen Angebots möglichst preisoptimiert sein, dann wird es in der Vorbereitungsphase darauf ankommen, sich möglichst günstig und effektiv vor dem Übernahmeangebot große Beteiligungspakete zu sichern und über die Börse weitere Anteile möglichst so zu erwerben, dass dies keine zu starken Auswirkungen auf das Steigen das anzubietenden Preises hat.

1254 Siehe auch *Assmann*, in: Assmann/Pötzsch/Schneider, WpÜG, 2020, § 10 Rn. 3 f.; *Hasselbach/Stepper*, BB 2020, 203.

Hinweis !

Der Erfolg eines Übernahmeversuchs und das Erreichen der verfolgten Ziele hängt ganz entscheidend von einer sorgfältigen Vorbereitung mit Hilfe von geeigneten Beratern (Investmentbanken, Rechtsberatern und wegen der Öffentlichkeitswirkung von öffentlichen Übernahmeangeboten ggf. Kommunikations- und Medienberatern) ab.

Da ein Bieter nach § 10 Abs. 1 Satz 1 WpÜG seine Entscheidung zur Abgabe eines öffentlichen Angebots unverzüglich zu veröffentlichen hat, stellt sich die Frage, was einem Bieter in der Vorbereitungsphase noch alles zu tun erlaubt ist, bevor ihn die vorgenannte Veröffentlichungspflicht trifft.[1255] Die Pflicht zur Veröffentlichung der Angebotsabsicht entsteht, wenn der Bieter entschlossen ist, ein öffentliches Angebot abzugeben.[1256] Damit sind dem Bieter Handlungen und Maßnahmen erlaubt, die dazu dienen, die Entscheidung über das »Ob« eines Angebots vorzubereiten. Dabei ist anerkannt, dass diese Entscheidung in einem mehrstufigen Prozess vorbereitet wird und sich auf den verschiedenen Stufen immer weiter verdichtet, ob ein Angebot abgegeben werden soll oder doch davon abgesehen wird.

2.8.2.1.1.1 Information über die Zielgesellschaft zur Vorbereitung des Angebots

Zu den wichtigsten Maßnahmen im Vorfeld und zur Vorbereitung der Entscheidung über die Abgabe eines Übernahmeangebots gehören solche der Informationsgewinnung wie:

- die Identifikation des Zielunternehmens, selbst wenn der Bieter sich grundsätzlich entschlossen hat, im Rahmen seiner Entwicklungsstrategie ein geeignetes Zielunternehmen zu erwerben,
- das Sammeln von öffentlich zugänglichen Informationen wie von der Zielgesellschaft veröffentlichte Jahresabschlüsse, Quartalszahlen, ad-hoc-Meldungen und Pressemitteilungen,
- die Ansprache des Vorstands der Zielgesellschaft,
- die Durchführung einer Due Diligence, soweit mit der Zielgesellschaft vereinbart.

Gerade die vorgenannte Ansprache des Vorstands der Zielgesellschaft und die etwaige Vereinbarung einer Due Diligence muss sorgfältig vorbereitet sein und dabei abgewogen werden, ob eine solche Ansprache betreffend eine mögliche Übernahme nicht als unfreundliche Maßnahme des Bieters angesehen würde. Ist nämlich mit Widerstand gegen eine etwaige Übernahme der Zielgesellschaft durch den Bieter zu rechnen, muss der Bieter entscheiden, ob er ein freundliches Übernahmeangebot in Betracht zieht, oder ob es notwendig und auch erfolgversprechend ist, ein sog. feindliches Übernahmeangebot zu veröffentlichen. Ein feindliches Übernahmeangebot liegt dann vor, wenn die Übernahme der Zielgesellschaft von deren Unternehmensleitung abgelehnt oder gar »bekämpft« wird durch entsprechende Verteidigungsmaßnahmen, wie z. B. die Einbindung eines »weißen Ritters«, der ein konkurrierendes Übernahmeangebot abgibt. Zur Verteidigung gegen Übernahmeangebote siehe auch 2.8.3.

1255 Zum Verhältnis insbesondere zur ad-hoc Meldepflicht nach Art. 17 MMVO *Hasselbach/Stepper*, BB 2020, 203, 209 f.

1256 *Assmann*, in: Assmann/Pötzsch/Schneider, WpÜG, 2020, § 10 Rn. 12, 14 ff.; *Geibel/Louven*, in: Angerer/Geibel/Süßmann, WpÜG, 2017, § 10 Rn. 8; *Noack/Holzborn*, in: Schwark/Zimmer, KMKR, 2010, § 10 WpÜG Rn. 6 ff.

Mit der Ansprache des Vorstands der Zielgesellschaft, ggf. mit dem Ziel, eine Due Diligence durch den Bieter zu vereinbaren, werden sowohl die Insiderhandelsproblematik als auch die Frage nach einer Veröffentlichung von Insiderinformationen virulent, hierzu nachstehend in 2.8.2.2.1.

2.8.2.1.1.2 Vorerwerbe vor Entscheidung über die Abgabe eines Angebots

Einem Bieter ist es erlaubt, vor einer Entscheidung über die Abgabe eines **Übernahmeangebots** Anteile an der Zielgesellschaft zu erwerben. Der Erwerb von Anteilen an einer börsennotierten Gesellschaft vor der Veröffentlichung der Entscheidung zur Abgabe eines Angebots wird von den Regelungen des WpÜG nicht berührt.[1257] Dies kann entweder über die Börse erfolgen oder aber im Wege von außerbörslichen Anteilserwerben. Außerbörsliche Anteilserwerbe beziehen sich häufig auf größere Pakete, die es dem Bieter ermöglichen, sich schon vor dem Übernahmeangebot eine möglichst große Beteiligung zu sichern und so die Wahrscheinlichkeit des Erfolgs des Angebots zu erhöhen. Allerdings werden bei solchen Paketerwerben nicht selten Prämien gezahlt, sog. »Paketzuschläge«. Diese können einen maßgeblichen Einfluss auf die Preisgestaltung des Übernahmeangebots haben, denn sie sind gem. § 31 Abs. 1 WpÜG bei der nach § 11 Abs. 2 Nr. 4, § 4 WpÜG, § 4 WpÜGAngebV im Angebot zu nennenden Gegenleistung zu berücksichtigen.

!

Hinweis

Erhebliche Anteilserwerbe vor Veröffentlichung der Entscheidung zur Abgabe eines freiwilligen öffentlichen Übernahmeangebots können nahe legen, der Bieter habe vor den Erwerben bereits im Rahmen einer Gesamtstrategie (Masterplan) gehandelt und die Entscheidung zur Angebotsabgabe war bereits getroffen. Vor dem Hintergrund des möglichen Verlusts der Rechte aus den Anteilen an der Zielgesellschaft bei Verstoß gegen die Pflicht zur Veröffentlichung der Angebotsabsicht empfiehlt es sich, die Entscheidungsprozesse und den Stand des Entschlusses über die Abgabe eines Übernahmeangebots im Zeitpunkt der Anteilserwerbe im Vorfeld genau zu dokumentieren.

Bei Vorerwerben ist neben dem gezahlten Preis weiter zu beachten, dass der Bieter mittels der Paketerwerbe nicht ungewollt bereits die Kontrollschwelle von mindestens 30 % der Stimmrechte erlangt, denn dann ist ein Pflichtangebot nach § 35 WpÜG abzugeben.[1258]

Es ist einem Bieter auch erlaubt, mit anderen Aktionären Vereinbarungen abzuschließen, nach denen sich die Aktionäre verpflichten, ein etwaiges Übernahmeangebot des Bieters anzunehmen (**irrevocable undertakings**).[1259] Hierdurch erwirbt der Bieter zwar noch keine Anteile an dem Zielunternehmen, aber er sichert sich hierdurch schon den Zugriff auf eine bestimmte Quote und kann so besser abschätzen, ob ein Übernahmeangebot Erfolg haben wird.

1257 *Assmann*, in: Assmann/Pötzsch/Schneider, WpÜG, 2020, § 10 Rn. 3.
1258 Näheres zum Pflichtangebot siehe in 2.8.2.2.4.
1259 *Noack/Holzborn*, in: Schwark/Zimmer, KMKR, 2010, § 10 WpÜG Rn. 6.

Hinweis !

Bei der Vereinbarung von sog. irrevocable undertakings ist darauf zu achten, dass sich der Erwerbsinteressent und etwaige zukünftige Bieter nicht zur Abgabe eines Erwerbsangebots verpflichtet. Ansonsten wird man davon ausgehen müssen, der Bieter habe sich zur Abgabe eines Übernahmeangebots entschieden. Dies hätte die in 2.8.2.1.2 beschriebene Pflicht zur unverzüglichen Veröffentlichung der Entscheidung zur Abgabe eines öffentlichen Angebots zur Folge.[1260] Des Weiteren sind die irrevocable undertakings so zu strukturieren, dass dem Bieter über sie noch keine Stimmrechte zugerechnet werden, er nicht schon die Kontrollschwelle mit der Folge der Angebotspflicht erreicht.

Ein wichtiges Thema für die Durchführung und den Erfolg eines Übernahmeangebots ist die Sicherstellung, dass der Bieter über hinreichende Finanzmittel verfügt, die maßgebliche Gegenleistung an die annehmenden Aktionäre auch erbringen zu können. Daher empfiehlt es sich, die Frage der möglichen Finanzierung und deren Sicherstellung in die Entscheidung über die Abgabe eines Übernahmeangebots einfließen zu lassen.

Ein streitiger Punkt ist, ob ein Bieter vor der Veröffentlichung seiner Angebotsabsicht damit beginnen (können) soll, die nach § 11 WpÜG zu erstellende Angebotsunterlage vorzubereiten. Teilweise wird darin schon ein Indiz für die bereits getroffene Entscheidung zur Abgabe eines Übernahmeangebots gesehen, so dass ein Verstoß gegen die Pflicht aus § 10 WpÜG im Raum stünde. Richtigerweise wird man aber sagen müssen, dass der Beginn der Arbeiten an einer Angebotsunterlage kein sicherer Hinweis auf eine bereits getroffene Entscheidung über die Abgabe eines Angebots ist.[1261]

2.8.2.1.2 Die Angebotsphase

Hat sich der Bieter entschieden, ein freiwilliges öffentliches Übernahmeangebot zum Erwerb der Kontrollmehrheit an einem börsennotierten Unternehmen abzugeben, hat er diesen Entschluss unverzüglich zu veröffentlichen (§ 10 Abs. 1 Satz 1 WpÜG).[1262] Mit der Veröffentlichung dieser Entscheidung wird eine im WpÜG vorgesehene Mechanik zum Ablauf eines Übernahmeangebots in Gang gesetzt. Insbesondere beginnen bestimmte Fristen für die nächsten Maßnahmen seitens des Bieters zu laufen.

Zu beachten ist, dass der Bieter unverzüglich nach Veröffentlichung der Angebotsabsicht bereits den Vorstand der Zielgesellschaft zu informieren hat, der seinerseits unverzüglich den Betriebsrat bzw. die Belegschaft der Zielgesellschaft über die Übernahmeabsicht zu informieren hat. Daneben hat der Bieter auch seinen Betriebsrat bzw. Mitarbeiter über die Entscheidung zur Abgabe eines Übernahmeangebots zu informieren (§ 10 Abs. 5 WpÜG).

1260 In diesem Sinne wohl *Land/Engelmann*, in: Picot, 2013, § 8 Rn. 127.
1261 *Assmann*, in: Assmann/Pötzsch/Schneider, WpÜG, 2020, § 10 Rn. 13.
1262 Zum Inhalt dieser Veröffentlichung siehe *Assmann*, in: Assmann/Pötzsch/Schneider, WpÜG, 2020, § 10 Rn. 46 ff.

2.8.2.1.2.1 Entscheidung zur Angebotsabgabe in mehrstufigen Prozessen

Die Frage, wann eine Entscheidung zur Abgabe eines Übernahmeangebots getroffen ist, scheint zunächst einfach zu beantworten zu sein. Mit Blick auf die möglichen Rechtsformen der Bieter ist dies jedoch nicht immer der Fall. So kommen natürliche Personen ebenso als Bieter in Betracht wie Personenmehrheiten in Gesellschaften (GbR, OHG und KG) und juristische Personen unterschiedlicher Rechtsformen (z. B. GmbH und AG). Bei Personen- und Kapitalgesellschaften wird es regelmäßig einen mehrstufigen Entscheidungsprozess in dem Sinne geben, dass verschiedene Gremien oder Organe an der Entscheidung mitwirken müssen, bis eine Willensbildung der Gesellschaft abgeschlossen ist. Soweit es sich um die Mitwirkung von Aufsichtsgremien wie Aufsichtsrat, Beirat oder Investmentcommittee handelt, ist die mit der Einbindung verschiedener Gremien verbundene mögliche zeitliche Streckung der Willensbildung regelmäßig unproblematisch. Kritisch könnte es mit Blick auf die latente Gefahr der Marktverzerrung und des angestrebten Anlegerschutzes aber sein, wenn auch noch die Zustimmung einer Gesellschafterversammlung (Hauptversammlung) eingeholt werden muss, damit die Willensbildung abgeschlossen ist. Damit ist tendenziell eine nicht unerhebliche zeitliche Verzögerung verbunden und es besteht das Risiko einer Marktverzerrung, da in der Einladung zur Gesellschafterversammlung bzw. Hauptversammlung die mögliche Absicht zur Abgabe eines Erwerbsangebots bekannt gemacht werden müsste. Der Gesetzgeber hat daher bestimmt, dass die Pflicht zur Veröffentlichung einer Angebotsabsicht bereits besteht, auch wenn ein etwaiger zustimmender Beschluss der Gesellschafterversammlung noch aussteht (§ 10 Abs. 1 Satz 2 WpÜG).[1263] Quasi als Korrektiv kann der Bieter das Angebot in Abweichung von dem sonst geltenden Verbot eines Angebots unter Potestativbedingungen (§ 18 Abs. 1 WpÜG)[1264] unter die aufschiebende Bedingung der Zustimmung der Gesellschafterversammlung stellen (§ 25 WpÜG). Er muss aber dafür Sorge tragen, dass der Beschluss der Gesellschafterversammlung spätestens bis zum fünften Werktag vor Ablauf der Annahmefrist gefasst ist.

In Abweichung von den Grundsätzen zur sofortigen Veröffentlichung der Angebotsabsicht kann die BaFin im Falle einer erforderlichen Zustimmung der Gesellschafterversammlung ausnahmsweise gestatten, dass die Angebotsabsicht erst nach diesem Beschluss veröffentlicht wird, wenn der Bieter sichergestellt hat, dass hierdurch Marktverzerrungen nicht zu befürchten sind (§ 10 Abs. 1 Satz 3 WpÜG). Das wird regelmäßig nur in Gesellschaften mit kleinem Gesellschafterkreis in Betracht kommen, deren Gesellschafterversammlungen nicht mittels öffentlicher Bekanntmachungen einzuberufen sind.[1265]

1263 Vgl. hierzu *Assmann*, in: Assmann/Pötzsch/Schneider, WpÜG, 2020, § 10 Rn. 16 ff.; *Geibel/Louven*, in: Angerer/Geibel/Süßmann, WpÜG, 2017, § 10 Rn. 24 ff.; *Noack/Holzborn*, in: Schwark/Zimmer, KMKR, 2010, § 10 WpÜG Rn. 10; *Wackerbarth*, in: MüKo AktG, Bd. 6, 2017, § 10 WpÜG, Rn. 44 ff.

1264 Vgl. zum Verbot der Potestativbedingungen: *Wackerbarth*, in: MüKo AktG, Bd. 6, 2017, § 18 WpÜG, Rn. 11 ff.; *Geibel/Süßmann*, in: Angerer/Geibel/Süßmann, WpÜG, 2017, § 18 Rn. 11.

1265 Vgl. *Noack/Holzborn*, in: Schwark/Zimmer, KMKR, 2010, § 10 WpÜG Rn. 12; *Assmann*, in: Assmann/Pötzsch/Schneider, WpÜG, 2020, § 10 Rn. 33.

2.8.2.1.2.2 Vorabinformationen an Börsen und BaFin

Bevor der Bieter die Angebotsabsicht als solche durch Bekanntgabe im Internet und über ein elektronisch betriebenes Informationssystem gem. § 10 Abs. 3 Nr. 2 WpÜG veröffentlicht (damit sind von professionellen Dienstleistern betriebene Nachrichtenkanäle gemeint, wie z. B. Reuters, Bloomberg, Börsenzeitung o. Ä.), hat er die Entscheidung zur Abgabe eines Angebots der BaFin und den Geschäftsführungen der Börsen mitzuteilen, an denen Wertpapiere des Bieters, der Zielgesellschaft und anderer durch das Angebot unmittelbar betroffener Gesellschaften zum Handel zugelassen sind, sowie der Börsen, an denen Derivate der Wertpapiere gehandelt werden (§ 10 Abs. 2 WpÜG). Hierdurch sollen die maßgeblichen Handelsplätze in die Lage versetzt werden, über eine etwaige Kursaussetzung zu entscheiden. Der BaFin soll die Beobachtung des weiteren Verfahrens und die Einhaltung der Vorschriften des WpÜG ermöglicht und erleichtert werden.[1266]

2.8.2.1.2.3 Angebotsunterlage

Nach der Veröffentlichung der Angebotsabsicht hat der Bieter innerhalb von vier Wochen eine Angebotsunterlage an die BaFin zu übermitteln (§ 14 Abs. 1 Satz 1 WpÜG). Auf Antrag kann diese Frist um bis zu vier Wochen verlängert werden. Das gilt allerdings nur, wenn es sich um ein grenzüberschreitendes Angebot handelt[1267] oder der Bieter noch Kapitalmaßnahmen durchzuführen hat.

Die Angebotsunterlage hat nach § 11 WpÜG i. V. m. § 2 WpÜGAngebV den Inhalt des Angebots und bestimmte ergänzende Angaben zu enthalten. In jedem Fall müssen die Angaben richtig, verständlich und vollständig sein und die Angaben enthalten, die einen Inhaber von Anteilen an der Zielgesellschaft in die Lage versetzen, in Kenntnis der Sachlage über das Angebot zu entscheiden (§ 11 Abs. 1 Sätze 2 bis 4 WpÜG). Diesbezüglich ist streitig, ob die in § 11 WpÜG und § 2 WpÜGAngebV genannten Tatbestände abschließend sind, oder ob es eine Pflicht zu etwaigen weiteren Angaben gibt. Vor dem Hintergrund der Haftung für die Vollständigkeit und Richtigkeit der Angebotsunterlage und einer nicht unerheblichen Gefahr wenig konkreter und sehr weitgehender Anforderungen an die Angebotsunterlage und damit kaum vorhersehbarer Offenlegungspflichten spricht viel für einen Mittelweg.[1268] Danach wäre davon auszugehen, dass eine Erweiterung der Angabepflichten über die Kataloge in § 11 WpÜG und § 2 WpÜGAngebV hinaus nur in Ausnahmefällen in Betracht kommt. Das könnte dann der Fall sein, wenn die Angaben im Angebot ohne die ergänzenden Informationen nicht oder nur schwer verständlich wären oder das Angebot einen irreführenden Gesamteindruck erzeugen würde.[1269]

1266 *Assmann*, in: Assmann/Pötzsch/Schneider, WpÜG, 2020, § 10 Rn. 59.

1267 Zum Begriff des grenzüberschreitenden Angebots und den Gründen, nach denen eine Fristverlängerung in Betracht kommt, wie z. B. die notwendige Einhaltung von Fristen in anderen Jurisdiktionen, siehe *Geibel/Süßmann*, in: Angerer/Geibel/Süßmann, WpÜG, 2017, § 14 Rn. 23.

1268 So *Meyer*, in: Assmann/Pötzsch/Schneider, WpÜG, 2020, § 11 Rn. 45.

1269 Für Beispiele hierzu siehe *Meyer*, in: Assmann/Pötzsch/Schneider, WpÜG, 2020, § 11 Rn. 45.

Für die Angebotsunterlage haben sich gewisse Standards etabliert, die sich danach im Wesentlichen wie folgt gliedert:[1270]

- Allgemeine Hinweise und Informationen,
- Zusammenfassung des Angebots,
- das Angebot,
- Annahmefrist,
- Beschreibung des Bieters,
- Beschreibung der Zielgesellschaft,
- Hintergrund des Angebots,
- Absichten des Bieters in Bezug auf die Zielgesellschaft,
- Erläuterungen zur Preisfindung,
- Annahme und Abwicklung des Angebots,
- Angebotsbedingungen,
- Finanzierung des Angebots,
- erwartete Auswirkungen eines erfolgreichen Angebots auf die Vermögens-, Finanz- und Ertragslage des Bieters,
- mögliche Auswirkungen auf die Aktionäre der Zielgesellschaft, die das Angebot nicht annehmen.

!

Hinweis

Auf der Webseite der BaFin (www.bafin.de) finden sich sämtliche Übernahmeangebote seit 2002, mithin seit Geltung des WpÜG. Diese sind eine gute Grundlage zur Orientierung über die notwendigen Angaben und Standards bei der Abfassung von Übernahmeangeboten.

2.8.2.1.2.4 Finanzierung des Angebots und Preisbildung

In der Angebotsunterlage sind u. a. Angaben zu der Finanzierung des Angebots und den Maßnahmen zu machen, die sicherstellen, dass dem Bieter die zur vollständigen Erfüllung des Angebots notwendigen Mittel zur Verfügung stehen (§ 11 Abs. 2 Satz 3 Nr. 1 WpÜG). Diese Maßnahmen sind nicht nur zu beschreiben, sondern der Bieter hat diese Maßnahmen vor Veröffentlichung der Angebotsunterlage auch zu treffen (§ 13 Abs. 1 WpÜG). Vor dem Hintergrund, dass die Angebotsunterlage innerhalb von vier Wochen nach der Veröffentlichung der Angebotspflicht zur BaFin zu reichen ist, ist dieser Aufgabe frühzeitig Aufmerksamkeit zu widmen. Zwar müssen die Maßnahmen bei Einreichung der Angebotsunterlage noch nicht getroffen worden sein, sie müssen aber soweit abgestimmt und hinreichend sicher sein, dass sie in der Angebotsunterlage beschrieben werden können.

Bei der Planung der Finanzierung und Sicherung der für die Durchführung des Übernahmeangebots erforderlichen Mittel sind nicht nur die maximal notwendige Gegenleistung zu berücksichtigen, sondern auch die möglichen Transaktionskosten.[1271]

1270 Nach *Land/Engelmann*, in: Picot, 2013, § 8 Rn. 133.
1271 *Wackerbarth*, in: MüKo AktG, Bd. 6, 2017, § 11 WpÜG, Rn. 39.

Hinweis !

Die Sicherstellung der Finanzierung ist eine nicht zu unterschätzende Aufgabe, wenn der Bieter nicht selbst über hinreichende liquide Mittel verfügt, sondern die Finanzierung mit Hilfe von Banken oder anderen Dritten sicherstellen muss. Daher sollte diese Aufgabe so früh wie möglich noch im Stadium der Entscheidungsvorbereitung begonnen werden.

Hinsichtlich der anzubietenden Gegenleistung sind die Vorgaben des § 31 WpÜG i. V. m. §§ 3 ff. WpÜGAngebV zu beachten. Danach hat der Bieter den Aktionären eine angemessene Gegenleistung anzubieten, die in bar oder in an einem organisierten Markt gehandelten liquiden Aktien zu erbringen ist. Preisbildende Faktoren sind die bei Vorerwerben der letzten sechs Monate vor Veröffentlichung der Angebotsunterlage gezahlten Preise, die in Vereinbarungen über den Erwerb von Aktien bestimmten Preise sowie der durchschnittliche gewichtete inländische Börsenkurs der letzten drei Monate vor Veröffentlichung der Angebotsabsicht. Unter bestimmten Voraussetzungen können die ausländischen Börsenkurse für Anteile an der Zielgesellschaft zu berücksichtigen sein (§ 6 WpÜGAngebV).

Hinweis !

Erwerbe oder Vereinbarungen über Erwerbe von Aktien der Zielgesellschaft außerhalb des Übernahmeangebots können erheblichen Einfluss auf die Höhe der mindestens zu erbringenden Gegenleistung haben. Das gilt insbesondere für Erwerbe mit sog. Paket-oder Kontrollzuschlag. Die Preisgestaltung kann ein maßgebliches Kriterium für die Entscheidung über die Abgabe eines Übernahmeangebots sein. Diesbezüglich ist eine gute Dokumentation über die Entscheidung zu empfehlen, um etwaigen Vorwürfen des Missbrauchs bei der Preisgestaltung entgegentreten zu können.

2.8.2.1.2.5 Verbindlichkeit des Angebots

Hat sich ein Bieter für ein Übernahmeangebot entschieden, so ist dieses Angebot verbindlich abzugeben. Eine bloße Aufforderung an das Anlegerpublikum, dem Bieter Anteile an einem Zielunternehmen zum Erwerb anzubieten (so. invitatio ad offerendum), ist unzulässig (§ 17 WpÜG). Die BaFin als zuständige Aufsichtsbehörde kann eine solche Aufforderung untersagen[1272] und so die weiteren Rechtsfolgen des Veröffentlichungsverbots mit Zwangsgeldfestsetzung (§§ 15 Abs. 3, 46 WpÜG), Sperrfrist (§ 26 WpÜG)[1273] und Nichtigkeit der Rechtsgeschäfte zur Übertragung von Anteilen auslösen.[1274]

2.8.2.1.2.6 Angebot unter Bedingungen

Ein wichtiges Mittel zur Gestaltung des Übernahmeangebots sind etwaige Bedingungen unter denen das Angebot durchgeführt und die entsprechenden Anteilserwerbe wirksam werden sollen. Allerdings sind dem Bieter bei der Bestimmung solcher Bedingungen Grenzen gesetzt.

1272 *Noack/Holzborn*, in: Schwark/Zimmer, KMRK, 2010, § 17 WpÜG Rn. 6.
1273 *Wackerbarth*, in: MüKo AktG, Bd. 6, 2017, § 17 WpÜG, Rn. 16.
1274 *Wackerbarth*, in: MüKo AktG, Bd. 6, 2017, § 17 WpÜG, Rn. 16. A. A.; *Noack/Holzborn*, in: Schwark/Zimmer, KMRK, 2010, § 17 WpÜG Rn. 6.

So darf das Übernahmeangebot nicht unter dem Vorbehalt eines Widerrufs oder Rücktritts abgegeben werden (§ 18 Abs. 2 WpÜG). Des Weiteren darf der Bieter keine Bedingungen vorsehen, deren Eintritt er, mit ihm gemeinsam handelnde Personen oder deren Tochtergesellschaften oder für diese Personen im Zusammenhang mit dem Angebot tätige Berater ausschließlich selbst herbeiführen können (§ 18 Abs. 1 WpÜG). Ausgenommen hiervon ist nur die etwaig noch ausstehende Zustimmung der Gesellschafterversammlung des Bieters gem. § 25 WpÜG (s.auch § 10 Abs. 1 Satz 2 WpÜG). Abgesehen von diesen strikten Verboten ist ein Bieter aber weitgehend frei, Bedingungen für das Übernahmeangebot zu bestimmen. In Abhängigkeit von den Zielen des Bieters finden sich daher in Übernahmeangeboten nicht selten Bedingungen.[1275]

1. Regelmäßig zulässige Bedingungen

Zu den möglichen und in der Regel zulässigen Bedingungen gehören:

a) Behördliche Genehmigungs- oder Mitwirkungsvorbehalte

Nicht nur zulässig, sondern möglicherweise erforderlich sind Vorbehalte des Bieters im Hinblick auf behördliche Genehmigungen und Mitwirkung. Hierzu gehört insbesondere die Bedingung der kartellrechtlichen Genehmigung der Übernahme, andernfalls der Bieter u. U. gegen das kartellrechtliche Vollzugsverbot verstoßen würde.[1276] Es ist in diesem Zusammenhang sogar möglich, die Qualität der erforderlichen kartellrechtlichen Freigabe zur Bedingung zu machen. Danach kann die Bedingung vorsehen, dass die Übernahme ohne Auflagen genehmigt wird.[1277] Der Bieter muss aber die Möglichkeit zur kartellrechtlichen Freigabe fördern, z. B. durch rechtzeitige und vollständige Anträge an die Kartellbehörde.[1278]

Weitere behördliche Vorbehalte und Genehmigungserfordernisse, die Gegenstand von Bedingungen sein können, sind z. B. solche im Bereich der Aufsicht über Kredit- und Finanzdienstleistungsunternehmen, der Versicherungswirtschaft oder über Träger von Börsen. Weiter finden sich solche Vorbehalte für Übernahmen in der Medienwirtschaft oder beim Erwerb von Beteiligungen an bestimmten deutschen Unternehmen durch einen außereuropäischen Investor.[1279]

b) Abwesenheit wesentlicher Verschlechterungen

Die Abwesenheit wesentlicher Verschlechterungen (sog. Material Adverse Changes, MAC) sind aus Sicht eines Bieters u. U. ganz wesentliche Bedingungen für ein Übernahmeangebot. Solche MAC-Bedingungen können sich auf das Zielunternehmen, die Kapitalmärkte (Börsen), die Märkte, in denen der Bieter und/oder die Zielgesellschaft tätig sind, oder allein auf den Bieter beziehen. Je nachdem was Gegenstand der Veränderung sein soll, bei deren Eintreten vor Ablauf der Annahmefrist sich ein Bieter von dem Übernahmeangebot will lösen können,

1275 *Land/Engelmann*, in: Picot, 2013, § 8 Rn. 136.
1276 *Geibel/Süßmann*, in: Angerer/Geibel/Süßmann, WpÜG, 2017, § 18 Rn. 33 ff.
1277 *Geibel/Süßmann*, in: Angerer/Geibel/Süßmann, WpÜG, 2017, § 18 Rn. 33.
1278 *Land/Engelmann*, in: Picot, 2013, § 8 Rn. 140.
1279 *Geibel/Süßmann*, in: Angerer/Geibel/Süßmann, WpÜG, 2017, § 18 Rn. 35 f.; *Land/Engelmann*, in: Picot, 2013, § 8 Rn. 141; Oppenhoff, in: Beck'sches Handbuch der AG, 2018, § 23 Rn. 67.

werden solche Bedingungen als zulässig oder unzulässig angesehen. In jedem Fall aber müssen solche Veränderungen genau beschrieben sein, damit sie als Bedingungen überhaupt in Betracht kommen, denn das Anlegerpublikum muss verstehen können, worum es in der Bedingung geht und wann die Bedingung erfüllt ist.

- **Target MAC**
  Von einer Target MAC wird gesprochen, wenn sich die maßgebliche Änderung der Verhältnisse oder gerade die Abwesenheit wesentlicher Verschlechterungen auf die Zielgesellschaft beziehen. Dies können erhebliche Ertrags- oder Umsatzkennzahlen der Zielgesellschaft oder die Nichtausübung von Kündigungsrechten wegen eines Kontrollwechsels (Change of Control) durch wesentliche Kunden oder Lieferanten sein. Solche Anknüpfungen für eine Target Mac Bedingung sind regelmäßig zulässig. Auch für sie gilt aber, dass deren Eintritt oder Nichteintritt objektiv und rechtssicher festgestellt werden kann und die Veränderungen eine gewisse Erheblichkeit auf die Zielgesellschaft haben.[1280]
  Ein weniger geeignetes Kriterium für die Anknüpfung einer Target MAC ist hingegen die Entwicklung allein des Börsenkurses der Zielgesellschaft. Sie wird kritisch gesehen, da der Börsenkurs im Einzelfall vom Bieter, ihm zuzurechnenden Personen oder Dritten beeinflusst werden könnte.[1281]
- **Economy oder Market MAC**
  Die Anknüpfung einer MAC-Bedingung an gesamtwirtschaftliche Verhältnisse ist im Prinzip zulässig.[1282] Insbesondere die sogenannte Finanz- und Subprimekrise hat gezeigt, dass ein Bedürfnis nach solchen Bedingungen besteht und es keines Schutzes des Anlegerpublikums bedarf, dass sich ein Bieter bei solchen akuten Markt- und Volkswirtschaftsentwicklungen nicht von seinem Angebot löst. Das jüngste Beispiel hierfür könnte die COVID-19-Pandemie sein.
- **Index MAC**
  Ähnlich wie bei einem Economy oder Market MAC wird man auch bei Bedingungen, die an die allgemeine Entwicklung des Kapitalmarkts anknüpfen, von einer Zulässigkeit ausgehen dürfen. Die Kapitalmärkte bilden letztlich gesamtwirtschaftliche Entwicklungen oder die Erwartung von Investoren an diese ab. Kommt es zu einer volkswirtschaftlichen Krise, spiegelt sich dies regelmäßig in der Entwicklung der Kapitalmärkte.

c) Mindestannahmequoten

Ein Bieter kann das Übernahmeangebot davon abhängig machen, dass er gewisse Mindestschwellen erreicht. Eine Besonderheit gilt allerdings für den Fall, dass ein Bieter sich mittels (vereinbarten aber noch nicht vollzogenen) Paketerwerben bereits eine Kontrollmehrheit sichert und die Mindestannahmeschwelle für das freiwillige Übernahmeangebot so hoch ansetzt, dass sie nicht erreicht wird. Erlangt der Bieter trotzdem – aufgrund der vereinbarten Paketerwerbe – die Kontrollmehrheit, hat er nachfolgend ein Pflichtangebot abzugeben (§ 35 WpÜG), obwohl diese Pflicht nach § 35 Abs. 3 WpÜG nicht besteht, wenn die Kontrolle aufgrund

1280 Vgl. *Geibel/Süßmann*, in: Angerer/Geibel/Süßmann, WpÜG, 2017, § 18 Rn. 42.
1281 Vgl. *Geibel/Süßmann*, in: Angerer/Geibel/Süßmann, WpÜG, 2017, § 18 Rn. 44.
1282 *Geibel/Süßmann*, in: Angerer/Geibel/Süßmann, WpÜG, 2017, § 18 Rn. 56.

eines freiwilligen Übernahmeangebots erworben wird. Das vorangegangene freiwillige Übernahmeangebot führt im vorgenannten Fall nicht zum Dispens nach §35 Abs. 3 WpÜG.[1283] Auch eine Mindestannahmeschwelle oberhalb von 95% wird kritisch gesehen, da eine solche Schwelle de facto wie eine nach §17 WpÜG unzulässige invitatio ad offerendum wirken kann. Die Mindestannahmequote von 95% hingegen wird mit Blick auf einen etwa angestrebten übernahmerechtlichen Squeeze-out als zulässig angesehen.[1284]

d) Paketerwerbe außerhalb des Angebotsverfahrens

Zulässig ist auch, das Angebot von der Wirksamkeit des Erwerbs eines Aktienpakets im Rahmen eines vertraglichen Paketkaufs außerhalb des Angebotsverfahrens abhängig zu machen.[1285] Die Bedingung darf nur nicht so gestaltet sein, dass deren Eintritt in der Hand des Bieters liegt. Von der Entscheidung des Paketverkäufers hingegen darf der Eintritt der Bedingung abhängen, wenn er nicht zu den in §18 Abs. 1 WpÜG genannten Personen gehört (was regelmäßig ein unwahrscheinlicher Fall sein dürfte). Weiter darf der Paketkaufvertrag keine Regelungen enthalten, nach denen der Erwerb vom Ausbleiben bestimmter nachteiliger Veränderungen abhängt, die ihrerseits nicht Bedingung des Übernahmeangebots sein dürfen. Es wird daher empfohlen, die Regelungen und Bedingungen des Paketkaufvertrags im Angebot zu nennen, wenn von dem Paketerwerb die Wirksamkeit des Übernahmeangebots abhängen soll.[1286]

e) Ereignisse in der Sphäre der Zielgesellschaft

Ereignisse in der Sphäre der Zielgesellschaft[1287], insbesondere Abwehrmaßnahmen, die ein Übernahmeangebot erheblich verteuern können, sind regelmäßig zulässige[1288] und anzuratende Anknüpfungspunkte für Angebotsbedingungen. Hierzu gehören Kapitalmaßnahmen, Umwandlungsmaßnahmen und sonstige wesentliche Strukturänderungen wie die Veräußerung von wesentlichen Betriebsteilen, Ausschüttungen von Sonderdividenden oder erhöhten Dividenden an die vorhandenen Aktionäre, Satzungsänderungen und personelle Veränderungen im Aufsichtsrat oder Vorstand der Zielgesellschaft.

Ein weiteres Ereignis ist die Insolvenz der Zielgesellschaft während der Dauer des Übernahmeangebots, bei der sich ein Bieter ohne weiteres von seinem Angebot will lösen können. Diesbezüglich eine Angebotsbedingung zu formulieren, ist unstreitig möglich[1289] und dringend anzuraten.

1283 *Geibel/Süßmann*, in: Angerer/Geibel/Süßmann, WpÜG, 2017, §18 Rn. 29.

1284 Vgl. *Geibel/Süßmann*, in: Angerer/Geibel/Süßmann, WpÜG, 2017, §18 Rn. 29; *Land/Engelmann*, in: Picot, 2013, §8 Rn. 145.

1285 *Geibel/Süßmann*, in: Angerer/Geibel/Süßmann, WpÜG, 2017, §18 Rn. 30; *Land/Engelmann*, in: Picot, 2013, §8 Rn. 146.

1286 Vgl. *Geibel/Süßmann*, in: Angerer/Geibel/Süßmann, WpÜG, 2017, §18 Rn. 30; *Land/Engelmann*, in: Picot, 2013, §8 Rn. 146.

1287 Siehe hierzu ausführlich *Geibel/Süßmann*, in: Angerer/Geibel/Süßmann, WpÜG, 2017, §18 Rn. 40 ff.

1288 *Land/Engelmann*, in: Picot, 2013, §8 Rn. 143.

1289 *Geibel/Süßmann*, in: Angerer/Geibel/Süßmann, WpÜG, 2017, §18 Rn. 47.

f) Compliance der Zielgesellschaft

Eine Bedingung, nach der bis zum Ablauf der Annahmefrist keine Compliance-Verletzung seitens der Zielgesellschaft eingetreten sein darf, ist zulässig.[1290] Solche Bedingungen, deren Gegenstand auch in privaten M&A-Transaktionen immer häufiger verhandelt werden, finden sich in jüngerer Zeit vermehrt, mutmaßlich als Reaktion auf ein gesteigertes Bewusstsein, dass Complianceverstöße empfindliche Sanktionen zur Folge haben und zu nicht unerheblichen Schäden führen können. Schwierigkeiten können aber darin bestehen, den Eintritt einer solchen Bedingung zu bestimmen. Letztlich wird man nur auf für jedermann erkennbare Kriterien abstellen können, wie das Ausbleiben von Ermittlungen seitens Strafverfolgungsbehörden oder das Fehlen von klageweisen Inanspruchnahmen durch geschädigte Dritte.

g) Kein konkurrierendes Angebot

Zulässig ist es auch, die Abwesenheit eines konkurrierenden Angebots zur Bedingung zu machen. Dies mag vor dem Hintergrund, dass ein konkurrierendes Angebot u. U. zu einer Erhöhung des Angebotspreises und möglicherweise auch der Transaktionskosten führt, eine Überlegung wert sein. Allerdings sprechen auch gute Gründe gegen eine solche Bedingung, die einmal eingetreten zum Wegfall des Angebots führt, wenn der Bieter nicht auf diese Bedingung (vor Ablauf der Annahmefrist) verzichtet. Es kann daher sinnvoller sein, andere Bedingungen wie bestimmte Mindestannahmeschwellen zu formulieren, um sich ggf. bei einem starken konkurrierenden Angebot von dem eigenen Übernahmeangebot lösen zu können.[1291]

2. Unzulässige und kritische Bedingungen

Folgende Bedingungen sind kritisch zu beurteilen oder unzulässig:

a) Höchstannahmemenge

Unzulässig ist die Bedingung, nach der der Bieter nur eine bestimmte Höchstmenge an Anteilen an der Zielgesellschaft erwirbt, respektive zu erwerben bereit ist.[1292] Eine solche Bedingung ist letztlich nichts anderes als ein Teilangebot nach § 19 WpÜG. Ein Teilangebot ist aber nur bei freiwilligen Erwerbsangeboten zulässig, nicht auch bei Übernahmeangeboten, die auf den Kontrollerwerb gerichtet sind (§ 32 WpÜG). Solche Angebote müssen jedem Aktionär der Zielgesellschaft einen Ausstieg – und zwar vollkommen und nicht nur teilweise – ermöglichen.[1293]

b) Positive Stellungnahme der Zielgesellschaft

Kritisch wird die Bedingung beurteilt, wonach das Übernahmeangebot davon abhängen soll, dass die Leitungsorgane (Vorstand und Aufsichtsrat) der Zielgesellschaft eine positive Stellungnahme nach § 27 WpÜG zu dem Übernahmeangebot abgeben. Eine Minderheitsmeinung sieht

1290 *Krause/Favoccia*, in: Assmann/Pötzsch/Schneider, WpÜG, 2020, § 18 Rn. 97a.

1291 Vgl. hierzu *Land/Engelmann*, in: Picot, 2013, § 8 Rn. 147.

1292 Vgl. *Geibel/Süßmann*, in: Angerer/Geibel/Süßmann, WpÜG, 2017, § 18 Rn. 31; *Land/Engelmann*, in: Picot, 2013, § 8 Rn. 145.

1293 Siehe zu diesem Gedanken des Minderheitenschutzes beim Konzerneingang mittels Übernahmeangebot *Wiechers*, 2003, 142 f.

darin ein anerkennenswertes Bedürfnis des Bieters, der nicht in eine Situation einer unfreundlichen Übernahme geraten möchte.[1294] Allerdings gibt es auch andere Möglichkeiten, die Situation einer unfreundlichen Übernahme zu vermeiden, oder von einem Übernahmeangebot bei Anzeichen dafür, dass ein solches als feindlich angesehen würde, abzusehen. So ist es im Vorfeld der Entscheidung zur Abgabe eines Übernahmeangebots zulässig, dass ein Bieter Kontakt zum Vorstand der Zielgesellschaft aufnimmt und auslotet, wie sich deren Leitungsorgane zu einem Übernahmeangebot stellen würden.[1295] Außerdem spricht gegen die Zulässigkeit einer solchen Bedingung, dass die Leitungsorgane anders als in § 33 WpÜG vorgesehen ein weiteres Abwehrmittel gegen ein Übernahmeangebot zur Verfügung hätten.[1296]

c) Due-Diligence-Vorbehalt

Verschiedentlich wird diskutiert, ob der Vorbehalt einer – ggf. beanstandungsfreien, d. h. zur Zufriedenheit des Bieters verlaufenden – Due Diligence bestimmt werden kann. Dies wird zu Recht als kritisch gesehen, hätte damit doch die Zielgesellschaft ein Instrument zur Abwehr eines Übernahmeangebots in der Hand, das nach § 33 WpÜG nicht vorgesehen ist.[1297] Sollte der Vorbehalt so gestaltet sein, dass die Due Diligence zur Zufriedenheit des Bieters erfolgt, wäre dies eine nach § 18 WpÜG unzulässige Bedingung.

Es stellt sich zudem die Frage, ob eine Due Diligence parallel zum Übernahmeangebot, d. h. während der Annahmefrist sinnvoll und praktikabel ist. Eine Due Diligence müsste vorbereitet werden und wird bei einer größeren Gesellschaft einschließlich Prüfung und Bericht durch die maßgeblichen Rechts-, Steuer-, Finanz- und sonstige Berater sowie die Entscheidung darüber, ob man die Bedingung als eingetreten sähe oder nicht, auch bei einer langen Annahmefrist von bis zu zehn Wochen (§ 16 Abs. 1 WpÜG) eine Herausforderung sein. Das mag mit ein Grund dafür sein, dass die Frage nach einem Due Diligence Vorbehalt in der Angebotsunterlage in der Praxis bisher keine erhebliche Rolle gespielt hat.[1298]

d) Kapitalmaßnahmen beim Bieter – Finanzierungsvorbehalt

Bedingungen, nach denen der Bieter das Übernahmeangebot von durchzuführenden Kapitalmaßnahmen abhängig macht oder er die Übernahme finanzieren kann (Finanzierungsvorbehalt), sind unzulässig.[1299] Dies folgt schon daraus, dass der Bieter vor Veröffentlichung der Angebotsunterlage Maßnahmen zur Sicherstellung der Finanzierung zu treffen hat (§ 13 Abs. 1 WpÜG). Hierzu hat sich der Bieter auch in der Angebotsunterlage zu äußern (§ 11 Abs. 2 Satz 3 Nr. 1 WpÜG).

1294 So wohl *Land/Engelmann*, in: Picot, 2013, § 8 Rn. 144. Befürwortend auch *Müller-Michaels*, in: Hölters, Rn. 11.60.2019, Rn. 13.60; *Geibel/Süßmann*, in: Angerer/Geibel/Süßmann, WpÜG, 2017, § 18 Rn. 53.

1295 Vgl. hierzu *Krause/Favoccia*, in: Assmann/Pötzsch/Schneider, WpÜG, 2020, § 18 Rn. 77 ff. m. w. N.

1296 So wohl auch die Auffassung der BaFin, vgl. *Krause/Favoccia*, in: Assmann/Pötzsch/Schneider, WpÜG, 2020, § 18 Rn. 79 f.

1297 In diesem Sinne *Geibel/Süßmann*, in: Angerer/Geibel/Süßmann, WpÜG, 2017, § 18 Rn. 48.

1298 Vgl. *Land/Engelmann*, in: Picot, 2013, § 8 Rn. 148.

1299 *Geibel/Süßmann*, in: Angerer/Geibel/Süßmann, WpÜG, 2017, § 18 Rn. 52 ff.

e) Annahme durch bestimmten Aktionär
Eine Bedingung, nach der ein bestimmter Aktionär der Zielgesellschaft das Angebot angenommen haben muss, wird ebenfalls kritisch gesehen, denn sie könnte gegen das übernahmerechtliche Gleichbehandlungsgebot verstoßen[1300] (§ 3 Abs. 1 WpÜG). Das aktienrechtliche Gleichbehandlungsgebot nach § 53a AktG ist hingegen nicht berührt oder erheblich.

Hinweis !

Etwaige Bedingungen sind klar und verständlich zu formulieren und deren Eintritt muss einfach und objektiv feststellbar sein.

2.8.2.1.2.7 Änderungen von und Verzicht auf Bedingungen

Ein Bieter ist nicht frei darin, Bedingungen zu ändern oder gar auf sie zu verzichten. Er hat die Grenzen des § 21 Abs. 1 Satz 1 Nr. 3 und 4 WpÜG zu beachten. Danach kann er bei der Bedingung über eine Mindestmenge zu erwerbender Anteile an der Zielgesellschaft den Mindestanteil nur verringern (§ 21 Abs. 1 Satz 1 Nr. 3 WpÜG). Eine Erhöhung der Mindesterwerbsquote kommt also nicht in Betracht, etwa weil der Bieter anders als ursprünglich angestrebt nun mindestens eine Beteiligungsquote erreichen will, die ihm einen übernahmerechtlichen Squeeze-out erlaubt. Andere Bedingungen kann der Bieter nicht verändern. Für sie kommt nur ein Verzicht des Bieters auf die Bedingung nach § 21 Abs. 1 Satz 1 Nr. 4 WpÜG in Betracht. Streitig ist, ob ein Bieter auch auf Bedingungen verzichten kann, von denen feststeht, dass sie nicht eintreten werden oder die bereits eingetreten sind, so dass ein abgegebenes Übernahmeangebot bereits unwirksam geworden wäre.[1301] Entsprechend wird für solche Konstellationen von einem nachträglichen Bedingungsverzicht gesprochen, auch wenn der Verzicht in jedem Fall noch spätestens einen Werktag vor Ablauf der Annahmefrist erklärt werden muss. Gegen einen nachträglichen Bedingungsverzicht spricht, dass bereits zur Unwirksamkeit führende Bedingungseintritte oder -ausfälle für einen Bieter wie ein Rücktrittsrecht nach § 18 Abs. 2 WpÜG wirken, das ansonsten unzulässig ist. So könnte ein Bieter harte Bedingungen formulieren und sich dann kurz vor Ablauf der Annahmefrist dann doch noch für eine Durchführung des Angebots entscheiden.[1302] Die besseren Gründe sprechen jedoch für die Zulässigkeit eines Verzichts auf bereits eingetretene oder ausgefallene Bedingungen.[1303] So will ein Bieter mit dem Verzicht auf Bedingungen ja den Erfolg des Übernahmeangebots und seine Durchführung ermöglichen. Würde er nicht auf die Durchführung hindernde Bedingungen verzichten können, müsste er ein neues Angebot unter Beachtung der Beschränkungen nach dem WpÜG abgeben. Das ist weder im Interesse des Bieters noch dem des Anlegerpublikums und des Funktionenschutzes für den Kapitalmarkt geboten.

1300 *Land/Engelmann*, in: Picot, 2013, § 8 Rn. 145.
1301 Siehe *Land/Engelmann*, in: Picot, 2013, § 8 Rn. 139.
1302 Vgl. zu dieser Argumentation *Krause/Favoccia*, in: Assmann/Pötzsch/Schneider, WpÜG, 2020, § 18 Rn. 113, die jedoch für die Möglichkeit des »nachträglichen« Bedingungsverzichts plädieren.
1303 Hierzu *Krause/Favoccia*, in: Assmann/Pötzsch/Schneider, WpÜG, 2020, § 18 Rn. 113; *Land/Engelmann*, in: Picot, 2013, § 8 Rn. 139.

!

Hinweis

Der Verzicht auf eine Bedingung muss spätestens ein Werktag vor Ablauf der Annahmefrist erklärt werden. Nach diesem Zeitpunkt kann nicht mehr auf eine Bedingung verzichtet werden, so dass ein Übernahmeangebot im Zweifelsfall scheitert, wenn bis dahin die maßgeblichen Bedingungen je nach Gestaltung eingetreten oder ausgeblieben sind. Der Verzicht muss ebenso veröffentlicht werden, wie das Angebot selbst. Üblicherweise bedient sich ein Bieter hierfür professioneller Dienstleister, wenn ansonsten keine Erfahrungen mit Mitteilungen an den Kapitalmarkt bestehen.

2.8.2.1.2.8 Freigabe oder Untersagung der Angebotsunterlage durch die BaFin

Ohne Freigabe der Angebotsunterlage durch die BaFin darf diese nicht veröffentlicht werden (§ 14 Abs. 2 Satz 2 WpÜG). Hat die BaFin die Angebotsunterlage freigegeben oder die Veröffentlichung nicht innerhalb von zehn Werktagen nach Einreichung bei ihr untersagt, so hat der Bieter das Angebot unverzüglich durch Bekanntgabe im Internet und im Bundesanzeiger oder statt im Bundesanzeiger durch Bereithalten zur Ausgabe an einer anderen geeigneten Stelle im Inland[1304] zu veröffentlichen und der BaFin die Veröffentlichung unverzüglich mitzuteilen.

Entspricht die Angebotsunterlage nicht den Vorschriften des WpÜG oder ist sie unvollständig, kann die BaFin die Frist zur Prüfung um weitere fünf Werktage verlängern (§ 14 Abs. 2 Satz 3 WpÜG). Entspricht die Angebotsunterlage weiterhin nicht den Anforderungen, untersagt die BaFin das Angebot (§ 15 Abs. 1 WpÜG). Dabei handelt es sich um eine gebundene Entscheidung, d. h. die BaFin hat das Angebot zu untersagen. Anders ist dies bei einer nicht den Vorschriften des § 14 Abs. 3 Satz 1 WpÜG entsprechenden Veröffentlichung einer Angebotsunterlage. In einem solchen Fall kann die BaFin das Angebot untersagen; sie hat dabei aber ein Entscheidungsermessen, ob sie das Angebot tatsächlich untersagt.

Hat die BaFin das Angebot untersagt, ist eine Veröffentlichung der Angebotsunterlage verboten; etwaig geschlossene Rechtsgeschäfte auf Grund eines untersagten Angebots sind nichtig (§ 15 Abs. 3 WpÜG). Ein neues Übernahmeangebot ist bei einer Untersagung erst nach Ablauf einer Sperrfrist von einem Jahr wieder möglich (§ 26 Abs. 1 Satz 1 WpÜG).

2.8.2.1.3 Die Annahmephase

Mit der Veröffentlichung der Angebotsunterlage beginnt die sog. Annahmephase des öffentlichen Übernahmeangebots. Mit der Veröffentlichung beginnen Fristen zu laufen, in denen die verschiedenen Beteiligten (Bieter, Organe der Zielgesellschaft, Aktionäre der Zielgesellschaft) zu handeln haben.

1304 Wobei diese Stelle dann im Bundesanzeiger bekannt zu machen ist (sog. Hinweisbekanntmachung der Schalterpublizität); vgl. *Wackerbarth*, in: MüKo AktG, Bd. 6, 2017, § 14 WpÜG Rn. 30.

Zunächst hat der Bieter die Angebotsunterlage nach Veröffentlichung unverzüglich an den Vorstand der Zielgesellschaft zu übermitteln, sowie an den Betriebsrat, respektive die Arbeitnehmer seines eigenen Unternehmens (§ 14 Abs. 4 Sätze 1 und 3 WpÜG).

2.8.2.1.3.1 Stellungnahme der Leitungsorgane der Zielgesellschaft

Der Vorstand der Zielgesellschaft hat die Angebotsunterlage unverzüglich, d. h. sofort dem Betriebsrat, oder falls ein solcher nicht besteht den Arbeitnehmern zu übermitteln (§ 14 Abs. 4 Satz 2 WpÜG). Außerdem haben der Vorstand und der Aufsichtsrat der Zielgesellschaft nach Erhalt der Angebotsunterlage die Pflicht, unverzüglich eine Stellungnahme zu dem Angebot gem. § 27 WpÜG zu fertigen und zu veröffentlichen. Die Veröffentlichung der Stellungnahme ist der BaFin sofort mitzuteilen. Die Stellungnahme der Leitungsorgane der Zielgesellschaft soll den Angebotsadressaten die Möglichkeit zur Beurteilung des Angebots anhand von ausreichender Information geben, damit sie in Kenntnis nicht nur der Sicht des Bieters, sondern auch der Leitung der Zielgesellschaft über das Angebot entscheiden können.[1305] Entsprechend hat sich die Stellungnahme nach § 27 Abs. 1 WpÜG insbesondere zu folgenden Punkten zu äußern[1306]:

- die Art und Höhe der Gegenleistung,
- die voraussichtlichen Folgen eines erfolgreichen Angebots für die Zielgesellschaft, die Arbeitnehmer und deren Vertretungen, die Beschäftigungsbedingungen und die Standorte der Zielgesellschaft,
- die vom Bieter mit dem Angebot verfolgten Ziele,
- die Absicht der Mitglieder des Vorstands und des Aufsichtsrats, soweit sie Inhaber von Wertpapieren der Zielgesellschaft sind, das Angebot anzunehmen.

Aus dieser Liste ist ersichtlich, dass es einen erheblichen Unterschied machen kann, ob ein Übernahmeangebot vorbereitet ist und als freundliches Angebot beurteilt wird, oder ob es sich um ein überraschendes und damit mutmaßlich unfreundliches Angebot handelt, gegen deren Annahme sich die Leitungsorgane aussprechen. Ein ganz wesentliches Kriterium für die Aktionäre ist regelmäßig die angebotene Gegenleistung. Auch wenn Bieter regelmäßig einen über dem aktuellen Börsenkurs liegenden Preis und damit eine Übernahme- oder Kontrollprämie anbieten, argumentieren die Leitungsorgane oft damit, der aktuelle Börsenkurs und auch die angebotene Prämie spiegelten nicht den wahren Wert des Unternehmens wider. Hierzu werden nicht selten externe Gutachten, sog. fairness opinions präsentiert, die diese Argumentation stützen sollen.[1307]

Eine andere Art der Stellungnahme, nämlich die der Werbung, unterliegt einer Missbrauchskontrolle durch die BaFin, die bestimmte Arten der Werbung untersagen kann, um Missständen bei der Werbung zu begegnen (§ 28 WpÜG). Diese Norm ist eine Konsequenz aus den internationalen

1305 *Krause/Pötzsch*, in: Assmann/Pötzsch/Schneider, WpÜG, 2020, § 27 Rn. 44; *Louven*, in: Angerer/Geibel/Süßmann, WpÜG, 2017, § 27 Rn. 1.

1306 Zur Praxis der BaFin in der Beurteilung der Stellungnahme nach § 27 WpÜG siehe *Hippeli*, BaFin-Journal 07/2014, 17 ff.; *Hippeli/Hofmann*, NZG 2014, 850.

1307 Zur Möglichkeit der Einholung und Üblichkeit von fairness opinions siehe *Land/Engelmann*, in: Picot, 2013, § 8 Rn. 161; *Holzapfel/Pöllath/Horcher*, 2016, Rn. 1904.

Erfahrungen insbesondere bei grenzüberschreitenden – unfreundlichen – Übernahmeangeboten.[1308] Ein besonders prominentes Beispiel ist die Übernahmeschlacht zwischen *Vodafone* und *Mannesmann* in 1999/2000.

Neben der Stellungnahme der Leitungsorgane haben Maßnahmen des Vorstands der Zielgesellschaft zur Verteidigung gegen ein Übernahmeangebot besondere Relevanz. Hierfür ist dem Vorstand nach § 33 WpÜG ein Rahmen gesetzt, der in 2.8.3 erörtert wird.

2.8.2.1.3.2 Annahmefrist

Die mit dem öffentlichen Übernahmeangebot angesprochenen Aktionäre der Zielgesellschaft können das Angebot innerhalb der Annahmefrist annehmen, die mindestens vier Wochen und höchstens zehn Wochen beträgt, wenn sich die Frist nicht wegen Änderung der Angebotsbedingungen (§ 21 Abs. 5 WpÜG) oder wegen eines später endenden konkurrierenden Angebots (§ 22 Abs. 2 WpÜG) verlängert (§ 16 Abs. 1 WpÜG). Sollte sich das Angebot ändern oder nach Annahme des Übernahmeangebots ein konkurrierendes Angebot veröffentlicht werden, können die Aktionäre, die das Angebot bereits angenommen hatten, von dem damit geschlossenen Vertrag zurücktreten (§§ 21 Abs. 4, 22 Abs. 3 WpÜG).

Aktionäre können das Angebot auch noch nach Ablauf der Annahmefrist im Rahmen der sog. Zaunkönigregelung annehmen. Dies bezeichnet die weitere Annahmefrist von zwei Wochen nach Ablauf der Annahmefrist gem. § 16 Abs. 2 Satz 1 WpÜG. Damit soll den Aktionären noch Möglichkeit gegeben werden, das Angebot in Kenntnis über den Erfolg des Übernahmeangebots – und damit einer besseren Informationsbasis als während der Laufzeit der Annahmefrist – anzunehmen und so noch in Ansehung des neuen Kontrollinhabers aus der Zielgesellschaft auszuscheiden.[1309]

2.8.2.1.3.3 Wasserstandsmeldungen des Bieters

Der Bieter hat nach Veröffentlichung des Übernahmeangebots laufend über den Erwerb von Wertpapieren der Zielgesellschaft und über die damit erworbenen Stimmrechtsanteile durch entsprechende Mitteilungen an die BaFin und Veröffentlichung dieser Informationen zu berichten. Diese als Wasserstandsmeldungen bezeichneten Mitteilungen hat der Bieter während der Annahmefrist wöchentlich und in der letzten Woche vor Ablauf der Annahmefrist täglich zu machen, sowie unverzüglich nach Ablauf der Annahmefrist und der weiteren Annahmefrist nach § 16 Abs. 2 WpÜG und unverzüglich nach Erreichen der für einen übernahmerechtlichen Squeeze-out nach § 39a WpÜG erforderlichen Beteiligungshöhe (§ 23 Abs. 1 Satz 1 WpÜG). Dabei hat der Bieter die ihm nach § 30 WpÜG zuzurechnenden Stimmrechtsanteile der gemeinsam mit ihm handelnden Personen zu berücksichtigen. Tochterunternehmen gelten dabei stets als gemeinsam handelnde Person.[1310]

1308 *Süßmann*, in: Angerer/Geibel/Süßmann, WpÜG, 2017, § 28 Rn. 1 f.; *Wackerbarth*, in: MüKo AktG, Bd. 6, 2017, § 28 WpÜG Rn. 1.

1309 Zum Zweck der Zaunkönigregelung, insbesondere zur Lösung des sog. Prisoner's Dilemma des Aktionärs siehe *Geibel/Süßmann*, in: Angerer/Geibel/Süßmann, WpÜG, 2017, § 16 Rn. 26 ff.; *Wiechers*, 111 f., und mit Blick auf einen dadurch bewirkten Konzerneingangsschutz, 127.

1310 *Holzapfel/Pöllath*, 2017, Rn. 1901.

2.8.2.1.3.4 Änderungen des Angebots
Wie oben in 2.8.2.1.2 im Zusammenhang mit der Änderung und dem Verzicht auf Bedingungen ausgeführt, kann der Bieter bis zu einem Werktag vor Ablauf der Annahmefrist das Übernahmeangebot gem. § 21 WpÜG ändern, indem er

- die Gegenleistung erhöht,
- wahlweise eine andere Gegenleistung anbietet,
- den Mindestanteil oder die Mindestanzahl der Wertpapiere oder den Mindestanteil der Stimmrechte, von dessen Erwerb der Bieter die Wirksamkeit seines Angebots abhängig gemacht hat, verringert oder
- auf Bedingungen verzichtet.

Die Änderungen sind unverzüglich unter Hinweis auf ein Rücktrittsrecht zu veröffentlichen, das die Aktionäre ausüben können, die das Angebot bereits angenommen hatten. Die Annahmefrist verlängert sich bei einer Veröffentlichung einer Änderung des Angebots innerhalb von zwei Wochen vor Ablauf der Annahmefrist um zwei Wochen.

2.8.2.1.3.5 Abwicklung des Übernahmeangebots
Ein Aktionär der Zielgesellschaft, der das Übernahmeangebot annehmen will, hat dies durch Erklärung – entsprechend den Angaben in der Angebotsunterlage – gegenüber dem depotführenden Kredit- oder Finanzdienstleistungsinstitut mitzuteilen. Mit Umbuchung der zum Verkauf eingereichten Aktien bei der Clearstream Banking AG geht das Eigentum an den Aktien der Zielgesellschaft auf den Bieter über. Hat ein Aktionär noch verbriefte Aktienurkunden, hat er besondere Maßnahmen zu ergreifen, damit die Annahmeerklärung und die verbrieften Stücke rechtzeitig vor Ablauf der Annahmefrist bei der vom Bieter als Abwicklungsstelle beauftragten Depotbank eingereicht werden.[1311]

2.8.2.1.4 Die Nachangebotsphase

Mit der Abwicklung des Übernahmeangebots enden die Pflichten eines Bieters noch nicht. So hat der Bieter an die das Übernahmeangebot annehmenden Aktionäre den Unterschiedsbetrag zu leisten, der sich aus dem Angebotspreis und einem etwaig höheren Preis beim Erwerb von Anteilen an der Zielgesellschaft durch den Bieter und gemeinsam mit ihm handelnder Personen innerhalb eines Jahres nach der Veröffentlichung gemäß § 23 Abs. 1 Satz 1 Nr. 2 WpÜG nach Ablauf der Annahmefrist des Übernahmeangebots ergibt. Dies gilt allerdings nicht für gesetzlich zu leistende Abfindungen und bei Gegenleistungen im Zuge von Verschmelzungen, Spaltungen oder Vermögensübertragungen (§ 31 Abs. 5 WpÜG).

1311 Zu Einzelheiten der Abwicklung siehe *Seiler*, in: Assmann/Pötzsch/Schneider, WpÜG, 2020, § 16 Rn. 25 f.; *Müller-Michaels* in: Hölters, 2019, Rn. 31.102 f.

Zur Sicherung des möglichen Anspruchs auf Nachzahlung der das Übernahmeangebot annehmenden Aktionäre der Zielgesellschaft ist eine Pflicht des Bieters bestimmt, sämtliche Aktienerwerbe im vorgenannten Zeitraum von einem Jahr einschließlich der Art und Höhe der Gegenleistung unverzüglich zu veröffentlichen und der BaFin mitzuteilen (§ 23 Abs. 2 WpÜG).

! **Hinweis**

Beabsichtigt ein Bieter nach Abwicklung des Übernahmeangebots den weiteren Erwerb von Anteilen an der Zielgesellschaft, so sollten die Gestaltungsmöglichkeiten zur Vermeidung etwaiger Nachzahlungen berücksichtigt werden. Hierzu gehören der übernahmerechtliche Squeeze-out, die Einziehung von Anteilen oder Maßnahmen nach Umwandlungsrecht.

Ein Bieter hat außerdem die Sperrfrist des § 26 WpÜG zu berücksichtigen. Danach darf er vor Ablauf eines Jahres kein neues Übernahmeangebot abgeben, wenn ihm die Veröffentlichung einer Angebotsunterlage untersagt wurde, oder wenn ein Übernahmeangebot mangels Erreichens der im Angebot genannten Mindesterwerbsschwelle gescheitert ist. Dies gilt nur dann nicht, wenn ein Bieter aufgrund eines anderweitigen Kontrollerwerbs zur Abgabe eines Pflichtangebots verpflichtet ist oder wenn die Zielgesellschaft einem erneuten Übernahmeangebot zustimmt und die BaFin den Bieter von dem vorgenannten Verbot befreit. Diese Sperrfrist dient dem Schutz der Zielgesellschaft – und letztlich ihrer Aktionäre –, die in ihrer Geschäftstätigkeit nicht i. S. d. § 3 Abs. 4 WpÜG über einen angemessenen Zeitraum hinaus durch kurz aufeinander folgende Übernahmeangebote, deren öffentlichen Wirkungen und der Bindung von Kapazitäten bei der Zielgesellschaft behindert werden soll.

! **Hinweis**

Hat ein Bieter das Übernahmeangebot unter die Bedingung gestellt, eine bestimmte Mindestanteils- bzw. Stimmrechtsquote zu erreichen, könnte bei nur annäherndem Erreichen dieser Quote kurz vor Ablauf der Annahmefrist zu erwägen sein, auf diese Bedingung zu verzichten und das Übernahmeangebot trotzdem abzuwickeln, wenn die gesteckten – oder angepassten – Ziele auch ohne die Mindestbeteiligungsquote erreicht werden können. Diese Alternative könnte gegenüber einem neuen Übernahmeversuch in frühestens einem Jahr vorzugswürdig sein.

2.8.2.2 Übernahme ohne Übernahmeangebot

Ein börsennotiertes Unternehmen kann auch auf andere Weise übernommen werden als über ein erfolgreiches öffentliches Übernahmeangebot. Der wohl häufigste Fall ist der Paketerwerb von einem oder mehreren Hauptanteilseignern außerhalb der Börse, ggf. nachdem zuvor eine gewisse eigene Beteiligung über die Börse aufgebaut wurde. Auch gesetzliche Erwerbe kommen in Betracht, so beim Erwerb von Beteiligungen im Zuge von umwandlungsrechtlichen Maßnahmen wie einer Verschmelzung.[1312]

1312 Siehe zum Beispiel der Verschmelzung von *Thyssen/Krupp*: *Müller-Michaels* in: Hölters, 2019, Rn. 13.26.

Bei einer Übernahme der Kontrolle über ein börsennotiertes Unternehmen sind verschiedene Parteien beteiligt. Dies sind zum einen der Erwerbsinteressent und zum anderen der oder die veräußernden Aktionäre sowie die Zielgesellschaft und deren Leitungsorgane. Je nach Vorgehen zur Übernahme können von den Beteiligten unterschiedliche Pflichten zu beachten sein.

1. Erwerb der Kontrollmehrheit über die Börse

Eine Kontrollmehrheit in kurzer Zeit über die Börse zu erwerben, wird in der Regel nicht möglich sein. Entweder liegen die meisten Anteile in der Hand institutioneller Großinvestoren, so dass der verfügbare Streubesitz verhältnismäßig klein ist. Dann werden nicht genügend Aktien am Markt zur Verfügung stehen, um kurzfristig und preisschonend die Kontrollmehrheit über die Zielgesellschaft erwerben zu können. Oder es gibt zwar einen ausreichend hohen Streubesitzanteil. Dann werden umfangreiche Kauforder eines Erwerbsinteressenten aber rasch zu steigenden Preisen führen, was mit Blick auf die nachfolgende Pflicht zur Abgabe eines Erwerbsangebots (Pflichtangebot nach § 35 WpÜG) und die Relevanz des Börsenkurses vor Überschreiten der Kontrollschwelle für die anzubietende Gegenleistung zu einer erheblichen Verteuerung der Übernahme führte.

2. Sukzessiver Anteilserwerb über die Börse

Alternativ kommt in Betracht, sukzessive eine erhebliche Beteiligung durch kleinere Käufe über die Börse aufzubauen. Dies setzt aber voraus, dass der Erwerbsinteressent die Übernahme über einen langen Zeitraum hinweg durchführen kann und will. Im Übrigen hat der Erwerber die Meldepflichten nach §§ 33 ff. WpHG zu beachten (siehe hierzu in 2.8.2.2.3).

3. Paketerwerb außerhalb der Börse

Sinnvoller im Hinblick auf die Preisgestaltung und die Transaktionssicherheit dürfte für den Erwerbsinteressanten daher der Erwerb von Paketen außerhalb der Börse sein. Ein solcher Erwerb erfolgt letztlich durch eine einfache Kauf- und Übertragungsvereinbarung zwischen Aktionär und Erwerbsinteressenten. Bei solchen Transaktionen sind folgende Themen erheblich:

a) Zahlt der Erwerber einen Paketzuschlag, d. h. einen Aufschlag auf den aktuellen Börsenkurs beim Erwerb eines größeren Aktienpakets?
   Dies ist erheblich, weil die von einem Erwerber gezahlten Preise, einschließlich etwaiger Paket- oder Kontrollzuschläge, bei der Bestimmung der Gegenleistung eines nachfolgenden Pflichtangebots zu berücksichtigen sind – ebenso wie bei einem freiwilligen öffentlichen Übernahmeangebot.
b) Soll die Zielgesellschaft informiert werden?
   Hier stellt sich die Frage, ob eine freundliche Übernahme und dafür die Unterstützung der Leitungsorgane Vorstand und Aufsichtsrat der Zielgesellschaft versucht werden soll. Der andere Weg wäre eine Vorbereitung der Übernahme im Stillen, ohne die Zielgesellschaft zu informieren. Allerdings wird eine überraschende Übernahme regelmäßig als unfreundlich empfunden werden und es stellt sich die Frage, ob ein Kontrollerwerber selbst bei einem anschließenden Pflichtangebot die Beteiligungsquote erreicht, die er für die Erreichung und Durchsetzung seiner Ziele benötigt.

Wird der Vorstand der Zielgesellschaft auf die mögliche Übernahme angesprochen, stellt sich die Frage nach dem Vorliegen von Insiderinformationen und den zu treffenden Maßnahmen zur Verhinderung von verbotenem Insiderhandel (siehe hierzu 2.8.2.2.1).

c) Kann eine Due Diligence durchgeführt werden?
Entscheidet sich ein Übernahmeinteressent für die Ansprache des Vorstands der Zielgesellschaft, liegt es nahe, auch über die Durchführung einer Due Diligence zu sprechen. Dies mag sogar der Grund für eine Ansprache sein, damit sich ein Erwerbsinteressent ein genaueres Bild über die Zielgesellschaft machen kann.
Der Vorstand und ggf. der Aufsichtsrat der Zielgesellschaft befinden sich bei der Frage nach der Zulassung einer Due Diligence in einem Spannungsfeld zu beachtender Pflichten nach Aktienrecht und Kapitalmarktrecht. So bestehen eine Geheimhaltungspflicht der Geschäftsleitung und eine Pflicht, zum Wohl der Zielgesellschaft zu handeln.[1313] Außerdem hat die Geschäftsleitung das Risiko des Insiderhandels und die Pflichten zu etwaigen Ad-hoc-Meldungen[1314] im Blick zu behalten.[1315]

d) Soll eine Investorenvereinbarung mit der Zielgesellschaft abgeschlossen werden?
In Kombination mit möglichen Paketerwerben kommt auch in Betracht, dass der Erwerbsinteressent mit der Zielgesellschaft eine Investorenvereinbarung (Business Combination Agreement) abschließt. Solche Vereinbarungen können für einen Erwerbsinteressenten bei der Vorbereitung einer Übernahme eine erhebliche Rolle spielen, denn sie zielen darauf ab, sich die Unterstützung der Zielgesellschaft und ihrer Leitungsorgane zu sichern[1316] und eine Übernahme möglichst als freundliche Übernahme zu gestalten. Aus Sicht der Zielgesellschaft kann die Übernahme durch einen anderen im Unternehmensinteresse liegen und den Aktionären eine gute Möglichkeit verschaffen, zu attraktiven Preisen aus der Gesellschaft auszuscheiden. Allerdings sind eine Reihe von Fragen insbesondere zur Kompetenz des Vorstands der Zielgesellschaft, solche Vereinbarungen abzuschließen, und die etwaige Zuständigkeit der Hauptversammlung der Zielgesellschaft noch nicht abschließend geklärt.[1317]

e) Welche Meldepflichten sind zu beachten?
Nicht zuletzt hat der Erwerbsinteressent die Meldepflichten nach §§ 33 ff. WpHG im Blick zu behalten. Will sich der Erwerbsinteressent möglichst hohe Beteiligungsquoten sichern, bevor die Übernahme der Zielgesellschaft oder seine Übernahmeabsicht bekannt werden (Creeping Takeover), bedarf es sorgfältiger Planung und Vereinbarungen mit Anteilsinhabern, die dem Interessenten einerseits die begehrten Beteiligungen sichern andererseits aber keine Meldepflichten auslösen.

1313 *Müller-Michaels* in: Hölters, 2019, Rn. 13.39.
1314 Hierzu *Wackerbarth*, in: MüKo AktG, Bd. 6, 2017, § 10 WpÜG Rn. 88 ff; *Hasselbach/Stepper*, BB 2020, 203.
1315 Siehe zu diesen Zusammenhängen *Land/Engelmann*, in: Picot, 2013, § 8 Rn. 66 ff.
1316 *Land/Engelmann*, in: Picot, 2013, § 8 Rn. 109 ff.
1317 Vgl. *Land/Engelmann*, in: Picot, 2013, § 8 Rn. 111 ff.

2.8.2.2.1 Insiderhandelsverbot

Hat ein Erwerbsinteressent die Absicht, die Kontrolle über eine börsennotierte Gesellschaft zu erwerben, so stellt sich die Frage ob und inwieweit das Insiderhandelsverbot nach Art. 14 MMVO zu beachten ist. Danach ist es Personen, die über eine Insiderinformation i. S. d. Art. 7 MMVO verfügen, verboten, unter Verwendung dieser Informationen Finanzinstrumente für eigene oder fremde Rechnung zu erwerben oder zu veräußern (Verwendungsverbot nach Art.14 lit. a), 8 MMVO), einem Dritten zu empfehlen oder dazu verleiten, Insidergeschäfte zu tätigen (Empfehlungs- und Weiterleitungsverbot nach Art.14 lit. b), 8 MMVO), oder Insiderinformationen unrechtmäßig offenzulegen (Art. 14 lit c) MMVO). Insiderinformation ist jede präzise Information, die direkt oder indirekt einen oder mehrere Emittenten oder ein oder mehrere Finanzinstrumente betreffen und die geeignet wären, im Falle ihres öffentlichen Bekanntwerdens den Kurs dieser Finanzinstrumente oder damit verbundener derivativer Finanzinstrumente erheblich zu beeinflussen (Art. 7 MMVO).

Im Hinblick auf das Interesse einer Person an der Übernahme einer börsennotierten Gesellschaft ist zu unterscheiden zwischen einerseits den Tatsachen betreffend den Erwerbsinteressenten und seinen Entschluss oder die Planung, die Kontrolle über eine börsennotierte Zielgesellschaft zu erwerben, und andererseits Informationen über nicht öffentliche Umstände, die sich auf die Zielgesellschaft beziehen. Die den Erwerbsinteressenten und seine Absicht betreffenden Informationen dürften keine Umstände sein, die als Insiderinformationen i. S. d. Art. 7 MMVO im Hinblick auf die Zielgesellschaft zu qualifizieren sind.[1318] Anders ist dies bei den Informationen, die ein Erwerbsinteressent über die Zielgesellschaft erlangt und die nicht allgemein bekannt sind. Dies können beispielsweise Informationen über die Zielgesellschaft aus einer Due Diligence sein oder die Kenntnis über die mögliche Haltung der Leitungsorgane der Zielgesellschaft zu einem etwaigen Übernahmeversuch.[1319] Es ist diesbezüglich nahe liegend, dass ein Erwerbsinteressent so Kenntnis von Insiderinformationen erlangt. Fraglich ist aber, ob diese Informationen verbotswidrig verwendet werden i. S. d. Art. 14 MMVO.[1320] Hierzu wird vertreten, dass dies nicht der Fall sein soll, wenn der Erwerber im Rahmen eines sog. Masterplans handelt und das Erlangen der konkreten Insiderinformationen insoweit nichts an dem Masterplan und insbesondere an der Entscheidung des Erwerbsinteressenten ändert.[1321]

Hinweis !

Es besteht ein nicht auszuschließendes Risiko, dass ein Erwerbsinteressent sog. Insiderinformationen betreffend die Zielgesellschaft verbotswidrig verwendet, wenn er eine Due Diligence durchführt oder mit dem Vorstand der Zielgesellschaft über einen möglichen Kontrollerwerb spricht. Soweit man als

1318 Vgl. *Wiechers*, 2003, 107 f., dort jedoch noch im Hinblick auf die Insidertatbestände nach dem WpHG a. F.
1319 Vgl. *Land/Engelmann*, in: Picot, 2013, § 8 Rn. 5 ff.
1320 Zu der Einordnung verschiedener Informationen und den verschiedenen Phasen der Entscheidungsfindung im Hinblick auf das Insiderhandelsverbot und (ad-hoc-) Meldepflichten nach der MMVO *Hasselbach/Stepper*, BB 2020, 203.
1321 Vgl. *Land/Engelmann*, in: Picot, § 8 Rn. 5 mit Hinweis auf das Spector-Urteil des EuGH vom 23.12.2009 – Rs. C-45/08.

Erwerbsinteressent von diesem Vorgehen nicht abrücken will, empfiehlt es sich, genau zu dokumentieren, welche Information wann erlangt wird und ob diese Information eine Relevanz für die eigenen Entscheidungen hat, oder ob weiter im Rahmen des bisherigen dokumentierten Gesamtplans gehandelt wird.

2.8.2.2.2 Ad-hoc-Publizitätspflicht

Auf Ebene der Zielgesellschaft oder eines selbst börsennotierten Bieters stellt sich die Frage, ob Informationen über einen möglichen Übernahmeversuch im Wege einer Ad-hoc-Mitteilung veröffentlicht werden müssen[1322], wenn der Vorstand einer börsennotierten Zielgesellschaft von einem Erwerbsinteressenten diesbezüglich angesprochen wird, beispielsweise um die Durchführung einer Due Diligence oder den Abschluss einer Investorenvereinbarung (Business Combination Agreement) zu erörtern.

Die sich daraus ergebenden Informationen über die Zielgesellschaft und die von ihr ausgegebenen Wertpapiere können grundsätzlich Insiderinformationen sein, die unverzüglich (ad-hoc) zu veröffentlichen sind Art. 7, 17 MMVO).[1323] Spiegelbildlich zu der Frage, wann ein Bieter seine Absicht zur Abgabe eines öffentlichen Übernahmeangebots nach § 10 Abs. 1 WpÜG zu veröffentlichen hat, wird aus Sicht der Zielgesellschaft überwiegend vertreten, dass es sich bei der Frage der möglichen Übernahme und deren Vorbereitung um einen gestreckten Vorgang handelt, bei dem zu Beginn noch gar nicht sicher ist, ob es überhaupt zu einem Kontrollwechsel kommt. Es besteht ein berechtigtes Interesse der Zielgesellschaft, nicht jede Anfrage eines Erwerbsinteressenten mitteilen zu müssen und von der Möglichkeit der sog. Selbstbefreiung nach Art. 17 Abs. 4 MMVO Gebrauch machen zu können. Danach kann die börsennotierte Zielgesellschaft solange von einer Ad-hoc-Mitteilung absehen, wie der Schutz ihrer berechtigten Interessen einen Aufschub erfordert, eine Irreführung der Öffentlichkeit nicht zu befürchten ist und die Zielgesellschaft die Vertraulichkeit der Informationen gewährleisten kann.[1324]

2.8.2.2.3 Meldepflichten

Erwirbt jemand Anteile an einer börsennotierten Zielgesellschaft hat er die Meldepflichten nach §§ 33 ff. WpHG zu beachten. Danach ist das Erreichen, Überschreiten und Unterschreiten von Stimmrechtsquoten von 3 %, 5 %, 10 %, 15 % 20 %, 25 %, 30 %, 50 % und 75 % unverzüglich der börsennotierten Gesellschaft (dem Emittenten) und der BaFin mitzuteilen.[1325] Dabei ist zu berücksichtigen, dass dem Erwerber Stimmrechte in bestimmten Fällen gem. § 34 WpHG zugerechnet werden. Erreicht oder überschreitet ein Erwerber die Stimmrechtsschwelle von 10 %

1322 Hierzu *Hasselbach/Stepper*, BB 2020, 203.

1323 Vgl. *Zimmer/Kruse*, in: Schwark/Zimmer, KMRK, 2010, § 15 WpHG Rn. 42 mit Verweis auf die Regierungsbegründung, die Auffassung der BaFin und die h. M.

1324 *Land/Engelmann*, in: Picot, 2013, § 8 Rn. 14 ff. Vergl. zur Situation ab Geltung der MMVO: *Link*, M&A Review 2016, 30, 35.

1325 Hierzu ausführlich *Land/Engelmann*, in: Picot, 2013, § 8 Rn. 23 ff.

oder eine der in §21 WpHG genannten höheren Schwellen hat er zudem dem Emittenten die mit seiner Beteiligung verfolgten Ziele und die Herkunft der für den Erwerb verwendeten Mittel gem. §43 Abs. 1 WpHG mitzuteilen, wenn nicht die Satzung des Emittenten bestimmt, dass diese Regelung keine Anwendung findet (§43 Abs. 3 WpHG).[1326] Der Emittent hat diese Informationen zu veröffentlichen, so dass sie der Kapitalmarktöffentlichkeit bekannt werden (§43 Abs. 2 WpHG). Ein Verstoß gegen die Mitteilungspflichten ist mit dem Verlust der Rechte aus den Anteilen an dem Emittenten sanktioniert (§44 WpHG).

Hinweis !

Aufgrund der Meldeschwellen und der strikten Rechtsfolgen bei Verstoß gegen die Meldepflichten haben sich in der Praxis Instrumente und Gestaltungen entwickelt, nach denen ein Erwerber unterhalb signifikanter Meldeschwellen bleibt, er aber zu einem späteren Zeitpunkt, beispielsweise im Zusammenhang mit einem größeren Paketerwerb, weitere erhebliche Anteilspakete angetragen bekommt und so überraschend die Kontrollmehrheit erlangen kann. Maßgeblich ist, dass dem Erwerber keine Stimmrechte gem. §34 WpHG zugerechnet werden. Hierzu ist erforderlich, dass er keinen Einfluss auf die Stimmrechte hat und er auch keine Möglichkeit hat, alleine über den Erwerb von Anteilen zu entscheiden und diesen Erwerb allein durch Handlungen oder Erklärungen seinerseits herbeizuführen .[1327]

2.8.2.2.4 Angebotspflicht nach Kontrollerwerb – Pflichtangebot

Erwirbt jemand ohne ein öffentliches Übernahmeangebot mindestens 30% der Stimmrechte an einer börsennotierten Zielgesellschaft und erlangt so die Kontrolle gem. §29 Abs. 2 WpÜG, hat er nach §35 WpÜG ein öffentliches Angebot zum Erwerb von Aktien der Gesellschaft abzugeben, über die er die Kontrolle erworben hat. Dieses sog. Pflichtangebot ist damit kein Mittel zum Kontrollerwerb, sondern setzt einen Kontrollerwerb voraus. Unerheblich ist, wie die Kontrolle erlangt wurde, wenn dies nicht durch ein öffentliches Übernahmeangebot erfolgte. Weiter ist es unerheblich, ob tatsächlich die Kontrolle ausgeübt werden kann, oder ob dies wegen eines anderen Aktionärs mit einer ebenfalls erheblichen Stimmrechtsquote nicht möglich ist.[1328]

Hinweis !

Bei der Frage, ob ein Erwerber die Kontrolle erlangt hat, sind auch Stimmrechte von gemeinsam mit ihm handelnden Personen und die Zurechnungstatbestände nach §30 WpÜG zu berücksichtigen.

1326 Die Nichtanwendung von §43 Abs. 1 WpHG aufgrund einer entsprechenden Satzungsbestimmung kann für Familienunternehmen eine Gestaltungsmöglichkeit sein, um Transaktionen innerhalb der Familie nicht in der Öffentlichkeit des Kapitalmarkts darstellen und erläutern zu müssen.

1327 Vgl. *Müller-Michaels* in: Hölters, 2019, Rn. 13.31 ff.

1328 *Müller-Michaels* in: Hölters, 2019, Rn. 13.108.

Das Pflichtangebot soll den Aktionären einer börsennotierten Gesellschaft die Möglichkeit bieten, aus der Gesellschaft auszuscheiden, nachdem ein anderer die Kontrolle im Sinne des WpÜG hierüber erworben hat. Damit handelt es sich letztlich um ein Instrument zum Schutz von Minderheitsaktionären.[1329] Wird gegen die Pflicht zur Abgabe eines Pflichtangebots verstoßen, können nach § 59 WpÜG die Rechte aus den Anteilen an dem Zielunternehmen solange nicht ausgeübt werden, wie die Pflichten zur Abgabe eines Pflichtangebots nicht erfüllt werden.

Das Pflichtangebot ist ohne Bedingungen und als Vollangebot abzugeben. Ansonsten gelten für das Pflichtangebot weitestgehend die Regelungen zum Übernahmeangebot.[1330]

In bestimmten Fällen kommt eine Befreiung von der Pflicht zur Abgabe eines Pflichtangebots in Betracht. Nach § 35 Abs. 3 WpÜG ist ein Pflichtangebot nicht abzugeben, wenn die Kontrolle mittels eines Übernahmeangebots erworben wurde. Nach § 36 WpÜG bleiben auf Antrag des Kontrollerwerbers an die BaFin auf bestimmte Arten erworbene Stimmrechte bei der Ermittlung des Stimmrechtsanteils unberücksichtigt, so dass eine Angebotspflicht auslösender Kontrollwechsel als nicht erfolgt angesehen wird. Hierzu gehört der Erwerb von Stimmrechten im Erbgang (siehe hierzu 2.8.5).

Des Weiteren kann die BaFin von einer Angebotspflicht gem. § 37 WpÜG befreien. Dies kommt in Betracht, sofern eine Befreiung im Hinblick auf die Art der Kontrollerlangung, die mit der Kontrollerlangung beabsichtigte Zielsetzung, ein nach der Kontrollerlangung erfolgtes Unterschreiten der Kontrollschwelle, die Beteiligungsverhältnisse in der Zielgesellschaft oder die tatsächliche Möglichkeit zur Ausübung von Kontrolle gerechtfertigt erscheint. Im Rahmen seiner Ermessensentscheidung hat die BaFin die Interessen des Antragstellers und die der Aktionäre der Zielgesellschaft abzuwägen. Das Nähere regeln die §§ 8 ff. WpÜGAngebV.

!

Hinweis

Der Antrag auf Befreiung von der Angebotspflicht ist spätestens innerhalb von sieben Kalendertagen nach dem Zeitpunkt zu stellen, zu dem der Bieter Kenntnis davon hat oder nach den Umständen haben musste, dass er die Kontrolle über die Zielgesellschaft erlangt hat. Der Antrag hat bestimmte Angaben zu enthalten (§ 10 WpÜGAngebV) und ist mit ergänzenden Unterlagen bei der BaFin einzureichen. Werden die von der BaFin angeforderten Unterlagen und Informationen nicht innerhalb der von der BaFin gesetzten Frist eingereicht, gilt der Antrag als zurück genommen. Entsprechend sollte Vorsorge getroffen werden, um nicht einen Rechtsverlust zu riskieren.

1329 *Wiechers*, 2003, 135 f.
1330 Siehe hierzu in 2.8.2.1.

2.8.3 Verteidigung gegen Übernahmen börsennotierter Unternehmen

Die Möglichkeiten zur Verteidigung gegen Versuche, ein börsennotiertes Unternehmen zu übernehmen, sind im Grunde vielfältig.[1331] Abwehr- und Verteidigungsmaßnahmen können prophylaktisch im Vorfeld von Übernahmeversuchen ergriffen werden[1332], aber auch während eines Übernahmeversuchs. Es können verschiedene Techniken der Verteidigung unterschieden werden. Diese reichen von der Erschwernis und Verteuerung eines Übernahmeversuchs bis hin zu Angriffen der Zielgesellschaft gegen den Bieter. Teilweise werden hierzu die Kategorien der poison pill defence, der crown jewel defence und der pac man defence unterschieden.[1333] **Poison pill defence** beschreibt Maßnahmen, die die Zielgesellschaft für einen Bieter unattraktiver machen, beispielsweise indem die Zielgesellschaft ihrerseits eine andere Gesellschaft erwirbt, was für den Bieter nicht interessant ist und zu Liquiditätsabflüssen führt, oder die Bestimmung von Change-of-Control Klauseln und die Verschlechterung von Konditionen in Verträgen mit Kunden oder Lieferanten. Bei der Verteidigung durch **crown jewel defence** veräußert die Zielgesellschaft ihre maßgeblichen Assets oder Beteiligungen vor Abschluss der Übernahme. Mit der **pac man defence** versucht die Zielgesellschaft ihrerseits, den Bieter zu übernehmen, bevor dessen Übernahmeversuch abgeschlossen ist.

Allerdings sind nicht alle diese Maßnahmen nach dem Konzept des deutschen und europäischen Übernahmerechts rechtlich auch möglich. Ob und unter welchen Voraussetzungen präventive Maßnahmen gegen Übernahmeversuche möglich und zulässig sind, wird in 2.8.3.1 erörtert. Die Abwehrmöglichkeiten während eines Übernahmeangebots oder Pflichtangebots werden in 2.8.3.2 beleuchtet.

2.8.3.1 Vorbeugende Abwehrmaßnahmen

Vor der Veröffentlichung der Angebotsabsicht durch den Bieter nach § 10 WpÜG und damit vor dem Beginn eines öffentlichen Übernahmeangebots treffen die Zielgesellschaft und ihre Leitungsorgane noch nicht die Pflichten des § 33 WpÜG und das darin statuierte Verhinderungsverbot.[1334] Bis zu diesem Zeitpunkt haben die Leitungsorgane die allgemeinen aktienrechtlichen Pflichten zu beachten und stehen noch nicht im Spannungsfeld zwischen Aktienrecht und Übernahmerecht.[1335] Das gilt auch, wenn der Vorstand der Zielgesellschaft bereits vor Veröffentlichung der Angebotsabsicht eines Bieters von der Möglichkeit eines Übernahmeversuchs oder von einem Übernahmeinteresse eines Bieters Kenntnis erhält, beispielsweise weil der Bieter

1331 Vgl. nur *Krause/Pötzsch/Stephan*, in: Assmann/Pötzsch/Schneider, WpÜG, 2020, § 33; *Müller-Michaels* in: Hölters, 2019, Rn. 13.134, 13.153 ff.

1332 Hierzu ausführlich *Krause/Pötzsch/Stephan*, in: Assmann/Pötzsch/Schneider, WpÜG, 2020, § 33 Rn. 243 ff.; *Röh/Vogel*, in: Frankfurter Komm. WpÜG, 2008, vor §§ 33 ff. Rn. 70 ff.; vgl. auch *Hirte*, in: KK WpÜG, 2010, § 33 Rn. 168 ff.

1333 Vgl. *Müller-Michaels* in: Hölters, 2019, Rn. 13.211.

1334 *Krause/Pötzsch/Stephan*, in: Assmann/Pötzsch/Schneider, WpÜG, 2020, § 33 Rn. 62.

1335 So *Röh/Vogel*, in: Frankfurter Komm. WpÜG, 2008, vor §§ 33 ff. Rn. 66.

den Vorstand im Hinblick auf eine etwaige Due Diligence oder den Abschluss einer Zusammenschlussvereinbarung (Investor Agreement, Business Combination Agreement) anspricht.[1336] Die Regelungen des § 33 WpÜG und das darin normierte Verhinderungsverbot stehen damit etwaigen präventiven Abwehr- oder Schutzmaßnahmen nach allgemeinen aktienrechtlichen Regeln nicht entgegen.[1337] Hinsichtlich solcher präventiven Maßnahmen stellen sich aber Fragen, wer über deren Implementierung und Anwendung entscheiden kann und welcher Entscheidungsmaßstab dabei zu Grunde zu legen ist.

Grundsätzlich leitet der Vorstand die Zielgesellschaft unter eigener Verantwortung, führt ihre Geschäfte und vertritt sie nach außen (§§ 76, 77, 78 AktG). Er wird dabei vom Aufsichtsrat überwacht (§ 111 AktG). Damit fällt die präventive Verteidigung gegen mögliche Übernahmeversuche zunächst einmal in die Zuständigkeit und den Aufgabenbereich des Vorstands. Bei bestimmten Maßnahmen kann sich aus dem allgemeinen Aktienrecht, wie z. B. bei Kapitalerhöhungen, oder nach den Grundsätzen der sog. Holzmüller/Gelatine-Rechtsprechung des BGH eine Zuständigkeit der Hauptversammlung ergeben.[1338]

Die Leitungsorgane der Zielgesellschaft haben ihre Pflichten nach §§ 93 und 116 AktG zu wahren und mit der Sorgfalt eines ordentlichen und gewissenhaften Geschäftsleiters zu handeln. Diese Maßstäbe gelten auch im Hinblick auf mögliche (präventive) Abwehrmaßnahmen gegen Übernahmeangebote.[1339] Zudem hat der Vorstand das Gebot der Fremdinteressenwahrung zu achten. Danach darf er nicht sein eigenes Interesse in den Vordergrund stellen, sondern ist dem Wohl der Gesellschaft verpflichtet (§ 93 Abs. 1 Satz 2 AktG).[1340] Weiter ist das aktienrechtliche Gleichbehandlungsgebot nach § 53a AktG im Hinblick auf die Aktionäre der Zielgesellschaft zu beachten.[1341] Fraglich und letztlich streitig ist, ob den Vorstand im Hinblick auf eine mögliche Änderung des Aktionärskreises durch ein Übernahmeangebot eine Neutralitätspflicht trifft.[1342] Diese könnte zur Folge haben, dass er Maßnahmen zu unterlassen hat, die die Änderung der Zusammensetzung der Aktionäre durch ein Übernahmeangebot verhindern oder erschweren könnte. Eine strikte Neutralitätspflicht könnte wie das während eines Übernahmeangebots zu beachtende Verhinderungsgebot nach § 33 WpÜG zu verstehen sein. Eine so weit gehende Neutralitätspflicht wird nicht mehr überwiegend angenommen. Sie gilt aber in abgeschwächter Form, nach der ein Vorstand keine Maßnahmen ergreifen können soll und darf, die dem

1336 *Krause/Pötzsch/Stephan*, in: Assmann/Pötzsch/Schneider, WpÜG, 2020, § 33 Rn. 65.

1337 *Krause/Pötzsch/Stephan*, in: Assmann/Pötzsch/Schneider, WpÜG, 2020, § 33 Rn. 71; *Hirte*, in: KK WpÜG, 2010, § 33 Rn. 44; *Schlitt*, in: MüKo AktG, Bd. 6, 2017, § 33 WpÜG Rn. 78.

1338 *Röh/Vogel*, in: Frankfurter Komm. WpÜG, 2008, vor §§ 33 ff. Rn. 69; *Krause/Pötzsch/Stephan*, in: Assmann/Pötzsch/Schneider, WpÜG, 2020, § 33 Rn. 246.

1339 *Müller-Michaels* in: Hölters, 2019, Rn. 13.132 f.

1340 *Krause/Pötzsch/Stephan*, in: Assmann/Pötzsch/Schneider, WpÜG, 2020, § 33 Rn. 245; *Röh/Vogel*, in: Frankfurter Komm. WpÜG, 2008, vor §§ 33 ff. Rn. 68.

1341 *Röh/Vogel*, in: Frankfurter Komm. WpÜG, 2008, vor §§ 33 ff. Rn. 68.

1342 Hierzu auch mit Hinweisen auf den Hintergrund und Diskussionsstand vor Inkrafttreten des WpÜG, *Krause/Pötzsch/Stephan*, in: Assmann/Pötzsch/Schneider, WpÜG, 2020, § 33 Rn. 244, 46; *Hirte*, in: KK WpÜG, 2010, § 33 Rn. 27 f.; *Schlitt*, in: MüKo AktG, Bd. 6, 2017, § 33 WpÜG Rn. 42 ff.; *Röh/Vogel*, in: Frankfurter Komm. WpÜG, 2008, vor §§ 33 ff. Rn. 68.

Aktionärsinteresse und dem Wohl der Gesellschaft entgegenstehen, sondern dem Schutz des Vorstands dienen.

Hinweis !

Die Planung präventiver Abwehrmaßnahmen gegen mögliche Übernahmeversuche bedarf einer genauen Untersuchung der für das konkrete Unternehmen überhaupt in Betracht kommenden Maßnahmen und die Beantwortung der Fragen, wer darüber zu entscheiden hat und ob die betreffenden Organe auf Grundlage des richtigen Entscheidungsmaßstabs handeln. Die Abwehrstrategie muss maßgeschneidert sein und den Bedürfnissen der Aktionäre und der Gesellschaft gerecht werden.

Hinsichtlich der Kompetenz zur Implementierung präventiver Abwehrmaßnahmen und dem Maßstab, an dem das Handeln zu messen ist, können im Wesentlichen folgende Maßnahmen unterschieden werden[1343]:

2.8.3.1.1 Abschottung

Zu den Maßnahmen der Abschottung der Gesellschaft gegen das Eindringen unerwünschter Aktionäre zählen Erwerbsverbote, Ankaufs- und Vorkaufsrechte, die Zwangseinziehung, vinkulierte Namensaktien sowie die Bindung bestimmter Aktionäre und wechselseitige Beteiligungen verschiedener Gesellschaften. Allerdings sind nicht alle diese Maßnahmen zulässig. Dies betrifft beispielweise Erwerbsverbote und Ankaufs- und Vorkaufsrechte. In Betracht kommen aber unter anderem:

2.8.3.1.1.1 Aktionärsvereinbarungen

Aktionärsvereinbarungen finden sich nicht selten – insbesondere in Familienunternehmen. Durch sie können sich die beteiligten Aktionäre gegenseitig verpflichten, ihre Aktien nicht einem Übernahmeinteressenten anzubieten oder bei einem Veräußerungswillen die Aktien zunächst den Mitaktionären anzudienen. Allerdings haben solche Vereinbarungen keine dingliche Wirkung und hindern die Übertragung von Aktien unter Verletzung der Aktionärsvereinbarung nicht. Damit ist ihre Wirkung zur Abwehr von Übernahmeinteressenten im Zweifel begrenzt.[1344]

Die Aktionärsvereinbarung kann auch eine Abstimmung über ein gemeinsames Stimmverhalten zum Gegenstand haben. Eine solche Pool- oder Blockbildung könnte für einen Übernahmeinteressenten abschreckende Wirkung haben, wenn er damit rechnen muss, dass er trotz Kontrollerwerb mit 30 % Stimmanteil keine Kontrolle über die Zielgesellschaft ausüben kann. Bei dieser Lösung ist allerdings darauf zu achten, dass es nicht zu einem abgestimmten Verhalten (acting in concert) der beteiligten Aktionäre kommt, was zur Zurechnung von

1343 Nach *Krause/Pötzsch/Stephan*, in: Assmann/Pötzsch/Schneider, WpÜG, 2020, § 33 Rn. 248 ff.

1344 So auch *Röh/Vogel*, in: Frankfurter Komm. WpÜG, 2008, vor §§ 33 ff. Rn. 81; *Krause/Pötzsch/Stephan*, in: Assmann/Pötzsch/Schneider, WpÜG, 2020, § 33 Rn. 250.

Stimmrechtsanteilen (§ 30 Abs. 2 WpÜG) und einem Überschreiten der Kontrollschwelle mit der Konsequenz einer Angebotspflicht nach § 35 WpÜG führen kann.

Ähnlich wie ein Stimmpool kann auch die Einbindung eines Groß- oder Ankeraktionärs wirken, der loyal zur Gesellschaft und den Mitaktionären steht. Allerdings kann sich dieser Vorteil eines stabilen Aktionärs(-kreises) auch ins Gegenteil verkehren, denn der Ankeraktionär kann durch Veräußerung seiner erheblichen Beteiligung einem Übernahmeinteressenten eine Übernahme im Wege des Paketerwerbs deutlich erleichtern.[1345]

In eine ähnliche Richtung wie die Bindung von Ankeraktionären zielen Stillhaltevereinbarungen (standstill agreements), die allerdings nicht unter den Aktionären, sondern zwischen der Zielgesellschaft und einem Investor abgeschlossen werden, der als potenzieller Bieter in Betracht kommt. Danach wird vereinbart, dass der Investor seine Beteiligung nicht weiter aufstockt und sich so verpflichtet, keine Kontrollmehrheit zu erwerben.[1346] Allerdings wirken solche Vereinbarungen nicht dinglich und haben damit die gleiche Schwäche wie Vereinbarungen mit Ankeraktionären.

2.8.3.1.1.2 Vinkulierte Namensaktien

Vinkulierte auf den Namen lautende Aktien können nur mit Zustimmung des hierzu berufenen Organs, in der Regel des Vorstands (§ 68 Abs. 2 AktG), übertragen werden. Darin liegt ein wirksamer Schutz gegen den Eintritt von unerwünschten Aktionären. Allerdings ist bei börsennotierten Gesellschaften zu beachten, dass die Vinkulierung nicht zu einer Störung des Börsenhandels führen darf, denn grundsätzlich müssen die zum Handel zugelassenen Papiere auch frei handelbar sein (§ 5 Abs. 1, 2 Nr. 2 BörsZulV). Damit ist unklar, ob eine Satzungsbestimmung börsenrechtlich zulässig ist, wonach die Zustimmung zur Übertragung bei einem Übernahmeangebot verweigert werden darf.[1347] Es sprechen jedoch gewichtige Gründe dagegen und daher sollte die Verweigerung der Zustimmung nicht an den bloßen Umstand der möglichen Kontrollübernahme angeknüpft werden.

2.8.3.1.1.3 Belegschaftsaktien

Belegschaftsaktien werden immer wieder als mögliche Erschwernis für eine Übernahme genannt. Hieran darf aber gezweifelt werden. Zwar sind Mitarbeiteraktionäre regelmäßig sehr loyal gegenüber der Gesellschaft und auch gegenüber Mitgliedern einer Inhaberfamilie. Allerdings ist die Beteiligungsquote von Mitarbeitern über Belegschaftsaktien in der Regel gering. Dies nicht zuletzt auch wegen aktienrechtlicher Beschränkungen, wie die für Stock Options für Mitarbeiter, die auf 10 % des Grundkapitals beschränkt sind, wenn für ihre Bedienung ein bedingtes Kapital bereitgestellt wird (§ 192 Abs. 2 Nr. 3, 3 AktG). Solch verhältnismäßig geringe

---

1345 *Krause/Pötzsch/Stephan*, in: Assmann/Pötzsch/Schneider, WpÜG, 2020, § 33 Rn. 253.
1346 *Röh/Vogel*, in: Frankfurter Komm. WpÜG, 2008, vor §§ 33 ff. Rn. 82.
1347 *Röh/Vogel*, in: Frankfurter Komm. WpÜG, 2008, vor §§ 33 ff. Rn. 85.

Quoten dürften im Zweifel nicht genügen, um den Erfolg eines Übernahmeangebots verhindern zu können.

2.8.3.1.1.4 Wechselseitige Beteiligungen

Wechselseitige Beteiligungen zwischen börsennotierten Gesellschaften können den für Übernahmeangebote anfälligen Streubesitzanteil reduzieren. Hierfür gibt es verschiedene Modelle, wie Ringbeteiligungen, Über-Kreuz-Beteiligungen und Pyramidenstrukturen. Allerdings erfordern solche Modelle erheblichen Aufwand in der Planung und Umsetzung unter Beachtung der maßgeblichen aktienrechtlichen Vorschriften (§ 328 AktG). Sie sind auch in wettbewerbsrechtlicher Hinsicht u. U. nicht unbedenklich.[1348]

2.8.3.1.2 Erschwerung der Kontrollausübung

Einem Kontrollerwerber die Ausübung der Kontrolle zu erschweren, kann für eine börsennotierte Gesellschaft das Risiko reduzieren, zum Objekt einer Übernahme zu werden. Von den denkbaren Maßnahmen wie beispielsweise Höchststimmrechten[1349], stimmrechtslosen Vorzugaktien und goldenen Aktien sind ebenfalls einige – wie die vorgenannten Höchststimmrechte – nach Aktien- oder Kapitalmarktrecht nicht zulässig. In Betracht kommen aber folgende Ansätze und Instrumente:

2.8.3.1.2.1 Anhebung von Mehrheitserfordernissen

Mit der Anhebung der für Beschlussfassungen der Hauptversammlung erforderlichen Mehrheiten, wird einem Kontrollerwerber im Sinne des Übernahmerechts die Ausübung von Mehrheitsmacht erschwert. So kann die von ihm erworbene Stimmrechtsmacht durch hohe Mehrheitserfordernisse unter Umständen dazu führen, dass er seine erworbene – einfache – Mehrheit nicht durchsetzen kann, respektive diese nicht für eine Beschlussfassung genügt. Diese Maßnahme kann ein wirksames Mittel zur Begrenzung oder Erschwerung von Mehrheitsmacht sein. Sie ist aber ambivalent, weil sie bereits vor einem Kontrollwechsel wirkt, insgesamt die Beschlussfassung erschwert und Minderheitsaktionären tendenziell ein überproportionales Stimmgewicht verschafft. Das kann zu Verlust von Beweglichkeit und Flexibilität führen.

2.8.3.1.2.2 Stimmrechtslose Vorzugsaktien

Stimmrechtlose Vorzugsaktien sind für einen Übernahmeinteressenten nicht interessant, da sie keine Stimmrechte vermitteln. Damit kommen sie als Instrument in Betracht, mit dem eine Gesellschaft Mittel am Kapitalmarkt einwerben kann, ohne dass ein Mehrheitsaktionär oder eine bestimmende Inhaberfamilie einer Verwässerung ihrer mit den von ihnen gehaltenen

1348 Siehe hierzu *Röh/Vogel*, in: Frankfurter Komm. WpÜG, 2008, vor §§ 33 ff. Rn. 86 ff.; *Krause/Pötzsch/Stephan*, in: Assmann/Pötzsch/Schneider, WpÜG, 2020, § 33 Rn. 256.

1349 Hierzu *Krause/Pötzsch/Stephan*, in: Assmann/Pötzsch/Schneider, WpÜG, 2020, § 33 Rn. 258; *Röh/Vogel*, in: Frankfurter Komm. WpÜG, 2008, vor §§ 33 ff. Rn. 84 mit dem Hinweis auf die nach dem VW-Gesetz bestimmten Höchststimmrechte.

Stammaktien verbundenen Stimmrechte ausgesetzt ist. Stehen die Stammaktionäre fest zur Gesellschaft, wird es ein Übernahmeinteressent schwer haben, die Kontrolle über ein Übernahmeangebot zu erlangen.

Dieses Instrument hat aber auch einige zu bedenkende Nachteile, die insbesondere für große börsennotierte Gesellschaften beachtlich sein können. So bieten Vorzugsaktien keinen effektiven Schutz, wenn sich eine erhebliche Quote der ebenfalls notierten Stammaktien in Streubesitz befindet. Ein hoher Anteil an Streubesitz macht eine Gesellschaft anfällig für erfolgreiche Übernahmeangebote, da sich Streubesitzaktionäre nicht so über Übernahmeangebote abstimmen können, wie es wenige Aktionäre mit hohen Beteiligungsquoten können. Außerdem sind Vorzugsaktien wirtschaftlich u. U. nicht so attraktiv wie Stammaktien, da sie bei Kapitalerhöhungen regelmäßig mit einem Bewertungsabschlag ausgegeben werden. Nicht zuletzt hat der Handel von zwei verschiedenen Aktiengattungen eines Emittenten u. U. nachteiligen Einfluss auf das Volumen und die Volatilität des Handels mit Stammaktien, die für die Frage maßgeblich sind, ob ein Emittent in einem der bekannten Aktienindices geführt wird.[1350]

2.8.3.1.2.3 Entsenderechte

Bestimmten Aktionären oder Inhabern bestimmter Aktien können durch Satzungsregelung Entsenderechte im Hinblick auf den Aufsichtsrat einer Gesellschaft eingeräumt werden (§ 101 Abs. 1 Satz 1, Abs. 2 AktG). Danach können so Berechtigte bis zu ein Drittel der Mitglieder des Aufsichtsrats bestimmen. Eine solche Struktur ist u. U. ein entscheidendes Hindernis für einen Übernahmeinteressenten. Ist die Zielgesellschaft nämlich auch noch unternehmensmitbestimmt, kann ein Kontrollerwerber kaum genügend Einfluss nehmen, um über die Wahl von Aufsichtsratsmitgliedern mit seinen Stimmen die Besetzung des Vorstands der Zielgesellschaft zu bestimmen.[1351]

Diese Maßnahme kann ggf. noch flankiert werden durch eine Erhöhung der erforderlichen Stimmrechtsquote zur vorzeitigen Abberufung von Aufsichtsratsmitgliedern (§§ 103 Abs. 1 Satz 2, 3 AktG).[1352] Eine solche Maßnahme erschwert einem Kontrollerwerber, unmittelbar nach der Kontrollerlangung Einfluss auf die Besetzung des Aufsichtsrats und damit mittelbar des Vorstands zu nehmen.

2.8.3.1.2.4 Gestaffelte Amtszeiten von Vorstand und Aufsichtsrat

Ähnlich wie die vorgenannte Erhöhung der für eine Abberufung eines Aufsichtsratsmitglieds erforderlichen Mehrheit, können die Amtszeiten von Aufsichtsrat und Vorstand gestaffelt oder aufgefächert werden (staggered board). Dadurch enden die regulären Amtszeiten der Organmitglieder nicht alle zum gleichen Datum, sondern ein Kontrollerwerber könnte nach

1350 Zu diesen Aspekten *Krause/Pötzsch/Stephan*, in: Assmann/Pötzsch/Schneider, WpÜG, 2020, § 33 Rn. 259 ff.

1351 *Röh/Vogel*, in: Frankfurter Komm. WpÜG, 2008, vor §§ 33 ff. Rn. 73; *Krause/Pötzsch/Stephan*, in: Assmann/Pötzsch/Schneider, WpÜG, 2020, § 33 Rn. 265 f.

1352 *Krause/Pötzsch/Stephan*, in: Assmann/Pötzsch/Schneider, WpÜG, 2020, § 33 Rn. 268.

Kontrollerlangung nur Einfluss auf die Neu- oder Wiederbestellung eines Teils des Aufsichtsrats und mittelbar des Vorstands nehmen, wenn er nicht die Mitglieder vorzeitig abberufen kann.[1353] Diese Maßnahme verhindert zwar nicht unmittelbar einen Übernahmeversuch, sie macht es für einen Übernahmeinteressenten aber schwieriger, sich für einen solchen Versuch zu entscheiden, wenn er durch solche Strukturen nicht sicher sein kann, Kontrolle innerhalb eines überschaubaren Zeitraums auch effektiv ausüben zu können.

2.8.3.1.3 Veränderung der Vermögensverhältnisse

Die Veränderung der Vermögensverhältnisse bei der Zielgesellschaft zielt darauf, die Zielgesellschaft für einen Übernahmeinteressenten unattraktiver zu machen. Solche Maßnahmen sind dabei in der Regel noch nicht umgesetzt, sondern so vorbereitet, dass sie bei Anzeichen eines Übernahmeversuchs schnell und effektiv umgesetzt werden können. Denn hat ein Übernahmeinteressent einmal seine Angebotsabsicht veröffentlicht, gelten die Beschränkungen durch das in § 33 WpÜG bestimmte Verhinderungsverbot.

2.8.3.1.3.1 Veräußerung von Gesellschaftsvermögen

Der einfachste Fall, die Zielgesellschaft unattraktiv werden zu lassen, ist die Veräußerung von Gesellschaftsvermögen, wie wichtige Beteiligungen oder für einen Übernahmeinteressenten wichtige Teilbetriebe.[1354] Diese Maßnahmen werden auch als crown jewel defence bezeichnet.[1355] Dabei ist aber die sog. *Holzmüller*- (BGH vom 25.02.1982 – II ZR 174/80, BGHZ 83, 122) und *Gelatine*-Rechtsprechung (BGH vom 26.04.2004 – II ZR 155/02, BGHZ 159, 30) des BGH zu beachten. Danach kann es erforderlich sein, dass die Hauptversammlung über die Durchführung der Maßnahme Beschluss fasst, weil die Maßnahme so sehr in die Struktur der Gesellschaft eingreift, dass sie wie eine Satzungsänderung wirkt. Schwierigkeiten können darin bestehen, die Maßnahmen vorzubereiten und etwa erforderliche Hauptversammlungsbeschlüsse schon im Vorfeld und damit auf Vorrat mit hinreichender Konkretheit zu fassen.[1356]

Eine Variante solcher Maßnahmen kann in dem sog. asset lock-up gesehen werden, bei dem einem erwerbsbereiten Dritten eine Option auf den Erwerb von (für den Übernahmeinteressenten wichtigen) Unternehmensteilen für den Fall eines Übernahmeversuchs eingeräumt werden. Die Strukturierung einer solchen Option ist komplex und bedarf zur Umsetzung u. U. bestimmter Strukturierungsmaßnahmen. Auch hierbei sind die Grundsätze der vorgenannten *Holzmüller-/Gelatine*-Rechtsprechung zu beachten.[1357]

1353 *Röh/Vogel*, in: Frankfurter Komm. WpÜG, 2008, vor §§ 33 ff., Rn. 76; *Krause/Pötzsch/Stephan*, in: Assmann/Pötzsch/Schneider, WpÜG, 2020, § 33 Rn. 269 ff.

1354 *Krause/Pötzsch/Stephan*, in: Assmann/Pötzsch/Schneider, WpÜG, 2020, § 33 Rn. 274.

1355 *Krause/Pötzsch/Stephan*, in: Assmann/Pötzsch/Schneider, WpÜG, 2020, § 33 Rn. 291.

1356 So zu Recht *Krause/Pötzsch/Stephan*, in: Assmann/Pötzsch/Schneider, WpÜG, 2020, § 33 Rn. 292.

1357 *Krause/Pötzsch/Stephan*, in: Assmann/Pötzsch/Schneider, WpÜG, 2020, § 33 Rn. 275.

2.8.3.1.3.2 Erwerb eigener Aktien

Der Erwerb eigener Aktien wird immer wieder als mögliche präventive Verteidigung gegen einen Übernahmeversuch erörtert.[1358] Diese Maßnahme ist aber aktienrechtlich nicht unbeschränkt durchführbar. So kann auf diese Weise höchstens 10 % des Grundkapitals erworben werden (§ 71 Abs. 2 Satz 1 AktG), die einem Übernahmeinteressenten nicht zum Erwerb zur Verfügung stünden. Daher ist dieses Instrument – jedenfalls alleine – nicht geeignet, sich wirksam gegen einen Übernahmeversuch zu wehren.

2.8.3.1.3.3 Vorbereitung von Kapitalmaßnahmen

Eine durchaus wirksame Option zur Verteidigung kann eine Kapitalerhöhung unter Ausschluss des Bezugsrechts der Aktionäre sein, wobei die neuen Aktien von einem sog. weißen Ritter (white knight) übernommen werden.[1359] Hierfür kann der Vorstand für bis zu fünf Jahre ermächtigt werden, ein genehmigtes Kapital aufgrund eines Beschlusses der Hauptversammlung zu nutzen (§§ 202 Abs. 1, 203 Abs. 2 AktG). Der Umfang kann bis zur Hälfte des Grundkapitals zum Zeitpunkt des Ermächtigungsbeschlusses betragen (§ 202 Abs. 3 Satz 1 AktG). Damit kann für diese Maßnahme ein erhebliches Volumen zur Verfügung stehen. Soll die Maßnahme aber ausschließlich der Abwehr eines Bieters dienen, kommt in Betracht, dass die Grenzen des § 33 WpÜG bei der Entscheidung über die Nutzung des genehmigten Kapitals einzuhalten sind.[1360]

2.8.3.1.3.4 Erwerb von Beteiligungen

Ein Erwerb von Beteiligungen durch die Zielgesellschaft im Vorfeld eines möglichen Übernahmeversuchs könnte so erfolgen, dass sich der potenzielle Bieter im Falle seines Übernahmeversuchs kartell- oder fusionskontrollrechtlichen Problemen ausgesetzt sähe. So könnte die Zielgesellschaft einen Wettbewerber des Bieters erwerben und so ein Zusammenschlussvorhaben torpedieren.[1361]

Soll eine solche Maßnahme durchgeführt werden, wenn sich eine Übernahmesituation andeutet, muss sie zum einen außerordentlich gut vorbereitet sein und zum anderen tatsächlich so einen Umfang haben, dass ein Bieter sich den kartellrechtlichen Themen stellen müsste und daher möglicherweise von seinem Übernahmeplan Abstand nimmt. Diese Aufgaben zu meistern wird nur in Ausnahmefällen gelingen.

1358 *Röh/Vogel*, in: Frankfurter Komm. WpÜG, 2008, vor §§ 33 ff. Rn. 74; *Krause/Pötzsch/Stephan* in: Assmann/Pötzsch/Schneider, WpÜG, 2020, § 33, Rn. 286; *Leyendecker-Langner*, BB 2013, 2051.

1359 *Röh/Vogel*, in: Frankfurter Komm. WpÜG, 2008, vor §§ 33 ff. Rn. 75.

1360 Siehe hierzu *Krause/Pötzsch/Stephan*, in: Assmann/Pötzsch/Schneider, WpÜG, 2020, § 33 Rn. 283 ff.

1361 Siehe hierzu *Röh/Vogel*, in: Frankfurter Komm. WpÜG, 2008, vor §§ 33 ff. Rn. 80 mit dem Hinweis auf die Übernahmeschlacht *Vodafone* vs. *Mannesmann*, in der *Mannesmann* einen Wettbewerber von *Vodafone* in der Vorangebotsphase erworben hatte.

2.8.3.1.3.5 Equity carve out

Bei einem equity carve out werden Unternehmensteile aus der Zielgesellschaft ausgegliedert und anschließend ebenfalls gelistet. Gleiches kommt auch für bestehende Tochtergesellschaften einer Zielgesellschaft in Betracht.[1362]

Wenn diese Maßnahme gelingt, kann es für einen Bieter zu erheblichen Schwierigkeiten führen, da er bei Kontrollerwerb der Zielgesellschaft anschließend verpflichtet sein kann, ein Pflichtangebot für die gelistete Tochtergesellschaft abzugeben. Damit könnte sich ein Übernahmeversuch deutlich verteuern.[1363]

Ein solches Vorgehen ausschließlich als Verteidigungsmaßnahme vorzusehen dürfte aber nicht in Betracht kommen. Ein Börsengang ist viel zu aufwendig und benötigt eine gewisse Zeit als dass die Übernahmeabwehr als alleiniger Grund hinreichend wäre, diese Maßnahme durchzuführen.[1364]

2.8.3.2 Verteidigung gegen Übernahmeangebote

Hat ein Bieter seine Angebotsabsicht nach § 10 WpÜG veröffentlicht, können die Leitungsorgane nicht mehr nur im Rahmen der aktienrechtlichen Befugnisse und Pflichten handeln, wie es für die vorstehend in 2.8.3.1 genannten vorbeugenden Abwehrmaßnahmen der Fall ist. Vielmehr sind ab diesem Zeitpunkt die Pflichten und Handlungsmaximen des Übernahmerechts zu beachten.

Das deutsche Übernahmerecht ordnet in § 27 WpÜG eine Pflicht der Leitungsorgane der Zielgesellschaft zur begründeten Stellungnahme zu einem Übernahmeangebot an und regelt in § 33 WpÜG die Handlungen, die die Leitungsorgane der Zielgesellschaft in Ansehung eines Übernahmeversuchs ergreifen können. Aus diesem Normen leitet sich ab, welche Möglichkeiten zur Verteidigung gegen ein Übernahmeangebot bestehen.

2.8.3.2.1 Stellungnahme der Leitungsorgane nach § 27 WpÜG

In § 27 WpÜG ist die Pflicht der Leitungsorgane einer Zielgesellschaft bestimmt, zu einem Übernahmeangebot begründet Stellung zu nehmen. Das ist zwar keine Verteidigungsmaßnahme im eigentlichen Sinn. Die Leitungsorgane können aber mit ihrer Stellungnahme deutlich machen, ob sie das Übernahmeangebot für vorteilhaft halten[1365] und so Einfluss auf die Entscheidung der

1362 *Krause/Pötzsch/Stephan*, in: Assmann/Pötzsch/Schneider, WpÜG, 2020, § 33 Rn. 276.

1363 *Röh/Vogel*, in: Frankfurter Komm. WpÜG, 2008, vor §§ 33 ff. Rn. 72; *Krause/Pötzsch/Stephan*, in: Assmann/Pötzsch/Schneider, WpÜG, 2020, § 33 Rn. 277.

1364 So auch *Krause/Pötzsch/Stephan*, in: Assmann/Pötzsch/Schneider, WpÜG, 2020, § 33 Rn. 277.

1365 *Hippeli/Hofmann*, NZG 2014, 850, 852 weisen darauf hin, dass die Stellungnahmepflicht nach § 27 WpÜG bedeutet, Stellung zu beziehen und nicht nur redaktionell die Angebotsunterlage zu wiederholen.

Aktionäre der Zielgesellschaft über die Annahme des Angebots ausüben. Die Stellungnahme soll eine Handlungsempfehlung an die Aktionäre enthalten[1366], denn sie soll den Aktionären eine Grundlage für ihre Entscheidung über das Übernahmeangebot bieten.[1367]

Maßstab für die Beurteilung des Angebots durch die Leitungsorgane ist nach § 3 Abs. 3 WpÜG das Interesse der Zielgesellschaft. Die Stellungnahme nach § 27 WpÜG ist unverzüglich nach Übermittlung der Angebotsunterlage an die Leitungsorgane der Zielgesellschaft und damit während eines Übernahmeangebots zu veröffentlichen.

2.8.3.2.2 Handlungen des Vorstands nach § 33 WpÜG

Nach § 33 Abs. 1 Satz 1 WpÜG darf der Vorstand der Zielgesellschaft keine Handlungen vornehmen, durch die der Erfolg des Angebots verhindert werden könnte.[1368] Damit ist ein sog. Verhinderungsverbot statuiert, nachdem Übernahmeangebote von den Leitungsorganen nicht behindert oder gar verhindert werden dürfen. Hierdurch soll ein Ausgleich der Interessen der Aktionäre und der Leitungsorgane der Zielgesellschaft vor dem Hintergrund des Principal-Agent-Konflikts geschaffen werden.[1369] Hierbei ist § 3 Abs. 3 WpÜG zu berücksichtigen, wonach die Leitungsorgane im Interesse der Zielgesellschaft zu handeln haben. Nicht zuletzt soll das Verhinderungsverbot den sog. Markt für Unternehmensübernahmen unterstützen und nicht behindern.

Der vorgenannte Handlungsmaßstab nach § 3 Abs. 3 WpÜG gilt auch für Entscheidungen der Leitungsorgane über die Vornahme von nach § 33 WpÜG zugelassenen Maßnahmen zur Verteidigung gegen ein Übernahmeangebot. Diese Ausnahmen vom Verhinderungsverbot sollen die Interessen des Bieters an einem erfolgreichen Übernahmeangebot und der Zielgesellschaft an einer möglichst geringen Störung in der Ausübung ihrer Geschäftstätigkeit durch ein solches Angebot zum Ausgleich bringen.[1370] Folgende Maßnahmen kommen als mögliche Verteidigungen gegen ein Übernahmeangebot nach § 33 WpÜG in Betracht:

2.8.3.2.2.1 Maßnahmen eines ordentlichen und gewissenhaften Geschäftsleiters

Nach § 33 Abs. 1 Satz 2 Alt. 1 WpÜG kann der Vorstand während eines Übernahmeangebots Maßnahmen durchführen, die ein ordentlicher und gewissenhafter Geschäftsleiter auch vorgenommen hätte, wenn die Gesellschaft nicht von einem solchen Angebot betroffen ist. Diese Regelung soll sicherstellen, dass die Zielgesellschaft nicht in ihrem Tagesgeschäft behindert wird. Außerdem können solche Maßnahmen durchgeführt oder fortgesetzt werden, die

1366 *Hippeli/Hofmann*, NZG 2014, 850, 854.
1367 *Müller-Michaels* in: Hölters, 2019, Rn. 13.141.
1368 Hierzu *Stephan*, Der Konzern 2019, 473.
1369 *Brandi*, in: Angerer/Geibel/Süßmann, WpÜG, 2017, § 33 Rn. 1 ff.; *Schlitt*, in: MüKo AktG, Bd. 6, 2017, § 33 WpÜG Rn. 6 ff.; *Noack/Zetzsche*, in: Schwark/Zimmer, KMRK, 2010, § 33 WpÜG Rn. 5.
1370 *Brandi*, in: Angerer/Geibel/Süßmann, WpÜG, 2017, § 33 Rn. 1; *Schlitt*, in: MüKo AktG, Bd. 6, 2017, § 33 WpÜG Rn. 8.

ohnehin Teil der (strategischen) Planung der Zielgesellschaft waren.[1371] Auf diese Weise kommt auch die Fortsetzung oder Aufnahme von Maßnahmen in Betracht, die im Zusammenhang mit einer präventiven Abwehr angelegt wurden. Dabei ist aber das Verhinderungsverbot mindestens mit zu berücksichtigen. Sind also die Maßnahmen ausschließlich dazu vorgesehen, das Angebot zu verhindern, sind sie auch dann unzulässig, wenn sie sich in einen Gesamtplan der präventiven Abwehr einfügen.

Der Deutsche Corporate Governance Kodex (DCGK) empfiehlt in Nr. 3.7, dass der Vorstand bei einem öffentlichen Übernahmeangebot die Hauptversammlung einberufen sollte, die dann gegebenenfalls über gesellschaftsrechtliche Maßnahmen beschließt.[1372] In der Praxis ist dies jedoch nicht gebräuchlich. Außerdem ist Nr. 3.7 des DCGK lediglich als Empfehlung formuliert, von der ohne Begründung abgewichen werden kann.[1373]

2.8.3.2.2.2 Suche nach einem konkurrierenden Angebot

Der Vorstand darf nach § 33 Abs. 1 Satz 2 Alt. 2 WpÜG nach konkurrierenden Angeboten suchen. Damit ist die Suche nach sog. weißen Rittern (white knights) gemeint, von denen der Vorstand meint, sie könnten ein Angebot zu besseren Konditionen für die Aktionäre der Zielgesellschaft abgeben oder hinsichtlich ihrer Absichten in Bezug auf die Zielgesellschaft für diese und ihre Aktionäre vorteilhafter sein. Bei der Suche nach einem weißen Ritter ist zu beachten, dass dieser ggf. in sehr kurzer Zeit ein konkurrierendes Angebot vorlegen müsste. Das konkurrierende Angebot sollte vor Ablauf der Annahmefrist des ersten Übernahmeangebots vorliegen, damit die Aktionäre noch eine Wahl haben, welches Angebot sie annehmen. Daher empfiehlt es sich, eine solche Maßnahme und Suche nach einem weißen Ritter bereits im Vorfeld eines etwaigen Übernahmeversuchs vorzubereiten.[1374]

2.8.3.2.2.3 Maßnahmen mit Zustimmung des Aufsichtsrats

Mit Zustimmung des Aufsichtsrats kann der Vorstand weitere Maßnahmen ergreifen, um sich gegen ein Übernahmeangebot zu wehren. Maßgeblich ist, dass der Aufsichtsrat der Maßnahme vor Durchführung zustimmt und sie nicht bloß im Nachhinein genehmigt.[1375] Zu solchen Maßnahmen gehören das Ausnutzen eines genehmigten Kapitals, der Erwerb eigener Aktien oder der Erwerb oder die Veräußerung von Unternehmen und Unternehmensteilen. Solche Maßnahmen müssten im Vorfeld einer Übernahme vorbereitet worden sein, u. a. auch im Hinblick auf notwendige Ermächtigungen mittels Beschluss der Hauptversammlung.

Ein schwieriges Feld ist, wie der Aufsichtsrat und der Vorstand ein unternehmerisches Ermessen auszuüben haben, wenn sie über die Durchführung einer Abwehrmaßnahme entscheiden.

1371 *Müller-Michaels* in: Hölters, 2019, Rn. 13.156.
1372 *Deutscher Corporate Governance Kodex*, Ziffer 3.7 (abrufbar unterwww.dcgk.de), abgerufen am 16.01.2020.
1373 *Krause/Pötzsch/Stephan*, in: Assmann/Pötzsch/Schneider, WpÜG, 2020, § 33 Rn. 136.
1374 Siehe hierzu oben 2.8.3.1.
1375 Hierauf weist *Müller-Michaels* in: Hölters, 2019, Rn. 13.159 hin.

Diese Frage stellt sich vor dem Hintergrund eines latenten Interessenkonflikts der Leitungsorgane im Hinblick auf die mit einem Kontrollwechsel zu erwartenden Veränderungen in der Zusammensetzung dieser Organe. Vor diesem Hintergrund wird ein weites unternehmerisches Ermessen im Sinne der Business Judgement Rule (§ 93 Abs. 1 Satz 2 AktG) abgelehnt. Denn während des Übernahmeangebots ist das Interesse der Zielgesellschaft nach § 3 Abs. 3 WpÜG maßgeblich sowie das der Aktionäre der Zielgesellschaft. Darüber hinaus ist auch das Interesse des Bieters erheblich, das durch das in § 33 WpÜG als Grundsatz und Richtschnur normierte Verhinderungsverbot geschützt wird.[1376]

2.8.3.2.2.4 Vorratsbeschlüsse der Hauptversammlung

In 2.8.3.1 sind mögliche Maßnahmen zur präventiven Abwehr von Übernahmeversuchen genannt, zu denen auch – vorbereitende – Beschlüsse der Hauptversammlung gehören, mit denen der Vorstand zur Vornahme bestimmter Handlungen zur Verteidigung gegen einen Übernahmeversuch ermächtigt wird. Hierzu gehören die Schaffung und Ausnutzung von genehmigten und bedingten Kapitals sowie Maßnahmen, bei denen wichtige Unternehmensteile veräußert werden (crown jewel defence). So auf Basis von Ermächtigungen der Hauptversammlung vorbereitete und bestimmte Maßnahmen können auch während eines Übernahmeangebots durchgeführt werden (§ 33 Abs. 2 WpÜG), wenn die Ermächtigung für einen Zeitraum bis zu 18 Monaten erteilt wurde, und wenn der Aufsichtsrat der konkreten Durchführung der Maßnahme zustimmt.

2.8.3.2.2.5 Abwehrbeschlüsse der Hauptversammlung

In Betracht kommen auch Maßnahmen aufgrund von Beschlüssen einer kurzfristig einberufenen Hauptversammlung der Zielgesellschaft. Zwar bestimmt § 33 WpÜG solche Abwehrbeschlüsse nicht ausdrücklich als zulässige Maßnahmen, aber § 16 Abs. 3, 4 WpÜG sieht die Möglichkeit einer kurzfristigen Einberufung bei Verlängerung der Annahmefrist vor. Die Hauptversammlung als Aktionärsorgan der Zielgesellschaft kann ohne Weiteres über ad-hoc durchzuführende Abwehrmaßnahmen beschließen. Selbstverständlich kann ein Bieter, der vor dem Übernahmeangebot schon Aktien an der Zielgesellschaft erworben hat, an einer solchen Versammlung teilnehmen und versuchen, Einfluss auf das Stimmverhalten der übrigen Aktionäre zu nehmen. Vor diesem Hintergrund kann dieses Mittel der Abwehr im Hinblick auf die möglichen Beschlussergebnisse, die öffentliche Aussprache zum Übernahmeangebot und die etwaigen Beschlussmängelrisiken ambivalent sein.

1376 In diesem Sinne auch *Müller-Michaels* in: Hölters, 2019, Rn. 13.161.

2.8.3.2.3 Opt-in nach § 33a WpÜG und europäische Durchbrechungsregel nach § 33b WpÜG

Das in § 33 WpÜG statuierte Verhinderungsverbot basiert auf den Leitlinien der Rechtssetzungen zum europäischen Übernahmerecht.[1377] So werden die nach Art. 9 Abs. 2 und 3 der EU-Übernahmerichtlinie (RL 2004/25/EG vom 21.04.2004, ABl. EU Nr. L 142, 12 vom 30.04.2004) genannten Maßnahmen der Leitungsorgane der Zielgesellschaft im Hinblick auf ein Übernahmeangebot daran gemessen, ob sie ein solches Übernahmeangebot vereiteln könnten. Hieraus ist der Gedanke des Verhinderungsverbots ersichtlich.

Die Regelungen der EU-Übernahmerichtlinie zu den Pflichten der Leitungsorgane bei einem Übernahmeangebot sind jedoch nicht deckungsgleich mit denen nach § 33 WpÜG. Der deutsche Gesetzgeber hat bei der Umsetzung der EU-Übernahmerichtlinie von einem sog. Opt-out-Recht nach Art. 12 Abs. 1 EU-Übernahmerichtlinie Gebrauch gemacht und mit den §§ 33a bis 33c WpÜG den Gesellschaften in Deutschland die Möglichkeit zum sog. Opt-in eingeräumt. Übt eine Gesellschaft dieses Opt-in-Recht aus, findet § 33 WpÜG keine Anwendung (§ 33a Abs. 1 WpÜG). Stattdessen gelten aufgrund entsprechender Satzungsregelungen in Anlehnung an die EU-Übernahmerichtlinie die strengeren Anforderungen nach § 33a Abs. 2 WpÜG für Handlungen der Leitungsorgane gegen ein Übernahmeangebot.[1378]

Eine weitere Erleichterung für ein erfolgreiches Übernahmeangebot können Regelungen in der Satzung einer börsennotierten Gesellschaft nach § 33b WpÜG (Europäische Durchbrechungsregel) bieten, nach denen Übertragungsbeschränkungen und Stimmbindungsvereinbarungen während der Annahmefrist und in der ersten Hauptversammlung, die auf Verlangen des Bieters einberufen wird, keine Wirkung entfalten.

2.8.4 Besonderheiten bei der Übernahme von börsennotierten Familienunternehmen

Die Übernahme eines börsennotierten Familienunternehmens weist einige Besonderheiten auf. Dies liegt darin begründet, dass bei einem Unternehmen in Familienhand ein stabiler Aktionärskreis zu erwarten ist und die einzelnen Mitglieder der Familie nicht wie Kapitalmarktinvestoren oder Kleinanleger agieren. Diese Aktionärsstruktur und die zu erwartende Haltung

---

1377 Siehe hierzu *Pötzsch*, in: Assmann/Pötzsch/Schneider, WpÜG, 2020, Einleitung, Rn. 94 ff.; *Krause/Pötzsch/Stephan*, in: Assmann/Pötzsch/Schneider, WpÜG, 2020, § 33 Rn. 25 ff., 33; *Brandi*, in: Angerer/Geibel/Süßmann, WpÜG, 2017, § 33 Rn. 2 f.; *Schlitt*, in: MüKo AktG, Bd. 6, 2017, § 33 WpÜG Rn. 12 ff.; *Noack/Zetzsche*, in: Schwark/Zimmer, KMRK, 2010, vor §§ 33–34 WpÜG Rn. 1 ff.; *Röh/Vogel*, in: Frankfurter Komm. WpÜG, 2008, vor §§ 33 ff. Rn. 1 ff.; *Hirte*, in: KK WpÜG, 2010, § 33 Rn. 12 ff.

1378 Siehe hierzu *Müller-Michaels* in: Hölters, 2019, Rn. 13.171 ff.; *Stephan*, Der Konzern 2019, 473, 476 bezeichnet § 33a WpÜG als totes Recht, denn es sei in Deutschland kein Fall bekannt geworden, in dem eine Hauptversammlung für das europäische Verhinderungsverbot votiert hätte.

der Familienaktionäre sowie der Leitungsorgane haben Auswirkungen auf die Planung und Vorbereitung einer beabsichtigten Übernahme und im Hinblick auf die zu erwartende Verteidigung gegen Übernahmeversuche.

Inhaber von Familienunternehmen und Familiengesellschafter zeichnen sich regelmäßig durch die enge Verbundenheit mit dem Unternehmen aus. Sie sind nicht primär daran interessiert, möglichst hohe Renditen mit einem Kapitalinvestment zu erzielen. Das Handeln orientiert sich an einer langfristigen und nachhaltigen Wertschöpfung zum Wohle des Unternehmens und dadurch der Familie. Das gilt auch für Familienaktionäre börsennotierter Familiengesellschaften. Für einen Übernahmeinteressenten bedarf es daher einer Strategie für das Unternehmen, die auch die Familienaktionäre davon überzeugt, dass die Beherrschung des Unternehmens oder zumindest ein maßgeblicher Einfluss durch diesen Interessenten den Zielen und Wertvorstellungen der Familienaktionäre entspricht. Eine solche Strategie wird zumindest dann erforderlich sein, wenn der Übernahmeinteressent keine unfreundliche oder feindliche Übernahme mit einem überraschenden Übernahmeangebot anstrebt.

Soll ein börsennotiertes Familienunternehmen übernommen werden, liegt es nahe, vor Beginn der Übernahme Kontakt zu der beherrschenden oder maßgeblich beteiligten Inhaberfamilie und/oder der Unternehmensleitung aufzunehmen. Dabei sollte ein Übernahmeinteressent ausloten, ob ein Übernahmeversuch die Unterstützung der maßgeblich beteiligten Familie und der Leitungsorgane hätte. Das bereitet das Zielunternehmen und deren Aktionäre zwar auf eine etwaige Übernahme vor und birgt die Gefahr einer gut vorbereiteten Abwehr eines Übernahmeversuchs. Für einen Investor ist aber abzuwägen zwischen der Erfolgsaussicht eines überraschenden Übernahmeangebots ohne Vorbereitung bei einem familienbeherrschten Unternehmen und der Erfolgsaussicht bei einem freundlich vorbereiteten Übernahmeversuch. Sollten sich die Inhaberfamilie und/oder die von einer Familie dominierten Leitungsorgane gegen eine Übernahme des Interessenten stellen, hat der Übernahmeinteressent zu entscheiden, ob er von einem dann feindlichen und möglicherweise sehr teuren Übernahmeversuch mit geringer Erfolgsaussicht absehen will.

Das gilt auch dann, wenn die maßgeblich beteiligte Familie gar nicht über die Mehrheit in dem Unternehmen verfügt. Dann könnte ein Übernahmeinteressent zwar mit einer guten Erfolgsaussicht mittels freiwilligen Übernahmeangebots die Kontrolle an dem Unternehmen erwerben. Denn das WpÜG definiert die Kontrolle über ein börsennotiertes Unternehmen ja mit dem Halten von bereits mindestens 30 % der Stimmrechte an dem Unternehmen. Bei einem börsennotierten Familienunternehmen muss das aber nicht den tatsächlichen Machtverhältnissen entsprechen, wenn die Inhaberfamilie beispielsweise 50 % der Stimmrechte hält. Dann wäre ein Kontrollerwerb nach Maßgabe des WpÜG zwar möglich, wenn alle übrigen Aktionäre ihre Anteile an den Bieter veräußerten. Der Bieter und definitionsgemäße Kontrollerwerber hätten aber faktisch keine Kontrolle angesichts der starken Stimmrechtsmacht der Inhaberfamilie. In jedem Fall wird es daher empfehlenswert sein, vor der Entscheidung über den Kontrollerwerb mit der dominierenden Inhaberfamilie über das Übernahmevorhaben und die damit verfolgten Ziele zu sprechen.

Ähnliches gilt, wenn das börsennotierte Unternehmen über den Einfluss einer Familie auf die Unternehmensleitungsorgane oder deren Vertretung in Vorstand und Aufsichtsrat als Familienunternehmen anzusehen ist. Wie ausgeführt (vgl. 2.8.2.1.3) haben sich die Leitungsorgane der Zielgesellschaft zu einem etwaigen Übernahmeangebot zu erklären. Wird die bislang bestimmende Familie mit einem Übernahmeangebot überrascht, wird kaum damit zu rechnen sein, dass die Leitungsorgane das Übernahmeangebot befürworten und unterstützen. Im Gegenteil ist damit zu rechnen, dass die zulässigen Verteidigungsmaßnahmen gegen eine Übernahme (hierzu nachstehend in 2.8.4.2) ergriffen werden. Es spricht daher viel dafür, vor einer Entscheidung zur Abgabe eines Übernahmeangebots oder der Übernahme überhaupt, Kontakt zum Vorstand des Zielunternehmens aufzunehmen und auszuloten, ob nicht ein Weg zu einer freundlichen Übernahme besteht.

Vor Beginn eines Übernahmeversuchs ist es bei einem familienbestimmten Unternehmen ratsam, sich ein Bild über die möglichen präventiven Abwehrmaßnahmen zu verschaffen (siehe hierzu 2.8.3.1). So wird durch eine Prüfung der Satzung der Gesellschaft zu erkennen sein, ob es bestimmte Sonderrechte in Bezug auf die Besetzung von Leitungsorganen zu Gunsten der beherrschenden Familie gibt. Auch Regelungen und Beschlüsse zu genehmigten und bedingten Kapitalien können auf die Bereitschaft und Fähigkeit der Zielgesellschaft schließen lassen, kurzfristig auf einen Übernahmeversuch mit Abwehrmaßnahmen reagieren zu können. Im Hinblick auf das mögliche Opt-in nach § 33a-c WpÜG betreffend die zulässigen Handlungen der Leitungsorgane während eines Übernahmeangebots darf erwartet werden, dass eine börsennotierte Familiengesellschaft von dieser Möglichkeit in ihrer Satzung keinen Gebrauch gemacht hat, da es eine mögliche Übernahme begünstigen würde.

Ein Bieter sollte auch darauf vorbereitet sein, dass eine börsennotierte Familiengesellschaft sehr beweglich ist und schnell handeln kann, beispielsweise durch eine nach § 16 Abs. 3 und 4 WpÜG einberufene Hauptversammlung, die ad-hoc über Abwehrmaßnahmen Beschluss fasst. Diese Maßnahmen sind ggf. durch eine entsprechend ablehnende Stellungnahme der Leitungsorgane der Zielgesellschaft nach § 27 WpÜG vorbreitet.

2.8.5 Anwendung von Übernahmerecht bei Unternehmensnachfolgen

Bei börsennotierten Familienunternehmen besteht die Gefahr, dass bei der Unternehmens- oder Beteiligungsübergabe des oder der bisherigen Inhaber auf einen oder mehrere Nachfolger unter Lebenden oder im Wege des Erbgangs die Pflicht zur Abgabe eines Übernahmeangebots nach § 35 WpÜG ausgelöst wird. Denn erlangt der Nachfolger durch eine solche Unternehmensübergabe und -nachfolge mindestens 30 % der Stimmrechte an der Gesellschaft und damit die Kontrolle im Sinne des WpÜG, hat er ein Pflichtangebot abzugeben. Die Angebotspflicht unterscheidet nicht nach den Tatbeständen eines Kontrollerwerbs und den dahinter liegenden Gründen und Umständen. Es geht allein darum, ob eine Person – oder gemeinsame handelnde Personen – die genannte Schwelle der Stimmrechtsquote überschreitet. In dieser Angebotspflicht kann eine erhebliche Gefahr für die Unternehmerfamilie stecken, denn das Pflichtangebot ist grundsätzlich an alle außenstehenden Aktionäre zu richten und bedingungsfeindlich. Im Zweifel müsste die Unternehmerfamilie, respektive der Nachfolger in die Beteiligung also auch die finanziellen Mittel aufbringen, um alle Anteile an dem börsennotierten Unternehmen zu erwerben.

Der Gesetzgeber hat dieses Dilemma für börsennotierte Familienunternehmen erkannt und in § 36 Nr. 1 WpÜG mehrere Befreiungstatbestände im Hinblick auf die Übertragung von Anteilen an börsennotierten Gesellschaften aus familien- oder erbrechtlichen Gründen formuliert.[1379] Insbesondere die Fortführung von Familienunternehmen soll nach dem Willen des Gesetzgebers nicht durch die Angebotspflicht gefährdet werden.[1380] Dabei ist zu beachten, dass § 36 WpÜG eine Angebotspflicht nicht automatisch entfallen lässt. Damit ein Kontrollerwerber von der Angebotspflicht befreit wird, hat er einen entsprechenden Antrag bei der BaFin zu stellen. Dies ist auch schon vor dem Kontrollwechsel möglich, muss aber spätestens bis zum Ablauf von sieben Kalendertagen nach dem Zeitpunkt erfolgen, zu dem der angebotsverpflichtete Kontrollerwerber von dem Kontrollwechsel Kenntnis erlangt hat oder hätte erlangen müssen (§ 8 WpÜGAngebV). Der Antrag muss dabei die in § 10 WpÜGAngebV bestimmten Angaben enthalten. Erfüllt der Antrag die formalen und materiellen Voraussetzungen für eine Befreiung nach § 36 WpÜG, hat die BaFin dem Antrag stattzugeben.

! **Hinweis**

Im Rahmen der Nachfolgeplanung bei börsennotierten Familiengesellschaften darf die Angebotspflicht nach § 35 WpÜG nicht übersehen werden. Es gehört mit zu den Aufgaben und Themen der Nachfolgeplanung, die für eine Befreiung von der Angebotspflicht notwendigen Angaben zusammenzustellen und rechtzeitig einen Befreiungsantrag bei der BaFin zu stellen.

Alternativ zu einem Antrag nach § 36 WpÜG kommt eine Befreiung von der Angebotspflicht nach § 37 WpÜG in Betracht.[1381] Nach § 37 Abs. 1 WpÜG kann die BaFin von der Angebotspflicht befreien, wenn dies u. a. im Hinblick auf die Art der Erlangung der Kontrollmehrheit, die mit der Erlangung der Kontrolle beabsichtigte Zielsetzung, die Beteiligungsverhältnisse in der Zielgesellschaft oder die tatsächliche Möglichkeit zur Ausübung der Kontrolle gerechtfertigt erscheint. Die BaFin trifft auf einen entsprechenden Antrag des Kontrollerwerbers eine Ermessensentscheidung. Dabei sind die Interessen des Antragstellers und der Inhaber der Aktien der Zielgesellschaft zu berücksichtigen. Mit Blick auf die Kontrollerlangung im Wege der Nachfolge in ein Familienunternehmen und die damit mutmaßlich kaum veränderte Situation für die übri-

1379 Vergl. hierzu *Hasselbach/Alles*, DB 2020, 39, 40 f.
1380 Vgl. hierzu *Hippeli/Schmiady*, ZIP 2015, 705, 706.
1381 Siehe auch *Hippeli/Schmiady*, ZIP 2015, 705, 708; *Hasselbach/Alles*, DB 2020, 39, 41.

gen Aktionäre in einer börsennotierten Familiengesellschaft dürfte sich in der Regel begründen lassen, dass eine Befreiung von der Angebotspflicht auch nach § 37 WpÜG i. V. m. § 9 Satz 1 Nr. 1 und 2 WpÜGAngebV gerechtfertigt ist. Es ist aber zu berücksichtigen, dass die Anwendungsbereiche der §§ 36 Nr. 1 WpÜG und 37 Satz 1 Nr. 1 und 2 WpÜG nicht deckungsgleich sind. So sind die in § 36 WpÜG in den Blick genommenen Übertragungen innerhalb der Verwandtschaft enger als in § 37 WpÜG.[1382] Es ist daher bei der Nachfolgeplanung genau zu prüfen, welche Befreiungstatbestände nach welcher Norm in Betracht kommen.[1383]

Hinweis !

Da es sich bei der Befreiung nach § 37 WpÜG um eine Entscheidung nach dem Ermessen der BaFin handelt, sollte im Falle einer typischen Nachfolge in einem Familienunternehmen eine Befreiung von der Angebotspflicht nach § 36 WpÜG angestrebt werden.

1382 *Hippeli/Schmiady*, ZIP 2015, 705, 709.

1383 Siehe zu den Gestaltungsmöglichkeiten *Hippeli/Schmiady*, ZIP 2015, 705, 710 ff.

3 Finanzierung von Familienunternehmen

Die solide Finanzierung von Unternehmen ist ein zentraler Baustein für deren Überlebensfähigkeit und nachhaltigen Erfolg. Dabei kommt es nicht nur auf einen gesunden Mix von Eigen- und Fremdkapital an, sondern die verschiedenen Instrumente müssen auch aufeinander abgestimmt sein. Im Folgenden sollen deswegen sowohl Elemente der Finanzierung durch Gesellschafter als auch durch externe Partner dargestellt werden. Schwerpunktmäßig wird dabei auf Themen eingegangen, die bei Familiengesellschaften erfahrungsgemäß von besonderer Relevanz sind. Neben Fragen der Haftung steht in diesem Zusammenhang auch das Spannungsverhältnis zwischen den Anforderungen externer Finanzierer und dem Interesse der Gesellschafter an Ausschüttungen im Vordergrund.

Schließlich werden neben dem typischen Bankkredit auch alternative Finanzierungsformen, die für Familienunternehmen zunehmend an Bedeutung gewinnen, kurz dargestellt.

3.1 Varianten der Gesellschafterfinanzierung

Dr. Marc Seibold/ Dr. Georg Lauster /Dr. Andreas Grunert

Neben der typischen Bankfinanzierung stellt die Finanzierung aus dem Gesellschafterkreis, insbes. durch den Einbehalt von Gewinnen oder die Zuführung von Eigen- oder Fremdkapital, die wichtigste Säule der Finanzierung von Familienunternehmen dar. Diese haben hingegen häufig keinen oder nur eingeschränkten Zugang zum Kapitalmarkt. In diesem Abschnitt soll ein kurzer Überblick über die verschiedenen Varianten der Gesellschafterfinanzierung gegeben werden.

3.1.1 Innenfinanzierung

Unter dem Begriff Innenfinanzierung kann man all diejenigen Formen der Finanzierung zusammenfassen, bei denen Unternehmen, die für ihren Geschäftsbetrieb benötigten finanziellen Mittel aus sich selbst heraus generieren.[1384] Klassische Beispiele[1385] sind insbes.:

- aus dem Cashflow, d.h. aus dem operativen Geschäft des Unternehmens, stammende Umsatz- oder sonstige Erlöse;
- die Thesaurierung von erzielten Gewinnen;
- das Cash Pooling;
- die Veräußerung von (nicht betriebsnotwendigem) Betriebsvermögen (Aktivtausch);

1384 *Hofert von Weiss/Arends*, in: Wachter, 2018, 16. Kap. Rn. 9.

1385 *Hofert von Weiss/Arends*, in: Wachter, 2018, 16. Kap. Rn. 5 und 9; *Meyding/Adolphs*, BB 2012, 2386; *Bayer*, in: Lutter/Hommelhoff, 2016, § 19 Rn. 133; *Büsching*, in: Römermann, 2018, § 1 Rn. 97.

- die Bildung von Rückstellungen;
- die Vornahme von Abschreibungen.

Pendant der Innenfinanzierung ist die Außenfinanzierung, d. h., dass dem Unternehmen Liquidität von außen, z. B. von Kreditinstituten, (Finanz-)Investoren oder Gesellschaftern, zur Verfügung gestellt wird. Zweck der Differenzierung zwischen Innen- und Außenfinanzierung ist aus Sicht des Unternehmens, die Herkunft der Mittel feststellen zu können.[1386] Vor dem Hintergrund, dass die meisten Unternehmen sich nicht ausschließlich aus sich selbst heraus finanzieren können oder wollen, besteht i. d. R. ein Finanzierungsmix aus Innen- und Außenfinanzierung. Nachfolgend werden die Thesaurierung von Gewinnen und das Cash Pooling sowie die in diesem Zusammenhang für das Unternehmen und seine Gesellschafter sowie die entsprechenden Leitungsorgane jeweils zu beachtenden Besonderheiten näher dargestellt.

3.1.1.1 Thesaurierung von Gewinnen

Die Thesaurierung, d. h. der Einbehalt von Gewinnen, gilt als ein wichtiger Baustein der Finanzierung von Familienunternehmen.[1387] Insofern enthalten Gesellschaftsverträge von Familienunternehmen häufig Bestimmungen (sog. Thesaurierungsquoten[1388]), wonach etwaige Gewinne ganz oder teilweise in Gewinnrücklagen (§ 266 Abs. 3 A. III. Nr. 3 und Nr. 4 HGB) einzustellen oder auf neue Rechnung als Gewinnvortrag (§ 266 Abs. 3 A. IV. HGB) vorzutragen sind. Anders als bei der AG bzw. KGaA (§ 150 Abs. 1 AktG) sowie der UG (§ 5a Abs. 3 GmbHG) besteht bei den für Familiengesellschaften typischen Rechtsformen der GmbH oder KG nämlich nicht bereits eine gesetzliche Verpflichtung zur Bildung einer Rücklage (§ 266 Abs. 3 A. III. Nr. 1 HGB). Gewinne können auch ohne entsprechende Bestimmungen im Gesellschaftsvertrag per Gesellschafterbeschluss – bei Personen(handels)gesellschaften allerdings mit einstimmigem, sofern der Gesellschaftsvertrag diesbezüglich nicht explizit einen Mehrheitsbeschluss vorsieht[1389] – jederzeit thesauriert werden. Daher sollte im Einzelfall sorgfältig abgewogen werden, inwieweit es sinnvoll ist, im Gesellschaftsvertrag Thesaurierungsquoten oder ähnliche Regelungen vorzusehen. Will man das Interesse von Minderheitsgesellschaftern an einer kontinuierlichen Ausschüttung in den Vordergrund rücken, kann im Gesellschaftsvertrag die Entscheidung über die Rücklagenbildung von einem Gesellschafterbeschluss abhängig gemacht werden, dessen Quorum so gewählt ist, dass hierzu die Zustimmung eines oder mehrerer Minderheitsgesellschafter erforderlich ist.[1390]

Aus Unternehmenssicht lassen sich mit der Thesaurierung von Gewinnen verschiedene Ziele verfolgen. Denkbar ist es, das bilanzielle Eigenkapital zu stärken sowie für etwaige Krisenzeiten

1386 *Hofert von Weiss/Arends*, in: Wachter, 2018, 16. Kap. Rn. 8.
1387 *Rudolf*, in: Habersack/Mülbert/Schlitt, 2018, § 1 Rn. 105; *Müller*, DStR 2009, 67; *Fischer*, in: FS für B. Rödl 2008, 207.
1388 *Hoffmann*, in: MHLS, 2017, 2010, § 53 Rn. 144.
1389 *Priester*, ZHR 2012, 268 (282 ff.); *Scholz*, in: Westermann/Wertenbruch (73. EL, April 2019), § 27 Rn. 631.
1390 *Mock*, in: MHLS, 2017, § 29 Rn. 150 ff.

ein Rücklagenpolster zu bilden. Ferner kann ggf. erreicht werden, Investitionen ohne bzw. mit nur geringer finanzieller Unterstützung Dritter zu stemmen.

In Gewinnrücklagen eingestellte Gewinne können nur durch separaten Gesellschafterbeschluss wieder aufgelöst werden. Allerdings können in Gesellschaftsverträgen für die Auflösung von Gewinnvorträgen zusätzliche Anforderungen vorgesehen werden. Umgekehrt stehen Gewinnvorträge im nächsten Geschäftsjahr wieder zur Disposition der Gesellschafter, ohne dass es für die Auflösung eines besonderen Beschlusses bedarf.[1391] Dies sollte – neben steuerlichen Aspekten – bei der Wahl zwischen der Einstellung eines etwaigen Gewinns in Gewinnrücklagen und der Bildung eines Gewinnvortrags berücksichtigt werden.

3.1.1.1.1 Thesaurierungs- und Ausschüttungsinteresse

Die Thesaurierung von Gewinnen schmälert (zunächst) den Ausschüttungsanspruch der Gesellschafter. Insofern steht dem Selbstfinanzierungsinteresse des Unternehmens durch den Einbehalt etwaig erzielter Gewinne naturgemäß das Ausschüttungsinteresse der Gesellschafter gegenüber. Dies gilt insbes. für solche Gesellschafter, die mit dem Unternehmen in keinem Beschäftigungs- oder sonstigen Verhältnis stehen, über das sie regelmäßige Einnahmen erzielen.[1392]

Sofern sich die Gesellschafter für die Aufnahme von Thesaurierungsquoten im Gesellschaftsvertrag entscheiden, sollten diese deshalb den unterschiedlichen finanziellen Bedürfnissen der einzelnen Gesellschafter Rechnung tragen, um Konflikten – sei es zwischen Gesellschaft und Gesellschaftern oder zwischen Gesellschaftern untereinander – soweit als möglich vorzubeugen.[1393]

Dem kann durch eine entsprechende Gestaltung des Gesellschaftsvertrags entsprochen werden. In gewissen Konstellationen mag es auch sinnvoll sein, solche Regelungen nicht im Gesellschaftsvertrag, sondern im Rahmen einer Gesellschaftervereinbarung, die ausschließlich zwischen den Gesellschaftern abgeschlossen wird, zu regeln. Der Abschluss einer Gesellschaftervereinbarung bietet sich insbes. bei der GmbH an, wenn man nicht möchte, dass entsprechende Regelungen für jedermann im Handelsregister einsehbar sind. Denkbar ist es beispielsweise zu regeln, unter welchen Voraussetzungen Gesellschafter einen Anspruch auf Vorabausschüttungen haben.[1394] Ferner kann eine Festverzinsung im Hinblick auf die Einlagen bzw. die festen Kapitalkonten vorgesehen werden.[1395] Sofern die Kapitalerhaltungsvorschriften der § 30 GmbHG oder § 57 AktG auf eine Gesellschaft anwendbar sind, ist dies jedoch nur

1391 *Fastrich*, in: Baumbach/Hueck, 2017, § 29 Rn. 25.

1392 *Grunewald*, in: MüKo HGB, Band 3, 2012, § 167 Rn. 5.

1393 *v. Falkenhausen/H.C.Schneider*, in: Münch Hdb GesR, Band 2, 2019, § 24 Rn. 49; *Priester*, in: MüKo HGB, Band 2, 2016, § 122 Rn. 48; *Grunewald*, in: MüKo HGB, Band 3, 2012, § 167 Rn. 13.

1394 *Mock*, in: MHLS, 2017, § 29 Rn. 224 ff.

1395 *Fastrich*, in: Baumbach/Hueck, 2017, § 29 Rn. 62; *Langenfeld*, in: *DWS-Institut* (Hrsg.), (57. EL, Dezember 2018), Kap. I Rn. 88 ff.

zulässig, wenn die Festverzinsung an das Vorliegen eines positiven Jahresergebnisses bzw. Bilanzgewinns in mindestens der Verzinsung entsprechender Höhe gekoppelt ist.[1396] Weiterhin kann der Verteilungsmaßstab des Gewinns auch in Abweichung vom Verhältnis der Anteile bzw. der festen Kapitalkonten geregelt werden.[1397] Darüber hinaus sollten die entsprechenden Bestimmungen so ausgestaltet sein, dass auf etwaige Veränderungen der finanziellen Bedürfnisse von Gesellschaft und/oder Gesellschaftern sowie Vorgaben aufgrund Finanzierungsvereinbarungen mit Dritten flexibel reagiert werden kann.[1398]

Aus Sicht der Gesellschafter von Offenen Handelsgesellschaften, Kommanditgesellschaften und Gesellschaften, deren Gesellschafter steuerlich als Mitunternehmer des Betriebs anzusehen sind, sollte der Gesellschaftsvertrag stets eine explizite Regelung enthalten,[1399] wonach jedenfalls solche Beträge ausgeschüttet werden müssen, die der jeweilige Gesellschafter zur Begleichung sämtlicher Steuern (einschließlich Steuervorauszahlungen) hinsichtlich des auf seine Beteiligung entfallenden Unternehmensgewinns benötigt. Hintergrund ist, dass solchen Gesellschaftern gem. § 15 Abs. 1 Satz 1 Nr. 2 EStG Unternehmensgewinne als Einkünfte aus Gewerbebetrieb unmittelbar zugerechnet werden, also die Gewinne bereits beim bloßen Anfallen und nicht erst im Falle einer vollzogenen Gewinnausschüttung zu versteuern sind.[1400]

Häufig sind einzelne Familiengesellschafter aufgrund einer geschäftsführenden Funktion im Familienunternehmen für die Aufstellung des Jahresabschlusses zuständig. Nich nur dann kann es sinnvoll sein, Regelungen vorzusehen, anhand welcher Grundsätze die Geschäftsleitung den Jahresabschluss aufzustellen hat.[1401] Dadurch können die Gesellschafter i. R. d. Feststellung des Jahresabschlusses (vgl. z. B. § 42 Abs. 2 GmbHG) leichter die Plausibilität des aufgestellten Jahresabschlusses nachvollziehen und es wird das Risiko von Konflikten reduziert.[1402] Möglich ist es auch, die Zuständigkeit für die Feststellung des Jahresabschlusses von der Gesellschafterversammlung auf andere Organe, wie z. B. einen Gesellschafterausschuss oder einen Beirat, zu verlagern.[1403] Entsprechendes gilt für den Ergebnisverwendungsbeschluss.[1404] Dies gilt jedoch nicht für die Aktiengesellschaft, da von den §§ 172 und 174 AktG nicht durch Regelungen in der Satzung abgewichen werden kann.[1405]

In Konzernen, in denen die Familienmitglieder ausschließlich an der Obergesellschaft, die ggf. eine reine Holdinggesellschaft ist, beteiligt sind, wird das Spannungsverhältnis zwischen

1396 *Mock*, in: MHLS, 2017, § 29 Rn. 164 ff.

1397 *Mock*, in: MHLS, 2017, § 29 Rn. 204 ff.

1398 *Priester*, in: MüKo HGB, Band 2, 2016, § 122 Rn. 50; *Grunewald*, in: MüKo HGB, Band 3, 2012, § 167 Rn. 13.

1399 *Scholz*, in: Westermann/Wertenbruch (73 EL, April 2019), § 27, Rn. 626a; *v. Falkenhausen/Schneider*, in: Münch Hdb GesR, Band 2, 2019, § 24 Rn. 62 ff.; BGH vom 29.03.1996, BGHZ 132, 263.

1400 *Scholz*, in: Westermann/Wertenbruch (73. EL, April 2019), § 27 Rn. 626a; *Priester*, in: MüKo HGB, Band 2, 2016, § 122 Rn. 58; vgl. auch das Formulierungsbeispiel bei *Grunewald*, in: Römermann, 2018, § 19 Rn. 163.

1401 Vgl. die Beispiele bei *Winnefeld*, 2015, Rn. 1040 ff.

1402 *Grunewald*, in: Römermann, 2018, § 19 Rn. 144.

1403 *Zöllner/Noack*, in: Baumbach/Hueck, 2017, § 46 Rn. 16; *Grunewald*, in: Römermann, 2018, § 19 Rn. 143.

1404 *Zöllner/Noack*, in: Baumbach/Hueck, 2017, § 46 Rn. 21.

1405 *Euler/Klein*, in: Spindler/Stilz, 2019, § 142 Rn. 10, § 174 Rn. 7.

Gesellschaftern und Gesellschaften hinsichtlich der Gewinnverwendung dadurch verstärkt, dass die Gewinne der einzelnen Konzernunternehmen erst noch zur Topholding »hoch geschleust« werden müssen, bevor an die Anteilsinhaber Ausschüttungen vorgenommen werden können. Insofern sollten diese Familiengesellschafter darauf bedacht sein, die Gewinnverwendungsbeschlüsse auf Ebene der Konzerngesellschaften beeinflussen zu können.[1406] Jedenfalls beim GmbH- und Personengesellschaftskonzern können die jeweils für die Gewinnerwendungsbeschlüsse auf Ebene der einzelnen Konzernunternehmen zuständigen Organe, durch (Kaskaden-)Gesellschafterbeschlüsse zu entsprechenden Gewinnverwendungsbeschlüssen angewiesen werden.[1407] Ein solches Weisungsrecht besteht bei der AG nicht;[1408] insofern kann dies ein Beweggrund dafür sein, Familienkonzerne nicht in der Rechtsform der AG aufzusetzen. Ergänzend können in den Gesellschaftsverträgen der einzelnen Konzerngesellschaften hinsichtlich der Gewinnverwendung identische Regelungen wie im Gesellschaftsvertrag der Obergesellschaft oder der Abschluss von Gewinnabführungsverträgen vorgesehen werden. Denkbar ist es auch, die Vergütung der Geschäftsleitung der Obergesellschaft (teilweise) an die Höhe der an die Familiengesellschafter erfolgten Ausschüttungen zu koppeln.[1409]

3.1.1.1.2 Thesaurierung von Gewinnen aufgrund von Vereinbarungen mit Finanzierern

Auch die zwischen dem Familienunternehmen einerseits und Kreditinstituten oder sonstigen Finanzierern andererseits abgeschlossenen Vereinbarungen, insbes. Konsortialkreditvereinbarungen oder Rangrücktritts- und Belassungserklärungen,[1410] die Gesellschafter abgegeben haben, können (faktische) Thesaurierungsverpflichtungen enthalten. Beispielsweise können solche Vereinbarungen vorsehen, dass Gewinnentnahmen oder im Extremfall, der v. a. in einer Sanierungssituation vorkommen kann, sämtliche Leistungen an Gesellschafter während der Laufzeit der entsprechenden Finanzierung bzw. beim Eintritt gewisser Ereignisse ganz oder teilweise ausgeschlossen sind.

Für den Fall eines Verstoßes gegen eine solche Bestimmung wird sich der jeweilige Finanzierer i. d. R. ein Kündigungsrecht ausbedungen haben, das ihn berechtigt, sein Engagement vorzeitig zu beenden und die (Rück-)Zahlung sämtlicher ausstehender Beträge zu verlangen. Darüber hinaus verpflichten Finanzierungsverträge den Schuldner regelmäßig zur Einhaltung genau definierter Finanzkennzahlen, die u. a. am Eigenkapital des Schuldners anknüpfen.[1411] Geplante Gewinnausschüttungen müssen dann stets dahingehend überprüft werden, ob diese zu einem Bruch der vereinbarten Finanzkennzahlen führen können.

1406 *Priester*, ZHR 2012, 268 (273).
1407 *Priester*, ZHR 2012, 268 (279 ff.).
1408 *Priester*, ZHR 2012, 268 (275 ff.).
1409 *Kalss/Probst*, 2013, 460, Rn. 14/19.
1410 Vgl. zu (Darlehens-)Belassungserklärungen auch unter 3.2.4.6.
1411 *Ruby/Seibold*, in: Hamann/Sigle, 2012, § 10 Rn. 32.

Inwieweit Finanzierungsvereinbarungen entsprechende faktische Ausschüttungssperren enthalten bzw. die künftigen Finanzierungspartner einer Beibehaltung einer im Unternehmen bislang durchgeführten Ausschüttungspraxis offen gegenüberstehen, wird letztlich maßgeblich von der Bonität des Unternehmens abhängen. Je nach Verlauf der Verhandlungen müssen die Gesellschafter möglicherweise auf im Gesellschaftsvertrag etwaig vorgesehene feste Ausschüttungsansprüche verzichten, indem sie sich hierzu gegenüber dem Finanzierer verpflichten, oder gar eine Änderung des Gesellschaftsvertrags herbeiführen, um die Einhaltung der Finanzierungsverträge sicherzustellen. Gesellschafter einer Personengesellschaft, auf die § 15 Abs. 1 Satz 1 Nr. 2 EStG anwendbar ist, sollten jedoch darauf bestehen, dass Entnahmen zumindest zur Begleichung von Steuerverbindlichkeiten, die auf die ihnen jeweils zugewiesenen Gewinnanteile entfallen, zulässig sind. Entsprechendes gilt für Gesellschafter, die auf regelmäßige Ausschüttungen zur Bestreitung ihres Lebensunterhalts angewiesen sind.

Insofern sollten im Zusammenhang mit geplanten Finanzierungen im Gesellschaftsvertrag etwaig vorgesehene feste Ausschüttungsansprüche sowie sonstige Ausschüttungsinteressen der Gesellschafter frühzeitig gegenüber den potenziellen Finanzierern adressiert und bereits bei der Erstellung des sog. Term Sheets, in dem die Eckpunkte der Finanzierung festgehalten werden, berücksichtigt werden. Unterbleibt dies, können für das Unternehmen gegenüber Gesellschaftern und den Finanzierungspartnern voneinander abweichende Verpflichtungen bestehen, die nicht gleichzeitig erfüllt werden können. Darüber hinaus kann dies auch eine nachträgliche – ggf. aufwendige und/oder kostenintensive – Anpassung der Finanzierungsverträge verursachen. Ferner wären insbes. externe Finanzierungspartner möglicherweise bereits unmittelbar mit Abschluss des Finanzierungsengagements zu dessen Kündigung berechtigt.

3.1.1.1.3 Insolvenzanfechtung von Gewinnausschüttungen

In gewissen Konstellationen (insbes. im Falle einer Insolvenz des ausschüttenden Unternehmens) können bereits vollzogene Gewinnausschüttungen im Wege der Insolvenzanfechtung von den Empfängern zurückgefordert werden.[1412] Freilich besteht dieses Risiko nicht im Anwendungsbereich der § 39 Abs. 4 Satz 1 und 39 Abs. 5 InsO (vgl. zu deren Anwendungsbereich näher unten unter 3.1.3.2.1). Die Rechtsprechung hat ein Anfechtungsrecht des Insolvenzverwalters gem. § 135 Abs. 1 Nr. 2 InsO jedenfalls für den Fall bestätigt, in dem sich ein geschäftsführender Alleingesellschafter Gewinnvorträge ausgeschüttet hat und über das Vermögen der Gesellschaft innerhalb eines Jahres nach dieser Ausschüttung ein Antrag auf Eröffnung des Insolvenzverfahrens gestellt und dieses nachfolgend auch eröffnet wurde.[1413] Die Bildung eines Gewinnvortrags (§ 266 Abs. 3 A. IV. HGB) wurde als eine Forderung, die wirtschaftlich einem Gesellschafterdarlehen entspricht (§ 39 Abs. 1 Nr. 5 InsO), qualifiziert. Begründet wurde dies u. a. damit, dass der Gewinnvortrag als vorübergehende Rücklage im nächsten Geschäftsjahr wieder automatisch zur Disposition des geschäftsführenden Alleingesellschafters stehe. Dieser

1412 Vgl. die Beispiele bei *Leithaus*, NZI 2014, 29.
1413 OLG Koblenz vom 15.10.2013, NZG 2014, 998 ff.

habe es somit selbst in der Hand (ohne förmliche Gesellschafterversammlung), eine von ihm gewünschte Gewinnverteilung durchzusetzen.[1414] Es kann nicht ausgeschlossen werden, dass die Rechtsprechung dem Insolvenzverwalter ein Anfechtungsrecht auch – wie in der Literatur vertreten – in Konstellationen zuerkennt, in denen die Gewinnausschüttung

- auf der Auflösung von in Gewinnrücklagen (§ 266 Abs. 3 A. III. HGB) eingestellten Gewinnen basiert und/oder
- auf der Auflösung von Gewinnvorträgen bzw. Gewinnrücklagen an einen Mehrheits- und/ oder einen Minderheitsgesellschafter beruht.[1415]

Hingegen steht man im Schrifttum derzeit auf dem Standpunkt, zeitnah festgestellte und ausgeschüttete Gewinne könnten nicht nach §§ 135 Abs. 1 Nr. 2, 39 Abs. 1 Nr. 5 InsO angefochten werden.[1416] Zur Beurteilung der Frage, ob eine Ausschüttung noch zeitnah erfolgt ist, kann man sich an den für die Aufstellung und Feststellung des Jahresabschlusses geltenden gesetzlichen Fristen orientieren (vgl. § 175 Abs. 1 AktG, § 42a Abs. 2 GmbHG sowie §§ 243 Abs. 3, 264 Abs. 1 Satz 3 HGB).[1417] Unabhängig davon sollen schon Verzögerungen bei der Aufstellung oder Feststellung des Jahresabschlusses dazu führen, entsprechende Ausschüttungen als Forderungen i. S. d. §§ 39 Abs. 1 Nr. 5 und 135 InsO zu qualifizieren.[1418] Darüber hinaus sind nach § 64 Satz 3 GmbHG, § 92 Abs. 2 Satz 3 AktG sowie § 130a Abs. 1 Satz 3 HGB Geschäftsleiter gegenüber der Gesellschaft zum Ersatz solcher Zahlungen an Gesellschafter verpflichtet, die zur Zahlungsunfähigkeit der Gesellschaft führen mussten, also z. B. insolvenzbegründende Ausschüttungen.[1419] Für den Fall, dass neu erwirtschaftete Gewinne ausgeschüttet werden sollen, empfiehlt es sich, den entsprechenden Jahresabschluss zügig auf- und festzustellen sowie beschlossene Ausschüttungen auch zügig zu vollziehen, um diese Ausschüttungen der Insolvenzanfechtung zu entziehen.

3.1.1.2 Cash Pooling

Als Cash Pooling bezeichnet man ein in einer Unternehmensgruppe praktiziertes System, durch das die finanziellen Mittel der teilnehmenden Gruppengesellschaften zentral gebündelt werden. Ziel ist es, dadurch u. a. die in der Unternehmensgruppe vorhandene Liquidität so zu steuern, dass der Fremdfinanzierungsbedarf und der damit zusammenhängende (Zins-)Aufwand soweit als möglich minimiert werden können.[1420] Im Ergebnis wird ein Liquiditätssaldo der Unternehmensgruppe gebildet, der, falls negativ, finanziert oder, falls positiv, angelegt

1414 OLG Koblenz vom 15.10.2013, NZG 2014, 998, Rn. 26, 29, 31, 32.
1415 *Mylich*, ZGR 2009, 491 ff.; *Menkel*, NZG 2014, 984.
1416 *Leithaus*, NZI 2014, 29; *Mylich*, ZGR 2009, 491 ff.; *Menkel*, NZG 2014, 984.
1417 *Mylich*, ZGR 2009, 493 f.; ähnlich *Leithaus*, NZI 2014, 29; a. A. *Menkel*, NZG 2014, 984.
1418 *Leithaus*, NZI 2014, 29.
1419 *Altmeppen*, in: Roth/Altmeppen, 2019, § 64 Rn. 84.
1420 *Küting/Eichenlaub*, GmbHR 2014, 172; *Jansen*, in: FS für P. Hommelhoff, 2012, 496.

wird.[1421] Man unterscheidet gewöhnlich zwischen virtuellem und physischem Cash Pooling. Beim virtuellen Cash Pooling werden zum Zwecke der Reduzierung der Zinsbelastung sämtliche Guthaben und Verbindlichkeiten, die die teilnehmenden Gruppengesellschaften bei ein und demselben Kreditinstitut haben, ohne tatsächliche Übertragung der einzelnen Bankguthaben durch Überweisungen, fiktiv saldiert.[1422] Hingegen transferieren beim physischen Cash Pooling die teilnehmenden Gesellschaften zu vereinbarten Zeitpunkten – meist täglich – entweder ihre gesamte (Zero Balancing) oder die einen bestimmten Schwellenbetrag übersteigende (Target Balancing) Liquidität auf ein zentrales, im Namen des Cash Pooling-Führers errichtetes, Bankkonto (Master Account). Die Rolle des Cash Pooling-Führers als Inhaber des Master Accounts bekleidet häufig die Obergesellschaft der Unternehmensgruppe. Diese Aufgabe kann allerdings auch von einer anderen (Dienstleistungs-)Gesellschaft der Unternehmensgruppe übernommen werden.[1423] Sind die von einem Teilnehmer geführten Bankkonten im Soll, gleicht der Cash Pooling-Führer dies aus, indem er der betreffenden Gruppengesellschaft einen Kredit gewährt.[1424] Die Mittel für diesen Kredit stammen entweder von anderen am Cash Pooling teilnehmenden Gruppengesellschaften oder von externen Finanzierern. Beim physischen Cash Pooling erfolgt dies rechtlich über eine Kontokorrentabrede (§ 355 HGB) zwischen den am Cash Pooling teilnehmenden Gruppengesellschaften. Die teilnehmenden Unternehmen gewähren dem Cash Pooling-Führer entweder Darlehen oder nehmen von diesem Darlehen in Anspruch, je nachdem, ob sie überschüssige Liquidität auf das Master Account überweisen oder von diesem Liquidität zum Ausgleich eines eigenen negativen Saldos benötigen.[1425] Zur Insolvenzanfechtung im Hinblick auf im Rahmen eines Cash Poolings gewährte Darlehen vgl. näher unter 3.1.3.2.4.

Finanzierungen mit **externen Dritten**, v. a. Konsortialfinanzierungen, können Bestimmungen vorsehen, die bestehende oder geplante Cash Pooling-Systeme faktisch ausschließen oder einschränken. Dies insbes., wenn eine der nachfolgenden Regelungen Bestandteil der Finanzierungsdokumentation ist:[1426]

- Häufig enthalten Finanzierungsverträge Verbote bzw. Einschränkungen im Hinblick auf die Gewährung und Aufnahme von Darlehen innerhalb der Unternehmensgruppe. Sofern gruppeninterne Darlehen, insbes. im Rahmen eines physischen Cash Poolings, gewährt werden sollen, sind diesbezüglich entsprechende Ausnahmen vorzusehen. Nicht selten sind Kreditgeber nur bereit, sich auf entsprechende Ausnahmen einzulassen, wenn diese betragsmäßig beschränkt sind. Im Rahmen von Konsortialfinanzierungen unterliegen Darlehensbeziehungen zwischen den Gruppengesellschaften, die den Darlehensgebern als Darlehensnehmer und/oder Garanten haften, i. d. R. keinen oder relativ großzügigen Beschränkungen. Hingegen unterliegt die Darlehensvergabe von Gruppengesellschaften

1421 *Reuter*, NZI 2011, 921.

1422 *Jansen*, in: FS für P. Hommelhoff, 2012, 496.

1423 *Küting/Eichenlaub*, GmbHR 2014, 172; *Jansen*, in: FS für P. Hommelhoff, 2012, 495.

1424 *Küting/Eichenlaub*, GmbHR 2014, 172; *Ruby/Seibold*, in: Hamann/Sigle, 2012 , § 10 Rn. 84.

1425 *Ruby/Seibold*, in: Hamann/Sigle, 2012, § 10 Rn. 85; *Küting/Eichenlaub*, GmbHR 2014, 172; *Reuter*, NZI 2011, 921.

1426 *Jansen*, in: FS für P. Hommelhoff, 2012, 498 f.

an sonstige Gruppengesellschaften, die den Darlehensgebern unter der Konsortialfinanzierung nicht haften, meist engen Grenzen. Sofern gruppeninterne Darlehensbeziehungen im größeren Umfang bestehen, kann es sich anbieten, den Kreis der den Finanzierern haftenden Gruppengesellschaften relativ weit zu fassen. Jedenfalls werden die Finanzierer verlangen, dass die Gruppengesellschaften, denen Darlehen im größeren Umfang gewährt werden, Gegenstand der in den Finanzierungsvereinbarungen enthaltenen Zusicherungen und Auflagen werden.

- Ferner können Finanzierungsverträge sog. Negative-Pledge-Klauseln enthalten, wonach es verboten ist, Sicherheiten zugunsten Dritter zu bestellen. Kreditinstitute, bei denen die Konten für das Cash Pooling geführt werden, verlangen für die Inanspruchnahme von Krediten, um damit etwaige negative Salden auf Cash-Pooling-Konten auszugleichen, ggf. die Bestellung von Sicherheiten. Insofern sollte in der Negative-Pledge-Klausel die Gewährung von Sicherheiten i. R. d. Cash Poolings als zulässige Sicherheitengewährung aufgeführt sein.

3.1.2 Eigenkapitalfinanzierung

Unter dem Begriff Eigenkapitalfinanzierung wird im Folgenden ausschließlich die Zuführung neuer Mittel durch die bisherigen Gesellschafter des Unternehmens behandelt (vgl. zur Aufnahme von Eigenkapital durch neue Gesellschafter, wie z. B. (Finanz-)Investoren, näher unter 3.3.2). Es kommt z. B. die Zuführung von Geld, Vermögensgegenständen oder Vermögensrechten in Betracht.[1427] Werden diese dem Unternehmen im Wege einer Kapitalerhöhung zur Verfügung gestellt, spricht man auch von »festem« Eigenkapital. Hingegen handelt es sich um »variables« Eigenkapital, wenn die neuen Mittel in die Kapitalrücklage eingestellt werden.[1428]

3.1.2.1 Kapitalerhöhung

Die Zuführung von neuen Mitteln im Rahmen einer Kapitalerhöhung gegen die Gewährung von Einlagen erfolgt bei AG und GmbH durch Erhöhung des Grund- bzw. Stammkapitals (vgl. §§ 188 ff. AktG sowie §§ 53 ff. GmbHG). Der Ablauf einer Kapitalerhöhung bei der AG soll hier – auch vor dem Hintergrund, dass diese nicht die typische Rechtsform für Familiengesellschaften ist – nicht dargestellt werden. Bei der GmbH vollzieht sich die Barkapitalerhöhung in folgenden Schritten:[1429]

- Fassung eines notariell zu beurkundenden Gesellschafterbeschlusses über die Kapitalerhöhung (§§ 53 und 55 GmbHG);
- notariell beglaubigte Übernahmeerklärung im Hinblick auf neue Geschäftsanteile des Übernehmers, die auch bereits im Kapitalerhöhungsbeschluss enthalten sein kann (§ 55 Abs. 1 GmbHG);

1427 *Tröger*, in: Westermann/Wertenbruch (73. EL, April 2019), § 4 Rn. 111a.
1428 *Sigloch/Keller/MeffertWeber*, in: MHLS, 2017, Anh. §§ 41–42a Rn. 776.
1429 *Bayer*, in: Lutter/Hommelhoff, 2016, § 55 Rn. 3.

- Leistung der Einlage i. H. v. mindestens einem Viertel des Nennbetrags (§ 56a GmbHG);
- Anmeldung zum und Eintragung der Kapitalerhöhung im Handelsregister (§§ 54 und 57 GmbHG).

Bei Personenhandelsgesellschaften erfolgt dies – ohne dass hierfür eine gesetzliche Regelung besteht (vgl. allerdings §§ 172 Abs. 2 und 175 HGB für Kommanditisten) – durch die Einbringung von weiteren Einlagen, die i. d. R. auf die festen Kapitalkonten (häufig Kapitalkonto I genannt) einbezahlt werden. Da die Veränderung der Kapitaleinlage eine Änderung des Gesellschaftsvertrags ist – die auch im Gesellschaftsvertrag reflektiert werden sollte – bedarf dies der Zustimmung der Gesellschafterversammlung.[1430] Auch bei Personenhandelsgesellschaften mit natürlichen Personen als persönlich haftenden Gesellschaftern kann die Erhöhung der Einlagen sinnvoll sein, insbes. um Gläubigern des Unternehmens zu signalisieren, dass Privatvermögen in die Gesellschaft überführt wird und diese Mittel daher dem unmittelbaren Zugriff der Privatgläubiger der Gesellschafter entzogen sind.[1431]

Jedenfalls bei der AG und bei der GmbH ist eine Kapitalerhöhung auch aus Gesellschaftsmitteln denkbar (§§ 207 ff. AktG sowie §§ 57c ff. GmbHG). Bei dieser nominellen Kapitalerhöhung werden freie Rücklagen i. S. v. § 272 Abs. 2 und Abs. 3 HGB in Grund- bzw. Stammkapital umgewandelt. Eine Zuführung neuer Mittel von außen erfolgt jedoch nicht.[1432] Die bisherigen Gesellschafter werden im Verhältnis ihrer bisherigen Beteiligung (vgl. § 212 AktG und § 57j GmbHG) entweder Inhaber neuer oder entsprechend aufgestockter Geschäftsanteile. Bei der GmbH müssen z. B. folgende Voraussetzungen gegeben sein:[1433]

- Feststellung des Jahresabschlusses und Fassung des Ergebnisverwendungsbeschlusses (§ 57c Abs. 2 GmbHG);
- Fassung eines notariell zu beurkundenden Gesellschafterbeschlusses über die Kapitalerhöhung (§§ 53 und 57c GmbHG);
- Anmeldung zum und Eintragung der Kapitalerhöhung im Handelsregister (§§ 54 und 57 GmbHG).

3.1.2.1.1 Disproportionale Kapitalerhöhung

Sofern sich die bisherigen Gesellschafter an der Kapitalerhöhung in einer Weise beteiligen, dass die bestehenden Beteiligungsverhältnisse auch nach Vollzug der Kapitalerhöhung fortbestehen, resultieren hieraus für die Rechtsverhältnisse im Innenverhältnis der Gesellschafter und der Gesellschafter zur Gesellschaft keine Probleme. Ändern sich durch die Kapitalerhöhung hingegen die Beteiligungsverhältnisse am Unternehmen und sind in diesem offene Rücklagen (z. B. Kapital- oder Gewinnrücklagen) oder stille Reserven (z. B. Unterbewertung von

1430 *Sassenrath*, in: Westermann/Wertenbruch (73. EL, April 2019), § 50, Rn. 2843.
1431 *Baums*, ZHR 2011, 166.
1432 *Lutter/Kleindiek*, in: Lutter/Hommelhoff, 2016, § 57c Rn. 4.
1433 *Lutter/Kleindiek*, in: Lutter/Hommelhoff, 2016, § 57c Rn. 6 ff.

Vermögensgegenständen) vorhanden, dann verschiebt sich der auf die einzelnen Gesellschafter entfallende Anteil an solchen offenen Rücklagen und stillen Reserven. Dies zeigt folgendes einfaches Beispiel:

BEISPIEL

An einer GmbH mit einem Stammkapital von 250.000 € sind A mit einem Geschäftsanteil im Nennbetrag von 100.000 € und B mit einem Geschäftsanteil im Nennbetrag von 150.000 € beteiligt. Die GmbH verfügt über stille Reserven i. H. v. 50.000 €, wovon aufgrund der Beteiligungsstruktur A 20.000 € und B 30.000 € zustehen. Wird das Stammkapital von 250.000 € um 100.000 € auf 350.000 € erhöht, indem A und B jeweils einen weiteren Geschäftsanteil im Nennbetrag von 50.000 € übernehmen, stehen von den stillen Reserven künftig A 21.500 € und B 28.500 € (jeweils gerundet) zu, was B benachteiligen würde.

Ein vergleichbares Ergebnis entsteht auch in den Fällen, in denen einzelne Gesellschafter an der Kapitalerhöhung überhaupt nicht teilnehmen.[1434] Gesellschafter einer GmbH, die an der Kapitalerhöhung nicht teilnehmen, sollten § 24 GmbHG beachten, unter dessen Voraussetzungen sie ggf. für die Aufbringung der i. R. d. Kapitalerhöhung von anderen Gesellschaftern übernommenen Stammeinlagen mithaften.

Vorstehende Probleme können dadurch verhindert werden, dass der Gesellschaftsvertrag eine Regelung enthält, wonach Kapitalerhöhungen nur im Verhältnis der bestehenden Beteiligungsquoten durchgeführt werden dürfen. Ferner hat jeder Gesellschafter – sofern der Gesellschaftervertrag nichts Gegenteiliges enthält – im Rahmen einer Kapitalerhöhung ein Bezugsrecht in Höhe seiner Beteiligungsquote, jedoch keine Bezugsverpflichtung. Gegen den Willen kann ein Bezugsrechtsausschluss nur dann erfolgen, wenn ein mit satzungsändernder Mehrheit gefasster Kapitalerhöhungsbeschluss und ein anerkannter Rechtfertigungsgrund, wie z. B. die Einbringung von Vermögensgegenständen in Form von Sacheinlagen, die die GmbH nicht erwerben kann, vorliegt.[1435]

Alternativ kann vereinbart werden, dass die neuen Einlagen gegen Zahlung eines zusätzlichen Aufgelds (Agio) ausgegeben werden. Die Höhe des Aufgelds wird dabei i. d. R. dem Betrag entsprechen, der erforderlich ist, um die bei Gesellschaftern durch die nicht verhältniswahrende Kapitalerhöhung entstehenden Nachteile auszugleichen.[1436]

Das Agio ist in die Kapitalrücklage gem. § 272 Abs. 2 Nr. 1 HGB einzuzahlen. Bei Personenhandelsgesellschaften kann es in ein separates gemeinschaftliches Rücklagenkonto[1437] oder

1434 *Schwaiger*, in: Beck Hdb GmbH, 2014, § 7 Rn. 42.
1435 *Wiese/Schneider*, in: Römermann, 2018, § 5 Rn. 212 ff.
1436 Vgl. auch das Beispiel bei *Brenner*, in: FS für W. Sigle 2000, 342 f.
1437 *Sassenrath*, in: Westermann/Wertenbruch (73. EL, April 2019), § 26 Rn. 589a.

alternativ in die Kapitalkonten der Altgesellschafter im Verhältnis ihrer Kapitalkonten eingebucht werden.[1438]

Im Übrigen kann eine disproportionale Kapitalerhöhung – je nach Ausgestaltung des Gesellschaftsvertrags – auch Auswirkungen auf die Rechte in Gesellschafterversammlungen haben, beispielsweise indem im Anschluss an die Kapitalerhöhung einer der Gesellschafter eine absolute oder satzungsändernde Mehrheit erhält (vgl. §§47 Abs. 1 und 53 Abs. 2 GmbHG).[1439] Darüber hinaus empfiehlt es sich, disproportionale Kapitalerhöhungen stets dahingehend zu überprüfen, ob dadurch steuerpflichtige Vorgänge auf Ebene der Gesellschaft oder der Gesellschafter ausgelöst werden.[1440]

3.1.2.2 Andere Zuzahlungen in die Kapitalrücklage

Die teilweise strengen Anforderungen an eine formale Kapitalerhöhung bei Kapitalgesellschaften, wie z.B. notarielle Beurkundung des Gesellschafterbeschlusses oder Eintragung ins Handelsregister, können aus verschiedenen Gründen nicht gewünscht sein. In Betracht kommt dann, dem Unternehmen neue Mittel in Form von Vermögenswerten in die Kapitalrücklage nach §272 Abs. 2 Nr. 4 HGB zuzuführen. Zuführungen nach §272 Abs. 2 Nr. 4 HGB können aufgrund rein privatschriftlicher Vereinbarungen, insbes. zwischen der Gesellschaft und den betreffenden Gesellschaftern vereinbart werden.[1441] Ferner unterliegen sie nicht den strengen Regeln über die Kapitalaufbringung.[1442] Als andere Zuzahlung der Gesellschafter in die Kapitalrücklage gem. §272 Abs. 2 Nr. 4 HGB kommen neben Geld – über den Wortlaut der Norm hinaus – auch Vermögensgegenstände und der Erlass von Forderungen in Betracht.[1443] Schließlich ist es möglich, Zuzahlungen von Personen, die keine Gesellschafter sind, in der Kapitalrücklage gem. §272 Abs. 2 Nr. 4 HGB auszuweisen, wenn sie auf Veranlassung oder Rechnung eines Gesellschafters geschehen.[1444]

Anders als die Einzahlung von Aufgeld im Zusammenhang mit der Gewährung neuer Anteile in die Kapitalrücklage nach §272 Abs. 2 Nr. 1 HGB erfolgen Einlagen in die Kapitalrücklage nach §272 Abs. 2 Nr. 4 HGB durch die Gesellschafter freiwillig und ohne Gegenleistung des Unternehmens.[1445] Bei Personenhandelsgesellschaften können entsprechende Leistungen i.d.R. dem

1438 *Müller-Eising*, in: Picot, 2013, §6 Rn. 55.
1439 *Schwaiger*, in: Beck Hdb GmbH, 2014, §7 Rn. 39.
1440 *Schwaiger*, in: Beck Hdb GmbH, 2014, §7 Rn. 43 ff.
1441 *Schwaiger*, in: Beck Hdb GmbH, 2014, §7 Rn. 111.
1442 *Wied*, GmbHR 2014, 912.
1443 *Winkeljohann/K. Hoffmann*, in: BeckBil-Komm., 2018, §272 HGB Rn. 195. Vgl. auch die weiteren Beispiele bei *Reiner*, in: MüKo HGB, Band 4, 2013, §272 Rn. 102; *Schwaiger*, in: Beck Hdb GmbH, 2014, §7 Rn. 133.
1444 *Reiner*, in: MüKo HGB, Band 4, 2013, §272 Rn. 100.
1445 *Merkt*, in: Baumbach/Hopt, 2018, §272 Rn. 9.

variablen Kapitalkonto II oder einem gesonderten Rücklagenkonto gutgeschrieben werden.[1446] Im Gegenzug dürfen die nach § 272 Abs. 2 Nr. 4 HGB eingelegten Vermögenswerte auch jederzeit wieder – soweit anwendbar unter Beachtung der Grenzen der Kapitalerhaltungsvorschriften und bei der AG zusätzlich von § 150 Abs. 3 und 4 AktG – aufgelöst werden.[1447] Nicht zuletzt deshalb sollten sämtliche Leistungen in die Kapitalrücklage nach § 272 Abs. 2 Nr. 4 HGB stets schriftlich dokumentiert werden und zweifelsfrei erkennen lassen, dass die Leistung als Kapitalrücklage nach § 272 Abs. 2 Nr. 4 HGB auszuweisen ist.

Eine beliebte – allerdings nicht liquiditätswirksame – andere Zuzahlung i. S. v. § 272 Abs. 2 Nr. 4 HGB ist die Einbringung von Gesellschafterdarlehen, indem der Gesellschafter der Gesellschaft ihre Verbindlichkeiten aus einem von ihm der Gesellschaft gewährten Darlehen (einschließlich aufgelaufener und nicht bezahlter Zinsen) erlässt (§ 397 BGB), so dass die Darlehensforderung durch Konfusion erlischt. Eine solche Einbringung ist auf Ebene des Unternehmens jedoch nur dann steuerneutral, wenn die entsprechenden Darlehensforderungen in voller Höhe werthaltig sind und daher zum Nominalwert eingebracht werden können. Andernfalls fällt auf Ebene des Unternehmens ein außerordentlicher Ertrag i. H. d. nicht werthaltigen Teils der Darlehensforderungen, also des Differenzbetrags zwischen dem Nominalwert und dem werthaltigen Teil der Darlehensforderungen, an.[1448]

Insofern sollte jede Zuführung von Vermögenswerten in die Kapitalrücklage stets auf steuerliche Implikationen sowohl auf Ebene des Unternehmens als auch auf Ebene des Gesellschafters überprüft werden[1449]. Dabei kann insbes. die Unterscheidung zwischen offenen und verdeckten Einlagen relevant sein.[1450]

3.1.3 Finanzierung über Gesellschafterdarlehen

Gesellschafter können zur Unternehmensfinanzierung ferner beitragen, indem sie ihrem Unternehmen Darlehen i. S. d. §§ 488 ff. BGB gewähren. Auch wenn diese Darlehen von Gesellschaftern gewährt werden, handelt es sich dabei rechtlich und bilanziell um Fremdkapital i. S. v. § 266 Abs. 3 C HGB.[1451] Die Vergabe von Gesellschafterdarlehen kann für Gesellschafter in gewissen Konstellationen attraktiver sein als z. B. die dauerhafte Überlassung von (weiteren) Einlagen im Wege einer Kapitalerhöhung. Dies insbes. deshalb, weil auf Grundlage der Bestimmungen des Darlehensvertrags an den darlehensgebenden Gesellschafter – unabhängig von der

1446 *Sigloch/Keller/Meffert*, in: MHLS, 2017, Anh. §§ 41–42a Rn. 781; *Sassenrath*, in: Westermann/Wertenbruch (73. EL, April 2019), § 26 Rn. 589a ff.

1447 *Winkeljohann/K. Hoffmann*, in: Beck Bil-Komm., 2018, § 272 HGB Rn. 206; *Haug*, in: Beck'sches Steuer- und Bilanzrechtslexikon (Edition 46, 19), Kapitalrücklagen, Rn. 10 f.

1448 *Mühlhäuser*, in: Römermann, 2018, § 17 Rn. 154.

1449 *Schwaiger*, in: Beck Hdb GmbH, 2014, § 7 Rn. 138 ff.

1450 *Mühlhäuser*, in: Römermann, 2018, § 17 Rn. 151; *Schwaiger*, in: Beck Hdb GmbH, 2014, § 7 Rn. 130 ff.

1451 *Rudolf*, in: Habersack/Mülbert/Schlitt, 2013, § 1 Rn. 114.

tatsächlichen Ertragslage des Unternehmens – Zinsen und Tilgungen fließen können. Die Gewährung von Gesellschafterdarlehen kommt insbes. dann in Betracht, wenn nicht alle Gesellschafter entsprechend ihrer Beteiligungsverhältnisse bereit oder in der Lage sind, dem Unternehmen Kapital zuzuführen. Dies vor dem Hintergrund, dass bei der Gewährung von Darlehen nur der entsprechende darlehensgewährende Gesellschafter einen Anspruch erwirbt, wohingegen z. B. eine Zuzahlung in die Kapitalrücklage – auch wenn sie nur durch einen Gesellschafter erfolgt – allen Gesellschaftern entsprechend ihren Beteiligungsverhältnissen zugute kommt. Eine Kapitalerhöhung, an der nur einzelne Gesellschafter teilnehmen, würde zudem zu einer Verschiebung der Beteiligungsverhältnisse führen, was bei Familiengesellschaften i. d. R. nicht gewollt ist. Umgekehrt kann die Aufnahme von Gesellschafterdarlehen auch aus Sicht des Unternehmens sinnvoll sein. Etwa wenn von außenstehenden Dritten, z. B. aufgrund der Ertragslage, keine Finanzierungen oder diese nur zu nicht attraktiven Konditionen gewährt werden. Im Zusammenhang mit dem Abschluss von Gesellschafterdarlehen sind aus Sicht der Gesellschafter und des Unternehmens insbes. aufsichtsrechtliche und insolvenzrechtliche Themen von Relevanz, die nachfolgend näher beleuchtet werden. Eine längere Kette von Entscheidungen zu § 135 InsO lässt eine Tendenz der Rechtsprechung dahingehend erkennen, insolvenzrechtliche Anfechtungsvorschriften stetig extensiver auszulegen. Für direkte und indirekte Gesellschafter des Darlehensnehmers ist daher mittlerweile bei der Wahl nahezu sämtlicher Gestaltungen im Hinblick auf Gesellschafterdarlehen Vorsicht angezeigt bzw. müssen bestimmte Regelungen berücksichtigt werden.

3.1.3.1 Bankaufsichtsrechtliche Zulässigkeit der Gewährung und Annahme von Gesellschafterdarlehen

Fragen der bankaufsichtsrechtlichen Zulässigkeit betreffen sowohl den darlehensgebenden Gesellschafter als auch die darlehensnehmende Gesellschaft. Hintergrund ist, dass Darlehensgeber und Darlehensnehmer aufgrund des Abschlusses von Darlehensverträgen ggf. erlaubnispflichtige Bankgeschäfte i. S. v. § 1 Abs. 1 KWG betreiben; der Darlehensgeber ein Kreditgeschäft i. S. v. § 1 Abs. 1 Satz 2 Nr. 2 KWG und der Darlehensnehmer ein Einlagengeschäft i. S. v. § 1 Abs. 1 Satz 2 Nr. 1 KWG.

3.1.3.1.1 Bankaufsichtsrechtliche Grundlagen

Wer Bankgeschäfte gewerbsmäßig oder in einem Umfang betreibt, der einen in kaufmännischer Weise eingerichteten Geschäftsbetrieb erfordert, bedarf gem. § 32 Abs. 1 Satz 1 KWG der schriftlichen Erlaubnis der Bundesanstalt für Finanzdienstleistungsaufsicht (BaFin). Bei der Erlaubnis nach § 32 Abs. 1 KWG zum Betrieb von Bankgeschäften handelt es sich um eine sog. Banklizenz, deren Erhalt von einer Vielzahl von Voraussetzungen abhängt, die Familienunternehmen, die außerhalb des Finanzsektors tätig sind, i. d. R. nicht oder kaum erfüllen können bzw. wollen.[1452]

1452 Vgl. zu den Anforderungen an eine Banklizenz § 32 ff. KWG sowie *Fischer/Müller*, in: Boos/Fischer/Schulte-Mattler, 2016, § 32 Rn. 34 ff.

Die Nichtbeachtung dieses Erlaubnisvorbehalts ist gem. § 54 KWG, insbes. für die Geschäftsleiter des Unternehmens, strafbar.[1453] Ferner kann gegen die Gesellschaft selbst gem. § 30 OWiG eine Geldbuße i. H. v. bis zu 10.000.000 € im Falle einer vorsätzlichen Straftat und bis zu 5.000.000 € im Falle einer fahrlässigen Straftat verhängt werden. Darüber hinaus drohen auch Unternehmensinhabern nach § 130 OWiG Geldbußen i. H. v. bis zu 1.000.000 €. Über § 17 Abs. 4 OWiG können die jeweiligen Bußgelder noch um einen sog. Abschöpfungsteil erhöht werden.[1454] Weiterhin ist § 32 KWG ein Schutzgesetz i. S. d. § 823 Abs. 2 BGB,[1455] so dass Geschäftsleiter bei unerlaubt betriebenen Bankgeschäften ggf. mit Schadensersatzansprüchen konfrontiert sind.[1456] Unerlaubt abgeschlossene Bankgeschäfte bleiben allerdings zivilrechtlich wirksam. § 134 BGB ist nicht anwendbar.[1457]

Aufgrund des in § 2 Abs. 1 Nr. 7 KWG vorgesehenen Konzernprivilegs sind Bankgeschäfte, die ausschließlich zwischen Mutterunternehmen und Tochter- oder Schwesterunternehmen abgeschlossen werden, nicht vom Anwendungsbereich des Kreditwesengesetzes erfasst. Nach der Verwaltungspraxis der BaFin liegt ein Mutterunternehmen, das insbes. auch eine natürliche Person sein kann, in Anlehnung an § 290 HGB u. a. dann vor, wenn es Mehrheitsgesellschafter oder Mehrheitsstimmrechtsinhaber ist, mit den Tochterunternehmen einen Beherrschungsvertrag abgeschlossen hat oder sonst einen tatsächlich beherrschenden Einfluss auf das Tochterunternehmen ausüben kann. Enkelunternehmen, d. h. Tochterunternehmen von Tochterunternehmen, gelten als Tochterunternehmen des Mutterunternehmens. Schwesterunternehmen sind Unternehmen, die ein gemeinsames Mutterunternehmen haben (§ 1 Abs. 7 KWG).[1458] Das Konzernprivileg ermöglicht insbes. die Implementierung eines konzernweiten Cash Poolings, ohne gegen bankaufsichtsrechtliche Vorgaben zu verstoßen.

3.1.3.1.2 Betreiben von Bankgeschäften in gewerbsmäßiger Form oder im Umfang, der einen in kaufmännischer Weise eingerichteten Geschäftsbetrieb erfordert

In Konstellationen, in denen das Konzernprivileg nicht einschlägig ist, ist jedoch zu prüfen, ob der Darlehensnehmer, d. h. das Unternehmen, das in § 1 Abs. 1 Satz 2 Nr. 1 KWG legal definierte Einlagengeschäft und/oder der Darlehensgeber, d. h. der Gesellschafter, das in § 1 Abs. 1 Satz 2 Nr. 2 KWG legal definierte Kreditgeschäft betreibt. Erste Voraussetzung ist, dass das Einlagen- bzw. das Kreditgeschäft gewerblich oder in einem Umfang, der einen in kaufmännischer Weise eingerichteten Geschäftsbetrieb erfordert, betrieben wird. Dabei wird man eine Gewerblichkeit jedenfalls dann bejahen können, wenn die handelnden Personen Handelsgewerbe i. S. v.

1453 *Lindemann*, in: Boos/Fischer/Schulte-Mattler, 2016, § 54 Rn. 23.
1454 *Lohbeck*, JSE 2014, 9 ff.
1455 BGH vom 19.03.2013, NZG 2013, 582; *Fischer/Müller*, in: Boos/Fischer/Schulte-Mattler, 2016, § 32 Rn. 31.
1456 Vgl. nur BGH vom 19.03.2013, NZG 2013, 582.
1457 *Fischer/Müller*, in: Boos/Fischer/Schulte-Mattler, 2016, § 32 Rn. 30.
1458 BaFin-Merkblatt – Hinweise zur Bereichsausnahme des sog. Konzernprivilegs vom 11.04.2014 unter 2 b).

§ 1 Abs. 2 HGB bzw. eine Handelsgesellschaft i. S. v. § 6 Abs. 1 HGB sind.[1459] Insofern ist das Tatbestandsmerkmal des in kaufmännischer Weise eingerichteten Geschäftsbetriebs nur noch für natürliche Personen, die keine Kaufleute i. S. v. § 1 Abs. 1 HGB sind, relevant. Dabei wird die BaFin jeden Einzelfall gesondert beurteilen, so dass die von ihr veröffentlichten Schwellenwerte, bei deren Überschreitung sie einen in kaufmännischer Weise eingerichteten Geschäftsbetrieb für erforderlich hält, lediglich als Anhaltspunkte und nicht als starre Grenzen gesehen werden können. Die von der BaFin festgelegten Schwellenwerte sind im Hinblick auf das Einlagengeschäft überschritten,

- wenn der Einlagenbestand bei mehr als fünf Einzelanlagen, die Summe von 12.500 € überschreitet oder, unabhängig von der Summe des Einlagenvolumens, mehr als 25 Einzeleinlagen bestehen[1460]
  bzw. im Hinblick auf das Kreditgeschäft, wenn
- mehr als 100 Darlehen gewährt wurden oder das Gesamtdarlehensvolumen bei mindestens 21 Darlehen 500.000 € übersteigt.[1461]

3.1.3.1.3 Betreiben des Einlagengeschäfts durch den Darlehensnehmer

Nach der Verwaltungspraxis der BaFin erfüllt ein Unternehmen, das Gesellschafterdarlehen gewährt bekommt oder bei dem die Gesellschafter auf Privat- oder Verrechnungskonten Guthaben »stehenlassen«, stets den Tatbestand des Einlagengeschäfts. Es handle sich dabei grds. um unbedingt rückzahlbare Gelder des Publikums i. S. v. § 1 Abs. 1 Satz 2 Nr. 1 KWG. Die BaFin steht auf dem Standpunkt, der Tatbestand des Einlagengeschäfts sei in vorstehend genannten Fällen nur dann nicht erfüllt, wenn die korrespondierenden Rückzahlungsansprüche der Gesellschafter hinreichend bedingt seien. Letzteres nimmt die BaFin lediglich dann an, »wenn die Geltendmachung des Zahlungsanspruchs solange und soweit ausgeschlossen ist (oder der Gesellschaft ein Leistungsverweigerungsrecht zusteht), wie die Geltendmachung entsprechender Zahlungsansprüche einen Grund für die Eröffnung des Insolvenzverfahrens über das Vermögen des Unternehmens herbeiführte«.[1462]

Diese Verwaltungspraxis wurde und wird in der Literatur, insbes. im Hinblick auf Familienunternehmen häufig in Frage gestellt.[1463] Die von der BaFin in ihrer Funktion als zuständige Stelle veröffentlichten Hinweise zu ihrer Verwaltungspraxis haben zwar grds. keinerlei rechtliche Bindungswirkung. Dennoch sind Unternehmen gut beraten, diese bei den von ihnen zu treffenden Entscheidungen zu berücksichtigen. Dies insbes. deshalb, da die BaFin auf Grundlage dieser Verwaltungspraxis gegen die betreffenden Personen ggf. Verfahren einleiten oder Maßnahmen ergreifen kann.

1459 BGH vom 19.03.2013, NZG 2013, 582; *Schäfer*, in: Boos/Fischer/Schulte-Mattler, 2016, § 1 Rn. 28.
1460 BaFin-Merkblatt – Hinweise zum Tatbestand des Einlagengeschäfts vom 11.03.2014, unter V.
1461 BaFin-Merkblatt – Hinweise zum Tatbestand des Kreditgeschäfts vom 25.04.2014, unter 2.
1462 BaFin-Merkblatt – Hinweise zum Tatbestand des Einlagengeschäfts vom 11.03.2014, unter I. 5. b).
1463 Vgl. z. B. *Kaetzler/Schücking*, NJW 2014, 1265.

3.1.3.1.4 Winzergeld-Urteil des BGH

Die Diskussion darüber, ob von Familiengesellschaftern gewährte Gesellschafterdarlehen dem Anwendungsbereich des Kreditwesengesetzes unterfallen sollen, hat durch das sog. »Winzergeld-Urteil« des BGH aus dem Jahre 2013 neuen Auftrieb gewonnen.[1464] Darin hat der BGH entschieden, eine als GmbH & Co. KG betriebene Weinkellerei betreibe unerlaubte Einlagengeschäfte, indem Winzer Teile des Kaufpreises, den sie für die Ablieferung der Weinernte erhalten hatten, als jederzeit abrufbare und verzinsliche Einlage bei der Weinkellerei stehenließen. Infolgedessen entstand – obwohl die Winzer keine Gesellschafter der Weinkellerei waren – in Teilen der Praxis und der Literatur eine erhebliche Unsicherheit hinsichtlich der Frage, ob Unternehmen, die Darlehen von ihren Gesellschafter gewährt bekommen oder deren Gesellschafter Guthaben auf Privat- oder Verrechnungskonten »stehenlassen«, den Tatbestand des erlaubnispflichtigen Einlagengeschäfts erfüllen.[1465]

3.1.3.1.5 BaFin-Merkblatt zum Einlagengeschäft vom 11.03.2014

Die BaFin hat dieser Unsicherheit mit der Veröffentlichung ihres »Merkblatts – Hinweise zum Tatbestand des Einlagengeschäfts vom 11.03.2014«, nach einhelliger Auffassung in der Literatur[1466], ein Ende gesetzt. Darin hat sie klargestellt, die erforderliche Bedingtheit des Rückzahlungsanspruchs der Gesellschafter ergebe sich grds. aus dem gesellschaftsrechtlichen Grundsatz der Treuepflicht, wonach Ansprüche des Gesellschafters gegen die Gesellschaft nicht durchsetzbar seien, wenn ihre Geltendmachung die Gesellschaft in die Zahlungsunfähigkeit treibe. Eine solche insolvenzverhindernde Entnahme- und Ausschüttungssperre sei bei Kapitalgesellschaften und diesen gleichgestellten Personenhandelsgesellschaften gesetzlich verankert.[1467] Insofern scheinen für Familienunternehmer im Zusammenhang mit der Gewährung von Gesellschafterdarlehen (vorerst) keine zu berücksichtigenden bankaufsichtsrechtlichen Vorgaben mehr zu bestehen.[1468]

Allerdings stellt die BaFin auch klar, eine entsprechende Treuepflicht bestehe für Gesellschafter von Publikums-KGs oder Fonds zur Kapitalanlage nicht. Die von diesen gewährten Gesellschafterdarlehen oder auf Privat- oder Verrechnungskonten »stehengelassenen« Gewinne seien daher nach wie vor unbedingt rückzahlbare Gelder. Demnach würden die entsprechenden Unternehmen ein erlaubnispflichtiges Einlagegeschäft betreiben, sofern die übrigen Voraussetzungen von § 1 Abs. 1 Satz 2 Nr. 1 KWG vorliegen.[1469] Vor diesem Hintergrund ist es nicht auszuschließen, dass die BaFin jedenfalls bei sehr großen Familienunternehmen, deren Anzahl an Gesellschaftern mit denen einer Publikums-KG oder eines Fonds vergleichbar ist, im Einzelfall

1464 BGH vom 19.03.2013, NZG 2013, 582.
1465 *Kaetzler/Schücking*, NJW 2014, 1265; *Nodoushani*, BB 2014, 2051.
1466 *Kaetzler/Schücking*, NJW 2014, 1265; *Nodoushani*, BB 2014, 2051.
1467 BaFin-Merkblatt – Hinweise zum Tatbestand des Einlagengeschäfts vom 11.03.2014 unter I. 5. b).
1468 Vgl. zu weiteren Beispielsfällen *Kaetzler/Schücking*, NJW 2014, 1267.
1469 BaFin-Merkblatt – Hinweise zum Tatbestand des Einlagengeschäfts vom 11.03.2014 unter I. 5. b).

die Auffassung vertritt, eine entsprechende Treuepflicht der Gesellschafter sei nicht gegeben. Die Folge wäre, dass das Unternehmen ggf. ein erlaubnispflichtiges Einlagengeschäft betreibt.

3.1.3.1.6 Vereinbarung eines »qualifizierten Rangrücktritts« zur Vermeidung des Einlagengeschäfts

Seit jeher ist es Verwaltungspraxis der BaFin, den Tatbestand des Einlagengeschäfts i. S. v. § 1 Abs. 1 Satz 2 Nr. 1 KWG zu verneinen, wenn im Hinblick auf Darlehen ein »qualifizierter Rangrücktritt« vereinbart wurde.[1470] Für den Fall, dass zur Besicherung der Ansprüche aus den Gesellschafterdarlehen geeignete Sicherheiten (wie z. B. Grundpfandrechte) bestellt wurden, nimmt die BaFin ebenfalls kein Bankgeschäft an. Familienunternehmen, die sich nicht darauf verlassen wollen (insbes. bei einem sehr großen Gesellschafterkreis), dass die BaFin in ihrem konkreten Einzelfall annimmt, dass eine gesellschaftsrechtliche Treuepflicht besteht, die zur Bedingtheit der Zahlungsansprüche führt, sollten als »sichersten Weg« im Darlehensvertrag einen »qualifizierten Rangrücktritt« vorsehen. Darüber hinaus ist zu berücksichtigen, dass ein einmal bestehendes Einlagengeschäft nicht durch die nachträgliche Vereinbarung eines »qualifizierten Rangrücktritts« beseitigt werden kann; dieser sollte also bereits vor Gewährung des Darlehens vereinbart werden. Ein »qualifizierter Rangrücktritt« in diesem Sinne meint nach der BaFin, dass Rückzahlungsansprüche (einschließlich aufgelaufener, nicht bezahlter Zinsen) solange und soweit nicht geltend gemacht werden können, bzw. dem Unternehmen ein Leistungsverweigerungsrecht zustehen muss, wie die Geltendmachung entsprechender Zahlungsansprüche einen Grund für die Eröffnung des Insolvenzverfahrens über das Vermögen des Unternehmens herbeiführen würde.[1471] Mit einem solchen »qualifizierten Rangrücktritt« ist ein Rangrücktritt i. S. v. § 39 Abs. 2 InsO gemeint. D. h., dass zwischen Darlehensgeber und Darlehensnehmer im Hinblick auf die Darlehensforderungen ein Nachrang vereinbart wird, wonach der Darlehensgeber für den Fall des Insolvenzverfahrens des Darlehensnehmers mit seinen Forderungen hinter sämtliche Forderungen von Insolvenzgläubigern i. S. d. § 39 Abs. 1 Nr. 1 bis Nr. 5 InsO zurücktritt.

Für Gesellschafter eines Unternehmens, das keine natürliche Person als persönlich haftenden Gesellschafter hat und an dem die Gesellschafter mit mehr als 10 % beteiligt sind (§ 39 Abs. 4 und Abs. 5 InsO), ist damit ohnehin nur eine marginale Rangverschlechterung verbunden. Denn deren Forderungen stehen bereits gem. § 39 Abs. 1 Nr. 5 InsO nur eine Stufe vor solchen Forderungen für die ein »qualifizierter Rangrücktritt« vereinbart wurde. Der »qualifizierte Rangrücktritt« ist dabei stets am Einzelfall auszurichten, klar zu formulieren und auf etwaige steuerliche Auswirkungen zu überprüfen.

1470 Vgl. BaFin-Merkblatt – Hinweise zum Tatbestand des Einlagengeschäfts vom 11.03.2014, unter III.
1471 BaFin-Merkblatt – Hinweise zum Tatbestand des Einlagengeschäfts vom 11.03.2014, unter I. 5. b).

3.1.3.1.7 Betreiben des Kreditgeschäfts durch den Darlehensgeber

Spiegelbild des Einlagengeschäfts ist das Betreiben des Kreditgeschäfts durch den Darlehensgeber i. S. d. § 1 Abs. 1 Satz 2 Nr. 2 KWG. Die vorstehenden Ausführungen zum Einlagengeschäft gelten daher entsprechend. Ferner führt auch hier die Vereinbarung eines »qualifizierten Rangrücktritts« dazu, dass die Darlehensgewährung kein Kreditgeschäft i. S. v. § 1 Abs. 1 Satz 2 Nr. 2 KWG darstellt.[1472] Darüber hinaus sollte aus bankaufsichtsrechtlichen Gründen ein »qualifizierter Rangrücktritt« v. a. dann vereinbart werden, wenn dem Unternehmen von Nichtgesellschaftern, wie z. B. Personen aus dem Familienkreis eines Gesellschafters, die keine Banklizenz besitzen, Darlehen gewährt werden und der Darlehensbetrag die oben unter 3.1.3.1.2 genannten Schwellenwerte überschreitet. Ein solcher wird auch in Nachrangdarlehen enthalten sein, die Mezzanine-Kapitalgeber gewähren (vgl. unten unter 3.3.1).

3.1.3.2 Insolvenzrechtliche Grundlagen im Hinblick auf Gesellschafterdarlehen

Die Inhaber von Forderungen aus Gesellschafterdarlehen sowie von Forderungen aus Rechtshandlungen, die einem Gesellschafterdarlehen wirtschaftlich entsprechen, sind bei Eintritt der Insolvenz des Unternehmens qua Gesetz nachrangige Insolvenzgläubiger gem. § 39 Abs. 1 Nr. 5 InsO, d. h. Forderungen von Insolvenzgläubigern i. S. v. § 38 und § 39 Abs. 1 Nr. 1 bis Nr. 4 InsO werden aus der Insolvenzmasse vorrangig befriedigt. Unabhängig davon kann das Unternehmen Forderungen i. S. v. § 39 Abs. 1 Nr. 5 InsO (einschließlich sämtlicher Nebenforderungen, wie z. B. Zinsen) – vorbehaltlich z. B. in Vereinbarungen mit Kreditinstituten bestehender gegenteiliger Bestimmungen – vor Eröffnung eines etwaigen Insolvenzverfahrens stets bedienen. Allerdings können Sicherheiten oder Zahlungen auf solche Forderungen unter den Voraussetzungen des § 135 InsO vom Insolvenzverwalter angefochten werden.

3.1.3.2.1 Ausnahmen vom Anwendungsbereich der §§ 39 Abs. 1 Nr. 5 und 135 InsO

Ausgenommen vom Anwendungsbereich der §§ 39 Abs. 1 Nr. 5 und 135 InsO sind

- gem. §§ 39 Abs. 4 Satz 1 und 135 Abs. 4 InsO solche Gesellschaften, an denen mindestens eine natürliche Person als persönlich haftender Gesellschafter beteiligt ist (nach überwiegender Meinung in der Literatur soll es unerheblich sein, ob es sich dabei um eine direkte oder indirekte Beteiligung handelt).[1473] Insofern ist diese Privilegierung z. B. auf eine GmbH sowie eine OHG oder KG, deren Gesellschafter ausschließlich juristische Personen sind, also z. B. eine GmbH & Co. KG, nicht anwendbar;

1472 BaFin-Merkblatt – Hinweise zum Tatbestand des Kreditgeschäfts vom 25.04.2014, unter 1. cc) (4) und (5).
1473 *Neußner*, in: Graf-Schlicker, 2014, § 39 Rn. 19.

- unter den Voraussetzungen der §§ 39 Abs. 4 Satz 2 und 135 Abs. 4 InsO bestehende oder gewährte Sanierungsleistungen;[1474]
- gem. dem in den §§ 39 Abs. 5 und 135 Abs. 4 InsO vorgesehenen Kleinbeteiligungsprivileg Gesellschafter, die mit 10 % oder weniger am Unternehmen beteiligt sind und keine geschäftsführende Funktion innehaben. Im Zusammenhang mit dem Kleinbeteiligungsprivileg wird vertreten, dieses falle automatisch weg, wenn sich die Beteiligungsquote auf über 10 % erhöhen und/oder eine (auch faktische) geschäftsführende Funktion übernommen werden sollte, wohingegen auch bei einem nachträglichen Unterschreiten der 10 %-Schwelle, entsprechende Ansprüche dauerhaft weiterhin im Rang des § 39 Abs. 1 Nr. 5 InsO verbleiben sollen.[1475] Eine solche Auffassung scheint jedoch von dem Gedanken getragen zu sein, das Prinzip des Kleinbeteiligungsprivilegs generell abzulehnen, was sachlich nicht gerechtfertigt sein dürfte. Vielmehr sollte sich ein Gesellschafter – wie auch im Fall der vollständigen Aufgabe der Gesellschafterstellung (vgl. unten 3.1.3.2.2) – auf das Kleinbeteiligungsprivileg, unter Berücksichtigung der Wertung des § 135 Abs. 1 Nr. 2 InsO, zumindest ein Jahr nach Erreichen der 10 %-Schwelle berufen können.[1476] Darüber hinaus spricht einiges dafür, die Anwendung des Kleinbeteiligungsprivilegs auf indirekte Gesellschafter von deren durchgerechneter Beteiligung am Darlehensnehmer abhängig zu machen.[1477] Gerichtliche Entscheidungen sind zu dieser Frage – soweit ersichtlich – allerdings noch nicht ergangen.[1478]

3.1.3.2.2 Persönlicher Anwendungsbereich der §§ 39 Abs. 1 Nr. 5 und 135 InsO

Neben den formell direkten und indirekten Gesellschaftern sind Adressat der §§ 39 Abs. 1 Nr. 5 und 135 InsO u. a. Gesellschaftern gleichgestellte Dritte. Dies sind insbes. Personen, die die Mittel für die dem Unternehmen gewährte Finanzierungsleistung aus dem Vermögen eines Gesellschafters erhalten haben und daher quasi als dessen »Strohmann« agieren;[1479] eine bloße verwandtschaftliche Beziehung allein reicht nicht aus.[1480] Über Finanzierungshilfen im vertikalen Beteiligungsverhältnis hinaus sind auch Darlehensbeziehungen zwischen Unternehmen, die horizontal verbunden sind, vom Anwendungsbereich der §§ 39 Abs. 1 Nr. 5 und 135 InsO erfasst, wenn die darlehensgebende und die darlehensnehmende Gesellschaft denselben Gesellschafter haben und dieser an der darlehensgewährenden Gesellschaft mit mehr als 50 % beteiligt ist oder sofern er an der darlehensgebenden Gesellschaft »nur« zu 50 % beteiligt ist, zugleich aber deren einzelvertretungsberechtigter Geschäftsführer ist.[1481]

1474 *Neußner*, in: Graf-Schlicker, 2014, § 39 Rn. 28 ff.; *Ries/Kleindiek*, in: Kayser/Thole, Heidelberger Kommentar, 2018, § 39 Rn. 57 ff.

1475 *Hirte*, in: Uhlenbruck , 2019, § 39 Rn. 73 m. w. N.

1476 *Neußner*, in: Graf-Schlicker, 2014, § 39 Rn. 36; *Diem*, 2019, § 50 Rn. 6.

1477 *Habersack*, ZIP 2008, 2388; *Cranshaw*, jurisPR-InsR 07/2013 Anm. 1.

1478 In BGH vom 21.02.2013, WM 2013, 568 konnte diese Entscheidung offengelassen werden.

1479 *Ries/Kleindiek*, in: Kayser/Tholereft, Heidelberger Kommentar, 2018, § 39 Rn. 45 ff.; vgl. auch die Beispiele bei *Diem*, 2019, § 50 Rn. 9.

1480 *Behme*, in: MüKo InsO, Band 1, 2019, § 39 Rn. 77 f.

1481 BGH vom 18.07.2013, ZIP 2013, 1579.

Ferner kann man sich der Subordination, einschließlich der damit verbundenen Anfechtbarkeit, von Forderungen i. S. d. § 39 Abs. 1 Nr. 5 InsO nicht dadurch entziehen, dass die Gesellschafterstellung aufgegeben wird oder die entsprechenden Forderungen an einen Nichtgesellschafter abgetreten werden. Sowohl in dem Fall, in dem ein Gesellschafter das entsprechende Darlehen trotz Veräußerung seiner sämtlichen Gesellschaftsanteile an einen Dritten stehenlässt, als auch in dem Fall, in dem er Darlehensforderungen, ohne aus der Gesellschaft auszuscheiden, an einen Nichtgesellschafter überträgt, sind Zahlungen auf diese Gesellschafterdarlehen für den Zeitraum von einem Jahr ab der maßgeblichen Verfügungshandlung (d. h. Ausscheiden des Darlehensgebers als Gesellschafter bzw. Veräußerung des Gesellschafterdarlehens an einen Nichtgesellschafter) mit dem Risiko der Insolvenzanfechtung behaftet.[1482]

3.1.3.2.3 Sachlicher Anwendungsbereich der §§ 39 Abs. 1 Nr. 5 und 135 InsO

Über die in § 39 Abs. 1 Nr. 5 und § 135 InsO enthaltene Formulierung »Forderungen aus Rechtshandlungen, die einem Gesellschafterdarlehen wirtschaftlich entsprechen« werden auch andere Forderungen erfasst, die auf der Zuführung oder Belassung von Finanzierungsmitteln beruhen; somit insbes. die Stundung von Forderungen oder eine einem Drittvergleich nicht entsprechende Fälligkeitsvereinbarung im Hinblick auf Gehalt, Miete oder Dividenden.[1483]

3.1.3.2.4 Insolvenzanfechtung gem. § 135 Abs. 1 Nr. 2 InsO

Anfechtbar nach § 135 Abs. 1 Nr. 2 InsO ist eine Rechtshandlung, die für die Forderung eines Gesellschafters auf Rückgewähr eines Darlehens i. S. d. § 39 Abs. 1 Nr. 5 oder für eine gleichgestellte Forderung Befriedigung gewährt hat, wenn die Handlung im letzten Jahr vor dem Eröffnungsantrag oder nach diesem Antrag vorgenommen worden ist. Die entsprechende Befriedigung, i. d. R. die Rückzahlung des Gesellschafterdarlehens, muss also binnen des letzten Jahres vor dem Eröffnungsantrag oder nach diesem Antrag vorgenommen worden sein. Der Begriff »Befriedigung« wird naturgemäß weit ausgelegt und umfasst auch Erfüllungssurrogate, Leistungen an Erfüllungs Statt oder erfüllungshalber sowie Aufrechnungen und Verrechnungsvereinbarungen.[1484]

Zudem geht die Literatur teilweise davon aus, dass neben der bereits oben unter 3.1.1.1.3 dargelegten Anfechtung ausgeschütteter Gewinnvorträge, auch Ausschüttungen von Kapital- und Gewinnrücklagen i. S. v. § 272 Abs. 2 und 3 HGB nach § 135 Abs. 1 Nr. 2 InsO anfechtbar sein sollen.[1485] Dagegen könnte man allerdings argumentieren, dass in diesen Fällen – anders als bei

1482 BGH vom 15.11.2011, WM 2012, 78; BGH vom 21.02.2013, WM 2013, 568; *Lauster*, WM 2013, 2156; die zeitliche Beschränkung auf die Jahresfrist resultiert aus der gesetzgeberischen Wertung in § 135 Abs. 1 Nr. 2 InsO.

1483 *Ries/Kleindiek*, in: Kayser/Tholereft, Heidelberger Kommentar, 2018, § 39 Rn. 35 ff; *Diem*, 2019, § 50 Rn. 21; *Neußner*, in: Graf-Schlicker, 2014, § 39 Rn. 40 ff.

1484 *Kleindiek*, in: Kayser/Thole, Heidelberger Kommentar, 2018, § 135 Rn. 26.

1485 *Kleindiek*, in: Kayser/Thole, Heidelberger Kommentar, 2018, § 135 Rn. 28.

Gewinnvorträgen – als weiterer Akt ein Gesellschafterbeschluss erfoderlich ist, um die Mittel aus Kapital- und Gewinnrücklagen zur Disposition der Gesellschafter zu stellen.

Die von einem Cash Pooling-Teilnehmer im Hinblick auf Darlehen, die ihm seine Mutter- oder Schwestergesellschaft gewährt haben, vorgenommenen Tilgungsleistungen werden von der ganz überwiegenden Auffassung in der Literatur als eine Befriedigung i. S. v. § 135 Abs. 1 Nr. 2 InsO angesehen.[1486] Umstritten ist jedoch, in welcher Höhe daraus Ansprüche der Insolvenzmasse gegen die Mutter- oder Schwestergesellschaft resultieren. Im Anschluss an neuere Rechtsprechung des BGH[1487] spricht vieles dafür, dass ein Rückzahlungsanspruch i. H. d. Differenz zwischen dem höchsten Stand der Verbindlichkeiten innerhalb der Jahresfrist des § 135 Abs. 1 Nr. 2 InsO und dem Stand der Verbindlichkeiten bei Insolvenzeröffnung besteht.[1488] Teilweise wird in der Literatur auch vertreten, es sei nicht auf den Höchststand der Verbindlichkeiten, sondern vielmehr auf den innerhalb des Jahreszeitraums durchschnittlichen Stand der Verbindlichkeiten abzustellen.[1489]

3.1.3.2.5 Insolvenzanfechtung gem. § 135 Abs. 1 Nr. 1 InsO

Anfechtbar ist nach § 135 Abs. 1 Nr. 1 InsO eine Rechtshandlung, die für die Forderung eines Gesellschafters auf Rückgewähr eines Darlehens i. S. d. § 39 Abs. 1 Nr. 5 oder für eine gleichgestellte Forderung Sicherung gewährt hat, wenn die Handlung in den letzten zehn Jahren vor dem Antrag auf Eröffnung des Insolvenzverfahrens oder nach diesem Antrag vorgenommen worden ist. § 135 Abs. 1 Nr. 1 InsO erfasst somit Fälle, in denen das Unternehmen aus seinem Vermögen für Forderungen i. S. v. § 39 Abs. 1 Nr. 5 InsO eine Sicherheit – gleich welcher Art[1490] – gewährt hat. Sämtliche Sicherheiten, die innerhalb eines Zeitraums von zehn Jahren vor dem Antrag auf Eröffnung des Insolvenzverfahrens oder danach gewährt wurden, können vom Insolvenzverwalter angefochten werden.

Der BGH hat zudem entschieden, dass die in § 135 Abs. 1 Nr. 2 InsO vorgesehene Jahresfrist, keinerlei Sperrwirkung gegenüber dem Anfechtungstatbestand gem. § 135 Abs. 1 Nr. 1 InsO entfaltet.[1491] Dies veranschaulicht folgendes Beispiel:

1486 *Gehrlein*, in: MüKo InsO, Band 2, 2013, § 135 Rn. 16; *Kleindiek*, in: Kayser/Thole, Heidelberger Kommentar, 2018, § 135 Rn. 35, jeweils mit Nachweisen zur Gegenansicht, die auf die Zehnjahresfrist in § 135 Abs. 1 Nr. 2 InsO abstellen will.

1487 BGH vom 07.03.2013, WM 2013, 709 f.

1488 *Nerlich*, in: ders./Römermann, InsO (37. EL, August 2018), § 135 InsO Rn. 45; *Kleindiek*, in: Kayser/Thole, Heidelberger Kommentar, 2018, § 135 Rn. 39.

1489 *Kleindiek*, in: Kayser/Thole, Heidelberger Kommentar, 2018, § 135 Rn. 38 ff.

1490 Vgl. die Beispiele zu Sicherheiten bei *Kleindiek*, in: Kayser/Thole, Heidelberger Kommentar, 2018, § 135 Rn. 22; *Neußner*, in: Graf-Schlicker, 2014, § 135 Rn. 9 f.

1491 BGH vom 18.07.2013, ZIP 2013, 1579.

BEISPIEL

Ein Gesellschafter gewährt im Jahr 2005 ein Gesellschafterdarlehen und die Gesellschaft tritt ihm zur Sicherheit eine Forderung gegen einen Drittschuldner ab. Im Jahr 2011 befriedigt sich der Gesellschafter, indem er die ihm zur Sicherheit abgetretene Forderung einzieht. Über das Vermögen der Gesellschaft wird im Jahr 2014 ein Insolvenzverfahren eröffnet. Eine Insolvenzanfechtung nach § 135 Abs. 1 Nr. 2 InsO scheidet aus, da die Befriedigung außerhalb der Jahresfrist erfolgte. Hingegen bleibt eine Insolvenzanfechtung nach § 135 Abs. 1 Nr. 1 InsO möglich, da § 135 Abs. 1 Nr. 2 InsO keine Sperrwirkung entfaltet und die Sicherheitenbestellung innerhalb der Zehnjahresfrist erfolgte.

Darüber hinaus hat der BGH in derselben Entscheidung im Hinblick auf folgende Fallkonstellationen Klarheit geschaffen:

FALLKONSTELLATION

Wurde die Sicherheit mehr als zehn Jahre vor dem Antrag auf Eröffnung des Insolvenzverfahrens gewährt und wird der Gläubiger durch Verwertung dieser Sicherheit im letzten Jahr vor Eröffnung des Insolvenzverfahrens über das Vermögen der Gesellschaft befriedigt, ist weder eine Insolvenzanfechtung nach § 135 Abs. 1 Nr. 1 InsO noch nach § 135 Abs. 1 Nr. 2 InsO möglich.[1492] Ferner scheidet eine Anfechtung gegenüber dem besicherten Darlehensgeber aus, wenn er außerhalb der Jahresfrist des § 135 Abs. 1 Nr. 2 InsO tatsächlich von der Gesellschaft selbst befriedigt wird und deshalb von der ihm gewährten Sicherheit keinen Gebrauch macht.[1493]

Ein Gesellschafter sollte sich vor der Verwertung einer ihm durch die Gesellschaft gewährten Sicherheit zumindest die vorstehend genannten Grundsätze ins Gedächtnis rufen und – um das Risiko eines zehnjährigen Insolvenzanfechtungsrechts zu vermeiden (v. a. wenn die Sicherheitenbestellung erst wenige Jahre zurückliegt) – ggf. abwarten, bis die Gesellschaft das Darlehen selbst aus eigenen Mitteln zurückzahlen kann, da dann lediglich die Jahresfrist des § 135 Abs. 1 Nr. 2 InsO Anwendung findet. Jedenfalls mit Eröffnung des Insolvenzverfahrens kann der Insolvenzverwalter gegen den Gesellschafter einen Freigabeanspruch im Hinblick auf die diesem (innerhalb der Zehnjahresfrist) gewährte Sicherheit geltend machen.[1494] Sollte hingegen die Sicherheitenbestellung bereits mehr als zehn Jahre vor dem Antrag auf Eröffnung des Insolvenzverfahrens erfolgt sein, dürfte dem Darlehensgeber ein Anspruch auf Aussonderung bzw. Absonderung zustehen.[1495]

1492 BGH vom 18.07.2013, ZIP 2013, 1579.
1493 BGH vom 18.07.2013, ZIP 2013, 1579; *Gehrlein*, in: MüKo InsO, Band 2, 2013, § 135 Rn. 15.
1494 BGH vom 26.01.2009, ZInsO 2009, 532.
1495 *Marotzke*, DB 2015, 2434.

3.1.3.2.6 Behandlung von Gesellschafterdarlehen in M&A-Transaktionen und Finanzierungen

Der BGH hat entschieden, dass bei der Veräußerung von Forderungen aus Gesellschafterdarlehen von einem Gesellschafter an einen Nichtgesellschafter im Falle der Insolvenzanfechtung gem. § 135 Abs. 1 Nr. 2 InsO nicht nur der Zessionar (d. h. der neue Inhaber der Darlehensforderung), sondern auch der Zedent (d. h. der Veräußerer der Darlehensforderung) Schuldner des Anfechtungsanspruchs ist. Zedent und Zessionar haften im Fall der Insolvenz des Unternehmens als Gesamtschuldner, sofern die Darlehensforderung innerhalb der Jahresfrist des § 135 Abs. 1 Nr. 2 InsO abgetreten und diese sodann vom Unternehmen zur Zahlung an den Zessionar getilgt wird.[1496] Es ist nicht auszuschließen, dass ein entsprechendes Anfechtungsrisiko für den Zedenten auch dann besteht, wenn er nicht nur, wie in dem der Entscheidung des BGH zugrunde liegenden Fall, seine Ansprüche aus Gesellschafterdarlehen, sondern – wie i. R. v. M&A-Transaktionen üblich – auch seine Anteile am Darlehensnehmer an den Zessionar überträgt. Aus Sicht von (Familien-) Gesellschaftern stellt sich somit die Frage, wie die Risiken einer etwaigen Insolvenzanfechtung reduziert werden können. Denkbar sind insbes. die folgenden Maßnahmen, wobei es jeweils vom Einzelfall abhängen wird, welche zur Anwendung kommen können bzw. gegenüber dem Erwerber durchsetzbar sind:[1497]

- Rückzahlung des Gesellschafterdarlehens mindestens ein Jahr vor Vollzug der Veräußerung;
- Erwerber und Unternehmen unterwerfen sich im Kaufvertrag einer Negativverpflichtung, d. h. die Darlehensforderungen dürfen innerhalb eines Jahres nach Vollzug der Transaktion nicht zurückgeführt werden;
- Übernahme einer Freistellungsverpflichtung durch den Erwerber, den Gesellschafter des Erwerbers oder ein mit diesem verbundenes Unternehmen im Hinblick auf jedwede Haftung des Veräußerers aus und im Zusammenhang mit einer etwaigen Anfechtung gem. § 135 Abs. 1 Nr. 2 InsO;
- Einbringung der Forderungen aus Gesellschafterdarlehen als andere Zuzahlung in die Kapitalrücklage des Unternehmens gem. § 272 Abs. 2 Nr. 4 HGB durch den veräußernden Gesellschafter vor Vollzug der Transaktion. Zu den Risiken, dass auch in dieser Konstellation – nach teilweise in der Literatur vertretener Ansicht – ein Anfechtungsrecht nicht ausgeschlossen werden kann, vgl. 3.1.3.2.4.

Die Gefahr einer gesamtschuldnerischen Haftung für darlehensgebende Gesellschafter kann auch i. R. v. Bankfinanzierungen bestehen, wenn die finanzierenden Kreditinstitute als Sicherheit die Abtretung von Ansprüchen aus dem Gesellschafterdarlehen verlangen. Diesem Wunsch der Banken sollte dadurch begegnet werden, dass lediglich eine Belassungsverpflichtung im Hinblick auf die bestehenden Gesellschafterdarlehen eingegangen wird, d. h. diese nicht an die Bank zur Sicherheit abgetreten werden.

1496 BGH vom 21.02.2013, WM 2013, 568; vgl. auch *Lauster*, WM 2013, 2155; *Greven*, BB 2014, 2309.

1497 *Lauster*, WM 2013, 2155; *Greven*, BB 2014, 2309 ff.; dabei ist es grds. auch möglich, Kombinationen der verschiedenen nachfolgenden Maßnahmen zu vereinbaren.

3.1.3.2.7 Insolvenzanfechtung gem. § 135 Abs. 2 InsO

Anfechtbar nach § 135 Abs. 2 InsO ist eine Rechtshandlung, mit der eine Gesellschaft einem Dritten für eine Forderung auf Rückgewähr eines Darlehens innerhalb der in § 135 Abs. 1 Nr. 2 InsO genannten Fristen Befriedigung gewährt hat, wenn ein Gesellschafter für die Forderung eine Sicherheit bestellt hatte oder als Bürge haftete; dies gilt sinngemäß für Leistungen auf Forderungen, die einem Darlehen wirtschaftlich entsprechen. § 135 Abs. 2 InsO regelt die sog. gesellschafterbesicherten Drittdarlehen. Gemeint sind damit Fälle, in denen außenstehende Dritte, wie z. B. Kreditinstitute, dem Unternehmen Kredite gewähren, die der Gesellschafter oder diesem gleichgestellte Personen, besichern. Hintergrund des Anfechtungstatbestands ist, dass es aus wirtschaftlicher Sicht keinen Unterschied macht, ob ein Gesellschafter dem Unternehmen ein Darlehen ausreicht oder für ein Drittdarlehen eine Sicherheit gewährt.[1498]

Anfechtungsgegner des § 135 Abs. 2 InsO ist allein der Gesellschafter, der die Sicherheit gewährt hat, jedoch nicht der außenstehende Dritte. Für den Fall, dass eine Gesellschaft ein gesellschafterbesichertes Drittdarlehen aus eigenen Mitteln tilgt und innerhalb eines Jahres seit der maßgeblichen Tilgung insolvent wird, kann diese Tilgung gegenüber dem Gesellschafter nach § 135 Abs. 2 InsO angefochten werden.[1499] Für einen Gesellschafter besteht in diesen Konstellationen somit ab Tilgung des gesellschafterbesicherten Drittdarlehens für ein Jahr das Risiko einer Insolvenzanfechtung. Das Anfechtungsrecht nach § 135 Abs. 2 InsO kann auch gegenüber solchen Personen ausgeübt werden, die erst nach dem Zeitpunkt, in dem sie die Sicherheit bestellt haben, Gesellschafter des Unternehmens werden.[1500]

Rechtsfolge der Anfechtung nach § 135 Abs. 2 InsO ist gem. § 143 Abs. 3 Satz 1 InsO, dass der Gesellschafter an die Insolvenzmasse der Gesellschaft grds. den Betrag erstatten muss, den die Gesellschaft an den außenstehenden Dritten geleistet hat, da der Gesellschafter insoweit aus seiner Sicherheitenbestellung entlassen wurde.[1501] Begrenzt wird diese Zahlungsverpflichtung allerdings durch § 143 Abs. 3 Satz 2 InsO auf die Höhe der vom Gesellschafter gewährten Sicherheit. Im Falle einer Höchstbetragsbürgschaft also auf den entsprechenden Bürgschaftsbetrag und im Falle einer dinglichen Sicherheit auf deren Wert in dem Zeitpunkt, zu dem die Forderung des außenstehenden Dritten beglichen wurde.[1502] Für den Fall, dass der Gesellschafter Sachsicherheiten gewährt hat, kann er den gegen ihn gerichteten Zahlungsanspruch auch dadurch vollständig erfüllen, indem er die entsprechende Sachsicherheit der Insolvenzmasse zur Verfügung stellt (§ 143 Abs. 3 Satz 3 InsO). Ein den Erstattungsanspruch etwaig übersteigender

1498 *Gehrlein*, in: MüKo InsO, Band 2, 2013, § 135 Rn. 36.

1499 *Kleindiek*, in: Kayser/Thole, Heidelberger Kommentar, 2018, § 135 Rn. 45; *Gehrlein*, in: MüKo InsO, Band 2, 2013, § 135 Rn. 37; auch dazu, dass der Regressanspruch des Gesellschafters gegen die Gesellschaft, den dieser erhalten würde, sollte er die Forderung des außenstehenden Dritten begleichen, eine Forderung gem. § 39 Abs. 1 Nr. 5 InsO ist, deren Tilgung gem. § 135 Abs. 1 Nr. 2 InsO anfechtbar wäre.

1500 BGH vom 20.02.2014, ZIP 2014, 584.

1501 *Kleindiek*, in: Kayser/Thole, Heidelberger Kommentar, 2018, § 135 Rn. 45; BGH vom 01.12.2011, ZIP 2011, 2417.

1502 *Thole/Kleindiek*, in: Kayser/Thole, Heidelberger Kommentar, 2018, § 143 Rn. 43; *Kirchhof*, in: MüKo InsO, Band 2, 2013, § 143 Rn. 112.

Verwertungserlös wäre dann an ihn auszukehren.[1503] Letzteres wäre z. B. dann der Fall, wenn eine Drittforderung i. H. v. 300.000 € zurückbezahlt wurde und für das Grundstück, das dem Dritten als Sicherheit diente, ein Verwertungserlös von 1.000.000 € erzielt wird. An den Gesellschafter wäre dann der Übererlös i. H. v. 700.000 € auszukehren.

Der Erstattungsanspruch nach § 143 Abs. 3 InsO gegen den sicherungsgebenden Gesellschafter entfällt jedenfalls nicht dadurch, dass der außenstehende Dritte auf die vom Gesellschafter gewährte Sicherheit verzichtet. Dies gilt sowohl für einen Verzicht innerhalb der Jahresfrist vor dem Eröffnungsantrag als auch nach Antragstellung.[1504] Anders ist dies lediglich dann, wenn ein solcher Verzicht mehr als ein Jahr vor dem Antrag auf Eröffnung des Insolvenzverfahrens erfolgt ist.[1505]

Aus Sicht eines Drittgläubigers kann der Verzicht auf die Gesellschaftersicherheit insbes. in den Fällen der sog. Doppelbesicherung interessant sein, v. a. wenn die vom Gesellschafter bestellte Sicherheit nicht werthaltig ist oder nur mit großem Aufwand verwertet werden kann.[1506] In Fällen der Doppelbesicherung ist das Darlehen des Dritten sowohl durch Sicherheiten des Unternehmens, z. B. mit einer Grundschuld, als auch durch Sicherheiten des Gesellschafters, z. B. mit einer Bürgschaft, besichert. Nach dem BGH steht dem Drittgläubiger in diesen Konstellationen ein Wahlrecht zu, ob er sich aus der von der Gesellschaft oder der vom Gesellschafter gewährten Sicherheit befriedigt.[1507] Sollte der Drittgläubiger die von der Gesellschaft gewährte Sicherheit innerhalb eines Jahres vor Stellung des Eröffnungsantrags oder danach verwerten, kann dies gegenüber dem Gesellschafter gem. § 135 Abs. 2 InsO, mit der Folge der Zahlungspflicht nach § 143 Abs. 3 InsO, angefochten werden.[1508]

3.1.3.2.8 »Qualifizierter Rangrücktritt« zur Beseitigung der Überschuldung nach § 19 Abs. 2 InsO

Gesellschafterdarlehen sind in der Überschuldungsbilanz – trotz des in § 39 Abs. 1 Nr. 5 InsO angeordneten gesetzlichen Nachrangs – zu passivieren. Anders ist dies gem. § 19 Abs. 2 Satz 2 InsO nur, wenn im Hinblick auf diese ein »qualifizierter Rangrücktritt« i. S. v. § 39 Abs. 2 InsO vereinbart wird. Die entsprechende Forderung ist dann beim Darlehensnehmer in der Überschuldungsbilanz nicht mehr zu passivieren In der Handelsbilanz ist eine solche Forderung allerdings weiterhin zu bilanzieren.[1509] Dadurch kann eine Überschuldung des Unternehmens i. S. v. § 19 InsO ggf. vermieden werden. Abzugrenzen ist der »qualifizierte Rangrücktritt« von

1503 *Thole/Kleindiek*, in: Kayser/Thole, Heidelberger Kommentar, 2018, § 143 Rn. 43; *Kirchhof*, in: MüKo InsO, Band 2, 2013, § 143 Rn. 113.

1504 OLG Stuttgart vom 14.03.2012, ZIP 2012, 837 f.; *Kirchhof*, in: MüKo InsO, Band 2, 2013, § 143 Rn. 111.

1505 *Lauster/Stiehler*, BKR 2012, 108.

1506 *Lauster/Stiehler*, BKR 2012, 108; *Nachmann/Blank*, GWR 2012, 199.

1507 Vgl. dazu, dass dieses Wahlrecht durch § 44a InsO nicht eingeschränkt wird, BGH vom 01.12.2011, GmbHR 2012, 86.

1508 BGH vom 01.12.2011, GmbHR 2012, 88.

1509 *Diem*, 2019, § 40 Rn. 57; *Selzner/Leuerning*, in: Römermann, 2018, § 7 Rn. 124 f.

Darlehensbelassungserklärungen (die Banken teilweise verlangen). Wird im Hinblick auf eine Darlehensforderung die Verpflichtung übernommen, diese der Gesellschaft für einen bestimmten Zeitraum zu belassen, sie also nicht einzuziehen, nicht abzutreten und auch nicht in sonstiger Weise über sie zu verfügen, muss diese Forderung dennoch in der Überschuldungsbilanz passiviert werden. Hingegen führt die Vereinbarung eines »qualifizierten Rangrücktritts« nicht dazu, dass die davon erfassten Darlehensforderungen nicht mehr bedient werden dürfen. Vielmehr dürfen sie nur insoweit befriedigt werden, als eine Überschuldung des Darlehensnehmers besteht oder entstehen würde. In einem jüngeren Urteil hat der BGH klargestellt, dass auch die Vereinbarung eines »qualifizierten Rangrücktritts« mit Dritten (aus dem Wortlaut des § 19 Abs. 2 Satz 2 InsO geht dies nicht klar hervor) dazu führt, dass deren Forderungen nicht mehr zu passivieren sind.[1510] In Anbetracht der jüngeren Rechtsprechung des BGH zur AGB-rechtlichen Zulässigkeit von Rangrücktrittsklauseln[1511] sollten Unternehmen, bei denen Privatpersonen/Verbraucher Gesellschafter sind, wenn sie diesen Gesellschafterdarlehensverträge mit Rangrücktrittklauseln vorlegen, diese möglichst klar und unmissverständlich fassen und ggf. wichtige Passagen fett hervorheben und ergänzende Erläuterungen und Hinweise aufnehmen.

3.2 Bankfinanzierung

Dr. Marc Seibold/ Dr. Georg Lauster /Dr. Andreas Grunert

3.2.1 Bilateraler Bankkredit

Bankdarlehen sind ungeachtet der Vielzahl alternativer Finanzierungsinstrumente nach wie vor die meistgenutzte Finanzierungsart des deutschen Mittelstands. Dabei greifen mittelständische Unternehmen häufig auf »ihre« Hausbank zurück, mit der sie seit vielen Jahren Geschäftsbeziehungen pflegen. Ab einem bestimmten Finanzierungsvolumen oder wenn der Wettbewerb unter den Banken angekurbelt werden soll, unterhalten sie meist Geschäftsbeziehungen zu mehreren Banken, die die benötigten Mittel auf der Grundlage mehrerer, voneinander unabhängiger Kreditverträge zur Verfügung stellen.

Der steigende Finanzierungsbedarf von Unternehmen sowie das Bestreben der Banken nach Risikostreuung und Entlastung des Eigenkapitals haben jedoch dazu geführt, dass Darlehen zunehmend auch unter Konsortialkreditverträgen ausgereicht werden.

1510 BGH vom 05.03.2015, ZIP 2015, 639. Vgl. zu den Anforderungen an einen »qualifizierten Rangrücktritt« infolge dieses Urteils des BGH z. B. *Bitter/Heim*, ZIP 2015, 644 ff.; *Schmidt-Hern*, DB 2015, 1153 ff.

1511 BGH vom 06.12.2018, ZIP 2019, 679 ff.

3.2.2 Konsortialkredit

3.2.2.1 Grundsätzliches

Konsortialkredite werden (anders als bilaterale Kredite) von mehreren Kreditgebern auf der Grundlage eines einheitlichen Vertragswerks gewährt. Hierfür schließen sich die Kreditgeber (Konsorten) entweder von vornherein zu einem Konsortium zusammen oder die den Kredit arrangierende Bank (Arrangeur) syndiziert, d. h. veräußert und überträgt, einzelne Tranchen des Kredits an weitere Banken bzw. sonstige Kreditgeber. Der Kreditnehmer tritt jedoch – zumindest während der laufenden Verwaltung des Konsortialkredits – nicht direkt mit den u. U. zahlreichen Kreditgebern in Kontakt. Ihm steht als zentraler Ansprechpartner der Agent zur Verfügung, dessen Funktion regelmäßig von einem der Konsorten ausgeübt wird. Ferner sind sämtliche Zahlungen vom Kreditnehmer an den Agenten zu leisten, der die Zahlungsströme kontrolliert und an die einzelnen Konsorten weiterleitet. Umgekehrt können die einzelnen Konsorten ihre Ansprüche gegen den Kreditnehmer grds. nur gemeinsam, gleichzeitig und ausschließlich über den Agenten geltend machen, was in vielen Fällen eine vorherige Mehrheitsentscheidung der Konsorten erfordert. Hinsichtlich der Besicherung des Konsortialkredits wird regelmäßig wie folgt verfahren: Der Kreditnehmer bestellt die Sicherheiten – soweit rechtlich möglich – zugunsten eines Sicherheitentreuhänders, der diese für sämtliche Konsorten treuhänderisch verwaltet und in einem etwaigen Verwertungsszenario den Verwertungserlös an die Konsorten auskehrt. So können die Konsorten gleichrangig besichert werden und es entfällt bei einem Wechsel einzelner Kreditgeber die aufwendige Aufhebung und Neubestellung von Sicherheiten.

3.2.2.2 Vor- und Nachteile des Konsortialkredits

Vor- und Nachteile eines Konsortialkredits gegenüber (ggf. mehreren parallelen) bilateralen Finanzierungen lassen sich abstrakt nicht abschließend darstellen und bewerten, sondern müssen anhand der konkreten Umstände des Einzelfalls abgewogen werden. Nachfolgend werden daher lediglich einige generelle Aspekte aufgezeigt, die von Unternehmen frühzeitig bei der Entscheidung, ob ein Finanzierungsvorhaben bilateral oder mit einem Kreditkonsortium durchgeführt werden soll, berücksichtigt werden sollten.

3.2.2.2.1 Kreditvolumen

Da sich an Konsortialfinanzierungen mehrere Banken als Kreditgeber beteiligen, können Unternehmen auf diesem Weg Kredite mit einem höheren Volumen aufnehmen als es ihnen ein einzelner bilateraler Kreditvertrag ermöglicht. Dementsprechend sind Konsortialfinanzierungen insbes. für Vorhaben, zu deren Finanzierung die Hausbank allein nicht mehr bereit bzw. in der Lage ist, interessant.

Das darf jedoch nicht dahingehend verstanden werden, dass eine einzelne Bank generell dazu bereit ist, unter einem Konsortialkreditvertrag ein höheres Darlehensvolumen auszureichen als in einem bilateralen Kreditverhältnis. Die teils hohen Kreditvolumen einer Konsortialfinanzierung sind vielmehr dem Umstand geschuldet, dass sich mehrere Kreditgeber an der Finanzierung beteiligen. Schließlich fällt auch die Gesamtkreditzusage unter einer Konsortialfinanzierung regelmäßig nicht höher aus als die Summe der erzielbaren Kreditzusagen für bilaterale Finanzierungen, da maßgebend für die Kreditzusage naturgemäß jeweils die wirtschaftliche und rechtliche Situation des Kreditnehmers ist.

3.2.2.2.2 Dokumentationsinhalt und -umfang

Die Dokumentation von Konsortialkreditverträgen ist (mit nicht selten über 100 Seiten) relativ umfangreich; allerdings bieten zahlreiche Banken zwischenzeitlich insbes. bei kleineren und mittleren Finanzierungsvolumen eine etwas kürzere »mittelstandsgerechte« Vertragsdokumentation an. Sie enthält detaillierte Regelungen zu Verwendungszweck der Kredite, Auszahlungsvoraussetzungen, Zinsen, Kosten (einschließlich Gebühren und Provisionen), Zusicherungen und Auflagen einschließlich Finanzkennzahlen, Regel- und Sondertilgungen sowie Kündigungsgründen (vgl. dazu auch die nachfolgenden Ausführungen unter 3.2.3). Damit wird dem Kreditnehmer ein Korsett an Pflichten angelegt. Zudem muss die Vertragsdokumentation hinsichtlich Aufbau und Regelungsinhalt gewissen Standards folgen, um eine Weiterveräußerung (Syndizierung) von Darlehenstranchen zu ermöglichen. Eine solche Syndizierung wird meist schwieriger, wenn man sich vom gewöhnlichen Standard zu sehr entfernt. Insofern ist es aus Darlehensnehmersicht essentiell, dass man sich frühzeitig mit den Regelungsinhalten und Mechanismen entsprechender Dokumentationen vertraut macht und gezielt die Punkte verhandelt, auf die es im konkreten Fall ankommt.

Dagegen sind Umfang und Regelungsdichte von bilateralen Kreditverträgen erheblich geringer. Sie werden häufig auf der Grundlage kurzer Musterkreditverträge mit einem Umfang von teilweise unter zehn Seiten ausgereicht. Das gilt insbes. für Kredite, die keine feste Laufzeit haben, sondern »bis auf Weiteres« ausgereicht werden. Da sie von der Bank grds. jederzeit ohne Angabe von Gründen gekündigt werden können, ist der Regelungsbedarf aus Sicht der Bank relativ gering.

Naturgemäß wirkt die Dokumentation eines Konsortialkreditvertrags auf Kreditnehmer aufgrund ihres Umfangs und ihrer Komplexität auf den ersten Blick häufig wenig attraktiv. Nicht zu vernachlässigen ist jedoch, dass sich mit einem Konsortialkreditvertrag eine stabile, großvolumige Finanzierung mit langjähriger Finanzierungssicherheit aus einem »Guss« realisieren lässt, für die dem Kreditnehmer der Agent als zentraler Ansprechpartner anstelle zahlreicher Banken zur Verfügung steht. Das kann unter mehreren Aspekten vorteilhaft gegenüber zahlreichen bilateralen Krediten mit jeweils geringerem Kreditvolumen sein. Denn mit letzteren gehen häufig nicht nur unterschiedliche oder überhaupt keine festen Laufzeiten, verschiedene Zinsberechnungen, unterschiedliche Zinszahlungs- und Tilgungszeitpunkte sowie verschiedene

Informationspflichten und Auflagen (einschließlich Finanzkennzahlen) einher, womit ein hoher Verwaltungsaufwand verbunden ist. Nicht selten kommt hinzu, dass eine nicht ausreichende Abstimmung bilateraler Kreditverhältnisse zu Konflikten führt. Beispielsweise enthalten auch bilaterale Kreditverträge häufig Negativ- bzw. Gleichbehandlungserklärungen. Sie verpflichten den Kreditnehmer, anderen Kreditgebern keine Sicherheiten zu bestellen bzw. im Fall der Besicherung neuer Kreditgeber den früheren Kreditgebern gleichrangige Sicherheiten einzuräumen (vgl. dazu auch die Ausführungen unter 3.2.4.7). Das kann Kreditnehmer bei der weiteren Kreditaufnahme erheblich beeinträchtigen. Darüber hinaus verlangen Kreditgeber auch unter bilateralen Finanzierungen häufig, dass Erlöse aus der Veräußerung von Vermögensgegenständen des Anlagevermögens oder ein bestimmter Prozentsatz des Excess Cashflows (vgl. zu Excess Cashflow auch die Ausführungen unter 3.2.3.8.1) zur Sondertilgung eingesetzt werden müssen, was naturgemäß nicht unabhängig voneinander mit einer Vielzahl von Kreditgebern vereinbart werden kann. Insofern sind bilaterale Finanzierungen nicht selten nur auf den ersten Blick einfacher und mit weniger Aufwand verbunden. Sollen mehrere bilaterale Finanzierungen aufeinander abgestimmt werden, kann der Abstimmungsbedarf mit den einzelnen Kreditgebern – die anders als bei einer Konsortialfinanzierung nicht über einen Agenten bzw. Arrangeur koordiniert sind – erheblich sein.

3.2.2.2.3 Verhandlungsposition und Kosten

Die Verhandlungsposition des Kreditnehmers hinsichtlich der Vertragsbedingungen ist bei der Verhandlung eines Konsortialkredits meist ungünstiger als bei einer bilateralen Finanzierung. Dies zum einen deshalb, weil Kreditgeber unter einer Konsortialfinanzierung immer auch die Syndizierung im Blick haben und Abweichungen vom »Standard« von den möglichen Konsortialpartnern hinterfragt werden. Zudem verhandelt der Kreditnehmer die Bedingungen eines Konsortialkredits häufig mit mehreren Kreditgebern, die in dieser Situation gleichgerichtete Interessen verfolgen und nicht wie bei der Verhandlung bilateraler Kredite im Wettbewerb zueinander stehen. Insoweit mag es sich aus Darlehensnehmersicht, abhängig von den Gegebenheiten des Einzelfalls, durchaus anbieten, selbst ggf. mit Unterstützung von Beratern, ein Term Sheet mit den wesentlichen Eckpunkten wirtschaftlicher und rechtlicher Art für die geplante Finanzierung zu entwerfen, dieses in einem koordinierten Ausschreibungsverfahren potenziellen Kreditgebern zur Verfügung zu stellen und mit ihnen jeweils separat – vor Bildung des Konsortiums – final zu verhandeln.

Hinsichtlich der mit einer Konsortialfinanzierung verbundenen Kosten ist zu beachten, dass neben Zinsen auch zusätzliche Kosten und Gebühren zu entrichten sind (z. B. Kosten für die Arrangierung der Kredite, eine Abschlussgebühr sowie laufende Kosten für die Tätigkeiten einzelner Konsortialbanken als Agent und Sicherheitentreuhänder). Insgesamt sollte deswegen eine Konsortialfinanzierung gründlich vorbereitet werden und die Kosten und Gebühren sowie die Punkte, die in die Dokumentation Eingang finden sollen (insbes. Abweichungen vom üblichen Standard), vor der Mandatierung einer Bank für die Arrangierung der

Konsortialfinanzierung – also zu einem Zeitpunkt, zu dem die Banken noch in Wettbewerb stehen – mit dieser besprochen und Einwände erörtert werden.

3.2.2.2.4 Stabilität in der Krise

Für den Fall, dass der Kreditnehmer in der Krise beispielsweise Finanzkennzahlen oder sonstige Auflagen und Verpflichtungen nicht mehr einhalten kann, stellt sich die Frage, ob bilaterale oder Konsortialkredite »stabiler« sind (vgl. zu Finanzkennzahlen und Auflagen die Ausführungen unter 3.2.3.6.3 bzw. 3.2.3.6). Im Hinblick auf Konsortialkreditverträge ist dabei zu berücksichtigen, dass sie bei Vorliegen eines Kündigungsgrundes nicht von jedem Kreditgeber einzeln gekündigt werden können, sondern die Kündigung regelmäßig die Zustimmung der Kreditgebermehrheit finden muss.

Dagegen können bilaterale Kreditverträge nicht nur von dem jeweiligen einzelnen Kreditgeber gekündigt werden, sondern sind oft auch mit sog. Cross-Default bzw. Cross-Acceleration-Klauseln verknüpft. Sie berechtigen den Kreditgeber bereits dann zur Kündigung, wenn Zahlungsverbindlichkeiten des Kreditnehmers unter einem anderen Kreditvertrag vorzeitig fällig gestellt werden (können) (vgl. dazu die Ausführungen unter 3.2.3.7). Damit vervielfachen sich die Kündigungsmöglichkeiten zulasten des Kreditnehmers. Allerdings agieren in einer Krise des Kreditnehmers auch voneinander unabhängige Kreditgeber häufig nicht unkoordiniert, sondern stimmen sich im Hinblick auf ihr weiteres Vorgehen insbes. in Poolverträgen aufeinander ab.

Im Hinblick auf bilaterale Finanzierungen mit der »eigenen« Hausbank ist schließlich zu berücksichtigen, dass sie sich aufgrund langjähriger Geschäftsbeziehungen u. U. leichter davon überzeugen lässt, von der Kündigung eines Kredits abzusehen, als zahlreiche Kreditgeber unter einer Konsortialfinanzierung, mit denen der Kreditnehmer zuvor noch nicht zusammengearbeitet hat.

Insgesamt betrachtet spricht einiges dafür, dass in Krisenzeiten eine Konsortialfinanzierung tendenziell stabiler ist als bilaterale Finanzierungen. Schließlich sollten Kreditnehmer in der Krise unabhängig davon, ob eine Finanzierung auf bilateralen Verträgen oder einem Konsortialkredit beruht, aktiv das Gespräch mit den Banken suchen, um damit das Vertrauen in die Zusammenarbeit zu stärken bzw. nicht zu verspielen.

3.2.3 Typische Kreditvertragsregelungen

Im Rahmen der Verhandlung sowohl von Konsortial- als auch von bilateralen Kreditverträgen wird regelmäßig über eine Vielzahl von Regelungen diskutiert. Nachfolgend sollen einige davon sowie mögliche verhandlungsbedürftige Punkte dargestellt werden.

3.2.3.1 Parteien und Finanzierungsstruktur

Häufig werden Unternehmen nicht von einem einzelnen Rechtssubjekt, sondern durch mehrere, miteinander verbundene Gesellschaften betrieben. Hintergrund kann beispielsweise eine Aufteilung in Besitz- und Betriebsgesellschaften oder der Betrieb verschiedener Geschäftsfelder in jeweils eigenständigen Gesellschaften sein, insbes. aus organisatorischen und haftungsrechtlichen Gründen. Ist dies der Fall, sollte frühzeitig mit den Banken festgelegt werden, ob eine oder mehrere Gesellschaften berechtigt sein sollen, Mittel unter dem Kreditvertrag in Anspruch zu nehmen bzw. ob Mittel aus den Krediten an andere Gruppengesellschaften weitergegeben werden dürfen. Darüber hinaus ist zu besprechen, ob neben dem bzw. den Kreditnehmer(n) verbundene Unternehmen für die Verbindlichkeiten unter dem Kreditvertrag beispielsweise als Garant oder Bürge mithaften bzw. Sicherheiten bestellen werden. Darauf legen Banken insbes. bei Aufteilungen des Unternehmens in Besitz- und Betriebsgesellschaften Wert. Mit den Gesellschaftern des Kreditnehmers sollte daher frühzeitig geklärt werden, ob sie – sofern die Banken dies verlangen – bereit sind, für die Kreditverbindlichkeiten beispielsweise im Wege einer Garantie, Bürgschaft oder Patronatserklärung zu haften oder sonstige Sicherheiten, wie eine Verpfändung der Anteile am Kreditnehmer oder ggf. Grundpfandrechte, zur Verfügung zu stellen (vgl. zu den einzelnen Sicherheiten die Ausführungen unter 3.2.4). Sofern Garantien oder sonstige Sicherheiten von Tochter- oder Schwestergesellschaften des Kreditnehmers in der Rechtsform einer GmbH oder GmbH & Co. KG zur Verfügung gestellt werden sollen, müssen hierbei jedoch aus Kreditnehmersicht die gesetzlichen Grenzen der Kapitalerhaltungsvorschriften beachtet und in den Sicherheitenverträgen ggf. entsprechende Beschränkungen aufgenommen werden (vgl. hierzu auch die Ausführungen unter 3.2.4.8).

3.2.3.2 Verwendungszweck

Der Verwendungszweck, zu dem die in Anspruch genommenen Mittel vom Kreditnehmer verwendet werden dürfen, wird im Darlehensvertrag festgelegt. Verstößt der Kreditnehmer hiergegen, indem er die Mittel für andere Zwecke einsetzt, kann der Kreditgeber den Kreditvertrag kündigen. Daher ist bei der Verhandlung der entsprechenden Klausel darauf zu achten, dass ihre Formulierung sämtliche, tatsächlich geplante Zwecke wie beispielsweise Investitionen, die mit den Mitteln während der Laufzeit des Kredits getätigt werden sollen, umfasst. Es ist nicht ungewöhnlich, dass insoweit mehrere Verwendungszwecke (ggf. für verschiedene Darlehenstranchen) festgelegt werden (z. B. Refinanzierung bestimmter Verbindlichkeiten und Investition in die Anschaffung bestimmter Maschinen). Jedenfalls darf der Verwendungszweck »Betriebsmittelbedarf« keinesfalls im Sinne einer Generalklausel verstanden werden, sondern erlaubt grds. den Einsatz der Mittel lediglich zur Deckung kurzfristigen Liquiditätsbedarfs, wie der Finanzierung des Umlaufvermögens, nicht jedoch des Anlagevermögens.[1512]

1512 *Ruby/Seibold*, in: Hamann/Sigle, 2012, § 10 Rn. 14.

3.2.3.3 Auszahlungsvoraussetzungen

Bevor der Kreditnehmer die Auszahlung des Kredits verlangen kann, muss er – entsprechend einer weit verbreiteten Standardvertragsformulierung – »zur Zufriedenheit des Kreditgebers« nachweisen, dass bestimmte Auszahlungsvoraussetzungen vorliegen. Hierfür hat der Kreditnehmer typischerweise seine jüngsten Jahresabschlüsse, aktuelle Handelsregisterauszüge, den Gesellschaftsvertrag und – abhängig vom Finanzierungsgegenstand – beispielsweise bestimmte Dokumente und Genehmigungen, evtl. unterzeichnete Transaktionsdokumente oder Verträge mit Dritten vorzulegen. Ferner ist insbes. der Nachweis zu erbringen, dass die vorgesehenen Sicherheiten wirksam bestellt wurden. Dementsprechend sollte der Kreditnehmer – um einen möglichst reibungslosen Ablauf zu gewährleisten – bereits bei der Kreditvertragsverhandlung sorgfältig prüfen, ob zu dem avisierten Auszahlungstermin die entsprechenden Nachweise aus praktischer Sicht erbracht werden können, und mit dem Kreditgeber besprechen, in welcher Form dies geschehen soll.

3.2.3.4 Zinsen

Die Verzinsung des Kredits lässt sich entweder fest oder variabel gestalten. In letzterem Fall entspricht der insgesamt zu entrichtende Zinssatz häufig der Summe aus einem Referenzzinssatz, zu dem sich der Kreditgeber refinanziert, und einer Marge. Dabei wird als Referenzzinssatz für Kredite in Euro meist der EURIBOR (Euro Interbank Offered Rate) ausgewählt. Er wird vom Verband der Kreditwirtschaft der Europäischen Union (Banking Federation of the European Union) für Ein- bis Dreiwochen- und Ein- bis Zwölfmonatsgelder am Interbankenmarkt aus den Briefsätzen ausgesuchter Kreditinstitute für die jeweilige Laufzeit ausgerechnet und von *Reuters* veröffentlicht.[1513] In neueren Kreditverträgen ist häufig bereits ein Mechanismus zur Feststellung eines Ersatzreferenzzinssatzes enthalten vor dem Hintergrund, dass der EURIBOR in Zukunft nicht mehr quotiert werden wird. Demgegenüber wird die Marge häufig für die gesamte Vertragslaufzeit in Form eines Prozentsatzes festgelegt, wobei hier naturgemäß zahlreiche Gestaltungsalternativen zur Verfügung stehen (z. B. Abhängigkeit der Marge von bestimmten Finanzkennzahlen). Die sich auf diese Weise zusammensetzende variable Verzinsung wird schließlich für Zinsbindungsperioden von regelmäßig einem, drei, sechs oder zwölf Monaten festgeschrieben und nach deren Ablauf für die nächste Zinsbindungsperiode entsprechend neu berechnet und fixiert. Neben den mit einer variablen Verzinsung naturgemäß verbundenen Chancen und Risiken bietet eine solche variable Verzinsung – anders als eine Festverzinsung – für den Kreditnehmer den Vorteil, dass er den Kredit zum Ablauf jeder Zinsbindungsperiode nach § 489 Abs. 1 Nr. 1 BGB kündigen kann. Dieses Kündigungsrecht kann vertraglich auch nicht ausgeschlossen oder erschwert werden (§ 489 Abs. 4 BGB). Daraus

1513 *Diem*, 2019, § 15 Rn. 12 mit weiterführenden Erklärungen.

leitet die herrschende Meinung ab, dass der Kreditnehmer auch keine Vorfälligkeitsentschädigung zu entrichten hat, falls er den Kredit vorzeitig nach § 489 Abs. 1 Nr. 1 BGB kündigt und zurückführt.

Im Hinblick auf die Zinsänderungsrisiken unter variabel verzinsten Krediten kommt schließlich eine Absicherung in Form von Zinssatzswaps in Betracht. Häufig wird die entsprechende Zinssicherung auch von den Banken – zumindest für einen Teil der Kredite – verlangt. Zinssatzswaps zeichnen sich dadurch aus, dass die Parteien im Hinblick auf einen bestimmten Bezugsbetrag (z. B. i. H. d. Kredits) einen »Zinstausch« vornehmen: Während eine Partei (z. B. der Kreditnehmer) sich zur Zahlung eines festen Zinssatzes auf den Bezugsbetrag verpflichtet, zahlt die andere Partei (z. B. der Kreditgeber oder eine andere Bank) im Gegenzug beispielsweise den Dreimonats-EURIBOR oder einen sonstigen, schwankenden (Referenz-)Zinssatz, den der Kreditnehmer unter dem Kreditvertrag schuldet. Soll ein solcher Zinssatzswap zur Absicherung von Zinsänderungsrisiken unter einem variabel verzinsten Kreditvertrag abgeschlossen werden, sollte darauf geachtet werden, dass Kredit- bzw. Bezugsbetrag, Laufzeiten und Referenzzinssätze unter Kreditvertrag und Zinssatzswap genau übereinstimmen. Das bedeutet im Hinblick auf den Referenzzinssatz insbes., dass dieser sowohl unter dem Kreditvertrag als auch unter dem Zinssatzswap an demselben Tag und für dieselbe Dauer fixiert werden muss. Andernfalls erfüllt das Geschäft seinen Zweck nicht oder nur teilweise.

3.2.3.5 Zusicherungen

Die in Kreditverträgen häufig aufgenommenen Zusicherungen sind Versicherungen, dass bestimmte rechtliche, wirtschaftliche oder faktische Umstände und Ereignisse zu bestimmten Zeitpunkten beim Kreditnehmer und ggf. auch bei Gruppengesellschaften vorliegen bzw. eingetreten sind oder nicht vorliegen bzw. nicht eingetreten sind.[1514] Sie beziehen sich beispielsweise darauf, dass

- der Kreditnehmer wirksam gegründet und der Abschluss der Finanzierungsdokumente wirksam ist,
- sämtliche Genehmigungen, die für den Geschäftsbetrieb und den Abschluss der Finanzierungsdokumente notwendig sind, vorliegen,
- die den Banken zu überlassenden gesellschaftsrechtlichen Unterlagen aktuell, richtig und vollständig sind,
- der Kreditnehmer sämtliche Steuer-, Umweltschutz- und arbeitsrechtlichen Vorschriften beachtet und Sozialversicherungspflichten einhält,
- keine Gerichts- oder behördlichen Verfahren gegen den Kreditnehmer anhängig sind und kein Insolvenzantrag gestellt wurde bzw. kein Insolvenzverfahren über das Vermögen des Kreditnehmers eröffnet ist,

1514 *Diem*, 2019, § 21 Rn. 1 ff. m. w. N.

- der Kreditnehmer seine Pflichten unter wesentlichen Verträgen nicht verletzt hat und
- kein Kündigungsgrund vorliegt.

Aus Sicht des Kreditnehmers sollte zum einen versucht werden, die Zusicherungen, die nicht nur zum Zeitpunkt des Abschlusses des Vertrags abgegeben werden, sondern zu bestimmten Zeitpunkten zu wiederholen sind, einzuschränken. Ferner kann versucht werden, einzelne Zusicherungen dergestalt zu qualifizieren, dass sie lediglich Sachverhalte ab bestimmten Schwellenbeträgen (z. B. hinsichtlich anhängigen Verfahren) erfassen oder nur im Hinblick auf bestimmte Gruppengesellschaften abgegeben werden.

3.2.3.6 Auflagen

Auflagen verpflichten den Kreditnehmer und ggf. weitere Gruppengesellschaften, die beispielsweise als Garant Partei des Kreditvertrags werden, zu einem bestimmten Tun oder Unterlassen und beziehen sich – anders als Zusicherungen – nicht auf einen bestimmten Zeitpunkt, sondern gelten während der gesamten Laufzeit des Kreditvertrags.[1515] Sie lassen sich in Informationspflichten, allgemeine Verhaltenspflichten und einzuhaltende Finanzkennzahlen einteilen.[1516]

3.2.3.6.1 Informationspflichten

Die Informationspflichten des Kreditnehmers beziehen sich auf seine finanzielle bzw. wirtschaftliche Situation, die der Kreditnehmer regelmäßig durch Übermittlung beispielsweise von Jahresabschlüssen und Businessplänen offenlegen muss.

Abgesehen davon ist der Kreditnehmer zumeist noch anderweitig verpflichtet, den Kreditgeber über Tatsachen zu informieren, die auf finanzielle Schwierigkeiten hindeuten, z. B. die Stellung eines Antrags auf Eröffnung eines Insolvenzverfahrens, den (drohenden) Eintritt eines Kündigungsgrundes unter dem Kreditvertrag, die Kündigung eines anderen Kredits, die Erhebung von Zahlungsklagen und die Einleitung von Zwangsvollstreckungsmaßnahmen gegen ihn. Auch solche Informationspflichten sollten aus Sicht des Kreditnehmers – soweit möglich – erst ab bestimmten Schwellenbeträgen eingreifen, um den mit der Erfüllung der Informationspflichten verbundenen Aufwand während der Laufzeit des Kreditvertrags möglichst gering zu halten. Da die Informationspflichten für den Kreditgeber als »Frühindikator« dienen, bestehen Kreditgeber jedoch meist auf niedrigeren Schwellenbeträgen als unter den korrespondierenden Kündigungsgründen.

1515 *Diem*, 2019, § 22 Rn. 1.

1516 Zur auch möglichen Einteilung in positive und negative Auflagen vgl. beispielsweise *Knecht/Haghani*, in: Buth/Hermanns, 2014, § 18 Rn. 71.

3.2.3.6.2 Allgemeine Verhaltenspflichten

I. R. d. allgemeinen Verhaltenspflichten wird typischerweise geregelt, dass

- sämtliche anwendbaren Gesetze (insbes. betreffend Steuern, Umweltschutz, Arbeits- und Sozialversicherungsrecht) eingehalten werden müssen,
- erforderliche Betriebsgenehmigungen aufrechterhalten werden müssen und der Geschäftsbetrieb nicht wesentlich verändert oder eingestellt werden darf,
- keine wesentlichen Teile des Anlagevermögens und Beteiligungen an anderen Gesellschaften veräußert werden dürfen,
- keine anderen Unternehmen erworben werden dürfen,
- die Eingehung von (zusätzlichen) Finanzverbindlichkeiten (wenn überhaupt) nur in eingeschränktem Maß zulässig ist,
- keine Kredite vergeben bzw. Garantien, Bürgschaften oder ähnliche Haftungsübernahmen erklärt werden dürfen,
- branchenübliche Versicherungen abgeschlossen und aufrechterhalten werden müssen,
- Ausschüttungen und sonstige Zahlungen an Gesellschafter nur beschränkt zulässig sind (wobei diese Auflage häufig von einem entsprechenden Kündigungsgrund flankiert wird, da die Nichtvornahme von Ausschüttungen und sonstigen Zahlungen nur bedingt in der Macht des Kreditnehmers liegt und deswegen dogmatisch eher den Kündigungsgründen als den Auflagen zuzuordnen ist) und
- sämtliche vom Kreditnehmer abgeschlossenen bzw. abzuschließenden Verträge Bedingungen enthalten, die einem Dritt- bzw. Fremdvergleich standhalten (sog. Arm's-Length-Prinzip).

Im Hinblick auf Familienunternehmen sind dabei die beiden letztgenannten Auflagen von besonderer Bedeutung. Vor dem Hintergrund, dass Gesellschafter von Familienunternehmen bzw. ihre Familien häufig ihren Lebensunterhalt mit Gesellschaftsentnahmen finanzieren, ist mit den Gesellschaftern des Kreditnehmers frühzeitig zu besprechen, ob bzw. in welchem Umfang sie mit Entnahmebeschränkungen einverstanden sind.

Daneben ist auch zu prüfen, ob sich Auflagen wie Entnahme- und sonstige Auszahlungsbeschränkungen an die Gesellschafter konfliktfrei in die vorhandene Finanzierungsstruktur des Unternehmens einfügen. Beispielsweise haben Gesellschafter dem Unternehmen häufig Kredite gewährt. Insoweit sollte – zumindest außerhalb einer Unternehmenskrise – die Zahlung von Zins- und Tilgungsleistungen an den entsprechenden Gesellschafter auch unter dem neuen Kreditvertrag zulässig sein, wofür die Auflagen ggf. eingeschränkt werden müssen. Das akzeptieren Banken naturgemäß eher, wenn der Gesellschafter auch unter der abzuschließenden Finanzierung mithaftet (beispielsweise als Garant oder Bürge).

Außerdem ist vor dem Hintergrund, dass gerade in Familienunternehmen häufig Familienangehörige in der Geschäftsführung und als Mitarbeiter tätig sind, mit den Banken ein gemeinsames

Verständnis darüber zu erzielen, dass die Zahlung entsprechender Vergütungen nicht als Entnahme oder Ausschüttung zu qualifizieren ist.

Besteht schließlich bereits zum Zeitpunkt der Finanzierungsverhandlungen die Möglichkeit, dass während der Dauer der geplanten Finanzierung im Kreis der Gesellschafter bzw. ihrer Erben Erbschaftsteuer anfallen könnte, bietet es sich an, über Ausnahmen von Entnahme- und Zahlungsbeschränkungen zur Begleichung solcher Zahlungen zu verhandeln.

3.2.3.6.3 Finanzkennzahlen

Finanzkennzahlen (auch Financial Covenants genannt) lassen sich als Kapitalstrukturauflagen beschreiben und beziehen sich auf die finanzielle Situation des Kreditnehmers.[1517] Sie stellen Mindestanforderungen, beispielsweise an die Vermögens- und Ertragslage, dar und werden mit exakten Grenzwerten in Kreditverträgen ausformuliert.

Damit wird es dem Kreditgeber ermöglicht, sein Risiko über die Laufzeit des Kreditvertrags zu kontrollieren und auf Risikoerhöhungen zeitnah zu reagieren.[1518] Daher wird insoweit auch von einem »Frühwarnsystem« zugunsten des Kreditgebers gesprochen.[1519]

Die wichtigsten und am häufigsten in Kreditverträgen vereinbarten Finanzkennzahlen beziehen sich auf Eigenkapital, Verschuldung, Schuldendienst- und/oder Zinsdeckungsgrad und Liquidität des Kreditnehmers:

- Hinsichtlich des Eigenkapitals wird typischerweise entweder eine bestimmte Eigenkapitalquote als Quotient aus Eigenkapital und Bilanzsumme oder ein absoluter Mindesteigenkapitalbetrag festgelegt.
- Dagegen wird hinsichtlich der (max.) erlaubten Höhe der Verschuldung häufig geregelt, dass die Summe der Verbindlichkeiten im Verhältnis zum Eigenkapital eine bestimmte Obergrenze nicht übersteigen darf; die Obergrenze der Verschuldung hängt damit also von der Eigenkapitalausstattung ab.[1520] Diese Financial Covenants erleichtern insbes. die Beurteilung, ob der Kreditnehmer zur endfälligen Rückzahlung des gesamten Kredits in der Lage sein wird.[1521]
- Demgegenüber werden als Maßstab dafür, ob der Kreditnehmer den periodisch wiederkehrenden Schuldendienst erbringen kann, zumeist die Kennzahlen Schuldendienstdeckungsgrad (Debt Service Cover Ratio) und/oder Zinsdeckungsgrad (Interest Cover Ratio) vereinbart. Dabei ist mit Debt Service Cover Ratio das Verhältnis von EBITDA oder Cashfllow

1517 *Knecht/Haghani*, in: Buth/Hermanns, 2014, § 18 Rn. 75; *Bunte*, in: Schimansky/Bunte/Lwoski, 2017, § 18 Rn. 20.
1518 *Berger*, in: MüKo BGB, Band 3, 2012, Vorbemerkung zu §§ 488 ff. Rn. 39.
1519 *Berger*, in: MüKo BGB, Band 3, 2012, Vorbemerkung zu §§ 488 ff. Rn. 39.
1520 *Knecht/Haghani*, in: Buth/Hermanns, 2014, 4. Teil, § 18 Rn. 77.
1521 *Knecht/Haghani*, in: Buth/Hermanns, 2014, 4. Teil, § 18 Rn. 78.

zum Schuldendienst (d. h. Zins und Tilgung) gemeint, während bei der Interest Cover Ratio typischerweise das Verhältnis des EBITDA zum Zinsaufwand festgelegt wird.

- Bezüglich der Liquidität wird häufig ein bestimmtes Verhältnis des kurzfristig gebundenen Umlaufvermögens zu den kurzfristigen Verbindlichkeiten festgelegt.
- Schließlich können je nach Finanzierungsanlass weitere Financial Covenants hinzukommen. Beispielsweise legen Kreditgeber bei Immobilienfinanzierungen regelmäßig Wert darauf, dass das Verhältnis des Kredits insgesamt zum Wert der finanzierten Immobilie, d. h. Loan to Value, kontrolliert wird.

I. R. d. Verhandlung der Finanzkennzahlen sollte der Fokus aus Sicht des Kreditnehmers nicht nur auf den einzelnen Werten bzw. Quoten liegen. Vielmehr sollte auch die Berechnung der einzelnen Kennziffern unter die Lupe genommen werden. Beispielsweise lässt sich teilweise durchsetzen, dass für die Berechnung der Finanzkennzahlen auch Gesellschafterdarlehen mit Rangrücktritt als (wirtschaftliches) Eigenkapital gelten, obwohl sie handelsbilanziell betrachtet kein Eigenkapital darstellen. Ferner sollte versucht werden, in den Kreditvertrag für den Fall der Nichteinhaltung einzelner oder sämtlicher Finanzkennzahlen einen Mechanismus zur rückwirkenden Heilung aufzunehmen. Insoweit ist es vorstellbar, dass der Gesellschafter zur Beseitigung bzw. Heilung eines Verstoßes gegen die Finanzkennzahl(en) innerhalb einer bestimmten Frist dem Kreditnehmer zusätzliche Eigenmittel zuführen kann und diese zusätzlichen Mittel rückwirkend bei der Berechnung der Finanzkennzahlen berücksichtigt werden.[1522]

Umgekehrt darf bei der Verhandlung der Finanzkennzahlen nicht aus dem Blick geraten, dass insbes. Finanzkennzahlen, die einen Bezug zum Eigenkapital haben, zumindest mittelbar zu Entnahmebeschränkungen führen. Auch insoweit sind also die Gesellschafter des Kreditnehmers frühzeitig einzubeziehen.

Schließlich ist mit den Banken abzustimmen, in welchen periodischen Abständen der Kreditnehmer die Werte der Finanzkennzahlen dem Kreditgeber mitzuteilen hat. Darüber hinaus verlangen Kreditgeber regelmäßig auch, dass die Wirtschaftsprüfer des Kreditnehmers in gewissen Zeitabständen (beispielsweise einmal im Jahr) die Einhaltung der Finanzkennzahlen bestätigen. Aus praktischer Sicht sollte daher frühzeitig mit dem jeweiligen Wirtschaftsprüfer besprochen werden, ob und in welcher Form er bereit ist, solche Bestätigungen abzugeben.

3.2.3.6.4 Rechtsfolgen von Verstößen gegen Auflagen

Verstöße gegen Auflagen und sonstige Vertragspflichten führen – sofern sie nicht geheilt werden dürfen und werden – regelmäßig zu einem Kündigungsgrund. Im Übrigen sehen Kreditverträge häufig vor, dass während der Dauer einer Vertragsverletzung ein erhöhter Zinssatz gilt.

1522 *Ruby/Seibold*, in: Hamann/Sigle, 2012, § 10 Rn. 33 m. w. N. und einem Formulierungsbeispiel.

3.2.3.7 Kündigungsgründe

Während auf unbestimmte Zeit bzw. »bis auf Weiteres« abgeschlossene Kreditverträge jederzeit ordentlich, d. h. ohne Grund und – sofern keine kürzere Frist vertraglich vereinbart wurde – unter Einhaltung einer Frist von drei Monaten, von beiden Parteien gekündigt werden können (vgl. § 488 Abs. 3 BGB), kommt bei Kreditverträgen mit einer bestimmten Laufzeit lediglich eine fristlose, außerordentliche Kündigung nach §§ 314, 490 BGB in Betracht. Das setzt allgemein nach § 314 Abs. 1 Satz 2 BGB voraus, dass »dem kündigenden Teil unter Berücksichtigung aller Umstände des Einzelfalls und unter Abwägung der beiderseitigen Interessen die Fortsetzung des Vertragsverhältnisses bis zur vereinbarten Beendigung oder bis zum Ablauf einer Kündigungsfrist nicht zugemutet werden kann«. § 490 Abs. 1 BGB konkretisiert dies insoweit, als hiernach der Darlehensgeber i. d. R. fristlos kündigen kann, »wenn in den Vermögensverhältnissen des Darlehensnehmers oder in der Werthaltigkeit einer für das Darlehen gestellten Sicherheit eine wesentliche Verschlechterung eintritt oder einzutreten droht, durch die die Rückzahlung des Darlehens, auch unter Verwertung der Sicherheit, gefährdet wird«. Diese relativ unkonkret formulierten Regelungen führen dazu, dass in vielen Fällen nur im Wege der Auslegung ermittelt werden kann, ob ein einzelner Sachverhalt einen Kündigungsgrund darstellt. Um die damit verbundenen Unsicherheiten zu minimieren und die Kündigungsgründe ggf. auszuweiten, bestimmen die Parteien in Kreditverträgen regelmäßig, welche genauen Umstände und Ereignisse – auch neben dem gesetzlichen Kündigungsrecht nach § 490 Abs. 1 BGB – einen zur außerordentlichen Kündigung berechtigenden Grund darstellen.

Hierzu gehören regelmäßig insbes.:

- **Unrichtigkeit von Zusicherungen und die Nichterfüllung von Auflagen**
  Bereits mit dieser Verknüpfung entsteht eine Vielzahl von Kündigungsgründen. Aus Sicht des Kreditnehmers sollte auch hier in der Vertragsverhandlung versucht werden, eine Einschränkung auf die Verletzung von Zusicherungen und Auflagen in wesentlicher Hinsicht zu erzielen. Damit bleibt zwar offen und auslegungsbedürftig, was als »wesentlich« zu qualifizieren ist. Für den Kreditnehmer ist dies jedoch vorteilhafter als der Verzicht auf diese Einschränkung, denn dadurch haben jedenfalls »unwesentliche« Verletzungen der Auflagen und Zusicherungen keine Konsequenzen.
- **Nichterfüllung von Zahlungsverbindlichkeiten unter dem Kreditvertrag**
  Im Kreditvertrag sollte dieser Kündigungsgrund wenigstens dahingehend eingeschränkt werden, dass er nicht eingreift, wenn die Nichtzahlung auf technischen Gründen beruht und innerhalb von wenigen Tagen (meist drei oder fünf Tagen) nachgeholt wird.[1523]
- **(Drohende) Insolvenz**
  In diesem Zusammenhang werden typischerweise Zahlungsunfähigkeit, Einstellung von Zahlungen, Verhandlungen mit Gläubigern über Zahlungsaufschübe und Vergleiche aufgrund von Zahlungsschwierigkeiten sowie Stellung eines Insolvenzantrags bzw.

1523 *Diem*, 2019, § 23 Rn. 40.

pflichtwidriges Unterlassen der Insolvenzantragsstellung als Kündigungsgrund aufgenommen.[1524] Anträge Dritter auf Eröffnung eines Insolvenzverfahrens sollten dabei nur dann einen Kündigungsgrund darstellen, wenn sie nicht innerhalb einer bestimmten Frist vom zuständigen Insolvenzgericht als unzulässig abgelehnt werden oder nicht offensichtlich unbegründet sind.

- **Cross-Default bzw. Cross-Acceleration**
  Kreditgeber sind daran interessiert, dass ihre Forderungen nicht erst nach den Forderungen anderer Gläubiger fällig werden bzw. diese ihre Forderungen gegen den Kreditnehmer nicht vorher durchsetzen können.[1525] Dementsprechend verlangen Kreditgeber häufig, zur Kündigung des Kreditvertrags bereits dann berechtigt zu sein, wenn Finanzverbindlichkeiten des Kreditnehmers (beispielsweise unter einem anderen Kreditvertrag) gegenüber Drittgläubigern nicht beglichen oder vorzeitig fällig gestellt werden können (sog. Cross-Default-Klausel). Entsprechend dieser Formulierung liegt bereits dann ein Kündigungsgrund vor, wenn andere Gläubiger zur vorzeitigen Fälligstellung oder Kündigung berechtigt sind, ohne dass von diesen Möglichkeiten bereits Gebrauch gemacht worden sein muss. Aus Sicht des Kreditnehmers sollte dementsprechend – wenn möglich, zumindest wenn der Kreditnehmer über eine gute Bonität verfügt – eine Formulierung in den Kreditvertrag Eingang finden, der zufolge die Kündigung erst dann möglich ist, wenn andere Kreditgeber bzw. Gläubiger ihre Forderungen aus Finanzverbindlichkeiten auch tatsächlich vorzeitig fällig gestellt bzw. gekündigt haben (sog. Cross-Acceleration-Klausel). Solche Cross-Default- bzw. Cross-Acceleration-Klauseln sind für Kreditnehmer gefahrträchtig, da die mit ihnen einhergehende Verknüpfung der Kündigungsgründe verschiedenster Verträge quasi zur Vervielfachung oder gar Potenzierung der Kündigungsgründe führt. Aus Sicht des Kreditnehmers sollte deswegen wenigstens versucht werden, einen bestimmten Schwellenbetrag im Hinblick auf Finanzverbindlichkeiten gegenüber Drittgläubigern in die Klausel aufzunehmen, so dass eine Kündigung des Kreditvertrags ausscheidet, wenn dieser Schwellenbetrag nicht erreicht wird.
- **Kontrollwechsel (sog. Change-of-Control)**
  Regelmäßig sind für Kreditgeber die bei Vertragsabschluss bestehenden gesellschaftsrechtlichen Beteiligungsverhältnisse am Kreditnehmer eine wesentliche Grundlage für die Kreditgewährung. Dementsprechend bestehen Kreditgeber in aller Regel darauf, den Kreditvertrag kündigen zu können, wenn sich die gesellschaftsrechtlichen Beteiligungsverhältnisse zukünftig ändern. Banken ist ihr Finanzierungsengagement insoweit zu riskant, wenn Dritte maßgeblichen Einfluss auf Wohl und Wehe des Kreditnehmers haben. Insbes. für Familienunternehmen gilt es daher zu untersuchen, inwieweit sich diesbezüglich während der geplanten Finanzierung Änderungen ergeben können, beispielsweise durch eine vorweggenommene Erbfolge oder womöglich durch den Tod eines Gesellschafters. Soweit solche Ereignisse bzw. Änderungen bereits vor Abschluss des Kreditvertrags erkennbar sind, sollte dies mit den Kreditgebern frühzeitig besprochen werden. Teilweise lassen sich

1524 *Diem*, 2019, § 23 Rn. 45.
1525 *Diem*, 2019, § 23 Rn. 43; *Hinsch/Horn*, 1985, 96.

Kreditgeber darauf ein, bestimmte Personen, die später – beispielsweise i. R. d. gesetzlichen oder einer gewillkürten Erbfolge – Gesellschafter werden könnten, von einer allgemeinen **Change-of-Control**-Klausel auszunehmen, so dass insoweit kein Kündigungsgrund aufgrund der Kontrollwechselklausel eintreten kann.

3.2.3.8 Sondertilgungen

Sondertilgungen, d. h. Rückzahlungen vor Ablauf der vereinbarten Laufzeit, lassen sich in Pflichtsondertilgungen und freiwillige Sondertilgungen unterteilen.

3.2.3.8.1 Pflichtsondertilgungen

Pflichtsondertilgungen werden nach den einschlägigen Vertragsdokumentationen typischerweise beim Eintritt bestimmter Ereignisse fällig. So ist der Kreditnehmer regelmäßig verpflichtet, Erlöse aus dem Verkauf von Vermögensgegenständen des Anlagevermögens zu einer Pflichtsondertilgung einzusetzen. Abgesehen davon werden Pflichtsondertilgungen regelmäßig auch dann fällig, wenn der Kreditnehmer wegen der Beschädigung seiner Vermögensgegenstände Schadensersatz von Dritten oder Zahlungen von Versicherungen erhält. Insoweit sollte der Kreditnehmer bei der Formulierung des Kreditvertrags Wert darauf legen, dass er solche Mittel nur dann als Pflichtsondertilgung einsetzen muss, wenn er sie nicht innerhalb eines bestimmten Zeitraums für eine Wiederherstellung bzw. Reinvestition verwendet.[1526] Gelingt es dem Kreditnehmer schließlich, einen höheren freien Cashflow als für den Schuldendienst erforderlich zu erwirtschaften (sog. Excess Cashflow), sehen Kreditverträge teilweise vor, dass dieser zu einem bestimmten Prozentsatz als Pflichtsondertilgung einzusetzen ist.[1527] Die prozentuale Höhe eines solchen als Pflichtsondertilgung einzusetzenden Excess Cashflows muss insbes. bei Familienunternehmen möglichst frühzeitig mit den Gesellschaftern abgestimmt werden.

3.2.3.8.2 Freiwillige Sondertilgungen

Umgekehrt wird dem Kreditnehmer in der Vertragsdokumentation häufig das Recht eingeräumt, den Kredit vorzeitig ganz oder teilweise, ggf. in Höhe eines bestimmten Mindestbetrags, unter Einhaltung einer bestimmten Ankündigungsfrist von einigen Bankarbeitstagen zurückzuführen. In diesem Fall ist der Kreditnehmer allerdings meist zur Zahlung einer Vorfälligkeitsentschädigung an den Kreditgeber verpflichtet. Durch die Zahlung der Vorfälligkeitsentschädigung soll der Kreditgeber so gestellt werden, wie er stünde, wenn der Kredit für den ursprünglich vereinbarten Festschreibungszeitraum fortgeführt und mit den vertraglich

1526 *Ruby/Seibold*, in: Hamann/Sigle, 2012, § 9 Rn. 19.
1527 *Diem*, 2019, § 13 Rn. 3.

vereinbarten Zinsen bedient worden wäre.[1528] Die vertraglich vereinbarten Zinsen entsprechen dabei der Summe aus dem Refinanzierungszinssatz des Kreditgebers, zu dem er sich am Interbankenmarkt i. H. d. Kredits refinanziert hat, und der Marge des Kreditgebers. Dem Kreditgeber ist dementsprechend mit der Vorfälligkeitsentschädigung zum einen sein sog. Zinsmargenschaden zu ersetzen, weil er für die restliche Vertragslaufzeit seine Marge nicht erhält.[1529] Außerdem kann dem Kreditgeber ein zusätzlich zu ersetzender Zinsverschlechterungsschaden entstanden sein, der darin besteht, dass er die am Interbankenmarkt zur Refinanzierung seines Kreditengagements aufgenommenen Mittel nicht mehr oder nur zu geringeren Zinsen anlegen kann.[1530] Der BGH hat allerdings in mehreren Urteilen Grundsätze (beispielsweise zu Abzinsung und Vorteilsausgleich) aufgestellt, die bei der Berechnung der Vorfälligkeitsentschädigung zwingend berücksichtigt werden müssen.[1531] Schließlich ist zu beachten, dass die Zahlung einer Vorfälligkeitsentschädigung nicht für Fälle vereinbart werden kann, in denen der Kreditnehmer den Kredit vorzeitig zurückführt, weil er von seinem gesetzlichen Recht zur ordentlichen Kündigung des Kredits Gebrauch gemacht hat. Das hat insbes. für variabel verzinste Kredite Bedeutung, die zum Ende der laufenden Zinsperiode ordentlich gekündigt werden können (vgl. hierzu auch die Ausführungen unter 3.2.3.4).

3.2.3.9 Übertragungsklauseln im Kreditvertrag

Während in Konsortialkreditverträgen naturgemäß Regelungen enthalten sind, die es dem Kreditgeber erlauben, den Kredit auf neue Kreditgeber zu übertragen, wünschen Banken auch unter bilateralen Finanzierungen aus Gründen der Risikoverminderung zunehmend, den Kredit bzw. einen Teilbetrag davon auf andere Kreditgeber übertragen zu dürfen. Allerdings kann aus Kreditnehmersicht durchaus darüber verhandelt werden, dass grds. keine Übertragung des Kreditengagements an bestimmte Gläubigergruppen wie beispielsweise Hedgefonds oder Kreditinstitute, die mit Wettbewerbern des Kreditnehmers verbunden sind, stattfinden dürfen. Jedenfalls für Fälle, in denen der Kreditnehmer einen Kündigungsgrund verwirklicht hat, sind Banken jedoch regelmäßig nicht bereit, hierauf zu verzichten. Abgesehen von »echten« Übertragungen besteht für Banken auch die Möglichkeit, das Kreditrisiko im Wege von **Unterbeteiligungen** zu senken. Dabei stellt der Unterbeteiligte dem Kreditgeber einen Teil des Kreditbetrags als Darlehen zur Verfügung und beteiligt sich an dem Kreditrisiko des Kreditgebers. Regelmäßig wird dazu vereinbart, dass der Unterbeteiligte vom Kreditgeber nur Rückzahlung und Zinsen verlangen kann, wenn der Kreditgeber seinerseits entsprechende Zahlungen vom Kreditnehmer erhält.[1532] Zwischen dem Unterbeteiligten und dem Kreditnehmer entstehen

1528 BGH vom 01.07.1997, WM 1997, 1747, 1748; *Krepold*, in: Schimansky/Bunte/Lwowski, 2011, § 79 Rn. 67 ff.; *Diem*, 2019, § 25 Rn. 8.

1529 *Diem*, 2019, § 25 Rn. 5.

1530 *Diem*, 2019, § 25 Rn. 6.

1531 Ausführlich zu den verschiedenen Arten der Berechnung der Vorfälligkeitsentschädigung und den dabei jeweils zu beachtenden Rechtsprechungsgrundsätzen *Diem*, 2019, § 25 Rn. 10 ff.

1532 *Diem*, 2019, § 33 Rn. 31, 34.

dabei keine unmittelbaren Rechtsbeziehungen und dementsprechend ist für eine solche Unterbeteiligung regelmäßig auch keine Zustimmung des Kreditnehmers erforderlich.[1533] Gleichwohl können Unterbeteiligungen faktisch Auswirkungen auf das Kreditverhältnis haben, denn der Kreditgeber wird seine Zustimmung zu bestimmten Vertragsänderungen regelmäßig nur dann erteilen, wenn der Unterbeteiligte damit einverstanden ist.

3.2.4 Kreditsicherheiten

3.2.4.1 Grundsätzliches

Kreditgeber sind an einer umfassenden Besicherung ihrer Forderungen unter einem Kreditvertrag interessiert. Eine der i. R. v. Finanzierungsverhandlungen am meisten diskutierten Frage ist daher, welche einzelnen Sicherheiten vom Kreditnehmer und ggf. seinen Gesellschaftern sowie weiteren Gruppengesellschaften gestellt und wie diese im Einzelnen ausgestaltet werden. Im Rahmen dieses Beitrags lassen sich die rechtlichen Aspekte der Kreditsicherung jedoch nicht abschließend darstellen. Dies auch vor dem Hintergrund, dass die Praxis in den vergangenen Jahrzehnten Kreditsicherungsinstrumente stetig weiterentwickelt bzw. teilweise – wie beispielsweise die Patronatserklärung – neu erfunden hat. Nachfolgend werden daher ohne Anspruch auf Vollständigkeit die praxisrelevantesten Kreditsicherungsinstrumente (einschließlich einiger Hinweise im Hinblick auf ihre Verhandlung und vertragliche Gestaltung) dargestellt. Dabei soll es die vorangestellte Kurzdarstellung der Unterschiede zwischen Real- und Personalsicherheiten einerseits und akzessorischen bzw. nicht-akzessorischen Sicherheiten andererseits erleichtern, einen Überblick über die verschiedenen Kreditsicherungsinstrumente zu gewinnen. Schließlich wird auch auf die Rechtsfragen und Haftungsrisiken eingegangen, die sich ergeben können, wenn Tochtergesellschaften in der Rechtsform einer GmbH oder GmbH & Co. KG Sicherheiten zugunsten der Kreditgeber ihrer Mutter- oder Schwestergesellschaften gewähren. Gleichwohl lässt sich damit eine unbedingt vorzunehmende umfassende Analyse sämtlicher rechtlicher und auch steuerlicher Aspekte der Bestellung von Sicherheiten im konkreten Einzelfall nicht ersetzen.

3.2.4.2 Real- vs. Personalsicherheiten

Realsicherheiten, zu denen beispielsweise Grundpfandrechte, wie Hypothek und Grundschuld, Sicherungsübereignungen beweglicher Sachen oder Forderungsabtretungen gehören, beziehen sich stets auf konkrete Vermögensgegenstände wie beispielsweise ein Grundstück, ein Warenlager oder bestimmte Kundenforderungen. Demzufolge können lediglich diese konkreten Vermögensgegenstände verwertet werden, wenn die gesicherten Verbindlichkeiten unter

1533 *Diem*, 2019, § 33 Rn. 37.

dem Kreditvertrag nicht bedient werden. Demgegenüber ist die Haftung aus einer Personalsicherheit wie einer Bürgschaft, Garantie oder einem Schuldbeitritt insofern weitergehend, als der Sicherungsgeber grds. mit seinem gesamten Vermögen in Anspruch genommen werden kann.

3.2.4.3 Akzessorische vs. nicht-akzessorische Sicherheiten

Dagegen spielt die Unterscheidung zwischen akzessorischen Sicherungsrechten (beispielsweise Pfandrecht, Bürgschaft, Hypothek) und nicht-akzessorischen Sicherungsrechten (beispielsweise Sicherungsübereignung, Grundschuld) eine Rolle bei der Verknüpfung zwischen dem Sicherungsrecht einerseits und der gesicherten Verbindlichkeit andererseits. Akzessorische Sicherungsrechte hängen hinsichtlich Entstehung, Umfang, Durchsetzbarkeit und Untergang bereits kraft Gesetzes weitgehend von der gesicherten Verbindlichkeit ab.[1534] Beispielsweise führt die Erfüllung der gesicherten Forderung durch Bezahlung bereits kraft Gesetzes automatisch dazu, dass auch das zur Besicherung dieser Verbindlichkeit bestellte akzessorische Sicherungsrecht automatisch erlischt. Dagegen sind nicht-akzessorische Sicherungsrechte abstrakt, d. h. unabhängig und losgelöst von der gesicherten Verbindlichkeit. Die Verknüpfung zwischen gesicherter Verbindlichkeit und nicht-akzessorischem Sicherungsrecht geschieht deshalb erst durch vertragliche Regelungen auf der Basis sog. Sicherungsabreden.

3.2.4.4 Einzelne Realsicherheiten

3.2.4.4.1 Grundschuld

Sollen Grundstücke zur Kreditbesicherung dienen, werden sie regelmäßig mit einer (nicht-akzessorischen) Grundschuld belastet. Das kann mit einer Buch- oder Briefgrundschuld geschehen. Da die Kosten der Bestellung einer Briefgrundschuld höher sind und zudem die Gefahr besteht, dass der Grundschuldbrief abhanden kommt, sollte in der Praxis die Alternative der Buchgrundschuld gewählt werden.

Die Entstehung der (Buch-)Grundschuld setzt neben einer dinglichen Einigung zwischen Grundstückseigentümer und Gläubiger eine Eintragung der Grundschuld im Grundbuch voraus (§ 873 Abs. 1 BGB), die vom Grundbuchamt nur bei Vorlage einer entweder beglaubigten oder notariell beurkundeten Eintragungsbewilligung des Grundstückseigentümers vorgenommen wird.

Die teurere Variante der notariellen Beurkundung muss dann gewählt werden, wenn sich der Grundstückseigentümer in der Urkunde der sofortigen Zwangsvollstreckung unterwerfen soll

1534 Vgl. z. B. für die Bürgschaft § 767 Abs. 1 BGB.

(§ 794 Abs. 1 Nr. 5 ZPO). Damit lässt sich eine etwaige spätere Zwangsvollstreckung erheblich beschleunigen, weshalb Kreditgeber dies häufig verlangen. Dabei sollte jedoch geklärt werden, ob lediglich eine dingliche Zwangsvollstreckungsunterwerfung, die stets auf die Verwertung des Grundstücks begrenzt ist, oder darüber hinaus auch eine persönliche Unterwerfung unter die sofortige Zwangsvollstreckung erklärt werden soll. Nur mit letzterer kann auch in das gesamte, neben dem Grundstück vorhandene, weitere Vermögen vollstreckt werden. Das ist insbes. von Bedeutung, wenn die Grundschuld nicht vom Kreditnehmer, sondern beispielsweise von seinem Gesellschafter bestellt werden soll. Eine mit der Grundschuldbestellung verbundene persönliche Zwangsvollstreckungsunterwerfung des Gesellschafters hätte insoweit die Ausdehnung der potenziellen Haftungsmasse auf sein gesamtes Vermögen zur Folge. Das sollte insbes. dann beanstandet werden, wenn in bisherigen Finanzierungsverhandlungen vereinbart wurde, dass das Vermögen des Gesellschafters mit Ausnahme des Grundstücks nicht für Kreditverbindlichkeiten haftet.

Schließlich kann versucht werden, eine dingliche und ggf. persönliche Zwangsvollstreckungsunterwerfung auf einen Teilbetrag der Grundschuld zu begrenzen. Damit lassen sich die Notargebühren, die sich nach der Höhe der Grundschuld und Zwangsvollstreckungsunterwerfung richten, teilweise erheblich reduzieren.[1535]

Unabhängig von der dinglichen Einigung und Eintragung der Grundschuld ist in einer schuldrechtlichen Sicherungszweckvereinbarung insbes. zu regeln, welche genauen Verbindlichkeiten mit der Grundschuld besichert werden sollen und unter welchen Voraussetzungen die Grundschuld verwertet werden darf sowie an den Grundstückseigentümer zurückzugewähren ist. Diese Sicherungszweckerklärung kann zwar theoretisch formlos geschlossen werden; jedoch sollte dies schon aus Beweisgründen schriftlich geschehen.

3.2.4.4.2 Sicherungsübereignung

Die Sicherungsübereignung ist heute das gängige Kreditsicherungsinstrument, wenn bewegliche Gegenstände wie Warenbestände oder Maschinen zur Besicherung von Kreditverbindlichkeiten eingesetzt werden sollen. Voraussetzung für eine Sicherungsübereignung ist (wie bei jeder anderen Übereignung beweglicher Sachen) grds. eine Einigung und Übergabe der betroffenen Gegenstände (§ 929 Satz 1 BGB). Allerdings kann die Übergabe nach § 930 BGB durch ein Besitzmittlungsverhältnis (§ 868 BGB) ersetzt werden, demzufolge der Sicherungsgeber den unmittelbaren Besitz der sicherungsübereigneten Gegenstände behalten kann. Der Sicherungsgeber kann also auch weiterhin mit dem Sicherungsgut wirtschaften. Schwierigkeiten bereiten kann im Zusammenhang mit einer Sicherungsübereignung jedoch der zwingend einzuhaltende Bestimmtheitsgrundsatz. Er setzt voraus, dass auch jeder unbeteiligte Dritte bei Kenntnis von den Regelungen der Sicherungsübereignung in der Lage sein muss, die

1535 *Ruby/Seibold*, in: Hamann/Sigle, 2012, § 9 Rn. 113 f. mit Formulierungsvorschlag.

sicherungsübereigneten Gegenstände zu identifizieren und von nicht erfassten Gegenständen abzugrenzen. Ein in der Praxis vor diesem Hintergrund häufig auftretendes, wirksames Beispiel ist die Sicherungsübereignung sämtlicher Gegenstände, die sich gegenwärtig und zukünftig in einem näher zu bezeichnenden Warenlager befinden. Unwirksam wäre dagegen die Sicherungsübereignung von beispielsweise 60 % eines Warenlagers, da unklar wäre, welche einzelnen Gegenstände von der Sicherungsübereignung erfasst sind.

Schließlich ist zu beachten, dass Gegenstände, die bereits im Rahmen einer Sicherungsübereignung auf Kreditgeber übertragen und noch nicht rückübereignet wurden, nicht parallel auf weitere Gläubiger zu deren Besicherung übertragen werden können. Eine gleichzeitige Besicherung mehrerer Gläubiger mit verschiedenen Rängen scheidet – anders als bei Pfandrechten und der Grundschuld – insoweit aus. Das ist insbes. für bilaterale Finanzierungen relevant, bei denen die Kreditgeber voneinander unabhängig sind. Dagegen sind Konsortialfinanzierungen insoweit flexibler, als die Sicherheiten von einem Sicherheitentreuhänder für sämtliche Banken gehalten und verwaltet werden. Damit können auch weitere, der Finanzierung beitretende Banken gleichzeitig besichert werden.

3.2.4.4.3 Sicherungsabtretung

3.2.4.4.3.1 Grundsätzliches

Die (nicht-akzessorische) Sicherungsabtretung von Forderungen setzt – insoweit vergleichbar mit der Sicherungsübereignung von Sachen – voraus, dass sich bisheriger Gläubiger (Zedent) und neuer Gläubiger (Zessionar) über die Abtretung einigen (§ 398 BGB). Eine Übergabe der Forderung ist naturgemäß nicht möglich und auch ein sonstiges Surrogat für die Entstehung der Abtretung nicht erforderlich. Der Schuldner der abgetretenen Forderung muss der Abtretung also weder zustimmen noch Kenntnis von ihr haben. Insbes. wenn Forderungen des Zedenten (Kreditnehmers) gegen seine Kunden aus (verschiedensten) Lieferungen und Leistungen abgetreten werden, sollte der Zedent bei der Vertragsgestaltung auch darauf achten, dass die Sicherungsabtretung als sog. stille Zession gestaltet wird, d. h. den Schuldnern (Kunden des Zedenten) gegenüber grds. nicht offengelegt wird. Das hat zwar zur Folge, dass die Schuldner grds. nach wie vor mit schuldbefreiender Wirkung an den Zedenten zahlen können (vgl. § 407 Abs. 1 BGB). Solange der Zedent sich unter dem Kreditvertrag pflichtgemäß verhält, widerspricht dies jedoch nicht den Interessen des Zessionars (Kreditgebers), der den Zedent ohnehin zur Einziehung der Forderungen ermächtigt. Regelmäßig erst dann, wenn ein Kündigungsgrund unter dem Kreditvertrag eintritt oder die berechtigten Interessen des Kreditgebers dies gebieten, kann der Zessionar dem Sicherungsabtretungsvertrag zufolge die Sicherungsabtretung der Forderungen gegenüber den Kunden anzeigen bzw. vom Zedent verlangen, dies zu tun. Dagegen wird die Abtretung der Forderungen unter einer offenen Zession sofort den Schuldnern angezeigt. Kreditnehmern ist regelmäßig daran gelegen, dass die Forderungsabtretung den Kunden zunächst nicht offengelegt wird, da sie befürchten, Kunden könnten aus einer solchen Abtretung den Schluss ziehen, ihr Vertragspartner stecke in finanziellen Schwierigkeiten.

Schließlich ist – insoweit vergleichbar mit der Sicherungsübereignung – zu beachten, dass Forderungen, die bereits abgetreten wurden, nicht erneut zur Besicherung weiterer Gläubiger abgetreten werden können.

3.2.4.4.3.2 Kollision von Globalzession und verlängertem Eigentumsvorbehalt

Probleme kann die Sicherungsabtretung bereiten, wenn die abzutretenden Forderungen bereits zuvor abgetreten wurden oder später erneut abgetreten werden. Relevant kann dies in der Praxis v. a. sein, wenn der Kreditnehmer im Rahmen seines Geschäftsbetriebs von einem Lieferant Gegenstände unter verlängertem Eigentumsvorbehalt erwirbt. Dabei behält sich der Lieferant nicht nur das Eigentum an den gelieferten Sachen bis zur vollständigen Bezahlung des Kaufpreises vor, sondern ermächtigt den Abnehmer zur Weiterveräußerung der Gegenstände unter der Voraussetzung, dass zukünftige Forderungen gegen Endkunden (beispielsweise aus einem Weiterverkauf) an den Lieferanten abgetreten werden. Es kommt insoweit also zur Kollision zwischen der Abtretung des Zedenten an seinen Lieferanten i. R. d. verlängerten Eigentumsvorbehalts einerseits und der Sicherungsabtretung an den Kreditgeber andererseits. Dieses Spannungsfeld ist wie folgt aufzulösen: Grds. ist nach dem sog. Prioritätsgrundsatz nur die zeitlich zuerst erfolgte Abtretung wirksam. Eine dennoch vorgenommene zeitlich nachfolgende Abtretung geht ins Leere.[1536] Allerdings kann eine zeitlich vorhergehende Abtretung sämtlicher Forderungen im Rahmen einer Globalzession zugunsten eines Kreditgebers sittenwidrig nach § 138 BGB und deshalb unwirksam sein. Das ist nach der Rechtsprechung des BGH regelmäßig der Fall, wenn sich der Kreditgeber unter einer Globalzession sämtliche künftigen Forderungen des Kreditnehmers abtreten lässt, obwohl er weiß, dass der Kreditnehmer von seinen Lieferanten Waren praktisch nur im Rahmen eines verlängerten Eigentumsvorbehalts wird beziehen können.[1537] In diesem Fall müsse der Kreditnehmer seinem Lieferanten gegenüber die Globalzession zugunsten des Kreditgebers verschweigen bzw. ihn über diesen Umstand täuschen, um überhaupt noch an Waren kommen zu können. Insoweit verleite der Kreditgeber den Kreditnehmer zu einem späteren Vertragsbruch gegenüber den Lieferanten (Vertragsbruchtheorie). Daher sei die Globalzession aufgrund Sittenwidrigkeit nach § 138 BGB nichtig mit der Folge, dass zeitlich später folgende Abtretungen künftiger Kundenforderungen an den Warenlieferanten i. R. d. verlängerten Eigentumsvorbehalts wirksam seien.

Wirksam ist eine Globalzession zugunsten des Kreditgebers jedoch dann, wenn Forderungen, die gleichzeitig einem verlängerten Eigentumsvorbehalt unterliegen, von der Globalzession mit dinglicher Wirkung ausgenommen werden (sog. dingliche Teilverzichtsklausel).[1538] Die Standardverträge der Banken enthalten solche dinglichen Teilverzichtsklauseln.

1536 BGH vom 30.04.1959, BGHZ 30, 149, 151; BGH vom 09.06.1960, BGHZ 32, 361, 363; BGH vom 26.05.1970, WM 1970, 900, 901; BGH vom 14.07.2004, NJW 2005, 1192; *Roth/Kieninger*, in: MüKo BGB, Band 3, 2019, § 398 Rn. 151.

1537 BGH vom 30.04.1959, BGHZ 30, 149, 153; BGH vom 14.07.2004, WM 2005, 378, 379; vgl. auch *Rohe*, in: BeckOK BGB, (Stand 01.02.2019), § 398 Rn. 7.

1538 BGH vom 18.04.1991, NJW 1991, 2146, 2147; BGH vom 08.12.1998, NJW 1999, 940; BGH vom 21.04.1998, NJW 1999, 2588; *Roth/Kieninger*, in: MüKo BGB, Band 3, 2019, § 398 Rn. 146; *Rohe*, in: BeckOK BGB, (Stand 01.02.2019), § 398 Rn. 8.

3.2.4.4.3.3 Abtretungsverbote

Ferner kommt es i. R. v. Vertragsverhandlungen teilweise zu Irritationen, wenn der Kreditgeber die Abtretung von Forderungen verlangt, denen Verträge mit Abtretungsverboten zugrunde liegen. Zwar ist im Ausgangspunkt grds. die vertragliche Vereinbarung eines Abtretungsverbots möglich mit der Folge, dass dennoch vorgenommene Abtretungen dinglich unwirksam sind (vgl. § 399 Alt. 2 BGB). Allerdings ist die Abtretung einer Forderung aus einem Handelsgeschäft nach § 354a HGB trotz vereinbartem Abtretungsverbot wirksam. Dabei ist lediglich zu beachten, dass der Schuldner der abgetretenen Forderung mit schuldbefreiender Wirkung an den Zedent (Altgläubiger) leisten kann, selbst wenn er Kenntnis von der Abtretung an den Zessionar (neuen Gläubiger) hat (vgl. § 354a Satz 2 HGB, der insoweit § 407 Abs. 1 BGB verdrängt). Zahlt in einem etwaigen Verwertungsszenario also der Schuldner der abgetretenen Forderung an den Zedent statt den Zessionar, trägt der Zessionar das Durchleitungsrisiko der Zahlung. Banken verlangen deswegen teilweise, dass mit den Kunden keine Abtretungsverbote vereinbart werden.

3.2.4.4.3.4 Abtretung ausländischer Forderungen

Im Fall von Kreditnehmern, deren Geschäftsbetrieb Auslandsberührung aufweist, ist frühzeitig zu klären, ob die abzutretenden Forderungen ausländischem Recht unterliegen. Ist dies der Fall, gilt zwar nach Art. 14 Abs. 1 der Rom I-Verordnung[1539] für das Verhältnis zwischen Zedent und Zessionar aus der Übertragung einer Forderung die Rechtsordnung, die gem. der Rom I-Verordnung auf den Vertrag zwischen diesen Parteien Anwendung findet (sog. Vertragsstatut). Nach Art. 3. Abs. 1 der Rom I-Verordnung können die Parteien diese Rechtsordnung grds. frei wählen. Allerdings sieht Art. 14 Abs. 2 der Rom I-Verordnung vor, dass »das Recht, dem die übertragene Forderung unterliegt, ... ihre Übertragbarkeit, das Verhältnis zwischen Zessionar und Schuldner, die Voraussetzungen, unter denen die Übertragung dem Schuldner entgegengehalten werden kann, und die befreiende Wirkung einer Leistung durch den Schuldner« bestimmt (sog. Forderungsstatut). Im Zusammenhang mit dieser Regelung besteht nach wie vor eine Reihe von offenen Zweifels- und Streitfragen.[1540] Deshalb bestehen Kreditgeber nicht selten darauf, ausländischem Recht unterliegende Forderungen auch unter einem Sicherungsabtretungsvertrag der entsprechenden ausländischen Rechtsordnung zu übertragen. Das macht die Einbeziehung von ausländischen Rechtsberatern erforderlich und verursacht zusätzliche Kosten.

3.2.4.4.4 Verpfändung von Konten

Neben Sicherungsabtretungen von Forderungen werden in der Praxis zugunsten von Kreditgebern häufig Konten verpfändet. Dies ist begrifflich insofern unpräzise, als ein Konto nicht als

1539 Verordnung (EG) Nr. 593/2008 des Europäischen Parlaments und des Rates über das auf vertragliche Schuldverhältnisse anzuwendende Recht (Rom I) vom 17.06.2008.

1540 *Martiny*, in: MüKo BGB, Band 12, 2015, VO (EG) 593/2008 Art. 14 Rn. 1; *Ruby/Seibold*, in: Hamann/Sigle, 2012, § 10 Rn. 197 m. w. N.

solches, sondern die aus der Kontobeziehung erwachsenden Ansprüche (insbes. der Anspruch auf Auszahlung eines etwaigen Guthabens und der Anspruch auf Rechnungsabschluss) verpfändet werden. Solche Verpfändungen müssen – anders als die Sicherungsabtretung von Forderungen – der kontoführenden Bank gegenüber angezeigt werden, um wirksam zu sein. Im Zusammenhang mit der deshalb an die kontoführende Bank zu adressierenden Verpfändungsanzeige verlangen jedoch Kreditgeber häufig von Kreditnehmern auch, dafür Sorge zu tragen, dass die kontoführende Bank einen weitgehenden Verzicht auf Aufrechnungs- und Zurückbehaltungsrechte erklärt und mit ihrem aufgrund von AGB bereits entstandenen Pfandrecht hinter das Pfandrecht des Kreditgebers »im Rang zurücktritt«. Insofern sollte unbedingt vor Unterzeichnung des Kontoverpfändungsvertrags mit der kontoführenden Bank besprochen werden, ob sie zur Abgabe der geforderten Erklärungen bereit ist. Teilweise besteht bei einigen Instituten das Risiko, dass diese nicht nur die Gegenzeichnung der Erklärung ablehnen, sondern im Fall einer Verpfändung das Konto schließen.

3.2.4.4.5 Verpfändung von Gesellschaftsanteilen

Sollen Gesellschaftsanteile als Sicherheit dienen, kommen zwar theoretisch eine Verpfändung und eine Sicherungsabtretung in Betracht. Eine Abtretung hat jedoch zur Folge, dass der Kreditgeber zum Gesellschafter wird. Daran haben weder Kreditnehmer noch Kreditgeber, deren Finanzierungsengagement dann womöglich als eigenkapitalersetzendes Darlehen anzusehen wäre, Interesse. Die Praxis beschränkt sich daher auf die Verpfändung der Gesellschaftsanteile. Dabei sollte im zugrunde liegenden Verpfändungsvertrag unbedingt darauf geachtet werden, dass die mit den verpfändeten Gesellschaftsanteilen ggf. zusammenhängenden Stimmrechte stets beim Gesellschafter verbleiben.[1541] Andernfalls besteht auch insoweit die Gefahr, dass der Kreditgeber zum (faktischen) Gesellschafter wird.

Schließlich wird nicht selten die Frage virulent, an welchen Gesellschaften Geschäftsanteile verpfändet werden. Insoweit geben sich Banken häufig nicht mit den Geschäftsanteilen am Kreditnehmer zufrieden, sofern weitere Gruppengesellschaften bestehen. Insoweit kann lediglich empfohlen werden, sich mit dem Kreditgeber in den Finanzierungsverhandlungen möglichst frühzeitig abzustimmen. Schließlich ist zu berücksichtigen, dass die Verpfändung von Gesellschaftsanteilen an einer GmbH beurkundungsbedürftig ist und daher nicht zu vernachlässigende Notarkosten verursacht.

1541 *Ruby/Seibold*, in: Hamann/Sigle, 2012, § 9 Rn. 118 f. mit einem Formulierungsbeispiel.

3.2.4.5 Einzelne Personalsicherheiten

3.2.4.5.1 Bürgschaft

Die wohl bekannteste Personalsicherheit ist die (akzessorische) Bürgschaft. Sie zeichnet sich dadurch aus, dass sich der Bürge gegenüber dem Gläubiger dazu verpflichtet, für Verbindlichkeiten des Hauptschuldners, die auch bedingt sein oder erst zukünftig entstehen können, einzustehen (§ 765 BGB). Aufgrund der Akzessorietät besteht die Verpflichtung jedoch nur insoweit, als auch die gesicherte Verbindlichkeit besteht (§ 767 Abs. 1 Satz 1 BGB). Für die Erteilung der Bürgschaftserklärung verlangt das Gesetz grds. Schriftform (§ 766 Satz 1 BGB). Dieses Formerfordernis gilt allerdings nicht für Bürgschaftserklärungen, die ein Kaufmann im Rahmen seines Handelsbetriebs abgibt (§§ 350, 343 HGB). Mit §§ 770, 771 BGB räumt das Gesetz dem Bürgen zwar Leistungsverweigerungsrechte für die Fälle ein, dass der Hauptschuldner die gesicherte Verbindlichkeit anfechten (§ 770 Abs. 1 BGB) und sich der Gläubiger durch Aufrechnung gegenüber dem Hauptschuldner befriedigen kann (§ 770 Abs. 2 BGB) sowie der Gläubiger noch nicht erfolglos eine Zwangsvollstreckung gegen den Hauptschuldner betrieben hat (sog. Einrede der Vorausklage, § 771 BGB). Nach § 349 HGB steht die Einrede der Vorausklage dem Bürgen jedoch nicht zu, wenn die Bürgschaft für ihn ein Handelsgeschäft ist. Soll der Bürge sich auch in diesem Fall auf die Einrede der Vorausklage berufen können, muss dies also im Bürgschaftsvertrag eindeutig geregelt werden. Umgekehrt verlangen Kreditgeber in der Praxis jedoch häufig, dass die Einreden der §§ 770, 771 BGB zulasten des Bürgen gänzlich abbedungen werden. Aus Sicht des Bürgen sollte – insbes. wenn es sich um einen Gesellschafter handelt – versucht werden, einen Höchstbetrag für seine Verpflichtungen aus der Bürgschaft festzulegen.

3.2.4.5.2 Garantie

Die gesetzlich weitestgehend nicht geregelte Garantie unterscheidet sich von der Bürgschaft in erster Linie dadurch, dass sie nicht akzessorisch ist. D. h., der Garant verspricht gegenüber dem Gläubiger abstrakt, für einen bestimmten Leistungserfolg (beispielsweise die Zahlung eines bestimmten Betrags) einzustehen, unabhängig davon, ob die gesicherte Verbindlichkeit des Hauptschuldners überhaupt besteht oder beispielsweise mangels wirksamen Vertragsschlusses überhaupt nicht entstanden ist. Der Garant muss also stets leisten, wenn der Hauptschuldner nicht leistet, unabhängig davon, warum der Hauptschuldner nicht leistet. Auch hier sollte – insbes. wenn der Garant ein Gesellschafter des Kreditnehmers ist – versucht werden, die Garantie auf einen Höchstbetrag zu beschränken.

3.2.4.5.3 Patronatserklärung

Hinsichtlich Patronatserklärungen ist zwischen weichen und harten Patronatserklärungen zu unterscheiden.[1542]

Weiche Patronatserklärungen enthalten typischerweise die Erklärung des Gesellschafters eines Kreditnehmers, dass er mehrheitlich an der kreditnehmenden Tochtergesellschaft beteiligt ist (Beteiligungsklausel) und während der Kreditlaufzeit auch nicht beabsichtigt, diese Beteiligung zu veräußern (Absichtserklärung). Solche weichen Patronatserklärungen stellen üblicherweise lediglich moralisch-verpflichtende Good-Will-Erklärungen dar, aus denen keine rechtlich durchsetzbare Verbindlichkeit des Gesellschafters erwächst, die der Kreditgeber durchsetzen könnte.[1543] Dies sollte jedoch zur Vermeidung künftig auftretender Auslegungs- und Zweifelsfragen auch ausdrücklich klargestellt werden.

Demgegenüber können sich aus einer harten Patronatserklärung durchaus rechtsverbindliche und durchsetzbare Pflichten des Gesellschafters ergeben. In ihnen verpflichtet sich der Gesellschafter typischerweise entweder im Innenverhältnis zu seiner Tochtergesellschaft oder im Außenverhältnis zum Kreditgeber, seine Tochtergesellschaft während der Kreditlaufzeit derart zu leiten und finanziell auszustatten, dass sie zur Erfüllung ihrer Verbindlichkeiten in der Lage ist (Ausstattungsverpflichtungsklausel). Einzelheiten sind jedoch auch hier nicht selten unklar formuliert. Insbes. ist häufig streitig, ob der Kreditgeber tatsächlich einen Anspruch auf Erfüllung der Zusagen oder lediglich Schadensersatzansprüche für den Fall der Nichterfüllung haben soll. I. R. d. Vertragsgestaltung sollte daher besonders auf klare Formulierungen geachtet werden.

3.2.4.6 Nachrang- und Darlehensbelassungsvereinbarungen

Nachrang- und Darlehensbelassungserklärungen unterscheiden sich von den vorgenannten Kreditsicherungsinstrumenten insoweit, als dem Kreditgeber unter ihnen keine eigenständige dingliche Sicherheit eingeräumt wird. Vielmehr erklären die Gesellschafter des Kreditnehmers darin, mit ihren sämtlichen Ansprüchen gegen die Gesellschaft (z. B. also Forderungen auf Dividenden, Abfindung bei Ausscheiden, Liquidationserlös und sämtlichen Forderungen aus Gesellschafterdarlehen) hinter die Forderungen des Kreditgebers und ggf. sonstiger Fremdkapitalgeber im Rang zurückzutreten. Das hat zur Folge, dass die Gesellschafter ihre Forderungen – auch bei der Verwirklichung von Kündigungsgründen unter den zugrunde liegenden Verträgen – erst dann gegen die Gesellschaft geltend machen dürfen, wenn sämtliche vorrangigen Ansprüche des Kreditgebers bzw. sonstiger Fremdkapitalgeber vollständig erfüllt sind.[1544] Solche Nachrang-

1542 Vgl *Ruby/Seibold*, bfd Infoline, 03/2009, 19.
1543 *Ruby/Seibold*, in: Hamann/Sigle, 2012, § 9 Rn. 107.
1544 *Diem*, 2019, § 40 Rn. 50.

und Darlehensbelassungsvereinbarungen sind in der Praxis jedenfalls nicht untypisch, werden aber hinsichtlich ihres Mechanismus und Details sehr verschieden ausgestaltet. Insoweit sollten Kreditnehmer in den Verhandlungen Wert darauf legen, dass die Wirkungen der Nachrang- bzw. Darlehensbelassungserklärung nicht von Beginn der Finanzierung an, sondern erst dann eingreifen bzw. »scharf« gestellt werden, wenn bestimmte Ereignisse wie die Verwirklichung eines Kündigungsgrundes oder die Nichteinhaltung von Finanzkennzahlen eingetreten sind. Unabhängig davon müssen Kreditnehmer und ihre Gesellschafter darauf achten, dass kein genereller Ausschluss sämtlicher Zahlungen vereinbart wird. Gerade bei mittelständischen Familienunternehmen werden Ausnahmen von einem Nachrang aufgenommen werden müssen. Beispielsweise sind vor Rückführung des Fremdkapitals häufig fortlaufend Gesellschafter-Geschäftsführer zu vergüten und ggf. Mieten für Betriebsgrundstücke an Gesellschafter-Vermieter zu entrichten. Ggf. sollte auch eine Ausnahme für Ausschüttungen zur Begleichung etwaig anfallender Erbschaftsteuern aufgenommen werden. Dagegen lassen sich Banken meist nicht darauf ein, dass Gewinnausschüttungen generell von der Nachrangvereinbarung ausgenommen werden. Abgesehen davon, dass entsprechende Mittel dem Kreditnehmer nicht entzogen werden sollen, verbirgt sich dahinter häufig auch das Ziel der Bank, für Gesellschafter-Geschäftsführer einen Anreiz zu schaffen, in der Geschäftsführung zum Vorteil des Kreditnehmers – und damit mittelbar auch dem der Bank – tätig zu bleiben und hierfür – vom Nachrang auszunehmende – Vergütungen anstelle von Gewinnausschüttungen zu beziehen.

3.2.4.7 Gleichbehandlungsklauseln und Negativverpflichtungen

Auch die von Kreditgebern insbes. für schwach oder nicht besicherte Kredite häufig verlangten Gleichbehandlungsklauseln und Negativverpflichtungen begründen keine eigenständigen dinglichen Sicherheiten. Es handelt sich vielmehr um Auflagen, die den Kreditnehmer bei der Besicherung von Finanzverbindlichkeiten gegenüber Drittgläubigern einschränken (vgl. zu Auflagen auch die Ausführungen unter 3.2.3.6). Dabei verpflichten Negativverpflichtungen den Kreditnehmer dazu, zugunsten Drittgläubigern keine Sicherheiten zu gewähren. Dagegen erlauben es Gleichbehandlungsklauseln dem Kreditnehmer, Finanzverbindlichkeiten gegenüber Drittgläubigern zu besichern, sofern der Kreditnehmer seine Verbindlichkeiten gegenüber dem Kreditgeber aus dem Kreditvertrag zur gleichen Zeit in gleicher Weise und im gleichen Rang besichert. Auch wenn vor diesem Hintergrund der Kreditnehmer durch Gleichbehandlungsklauseln weniger eingeschränkt wird als durch Negativverpflichtungen, erschweren beide Auflagen die spätere Kreditaufnahme erheblich. Deshalb sollte der Kreditnehmer – sofern der Kreditgeber zu einem Verzicht auf solche Auflagen nicht bereit ist – vor Vertragsabschluss genau prüfen, ob, wann und in welcher Höhe künftig Bedarf an weiterem Fremdkapital bestehen könnte. In einem zweiten Schritt kann dann versucht werden, in die entsprechenden Auflagen Ausnahmen für die Besicherung künftiger Darlehen in Höhe eines bestimmten Schwellenwerts aufzunehmen. Unabhängig hiervon sind Negativerklärungen bzw. Gleichbehandlungsklauseln unbedingt so zu formulieren, dass sie sich u. a. nicht auf gesetzlich entstehende Sicherheiten, wie beispielsweise ein Vermieter- oder Werkunternehmerpfandrecht, und die typischerweise in den AGB von kontoführenden Banken enthaltenen Pfandrechte erstrecken. Schließlich ist der Kreditnehmer gut beraten, vor Abschluss einer neuen Finanzierung sorgfältig zu prüfen, ob unter bestehenden Finanzierungen, die neben der neuen Finanzierung erhalten bleiben sollen, bereits eine Negativerklärung oder Gleichbehandlungsklausel enthalten ist.

3.2.4.8 Risiken der Kreditbesicherung durch Tochtergesellschaften

3.2.4.8.1 Kapitalerhaltungsvorschriften des § 30 GmbHG

I. R. v. Unternehmensfinanzierungen gewähren häufig auch Tochtergesellschaften in der Rechtsform einer GmbH Sicherheiten gegenüber den Kreditgebern ihrer Mutter- oder Schwestergesellschaften (sog. Upstream- bzw. Sidestream-Sicherheiten). Das kann gegen die Kapitalerhaltungsvorschriften des § 30 GmbHG verstoßen und Haftungsrisiken insbes. für die Geschäftsführer der die Sicherheit gewährenden GmbH sowie den (auch mittelbaren) Gesellschafter begründen. Neben den aufgrund von § 30 GmbHG begründeten Risiken besteht für Geschäftsführer bei der Übernahme von Mithaftungen und der Bestellung von Kreditsicherheiten auch das – im Rahmen dieses Beitrags nicht näher erörterte – Risiko einer persönlichen Haftung aus § 64 Satz 3 GmbHG, wonach Zahlungen, die zur Zahlungsunfähigkeit führen mussten, gegenüber dem Gesellschafter grds. zu erstatten sind. Die Besicherung eigener Verbindlichkeiten durch die Gesellschaft ist hingegen im Hinblick auf § 30 GmbHG unproblematisch.

3.2.4.8.1.1 Tatbestand

Nach § 30 Abs. 1 Satz 1 GmbHG darf das zur Erhaltung des Stammkapitals erforderliche Vermögen der GmbH nicht an die Gesellschafter ausgezahlt werden, was nach allgemeiner Ansicht weit zu interpretieren ist. Insbes. deckt das Verbot der Auszahlung neben Geldleistungen auch die Bestellung von Sicherheiten und die Übernahme von Garantien und Bürgschaften ab.[1545]

Zwar ist in § 30 Abs. 1 Satz 1 GmbHG von an die Gesellschafter gerichteten Auszahlungen die Rede. Unumstritten stellt jedoch die Bestellung von Sicherheiten zugunsten eines Kreditgebers für dessen Forderungen gegen einen Gesellschafter eine mittelbare Leistung der Gesellschaft an den Gesellschafter dar, die von § 30 Abs. 1 Satz 1 GmbHG auch umfasst ist.[1546] Denn dem Gesellschafter fließt wirtschaftlich der Vorteil aus der Sicherheit dadurch zu, dass er ohne die Sicherheit entweder keinen oder nur einen Kredit zu ungünstigeren Konditionen erhalten hätte.[1547] Schließlich wird von § 30 Abs. 1 Satz 1 GmbHG auch die Bestellung von Kreditsicherheiten zugunsten des Kreditgebers von Schwestergesellschaften erfasst, sofern

1545 BGH vom 10.12.2001, ZIP 2002, 436, 438; OLG München vom 19.06.1998, GmbHR 1998, 986; KG vom 11.01.2000, NZG 2000, 479, 480; *Altmeppen*, in: Roth/Altmeppen, 2019, § 30 Rn. 85; *Mülbert*, ZGR 1995, 578 ff.; *Steinbeck*, WM 1999, 885 ff.

1546 *Fastrich*, in: Baumbach/Hueck, 2017, § 30 Rn. 61; *Ulmer/Habersack/Löbbe*, 2014, § 30 Rn. 60; *Hommelhoff*, in: Lutter/Hommelhoff, 2016, § 30 Rn. 36.

1547 *Heidinger*, in: MHLS, 2017, § 30 Rn. 110.

dies mittelbar dem gemeinsamen Gesellschafter zugutekommt oder von ihm veranlasst wird.[1548]

Allerdings sind nach § 30 Abs. 1 GmbHG Auszahlungen nur insoweit verboten, wie sie zu einer Unterbilanz führen oder eine solche vertiefen.[1549] Eine Unterbilanz liegt vor, wenn das Netto-Gesellschaftsvermögen der GmbH unter den Wert des satzungsmäßigen und im Handelsregister eingetragenen Stammkapitals sinkt. Das Netto-Gesellschaftsvermögen umfasst das Reinvermögen, bestehend aus den Aktiva, abzüglich der Verbindlichkeiten einschließlich der Rückstellungen für ungewisse Verbindlichkeiten, jedoch ohne die Rücklagen.[1550]

Offen ist damit jedoch der maßgebliche Beurteilungszeitpunkt für das Vorliegen oder die Vertiefung einer Unterbilanz. Im Zusammenhang mit der Bestellung von Sicherheiten ist insoweit unklar, ob auf den Zeitpunkt der Bestellung der Sicherheit, auf den Zeitpunkt, zu dem ihre Verwertung konkret droht oder auf den Zeitpunkt ihrer tatsächlichen Inanspruchnahme abzustellen ist.[1551] Im Hinblick auf dingliche Sicherheiten hat der BGH insoweit zuvor entschieden, dass es grds. auf den Zeitpunkt der Bestellung der Sicherheit ankomme.[1552] Doch auch wenn zu diesem Zeitpunkt die Entstehung oder Vertiefung einer Unterbilanz ausgeschlossen ist, bestehen gewisse nachlaufende Pflichten der Geschäftsführung des Sicherheitenbestellers, die Bonität bzw. Ausfallwahrscheinlichkeit des Kreditnehmers bzw. der Muttergesellschaft zu beobachten und bei Verschlechterung ggf. mit der Geltendmachung von Ausgleichsansprüchen zu reagieren. Dementsprechend ist es aus Sicht der Geschäftsführung des Sicherheitenbestellers nach wie vor wünschenswert, wenn in Sicherheitenverträge zur Reduktion persönlicher Haftungsrisiken eine Limitation Language (vgl. zur Limitation Language auch die Ausführungen unter 3.2.4.8.2.2) aufgenommen wird. Sofern dies nicht verhandelbar ist, sollte es dem Sicherheitenbesteller jedoch jedenfalls erlaubt sein, bei Bedarf bestimmte Ausgleichsansprüche gegen die Muttergesellschaft geltend zu machen. Abgesehen davon lassen die in Bezug genommenen Entscheidungen des BGH explizit offen, ob der Zeitpunkt der Sicherheitenbestellung auch bei persönlichen Sicherheiten maßgebend ist (was in der Praxis teilweise jedoch so interpretiert wird).

3.2.4.8.1.2 Rechtsfolgen

Trotz eines Verstoßes gegen § 30 Abs. 1 Satz 1 GmbHG sind Sicherheitsgewährungen der Gesellschaft im Verhältnis zum Kreditgeber grds. wirksam und können vom Kreditgeber durchgesetzt werden.[1553] Allerdings hat die Gesellschaft bei Verstößen gegen § 30 GmbHG gegen ihren Gesellschafter einen Erstattungsanspruch aus § 31 GmbHG. Daneben kommt zulasten der Geschäfts-

1548 *Schmolke*, in: Ziemons/Jaeger, BeckOK GmbHG, (Stand 01.02.2019), § 30 Rn. 91, 108 ff.

1549 *Hommelhoff*, in: Lutter/Hommelhoff, 2016, § 30 Rn. 10.

1550 BGH vom 11.05.1987, NJW 1988, 139; *Diem*, 2019, § 43 Rn. 22; *Fastrich*, in: Baumbach/Hueck, 2017, § 30 Rn. 15.

1551 Vgl. hierzu eingehend *Diem*, 2019, § 43 Rn. 26 ff.; *Fastrich*, in: Baumbach/Hueck, 2017, § 30 Rz. 59 ff.; *Lutter/Hommelhoff*, in: Lutter/Hommelhoff, 2016, § 30 Rn. 36.1.

1552 BGH vom 21.03.2017, NZG 2017, 658, 659.

1553 BGH vom 19.03.1998, NJW 1998, 2592.

führer hinzu, dass sie der Gesellschaft gegenüber persönlich zum Schadensersatz verpflichtet sind, wenn Zahlungen bzw. Sicherheitsgewährungen unter Verstoß gegen § 30 Abs. 1 geleistet wurden (selbst wenn die Geschäftsführer hierzu durch Gesellschafterbeschluss ermächtigt bzw. angewiesen wurden, vgl. § 43 Abs. 3 Satz 1, 3 GmbHG). Der Schadensersatzanspruch ist dabei nicht auf die Stammkapitalziffer begrenzt.[1554]

3.2.4.8.2 Maßnahmen zur Risikominimierung

Es stellt sich mithin die Frage, welche Maßnahmen ergriffen werden können, um Verstöße gegen § 30 Abs. 1 GmbHG und die damit verbundenen Haftungsrisiken zu minimieren.

3.2.4.8.2.1 Beherrschungs- und Gewinnabführungsvertrag

Zunächst kommt der Abschluss eines Beherrschungs- und Gewinnabführungsvertrags oder eines isolierten Gewinnabführungsvertrags in Betracht. Bei Bestehen eines solchen Unternehmensvertrags findet das Auszahlungsverbot des § 30 Abs. 1 Satz 1 GmbHG nach Satz 2 der Vorschrift keine Anwendung. Hintergrund hierfür ist, dass im Vertragskonzern ein Anspruch auf Verlustausgleich in entsprechender Anwendung von § 302 AktG besteht und der Gesetzgeber deshalb keinen Bedarf für die gläubigerschützende Kapitalerhaltung gesehen hat. Umstritten ist in diesem Zusammenhang derzeit jedoch nach wie vor, ob das Konzernprivileg entfällt, wenn das herrschende Unternehmen nicht leistungsfähig, der Verlustausgleichsanspruch somit nicht vollwertig ist.[1555] Vor diesem Hintergrund sind die Haftungsrisiken im Vertragskonzern zwar erheblich geringer, aber nicht vollständig ausgeschlossen.[1556] Abgesehen hiervon wird der Abschluss eines entsprechenden Unternehmensvertrags häufig aus praktischen Gründen nicht in Betracht kommen (z. B. bei Gesellschaften mit Sitz im Ausland und bei Personengesellschaften oder natürlichen Personen in der Gruppe).

3.2.4.8.2.2 Limitation Language

In der Praxis werden mittlerweile bei der Bestellung von Upstream- bzw. Sidestream-Sicherheiten häufig schuldrechtliche Verwertungsbeschränkungen (sog. Limitation Languages) in die Kredit- bzw. Sicherheitenverträge aufgenommen. Sie sehen typischerweise vor, dass der Sicherungsnehmer nicht zur Inanspruchnahme befugt ist, soweit dies zur Entstehung oder Vertiefung einer Unterbilanz bei der Gesellschaft führen würde.[1557] Teilweise wird alternativ zu Vorstehendem vereinbart, dass der Sicherungsnehmer die Sicherheiten zwar verwerten darf, den Verwertungserlös jedoch insoweit an den Sicherungsgeber auszukehren hat, dass das Stammkapital wieder vollständig gedeckt ist.[1558] Damit lassen sich zwar einerseits die

1554 OLG Nürnberg vom 19.04.2001, NZG 2001, 943, 944.

1555 *Schmolke*, in: Ziemons/Jaeger, BeckOK GmbHG, (Stand 01.02.2019), § 30 Rn. 155 ff.; *Altmeppen*, in: Roth/Altmeppen, 2019, § 30 Rn. 93; *Ekkenga*, in: MüKo GmbHG, 2018, § 30 Rn. 270.

1556 *Ruby/Seibold*, in: Hamann/Sigle, 2012, § 10 Rn. 64.

1557 *Diem*, 2019, § 43 Rn. 95 ff.; *Ruby/Seibold*, in: Hamann/Sigle, 2012, § 10 Rn. 65 ff. mit weitergehenden Formulierungsvorschlägen.

1558 *Diem*, 2013, § 43 Rn. 95 ff.

angesprochenen Haftungsrisiken weitestgehend minimieren. Zugleich wird andererseits naturgemäß jedoch der Wert der Sicherheit für den Kreditgeber nicht unwesentlich eingeschränkt. In den Vertragsverhandlungen sollte daher aus Kreditnehmersicht zu einem frühen Zeitpunkt klargestellt werden, dass eine entsprechende Limitation Language Eingang in die Vertragsdokumentation finden soll.

3.2.4.8.3 Kapitalerhaltungsschutz in der GmbH & Co. KG

Grds. sind Auszahlungen aus dem Vermögen der KG im Recht der Kommanditgesellschaft nicht verboten. Selbst wenn eine Einlage an einen Kommanditisten zurückbezahlt wird, führt dies nach § 172 Abs. 4 HGB zunächst »lediglich« dazu, dass seine Haftung auf die Einlage wiederauflebt.

Allerdings sind neben den Regelungen für die KG §§ 30, 31 GmbHG auf die GmbH & Co. KG vielfach entsprechend anwendbar.[1559] Ist beispielsweise die Komplementär-GmbH mit einer Kapitaleinlage an der KG beteiligt, so sinkt deren Wert bei Abfluss von KG-Vermögen. Das Vermögen der KG spielt also (mittelbar) auch für eine Unterdeckung i. S. v. § 30 GmbHG bei der Komplementär-GmbH eine Rolle.[1560] Das gilt auch dann, wenn die Komplementär-GmbH keine Kapitalbeteiligung an der KG hält. Denn für die Komplementär-GmbH besteht stets das Risiko, für Verbindlichkeiten der KG nach §§ 128, 161 Abs. 2 HGB in Anspruch genommen zu werden. Dieses Risiko erhöht sich und zugleich ist der nach einer entsprechenden Inanspruchnahme nach § 110 HGB bestehende Ersatzanspruch der Komplementär-GmbH gegen die KG wirtschaftlich weniger wert bzw. gefährdet, wenn sich die Vermögenssituation der KG verschlechtert.[1561] Im Ergebnis können daher auch Auszahlungen der GmbH & Co. KG an Kommanditisten oder an mit diesen verbundene Gesellschaften der Gruppe gegen § 30 GmbHG (analog) verstoßen und die oben für die GmbH dargestellten Haftungsfolgen auslösen.[1562] Dementsprechend wird auch in die Vertragsdokumentation von Sicherheitsgewährungen durch eine GmbH & Co. KG regelmäßig – jedoch mit gewissen Modifikationen – eine Limitation Language aufgenommen.

1559 BGH vom 19.02.1990, BGHZ 110, 342, 355 ff.; *Fastrich*, in: Baumbach/Hueck, 2017, § 30 Rn. 70.

1560 *Altmeppen*, in: Roth/Altmeppen 2019, § 30 Rn. 173.

1561 Näher hierzu *Fastrich*, in: Baumbach/Hueck, 2017, § 30 Rn. 68 f.

1562 BGH vom 29.03.1973, BGHZ 60, 324, 327; *Hommelhoff*, in: Lutter/Hommelhoff, 2016, § 30 Rn. 60; *Ruby/Seibold*, in: Hamann/Sigle, 2012, § 10 Rn. 60.

3.2.5 Alternative Finanzierungsinstrumente

3.2.5.1 Schuldscheindarlehen

3.2.5.1.1 Grundsätzliches

Schuldscheindarlehen sind seit über 100 Jahren im deutschen Markt bekannt und bieten sich auch für mittelständische Unternehmen als Alternative zum herkömmlichen Bankkredit bzw. Konsortialkredit an. Sie vereinen Merkmale sowohl klassischer Bankdarlehen als auch von Anleihen. I. d. R. werden Schuldscheindarlehen nicht unmittelbar mit den endgültigen Darlehensgebern abgeschlossen. Vielmehr tritt regelmäßig eine Bank als Vermittler auf. Diese platziert das Schuldscheindarlehen bei einem Kreis potenzieller Investoren (z. B. Banken, Versicherungen, Versorgungswerken, Kapitalverwaltungsgesellschaften). Somit muss der Darlehensnehmer Investoren nicht selbst suchen und kann zugleich den Kreis seiner Finanzierer erweitern. Zudem müssen Unternehmen im Zusammenhang mit der Aufnahme von Schuldscheindarlehen – anders als bei Anleihen – grds. kein Verkaufsprospekt erstellen. Ferner ist eine Umstellung der Bilanzierung auf IFRS nicht erforderlich.

3.2.5.1.2 Vertragsdokumentation

Die Vertragsdokumentation ist relativ schlank und umfasst i. d. R. weniger als 30 Seiten. Schuldscheindarlehen sind meist endfällig. Der Gesamtbetrag des Schuldscheindarlehens wird häufig in mehrere Tranchen mit unterschiedlicher Laufzeit (z. B. von drei, fünf und sieben Jahren) aufgespalten, v. a. um zu vermeiden, dass zu einem einzigen Zeitpunkt der gesamte Darlehensbetrag zur Rückzahlung fällig wird und refinanziert werden muss. Daneben ist die Tendenz zu beobachten, dass für jede Laufzeit sowohl eine Tranche mit einer festen als auch eine weitere Tranche mit einer variablen Verzinsung begeben wird. Während insbes. Geschäftsbanken meist Wert auf eine variable Verzinsung legen, bevorzugen Versicherungen und Pensionskassen – auch in Anbetracht ihrer »Refinanzierung« durch Kundengelder, für die sie etwa i. R. v. Lebensversicherungen ihrerseits eine feste Garantieverzinsung gewähren – festverzinsliche Tranchen. In der Umsetzung führt dies dazu, dass nicht sämtliche Tranchen in einem Schuldscheindarlehensvertrag abgebildet werden, sondern dass mehrere gleichlautende Verträge, die sich lediglich im Hinblick auf die Laufzeit und Verzinsung unterscheiden, abgeschlossen werden (bei drei verschiedenen Laufzeiten mit variabler und fester Verzinsung werden somit insgesamt sechs Verträge unterzeichnet).

Neben dem Schuldscheindarlehensvertrag wird eine sog. Zahlstellenvereinbarung meist mit der Bank, die das Schuldscheindarlehen arrangiert, abgeschlossen. Darunter übernimmt es die Bank, für ein bestimmtes Entgelt insbes. die während der Laufzeit des Darlehens fällig werdenden Zinsen vom Darlehensnehmer entgegenzunehmen und an die einzelnen Investoren zu verteilen.

3.2.5.1.3 Besonderheiten bei Finanzierungen durch Schuldscheindarlehen

Bei Finanzierungen durch Schuldscheindarlehen sind u. a. folgende Besonderheiten[1563] gegenüber dem herkömmlichen Bankkredit zu beachten:

- Zunächst erfordert eine entsprechende Finanzierung einen gewissen zeitlichen Vorlauf. Neben der Verhandlung der Vertragsdokumentation mit dem Arrangeur muss sich das Unternehmen meist in mehreren Veranstaltungen den potenziellen Investoren präsentieren. Daran schließt sich eine Frist von mehreren Wochen an, innerhalb derer sich die Investoren entscheiden, ob sie in das entsprechende Schuldscheindarlehen investieren. Erst wenn diese Frist abgelaufen und der Schuldschein platziert ist, kommt es zur Auszahlung der Darlehen.
- Dies zeigt, dass Finanzierungssicherheit im Rahmen einer Schuldscheinfinanzierung erst besteht, wenn die Platzierung erfolgt ist, es sei denn, der Arrangeur verpflichtet sich ausnahmsweise, einen bestimmten Betrag, den er dann auf die eigenen Bücher nimmt, auf jeden Fall auszuzahlen. Zudem kann es dazu kommen, dass das ursprünglich angestrebte Finanzierungsvolumen – etwa weil die potenziellen Investoren bereits Schuldscheine anderer Unternehmen gezeichnet haben – nicht zustande kommt. Insofern ist es wichtig, in Absprache mit dem Arrangeur, mit einem Schuldschein im richtigen Zeitpunkt an den Markt zu gehen.
- Außerdem sind die Investoren – anders als bei einer Konsortialfinanzierung – nicht durch vertragliche Regelungen verbunden, wonach beispielsweise bestimmte Entscheidungen durch Mehrheitsbeschluss getroffen werden können. Spätere Vertragsänderungen oder Waiver bei Verstößen gegen bestimmte Regelungen des Darlehensvertrags bedürfen daher der Zustimmung sämtlicher Investoren, was sich in der Praxis durchaus als problematisch erweisen kann. Umgekehrt kann beim Vorliegen eines Kündigungsgrundes jeder Investor individuell, d. h. unabhängig von einer etwaigen Kündigung anderer Investoren, kündigen. Folglich sollten – soweit möglich – zukünftige Änderungen insbes. im Geschäftsbetrieb des Darlehensnehmers, die sich über die Laufzeit des Schuldscheins ergeben können, in der Vertragsdokumentation antizipiert werden.
- Unter Schuldscheindarlehen können – anders als bei Konsortialfinanzierungen und sonstigen Kreditverträgen – keine revolvierenden Kreditlinien und keine Ausreichung von Avalen vereinbart werden.
- Nach der ersten erfolgreichen Platzierung des Schuldscheins können die Darlehensgeber ihre erworbenen Forderungen grds. unbeschränkt an Dritte verkaufen und übertragen. Über die Laufzeit des Schuldscheindarlehens kann es der Darlehensnehmer deswegen mit einer Vielzahl unterschiedlicher Darlehensgeber zu tun haben.

1563 Vgl. zu diesen und weiteren Besonderheiten von Schuldscheintransaktionen auch den auf der Homepage der Loan Market Association (www.lma.eu.com, Abrufdatum: 06.08.2019) abrufbaren Leitfaden zu Schuldscheindarlehen.

3.2.5.2 Factoring

3.2.5.2.1 Grundsätzliches

Factoring ist mittlerweile zu einer von mittelständischen Unternehmen häufig verwendeten alternativen Finanzierungsquelle geworden, die sich insbes. zur Betriebsmittelfinanzierung einsetzen lässt. Es zeichnet sich beim Einsatz zu Finanzierungszwecken dadurch aus, dass ein Unternehmen (Factoring-Kunde) noch nicht fällige Forderungen gegen seine Abnehmer (Drittschuldner oder Debitoren genannt) an ein Factoringunternehmen (Factor) abtritt. Der Factor zahlt hierfür sofort an den Factoring-Kunden den Nominalbetrag der abgetretenen Forderung abzüglich eines bestimmten Prozentsatzes für die Bereitstellung des Factoring (Factoring-Gebühr), Zinsen für die Inanspruchnahme der Liquidität, regelmäßig einen Sicherheitseinbehalt und Skonti, die der Debitor in Anspruch nehmen kann. Vereinfacht ausgedrückt werden damit nicht fällige Forderungen vorzeitig in Liquidität umgewandelt, worin die Finanzierungsfunktion des Factorings zum Ausdruck kommt. Dabei trägt der Factoring-Kunde grds. das Veritätsrisiko der abgetretenen Forderung, d. h. das Risiko, dass die Forderung besteht, abtretbar ist, nicht mit Einwendungen (insbes. Gewährleistungsrechten des Debitors) belastet ist und nicht durch Aufrechnung erlischt, was freilich im Einzelnen in der Vertragsdokumentation zu regeln ist[1564] (vgl. zu Abtretungsverboten und gleichwohl vorgenommenen Abtretungen auch die Ausführungen unter 3.2.4.4.3.3). Neben der angesprochenen Finanzierungsfunktion kommt dem Factoring auch eine Dienstleistungsfunktion zu, insbes. wenn der Factor das Debitorenmanagement einschließlich Mahnwesen und Inkasso übernimmt.

3.2.5.2.2 Unterschied zwischen echtem und unechtem Factoring

Abhängig davon, wer das Risiko des Zahlungsausfalls des Drittschuldners (Delkredere-Risiko) trägt, wird zwischen echtem und unechtem Factoring unterschieden. Beim unechten Factoring trägt der Factoring-Kunde das Delkredererisiko, so dass dem Factor bei Uneinbringlichkeit der Forderung der Rückgriff auf den Factoring-Kunden möglich ist.[1565] Mithin dominieren beim unechten Factoring die Elemente eines Darlehens, so dass hierauf grds. §§ 488 ff. BGB angewendet werden.[1566] Dagegen übernimmt bei dem in Deutschland weit überwiegenden echten Factoring der Factor das Delkredererisiko, weshalb nach der Rechtsprechung hierauf grds. Kaufrecht (§§ 433 ff. BGB i. V. m. § 453 BGB) Anwendung findet.[1567]

1564 *Ruby/Seibold*, in: Hamann/Sigle, 2012, § 10 Rn. 178 f. mit einem Formulierungsbeispiel.

1565 *Roth*, in: Roth/Altmeppen, 2019, § 30 Rn. 135; eingehend zum Factoring *Hagenmüller/Sommer/Brink*, 1997.

1566 BGH vom 03.05.1972, BGHZ 58, 364, 366; BGH vom 15.04.1987, BGHZ 100, 353, 358; *Busche*, in: Staudinger 2017, Einleitung zu §§ 398 ff. Rn. 152 ff.

1567 BGH vom 19.09.1977, NJW 1977, 2207, 2208; BGH vom 15.04.1987, BGHZ 100, 353, 358.

3.2.5.2.3 Unterschied zwischen offenem und verdecktem Factoring

Schließlich wird auch zwischen offenem und stillem Factoring unterschieden. Das offene Factoring zeichnet sich dadurch aus, dass das Factoring gegenüber den Debitoren angezeigt wird. Es hat grds. zur Folge, dass Zahlungen der Debitoren nur noch schuldbefreiende Wirkung entfalten, wenn sie an den Factor geleistet werden. Daher entspricht das offene Factoring mehr den Interessen des Factors als das verdeckte, den Debitoren nicht offengelegte Factoring. Bei ihm können Debitoren grds. mit schuldbefreiender Wirkung auch an den bisherigen Gläubiger der Forderung, den Factoring-Kunden, zahlen (§ 407 Abs. 1 BGB). Verdecktes Factoring wurde insbes. in der Vergangenheit und wird teilweise noch heute von Factoring-Kunden favorisiert, weil sie befürchten, Debitoren könnten aus dem Factoring den Schluss ziehen, dass der Factoring-Kunde in finanziellen Schwierigkeiten steckt. Aus ähnlichen Erwägungen bevorzugen es Factoring-Kunden teilweise, dass sie bei Nichtzahlung der Debitoren den Forderungseinzug selbst gegenüber den Debitoren übernehmen. Ist dies der Fall, sollte der Factoring-Vertrag vorsehen, dass Factoring-Kunden die abgetretenen Forderungen im Fall der Nichtzahlung wieder zurückerwerben können.

3.2.5.2.4 Vertragsdokumentation

Wesentlicher Bestandteil der Vertragsdokumentation ist typischerweise eine Rahmenvereinbarung zwischen Factor und Factoring-Kunde. In ihr werden u. a. Regelungen zu Verkauf und Abtretung der Forderungen, Kaufpreis, etwaige Limits der anzukaufenden Forderungen, Verteilung des Delkredere- und Veritätsrisikos, Weiterleitung von Zahlungseingängen, Laufzeit und Informationspflichten geregelt. Hinsichtlich des Verkaufs und der Abtretung wird dabei häufig folgender Mechanismus vorgesehen: Der Factoring-Kunde kann oder muss dem Factor bestimmte Forderungen durch Übermittlung von Details der Forderungen (Datum der Entstehung, Höhe, Schuldner etc.) zum Kauf anbieten. Der Factor kann oder muss (beispielsweise nach Bonitätsprüfung des Schuldners und innerhalb eines gewissen Limits) das Kaufangebot im Wege der Gutschrift des Kaufpreises auf einem Konto des Factoring-Kunden annehmen. Die dingliche Abtretung der Forderung erfolgt typischerweise aufschiebend bedingt auf den Ankauf der Forderung.

3.2.5.2.5 Kollisionsprobleme

3.2.5.2.5.1 Negativverpflichtung unter sonstigen Finanzierungsverträgen

Kredit- und sonstige Finanzierungsverträge enthalten häufig die Auflage, Dritten keine Sicherheiten zu bestellen (Negativverpflichtung) (vgl. dazu die Ausführungen unter 3.2.4.7). Gerade beim echten Factoring ist in der Vertragsdokumentation allerdings teilweise vorgesehen, dass der Factoring-Kunde neben den anzukaufenden Forderungen an den Factor auch von ihm nicht anzukaufende Forderungen abtritt, um die Ansprüche des Factors gegen den Factoring-Kunden zu besichern. Manche Factoring-Unternehmen verlangen auch, dass das Konto, auf das die im Rahmen des Factorings angekauften Forderungen durch die Drittschuldner bezahlt werden, zugunsten des Factoring-Unternehmens verpfändet wird. Im Hinblick auf den damit einhergehenden Verstoß gegen etwaige Negativverpflichtungen sollte dies von dem Factoring-Kunden möglichst nicht akzeptiert werden. Sind solche Klauseln unumgänglich, muss umgekehrt in Negativverpflichtungen eine Ausnahme für bestimmte, i. R. d. Factorings zu bestellende Sicherheiten aufgenommen werden.

3.2.5.2.5.2 Globalzession

Forderungen, die in der Vergangenheit unter einer Globalzession bereits an einen Kreditgeber zu dessen Besicherung abgetreten wurden, lassen sich nicht i. R. v. Factoring erneut nutzbar machen. Hintergrund ist der Prioritätsgrundsatz, demzufolge ausschließlich die zeitlich zuerst erfolgte Abtretung an den Kreditgeber wirksam ist und demnach eine etwaige zeitlich nachfolgende Abtretung an einen Factor ins Leere ginge (vgl. zum Prioritätsgrundsatz und Ausnahmen davon auch die Ausführungen unter 3.2.4.4.3.2). Dies gilt für Factoring ausnahmslos.[1568]

3.2.5.2.5.3 Verlängerter Eigentumsvorbehalt

Fraglich ist ferner, ob der Prioritätsgrundsatz auch gilt, wenn der Kreditnehmer bzw. Factoring-Kunde zunächst seine künftigen Forderungen gegen Debitoren an den Factor abtritt und später Waren unter verlängertem Eigentumsvorbehalt, d. h. unter Abtretung derselben künftigen Ansprüche zugunsten des Warenlieferanten, erwirbt. Demnach wäre die Abtretung an den Factor wirksam, wohingegen die zeitlich nachfolgende Abtretung i. R. d. verlängerten Eigentumsvorbehalts zugunsten des Warenlieferanten unwirksam wäre, so dass der Warenlieferant das Nachsehen hätte.

Die Rechtsprechung unterscheidet hier zwischen echtem und unechtem Factoring. In Fällen des unechten Factorings durchbricht sie den Prioritätsgrundsatz, indem sie auch hier – wie bei der Kollision von Globalzession zugunsten eines Kreditgebers einerseits und Warenlieferant andererseits – die Vertragsbruchtheorie anwendet (vgl. hierzu die Ausführungen zur Sicherungsabtretung unter 3.2.4.4.3). Mithin ist nur die später erfolgende Abtretung zugunsten des Warenlieferanten i. R. d. verlängerten Eigentumsvorbehalts wirksam. Den Warenlieferanten hält die Rechtsprechung also für schutzwürdiger als einen Factor, der unechtes Factoring betreibt und daher einem Geldkreditgeber vergleichbar ist.

Dagegen gilt für das echte Factoring als Kaufgeschäft der Prioritätsgrundsatz ohne Anwendbarkeit der Vertragsbruchtheorie.[1569]

1568 BGH vom 19.12.1979, BGHZ 75, 391; *Rohe*, in: BeckOK BGB (Stand 01.02.2019) § 398 Rn. 13; *Grüneberg*, in: Palandt, BGB, 2019, § 398 Rn. 39.

1569 BGH vom 19.09.1977, BGHZ 69, 254, 258; BGH vom 15.04.1987, BGHZ 100, 353, 358; vgl. auch *Rohe*, in: BeckOK BGBs (Stand 01.02.2019) § 398 Rn. 11.

3.2.5.2.6 Ausländische Forderungen und Abtretungsverbote

Auch ausländische Forderungen und Forderungen, für die ein Abtretungsverbot vereinbart wurde, lassen sich ggf. im Rahmen des Factorings nutzen. Hier sind allerdings die auch i. R. d. Sicherungsabtretung geltenden Besonderheiten zu berücksichtigen (vgl. hierzu die Ausführungen unter 3.2.4.4.3.3 und 3.2.4.4.3.4).

3.2.5.2.7 Überblick: Reverse Factoring

Zunehmender Beliebtheit erfreut sich auch das sog. Reverse Factoring. Während beim herkömmlichen Factoring Lieferanten Forderungen gegen ihre Abnehmer an den Factor verkaufen und abtreten, geht beim Reverse Factoring die Initiative zum Factoring – wie der Name andeutet – umgekehrt vom Abnehmer aus. D. h., der Abnehmer schließt mit dem Factor einen Vertrag, unter dem sich der Factor verpflichtet, die Forderungen bestimmter Lieferanten gegen den Abnehmer anzukaufen und innerhalb des ursprünglichen (meist kurzen) Zahlungsziels und ggf. unter Ausnutzung von Skonti zu begleichen. Factor und Lieferant treffen dann in einem weiteren Vertrag Regelungen über die anzukaufenden Forderungen. Da der Abnehmer die Forderungen gegenüber dem Factor – entsprechend dem wirtschaftlichen Hintergrund des Reverse Factoring – erst später als zum ursprünglich mit den Lieferanten vereinbarten Termin begleichen muss, kann er sich mit dem Reverse Factoring längere Zahlungsziele »erkaufen«. Im Hinblick darauf, dass das Reverse Factoring auf Wunsch des Kunden abgeschlossen wird, hat er allerdings regelmäßig auch sämtliche damit verbundenen Kosten zu tragen.

Reverse Factoring erfasst naturgemäß lediglich die Forderungen des Lieferanten gegen den Abnehmer, der das Reverse Factoring initiiert hat. Vor diesem Hintergrund ist es durchaus möglich, dass verschiedene Abnehmer des Lieferanten an ihn mit dem Wunsch nach Reverse Factoring herantreten. Ggf. entstehen dann mehrere Reverse Factoring-Verträge mit unterschiedlichen Regelungsmechanismen und Factoring-Unternehmen für verschiedene Abnehmer, was in der praktischen Handhabung beim Lieferanten zu erhöhtem Aufwand führen kann.

3.3 Mezzanine- und Eigenkapital von Dritten

Dr. Marc Seibold/ Dr. Georg Lauster /Dr. Andreas Grunert

Neben der »typischen« Fremdkapitalfinanzierung von Unternehmen kommt auch die Zuführung von Kapital im Wege von Mezzanine-Finanzierungen oder durch die Aufnahme neuer Gesellschafter in Betracht. Mezzanine-Finanzierungen und die Ausdehnung des Gesellschafterkreises können unterschiedliche Ursachen haben.

3.3.1 Mezzanine-Kapital

Wie der für das Zwischengeschoss von Gebäuden ursprünglich verwendete Begriff Mezzanine andeutet, werden Mezzanine Finanzierungsinstrumente rechtlich und wirtschaftlich so ausgestaltet, dass darunter zur Verfügung gestellte Mittel eine Mischform zwischen Fremd- und Eigenkapital darstellen. Vor diesem Hintergrund lässt sich mit Mezzanine-Kapital häufig die Ausstattung des Unternehmens mit »wirtschaftlichem« Eigenkapital stärken, was sich positiv auf das Rating des Unternehmens, d. h. die Beurteilung seiner Bonität insbes. durch die sonstigen Fremdkapitalgeber auswirken kann (obwohl Mezzanine-Kapital kein handelsbilanzielles Eigenkapital darstellt). Dies kann wiederum vorteilhafte Auswirkungen auf die Konditionen (auch schon bestehender) herkömmlicher Bankfinanzierungen haben und die Bereitschaft von Banken fördern, ebenfalls zusätzliche Mittel zur Verfügung zu stellen. Insofern sollte mit den typischen Fremdkapitalgebern frühzeitig abgestimmt werden, welche Anforderungen eine Mezzanine-Finanzierung erfüllen muss, damit vorstehende Ziele erreicht werden können. Es sollte also unbedingt eine Situation vermieden werden, in der relativ hoch verzinsliches Mezzanine-Kapital aufgenommen wird und sich im Nachgang – etwa weil eine vorherige Abstimmung mit den sonstigen Finanzierern unterblieben ist – herausstellt, dass die oben genannten Ziele nicht erreicht werden können.

Zu den typischen Formen der Mezzanine-Finanzierung zählen u. a. Nachrangdarlehen, Genussrechte und stille Beteiligungen. Gekennzeichnet sind Mezzanine-Finanzierungen regelmäßig durch ihre Nachrangigkeit gegenüber anderen Gläubigern insbes. in der Insolvenz, die Vorrangigkeit gegenüber dem Eigenkapital, die zeitliche Befristung der Kapitalüberlassung und beschränkte Einflussmöglichkeiten der Kapitalgeber auf die Unternehmensleitung. Vergütet wird die Überlassung des Mezzanine-Kapitals – neben möglicherweise vorgesehenen Festvergütungen (z. B. bei Nachrangdarlehen auf der Grundlage eines Festzinssatzes) – regelmäßig durch eine Gewinnpartizipation des Kapitalgebers. Dagegen lassen sich hinsichtlich der Beteiligung an einem etwaigen Verlust des Unternehmens kaum allgemeingültige Aussagen treffen. Zwar sind Darlehensgeber von Nachrangdarlehen regelmäßig nicht an einem etwaigen Verlust beteiligt. Doch insbes. bei Genussrechten und stillen Gesellschaften finden sich in der Finanzierungspraxis Modelle sowohl mit als auch ohne Beteiligung der Kapitalgeber am Verlust des Unternehmens.

Generell kann jedoch festgehalten werden, dass mit steigendem Risiko der Kapitalüberlassung auch die Einflussmöglichkeiten der Kapitalgeber auf die Unternehmensleitung, beispielsweise durch Informations- und Kontrollrechte sowie Zustimmungsvorbehalte zu bestimmten Geschäften, zunehmen. Ob und in welchem Umfang dies von dem Unternehmen und seinen Gesellschaftern akzeptiert wird, ist gegenüber den Vorteilen einer Mezzanine-Finanzierung abzuwägen.

3.3.2 Eigenkapital

Eigenkapital, das von einem (Finanz-)Investor zur Verfügung gestellt werden soll, lässt sich einem Unternehmen insbes. zuführen, indem der Investor zum Mitgesellschafter des Unternehmens wird. In der Regel wird dies durch eine **Kapitalerhöhung** umgesetzt. Wenn der Investor hingegen Anteile von den bisherigen Gesellschaftern erwirbt, fließen der Gesellschaft keine Mittel zu. Das zusätzliche Eigenkapital stellt der Kapitalgeber als neuer Gesellschafter in Form von echtem Stammkapital und häufig zusätzlich in Form von Zuzahlungen in die Kapitalrücklage zur Verfügung.

BEISPIEL

Soll der Investor beispielsweise an einer GmbH mit einem Stammkapital von 90.000 € und einem Unternehmenswert von 10.000.000 € i. H. v. 10 % beteiligt werden, so muss er im Rahmen einer Kapitalerhöhung auf 100.000 € nicht nur 10.000 € für den Nominalwert der neuen Geschäftsanteile in der entsprechenden Höhe aufwenden, sondern darüber hinaus auch 990.000 € in die Kapitalrücklage der GmbH einzahlen. Das verdeutlicht, wie wichtig es ist, vor der Transaktion ein Einverständnis über den Wert des Unternehmens ggf. durch eine Unternehmensbewertung zu erzielen.

Da der Investor vollwertiger Gesellschafter wird und damit sämtliche Rechte und Pflichten eines Gesellschafters erwirbt, hat er entsprechend umfassende Mitsprache- und Mitwirkungsrechte. Daher unterscheidet sich die Aufnahme eines neuen Gesellschafters fundamental von der Aufnahme von Fremdkapital. Von den entsprechenden Mitsprache- und Mitwirkungsrechten wird er vor dem Hintergrund, dass er das Risiko eingeht, das eingesetzte Kapital ggf. komplett zu verlieren, ohne dieses Risiko besichern oder auf Dritte abwälzen zu können, auch Gebrauch machen wollen.

Für Gesellschafter von Familienunternehmen stellt sich daher die zentrale Frage, ob sie bereit sind, ihre Alleineigentümerstellung aufzugeben, mit der Folge, dass zukünftig ein externer Dritter als Gesellschafter die damit verbundenen Rechte hat.

Hintergrund für die Aufnahme eines neuen Gesellschafters können verschiedene Beweggründe und strategische Ziele sein, die bei der Umsetzung beachtet und geregelt werden müssen. Stehen beispielsweise die Erschließung einer Finanzierungsquelle und ggf. der Zugriff auf das Knowhow bzw. die Kontakte des Investors im Vordergrund, sollte dem bisherigen Gesellschafter unbedingt ein Vorkaufsrecht im Fall der Veräußerung von Anteilen durch den Investor eingeräumt werden. Damit kann sichergestellt werden, dass der bisherige Alleingesellschafter die Anteile des Investors bei dessen Exit wieder zurückerwerben kann und sich nicht Dritte – in deren Person die Voraussetzungen, die Grund für die Aufnahme des Investors waren, nicht erfüllt sind – als Mitgesellschafter aufdrängen lassen muss. Auf eine harte Vinkulierung wird sich ein Investor hingegen nicht einlassen, denn sein Geschäftsmodell beruht darauf, dass er die Anteile nach wenigen Jahren wieder veräußert.

Anders stellt sich die Situation dar, wenn Familienunternehmen ein Generationenwechsel bevorsteht und innerhalb der Familie kein Nachfolger zur Verfügung steht. Insoweit kann die Aufnahme eines Investors als Mitgesellschafter ein erster Schritt in der Nachfolgeplanung sein. Insbes. wenn der bisherige Gesellschafter zeitnah selbst aus der Gesellschaft aussteigen möchte, muss er jedoch die Möglichkeit haben, seine Gesellschaftsanteile gleichzeitig bzw. gemeinsam mit dem Investor zu verkaufen, falls dieser – ggf. früher als erwartet – seinen eigenen Exit durchführen möchte. In diesen Fällen sollten deshalb Mitverkaufsrechte für die Altgesellschafter vereinbart werden. Umgekehrt wird der Investor häufig auf die Vereinbarung von Mitverkaufspflichten für die Altgesellschafter Wert legen. Hintergrund ist, dass am Markt regelmäßig 100 % der Anteile besser verkauft werden können als lediglich ein Teil davon.

Festgehalten werden kann hiernach, dass die Motive für die Aufnahme eines Investors als Mitgesellschafter sorgfältig analysiert werden sollten, um ihnen dann in der entsprechenden Dokumentation ausreichend Rechnung tragen zu können.

3.4 Finanzierung von Familienunternehmen über den Fremdkapitalmarkt

Oliver Dreher

»Den« Kapitalmarkt gibt es letztlich nicht. Vielmehr stehen Unternehmen möglicherweise eine ganze Reihe unterschiedlicher Kapitalmärkte offen. Welcher Kapitalmarkt im Einzelfall in Frage kommt, richtet sich vor allem nach den Merkmalen und Zielen des zu finanzierenden Unternehmens, der gesuchten Finanzierung und den gesuchten Investoren.

Der Zugang zum Kapitalmarkt sollte daher gut durchdacht sein. Dies gilt insbesondere für Familienunternehmen; denn für sie kann der Gang an den Kapitalmarkt – neben den Chancen für eine noch erfolgreichere Unternehmensentwicklung – besonders einschneidende Auswirkungen haben.

Dies liegt nicht zuletzt daran, dass durch den Gang an den Kapitalmarkt grds. eine Mehrzahl an Investoren »an den Tisch« kommt. Diese Investoren erwarten – neben einer Verwirklichung ihrer Anlageziele, wie z. B. der Rendite – oft vor allem eines vom Unternehmen, in das sie investieren: Informationen.

Im Gegensatz zu börsennotierten Konzernunternehmen sind die meisten Familienunternehmen jedoch gerade nicht gezwungen »in Quartalsberichten zu denken« oder auf Hauptversammlungen eine Mehrheit für strategische Entscheidungen zu »beschaffen«. Für Familienunternehmen ist daher von großer Bedeutung, ob bzw. inwieweit sich an ihrer bisherigen Informationspolitik und unternehmerischen Freiheit durch »den Kapitalmarkt« Grundlegendes ändern könnte.

Nicht von ungefähr stellen sich daher Familienunternehmen oftmals vor allem die folgenden Fragen: »Welche Informationen zu meinem Unternehmen muss ich gegenüber Banken und Investoren zugänglich machen?« und »Inwieweit muss ich Kontrolle über meine Unternehmensführung an Banken und Investoren abgeben?«

Oftmals wird dabei fälschlicherweise »Kapitalmarkt« mit »Aktienkapitalmarkt« gleichgesetzt: Obgleich es für viele Familienunternehmen gute Gründe geben kann, an die Rechtsform einer AG (bzw. SE) und an eine etwaige Börsennotierung der eigenen Aktien zu denken, ist dies für die Mehrzahl der Familienunternehmen in der Regel kein kurz- oder mittelfristiges Ziel. Zudem sind innerhalb des Kapitalmarktes – aus nachvollziehbaren Gründen – die Informations- und Kontrollanforderungen bei Eigenkapitalinvestoren am höchsten: Aktionäre sind schließlich Mitgesellschafter und keine bloßen Gläubiger. Im Gegensatz zu letzteren sind sie nicht nur Geldgeber, sondern »mit dem Wohl und Wehe« des Unternehmens verbunden.

Für die Mehrheit der Familienunternehmen kann jedoch gleichwohl der Kapitalmarkt von großem Interesse und Nutzen sein – und zwar in seiner Eigenschaft als »Fremdkapitalmarkt«: Für viele Familienunternehmen, die (zumindest kurz- und mittelfristig) kein Interesse an einer Börsennotierung der eigenen Anteile haben, stellt sich doch oftmals die Frage nach Fremdkapital, beispielsweise zur Unterstützung der Finanzierung größerer Investitionsmaßnahmen. Der Kapitalmarkt eröffnet eine ganze Reihe von Möglichkeiten der Fremdmittelaufnahme und kann auch in Zeiten vermeintlich »billigen« Geldes ratsam sein. Nicht zuletzt können insbesondere Familienunternehmen durch eine Mittelaufnahme über den Kapitalmarkt für sie oft relevante Ziele erreichen: erhöhte Flexibilität durch Fremdkapital bei gleichzeitiger Limitierung (oder Reduzierung) der Abhängigkeit von einzelnen, größeren Gläubigern.

Im Folgenden sollen daher einige rechtliche Aspekte der Aufnahme von Fremdkapital über den Kapitalmarkt näher beleuchtet werden.

3.4.1 Auswirkungen von Verbriefungsform und Investorenkreis

Die rechtlichen Anforderungen, die sich aufgrund einer Fremdkapitalaufnahme für das Familienunternehmen stellen, ergeben sich zunächst in zweierlei Hinsicht – der Form der Kapitalaufnahme, d. h. dem sogenannten »Verbriefungsformat«, und dem jeweiligen Investorenkreis:

1. Bereits das jeweilige »Verbriefungsformat« bedingt die Anwendbarkeit unterschiedlicher, insbesondere zivilrechtlicher Regelungskomplexe;
2. das gewählte Verbriefungsformat in Verbindung mit der hierfür typischen Investorengruppe führt wiederum zu unterschiedlichen Fragen, insbes. des Aufsichtsrechts bzw. der Bilanzierung (beim Investor).

3.4.2 Unternehmensanleihen als Inhaberschuldverschreibungen

Wenn z. B. in der Presse von »Unternehmensanleihen« die Rede ist, geht es zumeist um Wertpapiere in der Form von Inhaberschuldverschreibungen. Sie werden in Form von Urkunden begeben, die privates Recht so verbriefen, dass es ohne »Innehabung« der Urkunde nicht geltend gemacht werden kann.[1570] Darüber hinaus sind sie übertrag- und handelbar (fungibel bzw. »liquide«).

Die Form der Inhaberschuldverschreibung ist daher vor allem für solche Investoren interessant, die eine Anleihe gegebenenfalls schnell verkaufen (können) möchten und sich daneben einer möglichst praktischen Infrastruktur für das Halten und die Verwaltung der Anleihe bedienen möchten (d. h. die Verbuchung des Anleihe-Investments auf einem üblichen Depotkonto bei der Hausbank). Die »Liquidität« von Inhaberschuldverschreibungen erfordert darüber hinaus jedoch in der Praxis neben dem Wertpapierformat auch oftmals recht hohe Emissionsvolumina, um einen möglichen Handel in den Schuldverschreibungen zu gewährleisten.

Neben Privatanlegern sind es insbesondere große nationale und internationale Investmentfonds bzw. deren Fondsgesellschaften, die schon aufgrund ihrer Fondsregularien das Format einer Inhaberschuldverschreibung (und oftmals auch Mindest-Emissionsgrößen) benötigen.

3.4.2.1 Prospektrecht

Inhaberschuldverschreibungen gelten daher, wie vorstehend beschrieben, als besonders »liquide« Wertpapiere, die zumindest die Möglichkeit einer Platzierung bei einer Vielzahl von Investoren (einschließlich Privatpersonen), sowie eines regen Handels bzw. einer Börsennotierung bieten.

Diese Eigenschaften führen jedoch gleichzeitig nach der ProspektVO (EU) 2017/1129 sowie dem Wertpapierprospektgesetz (WpPG) häufig zu einer Prospektpflicht wegen eines sog. »öffentlichen Angebots« oder einer Börsennotierung: Nach Art. 1 Abs. 1 ProspektVO ist sowohl die VO als auch das WpPG auf die Erstellung, Billigung und Veröffentlichung von Prospekten für Wertpapiere, die (i) entweder »öffentlich angeboten« (ii) oder »zum Handel an einem organisierten Markt[1571] zugelassen werden sollen«, anzuwenden.

Die ProspektVO gilt inklusive ihrer Anhänge mit Mindestangaben für den in den Prospekt aufzunehmenden Inhalt sowie der Regelungen zum Aufbau des Prospekts in allen EU-Mitgliedsstaaten unmittelbar.

1570 *Sprau*, in: Palandt, BGB, 79. Aufl. 2020, § 793 Rn. 1; *Hueck/Canaris*, 1986, § 1 I.
1571 Zum Begriff vgl. Legaldefinition in Art. 2 Buchst. d ProspektVO.

Nach der ProspektVO umfasst der Terminus »Wertpapier« auch Inhaberschuldverschreibungen (zumindest mit einer Laufzeit von mindestens einem Jahr).

Der Kapitalanleger soll sich auf Grundlage des Prospekts für seine Anlageentscheidung ein zutreffendes Bild über den Emittenten und die angebotenen Wertpapiere machen können. Sobald Wertpapiere zum Handel an einem organisierten Markt zugelassen oder öffentlich angeboten werden sollen, ist daher die Erstellung eines Prospekts erforderlich (Art. 1 Abs. 1 ProspektVO).

Die Erstellung, Billigung und Veröffentlichung des Wertpapierprospekts erfolgt ebenfalls nach den Regelungen der ProspektVO und des WpPG. Der Prospekt hat in »leicht analysierbarer, knapper und verständlicher Form« sämtliche Angaben zu enthalten, so dass sich der Anleger über die wirtschaftliche Lage des Emittenten und die angebotenen Wertpapiere ein zutreffendes Urteil bilden kann, Art. 6 Abs. 2 ProspektVO. Dabei finden die allgemeinen Prospektgrundsätze der »Vollständigkeit, der Wahrheit, der Wesentlichkeit und der Aktualität sowie der Prospektklarheit« Anwendung.[1572]

Die typischen Angaben, die nach der ProspektVO sowie dem WpPG für eine Unternehmensanleihe in einem Prospekt zu machen sind, sind die Folgenden:

- Zusammenfassung (d. h. eine Kurzfassung sämtlicher folgender Bestandteile),
- Risikohinweise (bezüglich des Unternehmens sowie der spezifischen Anleihe),
- Mittelverwendung (bezüglich der Erlöse aus der Anleihebegebung),
- Beschreibung des Unternehmens,
- Finanzinformationen (bei Anleihen in der Regel zwei volle Finanzjahre/Abschlüsse),
- Angaben zum Management,
- Angaben zu wesentlichen Verträgen,
- Angaben zu Gesellschaftern und möglichen Interessenkonflikten,
- Besteuerung,
- Angaben zu den Bedingungen der Anleihe,
- Angaben zum Angebot der Anleihen,
- Sonstige »technische« Informationen.

Der Prospekt ist vor seiner Veröffentlichung von der zuständigen Aufsichtsbehörde Art. 20 ProspektVO zu billigen. Die zuständige Aufsichtsbehörde richtet sich nach Art. 31 ProspektVO. Für einen Emittenten, dessen »Herkunftsstaat« (nach der Regelung des Art. 2 Buchst. m ProspektVO) Deutschland ist, ist dies die Bundesanstalt für Finanzdienstleistungsaufsicht (BaFin).

Im Fall internationaler Angebote von Schuldverschreibungen kann der Prospekt jedoch unter bestimmten Umständen (derzeit u. a. eine Mindest-Stückelung von 1.000 €) auch von einer

1572 *Just*, in: Just/Voß/Ritz/Zeising, 2009, § 5 Rn. 9.

anderen, entsprechenden Behörde eines Mitgliedsstaats innerhalb der EU gebilligt werden, wenn die Schuldverschreibungen (unter anderem) im betreffenden, anderen Mitgliedsstaat angeboten oder börsennotiert werden sollen.

Dabei prüft die BaFin (bzw. andere zuständige Behörde) den Prospekt nicht auf seine inhaltliche Richtigkeit, sondern lediglich auf Vollständigkeit einschließlich einer Prüfung auf »Kohärenz« (Schlüssigkeit) und Verständlichkeit der enthaltenen Angaben (vgl. Art. 2 Buchst. r ProspektVO, Art. 20 Abs. 4 ProspektVO).

Für das Billigungsverfahren räumt das Gesetz der BaFin eine Prüfungsfrist von fünf, zehn bzw. zwanzig Arbeitstagen, wobei Samstage nicht als Arbeitstage gelten, ein. Ist der Prospekt vollständig, so wird die BaFin innerhalb von grds. zehn bzw. zwanzig Arbeitstagen das Ergebnis der Kohärenz- und Verständlichkeitsprüfung mitteilen. Die 20-Tage-Frist gilt nur für die erste Vorlage des Prospektentwurfs für Wertpapiere von Emittenten, deren Wertpapiere zuvor noch nicht zum Handel an einem organisierten Markt zugelassen sind bzw. noch nicht zuvor öffentlich angeboten worden sind, Art. 20 Abs. 2 und 3 ProspektVO. Ist der Prospekt unvollständig, beginnt die eigentliche Prüfungsfrist erst dann, wenn die Unvollständigkeit behoben ist. Dies kann sich in der Praxis als problematisch erweisen, da die Prüfungsfrist bei Rückfragen der BaFin jedes Mal erneut von vorn zu laufen beginnt und somit zu unliebsamen Verzögerungen führen kann.

Verläuft das Prüfungsverfahren positiv, so ergeht ein Billigungsbescheid. Der Emittent hat nach erfolgter Billigung den Prospekt bei der BaFin zu hinterlegen und sodann der Öffentlichkeit rechtzeitig vor, jedoch spätestens mit Beginn des öffentlichen Angebots oder der Zulassung der Wertpapiere zum Handel zur Verfügung zu stellen, Art. 21 ProspektVO (Veröffentlichung des Wertpapierprospekts).[1573]

Nach Art. 21 Abs. 2 ProspektVO bietet sich dabei eine Reihe von Veröffentlichungsarten an. Der Prospekt gilt als der Öffentlichkeit zur Verfügung gestellt (veröffentlicht), wenn er in elektronischer Form beispielsweise auf der Website des Emittenten veröffentlicht wird (Art. 21 Abs. 2 ProspektVO). Dabei ist jedoch erforderlich, dass der Prospekt in einer beim Aufrufen der Website leicht zugänglichen eigenen Rubrik veröffentlicht wird und als herunterladbare, druckbare Datei mit Suchfunktion ausgestattet ist (Art. 21 Abs. 3 ProspektVO).

Der Prospekt ist nach seiner Billigung zwölf Monate lang für öffentliche Angebote oder Zulassungen zum Handel an einem organisierten Markt gültig, sofern er um die nach Art. 23 ProspektVO erforderlichen, sog. Nachträge ergänzt wird (in denen maßgebliche Änderungen seit der Veröffentlichung des Prospekts mitgeteilt werden; Art. 12 Abs. 1 ProspektVO). Im Regelfall werden Unternehmensanleihen jedoch meist nur in einem relativ kurzen Zeitraum »öffent-

1573 *Ritz/Voß*, in: Just/Voß/Ritz/Zeising, 2009, § 14 Rn. 20.

lich angeboten«. Spätere Emissionen neuer Anleihen werden dann üblicherweise unter einem dann neu erstellten Prospekt angeboten. Die ständige Erstellung und Veröffentlichung von sonst erforderlichen Nachträgen ist für Unternehmen, die nur ab und an eine Anleihe begeben, wegen des damit verbundenen Aufwands in der Regel weder sinnvoll noch praktisch durchführbar. In Frage kommt dies eher für Banken, die als Teil ihres Alltagsgeschäfts täglich Anleihen oder andere Wertpapiere (z. B. Optionsscheine und Zertifikate) anbieten.

Interessant sind zudem die besonderen Möglichkeiten für Angebote von Anleihen außerhalb des Heimatstaats des emittierenden Unternehmens. Art. 24 Abs. 1 ProspektVO regelt, dass ein Prospekt (bzw. ein Nachtrag zu diesem nach Art. 23 ProspektVO), der von der BaFin als zuständige Herkunftsstaatbehörde Art. 2 Buchst. m und Art. 12 Abs. 1 ProspektVO) gebilligt worden ist, für grenzüberschreitende öffentliche Angebote bzw. Zulassungen zum Handel an einem organisierten Markt gültig ist – sog. »Europäischer Pass«. Die zuständige Behörde des Aufnahmemitgliedsstaats (Art. 2 Buchst. n ProspektVO) darf dann kein zusätzliches Billigungsverfahren vorsehen, sofern diese von der BaFin nach dem in Art. 25 ProspektVO geregelten »Notifizierungsverfahren« unterrichtet worden ist. In der Praxis spielt der Europäische Pass eine große Rolle, ergeben sich hier doch für international agierende Emittenten erhebliche Synergieeffekte (da nicht mehr für jedes einzelne Angebotsland ein eigener Prospekt zu erstellen ist). Beabsichtigt ein Emittent daher die sogenannte »Notifizierung« in einen oder mehrere Mitgliedsstaaten der EU, gilt es zunächst zu beachten, dass der Prospekt in einer in allgemeinen Finanzkreisen gebräuchlichen Sprache verfasst sein muss. In den meisten Mitgliedsstaaten (auch in Deutschland) ist dies – neben der jeweiligen Landessprache – die englische Sprache. Dem Antrag auf Notifizierung ist darüber hinaus zumeist eine Übersetzung der Zusammenfassung in die betreffende Landessprache des Aufnahmestaates (d. h. desjenigen Staates, in den notifiziert werden soll) beizufügen.

Von besonderer Bedeutung für Familienunternehmen wird letztlich auch folgender Aspekt des Prospektrechts sein:

Grds. müssen Unternehmen, die Wertpapiere (d. h. in der Praxis ihre eigenen Aktien oder Anleihen) an einem Regulierten Markt (d. h. an einem organisierten Markt, wie vorstehend erläutert) notiert haben, nicht zuletzt für Zwecke des Prospektes Abschlüsse nach dem IFRS-Regime erstellen. Insbesondere Familienunternehmen, die bislang ausschließlich Abschlüsse nach HGB erstellen, können sich daher vor praktisch äußerst umfangreiche und kostenträchtige neue Anforderungen gestellt sehen, wenn sie eine Börsennotierung für eigene Anleihen erwägen.

Die bloße Begebung einer Anleihe ohne Börsennotierung, so wie auch der Handel der eigenen Anleihe in einem anderen Börsensegment (u. a. dem sogenannten »Freiverkehr«), können diese Folge vermeiden. Diese Möglichkeiten sind daher vor allem auch für Familienunternehmen interessant.

Gleiches gilt für die Finanzierung mittels anderer Kapitalmarktinstrumente (wie Namensschuldverschreibungen und Schuldscheindarlehen, auf die im Folgenden noch eingegangen wird), deren Nutzung ebenfalls nicht notwendigerweise eine Änderung der eigenen Bilanzierung zur Folge hat.

3.4.2.2 Schuldverschreibungsgesetz

Anders als z. B. zum Darlehensrecht, gab es traditionell nur vergleichsweise wenige spezialgesetzliche Regelungen zu den zivilrechtlichen Aspekten von Schuldverschreibungen. Dies änderte sich erst 2009.

Das am 05.08.2009 in Kraft getretene »Gesetz über Schuldverschreibungen aus Gesamtemissionen« (SchVG) enthält zwei bedeutsame Regelungskomplexe für die Bedingungen einer Anleihe:
1. das »Transparenzgebot« und
2. die Möglichkeit zum Einsatz von Gläubigerversammlungen einschließlich Mehrheitsentscheidungen der Gläubiger.

Zum einen ist in § 3 SchVG das sogenannte »Transparenzgebot« verankert, wonach Anleihebedingungen eine eindeutige und klare Ermittlung des Leistungsversprechens des Schuldners ermöglichen müssen. Dabei wird auf den hinsichtlich der jeweiligen Art von Schuldverschreibungen »sachkundigen Anleger« abgestellt. Der Begriff des »sachkundigen Anlegers« wird im Gesetz nicht näher erläutert und bedarf daher der Auslegung. Dabei wird zu berücksichtigen sein, an welchen Adressatenkreis sich die jeweiligen Schuldverschreibungen richten. Aus Sicht der Emittenten von Anleihen mit komplexeren Bedingungen ist zu beachten, dass zwar Komplexität als solche nicht sanktioniert (d. h. nicht »verboten«) ist, jedoch die Bedingungen der Produkte ein entsprechendes Maß an Verständlichkeit bieten müssen – dies gilt auch, um möglichen Folgen einer Verletzung des Transparenzgebotes vorzubeugen.[1574] Auf der anderen Seite wird das im Schuldverschreibungsgesetz verankerte Transparenzgebot als eine gegenüber den §§ 305 ff. BGB (d. h. den Regelungen zu Allgemeinen Geschäftsbedingungen, vgl. nachfolgend 3.4.2.3) speziellere Regelung gesehen. Hierdurch sollte im Bereich der Anwendbarkeit des Schuldverschreibungsgesetzes letztlich eine sach- und parteiengerechtere Inhaltskontrolle von Anleihebedingungen möglich sein.

Zum anderen regelt das Schuldverschreibungsgesetz, dass die Anleihebedingungen durch die Emittentin (mit Zustimmung der Anleihegläubiger aufgrund eines Mehrheitsbeschlusses nach Maßgabe der §§ 5 ff. SchVG) nachträglich geändert werden können.

1574 Sanktionen im Falle eines Verstoßes gegen die Pflicht des § 3 sind im Schuldverschreibungsgesetz nicht geregelt. Ausweislich der Gesetzesbegründung ist jedoch an Schadensersatzansprüche aus culpa in contrahendo gem. § 311 Abs. 2 i. V. m. § 241 Abs. 2 BGB zu denken. Ferner kommt Nichtigkeit gem. § 134 BGB in Betracht.

Diese Regelung ist insbes. im Rahmen einer Restrukturierungssituation relevant. Die Anleihegläubiger können insbes. mit bestimmten Mehrheiten einer Änderung wesentlicher Inhalte der Anleihebedingungen zustimmen, einschließlich der in § 5 Abs. 3 SchVG vorgesehenen Maßnahmen. Solche Mehrheitsbeschlüsse der Anleihegläubiger sind für alle Anleihegläubiger gleichermaßen verbindlich. Ein Mehrheitsbeschluss der Anleihegläubiger, der nicht gleiche Bedingungen für alle Anleihegläubiger vorsieht, ist hingegen unwirksam, es sei denn die benachteiligten Anleihegläubiger stimmen ihrer Benachteiligung ausdrücklich zu.

Mögliche Änderungen mit Relevanz für Restrukturierungsszenarien sind beispielsweise die Anpassung von Zinssätzen oder Laufzeiten, um der Emittentin den notwendigen Spielraum für eine ordnungsgemäße Bedienung der Anleihe zu geben und damit möglichst eine ggf. unnötige und für alle Beteiligten nachteilige Insolvenz zu verhindern.

Einige vielbeachtete Sanierungsbemühungen mit Hilfe des neuen SchVG scheiterten jedoch zunächst öffentlichkeitswirksam in 2012, die Folgen beschäftigen die Gerichte bis heute.

Hintergrund war in zwei maßgeblichen Fällen insbesondere die gescheiterte Restrukturierung ausstehender Schuldverschreibungen, die – in marktüblicher Weise – jeweils von ausländischen Finanzierungstöchtern begeben und durch die deutschen Konzernmütter garantiert wurden. Wirtschaftlich in Schieflage geraten, versuchten mehrere betroffene Unternehmen im Rahmen von kurz vor Fälligkeit der Schuldverschreibungen anberaumten Gläubigerversammlungen, die den Emissionen zugrunde liegenden Anleihebedingungen nachträglich zu ändern. Ziel war insbesondere, eine Stundung der Forderungen durchzusetzen, um einen Ausfall der Anleihen zu vermeiden, der über bestehende sogenannte »Cross-Default-Klauseln« die Konzernfinanzierung insgesamt nachhaltig erschüttert hätte.

Die Unternehmen planten dabei, von den Regelungen des 2009 (also erst nach Begebung der Anleihen) in Kraft getretenen SchVG zu profitieren. Sie beabsichtigten, durch Beschluss der Gläubigerversammlung zunächst für die Anwendung des Gesetzes zu optieren und im zweiten Schritt die in § 5 SchVG normierten »Collective Action Clauses« für die Restrukturierung zu nutzen, die zum Zwecke einer Restrukturierung nachträgliche Änderungen der Anleihebedingungen (insbesondere Stundung, Sicherheitenaustausch, Debt-to-Equity Swaps) mit Wirkung für alle Anleihegläubiger durch Mehrheitsbeschluss erlauben.

§ 24 SchVG enthält eine Übergangsregelung, die es ermöglichen sollte, auch sog. »Altanleihen« (d. h. Anleihen, die vor dem Inkrafttreten des SchVG begeben wurden) in eine Restrukturierung nach dem SchVG einzubeziehen. Hierzu dient das sog. »Opt-in«, mit dem Gläubiger von Altanleihen mit qualifizierter Mehrheit entscheiden können, dass die Regelungen des SchVG auf ihre Anleihe Anwendung finden sollen.

In den beschriebenen Fällen wurden die Beschlüsse nach Erreichen des Quorums sowie der notwendigen Mehrheit angefochten. Den Antrag eines der betroffenen Unternehmen, im

Freigabeverfahren die sofortige Vollziehung des Beschlusses zu gestatten, lehnte das LG Frankfurt a. M. jedoch mit der Begründung ab, dass das SchVG nur Anwendung finde, wenn sämtliche Anleihebedingungen deutschem Recht unterliegen[1575]. Darüber hinaus entschied das LG Frankfurt a. M. im anderen betroffenen Fall, dass das SchVG schon dann keine Anwendung finde, wenn der Emittent (vorliegend die Finanzierungstochter) im Ausland ansässig sei[1576].

Beide Begründungen überraschten viele Juristen und Marktteilnehmer. Deutschem Recht unterlagen nur daher nicht »sämtliche« Anleihebedingungen, weil die sog. »Statusklausel« (wie weithin insbesondere bei Altanleihen üblich) auf das ohnehin zwingend anwendbare Gesellschafts- und Insolvenzrechtsstatut der Anleiheschuldnerin (d. h. der ausländischen Finanzierungstochter) verwies. Der Sitz im Ausland sollte zudem dem LG Frankfurt a. M. zufolge nur deshalb einer Anwendung des SchVG entgegenstehen, weil er eine Anwendung des seit 1899 geltenden Vorgängergesetzes das SchVG ausgeschlossen hätte (während das SchVG diesbezüglich keine Einschränkung enthält).

Das OLG Frankfurt a. M. ging i. R. d. durch die Emittentin erhobenen sofortigen Beschwerde mit Beschluss vom 27.03.2012 sogar noch über die Ausgangsentscheidung des LG hinaus und stellte klar, dass ein Opt-in nach § 24 SchVG nur für solche Anleihen möglich sein solle, deren Bedingungen bereits ausdrücklich die Möglichkeit nachträglicher Änderungen durch Mehrheitsbeschluss vorsehen. Anleihegläubiger von Altanleihen dürften auf die Unveränderlichkeit der Bedingungen vertrauen (Rechtsstaatsprinzip, Art. 20 Abs. 3 GG, Art. 28 Abs. 1 GG). Eine Vorlage dieser Frage beim BVerfG erwog das OLG hingegen nicht.

Unmittelbar nach diesem Urteil stellten beide betroffenen Unternehmen Insolvenzanträge, ein abweichendes Urteil des OLG Schleswig[1577] kam zu spät. Der BGH hätte beide Unternehmen wohl vor der Insolvenz bewahrt.

Mit Urteil vom 01.07.2014 (II ZR 381/13 – zu Wandel-Genussrechten) stellte der BGH klar, dass ein Opt-in grds. für Altanleihen, die deutschem Recht unterliegen, eröffnet ist. Maßgeblich sei die Zielsetzung des Gesetzgebers, die Umsetzung von Sanierungsmaßnahmen zu erleichtern, sodass es nicht darauf ankommen könne, ob die ursprünglichen Bedingungen Mehrheitsentscheidungen vorgesehen hätten. Solange der Rückzahlungsanspruch zum Zeitpunkt des Inkrafttretens des SchVG noch nicht fällig sei, handele es sich zudem weder um eine echte noch um eine unechte Rückwirkung, das Rechtsstaatsprinzip sei daher nicht verletzt. Auch überwiege das Sanierungsinteresse regelmäßig dem Blockadeinteresse einzelner Gläubiger und deren Interesse an unveränderlichen Bedingungen. Die Vorschriften des SchVG seien daher zum Zwecke der Unternehmenssanierung entsprechend dem Willen des Gesetzgebers, der

1575 LG Frankfurt vom 27.03.2012, ZIP 2011, 2306.
1576 LG Frankfurt vom 23.01.2012, ZIP 2012, 474.
1577 OLG Schleswig vom 10.12.2013, WM 2014, 744.

insoweit vorrangig sei, weit auszulegen[1578]. Die Verbindung von Opt-in-Beschluss und Änderung der Anleihebedingungen in einer Versammlung sei vor diesem Hintergrund ebenfalls möglich.

Auch nach dieser weitreichenden Entscheidung bleiben für die Praxis jedoch noch zahlreiche Fragen ungeklärt, etwa die Behandlung von Anleihen, deren Klauseln teilweise ausländischem Recht unterliegen, die Reichweite der Kompetenzen der Gläubigerversammlung oder die Behandlung virtueller Gläubigerversammlungen.

3.4.2.3 AGB-Kontrolle

In einem Urteil,[1579] wonach eine Klausel zur Änderung von Emissionsbedingungen bei offensichtlichen Fehlern nach § 308 Nr. 4 BGB unwirksam ist, hat der BGH explizit festgestellt, dass Anleihebedingungen Allgemeine Geschäftsbedingungen (AGB) sind und somit wie Allgemeine Geschäftsbedingungen allgemein, ungeachtet der eingeschränkten Einbeziehungskontrolle, einer gerichtlichen Inhaltskontrolle unterliegen. Die Frage, ob Anleihebedingungen als Allgemeine Geschäftsbedingungen anzusehen sind und einer richterlichen Inhaltskontrolle unterliegen, war bisher nicht unumstritten und wird immer noch kritisch gesehen.

Die Anwendbarkeit der Regelungen der §§ 305 ff. BGB auf Emissionsbedingungen soll verhindern, dass der Emittent die Vertragsfreiheit für sich allein in Anspruch nimmt und kann damit dem Verbraucherschutz dienen. Problematisch ist allerdings, dass sich das Rechtsverhältnis zwischen der Emittentin einer Inhaberschuldverschreibung und den Anleihegläubigern einer von ihr begebenen Inhaberschuldverschreibung in einer Reihe von Aspekten deutlich von dem üblichen Vertragsverhältnis zwischen dem Verwender von Allgemeinen Geschäftsbedingungen und seinen Kunden unterscheidet. Besonders deutlich wird dies bei der Frage der Identität der Kunden bzw. Anleihegläubiger.

Eine Emission von Inhaberschuldverschreibungen wird i. d. R. an eine Vielzahl von Investoren veräußert und entsprechend von einer Vielzahl an Investoren gehalten. Hinzu kommt, dass viele Schuldverschreibungen in einem aktiven Sekundärmarkt gehandelt werden und sich hierdurch die Zusammensetzung der Anleihegläubigerschaft stetig ändert. Der Emittentin ist es nicht möglich, die Identität und Zusammensetzung dieser Gesamtheit an Gläubigern zu kennen oder gar zu kontrollieren. Es ist der Emittentin daher auch nicht möglich, abzusehen, ob und in welchem Umfang eine von ihr begebene Anleihe von Personen gehalten (werden) wird, die i. S. d. §§ 305 ff. BGB als Verbraucher qualifizieren.

1578 RegE aus 2009, BT.-Drs. 16/12814.
1579 BGH vom 30.06.2009, XI ZR 364/08.

Folgt man der grundsätzlichen Anwendung der §§ 305 ff. BGB, entsteht durch die Rechtsnatur und den darauf aufbauenden Handel mit den betreffenden Inhaberschuldverschreibungen die paradoxe Situation, dass die Vorschriften der §§ 305 ff. BGB

- gleichzeitig auf einen Teil der Inhaberschuldverschreibungen Anwendung finden (nämlich auf den von Verbrauchern gehaltenen Teil), während sie für einen anderen Teil der Emission nicht gelten (nämlich den Teil, der von institutionellen Anlegern gehalten wird, die nicht als Verbraucher einzustufen sind), und
- ggf. bezogen auf ein und dieselbe Schuldverschreibung an einem Tag Anwendung finden (zu diesem Zeitpunkt werden sie von einem Verbraucher gehalten) und am nächsten Tag wieder nicht (zu diesem Zeitpunkt befinden sie sich im Bestand eines institutionellen Investors).

Wie bereits im vorhergehenden Abschnitt zum Thema ausgeführt, wird jedoch das im Schuldverschreibungsgesetz verankerte Transparenzgebot als eine gegenüber den §§ 305 ff. BGB speziellere Regelung gesehen. Hierdurch sollte im Bereich der Anwendbarkeit des Schuldverschreibungsgesetzes letztlich eine sach- und parteiengerechtere Inhaltskontrolle von Anleihebedingungen möglich sein.

3.4.2.4 Produktinformationsblätter (PIB)

Neben dem bereits angesprochenen Wertpapierprospekt sind unter Umständen weitere Dokumente zur Unternehmensanleihe zu erstellen. Insbesondere im Hinblick auf Privatanleger, die Wertpapiere oft auf Grundlage einer Anlageberatung (z. B. durch ihre Hausbank) erwerben, ist das sogenannte Produktinformationsblatt (auch »PIB« genannt), von besonderer Bedeutung.

Gem. § 64 Abs. 2 WpHG ist Privatkunden i. R. d. Anlageberatung vor dem Abschluss eines Geschäftes das angesprochene Informationsblatt auszuhändigen, sollte nach der sog. PRIIPs-VO (EU) 1286/2019 kein Basisinformationsblatt erstellt werden müssen. (Die PRIIPs-VO ist vor allem auf sog. derivative Wertpapiere, wie Optionsscheine und Zertifikate, anzuwenden.) Das Informationsblatt soll verständliche Informationen über das empfohlene Finanzinstrument enthalten. Die Angaben dürfen weder unrichtig noch irreführend sein und müssen mit dem Prospekt vereinbar sein. Diese gesetzlichen Vorgaben werden durch eine Verordnung konkretisiert.[1580] Demnach sollen u. a. Art, Funktionsweise und Risiken näher erläutert werden. Maßstab der Darstellung ist die Verständlichkeit für den angesprochenen Kundenkreis. Dabei darf bei typischen Unternehmensanleihen ein Umfang von einer DIN-A4-Seite i. d. R. nicht überschritten werden.

1580 Verordnung zur Konkretisierung der Verhaltensregeln und Organisationsanforderungen für Wertpapierdienstleistungsunternehmen (WpDVerOV).

Nach § 120 Abs. 8 Nr. 38 WpHG ist die unterlassene bzw. fehlerhafte Aushändigung des Informationsblattes eine Ordnungswidrigkeit, welche mit einer Geldbuße bis zu 5 Mio. € geahndet wird. Gegenüber juristischen Personen kann sogar eine Geldbuße i. H. v. 10 % des Gesamtumsatzes im vorangegangenen Geschäftsjahr verhängt werden (§ 120 Abs. 20 WpHG). Weiterhin bietet ein unrichtiges oder unvollständiges Informationsblatt dem Anleger im Haftungsprozess prozessuale Vorteile, da dann eine Beweislastumkehr eingreift.[1581] Schließlich kann ausweislich der Gesetzesbegründung die fehlerhafte Beratung zu Haftungsansprüchen aus § 823 Abs. 2 BGB führen.[1582]

In der Praxis verlangt der Vertrieb oft von den Emittenten, die Informationsblätter gemeinsam mit dem Prospekt zu erstellen. Dies kann, je nach den Umständen des Einzelfalles, zu haftungsrechtlichen Konsequenzen auch für den Emittenten führen.

3.4.3 Schuldscheindarlehen und Namensschuldverschreibungen

3.4.3.1 Namensschuldverschreibungen

Anstelle einer Inhaberschuldverschreibung können Unternehmen auch eine Namensschuldverschreibung begeben.

Namensschuldverschreibungen können (wie auch das weiter nachfolgend noch beschriebene Schuldscheindarlehen) insbesondere für Familienunternehmen von besonderem Interesse sein. Dies liegt zum einen an den rechtlichen Anforderungen, die einige signifikante Unterschiede zu Inhaberschuldverschreibungen aufweisen, sowie zum anderen an den besonderen Investorenkreisen, die mit diesem Instrument angesprochen werden. Auf beide Aspekte soll im Folgenden näher eingegangen werden.

Namensschuldverschreibungen (auch »Rektapapiere« genannt) sind rechtlich gesehen sogenannte »Wertpapiere im weiteren Sinne«.[1583] Sie werden in Form einer Urkunde begeben, die (im Unterschied zu angesprochenen Inhaberschuldverschreibung) auf einen namentlich bestimmten Inhaber ausgestellt wird und die maßgeblichen Bestimmungen hinsichtlich des Schuldversprechens des Emittenten enthält.

Die Übertragung einer Namensschuldverschreibung (bzw. der daraus für den Anleihegläubiger erwachsenden Rechte) erfolgt durch Abtretung gem. § 398 BGB. Der Erwerber der verbrieften Forderung wird Eigentümer der Urkunde – insofern folgt gem. § 952 BGB »das Recht an dem

1581 *Müller-Christmann*, DB 2011, 751.

1582 BT-Drs. 17/3628, 21 – Gleichwohl wäre die Annahme eines Schutzgesetzes mit der Rechtsprechung des BGH zu diesem Normenkomplex wohl nicht vereinbar.

1583 *Hueck/Canaris*, 1986, § 24 VII.

Papier dem Recht aus dem Papier«.[1584] Weiterhin kann der Erwerber die Ausstellung einer neuen Urkunde auf seinen Namen verlangen, wobei in der Praxis manchmal auch alternative Vorgehensweisen in den Bedingungen der Namensschuldverschreibung festgelegt werden. Nach deutschem internationalem Privatrecht erfolgt die Übertragung der Forderungen aus der Namensschuldverschreibung nach dem Recht, das auch für die Namensschuldverschreibung gewählt wurde.

Die Übertragung im Wege der Abtretung hat einerseits die Konsequenz, dass der Erwerber den Einwendungen gegen den Rechtsvorgänger unterworfen ist (§ 404 BGB).[1585] Andererseits ist damit ein gutgläubiger Erwerb von Namensschuldverschreibungen grds. ausgeschlossen.

Der Besitz der Urkunde indiziert lediglich, dass deren Besitzer Inhaber der verbrieften Forderung ist, d. h. die Urkunde begründet nicht die materielle Legitimation.[1586] Der Besitzer der Urkunde kann die verbriefte Forderung nur dann geltend machen, wenn sie auf seinen Namen lautet oder ihm die verbriefte Forderung wirksam abgetreten wurde (Rechtsnachfolger). Dem Rechtsnachfolger obliegt der Nachweis des Übergangs.[1587] In der Praxis werden oftmals weitere praktische Übertragungsvoraussetzungen vereinbart, beispielsweise die Eintragung in ein Register oder die Übergabe der Urkunde.

3.4.3.1.1 Register

V. a. im internationalen Kapitalmarkt werden Namensschuldverschreibungen oftmals in einer Reihe mit sonstigen sogenannten »registered bonds« aus unterschiedlichen Rechtsordnungen betrachtet. Auch aus diesem Grund hat sich vielfach auch im Fall von deutschem Recht unterliegenden Namensschuldverschreibungen die Führung eines »Registers« eingebürgert.

Nach deutschem Recht ist die Einrichtung eines solchen Registers im Rahmen einer Emission von Namensschuldverschreibungen nicht zwingend erforderlich. Gleichwohl hat es sich als üblicher Weg erwiesen, um einen aktuellen Überblick über die Daten der jeweiligen Gläubiger sowie etwaiger Übertragungen zu gewährleisten – dies ist v. a. dann ein Vorteil, wenn die Emission insgesamt zu einem großen Nennbetrag erfolgt und voraussichtlich später in mehreren Teilen abgetreten werden kann; Gleiches gilt, wenn insgesamt über einen absehbaren Zeitraum eine große Zahl an Papieren emittiert werden soll.

Es bestehen keine formalen Vorgaben für die Einrichtung eines Registers, abgesehen von internen Vorgaben des Emittenten. Das Register kann durch den Emittenten selbst oder auch durch einen Dritten geführt werden. Einige bedeutende Banken im deutschen Markt erbringen

1584 *Creifelds*, 2014, »Rektapapier«.
1585 *Gehrlein*, in: Bamberger/Roth, BeckOK BGB, § 793 Rn. 2.
1586 *Gehrlein*, in: Bamberger/Roth, BeckOK BGB, § 793 Rn. 2.
1587 *Sprau*, in: Palandt, BGB, 79. Aufl., 2020, § 793 Rn. 2.

insoweit regelmäßig Dienstleistungen als »Register- und Zahlstelle«. Schließlich ist es für die rechtliche Stellung der Beteiligten bzw. die Übertragbarkeit der verbrieften Forderungen grds. unbeachtlich, wo das Register geführt wird.

Für den Verzicht auf ein Register kann sprechen, dass die Emission dadurch kostengünstiger und weniger aufwendig sein kann. In diesem Fall sollte die Dokumentation der Namensschuldverschreibung die Abrede enthalten, dass jede Abtretung dem Emittenten angezeigt werden muss, was durch entsprechende Formulare zur Forderungsübertragung gewährleistet werden kann. Wenn die (teilweise) Abtretung einer verbrieften Forderung nicht angezeigt wird, ist der Emittent nach den Vorschriften des BGB grds. vor dem Risiko geschützt, ggf. Mehrfachzahlungen leisten zu müssen. Zugleich kann der Emittent gegenüber dem alten Gläubiger gem. § 407 BGB wirksam die Kündigung oder Aufrechnung erklären, wenn ihm die Abtretung nicht angezeigt wurde. Gleichwohl hat der Emittent ohne ein Register (oder eine vergleichbare administrative Vorkehrung) weniger verlässliches Wissen um den bzw. die aktuellen Gläubiger.

3.4.3.1.2 Für Namensschuldverschreibungen relevante gesetzliche Regelungen

Für Namensschuldverschreibungen gelten die folgenden gesetzlichen Regelungen:

- **Gesetzliche Kündigungsrechte**
  Abhängig von den Umständen des Einzelfalls ist nicht auszuschließen, dass Namensschuldverschreibungen als sogenanntes »Dauerschuldverhältnis« i. S. d. § 314 BGB angesehen werden können. Dann käme den Beteiligten ein gesetzliches Kündigungsrecht bei Vorliegen eines wichtigen Grundes zu. Eine Abbedingung dieses Kündigungsrecht wäre gem. § 309 Nr. 8a BGB nicht durch Allgemeine Geschäftsbedingungen möglich.
  Grds. ist ein »wichtiger Grund« dann gegeben, wenn dem kündigenden Teil unter Berücksichtigung aller Umstände des Einzelfalls und unter Abwägung der beiderseitigen Interessen die Fortsetzung des Vertragsverhältnisses bis zur vereinbarten Beendigung oder bis zum Ablauf einer Kündigungsfrist nicht zugemutet werden kann.
  Dies wäre beispielsweise der Fall, wenn der Emittent kategorisch und ohne tragende Begründung die Erfüllung seiner Zahlungspflichten verweigert. Es ist allerdings aufgrund der Unbestimmtheit des Tatbestandes nicht kategorisierbar, in welchen sonstigen Fällen ein Gericht ggf. ein Kündigungsrecht feststellen würde (soweit § 314 BGB überhaupt grds. Anwendung findet).
  In der Praxis ist folgender Unterschied zwischen Namensschuldverschreibungen und Schuldscheindarlehen von Bedeutung (siehe dazu auch 3.4.3.2.1.2):
  Nach allgemeinem Verständnis gelten die Kündigungsrechte aus § 489 BGB, insbesondere die Kündigungsmöglichkeit des Darlehensnehmers nach zehn Jahren, nicht für die Namensschuldverschreibung. In der Praxis werden länger laufende Finanzierungen (d. h. ab zehn Jahren) auch vor diesem Hintergrund oftmals als Namensschuldverschreibung (und nicht als Schuldscheindarlehen) aufgesetzt.

- **Allgemeine Geschäftsbedingungen**
  Soweit die Emissionsbedingungen vielfach verwendete vorformulierte Vertragsbedingungen enthalten, können sie am Maßstab der §§ 305 ff. BGB zu kontrollieren sein. Dann können überraschende, unverständliche oder unangemessen benachteiligende Klauseln als unwirksam angesehen werden.
- **Schuldverschreibungsgesetz**
  Am 05.08.2009 ist das Gesetz über Schuldverschreibungen aus Gesamtemissionen (SchVG) in Kraft getreten. Nach diesem Gesetz kann eine Gläubigerversammlung Änderungen der Anleihebedingungen herbeiführen, ohne dass sämtliche Gläubiger zustimmen müssen (s. 3.4.2.2 oben eingehender zum Thema SchVG).
  Entsprechend der Gesetzesbegründung soll das Gesetz auch für Namensschuldverschreibungen gelten, die »Teil einer Gesamtemission« sind. Der Begriff der Gesamtemission wird im Gesetz selbst nicht definiert, bezieht sich aber auf § 151 StGB, § 808a BGB a. F. Demnach ist eine Gesamtemission gegeben, wenn eine große Zahl von wesentlich gleichartigen Papieren in gleicher Stückelung emittiert wird, welche gemeinsam die Namensschuldverschreibung bilden – soweit die Möglichkeit der Platzierung auf den Kapitalmärkten nicht ausgeschlossen ist. Vor diesem Hintergrund können im Einzelfall auch Namensschuldverschreibungen Teil einer Gesamtemission sein. Das gilt insbes. dann, wenn die Namensschuldverschreibungen entsprechend § 1 Abs. 1 DepotG auf den Namen einer Wertpapiersammelbank ausgestellt wurden. Sofern jedoch keine besonderen Voraussetzungen hierfür geschaffen wurden, ist davon auszugehen, dass Namensschuldverschreibungen keine Gesamtemission darstellen, wenn sie im Wege der schuldrechtlichen Abtretung übertragen werden.
  Daher ist letztlich in den allermeisten Fallkonstellationen davon auszugehen, dass das Schuldverschreibungsgesetz in der Praxis nicht auf Namensschuldverschreibungen anwendbar ist.
- **Wirksamkeit der Abtretung trotz vertraglicher Einschränkungen**
  Beachten sollten Emittenten einer Namensschuldverschreibung, dass sie zwar praktisch gesehen sicher mehr Kontrolle und Kenntnis über die Identität bzw. Zusammensetzung ihrer Gläubiger haben, als im Falle einer Inhaberschuldverschreibung; gänzlich kontrollieren können jedoch auch sie nicht, wer letztlich Forderungen gegen sie aus der Namensschuldverschreibung hält.
  Zwar ist gem. § 399 BGB eine Forderung grds. nicht abtretbar, wenn der Schuldner eine solche Abtretung vertraglich ausgeschlossen hat. Dieser Grundsatz wird jedoch in einigen praktisch bedeutsamen Situationen gesetzlich durchbrochen.
  Nach § 354a Abs. 1 HGB ist bei Abtretungen von Geldforderungen zwischen Kaufleuten das Abtretungsverbot nach § 399 BGB unbeachtlich. Eine hiervon abweichende Vereinbarung ist unwirksam. Der Schuldner kann jedoch mit befreiender Wirkung an den bisherigen Gläubiger leisten – unabhängig davon, ob er von der Abtretung weiß.[1588] Im internationalen Kapitalmarkt ist allerdings nicht immer klar, auf welche »Kaufleute« fremden Rechts die Norm anzuwenden ist.

1588 *Hopt*, in: Baumbach/Hopt, 2014, § 354a Rn. 2.

§ 354a HGB gilt jedoch nicht für Forderungen aus einem Darlehensvertrag (bzw. einer Namensschuldverschreibung), deren Gläubiger ein Kreditinstitut i. S. d. KWG ist. Sollte ein Gericht im Einzelfall zu dem Schluss kommen, dass die Norm grds. auf die betreffende Namensschuldverschreibung anzuwenden ist, hängt eine Anwendung im Einzelfall daher auch davon ab, ob ein Kreditinstitut als Gläubiger entsprechend beteiligt ist.

- **Versicherungsinvestoren**
  Aufgrund ihres Formats und der daraus erwachsenden Besonderheiten aus aufsichtsrechtlicher und bilanzieller Sicht sind Namensschuldverschreibungen insbesondere bei regulierten, institutionellen Investoren – und dabei vor allem bei Versicherungen – äußerst beliebt. Einige Besonderheiten der rechtlichen Rahmenbedingungen für Versicherer als Investoren sollten daher auch dem Unternehmen als Emittentin bekannt sein.
  Wenn Namensschuldverschreibungen dem sogenannten Sicherungsvermögen einer Versicherung angehören (§ 125 VAG; faktisch der bedeutendste Anteil am Gesamtvermögen einer Versicherung), erfordert die Abtretung der darin verbrieften Forderungen das schriftliche Einverständnis des Treuhänders für das Sicherungsvermögen. Ohne ein solches Einverständnis ist die Abtretung nach §§ 135, 400 BGB schwebend unwirksam, kann aber nach §§ 182, 184 BGB rückwirkend genehmigt werden.
  Darüber hinaus müssen die Bedingungen von Namensschuldverschreibungen (wie auch von Schuldscheindarlehen) eine Reihe von Regelungen aufweisen, damit sie von Versicherungen im Einklang mit deren aufsichtsrechtlichen Maßgaben erworben werden dürfen. So ist beispielsweise stets eine sogenannte »Aufrechnungsverzichtsklausel« enthalten. Dieser Klausel nach verzichtet die Schuldnerin/Emittentin bezüglich ihrer Zahlungspflichten aus der Namensschuldverschreibung (bzw. aus dem Schuldscheindarlehen) mit etwaigen Forderungen aufzurechnen, die sie gegebenenfalls gegen den betreffenden Investor hat, soweit die Rechte des Investors aus der Namensschuldverschreibung (bzw. aus dem Schuldscheindarlehen) dem Sicherungsvermögen zugeordnet sind. Hierdurch soll eine »Aushöhlung« der Vermögenswerte des Versicherungsunternehmens (zum Schutz seiner versicherten) verhindert werden.
  Im Zusammenhang mit der Einhaltung ihrer aufsichtsrechtlichen Pflichten im Zusammenhang mit ihrem Investment in eine Namensschuldverschreibung werden Versicherungsunternehmen aufgrund solcher Besonderheiten oftmals die Emittentin darüber informieren, wenn das Investment dem Sicherungsvermögen zugeordnet wird oder andere versicherungsaufsichtsrechtlich maßgeblich Umstände eingetreten sind. Da Versicherungen eine der bedeutendsten Investorengruppen für Namensschuldverschreibungen und Investoren darstellen, sind u. a. an solchen Transaktionen beteiligte Banken und Berater mit den entsprechenden Anforderungen vertraut, so dass sich hier in der Praxis für das Unternehmen kaum wirkliche Probleme einstellen.

3.4.3.1.3 Aufsichtsrecht

3.4.3.1.3.1 Erforderlichkeit einer Bankerlaubnis gem. § 32 KWG (Einlagengeschäft)

Je nach den Umständen des Einzelfalles ist nicht auszuschließen, dass die Emission von Namensschuldverschreibungen eine Annahme fremder Gelder als Einlage gem. § 1 Abs. 1 KWG darstellt (Einlagengeschäft). In einem solchen Fall bedarf die Emission einer entsprechenden Bankerlaubnis und steht unter der Aufsicht der BaFin.[1589]

Nach einer Entscheidung des BGH[1590] indizieren folgende Merkmale das Einlagengeschäft:

1. Annahme von Geldern von einer Vielzahl von Geldgebern,
2. aufgrund typisierter Verträge zur unregelmäßigen Verwahrung,
3. darlehensweise oder in ähnlicher Weise,
4. ohne banküبliche Besicherung,
5. Annahme von Mitteln in der Absicht, sie für eigene Zwecke zu nutzen.

Ob und inwieweit Namensschuldverschreibungen diese Maßgaben erfüllen und ggf. eine Bankerlaubnis erfordern, hängt zum einen von der Ausgestaltung der Zahlungspflichten der Emittentin in den Emissionsbedingungen ab. Soweit sich hieraus u. a. keine »unbedingte Rückzahlbarkeit« des angelegten Betrages ergibt, scheidet eine Einordnung des betreffenden Finanzinstrumentes als Einlage aus.[1591]

Darüber hinaus ist in der Praxis von Bedeutung, dass Finanzinstrumente in der Form von Namensschuldverschreibungen und Schuldscheindarlehen oftmals v. a. von institutionellen Anlegern, die selbst einer Regulierung unterliegen, erworben werden (siehe auch den vorstehenden Abschnitt zu Versicherungen als Investoren). In diesen Fällen handelt es sich bei den angelegten Beträgen oftmals gar nicht um »Gelder des Publikums«, so dass schon aus diesem Grund keine Bankerlaubnis erforderlich ist.[1592]

Schließlich spielt auch die Transaktionsstruktur eine Rolle; oftmals werden die Namensschuldverschreibungen zunächst von einer Bank erworben (bzw. das Schuldscheindarlehen zunächst von einer Bank gewährt) und dann gegebenenfalls ganz oder teilweise an andere Investoren weiterplatziert.

In der Praxis ist jedenfalls festzuhalten, dass sich eine Vielzahl von Unternehmen regelmäßig mittels Namensschuldverschreibungen bzw. Schuldscheindarlehen finanziert, ohne dass unter den gegebenen Umständen eine Bankerlaubnis notwendig ist.

1589 Vgl. u. a. Merkblatt »Hinweise zum Tatbestand des Einlagengeschäfts« (Stand: März 2014), 11.03.2014, II. am Ende.
1590 BGH vom 09.03.1995, NJW 1995, 1494.
1591 Vgl. u. a. Merkblatt »Hinweise zum Tatbestand des Einlagengeschäfts« (Stand: März 2014), 11.03.2014, I.5.
1592 Vgl. u. a. Merkblatt »Hinweise zum Tatbestand des Einlagengeschäfts« (Stand: März 2014), 11.03.2014, I.3.

Sollte sich im Einzelfall das Erfordernis einer Bankerlaubnis ergeben, sind auch grenzüberschreitend die allgemeinen Vorschriften zu beachten, auf die in den folgenden Abschnitten hingewiesen wird.

3.4.3.1.3.2 Grenzüberschreitende Bankgeschäfte

Dem Erfordernis einer Bankerlaubnis unterstehen nicht allein Kreditinstitute mit Sitz oder gewöhnlichem Aufenthalt im Inland, sondern nach einem Merkblatt der BaFin vom April 2005 auch ausländische Anbieter, wenn sie sich vom Ausland aus zielgerichtet an den deutschen Markt wenden, um wiederholt und geschäftsmäßig Bankgeschäfte anzubieten.[1593]

3.4.3.1.3.3 Prospektpflichten

Nachdem Namensschuldverschreibungen in Deutschland für lange Zeit gänzlich von der Prospektpflicht ausgenommen waren, änderte sich dies mit der Reform des Wertpapier-Verkaufsprospektgesetzes im Jahr 2004.

3.4.3.1.3.4 Wertpapier-Verkaufsprospektgesetz

Mit der Umsetzung der EU-Prospektrichtlinie i. R. d. neu eingeführten Wertpapierprospektgesetzes im Jahr 2004 verlor das bis dahin in Deutschland für Wertpapierangebote maßgebliche Wertpapier-Verkaufsprospektgesetz (VerkProspG) einen Großteil seines Regelungsinhaltes. Dies nahm der Gesetzgeber zum Anlass, eine Prospektpflicht für einige bis dahin nicht von einer solchen Regelung erfasste Finanzinstrumente einzuführen und in der verbleibenden »Rumpffassung« des Wertpapier-Verkaufsprospektgesetzes zu kodifizieren. Die betraf nicht zuletzt auch Namensschuldverschreibungen.

Bei der Prospektpflicht nach dem Wertpapier-Verkaufsprospektgesetz handelte es sich um eine rein nationale Regelung, für die es keine direkte Entsprechung in anderen EU-Mitgliedsstaaten gab. Entsprechend waren nach dem Wertpapier-Verkaufsprospektgesetz erstellte Prospekte auch nur in Deutschland verwendbar. Eine der »Notifizierung« auf Basis der EU-Prospektrichtlinie vergleichbare Möglichkeit zur grenzüberschreitenden Prospektnutzung bestand nicht. Die vorstehend beschriebene Regelung galt bis zum 31.05.2012.

3.4.3.1.3.5 Vermögensanlagengesetz

Im Zusammenhang mit der Novellierung des Wertpapierprospektgesetzes im Juli 2012, die aufgrund der damaligen Überarbeitung der EU-Prospektrichtlinie notwendig wurde, wurden die maßgeblichen Regelungen des Wertpapier-Verkaufsprospektgesetzes durch das Vermögensanlagengesetz (VermAnlG) ersetzt, das zum 01.06.2012 in Kraft getreten ist. § 1 Abs. 2 Nr. 5 erstreckt die Prospektpflicht nach diesem Gesetz auf Namensschuldverschreibungen.

1593 Hinweise zur Erlaubnispflicht nach § 32 Abs. 1 KWG i. V. m. § 1 Abs. 1 und Abs. 1a KWG von grenzüberschreitend betriebenen Bankgeschäften und/oder grenzüberschreitend erbrachten Finanzdienstleistungen.

Auch das Vermögensanlagengesetz statuiert wieder eine rein nationale Prospektpflicht, die keine direkte Entsprechung in anderen EU-Mitgliedsstaaten findet. Ein grenzüberschreitendes Angebot auf der Grundlage eines einheitlichen Prospektregimes scheidet für Namensschuldverschreibungen daher auch weiterhin aus.

In der Praxis ist die Prospektpflicht für Namensschuldverschreibungen jedoch aus anderen Gründen zumeist von untergeordneter Bedeutung. Wie bereits das Wertpapier-Verkaufsprospektgesetz, sieht auch das Vermögensanlagengesetz Ausnahmen von der Prospektpflicht für solche Angebote der betroffenen Finanzinstrumente vor, die sich entweder durch eine besonders hohe Stückelung des Investments[1594] oder durch eine Adressierung ausschließlich an professionelle Anleger[1595] auszeichnen.

Angebote von Unternehmensanleihen in der Form von Namensschuldverschreibungen finden vor allem unter Verwendung besonders hoher Stückelungen (oftmals 1 Mio. € und mehr) und zumeist beschränkt auf professionelle Investoren statt – und daher typischerweise unter Umständen, die einen Prospekt verzichtbar machen.

Zudem sind Namensschuldverschreibungen aufgrund ihres Formates und der Tatsache, dass es zu ihrer Übertragung einer Abtretung bedarf, nicht an einer Börse notierbar. Auch wird dies von den maßgeblichen Investoren bei diesem Wertpapierformat nicht verlangt. Damit kommt auch wegen Ermangelung einer Börsennotierung eine etwaige Prospektflicht nicht in Frage.

Der dadurch in der Praxis mögliche Verzicht auf einen Prospekt, sowie auch die Tatsache, dass die Finanzierung mittels Namensschuldverschreibungen grds. keine Veränderung der bisherigen HGB-Bilanzierung erfordert (siehe dazu auch 3.4.2.1 am Ende) kann vor allem für Familienunternehmen von besonderem Interesse sein.

3.4.3.1.3.6 Bilanzierung auf Seiten des Investors

Einer der Faktoren, die das Interesse vieler Investoren an Namensschuldverschreibungen begründen, ist die Bilanzierung einer Namensschuldverschreibung auf Seiten des Investors.

In der Praxis sind für die Bilanzierung von Namensschuldverschreibungen sowohl die Grundsätze gem. IFRS als auch die Einordnung nach dem Handelsgesetzbuch (**HGB**) bedeutsam. Vor dem Hintergrund, dass Namensschuldverschreibungen (wie auch Schuldscheindarlehen) insbes. von regulierten deutschen Investoren erworben werden, soll im Folgenden insbes. auf die Bilanzierung nach den Grundsätzen des HGB eingegangen werden, die beispielsweise für den Einzelabschluss deutscher Versicherungsunternehmen von besonderer Bedeutung ist. Hier ist insbes. die Abgrenzung zur Bilanzierung von Inhaberschuldverschreibungen relevant.

1594 Gem. § 2 Nr. 3 c VermAnlG mindestens 200.000 € je Anleger.
1595 Gem. § 2 Nr. 4 VermAnlG.

Eine Inhaberschuldverschreibung wäre zunächst zu den Anschaffungskosten in der Bilanz zu aktivieren. Der Anleihegläubiger (die Versicherung) könnte die Inhaberschuldverschreibung im Weiteren als kurz- oder langfristiges Investment (Umlaufvermögen oder Anlagevermögen) einordnen. Die Einordnung hängt davon ab, ob der Anleihegläubiger plant, das Papier bis zum Ende seiner Laufzeit zu halten, oder ob die Intention besteht, das Papier bereits vor diesem Zeitpunkt zu veräußern. Bei kurzfristigen Anlagen sind Wertminderungen bereits dann zu berücksichtigen, wenn ihr fairer Marktwert zum Bilanzstichtag den Buchwert unterschreitet (z. B. aufgrund einer Veränderung des Marktzinses oder aufgrund einer Verschlechterung eines Ratings der Emittentin). Die resultierende Bilanzierung von Wertverlusten aufgrund von Veränderungen des Marktzinssatzes kann für Versicherungsunternehmen problematisch sein; insbes. in Zeiten erhöhter Volatilität kann so eine Abhängigkeit der Versicherung von kurzfristigen Marktbewegungen entstehen; diese Abhängigkeit ist sonst in den meisten Konstellationen nicht gegeben, da Versicherungsunternehmen die betreffenden Produkte langfristig im Bestand halten.

Ein Versicherungsunternehmen muss solche Wertverluste aufgrund einer Veränderung des Marktzinssatzes allerdings dann nicht unbedingt in seiner Bilanz widerspiegeln, wenn es ein betreffendes Investment in der Form einer Namensschuldverschreibung hält. Die Bilanzierung von Namensschuldverschreibungen im Vermögen eines Versicherungsunternehmens richtet sich grds. nach § 341b HGB.

§ 341b HGB wiederum sieht vor, dass bestimmte Vermögenswerte »nach den für das Anlagevermögen geltenden Grundsätzen zu bewerten« sind. Zu den betreffenden Vermögenswerten zählen lt. § 341b Abs. 1 Satz 2 HGB auch Namensschuldverschreibungen. Auf Grundlage dieser Vorschrift können viele typische Namensschuldverschreibungs-Investoren, wie nachfolgend näher erläutert, eine regelmäßige Marktwertanpassung der Namensschuldverschreibung in ihrer Bilanzierung weitgehend vermeiden.

Namensschuldverschreibungen werden gem. der Verordnung über die Rechnungslegung von Versicherungsunternehmen (Versicherungsunternehmens-Rechnungslegungsverordnung – »**RechVersV**«) üblicherweise in der Bilanzposition »III. Sonstige Vermögenswerte« unter »4. Sonstige Ausleihungen« als »a) Namensschuldverschreibungen« geführt. Etwas anderes gilt nur dann, wenn es sich bei der Emittentin der Namensschuldverschreibung um ein verbundenes Unternehmen handelt: Dann ist die Namensschuldverschreibung unter »Ausleihungen an verbundene Unternehmen«, bzw. »Ausleihungen an Unternehmen, mit denen ein Beteiligungsverhältnis besteht« auszuweisen.[1596]

1596 Institut der Wirtschaftsprüfer (IDW), 2006, K, Nr. 206.

Eine Namensschuldverschreibung wird i. S. v. § 341b HGB wie folgt charakterisiert:

- Sie ist auf den Namen des Begünstigten ausgestellt;
- sie weist eine eingeschränkte Fungibilität aus;[1597]
- sie weist eine eingeschränkte Übertragbarkeit aus (d. h. zu ihrer Übertragbarkeit ist zumindest eine Abtretung notwendig).

Die vorstehenden Merkmale, die im Falle einer deutschem Recht unterliegenden Namensschuldverschreibung i. S. d. § 806 BGB üblicherweise erfüllt sind, können durchaus auch im Fall eines Schuldinstruments gegeben sein, das nicht deutschem Recht unterliegt. Ob dies der Fall ist, kann nur eine Einzelfallprüfung ergeben, die sowohl die zwingenden Vorschriften der betreffenden Rechtsordnung, der das Instrument nach seinen Bedingungen unterliegen soll, als auch die Bedingungen des Instruments selbst berücksichtigen muss.

§ 341b HGB gestattet es jedenfalls dem Versicherungsunternehmen, die Namensschuldverschreibung zu ihrem bisherigen Wert in der Bilanz fortzuführen, auch wenn es zwischenzeitlich zu vorübergehenden Wertminderungen durch Änderungen des Marktzinssatzes kommt. Sofern das Versicherungsunternehmen eine Namensschuldverschreibung mit einem zum Zeitpunkt ihrer Begebung marktgerechten Zinssatz erwirbt, und das Unternehmen gleichzeitig plant, die Namensschuldverschreibung bis zum Ende ihrer Laufzeit zu halten, kann es die Namensschuldverschreibung – ungeachtet zwischenzeitlicher Veränderungen des Marktzinssatzes – zu den Anschaffungskosten in der Bilanz fortführen. Soweit die Namensschuldverschreibung ihren Bedingungen nach am Laufzeitende zu ihrem Nominalwert zurückgezahlt wird, sind zwischenzeitliche Wertminderungen aufgrund von Veränderungen des Marktzinses nur als vorübergehend anzusehen.[1598] Eine Verschlechterung des Ratings des Emittenten wäre dagegen als Wertminderung zu erfassen.

3.4.3.1.3.7 Typische Investmentrestriktionen

Für einige praxisrelevante Investmentrestriktionen wird auf 3.4.3.2.1.2 verwiesen.

3.4.3.2 Schuldscheindarlehen

Eine weitere Alternative bzw. ergänzende Maßnahme zur Fremdkapitalaufnahme für das Familienunternehmen kann das Schuldscheindarlehen darstellen.

Das Schuldscheindarlehen ist zwar ein Darlehen und kein Wertpapier; es wird jedoch in der Praxis als »Kapitalmarktinstrument« behandelt und weist viele Parallelen (wenn auch einige Unterschiede) zu Namensschuldverschreibungen auf.

1597 Siehe auch IDW RS VFA 1, Nr. 5. (aufgehoben am 18.06.2015).
1598 IDW RS VFA 2, Nr. 20; Institut der Wirtschaftsprüfer (IDW), 2006, K, Nr. 209.

3.4.3.2.1 Zivil- und Wertpapierrecht

3.4.3.2.1.1 Rechtsnatur und Entstehung

Ein Schuldscheindarlehen ist kein Wertpapier, sondern ein bilaterales Darlehen nach deutschem Recht (§§ 488 ff. BGB), über das ein Schuldschein (§ 371 BGB) ausgestellt ist. Das Schuldscheindarlehen kann grds. sowohl schriftlich als auch mündlich vereinbart werden, wobei der Vertragsschluss – gerade im internationalen Finanzierungskontext – in der Regel schriftlich erfolgt. Im Falle eines mündlichen Vertragsschlusses müssen im Schuldschein die maßgeblichen Bestimmungen des Schuldscheindarlehens schriftlich niedergelegt sein. Zumindest soweit es sich bei beiden Parteien des Schuldscheindarlehens um Unternehmer i. S. d. BGB handelt, sind an die Schriftform keine besonderen Formerfordernisse geknüpft.

Auch der »Schuldschein« selbst ist kein Wertpapier. Der Schuldschein ist ein Dokument (Urkunde), mittels dessen ein Schuldner das Bestehen einer Schuld gegenüber einer anderen Partei bestätigt. Im Rahmen eines Rechtsstreits kann ein Schuldschein zum Beweis des Bestehens der betreffenden Schuld herangezogen werden. Wie im Falle der Namensschuldverschreibung steht das Eigentum am Schuldschein dem Inhaber der im Schuldschein bestätigten Forderung zu.

Die im Schuldschein bestätigte Forderung kann durch Abtretung gem. § 398 BGB oder im Wege der vertraglichen Schuldübernahme auf Dritte übertragen werden. Im Falle einer Abtretung der Forderung steht dem Abtretungsempfänger auch das Eigentum an der Schuldscheinurkunde zu (§ 952 BGB).

Die Abtretung der bestätigten Forderung ist grds. ohne Zustimmung oder Benachrichtigung des Schuldners wirksam (siehe auch vorstehendes Kapitel zur Abtretung der Namensschuldverschreibung). Jedoch ist der Schuldner in diesen Fällen gem. § 404 BGB dazu berechtigt, gegenüber dem Erwerber solche Einwendungen geltend zu machen, die ihm gegen den Rechtsvorgänger, den ursprünglichen Darlehensgeber, zustehen. Zudem kann der Schuldner unter den Voraussetzungen des § 407 BGB mit Erfüllungswirkung an den Rechtsvorgänger des Erwerbers leisten (d. h., wenn er nicht über die Abtretung informiert wurde).

Für eine Übertragung im Wege der vertraglichen Schuldübernahme ist hingegen eine vertragliche Einigung über den Forderungsübergang zwischen Schuldner, ursprünglichem Rechtsinhaber und Erwerber notwendig.

Die vertragliche Schuldübernahme ist insbesondere dann relevant, wenn neben den Rechten aus einem ausgereichten Darlehen auch Pflichten aus dem Vertrag auf einen neuen Darlehensgeber übertragen werden sollen. Dies ist insbesondere bei sogenannten »Ziehungsfazilitäten«

der Fall, wenn der (neue) Darlehensgeber verpflichtet sein soll, weitere Tranchen eines Darlehens auf Anfrage des Darlehensnehmers hin auszuzahlen. Hierfür würde eine Abtretung nicht reichen: mit ihr erhielte der neue Darlehensgeber zwar die Rechte aus dem bereits ausgereichten Teil des Darlehens, verpflichtet zur Ausreichung weiterer Beträge gemäß dem Darlehensvertrag bliebe jedoch der ursprüngliche Darlehensgeber.

Bei Erfüllung der betreffenden Verpflichtung ist der Schuldner berechtigt, Herausgabe des Schuldscheins zu verlangen (§ 371 BGB). Solange der Schuldschein nicht zurückgegeben wurde, besteht eine Vermutung dahingehend, dass die betreffende Schuld noch besteht.

Entsprechend seiner Funktion, das Bestehen einer (Darlehens-)Forderung zu bestimmten Bedingungen zu bestätigen, wird der Schuldschein im Falle eines Schuldscheindarlehens erst nach Auslegung der Darlehenssumme ausgestellt. Eine Ausstellung eines Schuldscheines vor Auslegung des Darlehens wäre von gefährlicher (falscher) Beweiskraft.

Ebenfalls folgt aus dem Zweck des Schuldscheins und dem Zeitpunkt seiner Ausstellung, dass der Schuldschein selbst letztlich keine Regelungen zur Auszahlung des Darlehensbetrages enthält (z. B. Auszahlungsvoraussetzungen).

Gerade im internationalen Finanzierungskontext ist daher der folgende Aufbau einer Schuldscheindarlehensdokumentation üblich:

- Vor Auslegung des Darlehens wird ein bilateraler Darlehensvertrag unterzeichnet, der auch die Auszahlungsvoraussetzungen enthält.
- Sobald der Darlehensbetrag entsprechend dem Darlehensvertrag ausgezahlt wurde, stellt der Darlehensnehmer einen Schuldschein aus.
- Dem Schuldschein wird – zur Klarstellung über die Bedingungen des Darlehens und seiner Rückzahlung – wiederum eine Kopie des Darlehensvertrags angefügt. Früher üblichere Methoden zur Klarstellung der Regeln für die Rückzahlung des Darlehens, wie eine »Zusammenfassung« der maßgeblichen Regelungen, stellen aus Gründen der mit Ihnen verbundenen Rechtsunsicherheiten keine ratsame Alternative zur Beifügung der vollständigen Darlehensbedingungen dar.

3.4.3.2.1.2 Für Schuldscheindarlehen relevante gesetzliche Regelungen

Ebenso wie Namensschuldverschreibungen können, abhängig von den Umständen des Einzelfalles, auch Schuldscheindarlehen als sogenanntes »Dauerschuldverhältnis« i. S. d. § 314 BGB angesehen werden. Dann käme den Beteiligten ein gesetzliches Kündigungsrecht bei Vorliegen eines »wichtigen Grundes« zu. Insoweit wird auf die Ausführungen zu § 314 BGB in 3.4.3.1.2 – Gesetzliche Kündigungsrechte) verwiesen.

Neben dem Kündigungsrecht aus § 314 BGB enthält das BGB in § 489 BGB ein ordentliches Kündigungsrecht des Darlehensnehmers und in § 490 BGB ein außerordentliches Kündigungsrecht des Darlehensgebers, das neben § 314 BGB tritt (§ 490 Abs. 3 BGB).

Von Bedeutung für Schuldscheindarlehen mit sog. »variabler« Verzinsung sind insbes. die sich aus § 489 Abs. 1 BGB ergebenden Kündigungsrechte des Darlehensnehmers. Hierunter fallen solche Zinsregelungen, bei denen jeweils für einen gewissen Zeitraum eine Zinsbindung gilt; nach Ablauf der betreffenden Zinsbindungsfrist wird dann ein neuer Zins bestimmt, der wiederum für einen gewissen Zeitraum gilt. Eine Kündigung des Darlehens ist für den Darlehensnehmer stets zum Ablauf einer solchen Zinsbindungsfrist möglich. Von der Regelung betroffen sind also – neben üblichen »Floating Rate«-Strukturen, die z. B. auf den EURIBOR oder einen anderen Referenz-Zinssatz abstellen – alle Strukturen, bei denen für mehrere Zeiträume innerhalb der Laufzeit des Finanzinstruments jeweils (anhand eines Referenzwertes) ein neuer Zins festgelegt wird.

Von Bedeutung für Schuldscheindarlehen ist überdies das Kündigungsrecht aus § 489 Abs. 1 Nr. 2 BGB, wonach sich der Darlehensnehmer nach spätestens zehn Jahren aus dem Vertrag lösen kann.

Nach allgemeinem Verständnis gelten die Kündigungsrechte aus § 489 BGB, insbesondere die Kündigungsmöglichkeit des Darlehensnehmers nach zehn Jahren, nicht für die Namensschuldverschreibung. In der Praxis werden länger laufende Finanzierungen (d. h. ab zehn Jahren) auch vor diesem Hintergrund oftmals als Namensschuldverschreibung aufgesetzt.

3.4.3.2.1.3 Allgemeine Geschäftsbedingungen

Soweit der Vertrag über das Schuldscheindarlehen vielfach verwendete vorformulierte Vertragsbedingungen enthält, kann er am Maßstab der §§ 305 ff. BGB zu messen sein (vgl. vorstehende Ausführungen zu deren Bedeutung für Inhaber- und Namensschuldverschreibungen). Dann können überraschende, unverständliche oder unangemessen benachteiligende Klauseln als unwirksam angesehen werden.

3.4.3.2.1.4 Schuldverschreibungsgesetz

Das Schuldverschreibungsgesetz (vgl. vorstehende Ausführungen zu dessen Bedeutung für Inhaber- und Namensschuldverschreibungen) ist nicht auf Schuldscheindarlehen anwendbar.

3.4.3.2.1.5 Abtretung bzw. sonstige Möglichkeiten zur Übertragung

Wie bereits dargestellt, ist nach § 354a Abs. 1 HGB bei Abtretungen von Geldforderungen zwischen Kaufleuten das Abtretungsverbot nach § 399 BGB unbeachtlich (vgl. 3.4.3.1.2 – Wirksamkeit der Abtretung trotz vertraglicher Einschränkungen). Zu beachten sind in diesem Zusammenhang insbes. die Anwendbarkeit der Vorschrift auf »Kaufleute« fremden Rechts und die Vorschrift des § 354a Abs. 2 HGB, wonach § 354a Abs. 1 HGB auf Forderungen aus einem Darlehensvertrag dann keine Anwendung findet, wenn deren Gläubiger ein Kreditinstitut i. S. d. Kreditwesengesetzes ist.

3.4.3.2.1.6 Besonderheiten bei Versicherungsinvestoren

Auch für Schuldscheindarlehen gilt: Wenn diese bzw. die aus ihnen herrührenden Ansprüche dem Sicherungsvermögen (§ 125 VAG) einer Versicherung angehören, erfordert die Abtretung der daraus erwachsenden Forderungen das schriftliche Einverständnis des Treuhänders für das Sicherungsvermögen. Ohne ein solches Einverständnis ist die Abtretung nach §§ 135, 400 BGB schwebend unwirksam, kann aber nach §§ 182, 184 BGB rückwirkend genehmigt werden.

Für diese und sonstige Besonderheiten bei Versicherungsinvestoren, vgl. 3.4.3.1.2 – Versicherungsinvestoren)

3.4.3.2.2 Aufsichtsrecht

3.4.3.2.2.1 Erforderlichkeit einer Bankerlaubnis gem. § 32 KWG

Je nach den Umständen des Einzelfalles kann auch die Aufnahme von Geld mittels Schuldscheindarlehen eine Annahme fremder Gelder als Einlage gem. § 1 Abs. 1 KWG darstellen (Einlagengeschäft). In einem solchen Fall bedarf die Darlehensaufnahme einer entsprechenden Bankerlaubnis und steht unter der Aufsicht der BaFin. In der Praxis ist dies jedoch eher selten der Fall.

Insoweit wird auf die Ausführungen in 3.4.3.1.3.1 verwiesen.

3.4.3.2.2.2 Keine Prospektpflichten

Im Gegensatz zu Namensschuldverschreibungen wird das Schuldscheindarlehen auch nicht durch das Vermögensanlagengesetz erfasst. Damit besteht in Deutschland keine Prospektpflicht für Schuldscheindarlehen.

3.4.3.2.2.3 Typische Investmentrestriktionen

Wie bereits ausgeführt, werden Schuldscheindarlehen (wie auch Namensschuldverschreibungen) insbesondere von regulierten, institutionellen Investoren als Investment-Format bevorzugt. Eine der bedeutendsten Investorengruppen in diesem Segment sind deutsche Versicherungsunternehmen.

Die Investmenttätigkeit deutscher Versicherungsunternehmen wurde bis vor kurzem insbesondere nach den Maßgaben des § 54 VAG i. V. m. der zugehörigen Anlageverordnung (AnlV) reguliert. Diese wurde vor kurzem überarbeitet. Die Notwendigkeit zu dieser Überarbeitung ergab sich insbesondere vor dem Hintergrund der Neuregelung des Investmentrechts mit Inkrafttreten des Kapitalanlagegesetzbuchs (KAGB).

Zumindest indirekt galten diese bzw. entsprechende Maßgaben auch für viele deutsche Pensionskassen und Versorgungseinrichtungen.

Seit Anfang 2016 gilt zwar insbes. für große Versicherer die neue Solvency-II-Richtlinie. Für kleinere Versicherer und Pensionskassen und Versorgungseinrichtungen ist die Anlageverordnung jedoch nach wie vor relevant.

Im Folgenden soll daher auf die Maßgaben der Anlageverordnung eingegangen werden.

Schuldscheindarlehen sind nach § 2 Abs. 1 Nr. 3 und 4 AnlV grds. für das Sicherungsvermögen erwerbbar:

- Gem. § 2 Abs. 1 Nr. 3 AnlV können Darlehen an die öffentliche Hand sowie an bestimmte staatliche Einrichtungen für das gebundene Vermögen erworben werden. Ferner sind nach § 2 Abs. 1 Nr. 3 AnlV Darlehen an beliebige Schuldner für das gebundene Vermögen erwerbbar, sofern für deren Verzinsung und Rückzahlung die öffentliche Hand oder andere bestimmte Stellen bzw. Unternehmen die volle Gewährleistung übernehmen; oder ein Versicherungsunternehmen das Ausfallrisiko versichert hat.
- Gem. § 2 Abs. 1 Nr. 4 AnlV können Darlehen an bestimmte Unternehmen für das gebundene Vermögen erworben werden, sofern die vertraglich vereinbarte Verzinsung und Rückzahlung gewährleistet erscheinen und die Darlehen ausreichend gesichert sind. Darüber hinaus können nach dieser Norm unter bestimmten Voraussetzungen auch Gesellschafter-Darlehen erworben werden.
- Durch die schon weiter oben erwähnte Neuregelung der Anlageverordnung wurde in § 2 Abs. 1 Nr. 4 Buchst. c AnlV die zusätzliche Möglichkeit der Anlage in Darlehen an Unternehmen mit Sitz in einem EWR- oder OECD-Staat aufgenommen, sofern diese ausreichende Sicherheit gewährleisten und zumindest über ein Speculative-Grade-Rating verfügen. Die daraus neu entstehenden Risiken werden durch eine neue Mischungsquote von maximal fünf Prozent des Sicherungsvermögens und des sonstigen gebundenen Vermögens in § 3 Abs. 2 Nr. 3 AnlV begrenzt.

Die Anforderungen an diese verschiedenen Anlageklassen werden wiederum insbes. durch das Rundschreiben 4/2011 (VA)[1599] konkretisiert.

1599 Rundschreiben 4/2011 (VA) »Hinweise zur Anlage des gebundenen Vermögens von Versicherungsunternehmen«, Gz. VA 54 – I 3200 – 2010/0008, 15.04.2011 sowie Rundschreiben 11/2017 (VA) Hinweise zur Anlage des Sicherungsvermögens, Az.: VA 25-/3201-2016/0002.

Für Versicherungsunternehmen hat die neue Anlageverordnung jedoch lediglich einen Übergangscharakter. Der Grund hierfür liegt im Inkrafttreten der Regelungen des neuen Aufsichtsregimes für Versicherungen in Europa (»Solvency II«), die u. a. das System der Kapitalanlage durch Versicherungen vollständig neu regeln und sich dabei von dem eher formalen Ansatz der Anlageverordnung entfernen.

Für bislang entsprechend den Versicherungen regulierten deutschen Pensionskassen und Versorgungseinrichtungen wird die Anlageverordnung ihre Bedeutung hingegen auch weiterhin behalten.

3.4.3.2.2.4 Bilanzierung

Für Schuldscheindarlehen gelten insoweit grds. die Ausführungen zu Namensschuldverschreibungen. Es wird daher auf die Ausführungen in 3.4.3.1.3.6 verwiesen.

4 Management- und Mitarbeiterbeteiligung in Familienunternehmen

Stefan Sieling

Die Management- und Mitarbeiterbeteiligung in Familienunternehmen hat in Deutschland eine lange Tradition und erfährt zunehmende Verbreitung. Insbesondere die inzwischen als Marktstandard anzusehende Beteiligung des Managements und darüber hinaus gehender Mitarbeitergruppen bei Unternehmen in börsennotierten AG führt zunehmend dazu, dass auch nicht börsennotierte AG und Unternehmungen anderer Rechtsformen ihren Mitarbeitern Angebote zur Beteiligung am Unternehmen selbst, an dessen Wertentwicklung und/oder am Erfolg des Unternehmens machen.[1600] Die Gründe für die Einführung von Modellen der Management- und Mitarbeiterbeteiligung (siehe dazu nachfolgend unter 4.1) und die im Rahmen der Auswahl des geeigneten Models zu beachtenden Fragestellungen und Parameter (siehe dazu nachfolgend unter 4.4) sind vielfältig. Aus ihnen folgt die auszuwählende Form der Management- und Mitarbeiterbeteiligung (dazu nachfolgend unter 4.3).

4.1 Gründe für die Einführung einer Management- und Mitarbeiterbeteiligung

Die Gründe für die Einführung einer Management- und Mitarbeiterbeteiligung sollten vor der Konzipierung eines Beteiligungsprogramms sorgfältig ermittelt und hinterfragt werden, um das Modell zu wählen, das am besten die verfolgten Ziele zu erreichen geeignet ist. Eine gute Planung ist von entscheidender Bedeutung für den Erfolg einer Management- und Mitarbeiterbeteiligung. Auf der Basis einer sorgfältigen Ermittlung der angestrebten Ziele ist dann selbst ein (wie zumeist) individuell auf die Bedürfnisse des Unternehmens und seiner Mitarbeiter zugeschnittenes Modell kein »Hexenwerk« mehr.

> PRAXISHINWEIS:
>
> Eine sorgfältige Zielermittlung ist für den Erfolg einer Management- und Mitarbeiterbeteiligung von entscheidender Bedeutung.

Die häufigsten Gründe in der Praxis sind:

1600 *Deutsches Aktieninstitut e. V.* (Hrsg.), 2013, 7, 9.

4.1.1 Mitarbeitergewinnung und -bindung

Die demografische Entwicklung und die damit einhergehende und perspektivisch fortschreitende Verknappung des Angebotes an qualifizierten Arbeitskräften führen seit Jahren zu verstärkter Konkurrenz um diese begehrten Fachkräfte. Dem Wettbewerb am Arbeitsmarkt müssen sich auch in der Zukunft alle Unternehmen, ganz besonders auch Familienunternehmen, stellen und konkurrenzfähige Angebote machen. Dies gilt nicht nur für neu hinzu kommende Mitarbeiter, sondern auch für die Mitarbeiter im Bestand, die durch attraktive Beteiligungsformen an das Unternehmen gebunden werden sollen. Der Einfluss von Mitarbeiterbeteiligung auf die Identifikation mit dem Unternehmen und die daraus resultierende Bindung von Mitarbeitern an das Unternehmen sind durch entsprechende Studien gut belegt[1601].

4.1.2 Motivation

Ebenso durch wissenschaftliche Studien ist belegt, dass Mitarbeiterbeteiligung positive Auswirkungen auf wesentliche unternehmerische Erfolgsparameter wie Motivation und Engagement der Mitarbeiter, Krankenstand, Produktivität und damit Wertschöpfung und Wettbewerbsfähigkeit des jeweiligen Unternehmens hat[1602]. Die Identifikation der Mitarbeiter mit »ihrem« Unternehmen, die insbesondere für Familienunternehmen von entscheidender Bedeutung sein kann, wird gestärkt und führt zu positiven Effekten sowohl für den Mitarbeiter wie für das Unternehmen.[1603]

4.1.3 Unternehmensfinanzierung

Management- und Mitarbeiterbeteiligung kann insbesondere für mittelständische Unternehmen eine wichtige Funktion im Bereich der Unternehmensfinanzierung haben. Das Eigenkapital stärkende Beteiligungen richten sich eher an das Topmanagement. Beteiligungen mit Fremdkapital und Mischformen wie stille Beteiligungen oder Genussrechte sprechen größere Gruppen von Mitarbeitern an. Sie sind in der Praxis weiter verbreitet und insbesondere in mittelständischen und vielfach auch in familiengeführten Unternehmen anzutreffen. Bisher praktisch kaum relevant sind demgegenüber Mitarbeiterbeteiligungsprogramme, die in der Unternehmenskrise einen Sanierungsbeitrag leisten könnten. Dies liegt insbesondere daran, dass steuerrechtliche Vorschriften solche Sanierungsbeiträge nicht privilegieren und daher unattraktiver erscheinen lassen. So sind z. B. Entgeltumwandlung und Gehaltsverzicht, auch wenn das Gehalt als Gegenleistung für die Einräumung einer Mitarbeiterbeteiligung im Unternehmen belassen wird, regelmäßig mit einem steuerpflichtigen Lohnzufluss beim Arbeitnehmer

1601 *Eggers/Dublanka/Akin*, 2013.
1602 *Riekhof/Brüchner*, 2011, 7.
1603 *Deutsches Aktieninstitut e. V.* (Hrsg.), November 2018, 6.

verbunden, weil dieser bei wirtschaftlicher Betrachtung über den Geldbetrag verfügt hat. Das gilt auch dann, wenn der Betrag dem Mitarbeiter infolge dessen aus einem anderen Rechtsgrund geschuldet wird, z. B. aus einem Darlehen oder aus einer Beteiligung[1604].

4.1.4 Inanspruchnahme steuerlicher Förderung

Eher selten dürfte der alleinige Grund für die Einräumung einer Mitarbeiterbeteiligung in der Inanspruchnahme der steuerlichen Förderung nach § 3 Nr. 39 EStG zu suchen sein. Danach kann ein Arbeitgeber seinen Mitarbeitern Unternehmensanteile mit einem Wert von bis zu 360 € p. a. steuer- und sozialabgabefrei überlassen, wenn folgende Voraussetzungen erfüllt sind:

- Die steuerfreie Überlassung darf nicht mit anderweitigen tariflichen oder einzelvertraglichen Ansprüchen des Arbeitnehmers verrechnet werden und
- das Angebot zur Mitarbeiterbeteiligung muss allen Mitarbeitern eines Unternehmens offen stehen, die länger als 1 Jahr bei diesem beschäftigt sind.

Nur steuerfrei, nicht sozialabgabenfrei, ist die ebenfalls durch § 3 Nr. 39 EStG eröffnete Möglichkeit für die Mitarbeiter, im Rahmen einer Entgeltumwandlung Teile ihres Gehaltes oder einer Sonderzahlung ebenfalls bis zu 360 € p. a. im Unternehmen anzulegen.

Die geringe Höhe der steuerlichen Förderung, auch im Verhältnis zu vergleichbaren Förderungen in anderen Ländern, lässt sie als eigenständigen Grund für die Einführung eines Mitarbeiterbeteiligungssystems nahezu ausscheiden. In Österreich etwa beträgt der Freibetrag unter gewissen Voraussetzungen knapp 1.500 €, in Großbritannien sind es umgerechnet sogar 3.500 €. Überlegungen aus dem Jahre 2009, die Umwandlung von Barlohn in eine Form der Mitarbeiterbeteiligung am Unternehmen bis zu einer Höhe von 12.000 € steuerlich freizustellen, um in Krisenzeiten eine Sanierung von Unternehmen zu erleichtern,[1605] wurden nicht Realität und werden offenbar von der Politik aktuell nicht mehr verfolgt.

Trotz der vergleichsweise nur geringen steuerlichen Förderung haben in einigen börsennotierten AG, in denen Mitarbeiteraktienprogramme über viele Jahre mit einer großen Anzahl an Teilnehmern praktiziert wurden, diese Programme in der Summe einen erheblichen Umfang erreicht. Laut eigenen Angaben des Unternehmens halten z. B. BASF-Mitarbeiter rund 14 Mio. Aktien und damit 1,5 % des Unternehmens und einen Vermögenswert von mehr als 1,3 Mrd. €.[1606]

1604 Vgl. BFH vom 14.05.1982, VI R 124/77, BStBl II 1982, 469 (473); vgl. BFH vom 10.07.2001, BStBl II 2001, 646; BFH vom 30.10.2001, BStBl II 2002, 138 ff.; vgl. ferner *Kutsch/Kersting*, BB 2011, 373 (375).

1605 *Steinbrück/Scholz*, in: Pressemitteilung des BMF vom 17.09.2009, »Mitarbeiterbeteiligung: Faire Gegenleistung in Zeiten der Krise«, Online unter www.presserelations.de (Abrufdatum: 22.10.2014).

1606 *Deutsches Aktieninstitut e. V.* (Hrsg.), Februar 2018, 6.

4.1.5 Unternehmensnachfolge und Vorbereitung eines Management-Buy-Out

Nachfolgeprobleme können in Familienunternehmen in manchen Fällen gelöst werden, indem sich das Top-Management sukzessive am Eigenkapital des Unternehmens beteiligt. Gerade wenn kein Nachfolger aus dem Familienkreis in Aussicht ist, kann die Unternehmerfamilie einen behutsamen Übergang des Unternehmens in neue, aber zugleich vertraute Hände vorbereiten. Das Unternehmen bindet seine wichtigsten Führungskräfte frühzeitig. Die Führungskräfte erhalten umgekehrt die Gelegenheit, schrittweise das Unternehmerrisiko einzugehen. Im letzten Schritt könnte dieser Prozess in einen Management-Buy-Out münden. Von dieser Möglichkeit wird derzeit noch eher zurückhaltend und zu selten Gebrauch gemacht. Gründe hierfür können unter anderem Finanzierungsnotwendigkeiten auf Seiten des Managements oder auch die Scheu der Unternehmensinhaber vor einer zu frühzeitigen Festlegung auf designierte familienfremde Nachfolger sein.

4.1.6 Weitere Gründe

Aus dem großen Kreis weiterer Gründe zur Einführung einer Management- und Mitarbeiterbeteiligung seien noch erwähnt:

- Die oftmals bei sog. Startups anzutreffende Erwägung, Barentlohnungskomponenten durch echte oder virtuelle Formen der Beteiligung am Unternehmen zu ersetzen und so das Kapital der Gesellschaft durch die Inaussichtstellung zukünftiger Wertzuwächse der Beteiligung zu schonen.
- Insbesondere große, börsennotierte Unternehmen sind an einer beständigen Aktionärsstruktur interessiert. Das gilt besonders mit Blick auf etwaige Krisensituationen. Sehr breit angelegte Mitarbeiteraktienprogramme mit vielen Beteiligten können, auch unter Ausnutzung der oben geschilderten eher geringen steuerlichen Förderung, dazu führen, dass in Form der Unternehmensbelegschaft ein solcher, auch in Krisensituationen sehr stabiler »Ankeraktionär« entsteht (s. obiges Beispiel BASF).

4.2 Weitere bestimmende Parameter für Formen der Management- und Mitarbeiterbeteiligung

Neben den oben genannten Gründen für die Einführung einer Management- und Mitarbeiterbeteiligung sind eine Reihe von Parametern zu berücksichtigen, die teilweise unternehmensinterner Natur sind, teilweise externe Faktoren darstellen und die ganz wesentlich die Auswahl des für ein Unternehmen jeweils geeigneten Modells der Management- und Mitarbeiterbeteiligung bestimmen.

PRAXISHINWEIS:

Zahlreiche rechtliche Regelungen haben maßgeblichen Einfluss auf die Auswahl des jeweils geeigneten Modells der Management- und Mitarbeiterbeteiligung. Die frühzeitige rechtliche Beratung hilft dabei, Irrwege zu vermeiden und den Planungsaufwand in die richtigen Bahnen zu lenken.

4.2.1 Rechtsform

Die Rechtsform eines Unternehmens hat unmittelbare Auswirkung darauf, welche Erfordernisse für das Angebot, die Einräumung und die Übertragung einer Beteiligung an diesem Unternehmen gelten. So ist z. B. für die Verpflichtung zur Übertragung eines GmbH-Geschäftsanteils oder für die Übertragung selbst, die notarielle Beurkundung erforderlich, während z. B. die Übertragung von Aktien aber auch von Kommanditanteilen dieser Form nicht bedürfen und demzufolge Mitarbeiterbeteiligungsprogramme, die die Übertragung solcher Beteiligungen vorsehen, zunächst einfacher und kostengünstiger zu administrieren sind. Andererseits sind Aktien als Wertpapiere i. S. v. § 2 Abs. 1 Satz 1 Wertpapierhandelsgesetz (WpHG) anzusehen, deren öffentliches Angebot Informations- und sogar Prospektpflichten nach dem Wertpapierprospektgesetz (WpPG) auslösen kann (s. dazu nachfolgend unter 4.2.6).

Für die Beteiligung des Vorstands sind bei der AG die gesetzlichen Vorgaben hinsichtlich der Struktur und Höhe der Bezüge und die Befugnisse des Aufsichtsrates zu berücksichtigen (§ 87 AktG). Vergleichbar umfassende Regelungen gibt es für die GmbH und die Personenhandelsgesellschaften noch nicht. Darüber hinaus existiert eine Vielzahl rechtsformspezifischer Regelungen, die Auswirkungen für die Ausgestaltung von Management- und Mitarbeiterbeteiligungssystemen haben können. Hingewiesen sei nur auf die sich aus den §§ 192 ff. Aktiengesetz ergebenden Festlegungen für die Ausgestaltung von Aktienoptionsprogrammen einer AG, soweit die Bezugsaktien durch bedingte Kapitalerhöhungen geschaffen werden sollen.

4.2.2 Einzelnes Unternehmen oder Konzern

Sowohl gesellschaftsrechtlich wie steuerrechtlich ist zu beantworten, ob ein Modell der Management- und Mitarbeiterbeteiligung nur für ein einzelnes Unternehmen etabliert werden soll oder auch für dessen konzernzugehörige Tochtergesellschaften. Im Bereich der Managementbeteiligung ist zu prüfen, ob die Einräumung von Beteiligungen durch die Obergesellschaft an Mitglieder der Geschäftsführungsorgane der Untergesellschaften zum Entstehen von Loyalitätskonflikten für die Manager führen kann, da Anreize gesetzt werden, Ertrags- und Geschäftschancen auf das Mutterunternehmen zu verlagern. Diese Frage stellt sich besonders dann, wenn es bei der Untergesellschaft konzernfremde Minderheitsgesellschafter gibt. In diesem Fall ist zumindest deren Zustimmung zur Einräumung der Managementbeteiligung regelmäßig erforderlich.

Auch steuerlich stellen sich z. T. noch nicht abschließend geklärte Fragen, wenn die konkrete Mitarbeiterbeteiligung nicht vom rechtlichen und wirtschaftlichen Arbeitgeber, sondern von Dritten (z. B. von einer Muttergesellschaft oder – wie dies bei Start-ups häufiger geschieht – von den Gesellschaftern) gewährt werden.

4.2.3 Teilnehmerkreis und Anzahl der Beteiligten

Weiterer wichtiger Parameter bei der Auswahl des geeigneten Beteiligungsmodells ist die Frage, ob sich das Angebot der Mitarbeiterbeteiligung nur an einige wenige Personen des Top-Managements richtet oder an eine Vielzahl, wenn nicht sogar alle Hierarchiestufen und Mitarbeiter eines Unternehmens.

Ein Management- und Mitarbeiterbeteiligungsmodell, das sich an viele oder alle Mitarbeiter eines Unternehmens richtet, wird, um mit vertretbarem Aufwand administrierbar zu sein, sehr viel einfacher und sehr viel weniger individuell ausgestaltet sein müssen, als ein Modell, das nur wenige Personen der ersten und ggf. noch der zweiten Führungsebene umfasst. Im Bereich der Beteiligung nur weniger Führungskräfte handelt es sich i. d. R. um individuell ausgehandelte, eher komplexe Beteiligungszusagen.

Je mehr Hierarchieebenen und Personen einbezogen werden, umso mehr ist bei der inhaltlichen Ausgestaltung des Beteiligungsangebotes der arbeitsrechtliche Gleichbehandlungsgrundsatz zu berücksichtigen.[1607]

Soweit das Unternehmen der betrieblichen Mitbestimmung nach dem Betriebsverfassungsgesetz unterliegt, kann die Mitarbeiterbeteiligung eine Frage der betrieblichen Lohngestaltung, der Aufstellung von Entlohnungsgrundsätzen sowie der Einführung und Anwendung von neuen Entlohnungsmodellen sein, die gem. § 87 Abs. 1 Nr. 10 BetrVG zu einem zwingenden Mitbestimmungsrecht des Betriebsrates führt.[1608]

Soll eine Vielzahl von Mitarbeitern beteiligt werden, schließt dies in der Regel die Einräumung unmittelbarer Direktbeteiligungen am Eigenkapital aus, es sei denn es handelt sich um ein börsennotiertes Unternehmen. Gesellschaften in der Rechtsform der GmbH oder der Personenhandelsgesellschaften werden kaum die Erschwernisse in Kauf nehmen wollen, die mit der

---

1607 *Küttner*, Personalbuch, 27. Aufl., 2020, Online-Ausgabe, *Röller*, Stichwort zu »Mitarbeiterbeteiligung« Rn. 8.
1608 *Richardi*, 16. Aufl., 2018, § 87 Rn. 759 ff.

Beteiligung einer Vielzahl von Gesellschaftern mit kleinen Beteiligungen verbunden sind, die in allen wesentlichen Belangen der Information, der Teilnahme an Gesellschafterversammlungen und übriger Gesellschafterrechte gleich zu behandeln sind, wie die mit großen Anteilen beteiligten Familiengesellschafter. In diesen Fällen empfehlen sich eher virtuelle Beteiligungen, mittelbare Beteiligungen über Beteiligungsgesellschaften oder Beteiligungen am Fremdkapital.

4.2.4 Informations- und Mitwirkungsrechte

Unabhängig von der Frage der Anzahl der zu beteiligenden Personen ist eine wesentliche Vorfrage der Auswahl eines geeigneten Beteiligungsmodells, ob die Mitarbeiterbeteiligung mit einer Beteiligung am Eigen- oder Fremdkapital der Gesellschaft verbunden sein soll oder ob sie sich auf eine reine monetäre Erfolgsbeteiligung beschränken soll. Im Rahmen der Beteiligung am Eigenkapital wird das Interesse an einer nachhaltigen Bindung wichtiger Mitarbeiter, insbesondere Top-Führungskräften, gegen den mit der Erweiterung des Gesellschafterkreises verbundenen Einflussverlust der bisherigen Gesellschafter und gegen die Einsichts-, Informations- und Mitbestimmungsrechte der neuen Gesellschafter abzuwägen sein.[1609]

4.2.5 Regulatorische Beschränkungen

Fremdkapitalbeteiligungen können den Beschränkungen des Kreditwesengesetzes (KWG) unterliegen. Beteiligt ein Familienunternehmen Mitarbeiter am Fremdkapital, kann dies den Tatbestand eines verbotenen Einlagengeschäfts im Sinne des KWG erfüllen. Ein Einlagengeschäft ist grundsätzlich verboten, wenn der Kreis der Einleger überwiegend aus Betriebsangehörigen des Unternehmens besteht. Der Gesetzgeber möchte Mitarbeiter davor schützen, im Falle einer Insolvenz des Arbeitgebers nicht nur ihren Arbeitsplatz, sondern auch ihre Ersparnisse zu verlieren.[1610] Wege zur Vermeidung von Verstößen gegen das KWG können sein

- die Beteiligung mittels Inhaberschuldverschreibungen, für die allerdings unter Umständen dann wiederum ein Wertpapierprospekt zu veröffentlichen ist,
- die Gestellung banküblicher Sicherheiten wie Bankgarantien oder Grundpfandrechte für die von den Mitarbeitern gewährten Darlehen oder
- der Ausschluss des Rückzahlungsanspruchs des Darlehens soweit und solange die Rückzahlung ein Grund für die Eröffnung des Insolvenzverfahrens herbeiführen würde (qualifizierter Rangrücktritt).

Diese für den Mitarbeiter grundsätzlich riskantere Anlageform wird ggf. durch die Gewährung eines nicht unerheblichen Zinsaufschlages auszugleichen sein.

1609 Hingewiesen sei hier nur beispielhaft auf die umfassenden Auskunfts- und Einsichtsrechte, die sich aus § 51a GmbHG für jeden Gesellschafter der Gesellschaft mit beschränkter Haftung ergeben.

1610 *Heckschen/Glombik*, 2013, 841 (844) zum Verbot der sog. Werksparkassen.

Eine rein monetäre Erfolgsbeteiligung, ggf. basierend auf einem nur rechnerisch zugrunde gelegten fiktiven Anteil am Eigenkapital (virtueller Anteil) vermeidet eine Reihe von gesellschaftsrechtlichen Problemen oder solchen aufgrund von Anforderungen des KWG oder prospektrechtlicher Vorschriften. Zudem ist diese Beteiligungsform in aller Regel relativ einfach zu administrieren. Nachteilig an dieser Form der Beteiligung ist, dass sie nicht die gleiche Identifikation und damit Bindungswirkung zu vermitteln vermag, wie eine tatsächlich direkte oder indirekte echte Beteiligung am Unternehmen selbst.

4.2.6 Prospekt- und Informationspflichten

Soweit einer größeren Anzahl von Mitarbeitern eine Beteiligung angeboten werden soll, die sich auf Wertpapiere i. S. v. Art. 2 Buchst. a VO 2017/1129 (EU) des Europäischen Parlaments und des Rates vom 14.06.2017 über den Prospekt, der beim öffentlichen Angebot von Wertpapieren oder bei deren Zulassung zum Handel an einen geregelten Markt zu veröffentlichen ist, und zur Aufhebung der Richtlinie 2003/71/EG bezieht, kann eine Prospektpflicht nach Art. 3 Abs. 1 der VO bestehen.

Wertpapiere in diesem Sinne sind nicht nur Aktien, sondern z. B. auch Inhaberschuldverschreibungen und sonstige verbriefte oder unverbriefte Papiere, die grundsätzlich auf den Finanzmärkten handelbar sind. Nicht entscheidend ist, ob die Papiere bereits zum Handel an einem geregelten Markt zugelassen sind. Entscheidend und hinreichend ist, dass die Wertpapiere überhaupt an einem Markt gehandelt werden können. Typischerweise im Rahmen von Mitarbeiterbeteiligungsprogrammen ausgegebene nicht handelbare Aktienoptionen sind mangels Übertragbarkeit und Fungibilität keine Wertpapiere.[1611]

Eine Ausnahme von der Prospektpflicht gilt nach Art. 1 Abs. 4 Buchst. b der VO für ein Wertpapierangebot, das sich an weniger als 150 natürliche oder juristische Personen pro Mitgliedstaat richtet, bei denen es sich nicht um sog. qualifizierte Anleger handelt. Insofern können insbes. kleinere Unternehmen mit einer kleineren Anzahl von zu beteiligenden Mitarbeitern von der Prospektpflicht gänzlich ausgenommen sein.

Nach Art. 1 Abs. 4 Buchst. i der VO gilt darüber hinaus für das Angebot von Wertpapieren, die derzeitigen oder ehemaligen Führungskräften oder Beschäftigten von ihrem Arbeitgeber oder einem verbundenen Unternehmen angeboten oder zugeteilt werden bzw. zugeteilt werden sollen, eine wesentliche Erleichterung. In diesen Fällen ist es statt eines Prospektes erforderlich, ein Dokument zur Verfügung zu stellen, das Informationen über Anzahl und Art der Wertpapiere enthält und in dem die Gründe und Einzelheiten des Angebotes oder der Zuteilung dargelegt werden. Die Anforderungen an ein solches Informationsdokument und die damit verbundenen Kosten der Erstellung sind erheblich geringer als diejenigen die Erstellung eines Wertpapierprospektes.

1611 Frankfurter Komm. WpPG und EU ProspektVO, 2. Aufl., 2017, *Schnorbus*, § 2 Rn. 16.

Noch nicht abschließend geklärt ist, ob Mitarbeiter-oder Managementbeteiligungsgesellschaften alternative Investmentfonds (AIF) nach dem Kapitalanlagegesetzbuch (KAGB) darstellen und als solche der Aufsicht der Bundesanstalt für Finanzdienstleistungsaufsicht und den weiteren Vorschriften des KAGB unterliegen. Vor dem Hintergrund der Ausnahmevorschrift des § 2 Abs. 1 Nr. 6 KAGB, der bestimmt, dass das Gesetz auf Arbeitnehmerbeteiligungssysteme nicht anzuwenden ist, wird in der Literatur überwiegend vertreten, dass Managementbeteiligungen grundsätzlich nicht erfasst seien, da sie keine eigenen unternehmerischen Interessen verfolgen dürfen.[1612]

Soweit keine Wertpapiere, sondern nicht in Wertpapieren verbriefte Vermögensanlagen, z. B. stille Beteiligungen oder Kommanditbeteiligungen, öffentlich angeboten werden sollen (hierfür reicht das Angebot an einen größeren Kreis von Mitarbeitern aus), ist prinzipiell der Anwendungsbereich des Vermögensanlagengesetztes (VermAnlG) eröffnet. Gem. § 2 Nr. 6 VermAnlG sind allerdings solche Vermögensanlagen von der Prospektpflicht ausgenommen, die nur den Arbeitnehmern von ihrem Arbeitgeber oder von einem mit dem Arbeitgeber verbundenen Unternehmen angeboten werden. In diesem Rahmen würde sich die Frage der Prospektpflicht nur stellen, falls der Arbeitgeber neben den Arbeitnehmern auch andere Personen als Zielgruppe anspricht. Dies wäre im Rahmen der Ausgestaltung eines Mitarbeiterbeteiligungssystems nach Möglichkeit zu vermeiden.

4.3 Gängige Formen der Management- und Mitarbeiterbeteiligung

Aus den vorstehend aufgeführten Zielsetzungen und bestimmenden Parametern für Management- und Mitarbeiterbeteiligung in Familienunternehmen hat sich eine Reihe von typischen Erscheinungsformen der Beteiligung herausgebildet. Die Bandbreite reicht dabei von den unmittelbaren Beteiligungen am Eigenkapital des Unternehmens über Formen der Fremdkapitalbeteiligung und Mischformen zwischen Eigenkapital- und Fremdkapitalbeteiligung bis hin zu Formen der reinen Erfolgsbeteiligung ohne Beteiligung am Eigen- oder Fremdkapital der Gesellschaft.

4.3.1 GmbH-Beteiligung

Die immer noch weitaus meisten Familienunternehmen in Deutschland bestehen in der Rechtsform der GmbH. Die Beteiligung von Managern und Mitarbeitern am Familienunternehmen als unmittelbare GmbH-Gesellschafter stellt die am Weitesten reichende Form der Beteiligung dar, da die Beteiligten über die Gesellschafterversammlung einen unmittelbaren Einfluss auf

1612 *Jesch/Haug*, DStZ 2013, 771 (776); *Haisch/Helios*, BB 2013, 23 (26); zuletzt im Ergebnis auch *Lorenz/Gohn*, »Die (Nicht-) Anwendbarkeit des KAGB in praxisrelevanten Sonderkonstellationen«, BKR 2019, 386; ebenso *Mackensen*, in Eilers/Koffka/Mackensen/Paul, 3. Aufl., 2018, Kap. VI Rn. 34.

die Leitung des Unternehmens erhalten und als Gesellschafter über nicht abdingbare Informationsrechte bezüglich sämtlicher geschäftlicher Angelegenheiten der Gesellschaft verfügen (§ 51a GmbHG).

Auch wenn eine Mehrheit der Geschäftsanteile bei den Familiengesellschaftern verbleibt, sollte die Entscheidung zur Aufnahme von Minderheitsgesellschaftern aus dem Kreis des Managements gut überlegt sein. Auch Minderheitsgesellschafter einer GmbH können, wenn sich das Verhältnis zu den Mehrheitsgesellschaftern nicht positiv entwickelt, durchaus lästig werden und unter Umständen ihre Informationsrechte zum Nachteil des Unternehmens ausnutzen. Zu beachten ist z. B., dass ein Gesellschafter gesetzlich keinem nachvertraglichen Wettbewerbsverbot unterliegt, es jedoch die Informationen, die ein ausscheidender Gesellschafter während seines Gesellschafter-Daseins erworben hat, erforderlich machen können, in der Satzung ein nachvertragliches Wettbewerbsverbot aufzunehmen, das nach der Rechtsprechung in zeitlicher, sachlicher und räumlicher Hinsicht angemessen sein muss.[1613]

Zum anderen müssen, da das GmbHG grundsätzlich hohe Hürden für einen Austritt oder einen Ausschluss aus der Gesellschaft aufstellt, bereits zu Beginn der Beteiligung auch die Beendigungsmodalitäten im Gesellschaftsvertrag berücksichtigt und geregelt werden.[1614] Dabei ist es zulässig, wenn einem verdienten Mitarbeiter – unentgeltlich oder gegen Zahlung eines Betrages in Höhe nur des Nennwerts – eine Minderheitsbeteiligung eingeräumt wird, die er bei seinem Ausscheiden aus dem Unternehmen zurückzuübertragen hat. Selbst eine Beschränkung der dem Mitarbeiter bei der Rückübertragung des Gesellschaftsanteils zu zahlenden Abfindung auf den Betrag, den er für den Erwerb des Anteils gezahlt hat, und damit sein Ausschluss von etwaigen zwischenzeitlichen Wertsteigerungen ist grundsätzlich zulässig.[1615] In der Praxis sind bei Beteiligungen des Top-Managements Differenzierungen sehr verbreitet. Die Höhe der Abfindung wird dann meist davon abhängig gemacht, ob der Anstellungsvertrag des Managers aus einem tolerablen oder aus einem intolerablen Grund beendet wird (sog. Bad Leaver bzw. Good Leaver).[1616] In jedem Fall sollte sich die direkte Beteiligung von Managern und Mitarbeitern am GmbH-Stammkapital nicht in der reinen Anteilsübertragung erschöpfen, sondern sehr detailliert das Verhältnis der zukünftigen Mitgesellschafter untereinander vertraglich geregelt werden.

Grundsätzlich kann die Beteiligung entweder über einen Anteilskauf von den Alt-Gesellschaftern oder über eine Kapitalerhöhung erfolgen, wobei die Kapitalerhöhung zu einem Geldzufluss beim Unternehmen führt, in aller Regel also vorzugswürdig ist, wenn mit der Beteiligung zugleich Finanzierungszwecke verfolgt werden.

1613 BGH, Beschluss vom 17.11.1997 – II ZR 327/96, DStR 1997, 2038; *Heckschen/Glombik*, GmbHR 2013, 841 (848); Oetker Handelsgesetzbuch, 6. Aufl., 2019, § 112 HGB Rn. 19 m. w. N.

1614 Ausführlich dazu: *Mohr*, GmbH-StB, 2005, 305.

1615 Näher BGH vom 19.09.2005 – II ZR 342/03, NZG 2005, 971.

1616 *Kästle/Heuterkes*, NZG 2005, 289 (290 f.); *Mackensen*, in: *Eilers/Koffka/Mackensen/Paul*, 3. Aufl., 2018, Kap. VI Rn. 46 ff.

Hinweis

!

Für die Beteiligung eines größeren Kreises von Mitarbeitern an der Gesellschaft eignet sich die direkte GmbH-Beteiligung eher nicht. Dies zum einen aus den vorstehend genannten Gründen, zum anderen aber deswegen, weil jegliche Änderungen der Kapitalbesitzverhältnisse der notariellen Beurkundung bedürfen und nahezu jeder Ein- und Austritt eines Gesellschafters eine Bewertung seines Anteils erforderlich macht, die bei der GmbH mit einigem Aufwand verbunden ist. Stattdessen ist es sinnvoll, die Beteiligung einer größeren Anzahl von Managern und Mitarbeitern über eine zwischengeschaltete Beteiligungsgesellschaft in der Rechtsform einer PersGes einzuräumen, deren Anteile formfrei übertragen werden können. Auch Mitwirkungs- und Informationsrechte lassen sich auf diesem Weg zwar nicht ausschließen, aber soweit mediatisieren und bündeln, dass ihre Ausübung durch die Vertreter der Beteiligungsgesellschaft nicht zu einer unzumutbaren Belastung der operativen Gesellschaft wird. I. d. R. handelt es sich bei diesen zwischengeschalteten Beteiligungsgesellschaften um Gesellschaften bürgerlichen Rechts oder um Kommanditgesellschaften, bei denen die Summe der Einlagen der Kommanditisten dem durchgerechneten Wert der von der Beteiligungsgesellschaft gehaltenen GmbH-Anteile entspricht und das Insolvenzrisiko der beteiligten Mitarbeiter auf die Höhe der von ihnen geleisteten Teil-Einlage beschränkt ist.

Aus steuerlicher Sicht ist bei einer »realen« Beteiligung von Mitarbeitern zu beachten, dass die Gewährung von Anteilen zu einem unter dem Marktwert liegenden Preis einen geldwerten Vorteil darstellt, der bereits im Zeitpunkt des Zuflusses, d. h. der Gewährung der Mitarbeiterbeteiligung als Arbeitslohn steuerpflichtig ist. Daher spielt bei der direkten Beteiligung die Frage der Bewertung der Anteile oft eine entscheidende Rolle. Darüber hinaus kann sich unter bestimmten Voraussetzungen die Frage stellen, ob die aus einem späteren Verkauf von Mitarbeiteranteilen erzielten Veräußerungserlöse auch als Arbeitslohn oder als Einkünfte aus Kapitalvermögen zu versteuern sind. Letzteres ist aufgrund der meist günstigeren Besteuerung von Veräußerungserlösen oft von erheblichem Vorteil. Nach Auffassung des BFH führt der Veräußerungsgewinn aus einer Kapitalbeteiligung an einem Unternehmen nicht allein deshalb zu Arbeitslohn, weil die Beteiligung von einem Arbeitnehmer des Unternehmens gehalten und veräußert wird und nur Arbeitnehmern im Allgemeinen oder sogar nur bestimmten Arbeitnehmern angeboten wurde. Es ist auch in solchen Konstellationen durchaus möglich, dass – je nach Gestaltung im Einzelfall – Einkünfte aus Kapitalvermögen vorliegen. Voraussetzung hierfür ist allerdings jedenfalls, dass An- und Verkauf der Beteiligung zum Marktpreis erfolgen und ein effektives Verlustrisiko vom Arbeitnehmer getragen wird.[1617]

4.3.2 Belegschaftsaktien

Bei AG besteht das der GmbH-Beteiligung vergleichbare Instrument in der Übertragung von Aktien der Gesellschaft an Manager und Mitarbeiter des Unternehmens (nachfolgend »Belegschaftsaktien«). In recht geringem Umfang (vgl. vorstehend unter 4.1.4) ist die vergünstigte oder kostenfreie Überlassung von Belegschaftsaktien steuerlich begünstigt. Belegschaftsaktienprogramme, die

1617 BFH vom 04.10.2016 – IX R 43/15, BFH/NV 2017, 354.

v. a. diese steuerliche Begünstigung im Blick haben, finden sich nicht selten bei großen börsennotierten Gesellschaften, bei denen eine große Anzahl von Mitarbeitern (zur Ausschöpfung der Steuerförderung meist jährlich) mit jeweils eher kleinen Beträgen beteiligt werden sollen.

Der Inhaber der Aktien wird in Form einer Dividende und/oder in Form der Kurssteigerung am Erfolg der Gesellschaft beteiligt. Die Übertragung der Beteiligung ist gegenüber der Übertragung einer GmbH-Beteiligung wesentlich einfacher und flexibler. Ein erheblicher Vorteil der Beteiligung in Form von Belegschaftsaktien besteht auch darin, dass sich bei börsennotierten AG der Wert der Beteiligung unschwer am jeweiligen Aktienkurs ablesen lässt und eine aufwändige Bewertung bei Einstieg oder Ausstieg eines Aktionärs nicht erfolgen muss. Die Bewertung ist Grundlage für die Versteuerung der Vorteile bei Arbeitnehmern nach dem Zuflussprinzip (§ 11 Abs. 1 Satz 3 EStG i. V. m. § 38a Abs. 1 Satz 3 EStG). Erhält der Arbeitnehmer Aktien, fließt der Vorteil mit Verschaffung der wirtschaftlichen Verfügungsmacht über die Aktien zu. Das ist regelmäßig der Zeitpunkt der Einbuchung der Aktien in das Depot des Arbeitnehmers.[1618] Sperr- oder Haltefristen, innerhalb derer die Belegschaftsaktien nicht oder nur teilweise veräußert werden dürfen, ändern daran grundsätzlich nichts.[1619] Diese sog. Anfangsbesteuerung ist nachteilig, da der Arbeitnehmer einen wirtschaftlichen Vorteil versteuern muss, ohne dass ihm in der Regel im Veranlagungszeitraum Liquidität zufließen würde.

Bei nicht börsennotierten Gesellschaften steht bisweilen die Frage im Raum, ob den Mitarbeitern die Veräußerung der Aktien erleichtert werden soll, etwa indem die Gesellschaft einen eigenen Handelsplatz anbietet. Unter Bindungsgesichtspunkten ist dies ein zweischneidiges Schwert. Einerseits erhöht die Liquidität der Beteiligung ihre Attraktivität. Andererseits aber ist es im Interesse des Unternehmens, wenn die Mitarbeiter die Aktien zumindest während ihrer Zugehörigkeit zum Unternehmen halten. Außerdem bringen Handelsplätze Spekulation hervor, so dass es Gewinner und Verlierer gibt. Insofern ist die Einführung von Handelsplätzen im Sinne des Betriebsfriedens u. U. kritisch zu sehen.

! **Hinweis**

Insgesamt handelt es sich bei der Belegschaftsaktie um ein sehr flexibel ausgestaltbares Beteiligungsmodell, das insbesondere bei börsennotierten Gesellschaften beliebt und verbreitet ist. Ebenso wie bei der GmbH-Beteiligung wird bei Belegschaftsaktien eine starke Bindungswirkung der Beteiligten erreicht. Dies gilt insbesondere dann, wenn die Einräumung der Beteiligung mit Halte- oder Sperrfristen verbunden ist, innerhalb derer die Belegschaftsaktien nicht oder nur teilweise veräußert werden dürfen. Ebenso wie bei der GmbH-Beteiligung können die von den Mitarbeitern gehaltenen Aktien in einer Mitarbeiterbeteiligungsgesellschaft gebündelt werden, die die daraus resultierenden Rechte z. B. in der Hauptversammlung des Unternehmens ausübt. In größerem Umfang als bei der GmbH ist es bei der AG zudem möglich, Mitwirkungsrechte dadurch auszuschließen, dass z. B. einem Mitarbeiter stimmrechtslose oder -eingeschränkte Vorzugsaktien ausgegeben werden.

1618 BFH vom 30.06.2011 – VI R 37/09, BStBl II 2011, 923, DStRE 2011, 1247.
1619 *Geserich*, DStR-Beihefter 2014, 53 (54).

4.3.3 Aktienoptionen

Ebenfalls letztlich auf die Begründung einer Direktbeteiligung gerichtet sind Aktienoptionsprogramme. Bei solchen Programmen erhalten die Begünstigten zunächst noch keine Aktienbeteiligung, sondern die Option darauf, eine solche Aktienbeteiligung (möglicherweise verbilligt oder sogar unentgeltlich) zu erhalten, wenn bestimmte Wartefristen verstrichen und im Vorhinein definierte Erfolgsziele eingetreten sind. Sofern die Aktien für ein solches Programm über ein bedingtes Kapital der AG geschaffen werden, muss der Beschluss und die Ausgestaltung des Aktienoptionsprogrammes z. B. hinsichtlich Erfolgszielen, Erwerbs- und Ausübungszeiträumen und Wartezeiten (mindestens vier Jahre) den gesetzlichen Anforderungen der §§ 192 ff. AktG entsprechen. Alternativ ist der Weg über § 71 Abs. 1 Nr. 2 AktG eröffnet, der es gestattet, dass die Gesellschaft eigene Aktien erwirbt, um sie Personen, die im Arbeitsverhältnis mit ihr oder einem verbundenen Unternehmen stehen oder standen zum Erwerb anzubieten.

Aus der Sicht des Unternehmens hat ein solches Aktienoptionsprogramm zunächst insbesondere den Vorteil, dass das Unternehmen nicht in Vorleistung tritt, sondern die Beteiligung in Form der Übertragung von Optionsaktien vom Mitarbeiter erst »erdient« werden muss. Erst nach Ablauf der Wartefristen und nach Erreichen der Erfolgsziele erfolgt die Übertragung der Beteiligung. Bis dahin kann die Option dem Mitarbeiter u. U. (z. B. wenn dessen Anstellungsverhältnis aus von ihm zu vertretenden Gründen gekündigt wird) auch wieder entzogen werden. Vielfach werden die bei Ausübung der Optionen zu zahlenden Erwerbspreise für die Aktien bereits bei Ausgabe der Optionen festgelegt. Im Unterschied zu Mitarbeiteraktien kann bei Aktienoptionen vergleichsweise einfach eine Endbesteuerung erreicht werden, wonach der Arbeitnehmer den Vorteil erst versteuern muss, wenn er ihn nutzen kann. Ist die Option nicht handelbar, was regelmäßig im Interesse des beteiligenden Unternehmens ist, ist der Vorteil erst mit dem preisgünstigen Erwerb der Aktien nach Ausübung der Option zugeflossen, also wiederum bei Einbuchung der Aktien in das Depot des Arbeitnehmers.[1620] Hieraus ergibt sich je nach zwischenzeitlicher Wertentwicklung der Aktie die Möglichkeit, im Ausübungszeitpunkt u. U. erhebliche (steuerpflichtige) Gewinne zu erzielen.

Hinweis !

Aktienoptionsprogramme können auch für die begünstigten Manager und Mitarbeiter ein attraktives Beteiligungsmodell sein. Sie sind hinsichtlich ihrer Ausgestaltung z. B. im Hinblick auf Erfolgsziele, Verfallsregelungen und Wartefristen sehr flexibel ausgestaltbar und können sehr gut auf die individuellen Verhältnisse eines Unternehmens oder auch einer zu beteiligenden Mitarbeitergruppe maßgeschneidert werden.

1620 *Geserich*, DStR-Beihefter 2014, 53 (55).

4.3.4 Stille Beteiligung

Zu den sog. Mezzanine-Kapital-Beteiligungen zählt die Beteiligung von Mitarbeitern als stille Gesellschafter. Mezzanine-Beteiligung ist eine Mischform zwischen Eigen- und Fremdkapitalbeteiligung, bei der der wesentliche Einfluss auf die Geschäfte des Unternehmens abbedungen ist.

Die stille Gesellschaft ist eine nach außen nicht in Erscheinung tretende Innengesellschaft, für die im Grundsatz die (allerdings im Wesentlichen abdingbaren) §§ 230–237 HGB gelten. Sie ist selbst nicht Trägerin von Rechten und Pflichten. Ist die stille Gesellschaft entsprechend den gesetzlichen Vorschriften ausgestaltet, spricht man von einer typischen stillen Gesellschaft.[1621] Die Bezeichnung atypische stille Gesellschaft umfasst demgegenüber ein weites Spektrum an abweichenden Formen und weist nicht auf eine bestimmte Ausgestaltung hin. Hierzu zählt etwa, dass der stille Gesellschafter an den stillen Reserven, am Vermögen und am Geschäftswert des Unternehmens beteiligt ist, Entscheidungsbefugnisse bei der Unternehmensführung hat und die Beteiligung des stillen Gesellschafters im Insolvenz- und Liquidationsfall nachrangig ist.[1622] Der stille Gesellschafter hat regelmäßig im Rahmen der Mitarbeiterbeteiligung nur insoweit Einsichts- und Mitspracherechte, wie grundlegende Umstrukturierungen des Unternehmens in Rede stehen.

Die beteiligten Mitarbeiter sind nach § 231 HGB am Unternehmensgewinn zu beteiligen. Am Wertzuwachs des Unternehmens nehmen sie, anders als es bei einer atypisch stillen Beteiligung möglich ist, nicht teil. Der stille Gesellschafter wird am Gewinn und Verlust entsprechend seiner Einlage im Verhältnis zum Stammkapital des Unternehmens beteiligt. Die Verlustbeteiligung kann vertraglich ausgeschlossen werden.

In der Insolvenz ist der typisch stille Gesellschafter, der am Verlust nicht beteiligt ist, zu Zahlungen an die Insolvenzmasse nicht verpflichtet. Auch im Übrigen haftet er, im Gegensatz zu einem Kommanditisten, grundsätzlich nicht für die Unternehmensverbindlichkeiten. Soweit allerdings die stille Einlage noch nicht geleistet wurde und eine Verlustbeteiligung besteht, können Gläubiger der GmbH indirekt auf diese zugreifen, da eine Verpflichtung des stillen Gesellschafters zur Einzahlung insoweit besteht.[1623]

Typische stille Beteiligungen haben steuerlich Fremdkapital-Charakter. Der Gewinnanteil des Arbeitnehmers führt bei ihm zu abgeltungssteuerpflichtigen Einkünften aus Kapitalvermögen.

Die Besonderheit mezzaninen Kapitals ist, dass es für die Gesellschaft bei richtiger Ausgestaltung handelsbilanziell als Eigenkapital und steuerbilanziell als Fremdkapital passiviert werden

1621 *Baumbach/Hopt*, HGB, Roth, 38. Aufl., 2018, § 230 Rn. 3 ff.
1622 Überblick bei *Keul*, a. a. O. Rn. 30 ff.; *Baumbach/Hopt*, HGB, Roth a. a. O.
1623 *Baumbach/Hopt*, HGB, Roth, 38. Aufl., 2018, § 236, Rn. 3; *Geißler*, GmbHR 2008, 515 (520).

kann. Vorteilhaft hieran ist, dass sich das Rating des Unternehmens durch eine höhere Eigenkapitalquote bessert, während zugleich die Vergütung des Kapitalgebers steuerlich einen laufenden Aufwand darstellt.[1624] Zur steuerlichen Qualifizierung als »wirtschaftliches Eigenkapital« muss eine Laufzeit von mindestens fünf Jahren vereinbart sein, eine Verlustbeteiligung sowie die Nachrangigkeit des Rückzahlungsanspruches im Insolvenzfall. Außerdem muss auf das außerordentliche Kündigungsrecht im Falle einer Unternehmenskrise verzichtet werden und es darf keine Besicherung der Zahlungsansprüche erfolgen.[1625] Um die stille Einlage als handelsrechtliches (bilanzrechtliches) Eigenkapital auszugestalten, gelten weitere Voraussetzungen hinsichtlich Nachrangigkeit des Anspruches auf Einlagenrückgewähr, Verlustteilnahme und Langfristigkeit der Kapitalüberlassung[1626].

Hinweis !

Die typische stille Beteiligung ist in Deutschland rechtsformübergreifend die am Weitesten verbreitete Form der Mitarbeiterkapitalbeteiligung. Wesentlicher Grund hierfür dürfte, insbesondere im Bereich der Gesellschaften mit beschränkter Haftung, die Tatsache sein, dass sich die Rechtsposition der Mitarbeiter stark beschränken lässt, so dass der Gesellschafter stark einem typischen Darlehensgeber angenähert ist.[1627]

4.3.5 Mitarbeiterdarlehen

Der stillen Beteiligung ähnlich, aber eindeutig als Fremdkapitalbeteiligungsform ausgestaltet, ist die Gewährung eines Mitarbeiterdarlehens, bei dem der Arbeitnehmer der Gesellschaft auf schuldrechtlicher Grundlage vorübergehend Kapital zur Verfügung stellt. Dabei kann das Kapital durch Einbringung von Privatvermögen oder durch einen Teil-Lohnverzicht erbracht werden.

Typischerweise wird ein Mitarbeiterdarlehen partiarisch ausgestaltet. Es wird also eine gewinnabhängige Verzinsung vereinbart, um die vom Arbeitgeber angestrebte Identifikation und Motivation des Mitarbeiters zu erreichen. An Wertsteigerungen des Unternehmens partizipieren die Mitarbeiter allerdings nicht, da sie an der Unternehmenssubstanz nicht beteiligt sind. Mitarbeiterdarlehen als Mittel der incentivierenden Mitarbeiterbeteiligung sind daher weniger verbreitet.

1624 *Schwaiger*, in: Beck'sches Handbuch der GmbH, 2014, § 7 Rn. 8 f.
1625 *Manz/Lammel*, GmbHR 2009, 1121 (1122); *Reiner/Haußer*, in: MüKo HGB, 2013, § 266, Rn. 102.
1626 *Manz/Lammel*, a. a. O. m. w. N.
1627 *Fox/Hüttche/Lechner*, GmbHR, 2000, 521 (524); *Rowedder/Schmidt/Leithoff*, GmbHG, 6. Aufl., 2017, § 30 Anh., Rn. 87.

!

Hinweis

Mitarbeiterdarlehen spielen vorwiegend im Rahmen der Unternehmensfinanzierung eine Rolle. Zu beachten ist, dass die Aufnahme von Mitarbeiterdarlehen in der Krise des Unternehmens dadurch erschwert ist, dass § 3 Nr. 1 KWG sog. »Werkssparkassen« untersagt, also das Betreiben eines Einlagengeschäftes, wenn der Kreis der Einleger überwiegend aus Betriebsangehörigen des Unternehmens besteht. Dieses Problem kann zwar dadurch gelöst werden, dass der Darlehensrückzahlungsanspruch privatrechtlich besichert wird. In diesem Fall fällt er nicht unter die Regelung des § 3 Nr. 1 KWG. Allerdings wird einem Unternehmen in der Krise eine solche Besicherung vielfach nicht mehr möglich sein.

4.3.6 Genussrechte

Genussrechte vermitteln dem beteiligten Arbeitnehmer als Gegenleistung für die Erbringung von Kapital einen schuldrechtlichen Anspruch gegen die Gesellschaft auf eine bestimmte Ergebnisbeteiligung. Mitgliedschafts- oder Stimmrechte werden dadurch nicht eingeräumt. Da Genussrechte zwar verschiedentlich gesetzlich erwähnt werden (AktG, KStG), jedoch nicht grundlegend gesetzlich geregelt sind, besteht ein weiter Gestaltungsspielraum. Dadurch können insbesondere Laufzeit und Tilgung variabel vereinbart werden sowie das Genussrecht in den Genussrechtsbedingungen auch eigenkapitalähnlich ausgestaltet werden.[1628] Genussrechte werden handelsrechtlich als Eigenkapital eingestuft, wenn die Vergütung erfolgsabhängig ausgestaltet ist, eine Teilnahme am Verlust besteht sowie die Kapitalüberlassung längerfristig erfolgt. Im Einzelnen umstritten ist, was unter »längerfristig« zu verstehen ist. Überwiegend wird in Anlehnung an § 10 Abs. 5 KWG in der bis 31.12.2013 geltenden Fassung ein Zeitraum von fünf Jahren für ausreichend gehalten.[1629]

4.3.7 Virtuelle Beteiligungen

PRAXISHINWEIS:

Trotz geringerer Bindungswirkung und des mit ihnen verbundenen Liquiditätsabflusses erfreuen sich virtuelle Beteiligungen wegen ihrer Flexibilität und wegen ihres rein schuldrechtlichen Charakters weiterhin zunehmender Beliebtheit. Ein Stück weit sind sie auch Ergebnis der umfassenden Regulierung direkter Beteiligungsmöglichkeiten durch Vorschriften zum Anlegerschutz, die im Rahmen virtueller Modelle so nicht zum Zuge kommen.

Im Bereich der virtuellen Unternehmensbeteiligungen finden sich verschiedene Ausgestaltungen und Bezeichnungen wie z. B. »Stock Appreciation Rights«, »Phantom Stocks« oder »Virtual Shares«, die im Ergebnis allesamt dem Bereich der monetären Erfolgsbeteiligungen zuzurechnen sind.

1628 *Schmeisser/Clausen*, DStR 2008, 688 (689).
1629 *Schwennicke/Auerbach*, KWG, 2012, § 10, Rn. 356.

Da diese Beteiligungsmodelle gesetzlich allenfalls erwähnt, jedoch nicht geregelt sind, besteht für sie eine große Gestaltungsbandbreite. Daher können nicht alle möglichen Gestaltungen, sondern nur die Grundzüge dieser Modelle beschrieben werden: Virtuelle Beteiligungen basieren darauf, dass einem zu beteiligenden Mitarbeiter die Zusage gemacht wird, ihn wirtschaftlich so zu stellen, als sei er mit einem bestimmten Gesellschaftsanteil tatsächlich am Unternehmen beteiligt. Sowohl entgeltliche Varianten (Zahlung eines Kaufpreises durch den Arbeitnehmer), als auch unentgeltliche Varianten (einseitige Leistung des Arbeitgebers) sind geläufig.

Die Zusage kann verbunden sein mit

- dem Erfordernis, bestimmte persönliche Erfolgsziele erreicht zu haben;
- dem Erfordernis, dass das Unternehmen bestimmte Erfolgsziele/Kennzahlen erreicht hat;
- dem Erfordernis des Fortbestehens des Anstellungsverhältnisses (das ist die Regel);
- dem Ablauf bestimmter Wartefristen;
- weiteren individuellen oder unternehmensbezogenen Voraussetzungen.

Unter der Voraussetzung, dass die festgelegten Bedingungen der Zusage erfüllt wurden, vermittelt die virtuelle Beteiligung einen Zahlungsanspruch gegen das Unternehmen, der sich z. B. bemisst:

- nach der Wertsteigerung der zugesagten virtuellen Beteiligung in einem definierten Zeitraum;
- nach dem Unternehmensgewinn, der anteilig auf die zugesagte virtuelle Beteiligung entfallen würde;
- nach bestimmten Unternehmenskennzahlen, größenmäßig bezogen auf die zugesagte virtuelle Beteiligung oder
- einer Kombination solcher Kriterien.

Mitwirkungs- oder Informationsrechte werden durch die virtuelle Beteiligung nicht vermittelt. Dies und die Tatsache, dass Systeme der virtuellen Mitarbeiter- und Managementbeteiligung sehr flexibel und individuell ausgestaltbar sind, stellen aus Sicht des Unternehmens große Vorteile solcher Modelle dar. Durch attraktive Zahlungsansprüche und eine Ausgestaltung, die Wartefristen (auch bezeichnet als Vesting Periods) beinhaltet, lassen sich die Ziele der Mitarbeitermotivation und Mitarbeiterbindung gleichwohl gut erreichen.

Als nachteilig zu bewerten ist aus Sicht des Unternehmens, dass virtuelle Beteiligungssysteme im Erfolgsfall mit einem Liquiditätsabfluss verbunden sind. Um dies zu vermeiden, kann u. U. daran gedacht werden, Reinvestitionsangebote in direkte oder indirekte Eigenkapitalbeteiligungen mit solchen virtuellen Programmen zu verbinden.

Steuerlich handelt es sich bei den Zahlungen aufgrund virtueller Beteiligungen um als solchen zu versteuernden Arbeitslohn und beim Unternehmen um Betriebsausgaben.

Insgesamt handelt es sich bei virtuellen Beteiligungsmodellen um diejenige Form der Management- und Mitarbeiterbeteiligung, die in den letzten Jahren am meisten an Bedeutung gewonnen hat.

4.3.8 Bonus- oder Tantiemezahlungen

Nahezu jedes erfolgreiche Familienunternehmen verfügt für seine Schlüsselmitarbeiter über ein System der erfolgsabhängigen Vergütung in Form von Bonus- oder Tantiemezusagen, die an das Erreichen bestimmter individueller Ziele oder Unternehmensziele anknüpfen. Die Modelle sind einerseits so vielgestaltig, andererseits so weit bekannt, dass hier auf eine Darstellung einzelner Regelungen verzichtet wird. Auch bei Bonus- und Tantiemeregelungen besteht allerdings der grundsätzliche Nachteil, auf den im Rahmen der virtuellen Beteiligungen vorstehend bereits hingewiesen wurde, nämlich dass sie in aller Regel mit einem Kapitalabfluss verbunden sind. Es ist auch insoweit eine Überlegung wert, ob nicht Bonus- und Tantiemesysteme, ebenso wie virtuelle Beteiligungssysteme, die auf eine Zahlung ausgerichtet sind, mit Angeboten der längerfristigen, z. B. indirekten Eigenkapitalbeteiligung über eine Mitarbeiterbeteiligungsgesellschaft kombiniert werden können. Auf diese Weise könnten Kapitalabflüsse vermieden, die Eigenkapitalbasis des Unternehmens gestärkt und die Mitarbeiterbindung über das zugrundeliegende Bonus- oder Tantiememodell hinaus erhalten werden.

5 Familienunternehmen in der Krise

Niklas Lütcke

5.1 Einleitung

Unterschiede in der Anwendung rechtlicher, insbesondere insolvenzrechtlicher Vorschriften in der Krise eines Familienunternehmens folgen in erster Linie aus der jeweils von der Familie für »ihr« Unternehmen gewählten Unternehmensform. Der rechtliche Rahmen, den sich die Gesellschafter des Familienunternehmens ausgesucht haben, ist Ausgangs- und Bezugspunkt für die jeweils daran anknüpfenden gesetzlichen Regelungen im Krisen- oder Insolvenzstadium. Für die auserkorene Gesellschaftsform sind wiederum zahlreiche Faktoren ausschlaggebend, die sich nicht auf einen oder einige wenige gemeinsame Nenner reduzieren lassen, die für ein Familienunternehmen typisch oder prägend wären. Deshalb gibt es auch nicht »die« Gesellschaftsform für ein Familienunternehmen. Vielmehr bestimmt der von der Familie verfolgte Zweck die Wahl der Mittel, woraus wiederum die rechtlichen Maßgaben folgen, die im Krisenfall zu beachten sind.

Besonderheiten für Familienunternehmen in der Krise folgen weniger aus den endogenen und exogenen Faktoren auf der betriebswirtschaftlichen Ebene des Unternehmens wie z. B. den Markt- und Wettbewerbsbedingungen, leistungs- und finanzwirtschaftlichen Defiziten oder Managementfehlern, denn diese treffen das Familienunternehmen grundsätzlich genauso wie jedes andere Unternehmen auch. Gesteigerten Einfluss hat aber die besondere Verflechtung zwischen dem Unternehmen als betrieblicher Einheit und der Familie als mehr oder weniger weit gefasstem Personenkreis mit bestimmendem Einfluss auf die Unternehmensführung. Familie und Unternehmen sind üblicherweise so eng verbunden, dass sich daraus eine Wechselwirkung zwischen beiden Seiten ergibt, die in der Krise und in der Insolvenz berücksichtigt werden muss.

Die wechselseitigen Abhängigkeiten führen einerseits dazu, dass eine Unternehmenskrise in der Regel auch die persönlichen Beziehungen der Familienmitglieder beeinträchtigt und wie ein Flächenbrand in den familiären Verbund übergreifen und diesen gefährden kann. Das ist der Fall, wenn die wirtschaftliche Existenz einzelner Familienmitglieder vom Fortbestand des Unternehmens abhängt, weil sie entweder für das Unternehmen tätig sind und daraus ihren Lebensunterhalt decken oder weil sie privat aus übernommenen Sicherheiten für Verbindlichkeiten des Unternehmens haften und deshalb ihr privates Vermögen auf dem Spiel steht. Eine weitere Fallgruppe sind persönliche Zerwürfnisse, z. B. wenn die mit der Führung des Unternehmens betrauten Familienmitglieder für die Krise verantwortlich gemacht und mit persönlichen Vorwürfen konfrontiert werden.

Andersherum können aber auch Einflussfaktoren aus der Familie in die betriebliche Sphäre hereinreichen und eine Krise hervorrufen. Typische Fälle hierfür sind ungeklärte oder aufgeschobene Nachfolgeregelungen, aufbrechende Generationenkonflikte, Änderungen der Familienstruktur durch Eintritt neuer Mitglieder, unklare oder schlecht verteilte Kompetenzen sowie Ausstiegswünsche oder der Tod und die Insolvenz einzelner Familienmitglieder.

Schließlich bietet der Einfluss der Familie aber auch Chancen und Entwicklungspotenziale in der Krise. Ein starker familiärer Verbund kann – speziell unter Druck – besondere Kräfte mobilisieren oder die Bereitstellung neuer finanzieller Mittel erleichtern bzw. beschleunigen.

All diese Besonderheiten müssen bei der Darstellung eines Familienunternehmens in der Krise und Insolvenz und bei der Frage nach Lösungsmöglichkeiten für deren Beseitigung berücksichtigt werden. Ein besonderes Augenmerk wird dabei auf die seit Einführung des ESUG[1630] zunehmend genutzten Sanierungsinstrumente wie z. B. die Eigenverwaltung gelegt, die speziell für Familienunternehmen interessant sein können.

5.2 Beginn der Krise und Krisenmanagement

5.2.1 Krisenstadien

Abhandlungen zu den verschiedenen Krisenstadien eines Unternehmens, deren Ursachen und ihre Bewältigung durch eine leistungs- und finanzwirtschaftliche Sanierung füllen zahlreiche Bücher.[1631] Die zeitlichen Abläufe und die jeweiligen Krisenstadien lassen sich in aller Kürze am besten durch das nachfolgende Schaubild darstellen.

Das Schaubild zeigt, dass die Handlungsmöglichkeiten für eine erfolgreiche Sanierung mit zunehmendem Zeitablauf immer kleiner werden und immer größere Anstrengungen notwendig sind, um eine Insolvenz noch abwenden zu können. Der Erfolg von Sanierungsmaßnahmen hängt maßgeblich davon ab, dass sie frühzeitig, entschlossen, schnell und möglichst ohne Aufsehen, in der Regel also außerhalb eines förmlichen Insolvenzverfahrens, durchgeführt werden.

5.2.2 Krisenprävention durch sorgfältige Kontrolle

Diese Erkenntnis ist im Grunde eine Binsenweisheit. Die praktischen Erfahrungen in der Insolvenzpraxis zeigen aber, dass Krisen häufig nicht rechtzeitig erkannt, nicht sorgfältig analysiert oder schlimmstenfalls sogar – bewusst oder unbewusst – verdrängt und deshalb Gegenmaß-

1630 Gesetz zur weiteren Erleichterung der Sanierung von Unternehmen (kurz »ESUG«), in Kraft getreten am 01.03.2012.
1631 Vgl. z. B. *Buth/Hermanns*, 2014, m. w. N.

nahmen nicht oder nicht mit der notwendigen Konsequenz und der erforderlichen Reichweite eingeleitet werden. Bei Familienunternehmen kommt häufig die finanzielle Abhängigkeit der Familienmitglieder vom Erfolg des Unternehmens hinzu. Drohen aus der Krise des Unternehmens persönliche Konsequenzen, z. B. durch die Inanspruchnahme persönlicher Sicherheiten, mag die Sorge vor diesen Konsequenzen zu einem weiteren Aufschub der notwendigen Maßnahmen führen.

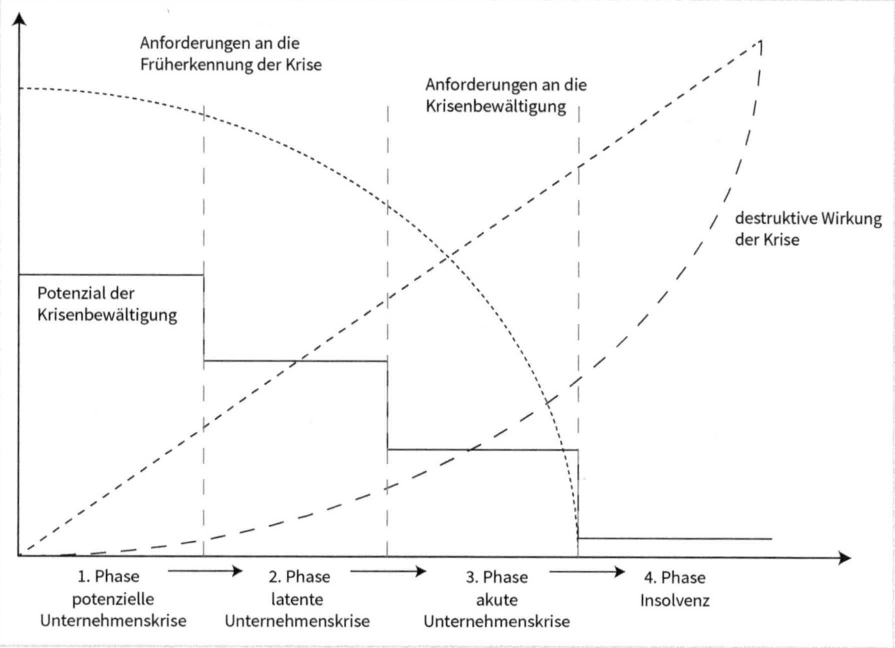

Eine Krise rechtzeitig zu erkennen erfordert, dass die Finanz- und Ertragslage des Unternehmens fortlaufend überprüft wird. Eine wirksame Kontrolle wiederum erfordert ein ausreichendes Maß an kritischer Selbstreflexion. Familienunternehmen können in dieser Hinsicht besonders gefährdet sein, sei es durch die sprichwörtliche Beratungsresistenz des Patriarchen, der sich die Krise seines Lebenswerkes nicht eingestehen möchte oder kann, oder durch eine Abneigung, sich ausreichenden externen Rat einzuholen, oder aber auch durch subjektive Befindlichkeiten innerhalb der Familie, die eine sachliche Auseinandersetzung mit den Krisensymptomen und -ursachen emotional überlagern und erschweren.

Für die Geschäftsleiter von Kapitalgesellschaften führt ein Verstoß gegen den Grundsatz einer ständigen und fortlaufenden Kontrolle der Ertragslage zu konkreten Haftungsfolgen. Die Beachtung der vom Gesetzgeber und der Rechtsprechung herausgearbeiteten Sorgfaltsanforderungen ist für sie allein schon deshalb geboten, um eine spätere Haftung mit dem eigenen Vermögen zu vermeiden. Aber auch in Unternehmen mit persönlich haftenden Gesellschaftern, für die keine Insolvenzantragspflichten greifen, sollten die bestehenden Pflichten im Interesse einer frühzeitigen Krisenprävention dringend beachtet werden, weil sich die Schäden einer Krise erfahrungsgemäß vergrößern, je länger die Krisenbewältigung aufgeschoben wird.

Generell muss die Geschäftsführung einer Kapitalgesellschaft organisatorische Vorkehrungen treffen, die es ermöglichen, die wirtschaftliche Entwicklung des Unternehmens laufend überblicken zu können, vergl. § 91 AktG.[1632] Von einem organschaftlichen Vertreter wird erwartet, dass er sich stets über die wirtschaftliche Lage der Gesellschaft vergewissert; er muss sich rechtzeitig die dafür benötigten Informationen und Kenntnisse verschaffen und notfalls, bei fehlender eigener Sachkunde, externen Rat einholen.[1633] Werden Aufgaben delegiert, was eine einvernehmliche, klare und eindeutige Abgrenzung der Zuständigkeitsbereiche der hierfür fachlich und persönlich geeigneten Mitglieder der Geschäftsführung zwingend voraussetzt,[1634] verbleiben (strenge) Überwachungspflichten. Die Geschäftsleitung kann sich nicht darauf berufen, sich auf Aussagen eigener Mitarbeiter oder externer Dritter verlassen zu haben.[1635]

5.3 Einleitung eines Insolvenzverfahrens

5.3.1 Insolvenzantragspflichten

! **Hinweis**

Die zeitlich begrenzte Aussetzung der Insolvenzantragspflicht durch das COVInsAG infolge der »Corona-Krise« muss an dieser Stelle unberücksichtigt bleiben.

Eine gesetzliche Pflicht zur Insolvenzantragstellung besteht nur bei Gesellschaften, bei denen die Haftung für ihre Verbindlichkeiten beschränkt ist, so bei der AG, GmbH, GmbH & Co. KG, Genossenschaft, KGaA, VVaG, aber auch eine OHG oder BGB-Gesellschaft ohne vollhaftende Personen. Die in § 15a InsO geregelte Antragspflicht dient dem Schutz des Rechtsverkehrs und der Gläubiger vor materiell insolventen, aber nur beschränkt haftenden Rechtssubjekten.[1636] Sie trifft die Vertretungsorgane, kann aber auch nach § 15a Abs. 3 InsO im Fall der Führungslosigkeit der Gesellschaft auf die Gesellschafter oder einen Aufsichtsrat übergehen. Im Falle der Verletzung der Pflicht droht eine straf- und zivilrechtliche Haftung. Vor allem die zivilrechtliche Haftung kann schnell einen existenzbedrohenden Umfang erreichen. Deshalb kann nicht deutlich genug darauf hingewiesen werden, wie wichtig es ist, jederzeit sicher zu wissen, ob eine Antragspflicht besteht oder nicht. Außerdem muss ein Geschäftsleiter die jederzeitige Überwachung der wirtschaftlichen Lage auch ausreichend dokumentieren. Nur so kann er einem

1632 Vgl. im Einzelnen *Koch*, in: Hüffer, AktG, 2014, § 91 Rz. 6 ff.; *Haas/Kolmann/Pauw*, in: Gottwald, Insolvenzrechts-Handbuch, 2015, § 92 Rz. 4 ff.; BGH vom 06.11.2018, II ZR 11/17, Rz. 14.

1633 BGH vom 14.05.2007, II ZR 48/06, Rz. 16.

1634 BGH vom 06.11.2018, II ZR 11/17, Rz. 17 ff.

1635 BGH vom 09.01.2001, VI ZR 407/99.

1636 *Hirte*, in: Uhlenbruck, InsO, 2015, § 15a Rz. 1.

späteren straf- oder zivilrechtlichen Vorwurf, eine Insolvenz nicht rechtzeitig beantragt zu haben, wirksam entgegentreten.

5.3.2 Insolvenzgründe

Die Pflicht zur Einleitung eines Insolvenzverfahrens setzt voraus, dass ein Insolvenzgrund vorliegt. Insolvenzgründe sind die Zahlungsunfähigkeit, § 17 InsO, sowie bei juristischen Personen die Überschuldung, § 19 InsO. Bei drohender Zahlungsunfähigkeit besteht nach § 18 InsO die Möglichkeit, für die Gesellschaft einen Insolvenzantrag zu stellen. Eine Pflicht hierzu besteht nicht. Auch kann kein Gläubiger einen Insolvenzantrag mit einer drohenden Zahlungsunfähigkeit begründen. Vielmehr soll § 18 InsO allein dem Unternehmen selbst die Möglichkeit geben, frühzeitig einen Insolvenzantrag stellen zu können, weil frühzeitige Insolvenzanträge generell die Sanierungschancen erhöhen.

Eine Zahlungsunfähigkeit liegt nach § 17 InsO vor, wenn ein Schuldner nicht mehr in der Lage ist, seine fälligen Zahlungspflichten zu erfüllen. Der BGH nimmt dies bereits an, wenn die Lücke zwischen den vorhandenen liquiden Mitteln und den fälligen Verbindlichkeiten größer ist als 10 % und diese Lücke nicht innerhalb von längstens drei Wochen beseitigt werden kann[1637]. Die Zahlungsunfähigkeit wird geprüft, indem die verfügbaren liquiden Mittel den fälligen Verbindlichkeiten gegenübergestellt werden. Ausgehend von dem Stichtag der Prüfung sind die innerhalb von drei Wochen eingehenden weiteren liquiden Mittel ebenso zu berücksichtigen wie die in diesem dreiwöchigen Zeitraum fällig werdenden weiteren Verbindlichkeiten.[1638]

Eine bereits bestehende Zahlungsunfähigkeit kann beseitigt werden durch Hinzuführen weiterer liquider Mittel oder durch Vereinbarungen mit den Gläubigern fälliger Forderungen über einen (Teil-)Verzicht oder eine Stundung von Forderungen.

Der Geschäftsführer muss die ausreichende Liquiditätsausstattung der von ihm geführten Gesellschaft stets überwachen.[1639] Bereits mit Beginn der Krise der Gesellschaft ist der Geschäftsführer verpflichtet, die Liquidität fortlaufend und in regelmäßigen Intervallen (z. B. wöchentlich) zu prüfen. Diese Pflicht kann so weit gehen, dass vom Geschäftsführer eine tagesaktuelle Betrachtung der verfügbaren Mittel und der fälligen Verbindlichkeiten gefordert wird. Verfügt ein Geschäftsführer nicht über ausreichende Kenntnisse, um die Prüfung eines Insolvenzgrundes selbst vornehmen zu können, muss er sich fachkundig beraten lassen, wobei er sich nicht blind auf das Prüfungsergebnis des Beraters verlassen darf, sondern dieses einer Plausibilitätskontrolle unterziehen muss.[1640]

1637 BGH vom 24.05.2005, IX ZR 123/04; BGH vom 27.3.2012, II ZR 171/10, Rz. 10; *Mock*, in: Uhlenbruck, InsO, 2015, § 17 Rz. 21 ff. m. w. N.

1638 BGH vom 19.12.2017, II ZR 88/16, Rz. 34 ff.

1639 BGH vom 27.03.2012, II ZR 171/10, Rz. 15.

1640 BGH vom 27.03.2012, II ZR 171/10, Rz. 15 f.

Eine Überschuldung nach § 19 InsO liegt vor, wenn das Vermögen der Gesellschaft die Verbindlichkeiten nicht mehr deckt. Eine Überschuldung ist ausgeschlossen, wenn eine positive Fortführungsprognose für das Unternehmen besteht, § 19 Abs. 2 Satz 1 InsO.

Die Prüfung der Überschuldung erfolgt damit zweistufig. Zunächst wird geprüft, ob eine positive Fortführungsprognose vorliegt, da diese die Überschuldung per se ausschließt.[1641]

Eine positive Fortführungsprognose, deren Vorliegen der Geschäftsführer darlegen und beweisen muss, setzt nach der Rechtsprechung des BGH neben dem Fortführungs- und Sanierungswillen ein realisierbares Unternehmenskonzept und eine plausible Ertrags- und Finanzplanung voraus. Daraus muss sich nachvollziehbar ergeben, dass die Gesellschaft ihr finanzielles Gleichgewicht wieder herstellen kann. Die Gesellschaft muss objektiv sanierungsfähig und die für ihre Sanierung konkret in Angriff genommenen Maßnahmen zusammen objektiv geeignet sein, die Gesellschaft in überschaubarer Zeit durchgreifend zu sanieren[1642].

Ist die Fortführungsprognose negativ, ist ein Überschuldungsstatus aufzustellen, in dem das Aktivvermögen den Passiva gegenüber zu stellen ist. Die Aktiva sind mit dem bei einer Verwertung zum Stichtag erzielbaren Wert anzusetzen, die Passiva mit dem Nominalbetrag. Wegen des Fehlens einer positiven Fortführungsprognose können die Aktiva regelmäßig nur mit ihrem Liquidationswert angesetzt werden. Ergibt die Gegenüberstellung, dass die Passiva höher sind als die Aktiva, ist die Gesellschaft überschuldet.

5.3.3 Folgen der Verletzung der Antragspflicht

Stellt die Geschäftsführung einer antragspflichtigen Gesellschaft einen Insolvenzantrag verspätet, droht eine empfindliche Haftung. Nach § 15a Abs. 4 und 5 InsO ist die Verletzung strafbar. Das Strafmaß reicht bei vorsätzlichem Handeln von einer Geldstrafe bis zu drei Jahren Gefängnis, bei fahrlässigem Handeln von einer Geldstrafe bis zu einem Jahr Gefängnis. Bei einer Insolvenzverschleppung sind häufig weitere Straftatbestände berührt, so z. B. die §§ 266a, 283 ff. StGB. Die Voraussetzungen der einzelnen Straftatbestände sollen hier nicht vertieft werden. Hinzuweisen ist jedoch darauf, dass nach einem Insolvenzantrag vom Insolvenzgericht ein Sachverständiger beauftragt wird, der ein Gutachten über die rechtlichen und wirtschaftlichen Verhältnisse des Unternehmens erstellt. Dieses Gutachten wird automatisch der Staatsanwaltschaft zugeleitet, die sodann prüft, ob Anhaltspunkte für strafbares Verhalten des Geschäftsführers bestehen.

Ein verspäteter Insolvenzantrag führt auch zu einer zivil- und steuerrechtlichen Haftung, z. B. für nichtabgeführte Arbeitnehmeranteile zur Sozialversicherung und nicht abgeführte

1641 *Haas*, in: Baumbach/Hueck, GmbHG, 2013, § 64 Rz. 59 ff.
1642 *Haas*, a. a. O., § 64 Rz. 44 ff.

Steuern.[1643] Die höchsten Risiken ergeben sich jedoch aus Auszahlungen, die nach dem Eintritt der Zahlungsunfähigkeit oder Überschuldung noch aus dem Vermögen der Gesellschaft erbracht werden und mit der Sorgfalt eines ordentlichen Geschäftsmannes nicht vereinbar waren. Haftungsgrundlage sind § 64 Satz 1 GmbHG bei der GmbH, § 92 Abs. 2 AktG bei der AG und §§ 130a, 177a HGB für die OHG und KG ohne eine natürliche Person als haftendem Gesellschafter.

Diese Haftung für Auszahlungen nach Insolvenzreife dient dem Erhalt bzw. Wiederauffüllen der Haftungsmasse und soll die Geschäftsführer zu rechtzeitigen Insolvenzanträgen anleiten. Versäumt es ein Geschäftsführer, die Masse bei Eintritt der Insolvenzreife zusammen zu halten und zu sichern, soll er für Masseverkürzungen haften.[1644] Haftungsbegründend sind nicht nur Zahlungen im herkömmlichen Sinne, sondern z. B. auch der Einzug von Kundenzahlungen auf ein debitorisches Konto und teilweise auch Warenlieferungen oder Dienstleistungen. Eine Haftung für jede dieser Auszahlungen entfällt nur dann, wenn der Geschäftsführer den praktisch schwierigen Nachweis führen kann, dass eine Zahlung im Einzelfall nicht sorgfaltswidrig war oder sie zur Abwendung strafbewehrter Pflichten geleistet wurde. Eine Saldierung mit oder Anrechnung von Vorteilen, die die Gesellschaft als Folge der Auszahlungen oder infolge der Aufrechterhaltung des Geschäftsbetriebs im Verschleppungszeitraum erhält, findet nur in engen Grenzen statt.[1645]

Die Sorgfaltsanforderungen an den Geschäftsführer sind hoch. Wie auch im Krisenzeitraum muss er sich ständig über die Vermögenslage der Gesellschaft informieren. Für die Haftung reicht bereits die Erkennbarkeit der Insolvenzreife aus, denn ein Verschulden wird vermutet.[1646] Das Verschulden kann entfallen, wenn der selbst nicht ausreichend sachkundige Geschäftsführer unabhängigen, fachlich qualifizierten Rat einholt und diesen befolgt. Voraussetzung ist indes, dass der Geschäftsführer den Berater umfassend über die Verhältnisse der Gesellschaft informiert und ihm alle für die Prüfung erforderlichen Unterlagen vorlegt.[1647] Selbst eine Weisung der Gesellschafterversammlung, einen Insolvenzantrag nicht zu stellen, kann den Geschäftsführer nicht von der Pflicht zur Antragsstellung entbinden.[1648]

Ein konkreter Verschleppungsschaden ist nicht Voraussetzung einer Haftung. Die Höhe der Haftung bemisst sich nach den Auszahlungen, die ein Insolvenzverwalter problemlos aus Kontoauszügen und dem Kassenbuch ermitteln und auflisten kann. Es ist dann Aufgabe des Geschäftsführers zu beweisen, dass eine Auszahlung nicht sorgfaltswidrig war. Die Höhe der so ermittelten Haftung erreicht schnell Bereiche, die ein Geschäftsführer aus eigenem Vermögen

1643 § 263a StGB und §§ 34, 69 AO jeweils i. V. m. § 823 Abs. 2 BGB.
1644 BGH vom 02.12.2014, II ZR 119/14, Rz. 8.
1645 Jüngst etwas gelockert durch BGH vom 18.11.2014, II ZR 231/13.
1646 BGH vom 15.03.2011, II ZR 204/09, Rz. 38; BGH vom 14.05.2007, II ZR 48/06, Rz. 15.
1647 BGH vom 14.05.2007, II ZR 48/06, Rz. 16.
1648 BGH vom 12.02.2007, II ZR 308/05, Rz. 11.

nicht aufbringen kann. Besteht keine ausreichende Absicherung, z. B. über eine D & O-Versicherung, führt die Insolvenz der Gesellschaft schnell auch zur Privatinsolvenz des Geschäftsführers.

Die finanzielle Abhängigkeit eines Geschäftsführers aus dem Kreis der Familie vom Schicksal des Unternehmens zeigt sich im Falle einer persönlichen Haftung gleich in doppelter Weise: Es droht nicht nur der Verlust des Arbeitsplatzes als Einkommensquelle, sondern zudem die Inanspruchnahme des in der Vergangenheit aufgebauten Vermögens. Zu berücksichtigen ist außerdem ein echter Interessenkonflikt. Einerseits hat der Geschäftsführer den berechtigten Wunsch, seine persönliche Haftung durch eine rechtzeitige Antragstellung zu vermeiden. Andererseits muss er befürchten, durch eine Antragstellung die Kontrolle über die Unternehmensführung und die Verfügungsbefugnis über das Eigentum an den Betriebsmitteln an den Insolvenzverwalter zu verlieren. Folge ist damit – zumindest im Fall eines Regelinsolvenzverfahrens – zudem ein nahezu vollständiger Verlust auf Seiten der Gesellschafter, sowohl was ihre Kontroll- und Einflussmöglichkeiten anbelangt, als auch den Wert ihrer Anteile. Dass verspätete Insolvenzanträge in der täglichen Praxis die Regel darstellen, ist vor dem Hintergrund eines solchen Konflikts nicht überraschend.

5.4 Vor- und Nachteile des Insolvenzverfahrens

5.4.1 Ablauf des Insolvenzverfahrens

Ist die außergerichtliche Sanierung gescheitert, bleibt in der Regel nur der Weg in das förmliche Insolvenzverfahren. Dieses bietet zwar einige Vorteile gegenüber der außergerichtlichen Sanierung, welche grundsätzlich nur mit der Zustimmung aller Gläubiger gelingen kann. Es ist allerdings auch mit einem Verlust der Kontrolle und Mitbestimmung verbunden. Ziel ist nach § 1 InsO die bestmögliche Befriedigung im Interesse der Gläubiger. Die Entscheidung über die Art der Verwertung wird in die Hände des Insolvenzverwalters und der Gläubiger gelegt. »Herr im Hause« ist bei gleichzeitiger völliger Entmachtung der Geschäftsführung und der Gesellschafter der Insolvenzverwalter, auf dessen Bestellung die bisherigen Unternehmenseigner oder die Geschäftsleitung in der Regel keinen oder allenfalls einen geringen Einfluss haben. Die Familie gibt damit »ihr« Unternehmen aus den Händen. Das Familienunternehmen hört auf als solches zu existieren durch die Entkoppelung der betriebswirtschaftlichen Organisationseinheit (dem Unternehmen) von der Familie. Dieser Umstand dürfte ein Hauptgrund dafür sein, warum die Insolvenz speziell für Familienunternehmen in der Regel als letzter Ausweg angesehen und dementsprechend gemieden wird.

5.4.1.1 Insolvenzantragsverfahren

Der Verlust der Kontrolle beginnt bereits im Insolvenzantragsverfahren, wenn ein vorläufiger Insolvenzverwalter bestellt wird. Formal ist weiterhin die Geschäftsführung zuständig und verantwortlich. Sie benötigt aber in aller Regel in jedem Einzelfall die Zustimmung des vorläufigen Insolvenzverwalters, wenn sie für oder zulasten des Unternehmens rechtswirksam verfügen will. Faktisch liegt die letzte Entscheidungsmacht damit beim vorläufigen Insolvenzverwalter. Die Bestellung eines sog. »schwachen« Insolvenzverwalters mit Zustimmungsvorbehalt ist der Regelfall; nur in seltenen Ausnahmefällen wird ein »starker« vorläufiger Verwalter bestellt, auf den die Verwaltungs- und Verfügungsbefugnis bereits im Antragsverfahren vollständig übergeht. In diesem Fall tritt der vollständige Verlust der Kontroll- und Einflussmöglichkeiten bereits mit der Bestellung des »starken« vorläufigen Verwalters ein.

Aufgabe des vorläufigen Insolvenzverwalters ist es, das Vermögen des Schuldners zu sichern und zu erhalten sowie ein Unternehmen gemeinsam mit der Geschäftsführung fortzuführen, §22 Abs. 1 Nr. 1, 2 InsO. Er versucht daher, gemeinsam mit der Geschäftsführung die durch die Antragstellung aufgetretene Verunsicherung bei allen Beteiligten und die sich daraus ergebenden negativen Einflüsse auf den Geschäftsbetrieb in Grenzen zu halten, die Lage und die Rechtsbeziehungen des Unternehmens zu stabilisieren und damit eine Betriebsfortführung in geordneten Bahnen zu gewährleisten. Er wird ferner versuchen, verlorenes Vertrauen wiederzugewinnen und die für eine Sanierung erforderlichen Maßnahmen vorzubereiten, z. B. durch Einleitung eines Bieterverfahrens, das den Verkauf der wesentlichen Assets und damit eine übertragende Sanierung zum Ziel hat.

5.4.1.2 Eröffnetes Insolvenzverfahren

Liegen Insolvenzgründe vor und sind die Verfahrenskosten aus dem Vermögen des Schuldners gedeckt, wird das Insolvenzverfahren eröffnet. Der Eröffnungsbeschluss bewirkt nach §80 Abs. 1 InsO den Übergang der Verwaltungs- und Verfügungsbefugnis über das Betriebsvermögen auf den Insolvenzverwalter, den das Insolvenzgericht bestellt. Nach welchen Kriterien die Person des Insolvenzverwalters ausgewählt wird, steht im Ermessen des Insolvenzrichters. Klare und transparente Kriterien gibt es nicht. Vorschlägen der Geschäftsführung wird selten entsprochen. Der Insolvenzverwalter ist in aller Regel personenidentisch mit dem vorläufigen Insolvenzverwalter. Faktisch wird der spätere Insolvenzverwalter damit bereits unmittelbar nach Einleitung des Antragsverfahrens vom Gericht bestimmt. Bedenkt man die Machtfülle des Insolvenzverwalters, werden sehr früh im Verfahren die Weichen für dessen weiteren Verlauf gelegt.

Mit dem Verlust der Verwaltungs- und Verfügungsbefugnis können die Organe der Gesellschaft nicht mehr rechtswirksam handeln, § 81 Abs. 1 Satz 1 InsO. Der Insolvenzverwalter nimmt nach § 148 Abs. 1 InsO die gesamte Insolvenzmasse in Besitz und Verwaltung. Führt er ein Unternehmen fort, wird er oftmals von einem Gläubigerausschuss überwacht und unterstützt, der als repräsentatives Organ die Belange der Gläubiger vertreten und den Insolvenzverwalter bei der Geschäftsführung unterstützen soll.

In einer ersten Gläubigerversammlung, die innerhalb von sechs Wochen nach Insolvenzeröffnung stattfinden soll und nicht später als drei Monate nach Eröffnung stattfinden darf, entscheiden sodann die Gläubiger über das weitere Schicksal des Unternehmens. Grundlage für ihre Entscheidung ist ein umfassender Bericht des Insolvenzverwalters, den er in der Versammlung mündlich erläutert. Mitsprachrechte bei der Entscheidung über den weiteren Fortgang des Geschäftsbetriebs oder dessen Verkauf und die Person des Käufers haben der Schuldner bzw. die Geschäftsführung nicht. Es ist lediglich eine Stellungnahme zum Bericht des Insolvenzverwalters in der Gläubigerversammlung möglich. Die Insolvenzeröffnung bewirkt somit im Regelfall einen vollständigen Kontrollverlust der Geschäftsleitung und der hinter dem Unternehmen stehenden Gesellschafter.

Die Gesellschafter einer Kapitalgesellschaft haben im Regelinsolvenzverfahren in mehrfacher Hinsicht nur eine sehr schwache Position. Sie haben in der Gläubigerversammlung lediglich ein Teilnahme- und kein Stimmrecht. Ihre Ansprüche aus ausgereichten Darlehen oder aus darlehensähnlichen Rechtsgeschäften stehen im Rang hinter allen übrigen Gläubigern.[1649] Sie nehmen daher auch nicht an der Quote teil, die am Ende des Verfahrens als Ergebnis der Verwertung ausgeschüttet wird. Nur wenn sich aus der Schlussverteilung und nach dem Abzug der Kosten des Verfahrens (hierzu zählt insbesondere die Vergütung des Insolvenzverwalters) ein Liquidationsüberschuss ergibt, ist dieser nach § 199 InsO an die Gesellschafter oder den Schuldner selbst herauszugeben.

Im Ergebnis führt die Regelinsolvenz somit dazu, dass ein Gesellschafter jeglichen Einfluss und in wirtschaftlicher Hinsicht sowohl seine Anteile als auch die in das Unternehmen investierten Gelder verliert. Der Einfluss der Gesellschafter im Regelinsolvenzverfahren[1650] ist im deutschen Insolvenzrecht so gering, dass die Option einer Regelinsolvenz immer dann keinen echten Anreiz für sie bietet, wenn ein dauerhafter Erhalt des Unternehmens mit der bisherigen Struktur als Familienunternehmen angestrebt wird.

1649 Dieser Nachrang gilt nach § 39 Abs. 5 InsO nur für solche Gesellschafter nicht, die mit 10 % oder weniger am Haftkapital beteiligt und nicht Geschäftsführer sind.

1650 Zu den Ausnahmen im Insolvenzplanverfahren und in der Eigenverwaltung nachfolgend unter 5.4.7.

5.4.2 Besondere Haftungsrisiken und Gefährdungslagen für Geschäftsführung und Gesellschafter

Die am Unternehmen beteiligten oder mit der Geschäftsführung betrauten Familienmitglieder sind in der Insolvenz darüber hinaus besonderen Haftungsrisiken ausgesetzt. Neben den oben erläuterten Haftungsrisiken für Geschäftsführer von Kapitalgesellschaften kommt eine generelle Haftung bei groben Managementfehlern in Betracht. Die Möglichkeiten einer persönlichen Haftung sind so vielseitig und einzelfallabhängig, dass sie an dieser Stelle nicht näher erläutert werden können.

Persönlich haftenden Gesellschaftern droht in der Insolvenz zudem unmittelbar die Inanspruchnahme durch den Insolvenzverwalter. Die Geltendmachung dieser persönlichen Haftung wird im Insolvenzverfahren gem. § 93 InsO zentral beim Insolvenzverwalter gebündelt. Die Höhe der Haftung ergibt sich aus der Differenz zwischen dem im Verfahren verwertbaren Vermögen und den Verbindlichkeiten der Gläubiger, wobei aus dem Vermögen des Unternehmens zusätzlich noch die Verfahrenskosten gedeckt werden müssen. Deren Höhe richtet sich nach dem Verwertungserfolg. Sie können verhältnismäßig schnell im fünf- und sechsstelligen Bereich liegen, so dass sich in diesem Umfang auch die persönliche Haftung des Gesellschafters erhöht.

Für Kapitalgesellschaften wiederum gelten besondere Vorschriften zum Schutz der Gläubiger und dem Erhalt des Haftungskapitals. Gleichzeitig werden die Rechte der Gesellschafter, die mit mehr als 10 % am Haftkapital beteiligt sind, stark beschnitten. In erster Linie zu nennen sind der Nachrang aller Darlehens- und darlehensähnlichen Gesellschafterforderungen hinter allen übrigen Gläubigern, Pflichten zum Kapitalerhalt in der Krise, deren Verstoß Rückzahlungsansprüche der Insolvenzmasse begründen kann, und das Insolvenzanfechtungsrecht. Letzteres dient dazu, Vermögensabflüsse aus dem Unternehmen im Vorfeld der Insolvenz rückgängig zu machen.

5.4.3 Drohende Inanspruchnahme aus Insolvenzanfechtung

Verschaffen sich Gläubiger vor der Insolvenz Sondervorteile, kann der Insolvenzverwalter die abgeflossenen Vermögenswerte unter gewissen Voraussetzungen, die in den §§ 129–147 InsO geregelt sind, zurückfordern. Für Leistungen zwischen der Gesellschaft und ihren Gesellschaftern gilt die Sondervorschrift des § 135 InsO. Nach § 135 Abs. 1 Nr. 2 InsO müssen Gesellschafter sämtliche Zahlungen, die sie im letzten Jahr vor einem Insolvenzantrag auf Darlehen oder darlehensähnliche Forderungen erhalten haben, an die Insolvenzmasse erstatten. Ob es sich hierbei um eine außerplanmäßige Rückführung oder eine vertragsgemäße, ratierliche Zins- und Tilgungsleistung handelt, spielt keine Rolle. Alle Rückzahlungen aus dem letzten Jahr sind zurück zu gewähren.

Zeitlich noch weiter reichen die Möglichkeiten des Insolvenzverwalters zur Anfechtung von Sicherheiten, die ein Gesellschafter erhalten hat. Diese können nach § 135 Abs. 1 Nr. 1 InsO zurückgefordert werden, wenn sie in den letzten zehn Jahren vor dem Insolvenzantrag gewährt wurden. Auch der Erlös aus der Verwertung einer Sicherheit, die binnen der letzten zehn Jahre vor Insolvenzantragstellung an den Gesellschafter ausgereicht wurde, kann zurückgefordert werden.

Besonderheiten gelten nach § 135 Abs. 3 InsO auch für Gegenstände, die ein Gesellschafter der Gesellschaft zur Nutzung überlassen hat. Die Herausgabe solcher Gegenstände kann der Gesellschafter in der Insolvenz nur unter erschwerten Bedingungen fordern. Der Insolvenzverwalter hat die Möglichkeit, diese Gegenstände wie z. B. mietweise überlassene Räume und Gebäude oder wertvolle Werkzeuge für einen Zeitraum von einem Jahr ab Insolvenzeröffnung weiter zu nutzen, sofern sie für eine Betriebsfortführung benötigt werden. Er schuldet hierfür zwar einen Ausgleich. Dessen Höhe richtet sich jedoch nach der durchschnittlichen Vergütung im letzten Jahr vor der Verfahrenseröffnung. Hat ein Gesellschafter im Vorfeld einer Insolvenz für einen beschränkten Zeitraum auf seine Vergütung verzichtet oder diese im Interesse einer Sanierung reduziert, ist bei der Berechnung des geschuldeten Ausgleichs die reduzierte oder erlassene Vergütung zu berücksichtigen, was die Ausgleichsansprüche des Gesellschafters spürbar mindern kann.

Schließlich muss ein Gesellschafter nach § 135 Abs. 2 InsO auch dann einen Ausgleich an die Insolvenzmasse zahlen, wenn er gegenüber einem Dritten eine Sicherheit aus seinem Vermögen gestellt hat und der Dritte (z. B. eine Bank) im letzten Jahr vor der Insolvenzantragstellung Leistungen vom Unternehmen erhalten hat, die zu einer teilweisen oder gänzlichen Reduzierung der besicherten Schuld führten. Denn in diesem Fall wird der Gesellschafter durch die Leistungen aus dem Vermögen des Unternehmens von seiner Haftung (teil-)befreit. Seine Sicherheit wird aber so behandelt, als wäre sie der Gesellschaft wie Eigenkapital zur Verfügung gestellt worden. Deshalb muss der Gesellschafter den Betrag an die Insolvenzmasse zahlen, in dessen Höhe er von seiner Haftung im letzten Jahr vor Antragstellung freigeworden ist.

Die Prüfung von Anfechtungsansprüchen aus § 135 InsO gehört in der Insolvenz einer Kapitalgesellschaft zu den Pflichtaufgaben des Insolvenzverwalters. Liegen die Voraussetzungen einer Anfechtung nach dieser Vorschrift vor, ist in jedem Fall mit einer Geltendmachung durch den Insolvenzverwalter zu rechnen.

5.4.4 Familienmitglieder als nahestehende Personen

Familienmitglieder sind in der Insolvenz auch dann besonderen Haftungsrisiken ausgesetzt, wenn sie nicht unmittelbar Teil der Geschäftsführung oder Gesellschafter sind. Denn zumindest die engeren Familienangehörigen werden in der Insolvenz als nahestehende Personen behandelt, § 138 InsO. Zu ihren Lasten greifen Vermutungsregeln hinsichtlich der Kenntnis von einer

Unternehmenskrise mit der Folge, dass der Insolvenzverwalter Leistungen des Unternehmens an sie unter erleichterten Bedingungen anfechten und zurückfordern kann. Aus der jüngeren Wirtschaftsgeschichte ist sicherlich die Insolvenz von Anton Schlecker ein gutes Beispiel, das aufzeigt, wie die persönliche Insolvenz des voll haftenden Unternehmers um sich greift und die Familie und das dort angesammelte Vermögen durch Anfechtungsansprüche beeinträchtigen kann. Nicht selten, auch das zeigt das Beispiel Schlecker anschaulich, erfüllen anfechtbare Vermögensübertragungen auf Familienmitglieder zusätzlich Straftatbestände (wie z. B. die Bankrottdelikte der §§ 283 ff. StGB), so dass neben den wirtschaftlichen Schaden empfindliche persönliche Strafen treten.

5.4.5 Verwertungsreife für Sicherheiten aus dem Kreis der Familie, Haftungsvorrang

Mit der Insolvenz tritt spätestens die Verwertungsreife ein für Sicherheiten, die aus dem Kreis der Familie für Verbindlichkeiten des Familienunternehmens ausgereicht wurden. Von der Gesellschaft selbst können die Gläubiger keine vollständige Befriedigung ihrer Forderung mehr erwarten. Deshalb greifen die Gläubiger schon kurz nach Einleitung der Insolvenz auf solche Sicherheiten zu. Spätestens jetzt greift die Insolvenz auf den persönlichen Bereich der Familienmitglieder über.

Bei einer Kapitalgesellschaft muss der gesicherte Gläubiger nach § 44a InsO sogar zunächst die von einem Gesellschafter gewährte Sicherheit in Anspruch nehmen, bevor er im Insolvenzverfahren der Gesellschaft seine Forderung anmelden kann. Er kann in der Insolvenz der Gesellschaft nur den Betrag anmelden und darauf die Quote erhalten, der aus dem Erlös aus der Verwertung der Gesellschaftersicherheit nicht gedeckt werden konnte. Diese Unterdeckung bezeichnet das Gesetz als »Ausfall« des Gläubigers. Geregelt wird in § 44a InsO somit ein Haftungsvorrang der Gesellschaftersicherheit.

Auch außerhalb des Anwendungsbereichs des § 44a InsO richtet sich der Fokus eines gesicherten Gläubigers auf die Verwertung seiner Sicherheit. Ein Familienmitglied, das eine Sicherheit gewährt hat, muss damit im Grunde bereits mit Insolvenzantragstellung damit rechnen, dass die Verwertung der Sicherheit unmittelbar bevorsteht. Abhängig von der Art der Sicherheit (Personal- oder Realsicherheit) wird die persönliche Inanspruchnahme oder die Verwertung des Sicherungsgutes eingeleitet.

Keinen Haftungsvorrang, aber eine beim Insolvenzverwalter gebündelte Durchsetzung von Haftungsansprüchen findet sich in § 93 InsO. Danach kann im Insolvenzverfahren einer Gesellschaft ohne Rechtspersönlichkeit[1651] die persönliche Haftung der Gesellschafter gegenüber den

1651 Das sind insbesondere die GbR, OHG, Partnerschaftsgesellschaft, KG (für die Haftung des Komplementärs), KGaA.

Gläubigern der Gesellschaft während der Dauer des Insolvenzverfahrens über das Vermögen der Gesellschaft nur vom Insolvenzverwalter durchgesetzt werden. Persönlich haftende Gesellschafter aus dem Kreis der Familie müssen in diesen Fällen besonders aufpassen, an wen sie aufgrund ihrer persönlichen Haftung zahlen. Schuldbefreiend können sie grundsätzlich nur an den Insolvenzverwalter der Gesellschaft zahlen, so dass bei einer Zahlung direkt an einen Gesellschaftsgläubiger möglicherweise eine nochmalige und damit doppelte Haftung droht. Auch eine Aufrechnung mit Gegenforderungen gegen einen Gesellschaftsgläubiger ist nicht mehr uneingeschränkt möglich.

5.4.6 Standardisierte Durchsetzung von Anfechtungs- und Haftungsansprüchen

Die vorstehenden Haftungsansprüche werden regelmäßig von einem Insolvenzverwalter geprüft und mit Kampfeslust durchgesetzt. In Zeiten, in denen werthaltiges Betriebsvermögen tendenziell zunehmend mit Sicherungsrechten von Gläubigern belastet ist, spielen Haftungs- und Ausgleichsansprüche gegen Geschäftsführer und Gesellschafter eine immer bedeutendere Rolle für die Höhe der Insolvenzmasse. Von dieser Höhe hängt auch die Höhe der Vergütung des Insolvenzverwalters ab, so dass dieser ein ureigenes Interesse an hohen Erlösen aus der Durchsetzung von Haftungsansprüchen hat. Insolvenzverwalter prüfen diese Sachverhalte daher standardmäßig. Sie beschäftigen teilweise eigene Abteilungen, die sich ausschließlich mit der Prüfung und Durchsetzung von Anfechtungs- und Haftungsansprüchen befassen. Deshalb besteht ein hohes Risiko der Inanspruchnahme, wenn ein Anfechtungs- oder Haftungstatbestand verwirklicht wurde. Oft bewirkt erst diese Inanspruchnahme das einleitend geschilderte Übergreifen der Insolvenz des Unternehmens auf die Vermögenssphäre der Familienmitglieder. Daher sind die Haftungsrisiken im Falle einer Insolvenz auch ein gewichtiger Grund für die Abneigung vieler Familienunternehmen gegen die Durchführung eines Insolvenzverfahrens.

5.4.7 Besondere Sanierungsinstrumente in der Insolvenz

Die Insolvenzordnung enthält einige besondere Sanierungsverfahren, die nachfolgend kurz vorgestellt werden sollen. Sie fristeten längere Zeit ein Schattendasein, treten aber zunehmend in den Vordergrund, was durch prominente Beispielfälle aus der jüngeren Vergangenheit (Air Berlin, Condor, Thomas Cook) belegt wird. Ausgangspunkt war das ESUG (Gesetz zur weiteren Erleichterung der Sanierung von Unternehmen) vom 07.12.2011. Es war und ist mit der Hoffnung verbunden, von einem Regelinsolvenzverfahren abweichende Sanierungsinstrumente zu stärken und ihre Akzeptanz und Verbreitung zu erhöhen. Das ist in Teilen auch gelungen, wobei weiterhin über den Nutzen der alternativen Sanierungsinstrumente und Verbesserungspotenziale gestritten wird. Weiteren Schwung bekommt die Diskussion durch die am 26.06.2019 in

Kraft getretene sog. EU-Restrukturierungsrichtlinie.[1652] Ziel der Richtlinie sind Mindeststandards und eine Vereinheitlichung des Rahmens für vorinsolvenzliche Sanierungsverfahren. Die Mitgliedsländer der EU haben zwei Jahre Zeit für eine Umsetzung der Richtlinie in nationales Recht. Kern der Richtlinie sind ein einer Insolvenz vorgelagertes Verfahren zur Sanierung und Entschuldung von Unternehmen, eine allgemeine Verkürzung der Frist zur Entschuldung natürlicher Personen auf max. drei Jahre, die Schaffung eines Frühwarnsystems für Unternehmen, um frühere Sanierungen zu ermöglichen, aber auch Vorschläge zur Professionalisierung und Digitalisierung der Verfahrensabläufe bei Gerichten und Justizbehörden. Konkrete Umsetzungsvorschläge des deutschen Gesetzgebers liegen per Ende November 2019 noch nicht vor. Nachfolgend werden nur die auf der Grundlage der geltenden Gesetzeslage bestehenden Sanierungsmöglichkeiten erläutert.

5.4.7.1 Insolvenzplanverfahren

5.4.7.1.1 Vorteile eines Insolvenzplanverfahrens

Die Vermögensverwertung kann auch über einen Insolvenzplan erfolgen. In einem solchen Plan können grundsätzlich alle denkbaren Optionen geregelt werden, sofern der Plan im Vergleich zu einer Regelabwicklung im Insolvenzverfahren nicht zu Nachteilen für die betroffenen Gläubiger führt. Mit dem Insolvenzplanverfahren, das in den §§217 bis 269 InsO geregelt ist, stellt der Gesetzgeber ein Sanierungsinstrument zur Verfügung, das besondere Vorteile für Familienunternehmen bietet. Sein Ziel ist der Erhalt des Rechtsträgers. Dieser soll durch ein planmäßiges Verfahren unter Einbezug sämtlicher Beteiligter aus der Insolvenz geführt und nachhaltig saniert werden. Im Ergebnis führt es im Regelfall dazu, dass eine Sanierung zu Gunsten der Gesellschafter erfolgt. Allerdings kann ein Insolvenzplan auch eine Neugestaltung der Beteiligungsverhältnisse vorsehen, z. B. wenn neue Gesellschafter aufgenommen werden oder Verbindlichkeiten in Eigenkapital umgewandelt werden sollen (sog. »Dept-Equity-Swap«). Ein solcher Dept-Equity-Swap kann sogar gegen den Willen der bisherigen Gesellschafter durchgeführt werden. Welche strategischen Möglichkeiten dies bietet, aber auch, welche Folgen das für den oder die betroffenen Gesellschafter haben kann, zeigen die Erfahrungen rund um die Insolvenz des Suhrkamp-Verlags.

Ein Insolvenzplanverfahren sollte auch dann erwogen werden, wenn der insolvente Rechtsträger nicht liquidiert, sondern über das Insolvenzverfahren hinaus fortbestehen muss, um wichtige Vertragsverhältnisse für das Unternehmen zu sichern (beispielsweise Miet- oder Lizenzverträge). Unterhält ein Unternehmen viele Filialen, kann der Geschäftsbetrieb nur mit Zustimmung der Vermieter der einzelnen Filialstandorte übertragen werden. Ein Insolvenzplan kann dann die einzige Lösung sein, um das Unternehmen in seinem konkreten Bestand zu

1652 Richtlinie (EU) 2019/1023 des Europäischen Parlaments und des Rates vom 20.06.2019.

sichern, weil der Rechtsträger und mit ihm die daran hängenden Vertragsverhältnisse bestehen bleiben.

Auch im Insolvenzplanverfahren gilt der Grundsatz, dass die Sanierungschancen umso höher sind, je früher sie ergriffen werden. In der Regel sind bei einer frühen Einleitung auch die bereits eingetretenen Schäden geringer. Dies steigert die Bereitschaft der Gläubiger, sich auf das Verfahren einzulassen und mitzuwirken, insbesondere dann, wenn ihr Vertrauen in die Unternehmensführung noch nicht enttäuscht wurde. Generell setzt ein Insolvenzplanverfahren voraus, dass es sorgfältig vorbereitet und transparent, unter Einbezug der Gläubiger und in konsensualer und kooperativer Weise durchgeführt wird. Die Gewähr dafür, dass das Verfahren nicht missbraucht wird für Sondervorteile für einzelne Gläubiger oder zur Vermeidung der Haftung für Fehlverhalten der Geschäftsführung und/oder der Gesellschafter, sollen der Insolvenzverwalter und die förmlichen Anforderungen an das Verfahren unter Aufsicht des Insolvenzgerichts bieten.

5.4.7.1.2 Grundzüge und Inhalt des Insolvenzplans

Der Insolvenzplan setzt sich zusammen aus einem darstellenden und einem gestaltenden Teil. Im darstellenden Teil werden die rechtlichen und wirtschaftlichen Verhältnisse des Unternehmens und die seit Insolvenzeröffnung durchgeführten und bis Verfahrensabschluss noch geplanten Maßnahmen erläutert. Er soll eine umfassende Analyse der Krisenursachen enthalten und das Leitbild des nach Plandurchführung sanierten Unternehmens vorstellen.

Der gestaltende Teil enthält sodann die Maßnahmen, die zur Umsetzung der Sanierung geplant sind und die Rechte der Gläubiger verändern bzw. in diese eingreifen. Die Rechtsverhältnisse der Beteiligten werden durch den Plan unmittelbar gestaltet, denn mit der Bestätigung des Plans treten die im gestaltenden Teil niedergelegten Wirkungen für und gegen alle Beteiligten ein, § 254 Abs. 1 InsO.

Dem Plan beizufügen sind zudem eine Vermögensübersicht und ein Ergebnis- und Finanzplan. Außerdem ist im Wege einer Vergleichsrechnung darzustellen, welche Unterschiede sich für die Gläubiger bei der Durchführung des Planverfahrens statt einer Regelabwicklung ergeben und warum das Planverfahren zu einem besseren Verwertungsergebnis für sie führt. Der Insolvenzplan soll somit eine umfassende Entscheidungsgrundlage für die Gläubiger bieten für das sich anschließende Verfahren zur Abstimmung über den Plan.

Zur Vorbereitung dieser Abstimmung werden die Gläubiger in Gruppen eingeteilt, soweit Beteiligte mit unterschiedlichen Rechtsstellungen betroffen sind. Das Gesetz sieht in § 222 InsO Vorgaben für die Einteilung vor. Zu unterscheiden sind absonderungsberechtigte Gläubiger, also solche, die über Sicherungsrechte am Vermögen des Unternehmens verfügen, die nicht nachrangigen Insolvenzgläubiger nach § 38 InsO und die nachrangigen Insolvenzgläubiger gem. § 39 InsO. Für die Anteilsinhaber wird eine Gruppe gebildet, wenn der Insolvenzplan in ihre Anteils- oder Mitgliedschaftsrechte eingreift. Im Übrigen können die Gruppen nach den wirtschaftlichen Interessen der Beteiligten aufgeteilt werden. Das Gesetz verlangt eine sachgerechte Abgrenzung und die Angabe der Abgrenzungskriterien im Plan. Dabei sollen die Belange der Arbeitnehmer und der Kleingläubiger in besonderer Weise berücksichtigt werden.

Die Bildung der einzelnen Gläubigergruppen bietet Potenzial für strategische Überlegungen im Hinblick auf das spätere Abstimmungsverhalten. Gläubiger mit sachfremden Interessen (z. B. »Akkordstörer«) oder Gläubiger, bei denen aus emotionalen, ggf. sogar irrationalen oder sonstigen sachfremden Gründen mit einer Ablehnung des Plans zu rechnen ist, können durch eine geschickte Gruppenbildung isoliert bzw. überstimmt werden, wobei der Plan im Ergebnis nicht zu einer Schlechterstellung solcher Gläubiger führen darf. Auch hier gilt indes, dass ein hohes Maß an Transparenz und Redlichkeit die Überzeugungskraft eines Plans deutlich erhöht. Eine Abgrenzung von Gläubigergruppen darf daher nicht anhand sachfremder Erwägungen erfolgen.

5.4.7.1.3 Prüfung, Abstimmung und Bestätigung des Insolvenzplans

Nach einer ersten Prüfung des Insolvenzplans durch das Insolvenzgericht, das ihn von Amts wegen zurückweisen kann, wird der Plan zur Stellungnahme dem Gläubigerausschuss (sofern vorhanden) oder dem Betriebsrat des Unternehmens zugeleitet. Außerdem können der Schuldner zu einem vom Insolvenzverwalter oder umgekehrt der Insolvenzverwalter zu einem vom Schuldner ausgearbeiteten und vorgelegten Plan Stellung nehmen. Im Anschluss wird der Insolvenzplan zur Einsichtnahme aller Beteiligten beim Insolvenzgericht niedergelegt.

Die Diskussion des Plans und die Abstimmung darüber erfolgt in einem Erörterungs- und Abstimmungstermin vor dem Insolvenzgericht. Für das Stimmrecht der beteiligten Gläubiger ist die Höhe ihrer Forderungen maßgeblich. Großgläubiger mit hohen Forderungen haben daher generell ein höheres Stimmengewicht und damit automatisch auch einen größeren Einfluss, wobei es eine der zentralen Aufgaben des Planerstellers ist, einen für alle Beteiligten ausgewogenen und damit annahmefähigen Vorschlag zu unterbreiten. Streitige Forderungen können zu Schwierigkeiten im Planverfahren führen, so dass es sich empfiehlt, bereits vor der Abstimmung eine Einigung mit den Gläubigern über die Höhe ihrer Forderungen und ihr daraus folgendes Stimmrecht zu erzielen.

Jede gebildete Gläubigergruppe stimmt gesondert über den Insolvenzplan ab. Der Plan wird angenommen, wenn in jeder Gruppe die Mehrheit der abstimmenden Gläubiger zustimmt und die Summe der Ansprüche der zustimmenden Gläubiger größer ist als 50 % der Gesamtsumme der Ansprüche der Gläubiger in dieser Gruppe (sog. »Kopf- und Summenmehrheit«). Auch wenn nicht alle Gruppen dem Plan zustimmen, kann dieser angenommen werden nach den Voraussetzungen des § 245 InsO (sog. »Obstruktionsverbot«). Dafür ist erforderlich, dass die den Plan ablehnenden Gläubiger nicht schlechter gestellt und angemessen am Erlös beteiligt werden und die Mehrheit der Gläubigergruppen zugestimmt hat. Über § 245 InsO ist es demzufolge möglich, einen Insolvenzplan auch dann durchzuführen, wenn nicht alle Gläubiger dem

Plan zustimmen. Dies ist ein ganz wesentlicher Vorteil im Vergleich zu einer außergerichtlichen Sanierung, die grundsätzlich eine Zustimmung aller Gläubiger voraussetzt. Trotz dieser Möglichkeit sollte indes immer versucht werden, die Zustimmung aller Gläubiger für den Plan zu gewinnen. Einwände einzelner Gläubiger sollten daher besser im Vorfeld der Abstimmung erörtert und, wenn möglich, ausgeräumt werden, um böse Überraschungen im Abstimmungstermin zu vermeiden.

Das Insolvenzplanverfahren wird abgeschlossen durch die Bestätigung des Plans durch das Insolvenzgericht, § 248 Abs. 1 InsO. Rechtsmittel gegen den Bestätigungsbeschluss sind möglich, wobei die Voraussetzungen hierfür durch das ESUG verschärft wurden. Wird der Insolvenzplan rechtskräftig, treten die im gestaltenden Teil des Plans festgelegten rechtlichen Änderungen unmittelbar ein, § 254 Abs. 1 InsO.

5.4.7.2 Eigenverwaltung nach §§ 270 ff. InsO

Eine weitere interessante Alternative, speziell für Familienunternehmen, ist die Durchführung des Insolvenzverfahrens in Eigenverwaltung. Dieses Verfahren ist keine Erfindung jüngerer Zeit, sondern wurde bereits mit Inkrafttreten der Insolvenzordnung zum 01.01.1999 eingeführt. Allerdings war seine Bedeutung zunächst gering. Der prozentuale Anteil von Eigenverwaltungsverfahren lag bei weniger als 1,5 %. Er hat sich seit der Stärkung dieses Sanierungsinstruments durch das ESUG erhöht. Bezogen auf die Gesamtverfahrenszahlen ist der Anteil weiterhin gering, allerdings steigt der Anteil bei großen Unternehmensinsolvenzen deutlich an. Vereinzelt wird bereits davon gesprochen, dass diese Verfahrensart bei Großinsolvenzen der Standard sei.

Vorteil der Eigenverwaltung aus Sicht des Unternehmens ist in erster Linie die Beibehaltung der Kontrolle über das Management. Die Geschäftsleitung wird nicht durch einen Insolvenzverwalter verdrängt, sondern bleibt für die Unternehmensführung weiter verantwortlich. Ihr wird aber ein Sachwalter zur Seite gestellt, der die Geschäftsführung kontrolliert, allerdings nicht faktisch lenken kann. Die Verfügungsbefugnis der Geschäftsführung soll nach § 270a InsO nur dann eingeschränkt werden, wenn der Antrag auf Eigenverwaltung offensichtlich aussichtslos ist. Das Verfahren soll damit auch besser planbar werden. Bislang hing der Erfolg einer Insolvenz in hohem Maße von der Person des Insolvenzverwalters ab, auf dessen Auswahl aber wenig Einfluss bestand.

Der eigenverwaltende Schuldner kann im Übrigen den überwiegenden Teil der Vorteile eines klassischen Insolvenzverfahrens nutzen. Insbesondere gelten die Vorschriften der §§ 103 bis 128 InsO über die Wahlrechte in Bezug auf die gegenseitigen Verträge des Schuldners. Dies eröffnet die Möglichkeit, ungünstige Verträge direkt mit Insolvenzeröffnung oder, so bei Arbeits- und Mietverhältnissen, mit deutlich kürzeren Kündigungsfristen beenden zu können. Diese Wahlrechte sollen bzw. im Einzelfall müssen im Einvernehmen mit dem Sachwalter ausgeübt werden.

Die Eigenverwaltung steht in einem engen Zusammenhang mit dem nachfolgend unter 5.4.7.3 erläuterten Schutzschirmverfahren nach § 270b InsO. Eine umfassende und fundierte Vorbereitung der Eigenverwaltung in Verbindung mit der frühzeitigen Einleitung erhöht die Erfolgschancen eines solchen Verfahrens erheblich.

Durch das ESUG wurde die frühzeitige Beteiligung der Gläubiger erheblich gestärkt. Vorläufige Gläubigerausschüsse sollen häufiger und bereits vor bzw. mit Einleitung des Verfahrens eingesetzt werden. Ein solcher vorläufiger Gläubigerausschuss soll auch zu einem Antrag eines Unternehmens auf Eigenverwaltung gehört werden. Zudem haben die Gläubiger nunmehr auch ein erhebliches Mitspracherecht bei der Auswahl des Sachwalters und des Insolvenzverwalters. Damit wird einem Kritikpunkt an der herkömmlichen Verwalterauswahl, die als zu wenig transparent und schwer vorhersehbar empfunden wurde, begegnet. Dadurch verlagert sich die Auswahl des Verwalters zunehmend von den Insolvenzgerichten auf die Gläubiger.

Die Eigenverwaltung wird häufig mit einem Insolvenzplan kombiniert, wenngleich das nicht zwingend ist. Ziel ist insoweit die Durchführung eines schnellen Sanierungsverfahrens in Eigenregie, um den üblicherweise mit einer Insolvenz einhergehenden Vertrauens- und Imageverlust auf ein geringeres Maß reduzieren und gleichzeitig die Vorteile einer flexibleren Planlösung nutzen zu können. Der Vollstreckungsgedanke und das Stigma eines Insolvenzverfahrens sollen in den Hintergrund treten zu Gunsten eines stärker in die Zukunft gerichteten und lösungsorientieren Sanierungsgedankens.[1653]

Teilweise werden Bedenken an dem Verfahren geäußert, gerade weil das bisherige Management weiter befugt sein soll, dass Unternehmen zu führen. Man mache damit »den Bock zum Gärtner«. Außerdem könne das Verfahren missbraucht werden, um die Durchsetzung von Haftungs- und Anfechtungsansprüchen gegen die Geschäftsführung und die Gesellschafter zu erschweren oder gar gänzlich auszuschließen. Es fehle mit dem allzuständigen Insolvenzverwalter die Person eines neutralen und mit Macht ausgestattetem Dritten, der Fehlverhalten in der Vergangenheit konsequent aufdecke und verfolge.

Trotz dieser Bedenken und Gefahren ist die Eigenverwaltung ein wichtiges Instrument, das sich am Markt bewährt hat. Vorbehalten gegen die bisherige Geschäftsführung begegnet die Praxis in der Regel mit der Aufnahme von Sanierungs- und Insolvenzexperten in die Geschäftsführung, z. B. durch die Schaffung der Position eines Chief Restructuring Officers (CRO). Zur Vertrauensbildung ist die Aufnahme eines Sanierungsexperten sicher geeignet und daher auch zu empfehlen. Wichtig für das Gelingen ist zudem auch hier eine transparente und ergebnisoffene Einbeziehung der Gläubiger. Außerdem ist eine rechtzeitige, fundierte und gewissenhafte Vorbereitung – in aller Regel unter Einbezug entsprechend qualifizierter Berater – unabdingbare Pflicht.

1653 *Kübler*, in: Kübler, 2015, § 1 Rz. 16.

5.4.7.3 Schutzschirmverfahren nach § 270b InsO

Neu eingeführt durch das ESUG wurde das sog. Schutzschirmverfahren nach § 270b InsO. Ein Unternehmen soll damit noch vor der Insolvenzeröffnung die Möglichkeiten erhalten, unbedrängt von Vollstreckungsmaßnahmen unter einem Schutzschirm einen Sanierungsplan in Eigenregie vorbereiten zu können. Bislang konnte sich dieses Instrument aber noch nicht am Markt durchsetzen, was auch an höheren Eingangshürden hierfür liegt.

Zulässig ist die Einleitung eines Schutzschirmverfahrens nur wegen drohender Zahlungsunfähigkeit oder Überschuldung. Ist eine Zahlungsunfähigkeit bereits eingetreten, scheidet dieser Sanierungsweg aus. Das Verfahren verlangt daher eine frühzeitige Einleitung und sorgfältige Vorbereitung.

Im Schutzschirmverfahren hat das Unternehmen bis zu drei Monate Zeit, um unter Kontrolle des Insolvenzgerichts und eines vorläufigen Sachwalters einen Sanierungsplan zu erarbeiten, der sodann unmittelbar nach Insolvenzeröffnung umgesetzt werden kann. Es muss die Eigenverwaltung nach § 270 InsO beantragt werden. Außerdem darf die angestrebte Sanierung nicht offensichtlich aussichtslos sein. Um dies nachzuweisen, muss das Unternehmen mit seinem Antrag eine Bescheinigung eines in Insolvenzsachen erfahrenen Steuerberaters, Wirtschaftsprüfers, Rechtsanwalts oder einer Person mit vergleichbarer Qualifikation vorlegen. Darin muss der Experte bescheinigen, dass nur eine drohende Zahlungsunfähigkeit und/oder Überschuldung vorliegt und die angestrebte Sanierung nicht offensichtlich aussichtslos ist. Die Bescheinigung muss von einer Person stammen, die nicht zugleich als vorläufiger Sachwalter die Geschäftsführung überwacht.

Sind die Voraussetzungen für die Einleitung eines Schutzschirmverfahrens erfüllt, bestimmt das Insolvenzgericht eine Frist zur Vorlage des Insolvenzplans. Die Frist für die Planvorlage darf höchstens drei Monate betragen, § 270b Abs. 1 Satz 2 InsO. Außerdem bestellt das Insolvenzgericht einen vorläufigen Sachwalter, der die wirtschaftliche Lage des Unternehmens zu prüfen und die Geschäftsführung sowie die Ausgaben für die Lebensführung eines Schuldners zu überwachen hat.

Ein weiterer Vorteil eines Schutzschirmverfahrens ist der für die Namensgebung maßgebliche Schutz vor Vollstreckungsmaßnahmen, der üblicherweise vom Gericht angeordnet wird. Das erleichtert eine Konzentration auf die Vorbereitung des Sanierungsplans. Noch wichtiger aber ist die Möglichkeit, im Schutzschirmverfahren Masseverbindlichkeiten begründen zu können. Das Insolvenzgericht hat dies nach § 270b Abs. 3 InsO auf Antrag des Schuldners anzuordnen. Damit wird die Position der Geschäftsführung erheblich gestärkt, denn ein Gläubiger, der mit dem Unternehmen im Schutzschirmverfahren Verträge abschließt, muss nun nicht mehr befürchten, auf seine Forderungen aus dem Vertrag möglicherweise nur eine Quote zu erhalten. Er kann vielmehr auch nach der Insolvenzeröffnung noch volle Befriedigung auf seine Forderung aus der Insolvenzmasse verlangen.

Diese Befugnis des Schuldners zur Begründung von Masseverbindlichkeiten dient dem Schutz des Vertrauens der Gläubiger darin, dass sie mit ihren Ansprüchen gegen das Unternehmen nicht ausfallen. Dieses Vertrauen ist eine elementare Voraussetzung dafür, mit dem in die Krise geratenen Unternehmen weiter in Geschäftsverbindung zu bleiben. Ohne ein solches Vertrauen werden die Fliehkräfte einer Insolvenz oft so stark, dass nur noch ein vorläufiger Insolvenzverwalter die Lage wieder beruhigen kann.

Auch im Schutzschirmverfahren besteht die Möglichkeit, die Gehaltsansprüche der Mitarbeiter über das Insolvenzgeld vorfinanzieren zu können. Für einen Zeitraum von bis zu drei Monaten kann das Unternehmen daher fortgeführt werden, ohne dass die Personalkosten die vorhandene und oftmals knappe Liquidität aufzehren. Die Ansprüche der Arbeitsagentur aus der Insolvenzgeldvorfinanzierung bleiben nach Insolvenzeröffnung Insolvenzforderungen, auf die lediglich die Quote ausgezahlt wird. Das Insolvenzgeld ist daher ein effektives Mittel, um kurzfristig durch die ersparten Aufwendungen für die Gehaltsforderungen der Mitarbeiter einen Liquiditätspuffer zu schaffen. Das erleichtert die Betriebsfortführung und damit die Vorbereitung der Sanierung. Freilich besteht diese Möglichkeit auch in einem »normalen« Eigenverwaltungsverfahren.

Das Schutzschirmverfahren sollte die Sanierungs- und Insolvenzkultur in Deutschland stärken und Sanierungen ermöglichen, die in anderen europäischen Staaten außergerichtlich und vor der Insolvenz bewältigt werden.[1654] Richtig durchsetzen konnte sich diese Verfahrensart bislang aber noch nicht. Es bleibt abzuwarten, ob das Schutzschirmverfahren noch eine Zukunft hat oder im Zuge der Umsetzung der EU-Restrukturierungsrichtlinie modifiziert oder sogar abgeschafft wird.

5.4.8 Sonstige wichtige Neuerungen

Bereits angesprochen wurde das Ziel einer frühzeitigen Beteiligung der Gläubiger. Diese sollen einen Sanierungsprozess von Beginn an begleiten und mitsteuern können. Die eingeführten Änderungen sollen an dieser Stelle angesprochen werden, weil sie einerseits Auswirkungen auf ein Familienunternehmen in der Krise haben, andererseits aber auch hilfreich sind für Unternehmen, die in einer Geschäftsbeziehung zu einem Unternehmen in der Krise stehen und sich daher Gedanken über die Möglichkeiten eigener Einflussnahme auf das Verfahren und dessen Erfolg machen müssen.

Mit der Einführung des ESUG haben sich die Maßgaben für die Einsetzung eines vorläufigen Gläubigerausschusses geändert. Der Gläubigerausschuss soll die Gesamtheit der Gläubiger repräsentieren und den (vorläufigen) Insolvenzverwalter bei seiner Tätigkeit unterstützen, z. B. durch eigene Sachkunde und Branchenkenntnisse. Er soll ferner wichtige, verfahrensleitende

1654 *Koch/Jung*, in: Kübler, 2015, § 8 Rz. 5.

Entscheidungen gemeinsam mit dem Verwalter vorbereiten und treffen, gleichzeitig aber auch den Verwalter überwachen, § 69 InsO. § 22a InsO sieht nun die Einsetzung eines vorläufigen Gläubigerausschusses im Antragsverfahren ausdrücklich vor. Dieser vorläufige Ausschuss soll unmittelbar bei bzw. nach Einleitung des Antragsverfahrens bestellt werden, um die maßgeblichen Gläubigergruppen von Beginn an zu beteiligen.

Nach § 22a Abs. 1 InsO muss das Insolvenzgericht einen solchen Ausschuss einsetzen, wenn zwei von drei gesetzlich normierten Kennzahlen überschritten sind. Als Kennzahlen werden im Gesetz genannt eine Bilanzsumme von mindestens 4,84 Mio. €, Umsatzerlöse in den letzten zwölf Monaten vor dem Abschlussstichtag in Höhe von mindestens 9,68 Mio. € und eine Belegschaft von mindestens 50 Arbeitnehmern im Jahresdurchschnitt. Diese Grenzen sind verhältnismäßig schnell erreicht, so dass nach der Vorstellung des Gesetzgebers die Einsetzung eines vorläufigen Gläubigerausschusses in wesentlich mehr Verfahren erfolgen wird als bislang.

Besondere Bedeutung erhält der vorläufige Gläubigerausschuss über § 56a InsO. Grundsätzlich ist er vor der Bestellung des Verwalters zu beteiligen. Schlägt der vorläufige Gläubigerausschuss einstimmig einen Verwalter vor, kann das Insolvenzgericht, das bislang allein für die Bestellung zuständig war und nach eigenem Ermessen über Vorschläge für die Person des Verwalters befinden konnte, nur in engen Grenzen von diesem Vorschlag abweichen. In der Praxis hat der Einfluss der Gläubiger auf die Person des Verwalters durch diese Regelung massiv zugenommen. Diese Änderung führt im Ergebnis dazu, dass bereits unmittelbar vor der Antragstellung einige Gläubiger angesprochen werden, um sie für eine Tätigkeit im vorläufigen Gläubigerausschuss zu gewinnen. Bei sorgfältiger Vorbereitung des Insolvenzantrags kann es sogar möglich sein, sich vorab mit den maßgeblichen Gläubigern über die Person des Verwalters zu einigen, der sodann dem Insolvenzgericht vorgeschlagen wird. Damit hat auch der Schuldner selbst ein gewisses Maß an Einfluss auf den späteren Verwalter, was den Erfolg einer Sanierung maßgeblich beeinflussen kann.

Eine weitere wichtige Neuerung ist das sog. Konzerninsolvenzrecht, das am 21.04.2018 in Kraft getreten und im Wesentlichen in den §§ 3a–3e und §§ 269a–269i InsO geregelt ist. Auch nach dieser Gesetzesänderung bleibt es zwar bei dem Grundsatz, dass jeder Rechtsträger ein eigenes Insolvenzverfahren durchlaufen muss. Es sollen aber die Einzelinsolvenzverfahren konzernzugehöriger Gesellschaften besser aufeinander abgestimmt werden. Dadurch soll den vielfältigen rechtlichen und wirtschaftlichen Verflechtungen innerhalb konzernzugehöriger Gesellschaften Rechnung getragen werden. Zugleich sollen Synergieeffekte genutzt, Sanierungschancen erhalten oder sogar verbessert und dadurch bessere Verwertungsergebnisse für die Gläubiger erreicht werden.

Die wesentlichen Änderungen sind die Schaffung eines Gruppengerichtsstands, um Konzerninsolvenzen an einem Gericht zu zentrieren, sowie Informations-, Kooperations- und Koordinationspflichten, die sich teilweise – bei Insolvenzverfahren an verschiedenen Gerichten – an die Insolvenzgerichte, teils auch an die Gläubigerausschüsse, im Wesentlichen aber an die beteiligten

Insolvenzverwalter richten. Außerdem kann auf Antrag eines beteiligten Schuldnerunternehmens oder aufgrund eines einstimmigen Beschlusses eines beteiligten (vorläufigen) Gläubigerausschusses ein Koordinationsverfahren eingeleitet und ein von den bestellten Insolvenzverwaltern unabhängiger Verfahrenskoordinator bestellt werden. Dieser hat für eine abgestimmte Abwicklung der Verfahren zu sorgen, soweit das im Interesse der Gläubiger liegt. Die beteiligten Insolvenzverwalter sind zu einer Zusammenarbeit mit dem Verfahrenskoordinator verpflichtet.

Größere praktische Erfahrungen mit diesen Änderungen liegen noch nicht vor. Deshalb kann auch noch nicht bewertet werden, ob das neue Konzerninsolvenzrecht die vom Gesetzgeber erhofften Wirkungen entfaltet oder, entsprechend teilweise vorgebrachter Kritik, zu einer weiteren Bürokratisierung des Verfahrens ohne echten Nutzen für die Gläubiger führt.

6 Steuerrecht des Familienunternehmens

Luise Uhl-Ludäscher

6.1 Rechtsformabhängige Besteuerung

Bei Wahl der Rechtsform des Familienunternehmens sind neben zivilrechtlichen und sonstigen Aspekten auch die unterschiedlichen Besteuerungsfolgen der verschiedenen Rechtsformen zu beachten. Während die Personengesellschaft im Bereich der Ertragsteuern als transparent angesehen wird, wird die Kapitalgesellschaft als intransparent behandelt.

6.1.1 Laufende Besteuerung der Personengesellschaft und ihrer Gesellschafter

6.1.1.1 Steuerliche Gewinnermittlung bei der Personengesellschaft

Wird die Familiengesellschaft in der Rechtsform einer Personengesellschaft geführt, wird der steuerliche Gewinn dieser Personengesellschaft i. R. d. einheitlichen und gesonderten Feststellung ermittelt. Zu dem steuerlichen Gewinn der Personengesellschaft rechnen sowohl die Ergebnisses aus der steuerlichen Gesamthandsbilanz (von der Handelsbilanz abgeleitete Steuerbilanz) der Personengesellschaft, Ergebnisse aus eventuellen Ergänzungsbilanzen der Gesellschafter (Wertkorrekturen zu den Ansätzen der Wirtschaftsgüter in der Steuerbilanz), Ergebnisse aus eventuellen Sonderbilanzen eines Gesellschafters sowie Sondervergütungen eines Gesellschafters i. S. v. § 15 Abs. 1 Satz 1 Nr. 2 Satz 1 EStG. Der Gewinn aus der Gesamthandsbilanz ergibt sich hierbei aus der aus der Handelsbilanz abgeleiteten Steuerbilanz der Personengesellschaft. Zu den Sondervergütungen gehören die Vergütungen, die der Gesellschafter von der Gesellschaft für seine Tätigkeit im Dienst der Gesellschaft oder für die Hingabe von Darlehen oder für die Überlassung von Wirtschaftsgütern bezogen hat (vgl. 6.3). Es spielt hierbei keine Rolle, ob und welcher anderen Einkunftsart diese Vergütungen der Art nach zuzurechnen wären (z. B. Einkünfte aus nicht selbständiger Arbeit, aus Vermietung und Verpachtung oder aus Kapitalvermögen). Entsprechend sind Wirtschaftsgüter (z. B. Grundstücke) und Darlehen, die der Gesellschafter der Gesellschaft überlässt, im Sonderbetriebsvermögen I dieses Gesellschafters bei der Gesellschaft zu erfassen und stellen somit Betriebsvermögen dar. Hierdurch sollen Gesellschafter einer Personengesellschaft (Mitunternehmer) einem Einzelunternehmer gleichgestellt werden, der mit sich selbst keine Verträge abschließen kann.

! **Hinweis**

Sämtliche Vergütungen des Gesellschafters, die er von der Familienpersonengesellschaft erhält, sind als gewerbliche Einkünfte aus der Personengesellschaft zu erfassen. Die Erfassung in einer anderen Einkunftsart scheidet aus. Alle Wirtschaftsgüter, die dem Gesellschafter gehören und von der Personengesellschaft genutzt werden, sind dem (Sonder)Betriebsvermögen des Gesellschafters bei der Personengesellschaft zuzurechnen und sind damit gewerblich steuerverhaftet.

6.1.1.2 Besteuerung der Personengesellschaft

6.1.1.2.1 Gewerbesteuer

Für Zwecke der Gewerbesteuer gilt die Personengesellschaft als eigenständiges Steuersubjekt. Auf Ebene der Personengesellschaft wird der Gewerbeertrag auf Basis des i. R. d. einheitlichen und gesonderten Feststellung festgestellten steuerlichen Gewinns der Personengesellschaft (also auch inklusive der Ergebnisse aus Ergänzungsbilanzen der Gesellschafter und der Ergebnisse aus Sonderbilanzen sowie Sondervergütungen eines Gesellschafters) unter zusätzlicher Berücksichtigung von gewerbesteuerlichen Hinzurechnungen und Kürzungen ermittelt (§ 7 i. V. m. §§ 8 und 9 GewStG). Gewerbesteuerliche Hinzurechnungen kommen beispielsweise für einen bestimmten Teil der Finanzierungsaufwendungen (in Form von Zinsen, aber auch Mieten und Leasingraten) sowie unter bestimmten Voraussetzungen für zunächst steuerfreie Beteiligungserträge aus Kapitalgesellschaften und Beteiligungsverluste aus Personengesellschaften in Betracht. Kürzungen sind bei zunächst steuerpflichtigen Beteiligungserträgen aus Personen- oder Kapitalgesellschaften sowie bei betrieblichen Grundstücken in Höhe eines (kleineren) Pauschalbetrags denkbar. Diese gewerbesteuerlichen Korrekturen führen dazu, dass sich z. B. Finanzierungskosten (ab einem Betrag von 100.000 €) bei der Gewerbesteuer nicht in vollem Umfang, sondern nur zu ca. 75 %, auswirken. Für Beteiligungserträge wird durch die Korrektur erreicht, dass es nur zu einer einfachen Gewerbesteuerbelastung auf Ebene der Tochtergesellschaft kommt.

Durch Anwendung der Gewerbesteuermesszahl von derzeit 3,5 % auf den Gewerbeertrag, der bei einer Personengesellschaft um einen Freibetrag von 24.500 € gemindert ist, ergibt sich der Gewerbesteuermessbetrag, der wiederum Grundlage für die von der jeweiligen Gemeinde festgesetzten Gewerbesteuer ist.

Die Gewerbesteuerbelastung der Personengesellschaft ist abhängig vom Gewerbesteuerhebesatz der jeweiligen Gemeinde, in welcher die Personengesellschaft eine Betriebsstätte unterhält. Bei Betriebsstätten in mehreren Gemeinden ist der Gewerbesteuermessbetrag anhand der Arbeitslöhne, die in den verschiedenen Gemeinden bezahlt werden, auf die Gemeinden zu zerlegen (§ 28 ff. GewStG). Bei einem Hebesatz von 400 % beträgt die **Gewerbesteuerbelastung 14 %** auf den (um den Freibetrag geminderten) Gewerbeertrag.

Schuldner der Gewerbesteuer ist die Personengesellschaft selbst (§ 5 Abs. 1 Satz 1 GewStG).

Zur Entlastung von der Gewerbesteuer kommt beim Gesellschafter eine (begrenzte) Ermäßigung der Einkommensteuer zur Anwendung, wenn dieser eine natürliche Person ist (vgl. 6.1.1.3.3). Für Kapitalgesellschaften als Gesellschafter scheidet die Ermäßigung aus.

Hinweis !

Durch Anwendung des aus Gewerbesteuermesszahl und Hebesatz der Gemeinde errechneten Gewerbesteuersatzes auf den steuerlichen Gewinn kann die tatsächliche Gewerbesteuerbelastung der Familienpersonengesellschaft nur überschlägig ermittelt werden. Die tatsächliche Gewerbesteuerbelastung hängt auch von der Höhe der gewerbesteuerlichen Hinzurechnungen und Kürzungen ab.

6.1.1.2.2 Einkommensteuer

Die Personengesellschaft ist für Zwecke der Einkommensbesteuerung kein eigenständiges Steuersubjekt. Für Zwecke der Einkommensbesteuerung wird vielmehr der steuerliche Gewinn auf Ebene der Personengesellschaft einheitlich und gesondert festgestellt (§ 180 Abs. 1 Nr. 2 a AO) und den Gesellschaftern steuerlich nach dem Gewinnverteilungsschlüssel zugerechnet (vgl. 6.2.2). Neben dem anteiligen Gewinn aus der steuerlichen Gesamthandsbilanz sind in den steuerlichen Gewinnanteil des Gesellschafters auch Ergebnisse aus eventuellen Ergänzungs- oder Sonderbilanzen sowie Sondervergütungen miteinzubeziehen. Erst auf Ebene des Gesellschafters erfolgt die individuelle Besteuerung des Gewinns mit der Einkommensteuer (natürliche Person) oder Körperschaftsteuer (Kapitalgesellschaft) des Gesellschafters.

6.1.1.3 Besteuerung der Gesellschafter der Personengesellschaft

6.1.1.3.1 Allgemeine Grundsätze

Der anteilige steuerliche Gewinnanteil aus der Personengesellschaft unterliegt der Einkommensteuer, wenn der Gesellschafter eine natürliche Person ist. Unabhängig davon, ob die Gewinne entnommen oder in der Gesellschaft thesauriert werden (Transparenzprinzip), kommt der persönliche tarifliche Steuersatz des Gesellschafters von derzeit bis zu 42 % (bzw. ab einem zu versteuernden Einkommen von 270.500 € [Ledige/Grundtabelle]/541.000 € [Verheiratete/Splittingtabelle] bei Reichensteuer bis zu 45 %) zzgl. Solidaritätszuschlag zur Anwendung. Für nicht entnommene Gewinne kann nach § 34a EStG auf Antrag ein ermäßigter Thesaurierungssteuersatz angewandt werden (vgl. 6.1.1.3.2). Ist eine Kapitalgesellschaft als Gesellschafter an der Personengesellschaft beteiligt, unterliegt der Gewinnanteil der Körperschaftsteuer. Zur Körperschaftsbesteuerung bei der Kapitalgesellschaft vgl. 6.1.2.1.

6.1.1.3.2 Thesaurierungssteuersatz nach § 34a EStG

Um die Steuerbelastung von thesaurierenden Personengesellschaften denen thesaurierender Kapitalgesellschaften anzunähern, wurde mit dem Unternehmenssteuerreformgesetz 2008 für einkommensteuerpflichtige Gesellschafter von Personengesellschaften die Möglichkeit geschaffen, ihre nicht entnommenen Gewinnanteile nach § 34a EStG mit einem ermäßigten Thesaurierungssteuersatz zu besteuern. Der ermäßigte Thesaurierungssteuersatz beträgt pauschal 28,25 % zzgl. Solidaritätszuschlag. Bei späterer Entnahme der Gewinnanteile bzw. im Falle verschiedener gleichgestellter Fälle[1655] (wie beispielsweise einer Anteilsveräußerung oder bestimmter Umstrukturierungsvorgänge) erfolgt eine Nachversteuerung zu einem Steuersatz von 25 % (zzgl. Solidaritätszuschlag). Eine Nachversteuerung ist jederzeit auch auf Antrag möglich.

Regelmäßig wird allerdings die nominelle Steuerbelastung unter Berücksichtigung der Nachsteuer bei Anwendung der Thesaurierungsbegünstigung höher sein als die Sofortversteuerung zum tariflichen Steuersatz. Bei Anwendung der Thesaurierungsbegünstigung ist regelmäßig auch zu beachten, dass die zur Steuerzahlung benötigten Beträge nicht thesauriert werden können und auch i. H. d. steuerlich nicht als Betriebsausgabe abzugsfähigen Gewerbesteuer[1656] sowie sonstiger nicht abzugsfähiger Betriebsausgaben nach h. M. eine Thesaurierung nicht in Betracht kommt. Es wird deshalb für die gewerblichen Einkünfte aus der Personengesellschaft regelmäßig zu einem Mischsteuersatz zwischen dem tariflichen und dem Thesaurierungssteuersatz kommen (vgl. Beispiel in 6.1.3).

Folgende Aspekte können zu einer Vorteilhaftigkeit der Thesaurierungsbesteuerung führen:

- höhere Liquidität im Unternehmen; Nutzung zur Innenfinanzierung,
- Barwertvorteil aufgrund höherer interner Rendite aus Investition des Differenzbetrags im Betriebsvermögen,
- kein kurzfristiger Entnahmebedarf des Gesellschafters aufgrund ausreichender anderer Mittel zur Deckung von dessen Finanzbedarf,
- hoher Grenzsteuersatz des Gesellschafters.

Im Falle einer Personengesellschaft ist die Höhe des Gewinnanteils, für den die Thesaurierungsbegünstigung beantragt werden kann, für jeden Gesellschafter gesondert zu ermitteln. Hierbei sind neben dem anteiligen Gewinn aus der steuerlichen Gesamthandsbilanz auch Ergänzungs- und Sonderbilanzen sowie Tätigkeitsvergütungen zu berücksichtigen. Sondervergütungen sind beispielsweise dann noch nicht entnommen, wenn sie noch nicht auf einem privaten Bankkonto des Gesellschafters, sondern auf einem Verrechnungskonto des Gesellschafters

1655 § 34a Abs. 6 EStG.

1656 BMF vom 11.08.2008, BStBl I 2008, 838 Tz. 16; FG Münster vom 19.02.2014, rkr., EFG 2014, 1201; *Wacker*, in: Schmidt, EStG (38. Aufl., 2019), § 34a EStG Rz. 25.

gutgeschrieben sind, welchem eine Forderung in der Sonderbilanz des Gesellschafters gegenübersteht.[1657] Das Recht, den Antrag auf Anwendung des Thesaurierungssteuersatzes nach § 34a EStG zu stellen, steht jedem Gesellschafter eigenständig zu.

Hinweis !

Die Anwendung der Thesaurierungsbegünstigung erfordert bereits im Vorfeld der Beantragung eine exakte individuelle Planung für den jeweiligen Gesellschafter. Hierbei ist auch zu berücksichtigen, ob bereits vorhandene besteuerte Gewinne vorab »ausgeschüttet« werden müssen, um eine »Gefangenschaft« dieser Gewinne zu vermeiden. Weiterhin sollten laufende Gestaltungen erfolgen, um die Nachversteuerung zu vermeiden oder zumindest soweit als möglich in die Zukunft zu verlagern. Zudem ist besonderes Augenmerk auf die einer Entnahme gleichgestellten Vorgänge zu legen – insbesondere im Falle von beabsichtigten Umstrukturierungen kann eine Nachversteuerung ausgelöst werden.

6.1.1.3.3 Ermäßigung der Einkommensteuer nach § 35 EStG

Ist der Gesellschafter eine natürliche Person, kommt zur Entlastung von der Gewerbesteuer nach § 35 EStG eine Ermäßigung der Einkommensteuer in Betracht. Die Steuerermäßigung beträgt das 3,8-Fache des Gewerbesteuermessbetrags, der anteilig auf den Gesellschafter entfällt. Die Aufteilung des Gewerbesteuermessbetrags der Personengesellschaft auf den einzelnen Gesellschafter erfolgt nach dem allgemeinen (steuerlich anerkannten) Gewinnverteilungsschlüssel.[1658] Maßgebend ist der Gewinnverteilungsschlüssel zum Ende des Geschäftsjahres.[1659]

Begrenzt wird der Ermäßigungsbetrag durch die anteilige tatsächlich durch die Personengesellschaft zu zahlende Gewerbesteuer, die wiederum nach dem allgemeinen Gewinnverteilungsschlüssel auf die Gesellschafter aufzuteilen ist (vgl. 6.2.2). Bei Beteiligungen an mehreren Personengesellschaften ist eine getrennte Betrachtung bezogen auf jede Beteiligung anzustellen. Hierbei sind die jeweiligen Gewerbesteuermessbeträge für jede Mitunternehmerschaft getrennt zu ermitteln, mit dem Faktor 3,8 zu vervielfältigen und auf die tatsächlich zu zahlende Gewerbesteuer zu begrenzen.[1660] Darüber hinaus erfolgt eine Begrenzung des so ermittelten **Anrechnungsvolumens** auf die anteilige Einkommensteuer, die auf die gewerblichen Einkünfte anfällt (**Ermäßigungshöchstbetrag**). Diese anteilige Einkommensteuer wird hierbei anhand des Verhältnisses der Summe der positiven gewerblichen Einkünfte zur Summe aller positiven Einkünfte ermittelt. Ist die so ermittelte anteilige Einkommensteuer geringer als das

1657 BMF vom 11.08.2008, BStBl I 2008, 838 Tz. 20.

1658 § 35 Abs. 2 Satz 2 EStG; BMF vom 03.11.2016, BStBl I 2016, 1187 Tz. 19 ff.

1659 BFH vom 14.01.2016, BStBl II 2016, 875 und BFH/NV 2016, 1024, BMF vom 03.11.2016, BStBl I 2016, 1187 Tz. 23 jeweils betreffend das Ausscheiden eines Gesellschafters aufgrund Verkaufs des Anteils an der Personengesellschaft.

1660 BMF vom 03.11.2016, BStBl I 2016, 1187 Tz. 9; BMF vom 17.04.2019, BStBl I 2019, 459 Tz. 9; BFH vom 20.03.2017, BStBl II 2019, 244; a. A. *Cordes*, DStR 2010, 1416.

Anrechnungsvolumen, geht dieses insoweit verloren. Es ist weder eine Erstattung noch ein Vor- oder Rücktrag auf einen anderen Veranlagungszeitraum möglich.[1661]

Die gewünschte vollständige Entlastung von der Gewerbesteuer kann damit nur unter idealtypischen Bedingungen und bei einem Gewerbesteuerhebesatz von bis zu max. 400,9 % erreicht werden.[1662] In vielen Fällen wird eine Belastung mit Gewerbesteuer definitiv werden bzw. ein nicht nutzbarer Überhang von Ermäßigungsbeträgen bei einzelnen Gesellschaftern verbleiben (sog. Anrechnungsüberhang). Dies ist insbesondere in folgenden Fällen denkbar:

- Gewerbesteuerhebesätze über 400,9 %,
- Abweichungen zwischen der Verteilung des Gewerbesteuermessbetrags nach dem allgemeinen Gewinnverteilungsschlüssel und den anteiligen gewerblichen Einkünften i. R. d. einheitlichen und gesonderten Feststellung z. B.
- Ergebnisse aus Sonder- und Ergänzungsbilanzen bei einzelnen Gesellschaftern, Vorabgewinne bei einzelnen Gesellschaftern,
- gewerbesteuerrelevante Veräußerungsgewinne bei einzelnen Gesellschaftern,
- unterjährige Änderung der Beteiligungsverhältnisse (abweichende Beteiligungsverhältnisse zum Ende des Erhebungszeitraums),
- Hinzurechnungen bei der Ermittlung des Gewerbeertrags,
- Verluste aus anderen Einkunftsarten und deshalb geringe tarifliche Einkommensteuer,
- geringe tarifliche Einkommensteuer wegen Anwendung der Thesaurierungsbegünstigung des § 34a EStG (vgl. 6.1.1.3.2),
- Kapitalgesellschaften als Gesellschafter können den anteiligen Gewerbesteuermessbetrag nicht für eine Steuerermäßigung nutzen.

6.1.1.4 Gesamtsteuerbelastung bei der Personengesellschaft

Die Gesamtsteuerbelastung bei einer Personengesellschaft ist beispielhaft in 6.1.3 dargestellt.

6.1.2 Laufende Besteuerung der Kapitalgesellschaft und ihrer Gesellschafter

6.1.2.1 Besteuerung der Kapitalgesellschaft

Wird die Familiengesellschaft in der Rechtsform einer Kapitalgesellschaft geführt, ist sie sowohl für Zwecke der Körperschaftsteuer als auch für Zwecke der Gewerbesteuer als **intransparent** anzusehen. Sie ist für Zwecke beider Steuern ein eigenständiges Steuersubjekt.

1661 BMF vom 03.11.2016, BStBl I 2016, 1187 Tz. 12; BFH vom 23.04.2008, BStBl II 2009, 7; BFH vom 11.11.2008, BFH/NV 2009, 379.

1662 *Wacker*, in: Schmidt, EStG (38. Aufl., 2019), § 35 EStG Rz. 2.

Das Einkommen der Kapitalgesellschaft unterliegt zu einem einheitlichen Steuersatz von 15 % der **Körperschaftsteuer** zzgl. Solidaritätszuschlag. Verträge zwischen Gesellschaft und Gesellschafter werden beachtet und Vergütungen der Gesellschaft an den Gesellschafter führen, soweit diese angemessen sind,[1663] zu Betriebsausgaben auf Ebene der Gesellschaft und auf Ebene des Gesellschafters je nach Art der Vergütung zu Einkünften, z. B. aus nicht selbständiger Arbeit, Vermietung und Verpachtung oder Kapitalvermögen. An die Gesellschaft überlassene Wirtschaftsgüter, wie z. B. Grundstücke oder Darlehen, verbleiben i. d. R. im Privatvermögen des Gesellschafters.[1664]

Das steuerliche Einkommen der Kapitalgesellschaft ist Basis für die Ermittlung des Gewerbeertrags der Kapitalgesellschaft. Die Ermittlung der **Gewerbesteuer** richtet sich – mit Ausnahme des Abzugs eines Freibetrags von 24.500 € – nach den gleichen Grundsätzen wie bei der Personengesellschaft (vgl. 6.1.1.2.1). Aufgrund des bereits niedrigen Steuersatzes der Körperschaftsteuer kommt eine Steuerermäßigung zur Entlastung von der Gewerbesteuer nicht in Betracht.

Bei einem Gewerbesteuerhebesatz von 400 % beträgt die **Gesamtsteuerbelastung** der Kapitalgesellschaft 14 % für die Gewerbesteuer und 15,825 % für Körperschaftsteuer und Solidaritätszuschlag und damit insgesamt **29,825 %.**

6.1.2.2 Besteuerung der Gesellschafter der Kapitalgesellschaft

Werden Gewinne der Kapitalgesellschaft ausgeschüttet, fällt auf Ebene **der natürlichen Person** als Gesellschafter eine Ausschüttungssteuer in Form der pauschalen Abgeltungsteuer von 25 % zzgl. Solidaritätszuschlag (in Summe 26,375 %) an. Falls der persönliche Einkommensteuersatz des Gesellschafters günstiger ist, kommt auf Antrag dieser günstigere Steuersatz für die Ausschüttung zur Anwendung (sog. Günstigerprüfung; § 32d Abs. 6 Satz 1 EStG). Weiterhin kann bei mindestens 25 %-iger unmittelbarer oder mittelbarer Beteiligung oder mindestens 1 %-iger Beteiligung, wenn der Gesellschafter für die Gesellschaft beruflich tätig ist, auf Antrag die Teileinkünftebesteuerung gewählt werden (§ 32d Abs. 2 Nr. 3 EStG), wonach die Ausschüttung zu 40 % steuerfrei und nur zu 60 % nach dem tariflichen Steuersatz steuerpflichtig ist. Der Gesellschafter ist an diese Option grds. fünf Jahre gebunden. Im Falle eines vorherigen Widerrufs ist eine erneute Option zur Teileinkünftebesteuerung nicht mehr möglich (§ 32d Abs. 2 Nr. 3 Satz 6 EStG). Hält der Gesellschafter die Beteiligung im Betriebsvermögen, kommt – unabhängig von einer Antragstellung – immer das Teileinkünfteverfahren zur Anwendung.

1663 Zu den Folgen nicht angemessener Vergütungen vgl. 6.2.5.2.
1664 Ausnahme: Vermietung im Rahmen einer Betriebsaufspaltung, siehe 6.4.

! **Hinweis**

Die Option zur Teileinkünftebesteuerung kann dann von Vorteil sein, wenn Werbungskosten (wie z. B. Finanzierungszinsen) im Zusammenhang mit der Beteiligung an der Kapitalgesellschaft vorliegen. Diese Werbungskosten könnten bei Anwendung der Abgeltungsteuer bzw. der Günstigerprüfung nicht abgezogen werden. Bei der Teileinkünftebesteuerung ist dagegen ein Abzug zu 60 % möglich. Durch Planung der Ausschüttung während des Optionszeitraums kann die Steuerbelastung gering gehalten werden. Ein Widerruf der Option sollte nur in Ausnahmefällen erfolgen, da damit die Möglichkeit einer späteren erneuten Option verbaut wird. Der Antrag auf Option zur Teileinkünftebesteuerung ist spätestens zusammen mit der Einkommensteuererklärung für den jeweiligen Veranlagungszeitraum zu stellen. Nach Auffassung der Rechtsprechung ist diese Frist nicht verlängerbar und eine nachträgliche Antragstellung nicht möglich.[1665] Damit ist bereits bei Erstellung der Einkommensteuererklärung zu prüfen, ob eine Antragstellung sinnvoll ist.

Erhält eine **Kapitalgesellschaft als Gesellschafter** einer Kapitalgesellschaft eine Ausschüttung, ist diese faktisch zu 95 % steuerfrei. Zwar sind 100 % der Dividende steuerfrei, jedoch gelten 5 % der Dividende als fiktive nicht abzugsfähige Betriebsausgaben, so dass die Dividende im Ergebnis zu 5 % körperschaftsteuer- und gewerbesteuerpflichtig ist. Für die Körperschaftsteuerbefreiung ist eine Mindestbeteiligung von 10 % (§ 8b Abs. 4 KStG) und für die Befreiung von der Gewerbesteuer eine sog. Schachtelbeteiligung von 15 % (§ 9 Nr. 2a GewStG) zu Beginn des Erhebungszeitraums erforderlich. Sind die geforderten Mindestbeteiligungsquoten erfüllt, beläuft sich die Gesamtsteuerbelastung auf die Ausschüttung an eine Kapitalgesellschaft auf rund 1,5 % (bei Gewerbesteuerhebesatz von 400 %).

Gesellschafter		Besteuerung der Ausschüttung
Natürliche Person	PV	Abgeltungsteuer oder Günstigerprüfung (§ 32d Abs. 6 EStG)
	PV und Beteiligung ≥ 25 %	Abgeltungsteuer, Günstigerprüfung oder Option zur Teileinkünftebesteuerung: tarifliche Steuer, Steuerpflicht 60 %
	PV und Beteiligung ≥ 1 % und berufliche Tätigkeit für die KapGes	Abgeltungsteuer, Günstigerprüfung oder Option zur Teileinkünftebesteuerung: tarifliche Steuer, Steuerpflicht 60 %
	BV-Beteiligung ≥ 15 %	Teileinkünftebesteuerung: tarifliche Steuer, Steuerpflicht 60 % (ESt), keine GewSt
	BV-Beteiligung < 15 %	Teileinkünftebesteuerung: tarifliche Steuer, Steuerpflicht 60 % (ESt und GewSt)

1665 BFH vom 28.07.2015, BStBl II 2015, 894, die eingelegte Verfassungsbeschwerde (Az. 2 BvR 2167/15) wurde mit Beschluss vom 08.08.2019 nicht zur Entscheidung angenommen; BFH vom 14.05.2019, BStBl II 2019, 586 für verdeckte Gewinnausschüttungen; a. A. FG Münster vom 14.05.2019, EFG 2019, 1680, nrkr., Rev. BFH VIII R 18/19.

Gesellschafter		Besteuerung der Ausschüttung
Kapitalgesellschaft	Beteiligung ≥ 15 %	Steuerpflicht 5 % (KSt und GewSt)
	Beteiligung ≥ 10 % und < 15 %	Steuerpflicht 5 % bzgl. KSt, Steuerpflicht 100 % bzgl. GewSt
	Beteiligung < 10 %	Steuerpflicht 100 % (KSt und GewSt)

Übersicht über die Besteuerung der Ausschüttung aus einer Kapitalgesellschaft beim Gesellschafter

6.1.2.3 Gesamtsteuerbelastung bei der Kapitalgesellschaft

Die Gesamtsteuerbelastung bei einer Kapitalgesellschaft ist beispielhaft in 6.1.3 dargestellt.

6.1.3 Laufende Besteuerung – Rechtsformvergleich

Nachfolgend wird beispielhaft die Steuerbelastung der verschiedenen Rechtsformen für verschiedene Fälle dargestellt. Die Wahl der Rechtsform im Hinblick auf die Besteuerungsunterschiede wird auch davon abhängig sein, in welchem Umfang eine Thesaurierung in der Familiengesellschaft möglich sein wird. Bei dem aktuell sehr geringen Zinsniveau ist der Steuervorteil der Thesaurierung bei der Kapitalgesellschaft allerdings nicht mehr so gewichtig.[1666]

BEISPIEL 1: ERMITTLUNG DER LAUFENDEN STEUERBELASTUNG

Prämissen:

- Anteilseigner ist eine natürliche Person: ESt-Steuersatz 42 %,
- keine Kirchensteuer,
- Gewerbesteuerhebesatz: 400 %,
- Gewinn vor Steuern: 100.

1666 Aus Vereinfachungsgründen ohne Abzug des Freibetrags von 24.500 € nach § 11 Abs. 1 Nr. 1 GewStG bei Personengesellschaft berechnet.

	PersGes		KapGes		
	ohne	mit		Ausschüttung	
	Thesaurierungs-begünstigung		Thesaurie-rung	TEV	Abgeltung-steuer
Ebene der Gesellschaft					
Gewinn vor Steuern	100,00	100,00	100,00	100,00	100,00
./. GewSt (Hebesatz 400 %)*	./. 14,00	./. 14,00	./. 14,00	./. 14,00	./. 14,00
./. KSt (15 %) / SolZ			./. 15,83	./. 15,83	./. 15,83
Ebene des Gesellschafters					
./. ESt (42 % / 25 % / 28,25 %) / SolZ	./. 43,58	./. 34,13		./. 18,66	./. 18,51
+ GewSt-Anrechnung	13,30	13,30			
Gewinn nach Steuern	55,72	65,17	70,18	51,52	51,67
Steuerbelastung	44,28	34,83	29,83	48,48	48,33
Steuerquote	**44,28 %**	**34,83 %**	**29,83 %**	**48,48 %**	**48,33 %**
Nachversteuerung					
Nachversteuerungsbetrag		65,17			
./. Nachsteuer 25 % / SolZ		./. 17,19			
Gewinn nach Steuern		47,98			
Steuerquote		**52,02%**			

* Inklusive der Auswirkungen aus der Minderung des Solidaritätszuschlags (GewSt-Anrechnung 13,30, Minderung Solidaritätszuschlag 0,73)

! **Hinweis**

Ist unter Berücksichtigung des Finanzbedarfs des Gesellschafters eine Thesaurierung von Gewinnen in der Familiengesellschaft in großem Umfang möglich, ist die Kapitalgesellschaft mit der günstigen Thesaurierungsbesteuerung gegenüber der Rechtsform der Personengesellschaft von Vorteil.

BEISPIEL 2: LAUFENDE STEUERBELASTUNG MIT GESCHÄFTSFÜHRERVERGÜTUNG

Prämissen wie Beispiel 1:

- Geschäftsführervergütung: 120,
- Gewinn vor Steuern und Geschäftsführervergütung: 120.

	PersGes		**KapGes**		
	ohne	mit		Ausschüttung	
	Thesaurierungs-begünstigung		Thesaurierung	TEV	Abgeltungsteuer
Ebene der Gesellschaft					
Gewinn vor GF-Vergütung	120,00	120,00	120,00	120,00	120,00
GF-Vergütung			./. 120,00	./. 120,00	./. 120,00
Gewinn vor Steuern	120,00	120,00	0,00	0,00	0,00
./. GewSt (Hebesatz 400 %)	./. 16,80	./. 16,80	./. 0,00	./. 0,00	./. 0,00
./. KSt (15 %)/SolZ			./. 0,00	./. 0,00	./. 0,00
Gewinn nach Steuern	103,20	103,20	0,00	0,00	0,00
Ebene des Gesellschafters					
GF-Gehalt	0,00	0,00	120,00	120,00	120,00
./. ESt (42 % / 25 % / 28,25 %) / SolZ**	./. 52,29	./. 52,29	./. 53,17	./. 53,17	./. 53,17
+ GewSt-Anrechnung	./. 15,96	./. 15,96			
Steuerbelastung	44,28	44,28	53,17	53,17	53,17
Steuerquote	**44,28 %**	**44,28 %**	**44,31 %**	44,31 %	44,31 %
**Inklusive der Auswirkungen aus der Minderung des Solidaritätszuschlags (GewSt-Anrechnung 15,96, Minderung Solidaritätszuschlag 0,88)					

Hinweis !

Die Gesamtsteuerbelastung auf das Geschäftsführergehalt ist – beim angenommenen Gewerbesteuerhebesatz – bei einer Kapitalgesellschaft geringfügig günstiger als bei einer Personengesellschaft. Da das Geschäftsführergehalt ausgezahlt wird, ist insoweit der Thesaurierungssteuersatz nicht anwendbar.

BEISPIEL 3: LAUFENDE STEUERBELASTUNG MIT GESELLSCHAFTER-DARLEHENSZINS

Prämissen wie Beispiel 1:

- Zinsen für Gesellschafterdarlehen: 120,
- Gewinn vor Steuern und Darlehenszins: 120[1667]

	PersGes		KapGes		
	ohne	mit		Ausschüttung	
	Thesaurierungs-begünstigung		Thesaurie-rung	TEV	Abgeltung-steuer
Ebene der Gesellschaft					
Gewinn vor Zinsen	120,00	120,00	120,00	120,00	120,00
Zinsen für Darlehensüber-lassung			-120,00	-120,00	-120,00
Gewinn vor Steuern	120,00	120,00	0,00	0,00	0,00
Hinzurechnung Zinsauf-wand	0,00	0,00	30,00	30,00	30,00
BMG für GewSt	120,00	120,00	30,00	30,00	30,00
./. GewSt (Hebesatz 400 %)	./. 16,80	./. 16,80	./. 4,20	./. 4,20	./. 4,20
./. KSt (15 %) / SolZ			0,00	0,00	0,00
Gewinn nach Steuern	103,20	103,20	./. 4,20	./. 4,20	./. 4,20
Ebene des Gesellschafters					
Zinsen	0,00	0,00	120,00	120,00	120,00
./. ESt (42 % / 28,25 %) / SolZ*	./. 52,29	./. 52,29	./. 53,17	./. 53,17	./. 53,17
./. ESt (42 % / 25 %) / SolZ				./. 1,06	./. 1,05
+ GewSt-Anrechnung	15,96	15,96			
Steuerbelastung	44,28	44,28	57,37	56,31	56,32
Steuerquote	**44,28 %**	**44,28 %**	**47,81 %**	**46,93 %**	**46,94 %**
*Inklusive der Auswirkungen aus der Minderung des Solidaritätszuschlags (GewSt-Anrechnung 15,96, Minderung Solidaritätszuschlag 0,88)					

1667 Bei Kapitalgesellschaft: Fiktive Ermittlung unter der Annahme, dass i. H. d. im Modell negativen Gewinns der Kapitalgesellschaft zukünftig eine geringere Ausschüttung möglich ist und deshalb insoweit eine geringere Einkommensteuer entstehen wird.

Hinweis

Aufgrund der Hinzurechnung des Zinsaufwands bei der Ermittlung der Gewerbesteuer ist die Darlehensgewährung bei der Kapitalgesellschaft gegenüber der Darlehensgewährung bei der Personengesellschaft ungünstiger.

!

6.1.4 Steuerliche Behandlung von Verlusten

6.1.4.1 Verluste bei Personengesellschaften

6.1.4.1.1 Allgemeines

Entstehen bei der Familienpersonengesellschaft Verluste, sind die steuerliche Behandlung und die steuerliche Auswirkung dieser Verluste bei der Familienpersonengesellschaft ebenfalls abweichend von der Kapitalgesellschaft. Aufgrund der Transparenz der Familienpersonengesellschaft werden Verluste i.R.d. gesonderten und einheitlichen Feststellung den einzelnen Gesellschaftern zugerechnet und können für Zwecke der **Einkommensbesteuerung** mit den weiteren Einkünften des Gesellschafters unmittelbar verrechnet werden.

Hinsichtlich der Gewerbesteuer kann aufgrund der eigenständigen **Gewerbesteuerpflicht** der Personengesellschaft ein negativer Gewerbeertrag (Gewerbeverlust) der Personengesellschaft allerdings nicht unmittelbar vom Gesellschafter genutzt werden. Vielmehr ist eine Nutzung der Gewerbeverluste nur durch die Personengesellschaft selbst möglich, wenn zukünftig positive Gewerbeerträge anfallen (§ 10a GewStG). Anders als bei der Einkommensbesteuerung können Gewerbeverluste nur vor- und nicht zurückgetragen werden. Bei Gewerbeerträgen über 1 Mio. € kann eine **Mindestbesteuerung** zur Anwendung kommen. Denn der Gewerbeverlust ist nur i.H.v. 1 Mio. € unbegrenzt mit dem positiven Gewerbeertrag eines Folgejahres zu verrechnen. Soweit der positive Gewerbeertrag den Betrag von 1 Mio. € übersteigt, ist dieser bis zu 60 % mit einem bisher nicht ausgeglichenen Verlustvortrag zu verrechnen. Nicht verrechnete Gewerbeverluste werden (zeitlich unbegrenzt) auf die Folgejahre vorgetragen. Durch Anwendung der Mindestbesteuerungsregelung wird die Nutzung des gewerbesteuerlichen Verlustvortrags zwar grds. nicht endgültig eingeschränkt, allerdings wird sie zeitlich gestreckt, was mit Liquiditäts- und Zinsnachteilen verbunden ist.

Hinweis

Im Falle eines Gesellschafterwechsels bei der Personengesellschaft kommt es regelmäßig zu einem anteiligen Wegfall des vortragsfähigen Gewerbeverlustes. In diesen Fällen und bei Umstrukturierung ist deshalb die Auswirkung auf den Gewerbeverlust dringend zu prüfen.[1668] Auch im Erbfall oder bei

!

1668 *Uhl-Ludäscher*, in: CMS Hasche Sigle (Hrsg.), Steueroptimierte Gestaltungen in Restrukturierung, Sanierung und Insolvenz, 2013, 204 ff.

einer Schenkung des Personengesellschaftsanteils fällt ein Gewerbeverlust anteilig weg.[1669] Dies ist bei Planung der Unternehmensnachfolge zu beachten.

6.1.4.1.2 Besonderheiten bei haftungsbeschränkten Personengesellschaften

Familienpersonengesellschaften sind häufig in der Rechtsform einer haftungsbeschränkten Kommanditgesellschaft organisiert. Für Gesellschafter einer Personengesellschaft, deren Haftung beschränkt ist – also insbesondere Kommanditisten –, sieht § 15a EStG eine Sonderreglung für die Verlustzurechnung beim Gesellschafter vor.[1670] Danach ist ein Ausgleich von Verlusten aus der Gesellschaft mit anderen Einkünften des Gesellschafters für Zwecke der Einkommensbesteuerung (nicht bei der Gewerbesteuer) nur zulässig, soweit der Kommanditist durch diese Verluste tatsächlich wirtschaftlich belastet ist. Die gesetzliche Regelung des § 15a Abs. 1 EStG geht davon aus, dass dies nur insoweit der Fall ist, als durch die Verluste das vom Gesellschafter einbezahlte Kapital oder die stehengelassenen Gewinne verbraucht werden. Soweit die Verluste dazu führen, dass ein negatives Kapitalkonto entsteht oder sich erhöht, scheidet mangels Nachschusspflicht des Kommanditisten eine wirtschaftliche Belastung aus. Ein Ausgleich der Verluste mit anderen Einkünften des Gesellschafters ist insoweit nicht zulässig. Etwas anderes gilt nur, soweit die im Handelsregister eingetragene Einlage des Kommanditisten seine geleistete Einlage übersteigt (sog. Außenhaftung des Kommanditisten nach § 171 Abs. 1 HS 1 HGB).[1671]

Soweit Verluste in einem Veranlagungszeitraum nicht ausgleichsfähig sind, gehen diese Verluste nicht verloren. Sie werden vielmehr als sog. verrechenbare Verluste jährlich gesondert festgestellt und können in späteren Wirtschaftsjahren mit positiven Gewinnanteilen des Kommanditisten aus derselben Kommanditgesellschaft verrechnet werden (§ 15a Abs. 2 Satz 1 EStG; § 15a Abs. 4 EStG).

Von der Verlustausgleichbeschränkung des § 15a EStG sind nur die Ergebnisse des Gesamthandsvermögens sowie aus Ergänzungsbilanzen betroffen. Die Ergebnisse des Sonderbetriebsvermögens sind dagegen unbeschränkt ausgleichs- und abzugsfähig bzw. im Falle eines positiven Ergebnisses steuerpflichtig, ohne dass die Möglichkeit der Verrechnung mit nicht ausgleichsfähigen Verlusten des Gesamthandsvermögens besteht (R 15a Abs. 2 EStR). Entsprechend bleibt auch das Kapital in einer Sonderbilanz des Gesellschafters bei der Beurteilung, ob ein negatives Kapitalkonto vorhanden ist, unberücksichtigt.[1672]

1669 *Lenski/Steinberg*, GewStG, § 10a Rz. 73; *Blümich*, EStG/KStG/GewStG, § 10a GewStG Rz. 72, 65.

1670 *Uhl-Ludäscher*, in: CMS Hasche Sigle (Hrsg.), Steueroptimierte Gestaltungen in Restrukturierung, Sanierung und Insolvenz, 2013, 227 ff.

1671 § 15a Abs. 1 Satz 2 EStG.

1672 H 15a »Saldierung von Ergebnissen aus dem Gesellschaftsvermögen mit Ergebnissen aus dem Sonderbetriebsvermögen« EStH; vgl. hierzu auch 6.2.2.2.

Hinweis !

Zeichnet sich in einem Veranlagungszeitraum ab, dass durch Verluste eines Kommanditisten ein negatives Kapitalkonto entstehen wird, kann der Gesellschafter durch Leistung einer Einlage, die noch **vor** Ablauf des Geschäftsjahrs geleistet sein muss, den Verlust nutzbar machen. Zu beachten ist, dass eine Einlage **nach** Ablauf des Geschäftsjahrs nicht dazu führt, dass bereits vorhandene verrechenbare Verluste in ausgleichs- und abzugsfähige Verluste umqualifiziert werden. Auch Verluste in Folgejahren können durch Einlagen eines vorangegangenen Jahres nicht zu ausgleichsfähigen Verlusten werden, wenn das Kapitalkonto trotz Einlage negativ bleibt. Damit müssen die Höhe und der Zeitpunkt einer Einlage genau überdacht werden, um sowohl »überhöhte« als auch zu niedrige oder verspätete Einlagen zu vermeiden.

6.1.4.2 Verluste bei Kapitalgesellschaften

6.1.4.2.1 Allgemeines

Aufgrund der Intransparenz der Kapitalgesellschaft können Verluste der Kapitalgesellschaft sowohl bei der Körperschaftsteuer als auch bei der Gewerbesteuer nur auf Ebene der Kapitalgesellschaft genutzt werden. Eine Nutzung durch den Gesellschafter ist grds. nicht möglich.

Für Zwecke der **Körperschaftsteuer** ist sowohl ein einjähriger Verlustrücktrag als auch ein zeitlich unbegrenzter Verlustvortrag möglich. Während ein Verlustrücktrag nur auf Antrag und beschränkt auf max. 1 Mio. € in Betracht kommt, gilt für den Verlustvortrag (nur) die Einschränkung aus der sog. Mindestbesteuerung. Die Berechnung erfolgt hierbei wie bei den Gewerbeverlusten (vgl. 6.1.4.1). Soweit Verluste nicht mit einem positiven steuerpflichtigen Einkommen verrechnet werden können, werden sie im Rahmen einer gesonderten Feststellung in die Folgejahre vorgetragen.

Hinsichtlich der **Gewerbeverluste** ist wie bei der Personengesellschaft nur ein Vor- und kein Rücktrag möglich. Auch die Mindestbesteuerung kommt zur Anwendung (vgl. 6.1.4.1).

Werden innerhalb von fünf Jahren unmittelbar oder mittelbar mehr als 50 % der Anteile an der Verlust-Kapitalgesellschaft an einen Erwerber oder diesem nahestehende Personen übertragen (**schädlicher Beteiligungserwerb**), gehen die bis zum schädlichen Beteiligungserwerb nicht genutzten Verluste vollständig unter (§ 8c KStG; vgl. hierzu auch 2.5.2).[1673] Dies gilt sowohl für die körperschaftsteuerlichen als auch für die gewerbesteuerlichen Verluste. Ausnahmen vom Wegfall der Verlustvorträge bestehen, wenn die sog. Stille-Reserven-Klausel oder die Konzern-Klausel zur Anwendung kommen (§ 8c Abs. 1 Satz 5 bis 9 KStG). Nach der **Stille-Reserven-Klausel** kann ein Verlustvortrag i. H. d. im Inland steuerpflichtigen stillen Reserven der

1673 Anhängig beim BVerfG unter 2 BvL 19/17.

Gesellschaft auch nach einem schädlichen Beteiligungserwerb erhalten bleiben. Die **Konzern-Klausel** sieht vor, dass ein Verlustvortrag dann nicht untergeht, wenn eine Umstrukturierung innerhalb eines Konzerns erfolgt und hierbei dieselbe Person zu jeweils 100 % mittelbar oder unmittelbar an der umzuhängenden Verlustgesellschaft beteiligt bleibt.

Die gesetzlich vorgesehene Ausnahme der Sanierungs-Klausel (§ 8c Abs. 1a KStG) wurde bisher nicht angewendet, da diese nach Auffassung der EU-Kommission als unzulässige staatliche Beihilfe einen Verstoß gegen das EU-Recht darstellt.[1674] Nachdem der EuGH mit Urteilen vom 28.06.2018[1675] den Beschluss der Europäischen Kommission für nichtig erklärt hat, kommt die Sanierungs-Klausel erstmals für den Veranlagungszeitraum 2008 und auf Anteilsübertragungen nach dem 31.12.2007 zur Anwendung.

Eine weitere Möglichkeit der Verlustnutzung trotz Anteilseignerwechsels ist auf Antrag die Nutzung des fortführungsgebundenen Verlustvortrags nach § 8d KStG, solange die Körperschaft den Geschäftsbetrieb nicht einstellt sowie kein »einstellungsgleiches Ereignis« eintritt (vgl. hierzu auch 2.5.2).

! **Hinweis**

Aufgrund des sehr eingeschränkten Wortlauts der Konzern-Klausel ist sehr genau zu prüfen, ob diese im Falle einer konzerninternen Umstrukturierung zur Anwendung kommt. Nach Änderung der Vorschrift durch das Steueränderungsgesetz 2015 werden auch Übertragungen, an denen die Konzernspitze beteiligt ist, von der Konzernklausel erfasst, sowie die bisher nicht erfassten Fälle, bei denen Gesellschafter des übertragenden und übernehmenden Rechtsträgers eine Personengesellschaft oder mehrere Personen sind.[1676]

6.1.4.2.2 Verlustnutzung bei Kapitalgesellschaften durch Organschaft

Aufgrund der Intransparenz der Kapitalgesellschaft können Verluste nicht vom Gesellschafter genutzt werden. Durch Begründung eines **Organschaftsverhältnisses** können die Verluste der Kapitalgesellschaft jedoch mit dem Einkommen des Gesellschafters verrechnet werden. Dies gilt sowohl bei der Einkommensbesteuerung als auch bei der Gewerbesteuer. Voraussetzungen für die steuerliche Anerkennung eines Organschaftsverhältnisses sind (§ 14 KStG):

- gewerbliches Unternehmen als Organträger,
- finanzielle Eingliederung,
- Bestehen eines Ergebnisabführungsvertrags.

1674 Europäische Kommission, Beschluss vom 26.01.2011 über die Staatliche Beihilfe Deutschlands, Beschluss 2011/527/EG, EU.

1675 EuGH vom 28.06.2018 – C 203/16 P (Heitkamp BauHolding), ZIP 2018, 1345; – C 208/16 P, AG 2018, 887; – C 209/16 P (GFKL Financial Services), EWS 2018, 333; – C 219/16 P (Lowell Financial Services), DStR 2018, 1434.

1676 BMF vom 27.11.2017, BStBl I 2017, 1645 Rz. 39 ff.

Organträger kann hierbei sowohl eine andere Kapitalgesellschaft als auch eine gewerblich tätige Personengesellschaft oder ein gewerbliches Einzelunternehmen sein. Die Voraussetzung der finanziellen Eingliederung ist erfüllt, wenn dem Organträger vom Beginn des Wirtschaftsjahrs der Organgesellschaft an ununterbrochen die Stimmrechtsmehrheit bei der Organgesellschaft zusteht. Der Gewinnabführungsvertrag muss auf mindestens fünf Jahre abgeschlossen sein und während der gesamten Geltungsdauer durchgeführt werden.

Folge eines steuerrechtlich anzuerkennenden Organschaftsverhältnisses ist, dass das Einkommen und der Gewerbeertrag der Organgesellschaft, unabhängig davon, ob ein Gewinn oder Verlust entstanden ist, auf Ebene des Organträgers der Besteuerung unterliegen. Damit kommt es im Falle eines Verlustes unmittelbar zur Verlustverrechnung. Folge der sofortigen Verlustverrechnung ist jedoch, dass der Organträger aufgrund des Ergebnisabführungsvertrags auch zur Verlustübernahme verpflichtet ist. Die Haftungsabschottung der Tochter-Kapitalgesellschaft läuft so im Ergebnis ins Leere.

Hinweis !

Weiterer steuerlicher Vorteil eines Organschaftsverhältnisses neben der sofortigen Verlustverrechnung ist, dass gewerbesteuerliche Hinzurechnungen, z. B. für Zinszahlungen von Organgesellschaft an Organträger oder umgekehrt, nicht erfolgen müssen. Zudem kann die Steuerpflicht auf 5 % einer Ausschüttung (bei einer Kapitalgesellschaft als Organträger) vermieden werden. Nachteilig ist allerdings, dass es nicht zur günstigen Thesaurierungsbesteuerung für die Kapitalgesellschaft kommen kann, wenn der Organträger keine Kapitalgesellschaft ist.
Zur steuerlichen Anerkennung der Organschaft muss hinsichtlich der Formulierungen des Gewinnabführungsvertrags eine exakte Ausrichtung an den gesetzlichen Vorgaben erfolgen. Es sollte deshalb bei einer GmbH als Organgesellschaft der Verweis auf die Regelung des § 302 AktG als dynamischer Verweis i. S. d. folgenden Formulierung ausgestaltet sein: »Es wird eine Verlustübernahme entsprechend § 302 AktG in seiner jeweils gültigen Fassung vereinbart.« Ergänzungen oder abweichende Formulierungen sollten vermieden werden.

6.1.5 Finanzierungskosten

6.1.5.1 Finanzierungskosten des Gesellschafters einer Personengesellschaft

Erhält der Gesellschafter der Familienpersonengesellschaft seine Beteiligung nicht durch Schenkung, sondern durch entgeltlichen Erwerb oder muss er einen Familienangehörigen auszahlen, kann es erforderlich sein, die Aufwendungen **zum Erwerb der Beteiligung** oder auch die **Einlage in die Gesellschaft durch Fremdkapital** zu finanzieren. Dieses stellt negatives Sonderbetriebsvermögen dar, welches in der Sonderbilanz des Gesellschafters auszuweisen ist. Entsprechend sind die Finanzierungskosten grds. als Sonderbetriebsausgaben zu behandeln. Diese mindern den steuerlichen Gewinnanteil des betreffenden Gesellschafters und den steuerlichen Gesamtgewinn der Personengesellschaft. Für Zwecke der Gewerbesteuer ist zu berücksichtigen, dass auch die Fremdfinanzierungskosten, die im Sonderbetriebsvermögen anfallen, bei Ermittlung des Gewerbeertrags in die gewerbesteuerliche Hinzurechnung nach § 8 Nr. 1 GewStG einzubeziehen sind.

Entsprechendes gilt, wenn der Gesellschafter **Wirtschaftsgüter**, die seinem Sonderbetriebsvermögen zuzurechnen sind (z. B. Grundstücke; vgl. 6.3.1), mit Fremdkapital finanziert.

6.1.5.2 Finanzierungskosten des Gesellschafters einer Kapitalgesellschaft

Die steuerliche Behandlung von Finanzierungskosten für den Erwerb der Beteiligung an einer Kapitalgesellschaft hängt davon ab, welche Rechtsform der Gesellschafter hat. Bei einer **natürlichen Person**, die die Beteiligung an der Kapitalgesellschaft **im Privatvermögen** hält, stellen die Finanzierungskosten Werbungskosten dar. Unter Geltung der Abgeltungsteuer unterliegen Werbungkosten nach § 20 Abs. 9 EStG einem Abzugsverbot. Damit ist eine steuerliche Nutzung der Finanzierungskosten grds. nicht möglich. Ein Gesellschafter, der zu mindestens 25 % an der Kapitalgesellschaft beteiligt ist, kann nach § 32d Abs. 2 Nr. 3 Buchst. a EStG einen Antrag auf Anwendung des Teileinkünfteverfahrens stellen.[1677] Da in diesem Fall die Abgeltungsteuer nicht zur Anwendung kommt, sind Werbungskosten zu 60 % steuerlich abzugsfähig. Das Antragswahlrecht steht auch einem Gesellschafter zu, der zu mindestens 1 % an der Gesellschaft beteiligt und für diese beruflich tätig ist.

! **Hinweis**

Im Falle des Vorliegens von Finanzierungskosten wird ein Antrag auf Anwendung des Teileinkünfteverfahrens regelmäßig vorteilhaft sein.

Hält der Gesellschafter (natürliche Person) die Beteiligung **in einem Betriebsvermögen**, kommt immer das Teileinkünfteverfahren zur Anwendung und 60 % der Finanzierungkosten können bei Ermittlung des steuerpflichtigen Gewinns des Betriebsvermögens berücksichtigt werden.

Ist (in einer doppelstöckigen bzw. einer Holding-Struktur) **Gesellschafter** der Kapitalgesellschaft wiederum eine **Kapitalgesellschaft**, sind die Finanzierungsaufwendungen in voller Höhe als steuerpflichtige Betriebsausgaben bei der Mutter-Kapitalgesellschaft abzugsfähig.

6.1.5.3 Finanzierungskosten der Gesellschaft und Anwendung der Zinsschranke

Finanzierungskosten auf Ebene der Familiengesellschaft sind (als Betriebsausgaben) sowohl bei der Personen- als auch bei der Kapitalgesellschaft steuerlich abzugsfähig. Das gilt zumindest dann, wenn die **Finanzierung durch einen Dritten** erfolgt. Hinsichtlich der Gewerbesteuer

1677 Vgl. zur Antragstellung und dessen Bindungswirkung 6.1.2.2.

ist die **Hinzurechnungsvorschrift des § 8 Nr. 1 Buchst. a GewStG** zu beachten. Danach ist ein Viertel der Finanzierungskosten (soweit die Summe aller Finanzierungskosten einen Freibetrag von 100.000 € übersteigt) bei Ermittlung des Gewerbeertrags hinzuzurechnen. Die Finanzierungkosten wirken sich so nicht in vollem Umfang gewerbesteuerlich aus. Statt einer generellen gewerbesteuerlichen Entlastung von Betriebsausgaben von 14 % (bei einem Gewerbesteuerhebesatz von 400 %) beträgt die Gewerbesteuerentlastung der Zinsaufwendungen nur rund 10,5 % (ohne Berücksichtigung des Freibetrags).

Unterschiede in der Steuerbelastung von Personen- und Kapitalgesellschaft ergeben sich allerdings bei einer **Finanzierung der Gesellschaft durch den Gesellschafter**. Dies hängt auch davon ab, wie die Finanzierung erfolgt. Denkbar sind:
- Finanzierung durch Stehenlassen der Gewinne,
- Darlehensgewährung.

Bei einer Finanzierung der Gesellschaft durch **stehengelassene Gewinne** entstehen bei der Kapitalgesellschaft keine Aufwendungen für Fremdfinanzierung. Bei der Personengesellschaft dagegen werden regelmäßig Finanzierungskosten für die Verzinsung der Gesellschafterkonten anfallen. Diese Kosten wirken sich als Sondervergütungen des Gesellschafters im Ergebnis nicht auf den steuerlichen Gesamtgewinn der Gesellschaft, sondern nur i. R. d. Gewinnverteilung auf die Gesellschafter aus. Entsprechendes gilt bei **Darlehensgewährung** durch den **Personengesellschafter**. Eine Darlehensgewährung durch den Gesellschafter einer **Kapitalgesellschaft** wird auf Ebene der Kapitalgesellschaft wie die Darlehensgewährung durch einen Dritten mit der Folge eines steuerlich als Betriebsausgabe abzugsfähigen Zinsaufwands behandelt. Zu weitergehenden Ausführungen zur Finanzierung durch den Gesellschafter wird auf 6.2.4.2 und 6.2.5.4 verwiesen.

Eine Einschränkung des Abzugs von Finanzierungskosten kann sich auch durch Anwendung der **Zinsschrankenregelung** ergeben.[1678] Danach sind Zinsaufwendungen eines Betriebs grds. nur bis zur Höhe der Zinserträge desselben Betriebs und desselben Wirtschaftsjahrs unbeschränkt abzugsfähig. Darüber hinausgehende Zinsaufwendungen (»Schuldzinsenüberhang«) können nur bis zur Höhe von 30 % des verrechenbaren EBITDA abgezogen werden, wobei sich das verrechenbare EBITDA aus dem um die Zinsaufwendungen und -erträge sowie um Abschreibungen[1679] korrigierten Gewinn/zu versteuernden Einkommen ergibt. Hiernach steuerlich nicht abziehbarer Zinsaufwand ist allerdings nicht endgültig verloren. Er ist vielmehr i. R. d. sog. Zinsvortrags – zeitlich unbegrenzt – auf die folgenden Wirtschaftsjahre vorzutragen und geht wie laufende Zinsaufwendungen in den Folgejahren in die Berechnung der abzugsfähigen Zinsaufwendungen nach der Zinsschrankenregelung ein. Ein in einem Wirtschaftsjahr nicht ausgenutz-

1678 § 4h EStG, § 8a KStG; BFH vom 18.12.2013, BStBl II 2014, 947: ernstliche Zweifel an der Verfassungsmäßigkeit des § 4h EStG; a. A. Nichtanwendungserlass BMF vom 13.11.2014, BStBl I 2014, 1516; zu Besonderheiten bei Personengesellschaften vgl. 6.2.3.3.

1679 Korrekturen für Beträge nach § 6 Abs. 2 Satz 1 EStG, nach § 6 Abs. 2a Satz 2 EStG und nach § 7 EStG.

ter verrechenbarer EBITDA kann ebenfalls – allerdings beschränkt auf fünf Jahre – vorgetragen werden. Damit kann das verrechenbare EBITDA in einem folgenden Wirtschaftsjahr erhöht werden. Die Abzugsbeschränkung für Zinsaufwendungen kommt allerdings nicht zur Anwendung, wenn eine der gesetzlich geregelten **Ausnahmevorschriften** zur Anwendung kommt:

- Freigrenze von 3 Mio. €,
- der Betrieb gehört nicht oder nur anteilig zu einem Konzern (»Konzern-Klausel«) oder
- Erfüllung eines Eigenkapitalvergleichs im Konzern (»Escape-Klausel«).

Die Freigrenze von 3 Mio. € bezieht sich auf den Schuldzinsenüberhang. Bei Überschreiten der Freigrenze fallen die gesamten Zinsen unter die Zinsschrankenregelung. Die Escape-Klausel ist erfüllt, wenn die Eigenkapitalquote des Betriebs um nicht mehr als 2 % unter der Eigenkapitalquote des Konzerns liegt. Bei Kapitalgesellschaften setzt die Anwendung der Escape-Klausel zusätzlich voraus, dass nicht mehr als 10 % des Schuldzinsenüberhangs als Zinsen an einen zu mehr als 25 % unmittelbar oder mittelbar beteiligten Anteilseigner, eine diesem nahestehende Person oder an einen rückgriffsberechtigten Dritten gezahlt werden. Die Kapitalgesellschaft ist diesbezüglich nachweispflichtig (§ 8a Abs. 3 KStG).

! **Hinweis**

Im Falle von Umstrukturierungen oder Gesellschafterwechsel kann es zum Wegfall des Zins- sowie des EBITDA-Vortrags kommen. Vgl. hierzu 2.5.3.

6.2 Besonderheiten vertraglicher Regelungen

6.2.1 Gesellschaftsvertragliche Regelungen bei »Familienpersonengesellschaften«

6.2.1.1 Steuerliche Anerkennung der Familienpersonengesellschaften

Vertragliche Regelungen zwischen nahen Angehörigen werden von der Finanzverwaltung regelmäßig besonders kritisch geprüft, da hier ein natürlicher wirtschaftlicher Interessengegensatz wie bei einander fremden Personen fehlt. Auch die Rechtsprechung stellt an Vertragsgestaltungen zwischen Angehörigen strenge Anforderungen.

Aus rein einkommensteuerlicher Sicht führt die Beteiligung von Familienangehörigen an einer Personengesellschaft zu einer Verlagerung von Einkommensteilen innerhalb der Familie und insbesondere dann, wenn die Angehörigen sonst keine eigenen Einkünfte erzielen (z. B. Kinder), zu Steuersatzvorteilen sowie zur Vervielfachung des Grundfreibetrags (sog. »Familienrealsplitting«). Die Finanzverwaltung richtet bei der steuerlichen Beurteilung der Familienpersonengesellschaft ihr Augenmerk insbesondere auf folgende Punkte, wobei Maßstab für die Prüfung jeweils der Fremdvergleich ist (H 15.9 Abs. 1 »Allgemeines« EStH):

- zivilrechtliche Wirksamkeit von Verträgen,
- tatsächliche Durchführung des vertraglich Vereinbarten,

- Mitunternehmereigenschaft,
- Angemessenheit der Gewinnverteilung.

Zur steuerlichen Anerkennung einer Familienpersonengesellschaft muss deren Gesellschaftsvertrag **zivilrechtlich wirksam** zustande kommen. Die Nichteinhaltung der zivilrechtlichen Formerfordernisse spricht indiziell gegen den vertraglichen Bindungswillen der Familienangehörigen.[1680] Auch wenn für die Wirksamkeit von Gesellschaftsverträgen die Schriftform grds. nicht erforderlich ist, ist diese bei Gesellschaftsverträgen zwischen nahen Angehörigen aus Gründen des Nachweises faktisch notwendig. Werden **minderjährige Kinder** schenkweise an der Personengesellschaft beteiligt, ist zudem für die zivilrechtliche Wirksamkeit ein Ergänzungspfleger (§ 1909 BGB) zu bestellen,[1681] wenn auch die Eltern an der Gesellschaft (ggf. auch nur über die Komplementär-GmbH) beteiligt sind, und die Genehmigung des Familiengerichts (§§ 1643 Abs. 1, 1822 Nr. 3 BGB) einzuholen.[1682] Die familiengerichtliche Genehmigung wirkt steuerrechtlich nur dann auf den Zeitpunkt der Beteiligung des Kindes zurück, wenn sie unverzüglich beantragt wird. Nach Gründung der Gesellschaft ist ein Ergänzungspfleger als Dauerpfleger nicht mehr zwingend erforderlich.[1683] Die Eltern können dann als gesetzliche Vertreter die Mitgliedschaftsrechte des Kindes hinsichtlich gewöhnlicher Rechtsgeschäfte wahrnehmen.[1684] Eine notarielle Beurkundung ist bei der Begründung einer Personengesellschaft nicht erforderlich. Dies gilt auch bei der Schenkung eines Anteils an einer Personengesellschaft.[1685]

Neben der zivilrechtlichen Wirksamkeit ist Voraussetzung für die steuerliche Anerkennung die **tatsächliche Umsetzung** der vertraglich vereinbarten Regelungen, die zudem mit dem zwischen Fremden Üblichen übereinstimmen müssen. Dies betrifft insbesondere folgende Bereiche:[1686]

- Leistung der Einlage,[1687]
- Gewinnverteilung entsprechend der vertraglichen Gewinnverteilung,[1688]
- klare und eindeutige Trennung der Vermögenssphären zwischen den Gesellschaftern,[1689]
- selbständige Führung der Gesellschafterkonten und Verzinsung entsprechend den gesellschaftsvertraglichen Regelungen.

1680 BFH vom 12.05.2009, BStBl II 2011, 24, BFH/NV 2009, 1326 m. w. N.; BFH vom 22.02.2007, BStBl II 2011, 20; BMF vom 23.12.2010, BStBl I 2011, 37 und BMF vom 29.04.2014, BStBl I 2014, 809 zu Darlehensverträgen.

1681 Das Erfordernis des Ergänzungspflegers ist jedoch umstritten und wird bei voll einbezahlter Einlage im Fall einer vermögensverwaltenden KG überwiegend abgelehnt, OLG Köln 4 Wx 2/18, NZG 2018, 1187; OLG München 2 WF 1509/17, MittBayNot 2019, 132 (134); i. S. d. sichersten Weges ist jedoch die Bestellung eines Ergänzungspflegers anzuraten.

1682 H 15.9 Abs. 2 und Abs. 4 »Familiengerichtliche Genehmigung« EStH; *Gemeinhardt*, GmbHR 2012, 739 (743).

1683 BFH vom 29.01.1976, BStBl II 1976, 328; *Wacker*, in: Schmidt, EStG (38. Aufl., 2019), § 15 EStG Rz. 749; *Buge*, in: Herrmann/Heuer/Raupach, EStG, § 15 EStG Tz. 866.

1684 Dies gilt jedoch nicht, wenn Rechtsgeschäfte zwischen den Gesellschaftern untereinander betroffen sind (wie z. B. die Entlastung des Geschäftsführers, wenn es sich bei dem Geschäftsführer um den gesetzlichen Vertreter des Kindes handelt, oder Änderungen des Gesellschaftsvertrages).

1685 § 518 BGB: Heilung des Formmangels durch Vollzug der Schenkung. Etwas anderes gilt jedoch regelmäßig, wenn gleichzeitig die Anteile an der Komplementär-GmbH übertragen werden.

1686 *Gemeinhardt*, GmbHR 2012, 739 (744/5).

1687 BFH vom 14.05.2003, BFH/NV 2003, 1547.

1688 BFH vom 14.05.2003, BFH/NV 2003, 1547.

1689 BFH vom 30.03.1999, BFH/NV 1999, 1325.

Wichtiges Kriterium für die steuerliche Anerkennung der Familienpersonengesellschaft ist die **Mitunternehmerstellung** aller Gesellschafter. Das bedeutet, dass jedem Gesellschafter **Mitunternehmerrisiko und Mitunternehmerinitiative** zustehen muss, wobei nicht beide Merkmale gleich stark ausgeprägt sein müssen. Mitunternehmerinitiative bedeutet Teilhabe an unternehmerischen Entscheidungen zumindest in dem Umfang der Stimm-, Kontroll- und Widerspruchsrechte eines Kommanditisten nach den Regelungen des HGB oder der gesellschaftsrechtlichen Kontrollrechte nach § 716 Abs. 1 BGB. Mitunternehmerrisiko wird regelmäßig durch die Beteiligung am Gewinn und Verlust sowie an den stillen Reserven des Anlagevermögens einschließlich des Geschäftswerts vermittelt.[1690] Die Rechtsprechung ist in diesem Punkt sehr umfangreich und wird hier nicht im Einzelnen dargestellt. In folgenden Fällen verneint die Rechtsprechung bei der schenkweisen Beteiligung von (minderjährigen) Kindern regelmäßig das Vorliegen einer Mitunternehmerschaft:[1691]

- jederzeit möglicher Ausschluss des Familienangehörigen zum Buchwert,
- keine Teilhabe an stillen Reserven und Geschäftswert bei Ausscheiden aus der Gesellschaft oder Auflösung der Gesellschaft,[1692]
- von vornherein befristete Mitgliedschaft in der Gesellschaft,[1693]
- freier Widerrufsvorbehalt des Schenkers (unschädlich sind die gesetzlich vorgesehenen Widerrufsrechte oder Widerrufsrechte für bestimmte abschließend genannte Fälle),[1694]
- kein Entnahmerecht hinsichtlich des Gewinnanteils, wenn keine angemessene Verzinsung der thesaurierten Beträge vereinbart ist,[1695]
- Wahrnehmung der Gesellschafterrechte (Stimm- und Kontrollrechte) durch den Schenker,[1696]
- Eltern haben die Möglichkeit, der Familienpersonengesellschaft jederzeit die Betriebsgrundlage zu entziehen.[1697]

Maßgebend ist jeweils eine steuerrechtliche Gesamtwürdigung aller Umstände des Einzelfalls. Damit können grds. auch weitere als die genannten Fälle zur Versagung einer Mitunternehmerstellung führen.

Wird der Familienangehörige nicht Mitunternehmer, kann die Gewinnzuweisung an ihn eine einkommensteuerlich unbeachtliche Einkommensverwendung i. S. d. § 12 Nr. 2 EStG sein.[1698] Denkbar ist auch, dass der nahe Angehörige die Stellung eines typisch stillen Gesellschafters innehat[1699] oder die »Beteiligung« als partiarisches Darlehen angesehen wird. In diesen Fällen

1690 BFH vom 16.05.2013, BStBl II 2013, 635 m. w. N.
1691 *Wacker*, in: Schmidt, EStG (38. Aufl. 2019), § 15 EStG Rz. 750 ff.; *Gemeinhardt*, GmbHR 2012, 739 8743/49 jeweils mit diversen Rechtsprechungsnachweisen.
1692 BFH vom 15.10.1981, BStBl II 1982, 342.
1693 H 15.9 Abs. 2 »Befristete Gesellschafterstellung« EStH.
1694 R 15.9 Abs. 2 EStR 2012; H 15.9 Abs. 1 »Rückübertragungsverpflichtung« EStH; BFH vom 16.05.1989, BStBl II 1989, 877.
1695 BFH vom 10.11.1987, BStBl II 1989, 758; *Buge*, in: Herrmann/Heuer/Raupach, EStG, § 15 EStG Tz. 869 und 881.
1696 BFH vom 11.10.1988, BStBl II 1989, 762.
1697 BFH vom 05.06.1986, BStBl II 1986, 798 (kurzfristig durch Eltern kündbarer Pachtvertrag des durch die Eltern an die Gesellschaft verpachteten wesentlichen Betriebsvermögens).
1698 H 15.9 Abs. 2 »Allgemeines« EStH.
1699 H 15.9 Abs. 4 »Allgemeines« EStH.

erzielt der Angehörige Einkünfte aus Kapitalvermögen. Bei der Gesellschaft stellen die Zahlungen Betriebsausgaben dar.

Besondere Beachtung ist den o. g. Grundsätzen bei der Übertragung eines Gesellschaftsanteils unter **Nießbrauchsvorbehalt** beizumessen. Wird in diesen Fällen der Beschenkte nicht Mitunternehmer, verbleibt das wirtschaftliche Eigentum an dem Mitunternehmeranteil beim Nießbraucher/Schenker. Dies gilt insbesondere in Fällen, in denen sich der Schenker neben dem Nießbrauch auch die Ausübung der Gesellschafterrechte vorbehält.[1700]

6.2.1.2 Anerkennung der Gewinnverteilung bei Familienpersonengesellschaften

Wird die Familienpersonengesellschaft als solche anerkannt, ist die vereinbarte Gewinnverteilung dennoch nur dann anzuerkennen, wenn die Gewinnverteilung angemessen ist. Dies wird von der Finanzverwaltung insbesondere bei nicht mitarbeitenden Familienangehörigen geprüft, die schenkweise in eine Personengesellschaft aufgenommen werden. Die Rechtsprechung wendet diesbezüglich eine 15 %-Grenze an.[1701] Danach darf die durchschnittliche rechnerische Rendite in diesen Fällen auf längere Sicht 15 % des tatsächlichen Werts des geschenkten Anteils im Zeitpunkt der Schenkung bzw. des Vertragsabschlusses nicht übersteigen. Bei Ermittlung des tatsächlichen Unternehmenswerts sind einseitige Beschränkungen der Gesellschafterreche (z. B. Beschränkungen der Abfindungsansprüche, Entnahmebeschränkungen) durch einen Abschlag zu berücksichtigen.[1702] Die maßgebliche Rendite bezieht sich auf den anteiligen Restgewinn nach Abzug angemessener Vergütungen für Sonderleistungen einzelner Gesellschafter.

Dagegen wird regelmäßig ohne weitere Prüfung von einer **Angemessenheit** der Gewinnverteilung ausgegangen werden können, wenn an der Familiengesellschaft familienfremde Gesellschafter beteiligt sind, da hier der natürliche Interessengegensatz einer Angemessenheitsprüfung entgegensteht.[1703]

Hinweis !

Bei Familiengesellschaften, an denen ausschließlich Familienangehörige und daneben keine nicht zur Familie gehörenden Dritten beteiligt sind, ist besonderes Augenmerkt sowohl auf die formellen Aspekte bei der Aufnahme eines (insbes. minderjährigen) Gesellschafters, auf die tatsächliche Durchführung des Gesellschaftsvertrags sowie den Drittvergleich zu legen. Für die steuerliche Anerkennung einer Familiengesellschaft ist ausschlaggebend, dass dem Gesellschafter zumindest die gesetzlichen Stimm-, Kontroll- und Widerspruchsrechte eines Kommanditisten zustehen (Mitunternehmerinitia-

1700 BFH vom 10.12.2008, BStBl II 2009, 312; BFH vom 16.05.2013, BStBl II 2013, 635 m. w. N. (zum Quotennießbrauch); BFH vom 06.05.2015, BStBl II 2015, 821; vgl. auch 6.6.1.2.

1701 BFH vom 29.05.1972, BStBl II 1973, 5; zur Kritik hierzu in: *Herrmann/Heuer/Raupach*, EStG, § 15 EStG Tz. 896 m. w. N.

1702 BFH vom 29.03.1973, BStBl II 1973, 789.

1703 BFH vom 06.11.1991, BStBl II 1991, BFH/NV 1992, 452.

tive). Zudem muss der Gesellschafter ein Mitunternehmerrisiko tragen (Beteiligung an Gewinn, Verlust und stillen Reserven). Sind diese Voraussetzungen nicht erfüllt, besteht das Risiko, dass die Familiengesellschaft von der Finanzverwaltung nicht anerkannt wird.

6.2.2 Gewinnverteilung bei Personengesellschaften

6.2.2.1 Gewinnverteilung nach dem Gewinnverteilungsschlüssel

Der Gewinn der Familienpersonengesellschaft ist den Gesellschaftern grds. nach dem gesetzlichen oder dem gesellschaftsvertraglichen Gewinnverteilungsschlüssel zuzurechnen. Die gesetzlichen Regelungen zur Gewinnverteilung können durch Gesellschaftsvertrag vollumfänglich abbedungen werden. Für steuerliche Zwecke ist grds. die gesellschaftsvertraglich vereinbarte (oder auch die gesetzliche) Gewinnverteilung maßgebend. Allerdings ist eine im Gesellschaftsvertrag vereinbarte Gewinnverteilung für steuerliche Zwecke nicht anzuerkennen, wenn diese – beispielsweise im Falle eines Gesellschafterwechsels – rückwirkend vereinbart ist, auch wenn dies zivilrechtlich durchaus zulässig ist.[1704] Eine Änderung der Gewinnverteilung ist steuerlich – unabhängig von deren schuldrechtlicher Wirkung – erst ab dem Zeitpunkt der Änderung von Bedeutung. Etwas anderes kann allerdings gelten, wenn die Rückbeziehung nur für kurze Zeit besteht oder nur technische Bedeutung hat.[1705]

6.2.2.2 Gewinnvorab und Sondervergütungen

Die Gewinnverteilung erfolgt auch für steuerliche Zwecke grds. nach dem im Gesellschaftsvertrag vereinbarten (oder dem gesetzlichen) Gewinnverteilungsschlüssel. Im Gesellschaftsvertrag können **Vorabgewinnanteile** für einzelne Gesellschafter, z. B. als Vergütungen für (Dienst) Leistungen, gewährt werden. Denkbar sind beispielsweise Vorwegvergütungen für die Überlassung von Gesellschafterdarlehen oder für Geschäftsführerdienstleistungen eines Gesellschafters. Weiterhin sind Vorabgewinnanteile zum Ausgleich wirtschaftlich nicht sachgerechter Steuerbelastungen denkbar (vgl. 6.2.3.1 und 6.2.3.2). Vorwegvergütungen sind nicht als Aufwand der Gesellschaft zu behandeln und mindern damit den Gewinn in der Handels- und Steuerbilanz der Personengesellschaft nicht. Sie sind vielmehr bei der Gewinnverteilung dem betreffenden Gesellschafter vorweg zuzurechnen und mindern so den zu verteilenden Restgewinn. Vorwegvergütungen sind auch im Falle eines Verlustes der Personengesellschaft denkbar. Durch den Gewinnvorab erhöht sich im Verlustfall der nach dem Gewinnverteilungsschlüssel zu verteilende Verlust der Gesellschaft.

1704 BFH vom 18.09.1984, BStBl II 1985, 55; BFH vom 17.03.1987, BStBl II 1987, 558; *Wacker*, in: Schmidt, EStG (38. Aufl., 2019), § 15 EStG Rz. 452 ff. m. w. N.

1705 *Wacker*, in: Schmidt, EStG (38. Aufl., 2019), § 15 EStG Rz. 452.

Hiervon zu unterscheiden sind Vergütungen der Gesellschaft an den Gesellschafter in Form von **Sondervergütungen**. Diese liegen immer dann vor, wenn der Leistung eines Gesellschafters eine schuldrechtliche Vereinbarung zugrunde liegt. Auf Ebene der Gesellschaft entstehen insoweit Betriebsausgaben, die den handels- und steuerrechtlichen Gewinn der Personengesellschaft mindern. Durch Erfassung der Sondervergütungen auf Ebene des Gesellschafters verändert sich allerdings im Ergebnis der steuerliche Gesamtgewinn der Personengesellschaft, welcher in der gesonderten und einheitlichen Feststellung zu ermitteln ist, nicht.

Im Ergebnis werden sich unabhängig davon, ob ein Vorabgewinn oder alternativ eine Sondervergütung vereinbart wird, die steuerpflichtigen Gewinnanteile der einzelnen Gesellschafter entsprechen. Unterschiede können sich allerdings im Verlustfall ergeben, wenn es aufgrund der Verlustausgleichsbeschränkung des § 15a EStG zu einer Einschränkung des sofortigen Verlustausgleichs kommt. Während Sondervergütungen nicht von § 15a EStG erfasst werden und deshalb auch dann auf Ebene des Gesellschafters der Besteuerung unterliegen, wenn Verlustanteile aus der Gesellschaft aufgrund von § 15a EStG nicht ausgleichsfähig sind, führt die Vereinbarung eines Gewinnvorab zu einer Erhöhung des Gewinnanteils bzw. Verminderung des Verlustanteils des betreffenden Gesellschafters.

Hinweis !

Die Abgrenzung zwischen Gewinnvorab und Sondervergütung richtet sich nach den Vereinbarungen im Gesellschaftsvertrag und sonstigen vertraglichen Vereinbarungen. Ein handels- und steuerbilanzieller Aufwand entsteht nur dann, wenn der Vergütung eine schuldrechtliche Leistungsbeziehung zugrunde liegt. Durch »Umwandlung« von Sondervergütungen in Vorabgewinne kann eine Besteuerung der Sondervergütungen vermieden werden, wenn gleichzeitig Verluste aus der Gesellschaft nach § 15a EStG nicht ausgleichsfähig, sondern nur verrechenbar sind.[1706]

6.2.3 Steuerklauseln im Gesellschaftsvertrag

6.2.3.1 Gewerbesteuerklauseln im Gesellschaftsvertrag

Steuerschuldner der Gewerbesteuer ist die Personengesellschaft (§ 5 Abs. 1 Satz 3 GewStG; vgl. 6.1.1.2.1). Die Gewerbesteuer stellt in der handelsrechtlichen Gewinnermittlung eine Betriebsausgabe dar. Ohne gesonderte vertragliche Vereinbarung wird der Aufwand aus der Gewerbesteuer damit nach dem allgemeinen Gewinnverteilungsschlüssel den einzelnen Gesellschaftern belastet.

1706 *Uhl-Ludäscher*, in: CMS Hasche Sigle (Hrsg.), Steueroptimierte Gestaltungen in Restrukturierung, Sanierung und Insolvenz, 2013, 233.

Grundlage für die Ermittlung der Gewerbesteuer ist nach § 7 GewStG der in der einheitlichen und gesonderten Feststellung ermittelte Gewinn der Personengesellschaft. In diesen fließen auch Ergebnisse aus Sonder- und Ergänzungsbilanzen sowie Sondervergütungen ein. Die Gewerbesteuerbelastung der Personengesellschaft wird damit von den Gesellschaftern teilweise in unterschiedlicher Höhe verursacht.

Eine **Gewerbesteuermehrbelastung** durch einen Gesellschafter kann ausgelöst werden durch
- positive Ergebnisse in einer Ergänzungsbilanz eines Gesellschafters,
- Sondervergütungen eines Gesellschafters,
- Veräußerungsgewinne im Sonderbetriebsvermögen eines Gesellschafters,
- Gewinne aus der Veräußerung eines Mitunternehmeranteils.[1707]

Eine **Gewerbesteuerminderbelastung** durch einen Gesellschafter kann ausgelöst werden durch
- Abschreibungen in einer Ergänzungsbilanz eines Gesellschafters,
- Sonderbetriebsausgaben eines Gesellschafters,
- Veräußerungsverluste im Sonderbetriebsvermögen,
- Verluste aus der Veräußerung eines Mitunternehmeranteils.

Ohne vertragliche Regelung kommt es nicht zu einer verursachungsgerechten Tragung der Gewerbesteuer (fremdbestimmte Steuerwirkung). Auch bei Familienpersonengesellschaften kann eine verursachungsgerechte Verteilung der Gewerbesteuerbelastung angebracht sein, wie beispielsweise im Falle der Beteiligung verschiedener Familienstämme, der Beteiligung von Dritten oder auch zum Zwecke der generellen Zurechnung des »zutreffenden« Gewinns/Verlustes, um Konflikte innerhalb der Familie zu vermeiden. Hierzu sind verschiedene **gesellschaftsvertragliche Gestaltungen** denkbar:
- Berücksichtigung bei der Gewinnverteilung durch Gewinnvorab-Regelungen,
- Freistellungs- oder Einlageregelungen,
- Ausgleichszahlungen unter den Gesellschaftern.

Denkbar sind auch Kombinationen der verschiedenen Instrumente.

Die Berücksichtigung i. R. d. **Gewinnverteilung** erfolgt regelmäßig über eine Vorab-Zurechnung des jeweiligen Gewerbesteuermehraufwands oder der Gewerbesteuerminderbelastung auf den verursachenden Gesellschafter.

Bei einer gesellschaftsvertraglich geregelten Vorabgewinnverteilung sind allerdings auch die Effekte aus der Entlastungsregelung des § 35 EStG für natürliche Personen als Gesellschafter zu berücksichtigen (vgl. 6.1.1.3.3). Denn durch Anwendung des § 35 EStG tritt ein gegenläufiger

1707 Nach § 7 Satz 2 GewStG, wenn Veräußerer nicht eine unmittelbar beteiligte natürliche Person ist oder nur ein Teilmitunternehmeranteil verkauft wird.

Effekt ein. Eine endgültige Belastung des Gesellschafters ergibt sich im Ergebnis aus der Zurechnung der Gewerbesteuerbelastung über die gesellschaftsvertragliche Gewinnverteilung sowie die Entlastung nach § 35 EStG. Hierbei ist zu berücksichtigen, dass sich das gesamte Ermäßigungspotential des § 35 EStG i. H. d. 3,8-Fachen des anteiligen Gewerbesteuermessbetrags im Ergebnis – aufgrund der entsprechenden gesetzlich geregelten Aufteilung des Gewerbesteuermessbetrags (§ 35 Abs. 2 Satz 2 GewStG) – nach dem allgemeinen Gewinnverteilungsschlüssel auf die Gesellschafter verteilt. Vorabgewinnanteile sind bei der Verteilung nicht zu berücksichtigen. Auch die Deckelung auf die anteilige tatsächliche Gewerbesteuer des Gesellschafters erfolgt auf Grundlage des allgemeinen Gewinnverteilungsschlüssels. Die tatsächlich gesellschaftsvertraglich vereinbarte Aufteilung der Gewerbesteuer bleibt hierbei unberücksichtigt. Damit kann durch eine Vorabzurechnung zwar der tatsächliche Gewerbesteueraufwand verursachungsgerecht verteilt werden, jedoch nicht der maximale Ermäßigungsbetrag des § 35 EStG, da die gesetzlichen Vorgaben dies nicht zulassen. Im Ergebnis wird der Gesellschafter, der eine erhöhte Gewerbesteuer verursacht, durch eine reine Vorabzurechnung des von ihm verursachten Gewerbesteueraufwands überbelastet, wenn die Entlastungswirkung des § 35 EStG unberücksichtigt bleibt. Die Wirkungen des § 35 EStG sollten bereits bei der Vorabzuweisung des Gewerbesteueraufwands bei der Gewinnverteilung berücksichtigt werden. Alternativ besteht die Möglichkeit, die Auswirkungen des § 35 EStG über **Ausgleichszahlungen** zwischen den Gesellschaftern zu lösen. Letztere sollten pauschal formuliert werden, um Effekte aufgrund der persönlichen Verhältnisse der Gesellschafter außen vor zu lassen. Allerdings können auch die Ausgleichszahlungen u. U. Steuereffekte auf der persönlichen Ebene der Gesellschafter auslösen, so dass eine Berücksichtigung im Rahmen einer Vorabzuweisung vorzuziehen ist. Ggf. kann eine Vorabzuweisung von Gewerbesteuerbeträgen unter Berücksichtigung des § 35 EStG auch generell unterbleiben, da die absolute Höhe eines Ausgleichsbetrags insbesondere bei Vorliegen von reinen Sondervergütungen vergleichsweise unbedeutend sein dürfte.[1708]

Für die **Gewerbesteuerpflicht eines Gewinns aus der Veräußerung eines Mitunternehmeranteils** durch eine nicht natürliche Person (z. B. im Falle doppelstöckiger Personengesellschaften oder Verkauf durch eine Kapitalgesellschaft) oder auch aus der Veräußerung eines Wirtschaftsguts des Sonderbetriebsvermögens kann allerdings etwas anderes gelten, insbesondere wenn hierbei hohe Gewinne einzelner Gesellschafter entstehen. Neben einer gesellschaftsvertraglichen Regelung sollte beim Verkauf eines Mitunternehmeranteils eine **Freistellungsregelung** in den Kaufvertrag aufgenommen werden, wonach der Veräußerer die Gewerbesteuer auf den Veräußerungsgewinn übernimmt. Ohne eine entsprechende Klausel im Kaufvertrag würden die verbleibenden Gesellschafter und auch der neu hinzukommende Gesellschafter die Gewerbesteuer auf den Veräußerungsgewinn des Ausscheidenden mittragen.

1708 *Schiffers*, in: Korn, EStG, § 35 EStG Tz. 83 m. w. N.

Häufig wird in diesen Fällen der zu verteilende Gesamtgewinn der Personengesellschaft nicht ausreichen, um die Gewerbesteuerbelastung vorab zuzurechnen. Alternativ oder ergänzend können für diese Fälle **Freistellungsregelungen** vorgesehen werden.

Für Zwecke der Anrechnung der Gewerbesteuer nach § 35 EStG ist zu beachten, dass nach Auffassung der Rechtsprechung,[1709] welcher sich die Finanzverwaltung angeschlossen hat,[1710] der Gewerbesteuermessbetrag nach dem Gewinnverteilungsschlüssel zum Ende des Erhebungszeitraums zu verteilen ist. Da der ausscheidende Gesellschafter bei unterjährigem Ausscheiden zum Ende des Erhebungszeitraums nicht mehr beteiligt ist, ist ihm kein Anteil am Gewerbesteuermessbetrag und damit kein Ermäßigungspotenzial zuzurechnen. Bei den verbleibenden oder auch dem neuen Gesellschafter wird regelmäßig kein ausreichend hoher Gewinn vorhanden sein, so dass regelmäßig Anrechnungsüberhänge entstehen.[1711]

! **Hinweis**

Eine Klausel im Gesellschaftsvertrag, wonach Gewerbesteuerbeträge den Gesellschaftern verursachungsgerecht zugerechnet werden, sollte mit Bedacht formuliert werden. Hierbei müssen immer auch die Entlastungswirkungen des § 35 EStG – zumindest in pauschalierter Form – berücksichtigt werden, da sonst der Gesellschafter, der eine Gewerbesteuermehrbelastung verursacht, überbelastet wird.
Im Fall eines gewerbesteuerrelevanten Veräußerungsgewinns sollte eine Freistellungsregelung im Kaufvertrag vorgesehen werden, wonach der Verkäufer die Gewerbesteuer auf den Veräußerungsgewinn übernehmen muss. Zudem sind bei unterjährigem Ausscheiden eines Gesellschafters regelmäßig Gestaltungen erforderlich, um Anrechnungsüberhänge in Bezug auf die Anrechnung der Gewerbesteuer auf die Einkommensteuer nach § 35 EStG zu vermeiden.

6.2.3.2 Steuerklauseln im Gesellschaftsvertrag aufgrund der Zinsschrankenregelung

Eine gewerbliche Personengesellschaft (Mitunternehmerschaft) ist als ein Betrieb i. S. d. Zinsschrankenregelung des § 4h EStG anzusehen.[1712] Zu diesem Betrieb gehören neben dem Gesamthandsvermögen auch Sonder- und Ergänzungsbilanzen eines Gesellschafters.[1713] Entsprechend sind Zinsaufwendungen im Sonderbetriebsvermögen, z. B. aus der Finanzierung des Beteiligungserwerbs, als Zinsaufwendungen i. S. d. Zinsschrankenregelung anzusehen.[1714] Übersteigen die Zinsaufwendungen der Personengesellschaft im Gesamthandsvermögen

1709 BFH vom 14.01.2016, BStBl II 2016, 875 und BFH/NV 2016, 1024; Vorinstanz FG Ba-Wü vom 10.12.2013, EFG 2014, 651; FG Rheinland-Pfalz vom 16.11.2012, EFG 2013, 368.

1710 BMF vom 03.11.2016, BStBl I 2016, 1187 Tz. 28, 34 (Übergangsregelung bis einschließlich Erhebungszeitraum 2017); OFD Karlsruhe vom 13.12.2017, S 2296a / 36-St 126.

1711 *Schrade*, FR 2017, 862 mit entsprechenden Gestaltungsvorschlägen.

1712 Zur Zinsschrankenregelung vgl. 6.1.5.3.

1713 BMF vom 04.07.2008, BStBl I 2008, 718 Tz. 6.

1714 BMF vom 04.07.2008, BStBl I 2008, 718 Tz. 19.

zzgl. der Zinsaufwendungen des Gesellschafters im Sonderbetriebsvermögen die gesamten Zinserträge um mehr als die Freigrenze von 3 Mio. €, kommt die Zinsschrankenregelung zur Anwendung. Kommt es danach zu nicht abziehbarem Zinsaufwand, ist dieser auch insoweit nach dem allgemeinen Gewinnverteilungsschlüssel auf die Gesellschafter zu verteilen, als die nicht abzugsfähigen Zinsen im Sonderbetriebsvermögen nur eines Gesellschafters entstanden sind.[1715] Da somit im Falle von Zinsaufwand aus dem Sonderbetriebsvermögen eines Gesellschafters bei den anderen Gesellschaftern Steuerbelastungen entstehen, können vertragliche Regelungen zum Ausgleich dieser fremdbestimmten Steuerwirkungen erforderlich sein.

Die Steuerwirkungen lassen sich an folgendem Beispiel darstellen:[1716]

BEISPIEL

An der AB-OHG sind A zu 30 % und B zu 70 % beteiligt. Der Gewinnverteilungsschlüssel richtet sich nach den Beteiligungsquoten. Der Gesamtgewinn der OHG beträgt 10 Mio. €. A hat den Erwerb der Beteiligung fremdfinanziert. Im Sonderbetriebsvermögen entstehen Zinsaufwendungen i. H. v. 5 Mio. €.

	Gesamt	**A 30 %**	**B 70 %**
	in T€	**in T€**	**in T€**
Gesamthand	10.000	3.000	7.000
Sonder-Betriebsausgaben	./. 5.000	./. 5.000	
Ergebnis vor § 4h EStG	5.000	./. 2.000	7.000
Nicht abziehbare Zinsen[1717]	2.000	600	1.400
Steuerpflichtiger Gewinn	7.000	./. 1.400	8.400

Lösung

Die Zinsen im Sonderbetriebsvermögen des A führen zu nicht abzugsfähigen Zinsen i. H. v. 2 Mio. €. Auf Gesellschafterebene erhöhen diese nach Maßgabe des allgemeinen Gewinnverteilungsschlüssels die Einkünfte des A um 0,6 Mio. € und des B um 1,4 Mio. €.

Die Nichtabzugsfähigkeit des Zinsaufwands des Gesellschafters, in dessen Sonderbetriebsvermögen diese entstanden sind, führt zu einer Erhöhung des steuerlichen Gewinns der anderen Gesellschafter. Über den Zinsvortrag kommt es zu einem Umkehreffekt in dem Veranlagungszeitraum, in welchem sich der Zinsvortrag gewinnmindernd auswirkt. Ein vollständiger Ausgleich ist idealtypisch allerdings nur dann möglich, wenn sich die Beteiligungsverhältnisse bis

1715 BMF vom 04.07.2008, BStBl I 2008, 718 Tz. 51.
1716 In Anlehnung an BMF vom 04.07.2008, BStBl I 2008, 718 Tz. 52.
1717 Abzugsfähig sind 30 % von 10.000 € = 3.000 €, nicht abzugsfähig 5.000 € ./. 3.000 € = 2.000 €.

zum Zeitpunkt des Abzugs des Zinsvortrags nicht verändert haben und hängt zudem auch von den persönlichen Verhältnissen der jeweiligen Gesellschafter ab.[1718] Eine Steuerklausel zum Ausgleich der steuerlichen Folgewirkungen ist deshalb zumindest dann erforderlich, wenn ein Gesellschafter ausscheidet oder sich die Beteiligungsquoten verändern, bevor der Zinsvortrag aufgebraucht ist (vgl. 2.5.3). Ein Ausgleich kann aber auch vor dem Hintergrund der mit den Steuereffekten verbundenen Liquiditätswirkungen in Betracht kommen.

6.2.3.3 Gesellschaftsvertragliche Regelungen über Entnahmen zur Finanzierung von Steuerbeträgen

Für die steuerliche Erfassung des Gewinnanteils aus der Personengesellschaft ist es unerheblich, ob der Gewinnanteil entnahmefähig ist oder ob eine Entnahme aufgrund von Thesaurierungsbestimmungen im Gesellschaftsvertrag ausgeschlossen ist. Steuerzahlungen fallen beim Gesellschafter damit auch dann an, wenn ihm keine Liquidität durch Entnahmen zufließt. Um dem Gesellschafter die notwendige Liquidität für Steuerzahlungen zu verschaffen, finden sich in Gesellschaftsverträgen von Familienpersonengesellschaften neben Thesaurierungsregelungen regelmäßig auch Steuerklauseln, die bestimmen, dass die Gesellschafter Entnahmen zur Finanzierung von Ertragsteuerzahlungen tätigen können.[1719] Um Konflikte unter den Gesellschaftern zu vermeiden, sollte das Entnahmerecht für Steuerzahlungen der Gesellschafter im Gesellschaftsvertrag klar geregelt werden. Insbesondere muss klar festgelegt werden, ob dem Gesellschafter ein Entnahmerecht für sämtliche von ihm zu entrichtenden oder nur i. H. d. durch seine Beteiligung an der Gesellschaft verursachten Ertragsteuerzahlungen zusteht. Wird nur eine Entnahme der durch die Beteiligung verursachten Steuern zugestanden, muss konkret vorgesehen werden, wie diese Steuer zu berechnen ist. Es bietet sich an, die Steuern anhand eines pauschalen Steuersatzes zu ermitteln, wobei hierbei regelmäßig unberücksichtigt bleibt, ob es tatsächlich zu einer Steuerbelastung kommt. Als Steuersatz kann auf den persönlichen Durchschnittssteuersatz oder den Grenzsteuersatz des Gesellschafters abgestellt werden. Denkbar ist aber auch ein pauschaler Steuersatz, der für alle Gesellschafter gleichermaßen gilt. Dies hat den Vorteil, dass der einzelne Gesellschafter den anderen Gesellschaftern seine individuellen Verhältnisse nicht offenlegen muss.

Der Gesellschaftsvertrag sollte zudem auch Regelungen vorsehen, die eine Entnahme eventueller Schenkungs- oder Erbschaftsteuer zulassen, die im Zusammenhang mit der Übertragung des Unternehmens anfallen kann.

1718 *Van Lishaut/Schumacher*, DStR 2008, 2341 (2342).
1719 *Schumm*, NWB 2009, 1266.

Hinweis !

Um »unnötige« Entnahmen der Gesellschafter zu vermeiden, sollte vorgesehen werden, dass Steuererstattungen in die Gesellschaft eingelegt werden müssen. Die Steuerentnahme-Klausel sollte zudem an die Dynamik der steuerrechtlichen Regelungen angepasst werden können.

6.2.4 Vertragliche Regelungen zwischen Gesellschaft und Gesellschafter bei Personengesellschaften

6.2.4.1 Allgemeines

Auch wenn die Familienpersonengesellschaft als steuerlich transparent angesehen wird, können zwischen Gesellschaft und Gesellschafter steuerlich anzuerkennende schuldrechtliche Verträge geschlossen werden. Je nach »Richtung« der vertraglichen Beziehung kommt es zu unterschiedlichen Steuerwirkungen. Bei vertraglichen Beziehungen zwischen Gesellschaft und Gesellschafter, nach denen der Gesellschafter Leistungen an die Personengesellschaft zu erbringen hat und er hierfür Vergütungen erhält, führen die Zahlungen der Gesellschaft an den Gesellschafter einerseits zu Betriebsausgaben auf Ebene der Gesellschaft und andererseits zu Sondervergütungen des Gesellschafters, die den steuerlichen Gesamtgewinn der Personengesellschaft nicht mindern dürfen (§ 15 Abs. 1 Satz 1 Nr. 2 Satz 1 HS 2 EStG). In Betracht kommen insbesondere Vergütungen für die Überlassung von Wirtschaftsgütern (z. B. Darlehen oder Anlagevermögen) oder für Dienstleistungen. Das gilt nach ständiger Rechtsprechung ebenso für Tätigkeitsvergütungen, die der Kommanditist einer GmbH & Co. KG als (Gesellschafter-)Geschäftsführer der Komplementär-GmbH von dieser für seine Geschäftsführertätigkeit erhält.[1720]

Für schuldrechtliche Verträge, aufgrund derer der Gesellschafter an die Gesellschaft eine Vergütung zu bezahlen hat, kommen keine speziellen steuerlichen »Korrekturen« zur Anwendung. Zahlungen des Gesellschafters sind auf Ebene der Gesellschaft Betriebseinnahmen. Beim Gesellschafter richten sich die steuerlichen Konsequenzen nach der Art des Vertrags und dem Zusammenhang mit einer Einkunftsart.

6.2.4.2 Gesellschafterdarlehen

Gesellschafterdarlehen des Personengesellschafters können durch **(echte) Darlehensgewährung** aber auch in Form von stehengelassenen Gewinnen entstehen. Gewinne der Personengesellschaft werden regelmäßig auf die für den Gesellschafter im Gesellschaftsvertrag vorgesehenen Gesellschafterkonten gebucht. Diese **Gesellschafterkonten** sind zunächst daraufhin

1720 BFH vom 06.03.2014, BStBl II 2014, 624 m. w. N.; BFH vom 25.02.1991, BStBl II 1991, 691.

zu beurteilen, ob es sich um handels- und steuerbilanzielles Eigen- oder Fremdkapital der Personengesellschaft handelt. Hierzu ist auf die Regelungen des Gesellschaftsvertrags abzustellen. Maßgebliches Kriterium für die steuerliche Abgrenzung ist die Frage, ob ein Guthaben auf dem Gesellschafterkonto mit Verlusten der Gesellschaft verrechnet werden kann.[1721] Werden auf einem Gesellschafterkonto die entnahmefähigen Gewinne verbucht, nicht jedoch Verluste, handelt es sich bei diesem Konto, das beim Drei- oder Mehr-Konten-Modell häufig als »Darlehenskonto« bezeichnet wird, steuerlich regelmäßig um bilanzielles Fremdkapital.

Auch wenn ein Darlehenskonto als bilanzielles Fremdkapital anzusehen ist, mindert dieses – anders als bei Kapitalgesellschaften – im Ergebnis das steuerliche Betriebsvermögen der Personengesellschaft nicht. Denn i. H. d. in der Steuerbilanz der Personengesellschaft (Gesamthandsbilanz) passivierten Verbindlichkeit gegen den Gesellschafter wird im Sonderbetriebsvermögen des Gesellschafters eine Forderung aktiviert (korrespondierende Bilanzierung). In der steuerlichen Gesamtbilanz der Mitunternehmerschaft (bestehend aus Gesamthandsbilanz, Ergänzungsbilanzen und Sonderbilanzen) stellen die Gesellschafterdarlehen daher Eigenkapital dar. Die Forderung in der Sonderbilanz erhöht das (Gesamt)Eigenkapital der Mitunternehmerschaft. Zinszahlungen der Personengesellschaft an den Gesellschafter führen daher im Ergebnis nicht zu einer Minderung des steuerlichen Gesamtgewinns der Personengesellschaft.

! **Hinweis**

Die steuerliche Einordnung der Gesellschafterkonten ist insbesondere für die Beurteilung i. R. d. § 15a EStG von Bedeutung, da diesbezüglich das steuerbilanzielle Fremdkapital (Sonderbetriebsvermögen) nicht zu den Kapitalkonten gerechnet wird. Zinszahlungen der Gesellschaft mindern damit den Gewinn der Personengesellschaft, der den Beschränkungen des § 15a EStG unterliegt, und erhöhen die nicht von § 15a EStG erfassten und damit auch bei Anwendung des § 15a EStG zu versteuernden Sondervergütungen (vgl. 6.1.4.1.2).

Da Gesellschafterdarlehen im Hinblick auf die steuerliche Gesamtbilanz nicht als Verbindlichkeit der Mitunternehmerschaft anzusehen sind, führt eine **Unverzinslichkeit** nicht zur Abzinsung nach § 6 Abs. 1 Nr. 3 Satz 1 EStG.[1722] Auch ein **Darlehensverzicht** des Gesellschafters bleibt regelmäßig und nach h. M. ohne Auswirkungen. Das in der Sonderbilanz ausgewiesene Kapital wandelt sich durch den Verzicht in Eigenkapital des Gesellschafters in der Gesamthandsbilanz.[1723] Aufgrund des Prinzips der korrespondierenden Bilanzierung von Gesamthands- und

1721 Zur steuerlichen Abgrenzung zwischen Darlehens- und Eigenkapitalkonten: BMF vom 30.05.1997, BStBl I 1997, 627; OFD Frankfurt a. M. 29.11.2017 (S 2241a A – 005 – St 213); BFH vom 16.10.2008, BStBl II 2009, 272; zur handelsrechtlichen Qualifizierung IDW-Definition (IDW ERS HFA 7).

1722 BFH vom 24.01.2008, BStBl II 2011, 617.

1723 Vgl. hierzu ausführlich *Ott*, in: CMS Hasche Sigle (Hrsg.), Steueroptimierte Gestaltungen in Restrukturierung, Sanierung und Insolvenz 2013, 388 ff.; *Prinz*, FR 2019, 789; *Wacker*, in: Schmidt, EStG (38. Aufl., 2019), § 15 EStG Rz. 550.

Sonderbetriebsvermögen sind **Teilwertabschreibungen** auf Gesellschafterforderungen im Sonderbetriebsvermögen nicht zulässig.[1724]

6.2.4.3 Darlehen von der Gesellschaft an den Gesellschafter

Darlehen, die eine Personengesellschaft an ihren Gesellschafter gewährt, gehören grds. zum betrieblichen Vermögen der Gesellschaft. § 15 Abs. 1 Nr. 2 EStG ist für diesen Fall nicht entsprechend anzuwenden. Das bedeutet, dass die Zinszahlungen nicht als umgekehrte Sondervergütungen des Gesellschafters an die Gesellschaft behandelt werden. Damit führen Zinszahlungen des Gesellschafters zu Betriebseinnahmen der Personengesellschaft. Je nach Verwendung des Darlehens kann der Gesellschafter die bezahlten Zinsen als Betriebsausgaben oder Werbungskosten geltend machen oder es liegen private steuerlich nicht zu berücksichtigende Zinszahlungen vor.[1725]

Die echte Darlehensgewährung ist allerdings von einem aktivischen Gesellschafterkonto, das auf gesellschaftsvertraglich zulässige Entnahmen zurückzuführen ist, sowie einer Darlehensgewährung aus außerbetrieblichen Gründen zu unterscheiden.[1726] Eine Darlehensgewährung aus außerbetrieblichen Gründen kommt insbesondere dann in Betracht, wenn dem Darlehen keine marktüblichen Konditionen zugrunde liegen. Für die Beurteilung maßgeblich sind insbesondere die Zinshöhe, aber auch die tatsächliche Durchführung und Besicherung. Sowohl zulässige Entnahmen in Form von Vorschüssen auf künftige Gewinne als auch eine Darlehensgewährung aus außerbetrieblichen Gründen sind steuerlich nicht als echte Forderung der Gesellschaft, sondern als Minderung des Kapitalkontos (Entnahme) anzusehen. Zu berücksichtigen ist, dass die Entnahme im Falle der nicht betrieblich veranlassten Darlehensgewährung allen Gesellschaftern anteilig zuzurechnen ist, und die Kapitalkonten aller Gesellschafter anteilig mindert.[1727]

6.2.4.4 Pensionszusagen der Personengesellschaft

Pensionszusagen der Personengesellschaft gegenüber einem Gesellschafter sind in der Handels- und Steuerbilanz der Personengesellschaft mit dem Rückstellungsbetrag auszuweisen, wobei der steuerliche Buchwert regelmäßig vom handelsbilanziellen Wert abweicht.[1728] Der Verbindlichkeit der Gesellschaft in der Gesamthandsbilanz steht eine Forderung des begünstigten Gesellschafters in seiner Sonderbilanz gegenüber, die dieser in entsprechender Höhe

1724 Ständige Rechtsprechung, z. B. BFH vom 09.12.2009, BFH/NV 2010, 640; BFH vom 01.03.2005, BFH/NV 2005, 1523 m. w. N.

1725 OFD Münster vom 04.12.2009, 2241-79-St 12-33.

1726 OFD Münster vom 04.12.2009, 2241-79-St 12-33.

1727 BFH vom 16.10.2014, BStBl II 2015, 267.

1728 Für sog. Altzusagen (Zusage vor dem 01.01.1987) besteht allerdings ein Passivierungswahlrecht; R 6a Abs. 1 EStR; hierauf wird nicht näher eingegangen.

aktivieren muss. Damit mindern sich aufgrund der Pensionszusage das steuerliche Gesamtvermögen und der steuerliche Gesamtgewinn der Personengesellschaft nicht. Im Ergebnis hat die Pensionszusage – wie andere Sondervergütungen auch – Einfluss auf die Gewinnverteilung der Personengesellschaft. Allen Gesellschaftern der Personengesellschaft wird ein anteiliger Aufwand aus der Zuweisung zur Rückstellung zugerechnet. Der Gewinnanteil des begünstigten Gesellschafters ist um den Betrag aus der jährlichen Zubuchung zur Forderung in der Sonderbilanz erhöht. Damit versteuert der begünstigte Gesellschafter den Pensionsanspruch bereits während der Erdienungszeit.[1729]

Entsprechendes gilt auch für Pensionszusagen, die die Komplementär-GmbH ihrem Geschäftsführer, der zugleich Kommanditist der GmbH & Co. KG ist, erteilt hat, wobei in diesem Fall der Rückstellungsaufwand eine Sonderbetriebsausgabe für die Komplementär-GmbH ist.[1730]

Bei Auszahlung der Pension an einen noch beteiligten Gesellschafter liegen bei diesem Sonderbetriebseinnahmen vor. Den Sonderbetriebseinnahmen steht die Auflösung der in der Sonderbilanz gebildeten Forderung des Gesellschafters gegenüber. Damit werden nur i. H. d. Differenzbetrags zwischen der jährlichen Zahlung und der jährlichen Auflösung des Forderungsbetrags steuerrelevante Einkünfte aus Gewerbebetrieb beim Gesellschafter anfallen. Entsprechendes gilt auch für einen bereits aus der Personengesellschaft ausgeschiedenen Gesellschafter. Auch nach Ausscheiden aus der Personengesellschaft bleibt die Forderung des Gesellschafters in der Sonderbilanz bestehen. Der ausgeschiedene Gesellschafter bezieht insoweit nachträgliche Einkünfte aus der Gesellschaft.[1731]

Verwerfungen können sich ergeben, wenn der Pensionsanspruch des Gesellschafters (z. B. durch Tod des Gesellschafters ohne Hinterbliebenenversorgung) wegfällt. Der hierbei auf Ebene der Gesellschaft entstehende Ertrag ist allen Gesellschaftern nach dem Gewinnverteilungsschlüssel zuzurechnen, während der Aufwand aufgrund der Ausbuchung in der Sonderbilanz nur den begünstigten Gesellschafter betrifft. Falls der Aufwand bei diesem mangels ausreichender anderer Einkünfte steuerlich nicht nutzbar ist oder gar zu einem Verlustvortrag nach § 10d EStG führen würde (der im Falle des Todes wegfällt), wird es in der Gesamtbetrachtung zu einer Steuerbelastung aus dem Wegfall der Pensionsverpflichtung kommen.

Rückdeckungsversicherungen werden bei Personengesellschaften steuerlich nicht anerkannt. Zahlungen der Personengesellschaft an die Rückdeckungsversicherung sind nicht als Betriebsausgabe der Gesellschaft, sondern als anteilige Entnahme aller Gesellschafter zu behandeln.[1732]

1729 BMF vom 29.01.2008, BStBl I 2008, 317; BFH vom 06.03.2014, BStBl II 2014, 624 m. w. N.; BFH vom 30.03.2006, BFH/NV 2006, 1912; BFH vom 16.12.1992, BStBl II 1993, 792.

1730 BMF vom 29.01.2008, BStBl I 2008, 317; BFH vom 06.03.2014, BStBl II 2014, 624 m. w. N.; BFH vom 30.03.2006, BFH/NV 2006, 1912; BFH vom 16.12.1992, BStBl II 1993, 792.

1731 BMF vom 29.01.2008, BStBl I 2008, 317.

1732 BMF vom 29.01.2008, BStBl I 2008, 317; BFH vom 28.06.2001, BStBl II 2002, 724.

Die o. g. Grundsätze gelten nicht, wenn dem Ehegatten oder einem mitarbeitenden Kind über 27 Jahren des Gesellschafters im Rahmen eines steuerlich anzuerkennenden Arbeitsverhältnisses eine Pensionszusage erteilt wird. Diese Pensionszusage wird behandelt wie die Pensionszusage an einen fremden Arbeitnehmer. Die Zuführungen zur Rückstellung wirken sich steuermindernd aus. Beim Arbeitnehmer-Ehegatten tritt eine Steuerpflicht erst in den Jahren des Zuflusses (der Zahlung) ein.

6.2.5 Vertragliche Regelungen zwischen Gesellschaft und Gesellschafter bei Kapitalgesellschaften

6.2.5.1 Allgemeines

Vertragsverhältnisse zwischen Gesellschaft und Gesellschafter sind grds. anzuerkennen. Die Verträge müssen zivilrechtlich wirksam abgeschlossen werden und inhaltlich dem Fremdvergleich standhalten. Zudem müssen die Verträge auch tatsächlich gelebt und durchgeführt werden. Zwar können Verträge grds. auch mündlich abgeschlossen werden. Aus Gründen des Nachweises ist allerdings, insbesondere bei Familiengesellschaften, dringend die Schriftform zu empfehlen. Rückwirkende Vereinbarungen werden von der Finanzverwaltung nicht anerkannt. Es ist deshalb darauf zu achten, dass vertragliche Regelungen zwischen Gesellschaft und Gesellschafter im Vorhinein geschlossen werden.

Erfüllen die vertraglichen Regelungen diese Voraussetzungen, mindern Zahlungen der Gesellschaft an den Gesellschafter als Betriebsausgaben das steuerliche Einkommen der Kapitalgesellschaft bzw. stellen diese Anschaffungskosten dar. Beim Gesellschafter ist das erhaltene Entgelt eine Einnahme und ggf. im Rahmen einer Einkunftsart zu versteuern. Für den umgekehrten Fall einer Zahlung des Gesellschafters an die Gesellschaft gilt Entsprechendes.

6.2.5.2 Verdeckte Gewinnausschüttungen

Leistungsbeziehungen zwischen Gesellschaft und Gesellschafter müssen dem Fremdvergleich standhalten. Ist dies nicht der Fall, kann dies als verdeckte Gewinnausschüttung (vGA) der Gesellschaft an den Gesellschafter angesehen werden. Eine verdeckte Gewinnausschüttung ist eine Vermögensminderung oder verhinderte Vermögensmehrung, die durch das Gesellschaftsverhältnis veranlasst ist, sich auf die Höhe des Gewinns bzw. Verlustes auswirkt und nicht auf einem den gesellschaftsrechtlichen Vorschriften entsprechenden Gewinnverteilungsbeschluss beruht (R 8.5 Abs. 1 Satz 1 KStR 2015). Maßstab für die Beurteilung, ob eine Veranlassung im Gesellschaftsverhältnis gegeben ist, ist regelmäßig der Fremdvergleich. Beim beherrschenden Gesellschafter kann eine Veranlassung im Gesellschaftsverhältnis auch dann gegeben sein, wenn es an einer zivilrechtlich wirksamen, klaren und im Voraus abgeschlossenen Vereinbarung fehlt (R 8.5 Abs. 2 KStR 2015). Auch wenn nicht der Gesellschafter selbst, sondern eine diesem nahestehende Person den im Gesellschaftsverhältnis verursachten Vorteil erhält, kommt eine verdeckte Gewinnausschüttung an den Gesellschafter in Betracht.

Verdeckte Gewinnausschüttungen werden **in der Praxis** regelmäßig festgestellt bei überhöhten Geschäftsführergehältern, überhöhten Pensionszusagen an Gesellschafter-Geschäftsführer, Darlehensgewährungen zu unangemessenen Zinssätzen, Nutzungsüberlassungen zu unangemessenem Mietzins oder bei einem Erwerb eines Wirtschaftsguts der Gesellschaft vom Gesellschafter zu einem überhöhten Entgelt. Auch ein zu niedriges Entgelt oder der Verzicht auf ein Entgelt für eine Leistung der Gesellschaft an den Gesellschafter kann zu einer verhinderten Vermögensmehrung und damit einer verdeckten Gewinnausschüttung führen.

! **Hinweis**

Auch bei Verträgen mit nicht an der Kapitalgesellschaft beteiligten Angehörigen (z. B. Kinder oder Ehegatten) ist zwingend auf die Angemessenheit der Vergütung zu achten. Hält die Vergütung einem Fremdvergleich nicht stand, ist eine verdeckte Gewinnausschüttung an den Gesellschafter anzunehmen.

Eine verdeckte Gewinnausschüttung darf das Einkommen der Kapitalgesellschaft nach §8 Abs. 3 KStG nicht mindern. Sie ist deshalb bei der Einkommensermittlung außerbilanziell wieder hinzuzurechnen. Auf Ebene der Gesellschaft resultiert damit aus der verdeckten Gewinnausschüttung ein steuerlicher Nachteil, da die Steuerminderung aufgrund der Zahlung der Gesellschaft wegfällt. Beim Gesellschafter ist die verdeckte Gewinnausschüttung wie eine offene Ausschüttung zu behandeln (vgl. 6.1.2.2). Falls die Zahlung der Kapitalgesellschaft an den Gesellschafter im Einkünfte relevanten Bereich angefallen ist, kommt es zu einer Umqualifizierung der bisherigen Einkünfte (z. B. Arbeitslohn, Mieteinkünfte, abgeltungsteuerpflichtige Zinseinkünfte) in Einkünfte aus Ausschüttungen. Auf Ebene des Gesellschafters kann es damit durch die Umqualifizierung in eine verdeckte Gewinnausschüttung zu einer günstigeren Besteuerung mit der Abgeltungsteuer oder zum Teileinkünfteverfahren kommen. Eine Änderung der Steuerbescheide der Gesellschafter ist nach §32a KStG auch dann noch möglich, wenn die verdeckte Gewinnausschüttung bei der Gesellschaft nach Bestandskraft des Steuerbescheides des Gesellschafters festgestellt wird. Auch umgekehrt kann der Steuerbescheid der Gesellschaft trotz Bestandskraft noch geändert werden, wenn beim Gesellschafter eine verdeckte Gewinnausschüttung festgestellt wird.

! **Hinweis**

Ob die Annahme einer verdeckten Gewinnausschüttung in der Gesamtschau zu einer höheren Steuerbelastung führt als ohne verdeckte Gewinnausschüttung, hängt von den Umständen des Einzelfalls, wie z. B. der umzuqualifizierenden Einkunftsart beim Gesellschafter und auch von der Höhe der Gewerbesteuerentlastung der wegfallenden Betriebsausgabe ab.

6.2.5.3 Verdeckte Einlagen

Der Begriff der verdeckten Einlage ist gesetzlich nicht definiert. Nach allgemeiner Auffassung liegt eine verdeckte Einlage dann vor, wenn ein Gesellschafter oder eine diesem nahestehende Person seiner Kapitalgesellschaft außerhalb der gesellschaftsrechtlichen Einlagen einen einlagefähigen Vermögensvorteil zuwendet und diese Zuwendung ihre Ursache im Gesellschaftsverhältnis hat (R 8.9 Abs. 1 KStR 2015). Maßstab ist wie bei der verdeckten Gewinnausschüttung der Fremdvergleich. In der Praxis sind verdeckte Einlagen insbesondere denkbar bei einem Forderungsverzicht des Gesellschafters (vgl. 6.2.5.4), der Zahlung eines überhöhten Preises für den Kauf eines Wirtschaftsguts des Gesellschafters von der Gesellschaft oder auch dem Verkauf eines Wirtschaftsguts an die Gesellschaft zu einem zu günstigen Preis. Die Höhe der verdeckten Einlage bestimmt sich hierbei jeweils nach dem Teilwert des eingelegten Wirtschaftsguts bzw. der Preisdifferenz des tatsächlichen Kaufpreises zum Teilwert des Wirtschaftsguts.

In Höhe der verdeckten Einlage ist auf Ebene der Gesellschaft ein handels- und steuerbilanziell gebuchter Ertrag außerbilanziell zu korrigieren. In Höhe der verdeckten Einlage wird das Einlagekonto nach § 27 KStG bei der Gesellschaft erhöht. Beim Gesellschafter liegen i. H. d. verdeckten Einlage nachträgliche Anschaffungskosten auf die Beteiligung vor.

Die verdeckte Einlage ist abzugrenzen von der **bloßen Nutzungseinlage**, bei der der Gesellschafter z. B. unentgeltliche oder verbilligte Leistungen an die Gesellschaft erbringt (z. B. eine unentgeltliche Geschäftsführerdienstleistung oder zinsloses Darlehen). Die Nutzungseinlage hat – zumindest im reinen Inlandsfall – keine steuerlichen »Korrekturen« zur Folge.

Hinweis !

Der Verzicht auf eine Forderung führt im Zeitpunkt des Verzichts zu einem Zufluss beim Gesellschafter.[1733] Dies ist insbesondere dann relevant, wenn z. B. auf Miet-, Zins- oder Gehaltsforderungen verzichtet wird, die beim Gesellschafter den Einkünften aus Vermietung und Verpachtung (§ 21 EStG), Kapitalvermögen (§ 20 EStG) bzw. nichtselbstständiger Arbeit (§ 19 EStG) zuzurechnen sind. Da sich die Besteuerung bei Überschusseinkünften nach dem Zuflussprinzip richtet, tritt durch den Verzicht die Steuerpflicht beim Gesellschafter ein.

6.2.5.4 Gesellschafterdarlehen

Zur steuerlichen Anerkennung von Darlehen des Gesellschafters an die Kapitalgesellschaft sollte diesen eine fremdübliche Vereinbarung zugrunde liegen, die übliche Konditionen zu Verzinsung, Rückzahlung, Sicherheiten und Kündigungsrechten enthält.

1733 BFH vom 09.06.1997, BStBl II 1998, 307.

Zinszahlungen der Gesellschaft sind – soweit fremdüblich – auf Ebene der Gesellschaft steuerlich abzugsfähige Betriebsausgaben (vgl. 6.1.5.3) und auf Ebene des Gesellschafters Einkünfte aus Kapitalvermögen, wenn sich die Beteiligung im Privatvermögen befindet. Kapitaleinkünfte unterliegen zwar grds. der Abgeltungsteuer, jedoch kommt bei mindestens 10%-iger Beteiligung des Gesellschafters für Zinszahlungen der Kapitalgesellschaft nicht die Abgeltungsteuer, sondern der tarifliche Steuersatz zur Anwendung.[1734] Wird die Beteiligung in einem Betriebsvermögen gehalten, liegen – unabhängig von der Höhe der Beteiligung – tariflich zu besteuernde gewerbliche Einkünfte vor. Bei einer Kapitalgesellschaft als Gesellschafter gehören die Zinseinnahmen zu den laufenden Betriebseinnahmen der Mutter-Kapitalgesellschaft.

! **Hinweis**

Der günstige Abgeltungsteuersatz von 25% für Kapitaleinkünfte im Privatvermögen gilt nicht für Zinszahlungen, die ein Gesellschafter, der zu mindestens 10% an der Gesellschaft beteiligt ist, von der Gesellschaft erhält (§32d Abs. 2 Satz 1 Nr. 1 Buchst. b Satz 1 EStG). Nach Auffassung der Rechtsprechung betrifft diese Regelung aber nicht Zinszahlungen, die einer nahestehenden Person, also z.B. einem Familienangehörigen des Gesellschafters, zufließen, wenn dieser selbst keinen Einfluss auf die Gesellschaft hat.[1735] Für diese Zinsen kommt statt der tariflichen Besteuerung der günstigere pauschale Abgeltungsteuersatz von derzeit 25% zur Anwendung. Durch Gestaltung der Darlehensbeziehungen kann so eine günstige Besteuerung der Zinszahlungen erreicht werden.

Gesellschafterdarlehen sind steuerlich auch dann anzuerkennen, wenn diese **unverzinslich** gewährt werden. Da insoweit kein bilanzierungsfähiger Vermögensvorteil für die Gesellschaft besteht (Nutzungseinlage), kommt eine Einkommenskorrektur für eine verdeckte Einlage nicht in Betracht. Bei der Kapitalgesellschaft entsteht kein Aufwand, auf Ebene des Gesellschafters kein Zinsertrag. Allerdings ist aufgrund der Bewertungsvorschrift des §6 Abs. 1 Nr. 3 Satz 1 EStG eine Einkünfte erhöhende Abzinsung des unverzinslichen Darlehens in der Steuerbilanz der Gesellschaft vorzunehmen.[1736] Dies gilt zumindest dann, wenn die Darlehenslaufzeit am Bilanzstichtag mindestens zwölf Monate beträgt. Bei der Abzinsung ist ein Zinssatz von 5,5% zugrunde zu legen.

! **Hinweis**

Um die unerwünschte Folge einer gewinnerhöhenden Abzinsung eines Gesellschafterdarlehens zu vermeiden, sollte zumindest ein geringer Zinssatz von beispielsweise 1% oder insbes. beim derzeitigen Zinsniveau auch weniger vereinbart werden.[1737]

1734 §32d Abs. 2 Satz 1 Buchst. b EStG; FG Münster vom 16.07.2014, EFG 2014, 1793, rkr.

1735 BFH vom 14.05.2014, BStBl II 2014, 995; BFH vom 29.04.2014, BStBl II 2014, 986; nahestehende Person kann auch ein Gesellschafter sein, der nur mittelbar an der Enkelgesellschaft, der er das Darlehen gewährt, beteiligt ist; der Gesellschafter muss die Zwischengesellschaft/Tochtergesellschaft beherrschen, BFH vom 20.10.2016, BStBl II 2017, 441; OFD Frankfurt a. M. vom 18.09.2019, S 2252 A St 24.

1736 BFH vom 06.10.2009, BStBl II 2010, 177; BFH vom 27.01.2010, BStBl II 2010, 478.

1737 BMF vom 26.05.2005, BStBl I 2005, 699 Tz. 13: Zinssatz von mehr als 0% ist ausreichend.

Verzichtet der Gesellschafter aus gesellschaftlichen Gründen auf ein der Gesellschaft gewährtes Darlehen, führt dies handelsrechtlich zu einem Ertrag der Gesellschaft. Steuerrechtlich liegt eine verdeckte Einlage vor. Diese ist mit dem Teilwert der Darlehensforderung im Zeitpunkt des Verzichts zu bewerten. In Höhe der verdeckten Einlage kommt es für steuerliche Zwecke zu einer außerbilanziellen Einkommenskorrektur. Entspricht der Teilwert der Forderung dem Nennwert, wird der gesamte bilanziell gebuchte Ertrag durch den Ansatz der verdeckten Einlage »korrigiert«. Soweit allerdings der Rückzahlungsanspruch des Darlehens nicht mehr voll werthaltig ist und damit der Teilwert den Nennwert des Forderungsverzichts unterschreitet, wird aufgrund des Forderungsverzichts ein körperschaft- und gewerbesteuerpflichtiger Ertrag verbleiben.[1738] Eine Verrechnung mit eventuellen Verlustvorträgen der Gesellschaft ist (nur) i. R. d. Mindestbesteuerung möglich.

Auf Ebene des Gesellschafters hängt die steuerliche Auswirkung des Darlehensverzichts zunächst von der Rechtsform des Gesellschafters und darüber hinaus von der Art der Darlehensgewährung ab.[1739] Soweit der Darlehensverzicht als verdeckte Einlage anzusehen ist, führt dieser zu nachträglichen Anschaffungskosten auf die Beteiligung, die sich erst bei Verkauf der Beteiligung oder Liquidation der Gesellschaft steuerlich auswirken.

Art des Darlehens	Höhe der nachträglichen Anschaffungskosten (für Anteile im Privatvermögen)
Darlehenshingabe in der Krise	Nennwert
In Krise stehengelassenes Darlehen	Gemeiner Wert im Zeitpunkt, in dem es der Gesellschafter mit Rücksicht auf das Gesellschaftsverhältnis nicht abzieht, ggf. 0 €[1740]
Finanzplandarlehen	Nennwert
Krisenbestimmtes Darlehen	Aufgrund vertraglicher Vereinbarung: Nennwert Aufgrund der Neuregelungen in §§ 39, 135 InsO sowie § 6 AnfG: gemeiner Wert im Zeitpunkt des Beginns des Anfechtungszeitraums
Kleinanlegerdarlehen[1741]	Keine nachträglichen Anschaffungskosten
Sanierungsprivileg nach § 39 Abs. 4 Satz 2 InsO	Nennwert

1738 BFH vom 09.06.1997, BStBl II 1998, 307.

1739 Finanzierungshilfen, die nach dem 27.09.2017 gewährt wurden oder eigenkapitalersetzend geworden sind, führten nach Auffassung der Finanzverwaltung unabhängig von der gesellschaftsrechtlichen Veranlassung nicht zu nachträglichen Anschaffungskosten gem. § 17 EStG. Nachträgliche Anschaffungskosten konnten nur noch offene oder verdeckte Einlagen in das Kapital der Gesellschaft sein, wie Nachschüsse (§§ 26 ff. GmbHG), sonstige Zuzahlungen (§ 272 Abs. 2 Nr. 4 HGB) wie Einzahlungen in die Kapitalrücklage, Barzuschüsse oder der Verzicht auf eine werthaltige Forderung (BMF vom 05.04.2019, BStBl I 2019, 257; BFH vom 11.07.2017, BStBl II 2019, 208; BFH vom 11.10.2017, BFH/NV 2018, 451; BFH vom 20.07.2018, BStBl II 2019, 194). Durch Gesetzesänderung i. R. d. JStG 2019 wurde die Rechtslage mit Wirkung ab 01.08.2019 an die frühere Rechtsauffassung angepasst (§ 17 Abs. 2a Satz 4 EStG); *Trossen*, GmbH-StB 2019, 307.

1740 Seit Geltung des MoMiG (ab 01.11.2008) nur im Ausnahmefall denkbar, wenn Krise zeitlich vor Beginn des Anfechtungszeitraums nach § 6 AnfG, sonst krisenbestimmtes Darlehen.

1741 Gesellschafter ist nicht Geschäftsführer, Beteiligung ≤ 10 %; seit 01.08.2019 nicht mehr anwendbar, § 17 Abs. 2a Satz 4 EStG.

Soweit keine nachträglichen Anschaffungskosten vorliegen, kommt es hinsichtlich der steuerlichen Auswirkung des Aufwands aus dem Darlehensverzicht darauf an, ob der (ggf. mittelbar über eine Personengesellschaft beteiligte) Gesellschafter eine Kapitalgesellschaft oder eine natürliche Person ist und ob die Beteiligung und das Darlehen im Privat- oder im Betriebsvermögen gehalten werden.

Gesellschafter	Besonderheiten	Steuerliche Behandlung des Aufwands
Kapitalgesellschaft	Beteiligung ≤ 25 % Beteiligung > 25 %	Voll steuerpflichtiger Aufwand Steuerfrei § 8b Abs. 3 KStG
Natürliche Person	Beteiligung im BV Beteiligung ≤ 25 % Beteiligung > 25 %	Bis **2014**: Aufwand voll abzugsfähig[1742] Ab **2015**: Aufwand voll abzugsfähig Aufwand zu 60 % abzugsfähig[1743]
	Beteiligung im PV	Laut BFH steuerlich abzugsfähig zu 100 %, soweit nicht verdeckte Einlage[1744]

Der **Rangrücktritt** eines Gesellschafters zur Vermeidung einer insolvenzrechtlichen Überschuldung berührt grds. den Fortbestand der Verbindlichkeit nicht und führt damit nicht zu steuerlichen Konsequenzen. Etwas anderes gilt allerdings dann, wenn aufgrund des Rangrücktritts das Passivierungsverbot des § 5 Abs. 2a EStG zur Anwendung kommt. Danach kann eine Verpflichtung, die nur zu erfüllen ist, soweit künftig Einnahmen oder Gewinne anfallen, erst dann passiviert werden, wenn die Einnahmen oder Gewinne angefallen sind. Diese Voraussetzung kann nach Auffassung der Rechtsprechung auch im Falle eines (qualifizierten) Rangrücktritts erfüllt sein,[1745] was zur Folge hat, dass eine entsprechende Verbindlichkeit, für die ein Rangrücktritt ausgesprochen wurde, gewinnerhöhend aufzulösen ist, ohne dass die Möglichkeit einer Neutralisierung durch eine (werthaltige) verdeckte Einlage besteht.

! **Hinweis**

Um eine gewinnerhöhende Auflösung einer Verbindlichkeit durch Rangrücktritt zu vermeiden, ist sehr genau auf die Formulierung des Rangrücktritts zu achten. Um keine Risiken einzugehen, sollte ausdrücklich vorgesehen werden, dass die Gesellschafterforderung auch aus sonstigem freien Vermögen der Gesellschaft zu bedienen ist, auch wenn das in der Literatur nicht von allen Stimmen als erforderlich angesehen wird.[1746]

1742 BFH vom 18.04.2012, BStBl II 2013, 791 und 785; BMF vom 23.10.2013, BStBl I 2013, 1269.

1743 § 3c Abs. 2 Satz 2 EStG (ZollkodexAnpG).

1744 BFH vom 24.10.2017, BFH/NV 2018, 280; BFH vom 06.08.2019, DB 2019, 2559; keine Anerkennung durch die Finanzverwaltung BMF vom 18.01.2016, BStBl I 2016, 85 Tz. 60 ff. und OFD Karlsruhe vom 18.09.2019, S 2252 A St 24 Tz. 60 ff.; die geplante verschärfende Gesetzesänderung des § 20 Abs. 2 EStG wurde im JStG 2019 nicht umgesetzt.

1745 BFH vom 30.11.2011, BStBl II 2012, 332; krit. *Braun*, DStR 2012, 1360; *Schmid*, FR 2012, 837.

1746 *Braun*, DStR 2012, 1360; BMF vom 08.09.2006, BStBl I 2006, 497 Rn. 6; a. A. *Kahlert*, NWB 2012, 2141: Hinweis auf Rückzahlung aus sonstigem freien Vermögen nicht erforderlich; so wohl auch *Schmid*, FR 2012, 837.

6.2.5.5 Darlehen von der Gesellschaft an den Gesellschafter

Gewährt die Gesellschaft ein Darlehen an den Gesellschafter, ist ebenfalls darauf zu achten, dass fremdübliche Konditionen vereinbart werden. Ist dies nicht der Fall, beispielsweise bei einem unüblich niedrigen Zins, kann insoweit eine verdeckte Gewinnausschüttung angenommen werden.

6.2.5.6 Pensionszusagen der Kapitalgesellschaft

In der Praxis der Familienkapitalgesellschaft wird dem Gesellschafter-Geschäftsführer häufig eine Pensionszusage gewährt. Aufgrund der Pensionszusage ist auf Ebene der Gesellschaft eine Pensionsrückstellung zu bilden. Da sich der steuerliche Wert der Pensionsrückstellung nach § 6a EStG richtet, bestehen regelmäßig Abweichungen zwischen Handels- und Steuerbilanz.[1747] Der bei Bildung bzw. Zuführung zur Rückstellung gebuchte Aufwand führt auf Ebene der Kapitalgesellschaft zu einer steuerlich abzugsfähigen Betriebsausgabe, die sowohl die Körperschaftsteuer als auch die Gewerbesteuer mindert. Beim Gesellschafter kommt es erst bei Auszahlung der Pension zu einem steuerrelevanten Zufluss. Es liegen bei ihm dann tariflich zu besteuernde Einkünfte aus nicht selbständiger Arbeit nach § 19 EStG vor.

Die Finanzverwaltung wird bei Pensionszusagen an den Gesellschafter einer Kapitalgesellschaft oder einer diesem nahestehenden Person regelmäßig das Vorliegen einer verdeckten Gewinnausschüttung prüfen. Hierbei ist auf die Verhältnisse im Zeitpunkt der Erteilung der Zusage abzustellen. Die Prüfung bezieht sich insbesondere auf die folgenden Kriterien:[1748]

- Probezeit,[1749]
- Wartezeit,
- Ernsthaftigkeit (klare und eindeutige Vereinbarung),
- Erdienbarkeit,[1750]
- Finanzierbarkeit,[1751]
- Angemessenheit (zusammen mit den weiteren Vergütungen, die der Gesellschafter-Geschäftsführer von der Gesellschaft erhält).

Zu sämtlichen Kriterien bestehen umfangreiche Rechtsprechung und Ausführungen der Finanzverwaltung. Diese müssen zwingend beachtet werden, soll eine verdeckte Gewinnaus-

---

1747 Für sog. Altzusagen (Zusage vor dem 01.01.1987) besteht allerdings ein Passivierungswahlrecht; R 6a Abs. 1 EStR; hierauf wird nicht näher eingegangen.

1748 *Kolbe*, NWB 2014, 831.

1749 BMF vom 14.12.2012, BStBl I 2013, 58.

1750 Z. B. BFH vom 25.06.2014, BStBl II 2914, 729 m. w. N.: zehn Jahre; BFH vom 11.09.2013, BFH/NV 2014, 728: bei Zusage nach dem 60. Lebensjahr ist eine Erdienbarkeit nicht mehr möglich; Überblick zur Erdienbarkeit in *Pfirrmann*, DB 2019, 984.

1751 BFH vom 07.11.2001, BStBl II 2005, 659; BMF vom 06.09.2005, BStBl I 2005, 875 m. w. N.

schüttung vermieden werden. Auch im Fall einer vorzeitigen Kapitalabfindung einer Pensionszusage an einen beherrschenden Gesellschafter-Geschäftsführer kann es zur Annahme einer verdeckten Gewinnausschüttung kommen.[1752]

! **Hinweis**

Eine Pensionszusage an einen (beherrschenden) Gesellschafter steht damit bis zur Auszahlung auf dem Prüfstand des Vorliegens einer verdeckten Gewinnausschüttung, so dass bei Zusage und Abwicklung einer Pensionszusage an einen Gesellschafter besondere Sorgfalt geboten ist. Dies gilt auch für Pensionszusagen an Familienangehörige des Gesellschafters.

6.3 Fallstricke des Sonderbetriebsvermögenskonzepts

6.3.1 Positives Sonderbetriebsvermögen

Wirtschaftsgüter, die ein Gesellschafter an die Personengesellschaft unmittelbar zur betrieblichen Nutzung überlässt, stellen positives **Sonderbetriebsvermögen I** des Gesellschafters bei der Personengesellschaft dar. In der Praxis der Familienunternehmen sind dies regelmäßig Grundstücke, sonstige vermietete Wirtschaftsgüter oder Gesellschafterdarlehen. Daneben kann ein Gesellschafter auch über **Sonderbetriebsvermögen II** verfügen. Es handelt sich hierbei um Wirtschaftsgüter, die unmittelbar der Begründung oder Stärkung der Beteiligung des Gesellschafters an der Personengesellschaft dienen. Zum Sonderbetriebsvermögen II rechnet insbesondere die Beteiligung des Kommanditisten an der Komplementär-GmbH oder Anteile an einer anderen Kapitalgesellschaft, wenn zwischen dieser und der Personengesellschaft enge wirtschaftliche Verflechtungen bestehen.[1753]

In der Praxis der Familienunternehmen dürfen die Wirtschaftsgüter des Sonderbetriebsvermögens nicht unberücksichtigt bleiben. Wird die Beteiligung an der Personengesellschaft **veräußert** und ein Wirtschaftsgut des Sonderbetriebsvermögens (z. B. das dem Gesellschafter gehörende betrieblich genutzte Grundstück) zurückbehalten, werden die Wirtschaftsgüter des Sonderbetriebsvermögens hierbei ins Privatvermögen entnommen, was zur Aufdeckung von stillen Reserven und damit zu einer zusätzlichen Steuerbelastung führt, ohne dass dem Gesellschafter insoweit Liquidität zufließt.

Auch im Falle von **Umstrukturierungen** muss regelmäßig zumindest das funktional wesentliche Sonderbetriebsvermögen in die Umstrukturierung einbezogen werden, um eine Steuerneutralität der Umstrukturierung zu gewährleisten.[1754] Funktional wesentlich sind Wirtschaftsgüter dann, wenn sie zur Erreichung des Betriebszwecks erforderlich und bei wertender Betrachtung

1752 BFH vom 23.10.2013, BFH/NV 2014, 797.
1753 Ständige Rechtsprechung, z. B. BFH vom 24.02.2005, BStBl II 2006, 361 m. w. N.
1754 BMF vom 11.11.2011, BStBl I 2011, 1314 Tz. 20.06, 20.07., 20.10., 24.03.

von Gewicht für die Betriebsführung sind oder dem Betrieb das Gepräge geben.[1755] Hierzu gehören insbesondere Wirtschaftsgüter des Anlagevermögens, wie beispielweise Betriebsgrundstücke.

Hinweis !

Regelmäßig rechnen zwar Gesellschafterdarlehen nicht zu den funktional wesentlichen Betriebsgrundlagen, jedoch kann dies im Einzelfall anders sein. Dies kommt insbesondere dann in Betracht, wenn die Gesellschaft auf die finanziellen Mittel des Gesellschafters angewiesen ist. Eine funktionale Wesentlichkeit wird dann ausscheiden, wenn sich die Gesellschaft jederzeit am Markt anderweitig finanzieren kann. Dies sollte im Falle einer Umstrukturierung nicht außer Betracht bleiben.

In bestimmten Fällen können auch die Anteile an der Komplementär-GmbH als funktional wesentlich anzusehen sein,[1756] so dass auch diese in eine Umstrukturierung einbezogen werden müssen, um deren Steuerneutralität zu gewährleisten.

Zu den Fallstricken des Sonderbetriebsvermögens im Falle einer Betriebsaufspaltung vgl. 6.4.3.2.

Hinweis !

Im Falle von Übertragungen oder Umstrukturierungen muss zwingend darauf geachtet werden, dass der Zusammenhang von Personengesellschaftsanteil und Sonderbetriebsvermögen nicht gelöst wird, da es sonst zur Aufdeckung von stillen Reserven mit der Folge einer Steuerbelastung kommen kann. Es ist immer auch eine exakte Prüfung erforderlich, welche Wirtschaftsgüter zum Sonderbetriebsvermögen rechnen. Auch bisher »versehentlich nicht entdecktes« Sonderbetriebsvermögen kann die genannten Folgen auslösen, wenn es z. B. im Rahmen einer Betriebsprüfung »entdeckt« wird.

6.3.2 Gestaltungsmöglichkeiten zur Vermeidung unerwünschter Folgen aufgrund von positivem Sonderbetriebsvermögen

6.3.2.1 Veräußerung und Umstrukturierung

Um unerwünschte Umstrukturierungshemmnisse oder Entnahmen aufgrund von Sonderbetriebsvermögen zu vermeiden, bietet es sich an, das Sonderbetriebsvermögen vom Gesellschaftsanteil zu separieren und so die Sonderbetriebsvermögenseigenschaft eines Wirtschaftsguts nicht eintreten zu lassen oder zu beenden. Werden Wirtschaftsgüter beispielsweise durch eine gewerblich geprägte Personengesellschaft anstatt durch den Gesellschafter selbst überlassen, rechnen diese Wirtschaftsgüter zum Betriebsvermögen der (zusätzlichen) gewerblich

1755 Ständige Rechtsprechung z. B. BFH vom 25.11.2009, BStBl II 2010, 471 m. w. N.

1756 OFD Nordrhein-Westfalen vom 17.06.2014, DB 2014, 1646; OFD Frankfurt a. M. vom 13.02.2014, DStR 2014, 746; BFH vom 25.11.2009, BStBl II 2010, 471.

geprägten Personengesellschaft und nicht zum Sonderbetriebsvermögen des Gesellschafters bei der Betriebspersonengesellschaft. Dies gilt auch dann, wenn Gesellschafter der gewerblich geprägten Personengesellschaft der Gesellschafter der Betriebspersonengesellschaft ist. Im Falle von Umstrukturierungen oder anderweitigen Übertragungen des Personengesellschaftsanteils »stören« diese Wirtschaftsgüter der gewerblich geprägten Personengesellschaft nicht.

Diese getrennte Struktur kann von Anfang an aufgesetzt werden. In den meisten Fällen wird allerdings die Sonderbetriebsvermögensstruktur bereits so vorhanden sein. In diesem Fall kommt die Überführung des Sonderbetriebsvermögens vom Gesellschafter in eine diesem gehörende gewerblich geprägte Personengesellschaft in Betracht. Dies kann nach § 6 Abs. 5 Satz 3 Nr. 2 EStG grds. steuerneutral abgewickelt werden, wenn die Übertragung gegen Gewährung von Gesellschaftsrechten an der gewerblich geprägten Personengesellschaft oder unentgeltlich erfolgt. Allerdings ist eine Sperrfrist zu beachten. Kommt es innerhalb der Sperrfrist zu einer Veräußerung oder Entnahme der übertragenen Wirtschaftsgüter, kann es rückwirkend auf den Zeitpunkt der Übertragung zur Aufdeckung der stillen Reserven kommen.[1757] Die Sperrfrist endet drei Jahre nach Abgabe der Steuererklärung der Personengesellschaft, zu der das Sonderbetriebsvermögen gehört hat, für den Veranlagungszeitraum, in dem die Übertragung erfolgt ist (§ 6 Abs. 5 Satz 4 EStG).

! **Hinweis**

Um die tatsächliche Dauer der Sperrfrist zu verkürzen, sollte auf eine möglichst zügige Einreichung der Steuererklärung der Personengesellschaft beim Finanzamt geachtet werden.

Soll eine Ausgliederung zur Vorbereitung einer Veräußerung oder Umstrukturierung erfolgen, ist die sog. **Gesamtplanrechtsprechung** zu beachten. Insbesondere bei einer nachfolgenden Veräußerung sollte die Ausgliederung mit ausreichendem zeitlichen Vorlauf erfolgen. Die Anwendung der Gesamtplanrechtsprechung führt zwar nicht dazu, dass die stillen Reserven in dem ausgegliederten Wirtschaftsgut aufgedeckt werden müssten, jedoch wird für den Gewinn, der bei der Veräußerung des Mitunternehmeranteils anfällt, der ermäßigte Steuersatz nicht gewährt werden.[1758] Zudem kann eine Gewerbesteuerbelastung entstehen. Für den Fall der Umstrukturierung sieht allerdings die Rechtsprechung die steuerneutrale Ausgliederung von (funktional wesentlichem) Sonderbetriebsvermögen in zeitlichem Zusammenhang für die Steuerneutralität nicht als schädlich an.[1759] Jedoch wendet die Finanzverwaltung auch für die Umstrukturierungsfälle (noch) die Gesamtplanrechtsprechung an.[1760]

1757 Keine Sperrfrist nach Auffassung des BFH bei Ausgliederung auf eine Ein-Mann-GmbH & Co KG: BFH vom 31.07.2013, BFH/NV 2013, 1855.

1758 BFH vom 17.12.2014, IV R 57/11; BFH vom 06.09.2000, BStBl II 2001, 229; BMF vom 20.11.2019, BStBl I 2019, 1291 Rz. 16.

1759 BFH vom 25.11.2009, BStBl II 2010, 471 für den Fall einer dauerhaften »Auslagerung« einer wesentlichen Betriebsgrundlage im Vorfeld einer Einbringung nach § 20 UmwStG; BFH vom 09.11.2011 – X R 60/09, BStBl II 2012, 638 Rn. 44 zu § 24 UmwStG.

1760 BMF vom 11.11.2011, BStBl I 2011, 1314 Tz. 20.07, 24.03; abweichend zu der Sichtweise bei unentgeltlichen Übertragungen nach § 6 Abs. 3 EStG, vgl. BMF vom 20.11.2019, BStBl I 2019, 1291 Rz. 10 ff.; siehe auch 6.6.1.1.

Hinweis !

Um jegliches Risiko (Versagung des ermäßigten Steuersatzes bei Veräußerung, Steuerneutralität bei Umstrukturierung) zu vermeiden, sollte eine steuerneutrale Übertragung von Wirtschaftsgütern aus dem Sonderbetriebsvermögen eines Mitunternehmers in eine gewerbliche Personengesellschaft mit ausreichendem zeitlichen Vorlauf zur Veräußerung bzw. zur Umstrukturierung geplant werden.

Hinweis !

Eine Übertragung von Sonderbetriebsvermögen auf eine eigene Personengesellschaft des überlassenden Gesellschafters kann zudem auch vorteilhaft sein im Hinblick auf die Verwerfungen des § 35 EStG. Andererseits kann eine höhere Gewerbesteuerbelastung entstehen, da sich Mietaufwendungen aufgrund der Hinzurechnung nach § 8 Nr. 1 GewStG i. H. v. 25 % von 50 % bei der Anmietung von Grundstücken bei der nutzenden Personengesellschaft nicht auswirken, während die Mieteinnahmen bei der vermietenden Gesellschaft der Gewerbesteuer unterliegen. Soll die Übertragung der Optimierung des § 35 EStG dienen, ist eine exakte Berechnung der Gesamtwirkungen erforderlich.

6.3.2.2 Anwendung des § 15a EStG

Die Verlustausgleichsbeschränkung des § 15a EStG (vgl. 6.1.4.1.2) betrifft ausschließlich das Ergebnis sowie die Kapitalkonten der Gesamthands- und Ergänzungsbilanz. Sowohl das Ergebnis aus einer Sonderbilanz als auch das Kapital in der Sonderbilanz ist für die Anwendung des § 15a EStG irrelevant. Unabhängig davon, ob hier ein Gewinn oder Verlust entsteht, ist dieser immer steuerrelevant. Durch Verlagerung von Ergebnissen zwischen Gesamthandsvermögen und Sonderbetriebsvermögen kann damit die Höhe des ausgleichsfähigen Verlustes günstig beeinflusst werden. Es kommen diesbezüglich insbesondere folgende Gestaltungen in Betracht:[1761]

- »Umwandlung« von Sondervergütungen in Vorabgewinne (vgl. 6.1.4.1.2),
- Finanzierung einer Einlage mit Fremdkapital,
- sonstige Verlagerung von Verlusten des Gesamthandsvermögens in Verluste des Sonderbetriebsvermögens.

Statt Deckung des Finanzierungsbedarfs der Personengesellschaft über die Aufnahme von Fremdkapital durch die Personengesellschaft, kann der Gesellschafter das Fremddarlehen aufnehmen und der Gesellschaft als Eigenkapital zukommen lassen. Die im Sonderbetriebsvermögen des Gesellschafters anfallenden Fremdfinanzierungkosten könnten so unabhängig von einer Verlustausgleichsbeschränkung des § 15a EStG für Verluste des Gesamthandsvermögens grds. sofort steuerlich genutzt werden. Zusätzlich kann die Einlage des Gesellschafters so »gesteuert« werden, dass im Jahr der Einlage Verluste i. H. d. Einlage als ausgleichsfähig

1761 *Uhl-Ludäscher*, in: CMS Hasche Sigle (Hrsg.), Steueroptimierte Gestaltungen in Restrukturierung, Sanierung und Insolvenz, 2013, 233 ff.

behandelt werden können. Eine sonstige Verlagerung von Verlusten des Gesamthandsvermögens in Verluste des Sonderbetriebsvermögens kann beispielsweise durch Anschaffung oder auch durch die Anmietung von Wirtschaftsgütern durch den Gesellschafter statt durch die Gesellschaft erreicht werden.

6.4 Die Betriebsaufspaltung

Prof. Dr. Angelika Thies

6.4.1 Das Rechtsinstitut der Betriebsaufspaltung

6.4.1.1 Voraussetzungen der Betriebsaufspaltung

Die Betriebsaufspaltung stellt einen im Wesentlichen von der Rechtsprechung des BFH entwickelten Begriff dar, der ein besonderes steuerliches Rechtsinstitut bezeichnet. Steuergesetzliche Grundlage ist eine in wertender Betrachtung vorgenommene Auslegung des Begriffs des Gewerbebetriebs. Die Betriebsaufspaltung stellt einen Zustand dar, der auch als Doppelunternehmen verstanden werden kann, und ist i. d. R. die Folge eines Aufteilungsvorgangs. Kennzeichnend ist, dass eine ihrer Art nach nicht gewerbliche Betätigung, z. B. das Vermieten und Verpachten von Wirtschaftsgütern, durch eine sachliche und personelle Verflechtung zwischen dem Vermieter, d. h. dem Besitzunternehmen, und einer gewerblichen Betriebsgesellschaft, d. h. dem Betriebsunternehmen, zum Gewerbebetrieb wird. Mit dem Rechtsinstitut der Betriebsaufspaltung wird das Ziel verfolgt, die Nutzungsüberlassung von z. B. im Eigentum des oder der Gesellschafter befindlichen wesentlichen Betriebsgrundlagen mit der unmittelbaren betrieblichen Nutzung von eigenen Wirtschaftsgütern gleich zu behandeln. Dabei kann es sich um materielle oder immaterielle Wirtschaftsgüter handeln, z. B. Grundstücke oder Erfindungen.[1762]

Voraussetzung für das Vorliegen einer Betriebsaufspaltung ist es jedoch, dass neben der sachlichen Verflechtung, die aus der Nutzung wesentlicher Betriebsgrundlagen durch das Betriebsunternehmen resultiert, auch eine personelle Verflechtung vorliegt. Die für die Betriebsaufspaltung notwendige personelle Verflechtung setzt voraus, dass die hinter dem Besitz- und dem Betriebsunternehmen stehenden Personen einen einheitlichen geschäftlichen Betätigungswillen ausüben können. Dabei bilden die beiden Unternehmen keine wirtschaftliche Einheit, sondern sind zivil- und steuerrechtlich jeweils grds. selbständig.[1763]

1762 *Wacker*, in: Schmidt, EStG (38. Aufl., 2019), § 15 EStG Rz. 800 und 807 m. w. N.; *Kohlhepp*, DStR 2014, 1143; *Wesselbaum-Neugebauer*, GmbHR 2007, 1301.

1763 *Wacker*, in: Schmidt, EStG (38. Aufl., 2019), § 15 EStG Rz. 800.

Der Beherrschungswille, der die personelle Verflechtung kennzeichnet, muss sich insbes. auf das Nutzungsverhältnis hinsichtlich der wesentlichen Betriebsgrundlagen beziehen. Insoweit soll das Nutzungsverhältnis nicht gegen den Willen der Person oder der Personengruppe, die das Besitzunternehmen beherrscht, aufgelöst werden können. Hierfür maßgebend ist insbes. die gesellschaftsvertragliche Situation.[1764]

Eine solche personelle Verflechtung liegt beispielsweise nicht vor, wenn an dem Besitzunternehmen neben der mehrheitlich bei der Betriebsgesellschaft beteiligten Person oder Personengruppe mindestens ein weiterer Gesellschafter beteiligt ist und im Besitzunternehmen vertraglich oder gesetzlich das Erfordernis der Einstimmigkeit gilt. Hinsichtlich von Eheleuten kann nach der Rechtsprechung des BFH nicht automatisch von einer einheitlichen Willensbildung ausgegangen werden. Hierfür wären zusätzliche Beweisanzeichen für gleichgerichtete wirtschaftliche Interessen, z. B. Stimmrechtsbindung oder unwiderrufliche Stimmrechtsvollmacht, notwendig.[1765] Zu beachten ist jedoch, dass sich das Prinzip der Einstimmigkeit oder der qualifizierten Mehrheit nicht nur auf außergewöhnliche Geschäfte, sondern v. a. auf Tagesgeschäfte beziehen muss.[1766] Aufgrund der relativ umfangreichen Rechtsprechung zur personellen Verflechtung ist grds. eine Einzelfallprüfung vorzunehmen, die auch eine mögliche mittelbare oder eine in Ausnahmefällen zu beachtende sog. faktische Beherrschung berücksichtigt.[1767]

Auch im Falle einer mittelbaren Nutzungsüberlassung kann eine Betriebsaufspaltung vorliegen, insbes. dann, wenn die Zwischengesellschaft die Weitervermietung an das Betriebsunternehmen in der Weise vornimmt, dass dabei die Vorgaben des Mieters beachtet werden.[1768]

6.4.1.2 Rechtsfolgen der Betriebsaufspaltung

6.4.1.2.1 Ertragsteuern

Für ertragsteuerliche Zwecke erfolgt im Falle des Vorliegens einer Betriebsaufspaltung hinsichtlich der Einkünfte, die das Besitzunternehmen aus der Überlassung von wesentlichen Betriebsgrundlagen erzielt, eine Umqualifizierung in gewerbliche Einkünfte. Isoliert betrachtet und unter Außerachtlassen der sachlichen und personellen Verflechtung würde das Besitzunternehmen regelmäßig Einkünfte aus Vermietung und Verpachtung erzielen. Durch die vorzunehmende Umqualifizierung ergeben sich insbes. die nachfolgenden Folgewirkungen.

1764 *Kohlhepp*, DStR 2014, 1145.

1765 BFH vom 09.11.1983, BStBl II 1984, 212; *Kohlhepp*, DStR 2014, 1145; *Wacker*, in: Schmidt, EStG (38. Aufl., 2019), § 15 EStG Rz. 846.

1766 BFH vom 24.09.2015, BStBl II 2016, 154; BFH vom 21.01.1999, BStBl II 2002, 771; *Kohlhepp*, DStR 2014, 1145; *Wacker*, in: Schmidt, EStG (38. Aufl., 2019), § 15 EStG Rz. 846; *Söffing*, BB 2006, 1530 f.

1767 *Wacker*, in: Schmidt, EStG (38. Aufl., 2019), § 15 EStG Rz. 836–839 mit einem Überblick zur Rechtsprechung.

1768 FG Hamburg vom 05.02.2013, EFG 2013, 942, Revision eingelegt (BFH, IV R 9/13); *Kohlhepp*, DStR 2014, 1144 f.

Zum einen wird das Wirtschaftsgut, das vom Besitzunternehmen überlassen wird, zu Betriebsvermögen. Somit sind stille Reserven steuerverhaftet. Anders als im Privatvermögen gibt es keine sog. Spekulationsfristen, die bei Überschreiten keine Steuerpflicht auslösen.[1769] Ein typisches Beispiel wäre ein Gebäude, das aufgrund spezieller Herrichtung für das Betriebsunternehmen eine wesentliche Betriebsgrundlage darstellt und im Falle des Vorliegens einer Betriebsaufspaltung nicht nach Ablauf von zehn Jahren gem. § 22 Nr. 2 i. V. m. § 23 Abs. 1 Nr. 1 EStG steuerfrei veräußert werden kann.

Zum anderen gelten die Einkünfte als gewerbliche Einkünfte, so dass sich im Falle des Überschreitens steuerlicher Werte gem. § 141 AO Bilanzierungspflichten ergeben, sollten solche nicht bereits aufgrund handelsrechtlicher Vorschriften gegeben sein. Folglich wäre die Erstellung einer Einnahme-Überschussrechnung gem. § 4 Abs. 3 EStG nicht mehr möglich.

Bei Vorliegen gewerblicher Einkünfte und einer inländischen Betriebsstätte, die bei inländischen Unternehmen im Regelfall gegeben ist, fällt neben der Einkommen- oder Körperschaftsteuer (jeweils zzgl. Solidaritätszuschlag) auch Gewerbesteuer an. Die Höhe der Gewerbesteuer ist lokal unterschiedlich und liegt häufig zwischen 7 % und 17,15 %. Nur im Falle natürlicher Personen kann die Gewerbesteuer ggf. gem. § 35 EStG auf die Einkommensteuer angerechnet werden. Allerdings können sich Gewerbesteuerüberhänge ergeben, da die Anrechnung gesetzlich auf das 3,8-fache des Gewerbesteuer-Messbetrags, der vom lokalen Hebesatz abhängt, begrenzt ist. Im Übrigen stellt die Gewerbesteuer eine zusätzliche Steuerbelastung dar, die auch die Bemessungsgrundlage der Einkommen- oder Körperschaftsteuer nicht mindert.

6.4.1.2.2 Erbschaftsteuer

Für Schenkung- und Erbschaftsteuerzwecke kann eine Betriebsaufspaltung aufgrund derzeitiger Rechtslage als begünstigtes Vermögen unentgeltlich übertragen werden, sofern das übrige Vermögen der Besitzgesellschaft nicht als schädliches Verwaltungsvermögen einzustufen ist. Hinsichtlich des Betriebsunternehmens sollte aufgrund der originär gewerblichen Tätigkeit grds. Betriebsvermögen vorliegen, das den steuerlichen Begünstigungen zugänglich ist. Soweit begünstigtes Vermögen vorliegt, kann – unter Berücksichtigung weiterer Voraussetzungen (z. B. Unterschreiten der Grenze für schädliches Verwaltungsvermögen, Haltefristen von fünf oder sieben Jahren und Einhalten der Lohnsummenregelung) – die Übertragung z. B. zu 85 % oder ggf. sogar zu 100 % des Wertes des übertragenen Betriebsvermögens steuerfrei erfolgen (vorausgesetzt, der Höchstbetrag für das begünstigte Vermögen von 26 Mio. € ist nicht überschritten).

Aufgrund gesetzlicher Regelung in § 13b Abs. 4 Nr. 1 Buchst. a ErbStG zählen Grundstücke, die im Rahmen einer Betriebsaufspaltung überlassen werden, nicht zum steuerschädlichen

1769 *Kohlhepp*, DStR 2014, 1143.

Verwaltungsvermögen. Allerdings gilt dies nur, soweit die Betriebsgesellschaft das Grundstück unmittelbar nutzt; eine Weiterüberlassung des Grundstücks durch die Betriebsgesellschaft an einen Dritten führt dagegen zur Einstufung als Verwaltungsvermögen. Voraussetzung ist ferner, dass der Erblasser oder Schenker sowohl im überlassenden Betrieb als auch im nutzenden Betrieb allein oder zusammen mit anderen Gesellschaftern einen einheitlichen geschäftlichen Betätigungswillen durchsetzen konnte und die Betriebsaufspaltung durch den Rechtsnachfolger fortgesetzt wird. Daneben ist es erforderlich, dass die sachliche Verflechtung (Überlassung von zumindest einer funktional wesentlichen Betriebsgrundlage) gegeben ist, da andernfalls kein begünstigtes Betriebsvermögen vorliegt (§ 13b Abs. 4 Nr. 1 Buchst. a ErbStG, R E 13b.14 Abs. 3 ErbStR).

Folglich ist es nach derzeit gültiger Rechtslage im Falle der unentgeltlichen Übertragung durch Schenkung oder Erbschaft und bei Vorliegen der übrigen Voraussetzungen grds. möglich, die sog. Optionsverschonung und eine günstige Besteuerung zu beantragen.

Dies gilt nach Auffassung der Finanzverwaltung jedoch nicht im Rahmen einer sog. kapitalistischen Betriebsaufspaltung, bei der sowohl das Besitz- als auch das Betriebsunternehmen Kapitalgesellschaften sind. Denn vorbehaltlich der Zugehörigkeit der Kapitalgesellschaften zu einem Konzern, liegt hinsichtlich des überlassenen Grundstücks grds. Verwaltungsvermögen vor. Maßgebend ist der unmittelbare geschäftliche Betätigungswille. Demgegenüber stellt das Grundstück im Falle einer sog. umgekehrten Betriebsaufspaltung kein Verwaltungsvermögen dar. Wird die Betriebsaufspaltung erst durch die Übertragung des Betriebs an den Erwerber begründet, handelt es sich bei dem Grundstück um Verwaltungsvermögen.[1770]

Eventuelle Vorteile, die sich bei Vorliegen einer Betriebsaufspaltung für Schenkung- und Erbschaftsteuerzwecke ergeben können, sollten i. R. v. Gestaltungsüberlegungen mit möglichen Nachteilen hinsichtlich der Einkommensteuer (insbes. hinsichtlich der Regelung zur Spekulationsfrist) sorgfältig abgewogen werden.

6.4.2 Formen der Betriebsaufspaltung

6.4.2.1 Klassische Betriebsaufspaltung

Im Rahmen der klassischen Betriebsaufspaltung stehen die wesentlichen Betriebsgrundlagen (z. B. Grundstücke), die zur Nutzung an das Betriebsunternehmen überlassen werden, typischerweise im Eigentum einer Personengesellschaft oder im Privateigentum einer oder mehrerer natürlicher Personen. Der eigentliche gewerbliche Betrieb wird von einer Kapitalgesellschaft

1770 R E 13b.14 Abs. 1 und R E 13b.16 ErbStR; Konzern i. S. d. § 4h EStG.

(Betriebsunternehmen) betrieben. Diese Trennung kann in Form einer echten oder einer unechten Betriebsaufspaltung erfolgen.

Eine echte Betriebsaufspaltung ist gegeben, wenn insbes. ein bisher einheitlicher Gewerbebetrieb in der Form aufgeteilt wird, dass ein Teil des Betriebsvermögens, z. B. das bewegliche Anlagevermögen und das Umlaufvermögen, auf eine Betriebsgesellschaft übertragen wird, während mindestens eine der wesentlichen Betriebsgrundlagen beim Ursprungsunternehmen, das zum Besitzunternehmen wird, verbleibt und der Betriebsgesellschaft zur Nutzung überlassen wird (sachliche Verflechtung). Ferner muss zwischen Besitz- und Betriebsunternehmen eine personelle Verflechtung bestehen.[1771]

Demgegenüber liegt eine unechte Betriebsaufspaltung vor, wenn eine Aufteilung in Besitz-und Betriebsunternehmen von Anfang an gegeben ist. Aus Gründen der Gleichmäßigkeit der Besteuerung müssen die Rechtsfolgen der unechten Betriebsaufspaltung mit denjenigen der echten übereinstimmen. Beispielsweise entsteht eine unechte Betriebsaufspaltung, wenn der oder die beherrschenden Gesellschafter einer Betriebskapitalgesellschaft einzelne Wirtschaftsgüter des Privatvermögens, z. B. Grundstücke, zur Nutzung überlassen, die für die Betriebskapitalgesellschaft wesentliche Betriebsgrundlagen sind. Der überlassende oder die überlassenden Gesellschafter werden damit zum Besitzunternehmen.[1772]

Die klassische Betriebsaufspaltung, bei der das Besitzunternehmen in der Form einer Personengesellschaft (z. B. GmbH & Co. KG) geführt und das Betriebsunternehmen in der Rechtsform einer Kapitalgesellschaft (z. B. GmbH) betrieben wird, soll im Folgenden den Schwerpunkt der Betrachtung bilden. Dabei unterliegt die Besitzpersonengesellschaft der Gewerbesteuer, während ihre Gesellschafter mit den gewerblichen Einkünften aus der Besitzpersonengesellschaft der Einkommensteuer (oder Körperschaftsteuer) unterliegen. Im Falle natürlicher Personen kann die Gewerbesteuer ggf. auf die Einkommensteuer angerechnet werden. Die Betriebskapitalgesellschaft ist selbst gewerbe- und körperschaftsteuerpflichtig. Hinsichtlich der Gewerbesteuer ist zu bedenken, dass Miet- und Pachtaufwendungen gem. § 8 Nr. 1 GewStG nur teilweise abzugsfähig sind (z. B. 95 % der Miet- und Pachtzinsen für bewegliche und 87,5 % für unbewegliche Wirtschaftsgüter des Anlagevermögens sowie 93,75 % der Aufwendungen für befristete Rechteüberlassung). Die Ausschüttungen der Betriebskapitalgesellschaft gehören bei den Gesellschaftern zu den gewerblichen Betriebseinnahmen (Sonderbetriebseinnahmen[1773]) und unterliegen, soweit es sich bei den Gesellschaftern um natürliche Personen handelt, dem Teileinkünfteverfahren, d. h. sie sind zu 60 % der Einkommensteuer und dem persönlichen Einkommensteuersatz zu unterwerfen. Im Falle von Kapitalgesellschaften als Gesellschafter sind die

1771 *Wacker*, in: Schmidt, EStG (38. Aufl., 2019), § 15 EStG Rz. 802; *Wesselbaum-Neugebauer*, GmbHR 2007, 1301.

1772 *Wacker*, in: Schmidt, EStG (38. Aufl., 2019), § 15 EStG Rz. 802; BFH vom 06.03.1997, BStBl II 1997, 460; BFH vom 17.04.2002, BStBl II 2002, 527.

1773 BFH vom 16.04.1991, BStBl II 1991, 832, Anteile an der Betriebskapitalgesellschaft gehören zum Sonderbetriebsvermögen der Besitzpersonengesellschaft.

Ausschüttungen gem. § 8b Abs. 1 und 3 KStG grds. zu 95 % ohne steuerliche Belastung (die Ausschüttung ist zwar grds. steuerfrei, jedoch gelten 5 % der Ausschüttung als nichtabzugsfähige Betriebsausgaben).

6.4.2.2 Mitunternehmerische Betriebsaufspaltung

Im Falle einer mitunternehmerischen Betriebsaufspaltung haben sowohl das Besitz- als auch das Betriebsunternehmen die Form einer Personengesellschaft. Da das Vermögen beider Personengesellschaften im Rahmen einer Betriebsaufspaltung Betriebsvermögen darstellt, liegen hinsichtlich der Personengesellschaften für steuerliche Zwecke sog. Mitunternehmerschaften vor. Dabei reicht es hinsichtlich des Besitzunternehmens aus, wenn dieses i. S. v. § 15 Abs. 3 Nr. 2 EStG gewerblich geprägt ist, d. h. zwar keine originär gewerbliche Tätigkeit ausübt, aber ausschließlich eine oder mehrere Kapitalgesellschaften persönlich haftende Gesellschafter sind und nur diese oder Personen, die nicht Gesellschafter sind, zur Geschäftsführung befugt sind.[1774]

6.4.2.3 Kapitalistische Betriebsaufspaltung

Eine kapitalistische Betriebsaufspaltung liegt vor, wenn das Besitzunternehmen die Rechtsform einer Kapitalgesellschaft hat. Das Betriebsunternehmen kann grds. in der Form einer Kapital- oder Personengesellschaft geführt werden. Für den Fall, dass das Betriebsunternehmen eine Kapitalgesellschaft ist, ist es nach der Rechtsprechung des BFH ferner erforderlich, dass die Besitzkapitalgesellschaft selbst an der Betriebskapitalgesellschaft beherrschend beteiligt ist. Dagegen liegt keine Betriebsaufspaltung vor, wenn nur die Gesellschafter der Besitzkapitalgesellschaft an der Betriebskapitalgesellschaft beteiligt, d. h. Schwestergesellschaften gegeben sind.[1775]

Hat das Betriebsunternehmen die Rechtsform einer Personengesellschaft, liegt eine sog. umgekehrte Betriebsaufspaltung vor, wenn deren Gesellschafter die Besitzkapitalgesellschaft infolge ihrer Beteiligung beherrschen. Dabei stellen die Anteile an der Besitzkapitalgesellschaft grds. Sonderbetriebsvermögen bei der Personengesellschaft dar.[1776]

Da eine Kapitalgesellschaft kraft Rechtsform gewerbliche Einkünfte erzielt (§ 2 Abs. 2 GewStG), hat das Vorliegen einer Betriebsaufspaltung hinsichtlich der Rechtsform beispielsweise Bedeutung für die Gewerbesteuerbelastung, da ein Besitzunternehmen als Teil einer Betriebsaufspaltung nicht die erweiterte Gewerbesteuerkürzung gem. § 9 Nr. 1 Satz 2 ff. GewStG beantragen

1774 *Wacker*, in: Schmidt, EStG (38. Aufl., 2019), § 15 EStG Rz. 803 und 855.

1775 *Wacker*, in: Schmidt, EStG (38. Aufl., 2019), § 15 EStG Rz. 803 und 863; BFH vom 16.09.1994, BStBl II 1995, 75; a. A. Finanzverwaltung, vgl. OFD Frankfurt a. M. vom 10.05.2012, ESt-Kartei HE § 15 EStG Fach 3 Karte 1.

1776 *Wacker*, in: Schmidt, EStG (38. Aufl., 2019), § 15 EStG Rz. 803 und 863; BFH vom 26.03.1993, BStBl II 1993, 723.

kann, sondern der gesamte Gewerbeertrag auch dann der Gewerbesteuer unterliegt, wenn ausschließlich Grundstücke an das Betriebsunternehmen vermietet oder verpachtet werden.[1777]

6.4.2.4 Weitere Sonderformen einer Betriebsaufspaltung

Neben den oben dargestellten Formen einer Betriebsaufspaltung hat insbes. der BFH in seiner Rechtsprechung noch weitere Formen und Begriffe entwickelt. Als Beispiele seien an dieser Stelle die folgenden genannt: Eine Einheit-Betriebsaufspaltung liegt vor, wenn das Besitzunternehmen unmittelbar an der Betriebsgesellschaft beteiligt ist.[1778] Hat das Besitzunternehmen noch einen eigenen Gewerbebetrieb, liegt eine überlagernde Betriebsaufspaltung vor. Eine qualifizierte (echte oder unechte) Betriebsaufspaltung ist gegeben, wenn dem Betriebsunternehmen nicht nur einzelne, sondern sämtliche wesentlichen Betriebsgrundlagen zur Nutzung überlassen werden.[1779]

6.4.3 Fallstricke der Betriebsaufspaltung

6.4.3.1 Bewusste und unbewusste Errichtung

Wird die Betriebsaufspaltung in Form einer echten Betriebsaufspaltung aus einem Einheitsunternehmen heraus errichtet, ändert sich an der steuerlichen Qualifikation der Wirtschaftsgüter wenig, denn diese verbleiben weiterhin im Betriebsvermögen. Allerdings kann die Übertragung, z. B. eines Grundstücks, aus einer Kapitalgesellschaft auf eine Schwesterpersonengesellschaft i. d. R. nicht ertragsteuerneutral, sondern nur unter Aufdeckung der stillen Reserven erfolgen. Ferner dürfte regelmäßig Grunderwerbsteuer anfallen.

Auch die Übertragung von Wirtschaftsgütern des Gewerbebetriebs, z. B. bewegliches Anlagevermögen und Umlaufvermögen, von einer Personengesellschaft auf eine Kapitalgesellschaft, wobei das Grundstück als wesentliche Betriebsgrundlage des Betriebs der Kapitalgesellschaft bei der Personengesellschaft verbleibt, kann regelmäßig nur unter Aufdeckung der stillen Reserven und entsprechenden ertragsteuerlichen Konsequenzen erfolgen. Eine Minderung der ertragsteuerlichen Konsequenzen kann jedoch eintreten, wenn z. B. ausreichende steuerliche Verlustvorträge (i. R. d. Mindestbesteuerung gem. § 10d EStG) zur Verfügung stehen, die ansonsten nicht mehr vollständig hätten genutzt werden können.

Die Anwendung des Umwandlungssteuergesetzes, wonach grds. eine steuerneutrale Umwandlung möglich sein soll, steht in den o. g. Fällen generell nicht zur Verfügung, da wesentliche

1777 H 9.2 (2) Betriebsverpachtung GewStR; BFH vom 14.06.2005, BStBl II 2005, 778.
1778 BFH vom 27.06.2006, BStBl II 2006, 874.
1779 *Wacker*, in: Schmidt, EStG (38. Aufl., 2019), § 15 EStG Rz. 803 m. w. N.; BFH vom 17.04.2002, BStBl II 2002, 527.

Betriebsgrundlagen zurückbehalten werden. Auch die Bedingungen für eine steuerneutrale Spaltung nach den Vorschriften des Umwandlungssteuergesetzes wären nicht erfüllt, da hierfür mindestens zwei Teilbetriebe vorliegen müssten, was im obigen Beispiel nicht gegeben ist, wenn lediglich ein Grundstück, das keinen Teilbetrieb darstellt, zurückbehalten wird. Vielmehr müsste zur Anwendung des Umwandlungssteuergesetzes eine langfristige Planung erfolgen, wonach z. B. das Grundstück in einem ersten Schritt in eine 100 %ige Tochterpersonengesellschaft übertragen wird und erst nach Ablauf von mindestens drei Jahren eine Abspaltung des Gewerbebetriebs auf eine Betriebskapitalgesellschaft erfolgt. In diesem Fall sollte – vorbehaltlich einer missbräuchlichen Gestaltung – eine steuerneutrale Trennung denkbar sein.[1780]

Im Gegensatz zur echten Betriebsaufspaltung, die regelmäßig bewusst vorgenommen wird, kann die Begründung einer unechten Betriebsaufspaltung möglicherweise unbewusst erfolgen, wenn wesentliche Grundlagen des Gewerbebetriebs, z. B. ein Grundstück, an das Betriebsunternehmen überlassen werden. Die unechte Betriebsaufspaltung hat ertragsteuerlich den Nachteil, dass z. B. Wirtschaftsgüter des Privatvermögens zu Betriebsvermögen werden und realisierte Wertsteigerungen weitergehender als nach § 23 EStG steuerpflichtig sind. Dem stehen jedoch – wie oben dargestellt – grundsätzliche Begünstigungen des Erbschaftsteuergesetzes gegenüber. Ferner unterliegen die Nutzungserträge der Gewerbesteuer, die nur bei natürlichen Personen, die unmittelbar an der Besitzpersonengesellschaft beteiligt sind, in pauschalierter Form (teilweise) auf die persönliche Einkommensteuer angerechnet werden kann.

Damit es aber zu der o. g. Folge einer Betriebsaufspaltung kommt, müssen die überlassenen Wirtschaftsgüter »wesentliche« Betriebsgrundlagen für das Betriebsunternehmen darstellen, d. h. nach dem Gesamtbild der Verhältnisse zur Erreichung des Betriebszwecks erforderlich sein und besonderes Gewicht für die Betriebsführung besitzen. Dies ist z. B. der Fall, wenn alle hierfür erforderlichen Wirtschaftsgüter verpachtet werden. Im Falle der Überlassung einzelner Wirtschaftsgüter sind dagegen allein die funktionalen Erfordernisse des Betriebsunternehmens maßgebend. Folglich sind z. B. Grundstücke und Gebäude, die betrieblichen Bedürfnissen dienen, i. d. R. wesentliche Betriebsgrundlagen. Nach der BFH-Rechtsprechung ist es hierfür erforderlich, dass die Gebäude bzw. Gebäudeteile nach Gliederung und Bauart dauernd für den Betrieb des Betriebsunternehmens eingerichtet, oder nach Lage, Größe und Grundriss auf das Betriebsunternehmen zugeschnitten sind oder das Betriebsunternehmen aus anderen innerbetrieblichen Gründen auf ein Gebäude dieser Art angewiesen ist. Für die Beurteilung ohne Bedeutung ist, ob ein vergleichbares Objekt jederzeit am Markt zu mieten oder zu kaufen wäre oder auch von anderen Unternehmen genutzt werden könnte. Auch Verwaltungsgebäude stellen regelmäßig wesentliche Betriebsgrundlagen dar, zumindest dann, wenn sie für die Bedürfnisse des Betriebsunternehmens hergerichtet worden sind. Dabei ist es unerheblich, ob das Gebäude den räumlichen und funktionalen Mittelpunkt der Geschäftstätigkeit des Betriebsunternehmens darstellt. Ausnahmsweise keine wesentliche Betriebsgrundlage ist im

1780 § 15 Abs. 2 Satz 1 UmwStG, UmwStG-Erlass vom 11.11.2011, Rz. 15.

Falle eines Gebäudes aber dann gegeben, wenn dieses für den Betrieb nach dessen innerer Struktur qualitativ oder quantitativ nur von geringer wirtschaftlicher Bedeutung ist (z. B. nur vorübergehende Nutzung).[1781]

In diesem Zusammenhang ist zu berücksichtigen, dass der BFH in seiner Rechtsprechung zumindest im Hinblick auf Anteile an einer GmbH, die mittelbar den Betrieb einer Betriebsaufspaltung fördert, den Begriff des Betriebsvermögens bei Betriebsaufspaltungen tendenziell auszudehnen scheint. So kann z. B. ein 11 %iger GmbH-Anteil, den eine natürliche Person hält, zum steuerlich verhafteten Betriebsvermögen zählen, wenn die GmbH den Gewerbebetrieb des Betriebsunternehmens mittelbar über eine Tochtergesellschaft fördert.[1782]

Im Ergebnis muss daher im jeweiligen Einzelfall genau abgewogen werden, ob die Voraussetzung einer wesentlichen Betriebsgrundlage für das Betriebsunternehmen gegeben ist. Denn nur dann können die Rechtsfolgen einer Betriebsaufspaltung eintreten.

Ferner sollte ein angemessenes Nutzungsentgelt vereinbart sein. Im Falle überhöhter Entgelte führen diese bei einer Kapitalgesellschaft als Betriebsunternehmen zu verdeckten Gewinnausschüttungen, die Einkommenserhöhungen bei der Kapitalgesellschaft und grds. auch Kapitalertragsteuer auslösen. Sind die Entgelte zu niedrig, kann dies bei der Personengesellschaft als Besitzunternehmen zu einer (anteiligen) Kürzung des Betriebsausgabenabzugs hinsichtlich des unentgeltlichen Teils der Nutzungsüberlassung führen.[1783]

6.4.3.2 Bewusste und unbewusste Beendigung

Eine bestehende Betriebsaufspaltung kann insbes. durch Veränderungen und Handlungen, die die personelle Beteiligung an Besitz- oder Betriebsunternehmen betreffen, beendet werden. Beispiele hierzu sind die Veräußerung der Anteile am Betriebsunternehmen, ein Erbfall oder die Insolvenz.[1784] Dies kann in bewusster oder unbewusster Form geschehen und führt regelmäßig zur Aufdeckung der stillen Reserven hinsichtlich der Anteile an der Betriebskapitalgesellschaft und des Vermögens der Besitzpersonengesellschaft, wenn deren Wirtschaftsgüter die Eigenschaft als Betriebsvermögen verlieren. Dabei unterliegen die aufgedeckten stillen Reserven hinsichtlich des Vermögens der Besitzpersonengesellschaft in voller Höhe und hinsichtlich der Anteile an der Betriebskapitalgesellschaft teilweise (bei natürlichen Personen zu 60 %, bei Kapitalgesellschaften als Gesellschafter regelmäßig zu 5 %) der Besteuerung. Folglich können erhebliche steuerliche Belastungen, insbes. in Form von Einkommen- und Gewerbesteuer, entstehen. In der Praxis sind der ungeplante bzw. unbewusste Wegfall der personellen

1781 *Wacker*, in: Schmidt, EStG (38. Aufl., 2019), § 15 EStG Rz. 808, 811 und 813, mit Verweis auf BFH-Rechtsprechung.
1782 BFH vom 12.06.2013, BStBl II 2013, 907; *Prinz*, DB 2014, 1219.
1783 *Wacker*, in: Schmidt, EStG (38. Aufl., 2019), § 15 EStG Rz. 819 m. w. N.
1784 *Wacker*, in: Schmidt, EStG (38. Aufl., 2019), § 15 EStG Rz. 865; BFH vom 30.08.2007, BStBl II 2008, 129.

Verflechtung die in erster Linie kritischen Fälle, die zu einer sog. verunglückten Betriebsaufspaltung führen.

Um dies zu verhindern, sollten rechtzeitig Vorkehrungen getroffen werden, z. B. die Umstrukturierung des Besitzunternehmens in eine gewerblich geprägte Besitzpersonengesellschaft. Hatte das Besitzunternehmen bisher die Rechtsform einer GbR, kann durch Überführung der GbR in eine GmbH & Co. KG, bei der eine GmbH die Stellung als alleiniger persönlich haftender Gesellschafter übernimmt und gleichzeitig auch zur alleinigen Geschäftsführung befugt ist, die Aufdeckung der stillen Reserven verhindert werden, auch wenn die personelle Verflechtung entfällt. Denn trotz Wegfall der Betriebsaufspaltung würde die Zugehörigkeit der Wirtschaftsgüter des Besitzunternehmens (regelmäßig handelt es sich hierbei um Grundstücke) sowie der Anteile an der Betriebskapitalgesellschaft zum Betriebsvermögen erhalten bleiben.

Sofern das Besitzunternehmen zwar nicht gewerblich geprägt ist, aber nicht nur ein einzelnes Wirtschaftsgut, wie z. B. ein Grundstück, sondern auch Gegenstände des Anlagevermögens als wesentliche Betriebsgrundlage an das Betriebsunternehmen überlassen hat, ließe sich die Zugehörigkeit der Wirtschaftsgüter zum Betriebsvermögen auch dadurch erhalten, dass die Betriebsverpachtung fortgesetzt und keine Betriebsaufgabe erklärt wird.[1785]

Ferner kann eine gezielte Beendigung der Betriebsaufspaltung auch durch Einbringung eines der Unternehmen in das andere oder Verschmelzung beider nach den Regeln des Umwandlungssteuergesetzes erfolgen. Sofern die jeweiligen gesetzlichen Voraussetzungen erfüllt sind, kann eine solche Umwandlung grds. steuerneutral zum Buchwert erfolgen.[1786]

Zu bedenken ist, dass neben dem Wegfall der personellen Verflechtung auch der Wegfall der sachlichen Verflechtung zur Beendigung der Betriebsaufspaltung führen würde. Eine derartige Situation kann sich dadurch ergeben, dass z. B. die Nutzungsüberlassung eingestellt wird, das bisher überlassene Wirtschaftsgut untergeht oder die Wesentlichkeit des Wirtschaftsgutes für das Betriebsunternehmen aufgrund von Änderungen der wirtschaftlichen Ausrichtung entfällt. Auch in einem solchen Fall sollten die möglichen Rechtsfolgen im Vorhinein betrachtet und mögliche Gegenmaßnahmen in Erwägung gezogen werden.

1785 H 16 (2) »Beendigung einer Betriebsaufspaltung« EStH.
1786 *Wacker*, in: Schmidt, EStG (38. Aufl., 2019), § 15 EStG Rz. 867.

6.4.4 Gestaltungen bei Familienunternehmen

6.4.4.1 Positive Effekte der Betriebsaufspaltung

Aus zivilrechtlicher Sicht erfolgt eine Betriebsaufspaltung häufig aus einem bestehenden Einzelunternehmen oder einer bestehenden Personengesellschaft heraus. Aus Gründen der persönlichen Haftungsbegrenzung erfolgt eine Trennung in eine Besitz- und eine Betriebsgesellschaft, wobei die Betriebsgesellschaft regelmäßig in Form einer GmbH errichtet wird. Grundstücke verbleiben regelmäßig im Ursprungsunternehmen, um eine Belastung mit Grunderwerbsteuer zu vermeiden. Ferner bietet der Zurückbehalt von Grundstücken die Möglichkeit, die Vermietungs- und Verpachtungseinkünfte vom eigentlichen Gewerbebetrieb zu trennen und das Vermögen beim bisherigen Eigentümer zu belassen. Folglich sind häufig außersteuerliche Gründe Anlass für die Begründung einer steuerlichen Betriebsaufspaltung.[1787]

Aus steuerlicher Sicht kann die Errichtung einer echten Betriebsaufspaltung dazu genutzt werden, bestimmte steuerliche Vorteile eines Personenunternehmens, z. B. unmittelbare Verlustzuweisung bei den Gesellschaftern, mit steuerlichen Vorteilen einer Kapitalgesellschaft, z. B. gewerbesteuerliche Abzugsfähigkeit von Gesellschafter-Geschäftsführer-Vergütungen, zu kombinieren.[1788] Auch können sich die o. g. erbschaftsteuerlichen Vorteile ergeben. Allerdings sollten die möglichen Nachteile hinsichtlich Gewerbesteuerbelastung und Steuerpflicht eines künftigen Veräußerungsgewinns nicht außer Acht gelassen werden.

6.4.4.2 Nachfolgeplanung mit der Betriebsaufspaltung

Im Rahmen einer Nachfolgeplanung ist grds. darauf zu achten, dass die personelle Verflechtung infolge vorgezogener Erbfolge oder aufgrund eines Erbfalls nicht beendet wird und zu einer nicht beabsichtigten Besteuerung der stillen Reserven des Besitzunternehmens führt.[1789] Folglich wäre sicherzustellen, dass die hinter dem Besitz- und dem Betriebsunternehmen stehenden Personen – auch nach der Schenkung oder dem Erbfall – einen einheitlichen geschäftlichen Betätigungswillen ausüben.

Angemerkt sei, dass die Betriebsaufspaltung nach der Rechtsprechung des BFH nicht entfällt, wenn die Inhaber des Besitzunternehmens (GbR) ein dem Betriebsunternehmen (GmbH) vermietetes Grundstück unter (quotalem) Nießbrauchsvorbehalt und Fortbestand des Mietvertrags auf ihre Kinder übertragen.[1790] Dies unterstellt, dass die Anteile am Betriebsunternehmen

1787 *Kohlhepp*, DStR 2014, 1143.
1788 *Wacker*, in: Schmidt, EStG (38. Aufl., 2019), § 15 EStG Rz. 804.
1789 *Kamps/Stenert*, DB 2019, 990.
1790 BFH vom 05.02.2002, BFH/NV 2002, 781.

nicht auf die Kinder übertragen werden und eine Beherrschung beider Unternehmen durch die Inhaber weiterhin gegeben ist.

Demgegenüber entfällt nach Ansicht des BFH die Betriebsaufspaltung, wenn sowohl das als Einzelunternehmen geführte Besitzunternehmen als auch die in der Rechtsform der GmbH betriebene Betriebsgesellschaft unter Nießbrauchsvorbehalt übertragen werden, da es dann an der personellen Verflechtung zwischen Besitzunternehmen und Betriebsgesellschaft fehlt. Denn ein Nießbrauch an GmbH-Anteilen bewirkt nicht, dass der Nießbraucher stimmberechtigt wird. Vielmehr stehen die Stimmrechte dem Gesellschafter zu. Somit entfällt die personelle Verflechtung zwischen dem Besitzunternehmen, das vom Nießbraucher beherrscht wird, und der Betriebsgesellschaft, die vom Gesellschafter beherrscht wird.[1791]

6.4.4.3 Umstrukturierungen von Erbengemeinschaften mit Betriebsaufspaltung

Bestehende Betriebsaufspaltungen können auch für Erbengemeinschaften eine steuerliche Herausforderung darstellen. Dies gilt insbes. in den Fällen, in denen der Erblasser ein Grundstück, das sich in seinem Eigentum befand, an eine Betriebs-GmbH, deren alleiniger Gesellschafter er war, als wesentliche Betriebsgrundlage vermietet hatte. Gehen infolge des Erbgangs sowohl das Eigentum an den Anteilen an der Betriebs-GmbH als auch am Grundstück auf die Kinder über, bilden diese eine Erbengemeinschaft, die die Betriebsaufspaltung fortführt. Die Kinder werden als Miterben steuerliche Mitunternehmer i. S. v. § 15 Abs. 1 Satz 1 Nr. 2 EStG. Soll die Erbengemeinschaft in eine Gesellschaft überführt werden, würde sich insbes. die Umwandlung in eine gewerblich geprägte Personengesellschaft, z. B. GmbH & Co. KG, anbieten. Wünschenswert wäre in einem solchen Fall, die Buchwerte der Wirtschaftsgüter fortzuführen; die Betriebs-GmbH könnte die Stellung der Komplementärgesellschaft an der GmbH & Co. KG übernehmen.[1792] Nachfolgend könnten die Kinder ihre Gesellschaftsanteile unabhängig voneinander auf andere Personen unentgeltlich (z. B. durch Schenkung) übertragen, ohne ggf. eine komplette Auflösung der stillen Reserven auszulösen, die dann auch für nicht übertragende Gesellschafter steuerschädlich wirken kann.

Steuertechnisch wäre zu prüfen, ob eine Umwandlung der Erbengemeinschaft in eine GmbH & Co. KG unter Anwendung von § 24 UmwStG oder § 6 Abs. 5 EStG denkbar ist. Dabei ist § 6 Abs. 5 EStG insbes. im Falle der Übertragung einzelner Wirtschaftsgüter anwendbar. Allerdings wäre im vorliegenden Fall eine Übertragung aus dem Gesamthandsvermögen der Erbengemeinschaft in das Gesamthandsvermögen der GmbH & Co. KG notwendig, um zur Zielstruktur zu gelangen. Ob eine solche Übertragung bei beteiligungsidentischen Schwester-Personengesellschaften von § 6 Abs. 5 Satz 3 Nr. 1 EStG miterfasst ist, steht zurzeit beim BVerfG zur Klärung

1791 BFH vom 21.01.2015, BFH/NV 2015, 815.
1792 *Bachmann/Richter*, DB 2014, 1282 f.

an.[1793] Folglich stellt diese Variante (noch) keine rechtssichere Lösung dar, so dass eine Prüfung von § 24 UmwStG naheliegt, der grds. dem § 6 Abs. 5 EStG vorgeht.[1794]

Inwieweit § 24 UmwStG für die Einbringung in eine GmbH & Co. KG auch im Falle einer Erbengemeinschaft anwendbar ist, wurde – soweit ersichtlich – bisher noch nicht höchstrichterlich geklärt. Stellt jedoch die Erbengemeinschaft steuerlich eine Mitunternehmerschaft dar, sollten die als Mitunternehmer zu qualifizierenden Erben als Einbringende in Betracht kommen, zumal die Erbengemeinschaft selbst keine eigene Rechtspersönlichkeit besitzt. Einbringungsgegenstand in die neu zu gründende GmbH & Co. KG wären die Mitunternehmeranteile an der Erbengemeinschaft. Die Einbringung würde im Wege der Sacheinlage gegen Erhöhung der Kapitalkonten der Gesellschafter erfolgen, und i. R. d. Erstellung der steuerlichen Umwandlungsbilanz wäre der Buchwertansatz zu beantragen. Ferner wären grds. auch weitergehende Umstrukturierungen zur Strukturvereinfachung denkbar.[1795] Zur Vermeidung von Rechtsunsicherheiten und steuerlichen Risiken empfiehlt sich in einem solchen Fall jedoch die vorherige Einholung einer verbindlichen Auskunft beim zuständigen Finanzamt.

Alternativ zum o. g. Vorgehen ist auch eine vorherige Umwandlung der Erbengemeinschaft in eine GbR denkbar, welche im Wege der unentgeltlichen Erbauseinandersetzung zu erfolgen hätte, um die Aufdeckung stiller Reserven zu vermeiden. Danach könnte die GbR unter Anwendung von § 24 UmwStG in eine GmbH & Co. KG umgewandelt werden, was nach derzeitiger Rechtslage mit weniger Rechtsunsicherheit behaftet sein sollte als die direkte Umwandlung der Erbengemeinschaft in eine GmbH & Co. KG. Allerdings dürften infolge der doppelten Übertragung der Wirtschaftsgüter höhere Kosten anfallen.[1796]

6.4.4.4 GmbH & Co. KG als Alternative zur Betriebsaufspaltung

Aufgrund der Aufteilung des Unternehmensvermögens auf zwei Gesellschaften ergeben sich im Rahmen einer Betriebsaufspaltung zwei Gewerbesteuer-Subjekte, was insbes. im Hinblick auf die Miet- und Pachtzinsen zu einer partiellen Doppelbesteuerung führt. Wie bereits oben dargestellt, sind Miet- und Pachtzinsen gem. § 8 Nr. 1 GewStG für gewerbesteuerliche Zwecke nur teilweise abzugsfähig.

1793 Vorlagebeschluss des BFH vom 10.04.2013, BStBl II 2013, 1004 (BVerfG, 2 BvL 8/13); *Bachmann/Richter*, DB 2014, 1283 f.

1794 *Fuhrmann*, in: Widmann/Mayer, Umwandlungsrecht (161. EL, Januar 2017), § 24 UmwStG Rz. 208.

1795 *Bachmann/Richter*, DB 2014, 1284 f.; UmwStG-Erlass vom 11.11.2011, Rz. 24.03 i. V. m. 20.03; BFH vom 05.07.1990, BStBl II 1990, 837; *Fuhrmann*, in: Widmann/Mayer, Umwandlungsrecht (161. EL, Januar 2017), § 24 UmwStG Rz. 156 und 405; *Dötsch/Patt/Pung/Möhlenbrock*, UmwStG (2012), § 24 UmwStG Rz. 94 i. V. m. § 20 Rz. 117: Beteiligung eines Miterben an einem im Nachlass befindlichen Betriebsvermögen.

1796 *Bachmann/Richter*, DB 2014, 1285 f.; BFH vom 21.06.1994, BStBl II 1994, 856. Rechtlich erfolgt grds. eine Übertragung im Wege der Einzelrechtsnachfolge.

Die daraus resultierende gewerbesteuerliche Doppelbelastung kann jedoch durch die Rechtsform einer GmbH & Co. KG vermieden werden.[1797] Wird das Betriebsunternehmen in der Rechtsform einer GmbH & Co. KG betrieben und werden wesentliche Wirtschaftsgüter von den Kommanditisten (natürliche Personen oder Kapitalgesellschaften) oder der Komplementär-GmbH der KG zur Nutzung überlassen,[1798] stellen die Einnahmen auf Ebene der KG-Gesellschafter Sonderbetriebseinnahmen dar, die dem Gewerbeertrag der KG hinzuzurechnen sind. Dadurch werden die als Betriebsausgaben bei der KG erfassten Miet- und Pachtzinsen faktisch neutralisiert, so dass sich keine gewerbesteuerliche Hinzurechnung gem. § 8 Nr. 1 GewStG ergibt. Folglich kann es auch nicht zu einer gewerbesteuerlichen Doppelbelastung kommen.

Je nach gesellschaftsrechtlicher Ausgangssituation ist eine Umwandlung der Betriebsaufspaltung in eine GmbH & Co. KG grds. unter Anwendung des Umwandlungssteuergesetzes ohne Aufdeckung stiller Reserven möglich, jedoch wären Details im Einzelfall genauer zu prüfen.

6.4.4.5 Betriebsaufspaltung bei Wegzug aus Deutschland

Eine besondere steuerliche Beachtung sollte die Betriebsaufspaltung in grenzüberschreitenden Konstellationen finden. Explizit erfasst ist sie in § 50i Abs. 1 Satz 4 EStG, wonach – abweichend von anderen Grundsätzen – in bestimmen Fällen eine Besteuerung ausgelöst werden kann.

Der Hintergrund der Vorschrift liegt in der Schließung einer Besteuerungslücke, die sich aufgrund der BFH-Rechtsprechung, die von der Finanzverwaltung übernommen wurde, in bestimmten Wegzugsfällen ergeben hätte. Denn in der Vergangenheit wurde z. T. versucht, die Wegzugsbesteuerung gem. § 6 AStG hinsichtlich der stillen Reserven in Kapitalgesellschaftsanteilen dadurch zu vermeiden, dass die Anteile vor dem Wegzug (verdeckt) in eine gewerblich geprägte Personengesellschaft eingebracht wurden. Beim Wegzug wurde dann davon ausgegangen, dass die Personengesellschaft eine inländische Betriebsstätte vermittelte, der die Kapitalgesellschaftsanteile zuzuordnen waren und das Besteuerungsrecht trotz Wegzug des Gesellschafters in Deutschland verblieb. Somit konnte – auch nach damaliger Auffassung der Finanzverwaltung – auf eine Entstrickungsbesteuerung verzichtet werden. Allerdings vermittelt nach der Rechtsprechung des BFH eine (nur) gewerblich geprägte Personengesellschaft im internationalen Kontext keine Betriebsstätte, zumal das Konzept einer gewerblichen Prägung international nicht üblich ist. Folglich weist der BFH das Besteuerungsrecht hinsichtlich der Einkünfte aus den Kapitalgesellschaftsanteilen dem Zuzugsstaat, d. h. dem neuen Wohnsitzstaat des Gesellschafters, zu. Zur Vermeidung von Besteuerungslücken für Altfälle, d. h. für Fälle, in denen der Wegzug vor dem 29.06.2013 (Tag der Veröffentlichung des AmtshilfeRLUmsG

1797 *Wesselbaum-Neugebauer*, GmbHR 2007, 1305 f.
1798 Überführung in das Sonderbetriebsvermögen ist ausreichend, vgl. BFH vom 17.04.2019, BStBl II 2019, 745.

mit Einführung von § 50i EStG) erfolgte, die Besteuerung stiller Reserven unterblieb und ein Ausschluss oder eine Beschränkung des Rechts Deutschlands hinsichtlich der Besteuerung des Gewinns aus der Veräußerung oder Entnahme der Anteile vor dem 01.01.2017 (Neufassung der gesetzlichen Vorschrift durch das BEPS-UmsetzungsG vom 20.12.2016) erfolgte, wurde in Form eines Treaty Override die Vorschrift des § 50i EStG eingeführt und eine Besteuerung im Falle einer späteren Veräußerung oder Entnahme sichergestellt. Für Wegzugsfälle ab dem 29.06.2013 wendet die Finanzverwaltung die BFH-Rechtsprechung an, so dass grds. eine Wegzugs- bzw. Entstrickungsbesteuerung erfolgt, wenn Wirtschaftsgüter (z. B. Kapitalanteile) nicht funktional einer originären Betriebsstätte in Deutschland zugeordnet werden können.[1799]

Ähnlich wie das Konzept der gewerblich geprägten Personengesellschaft basiert auch das Konzept der Betriebsaufspaltung auf bestimmten rechtlichen Fiktionen bzw. Gesetzesauslegungen, so dass dieses hinsichtlich der Wirtschaftsgüter der Besitzpersonengesellschaft (z. B. Grundstücke) und der Anteile an der Betriebskapitalgesellschaft keine funktionale Zuordnung zu einer originären Betriebsstätte erfordert. Daher wurde der Tatbestand einer Betriebsaufspaltung in § 50i Abs. 1 Satz 4 EStG aufgenommen und eine sinngemäße Anwendung der für gewerblich geprägte Personengesellschaften geltenden Regelungen angeordnet. Somit greift die Vorschrift, die zur Aufdeckung von stillen Reserven, z. B. im Falle einer künftigen Veräußerung oder Entnahme, führt, wenn die Betriebsaufspaltung bereits vor dem 29.06.2013 durch Überführung von Wirtschaftsgütern ohne Aufdeckung und Besteuerung der darin enthaltenen stillen Reserven begründet worden ist und der Ausschluss oder die Beschränkung eines entsprechenden Besteuerungsrechts Deutschlands vor dem 01.01.2017 erfolgte. Ferner sind gem. § 50i Abs. 1 Satz 3 EStG in den erfassten Fällen auch die laufenden Einkünfte eines im Ausland ansässigen Gesellschafters in Deutschland steuerpflichtig, was zu einer Doppelbesteuerung führen kann. Kritisch anzumerken ist zudem, dass § 50i EStG insofern eine überschießende Wirkung hat, als vom Wortlaut her stille Reserven selbst dann erfasst werden, wenn sie nach dem Wegzug entstanden sind.[1800]

Unter wirtschaftlichen Gesichtspunkten ist eine Entstrickungsbesteuerung insbes. dann problematisch, wenn sie unabhängig von einem Liquiditätszufluss zu einer Steuerlast führt. Diese Gefahr ist im Hinblick auf § 50i Abs. 2 EStG v. a. dann gegeben, wenn eine Einbringung von Wirtschaftsgütern und Anteilen, die unter § 50i EStG fallen, in eine andere Kapitalgesellschaft nach § 20 UmwStG erfolgt und das Besteuerungsrecht Deutschlands hinsichtlich der infolge der Einbringung erhaltenen Anteile ausgeschlossen oder beschränkt ist. In einem solchen Fall kann die Einbringung nur unter Aufdeckung der stillen Reserven erfolgen.[1801] Typischerweise ist dies der Fall, wenn der einbringende Gesellschafter im Ausland ansässig ist, so dass dann eine sorgfältige steuerliche Analyse geboten ist.

1799 *Bron*, DStR 2014, 1849 f. m. w. N.; *Pohl*, IStR 2013, 703; *Loschelder*, in: Schmidt, EStG (38. Aufl., 2019), § 50i EStG Rz. 8.
1800 *Loschelder*, in: Schmidt, EStG (38. Aufl., 2019), § 50i EStG Rz. 2 und 7; *Bron*, DStR 2014, 1851 f.; *Pohl*, IStR 2013, 702.
1801 *Loschelder*, in: Schmidt, EStG (38. Aufl., 2019), § 50i EStG Rz. 12.

6.4.5 Zusammenfassung

Die Betriebsaufspaltung bezeichnet ein Doppelunternehmen, das i.d.R. als Folge eines Aufteilungsvorgangs entstanden ist. Kennzeichnend ist eine sachliche und eine personelle Verflechtung zwischen Besitz- und Betriebsunternehmen, die dazu führt, dass die Einkünfte des Besitzunternehmens insbes. dann in gewerbliche Einkünfte umqualifiziert werden, wenn das Besitzunternehmen nicht die Rechtsform einer Kapitalgesellschaft innehat und ansonsten nicht gewerbliche Einkünfte (z.B. Einkünfte aus Vermietung und Verpachtung) erzielt werden würden.

Aufgrund der Qualifizierung des Vermögens einer Besitzpersonengesellschaft als Betriebsvermögen können nach geltender Rechtslage grds. erbschaftsteuerliche Vorteile erzielt werden, jedoch ist eine Abwägung mit sich ergebenden ertragsteuerlichen Nachteilen, z.B. Steuerpflicht eines künftigen Veräußerungsgewinns und Gewerbesteuerpflicht der laufenden Einkünfte bei ggf. nur teilweiser Anrechnung der Gewerbesteuer auf die Einkommensteuer für natürliche Personen, vorzunehmen.

Zu beachten ist, dass sowohl die Errichtung als auch die Beendigung einer Betriebsaufspaltung ggf. unbewusst erfolgen können, was dennoch zu steuerlichen Folgen führt. Insbes. im Hinblick auf eine möglicherweise unbewusste Beendigung sollte geprüft werden, ob Vorkehrungen oder Umwandlungen (z.B. Überführung des Besitzunternehmens in eine gewerblich geprägte GmbH & Co. KG) erfolgen sollten. Im Übrigen kann eine Betriebsaufspaltung im Vergleich zum Einheitsunternehmen insbes. unter haftungsrechtlichen Gesichtspunkten wesentliche Vorteile bieten, die jedoch aus steuerlicher Sicht sorgfältig und ggf. mit weitergehenden Gestaltungen begleitet werden sollten.

Sind Gesellschafter der Betriebsaufspaltung im Ausland ansässig oder erfolgt eine Umstrukturierung einer vor dem 29.06.2013 begründeten Betriebsaufspaltung durch Einbringung in eine Kapitalgesellschaft gem. §20 UmwStG, können hinsichtlich der stillen Reserven der Besitzpersonengesellschaft und der Anteile an der Betriebskapitalgesellschaft Besteuerungsfolgen in Deutschland eintreten, ohne dass ein Liquiditätszufluss vorliegt. Daher sollte in solchen Fällen eine entsprechende steuerliche Analyse und eine eventuelle Überprüfung von alternativen Umstrukturierungen erfolgen.

6.5 Umstrukturierungen

Dr. Wolf-Georg Freiherr von Rechenberg

6.5.1 Allgemeines

Umstrukturierungen von Unternehmen sind im allgemeinen Wirtschaftsleben gang und gäbe. Sie spielen daher auch bei Familienunternehmen wie bei allen anderen Unternehmen eine große Rolle, um eine optimale Unternehmensstruktur zu erreichen, die den Anforderungen des Marktes und der strategischen Ausrichtung des Unternehmens bestmöglich genügt.

Bei Familienunternehmen spielt jedoch die Möglichkeit von Umstrukturierungen auch noch in anderer Hinsicht eine große Rolle. Die Möglichkeiten von gesellschaftsrechtlich und steuerrechtlich optimierten Umwandlungsmaßnahmen können nämlich für die langfristige Strukturierung des unternehmerisch gebundenen Familienvermögens genutzt werden. Dabei spielen vor allem der zivilrechtliche Aspekt einer vollständigen oder zumindest partiellen Gesamtrechtsnachfolge für Maßnahmen nach dem UmwG und die Möglichkeit der steuerlichen Neutralität von Umwandlungsmaßnahmen nach dem UmwStG, das zudem regelmäßig noch die Möglichkeit einer achtmonatigen Rückwirkung für Umstrukturierungsmaßnahmen vorsieht, eine große praktische Rolle. Mithilfe des Instrumentariums, welches das UmwG und das UmwStG bieten, lassen sich letztlich alle gewünschten Änderungen der Struktur zumeist steuerneutral und mit geringem Aufwand umsetzen.

Im Folgenden wird davon ausgegangen, dass sich die Anteile an den jeweiligen Unternehmen im Privatvermögen der Gesellschafter befinden.

6.5.2 Änderungen der Rechtsform

Der Wunsch nach einer Änderung der Rechtsform von Familienunternehmen kann die verschiedensten Motive haben. Diese können einen steuerlichen Hintergrund aus dem Bereich der Ertragsteuern, aber auch etwa aus der Erbschaftsteuer haben. Daneben stehen Gründe der Unternehmensfinanzierung oder der allgemeinen Unternehmensstruktur. Auch die Flucht aus der unternehmerischen Mitbestimmung nach dem Mitbestimmungsgesetz oder ihre Vermeidung kann Motiv für den Wechsel aus der Rechtsform einer Kapitalgesellschaft in eine Personengesellschaft sein. Zwar gilt das Mitbestimmungsgesetz grundsätzlich nur für Kapitalgesellschaften. Es ist jedoch auch anwendbar auf Kommanditgesellschaften, in denen eine Kapitalgesellschaft persönlich haftender Gesellschafter ist und die Mehrheit der Kommanditisten auch die Mehrheit der Anteile an der Komplementärin innehat. Es sei denn, die Komplementärin hätte einen eigenen Geschäftsbetrieb mit in der Regel mehr als 500 Arbeitnehmern

(§ 4 Abs. 1 Mitbestimmungsgesetz).[1802] Umgekehrt kann der Wechsel von der Personengesellschaft in die Kapitalgesellschaft beispielsweise dadurch motiviert sein, dass eine vollständige Haftungsbeschränkung erreicht werden soll, die bei Personengesellschaften lediglich durch die Einschaltung von Kapitalgesellschaften als persönlich haftende Gesellschafter etwa bei Kommanditgesellschaften erreicht werden kann. Ein Wechsel in eine Kapitalgesellschaft kann etwa dann erforderlich sein, wenn ein Börsengang geplant ist oder aber Unternehmensanleihen oder Genussscheine ausgegeben werden sollen.

6.5.2.1 Wechsel in eine Kapitalgesellschaft

6.5.2.1.1 Formwechsel nach dem Umwandlungsgesetz[1803]

6.5.2.1.1.1 Umwandlungsrecht

Besteht das Unternehmen in der Rechtsform einer Personengesellschaft, kann der Wechsel in eine Kapitalgesellschaft nach den Regelungen des UmwG (§§ 190 ff. UmwG) oder aber auf rein gesellschaftsrechtlicher Ebene etwa durch Anwachsung erfolgen (vgl. dazu sogleich 6.5.2.1.2).

Beim Formwechsel nach dem UmwG bedarf es der Vorbereitung des Formwechsels durch das Vertretungsorgan, das ein ausführliches Umwandlungskonzept erstellen und dabei insbesondere die künftige Beteiligung der Anteilseigner an den neuen Rechtsträgern rechtlich und wirtschaftlich erläutern und begründen muss (§ 192 Abs. 1 UmwG). Der Umwandlungsbericht, der bereits einen Entwurf des in der Gesellschafterversammlung zu fassenden Umwandlungsbeschlusses enthalten muss, hat die wesentlichen Details der geplanten Umwandlung im Hinblick auf den nach der Umwandlung bestehenden Rechtsträger (Rechtsform, Name oder Firma, Umwandlungsstichtag; § 194 Abs. 1 UmwG) sowie Einzelheiten über die zukünftige Beteiligung oder die Mitgliedschaften der bisherigen Gesellschafter am neuen Rechtsträger zu enthalten (§ 194 Abs. 1 UmwG). Der Formwechsel kann wie alle Umwandlungen nach dem UmwG bis zu acht Monaten rückwirkend erfolgen (§ 2 UmwStG). Daneben sind – wie bei allen Umwandlungsvorgängen – Regelungen darüber aufzunehmen, welche Rechtsstellung Anteilseigner mit Sonderrechten (stimmrechtslose Aktien, Vorzugsaktien, Mehrstimmrechtsaktien, Schuldverschreibungen und Genussscheine) in der Gesellschaft der neuen Rechtsform erhalten sollen (§ 194 Abs. 1 Nr. 5 UmwG). Gegebenenfalls ist ein Abfindungsangebot für diejenigen Gesellschafter aufzunehmen, die die Umwandlung nicht mitmachen wollen und daher, wenn sie in der entsprechenden Gesellschafterversammlung Widerspruch zu Protokoll erklären (§ 194 Abs. 1 Nr. 6 i.V.m. § 207 UmwG), aus der Gesellschaft ausscheiden können. Schließlich muss der Umwandlungsbericht ebenfalls wie bei allen anderen Umwandlungsvorgängen nach dem UmwG die Folgen der Umwandlung für die Arbeitnehmer und ihre Vertretungen sowie

1802 S. dazu die Ausführungen in II 1.8.

1803 Vgl. hierzu insgesamt *Schmitt/Hörtnagl/Stratz*, UmwG, UmwStG, §§ 190 ff.; *von Rechenberg*, in: von Rechenberg/Ludwig, 2017, Kap. 20.E.

die insoweit vorgesehenen Maßnahmen darstellen. Da beim bloßen Formwechsel sich außer der rechtlichen Gestalt des Unternehmens keine Änderungen ergeben, hat der Formwechsel mit Ausnahme von der Bedeutung nach den Gesetzen über die unternehmerische Mitbestimmung keine Auswirkungen für die Arbeitsverhältnisse. Etwas anderes gilt dann, wenn das Unternehmen durch den Formwechsel in eine Kapitalgesellschaft wegen der Zahl der Arbeitnehmer mitbestimmungspflichtig wird. In diesem Fall ist auf die entsprechenden Vorschriften des Drittbeteiligungsgesetzes oder des Mitbestimmungsgesetzes zu verweisen und die Folgen des Formwechsels im Hinblick auf die Einrichtung eines Aufsichtsrates sind zu erläutern (vgl. dazu 1.8). Er muss dann im Entwurf spätestens einen Monat vor dem Tag der Gesellschafterversammlung, die den Umwandlungsbeschluss fassen soll, dem zuständigen Betriebsrat zugeleitet werden (§ 194 Abs. 1 Nr. 7 und Abs. 2 UmwG).

Formwechselnde Rechtsträger können grundsätzlich alle Personengesellschaften mit Ausnahme der Gesellschaft bürgerlichen Rechts sein (§ 191 Abs. 1 UmwG). Rechtsträger neuer Rechtsform können alle Arten der Kapitalgesellschaften sein (§ 191 Abs. 2 Nr. 3 UmwG). Dabei ist beim Formwechsel zu berücksichtigen, dass die jeweiligen Gründungsvorschriften für die neue Rechtsform zu beachten sind (§ 197 UmwG). Es handelt sich nämlich insofern beim Formwechsel um die Neugründung einer Kapitalgesellschaft, so dass die Sachgründungsvorschriften für die GmbH und die AG zu berücksichtigen sind (z. B. §§ 5 Abs. 4, 9, 9a und 9b GmbHG und §§ 32, 46, 50 und 51 AktG).

Der Gesellschafterbeschluss zum Formwechsel bedarf bei der Personengesellschaft der Zustimmung sämtlicher Gesellschafter, auch derjenigen, die nicht in der Gesellschafterversammlung erschienen sind. Allerdings kann der Gesellschaftsvertrag der Personengesellschaft eine Mehrheitsentscheidung mit Dreiviertelmehrheit vorsehen (§ 217 Abs. 1 UmwG). Es empfiehlt sich daher gerade auch bei der Gestaltung von Gesellschaftsverträgen für Familienpersonengesellschaften bereits bei der Abfassung dafür Sorge zu tragen, dass später eine Umwandlung in eine Kapitalgesellschaft mit einer Dreiviertelmehrheit beschlossen werden kann. Dass bei der Umwandlung in eine Kommanditgesellschaft auf Aktien diejenigen Gesellschafter der Umwandlung ausdrücklich zustimmen müssen, die persönlich haftende Gesellschafter werden sollen, versteht sich von selbst (§ 217 Abs. 3 UmwG).

Wie alle Umwandlungsbeschlüsse ist auch der Umwandlungsbeschluss im Rahmen eines Formwechsels notariell zu beurkunden (§ 193 Abs. 3 Satz 1 UmwG).

Der Formwechsel ist von allen Mitgliedern des zukünftigen Vertretungsorgans und gegebenenfalls allen Mitgliedern des Aufsichtsrats zum Handelsregister anzumelden.[1804]

1804 Wegen der Einzelheiten vgl. § 222 UmwG.

Mit der Eintragung in das Handelsregister wird der Formwechsel wirksam, das Unternehmen hat nunmehr die neu gewählte Rechtsform und die bisherigen Gesellschafter die Gesellschafterstellung in der neuen Rechtsform (§ 202 UmwG).

Allerdings bereitet der Formwechsel nach dem UmwG gerade bei der häufigsten Form der Personengesellschaft, nämlich der GmbH & Co. KG, besondere Schwierigkeiten. Zunächst ist schon begrifflich ausgeschlossen, dass der Formwechsel »auf« die Komplementär-GmbH erfolgt. Zudem wird dieser Weg dadurch erschwert, dass die Komplementärin bei der typischen GmbH & Co. KG nicht am Vermögen beteiligt ist. Die rechtliche Schwierigkeit beruht darauf, dass gem. § 202 Abs. 1 Nr. 2 UmwG der Formwechsel eine »Gesellschafterkontinuität« erfordert. Danach ist ein Formwechsel nur möglich, wenn sämtliche Gesellschafter der zukünftigen Rechtsform auch am Vermögen des umzuwandelnden Rechtsträgers beteiligt sind. Dies ist bei einer Umwandlung einer GmbH & Co. KG aber gerade nicht gewollt. Will man daher in der Praxis den Weg eines Formwechsels nach den Regeln des UmwG beschreiten, ist es erforderlich, dass die GmbH lediglich zum Zwecke der Umwandlung zunächst treuhänderisch einen Teil der Kommanditeinlage eines Kommanditisten erwirbt. Sodann wird der Formwechsel beschlossen und die Komplementär-GmbH wird im Ergebnis gar nicht Gesellschafterin der im Rahmen des Formwechsels neu entstehenden GmbH. Nachteil dieser Regelung ist, dass die bisherige Komplementärin »übrig bleibt«. Sie ist also im Nachgang zum Formwechsel zu liquidieren oder etwa auf die neu entstandene GmbH zu verschmelzen.

6.5.2.1.1.2 Steuerliche Folgen

Die Umwandlung nach dem UmwG stellt handelsrechtlich einen identitätswahrenden Vorgang dar. Es ist daher auch keine Schlussbilanz des formwechselnden Rechtsträgers zu erstellen.[1805] Aus steuerlicher Sicht stellt der Formwechsel jedoch eine Übertragung von Vermögen vom Gesamthandsvermögen der Personengesellschaft auf den neuen Rechtsträger dar. Dies bedeutet, dass auf den Stichtag des Formwechsels eine »Formwechsel-Schlussbilanz« für den Rechtsträger in der bisherigen Rechtsform und eine Eröffnungsbilanz für den Rechtsträger in der neuen Rechtsform aufzustellen sind.

Steuerlich wird der Formwechsel als Einbringung von Unternehmensanteilen in eine Kapitalgesellschaft nach § 20 UmwStG behandelt. Damit ist nach dem gesetzlichen Regelfall das eingebrachte Betriebsvermögen mit dem gemeinen Wert anzusetzen (§ 20 Abs. 2 Satz 1 UmwStG). So würde in Höhe der Differenz zwischen den Buchwerten und dem gemeinen Wert des Vermögens eine Gewinnrealisierung eintreten. Das Gesetz erlaubt jedoch auf Antrag nicht nur eine Buchwertfortführung, sondern auch einen Ansatz des übergehenden Vermögens mit jeglichem Zwischenwert zwischen dem gemeinen Wert und dem Buchwert (§ 20 Abs. 2 Satz 2 UmwStG). Dies gilt allerdings nur dann, wenn sichergestellt ist, dass die neue Kapitalgesellschaft der deutschen Körperschaftsteuer unterliegt, das Aktivvermögen – ohne das Eigenkapital – größer

1805 Früher war dem Umwandlungsbericht lediglich eine Vermögensaufstellung beizufügen (§ 192 Abs. 2 UmwG a. F.).

ist als das Passivvermögen und es keine Einschränkung im Hinblick auf das deutsche Besteuerungsrecht bei einer Veräußerung des eingebrachten Vermögens gibt (§ 20 Abs. 2 Satz 2 UmwStG). Durch den Formwechsel lässt sich daher eine Rechtsformänderung ohne Realisierung steuerlicher Reserven bewerkstelligen. Andererseits kann ein Formwechsel jedoch auch dafür genutzt werden, um stille Reserven zu heben. Dies kann etwa dann nützlich sein, wenn ein Überschuldungsstatus zu erstellen ist. Ebenso wie im Handelsrecht ist auch steuerlich durch eine entsprechende Wahl des Übertragungsstichtags eine Rückwirkung von bis zu acht Monaten möglich (§ 20 Abs. 6 UmwStG).

Zusätzlich ist zu beachten, dass der Zinsvortrag und der EBITDA-Vortrag in allen Fällen des § 20 UmwStG vollständig verloren gehen (§ 20 Abs. 9 UmwStG). Das ist immer dann der Fall, wenn die Umwandlung steuerrechtlich als Einbringung betrachtet wird, mithin auch beim Formwechsel in eine Kapitalgesellschaft.

Auf der Ebene der Gesellschafter führt die Umwandlung zu Buchwerten konsequenterweise ebenfalls nicht zu einer Gewinnrealisierung (§ 22 Abs. 1 Satz 1 UmwStG). An die Stelle der Mitunternehmeranteile treten steuerlich die Anteile an der Kapitalgesellschaft. Allerdings gelten die im Wege eines solchen Formwechsels zu Buchwerten erworbenen Anteile an der Kapitalgesellschaft als »einbringungsgeborene« Anteile i. S. v. § 22 Abs. 1 Satz 1 UmwStG. Damit werden bei einer Veräußerung oder einer vom Gesetz der Veräußerung gleichgestellten Maßnahme[1806] innerhalb von sieben Jahren nach dem Einbringungszeitpunkt insoweit die Buchwertfortführung rückwirkend aufgelöst und die stillen Reserven, die zum Einbringungszeitpunkt bestanden, rückwirkend besteuert.[1807] Dies gilt nicht nur beim Verkauf der Anteile. Vielmehr sieht § 22 Abs. 1 Satz 6 UmwStG verschiedene Ersatzrealisationstatbestände vor, wie etwa die unentgeltliche Übertragung auf eine Kapitalgesellschaft, die Auflösung der formgewechselten Gesellschaft und anderes mehr.[1808]

Erfolgt der Formwechsel unter Auflösung von stillen Reserven, also zum gemeinen Wert, ist der Veräußerungsgewinn nach § 16 Abs. 4 EStG sowie § 34 Abs. 1 und 3 EStG begünstigt. Dies gilt allerdings nicht, wenn die stillen Reserven nur anteilig aufgelöst werden, der Formwechsel also zu Zwischenwerten erfolgt. Hier ist der Veräußerungsgewinn steuerpflichtig und nicht begünstigt.

1806 § 22 Abs. 1 Satz 6 UmwStG; vgl. hierzu und zu den Einzelheiten der Ermittlung des steuerpflichtigen Gewinns *Schmitt/Hörtnagl/Stratz*, UmwStG, § 22/24 ff.

1807 § 22 Abs. 1 Satz 1 UmwStG; zu den Einzelheiten *Schmitt/Hörtnagl/Stratz*, UmwG/UmwStG § 22/24 ff. und 50 ff.

1808 Etwa die weitere Einbringung der Anteile oder die Abwicklung oder Auflösung der Kapitalgesellschaft; zu Einzelheiten vgl. *Schmitt/Hörtnagl/Stratz*, UmwG/UmwStG § 22/74 ff.

6.5.2.1.2 Formwechsel außerhalb des Umwandlungsgesetzes

6.5.2.1.2.1 Sachgründung oder Sachkapitalerhöhung

Der Formwechsel einer Personengesellschaft in eine Kapitalgesellschaft ist auch außerhalb der Regelungen des UmwG möglich. Eine Alternative für einen solchen Formwechsel ist die Einbringung sämtlicher Mitunternehmeranteile der Personengesellschaft in eine neue Kapitalgesellschaft im Wege der Sachgründung oder durch Sachkapitalerhöhung bei einer Kapitalgesellschaft. Hierfür gelten die allgemeinen Sachgründungsvorschriften des GmbHG und des AktG. Der Umwandlungsvorgang als solcher bedarf dann zwar nicht notarieller Beurkundung, jedoch ist die Gründung der jeweiligen neuen Kapitalgesellschaft oder der Kapitalerhöhungsbeschluss nach den gesellschaftsrechtlichen Vorschriften beurkundungspflichtig (§ 2 GmbHG, § 53 GmbHG, § 23 Abs. 1 AktG; § 179 AktG). Infolge der Einbringung der Mitunternehmeranteile ist im Ergebnis auch eine Gesamtrechtsnachfolge im Hinblick auf alle Aktiva und Passiva, die in der bisherigen Personengesellschaft enthalten waren, gegeben.

6.5.2.1.2.2 Anwachsung

Bei der am meisten verbreiteten Personengesellschaft, der GmbH & Co. KG (sowie bei allen Personengesellschaften, bei denen eine Kapitalgesellschaft Gesellschafterin ist) kommt darüber hinaus noch eine andere Alternative in Betracht, die im Ergebnis ebenfalls den Übergang des Vermögens der Personengesellschaft auf eine Kapitalgesellschaft erreicht. Dabei besteht der Vorteil darin, dass die bereits bestehende Komplementär-GmbH diejenige Kapitalgesellschaft ist, die nach der Anwachsung allein noch besteht. Dieser faktische Formwechsel kann auf zweierlei Art und Weise erreicht werden. Zum einen könnten alle Kommanditisten aus der Kommanditgesellschaft ausscheiden, so dass das gesamte Gesellschaftsvermögen der Komplementärin als einziger verbleibender Gesellschafterin anwächst. Hierbei sind jedoch die Vorschriften des Gesellschaftsvertrags für die Abfindungen an ausscheidende Gesellschafter zu beachten. Alternativ kann die Anwachsung dadurch erreicht werden, dass alle Kommanditisten ihre Kommanditbeteiligungen im Wege einer Sachkapitalerhöhung gegen Gewährung entsprechender Anteile an der Komplementärin in diese einbringen. Damit wird die Komplementärin im Ergebnis alleinige Gesellschafterin und das gesamte Vermögen der KG liegt bei ihr (§ 738 Abs. 1 Satz 1 BGB, § 105 HGB, § 161 Abs. 2 HGB). Die KG selbst besteht als solche nicht fort, weil sie nur noch einen Gesellschafter hätte.

6.5.2.1.2.3 Steuerliche Behandlung

Steuerlich werden die Sachgründung unter Einbringung der Mitunternehmeranteile und die entsprechende Kapitalerhöhung sowie die Anwachsungsmodelle in gleicher Weise behandelt wie der Formwechsel nach dem UmwG. Die Regelungen der §§ 20 ff. UmwStG unterscheiden nicht danach, ob die Einbringung der bisherigen Mitunternehmeranteile nach den Vorschriften des UmwG durch Formwechsel nach den §§ 190 ff. UmwStG oder auf gesellschaftsrechtlichem Wege durch Einbringungen im Zuge von Sachkapitalerhöhungen oder Sachgründung erfolgt. Es kann insoweit vollständig auf die vorstehenden steuerlichen Ausführungen zum Formwechsel nach den Vorschriften der §§ 190 ff. UmwStG verwiesen werden (vgl. 6.5.2.1.1.2).

Dies gilt allerdings nicht für das Anwachsungsmodell bei der GmbH & Co. KG, bei der die Kommanditisten ihre Beteiligung nicht im Wege der Sachkapitalerhöhung in die GmbH einbringen, sondern aus der KG (mit oder ohne Abfindung) ausscheiden. Dieser Vorgang wird steuerlich als Veräußerungsvorgang behandelt. Infolgedessen ist insbesondere keine Buchwertfortführung möglich, sondern es ist stets ein Veräußerungs- oder Aufgabegewinn zu versteuern.

6.5.2.2 Wechsel in eine Personengesellschaft

6.5.2.2.1 Formwechsel nach dem Umwandlungsgesetz

Der Formwechsel einer Kapitalgesellschaft in eine Personengesellschaft richtet sich zunächst umwandlungsrechtlich nach den gleichen allgemeinen Regelungen wie die Umwandlung einer Personengesellschaft in eine Kapitalgesellschaft. Anders als im umgekehrten Fall ist auch die Umwandlung einer Kapitalgesellschaft in eine Gesellschaft bürgerlichen Rechts möglich (§ 191 Abs. 2 Nr. 1 UmwG). Es gelten also zunächst §§ 190–213 UmwG.

Die §§ 228 ff. UmwG regeln jedoch Besonderheiten dieser Art des Formwechsels. So ist bestimmt, dass bei der Umwandlung in eine Personenhandelsgesellschaft der Unternehmensgegenstand konform mit § 105 Abs. 1 und Abs. 2 HGB sein muss (§ 228 Abs. 1 UmwG). Die Umwandlung in eine Partnerschaftsgesellschaft ist zudem nur dann möglich, wenn zukünftige Partner einen freien Beruf ausüben (§ 228 Abs. 2 UmwG). Einzelheiten über die Anforderungen bei der Beschlussfassung regeln §§ 233 ff. UmwG. Hat der Formwechsel zur Folge, dass in der neuen Rechtsform die Gesellschafter einer persönlichen Haftung unterliegen, ist über die sonst übliche Dreiviertelmehrheit hinaus die Zustimmung sämtlicher bisheriger Anteilseigner erforderlich (§ 233 Abs. 1 UmwG).

Der Beschluss zum Formwechsel in eine Kommanditgesellschaft, typischerweise in eine GmbH & Co. KG, bedarf zwar grundsätzlich nur einer Dreiviertelmehrheit, darüber hinaus aber auch der ausdrücklichen Zustimmung derjenigen Gesellschafter, die in der neuen Rechtsform persönlich haftende Gesellschafter sein sollen (§ 233 Abs. 2 UmwG).

Für den Umwandlungsbeschluss gelten im Übrigen die allgemeinen Vorschriften des Formwechsels. Zusätzlich müssen der Sitz der Gesellschaft neuer Rechtsform sowie bei Kommanditgesellschaften genaue Angaben über die Kommanditisten und ihre Einlagebeträge enthalten sein (§ 234 UmwG).

Die Anmeldung des Formwechsels erfolgt schon beim für die neue Rechtsform zuständigen Gericht. Etwas anderes gilt allerdings bei der Umwandlung einer Kapitalgesellschaft in eine Gesellschaft bürgerlichen Rechts, für die ja kein öffentliches Register geführt wird. Hier muss die Anmeldung beim Registergericht der bisherigen Kapitalgesellschaft erfolgen (§ 235 Abs. 1 UmwG).

Mit Eintragung des Formwechsels im Handelsregister ist dieser vollzogen und die Gesellschafterstellung besteht an der Gesellschaft in der neuen Rechtsform. Alle Rechtsverhältnisse bestehen nunmehr mit der Gesellschaft neuer Rechtsform.

Für die Umwandlung einer Kapitalgesellschaft in eine GmbH & Co. KG gilt die Besonderheit, dass auch hier wegen des Erfordernisses der Gesellschafterkontinuität gem. § 202 Abs. 1 Nr. 2 UmwG die zukünftige Komplementärin bereits an der umzuwandelnden Kapitalgesellschaft beteiligt sein muss. Dieses wurde in der Praxis dadurch gelöst, dass die zukünftige Komplementärin von den zukünftigen Kommanditisten gegründet wird und sodann einen geringen Anteil an der umzuwandelnden Kapitalgesellschaft übertragen bekommt. Nach allgemeiner Auffassung reichte es dabei sogar aus, wenn dieser Anteil zunächst von einem der zukünftigen Kommanditisten treuhänderisch für die zukünftige Komplementärin gehalten wird und dann nach Vollzug der Umwandlung das Treuhandverhältnis sofort endet.[1809] Inzwischen hat der Bundesgerichtshof in einem obiter dictum den Eintritt eines neuen Gesellschafters (der Komplementär GmbH) erst »im Zuge des Formwechsels« für zulässig erklärt.[1810] Demzufolge geht jedenfalls die herrschende Meinung in der Literatur davon aus, dass es derartiger Treuhandlösungen nicht mehr bedarf.[1811]

6.5.2.2.2 Steuerliche Behandlung

Die steuerliche Behandlung des Formwechsels einer Kapitalgesellschaft in eine Personengesellschaft ist im UmwStG ausdrücklich geregelt. § 9 UmwStG erklärt die für die Verschmelzung geltenden Vorschriften der §§ 3–8 und 10 UmwStG für entsprechend anwendbar.

Wie im Zivilrecht ist auch im Umwandlungssteuerrecht für die Umwandlung eine Rückwirkung von bis zu acht Monaten möglich (§ 9 Satz 3 UmwStG).

Wie auch bei sonstigen Umwandlungsvorgängen, die dem UmwStG unterliegen, sind die Wirtschaftsgüter des formwechselnden Rechtsträgers in der steuerlichen Schlussbilanz der Kapitalgesellschaft mit dem gemeinen Wert anzusetzen (§ 3 Abs. 1 Satz 1 UmwStG). Soweit die Besteuerung der in den Wirtschaftsgütern enthaltenen stillen Reserven gesichert ist, ist wie bei den übrigen Umwandlungsvorgängen auf Antrag der Ansatz zum Buchwert oder zu jedem beliebigen Zwischenwert möglich (§ 3 Abs. 2 UmwStG). Demzufolge wird auf der Ebene der Kapitalgesellschaft kein, ein teilweiser oder ein die vollständige Aufdeckung der stillen Reserven umfassender Umwandlungsgewinn realisiert. Auf der Ebene des Rechtsträgers neuer Rechtsform werden die in der Schlussbilanz der Kapitalgesellschaft angesetzten Werte, je nach Ausübung des Wahlrechts, fortgeführt (§ 4 Abs. 1 UmwStG).

1809 Vgl. hierzu *Schmitt/Hörtnagl/Stratz*, UmwG, UmwStG, § 226 Rn. 2 ff.

1810 BGH vom 25.07.2005, DB 2005, 1843.

1811 Vgl. hierzu *Schmitt/Hörtnagl/Stratz*, UmwG, UmwStG, § 226 Rn. 3 ff. mit einer Übersicht über Rechtsprechung und Literatur.

Von besonderer Bedeutung in der Praxis ist, dass verrechenbare Verluste, verbleibende Verlustvorträge sowie der Zinsvortrag und der EBITDA-Vortrag nach § 4h EStG im Rahmen des Formwechsels vollständig verloren gehen.[1812] Um den Verlust des Verlustvortrags zu kompensieren, kann es sich empfehlen, die Umwandlung zumindest zu Zwischenwerten vorzunehmen. Damit kann der zunächst vorhandene Verlustvortrag durch einen entsprechenden – jedoch nicht zur Besteuerung führenden – Umwandlungsgewinn kompensiert werden. Eine Grenze für eine solche Nutzung des Verlustvortrages besteht jedoch in den Regeln der Mindestbesteuerung.[1813]

Wegen des Rechtsformwechsels in eine Personengesellschaft findet insofern auch eine Änderung der steuerlichen Situation beim Anteilseigner statt. An die Stelle einer Beteiligung an einer Kapitalgesellschaft tritt nunmehr die Beteiligung an einer Personengesellschaft. Handelt es sich bei den im Privatvermögen gehaltenen Anteilen an der Kapitalgesellschaft um Anteile i. S. v. § 17 EStG, d. h. eine Beteiligung, die innerhalb der letzten fünf Jahre jedenfalls mindestens ein Prozent betragen hat, bestimmt § 5 Abs. 2 UmwStG, dass diese Beteiligung mit ihren Anschaffungskosten als in das Betriebsvermögen des übernehmenden Rechtsträgers eingelegt gilt. Werden die Anteile im Privatvermögen unterhalb der Schwelle des § 17 EStG gehalten, findet keine Realisierung statt.[1814]

Besonders zu beachten ist beim Formwechsel in eine Personengesellschaft die Regelung des § 18 Abs. 3 UmwStG. Danach unterliegt ein Aufgabe- oder Veräußerungsgewinn hinsichtlich von Anteilen an der formgewechselten Gesellschaft (soweit er sich auf Betriebsvermögen bezieht, welches bei der Umwandlung bereits vorhanden war), der innerhalb von fünf Jahren nach dem Formwechsel erfolgt, der Gewerbesteuer. Zudem ist in diesem Fall die auf diesen Vorgang anfallende Gewerbesteuer bei der Ermäßigung der Einkommensteuer gem. § 35 EStG nicht zu berücksichtigen.

6.5.3 Änderungen der Gruppenstruktur

Die Notwendigkeit von Veränderungen der Struktur der von den Familienunternehmen betriebenen Gesellschaften kann sich aus verschiedenen Gesichtspunkten ergeben. Auch hier können rein betriebswirtschaftliche Gesichtspunkte, Gesichtspunkte der Optimierung der Finanzierung, aber auch Überlegungen eine Rolle spielen, die typisch für Familienunternehmen sind. Dabei ist insbesondere an die Zusammenführung aller Aktivitäten der Familie in einer Gesellschaft zu denken, die durch Verschmelzungen erreicht werden kann. Denkbar ist aber auch, dass die Gruppenstruktur für Nachfolgeregelungen innerhalb oder auch außerhalb der Familie durch Spaltungsvorgänge optimiert werden soll, so dass bestimmte Einheiten isoliert werden und so im Rahmen einer Nachfolgeregelung bestimmten Nachfolgern zukommen können.

1812 § 4 Abs. 2 Satz 2; *Schmitt/Hörtnagl/Stratz*, UmwG, UmwStG, § 4 Rn. 77 m. w. N.
1813 § 10d EStG; *Blümich/Schlenker*, EStG § 10d Rn. 171 ff.
1814 *Schmitt/Hörtnagl/Stratz*, UmwG, UmwStG, § 5 Rn. 5.

6.5.3.1 Verschmelzungen

6.5.3.1.1 Umwandlungsrecht[1815]

Verschmelzungen sind das geeignete Instrument zur Zusammenführung bislang gesellschaftsrechtlich getrennt geführter Aktivitäten der Familie. Sollen anstelle von Transaktionen, bei denen die jeweiligen Aktivitäten gekauft werden, oder zur Zusammenführung von Aktivitäten Beteiligungen oder sonstige Aktiva und Passiva der Gesellschaften in andere Unternehmensträger eingebracht werden, bietet sich die umwandlungsrechtliche Verschmelzung an, wenn im Wege der umfassenden Gesamtrechtsnachfolge bestehende Rechtsträger in anderen Rechtsträgern aufgehen sollen.

Zivilrechtliche Grundlage für Verschmelzungen sind die Regelungen des zweiten Buchs des UmwG (§§ 2–122l UmwG). Bei einer Verschmelzung geht das gesamte Vermögen des übertragenden Rechtsträgers im Wege der Gesamtrechtsnachfolge auf den aufnehmenden oder im Rahmen der Verschmelzung neu gegründeten Rechtsträger über (§ 2 UmwG). Der übertragende Rechtsträger erlischt ohne Liquidation. Die Anteilseigner des übertragenden Rechtsträgers erhalten im Gegenzug für den Verlust ihrer Beteiligung am übertragenden Rechtsträger Anteile am aufnehmenden oder neuen Rechtsträger.

Verschmelzungen können zur Aufnahme oder zur Neugründung erfolgen (§ 2 UmwG). Bei der Verschmelzung zur Aufnahme wird der übertragende Rechtsträger auf einen bereits bestehenden anderen Rechtsträger verschmolzen. Bei der Verschmelzung zur Neugründung erfolgt die Verschmelzung von mindestens zwei (aber auch mehreren) Rechtsträgern dadurch, dass diese im Rahmen der Verschmelzung einen neuen Rechtsträger gründen, auf den im Rahmen der Verschmelzung das gesamte Vermögen der bisherigen Unternehmen übergeht.

Alle Personengesellschaften, mit Ausnahme der Gesellschaft bürgerlichen Rechts, und alle Kapitalgesellschaften sind verschmelzungsfähige Rechtsträger (§ 3 UmwG).

Die Grundlage für eine Verschmelzung ist der Verschmelzungsvertrag. Dieser enthält sämtliche Details der Umwandlung.[1816] Er wird – als gegenseitiger zivilrechtlicher Vertrag – zwischen den beteiligten Unternehmen geschlossen und bedarf zu seiner Wirksamkeit notarieller Beurkundung (§ 6 UmwG). Der Verschmelzungsvertrag wird nur wirksam, wenn die Anteilseigner der

1815 Vgl. hierzu insgesamt *von Rechenberg*, in: von Rechenberg/Ludwig, 2017, Kap. 20; zum Umwandlungssteuerrecht; *Seeliger*, ebenda, Kap. 23. G.

1816 § 5 UmwG; zu den Einzelheiten vgl. *von Rechenberg*, in: von Rechenberg/Ludwig, 2017; *Schmitt/Hörtnagl/Stratz*, UmwG, UmwStG, § 5/5 ff.

beteiligten Gesellschaften in einer Gesellschafterversammlung (d. h. also nicht im Umlaufverfahren[1817]) mit qualifizierter (Dreiviertel-)Mehrheit darüber Beschluss fassen.[1818]

Der wirtschaftlich bedeutsamste Inhalt des Verschmelzungsvertrags ist die Festlegung des Umtauschverhältnisses. Dieses regelt, in welchem Verhältnis sich die Beteiligung der Gesellschafter des übertragenden Rechtsträgers in ihrer zukünftigen Beteiligung beim aufnehmenden oder dem neuen, durch die Verschmelzung entstehenden Rechtsträger widerspiegelt. Die Ermittlung des Umtauschverhältnisses erfolgt auf der Basis einer Bewertung der an der Verschmelzung beteiligten Unternehmen, durch einen Vergleich dieser Werte und die Ermittlung einer Relation im Hinblick auf die zukünftige Beteiligung an der aufnehmenden Gesellschaft.[1819]

Im Verschmelzungsvertrag wird auch der Verschmelzungsstichtag festgelegt (§ 5 Abs. 1 Nr. 6 UmwG). Dieser kann wie bei allen Umwandlungsvorgängen nach dem UmwG bis zu acht Monate vor der Anmeldung der Verschmelzung zum jeweiligen Registergericht liegen (§ 17 Abs. 2 Satz 4 UmwG).

Der Verschmelzungsvertrag muss auch die Auswirkungen der Verschmelzung auf die Arbeitsverhältnisse in den beteiligten Gesellschaften erläutern (§ 5 Abs. 1 Nr. 9 UmwG). Er ist den Betriebsräten der beteiligten Unternehmen spätestens einen Monat vor der Beschlussfassung über die Verschmelzung zuzuleiten (§ 5 Abs. 3 UmwG). Die Regelung über die Zuleitung an den Betriebsrat ist aber lediglich eine Formvorschrift mit Ordnungscharakter[1820], d. h. es knüpfen sich keine besonderen umwandlungsrechtlichen Mitwirkungsrechte des Betriebsrats daran an. Allerdings ist darauf zu achten, dass Verschmelzungen regelmäßig Betriebsänderungen i. S. v. § 111 Betriebsverfassungsgesetz sind, die demzufolge Interessenausgleichsverhandlungen erfordern.[1821] Der Nachweis über die Zuleitung an den Betriebsrat ist mit der Handelsregisteranmeldung der Verschmelzung einzureichen (§ 17 Abs. 1 UmwG).

Nach der Beschlussfassung durch die Gesellschafterversammlungen der beteiligten Unternehmen ist die Verschmelzung bei den zuständigen Registergerichten anzumelden (§§ 16, 17 UmwG). Mit der Eintragung der Verschmelzung im Register des aufnehmenden oder neuen Rechtsträgers wird die Verschmelzung rechtlich wirksam. Damit geht das gesamte Vermögen des übertragenden Rechtsträgers mit Wirkung zum Übertragungsstichtag auf den aufnehmenden Rechtsträger über, die Anteilseigner des übertragenden Rechtsträgers werden Anteilseigner des aufnehmenden Rechtsträgers und der übertragende Rechtsträger erlischt (§§ 19 ff. UmwG).

1817 *Schmitt/Hörtnagl/Stratz*, UmwG, UmwStG, § 13/14.

1818 § 43 UmwG (Einstimmigkeit bei Personenhandelsgesellschaften, es sei denn der Gesellschaftsvertrag sieht eine Dreiviertelmehrheit vor; § 50 UmwG (Dreiviertelmehrheit bei der GmbH); § 65 UmwG (Dreiviertelmehrheit bei der AG).

1819 *Schmitt/Hörtnagl/Stratz*, UmwG, UmwStG, § 5 Rn. 5 ff.

1820 OLG Naumburg vom 06.02.1997, DB 1997, 466; *Schmitt/Hörtnagl/Stratz*, UmwG, UmwStG § 5 Rn. 108.

1821 Vgl. hierzu *von Rechenberg*, in: von Rechenberg/Ludwig, 2017, Rn. 56 m. w. N.

6.5.3.1.2 Steuerfolgen der Verschmelzung

Die steuerlichen Folgen der Umwandlung von Körperschaften in Personengesellschaften sind in den Paragraphen §§ 3–10 UmwStG geregelt. Dabei ist zunächst zu unterscheiden zwischen der steuerlichen Behandlung des Übertragungsgewinns (auf Seiten des übertragenden Rechtsträgers) und des Übernahmegewinns auf Seiten des übernehmenden Rechtsträgers.

Insgesamt ist bei den steuerlichen Auswirkungen sogar zwischen drei Aspekten zu unterscheiden: den Auswirkungen beim übertragenden Rechtsträger (§ 3 UmwStG), den Auswirkungen beim übernehmenden Rechtsträger (§ 4 UmwStG) und den Auswirkungen bei den Gesellschaftern des übertragenden Rechtsträgers (§ 5 UmwStG). Bei den Gesellschaftern des aufnehmenden Rechtsträgers treten keine steuerlichen Besonderheiten auf. Für den aufnehmenden Rechtsträger ist die Verschmelzung ein Geschäftsvorfall im laufenden Geschäftsbetrieb. Die Änderungen spielen sich insoweit ausschließlich auf der Gesellschafterebene ab.

Grundsätzlich sind bei der Verschmelzung in der steuerlichen Schlussbilanz des übertragenden Rechtsträgers die Vermögensgegenstände mit dem gemeinen Wert anzusetzen, so dass es zu einer steuerlichen Realisierung der stillen Reserven und zu einem Verschmelzungsgewinn kommt (§ 3 Abs. 1 UmwStG). Auf Antrag dürfen die Vermögensgegenstände jedoch mit dem Buchwert oder mit jedem beliebigen Zwischenwert zwischen dem Wert und dem gemeinen Wert angesetzt werden (§ 3 Abs. 2 UmwStG). Dies ist jedoch nur dann erlaubt, wenn die Wirtschaftsgüter bei der übernehmenden Gesellschaft Betriebsvermögen werden und daher sichergestellt ist, dass sie bei einem späteren Verkauf der Besteuerung der Einkommensteuer oder Körperschaftsteuer unterliegen, dass das Besteuerungsrecht der Bundesrepublik bei einer späteren Veräußerung nicht ausgeschlossen oder beschränkt wird und eine Gegenleistung nicht gewährt wird oder diese nur in Gesellschaftsrechten besteht (§ 3 Abs. 2 Nr. 1, Nr. 2, und Nr. 3 UmwStG). Der Antrag ist von dem übertragenden Rechtsträger spätestens bis zur erstmaligen Einreichung der steuerlichen Schlussbilanz stellen. Die Einreichung der steuerlichen Schlussbilanz mit den entsprechenden, vom gemeinen Wert abweichenden Ansätzen wird dabei als ausreichend angesehen.[1822]

Die Bilanzierung des Vermögens erfolgt beim übernehmenden Träger spiegelbildlich, d. h. beim übernehmenden Rechtsträger erfolgt eine Buchwertverknüpfung zu den Werten in der Schlussbilanz beim übertragenden Rechtsträger (§ 4 UmwStG). Bei der Verschmelzung zur Aufnahme stellt der Zugang der Vermögensgegenstände letztlich nur einen Vorgang des laufenden Geschäftsbetriebs bei der aufnehmenden Gesellschaft dar. Bei der Verschmelzung zur Neugründung gehen die Schlussbilanzwerte der übertragenden Rechtsträger als steuerliche Werte in die Eröffnungsbilanz der durch die Verschmelzung gegründeten Gesellschaft ein. Zu beachten ist außerdem noch, dass der übernehmende Rechtsträger im Hinblick auf die Bewertung

1822 BMF vom 11.11.2011, BStBl I 1314 Rn. 03.29; *Schmitt/Hörtnagl/Stratz*, UmwG, UmwStG, § 3 Rn. 70.

der übergehenden Wirtschaftsgüter, der Absetzung für Abnutzung, der Gewinnrücklagen sowie der Vorbesitzzeiten und der Behaltefristen, soweit diese steuerlich relevant sind, vollständig in die Position des übertragenden Rechtsträgers eintritt.[1823]

Nach dem Vorstehenden ist die Verschmelzung einer Kapitalgesellschaft auf eine Personengesellschaft aufgrund der Buchwertfortführung auf der Ebene der beteiligten Gesellschaften steuerneutral möglich.

Dies gilt jedoch nicht für die Ebene der Gesellschafter. Durch die Verschmelzung auf eine Personengesellschaft entfällt die Ebene der Kapitalgesellschaft, da der Geschäftsbetrieb der Personengesellschaft als gemeinsamer Geschäftsbetrieb der Gesellschafter gilt. Daher ist hier eine abweichende Behandlung geregelt. Die Besteuerung des Umwandlungszugangs erfolgt dabei auf zweierlei Art und Weise. Für die in der Bilanz der übertragenden Kapitalgesellschaft enthaltenen Gewinnrücklagen wird eine offene Gewinnausschüttung fingiert.[1824] Diese wird gemäß den Regeln für offene Gewinnausschüttungen bei Kapitalgesellschaften nach den Regelungen über die Abgeltungsteuer behandelt.[1825]

Soweit sich, aufgrund fehlender Buchwertfortführung, ein Verschmelzungsgewinn auf der Ebene der übertragenden Gesellschaft ergeben hat, ist dieser nach den Vorschriften der §§4, 5 UmwStG auf Ebene der Gesellschafter der übertragenden Gesellschaft grundsätzlich steuerpflichtig. Soweit die Beteiligungen an der übertragenden Gesellschaft im Privatvermögen gehalten werden und die Schwelle des §17 EStG nicht überschritten wird, erfolgt keine Einlage bzw. Überführungsfunktion der Werte auf die Anteile an der Personengesellschaft. Für alle anderen Anteile, also Anteile, die unter §17 EStG fallen, Anteile, die im Betriebsvermögen des jeweiligen Mitunternehmers gehalten wurden oder einbringungsgeborene Anteile i.S.v. §21 UmwStG a.F. gilt, dass diese zu dem Wert als angeschafft gelten, der sich nach den §§4, 5 UmwStG ergibt.[1826]

Einen weiteren Sonderfall regelt §6 UmwStG. Soweit durch die Verschmelzung Forderungen und Verbindlichkeiten zwischen den beteiligten Rechtsträgern entfallen, weil sie vor der Verschmelzung zwischen ihnen bestanden (Konfusion), ist der übernehmende Rechtsträger berechtigt, in Höhe dieses »Übernahmefolgegewinns« eine gewinnmindernde Rücklage zu bilden, die in den folgenden drei Wirtschaftsjahren mit mindestens je einem Drittel gewinnerhöhend aufzulösen ist, soweit der Betrieb nicht innerhalb von fünf Jahren nach dem steuerlichen Übertragungsstichtag in eine Kapitalgesellschaft eingebracht oder aus sonstigen Gründen übertragen wird.[1827]

1823 §4 Abs. 2 Satz 2 UmwStG; *Schmitt/Hörtnagl/Stratz*, UmwG, UmwStG, §4 Rn. 53 ff.
1824 §7 UmwStG; *Schmitt/Hörtnagl/Stratz*, UmwG, UmwStG, §7 Rn. 1 ff.
1825 §7 UmwStG mit Verweis auf §20 Abs. 1 Nr. 1 EStG; vgl. hierzu *Frotscher/Maas*, UmwStG §7 Rn. 5.
1826 Vgl. hierzu im Einzelnen *Frotscher/Maas*, UmwStG §7 Rn. 5.
1827 §6 Abs. 3 UmwStG; *Frotscher/Maas*, UmwStG, §6 Rn. 3 ff.

Die steuerliche Behandlung von Verschmelzungen, bei denen das übertragende und das aufnehmende Unternehmen Körperschaften sind, ist in §§ 11–13 UmwStG bestimmt. Auch hier ist bei der steuerlichen Behandlung nach den Auswirkungen beim übertragenden Rechtsträger, beim aufnehmenden Rechtsträger sowie nach dem steuerlichen Effekt bei den Anteilseignern der übertragenden Körperschaft zu unterscheiden.

Ebenso wie bei den vorstehend genannten Verschmelzungen auf Personengesellschaften besteht ein Wahlrecht im Hinblick auf den Ansatz der Vermögensgegenstände in der steuerlichen Schlussbilanz (§ 11 Abs. 1 UmwStG), wobei diese Vergünstigung dann nicht gewährt wird, wenn das deutsche Besteuerungsrecht durch die Verschmelzung ausgeschlossen wird oder aber das deutsche Besteuerungsrecht erhalten bleibt, aber nach der Verschmelzung anders als vorher ausländische Steuern auf die deutsche Steuer angerechnet werden können (§ 11 Abs. 2 UmwStG). Auch hier ist Voraussetzung, dass die Gegenleistung nur in Gesellschaftsrechten besteht oder gar keine Gegenleistung gewährt wird (§ 11 Abs. 2 Satz 1 Nr. 3 UmwStG). Die aufnehmende Gesellschaft hat die Werte der Schlussbilanz bei der übertragenden Gesellschaft zu übernehmen und tritt auch im Übrigen in die Rechtsstellung der übertragenden Gesellschaft im Hinblick auf diese Vermögensgegenstände ein (§ 12 Abs. 2 UmwStG). Das Prinzip der Verknüpfung der steuerlichen Werte in der Schlussbilanz des übertragenden Rechtsträgers und der aufnehmenden Gesellschaft gilt also auch hier (§ 12 UmwStG). Für die Besteuerung des Übernahmegewinns gelten grundsätzlich die gleichen Vorschriften wie bei der Umwandlung auf eine Personengesellschaft. Jedenfalls dann, wenn die übernehmende Gesellschaft an der übertragenden Gesellschaft zu 100 % beteiligt ist, bleibt der Übernahmegewinn steuerlich außer Betracht. Verrechenbare Verluste, verbleibende Verlustvorträge oder von der übertragenden Körperschaft nicht ausgeglichene negative Einkünfte sowie Zinsvorträge und EBITDA-Vorträge gehen steuerlich nicht über, sind also zur steuerlichen Nutzung verloren.

Für die Besteuerung der Anteilseigner des übertragenden Rechtsträgers gilt Folgendes:

Nach § 13 Abs. 1 UmwStG gilt der Grundsatz, dass die Anteile an der übertragenden Körperschaft als zum gemeinen Wert veräußert und die Anteile an der übernehmenden Körperschaft als zum gleichen gemeinen Wert angeschafft gelten. Durch den Ansatz zum gemeinen Wert wird deshalb grundsätzlich ein Veräußerungsgewinn auf der Ebene der Anteilseigner der übertragenden Gesellschaft realisiert. Auch hier ist jedoch möglich, dass der Anfall eines Gewinns vermieden wird und die Anteile lediglich mit dem Buchwert angesetzt werden. Diese Vergünstigung wird nur auf Antrag gewährt und setzt zudem daraus, dass das Besteuerungsrecht der Bundesrepublik hinsichtlich einer Veräußerung der Anteile nicht ausgeschlossen ist oder die entsprechende Sicherungsregelung in Art. 8 der entsprechenden EU-Richtlinie anzuwenden ist, soweit eine internationale Beteiligung vorliegt (§ 13 Abs. 2 UmwStG).

6.5.3.2 Spaltungen

6.5.3.2.1 Arten der Spaltung und Verfahren

Die in der Praxis ebenfalls oft zur Gestaltung der Unternehmensstruktur verwendete Form der Umwandlung ist die Spaltung. Man könnte die Spaltung auch als »umgekehrte Verschmelzung« bezeichnen. Werden bei der Verschmelzung zwei oder mehr Rechtsträger auf einen Rechtsträger zusammengeführt, wird bei der Spaltung ein Rechtsträger in zwei oder mehrere Rechtsträger aufgeteilt.

Das UmwG sieht drei Arten der Spaltung vor: Die Aufspaltung, die Abspaltung und die Ausgliederung. Bei der Aufspaltung wird der übertragende Rechtsträger vollständig in mindestens zwei neue oder bestehende Rechtsträger aufgeteilt und der übertragende (gespaltene) Rechtsträger erlischt. Bei der Abspaltung bleibt der gespaltene Rechtsträger bestehen, jedoch werden Teile seines Vermögens im Wege der partiellen Gesamtrechtsnachfolge auf ein neues, im Wege der Spaltung gegründetes Unternehmen oder auf ein bestehendes anderes Unternehmen übertragen. Bei der Abspaltung und bei der Aufspaltung erhalten die Anteilseigner des gespaltenen Rechtsträgers für den Verlust ihrer partiellen Beteiligung an dem übertragenden Rechtsträgers Anteile an den durch die Spaltung entstehenden oder an den Rechtsträgern, die das abgespaltene Vermögen übernehmen.

Bei der Ausgliederung wird ein Teil des Vermögens des übertragenden Rechtsträgers auf einen neuen oder einen bereits bestehenden Rechtsträger übertragen. Die Ausgliederung erfolgt jedoch in der Weise, dass die Anteile an dem das übertragende Vermögen aufnehmenden Rechtsträger nicht von den Anteilseignern des übertragenden Rechtsträgers, sondern von diesem selbst erworben werden. Im Wege der Ausgliederung entsteht also ein Tochterunternehmen oder die Beteiligung an einem Tochterunternehmen. Auswirkungen für die Anteilseigner des Unternehmens, welches als übertragender Rechtsträger einer Ausgliederung agiert, ergeben sich nicht. Die Auswirkungen der Spaltung spielen sich ausschließlich auf der Ebene des übertragenden Rechtsträgers ab. Anstelle der bisher von ihm gehaltenen ausgegliederten Aktiva und Passiva erhält er eine Beteiligung an dem Rechtsträger, der die Aktiva und Passiva aufnimmt.

Die Spaltung kann in jeder Konstellation, die das Umwandlungsrecht bietet, erfolgen. Auch die Spaltung ist, wie die Verschmelzung, zur Neugründung oder zur Aufnahme möglich, d. h. sowohl bei der Aufspaltung als auch bei der Abspaltung wie auch bei der Ausgliederung kann der aufnehmende Rechtsträger erst durch die Spaltung entstehen (Spaltung zur Neugründung) oder ein Unternehmen sein, dass bereits vorher besteht, dessen Vermögen sich aber durch den Zugang des von der Spaltung erfassten Vermögens erhöht und im Gegenzug dazu Anteile an die Anteilseigner des gespaltenen Unternehmens ausgibt. Spaltungen können auch so erfolgen, dass nicht nur ein bestimmter Teil oder eine bestimmte Sachgesamtheit von der Spaltung erfasst und auf einen anderen Rechtsträger übertragen wird, sondern die Spaltung kann auch die Übertragung von Vermögensteilen des gespaltenen Unternehmens auf mehrere Rechtsträger vorsehen. Es ist nach § 123 Abs. 4 UmwG eine Spaltung eines Unternehmens nicht nur in zwei, sondern im Hinblick auf viele neue oder aufnehmende Rechtsträger möglich. Spaltungsfähig sind alle Rechtsträger, die auch Gegenstand einer Verschmelzung sein können. Als neue Rechtsträger bei Spaltungen zur Neugründung kommen grundsätzlich alle Personenhandelsgesellschaften, Partnerschaftsgesellschaften, Kapitalgesellschaften, eingetragene Genossenschaften, eingetragene Vereine usw. in Betracht. Die Unternehmergesellschaft scheidet allerdings bei der Spaltung zur Neugründung als aufnehmender Rechtsträger aus, weil die Spaltung zur Neugründung eine Sachgründung darstellt, die bei der Unternehmergesellschaft ausgeschlossen ist (§ 5a Abs. 2 Satz 2 GmbHG).

Im Regelfall erhalten bei der Aufspaltung und der Abspaltung die Anteilseigner des gespaltenen Unternehmens die Anteile, die für die Übertragung der Vermögensgegenstände an dem aufnehmenden neuen Rechtsträger oder dem bereits bestehenden aufnehmenden Rechtsträger gewährt werden, im gleichen Verhältnis, in dem sie an dem übertragenden, gespaltenen Rechtsträger beteiligt sind. Dies ist jedoch nicht zwingend. Das Gesetz lässt vielmehr auch eine disproportionale Spaltung ausdrücklich zu. Dies geht so weit, dass auch eine Spaltung eines Unternehmens, das von zwei Gesellschaftern gehalten wird, so möglich ist, dass ein Gesellschafter sämtliche Anteile an einem im Rahmen der Spaltung entstehenden Unternehmen erhält und der andere Gesellschafter sämtliche Anteile an dem anderen durch die Spaltung entstehenden Rechtsträger erhält (Spaltung zu Null).[1828] Dabei ist lediglich darauf zu achten, dass ein wirtschaftliches Gleichgewicht zwischen den Beteiligungen in der Verteilung zwischen den Gesellschaftern herbeigeführt wird. Ist dies nicht der Fall oder wird dies ausdrücklich nicht gewünscht, müssen Diskrepanzen bei den Wertverhältnissen außerhalb der Umwandlung zwischen den betroffenen Gesellschaftern wirtschaftlich durch Ausgleichszahlungen gelöst werden.[1829]

Sämtliche Spaltungen erfolgen im Wege der partiellen Gesamtrechtsnachfolge. Damit gehen alle Rechtsverhältnisse und Vermögensgegenstände sowohl auf der Aktivseite als auf der Passivseite im Rahmen des Spaltungsvorgangs von Gesetzes wegen auf die durch die Spaltung entstehenden neuen oder die betreffenden Vermögensteile aufnehmenden Rechtsträger über. Es ist insofern keine Mitwirkung der Gläubiger oder der sonstigen dritten Vertragsparteien notwendig. Dadurch bietet die Spaltung eine sehr gute Möglichkeit für die rechtliche Umstrukturierung des Vermögens. Als Korrelat dafür, dass die Vertragsparteien bei Rechtsverhältnissen, die der Spaltung unterlegen haben, einen neuen Vertragspartner von Gesetzes wegen zugeordnet erhalten bzw. die Gläubiger des bei der Abspaltung verbleibenden Rechtsträgers eine verminderte Haftungsmasse zur Verfügung haben, ordnet das Gesetz eine gesamtschuldnerische Haftung aller an dem Spaltungsvorgang beteiligten Rechtsträger, d. h. des übertragenden Rechtsträgers und des aufnehmenden Rechtsträgers (oder der aufnehmenden Rechtsträger)

1828 § 128 Satz 1 UmwG; OLG München vom 10.07.2013, BB 2013, 1940; vgl. auch *Weiler*, NZG 2013, 1326.
1829 Vgl. hierzu *Schmitt/Hörtnagl/Stratz*, UmwG, § 128 Rn. 22 ff.

für einen Zeitraum von fünf Jahren ab Wirksamwerden der Spaltung an. Die gesamtschuldnerische Haftung wird in der Praxis durch entsprechende Zuordnungsvereinbarungen der beteiligten Rechtsträger ausgeglichen. Wird damit ein beteiligter Rechtsträger aus einem Rechtsverhältnis in Anspruch genommen, das ihm im Wege der Spaltung nicht zugeordnet wurde, für das er aber gesamtschuldnerisch haftet, erfolgt regelmäßig auf der Grundlage entsprechender Regelungen im Spaltungsplan ein Innenausgleich.

Wegen dieser Flexibilität eignet sich das Instrument der Spaltung in der Unternehmenspraxis besonders für eine Umstrukturierung von Unternehmen. Die Spaltung in Form der Abspaltung oder Aufspaltung eignet sich ausgezeichnet für die Trennung von Gesellschaftern oder für die Regelung einer Nachfolge innerhalb der Familie derart, dass ein potenzieller Nachfolger einen bestimmten Teil des Unternehmens in einer eigenen Gesellschaft und ein anderer den verbleibenden Teil in einer anderen Gesellschaft oder der bisherigen Gesellschaft erhält. Dasselbe gilt nicht nur für die Teilung von Familienunternehmen innerhalb einer Familie, sondern auch in Situationen, in denen das Unternehmen sich bereits länger im Familienbesitz befindet und über die verschiedenen Generationen mehrere Familien bzw. Gesellschaftergruppen am Unternehmen beteiligt sind. Soweit sich das Unternehmen dafür aufgrund verschiedener operativer Bereiche eignet, können sich verschiedene Gesellschafterkreise dadurch auseinandersetzen, dass im Rahmen einer Spaltung mit disproportionaler Verteilung der Anteile ein Teil des Unternehmens an eine Gesellschaftergruppe und andere Teile des Unternehmens an die andere aufgeteilt werden. Insofern eignet sich das Instrument der Spaltung nicht nur zur Umsetzung von Nachfolgeregelungen innerhalb der Familie, sondern auch dazu, eine Realteilung des Unternehmens unter Gesellschafterstämmen mit möglicherweise unterschiedlicher Interessenlage vorzunehmen. In der Praxis kommt es gerade bei Gesellschafterstreitigkeiten immer wieder vor, dass das Instrument der Spaltung genutzt wird um Gesellschaftern mit unterschiedlicher Auffassung über die Zukunft des Unternehmens jeweils einen selbstständigen Anteil am Vermögen zuzuordnen. Damit lässt sich der Streit beseitigen und erreichen, dass die Gesellschafter jeweils in einem eigenen abgrenzbaren Bereich eigene Wege gehen, ohne dass dafür steuerliche Hürden zu überwinden wären, Abfindungszahlungen zu leisten wären oder gar Ertragsteuerbelastungen anfallen, die häufig der Hinderungsgrund für eine Trennung sind.

Nach § 125 UmwG finden die Regelungen über die Verschmelzung grundsätzlich auch bei der Spaltung Anwendung. Allerdings gibt es einige Abweichungen, die aber im Wesentlichen der rechtlichen Struktur der Spaltung im Unterschied zur Verschmelzung geschuldet sind. So findet § 9 Abs. 2 UmwG zum Verzicht auf die Umwandlungsprüfung, wenn sich alle Anteile des übertragenden Rechtsträgers in der Hand des übernehmenden Rechtsträgers befinden, ebenso keine Anwendung wie die Regelung des § 18 UmwG bei Abspaltungen und Ausgliederungen, wonach der übernehmende Rechtsträger die Firma einer der übertragenden Rechtsträger fortführen darf.

Das Spaltungsverfahren läuft in der gleichen Weise ab wie das Verfahren der Verschmelzung. Wesentlicher Teil der Spaltung ist der Spaltungs- und Übertragungsvertrag, d.h. der Vertrag zwischen dem übertragenden und dem aufnehmenden Rechtsträger, in dem als Kernpunkt der Regelungen diejenigen Vermögensgegenstände beschrieben werden, die Gegenstand der Spaltung sein sollen. Der Spaltungsvertrag enthält im Übrigen praktisch die gleichen Inhalte wie der Verschmelzungsvertrag. Lediglich die vorgenannte genaue Bezeichnung des übertragenen Vermögens unterscheidet ihn vom Verschmelzungsvertrag. Dies versteht sich aber deswegen von selbst, weil bei der Verschmelzung das gesamte Vermögen des übertragenden Rechtsträgers auf den aufnehmenden Rechtsträger übergeht. Wohingegen bei der Spaltung gerade eine Aufteilung des Vermögens des gespaltenen Rechtsträgers vorgenommen wird. Die Gegenstände, die von der Spaltung erfasst werden sollen, müssen in dem Vertrag so präzise erfasst werden, dass eine eindeutige Zuordnung des Vermögens im Rahmen der Spaltung möglich wird. Dabei ist insbesondere der sachenrechtliche Bestimmtheitsgrundsatz einzuhalten. Zur Erleichterung der Zuordnung darf jedoch nach § 126 Abs. 2 Satz 3 UmwG auf Urkunden, Bilanzen, Inventare und Verbindlichkeitsaufstellungen Bezug genommen werden kann, wobei diese dem Spaltungs- und Übertragungsvertrag als Anlage beigefügt werden müssen (§ 126 Abs. 2 Satz 3 HS 2 UmwG). Eine Besonderheit gilt für die von der Spaltung erfassten Grundstücke. Hier bestimmt § 126 Abs. 3 Satz 2 UmwG, dass diese nach den Vorschriften des § 28 der GBO bezeichnet werden müssen.

Für den Spaltungs- und Übertragungsvertrag als Grundlage der Spaltung gelten ansonsten die gleichen Vorschriften wie für den Verschmelzungsvertrag.

Eine Besonderheit gilt lediglich bei Spaltungen, die im Wege der Neugründung erfolgen. In dieser Konstellation gibt es ja noch keinen Rechtsträger, mit dem ein Spaltungs- und Übernahmevertrag abgeschlossen werden könnte. Anstelle eines gegenseitigen Vertrags ist daher als Grundlage für die Spaltung ein »Spaltungsplan« aufzustellen, der in gleicher Weise wie der Spaltungsvertrag die Vermögensgegenstände genau bezeichnet, die von der Spaltung erfasst sein sollen und für den im Übrigen die Vorschriften für den Spaltungs- und Übernahmevertrag entsprechend gelten (§ 136 UmwG).

Erfolgt eine Spaltung, die teilweise zur Neugründung und teilweise zur Aufnahme erfolgt, muss der Spaltungs- und Übernahmevertrag für den einen Teil der Übertragung mit dem Spaltungsplan für den anderen Teil der Übertragung verbunden werden. Dabei ist auch denkbar, dass der Spaltungsplan als Teil des Spaltungsvertrags aufgenommen wird oder als Anlage zum Spaltungsplan mit beurkundet wird. Ansonsten gelten hier die Vorschriften über den Verschmelzungsvertrag entsprechend.[1830]

1830 Vgl. hierzu *von Rechenberg* in: von Rechenberg/Ludwig, 2017, Kap. 20, Rn. 153 ff.

Der Spaltungs- und Übernahmevertrag ist von den Gesellschafterversammlungen der beteiligten Rechtsträger zu beschließen. Dieser Beschluss ist notariell zu beurkunden und erfordert eine Mehrheit von drei Vierteln der Stimmen. Auch hier gelten Sondervorschriften, die diejenigen Fälle abdecken, bei denen aufgrund der vorliegenden Rechtsform ein Gesellschafter in eine Position gelangt, in der er einer persönlichen Haftung ausgesetzt ist. In diesem Fall bedarf das Spaltungsdokument seiner ausdrücklichen Zustimmung. Allerdings ist auch vorgesehen, dass er gegen eine Barabfindung aus dem Unternehmen ausscheidet, wenn er seine Zustimmung nicht erteilt.[1831]

Die Umsetzung der Spaltung erfolgt durch Anmeldung der Umwandlung beim zuständigen Registergericht bzw. den zuständigen Registergerichten. Der Anmeldung sind mit den Umwandlungsunterlagen bei der Spaltung zur Neugründung auch die Gründungsunterlagen für den Rechtsträger, der im Rahmen der Spaltung neu entstehen soll, beizufügen. Dies bedeutet bei der Spaltung zur Neugründung von Kapitalgesellschaften, dass deren Gründungsvorschriften, d. h. die Sachgründungsvorschriften des GmbH-Rechts und des Aktiengesetzes einzuhalten sind.

Die Spaltung wird mit Eintragung in das Register beim übertragenden Rechtsträger wirksam. Die Eintragung hat zur Folge, dass mit ihr sämtliche Vermögensgegenstände, die Gegenstand der Spaltung sind, auf das aufnehmende Unternehmen übergehen, dem sie im Rahmen der Spaltungsunterlagen zugeordnet werden. Etwaige Umwandlungsmängel werden durch die Eintragung im Handelsregister geheilt (§ 131 Abs. 2 UmwG).

6.5.3.2.2 Steuerliche Behandlung der Spaltung

Bei der steuerlichen Behandlung der Spaltung kann vollinhaltlich auf die entsprechenden Ausführungen zur steuerlichen Behandlung der Verschmelzung verwiesen werden. Die Regelungen in den §§ 3–13 UmwStG stellen nämlich nicht auf bestimmte zivilrechtliche Umwandlungsformen, sondern in der Regel allein auf die steuerlichen Konsequenzen des Übergangs von Vermögensgegenständen und Beteiligungen ab, unabhängig davon, ob und aufgrund welcher zivilrechtlichen Grundlage diese erfolgen. Demzufolge finden die §§ 3–10 UmwStG dann Anwendung, wenn im Rahmen des Spaltungsvorgangs Vermögensübertragungen von Körperschaften auf Personengesellschaften erfolgen. In gleicher Weise finden die §§ 11–13 UmwG Anwendung, wenn im Rahmen der Spaltung Vermögensgegenstände auf eine Körperschaft übertragen werden.

1831 §§ 125 i. V. m. 43, 50, 51 UmwG; *von Rechenberg*, in: von Rechenberg/Ludwig, 2017, Rn. 179.

6.6 Ertragsteuerliche Besonderheiten bei der unentgeltlichen Übertragung von Unternehmensbeteiligungen

Luise Uhl-Ludäscher

6.6.1 Übertragung von Beteiligungen an Personengesellschaften

6.6.1.1 Steuerneutralität der unentgeltlichen Übertragung

Beteiligungen an Familienunternehmen werden häufig innerhalb der Familie von der einen auf die nächste Generation übertragen. Da üblicherweise kein Kaufpreis bezahlt wird und damit keine Liquidität zufließt, ist die Ertragsteuerneutralität der Übertragung von entscheidender Bedeutung. Nach § 6 Abs. 3 EStG kann die unentgeltliche Übertragung eines Mitunternehmeranteils oder des Teils eines Mitunternehmeranteils im Grundsatz ohne Aufdeckung von stillen Reserven und damit ohne Ertragsteuerbelastung erfolgen.

Voraussetzung für die Steuerneutralität der Übertragung eines **ganzen Mitunternehmeranteils** nach § 6 Abs. 3 Satz 1 HS 1 EStG ist, dass die gesamte gesellschaftsrechtliche Beteiligung sowie das Sonderbetriebsvermögen des betreffenden Gesellschafters, das als funktional wesentliches Sonderbetriebsvermögen anzusehen ist, übertragen werden.[1832]

Hinweis !

In Fällen der unentgeltlichen Übertragung von Mitunternehmeranteilen ist damit unbedingt zu prüfen, ob der Gesellschafter über Sonderbetriebsvermögen verfügt. Es kann sich um bekanntes oder bisher noch unentdecktes Sonderbetriebsvermögen handeln. Regelmäßig werden Grundstücke, die an die Personengesellschaft überlassen werden, zum funktional wesentlichen Sonderbetriebsvermögen gehören (Sonderbetriebsvermögen I). Funktional wesentlich können aber unter bestimmten Voraussetzungen auch Beteiligungen, wie die Beteiligung an der Komplementär GmbH sein (Sonderbetriebsvermögen II),[1833] sein. Ist die unentgeltliche Übertragung eines Mitunternehmeranteils beabsichtigt, müssen zwingend auch die Wirtschaftsgüter des Sonderbetriebsvermögens in die Gestaltungsüberlegungen mit einbezogen und ggf. auf den Rechtsnachfolger mitübertragen werden.[1834]

Will der Übertragende das funktional wesentliche Sonderbetriebsvermögen (z. B. das vermietete Grundstück) zur Sicherung des eigenen Lebensunterhalts zurückbehalten, würde dieses bei Übertragung des Mitunternehmeranteils an den Rechtsnachfolger entnommen und ins

1832 BMF vom 20.11.2019, BStBl I 2019, 1291 Tz. 6.

1833 BFH vom 25.11.2009, BStBl II 2010, 471 Rn. 17 ff.; OFD Nordrhein-Westfalen vom 17.06.2014, DB 2014, 1646; Senatsverwaltung für Finanzen Berlin vom 07.03.2018 Tz. 3.3; OFD Frankfurt a. M. vom 03.12.2015 Tz. 1.1.3 Rz. 13; OFD Nordrhein-Westfalen vom 21.06.2016 Tz. 3).

1834 Vgl. hierzu auch 6.3.2.1. Die unter 6.3.2.1 erläuterten Gestaltungen können zudem auch bei der unentgeltlichen Übertragung von Mitunternehmeranteilen herangezogen werden.

Privatvermögen überführt werden mit der Folge, dass es insgesamt zur Aufgabe des Mitunternehmeranteils und damit zur Aufdeckung aller stillen Reserven – sowohl im Sonderbetriebsvermögen als auch im Gesellschaftsanteil – kommen würde.

Da bei der unentgeltlichen Übertragung des Mitunternehmeranteils keine Liquidität (von außen) zufließt, gilt es im Falle hoher stiller Reserven die Folge einer Aufgabe des Mitunternehmeranteils durch Zurückbehaltung des Sonderbetriebsvermögens unbedingt durch Gestaltung zu vermeiden. Hierzu bietet es sich an, das Sonderbetriebsvermögen (vorab) steuerneutral zum Buchwert nach § 6 Abs. 5 Satz 3 Nr. 2 EStG auf eine gewerblich geprägte Personengesellschaft, an der der Übertragende als alleiniger Kommanditist beteiligt ist, zu übertragen (§ 6 Abs. 5 Satz 3 Nr. 2 EStG). Nach der Rechtsprechung des BFH,[1835] welcher sich nach langem Zögern auch die Finanzverwaltung angeschlossen hat,[1836] soll eine vorhergehende steuerneutrale Überführung des Sonderbetriebsvermögens in eine gewerblich geprägte Personengesellschaft für die Anwendung der Steuerneutralität des § 6 Abs. 3 EStG nicht (mehr) schädlich sein, so dass die der Überführung nachfolgende Übertragung des Gesellschaftsanteils (sowie von weiterem ggf. noch vorhandenem Sonderbetriebsvermögen) ohne Aufdeckung von stillen Reserven möglich ist. Es muss allein das zum Zeitpunkt der unentgeltlichen Übertragung noch vorhandene (Sonder-)Betriebsvermögen mitübertragen werden. Grds. gilt dies auch für eine vorhergehende Veräußerung oder Entnahme von funktional wesentlichem Sonderbetriebsvermögen. Eine Entnahme wird allerdings regelmäßig rein praktisch nicht in Betracht kommen, wenn das Sonderbetriebsvermögen (z. B. vermietetes Grundstück) von der Gesellschaft genutzt wird. Wird das Sonderbetriebsvermögen zeitlich vor der Übertragung des Gesellschaftsanteils verkauft, werden zwar die stillen Reserven im Sonderbetriebsvermögen aufgedeckt, jedoch nicht die im Gesellschaftsanteil vorhandenen stillen Reserven.

! **Hinweis**

Da sowohl die Finanzverwaltung als auch der BFH darauf abstellen, dass das funktional wesentliche Sonderbetriebsvermögen im Zeitpunkt der Übertragung des Mitunternehmeranteils nicht mehr zum Mintunternehmeranteil gehört, muss darauf geachtet werden, dass eine Übertragung des Sonderbetriebsvermögens zeitlich vor der Übertragung des Mitunternehmeranteils erfolgt. Dies kann auch am gleichen Tag sein, jedoch sollte die Übertragung des Sonderbetriebsvermögens mit einer vorhergehenden Urkunde nachgewiesen werden können (Beurkundung oder falls eine Beurkundung nicht erforderlich ist, kann zum Zweck des Nachweises eine Beglaubigung vorgenommen werden).

Entsprechendes gilt bei der **Übertragung des Teils eines Mitunternehmeranteils.** Auch bei der Übertragung des Teils eines Mitunternehmeranteils ordnet § 6 Abs. 3 EStG eine Buchwertfort-

1835 BFH vom 02.08.2012, BFH/NV 2012, 2053; BFH vom 09.12.2014, BFH/NV 2015, 415.

1836 BMF vom 20.11.2019, BStBl I 2019, 1291 Tz. 10 ff.; die von der Finanzverwaltung früher angewandte Gesamtplanrechtsprechung (BMF vom 03.03.2005, BStBl I 2005, 458 Tz. 7; BMF vom 12.09.2013, BStBl I 2013, 1164) wurde damit aufgegeben, s. BMF vom 20.11.2019, BStBl I 2019, 1291 Tz. 40.

führung an. Voraussetzung ist in diesem Fall, dass vorhandenes Sonderbetriebsvermögen in der entsprechenden Quote wie der Gesellschaftsanteil übertragen wird.

BEISPIEL

Vater V ist zu 50 % an der AB-KG beteiligt. Er überlässt der KG das betrieblich genutzte Fabrikgrundstück. Er beabsichtigt, seinem Sohn die Hälfte seines Kommanditanteils, also eine Beteiligung an der AB-KG von 25 %, zu schenken.

Lösung

Die Voraussetzungen des § 6 Abs. 3 EStG sind erfüllt, wenn V auch die Hälfte des Grundstücks an den Sohn überträgt, so dass dieser zu 25 % an der AB-KG beteiligt und zu 50 % Eigentümer des Grundstücks ist.

Sind mehrere funktional wesentliche Wirtschaftsgüter im Sonderbetriebsvermögen vorhanden, ist eine quotale Übertragung erfüllt, wenn diese wertmäßig eingehalten ist.[1837]

BEISPIEL

Vater V ist zu 50 % an der AB-KG beteiligt. Er überlässt der KG zwei betrieblich genutzte wertgleiche Fabrikgrundstücke. Er beabsichtigt, seinem Sohn die Hälfte seines Kommanditanteils, also eine Beteiligung an der AB-KG von 25 %, zu schenken.

Lösung

Die Voraussetzungen des § 6 Abs. 3 EStG sind erfüllt, wenn V auch wertmäßig die Hälfte des Sonderbetriebsvermögens auf den Sohn überträgt. Diese Voraussetzung wäre damit erfüllt, wenn V eines der beiden Grundstücke überträgt und das weitere zurückbehält.

Das Gesetz lässt bei einer Teilanteilsübertragung auch eine **unterquotale** Mitübertragung von Sonderbetriebsvermögen zu (§ 6 Abs. 3 Satz 2 EStG), verlangt dann aber die Einhaltung einer fünfjährigen Sperrfrist, innerhalb derer der Rechtsnachfolger den erhaltenen Mitunternehmeranteil nicht aufgeben oder veräußern darf, da sonst rückwirkend auf den Zeitpunkt der Übertragung die stillen Reserven aufgedeckt werden müssen. Entsprechendes gilt, wenn der Erwerber das übernommene Sonderbetriebsvermögen oder einen Teil davon veräußert.[1838]

BEISPIEL

Sind innerhalb der Behaltefrist Umstrukturierungen geplant, müssen diese daraufhin beurteilt werden, ob eine Verletzung der Behaltefrist gegeben ist. Umstrukturierungen zum Buchwert sind regelmäßig nicht schädlich, jedoch geht die Sperrfrist auf die i. R. d. Umstrukturierung erhaltenen neuen Anteile über.

1837 BMF vom 20.11.2019, BStBl I 2019, 1291 Tz. 21 ff.
1838 BMF vom 20.11.2019, BStBl I 2019, 1291 Tz. 26.

Wird das Sonderbetriebsvermögen **überquotal** mitübertragen, ist das für die Steuerneutralität des § 6 Abs. 3 EStG nicht schädlich. Es sind keine Sperrfristen zu beachten.[1839]

BEISPIEL

Vater V ist zu 50 % an der AB-KG beteiligt. Er überlässt der KG das betrieblich genutzte Fabrikgrundstück. Er beabsichtigt, seinem Sohn die Hälfte seines Kommanditanteils, also eine Beteiligung an der AB-KG von 25 %, und das gesamte Grundstück zu schenken.

Lösung

Die Voraussetzungen des § 6 Abs. 3 EStG sind auch dann erfüllt, wenn V mehr als nur die Hälfte des Grundstücks an den Sohn überträgt.

Die unentgeltliche Übertragung eines ganzen Mitunternehmeranteils (also der gesamten Beteiligung des Übertragenden) auf eine steuerpflichtige Stiftung (z. B. eine Familienstiftung) ist steuerneutral zum Buchwert möglich.[1840]

Soll die Übertragung auf eine steuerbefreite gemeinnützige Stiftung erfolgen, ist eine Steuerneutralität nur dann möglich, wenn es sich bei der übertragenen Beteiligung um eine Beteiligung an einer originär gewerblich tätigen Personengesellschaft handelt. Die Übertragung der Beteiligung an einer (nur) gewerblich geprägten Personengesellschaft (z. B. der Beteiligung an einer gewerblich geprägten Immobiliengesellschaft) auf eine gemeinnützige Stiftung führt zur Aufdeckung der stillen Reserven. Denn die Beteiligung an der gewerblich geprägten Personengesellschaft stellt bei der Stiftung keinen wirtschaftlichen Geschäftsbetrieb dar, so dass die stillen Reserven sonst später nicht mehr besteuert werden könnten.[1841]

BEISPIEL

Eine Aufdeckung der stillen Reserven kann verhindert werden, wenn bei der Übertragung auf die gemeinnützige Stiftung der Antrag auf Ansatz der Buchwerte für die übertragenen Wirtschaftsgüter gestellt wird (§ 6 Abs. 1 Nr. 4 Satz 4 EStG). Soweit die Personengesellschaft jedoch auch Verbindlichkeiten hat, wird ein teilentgeltlicher Vorgang unterstellt, der zur (anteiligen) Aufdeckung der stillen Reserven führt.[1842]

! **Hinweis**

Anders als die unentgeltliche Übertragung eines ganzen Mitunternehmeranteils auf eine Stiftung ist die unentgeltliche Übertragung des **Teils eines Mitunternehmeranteils auf eine Stiftung** nicht vom Wortlaut des § 6 Abs. 3 EStG gedeckt, da für die unentgeltliche Teilanteilsübertragung die Übertragung auf eine natürliche Person gefordert wird. Die herrschende Meinung geht deshalb davon aus, dass eine

1839 BFH vom 02.08.2012, BFH/NV 2012, 2053; BMF vom 20.11.2019, BStBl I 2019, 1291 Tz. 32 f.; a. A. noch BMF vom 03.03.2005, BStBl I 2005, 458 Tz. 16.
1840 BMF vom 20.11.2019, BStBl I 2019, 1291 Tz. 1 und 3.
1841 BMF vom 20.11.2019, BStBl I 2019, 1291 Tz. 4.
1842 OFD Frankfurt a. M. vom 27.07.2016, DB 2016, 1966.

Übertragung des Teils eines Mitunternehmeranteils auf eine gemeinnützige Stiftung nicht steuerneutral möglich ist.[1843] Auch wenn kein sachlicher Grund für dieses Ergebnis ersichtlich ist, muss davon ausgegangen werden, dass eine Steuerneutralität nach § 6 Abs. 3 EStG nicht erreichbar sein wird. Auch die Finanzverwaltung hat sich inzwischen wohl der herrschenden Meinung angeschlossen.[1844]

6.6.1.2 Übertragung unter Vorbehalt eines Nießbrauchs

Im Falle der Vermögensübertragung kommt zur Sicherung des eigenen Lebensbedarfs des Übertragenden beispielsweise der Vorbehalt des Nießbrauchs in Betracht. Es ist sowohl ein Nießbrauch am Gesellschaftsanteil als auch ein Nießbrauch am Sonderbetriebsvermögen sowie an beidem denkbar. In allen Fällen geht regelmäßig neben dem zivilrechtlichen Eigentum auch das wirtschaftliche Eigentum am Mitunternehmeranteil bzw. dem betreffenden Sonderbetriebsvermögen auf den Rechtsnachfolger über. Hierbei wird der vorbehaltene Nießbrauch nicht als Entgelt angesehen.[1845] Bei »normaler« Ausgestaltung des Nießbrauchs, bei dem insbes. neben dem Nießbraucher auch dem Erwerber Mitwirkungsrechte in der Gesellschaft zustehen, werden nach noch h. M. sowohl der Nießbraucher als auch der Rechtsnachfolger steuerlich Mitunternehmer sein.[1846]

Die Übertragung unter Nießbrauchsvorbehalt kann deshalb wie die Übertragung eines (Teil-) Mitunternehmeranteils ohne Nießbrauchvorbehalt unter § 6 Abs. 3 EStG fallen und, wenn die weiteren o. g. Voraussetzungen erfüllt sind, steuerneutral erfolgen.[1847]

Werden sowohl der Übertragende (Nießbraucher) als auch der Rechtsnachfolger (neuer Gesellschafter) als steuerliche Mitunternehmer angesehen, erzielen beide laufende Einkünfte aus gewerblicher Beteiligung nach § 15 Abs. 1 Satz 1 Nr. 2 EStG.[1848]

In der Praxis wird es häufig vorkommen, dass sich der Übertragende nur den Nießbrauch am Sonderbetriebsvermögen, z. B. einem an die Personengesellschaft vermieteten Grundstück,

1843 *Gratz/Uhl-Ludäscher*, in: Herrmann/Heuer/Raupach, EStG/KStG (271. EL, Oktober 2015), § 6 EStG Rz. 1261; *Kulosa*, in: Schmidt, EStG (38. Aufl., 2019), § 6 EStG Rz. 663 und 662.

1844 BMF vom 20.11.2019, BStBl I 2019, 1291 Tz. 1.

1845 *Gratz/Uhl-Ludäscher*, in: Herrmann/Heuer/Raupach, EStG/KStG (271. EL, Oktober 2015), § 6 EStG Rz. 1233, 1206 f.; *Wacker*, in: Schmidt, EStG (38. Aufl., 2019), § 16 EStG Tz. 71.

1846 *Wacker*, in: Schmidt, EStG (38. Aufl., 2019), § 15 EStG Tz. 305 ff.; aktuell ist aufgrund neuerer Rechtsprechung des BFH zu Fragen des wirtschaftlichen Eigentums umstritten, ob es ggf. nur einen Mitunternehmeranteil geben kann (BFH vom 22.06.2017, BFH/NV 2018, 265; 01.03.2018, BStBl II 2018, 539; BFH vom 19.07.2018 – IV R 10/17); krit. dazu *Levedag*, jM 2020, 75 m. w. N.

1847 Aufgrund des Urteils des BFH vom 25.01.2017 (BFH/NV 2017, 1077) war dies unsicher geworden. In der Literatur wurde das mehrheitlich kritisiert, z. B. *Wendt*, FR 2017, 1061. Die Finanzverwaltung hat sich nun jedoch positioniert und wendet § 6 Abs. 3 EStG auch bei der Übertragung eines Mitunternehmeranteils unter Nießbrauchsvorbehalt an, BMF vom 20.11.2019, BStBl I 2019, 1291 Tz. 7 und 18.

1848 Derzeit unklar aufgrund der neueren Auffassung des BFH, dass es nur einen Mitunternehmeranteil geben kann (s. Fußnote 23).

vorbehalten will. Die hieraus laufend erzielten Mieteinkünfte stellen dann beim Nießbraucher Einkünfte aus Vermietung und Verpachtung dar.

! **Hinweis**

Sollen sowohl der Übertragende als auch der Erwerber Mitunternehmer sein, ist nach bisher herrschender Auffassung bei der Bestellung des Nießbrauchs an einem Personengesellschaftsanteil besonderes Augenmerk auf die Ausgestaltung bzw. Verteilung der Stimmrechte zwischen Gesellschafter und Nießbraucher zu legen. Ebenfalls zu berücksichtigen sind dabei die Regelungen des Gesellschaftsvertrages der Personengesellschaft. Hierbei wird es für die Mitunternehmerstellung des Gesellschafters auf ein Stimmrecht, das den Kernbereich der Gesellschafterstellung betrifft, und für die Mitunternehmerstellung des Nießbrauchers auf ein Stimmrecht im Hinblick auf die laufenden Geschäftsführungsmaßnahmen ankommen.[1849]

! **Hinweis**

Damit für die unentgeltliche Übertragung die Betriebsvermögensbegünstigungen des Erbschaftsteuergesetzes zur Anwendung kommen können, ist es erforderlich, dass der Erwerber Mitunternehmer wird (H E 13b.5 ErbStH 2019). Hierauf ist bei der vertraglichen Ausgestaltung des Nießbrauchsrechts des Übergebers unbedingt zu achten.

6.6.1.3 Übertragung gegen Rente

Außer durch Zurückbehaltung von Sonderbetriebsvermögen oder dem Vorbehalt eines Nießbrauchs kann die Versorgung des Übertragenden auch durch Vereinbarung einer – regelmäßig lebenslangen – Rente an den Übertragenden abgesichert werden. Werden im Zusammenhang mit der **Übertragung eines Mitunternehmeranteils** lebenslängliche Rentenzahlungen vereinbart, wird die Übertragung grds. als unentgeltliche Übertragung behandelt, so dass vereinbarte Rentenzahlungen weder als Veräußerungsentgelt noch als Anschaffungskosten anzusehen sind. Der Übergeber behält sich in Gestalt der Versorgungsleistungen typischerweise die Erträge seines Vermögens vor, die nach der Übergabe vom Übernehmer erwirtschaftet werden müssen. Die prognostizierten Erträge müssen hierbei ausreichend hoch sein, um die laufenden Rentenzahlungen zu finanzieren.[1850] Die Vermögensübertragung als solche löst in diesem Fall keine unmittelbaren Ertragsteuerbelastungen aus (sog. begünstigte Vermögensübertragung gegen Versorgungsleistungen i. S. v. § 10 Abs. 1 Nr. 1a EStG).

Beim **Empfänger** sind die Rentenzahlungen in vollem Umfang als sonstige Einkünfte nach § 22 Nr. 1b EStG steuerpflichtig. Beim **Zahlenden** können sie in vollem Umfang i. R. d. § 10 Abs. 1

1849 *Fleischer*, ZEV 2012, 466 (470); *Wälzholz*, DStR 2010, 1930 (1933); *Altendorf/Köcher*, GmbHStB 2013, 13 (17 f.).
1850 BFH vom 15.07.1991, BStBl II 1992, 78; BFH vom 05.07.1990, BStBl II 1990, 847; BMF vom 11.03.2010, BStBl I 2010, 227 Rz. 3.

Nr. 1a EStG als Sonderausgaben berücksichtigt werden (Korrespondenzprinzip).[1851] Es kann so innerhalb der Familie zu Progressionsvorteilen kommen. In vielen Fällen wird der Übernehmer des Mitunternehmeranteils einer höheren tariflichen Steuerbelastung unterliegen als der Übertragende – dies insbes. dann, wenn der Übertragende außer den Renteneinnahmen keine wesentlichen weiteren Einkünfte erzielt, die der tariflichen Besteuerung unterliegen.

Hinweis !

Das Korrespondenzprinzip verlangt, dass der Empfänger der Versorgungsleistungen unbeschränkt steuerpflichtig ist. Verzieht der Empfänger der Zahlungen nach der Vermögensübertragung ins Ausland, können die Rentenleistungen beim Zahlenden ab dem Zeitpunkt des Wegzugs als nicht-steuerrelevante Unterhaltszahlungen i. S. d. § 12 Nr. 2 EStG steuerlich nicht mehr berücksichtigt werden. Ein Abzug der Zahlungen als Sonderausgaben ist aber wiederum dann möglich, wenn der Empfänger der Renten in das EU-/EWR-Ausland verzieht und die Besteuerung der Rentenzahlungen im EU-/EWR-Ausland durch eine Bescheinigung der ausländischen Steuerbehörde nachgewiesen werden kann.[1852]

Eine unentgeltliche Vermögensübertragung gegen Versorgungsleistungen ist bei der Übertragung des **Teils eines Mitunternehmeranteils** nach Auffassung der Finanzverwaltung nur bei der quotalen oder der überquotalen Mitübertragung von Sonderbetriebsvermögen gegeben. Wird Sonderbetriebsvermögen nicht oder unterquotal auf den Erwerber mitübertragen, sollen die Voraussetzungen einer begünstigten Vermögensübertragung gegen Versorgungsleistungen nach Auffassung der Finanzverwaltung nicht gegeben sein.[1853] Das bedeutet, dass die Rentenzahlungen als Entgelt für die Übertragung des Mitunternehmeranteils anzusehen sind. In der Literatur wird diesbezüglich u. E. zu Recht gefordert, dass wie bei Anwendung des § 6 Abs. 3 Satz 2 EStG auch bei einer Teilanteilsübertragung mit unterquotaler Mitübertragung von Sonderbetriebsvermögen ein unentgeltlicher Vorgang vorliegen sollte.[1854]

Hinweis !

Aufgrund der abweichenden Auffassung der Finanzverwaltung sollte die Übertragung eines Teilmitunternehmeranteils mit unterquotaler Mitübertragung von funktional wesentlichem Sonderbetriebsvermögen auf einen Erwerber unter Vereinbarung von Rentenzahlungen vermieden oder nur nach Abklärung durch eine verbindliche Auskunft der Finanzverwaltung umgesetzt werden.

Sind die Voraussetzungen einer begünstigten Vermögensübertragung gegen Versorgungsleistungen nicht erfüllt, weil entweder kein begünstigtes Vermögen übertragen wird (z. B. Teilmitunternehmeranteil ohne quotales Sonderbetriebsvermögen), die wiederkehrenden Leistungen nicht auf die Lebenszeit des Berechtigten zu zahlen sind oder die Erträge nicht ausreichen, um

1851 BMF vom 11.03.2010, BStBl I 2010, 227 Rz. 52.
1852 § 1a Abs. 1 Nr. 1a EStG; BMF vom 11.03.2010, BStBl I 2010, 227 Rz. 53.
1853 LFD Thüringen vom 21.06.2011, 2221 A-80-A 2.15.
1854 *Seitz*, DStR 2010, 629; *Geck*, DStR 2011, 1303; *Geck*, ZEV 2010, 161; *Geck*, ZEV 2018, 571.

die wiederkehrenden Leistungen zu finanzieren, wird die Übertragung als Veräußerung eines Mitunternehmeranteils behandelt. Es ist die Einheitstheorie zu beachten, wonach sich ein Veräußerungsgewinn aus der Differenz zwischen dem Kapitalwert der Rentenzahlungen und dem Buchwert des übertragenen Betriebsvermögens ergibt. Im Fall eines Gewinns steht dem Übertragenden das Wahlrecht zu, den Gewinn im Zeitpunkt der Veräußerung zu versteuern oder alternativ die Rentenzahlungen als nachträgliche Betriebseinnahmen zu behandeln (§ 15 EStG i. V. m. § 24 Nr. 2 EStG). In letzterem Fall kommt es erst dann zur Steuerpflicht, wenn der Kapitalanteil der Rentenzahlungen das steuerliche Kapitalkonto des Übertragenden übersteigt (R 16 Abs. 11 EStR 2012). Der in den Zahlungen enthaltene Zinsanteil ist beim Empfänger laufend als nachträgliche Betriebseinnahme und beim Zahlenden als Betriebsausgabe zu berücksichtigen. Beim Zahlenden liegen zudem i. H. d. Kapitalwerts der Rentenzahlungen Anschaffungskosten für den erworbenen Mitunternehmeranteil vor.

Ist der Kapitalwert der Rentenzahlungen geringer als der Buchwert des Vermögens, wird der Vorgang nach der **Einheitstheorie** auch dann als unentgeltlicher Vorgang behandelt, wenn die Voraussetzungen einer begünstigen Vermögensübertragung nach § 10 Abs. 1 Nr. 1a EStG nicht vorliegen. Die Rentenzahlungen sind in diesem Fall nur mit dem Zinsanteil steuerrelevant.

! **Hinweis**

Um die Entstehung eines Veräußerungsgewinns zu vermeiden, können die Rentenzahlungen so bemessen werden, dass deren Kapitalwert geringer als das steuerliche Kapitalkonto des Übertragenden ist. Aufgrund der Anwendung der Einheitstheorie wird auch dann keine Steuerbelastung entstehen, wenn die Voraussetzungen einer begünstigten Vermögensübertragung gegen Versorgungsleistungen nicht gegeben sind.

6.6.1.4 Übertragung von einzelnen Wirtschaftsgütern durch Mitunternehmer

Zur Vorbereitung der Unternehmensnachfolge oder auch zur Vorbereitung einer Unternehmensumstrukturierung oder eines Unternehmensverkaufs kann es sich anbieten, Wirtschaftsgüter des Sonderbetriebsvermögens in eine gewerblich geprägte Personengesellschaft auszugliedern (vgl. auch 6.3.2.1). In der Praxis ist dies häufig für Grundstücke relevant, die vom Gesellschafter an die Personengesellschaft überlassen werden.

! **Hinweis**

Eine gewerblich geprägte Personengesellschaft ist eine Personengesellschaft, die selbst keine gewerbliche, sondern eine vermögensverwaltende, also beispielsweise eine vermietende Tätigkeit ausübt. Voraussetzung für das Vorliegen einer gewerblichen Prägung der Personengesellschaft ist, dass eine Kapitalgesellschaft Komplementärin ist und nur diese oder Nichtgesellschafter zur Geschäftsführung befugt sind (§ 15 Abs. 3 Nr. 2 EStG). Ein Kommanditist kann zwar über seine Geschäftsführertätigkeit bei der Komplementärin als Geschäftsführer tätig sein. Er darf allerdings nicht in seiner Eigenschaft als Kommanditist zur Geschäftsführung befugt sein.

Die Übertragung eines Wirtschaftsguts aus dem Sonderbetriebsvermögens in das Gesamthandsvermögen einer gewerblich geprägten Personengesellschaft, an welcher der Übertragende als alleiniger Kommanditist beteiligt ist, ist nach § 6 Abs. 5 Satz 3 Nr. 2 EStG steuerneutral möglich und zwingend zum Buchwert durchzuführen, soweit die Übertragung unentgeltlich oder gegen Gewährung oder Minderung von Gesellschaftsrechten erfolgt.

Die Finanzverwaltung geht davon aus, dass eine unentgeltliche Übertragung dann nicht mehr gegeben ist, wenn im Zuge der Übertragung von der Personengesellschaft auch Schulden übernommen werden (sog. **Trennungstheorie**)[1855] und zwar selbst dann, wenn die Verbindlichkeiten im wirtschaftlichen Zusammenhang mit dem eingebrachten Wirtschaftsgut stehen. Nach Auffassung der Finanzverwaltung ist im Verhältnis der übernommenen Schulden zum Verkehrswert des übertragenen Grundstücks ein »Teilentgelt« gegeben. In dem so ermittelten Verhältnis sind nach Auffassung der Finanzverwaltung die stillen Reserven im übertragenen Wirtschaftsgut aufzudecken.

Abweichend hiervon wendet der BFH die modifizierte Trennungstheorie an, mit der Folge, dass ein steuerpflichtiger Gewinn nur dann und insoweit entsteht, als die übernommenen Verbindlichkeiten höher sind als der Buchwert des übertragenen Wirtschaftsguts. Die Finanzverwaltung wendet allerdings diese Rechtsprechung derzeit (noch) nicht an.[1856] Es muss deshalb davon ausgegangen werden, dass die Finanzverwaltung eine vollständige Steuerneutralität der Übertragung eines Wirtschaftsguts auf eine gewerblich geprägte Personengesellschaft nicht anerkennen wird, wenn die Gesellschaft auch Schulden übernimmt.

Hinweis !

Bei Übertragung eines Grundstücks könnte die Versteuerung des Gewinns aus der teilentgeltlichen Übertragung (also bei Übernahme der Schulden) wiederum teilweise dadurch vermieden werden, dass eine § 6b-Rücklage i. H. d. aufgedeckten stillen Reserven gebildet wird, soweit die Voraussetzungen des § 6b EStG insbes. in zeitlicher Hinsicht erfüllt sind. Neben einer Übertragung auf neu angeschaffte Grundstücke (Grund und Boden und Gebäude) oder neu hergestellte Gebäude ist eine Übertragung der Rücklage auch auf die bei Übertragung teilentgeltlich erworbenen Grundstücke des früheren Sonderbetriebsvermögens möglich.[1857]

Hinweis !

Sofern es sich bei den Verbindlichkeiten im Sonderbetriebsvermögen um Finanzierungsverbindlichkeiten für das zu übertragende Wirtschaftsgut (z. B. Grundstück) handelt, kann die Steuerneutralität der Übertragung des Grundstücks auf die gewerblich geprägte Personengesellschaft nach § 6 Abs. 5 Satz 3 Nr. 2 EStG auch dadurch erreicht werden, dass die Finanzierungsverbindlichkeiten nicht auf die Personengesellschaft mit übertragen werden. Die Schulden werden dann zu Sonderbetriebsvermögen des Gesellschafters bei der gewerblich geprägten Personengesellschaft.

1855 BMF vom 08.12.2011, BStBl I 2011, 1279, Rz. 15; OFD Frankfurt a. M. vom 10.04.2019, Rz. 15, DStR 2019, 1357.
1856 BMF vom 12.09.2013, BStBl I 2013, 1164.
1857 *Marchal*, in: Herrmann/Heuer/Raupach, EStG/KStG (274. EL, April 2019), § 6b EStG Tz. 31.

Die Steuerneutralität der Übertragung nach § 6 Abs. 5 Satz 3 Nr. 2 EStG setzt nach dem Wortlaut der Vorschrift voraus, dass eine Sperrfrist eingehalten wird, innerhalb derer das übertragene Wirtschaftsgut nicht veräußert oder entnommen wird (§ 6 Abs. 5 Satz 4 EStG). Eine schädliche Handlung innerhalb der Sperrfrist würde zu einer nachträglichen Besteuerung der Übertragung auf die gewerblich geprägte Personengesellschaft führen. Die Sperrfrist beträgt drei Jahre und beginnt mit Abgabe der Steuererklärung der Personengesellschaft, zu der das Sonderbetriebsvermögen gehört hat, für den Veranlagungszeitraum, in dem die Übertragung erfolgt ist (§ 6 Abs. 5 Satz 4 EStG).

! **Hinweis**

Die Rechtsprechung hat inzwischen mehrfach entschieden, dass die Veräußerung oder Entnahme eines Wirtschaftsguts im Falle einer Ein-Mann-Gesellschaft nicht zu einer rückwirkenden Besteuerung führt, wenn es zwischenzeitlich nicht zu Veränderungen in den Beteiligungsverhältnissen gekommen ist.[1858] Dies ist sachgerecht, da bei einer Ein-Mann-Gesellschaft stille Reserven nicht auf andere Personen übergehen. Die Finanzverwaltung wendet diese Rechtsprechung offensichtlich inzwischen an,[1859] so dass es nicht zu einer rückwirkenden Besteuerung im Falle eines schädlichen Ereignisses während der Sperrfrist bei der Ein-Mann-Gesellschaft kommt.

6.6.2 Übertragung von Beteiligungen an Kapitalgesellschaften

6.6.2.1 Steuerneutralität der unentgeltlichen Übertragung

Werden Anteile an einer Familiengesellschaft in der Rechtsform einer Kapitalgesellschaft innerhalb der Familie unentgeltlich übertragen, soll dies keine Steuerbelastungen auslösen, da keine Liquidität aus einer Kaufpreiszahlung vorhanden ist, um eine Steuerbelastung zu finanzieren.

Die unentgeltliche Übertragung von Anteilen an einer Kapitalgesellschaft, die sich im Privatvermögen befinden, erfüllt regelmäßig keinen ertragsteuerlichen Besteuerungstatbestand, so dass diese Übertragung grds. steuerneutral erfolgen kann. Der Erwerber führt in diesem Fall die (steuerlichen) Anschaffungskosten des Übertragenden fort (§ 17 Abs. 2 Satz 5 EStG).

! **Hinweis**

Befinden sich die Anteile beim Übertragenden in einem Betriebsvermögen, wird es durch die unentgeltliche Übertragung auf einen Familienangehörigen regelmäßig zu einer Entnahme der Anteile kommen. Hierdurch wird eine Steuerbelastung ausgelöst, obwohl keine Liquidität vorhanden ist. Denkbar ist dieses Szenario insbes. im Falle einer Betriebsaufspaltung. Die Anteile an der Betriebskapitalgesellschaft

1858 BFH vom 31.07.2013, BFH/NV 2013, 1855; BFH vom 26.06.2014, BFH/NV 2014, 1930.

1859 H 6.15 EStH 2018, *Emcke*, in: Blümich, EStG (149. Aufl., August 2019), § 6 EStG Tz. 1351a; noch anders R 6.15 EStR 2012; BMF vom 08.12.2011, BStBl I 2011, 1279 Rz. 26; OFD Frankfurt a. M. vom 10.04.2019, Rz. 26, DStR 2019, 1357 mit Verweis auf R 15.8 EStR 2008.

befinden sich in diesem Fall im (Sonder)Betriebsvermögen der Besitzgesellschaft. Werden isoliert nur die Anteile an der Kapitalgesellschaft übertragen, werden diese hierdurch entnommen, was zur Entstehung eines steuerpflichtigen Entnahmegewinns führt.[1860] Dies gilt auch in Fällen, in denen eine Betriebsaufspaltung bisher unerkannt war. Auch wenn die unentgeltliche Übertragung von Kapitalgesellschaftsanteilen im Grundsatz ohne Steuerbelastung möglich ist, sollte eine genaue Prüfung erfolgen, ob die Anteile möglicherweise einem Betriebsvermögen zuzuordnen sind.

6.6.2.2 Übertragung unter Vorbehalt eines Nießbrauchs

Der Vorbehalt des Nießbrauchs bei Übertragung eines Anteils an einer Kapitalgesellschaft stellt kein Entgelt für die Übertragung dar. Vielmehr ist die Übertragung unentgeltlich und führt nicht zu einer Ertragsteuerbelastung, wenn sich die Anteile im Privatvermögen befunden haben.

Zukünftige Ausschüttungen stehen aufgrund des Nießbrauchs dem Übertragenden zu.

Abhängig von der Ausgestaltung des Nießbrauchs stellt sich die Frage nach dem wirtschaftlichen Eigentum. Behält sich der Übertragende alle wesentlichen mit der Beteiligung verbundenen Rechte vor, wird das wirtschaftliche Eigentum nicht auf den Erwerber übergehen, sondern beim Übertragenden verbleiben. Zu diesem Ergebnis kam der BFH in einem Fall, in dem im Zuge einer unentgeltlichen Übertragung von GmbH-Anteilen unter Vorbehalt des Nießbrauchs dem Nießbraucher eine unwiderrufliche Stimmrechtsvollmacht in sämtlichen Gesellschaftsangelegenheiten eingeräumt wurde.[1861] Sofern das wirtschaftliche Eigentum zunächst nicht übergeht, kommt es für ertragsteuerliche Zwecke erst bei Wegfall des Nießbrauchs zu einer Anteilsübertragung. Da allerdings im Falle eines Nießbrauchs die Erträge ohnehin dem Nießbraucher zustehen, hat das Zurückbleiben des wirtschaftlichen Eigentums zunächst keine ertragsteuerlichen Nachteile.

6.6.2.3 Übertragung gegen Rente

Wie bei der Übertragung eines Anteils an einer Personengesellschaft kann sich der Übertragende auch bei der Übertragung des Anteils an einer Kapitalgesellschaft Versorgungsleistungen in Form von Rentenzahlungen vorbehalten. Eine entsprechend den in 6.6.1.3 dargestellten Grundsätzen begünstigte Vermögensübertragung (Annahme eines unentgeltlichen Vorgangs) i. S. v. § 10 Abs. 1 Nr. 1a EStG kommt bei der Übertragung eines Anteils an einer Kapitalgesellschaft aber nur dann in Betracht, wenn

- mindestens 50 % der Anteile auf einen Erwerber übertragen werden und
- der Übergeber zuvor als Geschäftsführer tätig war und

1860 Vgl. Kapitel 6.4.3.2; sowie mögliche Gestaltungen zur Vermeidung einer Steuerbelastung in Kapitel 6.4.4.4.
1861 BFH vom 24.01.2012, BStBl II 2012, 308.

- der Übernehmer die Geschäftsführertätigkeit nach der Übertragung übernimmt und
- es sich zudem bei der Kapitalgesellschaft um eine GmbH handelt.[1862]

Diese Voraussetzungen müssen kumulativ vorliegen. Zudem muss der Übertragende seine bisherige Geschäftsführertätigkeit aufgeben. Ist er weiterhin als Geschäftsführer für die Kapitalgesellschaft tätig, liegt auch bei Übertragung einer mindestens 50 %-igen Beteiligung keine begünstigte Vermögensübertragung vor. Unschädlich wäre es, wenn der Vermögensübergeber in anderer Weise, z. B. im Rahmen einer selbständigen oder nicht selbständigen Tätigkeit für die Kapitalgesellschaft tätig wird.[1863] Damit sollte in jedem Fall sowohl die Organstellung als auch das Geschäftsführeranstellungsverhältnis des Übertragenden beendet werden. Anschließend kann der Übertragende als Angestellter oder selbständiger Berater im bzw. für die GmbH weiter tätig sein.[1864]

BEISPIEL 1

V hält 100 % der Anteile an der X-GmbH. Er ist für die X-GmbH als Geschäftsführer tätig. Im Rahmen der Nachfolgeplanung überträgt V seine gesamte Beteiligung auf seine zwei Kinder. Er überträgt 50 % der Anteile auf seine Tochter T, die auch die Geschäftsführung der Gesellschaft übernimmt. Die weiteren 50 % der Anteile überträgt er auf seinen Sohn S, der nicht in der Geschäftsführung der X-GmbH tätig wird. T und S verpflichten sich, an V monatliche Rentenzahlungen von jeweils 3.000 € zu bezahlen. V zieht sich aus der Geschäftsführung der X-GmbH zurück.

Lösung

Die Übertragung an die Tochter erfüllt die Voraussetzungen einer begünstigten Vermögensübertragung gegen Versorgungsleistungen i. S. v. § 10 Abs. 1 Nr. 1a EStG und wird als unentgeltliche Übertragung behandelt. Da S nicht als Geschäftsführer tätig wird, gelten für die Übertragung an ihn die Grundsätze einer entgeltlichen Übertragung.

BEISPIEL 2A

Wie Beispiel 1. V bleibt weiterhin als Geschäftsführer tätig.

Lösung:

Auch die Übertragung an die Tochter erfüllt nicht die Voraussetzungen einer begünstigten Vermögensübertragung gegen Versorgungsleistungen, auch wenn die Tochter in der Geschäftsführung der X-GmbH tätig wird. Sie wird daher als entgeltliche Übertragung behandelt.

1862 BMF vom 11.03.2010, BStBl I 2010, 227 Rz. 7 und 15 ff.

1863 BMF vom 11.03.2010, BStBl I 2010, 227 Rz. 7 und 18.

1864 So auch *Geck*, ZEV 2010, 161.

BEISPIEL 2

Wie Beispiel 1. Die 100%-Beteiligung wird allerdings auf drei Kinder zu je einem Drittel übertragen. Alle drei Kinder werden in der Geschäftsführung der X-GmbH tätig. V scheidet aus der Geschäftsführung aus.

Lösung

Obwohl V 100% der Anteile an der X-GmbH überträgt und alle Kinder in der Geschäftsführung der Gesellschaft tätig werden, sind die Voraussetzungen einer begünstigten Vermögensübertragung gegen Versorgungsleistungen nach Auffassung der Finanzverwaltung nicht erfüllt, da keines der Kinder eine Beteiligung von mindestens 50% erhält.[1865]

Sind die Voraussetzungen einer begünstigten Vermögensübertragung gegen Versorgungsleistungen i. S. v. § 10 Abs. 1 Nr. 1a EStG erfüllt, wird die Übertragung als unentgeltlich behandelt. Es werden also durch die Übertragung keine stillen Reserven besteuert. Die Übertragung als solche ist steuerneutral. Die Rentenzahlungen sind beim Vermögensübergeber als sonstige Einkünfte (§ 22 Nr. 1b EStG) und beim Zahlenden als Sonderausgaben (§ 10 Abs. 1 Nr. 1a EStG) jeweils voll steuerrelevant. Hat der Vermögensübergeber außer den Rentenzahlungen keine wesentlichen weiteren Einkünfte, die der tariflichen Besteuerung unterliegen, kann es zu Progressionsvorteilen kommen, wenn der Vermögenserwerber einer höheren Steuerbelastung unterliegt.

Sind die Voraussetzungen einer begünstigten Vermögensübertragung nicht erfüllt, ist die Übertragung als (teil)entgeltliche Übertragung anzusehen, die unter den Voraussetzungen des § 17 EStG steuerrelevant ist. Der Barwert der Rentenzahlungen ist hierbei als Veräußerungspreis für die Übertragung der Kapitalgesellschaftsanteile anzusehen. Ist der Barwert geringer als der Verkehrswert der Anteile, handelt es sich um eine teilentgeltliche Übertragung, die im Verhältnis des Teilentgelts zum Verkehrswert der Anteile in eine voll entgeltliche sowie eine unentgeltliche Übertragung aufzuteilen ist (sog. Trennungstheorie). Hinsichtlich des entgeltlichen Teils wird ein Veräußerungsgewinn entstehen. Dieser unterliegt dem Teileinkünfteverfahren, wonach 40% des Gewinns steuerfrei und 60% steuerpflichtig sind. Daneben sind die laufenden Rentenzahlungen mit dem Ertragsanteil nach § 22 Nr. 1 Satz 3 Buchst. a Doppelbuchst. bb EStG zu versteuern. Alternativ kann der Übertragende aber auch das Wahlrecht zur laufenden Besteuerung ausüben (R 17 Abs. 7 Satz 2 i. V. m. R 16 Abs. 11 EStR 2012). In diesem Fall sind die Rentenzahlungen in einen Zins- und einen Tilgungsanteil aufzuteilen, wobei der Zinsanteil ebenfalls nach § 22 Nr. 1 Satz 3 Buchst. a Doppelbuchst. aa Satz 3 EStG steuerpflichtig ist. Für den Tilgungsanteil wird sich eine Steuerpflicht erst dann ergeben, wenn dieser die

1865 Zu dieser Lösung krit. *Geck*, ZEV 2010, 161.

Anschaffungskosten (zzgl. eventueller Veräußerungskosten) übersteigt. Insoweit kommt dann ebenfalls das Teileinkünfteverfahren zur Anwendung.[1866]

Beim Erwerber liegen i. H. d. Barwerts der Rentenzahlungen Anschaffungskosten für die erhaltenen Anteile vor.[1867]

6.7 Wegzugsbesteuerung

Dr. Jakob Billau

Der Gedanke, die Heimat zu verlassen, um im Ausland sesshaft zu werden, ist häufig der Beginn für intensive steuerrechtliche Beratung. Der Hintergrund der Überlegung kann dabei sowohl rein persönlicher Natur sein, häufig sind aber auch wirtschaftliche Faktoren maßgeblich. Selten wird allerdings die Drohung aufgrund eines politischen Grolls tatsächlich in die Tat umgesetzt.[1868]

Eine Wohnsitzverlagerung ins Ausland ist aus steuerrechtlicher Sicht ein komplexes Unterfangen. Der deutsche Fiskus erschwert nicht nur den Wegzugsvorgang, sondern behält sich auch noch Jahre nach der Wohnsitznahme im Ausland Besteuerungsrechte vor. Dabei ist für eine steuerrechtlich optimale Lösung nicht nur die laufende Besteuerung zu betrachten, sondern es sind auch die Auswirkungen auf eine etwaige Nachfolgeplanung zu berücksichtigen.

6.7.1 Der Wegzug in die Schweiz in verschiedenen Fallkonstellationen

Vorliegend soll die Problematik an dem in der Praxis häufig vorkommenden Fall eines Wegzuges eines Familienunternehmers von Deutschland in die Schweiz dargestellt werden. Die Schweiz erweist sich nach wie als attraktives Land für vermögende Auswanderer. Im Nachfolgenden wird insbes. die Thematik der erweiterten beschränkten Steuerpflicht anhand verschiedener Fallkonstellationen dargestellt.

- **Fallkonstellation 1**

Der deutsche Familienunternehmer D zieht in die Schweiz. Er hat sein Unternehmen bereits an die Kinder weitergereicht. Er hat in Deutschland und in der Schweiz Vermögen (Bankvermögen, bewegliches Vermögen, Immobilienvermögen). Es ist dabei zu unterstellen, dass die Ehefrau mit in die Schweiz zieht; die Kinder verbleiben mit ihrem Wohnsitz in Deutschland, sie führen

1866 BMF vom 11.03.2010, BStBl I 2010, 227 Rz. 74; BMF vom 03.08.2004, BStBl I 2004, 1187; BMF vom 16.09.2004, BStBl I 2004, 922 Rz. 56.

1867 BMF vom 16.09.2004, BStBl I 2004, 922 Rz. 51.

1868 Vgl. beispielsweise: »Herrenknecht droht erneut mit Abwanderung«http://www.badische-zeitung.de/wirtschaft-regional/herrenknecht-droht-erneut-mit-abwanderung--45137771.html, Abrufdatum: 03.12.2015 das Unternehmen weiter. Für die steuerliche Prüfung ist darauf abzustellen, dass ein Zeitraum von sechs Jahren nach Wegzug noch nicht abgelaufen ist.

- **Fallkonstellation 2**

Wie Fallkonstellation 1, jedoch besteht in Deutschland zusätzlich Betriebsvermögen (Beteiligung an Kapitalgesellschaft, Personengesellschaft und Einzelunternehmen) und eine im Privatvermögen gehaltene 10%-Beteiligung an einer GmbH.

- **Fallkonstellation 3**

Wie Fallkonstellation 2, nur nach Ablauf von sechs Jahren.

- **Fallkonstellation 4**

Familienunternehmer D hat die »Schnauze voll« von »Überreglementierung und steuerlichem Irrsinn« in Deutschland. Er gründet für seine als GmbH geführte Familiengesellschaft eine Holding in der Form einer Schweizer AG. Er überträgt alle Anteile auf die Holding in der Schweiz (gegen die Gewährung neuer Anteile) und verzieht selbst dorthin.

6.7.2 Rechtliche Lösung Fallkonstellationen 1 und 3

Der Sachverhalt weist verschiedene steuerrechtliche Problemfelder auf. Dabei muss zwischen den verschiedenen Einkunftsarten differenziert werden. Die Besonderheiten der erweiterten beschränkten Steuerpflicht, des DBA Deutschland/Schweiz wie auch die Grundzüge des Schweizer Steuerrechts sind hierbei zu berücksichtigen. Auch ist zwischen der Besteuerung der laufenden Einkünfte und der Besteuerung eines Vermögensübergangs auf die Kinder und die Ehefrau im Erbschaftsfall zu differenzieren.

6.7.2.1 Besteuerung des Wegzugs aus Deutschland

Zunächst stellt die Wegzugsbesteuerung für D eine steuerliche Hürde dar. Die Wegzugsbesteuerung ist in §6 AStG geregelt. Zweck der Wegzugsbesteuerung ist die Erfassung stiller Reserven in der logischen Sekunde vor dem Wegzug, da Deutschland bei Wegzug in einen DBA-Staat abkommensrechtlich grds. daran gehindert ist, die stillen Reserven bei ihrer tatsächlichen Aufdeckung zu besteuern.[1869]

1869 *Reimer*, in: Ostertun/Reimer, 2007, § 11 Rn. 45, 46.

Persönlich erfasst von § 6 AStG ist, wer insgesamt mindestens zehn Jahre in Deutschland unbeschränkt steuerpflichtig war – unabhängig von der Staatsangehörigkeit.[1870] Es ist davon auszugehen, dass D diese Anforderungen problemlos erfüllt. Ein Wegzug i. S. d. § 6 AStG findet statt, wenn der Steuerpflichtige seine unbeschränkte Steuerpflicht aufgibt, also in Deutschland keinen Wohnsitz mehr unterhält (i. S. d. § 8 AO) und auch keinen gewöhnlichen Aufenthalt mehr nimmt (i. S. d. § 9 AO). D möchte vorliegend seinen Hauptwohnsitz in der Schweiz nehmen und hat in Deutschland keine weiteren Wohnungen mehr.

Allerdings ist D in Fallkonstellation 1 nicht von der Wegzugsbesteuerung betroffen. Die von § 6 AStG betroffenen Vermögensgegenstände umfassen die Beteiligung an Kapitalgesellschaften und Genossenschaften, wenn sie die Voraussetzungen des § 17 EStG erfüllen. Wesentliche Voraussetzung ist hier die einer 1 %-Beteiligung an einer Kapitalgesellschaft in den letzten fünf Jahren.[1871] Vorliegend hat D zwar zahlreiche Kapitalbeteiligungen (ein diversifiziertes Aktienportfolio als Kapitalanlage) und auch Immobilienvermögen, aber es liegt keine Beteiligung über dem relevanten Schwellenwert von 1 % vor.

Zu erwähnen bleibt noch, dass D gem. § 95 EStG durch die Aufgabe der unbeschränkten Steuerpflicht und den Wegzug in die Schweiz (weder EU- noch EWR-Staat) seine Altersvorsorgezulage nach § 83 ff. EStG verliert. Wer diese behalten möchte, sollte einen Wegzug innerhalb der EU in Betracht ziehen.

6.7.2.2 Besteuerung der laufenden Einkünfte in Deutschland

Da D über erhebliche Vermögenswerte in Deutschland verfügt, ist der Zugriff des deutschen Fiskus auf die laufenden Erträge zu prüfen.

6.7.2.2.1 Besteuerung der Einkünfte aus Kapitalvermögen in Deutschland

D hat in Deutschland zwar weder einen Wohnsitz noch einen ständigen Aufenthalt, er bleibt aber mit seinen inländischen Einkünften beschränkt steuerpflichtig, §§ 1 Abs. 4, 49 EStG. Erfasst werden hiervon auch die inländischen Kapitaleinkünfte: Nach § 49 Abs. 1 Nr. 5 Buchst. a EStG i. V. m. § 20 Abs. 1 EStG sind inländische Kapitaleinkünfte in Deutschland beschränkt steuerpflichtig.

Diese beschränkte Steuerpflicht wird allerdings durch das DBA Schweiz in erheblichem Maße eingeschränkt: Art. 10 Abs. 1 DBA Schweiz weist zunächst grds. dem Ansässigkeitsstaat des Dividendenempfängers die Besteuerungshoheit zu. In Art. 10 Abs. 2 Buchst. c DBA Schweiz wird

1870 *Reimer*, in: Ostertun/Reimer, 2007, § 11 Rn. 46.
1871 *Reimer*, in: Ostertun/Reimer, 2007, § 11 Rn. 47.

aber auch dem Quellenstaat ein Besteuerungsrecht für Dividenden zugewiesen, dass jedoch auf 15 % beschränkt ist.

Die deutsche Kapitalertragsteuer nach §§ 49 Abs. 1 Nr. 5, 43 Abs. 1 Satz 1 Nr. 1, 20 Abs. 1 Nr. 1 EStG ist eine Quellensteuer, wird also direkt von der Zahlstelle der Kapitalerträge abgeführt. Die Quellenbesteuerung der Kapitalerträge hat Abgeltungswirkung, vgl. § 43 Abs. 5 EStG oder § 50 Abs. 2 Satz 1 EStG. Nach § 45 Abs. 1 Satz 1 EStG hat der Entrichtungspflichtige (der Schuldner der Dividenden) die einbehaltene Kapitalertragsteuer gem. der vorgeschriebenen Muster – elektronisch – anzumelden; die Frist hierfür bestimmt sich nach § 44 Abs. 1 Satz 5 EStG (bis zum 10. des Folgemonats).[1872] Der Steuersatz beträgt gemäß § 32d, § 43a Abs. 1 Nr. 1 EStG pauschal 25 %. Hinzu kommen Solidaritätszuschlag und ggf. Kirchensteuer.

Nach § 50d Abs. 1 Satz 1 EStG sind diese Vorschriften ungeachtet der Vorschriften des DBAs Schweiz anzuwenden (sog. Treaty Override).[1873] Der Gläubiger der Kapitalerträge (in diesem Fall D) kann aber nach § 50d Abs. 1 Satz 2 und 3 EStG die Erstattung der zu viel einbehaltenen Steuer beim Bundeszentralamt für Steuern beantragen. Hierdurch reduziert sich die Steuerlast in Deutschland auf die in § 10 Abs. 2 Buchst. b DBA Schweiz vorgesehenen 15 %.

Die verbleibende Doppelbesteuerung (falls in der Schweiz steuerpflichtig) wird sodann durch Anrechnung in der Schweiz nach Art. 24 Abs. 2 Nr. 2 Buchst. a und b DBA Schweiz vermieden. In Deutschland verbleibt damit eine Definitiv-Besteuerung der Dividenden i. H. v. 15 %.

Für Zinseinkünfte ist nach Art. 11 Abs. 1 DBA Schweiz ausschließlich dem Ansässigkeitsstaat des Zinsempfängers die Besteuerungshoheit zugeordnet. Deutschland muss daher auf Antrag die einbehaltene Kapitalertragsteuer auf Zinseinkünfte erstatten (zur Definition der Zinsen siehe Art. 11 Abs. 2 DBA Schweiz: »Einnahmen aus öffentlichen Anleihen, aus Schuldverschreibungen einschließlich Wandelanleihen, auch wenn sie durch Pfandrechte an Grundstücken gesichert sind, und aus Forderungen jeder Art sowie alle anderen Einnahmen, die nach dem Steuerrecht des Staates, aus dem sie stammen, den Einnahmen aus Darlehen gleichgestellt sind«).

Da aber im vorliegenden Fall noch keine sechs Jahre seit dem Wegzug des Herrn D aus Deutschland in die Schweiz verstrichen sind, ist der Art. 4 Abs. 4 DBA Schweiz zu beachten. Denn gem. dieser Abkommensvorschrift bleibt das deutsche Besteuerungsrecht im Jahr des Wegzugs, wie auch in den fünf darauffolgenden Jahren, unabhängig von den sonstigen Regelungen des Abkommens, erhalten.[1874] Eine Vermeidung der Doppelbesteuerung findet dadurch statt, dass in entsprechender Anwendung der Vorschriften des deutschen Rechts über die Anrechnung

1872 *Hasselmann*, in: Littmann/Bitz/Pust, EStG (125. EL, Dezember 2017), § 44 Rn. 13.
1873 Zur Zulässigkeit eines Treaty Overrides siehe BVerfG, Beschluss vom 15.12.2015, 2 BvL 1/12, DStR 2016, 359.
1874 *Bischoff/Kotyrba*, BB 2002, 386; *Hamminger*, in: Wassermayer, DBA Schweiz (118. EL, Mai 2012), Art. 4 Rn. 137.

von ausländischen Steuern die Schweizer Steuer angerechnet wird (vgl. Art. 4 Abs. 4 Satz 2 DBA Schweiz).[1875]

D wird damit durch seinen Wegzug nicht doppelt belastet, aber er muss in den ersten sechs Jahren nach dem Wegzug in die Schweiz für seine deutschen Einkünfte den vollen Steuersatz in Deutschland entrichten: Also insgesamt 25 %bei den Kapitaleinkünften zzgl. Solidaritätszuschlag (weitere 5,5 % auf die 25 % Kapitalertragsteuer; Gesamtbelastung daher 26,375 %).

Die Anrechnung einer Schweizer Kapitalertragsteuer erfolgt analog § 32d Abs. 5 Satz 1 EStG. Zu beachten ist hier die Anrechnungshöchstgrenze in § 32d Abs. 5 Satz 3 EStG. Es kann also die deutsche Steuer auf null reduziert werden, aber eine darüber hinausgehende Erstattung wird nicht gewährt. Damit hängt die Grenzbelastung vom Steuersatz in der Schweiz ab.

6.7.2.2.2 Besteuerung der Einkünfte aus in Deutschland belegenem Immobilienvermögen

D ist auch mit seinen Einkünften aus Vermietung und Verpachtung nach § 49 Abs. 1 Nr. 6 EStG i. V. m. § 21 EStG in Deutschland beschränkt steuerpflichtig. Die Voraussetzung hierfür ist, dass die vermieteten Immobilien im Inland belegen sind.[1876]

Das Besteuerungsrecht für die Einkünfte aus der Vermietung und Verpachtung für das Belegenheitsland der Immobilien, in diesem Fall Deutschland, ist nach Art. 6 Abs. 1, 3 DBA Schweiz eröffnet. Die Vermeidung der Doppelbesteuerung erfolgt nach Art. 24 DBA Schweiz.[1877] Die Schweiz nimmt Einkünfte aus Vermietung und Verpachtung von in Deutschland belegenen Immobilien von der Besteuerung aus, stellt sie allerdings unter Progressionsvorbehalt, vgl. Art. 24 Abs. 2 Nr. 1 DBA Schweiz.[1878]

Die Steuererhebung erfolgt durch Veranlagung. Der Steuerpflichtige muss nach § 25 Abs. 3 EStG eine Steuererklärung abgeben, zu richten an das Finanzamt, in dessen Bezirk die Immobilien oder der wertvollste Teil davon belegen sind.[1879]

Da Deutschland insoweit das volle Besteuerungsrecht zugewiesen wird, ist die Vorschrift des § 4 Abs. 4 DBA Schweiz kein belastender Faktor. Die Schweiz stellt die entsprechenden deutschen Einkünfte frei.[1880]

1875 Vgl. auch *Hamminger*, in: Wassermayer, DBA Schweiz (118. EL, Mai 2012), Art. 4 Rn. 139.
1876 *Gosch*, in: Kirchhof, 2020, § 49 Rn. 86.
1877 *Weigell*, in: Wassermayer, DBA Schweiz (118. EL, Mai 2012), Art. 6 Rn. 33.
1878 *Weigell*, in: Wassermayer, DBA Schweiz (118. EL, Mai 2012), Art. 6 Rn. 33.
1879 *Wied*, in: Blümich, EStG (114. EL, Februar 2012), § 49 Rn. 212.
1880 Vgl. auch *Hamminger*, in: Wassermayer, DBA Schweiz (118. EL, Mai 2012), Art. 4 Rn. 138.

Hinweis !

Zu beachten ist, dass abhängig von der Größe des Immobilienvermögens auch eine Gestaltung unter Einschaltung einer ausländischen Kapitalgesellschaft in Erwägung gezogen werden könnte. Hier lässt sich durch Gestaltung erreichen, dass nach § 49 Abs. 1 Nr. 2 Buchst. f EStG i. V. m. § 8 Abs. 1 KStG ausschließlich Körperschaftsteuer, nicht aber Gewerbesteuer auf die inländischen Erträge abzuführen ist.[1881]

6.7.2.2.3 Die erweiterte beschränkte Steuerpflicht

Für die ersten sechs Jahre nach Wegzug ist für D die erweiterte beschränkte Steuerpflicht nach § 2 AStG zu beachten. Diese erweiterte beschränkte Steuerpflicht erfasst natürliche Personen, die in den zehn Jahren vor dem Ende ihrer unbeschränkten Steuerpflicht i. S. v. § 1 Abs. 1 Satz 1 EStG mindestens fünf Jahre unbeschränkt einkommensteuerpflichtig waren. Des Weiteren muss der erweitert beschränkt Steuerpflichtige in ein Land verzogen sein, in dem er mit seinem Einkommen nur einer niedrigen Besteuerung unterliegt (definiert in § 2 Abs. 2 AStG) und er muss weiterhin wesentliche wirtschaftliche Interessen in Deutschland haben (definiert in § 2 Abs. 3 AStG). Die Schweiz wird von der deutschen Finanzverwaltung stets als Niedrigsteuerland angesehen.[1882] Auch das Kriterium der wesentlichen wirtschaftlichen Interessen dürfte D erfüllen. Es ist davon auszugehen, dass die inländischen Einkünfte aus Kapital und Immobilien mehr als 30 % der Gesamteinkünfte von D ausmachen (§ 2 Abs. 3 Nr. 2 und 3 AStG).

Das DBA Schweiz eröffnet in Art. 4 Abs. 4 die Anwendung der Vorschriften des Außensteuergesetzes (§§ 2 ff.) gegenüber deutschen Staatsangehörigen, die in die Schweiz verziehen.[1883] Das Besteuerungsrecht wird aber auf das Jahr des Wegzugs sowie die fünf darauffolgenden Jahre beschränkt.[1884] Dies ist gegenüber der regulären Zehnjahresfrist des § 2 Abs. 1 AStG bereits eine deutliche Verkürzung.

Die erweiterte beschränkte Steuerpflicht bezieht über § 49 EStG sämtliche Einkünfte ein, die nicht explizit durch § 34d EStG als ausländisch eingestuft sind.[1885] Die erweiterte beschränkte Steuerpflicht erfasst im Fall des D damit v. a. dessen Kapitalerträge, bei denen der Schuldner Wohnsitz oder Sitz im Inland hat.[1886] Damit sind Dividenden deutscher Unternehmen, wenn auch in einem Schweizer Depot gehalten, von der erweiterten beschränkten Steuerpflicht erfasst.

1881 Vgl. auch BMF vom 16.05.2011, BStBl I 2011, 530, Tz. 15.

1882 *Bischoff/Kotyrba*, BB 2002, 385; *Baßler*, in: Flick/Wassermeyer/Baumhoff/Schönfeld, AStG (72. EL, Mai 2014), § 2 Rn. 162.

1883 *Hamminger*, in: Wassermayer, DBA Schweiz (118. EL, Mai 2012), Art. 4 Rn. 130.

1884 *Hamminger*, in: Wassermayer, DBA Schweiz (118. EL, Mai 2012), Art. 4 Rn. 140.

1885 *Lampert*, in: Blümich, AStG (144. EL, Oktober 2018) § 2 Rn. 40.

1886 *Kraft*, in: Kraft, 2019, § 2 Rn. 131.

Insbes. aber bei einem unbefristeten Verziehen in die Schweiz, also nach dem Ablauf von sechs Jahren, tritt hier eine deutliche steuerliche Entlastung ein.

6.7.2.3 Besteuerung der laufenden Einkünfte in der Schweiz

D ist in der Schweiz mit seinen Welteinkünften unbeschränkt steuerpflichtig. Die Einkünfte aus Deutschland werden in der Schweiz entweder freigestellt oder angerechnet.

6.7.2.4 Erbschaft- und Schenkungsbesteuerung in Deutschland

Bei der Besteuerung des Erbfalles wird hier von der gesetzlichen Erbfolge ausgegangen. Stirbt D, erben die Kinder des D in Deutschland jeweils 25 % und die Ehefrau in der Schweiz die restlichen 50 %.

Die Steuerpflicht beim Erwerb von Todes wegen tritt nach § 2 Abs. 1 Nr. 1 ErbStG ein, wenn entweder der Erblasser oder der Erwerber zum Zeitpunkt der Entstehung der Steuer, gem. § 9 ErbStG, als Inländer gilt.

6.7.2.4.1 Die Steuerpflicht der Kinder

Was ein Inländer i. S. d. Erbschaftsteuergesetzes ist, definiert § 2 Abs. 1 Nr. 1 Satz 2 ErbStG. Nach § 2 Abs. 1 Nr. 1 Satz 2 Buchst. a ErbStG sind die Kinder des D, als natürliche Personen mit Wohnsitz in Deutschland, mit dem gesamten Vermögensanfall steuerpflichtig.

6.7.2.4.2 Die erweiterte unbeschränkte und die beschränkte Steuerpflicht der Ehefrau

Die Steuerpflicht der Ehefrau des D hängt im Falle des Todes von D davon ab, wie lange sie und ihr Ehemann in der Schweiz gelebt haben, bevor der Todesfall eintrat. Davon ist abhängig, ob für die Ehefrau die erweiterte unbeschränkte Steuerpflicht nach § 2 Abs. 1 Nr. 1 Satz 2 Buchst. b ErbStG greift. Sie erfasst deutsche Staatsangehörige, die sich nicht länger als fünf Jahre dauernd im Ausland aufgehalten haben. Damit kann die Erbschaftsteuer für die Ehefrau vermieden werden, wenn sie und ihr Ehemann vor dem Erbfall (Tod des Ehemannes, § 9 ErbStG) länger als fünf Jahre in der Schweiz gelebt und keinen Wohnsitz mehr in Deutschland gehabt haben.

Zu beachten ist jedoch weiterhin § 2 Abs. 1 Nr. 3 ErbStG. Für das Inlandsvermögen i. S. d. § 121 BewG besteht auch nach Ablauf von fünf Jahren noch eine beschränkte Erbschaftsteuerpflicht. Einschlägig ist – da Herr D nur Portfolio-Beteiligungen besitzt – § 121 Nr. 2 BewG. Die deutschen Immobilien, die die Ehefrau nach fünf Jahren erbt, sind in Deutschland grundsätzlich in vollem Umfang der Erbschaftsteuer zu unterwerfen.

6.7.2.4.3 Die erweiterte beschränkte Steuerpflicht nach § 4 AStG

Die erweiterte beschränkte Erbschaftsteuerpflicht nach § 4 AStG bezieht sich alleine auf den Erblasser. § 4 AStG verweist für seine Anwendbarkeit auf § 2 AStG. Wenn bei dem Erblasser zum Zeitpunkt der Entstehung der Steuerschuld § 2 Abs. 1 Satz 1 AStG anzuwenden ist, wird die beschränkte Steuerpflicht des § 2 Abs. 1 Nr. 3 ErbStG auf alle Erwerbsgegenstände erweitert, deren Erträge nicht nach § 34c EStG ausländische Einkünfte wären.

Hierzu zählen insbes. Bankguthaben bei Kreditinstituten im Inland sowie im Inland befindliche bewegliche Wirtschaftsgüter (sog. »erweitertes Inlandsvermögen«).[1887]

Hinweis !

Die Kunstgüter, die einem Museum in Deutschland leihweise überlassen wurden, sollten vor Schenkung an die Ehefrau in die Schweiz verbracht werden.

Aufgrund des mit der Schweiz bestehenden Erbschaftsteuer-DBA ist die erweiterte beschränkte Erbschaftsteuerpflicht auf das Jahr des Wegzugs wie die fünf darauffolgenden Jahre beschränkt, vgl. Art. 4 Abs. 4 DBA Schweiz (ErbSt). Die für den Wegzug anerkannten Motive des Art. 4 Abs. 4 DBA Schweiz (ErbSt) sind vorliegend als nicht gegeben anzusehen, da D keiner abhängigen Beschäftigung mehr nachgeht und auch keine Schweizer Staatsangehörige geheiratet hat.

6.7.2.5 Erbschaft- und Schenkungsbesteuerung in der Schweiz

Aufgrund kluger Beratung im Vorfeld seines Wegzugs ist Herr D in das Kanton Zug verzogen, in dem bislang keine Erbschaftsbesteuerung für Ehegatten vorgenommen wird.[1888]

6.7.2.6 Zusammenfassung Lösung Fallkonstellation 1 und 3

Das deutsche Steuerrecht erfasst bei einem Wegzug – hier in die Schweiz – viele Einkunftsquellen. Eine wirklich entlastende Wirkung stellt sich erst nach Ablauf von sechs Jahren ein, insbes. was die Möglichkeit der steuerlich optimalen Nachfolgegestaltung betrifft. Steuerrechtlich macht ein Wegzug daher nur dann Sinn, wenn er auf Dauer angelegt ist.

Hinweis !

Für eine Optimierung der Erbschaftsteuer ist darauf zu achten, dass möglichst kein wesentliches Vermögen in Deutschland belassen wird. Wird Immobilienvermögen in mobiles Kapitalvermögen umgewandelt, lässt sich hierdurch die deutsche Erbschaftsteuer durch Wegzug im Ergebnis vermeiden.

1887 *Jülicher*, in: Troll/Gebel/Jülicher, ErbStG (58. EL, Dezember 2019), § 2 Rn. 82.
1888 *Ostertun*, in: Ostertun/Reimer, 2007, § 1 Rn. 48.

Auch ist es – wenn gewünscht – möglich, das Vermögen in eine gemeinnützige Stiftung einzubringen, was keine Schenkungsteuer auslöst. Dieser Weg ist insbes. bei umfangreichen Vermögen, die für einen langfristigen übergeordneten Zweck nutzbar gemacht werden sollen, eine geeignete, steueroptimierte Gestaltungsoption.

! **Hinweis**

Bei Portfolio-Beteiligungen, die alleine der Kapitalanlage dienen und keinen Einfluss auf die Unternehmen geben (außer den Rechten auf der Hauptversammlung, die aber mithin nicht maßgeblich sind), kann die Umschichtung in ein Schweizer Depot eine beschränkte Steuerpflicht in Deutschland vermeiden.

6.7.3 Rechtliche Lösung Fallkonstellation 2

Die Fallkonstellation unterscheidet sich durch das Vorhandensein von Betriebsvermögen von den vorherigen Fallkonstellationen.

6.7.3.1 Besteuerung des Wegzugs aus Deutschland

Vorliegend ist zwischen der Besteuerung des Betriebsvermögens, also aller Vermögensgegenstände, die der unternehmerischen Sphäre zugeordnet sind und darüber auch geeignet sind, diesem objektiv zu dienen, und der Besteuerung der im Privatvermögen gehaltenen Beteiligung an einer GmbH zu differenzieren.

6.7.3.1.1 Beteiligung im Privatvermögen

Die Wegzugsbesteuerung nach § 6 AStG ist vorliegend für D eröffnet. Insbes. sind von § 6 AStG betroffene Vermögensgegenstände, d. h. die Beteiligung an Kapitalgesellschaften, wenn sie die Voraussetzungen des § 17 EStG erfüllen, beim Wegzug vorhanden. Vermögen i. S. d. § 17 Abs. 1 Satz 1 EStG ist die Beteiligung an einer Kapitalgesellschaft von mehr als 1 %, in dem vorliegenden Fall die Beteiligung von 10 % an einer GmbH.

Die Bemessungsgrundlage der Wegzugsbesteuerung ist nach § 6 Abs. 1 Satz 4 AStG i. V. m. § 17 Abs. 2 EStG die Differenz zwischen dem gemeinen Wert der Anteile am Tag des Wegzugs und dem Buchwert der Anteile bzw. den historischen Anschaffungskosten.[1889]

Als Rechtsfolge fließt der entsprechend ermittelte (virtuelle) Veräußerungserlös im Veranlagungsjahr des Wegzugs in die einkommensteuerliche Bemessungsgrundlage ein. Für einen Fall

1889 *Ostertun*, in: Ostertun/Reimer, 2007, § 1 Rn. 43.

wie diesen bietet sich die vorherige Einlage der Beteiligung z. B. in eine (gemeinnützige) Stiftung an, um die Wegzugsbesteuerung zu vermeiden.

Für den Fall, dass die komplette Steuerlast eine erhebliche Härte für den Steuerpflichtigen darstellen würde, ist nach § 6 Abs. 4 AStG eine Stundung der Steuer über den Zeitraum von fünf Jahren möglich. Eine solche Härte liegt i. d. R. vor, wenn eine Besteuerung ohne die Veräußerung stattfindet, also ohne den Zufluss liquider Mittel.[1890]

6.7.3.1.2 Beteiligung im Betriebsvermögen

Für den Fall, dass Betriebsvermögen einer Personengesellschaft vorliegt, ist die Regelung des § 4 Abs. 1 Satz 3 EStG zu beachten. Nach dieser steht einer Entnahme der Ausschluss oder die Beschränkung des deutschen Besteuerungsrechts gleich. Diese Vorschrift könnte insbes. für im Sonderbetriebsvermögen gehaltene Grundstücke Anwendung finden, was bei Familienunternehmen in der Rechtsform der Personengesellschaft häufig der Fall ist. Hierbei handelt es sich um Grundstücke, die im Eigentum des Gesellschafters stehen und der Personengesellschaft zur Nutzung überlassen werden. Für steuerliche Zwecke werden sie dem Sonderbetriebsvermögen zugeordnet, so dass die stillen Reserven steuerverhaftet sind.

Nach dem DBA Schweiz ist das Besteuerungsrecht nach Art. 6 Abs. 4, Art. 13 Abs. 1 für unbewegliches Unternehmensvermögen dem Belegenheitsstaat zugeordnet. Des Weiteren ist § 16 Abs. 3a EStG zu beachten, welcher beim Ausschluss oder der Beschränkung des deutschen Besteuerungsrechts eine Betriebsaufgabe fingiert. Jedoch führt die Wohnsitzverlegung nicht zu einer Betriebsaufgabe, wenn die stillen Reserven in einem inländischen Gewerbebetrieb oder in einer inländischen Betriebsstätte verbleiben (vgl. auch Art. 13 DBA Schweiz).[1891]

Sollte D neben seinem Wohnsitz auch sein Unternehmen (hier das Einzelunternehmen) in die Schweiz verlagern wollen, wäre in Deutschland die Aufdeckung aller stillen Reserven nach § 16 Abs. 3a EStG zu versteuern.

6.7.3.2 Besteuerung der laufenden Einkünfte in Deutschland

D ist mit seinen gewerblichen Einkünften aus der Beteiligung an einer Personengesellschaft nach § 49 Abs. 1 Nr. 2 Buchst. a EStG i. V. m. § 12 AO in Deutschland nach wie vor beschränkt steuerpflichtig. Die Voraussetzung des Vorhandenseins einer Betriebsstätte i. S. d. § 12 AO ist durch das Vorliegen einer Personengesellschaft mit festem Geschäftsbetrieb in Deutschland erfüllt.[1892]

1890 *Häck*, in: Flick/Wassermeyer/Baumhoff/Schönfeld, AStG (91. EL, September 2019), § 6 Rn. 506.
1891 *Schallmoser*, in: Blümich, EStG (148. EL, Juli 2019), § 16 Rn. 501.
1892 Vgl. auch *Reimer*, in: Ostertun/Reimer, 2007, § 11 Rn. 119.

Diese Vorschrift korrespondiert mit Art. 7 Abs. 1 DBA Schweiz, so dass das Besteuerungsrecht für die Gewinne der deutschen Personengesellschaft auch nach Wegzug in die Schweiz dem deutschen Fiskus zusteht.

6.7.3.3 Besteuerung des Erbfalls in Deutschland

Der Erbfall ist in Deutschland nach § 2 Abs. 1 Nr. 3 ErbStG i. V. m. § 121 Nr. 3 (für das Einzelunternehmen und die Personengesellschaft) und Nr. 4 BewG (für die Kapitalgesellschaft, die Beteiligung an der GmbH beträgt 10 %) steuerpflichtig. Es kommt dabei nicht darauf an, ob der Erblasser oder die Erben als erbschaftsteuerrechtliche Inländer gelten. Diese Vorschrift korrespondiert auch mit Art. 6 Abs. 1 DBA Schweiz (ErbSt).

6.7.3.4 Zusammenfassung Lösung Fallkonstellation 2

Der deutsche Fiskus behält sich für betriebliche Vermögen umfassend die Besteuerung der stillen Reserven vor.

! **Hinweis**

Wegzugsbesteuerung, insbes. die Besteuerung stiller Reserven, lässt sich vermeiden, indem das (Betriebs-)Vermögen in Deutschland z. B. in eine Stiftung eingebracht und damit einer eigenständigen, inländischen Rechtspersönlichkeit übertragen wird. Allerdings ist eine solche Entscheidung auch anhand von nicht-steuerlichen Aspekten zu treffen.

6.7.4 Rechtliche Lösung Fallkonstellation 4

6.7.4.1 Verfahrensrechtliche Anforderungen

Die Vorbereitung eines Wegzugs beginnt in Deutschland stets mit verfahrensrechtlichen Anforderungen, die der Steuerpflichtige einzuhalten hat. Wesentlicher Schritt ist die Meldung einer Neugründung im Ausland bei den deutschen Finanzbehörden. § 138 Abs. 2 Nr. 3 Buchst. a AO bestimmt, dass derjenige, der eine Beteiligung an einer ausländischen Körperschaft i. S. d. § 2 Abs. 1 KStG von mindestens 10 % oder mittelbar von mindestens 25 % hält, dies anzuzeigen hat. Mitteilungspflichtig sind natürliche Personen mit Wohnsitz, i. S. d. § 8 AO, oder gewöhnlichem Aufenthalt in Deutschland, i. S. d. § 9 AO. D hat – zum Zeitpunkt der Gründung der Schweizer AG – einen deutschen Wohnsitz und ist in Deutschland unbeschränkt steuerpflichtig. Anzeigepflichtig ist die Beteiligung ab 10 % an einer ausländischen Körperschaft, die einer deutschen Körperschaft nach § 2 Abs. 1 KStG nach Struktur und Finanzausstattung entspricht. Für eine Schweizer AG dürfte eine Entsprechung mit einer deutschen AG und daher eine Mitteilungspflicht gegeben sein. Die Gründung der Schweizer AG ist von D folglich dem zuständigen Finanzamt mitzuteilen. Gem. § 138 Abs. 5 AO ist die Beteiligung zusammen mit der Einkommen- bzw. Körperschaftsteuererklärung in dem Jahr mitzuteilen, in dem die Beteiligung erworben wurde. Sollte dies nicht erfolgen, stellt dies eine Ordnungswidrigkeit dar, auch wenn der Wegzug zeitnah erfolgt.

Wer die Anzeigepflicht nach § 138 Abs. 2 AO vorsätzlich oder leichtfertig verletzt, begeht eine Ordnungswidrigkeit nach § 379 Abs. 2 Nr. 1 AO. Der tatbestandmäßige Erfolg tritt ein, wenn nicht innerhalb der vorgegebenen Frist eine entsprechende Mitteilung an das zuständige Finanzamt gemacht wird. Sanktioniert wird damit ein Unterlassen.[1893] In der Praxis wird von der Verfolgung der Verletzung der Anzeigepflicht nach § 138 Abs. 2 AO häufig abgesehen.[1894] Diese Praxis bietet aber keinen Vertrauensschutz für die zukünftige Handhabung, insbes. nachdem die Meldepflichten noch einmal verschärft wurden. Die OFD Frankfurt am Main hat in einer Mitteilung bereits länger deutlich gemacht, dass die Verfolgung der Ordnungswidrigkeit in Betracht kommt und an die zuständige Bußgeld- und Strafsachenstelle abgegeben werden solle.[1895]

Die Sanktion für einen Verstoß gegen die Mitteilungspflicht beträgt mindestens 5 € und kann bis zu 5.000 € betragen, vgl. § 17 Abs. 1 OWiG.[1896] Bei einer leichtfertigen Begehung (gesteigerte Fahrlässigkeit) kann nach § 17 Abs. 2 OWiG max. der halbe Betrag, also 2.500 €, ausgerufen werden.[1897] Bei der Bemessung der Höhe der Geldbuße wird zunächst die persönliche Vorwerfbarkeit der Ordnungswidrigkeit berücksichtigt, vgl. § 17 Abs. 3 Satz 1 OWiG.[1898] Ggf. sind auch die persönlichen wirtschaftlichen Verhältnisse zu berücksichtigen. Besonders zu berücksichtigen ist das Ausmaß der Steuergefährdung. Da insbes. darauf abzustellen ist, ob das Verstreichen der Meldeverpflichtung vorsätzlich oder leichtfertig geschah, ist es bereits hier möglich, die maximale Geldbuße auf 2.500 € zu begrenzen.

Neben der durch § 138 Abs. 2 Nr. 3 AO vorgegebenen Mitteilung, dass eine Beteiligung gegeben ist, erwachsen aus der Auslandsbeteiligung Dokumentations- und Informationspflichten, u. a. aus § 90 Abs. 2 und 3 AO und § 17 AStG. Der Steuerpflichtige hat bei Auslandssachverhalten eine erheblich gesteigerte Mitwirkungspflicht.

6.7.4.2 Einbringung in eine ausländische Kapitalgesellschaft – Fallkonstellation 4

Die Einbringung der Anteile an einer deutschen GmbH (es wird angenommen, dass die Beteiligung vorliegend im Privatvermögen gehalten wird) in eine ausländische Kapitalgesellschaft ist vorliegend nicht nach § 21 UmwStG zu bewerten. Da die aufnehmende Gesellschaft in einem

1893 *Talaska*, in: Kohlmann, Steuerstrafrecht (65. EL, Oktober 2019), § 379 AO Rn. 295.
1894 S. auch *Bülte*, in: Hübschmann/Hepp/Spitaler, AO (229. EL, September 2014), § 379 Rn. 78.
1895 Vgl. auch BMF, Schreiben vom 15.04.2010 – IV B 5 – S 1300/07/10087.
1896 *Talaska*, in: Kohlmann, Steuerstrafrecht (65. EL, Oktober 2019), § 379 AO Rn. 581.
1897 *Talaska*, in: Kohlmann, Steuerstrafrecht (65. EL, Oktober 2019), § 379 AO Rn. 588.
1898 Vgl. hierzu *Heuel*, in: Kohlmann, Steuerstrafrecht (59. EL, November 2017), § 377 AO Rn. 87.

Drittstaat ansässig ist, findet das Umwandlungssteuergesetz keine Anwendung.[1899] Eine Übertragung zum Buchwert ist somit nicht möglich.

Die Einbringung der Anteile an der deutschen GmbH in die Schweizer AG gegen die Gewährung neuer Anteile ist als offene Sacheinlage zu werten. Diese stellt eine Veräußerung gem. § 17 EStG in der Form eines Tauschs dar; § 6 Abs. 6 EStG ist für die Bewertung anwendbar.[1900] Dies führt zu einem Gewinn oder Verlust i. H. d. Differenz zwischen dem gemeinen Wert der erlangten neuen Anteile und den Anschaffungskosten.[1901] Da die neu erlangten Anteile der Schweizer AG den gemeinen Wert des hingegebenen Gegenstandes haben müssen (§ 6 Abs. 6 Satz 1 EStG), werden bereits durch diesen Vorgang alle stillen Reserven der deutschen GmbH gehoben. Soweit der Wegzug von D zeitnah nach der Einbringung erfolgt, ergeben sich keine weitergehenden Rechtsfolgen aus § 6 AStG.

6.7.5 Ausblick – Entwurf ATAD-Umsetzungsgesetz

Hinzuweisen ist noch darauf, dass mit Datum vom 10.12.2019 das BMF einen Entwurf zur Umsetzung der Richtlinie (EU) 2016/1164 des Rates vom 12.06.2016 (Anti-Steuervermeidungs-Richtlinie – mit englischem Akronym: ATAD) vorgelegt hat. Der Gesetzentwurf fasst den § 6 AStG redaktionell völlig neu und enthält auch materiell Änderungen.[1902] Zudem soll eine Anpassung an die sich stetig entwickelnde Rechtsprechung des EuGH zur Wegzugsbesteuerung erfolgen.[1903] Sollte die Reform wie geplant noch 2020 umgesetzt werden, so wird dies wesentliche Änderungen für die Wegzugsbesteuerung mit sich bringen.

6.8 Zuzug von Unternehmen aus dem Ausland

Dr. Michaela Ott

6.8.1 Allgemeines

Wenn ausländische Unternehmen planen, Geschäfte in Deutschland zu tätigen, ist zunächst über die Struktur, unter der die Tätigkeit aufgenommen werden soll, zu entscheiden. Nach dieser richten sich die jeweiligen steuerlichen Folgen des Zuzugs, die in diesem Kapitel dargestellt werden.

1899 *Klingberg*, in: Blümich, UmwStG (147. EL, Mai 2019), § 1 Rn. 24; *Behrens*, in: Haritz/Menner/Bilitewski, 2019, UmwStG § 21 Rn. 125.
1900 *Weber-Grellet*, in: Schmidt, 2019, EStG § 17 Rn. 109.
1901 *Weber-Grellet*, in: Schmidt, 2019, EStG § 17 Rn. 109.
1902 Eine erste Übersicht z. B. bei *Heurung/Ferdinand/Kremer*, IStR 2020, 90.
1903 S. zur Rechtsprechung des EuGH mit Bezug zur Wegzugsbesteuerung *Kraft*, in: Kraft, 2019, § 6 Rn. 130 ff.

Der Zuzug eines Unternehmens ist zunächst durch die Begründung einer sog. steuerlichen Betriebsstätte denkbar, z. B. in Form einer unselbständigen Zweigniederlassung. Die Begründung einer Betriebsstätte führt zu einer Steuerverstrickung eines Teils der Wirtschaftsgüter des Unternehmens in Deutschland. Alternativ kann eine deutsche Tochtergesellschaft gegründet werden, die die inländischen Geschäfte betreibt und die die Sphäre der Muttergesellschaft von der deutschen Besteuerung abschirmt. Als Sonderfall, der bei Familienunternehmen vor allem dann relevant werden kann, wenn Gesellschafter-Geschäftsführer nach Deutschland umziehen, wird in diesem Kapitel auch auf die Folgen einer Verlegung einer bisher ausländischen Geschäftsleitung ins Inland eingegangen.

Abhängig von der gewählten Art des Zuzugs sind nach dem Beginn der Tätigkeit in Deutschland zunächst eine Reihe von Anzeige- und Deklarationspflichten zu beachten. Diese werden im Folgenden in Abhängigkeit der denkbaren Zuzugsfälle dargestellt. Des Weiteren werden die Regelungen der Gewinnermittlung in Deutschland dargestellt, soweit sie besonders für ein zuziehendes Unternehmen relevant sind.

6.8.2 Zuzug eines unselbständigen Unternehmensteils

6.8.2.1 Allgemeines

Eine ausländische natürliche oder juristische Person, die in Deutschland nicht unbeschränkt einkommen- oder körperschaftsteuerpflichtig ist, ist mit ihren inländischen Einkünften beschränkt steuerpflichtig.[1904] Bei gewerblichen Einkünften eines ausländischen Unternehmens ist für eine Besteuerung in Deutschland regelmäßig Voraussetzung, dass eine Betriebsstätte nach § 12 AO oder ein ständiger Vertreter nach § 13 AO im Inland vorhanden ist.[1905] Wirtschaftsgüter, die der inländischen Betriebsstätte zuzuordnen sind, werden in Deutschland steuerverstickt. Ein ständiger Vertreter begründet gewerbliche inländische Einkünfte, ohne dass gleichzeitig eine inländische Betriebsstätte vorliegt.

6.8.2.2 Betriebsstätte gem. § 12 AO

6.8.2.2.1 Voraussetzungen einer Betriebsstätte nach § 12 AO

Eine inländische Betriebsstätte ist nach § 12 AO dann gegeben, wenn das Unternehmen über eine feste Geschäftseinrichtung in Deutschland verfügt. Insbes. sind als Betriebsstätten anzusehen:[1906]

1904 § 1 Abs. 4 EStG; § 2 KStG.
1905 § 49 Abs. 1 Nr. 2 Buchst. a EStG.
1906 § 12 Satz 2 AO.

- die Stätte der Geschäftsleitung,
- Zweigniederlassungen,
- Geschäftsstellen,
- Fabrikations- oder Werkstätten,
- Warenlager,
- Ein- oder Verkaufsstellen,
- Bergwerke, Steinbrüche oder andere stehende, örtlich fortschreitende oder schwimmende Stätten der Gewinnung von Bodenschätzen, sowie
- Bauausführungen und Montagen, wobei bei diesen eine Dauer von sechs Monaten überschritten werden muss.

Der Begriff der festen Geschäftseinrichtung ist nach der BFH-Rechtsprechung weit zu fassen, so dass vor jeder neu aufzunehmenden Geschäftstätigkeit im Inland eine Prüfung erfolgen sollte, inwiefern hierdurch eine Betriebsstätte begründet wird. Die BFH-Rechtsprechung definiert als Betriebsstätte jeden körperlichen Gegenstand und jede Zusammenfassung körperlicher Gegenstände, die geeignet sind, der Tätigkeit des Unternehmens zu dienen. Weiteres Merkmal einer Betriebsstätte ist eine hinreichende Verfügungsmacht des Unternehmens. Ein bloßes Tätigwerden in den Geschäftsräumen eines Vertragspartners genügt hierzu nach der ständigen Rechtsprechung nicht. Vielmehr ist eine Rechtsposition erforderlich, die dem Steuerpflichtigen ohne Zutun nicht mehr entzogen werden kann.[1907]

Bei der Beurteilung müssen jeweils die konkreten Umstände des Einzelfalls herangezogen werden. Eine feste Verfügungsmacht muss weder ausdrücklich vereinbart werden noch sich auf einen bestimmten Raum oder Arbeitsplatz beziehen. Auch bei einer Mitbenutzung von Büroräumen kann eine feste Verfügungsmacht vorliegen, wenn sie sich durch eigene Einrichtungen oder Arbeitnehmer besonders manifestiert, auf bestimmte Einrichtungen bezieht oder wenn die Mitverfügungsmacht rechtlich so abgesichert ist, dass eine dem Mieter ähnliche Rechtsposition besteht.[1908] Je nach Art der Tätigkeit, die das Unternehmen im Inland ausübt, wurden von der Rechtsprechung bereits ein Lagerplatz, Abstellkammern für Arbeitsmittel oder die Wohnung des Unternehmers als Betriebsstätten i. S. d. § 12 AO eingestuft. Bei den Räumen muss es sich nicht um steuerliches Betriebsvermögen handeln.[1909] Ausreichend ist, wenn aus tatsächlichen Gründen anzunehmen ist, dass dem Unternehmer irgendein für seine Tätigkeit geeigneter Raum zur ständigen Nutzung zur Verfügung steht.[1910]

Eine Geschäftseinrichtung muss für eine gewisse Dauer angelegt sein, um als feste Geschäftseinrichtung eine Betriebsstätte begründen zu können. Es darf sich demnach nicht nur um eine

1907 BFH vom 03.02.1993, BStBl II 1993, 462; BFH vom 04.06.2008, BStBl II 2008, 922.

1908 *Drüen*, in: Tipke/Kruse, AO-FGO, § 12 AO Rz. 14.

1909 FG Nürnberg vom 28.10.2010, EFG 2011, 559; FG Köln vom 24.01.2007, EFG 2007, 1349; BFH vom 28.07.1993, BStBl II 1994, 148; vgl. ausführlich *Heinsen*, in: Gosch, AO/FGO, § 12 AO Rz. 7–24, 45, *Drüen*, in: Tipke/Kruse, AO/FGO, § 12 AO Rz. 4f. sowie *Kratzsch*, in: Schwarz/Pahlke, AO, § 12 Rz. 9f.

1910 BFH vom 04.06.2008, BStBl II 2008, 922.

vorübergehende Geschäftsbeziehung wie beispielsweise einmalige Auftritte oder die Überlassung eines Raumes für einen einmaligen Auftrag handeln.[1911] Als Anhaltspunkt dient die sechsmonatige Frist des § 12 Satz 2 Nr. 8 AO für Baumontagen.[1912]

Hinweis !

Vor einer neu begonnenen Tätigkeit in Deutschland sollte geprüft werden, ob hierdurch eine Betriebsstätte entsteht. Sofern eine Betriebsstätte in Deutschland ausgeschlossen werden kann, sollte zusätzlich die Möglichkeit geprüft werden, ob durch einen ständigen Vertreter steuerpflichtige inländische Einkünfte erzielt werden (vgl. hierzu 6.8.2.3 und 6.8.2.4.2).

6.8.2.2.2 Besonderheiten einer Geschäftsleitungsbetriebsstätte

Ein Unternehmen hat jeweils einen Ort der Geschäftsleitung, unter dem gem. § 10 AO der Mittelpunkt der geschäftlichen Oberleitung verstanden wird. An diesem Ort befindet sich die Geschäftsleitungsbetriebsstätte.

Die geschäftliche Oberleitung ist die Tätigkeit, die ein Unternehmer bzw. ein Geschäftsführer oder Vorstandsmitglied einer Kapitalgesellschaft i. d. R. selbst ausübt. Dies sind einerseits Maßnahmen und Entscheidungen von einiger Wichtigkeit, andererseits die Führung der laufenden Geschäfte.[1913] Damit eine Geschäftsleitungsbetriebsstätte vorhanden ist, muss außerdem eine Verfügungsmacht des Geschäftsleiters über eine bestimmte Einrichtung an dem betreffenden Ort vorliegen.[1914]

Wenn die Geschäftsleitung an mehreren Orten ausgeübt wird, ist der Ort zu identifizieren, an dem nach den tatsächlichen Verhältnissen die bedeutsamsten Entscheidungen fallen.[1915] Sind mehrere Personen mit Aufgaben der Geschäftsleitung betraut, die an verschiedenen Orten tätig sind, kommt es i. d. R. auf die Person mit besonderen Befugnissen und deren Tätigkeitsort an, wie z. B. ein Gesellschafter-Geschäftsführer. In Ausnahmefällen können auch mehrere Geschäftsleitungsbetriebsstätten vorliegen, wenn mehrere Geschäftsleiter mit gleichwertigen Aufgaben vorhanden sind.[1916]

Hinweis !

Ein Gesellschafter-Geschäftsführer mit Wohnsitz oder gewöhnlichem Aufenthalt im Inland kann zu einer inländischen Geschäftsleitungsbetriebsstätte des ausländischen Unternehmens führen, wenn der Gesellschafter-Geschäftsführer auch Tätigkeiten der Geschäftsführung im Inland ausübt.

1911 BFH vom 02.12.1992, BFHE 170, 126.
1912 *Drüen*, in: Tipke/Kruse, AO-FGO, § 12 AO Rz. 8–10.
1913 *Buciek*, in: Gosch, AO/FGO, § 10 AO Rz. 15; *Kratzsch*, in: Schwarz/Pahlke, AO § 10 Rz. 4.
1914 *Buciek*, in: Gosch, AO/FGO, § 10 AO Rz. 22.
1915 BFH vom 16.12.1998, BStBl II 1999, 437.
1916 BFH vom 05.11.2014, BStBl II 2015, 601.

Der Ort der Geschäftsleitung muss nicht mit dem Sitz der Gesellschaft übereinstimmen.[1917] Im Zusammenhang mit einem Zuzug eines Unternehmens durch Verlegung der Geschäftsleitung sind daher v. a. Fälle relevant, in denen die Geschäftsleitung ins Inland verlegt wird, während der ausländische Sitz der Gesellschaft beibehalten wird. Die steuerlichen Folgen dieser in der Praxis wichtigen Konstellation werden unter 6.8.4 dargestellt.

Da jedes Unternehmen zwingend eine Geschäftsleitungsbetriebsstätte haben muss, ist eine feste Geschäftseinrichtung, wie unter 6.8.2.2 dargestellt, nicht erforderlich. Daher kommen auch fremde Büroräume oder die Wohnung des Inhabers als Geschäftsleitungsbetriebsstätte in Betracht, wenn an diesem Ort die maßgebenden Entscheidungen getroffen werden oder wenn keine andere feste Geschäftseinrichtung vorhanden ist.[1918]

6.8.2.3 Ständiger Vertreter gem. § 13 AO

Das Gesetz definiert den ständigen Vertreter eines Unternehmens im Inland unabhängig von einer gleichzeitig vorhandenen Betriebsstätte. Es ist daher grds. keine feste Geschäftseinrichtung des Unternehmens erforderlich, um inländische Einkünfte zu beziehen.[1919] Ein ständiger Vertreter des Unternehmens im Inland genügt. I. R. d. Gewerbesteuer ist eine feste Geschäftseinrichtung, die einer gewissen Verfügungsgewalt des Unternehmens unterliegt, allerdings dennoch erforderlich, da das Gewerbesteuergesetz einen Gewerbebetrieb nur dann berücksichtigt, wenn eine Betriebsstätte im Inland besteht.[1920] Sofern bereits eine Betriebsstätte vorliegt, muss nicht weiter geprüft werden, ob ein ständiger Vertreter des Unternehmens vorhanden ist, da dieser keine zusätzlichen steuerlichen Folgen auslöst.

Unter einem ständigen Vertreter eines ausländischen Unternehmens im Inland wird eine natürliche oder juristische Person verstanden, die die Geschäfte des Unternehmens nachhaltig besorgt und dabei dessen Sachweisungen unterliegt. Gem. § 13 Satz 2 AO ist ein ständiger Vertreter insbesondere eine Person, die für ein Unternehmen nachhaltig
- Verträge abschließt oder vermittelt oder Aufträge einholt oder
- einen Bestand von Gütern oder Waren unterhält und davon Auslieferungen vornimmt.

Merkmal eines ständigen Vertreters ist demnach eine Geschäftsbesorgung für das vertretene Unternehmen. Diese muss weisungsgebunden erfolgen. Der Vertreter darf hierbei nicht als Organ, z. B. als Mitglied der Geschäftsführung, handeln, da diese Handlungen dem Unternehmen unmittelbar zugerechnet werden. Der Vertreter kann jedoch ein Arbeitnehmer des Unternehmens sein, der mit seiner Tätigkeit die in § 13 AO dargestellten Voraussetzungen erfüllt.

1917 *Buciek*, in: Gosch, AO/FGO, § 10 AO Rz. 6f.; *Drüen*, in: Tipke/Kruse, AO-FGO, § 10 AO Rz. 1.
1918 BFH vom 13.07.2005, BStBl II 2006, 804; BFH vom 29.11.2017, BFH/NV 2018, 684; *Drüen*, in: Tipke/Kruse, AO-FGO, § 10 AO Rz. 2.
1919 § 49 Abs. 1 Nr. 2 Buchst. a EStG.
1920 § 2 Abs. 1 GewStG; R 2.9 Abs. 4 GewStR; *Drüen*, in: Blümich, EStG/KStG/GewStG, § 2 GewStG Rz. 328.

Daneben kann ein ständiger Vertreter auch selbständig tätig sein und die Vertretung im Rahmen seines eigenen Unternehmens vornehmen. Ein wirksames Vertragsverhältnis, die Handlung des Vertreters nach außen im fremden Namen oder gar eine gesetzliche Vertretungsbefugnis sind nicht erforderlich. Ausreichend ist, dass der Vertreter faktisch für den Unternehmer tätig wird und dessen Weisungen befolgt.[1921]

Bei den besorgten Geschäften darf es sich nicht nur um Hilfsgeschäfte wie die Ausführung von Überweisungsaufträgen durch die kontoführende Bank handeln. Lediglich bei einer umfassenden Erledigung der Finanzgeschäfte läge eine Geschäftsbesorgung i. S. d. § 13 AO vor. Im Einzelfall ist daher eine Abgrenzung anhand der tatsächlichen Umstände vorzunehmen. Eine Orientierung bietet die Aufzählung von Tätigkeiten in § 13 Satz 2 AO. Diese ist allerdings nicht abschließend, da es sich lediglich um Beispiele handelt.[1922]

Weiterhin müssen die besorgten Geschäfte nachhaltig, d. h. mit einer gewissen Plan- und Regelmäßigkeit erfolgen. Um einen Gleichlauf mit dem zeitlichen Element einer Betriebsstätte nach § 12 AO herzustellen, wird vertreten, dass die Geschäftsbesorgung ebenfalls auf mindestens sechs Monate angelegt sein muss.[1923]

Ein ständiger Vertreter begründet lediglich inländische Einkünfte, jedoch keine inländische Betriebsstätte, weshalb auf diesen Fall in der Darstellung der handels- und steuerrechtlichen Pflichten (vgl. 6.8.2.5 und 6.8.2.6) nicht weiter eingegangen wird.

6.8.2.4 Abgrenzung Betriebsstätte und ständiger Vertreter nach OECD-MA

6.8.2.4.1 Betriebsstätte gem. Art. 5 OECD-MA

Da das Besteuerungsrecht von Betriebsstättengewinnen nach den Doppelbesteuerungsabkommen grds. dem Betriebsstättenstaat zugewiesen wird, entscheidet die Erfüllung der Betriebsstättendefinition nach dem Doppelbesteuerungsabkommen darüber, ob bzw. inwieweit die Gewinne eines ausländischen Unternehmens in Deutschland der Besteuerung unterworfen werden können. Die Voraussetzungen einer Betriebsstätte nach Art. 5 OECD-MA sind hierbei nicht vollends identisch mit den Voraussetzungen nach § 12 AO. Die Definition der Betriebsstätte nach OECD-MA ist enger als der Betriebsstättenbegriff des § 12 AO. Im Einzelfall kann es daher dazu kommen, dass die inländischen Einkünfte in Deutschland von der Besteuerung freigestellt werden müssen.

1921 *Buciek*, in: Gosch, AO/FGO, § 13 AO Rz. 5–7.1; *Frotscher*, in: Schwarz/Pahlke, AO § 13 Rz. 5; *Drüen*, in: Tipke/Kruse, AO/FGO, § 13 AO Rz. 5.

1922 *Buciek*, in: Gosch, AO/FGO, § 13 AO Rz. 10; *Drüen*, in: Tipke/Kruse, AO/FGO § 13 AO Rz. 4, 8.

1923 Sächsisches FG vom 07.11.2017, Az. 3 K 61/15, rkr.; *Buciek*, in: Gosch, AO/FGO, § 13 AO Rz. 8.

! **Hinweis**

Durch eine engere Definition einer Betriebsstätte nach dem Doppelbesteuerungsabkommen kann es zu einer deutlichen Einschränkung des deutschen Besteuerungsrechts kommen.

Die in Art. 5 OECD-MA verwendeten Begriffe müssen grds. abkommensrechtlich interpretiert werden, auch wenn es sich um Begriffe handelt, die identisch in § 12 AO aufgeführt sind. Es spricht allerdings eine tatsächliche Vermutung dafür, dass identische Begriffe auch gleich zu interpretieren sind. Die Rechtsprechung zu § 12 AO kann daher als Hilfestellung für die Auslegung des Betriebsstättenbegriffs nach OECD-MA herangezogen werden.[1924]

Nach Art. 5 Abs. 1 OECD-MA ist eine Betriebsstätte eine feste Geschäftseinrichtung, durch die die Geschäftstätigkeit eines Unternehmens ganz oder teilweise ausgeübt wird. Art. 5 Abs. 2 OECD-MA zählt hierzu als Beispiele

- einen Ort der Leitung,
- eine Zweigniederlassung,
- eine Fabrikationsstätte,
- eine Werkstätte und
- ein Bergwerk, ein Öl- oder Gasvorkommen, einen Steinbruch oder eine andere Stätte der Ausbeutung von Bodenschätzen

auf. Bauausführungen und Montagen sind bei über zwölfmonatiger Dauer eine Betriebsstätte.[1925] Daneben wird, anders als in Art. 12 AO, die Definition zusätzlich über eine Negativabgrenzung vorgenommen. Demnach bilden folgende Einrichtungen grds. keine Betriebsstätten:[1926]

- Einrichtungen zur Lagerung, Ausstellung oder Auslieferung von Gütern oder Waren,
- Bestände von Gütern oder Waren zur Lagerung, Ausstellung oder Auslieferung,
- Bestände von Gütern oder Waren zwecks Be- und Verarbeitung durch ein anderes Unternehmen,
- Einrichtungen zum Einkauf von Gütern oder Waren oder zur Informationsbeschaffung,
- Geschäftseinrichtungen für Vorbereitungs- oder Hilfstätigkeiten, sowie
- Einrichtungen für gemischte, in den übrigen Punkten aufgeführte Tätigkeiten, vorausgesetzt, dass die sich daraus ergebende Gesamttätigkeit der festen Geschäftseinrichtung vorbereitender Art ist oder eine Hilfstätigkeit darstellt.

6.8.2.4.2 Ständiger Vertreter gem. Art. 5 OECD-MA

Der ständige Vertreter wird nach Art. 5 Abs. 5 OECD-MA als Unterform einer Betriebsstätte definiert, während § 13 AO den ständigen Vertreter neben die Betriebsstätte nach § 12 AO stellt.

1924 *Wassermeyer*, in: Wassermeyer, Doppelbesteuerung, Art. 5 MA Rz. 8, 31.
1925 Art. 5 Abs. 3 OECD-MA.
1926 Art. 5 Abs. 4 OECD-MA; zu neu formulierten Rückausnahmen ab dem 21.11.2017 vgl. Art. 5 Abs. 4.1 OECD-MA. In den einzelnen Doppelbesteuerungsabkommen gelten diese Rückausnahmen allerdings erst nach einer entsprechenden Änderung des Abkommenstextes.

Nach Art. 5 Abs. 5 OECD-MA begründet der ständige Vertreter eine Betriebsstätte des Vertretenen. Wie bei der abkommensrechtlichen Betriebsstätte hat eine vom nationalen Steuerrecht unabhängige Interpretation zu erfolgen, ob ein ständiger Vertreter vorliegt.[1927]

Nach der Definition in Art. 5 Abs. 5 OECD-MA ist erforderlich, dass der ständige Vertreter eine Vollmacht besitzt, im Namen des Unternehmens Verträge abzuschließen, und dass der ständige Vertreter diese Vollmacht gewöhnlich ausübt. Daneben wird eine Person als ständiger Vertreter behandelt, wenn sie gewöhnlich die führende Rolle beim Abschluss von Verträgen einnimmt, die regelmäßig ohne weitere wesentliche Änderung durch das Unternehmen geschlossen werden. Es darf sich bei der Tätigkeit des Vertreters nicht lediglich um Hilfstätigkeiten gem. Art. 5 Abs. 4 OECD-MA handeln.

Unabhängige Vertreter werden nach Art. 5 Abs. 6 OECD-MA von der Definition des ständigen Vertreters ausgenommen, wenn nicht ein Unternehmen vorliegt, das ausschließlich oder fast ausschließlich für verbundene Unternehmen tätig ist und die Vertretung für diese Unternehmen übernimmt. Dies gilt für Makler, Kommissionäre oder andere unabhängige Vertreter, sofern sie im Rahmen ihrer ordentlichen Geschäftstätigkeit handeln.

Sofern nicht bereits eine Betriebsstätte durch eine feste Geschäftseinrichtung nach Art. 5 OECD-MA vorhanden ist, führt die Tatsache, dass ein ständiger Vertreter nach Art. 5 Abs. 5 OECD-MA im Inland vorliegt, i. d. R. zur Zuteilung des Besteuerungsrechts zu Deutschland. Die Einkünfte des Unternehmens, die mithilfe des ständigen Vertreters bezogen werden, werden bei beschränkter Steuerpflicht allerdings nur dann tatsächlich besteuert, wenn es sich auch um inländische Einkünfte handelt, z. B. weil auch das Kriterium des ständigen Vertreters nach § 13 AO erfüllt ist. Dies muss aufgrund der abweichenden Regelungen zwar nicht der Fall sein; generell sind die Voraussetzungen nach § 13 AO jedoch weit gefasst und dürften nahezu immer erfüllt sein, wenn ein Besteuerungsrecht nach Art. 5 Abs. 5 OECD-MA vorliegt.

6.8.2.5 Handelsrechtliche Pflichten

6.8.2.5.1 Betriebsstätten, die keine Zweigniederlassung darstellen

Sofern die Betriebsstätte nicht gleichzeitig eine Zweigniederlassung darstellt, werden inländische handelsrechtliche Pflichten nicht begründet. Der handelsrechtliche Begriff einer Zweigniederlassung ist enger gefasst als der steuerliche Begriff einer Betriebsstätte.

Eine Zweigniederlassung ist von der Hauptniederlassung räumlich getrennt und stellt einen weitgehend selbständigen Teil des Unternehmens dar, von dem wesentliche Geschäfte des

1927 *Wassermeyer*, in: Wassermeyer, Doppelbesteuerung, Art. 5 MA Rz. 11.

Unternehmens selbständig erledigt werden. Der selbständige Organisationsgrad einer Zweigniederlassung ist ausreichend hoch, dass diese aufgrund ihres Geschäftsbetriebs beim Wegfall der Hauptniederlassung als eigenständige Handelsniederlassung fortbestehen könnte.[1928] Keine Zweigniederlassung stellen Geschäftsstellen, Fabrikations- oder Werkstätten, Warenlager, Ein- oder Verkaufsstellen sowie Bauausführungen und Montagen dar, die nicht über die für eine Zweigniederlassung erforderliche selbständige Geschäftsausübung verfügen.

6.8.2.5.2 Zweigniederlassungen

6.8.2.5.2.1 Registeranmeldung einer Zweigniederlassung

Besondere handelsrechtliche Pflichten ergeben sich, wenn die inländische Betriebsstätte gleichzeitig eine Zweigniederlassung des ausländischen Unternehmens darstellt. Die inländische Zweigniederlassung wird handelsrechtlich wie eine Hauptniederlassung behandelt.[1929]

Bei Begründung einer inländischen Zweigniederlassung eines Einzelkaufmanns, einer juristischen Person oder einer Handelsgesellschaft mit Hauptniederlassung im Ausland ist diese Zweigniederlassung im Handelsregister einzutragen. Die Anmeldung hat an dem Gericht zu erfolgen, in dessen Bezirk die Zweigniederlassung liegt.[1930] Nach EU-Recht und dem Grundsatz der Niederlassungsfreiheit der Art. 49, 54 AEUV kann auch eine Zweigniederlassung begründet und in das Handelsregister eingetragen werden, wenn die Gesellschaft im Gründungs- bzw. Satzungssitzstaat keine geschäftliche Tätigkeit entfaltet, ihre Tätigkeit ausschließlich oder hauptsächlich im Mitgliedsstaat ihrer Zweigniederlassung ausübt und somit lediglich die ausländische Rechtsform bzw. das ausländische Gesellschaftsstatut genutzt werden.[1931]

Vor der Eintragung prüft das Registergericht, welche deutsche Rechtsform der ausländischen Rechtsform vergleichbar ist und ob bzw. in welche Abteilung des Handelsregisters die Eintragung erfolgen muss. Ggf. kommt auch eine Eintragung in das Genossenschafts- oder Partnerschaftsregister in Frage. Weiterhin ist die Zulässigkeit der Firma der Zweigniederlassung zu prüfen, insbesondere ob ein Verstoß gegen das Irreführungsverbot oder eine fehlende Unterscheidbarkeit der Firma der Zweigniederlassung von anderen, bereits eingetragenen Unternehmen vorliegt.[1932] Die Eintragung selbst wirkt lediglich deklaratorisch.[1933]

Für die Anmeldung gelten dieselben Grundsätze wie bei inländischen Unternehmen. Es sind der Ort und die inländische Geschäftsanschrift sowie der Gegenstand des Unternehmens anzugeben. Sofern es sich um ein rechtsfähiges Unternehmen handelt, ist ein Nachweis über die Rechtsfähigkeit zu erbringen. I. d. R. genügt hierfür die Vorlage eines ausländischen Register-

1928 *Krafka*, in: Münchener Kommentar zum HGB, § 13 Rz. 8f.
1929 § 13d Abs. 3 HGB.
1930 § 13d Abs. 1 HGB.
1931 EuGH vom 09.03.1999, Slg. 1999, I-1459; *Krafka*, in: Münchener Kommentar zum HGB, § 13d Rz. 12.
1932 § 18 HGB; *Krafka*, in: Münchener Kommentar zum HGB, § 13d Rz. 19.
1933 *Krafka*, in: Münchener Kommentar zum HGB, § 13d Rz. 2.

auszuges in öffentlich beglaubigter und legalisierter oder apostillierter Form samt beglaubigter deutscher Übersetzung. Sofern im ausländischen Staat kein Handelsregister geführt wird, kann auch die Gründungsurkunde des Rechtsträgers in Frage kommen.[1934] Weitere Angaben und Nachweise für ausländische Kapitalgesellschaften sind in den §§ 13e–13 g HGB geregelt.

Hinweis !

Bei Änderungen der zu meldenden Angaben muss eine erneute Meldung an das Handelsregister erfolgen.

6.8.2.5.2.2 Buchführung und Offenlegung

Die Betriebsstätte ist ein unselbständiger Teil des ausländischen Unternehmens. Grds. besteht wegen der Unselbständigkeit der Betriebsstätte keine eigenständige handelsrechtliche Buchführungspflicht in Deutschland. Liegt gleichzeitig eine Zweigniederlassung vor, so wird diese handelsrechtlich allerdings wie eine Hauptniederlassung behandelt.[1935] Hieraus ergibt sich eine eigenständige Buchführungspflicht der Zweigniederlassung nach § 238 HGB.

Inwiefern die Buchführungspflicht nach § 238 HGB tatsächlich zu beachten ist, ist derzeit nicht geklärt. Teilweise wird die Meinung vertreten, dass den Anforderungen genügt wird, wenn die lokale Rechnungslegung der inländischen Zweigniederlassung in die Buchführung und den Jahresabschluss des ausländischen Unternehmens einbezogen wird und dass eine zusätzliche Buchführung nach HGB somit nicht erforderlich sei.[1936] Andere Auffassungen, u. a. auch die Finanzverwaltung, gehen allerding davon aus, dass eine Buchführungspflicht der inländischen Zweigniederlassung nach § 238 HGB besteht.[1937] Gleichzeitig kann eine Buchführungspflicht nach dem Recht des Staats der Hauptniederlassung bestehen, in die die inländische Zweigniederlassung bzw. sonstige Betriebsstätte einzubeziehen ist.

Die Eröffnungsbilanz und der Jahresabschluss einer Zweigniederlassung sind nach allgemeinen Grundsätzen zu erstellen. Eine eigenständige Veröffentlichung der Eröffnungsbilanz und des Jahresabschlusses der Zweigniederlassung nach § 235 HGB ist nicht vorgesehen. Bei Zweigniederlassungen von Kapitalgesellschaften mit Sitz in einem anderen Staat der EU/EWR sind jedoch Rechnungslegungsunterlagen der Hauptniederlassung, die nach dem für die Hauptniederlassung maßgeblichen Recht erstellt, geprüft und offengelegt worden sind, im Bundesanzeiger zu veröffentlichen. Diese Rechnungslegungsunterlagen können in deutscher oder, sofern am ausländischen Sitz der Hauptniederlassung Deutsch nicht Amtssprache ist, in englischer Sprache eingereicht werden.[1938]

1934 *Krafka*, in: Münchener Kommentar zum HGB, § 13d Rz. 5.

1935 § 13d Abs. 3 HGB.

1936 *Winkeljohann/Lewe*, in: Beck'scher Bilanz-Kommentar, § 238 HGB Rz. 46; *Kahle/Cortez*, FR 2014, 673.

1937 *Ballwieser*, in: Münchener Kommentar zum HGB, § 238 Rz. 13; *Graf*, in: Münchener Kommentar zum Bilanzrecht, § 238 Rz. 9; *Märtens*, in: Gosch, AO/FGO, § 140 AO Rz. 21; *Quick/Wolz*, in: Baetge/Kirsch/Thiele, Bilanzrecht, § 238 HGB Rz. 13; OFD Hannover vom 28.02.2007, KSt-Kartei ND § 1 KStG Karte F 4 Tz. 3.8.5.

1938 § 325a HGB.

6.8.2.6 Steuerliche Pflichten und Steuerfolgen

6.8.2.6.1 Steuerliche Erfassung

Bei Eröffnung einer Betriebsstätte besteht gem. § 138 Abs. 1 AO eine Anzeigepflicht gegenüber der Gemeinde, in der die Betriebsstätte eröffnet wird. Sofern die Zuständigkeit des Finanzamts für die Realsteuern wie in Berlin, Hamburg und Bremen beim Finanzamt liegt, bestimmt § 138 Abs. 1 Satz 2 AO, dass in diesen Fällen die Anzeige gegenüber dem zuständigen Finanzamt abzugeben ist. Die Anzeige muss innerhalb eines Monats erfolgen.[1939] Eine Anzeigepflicht für Zweigniederlassungen und unselbständige Zweigstellen ergibt sich auch aus § 14 GewO. Die gewerberechtliche Anmeldung ist nach einem amtlich vorgeschriebenen Vordruck vorzunehmen. Die Anzeige nach § 14 GewO erfüllt dabei gleichzeitig die Anzeigepflicht nach § 138 Abs. 1 AO.[1940]

Eine allgemeine Anzeigepflicht gegenüber dem Finanzamt regelt § 138 AO hingegen nicht. Die Anzeige wird von der Gemeinde an das Betriebsfinanzamt weitergeleitet. Alternativ können aber umsatzsteuerliche Unternehmer die Anzeige auch elektronisch nach amtlich vorgeschriebenem Vordruck gegenüber dem Finanzamt abgeben.[1941] Erfolgt die Anzeige gegenüber dem Finanzamt, so wird diese an die Gemeinde weitergeleitet.[1942]

Des Weiteren ist zur steuerlichen Erfassung von Kapitalgesellschaften, Personenvereinigungen und Vermögensmassen die Anzeigepflicht nach § 137 AO zu beachten, nach der gegenüber dem Finanzamt und der für die Erhebung der Realsteuern zuständigen Gemeinde die Umstände anzuzeigen sind, die für die steuerliche Erfassung von Bedeutung sind. Diese Verpflichtung gilt auch für beschränkt steuerpflichtige Kapitalgesellschaften, sofern nicht lediglich inländische Einkünfte erzielt werden, deren Besteuerung durch Abzugsteuern abgegolten wird.[1943]

6.8.2.6.2 Steuerliche Einkunftsermittlung

Sofern es sich nicht um die Betriebsstätte eines Freiberuflers handelt, liegen durch die Betriebsstätte inländische gewerbliche Einkünfte vor, die der beschränkten Einkommen- oder Körperschaftsteuerpflicht unterliegen. Gleichzeitig ist eine Gewerbesteuerpflicht gegeben.

Eine Buchführungspflicht für steuerliche Zwecke leitet sich aus den §§ 140, 141 AO ab. Demnach begründet eine außersteuerliche, i. d. R. handelsrechtliche Buchführungspflicht gleichzeitig die Verpflichtung, für steuerliche Zwecke Bücher zu führen. Auch eine Buchführungspflicht nach ausländischen Rechtsvorschriften kann die steuerliche Buchführungspflicht begründen.[1944]

1939 § 138 Abs. 4 AO.
1940 AEAO zu § 138 Nr. 1 Abs. 2.
1941 § 138 Abs. 1a AO.
1942 R 1.9 Abs. 1 GewStR.
1943 *Schmieszek*, in: Gosch, AO/FGO, § 137 AO Rz. 8.
1944 BFH vom 14.11.2018, BStBl II 2019, 390.

Des Weiteren kann durch die Überschreitung der in § 141 AO genannten Umsatz- und Gewinngrenzen eine steuerliche Buchführungspflicht bestehen, wenn diese sich nicht bereits nach § 140 AO aus einer außersteuerlichen Buchführung ableitet.

Die Gewinnermittlung der Betriebsstätte erfolgt nach deutschen steuerlichen Grundsätzen i. d. R. durch Betriebsvermögensvergleich. Vom Ausland zur Nutzung in der inländischen Betriebsstätte überführte Wirtschaftsgüter sind hierbei mit dem gemeinen Wert zu bewerten.[1945]

Die Zuordnung von Wirtschaftsgütern zu der inländischen Betriebsstätte bzw. dem ausländischen Stammhaus wird nach § 1 Abs. 5 Satz 3 AStG unter der Fiktion eines eigenständigen Unternehmens anhand der ausgeübten Funktionen vorgenommen. Zwischen Stammhaus und Betriebsstätte werden fiktive Geschäftsvorfälle angenommen, die als Geschäftsbeziehung i. S. d. § 1 AStG gelten (§ 1 Abs. 4 Satz 1 Nr. 2 AStG). Für diese »Geschäftsbeziehungen« zwischen Betriebsstätte und Stammhaus gilt der Fremdvergleichsgrundsatz (§ 1 Abs. 5 Satz 4 AStG), und es kann zu Korrekturen nach § 1 AStG kommen, wenn die Geschäftsvorfälle nicht fremdvergleichskonform ausgestaltet sind. Weitere Ausführungen hierzu enthält die Betriebsstättengewinnaufteilungsverordnung (BsGAV) vom 13.10.2014.

Die gesetzlich festgelegte Selbständigkeitsfiktion gilt ab dem Veranlagungszeitraum 2013 und dient der Umsetzung der Novelle des Art. 7 OECD-MA zur Betriebsstättengewinnermittlung im Jahr 2010. Zuvor waren bei der Gewinnaufteilung zwischen Stammhaus und Betriebsstätte fiktive schuldrechtliche Beziehungen nicht möglich,[1946] und auch bestehende Doppelbesteuerungsabkommen, die sich an der vorherigen Fassung des Art. 7 OECD-MA orientieren, sehen diese nicht vor. Um eine einheitliche, geänderte Gewinnabgrenzung in beiden betroffenen Ländern zu garantieren, müssen daher zunächst die Doppelbesteuerungsabkommen angepasst werden. Problematisch an der Gesetzesänderung des § 1 AStG ist daher, dass die Betriebsstättengewinnermittlung derzeit in anderen Ländern nicht immer korrespondierend erfolgt, wodurch Qualifikationskonflikte vorprogrammiert sind. Für bestehende Doppelbesteuerungsabkommen, in denen dieser Ansatz nicht festgelegt worden ist, soll die Regelung des § 1 AStG dennoch vorrangig anwendbar sein, es sei denn der Steuerpflichtige weist nach, dass der andere Staat sein Besteuerungsrecht entsprechend dem Abkommen ausübt und es deshalb bei Anwendung der Selbständigkeitsfiktion zu einer Doppelbesteuerung kommen würde (§ 1 Abs. 5 Satz 8 AStG).

Zudem ist die Selbständigkeitsfiktion durch die Verortung in § 1 AStG nicht vollständig umgesetzt worden, da in § 1 AStG lediglich Korrekturen zu Lasten des Steuerpflichtigen vorgesehen sind, während fiktive Leistungen des Stammhauses an die Betriebsstätte keine Gewinnminderung bewirken können. Das entsprechende Risiko, aber auch der Aufwand, der mit dem Nachweis nach § 1 Abs. 5 Satz 8 AStG verbunden ist, geht vollständig zu Lasten des betroffenen Unternehmens. Die Umsetzung wird deshalb als asymmetrisch und konfliktträchtig kritisiert.[1947]

1945 § 4 Abs. 1 Satz 8 EStG; § 6 Abs. 1 Nr. 5a EStG.

1946 BMF vom 24.12.1999, BStBl I 1999, 1076 »Betriebsstätten-Verwaltungsgrundsätze« Tz. 2.2.

1947 *Baldamus*, IStR 2012, 317; *Höreth/Zimmermann*, DStZ 2014, 743; *Kußmaul/Delarber/Müller*, IStR 2014, 466; *Nientimp/Schwarz/Stein*, IStR 2016, 487.

Für ausländische steuerliche Zwecke muss daneben i. d. R. eine weitere Gewinnermittlung vorgenommen werden, die das gesamte Unternehmen umfasst und nach dem entsprechenden ausländischen Recht zu erfolgen hat. Eine Doppelbesteuerung, die aus der Erfassung der Betriebsstätteneinkünfte sowohl im Inland als auch im Ausland resultieren kann, wird grundsätzlich durch die Anwendung des Doppelbesteuerungsabkommens vermieden. Die ausländischen Zuordnungs- und Gewinnermittlungsvorschriften können jedoch von den deutschen Regelungen abweichen. Auch werden die ausländischen Behörden die deutschen, profiskalischen Regelungen, die im Ergebnis zu Steuerminderungen im Ausland führen würden, nicht ohne weiteres akzeptieren können. Abgrenzungsfragen und Qualifikationskonflikte, die die Gefahr einer tatsächlichen Doppelbesteuerung bergen, lassen sich deshalb nicht immer vermeiden.

6.8.3 Alternative: Gründung einer Tochtergesellschaft

Zur Vermeidung der im vorigen Abschnitt angesprochenen möglichen Qualifikationskonflikte mit dem Risiko der Doppelbesteuerung sowie zur Vermeidung der zweifachen Erfüllung steuerlicher Pflichten für ein Unternehmen wird häufig anstelle einer unselbständigen Betriebsstätte im Inland eine Tochtergesellschaft gegründet.

Soll eine Tochtergesellschaft in Deutschland gegründet werden, kommt hierfür grds. sowohl eine Kapitalgesellschaft als auch eine Personengesellschaft in Frage. Die Entscheidung der Rechtsformwahl kann jeweils nur im Einzelfall unter Berücksichtigung der wirtschaftlichen Gegebenheiten und steuerlichen Folgen getroffen werden (zur rechtsformabhängigen Besteuerung vgl. Teil II Kapitel 6.1). Weiterhin sind die ausländische Besteuerung und die Regelungen des jeweils anwendbaren Doppelbesteuerungsabkommens zu berücksichtigen. Selbstverständlich ist zur Vermeidung von Gewinnkorrekturen nach § 1 AStG sowie von Doppelbesteuerungen auch in der geschäftlichen Beziehung zu Tochtergesellschaften der Fremdvergleichsgrundsatz zu beachten.

6.8.4 Verlegung der Geschäftsleitung ins Inland

6.8.4.1 Allgemeines

Die Folgen einer Verlegung der Geschäftsleitung ins Inland hängen maßgebend davon ab, ob eine solche Verlegung nach dem Zivilrecht identitätswahrend zulässig ist. Für die Besteuerung ist diese Beurteilung ebenfalls von Bedeutung, da die zivilrechtliche Würdigung dafür entscheidend sein kann, ob für einen Rechtsträger das Körperschaftsteuergesetz anwendbar ist, ob eine transparente Besteuerung als Personengesellschaft erfolgen muss oder ob eventuell sogar eine Betriebsaufgabe mit der Folge der Aufdeckung der inländischen stillen Reserven vorliegt. Dies ist im Einzelfall zu prüfen.

Zivilrechtlich wird anstelle des steuerlichen Begriffs der Geschäftsleitung der Begriff des Verwaltungssitzes verwendet, wobei beide Begriffe inhaltlich in etwa übereinstimmen. In der Darstellung in diesem Kapitel werden Geschäftsleitung und Verwaltungssitz daher als Synonyme behandelt.

Zivilrechtlich wird zum einen eine Unterscheidung nach der Sitztheorie vorgenommen, nach der ein ausländischer Rechtsträger nicht in seiner ausländischen Rechtsform anerkannt wird, wenn er seinen Verwaltungssitz ins Inland verlegt. Im Gegensatz hierzu steht die Gründungstheorie, nach der ein Rechtsträger auch weiterhin anzuerkennen ist, wenn der Verwaltungssitz in ein anderes Land verlegt wurde. Dies ist z. B. für das angelsächsische Recht zutreffend, nach dem eine Verlegung des Verwaltungssitzes unproblematisch möglich ist.[1948]

Für Deutschland wird grds. die Sitztheorie vertreten, nach der die Rechtsfähigkeit bei Verlagerung des Verwaltungssitzes abgelehnt wird. Von diesem Grundsatz gilt allerdings eine Reihe von Ausnahmen. So ist die SE nach der SE-VO uneingeschränkt mobil. Für Rechtsträger nach ausländischem nationalen Recht eines EU- bzw. EWR-Staates muss wegen des Grundsatzes der Niederlassungsfreiheit in Art. 49, 54 AEUV eine Anerkennung der Rechtsfähigkeit erfolgen. Voraussetzung hierfür ist, dass im ausländischen Staat die Gründungstheorie gilt und die Rechtsfähigkeit nach ausländischem Recht nicht durch den Wegzug des Verwaltungssitzes endet, da bestimmte Bestimmungen des Gründungsstaates über eine Beschränkung des Wegzugs auch nach den europäischen Grundsätzen zulässig sind.[1949] Eine weitere Grundlage für eine Anerkennung des ausländischen Rechtsträgers, die für Unternehmen aus Drittstaaten relevant sein kann, stellen Staatsverträge Deutschlands mit dem jeweiligen Land dar, z. B. mit den USA.[1950]

Abgesehen von Fällen, in denen sich die Beteiligten über die Folgen einer Verlegung des Verwaltungssitzes ins Inland nicht bewusst waren, dürften in der Praxis nur Fälle relevant sein, in denen ein ausländischer Rechtsträger nach dem Zuzug des Verwaltungssitzes weiterhin anzuerkennen ist. Auch die Fälle, in denen lediglich die ausländische Rechtsform genutzt wird, ohne dass eine wirtschaftliche Aktivität in dem ausländischen Staat ausgeübt würde, fallen hierunter.

6.8.4.2 Zuzugsfall eines in Deutschland anzuerkennenden ausländischen Rechtsträgers

6.8.4.2.1 Handelsrechtliche Pflichten

Die Verlegung des Verwaltungssitzes nach Deutschland ist dem Handelsregister anzumelden. Aufgrund des Registerrechts muss hierfür eine Zweigniederlassung eingetragen werden. Dies gilt auch in den Fällen, in denen sich die einzige Aktivität der Gesellschaft in Deutschland

1948 *Schnittker/Pitzal*, in: Prinz, Umwandlungen im Internationalen Steuerrecht, Kap. 10 Rz. 10.104.

1949 Z. B. EuGH vom 16.12.2008, DStR 2009, 121; EuGH vom 29.11.2011, ZIP 2012, 171; für einen Überblick über die EuGH-Rechtsprechung vgl. *Kahle/Cortez*, FR 2014, 673.

1950 *Schnittker/Pitzal*, in: Prinz, Umwandlungen im Internationalen Steuerrecht, Kap. 10 Rz. 10.108–10.109.

befindet.[1951] Somit gelten grds. die Vorschriften über Zweigniederlassungen von ausländischen Unternehmen im Hinblick auf eine Buchführungspflicht nach § 238 HGB. Insbesondere für den Fall, dass der Verwaltungssitz nicht gleichzeitig die sachlichen Voraussetzungen einer Zweigniederlassung darstellt, wird jedoch im Hinblick auf die Niederlassungsfreiheit nach Art. 49 AEUV und Art. 54 AEUV die Auffassung vertreten, dass sich die Buchführungspflicht allein nach ausländischem Recht richtet.[1952]

Bei Kapitalgesellschaften mit Sitz in einem anderen EU/EWR-Staat sind des Weiteren die ausländischen Jahresabschlüsse im Bundesanzeiger zu veröffentlichen.[1953] Zur Anmeldung, Buchführung und Offenlegung vgl. 6.8.2.5.2.

6.8.4.2.2 Steuerliche Pflichten und Steuerfolgen

6.8.4.2.2.1 Steuerliche Erfassung

Die neu aufgenommene Tätigkeit im Inland ist nach § 138 AO der Gemeinde anzuzeigen. Es gelten dieselben Regelungen, wie sie für die Eröffnung einer Betriebsstätte bereits unter 6.8.2.6.1 dargestellt wurden. Für Kapitalgesellschaften gilt eine besondere Anzeigepflicht nach § 137 AO gegenüber dem Finanzamt (vgl. ebenfalls 6.8.2.6.1).

6.8.4.2.2.2 Steuerliche Einkunftsermittlung bei Kapitalgesellschaften

Die Verlegung der Geschäftsleitung ins Inland begründet nach § 1 Abs. 1 KStG eine unbeschränkte Körperschaftsteuerpflicht. Folge hiervon ist die steuerliche Verstrickung des gesamten in- und ausländischen Vermögens der Gesellschaft. Die Wirtschaftsgüter sind in der Eröffnungsbilanz mit den gemeinen Werten anzusetzen, sofern sie in Deutschland erstmalig steuerverstrickt werden.[1954] Besteht vor Begründung der unbeschränkten Steuerpflicht bereits eine inländische Betriebsstätte, so sind für die zugehörigen Wirtschaftsgüter die Buchwerte fortzuführen. Die steuerliche Gewinnermittlung der unbeschränkt steuerpflichtigen Kapitalgesellschaft enthält in der Folge sämtliche inländischen und ausländischen Einkünfte der Kapitalgesellschaft. Bei der Ermittlung des Gewerbeertrags wird der Teil, der auf ausländische Betriebsstätten entfällt, wieder gekürzt.[1955]

Folge der Verlegung der Geschäftsleitung ins Inland ist gleichzeitig die Begründung einer Geschäftsleitungsbetriebsstätte im Inland.[1956] Liegen gleichzeitig eine oder mehrere Betriebsstätten im Ausland vor, beansprucht für deren Einkünfte regelmäßig der ausländische Staat das Besteuerungsrecht. Um eine Doppelbesteuerung zu vermeiden, sehen Doppelbesteue-

1951 *Krafka*, in: Münchener Kommentar zum HGB, § 13d Rz. 12.
1952 *Graf*, in: Münchener Kommentar zum Bilanzrecht, § 238 Rz. 13; *Kahle/Cortez*, FR 2014, 673; *Winkeljohann/ Lewe*, Beck'scher Bilanz-Kommentar, § 238 Rz. 46.
1953 § 235a HGB.
1954 § 4 Abs. 1 Satz 8 EStG, § 6 Abs. 1 Nr. 5a EStG.
1955 § 9 Nr. 3 GewStG.
1956 *Buciek*, in: Gosch, AO/FGO, § 10 AO Rz. 1.

rungsabkommen i. d. R. eine Steuerfreistellung für ausländische Betriebsstätteneinkünfte vor; abweichend kann auch eine Anrechnung der ausländischen Steuer geregelt sein. Durch die inländische Geschäftsleitung wird Deutschland nach dem Zuzug für die Anwendung des Doppelbesteuerungsabkommens regelmäßig als Ansässigkeitsstaat zu behandeln sein.

Vor der Verlegung der Geschäftsleitung sollte geprüft werden, welche Wirtschaftsgüter der Geschäftsleitungsbetriebsstätte zuzuordnen sind und gleichzeitig ins Inland verlegt würden. Dies gilt insbesondere für Wirtschaftsgüter, die i. d. R. dem Stammhaus zuzuordnen sind, z. B. Beteiligungen. Diese fallen in der Folge nicht unter die Steuerfreistellung des Doppelbesteuerungsabkommens für ausländische Betriebsstätteneinkünfte, und die Einkünfte aus diesen Wirtschaftsgütern können uneingeschränkt nach den Regelungen der deutschen Steuergesetze besteuert werden.

6.8.4.2.2.3 Steuerliche Einkunftsermittlung bei Personengesellschaften

Die Verlegung der Geschäftsleitung ins Inland löst als Vorgang keine steuerlichen Folgen aus. Relevant ist für die Gewerbesteuer vielmehr, ob eine inländische Betriebsstätte besteht. Für die Einkommen- oder Körperschaftsteuer des Gesellschafters ist dessen persönliche steuerliche Situation maßgebend. Wirtschaftsgüter, die nach wie vor ausländischen Betriebsstätten zuzuordnen sind, werden daher nicht zusätzlich steuerverstrickt. Da gleichzeitig eine inländische Geschäftsleitungsbetriebsstätte begründet wird, können jedoch Wirtschaftsgüter dieser neuen Geschäftsleitungsbetriebsstätte mit der Folge einer erstmaligen Steuerverstrickung zuzuordnen sein. Diese Wirtschaftsgüter sind in der Steuerbilanz mit dem gemeinen Wert zu erfassen.[1957]

6.8.4.3 Zuzugsfall eines in Deutschland nicht anzuerkennenden ausländischen Rechtsträgers

6.8.4.3.1 Ausländische Kapitalgesellschaft

Folge der Verlegung des Verwaltungssitzes nach Deutschland ist, dass der ausländische Rechtsträger zivilrechtlich nicht als Kapitalgesellschaft anerkannt, sondern als deutsche Personengesellschaft geführt wird.[1958] Nach der BFH-Rechtsprechung besteht dennoch eine Steuerpflicht nach dem Körperschaftsteuergesetz, wenn die ausländische Rechtsform nach dem Recht des Wegzugsstaats weiterhin besteht, so dass die Verlegung des Verwaltungssitzes zu keinen ertragsteuerlichen Konsequenzen führt. Aufgrund der für die Besteuerung fingierten weiteren Identität des Rechtsträgers kommen auch keine grunderwerbsteuerlichen Konsequenzen in

1957 § 4 Abs. 1 Satz 8 EStG, § 6 Abs. 1 Nr. 5a EStG.
1958 *Kahle/Cortez*, FR 2014, 673.

Frage.[1959] Es ist allerdings im Hinblick auf die abweichende BGH-Rechtsprechung zweifelhaft, inwieweit sich die steuerliche Rechtsprechung in Zukunft aufrechterhalten lässt.[1960]

Sofern die ausländische Kapitalgesellschaft nach dem Recht des Wegzugsstaats als aufgelöst gilt, da dieser die Sitztheorie anwendet, muss steuerlich eine Betriebsaufgabe erfolgen. Stille Reserven in Wirtschaftsgütern, die sich vor Verlegung der Geschäftsleitung bereits in Deutschland befunden haben, müssen demnach grds. aufgedeckt und im Rahmen einer Liquidation besteuert werden. U. U. kommt eine Umwandlung in eine Personengesellschaft nach den §§ 3 ff. UmwStG in Frage. Da eine Übertragung des Vermögens auf einen anderen Rechtsträger angenommen wird, können sich in diesen Fällen bei inländischen Grundstücken auch grunderwerbsteuerliche Konsequenzen ergeben.[1961]

6.8.4.3.2 Ausländische Personengesellschaft

Sofern eine Personengesellschaft ihren Verwaltungssitz nicht identitätswahrend nach Deutschland verlegt, so gilt sie zivilrechtlich als aufgelöst und in Deutschland neu gegründet. Nach h. M. löst die Verlegung der Geschäftsleitung eine Betriebsaufgabe nach § 16 Abs. 3 EStG mit der Folge der Auflösung und Versteuerung bereits in Deutschland befindlicher stiller Reserven aus. Dies soll unabhängig davon gelten, ob die Gesellschaft nach dem Recht des Gründungsstaates weiterhin besteht. Unter den Voraussetzungen des § 24 UmwStG können die nachteiligen Ertragsteuerfolgen möglicherweise vermieden werden.[1962]

Da eine Übertragung des Vermögens auf einen anderen Rechtsträger angenommen wird, können sich bei inländischen Grundstücken auch grunderwerbsteuerliche Konsequenzen ergeben.[1963]

1959 BFH vom 08.09.2010, BStBl II 2013, 186; *Schnittker/Pitzal*, in: Prinz, Umwandlungen im Internationalen Steuerrecht, Kap. 10 Rz. 10.126.

1960 *Schnittker/Benecke*, FR 2010, 565; *Schnittker/Pitzal*, in: Prinz, Umwandlungen im Internationalen Steuerrecht, Kap. 10 Rz. 10.129.

1961 *Schnittker/Pitzal*, in: Prinz, Umwandlungen im Internationalen Steuerrecht, Kap. 10 Rz. 10.134–146.

1962 *Schnittker/Pitzal*, in: Prinz, Umwandlungen im Internationalen Steuerrecht, Kap. 10 Rz. 10.147–10.151.

1963 *Schnittker/Benecke*, FR 2010, 565.

Teil III
Die Unternehmerfamilie

1 Die Beteiligung am Familienunternehmen

1.1 Herausforderungen bei der Strukturierung von Beteiligungen

Dr. Kai-Guido Schick/Kathrin Groß

1.1.1 Die Entwicklung von Familienunternehmen

Familienunternehmen entwickeln und verändern sich über Generationen. Am Anfang steht häufig eine Geschäftsidee, die der Unternehmensgründer im Rahmen eines von ihm geführten einzelkaufmännischen Geschäftsbetriebs oder in Gestalt einer Gesellschaft umsetzt. In diesem Stadium stehen Themen wie Haftungsbegrenzung und steuerliche Überlegungen im Vordergrund und damit die Frage, in welcher Rechtsform das Unternehmen betrieben werden soll. Der Strukturierung von Beteiligungen wird zu diesem Zeitpunkt kaum Beachtung geschenkt. Daran ändert sich vielfach auch im Anschluss an die Phase der Unternehmensgründung nichts. Der Unternehmensgründer hat, solange er alleiniger Inhaber des Unternehmens ist und perspektivisch auch bleiben wird, selten das Bedürfnis, entsprechende Regelungen zu treffen. An Bedeutung gewinnt die Strukturierung von Beteiligungen erst im Laufe der Zeit. So, wenn die Abkömmlinge des Unternehmensgründers zu seinen Lebzeiten im Wege der vorweggenommenen Erbfolge neben oder statt diesem in das Familienunternehmen eintreten oder ihn nach seinem Tod beerben. Vereinzelt kann auch die Aufnahme von nicht der Familie angehörigen Dritten in das Familienunternehmen erforderlich werden, so beispielsweise von Investoren bei dringendem Kapitalbedarf. Mit diesen Entwicklungen verbunden ist eine Aufspaltung der ursprünglich allein vom Unternehmensgründer gehaltenen Beteiligung. Zudem wiederholt sich dieser Vorgang in jeder Generation, die dem Unternehmensgründer nachfolgt. Dies führt dazu, dass der Gesellschafterkreis stetig wächst, wobei die Beteiligungen immer kleinteiliger werden. Setzt sich das Familienunternehmen aus mehreren Gesellschaften des Unternehmensgründers zusammen, finden diese Entwicklungen parallel in allen Gesellschaften statt.

1.1.2 Problemaufriss

Wird in die natürliche Entwicklung eines Familienunternehmens nicht steuernd eingegriffen, führt dies langfristig zu einer Zersplitterung der Beteiligungsverhältnisse. Das ursprünglich durch einen oder wenige Inhaber geführte Familienunternehmen verwandelt sich so in eine Art Publikumsgesellschaft. Bei einem großen Gesellschafterkreis verfolgen die einzelnen Gesellschafter häufig ganz unterschiedliche Interessen, die sich nicht (mehr) zwingend mit dem Willen des Unternehmensgründers decken. Werden fremde Dritte beteiligt, fühlen sich diese dem Familienunternehmen naturgemäß selten verbunden. Dasselbe kann auch auf Beteiligte aus den Erbengenerationen zutreffen, die im Wege der Rechtsnachfolge dem Unternehmensgründer nachfolgen, jedoch keine Bindung zum Familienunternehmen ausgeprägt haben, sei es, weil sie aufgrund ihrer beruflichen Qualifikation, ihres Alters oder ihrer individuellen Neigung kein Interesse an dem Unternehmen haben oder weil sie aufgrund ihrer persönlichen Motivationslage ihre eigenen Interessen über das Unternehmensinteresse stellen. Häufig bilden sich auch Gesellschaftergruppen heraus, die ihrerseits divergierende Interessen vertreten, sei es z. B. aufgrund der Zugehörigkeit zu einer Generation oder – typischerweise – zu einem Familienstamm.

Vereinfacht dargestellt ergibt sich beispielhaft folgendes Bild:

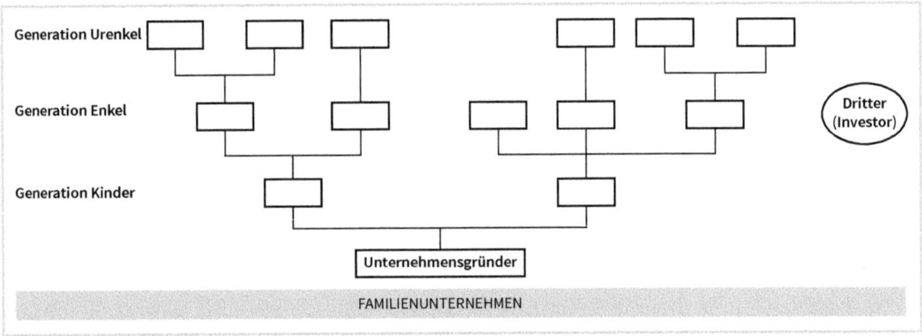

Diese Entwicklung führt zu folgenden Problemen und Risiken:

- **Erhöhter administrativer Aufwand:** Mit einem stetig größer werdenden Gesellschafterkreis ist ein wachsender administrativer Aufwand für das Familienunternehmen verbunden. Wo zuvor der Unternehmensgründer alle Entscheidungen allein treffen konnte, ist nun die Einberufung von Gesellschafterversammlungen mit vielen Beteiligten erforderlich, und bei Beschlussfassungen kann nur mit Zustimmung aller Gesellschafter auf ein förmliches Verfahren verzichtet werden. Zudem potenzieren sich die Verpflichtungen, denen die Gesellschaft gegenüber ihren Gesellschaftern nachkommen muss, so z. B. Auskunfts- und Informationspflichten.
- **Interessenkollisionen und Pattsituationen:** Eine Vielzahl von Gesellschaftern bedeutet regelmäßig auch, dass vielschichtige Interessen von sowohl einzelnen Gesellschaftern als auch von Gesellschaftergruppen (insbes. Familienstämmen) bestehen, die sich nicht immer decken. Eine fortwährend heterogene Interessenlage birgt die Gefahr, dass Entscheidungen nur mühsam oder gar nicht getroffen werden können. Dies kann strategische Planungen im Familienunternehmen deutlich erschweren oder gar verhindern.
- **Erhöhtes Konfliktpotenzial:** Zu den klassischen Themen, die Streitigkeiten zwischen Gesellschaftern auslösen können, gesellen sich in Familienunternehmen persönliche und innerfamiliäre Differenzen. Es besteht das Risiko, dass diese privaten Konflikte auf Ebene der Familiengesellschaft ausgetragen werden und diese hierdurch handlungsunfähig wird.
- **Mangel an Unternehmerpersönlichkeiten:** Die Erben, die dem Unternehmensgründer nachfolgen, sind nicht ausnahmslos geeignet, die Geschicke des Familienunternehmens zu

leiten, sei es aus fachlichen oder persönlichen Gründen. Dies hat zur Konsequenz, dass der Bestand an Unternehmerpersönlichkeiten im Gesellschafterkreis tendenziell abnimmt und die Zahl an weniger qualifizierten Anteilsinhabern steigt.

- **Beteiligung Minderjähriger:** Steht die Nachfolge durch Minderjährige im Raum, sind zusätzlich besondere Vorgaben wie die Bestellung eines Ergänzungspflegers und vormundschaftliche Genehmigungserfordernisse zu beachten.
- **Sinkender Einfluss der Unternehmerfamilie:** Wenn an einem Familienunternehmen neben der Familie fremde Dritte beteiligt werden, besteht das Risiko, dass der Einfluss der Familie sinkt. Dies gilt insbes., wenn die Beteiligungsquote des Dritten konstant bleibt, weil es sich bei diesem um eine juristische Person handelt, während die Beteiligungsquoten der natürlichen Personen mit jeder Erbengeneration weiter zersplittern.

Hinweis !

Um Streitpotenzial und Blockadesituationen zu vermeiden, sollte rechtzeitig über eine interessengerechte Strukturierung der Beteiligungsverhältnisse nachgedacht werden. Es empfiehlt sich, die erforderlichen Schritte in die Wege zu leiten, solange der Unternehmensgründer noch alleinentscheidungsbefugt ist. Haben bereits erste Anteilsübertragungen oder Rechtsnachfolgen in Beteiligungen stattgefunden, ist es i. d. R. deutlich schwieriger, erforderliche Anpassungen umzusetzen.

1.1.3 Möglichkeiten der Strukturierung von Beteiligungen

1.1.3.1 Regelungen im Gesellschaftsvertrag

Ein Teil der vorstehend dargestellten Risiken und Probleme lässt sich durch eine bedarfsgerechte Gestaltung des Gesellschaftsvertrags des Familienunternehmens vermeiden. Unter Beachtung des in den Grenzen der jeweiligen Rechtsform Zulässigen kommt in Betracht: Die Beschränkung der Rechtsnachfolge in die Beteiligung, die Einräumung von Sonderrechten oder Mehrstimmrechten zugunsten einzelner Gesellschafter oder Gesellschaftergruppen (insbes. Familienstämmen[1964]) sowie die Errichtung eines Beirats.

1.1.3.1.1 Beschränkung der Rechtsnachfolge

Die Rechtsnachfolge in die Beteiligung kann im Gesellschaftsvertrag konkret ausgestaltet werden. Soll es unter keinen Umständen zu einer Aufspaltung des Anteils des Unternehmensgründers kommen, bedarf es Regelungen, die gewährleisten, dass immer nur ein Familienmitglied zur Unternehmensnachfolge zugelassen wird. Auf diesem Weg können die eingangs dargestellten Risiken und Probleme vollständig ausgeschlossen werden. Es verbleibt in diesem Fall

1964 Zu den Besonderheiten der gesellschaftsvertraglichen Gestaltung bei Familienstämmen siehe u. a. *Stengel*, in: Beck Hdb PersGes, 2014, 1252 ff.; *Kormann*, in: Scherer/Blanc/Kormann/Groth/Wimmer, 2012, 489 ff.

nur die Frage, wie eine faire finanzielle Abfindung der nicht nachfolgeberechtigten Familienmitglieder aussehen und finanziert werden kann. Vielfach entspricht eine derart radikale Herangehensweise, die alle übrigen Nachfolgeberechtigten von der Nachfolge in die Beteiligung ausschließt, jedoch nicht dem Interesse des Unternehmensgründers. Als weniger eingriffsintensive Gestaltungsmöglichkeit ist es denkbar, den Kreis der nachfolgeberechtigten Personen auf einige wenige zu beschränken oder jede Rechtsnachfolge unter den Vorbehalt der vorherigen Zustimmung der übrigen Gesellschafter zu stellen.

Die Frage nach der Beschränkung der Rechtsnachfolge stellt sich dabei nicht nur im Zusammenhang mit der Vererbung von Beteiligungen, sondern auch i. R. d. rechtsgeschäftlichen Übertragung. Auch diesbezüglich können im Gesellschaftsvertrag Beschränkungen vorgesehen werden.

1.1.3.1.2 Einräumung von Sonderrechten

Eine weitere Möglichkeit, Beteiligungen gesellschaftsvertraglich zu strukturieren, besteht darin, einzelnen Gesellschaftern oder Gesellschaftergruppen besondere Befugnisse einzuräumen, die diesen nur unter erschwerten Voraussetzungen wieder entzogen werden können. Durch die Gewährung solcher Sonderrechte kann sichergestellt werden, dass wichtige Entscheidungen im Sinne des Unternehmensgründers gefällt werden und nicht aufgrund von Interessenkollisionen, innerfamiliären Konflikten oder Pattsituationen verzögert oder vereitelt werden. So ist es beispielsweise denkbar, einzelnen Gesellschaftern oder Gesellschaftergruppen das Recht zu übertragen, über die Gewinnverteilung zu entscheiden, die Geschäftsführerstellung in der Gesellschaft einzunehmen oder über die Besetzung dieser und weiterer für das Unternehmen wesentlicher Positionen zu befinden und sich damit jeweils alleinentscheidungsbefugt über das ansonsten zumeist geltende Mehrheitsprinzip für Beschlussfassungen in Angelegenheiten der Gesellschaft hinwegzusetzen.

Zwar können Sonderrechte die Zersplitterung der Beteiligungen nicht verhindern. Sie ermöglichen aber die Aufnahme von Rechtsnachfolgern in das Unternehmen, ohne dass damit bereits die Steuerung des Unternehmens ihrer Beteiligungsquote entsprechend an diese abgegeben werden muss, und spielen deshalb insbes. i. R. d. vorweggenommenen Erbfolge eine wichtige Rolle.

1.1.3.1.3 Einräumung von Mehrstimmrechten

Eine gesellschaftsvertragliche Gestaltung ist ferner dergestalt möglich, dass einer bestimmten Beteiligung ein höherer Stimmanteil und damit mehr Einfluss zugewiesen wird, als dies dem Nominalbetrag der Beteiligung entspricht. In Abgrenzung zu Sonderrechten bewirken derartige Mehrstimmrechte nicht nur die Stärkung einer Beteiligung hinsichtlich einzelner Aspekte, sondern vermitteln die Stärkung dieser Beteiligung in allen Bereichen, die durch Beschlussfassung der Gesellschafter bestimmt werden. Auf diese Weise kann die Steuerung des Familienunternehmens einzelnen Gesellschaftern übertragen und damit anderen Gesellschaftern – insbes.

Rechtsnachfolgern – entzogen werden, ohne diesen die Gesellschafterstellung selbst vorzuenthalten. Eine Grenze bilden insoweit nur Entscheidungen, die den Kernbereich der Gesellschafterrechte betreffen und daher zwingend von allen Gesellschaftern getroffen werden müssen.

1.1.3.1.4 Errichtung eines Beirats

Will man alle Gesellschafter gleichermaßen in der Ausübung ihrer Gesellschafterrechte beschränken, kann sich die Errichtung eines Beirats als opportun erweisen. Dies gilt umso mehr, wenn aufgrund der Größe der Gesellschafterversammlung oder im Falle von Pattsituationen die Gefahr der Handlungsunfähigkeit besteht. Ein solcher Beirat kann sich aus wenigen Gesellschaftern oder Personen außerhalb des Gesellschafterkreises zusammensetzen. Je nach den konkreten Einzelfallumständen können ihm Kompetenzen und Aufgaben übertragen werden, die gesetzlich den Gesellschaftern zugewiesen sind. Daher ist es, bis zur Grenze des Kernbereichs der Gesellschafterrechte, auch auf diesem Wege möglich, Beschlussgegenstände der Entscheidung durch die Gesellschafterversammlung zu entziehen. Denkbar ist dabei auch, einzelnen Gesellschaftern oder Gesellschaftergruppen das Recht einzuräumen, Mitglieder des Beirats zu entsenden oder zu benennen und hierüber Einfluss auf die Entscheidungsfindung zu nehmen.

1.1.3.2 Abschluss einer Gesellschaftervereinbarung über Stimmbindung

Neben der Gestaltung des Gesellschaftsvertrags bildet der Abschluss einer Gesellschaftervereinbarung eine weitere Möglichkeit, den eingangs genannten Risiken und Problemen zu begegnen, denen sich Familienunternehmen langfristig ausgesetzt sehen. Das Hauptaugenmerk einer solchen Gesellschaftervereinbarung liegt zumeist auf der Vereinbarung einer Stimmbindung. Abhängig vom konkreten Regelungsbedarf können darüber hinaus steuerliche Themen oder weitere Aspekte, wie beispielsweise die Zielvorstellungen der Familie oder Nachfolgefragen, eine Rolle spielen.

1.1.3.2.1 Wirkung und Einsatzgebiet

Durch die Vereinbarung einer Stimmbindung verpflichten sich die Gesellschafter, ihr Stimmrecht bei Beschlussfassungen nicht im freien Ermessen auszuüben, sondern entsprechend festgelegter Regeln.[1965] Dies ermöglicht es in Familienunternehmen, die Interessen der einzelnen Gesellschafter in Gruppen zu bündeln und damit eine einheitliche Stimmrechtsausübung zu erreichen. Zudem wird ein Forum geschaffen, in dem vor der Beschlussfassung auf Gesellschafterebene ein Austausch und eine Vorbefassung stattfinden kann. Zugunsten der jeweiligen Gesellschaftergruppe verliert der einzelne Gesellschafter an Einfluss.

1965 Zu Stimmbindungsverträgen siehe u. a. *Schuberth*, in: Hamann/Sigle, 2012, 194 ff.; *Weipert*, in: Münch Hdb GesR, Band 1, 2019, 895 ff.; *Bärwaldt*, in: Beck Hdb PersGes, 2014, 1515 ff.; *Klein-Wiele*, NZG 2018, 1401 ff.

Entsprechende Vereinbarungen bieten sich an, um verschiedene Gruppen von Gesellschaftern zu koordinieren, bei denen ein synchronisiertes Abstimmungsverhalten erreicht werden soll. In der Praxis werden Stimmbindungen deshalb häufig eingesetzt, um Familienstämme zu koordinieren. Daneben kann eine Stimmbindung sinnvoll sein, wenn an einer Gesellschaft neben der Familie Dritte beteiligt sind, um die Stimmrechte der Familienangehörigen zu bündeln und der Unternehmerfamilie somit ihren Einfluss zu sichern. Exemplarisch bildet nachfolgendes Schaubild diese beiden möglichen Stimmenbündelungen ab:

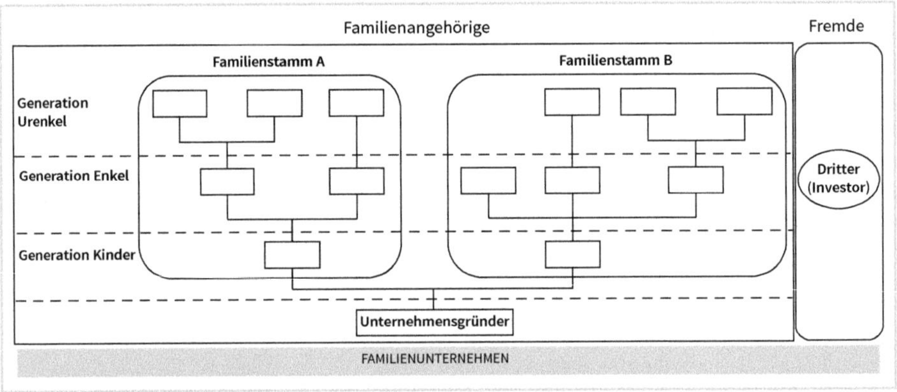

Ein teilweise erwünschter Nebeneffekt von Stimmbindungsvereinbarungen ist, dass sie der Öffentlichkeit nicht zugänglich sind. So konnten sie bislang auch dazu dienen, die Machtverhältnisse innerhalb von Familienunternehmen geheim zu halten, die in der Rechtsform von Kapitalgesellschaften geführt werden und deren Gesellschaftsverträge sowie Beteiligungsverhältnisse im Handelsregister einsehbar sind. Seit Inkrafttreten der Regelungen zum neuen Transparenzregister sind dieser Möglichkeit Grenzen gesetzt.[1966]

1.1.3.2.2 Inhaltliche Ausgestaltung

Art und Umfang der Stimmbindung können individuell bestimmt werden. So können sich einzelne Familienmitglieder im Hinblick auf ihr Stimmverhalten dem Abstimmungsverhalten eines anderen Familienmitglieds unterwerfen, wodurch de facto eine hierarchische Struktur geschaffen wird. Dies kann ein geeignetes Mittel sein, wenn verschiedene Generationen von Gesellschaftern vertreten sind und der Wunsch besteht, dass sich die Nachfolgegeneration dem Willen ihrer Eltern beugt oder wenn Gesellschafter unterschiedliche Fähigkeiten besitzen und die Entscheidungen durch die qualifiziertesten Gesellschafter herbeigeführt werden sollen. Ferner ist es möglich zu regeln, dass die Parteien eines Stimmbindungsvertrags ihr Abstimmungsverhalten für jeden Einzelfall gesondert festlegen, indem sie vor jeder Beschlussfassung auf Ebene der Familiengesellschaft intern eine Vorab-Entscheidung treffen. Dieses Vorgehen

1966 Zu Stimmbindungsvereinbarungen im neuen Transparenzregister *Schaub*, DStR 2018, 871 ff.

ermöglicht es, dass kontroverse Themen in einem vertraulichen Rahmen bereits im Vorfeld diskutiert, Interessenkollisionen aufgelöst und Konflikte ausgetragen werden können. Für einen reibungslosen Ablauf ist es erforderlich, dass die Gesellschaftervereinbarung bestimmt, wie die Vorab-Entscheidung zustande kommen soll. Dies betrifft Verfahrensfragen, d. h., ob sie nur unter Anwesenden oder auch schriftlich, per E-Mail oder mittels anderer Kommunikationsmittel gefällt werden kann, wie sie angekündigt werden muss und welche Fristen dabei einzuhalten sind. Zudem muss geregelt sein, welche Mehrheiten erforderlich sind, um die Stimmbindung wirksam zu beschließen. Denkbar sind verschiedene Varianten. So kann für sämtliche Beschlüsse eine einfache Mehrheit vorgesehen werden oder festgelegt sein, dass für bestimmte oder alle Beschlussgegenstände eine Stimmbindung nur besteht, wenn eine qualifizierte Mehrheit der Parteien des Stimmbindungsvertrags für eine bestimmte Stimmabgabe votiert. Zudem kann die Stimmbindung auf bestimmte Beschlussgegenstände begrenzt werden oder es können bestimmte Beschlussgegenstände von der Stimmbindung ausgenommen werden. Auch die Gewichtung einzelner oder aller Stimmen kann in Bezug auf die Vorab-Entscheidung abweichend von den Beteiligungsquoten am Familienunternehmen geregelt werden.

Hinweis **!**

Die Regelungen einer Gesellschaftervereinbarung über die Stimmbindung dürfen nicht isoliert betrachtet werden. Da sie im Kern dazu dienen, Beschlussfassungen auf Ebene des Familienunternehmens vorzubereiten, muss sich ihre Gestaltung immer auch am Gesellschaftsvertrag des Familienunternehmens orientieren. Insbes. die Verfahrensregeln, die Fristen für die Beschlussfassungen sowie die Mehrheitsverhältnisse und -erfordernisse auf Ebene des Familienunternehmens sind dabei zwingend zu beachten.

1.1.3.2.3 Durchsetzung – Sanktionen

Eine Gesellschaftervereinbarung über die Stimmbindung entfaltet ausschließlich vertragliche Wirkung. Um sicherzustellen, dass die Parteien der Vereinbarung sich bei ihrer Stimmabgabe auf Ebene der Gesellschafterversammlung des Familienunternehmens trotz ggf. abweichender individueller Interessen tatsächlich an das vorab Vereinbarte halten, bedarf es zusätzlicher Sicherungsinstrumentarien. Zwar verhält sich eine Partei einer Stimmbindungsvereinbarung vertragswidrig, wenn sie auf Ebene des Familienunternehmens anders abstimmt, als dies zuvor festgelegt wurde. Jedoch zieht dieses Verhalten nicht zwangsläufig eine Sanktion nach sich. Schadensersatzansprüche in Geld scheitern häufig daran, dass durch die absprachewidrig vorgenommene Stimmabgabe kein nachweisbarer Schaden entstanden ist.

Ein Instrument, um abweichenden Stimmabgaben entgegenzuwirken, liegt in der Benennung eines Bevollmächtigten aus dem Kreis der Gesellschafter, der die übrigen Parteien der Stimmbindungsvereinbarung vertritt und an ihrer statt die Stimmrechte in der Gesellschafterversammlung der Familiengesellschaft ausübt. Zwar kann eine solche Bevollmächtigung aufgrund des gesellschaftsrechtlichen Abspaltungsverbots keine verdrängende Wirkung dergestalt erzeugen, dass das Recht der Gesellschafter, ihre Stimme auf Ebene der Familiengesellschaft selbst abzugeben, ausgeschlossen werden kann. Dennoch kommt einer entsprechenden Regelung risikominimierende Funktion zu.

Um die Risiken eines stimmbindungswidrigen Abstimmungsverhaltens weiter zu verringern, können darüber hinaus Sanktionen vorgesehen werden. Ein relativ einfach umzusetzendes Sanktionsmittel sind Vertragsstrafen, wonach jede Partei, die sich nicht an die Stimmbindungsvereinbarung hält, für jeden Fall der Zuwiderhandlung einen Pauschalbetrag in vorab festgelegter Höhe an die übrigen Parteien zu zahlen hat. Weitergehende Sanktionswirkungen bei erstmaliger oder wiederholter Zuwiderhandlung können beispielsweise erreicht werden, indem hinsichtlich der Beteiligung des abweichend Abstimmenden Ankaufsrechte zugunsten der übrigen Parteien des Stimmbindungsvertrags eingeräumt werden oder die Möglichkeit eines Ausschlusses aus dem Familienunternehmen vorgesehen wird.

! **Hinweis**

Ankaufsrechte oder Ausschlussklauseln sind häufig in Gesellschaftervereinbarungen zu finden, aber nicht in jedem Fall sinnvoll bzw. sinnvoll ausgestaltet. Solche Regelungen müssen immer auf die konkrete Gesellschaftervereinbarung und ihre Parteien abgestimmt und mit dem Gesellschaftsvertrag des Familienunternehmens in Einklang gebracht werden. So laufen Ankaufsrechte faktisch ins Leere, wenn die anderen Parteien finanziell nicht in der Lage sind, die erforderlichen Beträge aufzubringen, um sie auch tatsächlich auszuüben. Auch der Ausschluss eines Gesellschafters aus dem Familienunternehmen erfolgt regelmäßig gegen Zahlung einer Abfindung. Um den damit verbundenen Mittelabfluss erträglich zu halten, sind – in den Grenzen des rechtlich Zulässigen – abfindungsbeschränkende Regelungen im Gesellschaftsvertrag sowohl die Höhe als auch die Fälligkeit der Abfindung betreffend häufig unumgänglich.

1.1.3.2.4 Laufzeit und Rechtsnachfolge

Da eine Stimmbindungsvereinbarung die Bündelung des Stimmverhaltens der Familienmitglieder langfristig sicherstellen soll, besteht i. d. R. das Bedürfnis, dass sie nicht zu jeder Zeit von jeder Partei beendet werden kann. Der Wunsch nach einer immerwährenden Stimmbindung stößt dagegen an rechtliche Grenzen, da weder ewige Laufzeiten vereinbart werden können noch das Recht zur Kündigung aus wichtigem Grund wirksam ausgeschlossen werden kann. Regelmäßig werden daher ausgedehnte Festlaufzeiten vereinbart oder Regelungen aufgenommen, die die einseitige Beendigung faktisch unterbinden sollen. Ein Beispiel sind Ankaufsrechte hinsichtlich der Beteiligungen am Familienunternehmen zugunsten der übrigen Parteien der Stimmbindungsvereinbarung für den Fall, dass eine Partei die Vereinbarung kündigt.

Stimmbindungsvereinbarungen können per se nur die Personen binden, die sie geschlossen haben. Sie gehen nicht automatisch auf den Erwerber einer Beteiligung am Familienunternehmen über, vielmehr muss dieser der Stimmbindungsvereinbarung »beitreten«. Ihnen kommt damit eine rein schuldrechtliche Wirkung zu.

Hinweis !

Um den Beitritt eines Erwerbers zu erreichen, ist bereits in der Stimmbindungsvereinbarung zu regeln, dass ein Verkauf der Beteiligung am Familienunternehmen oder deren Übertragung im Falle eines Vermächtnisses nur unter dem Vorbehalt eines solchen Beitritts zum Stimmbindungsvertrag möglich sein soll und den veräußernden Gesellschafter eine Verpflichtung zur Weitergabe der Stimmrechtsbindung an seinen Rechtsnachfolger trifft. Flankierend empfiehlt es sich, für den Fall der Nichtbeachtung dieser Vorgaben Sanktionen – wie beispielsweise die unter 1.1.3.2.3 genannten – in die Gesellschaftervereinbarung aufzunehmen bzw. die Übertragung von Anteilen durch die Aufnahme von Zustimmungsvorbehalten bei Anteilsübertragungen im Gesellschaftsvertrag der Familiengesellschaft zu beschränken.

1.1.3.2.5 Steuerliche Auswirkungen (Poolvereinbarung)

Ist die Stimmbindung auch steuerlich motiviert, besteht das Bedürfnis, die Vorgaben nach § 13b Abs. 1 Nr. 3 ErbStG i. R. d. Gesellschaftervereinbarung umzusetzen.[1967] Unter dem Schlagwort »Poolvereinbarung« wird auf diesem Wege eine Begünstigung der Gesellschafter bei der Bemessung von Erbschaft- und Schenkungsteuer angestrebt. Hierfür relevant ist die Einhaltung einer Frist (gem. § 13a IV Nr. 5 ErbStG fünf Jahre bzw. gem. § 13a X 1 Nr. 6 ErbStG sieben Jahre), während dieser die durch die Poolvereinbarung gebündelte Beteiligung vom jeweils Steuerpflichtigen gehalten werden muss. Um dies zu gewährleisten und eine Nachversteuerung auszuschließen, muss bei der Gestaltung von Poolvereinbarungen insbes. den Regelungen zu Laufzeit und Kündigung besondere Beachtung geschenkt werden.

1.1.3.2.6 Sonstige Regelungsinhalte

Eine Gesellschaftervereinbarung kann über die Regelungen hinsichtlich der Ausübung von Stimmrechten hinaus eine Vielzahl weiterer Aspekte enthalten. So können in ihr auch die Zielvorstellungen der Unternehmerfamilie oder eines Familienstammes in Form einer Familienverfassung, häufig auch als »Family Governance« umschrieben, niedergelegt werden. Ferner kann sie auch Regelungen zur Nachfolge in die Beteiligungen an Familiengesellschaften enthalten. Je nach Bedarf und Zuschnitt des jeweiligen Familienunternehmens sind dem Gestaltungsspielraum kaum Grenzen gesetzt.

1.1.3.3 Familienholding

Bei der Strukturierung mittels einer Familienholding bringen die Familienmitglieder ihre gesellschaftsrechtliche Beteiligung am Familienunternehmen in eine Familienholding ein, die sodann die Anteile an der Familiengesellschaft hält. Die einzelnen Familienmitglieder verlieren

1967 Vgl. *Klein-Wiele*, NZG 2019, 1402; zu den Voraussetzungen *Fuhrmann*, NZG 2019, 1016 ff.

damit ihre direkte Beteiligung am Familienunternehmen und erhalten stattdessen eine Beteiligung an der Familienholding.[1968] Hierdurch lässt sich eine Trennung der Familien- bzw. Gesellschaftersphäre von der Sphäre der operativen Unternehmensführung erreichen.

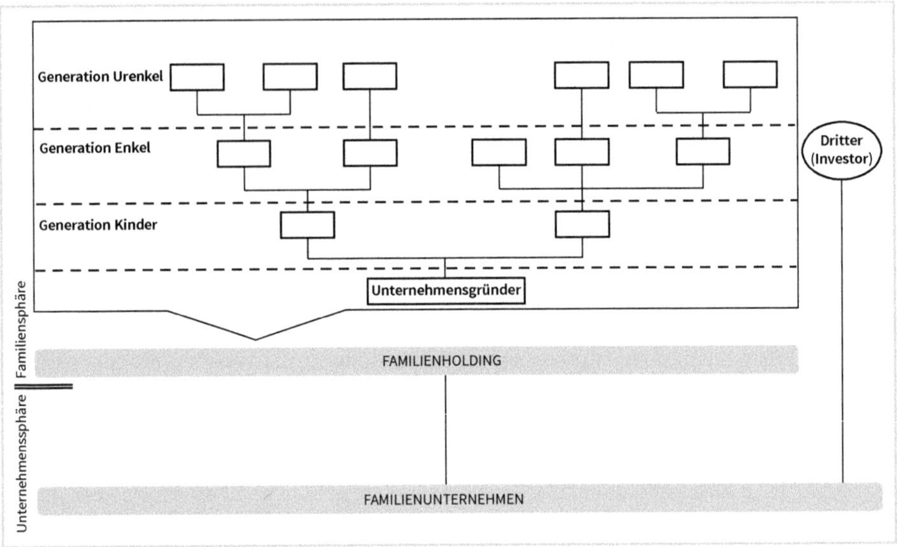

! **Hinweis**

Das Schaubild bildet exemplarisch verschiedene Strukturen einer Bündelung aller Beteiligungen an einem Familienunternehmen innerhalb einer Familienholding ab. In der Praxis tritt häufig die Situation ein, dass mittels einer Familienholding Beteiligungen an mehreren Unternehmen gebündelt werden müssen, insbes. wenn sich ein Familienunternehmen aus mehreren Gesellschaften zusammensetzt. Auch ist es möglich, dass in eine Familienholding nur die Beteiligungen einzelner Familienmitglieder eingebracht werden, z. B. weil sich der Gesellschafterkreis aus verschiedenen Familienstämmen zusammensetzt.

Bei der Errichtung einer Familienholding besteht große Gestaltungsfreiheit. Dies gilt sowohl für die Wahl der Rechtsform als auch im Hinblick auf die konkrete Abfassung des Gesellschaftsvertrags. Die nachfolgenden Absätze geben einen kursorischen Überblick über die grundlegenden Aspekte, die – weitgehend unabhängig von der gewählten Rechtsform – im Falle der Bündelung von Beteiligungen in einer Familienholding zu beachten sind.

1.1.3.3.1 Aufgaben der Geschäftsführung

Da die Familienholding Inhaberin der vormals von den Familienmitgliedern direkt gehaltenen Beteiligungen ist, werden auch die Beteiligungsrechte am Familienunternehmen, einschließlich

1968 Zur Familienholding siehe u. a. *Sigle*, in: Hamann/Sigle, 2012, 796 ff.; *Hübner*, in: Sudhoff, Unternehmensnachfolge, 2005, 1204 ff.

des Stimmrechts, durch die Familienholding, genauer gesagt deren Geschäftsführer, wahrgenommen. Vor diesem Hintergrund kommt den Regelungen zur Bestellung und Abberufung der Geschäftsführer der Familienholding maßgebliche Bedeutung zu. Darüber hinaus empfiehlt es sich, die Kompetenzen der Geschäftsführer im Zusammenhang mit der Entscheidungsfindung auf Ebene des Familienunternehmens gesellschaftsvertraglich eindeutig und unmissverständlich zu regeln und klarzustellen, in welchem Umfang die Geschäftsführer befugt sein sollen, die Beteiligungsrechte am Familienunternehmen eigenständig wahrzunehmen und in welchen Fällen dies nur mit Zustimmung der Gesellschafter der Familienholding möglich sein soll.

Es besteht auch die Möglichkeit, Kompetenzen der Geschäftsführung auf einen Beirat zu verlagern. Dies kann dergestalt erfolgen, dass die Geschäftsführer Beteiligungsrechte auf Ebene des Familienunternehmens nur mit Zustimmung des Beirats ausüben können, oder dergestalt, dass entsprechende Beteiligungsrechte durch den Beirat selbst wahrgenommen werden. Die Einsetzung eines Beirats erfolgt in der Praxis v.a. dann, wenn auf Ebene der Familienholding Pattsituationen drohen oder fremder Sachverstand zur Unterstützung der beteiligten Familienmitglieder hinzugezogen werden soll.

1.1.3.3.2 Ausschüttungen

Da die Familienholding einzige Gesellschafterin des Familienunternehmens ist, fließen die Erträge aus dem Familienunternehmen im ersten Schritt auch der Familienholding zu. Daher ist es erforderlich, im Gesellschaftsvertrag der Familienholding festzulegen, in welchem Umfang Erträge auf Ebene der Familienholding thesauriert und in welchem Umfang Erträge an die Familienmitglieder ausgeschüttet werden dürfen. Je nachdem, welche Rechtsform für die Familienholding gewählt wurde, sind dabei auch steuerliche Gesichtspunkte zu beachten. Insbes. gilt es zu vermeiden, dass auf Ebene der Familienmitglieder Steuerlasten entstehen, ohne dass ihnen entsprechende Mittel in Form von Gewinnausschüttungen zugeflossen sind.

1.1.3.3.3 Rechtsnachfolge

Parallel zu den Ausführungen zur Familiengesellschaft (s. o. 1.1.3.1.1) sind Überlegungen dahingehend anzustellen, in welchem Umfang die Gesellschafter der Familienholding befugt sein sollen, ihre Beteiligung an der Familienholding zu übertragen. In der Praxis finden sich häufig Regelungen, wonach Beteiligungen an der Familienholding nur auf Familienmitglieder übertragen werden dürfen.

Steht die Rechtsnachfolge durch Minderjährige im Raum, so lassen sich viele Hindernisse, die sich bei der Nachfolge in die Unternehmensbeteiligung selbst stellen würden, durch die Strukturierung über eine rein vermögensverwaltende Familienholding lösen.

1.1.3.3.4 Ausscheiden aus der Familienholding

Regelungen zum Ausscheiden aus der Familienholding gewinnen insbes. dann an Bedeutung, wenn im konkreten Einzelfall absehbar ist, dass eine entsprechende Abfindung von der Familienholding nicht aufgebracht werden kann oder das Ausscheiden möglichst ressourcenschonend vonstatten gehen soll. Vor diesem Hintergrund ist zu eruieren, wie die Rechtsfolgen einer Kündigung bzw. eines Ausschlusses aus der Familienholding durch Kürzung der Abfindungshöhe oder Vereinbarung von Ankaufsrechten zugunsten der übrigen Gesellschafter der Familienholding in zulässigem Maße beschränkt werden können und sollen. Auch ist zu überlegen, ob die Möglichkeiten einer Kündigung der Beteiligung an der Familienholding nicht ausgeschlossen werden sollen, wobei insoweit – jedenfalls bei einer Familienholding in der Rechtsform einer Personengesellschaft – Schranken zu beachten sind.

1.1.4 Gemeinsamkeiten und Unterschiede der Strukturierungsmöglichkeiten

- **Nähe zum Unternehmen / Einfluss- und Informationsmöglichkeiten:** Der Tausch einer direkten Beteiligung am Familienunternehmen durch eine Beteiligung an der Familienholding ist für das einzelne Familienmitglied mit dem Verlust von Einfluss sowie Zugang zum Familienunternehmen verbunden. So verliert das einzelne Familienmitglied neben seinem Stimmrecht auch den direkten und ungefilterten Zugang zu Informationen des Familienunternehmens. Insoweit kann die Gründung einer Familienholding zur Entfremdung von Familienmitgliedern und Familienunternehmen beitragen. Erfolgt die Strukturierung der Beteiligungen dagegen durch Regelungen im Gesellschaftsvertrag oder Gesellschaftervereinbarungen, bleiben die Familienmitglieder Gesellschafter des Familienunternehmens, wodurch die Nähe des einzelnen Familienmitglieds zum Familienunternehmen sowie dessen direkter Zugang zu den Unternehmensinformationen gewahrt bleiben.
- **Koordination von Interessen:** Die Bündelung der Beteiligungen der Familienmitglieder ermöglicht eine einheitliche Steuerung der vielfach heterogenen Interessen einzelner Familienmitglieder im Hinblick auf die Beteiligung am Familienunternehmen. Insoweit wird durch die Errichtung einer Familienholding derselbe Effekt erreicht wie durch die Vereinbarung einer Stimmbindung.
- **Konfliktvermeidung und -lösung:** Die Bündelung der Beteiligung am Familienunternehmen im Rahmen einer Familienholding bewirkt eine strikte Trennung von Familien- und Unternehmenssphäre, da nicht mehr jedes Familienmitglied direkt am Familienunternehmen beteiligt ist. Hierdurch erhöhen sich die Chancen, dass Konflikte zwischen Familienmitgliedern auf Ebene der Familie diskutiert und dort gelöst und nicht in das Familienunternehmen hineingetragen werden. Ein ähnlicher Effekt, jedoch in etwas abgeschwächterer Form, wird auch durch die Vereinbarung einer Stimmbindung erzielt. Je nach Ausgestaltung bewirkt auch eine Stimmbindungsvereinbarung, dass sich die Familienmitglieder vor Beschlussfassungen auf Ebene des Familienunternehmens innerhalb ihrer Interessengruppe auf eine gemeinsame Marschroute einigen müssen. Im Unterschied zur Familien-

holding, bei der die Strukturierung der Beteiligungen gesellschaftsrechtlich verankert ist, besteht bei der Vereinbarung einer Stimmbindung ein Risiko, dass einzelne Gesellschafter die Wirksamkeit der Strukturierung anzweifeln oder sich über sie hinwegsetzen. Dies kann geschehen, indem sie ihr Stimmrecht auf Ebene des Familienunternehmens abweichend von der Stimmbindungsabrede ausüben, ferner, wenn sie selbst statt ihres Bevollmächtigten ihre Stimme abgeben, weil beispielsweise Streit über Umfang und Grenzen der erteilten Bevollmächtigung besteht. Hieraus können jeweils Unsicherheiten im Hinblick auf die Wirksamkeit von Beschlussfassungen auf Ebene des Familienunternehmens resultieren, die bei der Strukturierung über eine Familienholding naturgemäß nicht auftreten können.

- **Verstärkung bzw. Abschwächung von Stimmrechten:** Auch Gesellschaftsverträge von Familienunternehmen sehen regelmäßig vor, dass Gesellschafterbeschlüsse mit bestimmten Mehrheiten gefasst werden. Wenn sämtliche Gesellschafter direkt am Familienunternehmen beteiligt sind und dort ihr Stimmrecht ausüben, ist gewährleistet, dass sich im Abstimmungsergebnis auch die Mehrheitsverhältnisse widerspiegeln. Sind Sonder- oder Mehrstimmrechte vorgesehen, so verschiebt sich dieser Grundsatz, und einzelne Gesellschafter können je nach Ausgestaltung in Bezug auf bestimmte Beschlussgegenstände oder weitgehend unbeschränkt Entscheidungen für die Gesellschaft treffen. Ähnliche Wirkungen können durch Gesellschaftervereinbarungen über eine Stimmbindung erreicht werden, wenn ein einzelner Gesellschafter über die Mehrheit auf Ebene der Parteien des Stimmbindungsvertrags verfügt und dieser durch die Bündelung seiner Stimme mit den Stimmanteilen der anderen Familienmitglieder ein überproportional starkes Stimmgewicht auf Ebene des Familienunternehmens erhält.
- **Verdeckung von Machtstrukturen:** Handelt es sich um ein Familienunternehmen in der Rechtsform einer Kapitalgesellschaft (z. B. GmbH), können Stimmbindungsverträge unter bestimmten Voraussetzungen ein Mittel darstellen, die Machtverhältnisse innerhalb eines Familienunternehmens vor der Öffentlichkeit geheim zu halten, da Stimmbindungsverträge im Unterschied zu Gesellschaftsverträgen von Kapitalgesellschaften nicht öffentlich einsehbar sind. Dieselbe Wirkung kann auch durch die Errichtung einer Familienholding in der Rechtsform einer Personengesellschaft erzielt werden.
- **Bündelung von Beteiligungen an verschiedenen Gesellschaften:** Insbes. größere Familienunternehmen setzen sich bisweilen aus einer Vielzahl von einzelnen Unternehmungen zusammen. In der Konsequenz hieraus besitzen Familienmitglieder ggf. nicht nur Beteiligungen an einem Unternehmen, sondern Beteiligungen an einer Vielzahl von Gesellschaften. Die Einbringung dieser Beteiligungen in eine Familienholding erlaubt es, diese unterschiedlichen Beteiligungen zu bündeln und damit ein Auseinanderfallen der Beteiligungen zu vermeiden. Dies erleichtert auch die Übertragung des Familienvermögens vom jeweiligen Familienmitglied auf nachfolgende Generationen, da nur die Beteiligung an der Familienholding übertragen werden muss.
- **Bindung von Rechtsnachfolgern:** Erwerben weitere Familienmitglieder oder Dritte durch Stimmbindungsvertrag gebundene Anteile, sind diese Erwerber nicht automatisch an den Stimmbindungsvertrag gebunden, da dieser rein schuldrechtlich wirkt. Diese Bindung zu gewährleisten bedarf besonderen gestalterischen Aufwands. I. R. d. Familienholding stellt

sich die Frage nach der Rechtsnachfolge in diesem Kontext dagegen nicht. Denn am Gesellschafterkreis des Familienunternehmens selbst ist nur die Familienholding als einzige Gesellschafterin und juristische Person langfristig beteiligt und die Stimmabgabe damit dauerhaft durch die Geschäftsführung bzw. Gesellschafterbeschlüsse auf Ebene der Familienholding gebündelt.

- **Errichtungs- und Unterhaltungsaufwand:** Im Gegensatz zur direkten Beteiligung oder der einmaligen Vereinbarung über eine Stimmbindung ist die Errichtung einer Familienholding mit zusätzlichem Aufwand verbunden, da hierdurch eine weitere Gesellschaftsebene gegründet und unterhalten werden muss.
- **Beständigkeit der Strukturierung:** Die Strukturierungsmöglichkeiten unterscheiden sich auch in ihrem Fokus und in ihrer Perspektive. So kommt die Einräumung von Sonder- und Mehrstimmrechten nur dann in Betracht, wenn man konkrete Gesellschafter oder Gesellschaftergruppen vor Augen hat, die diese erweiterten Befugnisse erhalten sollen. Da dies oft von der fachlichen Qualifikation bzw. der persönlichen Eignung abhängt, kann dies vielfach nicht abstrakt festgelegt werden. Bei dem Abschluss von Stimmbindungsverträgen und der Errichtung von Familienholdings handelt es sich dagegen um Gestaltungsmittel, die unabhängig hiervon ihre Wirkung entfalten sollen.

1.1.5 Zusammenfassung

Die vorstehenden Darstellungen zu den Möglichkeiten der Strukturierung durch Regelungen im Gesellschaftsvertrag der Familiengesellschaft, Gesellschaftervereinbarungen über die Stimmbindung oder Errichtung einer Familienholding machen deutlich, dass es sehr unterschiedliche Lösungsansätze gibt, um den Problemen und Risiken entgegenzuwirken, die die Entwicklung von Familienunternehmen im Laufe der Zeit mit sich bringt. Dabei zeigt der Vergleich der unterschiedlichen Gestaltungsmittel, dass diese jeweils spezifische Vor- und Nachteile aufweisen. Verallgemeinernd lässt sich feststellen, dass die Einräumung von Sonder- und Mehrstimmrechten sich insbes. zur konkreten Gestaltung auf einen kurzen Zeithorizont beschränkt eignen, wohingegen Gesellschaftervereinbarungen über die Stimmbindung und die Errichtung einer Familienholding mit längerfristiger Perspektive zum Einsatz kommen können.

!

Hinweis

Es ist zu beachten, dass es die universell für alle Familienunternehmen passende Strukturierung von Beteiligungen nicht gibt. Stattdessen gilt es, auf Basis der konkreten Bedürfnisse des jeweiligen Familienunternehmens zu einem gewissen Zeitpunkt seiner Entwicklung möglichst maßgeschneiderte Lösungen zu entwickeln, um die unterschiedlich gelagerten Zielvorstellungen des jeweiligen Familienunternehmens bzw. des Unternehmensgründers sowie von dessen Nachfolgegenerationen in Einklang zu bringen.

1.2 Familienrechtliche Gestaltung

Hans Christian Blum/Dr. Michael Schellenberger/Dirk Schauer

1.2.1 Gestaltung der familiären Beziehungen

Dr. Michael Schellenberger

1.2.1.1 Überblick

Neben dem Unternehmen gibt es bei Familienunternehmen stets die Familie als weitere organische Struktur. Beide Strukturen beeinflussen sich wechselseitig und können reibungslos nebeneinander bestehen. Genauso gut können aber Schwierigkeiten bei einer der beiden Strukturen die jeweils andere Struktur negativ beeinträchtigen. So wie eine wirtschaftliche Krise des Unternehmens auch für das Privatvermögen des Unternehmers eine existenzielle Krise bedeuten kann, kann eine Scheidung des Unternehmers und der damit einhergehende Zugewinnausgleich ihn wirtschaftlich dazu zwingen, das Unternehmen zu veräußern, um die nötige Liquidität zu schaffen. Daher sollte es im besten Interesse des Familienunternehmers sein, dass nicht nur sein Unternehmen funktioniert, sondern auch auf Seite der Familie alles Erforderliche getan ist, dass diese konfliktfrei und wirtschaftlich sinnhaft agiert und Unternehmen und Familie gegen negative Einflüsse von außen geschützt werden.

Die Beteiligung am Unternehmen sowie oftmals die verantwortliche Tätigkeit eines Familienmitglieds im Unternehmen sind das verbindende Element zwischen dem Organismus »Unternehmen« und dem Organismus »Familie«. Wie ein Unternehmen zeichnet sich auch jede Familie durch Einzigartigkeit aus. Bei der Gestaltung der familiären Beziehungen in rechtlicher Hinsicht existiert daher auch kein »richtig« oder »falsch«, sondern es gilt, eine für die individuelle Unternehmerfamilie passende Gestaltung der familiären Beziehungen zu finden. Hierbei sollten juristische und steuerliche Aspekte nur eine dienende Funktion einnehmen und die gewünschten Lösungen optimieren. An erster Stelle sollte darauf geachtet werden, dass innerhalb der Familie keine vermeidbaren Konflikte auftreten. Denn eines steht fest: Auch die durchdachteste rechtliche und steuerliche Konstruktion entfaltet nicht mehr ihre volle Wirkung, wenn Familienmitglieder sich gegenseitig misstrauen oder sich gar miteinander verstreiten. Die Gründe hierfür liegen oftmals nicht darin, dass einzelne Familienmitglieder objektiv oder subjektiv ungerecht behandelt wurden. Quell des Misstrauens ist vielmehr, dass man Familienmitgliedern die eine oder andere Entscheidung nicht früher, anders oder überhaupt kommuniziert hat, deren Hintergründe nicht erläutert und die Bedürfnisse der Betroffenen nicht hinreichend berücksichtigt hat.

Nachfolgend werden anhand verschiedener, nicht abschließender Themenfelder Anregungen gegeben, welche Möglichkeiten rechtlicher Gestaltungen im familiären Bereich bestehen.

1.2.1.2 Ehevertragliche Regelungen

1.2.1.2.1 Grundsätzliches

Mit jeder Eheschließung wird die Unternehmerfamilie um ein Familienmitglied »reicher«. Insbesondere durch Schwiegerkinder, die aus ihren Ursprungsfamilien eigene Vorstellungen von Familie, Familienzusammenhalt, moralischen Vorstellungen etc. mitbringen, verändern sich die familiären Strukturen. Dies führt zu latenten Konflikten, die im schlimmsten Fall zu einem Bruch mit der Familie oder aber zu einer Scheidung vom Ehepartner führen können. Um diesen Konflikten vorzubauen, empfiehlt es sich insbesondere für Angehörige von Unternehmerfamilien, mit dem Ehegatten eine ehevertragliche Regelung jedenfalls für den Fall der Scheidung, aber auch für den Fall des Todes zu treffen.

1.2.1.2.2 Überblick über das deutsche Ehegüterrecht

Das deutsche Güterrecht kennt vier Güterstände, die die vermögensrechtlichen Beziehungen zwischen Ehegatten regeln können:

- den gesetzlichen Güterstand der Zugewinngemeinschaft;
- den Güterstand der Gütertrennung;
- den Güterstand der Gütergemeinschaft sowie
- den deutsch-französischen Wahlgüterstand.

1.2.1.2.2.1 Güterstand der (modifizierten) Zugewinngemeinschaft

Die Zugewinngemeinschaft entsteht automatisch kraft Gesetzes, soweit bei der Eheschließung oder danach in einem notariellen Ehevertrag nichts Gegenteiliges geregelt wird. Entgegen dem irreführenden Begriff der Zugewinngemeinschaft bewirkt der gesetzliche Güterstand keine Verschmelzung der Vermögensmassen der beiden Ehegatten. Auch das während der Ehe erworbene Vermögen wird nicht Gemeinschaftseigentum, außer dies wird ausdrücklich zwischen den Ehegatten vereinbart. Während des Bestehens der Ehe in Zugewinngemeinschaft existieren also im Hinblick auf die Vermögenszuordnung unter Ehegatten keine Unterschiede zur Gütertrennung. Ein Ehegatte haftet grundsätzlich nicht für die Verbindlichkeiten des jeweils anderen Ehegatten. Es gibt bei der Zugewinngemeinschaft jedoch Verfügungsbeschränkungen (§§ 1365 ff. BGB), die bei der Gütertrennung nicht bestehen. Der gesetzliche Güterstand der Zugewinngemeinschaft in nicht modifizierter Form führt allerdings in Unterscheidung zur Gütertrennung dazu, dass im Falle der Beendigung einer Ehe (durch Scheidung, Auflösung oder Tod) oder der Beendigung des Güterstands (z. B. durch Vereinbarung der Gütertrennung) ein sog. Zugewinnausgleich zwischen den Ehegatten durchgeführt wird. Dabei wird das jeweilige Anfangsvermögen zzgl. Schenkungen und Erbschaften und bereinigt um die Kaufkraft mit dem jeweiligen Endvermögen verglichen. Derjenige, der nach Abzug des Anfangsvermögens von seinem Endvermögen den höheren Zugewinn erfahren hat, ist dem anderen Ehegatten in hälftiger Höhe des Mehrzugewinns ausgleichspflichtig. Hierbei handelt es sich um eine sofort fällige Forderung in bar. Der Zugewinnausgleich, den weder die Gütertrennung noch die Gütergemeinschaft kennen, sowie die sonstigen Privilegierungen des länger lebenden Ehegatten bei der Zugewinngemeinschaft können zu erheblichen Liquiditätsbelastungen des Unternehmers führen. Andererseits ist der Zugewinnausgleich grundsätzlich erbschaftsteuerneutral und die Zugewinngemeinschaft wird generell bei der Erbschaftsteuer privilegiert.

Das Güterrecht bietet die Möglichkeit, die Zugewinngemeinschaft in ihren Auswirkungen, auch rückwirkend, zu modifizieren. Hierbei besteht umfassende Gestaltungsfreiheit in allen Abstufungen zwischen den Wirkungen der Gütertrennung und den gesetzlichen Wirkungen der Zugewinngemeinschaft. Oftmals wird der Zugewinn zu Gunsten des wohlhabenderen Ehegatten ausgeschlossen und zu Gunsten des weniger wohlhabenden Ehegatten pauschaliert, begrenzt und/oder ggf. die Auszahlung zeitlich gestreckt. Meist erfolgt die Regelung auch in einer Gesamtschau mit den Regelungen zu Unterhaltund Versorgungsausgleich, um eine faire und ausgewogene Regelung zu treffen.

Da weder die Zugewinngewinngemeinschaft noch die sogleich nachfolgend beschriebene Gütertrennung in der Regel ein geeigneter Güterstand für den Angehörigen einer Unternehmerfamilie sind, empfiehlt es sich, die Zugewinngemeinschaft maßgeschneidert zu modifizieren und somit den individuellen Bedürfnissen Genüge zu tun. Typischerweise wird bei Unternehmerehen der Zugewinn insgesamt oder hinsichtlich bestimmter Vermögensgegenstände – wie Unternehmensbeteiligungen, eigener Erbschaften und lebzeitiger Zuwendungen im Rahmen vorweggenommener Erbfolge usw. – ausgeschlossen. Trotz der Beseitigung der zivilrechtlichen Nachteile der Zugewinngemeinschaft bleiben die erbschaftsteuerlichen Vorteile der Zugewinngemeinschaft im Rahmen der Modifikation unberührt. Hierin liegt neben der Höhe der Pflichtteile – die Gütertrennung kann zu höheren Pflichtteilen bei Abkömmlingen führen (vgl. hierzu 1.2.1.2.3) – der entscheidende Vorteil der modifizierten Zugewinngemeinschaft. Eine rückwirkende Vereinbarung kann jedoch bereits eingetretene steuerliche Nachteile nicht mehr beseitigen.

Hinweis !

Bei Unternehmern ist in den meisten Fällen die modifizierte Zugewinngemeinschaft der vorzugswürdige Güterstand.

1.2.1.2.2.2 Güterstand der Gütertrennung

Beim Güterstand der Gütertrennung bleiben wie bei der Zugewinngemeinschaft die Vermögensmassen der Ehegatten während der Ehe getrennt. Im Gegensatz zur Zugewinngemeinschaft findet bei der Gütertrennung allerdings auch bei der Beendigung des Güterstandes kein Vermögensausgleich zwischen den Ehegatten statt. In Einzelfällen kann allerdings eine sog.

Ehegatten-Innengesellschaft anzunehmen sein, die zu Ausgleichsverpflichtungen führt. Große Nachteile der Gütertrennung sind, dass

- im Fall der Beendigung des Güterstands durch Tod die Zugewinnausgleichsforderung als steuermindernder Abzugsposten nicht gegeben sein kann und
- bei der Gütertrennung die Erbquote in vielen Fällen geringer ist als bei der Zugewinngemeinschaft und damit die Pflichtteile der weiteren Pflichtteilsberechtigten erhöht werden (vgl. hierzu 1.2.1.2.3).

!

Hinweis

Die Gütertrennung schützt zwar das Unternehmen für den Fall einer Scheidung. Im Todesfall können jedoch beachtliche erbschaftsteuerliche Nachteile bestehen.

1.2.1.2.2.3 Güterstand der Gütergemeinschaft

Bei der Gütergemeinschaft werden grundsätzlich die Vermögen beider Ehegatten miteinander verschmolzen, d.h. diese sind fortan an allen Vermögensgegenständen, die dem einen oder dem anderen Ehegatten gehören, hälftige Miteigentümer. Jeder der Ehegatten hat die Möglichkeit, bei Begründung des Güterstands ein sog. Vorbehaltsgut zu bestimmen. Die Vermögensgegenstände, die als Vorbehaltsgut vereinbart werden, verbleiben im Alleineigentum. Daneben existiert noch sog. Sondergut. Dies sind Vermögenswerte, die unübertragbar sind. Diese bleiben ebenfalls Alleineigentum.

!

Hinweis

Bei der Gütergemeinschaft sind die Haftung und Verwaltung des Gesamtgutes sowie die Berechnung des Nachlasses insgesamt sehr kompliziert. Hinzu kommt der Nachteil, dass die Gütergemeinschaft mit den Erben fortgesetzt wird, so dass von der Begründung dieses Güterstands grundsätzlich abzuraten ist.

1.2.1.2.2.4 Deutsch-französischer Güterstand der Wahl-Zugewinngemeinschaft

Mittels bilateralem Abkommen vom 04.02.2010 haben die Bundesrepublik Deutschland und die Republik Frankreich die Einführung eines deutsch-französischen Güterstands der Wahl-Zugewinngemeinschaft vereinbart. Diesem Abkommen hat der Deutsche Bundestag per Gesetz zugestimmt, das am 01.05.2013 in Kraft trat. Die Wahl-Zugewinngemeinschaft ist als § 1519 in das BGB aufgenommen worden und steht nicht nur deutsch-französischen Ehepaaren offen, sondern kann zum Beispiel auch von zwei Deutschen gewählt werden, ohne dass ein Bezug zu Frankreich vorliegen muss. Der neue Güterstand der Wahl-Zugewinngemeinschaft nimmt Elemente des französischen Rechts auf und unterscheidet sich damit in einigen Punkten vom gesetzlichen Güterstand der Zugewinngemeinschaft. In Anbetracht der außerordentlich geringen Relevanz wird von einer detaillierteren Darstellung abgesehen.[1969]

1969 Für eine ausführliche Darstellung dieses Güterstands und seiner Wirkungen siehe *Jünemann*, ZEV 2013, 353.

1.2.1.2.3 Das Zusammenspiel von Güter- und Erbrecht

Neben dem Verwandtenerbrecht besteht nach deutschem Erbrecht das Ehegattenerbrecht. Dies beeinflusst die Erbquoten der Verwandten.[1970] Bei Berechnung dieser Quoten ist das Ehegattenerbrecht in Abhängigkeit vom Güterstand vorrangig zu berücksichtigen.

Im gesetzlichen Güterstand der Zugewinngemeinschaft (§ 1363 BGB), erbt der Ehegatte pauschal neben Verwandten der 1. Ordnung ein Viertel und neben Verwandten der 2. Ordnung die Hälfte des Nachlasses (§ 1931 Abs. 1 BGB). Bei Verwandten ausschließlich höherer Ordnungen erbt er allein (§ 1931 Abs. 2 BGB). Zusätzlich erhält der überlebende Ehegatte einen pauschalen Zugewinnausgleich von einem Viertel des Nachlasses (§ 1371 Abs. 1 BGB) bzw. bleibt Alleinerbe.

Bei der Gütertrennung erbt der Ehegatte neben Abkömmlingen aber mindestens dieselbe Quote wie diese, d. h. neben einem Kind die Hälfte, neben zwei Kindern ein Drittel und neben mehr als zwei Kindern stets ein Viertel (§ 1931 Abs. 4 BGB).

Auch bei der Gütergemeinschaft gibt es keinen Zugewinnausgleich. Deshalb fällt neben dem Sonder- und Vorbehaltsgut nur die Hälfte des Gesamtgutes in den Nachlass, wovon der überlebende Ehegatte neben Verwandten der 1. Ordnung ein Viertel und neben Verwandten der 2. Ordnung die Hälfte des Nachlasses (§ 1931 Abs. 1 BGB) erbt. Bei Verwandten ausschließlich höherer Ordnungen erbt er allein (§ 1931 Abs. 2 BGB). Die andere Hälfte des Gesamtgutes gehört bereits dem überlebenden Ehegatten. Von der Gütergemeinschaft ist aus erbrechtlicher Sicht aus verschiedenen Gründen jedoch in aller Regel abzuraten.[1971]

Beim deutsch-französischen Güterstand der Wahl-Zugewinngemeinschaft zeigt sich ein wesentlicher Unterschied zum gesetzlichen Güterstand der Zugewinngemeinschaft: Während beim gesetzlichen Güterstand der Zugewinnausgleich in der Regel pauschaliert erfolgt, findet beim deutsch-französischen Güterstand der Wahl-Zugewinngemeinschaft immer eine genaue Berechnung des tatsächlichen Zugewinns statt. Der länger lebende Ehegatte erhält also pauschal neben Verwandten der 1. Ordnung ein Viertel und neben Verwandten der 2. Ordnung die Hälfte des Nachlasses (§ 1931 Abs. 1 BGB). Bei Verwandten ausschließlich höherer Ordnungen erbt er allein (§ 1931 Abs. 2 BGB). Vorab erhält er ggf. einen tatsächlichen Zugewinnausgleich und nicht die pauschalierte Quote in Höhe von einem Viertel des Nachlasses.

1970 Zu den Pflichtteilsquoten vgl. 1.2.1.3.1.

1971 Vgl. *Sudhoff*, Unternehmensnachfolge, 2005, § 26 Rn. 31.

BEISPIEL ZUR AUSWIRKUNG DER GÜTERSTÄNDE AUF DIE ERBQUOTEN

Der Erblasser (Vater) hinterlässt seine Frau, einen Sohn sowie ein Enkelkind der bereits verstorbenen Tochter.
Im Fall der Zugewinngemeinschaft erbt die Ehefrau die Hälfte des Nachlasses (ein Viertel als Erbin und ein Viertel als pauschalen Zugewinnausgleich) sowie der Sohn und das Enkelkind jeweils ein Viertel. Für den länger lebenden Ehegatten kann es im Fall der Zugewinngemeinschaft ggf. ratsam sein, das Erbe auszuschlagen und stattdessen den sog. »kleinen Pflichtteil« zu fordern (§ 1371 Abs. 3 BGB). Dieser ist günstiger, wenn der Nachlass fast ausschließlich aus Zugewinn, also aus während der Ehe erworbenem Vermögen, besteht.
Im Fall der Gütertrennung würde die Ehefrau nur den auf ein Drittel erhöhten Erbanteil ebenso wie jeder Abkömmling, d. h. Sohn und Enkelkind, erhalten.
Bei bestehender Gütergemeinschaft würde die Ehefrau lediglich ein Viertel des Nachlasses und die Abkömmlinge jeweils drei Achtel erhalten. Die Gütergemeinschaft kann über den Tod hinaus mit gemeinsamen Kindern vom länger lebenden Ehegatten fortgesetzt werden (fortgesetzte Gütergemeinschaft, § 1483 Abs. 1 BGB). Der länger lebende Ehegatte ist dann allein zur Vermögensverwaltung berechtigt (§ 1487 Abs. 1 BGB).
Bei der deutsch-französischen Wahl-Zugewinngemeinschaft erhält die Ehefrau den tatsächlichen Zugewinnausgleich – soweit sich im Einzelfall einer ergibt. Im Übrigen wird die Ehefrau Erbin zu einem Viertel nach § 1931 Abs. 1 BGB des um den tatsächlichen Zugewinnausgleich reduzierten Nachlasses, und der Sohn und das Enkelkind zu je drei Achtel hiervon.

1.2.1.3 Umgang mit Pflichtteilsrechten

1.2.1.3.1 Grundsätze des Pflichtteilsrechts

Als Besonderheit gegenüber anderen Rechtsordnungen kennt das deutsche Recht einen »Mindestanspruch« des gesetzlichen Erben, den sog. Pflichtteil (§§ 2303 ff. BGB). Durch dieses Recht soll verhindert werden, dass nahe Angehörige des Erblassers (Ehegatte, Abkömmlinge, Eltern) völlig leer ausgehen, sofern sie vom Erblasser enterbt werden. Ihnen soll zumindest die Hälfte dessen, was sie bei einer gesetzlichen Erbfolge erhalten hätten, zustehen. Der Pflichtteilsanspruchkann im Extremfall sogar den Fortbestand eines zum Nachlass gehörenden Unternehmens gefährden, da er mit dem Tode fällig und in bar zu leisten ist.

Letztendlich spielt es keine Rolle, ob der Pflichtteilsberechtigte ausdrücklich enterbt wird oder ob sich die Enterbung aus der Summe aller Verfügungen von Todes wegen ergibt. Das wirtschaftliche Ergebnis ist ausschlaggebend. Ist ein Pflichtteilsberechtigter zwar zum Erben bestellt, ihm aber weniger als die Hälfte des gesetzlichen Erbteils zugewiesen, so kann er einen

Zusatzpflichtteil in Höhe des ihm bis zum hälftigen Erbteil fehlenden Wertes verlangen (Zusatzpflichtteil, § 2305 BGB).

Um einer lebzeitigen Aushöhlung des Pflichtteilsanspruches zu begegnen, räumt der Gesetzgeber dem Pflichtteilsberechtigten einen Anspruch auf die sog. Pflichtteilsergänzung (§ 2325 BGB) ein. Für lebzeitige Schenkungen während der letzten zehn Jahre vor dem Erbfall (bei Ehegatten ohne zeitliche Beschränkung, § 2325 Abs. 3 BGB) gilt eine sog. Pro-Rata-Temporis-Regelung. Die Pro-Rata-Temporis-Regelung sieht vor, dass für jedes vollendete Jahr zwischen Schenkung und Eintritt des Todes ein Zehntel der Schenkung für die Berechnung der Pflichtteilsergänzung unberücksichtigt bleiben. Verstirbt ein Schenker somit z. B. fünf Jahre und sechs Monate nach einer Schenkung, so bleibt diese Schenkung zu 50 % unberücksichtigt; eine Pflichtteilsergänzung ist mithin lediglich aus den verbleibenden 50 % des Wertes dieser Schenkung geschuldet. Für eine Anwendung der Pro-Rata-Temporis-Regelung zu Lasten des Pflichtteilsberechtigten müssen der Schenkungsgegenstand und dessen Früchte dauerhaft und nicht frei widerruflich aus dem Vermögen des Schenkers ausgelagert werden, da ansonsten weder die Zehnjahresfrist noch die Abschmelzungsregelung greifen.

Eine Pflichtteilsergänzung gem. § 2325 BGB findet auch für »ehebedingte« bzw. »unbenannte Zuwendungen« unter den Eheleuten statt. Findet allerdings anstelle einer Schenkung ein Zugewinnausgleich bei Güterstandsänderung statt, so gilt dieser als entgeltlich und wird nicht von § 2325 BGB erfasst. Vorsicht ist hier allerdings aus steuerlicher Sicht geboten, da Gewinnverwirklichungstatbestände erfüllt werden können (bspw. §§ 17, 23 EStG).

1.2.1.3.2 Pflichtteilsvermeidungsstrategien

Das Pflichtteilsrecht soll die nächsten Angehörigen davor schützen, dass der Erblasser ihnen aufgrund seiner Testierfreiheit ihr gesamtes Erbe entzieht. Diese im Grundsatz vernünftige Regelung des Gesetzgebers kann jedoch im Extremfall zur Existenzgefährdung des Unternehmens führen, an dem der Erblasser beteiligt ist. Dies gilt insbesondere dann, wenn das Unternehmen oder die Unternehmensbeteiligung nicht oder nicht an alle Pflichtteilsberechtigten vererbt wird und das Restvermögen nicht zur Abdeckung der Pflichtteilsansprüche ausreicht. Die Pflichtteilsansprüche muss der Erbe aus dem Nachlass begleichen, und zwar sofort und in bar. An der dazu erforderlichen Liquidität fehlt es jedoch meist. Dies kann zu einem Teufelskreis führen, weil Betriebsvermögen (Grundstücke, Unternehmensanteile etc.) gezwungenermaßen veräußert werden muss und damit stille Reserven aufgedeckt werden. Um die dadurch anfallende Einkommensteuer begleichen zu können, müssen weitere Vermögenswerte veräußert werden, was wiederum Steuern auslöst. Im Rahmen der Unternehmensnachfolgeplanung sollte der Unternehmer deshalb Gestaltungen zur Verminderung oder besser zur Vermeidung solcher Liquiditätsabflüsse suchen.

! **Hinweis**

Das Pflichtteilsrecht ist zum Schutz der Pflichtteilsberechtigten gesetzlich sehr streng geregelt, so dass Gestaltungen einer ausreichenden Vorbereitungszeit bedürfen.

In Betracht können die folgenden Pflichtteilsvermeidungsstrategien kommen.

1.2.1.3.2.1 Wechsel des Güterstands

Eine Verringerung der Pflichtteilsansprüche kann bereits durch den schlichten Wechsel des Güterstandes eines Unternehmerehepaares erreicht werden, weil die Erbquoten des Ehegatten, der Kinder oder der nahen Verwandten bei der Zugewinn-, Gütergemeinschaft und bei Gütertrennung unterschiedlich sind. Der BGH erkennt den Wechsel von der Zugewinngemeinschaft in die Gütergemeinschaft grundsätzlich als pflichtteilsresistent und nicht rechtsmissbräuchlich an.[1972] Die Finanzgesetzgebung unterwirft diesen Ausgleich allerdings gem. § 7 Abs. 1 Nr. 4 ErbStG der Schenkungsteuer. Pflichtteilsfest ist in jedem Fall die fortgesetzte Gütergemeinschaft (§ 1483 BGB). Die fortgesetzte Gütergemeinschaft hat zur Folge, dass die Auseinandersetzung des gemeinschaftlichen Vermögens der Ehegatten auf den Tod des Letztversterbenden aufgeschoben wird und kein Pflichtteil nach dem Erstversterbenden geltend gemacht werden kann.

! **Hinweis**

Der Güterstand beeinflusst die Pflichtteilsquoten der Abkömmlinge. Dies stellt in der Praxis ein starkes Gestaltungsmittel dar.

1.2.1.3.2.2 Vorweggenommene Erbfolge und Zuwendungen unter Lebenden

Bemessungsgrundlage des ordentlichen Pflichtteilsanspruchs ist der Nettonachlass des Erblassers. Daher lässt sich der ordentliche Pflichtteil durch lebzeitige unentgeltliche Zuwendungen beliebig reduzieren. Um das Pflichtteilsrecht nicht substanziell aushöhlen zu können, sieht das Gesetz eine sog. Pflichtteilsergänzung vor, in deren Berechnung grundsätzlich alle unentgeltlichen bzw. teilentgeltlichen Zuwendungen der letzten zehn Jahre vor dem Erbfall einbezogen werden (Für die Einbeziehung existiert ein sog. Abschmelzungsmodell, d. h. für jedes volle Jahr, das zwischen Schenkung und Erbfall verstrichen ist, wird der Verkehrswert des geschenkten Gegenstands, der in die Berechnung des Pflichtteilsergänzungsanspruchs eingestellt wird, um ein Zehntel ermäßigt, vgl. 1.2.1.3.1).Diese Zehnjahresfrist beginnt allerdings dann nicht zu laufen, wenn sich der Erblasser den Genuss des geschenkten Gegenstandes vorbehält oder die freigiebige Zuwendung unter Ehegatten erfolgt (§ 2325 Abs. 3 BGB).

Durch rechtzeitige lebzeitige Zuwendung an die zur Nachfolge vorgesehenen Personen kann der Nachlass und damit indirekt der Pflichtteil gemindert werden. Dann müssen keine oder jedenfalls nur geringere Pflichtteilsergänzungen (§ 2325 BGB) zugunsten der von der Nachfolge

1972 BGH vom 27.11.1991, BGHZ 116, 178 – Güterstandsschaukel.

ausgeschlossenen Pflichtteilsberechtigten erfolgen. Zwischen Ehegatten hilft diese Vorgehensweise generell nicht. Schenkungen unter Vorbehalt eines wesentlichen schuldrechtlichen oder dinglichen Nutzungsrechts (z. B. des Nießbrauchs) gelten nach BGH als nicht vollzogen und mindern den Pflichtteil ebenfalls nicht.[1973]

Hinweis !

Durch eine vorausschauende Nachfolgeplanung lassen sich Pflichtteile wirtschaftlich aushöhlen. Hierbei sollten die bestehenden Fallstricke beachtet werden.

1.2.1.3.2.3 Anrechnung von Schenkungen auf den Pflichtteil

Eine oft vernachlässigte Gestaltungsmöglichkeit ist die Anrechnung von Schenkungen auf den Pflichtteil (§ 2315 BGB). Es steht dem Schenker frei, im Rahmen der Schenkung Erklärungen darüber abzugeben, wie die Schenkung im Erbfall behandelt werden soll. Trifft der Schenker keine Bestimmung, kann der Beschenkte grundsätzlich ungeachtet der früheren Schenkung den Pflichtteil aus dem vorhandenen Nachlass fordern.

Hinweis !

Damit der Pflichtteilsanspruch so gering wie möglich ausfällt, ist dringend anzuraten, generell eine Anrechnungsbestimmung bereits zum Zeitpunkt der Schenkung in die Schenkungsurkunde aufzunehmen. Nur so behält der Schenker bis zu seinem Tod die Möglichkeit, zu entscheiden, ob sich Pflichtteilsberechtigte die Schenkung auf ihren Pflichtteilsanspruch anrechnen lassen müssen. Kommt es nicht zur Enterbung, spielt die Anrechnung auf den Pflichtteil keine Rolle.

Wurde bei Schenkungen die Anrechnung vergessen, ist folgendes Vorgehen unter Umständen hilfreich: Der Schenker überträgt sein gesamtes verbliebenes Vermögen auf den künftigen Erben und stellt sich vermögenslos.[1974] In diesem Fall müsste der erstbeschenkte Pflichtteilsberechtigte auf Pflichtteilsergänzung klagen und sich nach § 2327 BGB den ihm geschenkten Wert anrechnen lassen.

1.2.1.3.2.4 Gesellschaftsgründung

Pflichtteilsansprüche können auch dadurch vermieden bzw. minimiert werden, dass der Erblasser eine Personengesellschaft (GbR, OHG, KG) gründet und in diese Vermögen einbringt. Zusätzlich muss er die Fortsetzung der Gesellschaft gegen eine geringe, d. h. unter dem Verkehrswert liegende, Abfindung an die Erben anordnen. Bei den einzelnen Gesellschaftsformen sind allerdings Besonderheiten bei der Gestaltung zu beachten. Weitere Besonderheiten gelten nach der Rechtsprechung, wenn Anteile entschädigungslos übergehen sollen.[1975]

1973 BGH vom 08.04.1992, BGHZ 118, 49; BGH vom 27.04.1994, NJW 1994, 1791.
1974 S. *Tanck*, ZErb 2000, 3.
1975 Vgl. *Weidlich*, in: Palandt, BGB, 78. Aufl., 2019, § 2325 BGB Rn. 15.

1.2.1.3.2.5 Verlagerung von Vermögen in das Ausland

Die Verlagerung von Vermögen ins Ausland war bisher eine Möglichkeit zur Pflichtteilsreduzierung. Nach dem bis 16.08.2015 geltenden deutschen Internationalen Privatrecht trat Nachlassspaltung ein, wenn eine im Ausland belegene Immobilie nach dem Belegenheitsrecht vererbt werden musste. Sah das ausländische Erbrecht kein Pflichtteilsrecht vor, stand das ausländische Immobiliarvermögen den Erben ungeschmälert zu. Nachlassspaltungen werden mit Anwendung von Rom IV seit 17.08.2015 weitestgehend vermieden.

! **Hinweis**

Die Bedeutung der Verlagerung von Vermögen ins Ausland für die Pflichtteilsreduzierung ist mit dem Inkrafttreten der Rom IV-Verordnung geringer geworden. Inwieweit die Verlagerung des gewöhnlichen Aufenthalts ein wirksames Institut der Pflichtteilsvermeidung sein kann, bleibt abzuwarten.

1.2.1.3.2.6 Erb- und Pflichtteilsverzicht

Der notarielle Verzicht des Berechtigten auf den Erb- und Pflichtteil (§ 2346 Abs. 2 BGB) ist die sicherste Lösung, die sich aus dem Pflichtteilsrecht ergebenden Belastungen zu vermeiden oder zu begrenzen und gleichzeitig Streit zu vermeiden. Sinnvoll ist jedoch im Normalfall nur der Pflichtteilsverzicht, da ein Erbverzicht die Erbquote der übrigen Erben und damit deren Pflichtteilsansprüche erhöht (§ 2346 Abs. 1 Satz 2 BGB). Sofern der abzufindende Erbe trotz des Angebots einer finanziellen Abfindung nicht zum Verzicht bereit ist, weil sich der Nachlass in einigen Jahren erhöhen könnte, könnte ein gegenständlich beschränkter Pflichtteilsverzicht – etwa beschränkt auf das Betriebsvermögen – vereinbart werden.[1976] Ein solcher Verzicht sollte auch im Gesellschaftsvertrag verpflichtend geregelt sein. Schließlich sollte bedacht werden, dass der Pflichtteilsverzicht auch für den Familienstamm gilt, um beim Vorversterben des Pflichtteilsberechtigten nicht dessen Abkömmlingen gegenüber wieder in der Pflicht zu sein. Gem. § 2349 BGB erstreckt sich die Wirkung eines Verzichts auch auf die Abkömmlinge des Verzichtenden, sofern nichts anderes vereinbart wird. Große Schwierigkeiten können sich ergeben, sofern der Verzichtende im Ausland ansässig oder minderjährig ist.

In Fällen des Berliner Testaments bzw. bei Vor- und Nacherbschaftsanordnungen können »Strafklauseln« wie die »Jastrow'sche Klausel« hilfreich sein. Sie soll den Fall regeln, dass einer der Schlusserben – also typischerweise ein Kind – den Pflichtteil nach dem zuerst verstorbenen Elternteil – typischerweise gegenüber dem länger lebenden Ehegatten – geltend macht. Um dies unattraktiv zu machen oder diesen Pflichtteilsberechtigten dadurch gar noch zu bevorzugen, wird dieser mittels der vorbenannten Klauseln auch nach dem zuletzt versterbenden Ehegatten auf den Pflichtteil gesetzt. Zusätzlich kann den anderen Schlusserben z. B. ein Vorausvermächtnis nach dem früher versterbenden Ehegatten ausgesetzt werden, womit verhindert wird, dass das Vermögen des erstversterbenden Ehegatten zweimal als Berechnungsgrundlage für den Pflichtteilsanspruch herangezogen wird.

1976 Vgl. *Weidlich*, in: Palandt, BGB, 78. Aufl., 2019, § 2346 Rn. 15; str.

Hinweis !

Das sog. Berliner Testament ist die häufigste deutsche Testamentsform. Diese sieht die Alleinerbeinsetzung des länger lebenden Ehegatten unter gleichzeitiger Enterbung der Kinder im ersten Erbfall und die Schlusserbeinsetzung der Kinder beim Tod des länger lebenden Ehegatten vor. Sofern Kinder im ersten Erbgang enterbt werden, sollte mit den Kindern entweder ein Pflichtteilsverzicht (notarielle Beurkundung!) abgeschlossen werden oder aber eine Pflichtteilsstrafklausel ins Testament aufgenommen werden.

1.2.1.4 Besonderheiten bei minderjährigen Familienmitgliedern

1.2.1.4.1 Grundsätzliches zum Schutz von Minderjährigen

Minderjährige sind im deutschen Recht besonders geschützt. So sind Kinder unter sieben Jahren gem. § 104 Nr. 1 BGB geschäftsunfähig, das heißt, sie können keine wirksamen Rechtsgeschäfte abschließen oder wirksame Erklärungen abgeben. Minderjährige zwischen 7 und 18 Jahren sind beschränkt geschäftsfähig und können zwar wirksame Willenserklärungen abgeben bzw. Rechtsgeschäfte eingehen, dies aber nur, soweit diese lediglich rechtlich vorteilhaft sind. Ist mit dem Geschäft dagegen ein rechtlicher Nachteil verbunden, bedürfen auch beschränkt Geschäftsfähige für die Wirksamkeit des Rechtsgeschäfts der Einwilligung des gesetzlichen Vertreters gem. § 107 BGB.

a) Eltern als gesetzliche Vertreter

Gesetzliche Vertreter sind für Minderjährige gem. § 1629 Abs. 1 Satz 1 BGB grundsätzlich die Eltern. Soweit diese gemeinsam sorgeberechtigt sind, vertreten sie das Kind gemeinsam. Hat nur ein Elternteil das Sorgerecht oder ist ein Elternteil verstorben, wird das Kind durch den anderen Elternteil allein gesetzlich vertreten.

Eltern ist die gesetzliche Vertretungsbefugnis jedoch im Einzelfall entzogen, sofern ein gesetzliches Vertretungsverbot vorliegt. Gem. §§ 1629 Abs. 2 Satz 1, 1795 Abs. 1 Satz 2 BGB ist die gesetzliche Vertretungsmacht der Eltern in folgenden Fällen ausgeschlossen:

- Rechtsgeschäfte mit nahen Angehörigen gem. § 1795 Abs. 1 Nr. 1 BGB;
- Übertragung und/oder Belastung gesicherter Forderungen des Minderjährigen gegen einen Elternteil gem. § 1795 Abs. 1 Nr. 2 BGB;
- Rechtsstreitigkeiten zwischen nahen Angehörigen oder über eine Angelegenheit nach § 1795 Abs. 1 Nr. 2 BGB, gem. § 1795 Abs. 1 Nr. 3 BGB;
- Insichgeschäfte gem. §§ 1795 Abs. 2, 181 BGB, außer das Rechtsgeschäft ist lediglich rechtlich vorteilhaft oder besteht in Erfüllung einer bestehenden Verbindlichkeit.

Daneben kann ein Interessengegensatz zwischen gesetzlichem Vertreter und Mündel zu einem Vertretungsverbot führen. In einem solchen Fall kann das Familiengericht den Eltern aufgrund eines Interessengegensatzes gem. §§ 1629 Abs. 2, 1796 BGB die Vertretungsmacht für einzelne

Angelegenheiten entziehen. Dies kann etwa dann geschehen, wenn erhebliche Zweifel daran bestehen, ob der Sorgeberechtigte zum Besten seines Kindes handelt und bereits Verstöße in der Vergangenheit stattgefunden haben. Besteht ein Vertretungsverbot nur für einen Elternteil, ist stets auch der andere Elternteil an der Vertretung gehindert.

! **Hinweis**

Sofern Eltern als Sorgeberechtigte an der Vertretung ihrer Kinder qua Gesetz einem Vertretungsverbot unterliegen, sind die Rechtsgeschäfte schwebend unwirksam!

b) Bestellung eines Ergänzungspflegers

Sofern die Eltern einem gesetzlichen Vertretungsverbot unterliegen (vgl. vorstehend), ist ein Ergänzungspfleger durch das Familiengericht zu bestellen, § 1909 Abs. 1 Satz 1 BGB. Bei der Auswahl hat das Familiengericht in der Regel § 1779 Abs. 2 BGB zu beachten. Hiernach kommen als Ergänzungspfleger Personen in Betracht, die eine persönliche Bindung zum Kind haben; dies werden regelmäßig nahe Verwandte sein.

c) Familiengerichtliche Genehmigung

Das BGB bestimmt einen Katalog von Rechtsgeschäften, für den Eltern, auch wenn sie an der Ausübung der gesetzlichen Sorge nicht gehindert sind, der Genehmigung des Familiengerichts bedürfen. Diese Rechtsgeschäfte sind in den §§ 1643 Abs. 1 BGB i. V. m. 1821, 1822 Nr. 1, 3, 5, 8–11 BGB sowie in § 1643 Abs. 2 BGB geregelt. Danach besteht eine familiengerichtliche Genehmigungspflicht unter anderem bei

- Ausschlagung einer Erbschaft oder eines Vermächtnisses;
- Geschäften über Grundstücke;
- Erwerbsgeschäften (§ 1822 Nr. 3 BGB);
- Übernahme einer fremden Verbindlichkeit (§ 1822 Nr. 10 BGB);
- Prokuraerteilung (§ 1822 Nr. 11 BGB).

Bis zur Genehmigung durch das Familiengericht ist das Rechtsgeschäft schwebend unwirksam. Sind zusätzlich die Eltern selbst aus anderem Grunde nicht zur Vertretung befugt, so muss ein Ergänzungspfleger tätig werden. Er unterliegt seinerseits der Einschränkung familiengerichtlicher Genehmigung.

1.2.1.4.2 Minderjährige in Familienunternehmen

Sofern Minderjährige an einem Familienunternehmen beteiligt werden bzw. beteiligt sind, gibt es einige Besonderheiten zu beachten. Hierbei ist zwischen Kapital- und Personengesellschaften zu unterscheiden.

a) Eintritt in eine Kapitalgesellschaft

Der Eintritt in eine bestehende Kapitalgesellschaft bedarf grundsätzlich keiner Genehmigung des Familiengerichts. Anders ist dies jedoch dann, wenn mehr als 50 % aller Anteile erworben werden, da dann eine beherrschende Stellung und damit mittelbares unternehmerisches Handeln möglich ist.[1977]

Die Übernahme eines Geschäftsanteils im Rahmen einer Neugründung bedarf ebenfalls der familiengerichtlichen Genehmigung.[1978] Die Ausführungen gelten für die Veräußerung von Geschäftsanteilen entsprechend. Sofern ein Vertretungsverbot der Eltern besteht (s. 1.2.1.4.1), bedarf es zusätzlich der Mitwirkung eines Ergänzungspflegers.

b) Eintritt in eine Personengesellschaft

Tritt ein Minderjähriger in eine Personengesellschaft ein, bedarf dies bei einer Familiengesellschaft, an der auch einer oder beide Sorgeberechtigten beteiligt sind, grundsätzlich der Mitwirkung eines Ergänzungspflegers, da hier ein Interessengegensatz zu befürchten ist und die Sorgeberechtigten damit von der Vertretung ausgeschlossen sind. Des Weiteren bedarf es der familiengerichtlichen Genehmigung, sofern die Gesellschaft ein Gewerbe betreibt.

Tritt der Minderjährige in eine Personengesellschaft allerdings im Wege der erbrechtlichen Sonderrechtsnachfolge ein, bedarf es weder der Mitwirkung eines Ergänzungspflegers noch einer familiengerichtlichen Genehmigung.[1979] Durch die Ausschlagung der Erbschaft bzw. der Ausschlagung eines Vermächtnisses, das die Gesellschafterstellung vermittelt, kann die Sonderrechtsnachfolge beseitigt werden. Sofern die gesetzlichen Vertreter nicht selbst an der Gesellschaft beteiligt sind, können sie ihr Kind wirksam bei dieser Entscheidung vertreten, bedürfen allerdings der familiengerichtlichen Genehmigung gem. § 1643 Abs. 2 BGB.

c) Gesellschafterbeschlüsse

In Gesellschafterversammlungen können die Eltern ihr Kind wirksam vertreten, auch wenn sie selbst an der Gesellschaft beteiligt sind. Das Verbot des Insichgeschäfts und der Mehrfachvertretung findet keine Anwendung, weil die Interessen der Eltern und des minderjährigen Kindes im Rahmen der Beschlussfassung in Gesellschafterversammlungen als Gesellschafter grundsätzlich gleichgerichtet sind und keine Interessensgegensätze bestehen.[1980] Diese Grundsätze gelten sowohl für Personen- als auch für Kapitalgesellschaften.[1981]

Bei Beschlüssen über die Änderung des Gesellschaftsvertrags sind die Beschränkungen der §§ 1629, 1795, 181 BGB allerdings zu beachten, weil hier, anders als bei laufenden Geschäften, davon ausgegangen werden muss, dass die Gesellschafter entgegengesetzte Interessen haben können.[1982] Sofern der gesetzliche Vertreter des Kindes selbst an der Gesellschaft beteiligt ist,

1977 BGH vom 28.01.2003, DNotZ 2004, 152.
1978 BGH vom 28.01.2003, BGHZ 107, 24 (28).
1979 Vgl. *Menzel/Wolff*, MittBayNot 2010, 186 (190).
1980 Vgl. *Damrau*, 2010, Rn. 148; *Gergen*, in: MüKo BGB, Band 9, § 2038 Rn. 15.
1981 Vgl. *Pawlytta*, in MAH Erbrecht, 2018, § 42 XV Rn. 137 f.
1982 Vgl. *Pawlytta*, in: MAH Erbrecht, 2018, § 42 XV, Rn. 141. Hierbei wird mit dem BGH die h. M. vertreten, dass § 181 BGB auf korporative Akte überhaupt anwendbar ist. Zum Streitstand hierzu vgl. *Schubert*, in: MüKo BGB, Band 1, § 181 Rn. 18

kann er sein Kind mithin nicht wirksam vertreten. Es muss eine Ergänzungspflegerbestellung beantragt werden. Sofern für den Minderjährigen kein Ergänzungspfleger mitwirkt, sind etwaige Beschlüsse schwebend unwirksam. Ob solche Grundlagenbeschlüsse bei Erwerbsgeschäften zudem der Genehmigung durch das Familiengericht bedürfen, ist umstritten. Der BGH ist der Auffassung, dass dies nur dann erforderlich ist, wenn die Gesellschaft gegründet wird, nicht jedoch, wenn der Vertrag geändert wird, weil dies eine zu große Ausweitung der Schutzvorschriften des Minderjährigenrechts bedeuten würde.[1983]

1.2.1.4.3 Minderjährige Erben

Bei der Nachlassplanung häufig vernachlässigt, aber trotzdem besonders schwierig, ist die Abwicklung eines Nachlasses, an dem minderjährige, überschuldete oder behinderte Kinder beteiligt sind. Bei minderjährigen Kindern besteht das Problem, dass sie von dem länger lebenden und selbst begünstigten Elternteil nicht bzw. nur sehr eingeschränkt im Rahmen der Nachlassabwicklung vertreten werden können. Diesfalls muss die Zustimmung des Familiengerichts eingeholt werden und/oder das Mündel durch einen Ergänzungspfleger vertreten werden.

Zur Vermeidung der Bestellung eines Ergänzungspflegers und dem Erfordernis familiengerichtlicher Genehmigungen sollte etwa erwogen werden, den länger lebenden Ehegatten zum Alleinerben zu bestimmen und den Kindern Vermächtnisse zuzuwenden oder Dauertestamentsvollstreckung anzuordnen. Wünscht der Erblasser, dass sein Nachlass in einer bestimmten Art und Weise für seine minderjährigen Kinder verwaltet wird, sollte er Verwaltungsanordnungen gem. § 1639 BGB treffen. Beispielsweise lässt sich bestimmen, dass dem geschiedenen Ehegatten für Nachlassvermögenswerte die Vermögenssorge entzogen ist. Zudem kann von der Pflicht zur Vorlage eines Vermögensverzeichnisses gem. § 1640 BGB befreit werden, damit die Vermögensverhältnisse dem Familiengericht nicht offenbart werden müssen. Derartige Gestaltungen sollten gut durchdacht werden, damit sie funktionieren.

Anders ist die Situation bei behinderten Kindern, weil in bestimmten Fällen nach den Vorschriften des Sozialgesetzbuches eine Überleitung des Vermögens des Kindes auf den Sozialversicherungsträger erfolgt. Genau dies ist vom Erblasser in aller Regel nicht gewollt. Vielmehr soll das Kind zusätzlich zu den staatlichen Hilfen eine besondere Zuwendung finanzieller und sonstiger Art, bspw. durch besonders qualifiziertes Pflege- und Betreuungspersonal, bekommen. Dies kann etwa durch die Errichtung einer Stiftung oder ein Zuwendungsvermächtnis und Testamentsvollstreckung erreicht werden. Gerade die Testamentsvollstreckung verhindert den Zugriff Dritter, insbesondere des Sozialversicherungsträgers, auf das Erbe oder Vermächtnis des betroffenen Kindes. Wird die Testamentsvollstreckung mit Vor- und Nacherbschaft kombiniert, kann auch ein Zugriff nach dem Tod des behinderten Kindes verhindert werden.

1983 BGH vom 20.09.1962, NJW 1962, 2344.

Hinweis !

Eine Miterbenstellung Minderjähriger sollte vermieden werden, um die Abwicklung eines Nachlasses nicht unnötig zu erschweren. Zumindest sollte Testamentsvollstreckung angeordnet werden.

1.2.2 Familieninterne Nachfolge im Unternehmen

Hans Christian Blum

Im Fokus der Nachfolgeplanung steht aus Sicht des Unternehmers meist die Nachfolge im (Familien-)Unternehmen. Ist ein geeigneter und williger Nachfolger innerhalb der Familie vorhanden, kommt die familieninterne Fortführung in Betracht. Die Überführung des Unternehmens auf den oder die Nachfolger ist ein Prozess, der sich über viele Jahre erstrecken kann. Von einer ersten Mitarbeit über erste Führungsaufgaben, die Einräumung von Vertretungs-/Geschäftsführungsbefugnissen und die Gewährung erster Beteiligungen mündet der Prozess schließlich in der vollständigen Übertragung. Der Nachfolger wird sukzessive an das Unternehmen herangeführt.

Die Übertragung der Unternehmensbeteiligung stellt damit im Grundsatz den Schlusspunkt eines strukturierten Nachfolgeprozesses dar und kann sowohl unter Lebenden als auch von Todes wegen geschehen. Vorkehrungen für unvorhersehbare Ereignisse gilt es indessen gleichermaßen zu treffen, so dass auch im Notfall für eine gezielte Übertragung Vorsorge gewährleistet ist. Vgl. zur Notfallplanung 1.2.3.

1.2.2.1 Übertragung von Unternehmensbeteiligungen von Todes wegen

Erfolgt die Übertragung der Unternehmensbeteiligung von Todes wegen, kann zwischen der Vererbung einer Beteiligung an einer Personengesellschaft, der an einer Kapitalgesellschaft und der Fortführung eines Einzelunternehmens unterschieden werden.

1.2.2.1.1 Vererbung von Beteiligungen an Personengesellschaften

Bei der Vererbung einer Beteiligung an einer Personengesellschaft, u. a. einer Gesellschaft bürgerlichen Rechts (GbR), einer offenen Handelsgesellschaft (OHG), einer Kommanditgesellschaft (KG) oder Partnerschaftsgesellschaft (PartG), bedingt die personalistische Ausrichtung der Rechtsform Besonderheiten.

Personalistische Ausrichtung bedeutet in diesem Zusammenhang, dass eine Personengesellschaft im Grundsatz auf die gemeinsame Zweckverwirklichung durch die zusammengeschlossenen Gesellschafter persönlich und nicht auf einen fortlaufenden Wechsel im Gesellschafterkreis ausgerichtet ist.[1984]

1.2.2.1.1.1 Gesellschaft bürgerlichen Rechts

Die personalistische Ausrichtung tritt mit Blick auf die Übertragung von Todes wegen bei der GbR am deutlichsten zutage. Denn vorbehaltlich abweichender Regelungen im Gesellschaftsvertrag oder eines abweichenden Beschlusses der verbleibenden Gesellschafter führt der Tod eines Gesellschafters bei der GbR zur Auflösung und Auseinandersetzung der Gesellschaft, § 727 Abs. 1 BGB.[1985]

Fortsetzungsklausel

Soll der Tod eines Gesellschafters nicht zur Auflösung führen, muss dies durch eine sog. Fortsetzungsklausel gem. § 736 Abs. 1 BGB im Gesellschaftsvertrag bestimmt werden. Dann scheidet der verstorbene Gesellschafter mit seinem Tod aus der Gesellschaft aus. Diese wird mit den verbleibenden Gesellschaftern fortgesetzt, denen die Beteiligung des ausscheidenden Gesellschafters anwächst. Den Erben steht lediglich ein Abfindungsanspruch zu.[1986] Eine bloße Fortsetzungsklausel bewirkt damit noch nicht die Vererblichkeit der GbR-Beteiligung bzw. sie ermöglicht auch nicht die Nachfolge in die Gesellschafterstellung.

Erbrechtliche Nachfolgeklausel

Soll die Gesellschaft nach dem Tod eines Gesellschafters mit dessen Erben fortgesetzt werden, muss hierfür eine Nachfolgeklausel in den Gesellschaftsvertrag aufgenommen werden.[1987] Durch sie wird die Gesellschaftsbeteiligung vererblich gestellt. Die Regelung kann vorsehen, dass jede beliebige Person, die zum Erben des Gesellschafters berufen ist, in die Gesellschafterstellung nachfolgen kann. Dann liegt eine sog. einfache erbrechtliche Nachfolgeklausel vor.[1988] Die Regelung kann aber auch vorsehen, dass nur bestimmte Personen zur Nachfolge zugelassen sind. Dabei kann die Eingrenzung konkret z. B. durch namentliche Benennung oder abstrakt anhand objektiver Kriterien erfolgen. So könnten die »leiblichen Abkömmlinge eines Gesellschafters« zur Nachfolge zugelassen werden. In diesem Fall liegt eine qualifizierte erbrechtliche Nachfolgeklausel vor.[1989]

Insbesondere in Familiengesellschaften werden qualifizierte erbrechtliche Nachfolgeklauseln häufig eingesetzt, um den Kreis der zulässigen Gesellschafter auf die Familienmitglieder im Sinne des Unternehmensgründers zu beschränken.

1984 Vgl. *Mutter*, in: Gummert, 2019, § 1 Rn. 20.
1985 *Schäfer*, in: MüKo BGB, 2017, § 727 Rn. 6.
1986 *Schäfer*, in: MüKo BGB, 2017, § 736 Rn. 8 ff.
1987 *Schäfer*, in: MüKo BGB, 2017, § 727 Rn. 28 ff.
1988 *Schäfer*, in: MüKo BGB, 2017, § 727 Rn. 29.
1989 *Schäfer*, in: MüKo BGB, 2017, § 727 Rn. 29.

Eine erbrechtliche Nachfolgeklausel allein genügt allerdings noch nicht, um nach dem Tod den Eintritt des Nachfolgers in die Gesellschafterstellung zu bewirken. Erforderlich ist zudem, dass der designierte Nachfolger auch zum Erben des verstorbenen Erblassers berufen ist.[1990]

Der zum Erben berufene Nachfolger, der zugleich nach der Regelung des Gesellschaftsvertrags zugelassen ist, erwirbt die Gesellschaftsbeteiligung mit dem Tod des Erblassers kraft Sondererbfolge. Der Erwerb erfolgt unmittelbar und unabhängig von der Nachlassauseinandersetzung sofort mit dem Erbfall.[1991] Sind mehrere Erben berufen und sind diese gesellschaftsvertraglich alle als Nachfolger zugelassen, erwerben sie den Gesellschaftsanteil des Erblassers jeweils in Höhe ihrer Erbquote.[1992] Sind nicht alle Erben als Nachfolger zugelassen, geht die gesamte Beteiligung des Erblassers nur auf die nachfolgeberechtigten Erben nach dem Verhältnis ihrer Erbquoten untereinander über. Den nicht nachfolgeberechtigten Erben stehen im Rahmen der Erbauseinandersetzung entsprechende Ausgleichsansprüche zu.[1993]

Hinterlässt der Erblasser keine nach dem Gesellschaftsvertrag nachfolgeberechtigten Erben, scheidet er mit seinem Tod aus der Gesellschaft aus und die Erben erlangen lediglich einen Abfindungsanspruch. Die gesellschaftsvertraglichen Regelungen setzen sich also insoweit gegenüber den erbrechtlichen Verfügungen durch, weshalb man in diesem Zusammenhang auch von dem Vorrang des Gesellschaftsrechts vor dem Erbrecht spricht.

Aufgrund der Systematik der Sondererbfolge in die Personengesellschaftsbeteiligung sollten die designierten Nachfolger möglichst als Erben berufen werden und ihnen die Beteiligung nicht lediglich im Vermächtniswege zugewendet werden. Im Vermächtnisfalle müssten zunächst die Erben in die Gesellschafterstellung einrücken, soweit diese gesellschaftsvertraglich zugelassen sind, und es bedürfte einer nachfolgenden Übertragung der Beteiligung auf den Vermächtnisnehmer. Sind die Erben als Nachfolger nicht zugelassen und enthält der Gesellschaftsvertrag auch keine entsprechende Vorkehrung für den Fall der vermächtnisweisen Zuwendung, kann die Nachfolge scheitern, da der Erblasser, der keine nachfolgeberechtigten Erben hinterlässt, sogleich mit dem Erbfall aus der Gesellschaft ausscheidet. Den Erben verbleibt dann lediglich der Abfindungsanspruch.

Hinweis **!**

In jedem Fall ist besondere Sorgfalt auf die Abstimmung der letztwilligen Verfügung auf die gesellschaftsvertragliche Nachfolgeregelung zu legen.

1990 *Klein/Lindemeier*, in: Münch Hdb GesR, 2019, Band 1, § 11 Rn. 21; *Schäfer*, in: MüKo BGB, 2017, § 727 Rn. 29.
1991 *Klein/Lindemeier*, in: Münch Hdb GesR, 2019, Band 1, § 11 Rn. 27 ff.
1992 *Klein/Lindemeier*, in: a. a. O.
1993 *Klein/Lindemeier*, in: a. a. O.

Rechtsgeschäftliche/gesellschaftsvertragliche Nachfolgeklausel

Während die erbrechtliche Nachfolgeklausel sich darauf beschränkt, die Gesellschaftsbeteiligung erblich zu stellen und es für den eigentlichen Erwerb zudem der Berufung als Erbe bedarf, bewirkt eine rechtsgeschäftliche oder gesellschaftsvertragliche Nachfolgeklausel den Übergang der Beteiligung im Todesfall unmittelbar selbst; einer Erbenstellung des Nachfolgers bedarf es dann nicht.[1994] Bei der rechtsgeschäftlichen Nachfolgeklausel vereinbaren die vorhandenen Gesellschafter und der nachfolgeberechtigte Gesellschafter, bei dem es sich oftmals um einen bereits vorhandenen Mitgesellschafter handelt, dass die Beteiligung des versterbenden Gesellschafters aufschiebend bedingt auf dessen Tod auf den Nachfolger übertragen wird. Diese Regelung erfolgt oftmals innerhalb des Gesellschaftsvertrags, weshalb man auch von einer gesellschaftsvertraglichen Nachfolgeklausel spricht. Rechtstechnisch liegt darin eine aufschiebend bedingte Abtretung der Gesellschaftsbeteiligung auf den Nachfolger.[1995] Eine rechtsgeschäftliche Nachfolgeklausel ist allerdings nur dann zulässig, wenn sie unter Mitwirkung aller Gesellschafter und des nachfolgeberechtigten Gesellschafters vereinbart wird.[1996]

! **Hinweis**

Da der übertragende Gesellschafter bei der gesellschaftsvertraglichen Nachfolgeklausel bereits eine Bindung eingeht, ist bei nicht eindeutigen Formulierungen im Zweifel Zurückhaltung geboten und eine erbrechtliche Nachfolgeklausel anzunehmen.[1997] Eine gesellschaftsvertragliche Nachfolgeklausel sollte daher ausdrücklich formuliert werden und den Bindungswillen des Übertragenden eindeutig erkennen lassen.

Eintrittsklausel

Der Gesellschaftsvertrag kann auch vorsehen, dass der Nachfolger nicht unmittelbar mit dem Tod eines Mitgesellschafters in die Beteiligung nachfolgen soll, sondern ihm nach dem Tod lediglich das (oftmals befristete) Recht zusteht, in die Gesellschaft einzutreten.[1998] Die Eintrittsklausel kann offen ausgestaltet sein oder bestimmte Vorgaben über den zulässigen Nachfolger oder das Verfahren seiner Benennung treffen. Die Beteiligung des verstorbenen Gesellschafters wächst in diesem Fall zunächst den verbleibenden Gesellschaftern an. Der Eintritt in die Gesellschaft erfolgt dann durch rechtsgeschäftliche Vereinbarung des Eintritts zwischen den verbleibenden Gesellschaftern und dem nachfolgeberechtigten Gesellschafter.[1999]

Abfindungsanspruch ausscheidender Erben

Sieht der Gesellschaftsvertrag eine Fortsetzungsklausel vor oder hinterlässt der verstorbene Gesellschafter keine nachfolgeberechtigten Erben oder übt der nachfolgeberechtigte Erbe ein

1994 *Schäfer*, in: MüKo BGB, 2017, § 727 Rn. 49 ff.

1995 BGH vom 10.02.1977, NJW 1977, 1339.

1996 *Schäfer*, in: MüKo BGB, 2017, § 727 Rn. 49 ff.

1997 BGH vom 10.02.1977, NJW 1977, 1339, 1341; BGH vom 29.09.1977, NJW 1978, 264; OLG Frankfurt vom 16.11.1987, NJW-RR 1988, 1251; *Klein/Lindemeier*, in: Münch Hdb GesR, 2019, Band 2, § 41 Rn. 29, Band 1, § 11 Rn. 39 m. w. N.

1998 *Klein/Lindemeier*, in: Münch Hdb GesR, 2019, Band 1, § 11 Rn. 35 ff.

1999 *Klein/Lindemeier*, in: Münch Hdb GesR, 2019, Band 1, § 11 Rn. 40 ff.

ihm zugestandenes Eintrittsrecht nicht aus, steht dem Erben gegen die Gesellschaft und die Gesellschafter ein Abfindungsanspruch zu. Dieser kann im Gesellschaftsvertrag indessen hinsichtlich der Berechnung, Fälligkeit, Stundung und Verzinsung gestaltet werden.[2000]

1.2.2.1.1.2 Die offene Handelsgesellschaft

Anders als bei der GbR führt der Tod eines Gesellschafters bei der offenen Handelsgesellschaft (OHG) nicht zur Auflösung und Auseinandersetzung der Gesellschaft, sondern zum Ausscheiden des verstorbenen Gesellschafters, § 131 Abs. 3 HGB. Das Gesetz geht bei der OHG daher im Grundsatz von der Fortsetzung unter den verbleibenden Gesellschaftern aus: Die Beteiligung des verstorbenen Gesellschafters wächst den verbleibenden Gesellschaftern an und den Erben des verstorbenen Gesellschafters steht ein Abfindungsanspruch gegen die OHG zu.[2001] Ein Abfindungsanspruch des ausscheidenden Erben richtet sich allein gegen die OHG, jedoch haften die Gesellschafter für diese gem. § 128 HGB mit ihrem Privatvermögen unbeschränkt.[2002]

Im Übrigen kann der Gesellschaftsvertrag der OHG gleich einer GbR erbrechtliche oder rechtsgeschäftliche Nachfolgeklauseln vorsehen.

Einem nachfolgeberechtigten Erbe, der aufgrund einer erbrechtlichen Nachfolgeklausel in die Gesellschaft neu eintreten würde, steht gem. § 139 HGB das nicht entziehbare Recht zu, innerhalb von drei Monaten ab Kenntnis von dem Erbfall die Umwandlung seiner Beteiligung in eine Kommanditbeteiligung zu verlangen oder, soweit dies von den verbleibenden Gesellschaftern abgelehnt wird, sein Ausscheiden aus der Gesellschaft zu erklären.[2003]

Hinweis !

Der nachfolgeberechtigte Erbe kann seinen Verbleib in der OHG davon abhängig machen, dass die Beteiligung in eine Kommanditbeteiligung umgewandelt wird. Erfolgt dies, kann der Erbe seine Haftung für Altverbindlichkeiten der Gesellschaft auf den Nachlass beschränken und haftet für Neuverbindlichkeiten nur als Kommanditist.[2004]

1.2.2.1.1.3 Die Kommanditgesellschaft

Bei der KG ist zwischen dem Versterben eines persönlich haftenden Komplementärs und dem Versterben eines Kommanditisten zu unterscheiden.

Die Rechtslage nach dem Versterben eines Komplementärs entspricht derjenigen beim Tod eines OHG-Gesellschafters, im Grundsatz wird die KG mit den verbleibenden Gesellschaftern fortgesetzt, §§ 161 Abs. 2, 131 Abs. 3 Nr. 1 HGB.[2005] Beim Tod eines Kommanditisten wird die

2000 *Klein/Lindemeier*, in: Münch Hdb GesR, 2019, Band 1, § 11 Rn. 46 ff.
2001 *Klein/Lindemeier*, in: Münch Hdb GesR, 2019, Band 1, § 78 Rn. 5 ff.
2002 *Klein/Lindemeier*, in: Münch Hdb GesR, 2019, Band 1, § 78 Rn. 21.
2003 *Klein/Lindemeier*, in: Münch Hdb GesR, 2019, Band 1, § 79 Rn. 38 ff.
2004 *Klein/Lindemeier*, in: Münch Hdb GesR, 2019, Band 1, § 79 Rn. 50.
2005 *Klein/Lindemeier*, in: Münch Hdb GesR, 2019, Band 2, § 40 Rn. 1.

Gesellschaft demgegenüber vorbehaltlich anderer Bestimmungen im Gesellschaftsvertrag mit den Erben des Kommanditisten fortgesetzt, § 177 HGB.[2006]

Im Übrigen gilt das bereits zur OHG bzw. GbR Gesagte entsprechend.

1.2.2.1.1.4 Testamentsvollstreckung an Personengesellschaftsanteilen

Möchte der Erblasser die Verwaltung der Unternehmensbeteiligung dem Erben nicht unmittelbar nach dem Erbfall überlassen, sondern z. B. erst dann, wenn der Nachfolger ein bestimmtes Alter oder eine bestimmte Qualifikation erlangt hat, kommt die Anordnung einer Dauer- oder Verwaltungstestamentsvollstreckung an der übertragenen Beteiligung in Betracht, soweit dies gesellschaftsvertraglich zugelassen ist.

Die Testamentsvollstreckung führt dazu, dass der Erbe von der Verfügung über die Beteiligung und die Wahrnehmung der Gesellschafterrechte ausgeschlossen ist. Weiterhin kann der Testamentsvollstrecker den Erben nicht persönlich verpflichten, sondern allenfalls Verbindlichkeiten begründen, für die die Haftung auf den Nachlass beschränkt bleibt. Diese Folgen lassen sich mit dem höchst persönlichen Charakter und der unbeschränkten Haftung eines persönlich haftenden Gesellschafters einer Personengesellschaft nicht so einfach vereinbaren. Um Rechtsunsicherheiten bzgl. der Kompetenzzuweisung zwischen Erbe und Testamentsvollstrecker zu vermeiden, wird in der Praxis daher auf Ersatzkonstruktionen in Form von Treuhandlösung oder Vollmachtlösung zurückgegriffen.[2007]

Dem Testamentsvollstrecker wird die Beteiligung entweder zur treuhänderischen Verwaltung für den Erben übertragen, oder dem Testamentsvollstrecker wird Vollmacht zur Wahrnehmung der Gesellschafterrechte des Erben eingeräumt.[2008]

1.2.2.1.2 Vererbung von Beteiligungen an Kapitalgesellschaften

Beteiligungen an Kapitalgesellschaften sind von Gesetzes wegen vererblich. Die Vererblichkeit kann auch nicht vertraglich eingeschränkt werden. Für die GmbH bestimmt dies § 15 Abs. 1 GmbHG ausdrücklich. Für die AG folgt dies mittelbar aus § 10 AktG bzw. § 68 AktG.

Um den Kreis zulässiger Gesellschafter gerade in Familiengesellschaften bzw. Gesellschaften, die als Träger des Familienunternehmens fungieren, in ähnlicher Weise einzugrenzen wie dies bei Personengesellschaften durch qualifizierte Nachfolge- oder Eintrittsklauseln möglich ist, können bei der GmbH im Gesellschaftsvertrag Regelungen vorgesehen werden, wonach bei einem Erwerb durch eine nicht zur Nachfolge zugelassene Person die Gesellschaft berechtigt ist, die Beteiligung einzuziehen oder die zwangsweise Übertragung auf eine nachfolgeberech-

2006 *Klein/Lindemeier*, in: Münch Hdb GesR, 2019, Band 2, § 40 Rn. 1.
2007 *Klein/Lindemeier*, in: MünchHdb GesR, 2019, Band 1, § 80 Rn. 37 ff.
2008 Vgl. zum Gesamten eingehend *Klein/Lindemeier*, in: Münch Hdb GesR, 2019, Band 1, § 80 Rn. 37 ff. m. w. N.

tigte Person zu verlangen. Der nicht nachfolgeberechtigten Person steht dann lediglich ein Abfindungsanspruch gegen die Gesellschaft bzw. die übernehmende Person zu.

Zwar kann eine vergleichbare Einziehungsbefugnis auch in der Satzung einer AG vorgesehen werden, soweit die Vorschriften zur Kapitalherabsetzung beachtet werden. Jedoch scheidet eine Zwangsabtretung bei der AG aus, so dass die gewünschten Wirkungen regelmäßig außerhalb der Satzung durch Abschluss von Familienpoolverträgen gestaltet werden (vgl. hierzu eingehend 1.4.2.8).

1.2.2.1.3 Fortführung eines Einzelunternehmens

Gesellschaftsrechtliche Probleme stellen sich bei der Vererbung eines Einzelunternehmens naturgemäß nicht. Zu beachten sind allerdings die besonderen haftungsrechtlichen Vorschriften der §§ 25 ff. HGB, die bei Fortführung eines von Todes wegen erworbenen Einzelunternehmens greifen. Danach haftet der Erbe für die Verbindlichkeiten des Einzelunternehmens mit dem Ablauf von drei Monaten ab Kenntnis des Erbfalles unbeschränkt mit seinem Eigenvermögen, soweit er nicht bis dahin die Fortführung einstellt, § 27 Abs. 2 HGB.[2009] Die unmittelbare Einstellung der Unternehmensfortführung zwingt den Erben regelmäßig, das geerbte Unternehmen unter Zeitdruck ungünstig zu verkaufen.

Für Altverbindlichkeiten kann die unbegrenzte Haftung ggf. durch Eintragung einer Haftungsbeschränkung im Handelsregister entsprechend § 25 Abs. 2 HGB erreicht werden. Allerdings ist diese Möglichkeit umstritten[2010] und kann zu geschäftlichen Nachteilen führen.

Sind mehrere Erben vorhanden, wird das Einzelunternehmen von der Erbengemeinschaft fortgeführt. Die Erbengemeinschaft wird dadurch jedoch nicht zur OHG. Das Prinzip der Einstimmigkeit in der Erbengemeinschaft bedingt in vielen Fällen, dass eine effektive und flexible Unternehmensführung nicht erfolgen kann.

Hinweis !

Aus den vorstehenden Gründen sollten bei einem Einzelunternehmen im Vorgriff auf eine mögliche letztwillige Unternehmensübertragung eine Umwandlung in eine andere Rechtsform, eine lebzeitige Übertragung oder anderweitige Vorbereitungshandlungen erwogen werden.

2009 Vgl. *Reinicke/Leibner*, NWB 2004, 547; *Säcker*, ZGR 1973, 261.
2010 Vgl. *Thiessen*, in: MüKo HGB, 2016, § 27 Rn. 46 ff.

1.2.2.2 Lebzeitige Übertragung von Unternehmensbeteiligungen

Eine lebzeitige Übertragung von Unternehmensbeteiligungen im Wege der vorweggenommenen Erbfolge kann aus unterschiedlichen Motiven erfolgen. Als Bestandteil eines strukturierten Nachfolgeprozesses ermöglicht die Übertragung einer Beteiligung die Heranführung des Nachfolgers an das Unternehmen und zugleich eine schrittweise Entlastung des Übergebenden. Sie kann die Identifikation des Nachfolgers mit dem Unternehmen und seine Motivation steigern. Schließlich gestattet die schrittweise Übertragung eine optimierte Nutzung steuerlicher Freibeträge und kann zur steuergünstigeren Verlagerung von Einkommensquellen auf den Nachfolger und zur vorweggenommenen Abgeltung von Pflichtteils- und Erbschaftsansprüchen genutzt werden.

1.2.2.2.1 Schrittweise Heranführung des Nachfolgers

Zielt die lebzeitige Übertragung auf eine schrittweise Heranführung des Nachfolgers und gleichzeitige Entlastung des Übergebers, ist es wesentlich, den fließenden Übergang in der Leitung und Inhaberschaft des Unternehmens durch rechtliche Gestaltungen zu begleiten.

Dies bedeutet zum einen, die Entscheidungsmacht auf Gesellschafterebene durch Steuerung der kapitalmäßigen Beteiligung und ggf. Einräumung von Mehrfachstimmrechten gezielt zu gestalten, und zum anderen, die Leitungsmacht in der Geschäftsführung zum rechten Zeitpunkt zu überführen. Dabei ist stets die richtige Balance zu finden zwischen der sukzessiven Einführung und Stärkung des Nachfolgers auf der einen Seite und dem Erhalt der Unternehmenskontinuität unter Nutzung der Erfahrung und Kenntnisse des Übergebers innerhalb des Unternehmens auf der anderen Seite.

In der Schlussphase der Überleitung und nach dem Ausscheiden des Übergebenden aus der operativen Leitung des Unternehmens kann dessen Mitwirkung in einem Kontroll- oder Beratungsgremiums, z. B. in einem Aufsichtsrat oder Beirat, und die Wahrnehmung repräsentativer Aufgaben von großem Wert für das Unternehmen sein. Im Rahmen eines fakultativen Gremiums kann der Übergebende auch als Schlichtungsinstanz bei mehreren Nachfolgern agieren. Die hierfür erforderlichen Strukturen sind im Rahmen der Nachfolgegestaltung zu schaffen.

1.2.2.2.2 Übertragung der Unternehmensbeteiligung

Die Übertragung der Unternehmensbeteiligung als solche erfolgt regelmäßig unentgeltlich im Wege der Schenkung im Sinne der §§ 516 ff. BGB. Die geläufige Bezeichnung der vorweggenommenen Erbfolge ist hingegen kein eigenständiger Vertragstypus. Bei der Gestaltung der Übertragungsvereinbarungen ist auf eine genaue Abstimmung mit den gesellschaftsvertraglichen Regelungen zu achten. Bei der lebzeitigen Übertragung ist insbesondere darauf zu achten, ob die Übertragung der Beteiligung überhaupt zugelassen ist und welche Voraussetzungen und

Schranken die gesellschaftsvertraglichen und zwingenden gesetzlichen Bestimmungen für eine Verfügung über die Beteiligung vorsehen.

Hinweis

!

Gerade in Gesellschaftsverträgen von Familienunternehmen sind Zustimmungserfordernisse der Gesellschaft oder der Mitgesellschafter, Einschränkungen hinsichtlich des Kreises zugelassener Erwerber und Vorerwerbsrechte der Mitgesellschafter einschließlich formalisierter Vorerwerbsverfahren üblich. Diese sind im Rahmen der lebzeitigen Übertragung zu berücksichtigen.

Der übertragende Unternehmer hat oftmals ein legitimes Interesse daran, die schenkweise übertragene Beteiligung in bestimmten Fällen zurückfordern zu können. Gründe hierfür können zunächst die gesetzlichen Konstellationen einer Verarmung des Schenkers (§ 528 BGB) oder einer Verfehlung des Beschenkten (§ 530 BGB) sein. Darüber hinaus können weitere Rückforderungstatbestände vereinbart werden. Etwa kann eine Rückforderung zweckmäßig sein, wenn der Beschenkte in Insolvenz gerät, Privatgläubiger des Beschenkten in die Unternehmensbeteiligung zu vollstrecken drohen oder der Beschenkte unter Lebenden oder von Todes wegen ungewünschte Verfügungen über die Unternehmensbeteiligung trifft.[2011] In pflichtteilsrechtlicher und erbschaftsteuerlicher Hinsicht[2012] sind indessen voraussetzungsfreie Rückforderungsrechte, die jederzeit nach Belieben des Schenkers ausgeübt werden könnten, zu vermeiden. Aus Sicht des Pflichtteilsrechts führen solche Widerrufsrechte dazu, dass die Frist des § 2325 Abs. 3 BGB, innerhalb derer lebzeitige Zuwendungen der Pflichtteilsergänzung unterliegen, nicht zu laufen beginnt.[2013]

Soll im Sinne einer vorweggenommenen Erbfolge eine letztwillige Zuwendung vorweggenommen werden, ist zu erwägen, die Anrechnung der Zuwendung auf einen etwaigen Pflichtteilsanspruch des Empfängers anzuordnen. Auf diese Weise kann sich der Übertragende eine größere Flexibilität bei der Gestaltung seiner letztwilligen Verfügung sichern und muss nicht befürchten, dass der Zuwendungsempfänger zusätzlich zur lebzeitigen Zuwendung Pflichtteilsansprüche nach dem Erbfall geltend machen kann, etwa weil die übrigen Abkömmlinge zum Ausgleich letztwillig höher bedacht wurden.[2014] Über eine bloße Anrechnung hinaus kann die lebzeitige Übertragung auch zum Anlass genommen werden, um einen Pflichtteilsverzicht des Zuwendungsempfängers zu vereinbaren.[2015]

2011 Vgl. *Ridder*, in: MAH ErbR, 2018, § 32 Rn. 126 ff., Rn. 155 ff.
2012 Vgl. hierzu eingehend 1.2.1.3.2.
2013 *Lange*, in: MüKo BGB, 2017, § 2325 Rn. 66.
2014 *Graf*, in: Firsching/Graf, 2014, Rn. 1.375 ff.; *Krätzschel*, in: Firsching/Graf, 2019, § 17 Rn. 67 ff.
2015 *Hartmann*, DNotZ 2007, 812.

1.2.2.2.3 Sicherung der Versorgung des Übertragenden

Ein besonders wichtiger Gesichtspunkt bei der lebzeitigen Vermögensübertragung ist die Absicherung der Versorgung des Übertragenden und ggf. dessen Ehepartner. Zu diesem Zweck kommen u. a. die Vereinbarung eines Nießbrauchs oder die Verpflichtung zur Leistung einer wiederkehrenden Leistung in Betracht.

Die Vereinbarung einer wiederkehrenden Leistung kommt insbesondere dann in Betracht, wenn es nicht erforderlich oder gewünscht ist, dass ein Mitbestimmungsrecht für den Übertragenden auf Gesellschafterebene erhalten bleibt. Durch die Vereinbarung einer wiederkehrenden Leistung verpflichtet sich der Zuwendungsempfänger, aus den Erträgen des Zuwendungsgegenstandes, hier der Unternehmensbeteiligung, wiederkehrende Zahlungen an den Übertragenden zu entrichten. Der Übertragende behält sich insoweit die Erträge der Unternehmensbeteiligung anteilig zurück. Bei der Gestaltung ist besondere Sorgfalt auf die Einhaltung ertragsteuerlicher Vorgaben zu legen, um die Entstehung einer (teil)entgeltlichen Übertragung zu verhindern.[2016] Diese Gestaltungsoption sollte sich damit auf den Aspekt der finanziellen Absicherung beschränken.

Die Vereinbarung eines Nießbrauchs geht darüber hinaus. Der Übertragende kann sich den Nießbrauch an der Unternehmensbeteiligung selbst zurückbehalten (Vorbehaltsnießbrauch)[2017]. Er kann den Nießbrauch aber auch einem Dritten, etwa dem Ehepartner, zuwenden (Zuwendungsnießbrauch). Denkbar ist es schließlich auch, dass der Nießbrauch zu seinen eigenen Gunsten und zugleich oder nach seinem Ableben dem Dritten zustehen soll (Sukzessivnießbrauch). Schließlich kann der Nießbrauch auch nur an einem (ideellen) Teil der übertragenen Beteiligung bestellt werden (Bruchteilsnießbrauch) oder nur anteilig an der gesamten Beteiligung (Quotennießbrauch).

Durch Vereinbarung des Nießbrauchs erfolgt eine Trennung zwischen der Vermögenssubstanz – dem Eigentum an der übertragenen Unternehmensbeteiligung – auf der einen Seite und dem Recht, die Nutzungen aus der Beteiligung zu ziehen, auf der anderen Seite.[2018] Während die Substanz auf den Erwerber übergeht, verbleibt das Recht zur Fruchtziehung beim Nießbrauchsberechtigten.

Durch diese Aufteilung können verschiedene strukturelle und steuerliche Ziele erreicht werden. Das Recht zur Fruchtziehung kann die Versorgung des Nießbrauchsberechtigten sichern. In Abhängigkeit von der konkreten Ausgestaltung des Nießbrauchs können dem Übertragenden darüber hinaus Mitwirkungsrechte erhalten werden. Dies schafft oftmals erst die Bereitschaft, schon zu Lebzeiten eine Vermögensübertragung vorzunehmen, um schließlich in steuerlicher

2016 Vgl. zu den ertragsteuerlichen Aspekten im Einzelnen *von Sothen*, in: Münch AnwHdb ErbR, 2018, § 36 Rn. 199 ff.
2017 Vgl. zu den Begrifflichkeiten *Pohlmann*, in: MüKo BGB, 2017, § 1068 Rn. 20 und 23.
2018 Vgl. *Pohlmann*, in: MüKo BGB, 2017, § 1068 Rn. 20.

Hinsicht Freibeträge optimal nutzen zu können und Einkommen innerhalb der Familie tariflich optimiert zu verlagern. Und nicht zuletzt erfolgt aufgrund der Übertragung der weitere Wertzuwachs in der Substanz des Unternehmens bereits im Vermögen des Nachfolgers, so dass diese Steigerungen den Wert beim späteren Erwerb von Todes wegen nicht weiter erhöhen.

Hinweis !

Die Ausgestaltung des Nießbrauchs bedarf indessen einer eingehenden Beratung und intensiven Gestaltung. Die Zuweisung der Vermögens- und Mitgliedschaftsrechte ist vertraglich eindeutig zu regeln, um Rechtsunsicherheiten zwischen den Beteiligten und hinsichtlich der steuerlichen Behandlung auszuschließen (vgl. hierzu eingehend II 6.6).

Im Verhältnis Gesellschafter (Nachfolger) und Nießbraucher (Übertragender oder Dritter) bedarf es genauer Regelungen dazu, wem die Erträge der Gesellschaft in welchem Umfang zustehen, wem Bezugsrechte, Veräußerungs- und Liquidationserlöse gebühren, wem das Stimmrecht in der Gesellschafterversammlung bzw. in welchen Angelegenheiten zusteht und wer die sonstigen Mitwirkungsrechte wie das Recht zur Teilnahme in der Gesellschafterversammlung, das Recht zur Anfechtung von Beschlüssen, Informationsrechte und – in Personengesellschaften – die Geschäftsführungsbefugnis ausüben darf.[2019]

Bei all dem sind die Vorgaben und Folgen der steuerlichen Beurteilung zu berücksichtigen (vgl. hierzu eingehend II 6.6).

1.2.2.3 Strukturierung von Beteiligungen innerhalb von Familien(stämmen)

Wird ein Familienunternehmen über mehrere Generationen hinweg übergeben, können die aneinandergereihten lebzeitigen Übergaben und Erbgänge zu einer Zerfaserung der Unternehmensbeteiligung führen. Bereits in dritter oder vierter Generation kann eine Vielzahl von Kleinstbeteiligungen entstehen, die eine effektive Entscheidungsfindung und Unternehmensführung in der Gesellschaft deutlich erschwert. Darüber hinaus kann die fortschreitende Zersplitterung der Beteiligung die Nutzung steuerlicher Privilegierungen im Erbgang erschweren. Um diese Folgen zu vermeiden ist es zweckmäßig, die Unternehmensbeteiligung innerhalb der Familie zu strukturieren.

In Abhängigkeit vom Einzelfall kann auf unterschiedlicher Gesellschaftsebene die Gestaltung von Poollösungen erwogen werden (vgl. hierzu eingehend 1.4.2.8). Entsprechende Vereinbarungen können bspw. vorsehen, dass das Stimmecht der auf einen Familienstamm entfallenden Beteiligungen nur einheitlich ausgeübt werden kann. Die Entscheidungsfindung innerhalb des Familienstammes hat dann außerhalb der Familiengesellschaft zu erfolgen und entlastet

2019 Vgl. *Pohlmann*, in: MüKo BGB, 2017, § 1068 Rn. 49 ff.

damit deren Beschlussfassung. Eine solche Betrachtung nach Familienstämmen basiert letztlich auf der Perspektive des Unternehmensgründers. Aus seiner Sicht erfolgt die Übertragung auf seine unmittelbaren Abkömmlinge, die mit ihren Abkömmlingen in absteigender Linie einen Familienstamm bilden. Je früher derartige Strukturierungen erfolgen, desto einfacher lassen sich diese umsetzen. Zugleich ist die Akzeptanz der Struktur umso größer, je enger die Gestaltung vom Unternehmensgründer ausgeht.

Eine Alternative kann eine Familienstiftung darstellen, in die das Familienunternehmen unmittelbar oder die Beteiligung an der unternehmenstragenden Gesellschaft eingebracht wird.[2020] Bei Errichtung der Stiftung können Mitsprache und Einflussmöglichkeiten der Familienmitglieder durch gezielte Gestaltung der Organisationsstruktur gesteuert werden. Der Stifter hat etwa die Möglichkeit, die operative Leitung im Stiftungsvorstand familienexternen Personen und solchen Familienmitgliedern vorzubehalten, die nach ihrer Qualifikation dem Drittvergleich standhalten. Ernennungs-, Abberufungs- und Kontrollbefugnisse können auf ein fakultatives Aufsichtsorgan, etwa einen Stiftungsrat übertagen werden, in den jeweils nach gleicher Zahl Vertreter der einzelnen Familienstämme und ggf. daneben externe Berater berufen werden. Sämtlichen Familienangehörigen kann schließlich auf einer dritten Ebene im Rahmen einer Familienversammlung die Möglichkeit zur grundlegenden Mitwirkung eingeräumt werden, so u. a durch Entsendung der Vertreter in den Stiftungsrat und regelmäßige Informationsrechte. Auf diese Weise wird eine Zerfaserung der Unternehmensbeteiligung im Ansatz vermieden und die Mitbestimmung der Familienmitglieder kann über Generationen hinweg in strukturierte Bahnen gelenkt werden.

1.2.3 Notfallplanung

Dirk Schauer

Ein wesentlicher Aspekt der Nachfolgeplanung ist es, Vorkehrungen für den Notfall zu treffen, damit die Versorgung der Familienangehörigen, der Bestand des Unternehmens und die Handlungsfähigkeit gesichert bleiben, wenn ein Familienmitglied, insbesondere der Unternehmer, aufgrund von Verhinderung, Krankheit oder Tod nicht im Stande ist, seine Angelegenheiten selbst zu besorgen.

1.2.3.1 Vollmachten

Zur Absicherung der unmittelbaren Handlungsfähigkeit sind Vollmachten ein wichtiges Instrument. Dies gilt sowohl für den Fall der Verhinderung oder Krankheit als auch nach dem Erbfall,

2020 Vgl. zur Rolle von Stiftungen in der Nachfolgeplanung 3.

da die Erlangung der tatsächlichen Verfügungsgewalt über das Nachlassvermögen selbst bei einer angeordneten Testamentsvollstreckung zu empfindlichen zeitlichen Verzögerungen führen kann.

1.2.3.1.1 Arten und Umfang der Vollmacht

Ausgehend von Umfang und Anwendungsbereich können verschiedene Formen der Vollmacht unterschieden werden.

Die am weitesten gehenden Befugnisse gewährt die Generalvollmacht. Sie ermächtigt den Bevollmächtigten, den Vollmachtgeber in allen Angelegenheiten zu vertreten, soweit dies gesetzlich zulässig ist.[2021] Eine derart weitgehende Bevollmächtigung wird in Form einer sog. Vorsorgevollmacht oftmals für den besonderen Fall erteilt, dass der Vollmachtgeber, insbesondere aufgrund von Krankheit, außerstande ist, seine Angelegenheiten selbst zu besorgen. Bei der Ausgestaltung der Generalvollmacht ist zum einen auf die besonderen Anforderungen im persönlichen Bereich zu achten (vgl. 1.2.3.1.5.1) und zum anderen kann es im Kontext der Unternehmensnachfolge ratsam sein, eine ausdrückliche Ermächtigung zur Vornahme unentgeltlicher Verfügungen aufzunehmen und, soweit möglich, im Innenverhältnis dem Bevollmächtigten Vorgaben über Inhalt und Ausrichtung der beabsichtigten Verfügungen zu machen, damit im Außenverhältnis keine Zweifel hinsichtlich der Reichweite der Vollmacht und im Innenverhältnis keine Bedenken bezüglich einer möglichen Haftung des Bevollmächtigten entstehen.[2022] Darüber hinaus kann die beispielhafte, nicht abschließende Aufzählung besonders bedeutsamer Geschäfte die Reichweite der Vollmacht bekräftigen. Allerdings ist bei der Ausgestaltung darauf zu achten, dass durch einen solchen Katalog nicht der Eindruck erweckt wird, die Vollmacht sei auf die ausdrücklich benannten Geschäfte beschränkt.

Eine gegenständliche Beschränkung der Vollmacht auf eines oder mehrere bestimmte Rechtsgeschäfte, einen bestimmten Aufgabenbereich oder in anderer Weise wird hingegen in vielen Fällen bewusst vorgenommen. Geschieht dies, liegt eine sog. Spezialvollmacht vor.[2023] Im Bereich der Vorsorgevollmachten ist es etwa denkbar, dass jeweils unterschiedlichen Personen die Vertretung des Vollmachtgebers im persönlichen Bereich, im Vermögensbereich oder in Angelegenheiten des Unternehmens übertragen wird.[2024]

Einen weiteren Fall einer Spezialvollmacht stellt die Bankvollmacht dar. Regelmäßig wird sie auf besonderen Vordrucken der kontoführenden Bank erteilt und ermächtigt zur Vertretung des Vollmachtgebers gegenüber der Bank in den benannten Angelegenheiten im Rahmen der bestehenden Bankbeziehung.

2021 *Schubert*, in: MüKo BGB, 2018, § 167 Rz. 65 ff.
2022 *Kropp*, FPR 2012, 9; BGH vom 13.02.2013, ZEV 2013, 338.
2023 *Schubert*, in: MüKo BGB, 2018, § 167 Rz. 65 ff.
2024 Vgl. zu Vollmachten im unternehmerischen Bereich 1.2.3.1.5.2.

! **Hinweis**

Werden mehrere Vollmachten mit unterschiedlichen oder überschneidenden Zuständigkeitsbereichen erteilt, ist besondere Sorgfalt darauf zu verwenden, eine klare Abgrenzung zwischen den Aufgabenkreisen vorzunehmen und ggf. Rangverhältnisse unter den bevollmächtigten Personen zu definieren und darauf zu achten, dass es nicht zu Widersprüchen zwischen mehreren Vollmachten kommt.[2025]

Unabhängig von den vorstehenden Unterscheidungen ist es stets möglich, eine oder mehrere Personen zu bevollmächtigen. Werden mehrere Personen bevollmächtigt, kann diesen jeweils die Befugnis eingeräumt werden, den Vollmachtgeber alleine bzw. einzeln zu vertreten (Einzelvertretungsbefugnis) oder nur gemeinschaftlich bzw. in bestimmter Zahl (Gesamtvertretungsbefugnis).[2026] Darüber hinaus kann dem Bevollmächtigten eine Befreiung von den Beschränkungen des § 181 BGB erteilt werden, so dass es ihm gestattet ist, den Bevollmächtigten bei einem Rechtsgeschäft zu vertreten, dass mit dem Bevollmächtigten selbst oder einer Person geschlossen wird, die der Bevollmächtigte bei diesem Abschluss zugleich vertritt.[2027]

! **Hinweis**

Es kann zweckmäßig sein, in der Vollmacht eine Person als Kontrollbevollmächtigten zu benennen, der gegenüber der Vollmachtinhaber zur fortlaufenden Auskunft verpflichtet ist und die nötigenfalls die Rechte des Vollmachtgebers gegenüber dem Vollmachtinhaber durchsetzt und die Vertretung des Vollmachtgebers übernimmt.

1.2.3.1.2 Form der Vollmacht

Die Vollmacht wird erteilt durch einseitige, empfangsbedürftige Willenserklärung des Vollmachtgebers gegenüber dem zu Bevollmächtigten oder dem Dritten, dem gegenüber die Vertretung erfolgen soll, § 167 Abs. 1 BGB.[2028]

Im Grundsatz gilt, dass eine Vollmacht stets formfrei erteilt werden kann, unabhängig von der Formbedürftigkeit des Rechtsgeschäfts, das in Ausübung der Vollmacht für den Vertretenen abgeschlossen wird, § 167 Abs. 2 BGB. Eine Vollmacht kann daher regelmäßig formfrei, auch mündlich erteilt werden.[2029]

Gleichwohl empfiehlt sich die Erteilung einer Vollmacht in einer qualifizierten Form bereits aus Nachweisgründen. Darüber hinaus bestehen verschiedene Ausnahmen von dem obigen

---

2025 *Lipp/Schrader*, in: MAH ErbR, 2018, § 44 Rz. 50.
2026 *Zur Gesamtvertretung: Schubert*, in: MüKo BGB, 2018, § 164 Rz. 196 ff.
2027 *Schubert*, in: MüKo BGB, 2018, § 181 Rz. 69 ff.
2028 *Dörner*, in: Schulze, 2019, § 167 Rn. 2.
2029 *Schubert*, in: MüKo BGB, 2018, § 167 Rz. 13.

Grundsatz,[2030] z. B. bedarf es zumindest einer beglaubigten Vollmacht für Bewilligungserklärungen gegenüber dem Grundbuchamt, die Abgabe einer erbrechtlichen Ausschlagungserklärung, Anmeldungen zum Handelsregister. Auch viele Banken verlangen eine zumindest beglaubigte Vollmacht im Rahmen der Legitimation. Zumindest schriftliche Bevollmächtigung ist z. B. für den Abschluss von Bürgschaften, Verbraucherdarlehensverträgen oder die Einwilligung in medizinische Maßnahmen i. S. d. §§ 1904, 1906, 1906a BGB erforderlich.

Für eine notarielle Beurkundung der Vollmacht sprechen zahlreiche praktische Vorteile. Zunächst prüft der Notar die Geschäftsfähigkeit des Vollmachtgebers im Rahmen des Beurkundungsvorganges und stellt diese in der Urkunde fest. Auch wenn diese Feststellung keine Bindungswirkung hat, kommt ihr doch im Streitfalle erhebliches Gewicht zu. Weiterhin können nur bei der notariell beurkundeten Vollmacht später weitere Ausfertigungen der Urkunde nachgefertigt werden. Zudem bietet nur die notariell beurkundete Form die Möglichkeit, den Notar im Rahmen des Vollzuges zu beauftragen, dem Bevollmächtigten auf Antrag weitere Ausfertigungen nur dann zu erteilen, wenn dieser den Eintritt des Vorsorgefalles, etwa den Verlust der Geschäftsfähigkeit des Vollmachtgebers, nachweist. Diese Vollzugsanordnung gewährleistet, dass im Vorsorgefall eine Ausfertigung der Vollmacht erlangt werden kann und ermöglicht zudem einen gewissen Missbrauchsschutz, soweit die Vertretungsmacht zugleich an die Vorlage einer Ausfertigung der Vollmachturkunde geknüpft wird. Der Vollmachtgeber kann daneben entscheiden, ob und wann er selbst Ausfertigungen an die Bevollmächtigten übergibt. Im Falle privatschriftlicher oder notariell beglaubigter Vollmachten kann die Vertretungsmacht vergleichbar nur an die Vorlage des Originals geknüpft werden, wobei dann der Vollmachtgeber die Verfügbarkeit für den Ernstfall sicherstellen und ggf. fortwährend prüfen muss. In jedem Fall einer solchen Bedingung sollte dem Bevollmächtigten aber eine einfache Abschrift der Vollmacht bereits nach deren Errichtung übersendet werden, damit später die wirksame Erteilung der Vollmacht, namentlich vor Eintritt einer etwaigen Geschäftsunfähigkeit, nachgewiesen werden kann.

Den genannten Vorteilen stehen höhere Kosten einer öffentlich beglaubigten oder öffentlich beurkundeten Vollmacht gegenüber.[2031] Für die Beurkundung einer Vollmacht fällt eine 1,0 Gebühr an, KV-GNotKG Nr. 21200. Der Geschäftswert der Vollmachtsbeurkundung wird nach billigem Ermessen des Notars festgelegt, wobei der Umfang der Vollmacht und das Aktivvermögen des Vollmachtgebers relevant sind, §§ 98 Abs. 3, 38 GNotKG. Bei einer unbeschränkten Generalvollmacht kann als Geschäftswert bis zu 0,5 des Aktivvermögens ohne Schuldenabzug angesetzt werden, § 98 Abs. 3 GNotKG. Bei einer Vorsorgevollmacht ausschließlich für den persönlichen Bereich ist § 36 GNotKG zu berücksichtigen, wonach in der Praxis oftmals vom Auffanggeschäftswert von 5.000 € ausgegangen wird und im Einzelfall Anpassungen entsprechend der Vermögens- und Einkommensverhältnisse erfolgen können. In jedem Fall gilt für

2030 Eingehend mit umfassender Aufzählung *Schubert*, in: MüKo BGB, 2018, § 167 Rz. 20 ff.
2031 Vgl. zu den Gebühren *Tiedke*, in: Korintenberg, 2017, § 98 Rz. 1 ff.

Vollmachten eine Deckelung des Geschäftswertes bei 1 Mio. € gem. § 98 Abs. 4 GNotKG. Diese Ausführungen gelten zwar im Grundsatz auch für die öffentliche Beglaubigung, allerdings ist dort unabhängig vom Umfang der Vollmacht eine strikte Deckelung der Notargebühr (nicht des Geschäftswertes) bei 70 € vorgesehen, KV-GNotKG Nr. 25100.

Unabhängig von der Form der Vollmacht kann diese im Vorsorgeregister der Bundesnotarkammer registriert werden.[2032] In dem Register wird vermerkt, dass eine Vollmacht besteht und wer als Bevollmächtigter benannt ist. Die Betreuungsgerichte rufen das Vorsorgeregister im Rahmen eines Betreuungsverfahrens routinemäßig ab. Dadurch ist gewährleistet, dass im Vorsorgefall der Bevollmächtigte kontaktiert wird und die Bestellung eines Betreuers neben dem Bevollmächtigten regelmäßig vermieden werden kann.[2033]

1.2.3.1.3 Innenverhältnis

Von den Befugnissen, die eine Vollmacht dem Bevollmächtigten im Außenverhältnis gegenüber Dritten verleiht, ist das Innenverhältnis zwischen Vollmachtgeber und Bevollmächtigtem zu unterscheiden, das der Bevollmächtigung zugrunde liegt.[2034] Dieses Rechtsverhältnis regelt die Rechte und Pflichten zwischen Vollmachtgeber und Bevollmächtigtem. Regelungsgegenstand des Innenverhältnisses können Bestimmungen sein über die Haftung des Bevollmächtigten, das Rangverhältnis mehrerer Bevollmächtigter, Auskunfts- und Rechenschaftspflichten, Vergütung sowie Vorgaben für die Ausübung der Vollmacht.

Im Regelfall ist das Innenverhältnis als Auftragsverhältnis zu qualifizieren. Sofern der Bevollmächtigte für seine Tätigkeit ein Entgelt erhält, kommt auch ein Geschäftsbesorgungsvertrag in Betracht. Regelmäßig schuldet der Bevollmächtigte aus dem Innenverhältnis auch ohne, dass eine ausdrückliche Vereinbarung hierzu getroffen ist, Auskunft und Rechnungslegung über die von ihm geführten Vertretergeschäfte. Besteht ein besonderes Näheverhältnis zwischen Vollmachtgeber und Bevollmächtigtem, kann bei Spezialvollmachten, insbesondere bei Kontovollmachten, auch ein bloßes Gefälligkeitsverhältnis in Betracht kommen, so dass Auskunft und Rechnungslegung nicht geschuldet sind und reduzierte Haftungsmaßstäbe gelten.[2035]

1.2.3.1.4 Geltungsdauer und Widerruf der Vollmacht

Die Geltungsdauer einer Vollmacht bestimmt sich grundsätzlich nach dem zugrunde liegenden Rechtsverhältnis, § 168 Satz 1 BGB und ist, vorbehaltlich anderweitiger Anordnungen des Vollmachtgebers, unbefristet. Eine Vollmacht erlischt im Grundsatz auch nicht mit dem Tod des Vollmachtgebers oder dem Verlust der Geschäftsfähigkeit aufseiten des Vollmachtgebers,

2032 Eingehende Informationen sind im Internet abrufbar unter der URL: http://www.vorsorgeregister.de.
2033 *Lipp/Schrader*, in: MAH ErbR, 2019, § 44 Rz. 74.
2034 Eingehend *Sauer*, RNotZ 2009, 79.
2035 OLG Düsseldorf vom 28.03.2006, ZEV 2007, 184.

§§ 168 Satz 1, 672 Satz 1 BGB.[2036] Bei einer Vorsorgevollmacht sollte eine beabsichtigte Fortgeltung über den Tod des Vollmachtgebers hinaus gleichwohl ausdrücklich angeordnet werden.[2037]

Ist eine Vollmacht auf eine Fortgeltung über den Tod hinaus angelegt, liegt eine sog. transmortale Vollmacht vor. Ist eine Vollmacht darauf angelegt, erst nach dem Tod des Vollmachtgebers einzugreifen, spricht man von einer postmortalen Vollmacht.

Der Vollmachtgeber, nach seinem Tod seine Erben, können die Vollmacht im Grundsatz jederzeit ohne Vorliegen eines besonderen Grundes widerrufen, § 168 Satz 2 BGB.[2038] Soweit es sich um eine Generalvollmacht oder eine Vollmacht in persönlichen Angelegenheiten handelt, kann das Recht zum Widerruf auch nicht wirksam ausgeschlossen werden.

Der Widerruf der Vollmacht kann wie die Erteilung der Vollmacht durch Erklärung gegenüber dem Bevollmächtigten oder dem Dritten erfolgen, § 168 Satz 3 BGB. Allerdings darf ein Dritter, dem die Vollmacht kundgegeben wurde, bis zu einer Mitteilung oder dem Widerruf ihm gegenüber auf den Fortbestand vertrauen, § 171 Abs. 1 BGB. Ist die Vollmacht schriftlich oder in öffentlich beglaubigter Form erteilt worden, sind sämtliche Originale herauszuverlangen oder für kraftlos zu erklären. Im Falle von öffentlich beurkundeten Vollmachten gilt gem. § 47 BeurkG dasselbe für alle Ausfertigungen der Vollmachtsurkunde, § 172 BGB.[2039] Bei einer öffentlich beurkundeten Vollmacht ist der Widerruf darüber hinaus dem beurkundenden Notar mitzuteilen, der dann einen entsprechenden Widerrufsvermerk an dem Original der Urkunde anbringt, so dass keine weiteren Ausfertigungen der Urkunde mehr erteilt werden.

Ist der Vollmachtgeber verstorben, steht das Recht zum Widerruf dem Erben des Vollmachtgebers zu.[2040] Sind mehrere Erben vorhanden, kann ein jeder die Vollmacht widerrufen. Der Widerruf eines Miterben hat zur Folge, dass der Bevollmächtigte fortan zur Vornahme eines Vertretergeschäftes der Mitwirkung eines jeden Miterben bedarf, der den Widerruf der Vollmacht erklärt hat. Haben sämtliche Miterben die Vollmacht widerrufen, so erlischt sie vollständig.

Hinweis !

Sind in einer Generalvollmacht mehrere Bevollmächtigte benannt, besteht die Möglichkeit, dass ein Einzelvertretungsberechtigter den Versuch unternimmt, die Vollmacht eines anderen Bevollmächtigten zu widerrufen.[2041] Um Rechtsunsicherheit und Missbrauch zu vermeiden, sollte das Recht zum Widerruf der Mitbevollmächtigung daher vom Umfang der Vollmacht ausdrücklich ausgeschlossen werden.

2036 *Schubert*, in: MüKo BGB, 2018, § 168 Rz. 7 ff.
2037 OLG Hamm vom 17.09.2002, NJW-RR 2003, 800.
2038 *Lipp/Schrader*, in: MAH ErbR, 2018, § 44 Rz. 40.
2039 *Lipp/Schrader*, in: MAH ErbR, 2018, § 44 Rz. 41.
2040 *Schubert*, in: MüKo BGB, 2018, § 168 Rz. 54 ff.
2041 Die Wirksamkeit eine solchen Widerrufs ist indessen umstritten, vgl. eingehend *Sauer*, RNotZ 2009, 79, 86 f.

1.2.3.1.5 Besonderheiten bei speziellen Vollmachtsarten

1.2.3.1.5.1 Vollmacht in persönlichen Angelegenheiten

Einen besonderen Gegenstand der Bevollmächtigung stellen die sog. persönlichen Angelegenheiten i. S. d. §§ 1904 Abs. 1, 1906 Abs. 1, 3, 1906a BGB dar (Einwilligung/Nichteinwilligung/Widerruf der Einwilligung in schwerwiegende Untersuchungen, Heilbehandlungen oder ärztliche Eingriffe, die Durchführung von freiheitsentziehenden Maßnahmen und die Einwilligung in die Durchführung von ärztlichen Maßnahmen gegen den natürlichen Willen des Vollmachtgebers). Diese Handlungen können gem. §§ 1904 Abs. 5, 1906 Abs. 5 BGB durch einen Bevollmächtigten nur vorgenommen werden, wenn die Vollmacht zumindest in Schriftform erteilt wurde und die konkrete Handlung ausdrücklich von der Vollmacht erfasst ist.[2042] Darüber hinaus bedarf der Bevollmächtigte für die vorgenannten Handlungen grundsätzlich einer betreuungsgerichtlichen Genehmigung. Einwilligung, Nichteinwilligung sowie der Widerruf der Einwilligung in eine ärztliche Maßnahme bedürfen nur dann nicht der betreuungsgerichtlichen Genehmigung, wenn entweder Gefahr im Verzug gegeben ist oder sich der behandelnde Arzt und der Bevollmächtigte darüber einig sind, dass die Handlung dem Willen des Vollmachtgebers entspricht, § 1904 Abs. 4, 5 BGB.[2043]

Um sicherzustellen, dass im Fall einer persönlichen Angelegenheit im vorbeschriebenen Sinn die eigenen Wünsche und Wertvorstellungen beachtet und ausgeführt werden und um zugleich die bevollmächtigte Person von diesen schwerwiegenden Entscheidungen zu entlasten, ist die Errichtung einer Patientenverfügung nach § 1901a BGB zu erwägen. In dieser kann jedermann für den Fall, dass er später nicht selbst in der Lage ist, hierüber zu entscheiden, schriftlich festhalten, ob und ggf. welche Untersuchungen, Heilbehandlungen und ärztlichen Eingriffe vorgenommen werden dürfen oder zu unterlassen sind. Die Patientenverfügung bindet den Betreuer und den Bevollmächtigten. Bei der Abfassung der Patientenverfügung sind die vom BGH aufgestellten Anforderungen an die inhaltliche Bestimmtheit der Patientenverfügung hinsichtlich ihrem Anwendungsbereich, d. h. den konkreten Behandlungssituationen, und den getroffenen Verfügungen, d. h. den konkreten Behandlungsentscheidungen, zu beachten.[2044]

1.2.3.1.5.2 Vollmacht und Unternehmen

Auch im unternehmerischen Bereich gilt es, die Handlungsfähigkeit sicherzustellen. Zu unterscheiden ist in einem solchen Fall die Vertretung in der Gesellschafterposition, insbes. im Rahmen von Gesellschafterversammlungen und der dortigen Stimmausübung zum einen und die Vertretung in der Geschäftsführung zum anderen.

Im Hinblick auf die Vertretung im Rahmen von Gesellschafterversammlungen sind gesellschaftsvertragliche Bestimmungen zur Zulässigkeit und etwaige Einschränkungen hinsichtlich

2042 *Lipp/Schrader*, in: MAH ErbR, 2018, § 44 Rz. 15, 18.
2043 *Kemper*, in: Schulze, 2019, § 1904 Rz. 12; *Schwab*, in: MüKo BGB, 2017, § 1904 Rz. 5.
2044 BGH vom 06.07.2016, NJW 2016, 3297; BGH vom 08.02.2017, NJW 2017, 1737; BGH vom 14.11.2018, NJW 2019, 600.

des Personenkreises sowie etwaige Formvorgaben betreffend den Nachweis der Vertretungsmacht zu berücksichtigen.

Hinweis

Häufig sehen Gesellschaftsverträge vor, dass eine Vertretung nur durch einen anderen Gesellschafter oder einen zur Verschwiegenheit verpflichteten Berufsträger auf Basis einer schriftlichen Vollmacht zulässig ist.

Hat der Unternehmer auch die Position des Geschäftsführers inne, ist es von besonderer Bedeutung, die Handlungsfähigkeit der Gesellschaft auch im Falle seiner persönlichen Verhinderung sicherzustellen. Eine diesbezügliche Absicherung kann zunächst dadurch erreicht werden, dass neben dem Unternehmer selbst eine oder mehrere andere Geschäftsführer installiert sind oder werden. In jedem Fall ist zu prüfen, ob dem oder den übrigen Geschäftsführern die Vertretung im Ernstfall auch ohne den Unternehmer möglich ist.

Kommt die Berufung eines weiteren Geschäftsführers neben dem Unternehmer nicht in Betracht, kann wiederum die Bevollmächtigung eines Vertreters zur Absicherung dienen. Regelmäßig wird dann ein möglichst weitgehender Befugnisrahmen gewünscht sein. Bei der Gestaltung gilt es indessen, die besonderen Grenzen der Zulässigkeit einer Vertretung bei der Ausübung organschaftlicher Kompetenzen zu beachten. Eine solche ist nur als organvertretende und nicht als organersetzende Bevollmächtigung zulässig, d. h. der vertretene Geschäftsführer darf aus seiner Stellung nicht verdrängt werden.[2045] Weiterhin können dem Vertreter eines Organs all diejenigen Aufgaben und Befugnisse nicht übertragen werden, die dem Organ höchstpersönlich zugewiesen sind, z. B. die Abgabe von strafbewehrten Versicherungen gegenüber dem Handelsregister, die Einreichung einer Gesellschafterliste zum Handelsregister, die Unterzeichnung des Jahresabschlusses, die Vornahme von bestimmten Umwandlungshandlungen, die Einberufung einer Gesellschafterversammlung, die Erteilung von Prokura und die Stellung eines Insolvenzantrages.[2046] Des Weiteren hat die Bevollmächtigung die Weisungsgebundenheit des geschäftsführenden Organs, das vertreten werden soll, zu wahren.

1.2.3.1.6 Verhältnis zur Betreuung

Eine Betreuung wird gem. § 1896 BGB nur angeordnet, wenn ein sog. Fürsorgebedürfnis des potenziell zu Betreuenden vorliegt. Dieses Fürsorgebedürfnis fehlt gem. § 1896 Abs. 2 BGB, wenn für einen Volljährigen ein Bevollmächtigter bestellt ist und dieser die Angelegenheiten des Betreuten genauso gut besorgen kann wie ein Betreuer.[2047] Durch die Errichtung einer Vorsorgevollmacht, idealerweise unter Registrierung beim zentralen Vorsorgeregister, kann daher in aller Regel die Bestellung eines zusätzlichen Betreuers verhindert werden.

2045 *Schubert*, in: Oetker, 2019, § 48 Rz. 74.
2046 *Schippers*, DNotZ 2009, 353.
2047 *Schwab*, in: MüKo BGB, 2017, § 1896 Rz. 48 ff., 247.

Sollte dennoch die Bestellung eines Betreuers für erforderlich erachtet werden, kann der Betreute vorab, insbesondere auch in einer Vollmachtsurkunde, seine Wünsche hinsichtlich der Person des Betreuers, § 1897 Abs. 4 BGB, und zur Durchführung der Betreuung, § 1901 Abs. 3 BGB äußern. Diese Wünsche sind vom Betreuungsgericht zu berücksichtigen und binden im Grundsatz den Betreuer.

!

Hinweis

Ist eine wirksam bevollmächtigte Person vorhanden, besteht jedoch ein konkreter Bedarf, den Bevollmächtigten zu kontrollieren, etwa wegen der Schwierigkeit der auszuführenden Aufgaben, oder gibt das Verhalten des Bevollmächtigten hierzu Anlass und kann der Vollmachtgeber diese Kontrolle nicht selbst ausüben, so kann ein Überwachungsbetreuer bestellt werden, der gem. § 1896 Abs. 3 BGB die Aufgabe hat, den Bevollmächtigten zu überwachen und die Rechte des Vollmachtgebers gegenüber dem Bevollmächtigten geltend zu machen.[2048] Die Beantragung eines solchen Kontroll- oder Vollmachtbetreuers kann eine mögliche Handhabe gegen fragwürdig agierende Bevollmächtigte sein.

1.2.3.2 Verfügungen von Todes wegen

Bestandteil der Notfallvorsorge ist es weiterhin, durch letztwillige Verfügungen die gezielte Überführung des Unternehmervermögens im Erbfall zu gewährleisten. Im Regelfall steht zu Beginn des Prozesses der Nachfolgeplanung die Aufgabe, für die gegenwärtige Situation ein Übergangstestament zu erstellen, so dass für den Notfall noch während der Planung und Umsetzung der Nachfolge gewährleistet ist, dass der Vermögensübergang den Bedürfnissen der Unternehmerfamilie und des Unternehmens entspricht.

Im Rahmen der anschließenden Nachfolgeplanung und -umsetzung ist die letztwillige Verfügung dann entsprechend dem Gesamtkonzept der Vermögens- und Unternehmensnachfolge anzupassen und bildet so das Bindeglied zwischen der lebzeitigen Vermögensstrukturierung und der Fortführung durch den Nachfolger.

1.2.3.2.1 Regelungsbedürftige Aspekte

Wichtige Ziele bei der Gestaltung der letztwilligen Verfügung sind hauptsächlich die Absicherung der Familienmitglieder, die Vermeidung innerfamiliärer Konflikte, der Schutz und Erhalt des Unternehmens und die Vermeidung unnötiger Steuer-, Liquiditäts- und Pflichtteilsbelastungen.

Die zweckmäßige Gestaltung ist dabei stets von den Umständen des konkreten Einzelfalles abhängig. Von Einfluss sind insbesondere die familiären Verhältnisse, die Vermögensverhältnisse, der

---

2048 *Schwab*, in: MüKo BGB, 2017, § 1896 Rz. 247 ff.

Versorgungsbedarf der Familienmitglieder, die gesellschaftsrechtliche und organisatorische Struktur des Unternehmens sowie die individuellen Vorstellungen des Unternehmers bzw. der Unternehmerfamilie.

Die Regelungen des gesetzlichen Erbrechts in den §§ 1922 ff. BGB gewährleisten die Realisierung dieser Zielvorgaben im komplexen Umfeld einer Unternehmensnachfolge im Regelfall nicht. Das gesetzliche Erbrecht beruft die Verwandten des Erblassers nach dem Parentelsystem und daneben den Ehegatten des Erblassers in Abhängigkeit vom Güterstand und dem Vorhandensein von Verwandten zu bestimmten Bruchteilen zu Erben.[2049] Sind mehrere Erben vorhanden, geht das gesamte Nachlassvermögen auf sie in Erbengemeinschaft über, § 2032 BGB. Sie sind dann entsprechend ihrer jeweiligen Quote am Gesamtnachlass aber nicht an einzelnen Gegenständen des Nachlassvermögens beteiligt.[2050] Die Erben sind darauf angewiesen, gemeinschaftlich über das Nachlassvermögen zu verfügen[2051] und eine Einigung über die Auseinandersetzung bzw. Verteilung des Nachlasses zu erzielen.[2052] Die Beteiligung am Gesamtnachlass und die Zuweisung der Vermögenswerte im Rahmen einer ggf. gar streitigen Nachlassauseinandersetzung stehen dann oftmals nicht im Einklang mit den eigentlichen Zielen einer strukturierten Nachfolge. Eine Abstimmung mit den gesellschaftsvertraglichen Bestimmungen des Unternehmens fehlt oftmals gänzlich.[2053] Sind minderjährige Miterben vorhanden, führt deren Beteiligung an der Erbengemeinschaft ohne flankierende Gestaltungen zu komplizierten Vertretungsproblemen, die die Bestellung von Ergänzungspflegern und die Einholung familiengerichtlicher Genehmigungen erforderlich machen können. Schließlich ist die Konstellation der Erbengemeinschaft ohne weitere Anordnungen insgesamt sehr konfliktanfällig.

1.2.3.2.2 Gestaltungsansätze

Im Fokus des Verfügenden stehen oftmals der Erhalt und die Fortführung des Unternehmens. Ist ein geeigneter Nachfolger vorhanden, so ist sicherzustellen, dass das unternehmerische Vermögen auf diesen übergeht. In Abhängigkeit von den Umständen des Einzelfalles kann eine Erbeinsetzung des Nachfolgers als Alleinerbe oder Miterbe, flankiert von einer entsprechenden Teilungsanordnung, oder die vermächtnisweise Zuwendung in Betracht kommen. Ein Vorzug des Vermächtnisses gegenüber der Teilungsanordnung liegt darin, dass es dem Nachfolger einen schuldrechtlichen Anspruch gegen den Nachlass auf Übertragung des konkret zugewiesenen Vermögensgenstandes gewährt.[2054]

Handelt es sich bei dem Unternehmen um das wesentliche Vermögen des Erblassers, ist zu prüfen, in welcher Form die übrigen Familienmitglieder in angemessener Weise bedacht werden

2049 *Leipold*, in: MüKo BGB, 2017, § 1924 Rz. 1 ff.
2050 *Gergen*, in: MüKo BGB, 2017, § 2032 Rz. 7 ff.
2051 *Gergen*, in: MüKo BGB, 2017, § 2040 Rz. 14 ff.
2052 *Ann*, in: MüKo BGB, 2017, § 2042 Rz. 4 ff.
2053 Zu den Folgen vgl. 1.2.2.1.
2054 *Müller-Christmann*, in: Bamberger/Roth, Edition 51, § 2174 Rz. 6 ff.

können. Dabei spielen auch Gerechtigkeitserwägungen eine Rolle. Sind neben dem Unternehmen weitere Vermögenswerte vorhanden oder lässt sich eine Umstrukturierung des Vermögens im Vorfeld realisieren, so können diese Vermögensgegenstände zugewiesen werden. Auch kann es in Betracht kommen, den Nachfolger im Wege des Untervermächtnisses mit einer Rentenverpflichtung zu belegen oder das unternehmerische Vermögen (teilweise) mit einem Nießbrauch (Vermächtnisnießbrauch) zugunsten der zu versorgenden Angehörigen zu belasten oder diesen eine stille Beteiligung an dem Unternehmen zuzuwenden.[2055]

In diesem Zusammenhang ist auch die Entstehung von Pflichtteilsansprüchen der Abkömmlinge und des Ehegatten des Unternehmers zu bedenken. Sind keine Abkömmlinge vorhanden, können auch die Eltern des Erblassers pflichtteilsberechtigt sein, § 2303 BGB. Das deutsche Erbrecht sieht eine nicht entziehbare Mindestbeteiligung am Nachlassvermögen in Höhe der Hälfte des gesetzlichen Erbteils vor.[2056] Pflichtteilsansprüche sind auf die Zahlung eines Geldbetrages gegen den oder die Erben gerichtet[2057] und sind mit dem Erbfall sofort zur Zahlung fällig. Gerade wenn das Nachlassvermögen im Wesentlichen aus illiquiden Vermögenswerten besteht, können Pflichtteilsansprüche zu Liquiditätsengpässen führen und den Erben dazu zwingen, wirtschaftliche Einheiten durch (teilweisen) Verkauf zu zerstören. Dies gilt gerade dann, wenn der wesentliche Vermögenswert des Nachlasses im Unternehmen besteht. Dann kommt erschwerend hinzu, dass ein notwendiger Verkauf von Betriebsvermögen weitere steuerliche Belastungen etwa durch die Realisierung stiller Reserven verursachen kann.

! **Hinweis**

Ist davon auszugehen, dass Pflichtteilsansprüche im Erbfall eine Rolle spielen werden, können bei hinreichender Vorlaufzeit die Pflichtteilsbelastungen reduziert werden.

Durch lebzeitige Übertragungen können Vermögensgegenstände dem Zugriff der Pflichtteilsansprüche (teilweise) entzogen werden.[2058] Tritt der Erbfall allerdings innerhalb von zehn Jahren seit der Übertragung ein, steht dem Pflichtteilsberechtigten ein Pflichtteilsergänzungsanspruch zum Ausgleich der lebzeitigen Zuwendungen zu, § 2325 BGB. Mit jedem Jahr schmilzt der ausgleichungspflichtige Wert der Zuwendung um ein Zehntel ab, § 2325 Abs. 3 BGB. Erfolgt die Übertragung auf den Ehegatten oder behält sich der Veräußerer Rechte an dem Zuwendungsgegenstand vor, läuft die Zehnjahresfrist indessen nicht an.

Der Pflichtteil kann auch dadurch reduziert werden, dass dem Pflichtteilsberechtigten zu Lebzeiten Zuwendungen gemacht werden und dabei die Anrechnung der Zuwendung auf den Pflichtteil vereinbart wird, § 2315 BGB, oder die Zuwendung gegen einen vollständigen Verzicht auf den Pflichtteil erfolgt, § 2346 Abs. 2 BGB.

2055 Vgl. zu den Gestaltungsaufgaben im Zusammenhang mit der Nießbrauchsbestellung an einer Unternehmensbeteiligung II 6.6.
2056 *Lange*, in: MüKo BGB, 2017, § 2305 Rz. 2 ff.; *Lange*, in: MüKo BGB, 2017, § 2307 Rz. 4 ff.
2057 *Lange*, in: MüKo BGB, 2017, § 2303 Rz. 15 ff.
2058 Vgl. zu Pflichtteilsvermeidungsstrategien eingehend 1.2.1.3.2.

In Abhängigkeit vom konkreten Einzelfall kann zur Pflichtteilsreduzierung auch ein Wechsel des Güterstandes, die Verlagerung von Vermögenswerten ins Ausland oder bei entsprechender Vorlaufzeit auch die Errichtung von Gesellschafts- oder Stiftungskonstruktionen in Betracht kommen.

Zur Vermeidung der Geltendmachung eines Pflichtteilsanspruchs kann in Ehegattentestamenten auch die Einbeziehung einer Pflichtteilsstrafklausel erwogen werden, die den Pflichtteilsberechtigten durch Drohung mit Nachteilen im Erbfall des länger lebenden Ehegatten von der Geltendmachung des Pflichtteils abhalten soll.

Ein wichtiger Aspekt bei der Versorgung des Ehegatten ist es, sicherzustellen, dass dieser nicht in finanzielle oder tatsächliche Abhängigkeit der übrigen Verwandten gerät. Hierzu kann etwa die Zuweisung des Familienwohnheims, hinreichender finanzieller Mittel oder wie bereits erwähnt, die Einräumung von Nießbrauchsrechten an bestimmten Vermögenswerten zweckmäßig sein.

Ein wirkungsvolles Instrument zur Vermeidung von innerfamiliären Konflikten im Rahmen der Nachlassauseinandersetzung ist die Anordnung einer Testamentsvollstreckung. Der Testamentsvollstrecker hat die Aufgabe, die Anordnungen des Erblassers zur Ausführung zu bringen, Nachlassverbindlichkeiten einschließlich ausgesetzter Vermächtnisse zu erfüllen, Erbschaftsteuererklärungen abzugeben und den Nachlass entsprechend dem Willen des Erblassers auseinanderzusetzen.[2059] Die Erben sind während der Dauer der Testamentsvollstreckung von der Verfügung über den Nachlass ausgeschlossen, § 2211 Abs. 1 BGB.

Mithilfe einer Dauertestamentsvollstreckung kann des Weiteren eine sukzessive Heranführung des Nachfolgers an das Familienvermögen bzw. Familienunternehmen verwirklicht werden. Zu diesem Zweck kann dem Testamentsvollstrecker die Verwaltung des Nachlasses bis zu einem bestimmten Zeitpunkt übertragen werden, etwa so lange, bis der designierte Nachfolger ein bestimmtes Alter erreicht hat oder eine bestimmte Qualifikation vorweist. Dabei können dem Testamentsvollstrecker für seine Verwaltungstätigkeit Vorgaben gemacht werden. Durch eine solche Dauertestamentsvollstreckung können insbesondere auch komplizierte Problemstellungen im Umgang mit minderjährigen Miterben vermieden werden. Wird das Unternehmen in einzelkaufmännischer Form oder als Personengesellschaft geführt, sind allerdings Zulässigkeitsgrenzen und Gestaltungsvorgaben zu beachten.[2060]

Als Testamentsvollstrecker wird vorzugsweise eine neutrale dritte Person ernannt, die über die erforderliche Qualifikation verfügt und bei den Beteiligten das nötige Vertrauen und Ansehen genießt.

2059 *Zimmermann*, in: MüKo BGB, 2017, § 2203 Rz. 1 ff.

2060 Vgl. *Lange*, in: Bamberger/Roth, Edition 51, § 2205 Rz. 45 ff.

! **Hinweis**

Eine einmal errichtete letztwillige Verfügung sollte in regelmäßigen Abständen einer Überprüfung unterzogen werden, um sicherzustellen, dass diese noch den aktuellen familiären und vermögensmäßigen Verhältnissen der Familie entspricht und um zu prüfen, ob zwischenzeitliche Gesetzesänderungen Anpassungsbedarf oder Optimierungsmöglichkeiten ergeben haben.

1.2.3.2.3 Abstimmung mit Gesellschaftsverträgen

Befinden sich im Vermögen des Erblassers Gesellschaftsbeteiligungen, ist es dringend erforderlich, dass eine Überprüfung der gesellschaftsvertraglichen Nachfolgeregelungen durchgeführt wird.

Bei Personengesellschaftsbeteiligungen ist zunächst zu prüfen, ob die Beteiligung überhaupt vererblich ist und ob die gesellschaftsvertraglichen Regelungen den designierten Nachfolger als solchen zulassen. Denn ist dies nicht der Fall, so scheidet der Erblasser mit seinem Tod aus der Gesellschaft aus und der Nachlass erwirbt lediglich einen Abfindungsanspruch.

Eine Beteiligung an einer Kapitalgesellschaft ist demgegenüber im Grundsatz stets vererblich. Allerdings kann der Gesellschaftsvertrag auch hier den Kreis der nachfolgeberechtigten Personen in der Weise eingrenzen, dass die Beteiligung bei einer Vererbung auf eine nicht zugelassene Person gegen Abfindung eingezogen werden kann oder auf eine andere Person übertragen werden muss.

Die gesellschaftsvertraglichen Nachfolgeregelungen setzten sich insoweit durch, als die Erben oder Vermächtnisnehmer stets nur dann tatsächlich in die Gesellschaftsbeteiligung nachfolgen und nicht nur einen Abfindungsanspruch erhalten, wenn dies der Gesellschaftsvertrag zulässt. Man spricht in diesem Zusammenhang vom Vorrang des Gesellschaftsrechts vor dem Erbrecht.

Erforderlichenfalls ist im Rahmen der Nachfolgegestaltung eine Anpassung der gesellschaftsvertraglichen Nachfolgereglung anzustreben. Andernfalls muss die letztwillige Verfügung auf die gegebene Situation abgestimmt werden. Das kann bedeuten, dass die Beteiligung einer bestimmten Person zugewendet werden muss oder aber die letztwillige Verfügung unter der Annahme des Abfindungsanspruchs auszugestalten ist.

1.2.3.2.4 Internationale Bezüge

Weist ein Sachverhalt internationale Bezüge auf, etwa aufgrund der Staatsangehörigkeit oder des gewöhnlichen Aufenthalts des Erblassers oder der internationalen Belegenheit des Nachlassvermögens, sind besondere Aspekte bei der Gestaltung der letztwilligen Verfügung zu berücksichtigen.[2061]

2061 Vgl. zu allgemeinen und weiterführenden Aspekten der internationalen Nachfolgeplanung 2.2.

Unter anderem gilt es zu prüfen, das Erbrecht welches Staates auf den Erbfall zur Anwendung kommt bzw. kommen kann und ob insoweit ggf. Einfluss genommen werden kann durch Ausübung bestehender Wahlrechte oder durch tatsächliche Einflussnahme auf die Allokation des Vermögens, den Aufenthalt oder die Staatsangehörigkeit des Erblassers. Ausgehend davon gilt es die Anforderungen zu beachten, die im konkreten Einzelfall für die Form und die inhaltliche Ausgestaltung der letztwilligen Verfügung gelten.

Von besonderer Bedeutung ist in diesem Zusammenhang das Inkrafttreten der EU-Erbrechtsverordnung (EU-ErbVO). Deren Bestimmungen gelten für Erbfälle ab dem 17.08.2015 in den meisten EU-Mitgliedstaaten, insbesondere auch in Deutschland. Keine unmittelbare Geltung hat die EU-ErbVO im Vereinigten Königreich, Irland und Dänemark. Unter Geltung der EU-ErbVO ist künftig EU-weit für das anwendbare Erbrecht einheitlich der letzte gewöhnliche Aufenthalt des Erblassers ausschlaggebend, Art. 21 Abs. 1 EU-ErbVO. Aus deutscher Sicht führte dies zu einer Änderung des Anknüpfungspunktes, da seither nicht mehr die Staatsangehörigkeit des Erblassers im Todeszeitpunkt maßgeblich ist. Weiterhin gestattet die EU-ErbVO eine eingeschränkte Rechtswahl, wonach der Erblasser das Erbrecht desjenigen Staates wählen kann, dessen Staatsangehörigkeit er im Zeitpunkt der Rechtswahl oder seines Todes innehat, Art. 22 EU-ErbVO. Dieser Wechsel des Anknüpfungspuntes kann zu einem unbewussten Wechsel den anwendbaren Erbrechts führen, wenn z. B. ein deutscher Erblasser nach einem Wegzug ins EU-Ausland ohne Hinterlassung eines Testaments verstirbt.

Weiterhin ist zu beachten, dass es trotzt Inkrafttreten der EU-ErbVO in Fällen mit Bezug zu einem Drittstaat bzgl. der Frage, welches Recht auf den Erbfall anzuwenden ist, zu unterschiedlichen Ergebnissen aus deutscher Perspektive und der Perspektive des Drittstaates kommen kann. Denn die Gerichte eines jeden Staates wenden jeweils das eigene internationale Privatrecht an, um das aus ihrer Sicht anwendbare Recht zu bestimmen. Aus deutscher Sicht kommen insoweit seit dem 17.08.2015 die Regelungen EU-ErbVO zur Anwendung. Verschiedene Drittstaaten knüpfen hingegen das anwendbare Erbrecht nicht nach dem letzten gewöhnlichen Aufenthalt sondern nach der Staatsangehörigkeit an, z. B. Liechtenstein, Art. 29 LI-IPRG.[2062] Auf den Erbfall eines liechtensteinischen Erblassers mit letztem gewöhnlichen Aufenthalt in Deutschland würde daher ein deutsches Gericht das deutsche Erbrecht anwenden, während ein liechtensteinisches Gericht auf denselben Erbfall das Erbrecht Liechtensteins anwenden würde. Derartige Konstellationen sind im Rahmen der Gestaltung zu berücksichtigen. Im geschilderten Beispielfall etwa könnte die Möglichkeit einer Rechtswahl, die das internationale Privatrecht Liechtensteins in Art. 29 LI-IPRG eröffnet, genutzt werden,[2063] um einheitlich das deutsche Erbrecht zur Anwendung zu berufen, so dass auch das liechtensteinische Gericht auf den Erbfall das deutsche Erbrecht anwenden würde.

2062 *Süß*, in: Süß, 2015, 823 Rz. 1 ff.
2063 *Süß*, in: Süß, 2015, 824 Rz. 5.

!

Hinweis

In Sachverhaltskonstellationen mit internationalen Bezügen ist besondere Sorgfalt auf das anwendbare Erbrecht und die sich daraus ergebenden Gestaltungsaufgaben zu legen. Bestehende letztwillige Verfügungen sollten bei internationalem Bezug dahingehend überprüft werden, ob aufgrund des Inkrafttretens der EU-ErbVO eine Anpassung erforderlich ist.

1.3 Schenkung- und erbschaftsteuerliche Besonderheiten

Benedikt Weber

1.3.1 Überblick

Mit der Übertragung von Familienunternehmen, sei es von Todes wegen oder durch Schenkung zu Lebzeiten, ergeben sich erbschaft- bzw. schenkungsteuerliche Fragestellungen. Insbes. dürfte dabei von Interesse sein, ob die erbschaftsteuerlichen Verschonungsregelungen zur Anwendung kommen können, d. h. die Übertragung steuerbegünstigt erfolgen kann. Im Folgenden werden die Grundlagen der Erbschaft- und Schenkungsteuer sowie die Behandlung von Betriebsvermögen bei der Erbschaft- und Schenkungsteuer nach den neuen Verschonungsregelungen dargestellt.

1.3.2 Grundlagen der Erbschaft- und Schenkungsteuer

1.3.2.1 Persönliche Steuerpflicht

Ob und in welchem Umfang ein Erwerb der Erbschaft- bzw. Schenkungsteuer in Deutschland unterliegt, richtet sich nach den persönlichen Verhältnissen des Erblassers bzw. Schenkers sowie des Erwerbers. Das Erbschaftsteuergesetz knüpft dabei grds. an die Ansässigkeit, d. h. den Wohnsitz (§ 8 AO) bzw. gewöhnlichen Aufenthalt (§ 9 AO) der Beteiligten, an. Bei Körperschaften wird auf den Ort der Geschäftsleitung (§ 10 AO) bzw. deren Sitz (§ 11 AO) abgestellt.

Hatte der Erblasser bzw. Schenker seinen Wohnsitz bzw. gewöhnlichen Aufenthalt in Deutschland, so unterliegt dessen gesamtes Weltvermögen der unbeschränkten Steuerpflicht in Deutschland (§ 2 Abs. 1 Nr. 1 Satz 2 Buchst. a ErbStG). In diesen Fällen spielt die Ansässigkeit der Erwerber keine Rolle mehr. Ist hingegen nur der Erwerber Inländer, d. h. der Erblasser bzw. Schenker hatte keinen Wohnsitz bzw. gewöhnlichen Aufenthalt in Deutschland, so unterliegt **nur der auf den jeweiligen inländischen Erwerber entfallende Erwerb** der unbeschränkten Steuerpflicht.[2064]

2064 *Jülicher* in: Troll/Gebel/Jülicher/Gottschalk, 2019, § 2 ErbStG Rn. 7.

Hinweis !

Für deutsche Staatsangehörige, die ihren Wohnsitz bzw. gewöhnlichen Aufenthalt in Deutschland aufgegeben haben (Wegzügler), ergibt sich eine verlängerte unbeschränkte Erbschaftsteuerpflicht, sofern sie sich nicht länger als fünf Jahre dauernd im Ausland aufgehalten haben (§ 2 Abs. 1 Nr. 1 Satz 2 Buchst. b ErbStG). Darüber hinaus kann sich für Wegzügler unter den Voraussetzungen der erweiterten beschränkten Steuerpflicht nach § 2 AStG für das sog. erweiterte Inlandsvermögen für weitere fünf Jahre in Deutschland eine beschränkte Erbschaftsteuerpflicht ergeben (§ 4 AStG). Wird die Staatsangehörigkeit bereits mit Wegzug aufgegeben, so kann bereits zu diesem Zeitpunkt die erweiterte beschränkte Erbschaftsteuerpflicht nach § 4 AStG eintreten.

Sind weder Erblasser bzw. Schenker **und** Erwerber Inländer, besteht nur für das Inlandsvermögen nach § 121 BewG eine beschränkte Steuerpflicht in Deutschland (§ 2 Abs. 1 Nr. 3 ErbStG). Als Inlandsvermögen zählen insbes. Anteile an Kapitalgesellschaften, wenn die Gesellschaft ihren Sitz oder ihre Geschäftsleitung im Inland hat (§§ 10, 11 AO) und eine Mindestbeteiligungsquote von 10 % erfüllt wird. Außerdem unterliegt inländisches Betriebsvermögen, sei es in Rechtsform einer Personengesellschaft oder eines Einzelunternehmens, stets der beschränkten Erbschaftsteuerpflicht in Deutschland. Bei grenzüberschreitenden Sachverhalten können sich außerdem Besonderheiten aus bestehenden Doppelbesteuerungsabkommen ergeben.[2065]

Hinweis !

Beschränkt Steuerpflichtigen stehen für Erwerbe nach dem 24.06.2017 die regulären persönlichen Freibeträge zu (§§ 16 Abs. 2, 37 Abs. 14 ErbStG). Allerdings wird der Freibetrag um das Verhältnis von Inlands- und Auslandsvermögen vermindert. Eine etwaige im Ausland anfallende Erbschaft- bzw. Schenkungsteuer können sich beschränkt Steuerpflichtige grds. nicht anrechnen lassen.

1.3.2.2 Sachliche Steuerpflicht

Der Erwerb von Todes wegen und die Schenkungen unter Lebenden stellen die beiden sachlichen Haupttatbestände, die der Erbschaft- und Schenkungsteuer unterliegen, dar. Daneben sieht das Erbschaftsteuergesetz für Stiftungen die sog. Erbersatzsteuer vor. Dabei wird in einem Zeitabstand von 30 Jahren ein Generationenübergang fingiert und das Stiftungsvermögen der Erbersatzsteuer unterworfen. Daneben gilt es, weitere Fiktionstatbestände in Bezug auf Personen- und Kapitalgesellschaften zu beachten:

- So gilt bei Personengesellschaften als Schenkung auf den Todesfall ein unter dem gemeinen Wert eines Gesellschaftsanteils liegender Abfindungsanspruch, der beispielsweise einem weichenden Erben als Abfindung gezahlt wird (§ 3 Abs. 1 Nr. 2 Satz 2 ErbStG). Diese Schenkung gilt vom Erblasser an die übrigen Mitgesellschafter ausgeführt. Dies gilt gleicher-

2065 Derzeit bestehen Doppelbesteuerungsabkommen mit den Ländern Dänemark, Frankreich, Griechenland, Schweden, der Schweiz und den Vereinigten Staaten (BMF vom 17.01.2019, BStBl I 2019, 31).

maßen bei Einziehung und Abfindung eines Anteils an einer Gesellschaft mit beschränkter Haftung (§ 3 Abs. 1 Nr. 2 Satz 3 ErbStG).

- Bei der Schenkung eines Personengesellschaftsanteils werden sog. Buchwertklauseln (also Abfindung zum Buchwert bei Ausscheiden aus einer Gesellschaft) zunächst bei der Feststellung der Bereicherung nicht berücksichtigt (§ 7 Abs. 5 ErbStG). Erst wenn die Buchwertklausel tatsächlich zur Anwendung kommt, also im Falle des Ausscheidens des Gesellschafters, kann ggf. eine Berichtigung der Schenkung der Anteile beantragt werden, nämlich dann, wenn der ursprüngliche Steuerwert des Anteils an der Personengesellschaft bei der Schenkung der Anteile über dem Buchwert lag (§ 7 Abs. 5 ErbStG).
- Überhöhte Gewinnbeteiligungen bei Anteilen an Personengesellschaften, die **neu** vereinbart werden, können selbstständige Schenkungen nach § 7 Abs. 6 ErbStG darstellen. Bei Übertragungen von Personengesellschaftsanteilen werden bereits bestehende überhöhte Gewinnansprüche i. d. R. im Rahmen der Bewertung berücksichtigt (§ 97 Abs. 1 Nr. 1 Buchst. b BewG, R E 7.9 Abs. 2 Satz 2 ErbStR 2019).
- Nach § 7 Abs. 7 ErbStG wird der Umgang mit Abfindungen beim Ausscheiden aus einer Kapitalgesellschaft oder Personengesellschaft von Todes wegen oder bei Schenkung, wenn die Abfindung unter dem Steuerwert der Beteiligung liegt, geregelt. Die insoweit eingetretene Bereicherung bei den Gesellschaftern gilt dann als Zuwendung auf den Todesfall oder die Schenkung, selbst wenn kein Wille zur Unentgeltlichkeit beim verstorbenen oder ausgeschiedenen Gesellschafter vorliegt (§ 7 Abs. 7 ErbStG).
- Erbringt eine Person an eine Kapitalgesellschaft eine Leistung und erhöht sich dadurch der gemeine Wert der Anteile aller an der Gesellschaft beteiligten Anteilseigner, so kann nach § 7 Abs. 8 Satz 1 ErbStG eine Schenkung vorliegen (sog. disquotale Zuwendungen/disquotale Leistungen). Insbes. wenn die leistende Person und die Anteilseigner der Kapitalgesellschaft aneinander nahestehende Personen sind, gilt es, auf die Regelungen zu achten. Die Finanzverwaltung hat detaillierte Ausführungen zur Anwendung des § 7 Abs. 8 ErbStG in die neuen Erbschaftsteuerrichtlinien übernommen, so dass bei entsprechenden Leistungsbeziehungen auf diese geachtet werden sollte (R E 7.5 ErbStR 2019).
- Nach § 7 Abs. 8 Satz 2 ErbStG wird ergänzend klargestellt, dass bei Leistungen innerhalb eines Konzernverbunds nur in Ausnahmefällen von Schenkung auszugehen ist (R E 7.5 Abs. 1 Satz 3, Abs. 14 ErbStR 2019). Maßgeblich ist dabei der Wille zur Unentgeltlichkeit, der regelmäßig nicht vorliegen sollte.

1.3.2.3 Steuerpflichtiger Erwerb

Die Erbschaft- bzw. Schenkungsteuer wird anhand des sog. steuerpflichtigen Erwerbs berechnet. Dieser bemisst sich an den zum jeweiligen Stichtag vorhandenen und nach steuerlichen Vorschriften bewerteten Vermögen (§§ 10, 11, 12 ErbStG). Etwaige Steuerbefreiungen für Betriebs- oder Grundvermögen sind zu berücksichtigen. Die sich nach Abzug von Nachlassverbindlichkeiten und weiteren sachlichen Steuerbefreiungen (s. 2.1.1.2.2) ergebende Bereicherung gilt unter Berücksichtigung der persönlichen und ggf. besonderen Freibeträge sowie

Sonderabzüge als steuerpflichtiger Erwerb (§ 10 Abs. 1 Satz 1 ErbStG). Auf diese Ausgangsgröße ist der jeweilige Steuersatz anzuwenden (§ 19 ErbStG).

Hinweis !

Bei einer gesellschaftsvertraglichen Einziehungs- oder Abtretungsklausel beim Erwerb von Mitgliedschaftsrechten bzw. Gesellschaftsanteilen im Todesfall sieht § 10 Abs. 10 ErbStG eine Sonderregelung vor. Anstelle der Mitgliedschaftsrechte an der Personengesellschaft oder den Gesellschaftsanteilen an der Kapitalgesellschaft gehört zum Vermögensanfall nicht der Wert der Beteiligung, sondern der Abfindungsanspruch. Dies gilt jedoch nur dann, wenn die Abfindung oder Einziehung unverzüglich nach dem Vermögensanfall erfolgt und der Wert der Abfindung geringer ist als der steuerlich anzusetzende Wert der Beteiligung an der Personengesellschaft oder der Kapitalgesellschaft.[2066]

1.3.2.4 Steuerklassen, Freibeträge und Steuersatz

Die Steuerklassen und die persönlichen Freibeträge bestimmen sich nach dem Verwandtschaftsverhältnis des Erwerbers zum Erblasser bzw. Schenker. Je näher das Verwandtschaftsverhältnis ist, desto geringer ist der anzuwendende Steuersatz und desto höher ist der persönliche Freibetrag. Mehrere von derselben Person zugewandten Vermögensvorteile innerhalb eines Zeitraums von zehn Jahren werden vor Anwendung des Freibetrags zusammengerechnet (§§ 16, 14 ErbStG). Der Freibetrag kann somit nur alle zehn Jahre voll ausgeschöpft werden.

Steuerklasse und persönliche Freibeträge		
Personen	**Steuerklasse**	**Freibetrag in €**
Ehegatte, eingetragener Lebenspartner	I	500.000
Kinder, Stiefkinder	I	400.000
Enkel	I	200.000
Eltern/Großeltern/Urenkel	I	100.000
Geschwister, Nichten/Neffen, Schwiegerkinder/-eltern, geschiedener Ehegatte	II	20.000
Eltern/Großeltern bei Schenkung	II	20.000
Weitere Personen	III	20.000

Auf den steuerpflichtigen Erwerb wird sodann die Erbschaft-/Schenkungsteuer nach den Prozentsätzen des § 19 ErbStG erhoben.

2066 *Gebel*, in: Troll/Gebel/Jülicher/Gottschalk, 2019, § 10 ErbStG Rn. 276.

Steuersätze			
Wert des steuerpflichtigen Erwerbs bis einschl. €	**Steuerklasse I**	**Steuerklasse II**	**Steuerklasse III**
75.000	7%	15%	30%
300.000	11%	20%	30%
600.000	15%	25%	30%
6.000.000	19%	30%	30%
13.000.000	23%	35%	50%
26.000.000	27%	40%	50%
darüber	30%	43%	50%

1.3.3 Betriebsvermögen in der Erbschaft- und Schenkungsteuer

1.3.3.1 Bewertung des Betriebsvermögens

Die Bewertung von inländischem Betriebsvermögen erfolgt in einem eigenen Feststellungsverfahren (§ 151 BewG).[2067] Das Betriebsvermögen wird dabei mit dem gemeinen Wert angesetzt (§ 12 ErbStG, §§ 109, 11 Abs. 2 BewG). Das Bewertungsgesetz sieht für die Bestimmung des gemeinen Werts verschiedene Verfahren vor, die in einer bestimmten Rangfolge zueinander stehen.

Demnach sind vorrangig Verkaufspreise unter fremden Dritten für die Bestimmung des gemeinen Werts zugrunde zu legen, wenn diese Verkäufe innerhalb eines Jahres vor dem Bewertungsstichtag stattgefunden haben (§ 11 Abs. 2 Satz 2 BewG).

! **Hinweis**

Grds. reicht ein Verkauf für die Ableitung des gemeinen Werts aus, sofern es sich bei dem veräußerten Anteil nicht um einen Zwerganteil gehandelt hat (R B 11.2 Abs. 1 Satz 3 ErbStR 2019). Auch Kapitalerhöhungen zur Aufnahme neuer Gesellschafter können als Verkaufspreis herangezogen werden (R B 11.2 Abs. 1 Satz 4 ErbStR 2019). Verkäufe, die nach dem Bewertungsstichtag stattgefunden haben, können nicht für die Bestimmung des gemeinen Werts herangezogen werden.

2067 Ausländisches Betriebsvermögen wird nicht gesondert, sondern i. R. d. Erbschaft- bzw. Schenkungsteuererklärung festgestellt. Eine Feststellung kann außerdem in den Fällen unterbleiben, in denen innerhalb einer Jahresfrist eine Feststellung bereits durchgeführt worden ist und sich im Vergleich zur ursprünglichen Feststellung die maßgeblichen Stichtagsverhältnisse nicht wesentlich geändert haben (sog. Basiswertregelung § 151 Abs. 3 BewG).

Liegen keine geeigneten Verkaufspreise vor, so ist der gemeine Wert unter Berücksichtigung der Ertragsaussichten oder einer anderen anerkannten, auch im gewöhnlichen Geschäftsverkehr für nicht steuerliche Zwecke üblichen Methode zu ermitteln (§ 11 Abs. 2 Satz 2 BewG). Es ist dabei grds. die Methode anzuwenden, die ein Erwerber bei der Bemessung des Kaufpreises anwenden würde (§ 11 Abs. 2 Satz 2 BewG). Das Bewertungsgesetz stellt für die Wertermittlung das vereinfachte Ertragswertverfahren zur Verfügung (§§ 199 ff. BewG). Das vereinfachte Ertragswertverfahren kann angewendet werden, muss jedoch nicht. Es darf dann nicht angewendet werden, wenn es zu einem offensichtlich unzutreffenden Ergebnis führt. Das vereinfachte Ertragswertverfahren orientiert sich an dem durchschnittlichen (modifizierten) Jahresertrag der vergangenen drei Jahre, der mit einem Kapitalisierungsfaktor (derzeit 13,75) multipliziert wird. Betriebsgrundstücke, nicht betriebsnotwendiges Vermögen und Anteile an anderen Personen- oder Kapitalgesellschaften werden dabei gesondert bewertet (§ 200 Abs. 2 und 3 BewG). Wirtschaftsgüter, die innerhalb von zwei Jahren vor dem Bewertungsstichtag eingelegt wurden, sind ebenfalls mit ihrem gemeinen Wert zusätzlich zu berücksichtigen (§ 200 Abs. 4 BewG).

Schlussendlich bildet die Summe aller positiven und negativen Wirtschaftsgüter zu gemeinen Werten (Substanzwertverfahren) die Bewertungsuntergrenze (§ 11 Abs. 2 Satz 3 BewG).

Bei gewerblich tätigen und gewerblich geprägten Personengesellschaften ist der nach den oben beschriebenen Verfahren ermittelte gemeine Wert aufzuteilen: Die Kapitalkonten des Gesamthandsvermögens sind den Gesellschaftern vorab zuzurechnen (§ 97 Abs. 1a BewG). Der übrig verbleibende Wert ist nach dem Gewinnverteilungsschlüssel dem jeweiligen Gesellschafter zuzurechnen. Sonderbetriebsvermögen wird dabei gesondert bewertet und ist bei dem jeweiligen Gesellschafter direkt zu berücksichtigen.

Hinweis !

Nach den neuen Erbschaftsteuerrichtlinien wird das Verhältnis aus der Aufteilung des gemeinen Werts nach § 97 Abs. 1a BewG auch für die Zuordnung des Verwaltungsvermögens des übertragenen Gesellschaftsanteils einer Personengesellschaft herangezogen (R E 13b.12 Abs. 4 Satz 2 ErbStR 2019).

Bei rein vermögensverwaltenden (Personen-)Gesellschaften richtet sich der Wert nach den Einzelwerten der anteiligen Wirtschaftsgüter. Schulden und Lasten der Gesellschaft werden bei der Ermittlung der Bereicherung des Erwerbers wie eine Gegenleistung abgezogen (§ 10 Abs. 1 Satz 4 ErbStG).

1.3.3.2 Verschonungsregelungen nach §§ 13a, 13b ErbStG n. F.

1.3.3.2.1 Neue Rechtslage für Erwerbe nach dem 30.06.2019

Mit Urteil vom 17.12.2014 hat das BVerfG entschieden, dass die bis dahin gültigen Regelungen zur Privilegierung von Betriebsvermögen nach §§ 13a, 13b i. V. m. § 19 ErbStG a. F. mit dem Grundgesetz unvereinbar sind.[2068] Der Gesetzgeber hat daraufhin eine Neuregelung der Betriebsvermögensverschonungsregelungen getroffen, die für Übertragungsstichtage nach dem 30.06.2016 anzuwenden sind (§ 37 Abs. 12 ErbStG).

An der grundsätzlichen Privilegierung von Betriebsvermögen wird auch nach den neuen Verschonungsregelungen festgehalten. Allerdings wurden einzelne Regelungen verschärft und angepasst:

- Im Unterschied zu den bisherigen Regelungen muss das begünstigungsfähige Vermögen in **begünstigtes** und **nicht begünstigtes Vermögen** aufgeteilt werden. Nur für das begünstigte Vermögen kann die Betriebsvermögensverschonung in Anspruch genommen werden. Bei Erfüllung von weiteren (verschärften) Voraussetzungen beträgt der Regelverschonungsabschlag 85 % und der Optionsverschonungsabschlag 100 % des begünstigten Vermögens. Das nicht begünstigte Vermögen unterliegt nicht der Betriebsvermögensverschonung und ist grds. voll zu versteuern.
- Bei mehrstufigen Unternehmen erfolgt eine sog. Verbundvermögensaufstellung, ähnlich einer Konzernbetrachtung, um begünstigtes und nicht begünstigtes Vermögen auf der obersten Übertragungsebene zu konsolidieren und identifizieren.
- Werden bestimmte Erwerbsschwellen überschritten, wird die Begünstigung eingeschränkt oder gänzlich verwehrt.

Die Finanzverwaltung hatte sich bisher in einem koordinierten Ländererlass ausführlich zu den neuen Regelungen der Betriebsvermögensverschonung geäußert.[2069] Die Ausführungen aus dem koordinierten Ländererlass wurden in den Entwurf der Erbschaftsteuerrichtlinien 2019 eingearbeitet, welchen letztlich (mit einigen wenigen Änderungen) der Bundesrat mit Datum vom 11.10.2019 zustimmte.[2070] Die Veröffentlichung im Bundessteuerblatt steht derzeit noch aus.

1.3.3.2.2 Begünstigungsfähiges Vermögen

Die Steuerbefreiung für Betriebsvermögen kann nur für begünstigungsfähiges Vermögen in Anspruch genommen werden (§ 13b Abs. 1 ErbStG). Hierunter sind land- und forstwirtschaftliches Vermögen, Einzelunternehmen, Beteiligungen an Personengesellschaften und Anteile an Kapitalgesellschaften zu verstehen. Letztere allerdings nur, wenn der Schenker oder Erblasser

2068 BVerfG vom 17.12.2014, BStBl II 2015, 50.
2069 BMF vom 22.06.2017, BStBl I 2017, 902.
2070 BR Drucks. 387/19 vom 11.10.2019.

unmittelbar zu mehr als 25 % an der Kapitalgesellschaft beteiligt war (Mindestbeteiligung § 13 b Abs. 1 Nr. 3 Satz 1 ErbStG).

Hinweis !

Wird bei einem Kapitalgesellschaftsanteil die Mindestbeteiligung nicht erreicht, kann mit weiteren Gesellschaftern ein Poolvertrag abgeschlossen werden, um eine Zusammenrechnung der übrigen Anteile zu erreichen (§ 13b Abs. 1 Nr. 3 Satz 2 ErbStG). In diesem Poolvertrag muss insbes. vereinbart werden, dass Stimmrechte und Verfügungen bzw. Übertragungen von den beteiligten Gesellschaftern nur noch einheitlich ausgeübt werden können (R E 13b.6 ErbStR 2019).

Bei der Übertragung von Beteiligungen an Personengesellschaften sind keine Mindestbeteiligungsquoten einzuhalten (§ 13b Abs. 1 Nr. 2 ErbStG). Allerdings ist bei der Übertragung darauf zu achten, dass betriebliche Einheiten (d. h. ein Teilbetrieb, ein ganzer Betrieb oder Mitunternehmeranteil) übertragen werden. Die Übertragung einzelner Wirtschaftsgüter ist nicht begünstigt. Grds. ist nur inländisches bzw. in einem Mitgliedstaat der Europäischen Union (europäischer Wirtschaftsraum) belegenes Betriebsvermögen begünstigungsfähig. Bei Kapitalgesellschaften wird auf den Sitz bzw. den Ort der Geschäftsleitung abgestellt. Beteiligungen in Drittländern können nur dann begünstigungsfähiges Vermögen darstellen, wenn sich diese in einem inländischen Betriebsvermögen befinden (R E 13b.5 ErbStR 2019). Betriebsstätten in Drittländern sind dagegen nie begünstigungsfähig.

1.3.3.2.3 Verschonungsmöglichkeiten für begünstigungsfähiges Vermögen

1.3.3.2.3.1 Allgemeines zum Verschonungsabschlag

Wie eingangs erläutert, muss das begünstigungsfähige Vermögen in begünstigtes und nicht begünstigtes Vermögen aufgeteilt werden. Nur für das begünstigte Vermögen kann die Regel- bzw. Optionsverschonung (85 % bzw. 100 % Steuerfreiheit) in Anspruch genommen werden (§§ 13a Abs. 1 Satz 1, 13b Abs. 2 Satz 1 ErbStG). Das nicht begünstigte Vermögen wird dabei anhand des vom Gesetzgeber definierten Verwaltungsvermögenskatalogs ermittelt (s. 1.3.3.2.3.3). Dieses Verwaltungsvermögen wird um anteilige Schulden und einen Kulanzpuffer vermindert (§ 13b Abs. 6 und 7 ErbStG). Für das danach verbleibende nicht begünstigte Vermögen, auch schädliches Verwaltungsvermögen genannt, kann die Betriebsvermögensverschonungsregelung nicht in Anspruch genommen werden.

Um die Betriebsvermögensverschonung jedoch überhaupt in Anspruch nehmen zu können, egal ob Regel- oder Optionsverschonung, muss der sog. Verwaltungsvermögenstest erfüllt werden. Dabei wird das Verwaltungsvermögen dem gemeinen Wert des übertragenen Vermögens gegenübergestellt. Das Verwaltungsvermögen darf dabei 90 % des gemeinen Werts des übertragenen Vermögens nicht übersteigen (§ 13b Abs. 2 Satz 2 ErbStG). Die Summe des Verwaltungsvermögens ist dabei zunächst ungekürzt, d. h. vor Abzug von etwaigen Schulden, dem Sockelbetrag für Finanzmittel und Kulanzpuffer, dem gemeinen Wert des übertragenen Anteils gegenüberzustellen.

! **Beispiel**

Der gemeine Wert einer Kapitalgesellschaft soll 556.000 € betragen (Wert des übertragenen Vermögens). Im Vermögen der Kapitalgesellschaft befinden sich Forderungen aus Lieferungen und Leistungen i. H. v. 2,5 Mio. € und diverse Verbindlichkeiten i. H. v. 3,1 Mio. €. Forderungen aus Lieferungen und Leistungen stellen für Zwecke des 90 %-Tests grds. Verwaltungsvermögen (sog. Finanzmittel) dar. I. R. d. 90 %-Tests werden die Forderungen vor Saldierung der Verbindlichkeiten dem gemeinen Wert der Gesellschaft gegenübergestellt. Es ergibt sich somit eine Verwaltungsvermögensquote von rund 450 %. Eine Begünstigung scheidet somit aus.[2071]

Forderungen aus Lieferungen und Leistungen oder Bankguthaben sind als Finanzmittel in die Berechnung des 90 %-Tests unsaldiert als Verwaltungsvermögen einzubeziehen. Selbst wenn die Finanzmittel für die schlussendliche Bestimmung des steuerpflichtigen Verwaltungsvermögens überhaupt nicht als solches einzubeziehen wären, weil diese z. B. mit Verbindlichkeiten aus Lieferungen und Leistungen verrechnet werden können, sind die Finanzmittel für Zwecke des 90 %-Tests vollumfänglich unsaldiert anzusetzen.

Der 90 %-Test wird in der Literatur weitgehend abgelehnt.[2072] Auch das FG Münster meldet ernstliche Zweifel an der Verfassungsmäßigkeit der Regelung an und hat im Rahmen eines Aussetzungsverfahrens zugunsten des Antragsstellers geurteilt.[2073] In den neuen Erbschaftsteuerrichtlinien hält die Finanzverwaltung an ihrer bisherigen strikten Auslegung der Regelung jedoch fest.

! **Hinweis**

Auch Gewinnansprüche, die bei einem Mitunternehmer als Forderung im Sonderbetriebsvermögen ausgewiesen werden, sind als Finanzmittel in die Berechnung des 90 %-Tests vollumfänglich einzubeziehen. Die Forderung wird mit der in der Gesamthandsbilanz korrespondierenden Gesellschafterverbindlichkeit nicht verrechnet (R E 13b.29 Abs. 5 ErbStR 2019).

Nachfolgend seien die grundsätzlichen Regelungen in einer Übersicht zusammengefasst.

2071 Beispiel aus FG Münster vom 03.06.2019, ZEV 2019, 551.

2072 *Hannes/Holtz*, in: Meincke/Hannes/Holtz, 2018, § 13b ErbStG, Rn. 43 f., *Korezkij*, in: BeckOK, Erkis/Thonemann-Micker, 2019, § 13b ErbStG Rn. 102, *Geck*, in: Kapp/Ebeling, 2019, § 13b ErbStG Rn. 74.

2073 FG Münster vom 03.06.2019, ZEV 2019, 551.

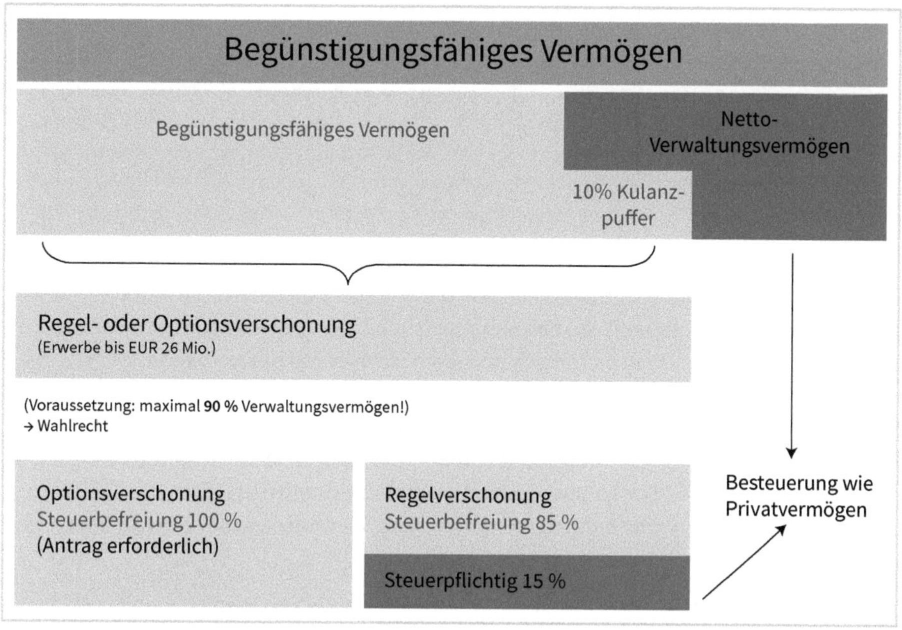

Wird die Regelverschonung in Anspruch genommen, kann von dem verbleibenden steuerpflichtigen Teil (15 % des begünstigten Vermögens) der sog. gleitende Abzugsbetrag i. H. v. 150.000 € in Abzug gebracht werden (§ 13a Abs. 2 ErbStG). Der Abzugsbetrag verringert sich jedoch in Abhängigkeit der Höhe des begünstigten Vermögens. Bereits ab einem Erwerb von begünstigten Vermögen i. H. v. 450.000 € ist der Abzugsbetrag vollständig abgeschmolzen.

1.3.3.2.3.2 Optionsverschonung

Die Optionsverschonung, d. h. eine 100 %ige Steuerbefreiung des begünstigten Betriebsvermögens, kann beantragt werden, wenn sowohl der 90 %-Test als auch der sog. »20 %-Test« erfüllt werden. Dabei darf die Summe des Verwaltungsvermögens 20 % des gemeinen Werts des übertragenen Vermögens nicht übersteigen (§§ 13a Abs. 10 Satz 2, 13b Abs. 2 Satz 2 ErbStG).

Allerdings können bei der Ermittlung der Finanzmittel vorhandene Schulden und ein pauschaler Sockelbetrag für Finanzmittel (15 % des gemeinen Werts des übertragenen Anteils) in Abzug gebracht werden. Es sind somit Konstellationen möglich, in denen der Test für die Optionsverschonung erfüllt ist, eine Befreiung aber vollumfänglich versagt wird, da die 90 %-Grenze überschritten wird.

!

Beispiel (Fortführung)

Der gemeine Wert einer Kapitalgesellschaft soll 556.000 € betragen (Wert des übertragenen Vermögens). Im Vermögen der Kapitalgesellschaft befinden sich Forderungen aus Lieferungen und Leistungen i. H. v. 2,5 Mio. € und diverse Verbindlichkeiten i. H. v. 3,1 Mio. €. Für Zwecke des 20 %-Tests können die Forderungen aus Lieferungen und Leistungen mit den Verbindlichkeiten verrechnet werden. Nach dieser Verrechnung verbleibt kein Verwaltungsvermögen mehr: Es ergibt sich eine Verwaltungsvermögensquote von 0 %. Eine Begünstigung scheidet jedoch aus, da der 90 %-Test nicht erfüllt wurde.

Die Optionsverschonung ist antragsgebunden. Der Antrag ist unwiderruflich und kann nur einheitlich für mehrere wirtschaftliche Einheiten gestellt werden. Der Antrag muss spätestens bis zur materiellen Bestandskraft des Erbschaftsteuerbescheids gestellt worden sein.

1.3.3.2.3.3 Verwaltungsvermögen

Die Höhe des Verwaltungsvermögens bestimmt, ob und welche Steuerbegünstigung in Anspruch genommen werden kann und was als nicht begünstigtes Vermögen der Besteuerung zu unterwerfen ist. Das Verwaltungsvermögen ist dabei vom Gesetzgeber genau definiert und katalogartig im Gesetz aufgeführt worden.

Hiernach sind als Verwaltungsvermögen zu behandeln:

- Dritten zur Nutzung überlassene Grundstücke (§ 13b Abs. 2 Nr. 1 ErbStG). Eine Nutzungsüberlassung an Dritte wird nicht angenommen bei (i) Vermietungen im Rahmen einer Betriebsaufspaltung, (ii) Sonderbetriebsvermögen, (iii) Vermietungen innerhalb eines Konzerns, (iv) Wohnungsunternehmen, (v) land- und forstwirtschaftlicher Nutzung und (vi) Grundbesitzvermietung, wenn diese dem Absatz eigener Produkte dient (§ 13b Abs. 4 Nr. 1 Satz 2 a–f ErbStG);
- Anteile an Kapitalgesellschaften, wenn die unmittelbare Beteiligung am Nennkapital 25 % nicht übersteigt (§ 13b Abs. 4 Nr. 2 ErbStG);
- Kunstgegenstände, Kunstsammlungen, wissenschaftliche Sammlungen, Bibliotheken und Archive, Münzen, Edelmetalle und Edelsteine, Briefmarkensammlungen, Oldtimer, Yachten, Segelflugzeuge sowie sonstige typischerweise der privaten Lebensführung dienende Gegenstände;
- Wertpapiere sowie vergleichbare Forderungen (§ 13b Abs. 4 Nr. 4 ErbStG);
- Finanzmittel (Forderungen, Bankguthaben, Anzahlungen, Zahlungsmittel und andere auf Geld gerichtete Forderungen), sofern diese nach Abzug von Schulden 15 % des gemeinen Werts des übertragenen Vermögens (Sockelbetrag) übersteigen. Voraussetzung für den Abzug des Sockelbetrags ist, dass der Hauptzweck der Gesellschaft eine gewerbliche Tätigkeit ist. Eine gewerbliche Prägung allein reicht **nicht** aus.

Wird Verwaltungsvermögen ausschließlich zur Deckung von Altersrückstellungen verwendet und dem Zugriff außenstehender Gläubiger entzogen, kann dieses vorab mit den entsprechenden

Rückstellungen verrechnet werden (§ 13b Abs. 3 ErbStG).[2074] Nach der Verrechnung von Verwaltungsvermögen nach § 13b Abs. 3 ErbStG wird für die Summe des übrigen Verwaltungsvermögens der Nettowert ermittelt: Schulden werden vorrangig bei der Ermittlung der Finanzmittel in Abzug gebracht. Die Finanzmittel können nicht negativ sein und sind max. mit 0 € festzustellen. Ein etwaiger verbleibender Schuldenüberhang kann anteilig dem übrigen Verwaltungsvermögen zugeordnet und dort in Abzug gebracht werden (Nettowert des Verwaltungsvermögens, § 13b Abs. 6 ErbStG).[2075]

In einem weiteren Schritt ist der Nettowert des Verwaltungsvermögens um einen Kulanzpuffer, der 10 % des um den Nettowert des Verwaltungsvermögens verminderten gemeinen Wert des übertragenen Anteils beträgt, zu vermindern (§ 13b Abs. 7 ErbStG). Die sich danach ergebende Restgröße stellt das nicht begünstigte Vermögen dar, für welches die Betriebsvermögensverschonung nicht in Anspruch genommen werden kann.

Eine Besonderheit ergibt sich bei sog. jungem Verwaltungsvermögen bzw. jungen Finanzmitteln. Dies sind Verwaltungsvermögensgegenstände bzw. Finanzmittel, welche innerhalb von zwei Jahren vor dem Besteuerungszeitpunkt in das Betriebsvermögen eingelegt worden sind. Dieses junge Vermögen soll grds. immer schädliches, d. h. steuerpflichtiges Verwaltungsvermögen darstellen (§§ 13b Abs. 7 Satz 2, Abs. 8 ErbStG). Etwaige Schulden können mit diesem Vermögen nicht verrechnet werden; der Abzug des Kulanzpuffers erfolgt für dieses Vermögen nicht (§ 13b Abs. 8 Satz 1 ErbStG).

Hinweis !

Bei Erwerben von Todes wegen kann mit der sog. Investitionsklausel Verwaltungsvermögen »umgegliedert« werden. Voraussetzung hierfür ist, dass innerhalb von zwei Jahren nach dem Besteuerungszeitpunkt tatsächlich begünstigte Investitionsgegenstände angeschafft wurden und die Investitionen auf einen vorgefassten Plan des Erblassers zurückgeführt werden können. Auch für Zwecke des 90 %-Tests kann die Investitionsklausel herangezogen werden, um die erforderliche Quote zu erreichen und eine Begünstigung so erst zu ermöglichen.

1.3.3.2.3.4 Großerwerbe

Die Steuerbefreiung für Betriebsvermögen wird grds. nur für einen Erwerb von begünstigten Vermögen bis zu einem Betrag von 26 Mio. € gewährt. Mehrere begünstigte Erwerbe von derselben Person innerhalb der letzten zehn Jahre sind dabei zusammenzurechnen. Wird die Grenze von 26 Mio. € überschritten (sog. Großerwerb), so können die nachfolgenden Begünstigungsmöglichkeiten in Betracht kommen.[2076]

2074 Die Verrechnung solcher Vermögenswerte ist auch bei der Ermittlung des 90 %- bzw. 20 %-Tests vorzunehmen.

2075 Die genaue Berechnungsformel ist im Gesetz vorgegeben (§ 13b Abs. 8 ErbStG): Die zum Besteuerungszeitpunkt vorhandenen Schulden sind grds. auf den durchschnittlichen Schuldenbestand der letzten drei Jahre vor dem Besteuerungszeitpunkt begrenzt. Eine Schuldenverrechnung für den übersteigenden Teil ist nur möglich, wenn dieser Teil durch Betriebstätigkeit veranlasst wurde.

2076 Für beide Modelle muss der 90 %-Verwaltungsvermögenstest überstanden werden.

Auf Antrag kann das sog. **Abschmelzungsmodell** in Anspruch genommen werden. Hierbei verringert sich der Prozentsatz der Steuerbefreiung (d. h. der 85 %ige bzw. 100 %ige Abschlag) um jeweils einen Prozentpunkt für jede volle 750.000 €, die den Wert des begünstigten Vermögens um den Betrag von 26 Mio. € übersteigen (§ 13c Abs. 1 ErbStG). Ab einem Erwerb von 90 Mio. € ist eine Verschonung nach dem Abschmelzungsmodell nicht mehr möglich.

Alternativ zum Abschmelzungsmodell kann die sog. **Verschonungsbedarfsprüfung** für Großerwerbe beantragt werden. Weist der Erwerber nach, dass er persönlich nicht in der Lage ist, die Steuer aus seinem verfügbaren Vermögen zu begleichen, kann ihm diese auf Antrag erlassen werden (§ 28a ErbStG). Als verfügbares Vermögen wird jegliches »Nicht-Betriebsvermögen« angesehen, welches dem Erwerber bereits vor der Übertragung zuzurechnen war und/oder im gleichen Erwerbsvorgang erworben wird. Nicht begünstigtes Betriebsvermögen (schädliches Verwaltungsvermögen) ist ebenfalls als verfügbares Vermögen anzusehen und müsste ggf. veräußert werden. Die Verschonungsbedarfsprüfung ist ebenfalls an verschiedene nachlaufende Fristen und Behaltensvorschriften gebunden. Die Verschonungsbedarfsprüfung ist betragsmäßig grds. nicht begrenzt und kann daher auch auf Erwerbe von über 90 Mio. € angewendet werden.

1.3.3.2.3.5 Lohnsummenregelegung und nachlaufende Fristen

Die Inanspruchnahme der Verschonungsregelungen für Betriebsvermögen ist an nachlaufende Fristen und Behaltensvorschriften geknüpft. Zur Sicherstellung des Erhalts von Arbeitsplätzen ist die sog. Lohnsummenregelung eingeführt worden. Hierbei wird die sog. Ausgangslohnsumme (durchschnittliche Lohnsumme der letzten Jahre vor der Übertragung) mit den aufgelaufenen Lohnsummen am Ende des Beobachtungszeitraums verglichen. Nur wenn am Ende des Beobachtungszeitraums eine bestimmte vervielfältigte Ausgangslohnsumme erreicht wird, bleibt die Steuerbefreiung erhalten.

Die Dauer des Beobachtungszeitraums und die einzuhaltenden Lohnsummen sind dabei abhängig von der Beschäftigtenanzahl und davon, ob die Regel- oder Optionsverschonung in Anspruch genommen wurde. Ab 16 Beschäftigten muss die Summe der Löhne und Gehälter für eine Dauer von fünf Jahren nach der Übertragung mindestens 400 % der Ausgangslohnsumme betragen (§ 13a Abs. 3 Satz 4 Nr. 2 ErbStG). Im Fall der Optionsverschonung verlängert sich der Betrachtungszeitraum auf sieben Jahre; die zu erreichende Endsumme der Löhne muss 700 % der Ausgangslohnsumme erreichen (§ 13a Abs. 10 ErbStG).

Lohnsummenregelungen für Betriebsvermögen nach §§ 13a, 13b ErbStG		
	Regelverschonung	**Optionsverschonung**
Lohnsumme bei Mitarbeiteranzahl < 5 bis zu > 10	250 %	500 %
Lohnsumme bei Mitarbeiteranzahl < 10 bis zu >15	300 %	565 %
Lohnsumme bei Mitarbeiteranzahl bei < 15	400 %	700 %
Überprüfung von Lohnsumme und Behaltesfrist	grds. nach fünf Jahren	grds. nach sieben Jahren

Werden die geforderten Mindestlohnsummen nicht eingehalten, so erfolgt eine Nachversteuerung in dem Verhältnis, wie die Mindestlohnsumme die Ausgangslohnsumme unterschritten hat.

Neben der Lohnsummenregelung sind diverse weitere Behaltensregelungen innerhalb des fünf- oder siebenjährigen Beobachtungszeitraums zu beachten. Zu den wichtigsten gehören:

- Veräußerung des begünstigt übertragenen Vermögens: Eine Betriebsaufgabe bzw. Liquidation, die Veräußerung von wesentlichen Betriebsgrundlagen und die Entnahme bzw. die Verwendung zu anderen betriebsfremden Zwecken gelten ebenfalls als Verstoß gegen die Behaltensvorschrift (§ 13a Abs. 6 Nr. 1 ErbStG);
- Überentnahmen: Übersteigt die Summe der Entnahmen die jeweiligen Gewinnanteile zzgl. geleisteter Einlagen am Ende des Beobachtungszeitraums einen Gesamtbetrag von 150.000 €, ist eine Nachversteuerung durchzuführen (§ 13a Abs. 6 Nr. 3 ErbStG);
- Aufhebung eines Stimmrechtsbindungsvertrags (§ 13a Abs. 6 Nr. 5 ErbStG);
- bei Umwandlungsfällen, wenn bei dem Umwandlungsvorgang neben Gesellschafterrechten sonstige Gegenleistungen gewährt werden (§ 13a Abs. 6 Nr. 1 ErbStG);

Hinweis !

Während das Unterschreiten der Lohnsumme innerhalb von sechs Monaten nach Bekanntwerden dem Finanzamt anzuzeigen ist, gilt für die übrigen Behaltensverstöße eine Anzeigefrist von einem Monat (§ 13a Abs. 7 ErbStG). In Veräußerungsfällen kann die sog. Reinvestitionsklausel Abhilfe schaffen. So bleibt die Begünstigung erhalten, wenn innerhalb von sechs Monaten nach Veräußerung der Veräußerungserlös in begünstigtes Vermögen investiert wird (§ 13a Abs. 6 Satz 4 ErbStG).

1.3.3.2.3.6 Besonderheiten bei mehrstufigen Unternehmen und Familienunternehmen

Befinden sich Beteiligungen an Kapital- und/oder Personengesellschaften in dem übertragenen Betriebsvermögen, so werden diese für Zwecke der Begünstigungsprüfung transparent behandelt und im Rahmen einer sog. Verbundvermögensaufstellung als Einheit betrachtet. Dies bedeutet, dass auf jeder Beteiligungsstufe die Finanzmittel, die Schulden, das Verwaltungsvermögen und junges Verwaltungsvermögen bzw. junge Finanzmittel festgestellt werden müssen. Die ermittelten Werte werden sodann auf oberster Beteiligungsebene zusammengeführt. Forderungen, denen Verbindlichkeiten eines innerhalb des Verbunds einbezogenen Unternehmens gegenüberstehen, sind entsprechend zu korrigieren und nicht anzusetzen.

Sog. Familienunternehmen können einen Vorwegabschlag vom begünstigten Vermögen in Anspruch nehmen. Dieser Abschlag wird vor Anwendung der Steuerbefreiungen gewährt und vermindert so im Vorfeld das begünstigte Vermögen. Die Höhe des Abschlags orientiert sich an der im Gesellschaftsvertrag vorgesehenen prozentualen Minderung des Abfindungsanspruchs im Vergleich zum gemeinen Wert, max. jedoch 30 %. Der Vorwegabschlag kann nur in Anspruch genommen werden, wenn der Gesellschaftsvertrag im Wesentlichen drei Voraussetzungen erfüllt: Es muss (i) eine Gewinnentnahmebegrenzung vorliegen, (ii) Verfügungsbeschränkungen hinsichtlich Erbfolge und Schenkungen zugunsten von nahen Angehörigen bestehen und

(iii) eine Begrenzung eines Abfindungsanspruchs bestehen. Nur wenn solche Beschränkungen im Gesellschaftsvertrag für die Dauer von zwei Jahren **vor** und **20 Jahren nach** Übertragung bestanden haben und bestehen werden, wird der Vorwegabschlag gewährt.

! **Hinweis**

Die Regelung scheint aufgrund der langen Beobachtungszeiträume weitgehend praxisfremd. Allenfalls könnte die Regelung als Teilstundungsmöglichkeit in Betracht kommen.

1.3.3.3 Tarifbegrenzung nach § 19a ErbStG

Neben den unter 1.3.3.2 beschriebenen Verschonungsregelungen für betriebliches Vermögen sieht § 19a ErbStG eine weitere Privilegierung für betriebliches Vermögen vor. Erwerber der Steuerklassen II und III werden durch diese Tarifvorschrift hinsichtlich des nach Anwendung des Verschonungsabschlags nach § 13a, c ErbStG und Verschonungsbedarfsprüfung nach § 28a ErbStG verbleibenden Teils des betrieblichen Vermögens entlastet. Der restliche Erwerb bleibt von dieser Tarifbegrenzung unberührt (§ 19a ErbStG).

1.4 Streitvermeidung und Streitlösung unter Gesellschaftern des Familienunternehmens

Dr. Regine Hagen-Eck

1.4.1 Familie als Gefahr

1.4.1.1 Vermeidung von Gesellschafterstreitigkeiten als Aufgabe des Risikomanagements

Jedes Unternehmen mit mehreren Anteilseignern steht in der Gefahr, dass seine Gesellschafter in Streit geraten, nicht nur Familienunternehmen. Ein solcher Gesellschafterstreit hat immer gravierende Auswirkungen auf das Unternehmen:[2077]

- Eine streitige Auseinandersetzung zwischen Gesellschaftern stellt eine erhebliche finanzielle Belastung durch Berater-, Anwalts- und Gerichtskosten, aber auch durch die Inanspruchnahme der Kapazitäten des Managements dar.
- Fremd-Geschäftsführer, Mitarbeiter, Kunden und Geschäftsfreunde werden verunsichert.
- Es entsteht eine Lagerbildung zwischen den Gesellschaftern, die zu einer Blockade von unternehmenswichtigen Entscheidungen führen kann.

2077 *Werner*, DSWR 2006, 89.

- Gerät der Streit in die Öffentlichkeit, können Imageschäden mit Vertrauensverlusten bei Geschäftspartnern, Banken und Kunden die Folge sein.
- Ein Gesellschafterstreit ist eine Unternehmenskrise, die die Gefahr einer Destabilisierung und einer erhöhten Anfälligkeit für unternehmensfeindliche Strömungen mit sich bringen kann.

Eine vorausschauende und verantwortungsvolle Unternehmensführung mit einem funktionierenden Risikomanagement durch Gesellschafter und Geschäftsführung muss daher darauf eingerichtet sein,

- mögliche Anlässe für Streitigkeiten präventiv zu regeln, um gravierende Auseinandersetzungen gar nicht erst aufkommen zu lassen (Streitvermeidung) und
- geeignete Mechanismen für eine schnelle Streitlösung vorzusehen für die Fälle, in denen sich der Konflikt nicht verhindern lässt (Streitlösung).

1.4.1.2 Familienspezifische Gründe für Gesellschafterstreit

1.4.1.2.1 Erhöhtes Gefahrenpotenzial für Familienunternehmen

Für Familienunternehmen ist so ein vorausschauendes »Konfliktmanagement« besonders wichtig, denn Auseinandersetzungen im Gesellschafterkreis schädigen nicht nur neben dem Unternehmen auch die Familie, sondern werden gerade aufgrund der zusätzlichen familiären emotionalen Implikationen mit besonderer Härte und Ausdauer geführt. Hier kehrt sich der Vorteil einer durch die Familiensituation hervorgerufenen besonderen Relation der Gesellschafter untereinander schnell ins Gegenteil um: Die Gefahr irrationaler Handlungsweisen und Reaktionen ist deutlich höher als bei nicht familiär verbundenen Gesellschaftern.[2078] Verwandtschaftliche Beziehungen unter den Kontrahenten bieten zusätzlichen Konfliktstoff und können zum unkontrollierbaren Katalysator eines nicht nur das Vermögen beschädigenden Gesellschafterstreits werden.

In der Familie als dem ersten und engsten Sozialverbund werden die Akteure rollenspezifisch und wertemäßig geprägt. Die Gesellschafter kennen sich von klein auf und haben insbes. auch außerhalb des Unternehmensumfeldes Erfahrungen miteinander sammeln können. Enttäuschte Erwartungen und offen oder verdeckt zugefügte psychische Verletzungen, Minderwertigkeitsgefühle und Zurücksetzungen, Stolz, Neid und Misstrauen können sich über Generationen hinweg halten.[2079] Treten zu diesen spannungsgeladenen Konstellationen noch unterschiedliche Auffassungen, Ambitionen und Interessen in Geld- und Unternehmensfragen, werden schnell anstatt einer Auseinandersetzung über die eigentlichen familiären Konflikte

2078 *Sigle*, Zur Psychologie der Familiengesellschaften, FS Rowedder, 459 (462 ff.)
2079 Siehe dazu z. B. *Lange*, BB 2005, 2585 (2588).

Stellvertreterkriege über Unternehmensangelegenheiten geführt oder der eigentliche Konflikt tritt erst vermittelt über den unternehmerischen Anlass zutage.

So unterschiedlich die Familienkonstellationen auch sein mögen, die Anlässe und Auslöser, die zu schwerwiegenden Divergenzen im Gesellschafterkreis führen, lassen sich auf wenige Ursachen zurückführen: es geht um die Nachfolge, um Macht, um Geld oder unterschiedliche strategische Vorstellungen. Diese Konfliktgründe sind zwar nicht nur in Familiengesellschaften zu beobachten, aber dort erhalten sie eine besondere psychologische und emotionale Komponente.

1.4.1.2.2 Nachfolge und Tätigkeit von Familienmitgliedern im Unternehmen

Eine gute Nachfolgeregelung ist eine der wichtigsten und vornehmsten Aufgaben der Unternehmensführung. Ungeklärte Fragen rund um die Nachfolge und fehlende Qualifikation von Familienmitgliedern, die im Unternehmen tätig sind, werden von den Familienunternehmen selbst als gravierende mögliche Achillesferse eingeschätzt.[2080] Hier bietet sich ein weites Feld für Konflikte vielfältiger Art:[2081]

- Der Klassiker ist der Generationenkonflikt zwischen dem Vater, häufig der Unternehmensgründer und starke Patriarch, und dem bereits seit jungen Jahren als Nachfolger auserkorenen Sohn. Durch den Wechsel in der Führung nach jahrelanger Alleinherrschaft einer starken Unternehmerpersönlichkeit entstehen ohnehin schon erhebliche Herausforderungen für das Unternehmen; bei Familiengesellschaften werden sie dann verschärft, wenn sich der Senior nicht komplett zurückzieht, sondern bestenfalls in ein, vielleicht gerade zu diesem Zweck gebildetes Aufsichtsgremium wechselt. Jede Neuerung, die der Junior (sei es aus unternehmerischer Notwendigkeit, sei es aus Emanzipationsbestrebungen) einführt, wird als Kritik am Hergebrachten verstanden und nähren die Zweifel des Seniors an den Fähigkeiten des Nachfolgers.
- Sind mehrere potenzielle Nachfolgekandidaten vorhanden, sei es aus dem engsten Geschwisterkreis, sei es aus mehreren Stämmen (Onkel/Neffe/Nichte) oder aus mehreren Ehen des Unternehmensgründers, vergrößert sich zwar die Auswahlmöglichkeit und damit die Chance auf einen wirklich fähigen Nachfolger, davon sind dann aber – zumindest nach den jeweiligen subjektiven Vorstellungen der Beteiligten – mehrere vorhanden, und ohne eindeutige und klare Regelung (leider aber auch manchmal mit) sind jahrelange Auseinandersetzungen über die Macht im Unternehmen vorprogrammiert.
- Angesichts der Bedeutung, die die Qualität und Qualifikation des Geschäftsleiters für die Entwicklung und Zukunft des Unternehmens hat, ist zu fragen, ob Familienmitgliedern

2080 Vgl. die von *PwC* herausgegebene Studie: Family Business Survey 2018 – »Der Wert von Werten in der neuen Normalität«, 8.

2081 Siehe dazu z. B. *Brück*, Wirtschaftswoche online vom 20.01.2015, Erbsünden der Familienunternehmen: Wie große Mittelständler sich selbst zerfleischen, abrufbar unterwww.wiwo.de; *Bethke*, manager magazin online vom 02.06.2016, 2016 ist das Jahr der Kabale und Liebe in deutschen Familienkonzernen: Aldi, Weber, Oetker – Familienunternehmen im Clinch, abrufbar unter www.manager-magazin.de

überhaupt die Möglichkeit zur Mitarbeit im Unternehmen gegeben werden sollte. Unterschiedliche Auffassungen zwischen geschäftsführenden und nicht im Unternehmen tätigen Gesellschaftern, Kompetenz-Konflikte mit familienfremden Managern und mangelhafte Leistungen des Familien-Nachfolgers können auch bei einer anfänglich glücklich aussehenden Lösung über die Jahre Streitpotenzial hervorbringen. Einige Familiengesellschaften mit großem Gesellschafterkreis haben sich daher für eine klare Trennung zwischen Familie und Unternehmensführung entschieden.[2082]
- Nicht einfacher wird es, wenn auch Ehegatten von Gesellschaftern im Unternehmen tätig sind oder werden sollen.
- Auch wenn das Unternehmen als Versorgungslösung für ansonsten am Arbeitsmarkt nicht reüssierende Familienmitglieder herhalten muss, ist der Streit vorprogrammiert.

1.4.1.2.3 Unterschiedliche finanzielle Interessen

Beim zweithäufigsten Grund für Auseinandersetzungen zwischen Gesellschaftern geht es um Geld:[2083]
- Streit entsteht z. B. über die Höhe und Berechtigung der Vergütung von im Unternehmen tätigen Gesellschaftern.
- Es existieren unterschiedliche Ansichten darüber, ob Gewinne ausgeschüttet oder thesauriert werden sollen, je nach Einschätzung der Bedürftigkeit des Unternehmens oder der Bedürfnisse der einzelnen Gesellschafter; es gibt aber auch Fälle, in denen die Mehrheit Dividendenausschüttungen verhindert, um die Minderheit durch »Austrocknen« aus der Gesellschaft zu drängen.
- Um ungleiche Vorteilsnahme geht es bei der sog. Sphärenvermischung, wenn nicht sauber zwischen Unternehmensvermögen und Gesellschaftervermögen unterschieden und Ressourcen des Unternehmens privat genutzt werden, so z. B. Mitarbeiter des Unternehmens das Haus des Gesellschaftergeschäftsführers auf Mallorca renovieren, oder die Gesellschaft eine Bürgschaft für einen privaten Kredit stellt.
- Auch die Bereitschaft, sich in der Krise mit privatem Kapital stärker im Unternehmen zu engagieren, kann im Gesellschafterkreis unterschiedlich ausgeprägt sein, oder auch zu Kräfteverschiebungen ausgenutzt werden, indem Mitgesellschafter durch Kapitalerhöhungen herab- oder hinausverwässert werden.
- Bei nicht verhältniswahrenden Kapitalerhöhungen oder bei ganz oder partiellem Ausscheiden einzelner Gesellschafter bieten unterschiedliche Auffassungen über die Bewertung des Unternehmens erhebliches Potenzial für langfristige Auseinandersetzungen.

2082 Vgl. z. B. *Cordes*, Herausforderung »Governance« bei Haniel und anderen Familienunternehmen, in: FS Hennerkes 2009, 157. Allerdings ist das eher die Ausnahme: Lt. der Studie von *PwC*, Zukunft der Familienunternehmen – Anker für Wirtschaft und Gesellschaft, November 2014, 26, sind bei 93 % der befragten Unternehmen weltweit Familienmitglieder in der Unternehmensleitung tätig.

2083 Beispiele auch bei *Werner*, DSWR 2006, 89.

1.4.1.3 Streit über Strategie und Geschäftsführungsfragen

Auch über die Frage, welches die richtige Strategie für das Unternehmen ist, wird heftig gestritten:

- Konträre Vorstellungen über unternehmerische Weichenstellungen oder die Zukunft des Unternehmens, wie z. B. die Möglichkeit eines Verkaufs oder von Akquisitionen, der Wechsel der generellen Ausrichtung oder Investitionen in neue Geschäftsfelder, die Aufnahme von Investoren oder eines wesentlichen Kredites können ebenso Auslöser erbittert geführter Fehden sein wie Themen der alltäglichen Geschäftsführung oder Personalfragen.
- Unterschiede in der Persönlichkeit der Gesellschafter können zum Streit führen, wenn z. B. eine größere Risikobereitschaft auf einen eher konservativ denkenden Charakter trifft und Innovationsneigung und Expansionsfreude gegen das Festhalten an Bekanntem und Bewährtem steht.
- Eine wesentliche Quelle für Zwist ist zerstörtes Vertrauen, wenn sich nicht alle Familiengesellschafter ausreichend informiert fühlen. In Geschäftsführungs- oder Aufsichtsgremien tätige Gesellschafter verfügen regelmäßig über weitreichendere Informationen als der »normale« Gesellschafter; hat er den Eindruck, dass ihm Wichtiges vorenthalten wird und die Gremien-Mitglieder aus ihrem Herrschaftswissen Kapital schlagen, entsteht Streit.

1.4.1.4 Präventives Konfliktmanagement: Situations-, Personen- und Interessenanalyse

1.4.1.4.1 Objektive Betrachtung

Verantwortungsvolle Führer von Familienunternehmen erkennen, dass auch bei harmonischen Familien- und Gesellschafterverhältnissen das Risiko eines Streits besteht, und treffen, soweit wie möglich, durch entsprechende Gestaltung der Gesellschaftsstruktur und durch die präventive Regelung potenzieller Konfliktthemen z. B. im Gesellschaftsvertrag Vorsorge.[2084] Zur Vorbereitung solcher streitverhindernder Maßnahmen ist eine ausführliche Bestandsaufnahme der bestehenden Situation, der involvierten Personen, ihrer heutigen und möglichen zukünftigen Interessenslagen unter Berücksichtigung bereits bekannter oder vorhandener familiärer Konflikte, Besonderheiten und Charaktere sinnvoll. Eine solche Bestandsaufnahme sollte nicht von einem Familienmitglied durchgeführt werden, denn die für diesen Zweck erforderliche objektive Betrachtung kann eine selbst betroffene Person nicht leisten. Andererseits sind beliebige Dritte eben außenstehend und kennen die zu betrachtenden Personen und die überlagernden familiären Basiskonflikte häufig nicht gut genug.

2084 Nach der Studie von *PwC*, Family Business Survey 2018 – Der fehlende mittelfristige Unterbau, November 2018 verfügen mehr als 80 % der deutschen Familienunternehmen über einen Gesellschaftsvertrag als wichtigstes Instrument gegen Konflikte.

Am besten sollte die Analyse durch eine objektive dritte Person erfolgen, die – soweit möglich – das Vertrauen aller genießt und sich durch Einbeziehung aller derzeitigen und künftigen Akteure mit Hilfe vertraulich geführter Einzelgespräche ein umfassendes Bild verschaffen kann. Optimalerweise findet eine solche Analyse zu einem Zeitpunkt statt, zu dem noch kein Konflikt zutage getreten ist oder die Beteiligten zumindest noch miteinander reden.

In eine solche Analyse können die Erwartungen und Vorstellungen jedes Einzelnen, die mit der Gesellschafterstellung verbunden sind, auch ggf. für die kommende Generation einbezogen werden. Verletzungen und Befindlichkeiten in der Familie müssen aufgespürt werden, um zukünftige Konfliktthemen vorhersehen zu können. Es geht hierbei zwar nicht um eine grundlegende psychologische Aufarbeitung familiärer Verhältnisse, denn das kann und will eine solche auf die rechtliche Gestaltung der Unternehmensgegebenheiten zielende Situationsbeschreibung auch gar nicht leisten. Sie kann aber den involvierten Personen Klarheit über die jeweiligen eigenen Zielsetzungen und Transparenz über die Erwartungen der Mitgesellschafter vermitteln und damit eine Grundlage für eine individuell auf die Gegebenheiten des Unternehmens und der Familie ausgerichtete Regelung bieten. Allerdings kann durch eine solche Analyse auch das genaue Gegenteil der eigentlichen Zielsetzung erreicht und Konflikte erst erzeugt werden. Eine solche Entwicklung sollte bei der Planung des Projektes »Situationsanalyse« von vorneherein miteinkalkuliert werden und Vorsorge gegen ein Scheitern des Projekts bereits zu Beginn durch eine entsprechende Gestaltung der Analysestufen und eine gesteuerte Einbeziehung der entsprechenden Personen getroffen werden.

1.4.1.4.2 Systematische Erfassung als Grundlage

Die Analyse sollte alle involvierten Personen, ihre Hintergründe und Spezifika erfassen:

Checkliste für präventive Konfliktanalyse

I. Personen

1. **Zu berücksichtigende Personen der Familie**
   a. Stammbaum/Organigramm der Familie/graphische Darstellung der Verwandtschaftsverhältnisse, möglichst bis zur Gründung des Unternehmens,
   b. Auflistung der vorhandenen Personen, mit und ohne Unternehmensbezug,
   c. Zukünftige Generationen, soweit bereits ab- oder vorhersehbar, mögliche Konstellationen der Generationenfolge
2. **Profil aller derzeitigen Familienmitglieder**
   a. Zugehörigkeit zu Stämmen, Einordnung in verwandtschaftliche Beziehungen
   b. Ausbildung, Beruf, bisheriger Werdegang, Fähigkeiten, Talente, Neigungen, Interessen
   c. Interesse an oder relevante Ausbildung für Tätigkeit im Unternehmen
   d. Familienstand, Kinder, Besonderheiten des Ehegatten
   e. Finanzielle Ausstattung der einzelnen Familienmitglieder
   f. Besonderheiten in der Beziehung zu anderen Familienmitgliedern

3. **Beziehungsgeflecht der Personen untereinander**
   a. einschl. bereits vorhandener oder in der Vergangenheit ausgetragener Konflikte und zutage getretener Störungen
   b. einschl. in früheren Generationen aufgetretener Schwierigkeiten, Ungerechtigkeiten oder besonderer Vorkommnisse
4. **Zukunft der individuellen Beteiligung**
   a. Ausscheiden bei Tod oder Vererbung möglich?
   b. Regelungen betr. die Entwicklung der Beteiligung (Beibehalten/Ausweiten/Ausstieg)
   c. Ambitionen und Vorstellungen der Anteilsinhaber
   d. Bisheriges Agieren im Unternehmen
5. **Fremdgeschäftsführer/Management**
   a. Qualität und Erfordernisse
   b. Ambitionen für Gesellschafterstellung/Beteiligung des Fremd-Managements (sinnvoll/möglich)

II. Mögliche Konfliktpotenziale

1. **Konfliktsituationen in der Vergangenheit**
2. **Bestehende Konfliktsituationen**
3. **Potenzielle (zukünftige) Konfliktsituationen aufgrund Analyse unter I.**
   a. Nachfolge und Stimmenmacht
   b. Tätigkeit im Unternehmen
   c. Ausschüttungen und Entnahmen
   d. Strategie und Planungen für die Zukunft
   e. Sonstiges
4. **Externes Konfliktpotenzial**
   a. Management/Fremd-Geschäftsführer
   b. Testamentsvollstrecker
   c. Berater
   d. Wirtschaftliche Situation/Finanzierung
   e. Steuern (insbes. Erbschaftsteuern)
   f. Sonstige Risiken (z. B. Compliance)

III. Vorhandene Familien- und Unternehmensregelungen

1. **Vertragsdokumentation**
   a. Gesellschaftsvertrag/Satzung
   b. Schiedsvereinbarung
   c. Geschäftsordnungen
   d. Gesellschaftervertrag/Poolvereinbarungen
   e. Familienverfassung/Familiencodices
   f. Testamente/Erbverträge/Güterstandsvereinbarungen
   g. Anstellungsverträge für Familienangehörige
2. **Institutionen im Familien- und Gesellschafterkreis**
   a. Familienrat
   b. Gesellschafterversammlung

   c. Beirat/Aufsichtsrat
   d. Gesellschafterausschluss
   e. Schlichtungsgremien

3. **Bereits angedachte oder durchgeführte statusändernde Maßnahmen**
   a. grds. Verzicht auf die Tätigkeit von Familienmitgliedern im Unternehmen
   b. Auszahlung/Realteilung/Reduzierung des Gesellschafterkreises
   c. Trennung von Eigentum und Stimmenmacht
   d. Rechtsformänderung/Umstrukturierungen/Stiftungslösungen
   e. Investorenaufnahme/Managementbeteiligung/Börsengang/Gesamtverkauf
   f. Schenkungen/vorweggenommene Erbfolge
   g. Familiäre Neuregelungen: Adoption/Heirat/Enterbung/Scheidung

1.4.1.4.3 Umsetzung der gewonnenen Erkenntnisse

Auf der Grundlage der Analyse können Überlegungen und Lösungen für die möglichen identifizierten Konfliktfelder sowie eine Strategie mit Zeitplan für das weitere Vorgehen erarbeitet werden. Ziel sollte es sein, möglichst alle betroffenen Personen einzubinden und eine generelle Akzeptanz der gefundenen Lösung herzustellen. Dabei ist auch zu entscheiden, ob es opportun ist, eine regelmäßige Überprüfung und möglicherweise Anpassung der gefundenen Lösungen vorzusehen.

1.4.2 Streitvermeidung durch Vertragsgestaltung

1.4.2.1 Maßgeschneidertes Vertragswerk

Die in der Analyse gefundenen Erkenntnisse sollten in ein Vertragswerk Eingang finden, das die individuellen Belange der Familie und des Unternehmens berücksichtigt. Je mehr Themen angesprochen wurden und je mehr Vorsorge für mögliche Konflikte durch vorausschauende Spielregeln getroffen wurde, auf die sich die Beteiligten oder ihre Rechtsvorgänger geeinigt haben, umso weniger Raum für Auseinandersetzungen besteht in der Zukunft.[2085] Da Musterverträge die besonderen Anforderungen, die sich aus der Analyse ergeben haben, nicht berücksichtigen können, ist einer maßgeschneiderten Lösung der Vorzug zu geben. Das so erarbeitete Vertragswerk sollte von Zeit zu Zeit darauf hin überprüft werden, ob es noch den unternehmerischen und familiären Verhältnissen entspricht und ob Änderungen in Gesetz und Rechtsprechung eine Überarbeitung erforderlich machen.

Ein solches, in sich geschlossenes Vertragswerk aufzusetzen, ist keine leichte Aufgabe und die Arbeit, die damit verbunden ist, sollte nicht unterschätzt werden. Denn es erfordert von den

2085 Zu den Grenzen vorsorgender Vertragsgestaltung *Schmittat*, RNotZ 2012, 85.

Beteiligten, dass sie sich damit auseinandersetzen, was gelten soll und was die beste Lösung für die Nachfolge, den Streitfall etc. ist. Das kann zu einer unangenehmen Nabelschau führen und Interessensgegensätze erst zutage treten lassen. Gleichwohl ist es sinnvoll, außerhalb eines konkreten Anlasses abstrakt die zu regelnden Themen anzusprechen, da sich erfahrungsgemäß darüber leichter Konsens erzielen lässt als wenn der Konflikt bereits besteht.

! **Hinweis**

Auch in der Phase der Vertragsgestaltung ist die Begleitung durch eine objektive, d.h. nicht von eigenen Interessen in den entscheidenden Fragen beeinflusste Person sinnvoll, die moderierend, vermittelnd und beratend zur Seite stehen und Lösungsvorschläge auf der Basis von Erfahrung und Üblichkeit vorschlagen kann.

1.4.2.2 Bestandteile der Vertragsdokumentation

Wesentlichster Bestandteil der Regelung der Belange des Familienunternehmens ist der Gesellschaftsvertrag,[2086] in dem die wesentlichen Leitlinien der Corporate Governance Struktur des Unternehmens einschl. der Leitungs- und Kontrollfunktionen der Organe der Gesellschaft sowie der Vermögens- und Verwaltungsrechte der Anteilsinhaber festgelegt sind.[2087]

Immer noch enthalten viele Gesellschaftsverträge Beschränkungen, wonach Ehegatten von der Nachfolge in die Gesellschaftsbeteiligung ausgeschlossen sind. Das kann zu einer streitträchtigen Störung der Nachfolgelösung führen, wenn der Gesellschafter das nicht bei seiner erbrechtlichen Regelung berücksichtigt hat. U.a. auch deswegen gehören zur Basisausstattung eines vernünftigen Vertragswerks für Familiengesellschaften des Weiteren auf den Gesellschaftsvertrag abgestimmte erbrechtliche Verfügungen (Testamente, Erbverträge) der Gesellschafter.

Empfehlenswert ist es, diese Basis-Bestandteile einer Vertragsdokumentation für Familienunternehmen durch eine Gesellschaftervereinbarung und/oder eine Familienverfassung, Geschäftsordnungen für die Unternehmensgremien (Geschäftsführung, Beirat, Aufsichtsrat), Anstellungsverträge für die im Unternehmen tätigen Gesellschafter sowie eherechtliche Gestaltungen zur Vermeidung von Zugewinnausgleichsforderungen bei Scheidungen zu ergänzen. Dabei sind die unterschiedlichen rechtlichen Wirkungen, die die jeweiligen Verträge haben, zu berücksichtigen: Sollen die aufzustellenden Regeln für alle derzeitigen und zukünftigen Gesellschafter gelten, ist der Gesellschaftsvertrag, der statutarischen Charakter hat, der richtige Ort. Handelt es sich um eine Kapitalgesellschaft, muss berücksichtigt werden, dass der

2086 Die Bedeutung des Gesellschaftsvertrages auch und gerade für die Streitvermeidung und der hierbei gestiegene Grad an Professionalisierung insbes. auch von deutschen Familienunternehmen zeigt sich im Vergleich der *PwC*-Studien von 2012 zu 2014: Während 2012 nur 67 % der befragten Unternehmen einen Gesellschaftsvertrag hatten, waren es im November 2014 schon über 80 % der deutschen Familienunternehmen (*PwC*, November 2018).

2087 *Wicke*, ZGR 2012, 450 (461).

Gesellschaftsvertrag oder die Satzung für jedermann im Handelsregister einsehbar ist. Regelungen, die eher vertraulicherer Natur sind, sollten daher in eine ergänzende, allerdings nur schuldrechtlich zwischen den jeweiligen Parteien wirkende Gesellschaftervereinbarung aufgenommen werden. Leitlinien für die Unternehmensführung und das Abstimmungsverhalten oder ein Wertekanon finden oftmals Eingang in eine Familienverfassung oder einen Familienkodex.

Unabhängig davon, um welches Dokument es sich handelt, sollte die Vertragssprache eindeutig und unmissverständlich sein, die jeweiligen Vertragstexte zueinander passen und in sich keine Widersprüche aufweisen.[2088] Wünschenswert wäre, dass jeder Gesellschafter über sämtliche Regelungen informiert ist und ein komplettes Vertragswerk zur Verfügung hat. Ein regelmäßiger Vertragscheck zur Überprüfung, ob die gefundenen Regelungen noch der familiären Situation, den Unternehmensgegebenheiten und der rechtlichen und gesetzlichen Lage entsprechen, sollte von vorneherein vorgesehen werden. Erfahrungen, die mit den Vertragstexten im weiteren Zeitverlauf gemacht wurden, wie Interpretationsschwierigkeiten, Verständnisfragen, gefundene Lücken oder Mängel sollten aufgelistet und möglichst bald im Vertragswerk umgesetzt werden.

Im Interesse einer Streitvermeidung ist es bei der Gestaltung wichtig, dass von vornherein faire Lösungen für alle Beteiligten gefunden werden, die die möglichen Interessenlagen ausgewogen berücksichtigen. Die Verträge sollten darauf gerichtet sein, Einigungsdruck zu erzeugen, Blockadesituationen zu vermeiden, für Patt-Konstellationen Lösungen vorzusehen, Schikanier-Möglichkeiten zu verhindern und Minderheitenrechte zu wahren; für etwaige unterschiedliche Auffassungen im Gesellschafterkreis sollten Konfliktlösungs-Mechanismen vorgesehen werden.

1.4.2.3 Vorsorgliche Regelung typischer Konfliktfälle

1.4.2.3.1 Konfliktthema Nachfolge und Tätigkeit von Familienmitgliedern im Unternehmen

In den wenigsten Familienunternehmen dürfte die Tätigkeit von Familienmitgliedern ausdrücklich ausgeschlossen sein, wie das z. B. bei der Familie *Haniel* der Fall ist.[2089] Wenn aber grds. Familienmitglieder im Unternehmen zugelassen werden sollen, muss eine Entscheidung dahingehend getroffen werden,

- ob Familienmitgliedern ein vorrangiges Recht, im Unternehmen tätig zu sein, zuerkannt werden soll, ggf. auch ohne dass sie die erforderliche Qualifikation haben, oder
- ob die Möglichkeit nur dann bestehen sollte, wenn die Familienmitglieder über die erforderliche Qualifikation verfügen und wer darüber zu befinden hat.

2088 *Schmittat*, RNotZ 2012, 85 (88).
2089 *Cordes*, Herausforderung »Governance« bei Haniel und anderen Familienunternehmen, in: FS Hennerkes 2009, 157.

Zur Vermeidung von Streit ist das »Haniel-Modell« zwar vorzugswürdig, aber es wird nur in wenigen Unternehmen umzusetzen sein,[2090] auch weil die Führung eines Unternehmens durch ein Mitglied der Eigentümerfamilie (vielfach zu Recht) von Geschäftspartnern, Kunden, Mitarbeitern und Banken als Vorteil angesehen wird. Insbes. wenn mehrere potenzielle Nachfolgekandidaten vorhanden sind, ist es empfehlenswert, Qualifikationsanforderungen festzulegen, die auch für Familienmitglieder gelten, wenn sie im Unternehmen tätig werden wollen, und ein externes Gremium,[2091] wie z. B. einen (zumindest mehrheitlich) mit familienfremden Mitgliedern besetzten Beirat zu bestimmen, der darüber befindet, ob und welcher der potenziellen Nachfolgekandidaten die Qualifikationen (am besten) erfüllt und aus Gesellschaftssicht am geeignetsten erscheint.

Dabei sollten an das Familienmitglied keine höheren, aber auch keine geringeren Anforderungen gestellt werden, als an familienfremde Dritte. Auch die Konditionen, zu denen das Familienmitglied tätig wird, sollten dem Fremdvergleich standhalten. Des Weiteren gehört zur streitvermeidenden Gestaltung ein Katalog wichtiger Geschäftsführungsmaßnahmen, zu deren Vornahme der Gesellschafter-Geschäftsführer der Zustimmung der Gesellschafterversammlung oder eines Aufsichtsgremiums bedarf. Das kann und sollte in einer Geschäftsordnung bestimmt sein, die auch ohne Zustimmung des Geschäftsführers angemessen angepasst werden kann. Ebenfalls zu regeln ist, wann und durch wen dem Familiengeschäftsführer die Geschäftsführungsbefugnis entzogen werden kann. Ein Anstellungsvertrag für jedes im Unternehmen tätige Familienmitglied, der sämtliche Vergütungsbestandteile (einschl. der Klasse des Geschäftswagens) ausdrücklich regelt, sollte ebenfalls vorgesehen werden. Absolut wesentlich ist es festzulegen, welches Gremium für diese Themen zuständig sein soll. Auch hier empfiehlt es sich, diesen konfliktträchtigen Bereich einem mit zumindest mehrheitlich externen Dritten besetzten Beirat oder Aufsichtsrat zur Entscheidung zuzuweisen.

Sind mehrere Gesellschafter-Geschäftsführer vorhanden, sollte eine ausdrückliche Kompetenzabgrenzung in einer Geschäftsordnung für die Geschäftsführung mit klaren Zuständigkeiten niedergelegt werden. Dazu gehört auch ein Katalog der Maßnahmen, die die Geschäftsführer nur gemeinschaftlich vornehmen können oder zu deren Vornahme die Zustimmung Aller und/oder eines Aufsichtsgremiums oder der Gesellschafterversammlung erforderlich ist. Insgesamt helfen möglichst klare Regelungen, was ein Gesellschafter-Geschäftsführer darf, welche Vergütung er erhält und wann er der Zustimmung anderer für seine Handlungsweisen bedarf, eine Akzeptanz für seine Tätigkeit im gesamten Gesellschafterkreis zu schaffen. Sie bewahren den Gesellschafter-Geschäftsführer zudem vor zu viel Eigenmächtigkeit, aber auch vor unberechtigten Angriffen gegen seine Person auf Nebenkriegsschauplätzen.

2090 Vgl. *PwC*, Zukunft der Familienunternehmen – Anker für Wirtschaft und Gesellschaft, 2014, 26: Nach der Studie sind in 93 % der befragten Unternehmen weltweit Familienmitglieder in der Unternehmensleitung tätig.

2091 *Kirchdörfer/Lorz*, 2011, Kap. 3, Rz. 3.

1.4.2.4 Konfliktthema finanzielle Interessen

1.4.2.4.1 Trennung Familienvermögen und Unternehmensvermögen

Ein Grundsatz jeder Familiengesellschaft sollte die klare Trennung von Unternehmens- und Familienvermögen sein. Mögliche Leistungsbeziehungen zwischen Unternehmen und Familie sind, ebenso wie die Vergütung von Familienmitgliedern, die im Unternehmen tätig sind, auf arm's-length-Basis, also wie unter fremden Dritten, vorzunehmen. Eine solche Handhabung ist nicht nur aus steuerlichen Gründen notwendig, sondern sie dient auch der Streitvermeidung. Jegliche Beziehung zwischen Familienmitgliedern und dem Unternehmen, auch von Familienmitgliedern, die nicht Gesellschafter sind, sollte der Zustimmung der Gesellschaftermehrheit oder eines Aufsichtsgremiums bedürfen, um den Vorwurf der »Vetternwirtschaft« nicht aufkommen zu lassen.

1.4.2.4.2 Ausschüttungen, Entnahmen und Dividenden

Ein wesentliches Instrument zur Streitvermeidung ist die klare Regelung von Entnahmerechten bei Personengesellschaften oder Dividendenausschüttungen bei Kapitalgesellschaften. Oberste Richtschnur hierfür ist der Kapitalbedarf des Unternehmens. Es muss aber auch vermieden werden, dass die Mehrheit der Gesellschafter Minderheitsgesellschafter »austrocknen« lässt oder sich Gesellschafter zu Lasten der anderen und der Liquidität des Unternehmens »bedienen«. Bei der Gestaltung ist darauf zu achten, dass der Geschäftsführung eine gewisse Sicherheit für die Planung der Liquiditätssituation des Unternehmens ermöglicht wird und auf wirtschaftliche Schwankungen angemessen reagiert werden kann. Bei entsprechendem Versorgungsbedarf der Gesellschafter könnte vorgesehen werden, dass über die Ausschüttungen entsprechend der jeweiligen wirtschaftlichen Situation des Unternehmens abzustimmen ist, bei Uneinigkeit aber zumindest ein zuvor definierter Sockelbetrag des Jahresergebnisses zur Ausschüttung kommt.[2092]

1.4.2.4.3 Disparitätische Kapitalerhöhungen

Gerade bei unterschiedlicher finanzieller Kapazität der Gesellschafter besteht die Gefahr, dass finanziell gut ausgestattete Mehrheitsgesellschafter durch eine vermeintlich für das Unternehmen erforderliche Kapitalerhöhung die Beteiligung von Minderheitsgesellschaftern verwässern. Festlegungen von Zielgrößen für die Eigenkapitalquote, von Alternativregelungen mit einer Pflicht des »reichen« Gesellschafters, dem »Armen« ggf. ein Darlehen zu gewähren, dass er sich paritätisch beteiligen kann, oder Regelungen zur Verkehrswertbestimmung für diesen Fall können geeignet sein, Streitigkeiten in diesem Zusammenhang zu vermeiden.

2092 Vgl. dazu auch *Scherer*, BB 2010, 323 (327); *Hennerkes*, NJW 1988, 2761 (2765).

1.4.2.5 Streitforum Gesellschafterversammlung

1.4.2.5.1 Formeller Rahmen im Gesellschaftsvertrag

Oberstes Gremium in der Gesellschaft ist die Gesellschafterversammlung, in der die Gesellschafter ihre Beschlüsse fassen. Auseinandersetzungen zwischen Gesellschaftern können hier in einem formellen Rahmen offen zutage treten. Im sehr auch auf die Einhaltung formeller Anforderungen ausgerichteten gerichtlichen Beschlussmängelstreitverfahren, das sich bei Kapitalgesellschaften an eine streitige Gesellschafterversammlung anschließt, hat der Verlauf der Gesellschafterversammlung entscheidenden Einfluss auf die Parteienstellung und den Gang des Verfahrens: Die Mehrheit fasst die Beschlüsse, gegen die die Minderheit vorgehen muss; Beklagte ist die Gesellschaft, nicht die Mehrheit der Gesellschafter. Der Minderheitsgesellschafter verliert also in einem solchen gerichtlichen Streitverfahren immer, zumindest in Höhe seiner Beteiligungsquote an der Gesellschaft. Da Gesellschafterstreitigkeiten zumeist den Vorwurf formell nicht ordnungsgemäßen Verhaltens im Vorfeld der Gesellschafterentscheidung enthalten, sind klare und ausführliche Regelungen für die Einladung zu einer Gesellschafterversammlung einschl. der Übersendung der Tagesordnung und der für die Vorbereitung wesentlichen Unterlagen notwendig. Regelungen des Ablaufs einschl. der Festlegung, durch wen die Versammlung einberufen, geleitet und die Beschlüsse festgestellt werden sollen, innerhalb welcher Fristen das Protokoll und etwaige Einwendungen dagegen vorzuliegen haben und welche Rechtsmittel zugelassen werden sollen, können erhebliche Auseinandersetzungen über Formalia vermeiden helfen und dienen daher auch einem ordnungsgemäßen Entscheidungsprozess im Gesellschafterkreis.

1.4.2.5.2 Eindeutige Bestimmung erforderlicher Mehrheiten

Während in Kapitalgesellschaften für die Willensbildung und -äußerung der Gesellschafter grds. das Mehrheitsprinzip gilt (vgl. § 133 Abs. 1 AktG; § 47 Abs. 1 GmbHG), ist bei Personengesellschaften nach dem gesetzlichen Grundsatz Einstimmigkeit erforderlich (vgl. § 119 Abs. 1 HGB). Allerdings kann der Gesellschaftsvertrag etwas anderes anordnen (vgl. § 109 HGB).

Bis vor einigen Jahren wurden Klauseln, die in Personengesellschaften Beschlüsse durch Mehrheitsentscheid zuließen, durch die Rechtsprechung sehr restriktiv ausgelegt und nur dann für zulässig erachtet, wenn der Gegenstand, über den abgestimmt werden sollte, ausdrücklich im Gesellschaftsvertrag aufgeführt war. Diesem Schutz der Minderheit ist zugunsten der Gesellschaftermehrheit durch die Abschaffung des Bestimmtheitsgrundsatzes durch die neuere Rechtsprechung der Boden entzogen.[2093] So ist auch bei Personengesellschaften bei entsprechender Bestimmung im Gesellschaftsvertrag für alle Beschlussgegenstände die im

2093 Vgl. BGH vom 15.01.2007 »*OTTO*«, DB 2007, 564 (565 f.); BGH vom 24.11.2008 »*Schutzgemeinschaftsvertrag II*«, DB 2009, 217 (219 f.); endgültige Aufgabe des Bestimmtheitsgrundsatzes durch BGH vom 21.10.2014, DB 2014, 2640, (2641 ff.), bestätigt durch BGH vom 11.09.2018, NZG 2018, 1226 (1227).

Gesellschaftsvertrag festgelegte einfache oder qualifizierte Mehrheit ausreichend, unabhängig davon, ob der Gegenstand im Gesellschaftsvertrag ausdrücklich benannt wurde. Das gilt zumindest, solange und soweit dadurch nicht der Kern der Mitgliedschaft eines Gesellschafters betroffen ist, denn die Mehrheitsentscheidung als treuwidrige Ausübung der Mehrheitsmacht gegen die Minderheit ist nicht zulässig.[2094] Um Streit unter den Gesellschaftern darüber zu vermeiden, was als »treuwidrig« anzusehen ist, empfiehlt es sich nach wie vor, zumindest wesentliche Beschlussgegenstände, die der Mehrheitsentscheidung unterliegen sollen, ausdrücklich in den Gesellschaftsvertrag aufzunehmen. Für alte Gesellschaftsverträge, die vor dieser Rechtsprechung entstanden sind, sollte geprüft werden, ob sie noch im Lichte der neuen Rechtsprechung das regeln, was einmal beabsichtigt war.

Ein wesentliches Steuerungsmittel zur Streitvermeidung ist die Festlegung der für die jeweilige Frage erforderlichen Mehrheit im Gesellschaftsvertrag, gegebenenfalls mit einem abgestuften Katalog je nach Bedeutung der Maßnahme. Je gravierender und einschneidender eine Maßnahme in die Stellung des einzelnen Gesellschafters eingreift, umso größer sollte die Gesellschaftermehrheit sein, die ihr zustimmen muss. Allerdings darf einer kleinen Minderheit nicht die Möglichkeit gegeben werden, ihr Vetorecht zur Schikane der Mehrheit und zur Verhinderung existenzieller Beschlüsse zu missbrauchen. Daher ist von einem Einstimmigkeitserfordernis i. d. R. abzuraten. Anstelle eines schwarz-weißen Ja oder Neins kann es auch sinnvoll sein, bei für absolut wesentlich gehaltenen Fragen Regelungen zu treffen, die es der Mehrheit ermöglicht, ihre Meinung durchzusetzen, der Minderheit dann aber ggf. den Ausstieg aus dem Unternehmen zu einer angemessen Bewertung eröffnet. Generell sollte von dem Demokratie-Prinzip und der Entscheidung durch die Mehrheit jedoch nicht abgewichen werden. Solange die Minderheit nicht überproportional benachteiligt wird oder sich die Mehrheit überproportional begünstigt, ist es der Minderheit zuzumuten, dass wichtige Fragen durch eine qualifizierte Mehrheit z. B. mit mehr als 75 % der Stimmen entschieden werden. Das muss auch gelten, wenn eine Mehrheit eine bestimmte Unternehmensstrategie für richtig erachtet. Die Minderheitenrechte sollten daher auch nur so stark ausgestaltet sein, dass sie eine Gleichbehandlung der Minderheit gewährleisten und den Mehrheitsgesellschaftern den Missbrauch ihrer Macht erschweren.

1.4.2.5.3 Ausdrückliche Stimmverbote

Ein solches Mittel, um einem Machtmissbrauch von Mehrheitsgesellschaftern vorzubeugen, können in der Satzung vorgesehene Stimmverbote für solche Gesellschafter sein, zu deren einseitigen Gunsten ein Mehrheitsbeschluss wäre. Unabhängig davon, um welche Gesellschafts-

2094 Vgl. BGH vom 21.10.2014, DB 2014, 2640 (2641 f.). Bedeutung und Umfang der sog. Kernbereichslehre sind im Einzelnen sehr umstritten, Rechtsprechung weist darauf hin, »... dass sich der Kreis der nicht ohne Weiteres durch Mehrheitsbeschluss entziehbaren Rechte nicht abstrakt und ohne Berücksichtigung der konkreten Struktur der jeweiligen Personengesellschaft und einer etwaigen besonderen Stellung des betroffenen Gesellschafters umschreiben lässt« (BGH, ZIP 1994, 1942 (1943 f.); BGH ZIP 2013, 67 (73)).

form es sich handelt, kann es sich daher empfehlen, für Themen, die zu einer Interessenskollision bei Gesellschaftern oder einer nicht paritätischen Bevorzugung von Gesellschaftern führen können, wie z. B. ein Beschluss über die Übernahme einer Bürgschaft durch das Unternehmen zugunsten eines Mehrheitsgesellschafters, ausdrückliche Stimmverbote vorzusehen, um von vornherein einen Missbrauch der Mehrheit zu Lasten der Minderheit auszuschließen. Der Katalog solcher Stimmverbote sollte klar und nicht zu umfangreich sein und v.a. abschließend.

1.4.2.5.4 Blockade-Gefahr

Existenziell bedrohlich kann es für das Unternehmen werden, wenn wesentliche Entscheidungen durch Uneinigkeit im Gesellschafterkreis blockiert werden können. Solche Blockaden entstehen, wenn die Gesellschafter-Mehrheit die von dem Minderheits-Gesellschafter-Geschäftsführer vorgeschlagenen Maßnahmen ablehnt oder eine Patt-Situation im Gesellschafterkreis, ähnlich wie bei vielen Joint-Venture-Gesellschaften, entsteht.[2095] Eine solche Blockade-Situation sollte vorausschauend vermieden werden, indem ein übergeordnetes Gremium, z. B. ein Beirat, möglichst besetzt mit sachkundigen externen Personen, für solche Entscheidungen entweder originär bestimmt (Ad-hoc-Streitschlichter) oder als Deeskalationsszenario im Gesellschaftsvertrag bereits vorgesehen ist. Bis eine Klage gegen einen Gesellschafterbeschluss durch Gerichtsurteil rechtskräftig entschieden ist, können Monate, wenn nicht Jahre vergehen, wenn durch sämtliche Instanzen geklagt wird. Sind wesentliche Unternehmensentscheidungen hiervon betroffen, kann durch solch einen Streit das Unternehmen auf existenzbedrohende Weise gelähmt werden.

1.4.2.5.5 Disparitätische Information

Einem streitfördernden Misstrauen von nicht im Unternehmen tätigen Gesellschaftern kann mit einer ausdrücklichen und ausreichenden Regelung der Informationspflichten und einem angemessenen Reporting mit entsprechenden Kontroll- und Überprüfungsrechten vorgebeugt werden. Dem Schutz des Unternehmens vor Missbrauch der Gesellschafterinformationen durch einzelne Gesellschafter dienen Wettbewerbsverbote und Geheimhaltungspflichten für Gesellschafter; bei Wettbewerbstätigkeit eines Gesellschafters kann das im Extremfall auch bis zum Versagen entsprechender Informationen reichen.[2096]

1.4.2.6 Ausscheiden eines Gesellschafters

Im Gegensatz zu Publikumsgesellschaften sind Familienunternehmen nicht auf häufigen Wechsel im Gesellschafterkreis angelegt. Optimaler Weise werden die Anteile weitervererbt oder im

2095 Zu den gesellschaftsvertraglichen Regelungen zur Lösung solcher Blockadesituationen bei Joint-Venture-Gesellschaften vgl. z. B. *Robles y Zepf/Girnth/Stumm*, BB 2016, 2947 (2947 ff.).

2096 So z. B. ausdrücklich § 51a Abs. 2 GmbHG.

Wege der vorweggenommenen Erbfolge übertragen. Dass von Familiengesellschaftern gehaltene Gesellschaftsbeteiligungen an familienfremde Dritte übertragen werden können, ist üblicherweise vertraglich ausgeschlossen oder an die Zustimmung der anderen Gesellschafter geknüpft, um den Charakter als Familiengesellschaft zu erhalten. Gleichwohl können Situationen auftreten, in denen Gesellschafter auszuscheiden wünschen oder sich die übrigen Gesellschafter von einzelnen trennen wollen (s. dazu unter 1.4.6). In solchen Konstellationen besteht regelmäßig Konfliktpotenzial, denn dem Interesse des ausscheidenden Gesellschafters, für seine Beteiligung einen adäquaten Gegenwert zu erhalten, steht das Interesse der anderen Gesellschafter und der Gesellschaft entgegen, zur Schonung der Liquidität der Gesellschaft eine möglichst geringe Abfindung zahlen zu müssen. Der Gesellschaftsvertrag sollte daher so klar wie möglich den Rahmen abstecken, unter welchen Voraussetzungen und zu welchen Konditionen der Austritt oder der Ausschluss eines Gesellschafters möglich sein soll.

1.4.2.7 Störungen durch familiäre Ereignisse

Auch vorausschauende gesellschaftsvertragliche Gestaltungen können torpediert werden, wenn die Erbregelung eines Gesellschafters nicht zur Nachfolgeregelung im Gesellschaftsvertrag passt. Sieht z. B. der Gesellschaftsvertrag vor, dass die Beteiligung nur an bestimmte nachfolgeberechtigte Personen vererbt werden kann, erben jedoch nach der gesetzlichen Erbfolge, einem vorhandenen Testament oder einem Erbvertrag andere oder weitere Personen, kann es zu unerwünschten Konsequenzen bis hin zum Ausscheiden der nicht nachfolgeberechtigten Erben gegen Abfindung mit der Folge eines nicht geplanten Liquiditätsabflusses aus der Gesellschaft kommen[2097] oder, zu Lasten des ausscheidenden Erben, auch zu einem Ausscheiden ohne Abfindung.[2098] Das kann schnell passieren, z. B. wenn der Gesellschaftsvertrag keine Nachfolgeberechtigung von Ehegatten vorsieht, von den Ehegatten aber ein sog. (sehr übliches) Berliner Testament aufgesetzt wurde, ohne dass dabei der Gesellschaftsvertrag mit berücksichtigt wurde. Nicht koordinierte letztwillige Verfügungen können auch zu unerwünschten Ausgleichsforderungen von nicht nachfolgeberechtigten Erben an Gesellschafternachfolger mit einem womöglich in öffentlichen Gerichtsverfahren ausgetragenen Streit über die Bewertung des Unternehmens zur Bestimmung des Erbteils führen. Das ist dann nicht nur für den betroffenen Gesellschafter nachteilig, sondern für den gesamten Gesellschafterkreis, da dabei Interna des Unternehmens über den Umweg eines solchen familiären Konfliktes öffentlich bekannt werden.

Dieses Problem kann z. B. bei dem gar nicht so seltenen Fall auftreten, dass nur eines der Kinder eines Gesellschafters dessen Beteiligung erben soll. Eine im Gesellschaftsvertrag enthaltene Schiedsvereinbarung, die die vertrauliche Behandlung sichern soll, nutzt dann nichts, denn

2097 Mit auch steuerlich nachteiligen Konsequenzen für alle Gesellschafter, *Scherer*, BB 2010, 323 (324).

2098 Im Gegensatz zum Ausscheiden aus sonstigen Gründen lässt die Rechtsprechung Abfindungsbeschränkungen beim Tod eines Gesellschafters bis zum völligen Ausschluss einer Abfindung zu, vgl. zahlreiche Nachweise bei *Roth*, in: Baumbach/Hopt, HGB 2014, § 131 Rz. 62.

die klagenden Geschwister des Gesellschafternachfolgers sind nicht Gesellschafter geworden, so dass für sie die Schiedsabrede nicht gilt. Auch in einem Scheidungsverfahren eines Gesellschafters kann es zum Streit über die Bewertung des Anteils am Unternehmen im Rahmen der Bestimmung der Höhe des Zugewinnausgleichs kommen. Dem Unternehmen wird dann nicht nur durch den Liquidationsabfluss der hohen Ausgleichsforderung, sondern auch durch die Öffentlichkeit eines solchen Streits geschadet.

In vielen Gesellschaftsverträgen von Familiengesellschaften wird daher dadurch Vorsorge gegen die negativen Auswirkungen der Scheidung eines Gesellschafters getroffen, indem allen Gesellschaftern die Pflicht auferlegt wird, eine Güterstandsregelung zu treffen, nach der die Gesellschaftsbeteiligung nicht in den Zugewinnausgleich einbezogen wird,[2099] sei es im Wege der Gütertrennung oder, was in den meisten Fällen vorzugswürdiger sein dürfte, im Wege einer modifizierten Zugewinngemeinschaft. Für den Fall des Todes eines Gesellschafters ist eine solche Gesellschafterverpflichtung für eine ähnliche streitausschließende Regelung zwar sehr empfehlenswert, aber noch äußerst selten, obwohl die Folgen durchaus ebenso nachteilig für die übrigen Gesellschafter und das Unternehmen sein können.

1.4.2.8 Stammes- und Poolregelungen

Wird die Weitergabe der Beteiligung an die nächsten Generationen nicht vorausschauend geplant und geregelt, besteht die Gefahr, dass sich die Gesellschafterbeteiligungen atomisieren und sich der Gesellschafterkreis sprunghaft vergrößert.[2100] Damit einher geht die negative Folge, dass nur noch mit einem Mini-Anteil an der Gesellschaft beteiligte Gesellschafter an den Belangen des Unternehmens nicht mehr interessiert sind, Ausscheidenswünsche entstehen und damit ein wichtiger Vorteil verloren geht, den Familiengesellschaften mit der Bindung der Gesellschafter zum Unternehmen anderen Unternehmensformen voraus haben. Insbesondere bei Personengesellschaften entspricht die Möglichkeit der Einflussnahme häufig nicht mehr der eher geringen Bedeutung des Anteils. In solchen Fällen der natürlichen Verbreiterung des Gesellschafterkreises bieten sich verschiedene Lösungen an: So kann die Struktur der Familiengesellschaft der einer Publikumsgesellschaft mit eingeschränkter Einwirkungsmöglichkeit der Gesellschafter angenähert werden. Die Zahl der möglichen abstimmenden Gesellschafter kann durch die Bildung von Gesellschafterstämmen begrenzt werden, bei denen sich die einem solchen Gesellschafterstamm zugehörigen Gesellschafter auf einen Vertreter in der Gesellschafterversammlung und auf eine Linie bei der Stimmabgabe einigen müssen. Ggf. können solche Strukturen auch mit der verpflichtenden Anordnung erreicht werden, Unterbeteiligungen oder Treuhandverhältnisse zu schaffen. Dabei wird nur eine Person Gesellschafter, aber an dessen Beteiligung sind die übrigen erbberechtigten Personen beteiligt. Da diesen Personen

2099 Zur Frage, ob bei Personengesellschaften durch die Hineinnahme einer solchen Ehevertrags- oder Güterstandsklausel der Gesellschaftsvertrag notariell beurkundungsbedürftig wird, *Scherer*, BB 2010, 323 (326); allgemein zu Güterstandsklauseln in Gesellschaftsverträgen *Werner*, ZErb 2014, 65.

2100 *Werner*, DSWR 2006, 89.

(zumindest) Informationen über den Geschäftsverlauf und das Jahresergebnis zustehen müssen, sollten solche Konstruktionen regelmäßig nur mit Zustimmung der übrigen Gesellschafter zulässig sein unter gleichzeitiger Verpflichtung dieser nur mittelbaren Gesellschafter zur Geheimhaltung. Allerdings ist bei der Regelung solcher Verhältnisse Vorsicht geboten: All solche Konzentrationsregelungen führen zu Stimmenpools und können eine in Familienstämmen vorhandene Lagerbildung fördern.

Bei einem zu großen Gesellschafterkreis kann auch die Einrichtung eines Gesellschafterausschusses, in dem einzelne Personen mehrere Gesellschafter repräsentieren, helfen, erforderliche Beschlussfassungen für unterjährig zu treffende Zustimmungen zu Geschäftsführungsmaßnahmen praktikabel zu halten.

Dagegen sind generationsübergreifende Regelungen, wonach die Beteiligung in jeder Generation grds. nur an einen der Erben weitergegeben werden kann, nicht empfehlenswert. Die Ausgleichsforderungen nicht zum Zuge gekommener Erben können eine Gefahr für den Nachfolgeberechtigten darstellen, wenn das Erbe für eine außergesellschaftliche Abfindungslösung nicht ausreicht und auch keine entsprechenden Erbverzichtsverträge geschlossen wurden, ganz zu schweigen von den negativen familiären Auswirkungen, die solche Stammhalter-Lösungen mit sich bringen.

Sowohl Stammes- als auch Stimmenpoollösungen können auch nachteilige Wirkungen haben. Sie können eine bereits bestehende Fraktionenbildung im Gesellschafterkreis zementieren, Gräben zwischen Gesellschaftergruppen weiter vertiefen und stabilisierende übergreifende Koalitionen in nächsten Generationen erschweren. Bestehen solche Lösungen, sollten sie daher von Zeit zu Zeit auf ihre aktuelle Geeignetheit überprüft werden.

1.4.3 Interne Streitbeilegungsverfahren

1.4.3.1 Gesellschafts- und familieninterne Institutionen

Für Unternehmen bedeuten Auseinandersetzungen von Gesellschaftern vor staatlichen Gerichten eine erhebliche Belastung aufgrund der damit verbundenen Öffentlichkeit, der unproduktiven Bindung von Managementkapazitäten, der Unruhe und Blockade im Gesellschafterkreis und nicht zuletzt durch die dadurch entstehenden Kosten. Bis auf den ersten Punkt, der Öffentlichkeit des Streits, haben auch Schiedsverfahren diese negativen Auswirkungen. Es sollte daher entweder im Gesellschaftsvertrag, in einer Gesellschaftervereinbarung oder in einer bindenden Familienverfassung ein gesellschaftsinternes und/oder familiäres Schlichtungsgremium vorgesehen werden, durch das einer gerichtlichen Auseinandersetzung eine Eskalationsstufe zur internen Streitbeilegung vorgeschaltet wird. So könnte z. B. einem Gremium der Gesellschaft, wie einem Beirat oder einem alle Generationen repräsentierenden Familienausschuss eine Schlichtungs- oder Entscheidungskompetenz zugewiesen werden. In diesem Gremium wird ein definiertes Verfahren zur außergerichtlichen Streitbeilegung durch gütliche Einigung durchgeführt. Solche Maßnahmen setzen die Bereitschaft aller streitenden Parteien voraus, die Entscheidungskompetenz des Gremiums anzuerkennen und an einem Einigungsprozess mitzuwirken. Das kann dadurch befördert werden, dass vor einer externen gerichtlichen Auseinandersetzung zwingend das dafür bestimmte interne Schlichtungsgremium angerufen worden sein muss.[2101] Da streitige Auseinandersetzungen erhebliche negative Auswirkungen auf das Unternehmen haben können, könnte auch an einen Strafausschluss mit entsprechend niedrigerer Bewertung zur Abschreckung gedacht werden.

Interne Gremien zur Streitlösung eignen sich nicht, wenn sämtliche Gesellschafter miteinander im Streit liegen. Sie dürften eher dann in Frage kommen, wenn von mehreren Gesellschaftern nur zwei Gesellschafter oder Gesellschaftergruppen in Streit geraten sind. Den Beteiligten wird durch eine interne Anhörung die Möglichkeit gegeben, in einem geordneten Verfahren und vor einem dafür als zuständig erklärten vertraulich agierenden Gremium die jeweiligen Positionen auszutauschen und mögliche Kompromisslösungen zu erörtern.

Hierfür kommen entweder bereits installierte Gremien der Gesellschaft oder der Familie in Betracht oder ad hoc für den Streitfall gebildete Schlichtungsgremien.

Unabhängig von der konkreten Streitschlichtungsinstanz sollte aber das Verfahren der Streitbeilegung und die Kompetenz des Gremiums im Vorhinein im Gesellschaftsvertrag, einer Gesellschaftervereinbarung oder einer Familienverfassung festgelegt sein. Klare Kompetenzanordnungen, also ob das Gremium abschließend entscheidend können oder nur mediativ Lösungsvorschläge unterbreiten und auf ein Einvernehmen hinwirken soll, nehmen Streithähnen das Drohpotenzial einer Klage gegen die Gesellschaft oder den übrigen Gesellschaftern. Ob einem solchen Gremium tatsächlich streitentscheidende Kompetenz zugebilligt werden soll, ist kritisch zu hinterfragen, denn es könnte an einer Unparteilichkeit der Mitglieder und damit auch an der Akzeptanz seiner Entscheidungen mangeln.[2102]

1.4.3.2 Gesellschafterausschuss

Wenn die Anzahl der Gesellschafter so groß geworden ist, dass eine vernünftige Auseinandersetzung und Diskussion über die Themen des Unternehmens nicht mehr möglich erscheint oder kurzfristige Gesellschafterbeschlüsse nur mit erheblichem Aufwand gefasst werden können, bietet es sich an, einen Gesellschafterausschuss einzurichten. Einem solchen Gremium gehören nicht alle Gesellschafter an, sondern nur einzelne, die als Vertreter von anderen Gesellschaftern fungieren. Die Mitglieder eines Gesellschafterausschusses sollten sich durch besonderes Interesse an den Belangen des Unternehmens und Kompetenz auszeichnen und

2101 *Reichert/Ullrich*, in: Reichert 2015, § 19 Rz. 94.
2102 *Reichert/Ullrich*, in: Reichert 2015, § 19 Rz. 96.

möglichst alle Interessensgruppen aus dem Gesellschafterkreis einschließen. Die gemeinsame Arbeit und Auseinandersetzung mit den das Unternehmen betreffenden Fragen kann zu einer Vertrauensbildung der Mitglieder untereinander führen, die das Gremium auch für streitschlichtende Funktionen prädestiniert.

Soweit dem Gremium Kompetenzen anstelle der Gesellschafterversammlung zugewiesen werden, ist bei der Gestaltung darauf zu achten, dass sich nicht eine Stimmenverschiebung gegenüber der Situation in der Gesellschafterversammlung ergibt. Im Gegensatz zu einem Gremium wie dem Aufsichtsrat dürfte es daher nicht opportun sein, wenn im Gesellschafterausschuss nach Köpfen abgestimmt wird. Dies gilt zumindest dann, wenn der Gesellschafterausschuss regelmäßig anstelle der Gesellschafterversammlung und nicht nur in Sondersituationen wie dem Streit unter Gesellschaftern agieren soll.

1.4.3.3 Beirat oder Aufsichtsrat

Zur Befriedung von Streitigkeiten im Gesellschafterkreis kann sich auch ein mit externen Dritten besetztes Gremium i. S. eines Aufsichts- oder Beirates eignen.[2103]

Anders als bei einem obligatorischen Aufsichtsrat einer AG oder einer mitbestimmten GmbH,[2104] für den Kompetenzen und Aufgaben gesetzlich festgelegt sind, können einem fakultativen Aufsichtsrat oder Beirat je nach den Bedürfnissen des jeweiligen Unternehmens in erheblichem Umfang Kompetenzen anderer Gesellschaftsorgane, insbes. von den Gesellschaftern, übertragen werden.[2105] Begrenzt werden solche Kompetenzzuweisungen nur durch den Kernbereich der Gesellschaftsbeteiligung, der den Gesellschaftern nicht entzogen werden kann. Hierzu gehören z. B. die Satzungskompetenz (§ 53 Abs. 1 GmbHG),[2106] die Ausübung des Auskunftsrechtes (§ 51a GmbHG) oder Maßnahmen zur Kapitalerhöhung oder -herabsetzung (§§ 55, 58 GmbHG).[2107] Diese Befugnisse können nicht dem Aufsichtsgremium zur Entscheidung zugewiesen werden.

Damit der Beirat nicht nur ein verlängerter Arm von zerstrittenen Gesellschafterstämmen ist, sollte möglichst auf Benennungs- oder Entsendungsrechte einzelner Gesellschafter oder Gesellschafterstämme verzichtet werden. Zumindest aber sollte ein neutrales Mitglied von den Beiratsmitgliedern selbst gewählt werden können, das bei Patt-Situationen eine Entscheidungsstimme hat (ähnlich einem Ad-hoc-Schiedsgericht), um eine Blockade in der Unternehmensführung oder im Hinblick auf wichtige Unternehmensentscheidungen zu verhindern.

2103 Zur Eignung des Beiratsgremiums zur Konfliktvermeidung im Familienunternehmen, *Erker*, DStR 2014, 105.

2104 Nach § 1 Abs. 1 Nr. 3 DrittelbG, wenn die GmbH einschl. von ihr beherrschter Unternehmen mehr als 500 Arbeitnehmer hat

2105 Zu verschiedenen Anwendungsfällen für Beiräte z. B. *Wälzholz*, DStR 2003, 511 (511 f.); *Reich/Bode*, ZIP 2017, 1798 (1799 ff.).

2106 BGH vom 25.02.1965, GmbHR 1965, 111.

2107 *Lange*, GmbHR 2006, 897 (899).

Da der Beirat ein Gremium der Gesellschaft und nicht der Familie ist, sollten die Interessen der Gesellschaft Vorrang haben und Richtschnur für dessen Entscheidungen sein.

Für externe Dritte ist es häufig leichter als für Familienmitglieder, unbequeme Entscheidungen zu treffen. Aufgrund dessen bietet sich ein solches Organ v.a. auch dann an, wenn Entscheidungen im Interesse des Unternehmens gegen einzelne Gesellschafter zu treffen sind. Das gilt insbesondere auch für Fragen der Nachfolge oder wenn Familienmitglieder leitende Positionen im Unternehmen übernehmen wollen.

Allerdings macht es nur Sinn, ein solches Gremium einzurichten und die zusätzliche Komplexität und Kosten für die Vergütung der Organmitglieder aufzuwenden, wenn das Gremium frei entscheiden kann und es keine Beeinflussung durch einen starken Patriarchen gibt, der die Beiratsbesetzung und dessen Entscheidungen im Wesentlichen bestimmt. Je finanziell und emotional unabhängiger die Mitglieder eines solchen Beirats sind und je erfahrener und kompetenter sie in Unternehmensführung und gesellschaftsrechtlichen Fragen, aber auch in Verhandlungs- und Streitschlichtungssituationen sind, desto eher wird ein solches Gremium tatsächlich konfliktlösend im Interesse des Unternehmens wirken können.

Ist solch ein Organ rein fakultativ, kann es frei nach den jeweiligen Bedürfnissen des Unternehmens oder der Familie gestaltet werden. Soll der Beirat streitschlichtende Funktion haben, ist es sinnvoll, ihn nicht nur mit beratenden oder repräsentativen Aufgaben auszustatten, sondern ihm auch Kontroll- und Entscheidungsfunktionen zu übertragen.

Externe Beiratsmitglieder sollten aufgrund ihrer Kompetenz in Fragen der Unternehmensführung, ihres Verständnisses für das Geschäft des Familienunternehmens und ihrer Erfahrung bei der Beratung von Familiengesellschaftern in das Gremium berufen werden, nicht allein aufgrund ihrer Nähe zu einzelnen Familienmitgliedern. Es kann daher auch sinnvoll sein, wesentliche Fragen der operativen Führung von den Gesellschaftern auf den Beirat zu verlagern, oder ihn als Sparringspartner der Geschäftsführung zu installieren. Ein Katalog von Geschäftsführungsmaßnahmen, zu deren Vornahme die Geschäftsführung der Zustimmung bedarf, könnte verschiedene Stufen enthalten, so dass für Fragen der operativen Geschäftsführung die Zustimmung des Beirats erforderlich ist, während für wesentliche Entscheidungen, z.B über Investitionen, oder Finanzierungsfragen nach wie vor die Zustimmung der Gesellschafter erforderlich wäre.[2108] Auch wenn wichtige strategische Entscheidungen anstehen oder andere Themen, die erheblichen Einfluss auf den Wert der Beteiligung haben können, werden es sich die Gesellschafter nicht nehmen lassen, darüber selbst entscheiden zu wollen. Allerdings könnte es, insbesondere bei einem in unternehmerischen Dingen nicht so erfahrenen Gesellschafterkreis, durchaus sinnvoll sein, vorzusehen, dass die Gesellschafter vor einer solchen Entscheidung den Beirat hören müssen. Gerade über diese Themen bricht aber häufig Streit aus, daher ist es sehr

2108 *Duve*, AnwBl 2007, 389 (392); *Lange*, GmbHR 2006, 897 (899 f.).

von der Gestaltung abhängig, welche Bedeutung ein Beirat tatsächlich in streitschlichtender Funktion haben kann.

1.4.3.4 Familientag

Wesentliche Fragen des Unternehmens werden im Rahmen der Gesellschafterversammlung erörtert und entschieden. In Familienunternehmen sind diese Versammlungen aber häufig nicht ausreichend und wenig dazu geeignet, dass sich die Gesellschafter über die Ziele, die sie für und mit dem Unternehmen verfolgen, verständigen und über konkrete Maßnahmen Beschluss fassen können. Durch näheres Kennenlernen und den Austausch untereinander können Misstrauen und Vorbehalte anderen Gesellschaftern oder Familienzweigen gegenüber abgebaut werden. Es kann daher sinnvoll sein, neben der institutionellen und häufig rein nach formalen Kriterien ablaufenden, häufig nur einmal im Jahr stattfindenden Gesellschafterversammlung weitere Möglichkeiten zu schaffen, zu denen sich die Familiengesellschafter treffen und kennenlernen können, um so Vertrauen und Verständnis füreinander und ein Gemeinschafts- und Verantwortungsgefühl aufzubauen, und damit auch die Gefahr eines Konfliktes zwischen den Gesellschaftern zu verringern. Insbesondere bei mehreren Familienstämmen im Gesellschafterkreis werden gute Erfahrungen für den Aufbau und Erhalt eines solchen Familiengeistes damit gemacht, die Gesellschafter bei einem Familientag zusammen zu führen. Bei einem solchen Treffen können Schulungen den Gesellschaftern das Unternehmen und seine Tätigkeiten näherbringen oder ein gemeinsames Verständnis und Bewusstsein für die Verantwortung, die mit der Gesellschafterposition verbunden ist, in Workshops erarbeitet werden. Solche Familientage eignen sich auch hervorragend, um mögliche Nachfolgekandidaten für Positionen im Unternehmen oder in den Gesellschaftergremien frühzeitig zu identifizieren und sie gezielt auf die Unternehmensaufgaben vorzubereiten. Da solche Familientage das Kennenlernen der Gesellschafter fördert, wirken sie in hohem Maße präventiv streitverhindernd. Für die Lösung bereits aufgetretener Konflikte eignen sie sich jedoch i. d. R. nicht.

1.4.3.5 Integrative Konsultationen

Gesellschafter, insbesondere wenn sie sich in der Minderheit befinden, artikulieren in der formalen Gesellschafterversammlung häufig ihre Meinungen oder Bedenken nicht öffentlich. Sie fühlen sich zu wenig informiert oder haben Sorge, dass ihre Wortbeiträge nicht kenntnisreich genug sind und sie nicht ernst genommen werden. Stattdessen bekunden sie ihren Unmut dadurch, dass sie gegen Beschlussanträge stimmen. Die Ansprache solcher Gesellschafter im Vorfeld einer wesentlichen Entscheidung durch den Vorsitzenden der Gesellschafterversammlung oder des Beirates oder sonstiger externer Dritter kann einen erheblichen Beitrag zur Streitvermeidung leisten. Im Rahmen einer solchen Konsultation kann ein Nicht-Gesellschafter, ggf. auch aus dem Beirat, die Meinung der Gesellschafter zu wesentlichen anstehenden Entscheidungen einholen. Dadurch entsteht die Gelegenheit zur internen, auf einen begrenzten

Teilnehmerkreis beschränkten Diskussion mit der Möglichkeit, Bedenken aufzunehmen oder auszuräumen, bevor es zu einer streitigen Gesellschafterversammlung kommt. Gerade in Familiengesellschaften sind die agierenden Personen und ihre Positionen häufig bekannt; Bedenken können aufgenommen, Anregungen in den Beschlussantrag verarbeitet werden und den zunächst ablehnend eingestellten Familienmitgliedern dadurch das Gefühl gegeben werden, an dem zur Rede stehenden Beschluss gestaltend mit beteiligt zu sein.

1.4.3.6 Familienrat

Für Familien mit einem hohen Gemeinschaftsbewusstsein und dem unbedingten Willen, interne Konflikte keinesfalls nach außen dringen zu lassen, bietet sich die Einrichtung eines Familienrates als Streitschlichtungsgremium an. Ein solches Gremium kann sowohl für vorrangig familiäre Konflikte, als auch für die zwischen den Gesellschaftern auftretenden unterschiedlichen Ansichten über Unternehmensfragen als Vermittlungs- und Entscheidungsgremium dienen. Im Rahmen der Sitzungen des Familienrates können die unterschiedlichen Ansichten vorgetragen und einer Abstimmung zugeführt werden. Im Gegensatz zu einem Beirat ist der Familienrat regelmäßig mit Mitgliedern der Unternehmerfamilie besetzt. Je nach Konstellation der Gesellschafterzusammensetzung kann es Sinn machen, aus jedem Stamm, aus jeder Generation oder aus jeder Interessensgruppe einen Vertreter in den Familienrat zu entsenden. Ein Familienrat macht jedoch nur dann Sinn, wenn Entscheidungen, die durch ihn getroffen werden, auch respektiert werden und alle Familienmitglieder gewillt sind, sich der Entscheidung zu unterwerfen. In die Gesellschaftsverträge implementierte Vorgaben, wonach die Entscheidungen eines solchen Gremiums abschließend und nicht mehr justiziabel sind, können die Akzeptanz, aber auch die Schwelle, es zu einer solchen Entscheidung kommen zu lassen, erhöhen.

Der Familienrat ist das berufene Gremium, das über die Einhaltung der Familienverfassung wachen kann.[2109] Die Kompetenz und die Eignung zur Streitschlichtung des Familienrates hängt sehr von den Personen ab, mit denen er besetzt ist, und von deren Stellung und Ansehen in der Familie und im Unternehmen. Werden der Familienrat und seine Mitglieder nicht allseits von den Gesellschaftern akzeptiert, nützt letztendlich auch die Ausstattung des Familienrates mit weitreichenden Kompetenzen nichts, wenn gleichwohl die gerichtliche Auseinandersetzung gesucht werden kann. Da ein Ausschluss des externen Rechtsweges durch die Entscheidung des Familienrates eher selten ist, eignet sich der Familienrat zwar sehr gut als erste Streitschlichtungsebene, nicht jedoch als letzte Instanz.[2110]

2109 *Fabis*, 2007, 84.
2110 *Jansen/Beyerlein*, BB 2012, 733 (736).

1.4.4 Einvernehmliche externe Streitbeilegung

Anstelle von familien- oder gesellschaftsinternen Gremien können auch externe Dritte, wie ein Mediator, für die einvernehmliche Streitbeilegung auf der ersten Stufe der Streitlösung vorgesehen werden[2111]. Im Gegensatz zu einem Urteil eines staatlichen Gerichts oder eines Schiedsgerichts ist das Mediationsverfahren als Schlichtungsverfahren auf eine einvernehmliche Streitbeilegung der Parteien gerichtet und setzt Konsensbereitschaft voraus. Nach § 1 Abs. 1 des Mediationsgesetzes[2112] ist die Mediation »ein vertrauliches und strukturiertes Verfahren, bei dem Parteien mit Hilfe eines oder mehrerer Mediatoren freiwillig und eigenverantwortlich eine einvernehmliche Beilegung ihres Konfliktes anstreben«[2113]. Zwar ist der Mediator, der nach dem Mediationsgesetz agiert, wie ein Richter eine unabhängige und neutrale Person. Er hat aber im Gegensatz zu einem staatlichen Gericht oder einem Schiedsgericht ausdrücklich keine Entscheidungsbefugnis (§ 1 Abs. 2 Mediationsgesetz). Für ein Mediationsverfahren ist eine grundsätzliche Konsensbereitschaft der Parteien erforderlich, die schon dadurch geprüft wird, dass sie den Mediator gemeinsam auswählen müssen (§ 2 Abs. 1 Mediationsgesetz) und jede Partei das Mediationsverfahren jederzeit auch ohne Abschlussvereinbarung beenden kann.

Den Weg in das Mediationsverfahren können Mediationsklauseln eröffnen, die neben der Beseitigung der »First-Move-Barriere« auch der Verfahrensvereinfachung dienen können.[2114]

Bevor es zu einem institutionalisierten Verfahren der Streitbeilegung kommt, haben die Parteien in aller Regel z. B. im Rahmen einer streitigen Gesellschafterversammlung die verschiedenen Positionen ausführlich ausgetauscht und auf die eine oder andere Weise Einigungsversuche unternommen. Ob dann einem weiteren auf Konsenswillen beruhenden Verfahren Erfolgsaussichten beschieden sind, kann zweifelhaft sein. Gerade aber bei Familiengesellschaften liegen die Konflikte häufiger auf emotionaler und psychologischer Ebene; nur vordergründig werden unternehmensrelevante Begründungen ins Feld geführt. In solchen Fällen kann sich eine gute, psychologisch geschulte und einfühlsame Mediation als richtiges Instrument erweisen, den Konflikt mit kreativen Lösungen appellierend an die Kompromissbereitschaft gesichtswahrend für alle Beteiligten zu lösen, um ein zukünftiges Miteinander zu ermöglichen. Dabei ist es wichtig, dass die Parteien zu den Wurzeln ihrer Auseinandersetzung finden und sich auch für die Zukunft über ihre Motivation und die tatsächlichen Grundlagen des Streits im Klaren sind. Der Mediator kann »sortierende« Wirkung haben und die Dinge klar auf den Punkt bringen, wo die streitenden Parteien zu sehr in ihren subjektiven Denkweisen und familiären Geschichten verhaftet sind.

2111 Zu Konfliktlösung durch Mediation bei Gesellschafterstreitigkeiten s. ausführlich *Dendorfer/Krebs*, MittBayNot 2008, 85.

2112 Gesetz zur Förderung der Mediation und anderer Verfahren außergerichtlicher Konfliktbeilegung vom 26.07.2012, BGBl I 2012, 1577.

2113 Zur Überprüfung des Mediationsgesetzes auf seine Tauglichkeit vgl. *Gullo*, GWR 2012, 385.

2114 Siehe dazu z. B. *Dendorfer/Krebs*, MittBayNot 2008, 85 (90).

Im Vergleich mit einem Familienrat oder einem, auch mit Externen besetzten Beirat hat das Mediationsverfahren den Vorteil, dass der Mediator für beide Parteien eine fremde Person ist und damit eine größere Gewähr für Objektivität bietet, als das bei Akteuren der Fall ist, die mit dem Unternehmen und den beteiligten Personen schon länger bekannt sind. Andererseits ist der Mediator nicht so mit den gewachsenen historischen Gegebenheiten und Hintergründen von Unternehmen und Familie vertraut. Da er aber selbst keine Entscheidungen trifft, sondern eine Vereinbarung der Kontrahenten herbeizuführen sucht, wirkt sich dieser Umstand nicht negativ, sondern eher positiv aus.

Generell bietet das Mediationsverfahren durch die Verschwiegenheitspflicht des Mediators Schutz vor der Öffentlichkeit. Auch die Anforderungen, die an die Aus- und Fortbildung des Mediators sowohl durch das Mediationsgesetz als auch durch eine nach §6 Mediationsgesetz vom Bundesministerium der Justiz zu erlassende Ausbildungsverordnung[2115] für einen zertifizierten Mediator gestellt werden, bieten eine gewisse Gewähr für ein professionell ablaufendes Verfahren verglichen mit rein internen Streitschlichtungsversuchen der Parteien. Aber auch ein nichtöffentliches Mediationsverfahren ist kein Garant dafür, dass ein Gesellschafterstreit nicht doch an die Öffentlichkeit gerät. Das zeigen Berichterstattungen in den Medien über solche Verfahren.[2116]

1.4.5 Streitige Auseinandersetzung im Gesellschafterkreis

1.4.5.1 Staatliche Gerichte vs. Schiedsgerichtsbarkeit

War eine einvernehmliche Streitbeilegung oder auch eine kontradiktorische Entscheidung durch ein gesellschaftsinternes Gremium wie z. B. durch einen Familienrat oder einen Beirat im Rahmen der Eskalation auf der ersten Stufe nicht erfolgreich, und kommt es zu einer streitigen Auseinandersetzung vor einem Gericht, hängt es von der zuvor im Gesellschaftsvertrag getroffenen Entscheidung der Gesellschafter ab, ob ein staatliches Gericht in einem öffentlichen Verfahren oder ein für diesen Fall zu bildendes Schiedsgericht als außenstehende Instanz über den Streit entscheidet. Wurde keine Schiedsvereinbarung im Gesellschaftsvertrag oder in einem gesonderten Schiedsvertrag getroffen, sind die staatlichen Gerichte zuständig. Es ist aber auch möglich, dass sich die Parteien erst nach dem Ausbruch des Konflikts darauf verständigen, ein privates Schiedsgericht für zuständig zu erklären, anstatt vor ein staatliches Gericht zu ziehen und den Streit damit öffentlich zu machen. Regelmäßig sind die Konfliktparteien aber leider nicht mehr in der Lage, sich diesbezüglich zu verständigen, wenn erst einmal der Gang vor das Gericht, sei es ein staatliches oder ein Schiedsgericht, angedroht ist.

Der Vorteil eines Schiedsgerichtsverfahrens gegenüber einem Verfahren vor den staatlichen Gerichten liegt im Wesentlichen darin, dass die Öffentlichkeit ausgeschlossen ist. Damit besteht

2115 Verordnung über die Aus- und Fortbildung von zertifizierten Mediatoren (ZmediatAusbV) vom 21.08.2016.

2116 SZ-Serie »Familienunternehmen – Zoff unter Verwandten«, 12.11.2009, abrufbar unterwww.sueddeutsche.de; vgl. auch *Jansen/Beyerlein*, BB 2012, 733 (735).

eine größere Gewähr dafür, dass die Familien- und Unternehmensinterna nicht einem breiten Publikum zugänglich gemacht werden. Zudem führt das private Schiedsverfahren, das generell nur aus einer Instanz besteht, i. d. R. schneller zu einer Entscheidung als das kaum durch die Parteien zu beschleunigende Verfahren vor den staatlichen Gerichten, das zudem die Möglichkeit bietet, den Streit durch mehrere Instanzen treiben zu können.

Die Entscheidung des Schiedsgerichts ist verbindlich und nur noch sehr eingeschränkt durch ein staatliches Gericht nachprüfbar (§ 1059 ZPO). Zwar ist ein privates Schiedsgericht i. d. R. teurer als die erste Instanz vor einem staatlichen Gericht. Mit dem Schiedsspruch ist der Rechtsstreit jedoch auch i. d. R. abgeschlossen.

Die Richter des Schiedsgerichts können von den Parteien bestimmt werden. So können Experten für die jeweilige streitige Fragestellung als Schiedsrichter ausgewählt werden.

Zulässig ist auch die Überantwortung der Streitentscheidung an ein institutionelles Schiedsgericht. Damit aber haben die Parteien keinen Einfluss mehr auf die Auswahl und Kompetenz der Schiedsrichter, so dass ein wesentlicher Vorteil des Schiedsverfahrens gegenüber der staatlichen Gerichtsbarkeit verloren geht.

Obwohl die Streitlösung mittels Schiedsgericht eine Reihe von Vorteilen gegenüber den Verfahren vor den ordentlichen Gerichten bieten kann, haben aber einige Familiengesellschaften sich dazu entschieden, gerade keine Schiedsgerichtsbarkeit zu vereinbaren, um die Hürde für eine streitige, dann öffentliche Auseinandersetzung als Abschreckung möglichst hoch zu legen.

1.4.5.2 Wirksame Schiedsvereinbarung

Nach früheren Unsicherheiten, ob gesellschaftsrechtliche Streitigkeiten überhaupt durch ein Schiedsgericht wirksam entschieden werden können, ist durch ein grundlegendes Urteil des BGH mittlerweile die Schiedsfähigkeit von gesellschaftsrechtlichen Angelegenheiten auch in Beschlussmängelstreitigkeiten grds. anerkannt. Voraussetzung ist v.a., dass eine wirksame Schiedsvereinbarung getroffen wurde.[2117] Die Deutsche Institution für Schiedsgerichtsbarkeit (DIS) e.V. hat dazu Regeln für gesellschaftsrechtliche Streitigkeiten erlassen, die die DIS-Schiedsordnung ergänzen und die von den Parteien im Gesellschaftsvertrag vereinbart werden

2117 BGH vom 06.04.2009, NJW 2009, 1962 (1963 f.); *Manner*, BB 2009, 1263 (1263 f.). Dies und über die weiteren Anforderungen für die Schiedsfähigkeit von Beschlussmängelstreitigkeiten im GmbH-Recht hat der BGH in seiner »Schiedsfähigkeit II«-Entscheidung entschieden; umfassend zu Schiedsverfahren bei Kapitalgesellschaften *Westermann*, ZGR 2017, 38 ff.; BGH vom 06.04.2009, NJW 2009, 1962 (1963 f.); *Manner*, BB 2009, 1263 (1263 f.); in der »Schiedsfähigkeit III«-Entscheidung vom 06.02.2017 hat der BGH seine für die Schiedsfähigkeit von GmbH-Beschlussmängelstreitigkeiten formulierten Anforderungen im Grundsatz auch auf Personengesellschaften übertragen, SchiedsVZ, 194 (195 f.); kritisch hierzu z. B. *Koller/Kindler/Roth/Drüen*, § 119 Rn. 20; *Baumann/Wagner*, BB 2017, 1993 ff.; HGB für die Übertragbarkeit der Grundsätze von »Schiedsfähigkeit II« auf Personengesellschaften, wenn der Gesellschaftsvertrag bei Beschlussmängelstreitigkeiten vorsieht, dass die Klage gegen die Gesellschaft zu richten ist, *Sackmann*, NZG 2016, 1041 (1044 f.), zustimmend *Borris*, NZG 2017, 761 (765).

können.[2118] Diese Regeln eignen sich insbes. für die GmbH nach deutschem Recht, vorwiegend für Beschlussmängelstreitigkeiten, bei denen die Partei, die im Beschluss unterlag, eine Klage gegen die Gesellschaft richten muss.[2119] Auch für erbrechtliche Themen bietet sich ein Schiedsverfahren an, es muss aber durch Testament für den Konfliktfall angeordnet werden.[2120]

Damit ein Schiedsgericht anstelle eines staatlichen Gerichts zuständig ist, muss eine formwirksame Schiedsvereinbarung gem. § 1029 ff. ZPO vereinbart worden sein. Für Gesellschaftsverträge von Personengesellschaften, die nach dem 01.01.1998 abgeschlossen wurden, kann die Schiedsabrede formwirksam in den Gesellschaftsvertrag integriert werden, wenn der Gesellschaftsvertrag von allen Gesellschaftern persönlich unterzeichnet wurde. Eine nachträglich außerhalb des Gesellschaftsvertrages abgeschlossene Schiedsvereinbarung bedarf eines einstimmigen Beschlusses der Gesellschafter, da der Wechsel von der staatlichen zur privaten Gerichtsbarkeit zum Kernbereich der Mitgliedschaft zählt und somit nicht durch Mehrheitsbeschluss festgelegt werden kann.[2121]

Bei einer GmbH kann die Schiedsvereinbarung formwirksam in den Gesellschaftsvertrag integriert werden, da der Gesellschaftsvertrag ohnehin sowohl bei Gründung der Gesellschaft als auch bei jeder Änderung notariell beurkundet werden muss. Damit wird den gesetzlichen Formvorschriften ausreichend Rechnung getragen. Auch bei der GmbH ist jedoch für die nachträgliche Vereinbarung einer Schiedsgerichtsbarkeit durch Satzungsänderung Einstimmigkeit der Gesellschafter erforderlich. Die durch Gesetz oder im Gesellschaftsvertrag für Satzungsänderungen festgelegte qualifizierte Mehrheit ist nicht ausreichend.[2122]

Die Schiedsabrede und damit die Änderung der Gerichtsbarkeit ist ein Teil der Ausgestaltung der Gesellschaftsbeteiligung selbst, so dass sie bei einer Übertragung der Beteiligung, sei es durch Einzel- oder Gesamtrechtsnachfolge, auch für den Erwerber gilt, ohne dass er selbst seinen Beitritt zur Schiedsvereinbarung erklären muss.[2123]

1.4.5.3 Beschlussmängelstreitigkeiten

Gesellschafter treffen ihre Entscheidungen durch Beschlüsse. Streitigkeiten über die Wirksamkeit von Beschlüssen, sog. Beschlussmängelstreitigkeiten, stellen mit Abstand den größten Teil der von Gerichten zu entscheidenden Gesellschafterstreitigkeiten dar.[2124] Unabhängig davon,

2118 DIS »Ergänzende Regeln für gesellschaftsrechtliche Streitigkeiten« (ERGeS), abrufbar unterwww.dis-arb.de.

2119 Dazu und die Anforderungen an Schiedsverfahren in Beschlussmängelstreitigkeiten der GmbH *Zöllner*, in Baumbach/Hueck, GmbHG 2013), Anh. § 47, Rz. 32 ff.

2120 Vgl. Schiedsordnung des Vereins Deutsche Schiedsgerichtsbarkeit für Erbstreitigkeiten, abrufbar unterwww.dsc-erbrecht.de.

2121 *Lutz*, 2020, Rz. 836 m. w. N.

2122 BGH vom 06.04.2009, NJW 2009, 1962 (1964) »Schiedsfähigkeit II«.

2123 BGH vom 02.10.1997, NJW 1998, 371; BGH vom 01.08.2002, NZG 2002, 955.

2124 *Lutz*, 2020, Rz. 604.

ob die Gesellschafter über die Bestellung oder Abberufung von Geschäftsführern, wesentliche operative oder strategische Fragen oder die Feststellung von Jahresabschlüssen oder Dividendenausschüttungen entscheiden: Bei unterschiedlichen Auffassungen setzt sich die Gesellschaftermehrheit regelmäßig durch. Der Minderheit bleibt oft nur der Ausweg, die etwaige Unwirksamkeit der Mehrheitsentscheidung gerichtlich feststellen zu lassen. Dabei werden in der Regel sämtliche möglichen Anknüpfungspunkte für eine Unwirksamkeitsrüge genutzt, von formalen Fehlern, z. B. Einberufungsmängeln oder fehlender Vertretungsmacht, bis zu den Rügen der Verletzung materiellen Rechts und hier insbes. einem durch die Abstimmung der Mehrheitsgruppe erfolgten Verstoß gegen ein Stimmverbot[2125] oder die Verletzung der gesellschafterlichen Treuepflicht. Diese verpflichtet jeden Gesellschafter, bei der Abgabe seiner Stimme die Interessen der Gesellschaft zu berücksichtigen.[2126] In diesen Konstellationen ist auch ein Verstoß gegen den Gleichbehandlungsgrundsatz zu finden, wenn die Gesellschafter willkürlich, sachlich nicht gerechtfertigt unterschiedlich behandelt werden.[2127]

Bei Kapitalgesellschaften findet das Beschlussmängelrecht der §§ 241 ff. AktG (für GmbH analoge) Anwendung, wonach zwischen nichtigen (bei gravierenden verfahrens- oder materiell-rechtlichen Verstößen) und nur anfechtbaren Beschlussfehlern unterschieden wird. Beschlüsse, die nur anfechtbare Verstöße aufweisen, sind im Gegensatz zu den von vorneherein nichtigen Beschlüssen nur dann unwirksam, wenn sie nicht innerhalb der gesetzlich oder gesellschaftsvertraglich bestimmten Anfechtungsfrist erfolgreich gerichtlich angegriffen werden. Um zu vermeiden, dass das Gericht anstelle eines von Anfang an nichtigen Verstoßes von einem nur anfechtbaren Mangel ausgeht und möglicherweise aufgrund Überschreitung der Anfechtungsfrist die Klage abweist, sollte bei jeder Klage gegen einen Beschluss die Anfechtungsfrist eingehalten werden, auch wenn der klagende Gesellschafter der Auffassung ist, es handele sich um einen nichtigen Beschluss. Aber auch der von vorneherein nichtige Beschluss ist durch die Beschlussfeststellung in der Welt und muss, damit er nicht gleichwohl von den Mehrheitsgesellschaftern umgesetzt wird, vom Minderheitsgesellschafter aktiv im Klagewege beseitigt werden. Der Minderheitsgesellschafter ist also in jedem Fall darauf angewiesen, gegen den durch den Leiter der Gesellschafterversammlung festgestellten Beschluss vor Gericht zu klagen.

Für den klagenden Minderheitsgesellschafter einer Kapitalgesellschaft zeigt sich in Beschlussmängelstreitigkeiten ein struktureller gravierender Nachteil: Die Klage ist keineswegs gegen die Mehrheitsgesellschafter, die den anzugreifenden Beschluss gefasst haben, zu richten, sondern gegen die Gesellschaft selbst. Dadurch trägt der klagende Minderheitsgesellschafter auch dann, wenn er obsiegt, zumindest mittelbar in Höhe seiner Beteiligungsquote an der Gesellschaft die Kosten des Verfahrens. Für die Kosten und die weiteren Schäden, die die GmbH

2125 *Lutz*, 2020, Rz. 47 ff.

2126 Vgl. nur umfassende Nachweise zu Rechtsprechung und Schrifttum zur allgemeinen gesellschafterlichen Treuepflicht bei *Roth*, in: Baumbach/Hopt, HGB 2018, § 109 Rz. 23; *Fastrich*, in: Baumbach/Hueck, GmbHG 2013, § 13 Rz. 20.

2127 Vgl. nur BGH vom 16.12.1991, NJW 1992, 892 (895 f.).

durch die fehlerhafte Beschlussfassung ihrer Gesellschafter erlitten hat, können die Mehrheitsgesellschafter ggfs. schadensersatzpflichtig sein, doch dafür müsste die GmbH gegen ihre Mehrheitsgesellschafter vorgehen, was ggf. gleich den nächsten Streit provozieren kann. Ein weiterer Nachteil für den klagenden Gesellschafter ist, dass er die laufenden Kosten für das Gerichtsverfahren (Gerichtskostenvorschuss, Anwalt) zumindest zunächst selbst trägt, während die Interessen der Mehrheitsgesellschafter durch die Gesellschaft vertreten werden, die auch die Kosten trägt.

Bei Personengesellschaften stellt sich diese Problematik nicht, denn hier ist die Klage, die regelmäßig als Feststellungsklage gem. § 256 Abs. 1 ZPO auf die Feststellung der Beschlussnichtigkeit zielt, gegen diejenigen Mitgesellschafter als Beklagte zu richten, die die Nichtigkeit bestreiten, wenn der Gesellschaftsvertrag nicht etwas anderes bestimmt.[2128]

Aber auch wenn die Minderheit vor Gericht obsiegt, besteht die Gefahr, dass der Streit über den konkreten Beschlussgegenstand dadurch nicht erledigt wird. Nichts hindert die Mehrheitsgesellschafter, einen ähnlichen Beschluss in der nächsten Gesellschafterversammlung erneut zu fassen. Damit sich die Kostenspirale zu Lasten des Unternehmens nicht weiter dreht, sollte ein anhaltender Streit zum Anlass genommen werden, über endgültige Lösungen im Gesellschafterkreis wie ein Ausscheiden, eine Realteilung o. Ä. nachzudenken, bevor der Gesellschafterstreit den gemeinsamen Wert, das Unternehmen selbst, zerstört. Für die Vorbereitung solcher Lösungen ist nicht selten Druck von außen nötig, z. B. durch die kreditgebenden Banken, wichtige Kunden oder von Seiten eines Fremdmanagements.

1.4.5.4 Gestaltungsklagen

Gerichtlich ausgefochtene Beschlussmängelstreitigkeiten mit ihren Vorwürfen von nicht eingehaltenen Formalia und gesellschafts- und treuwidrigem Verhalten sind Beleg für bereits bestehende schwerwiegende Zerwürfnisse im Familiengesellschafterkreis. Klagen einer Gesellschaftergruppe gegen ihre Mitgesellschafter, die auf die Änderung eines Zustandes zu Lasten einer anderen Gesellschaftergruppe gerichtet sind, wie die Entziehung der Geschäftsführung oder den Ausschluss einzelner Gesellschafter aus der Gesellschaft, bergen die Gefahr, den Familienfrieden dauerhaft zu zerstören.

Bei Kapitalgesellschaften sind solche Gestaltungsmaßnahmen durch Gesellschafterbeschlüsse vorzubereiten und können dann Gegenstand von Beschlussmängelklageverfahren sein (vgl. 1.4.5.3). Bei Personengesellschaften hingegen steht den Gesellschaftern der Weg offen, ihrem Mitgesellschafter direkt durch Klage die Vertretungsmacht (§ 127 HGB) oder die Geschäftsführungsbefugnis (§ 117 HGB) zu entziehen oder sogar Gesellschafter aus der Gesellschaft

2128 Vgl. BGH vom 01.03.2011, NJW 2011, 2578 (2579).

auszuschließen (§ 140 HGB). Bei einer GmbH & Co. KG ist dafür ein Beschluss der Gesellschafter, also der Kommanditisten, erforderlich. Das gilt auch bei einer Einheitsgesellschaft, also einer gesellschaftsrechtlichen Gestaltung, bei der die Kommanditgesellschaft alleinige Gesellschafterin der GmbH ist und an sich durch die GmbH als zumeist alleinige Komplementärin vertreten wird, denn der Gesellschaftsvertrag einer solchen Kommanditgesellschaft sollte vorsehen, dass bei Angelegenheiten, die die GmbH betreffen, die Kommanditisten selbst zur Vertretung befugt sind. Das gilt jedenfalls dann, wenn der Gesellschaftsvertrag nicht ausdrücklich für solche Maßnahmen in der Personengesellschaft statt einer solchen Klage unter Mitgesellschaftern einen Gesellschafterbeschluss erfordert. Für solche Maßnahmen ist jeweils ein »wichtiger Grund« erforderlich. Darüber, ob dieser tatsächlich gegeben und v.a. auch ausreichend ist, haben die Gesellschafter regelmäßig unterschiedliche Auffassungen, über die sich dann gerichtlich auseinandergesetzt wird.

Bei Personengesellschaften ist die Klage gegen den Betroffenen von allen übrigen Gesellschaftern zu führen oder zumindest zu unterstützen.[2129] Gesellschafter, die sich der Klage gegen den Betroffenen nicht anschließen möchten, müssen auf Zustimmung verklagt werden. Das Zerstörungspotenzial ist daher für die Gesellschaft und die Familie bei einer solchen Streitigkeit erheblich, denn jeder Gesellschafter wird zur Parteinahme gezwungen. Ein neutrales »Sich-Heraushalten« ist nicht möglich. Das Gleiche gilt auch, wenn ein Gesellschafter auf Auflösung der Gesellschaft klagt (§ 133 HGB, § 61 GmbH).

1.4.5.5 Informationserzwingungsklagen

Werden Gesellschafter über die Belange der Gesellschaft ungleich und trotz entsprechendem Auskunftsverlangen nicht durch die Geschäftsführung in ausreichendem Umfang informiert, erzeugt das Misstrauen und Unsicherheit.

Gesellschafter von Personengesellschaften können, wenn ihnen der Gesellschaftsvertrag nicht weitergehende Informationsrechte einräumt, zumindest auf Einsicht in den Jahresabschluss und, zu dessen Prüfung, in die Bücher der Gesellschaft klagen (§ 166 HGB).

Den Gesellschaftern einer GmbH steht ein darüber hinausgehender Anspruch auf umfassende Auskunft über die Angelegenheiten der Gesellschaft und auf Einsicht in deren Bücher zu (§ 51a GmbHG). Dieses Einsichtsrecht kann einem Gesellschafter nur aus wichtigem Grund verweigert werden, wie z. B. bei der Gefahr einer Wettbewerbstätigkeit des die Auskunft begehrenden Gesellschafters[2130] oder deren Verwendung zu gesellschaftsfremden Zwecken.[2131]

2129 § 140 HGB; BGH vom 18.10.1976, NJW 1977, 1013; BGH vom 15.09.1997, NJW 1998, 146, wonach eine außergerichtliche bindende Zustimmungserklärung mit der Maßnahme ausreichend ist.

2130 Vgl. z. B. OLG Naumburg vom 12.12.2013 – 9U 58/13 (Hs), NZG 2014, 868.

2131 Zum Begriff vgl. ausführlich *Zöllner/Noack,* in: Baumbach/Hueck, GmbHG 2013, § 51a, Rz. 32 ff.

Klagen auf Information sind zwar gegen die Gesellschaft zu richten. Sie beruhen aber auf einem gestörten Verhältnis der Gesellschafter untereinander, denn bei Einigkeit im Gesellschafterkreis könnten die erwünschten Auskünfte von der Geschäftsführung nicht zurückgehalten werden.

1.4.5.6 Einstweiliger Rechtsschutz

Im Beschlussmängelstreit bei der GmbH kann einstweiliger Rechtsschutz dem klagenden Minderheitsgesellschafter dazu verhelfen, die Durchsetzung oder Eintragung mangelhafter Beschlüsse in das Handelsregister zumindest vorläufig bis zu einer endgültigen gerichtlichen Klärung zu verhindern. Im Wege des einstweiligen Rechtsschutzes bereits die erwartete Beschlussfassung zu verhindern, dürfte dagegen nur beim Vorliegen von Einberufungsmängeln oder befürchteten Verletzungen von Verfahrensregeln für die Gesellschafterversammlung in Betracht kommen.[2132] Das Abstimmungsverhalten von Gesellschaftern durch einstweilige Verfügung zu beeinflussen, wird überwiegend kritisch gesehen,[2133] kommt aber insbes. dann in Betracht, wenn Gesellschafter beabsichtigen, sich entgegen bestehender Stimmbindungen zu verhalten oder eklatante Verstöße gegen die gesellschafterliche Treuepflicht zu befürchten sind, und es dem klagenden Gesellschafter nicht zuzumuten ist, zunächst die nachteilige[2134] Beschlussfassung abzuwarten, um sich dann erst dagegen zur Wehr setzen zu müssen.

Einstweiliger Rechtsschutz ist insbes. auch hilfreich, wenn einem Gesellschaftergeschäftsführer Maßnahmen untersagt werden sollen, oder beabsichtigt ist, ihm Geschäftsführungsbefugnis und Vertretungsmacht zu entziehen.[2135]

Eine Schiedsvereinbarung steht dem einstweiligen Rechtsschutz nicht entgegen. Einstweilige Verfügungen können nicht nur auch vom Schiedsgericht gem. § 1041 Abs. 1 ZPO erlassen werden, sondern sind zusätzlich, da das langwierige Verfahren zur Bildung des Schiedsgerichts dem Interesse des klagenden Gesellschafters an schneller Hilfe regelmäßig entgegensteht, trotz Schiedsabrede durch ein staatliches Gericht möglich (§ 1033 ZPO).

2132 Vgl. z. B. OLG Frankfurt vom 15.12.1981, GmbHR 1982, 237; OLG Koblenz vom 25.10.1990, DB 1990, 2413; OLG Stuttgart vom 07.03.1997, GmbHR 1997, 1107 zur Durchsetzung eines Teilnahmerechts eines anwaltlichen Beraters.

2133 Mit Diskussion des Für und Wider und weiterführenden Angaben: *Zöllner/Noack*, in: Baumbach/Hueck, GmbHG 2013, Anh § 47 Rz. 202 ff.

2134 Ausführlich hierzu *Lutz*, 2013, Rz. 799 ff.

2135 Vgl. *Schmidt-Diemitz*, 1996, 145 ff.

1.4.6 Ausscheiden aus der Familiengesellschaft

1.4.6.1 Gründe für ein Ausscheiden eines Familiengesellschafters

In den meisten Fällen führen Konflikte der Gesellschafter untereinander, die weder durch gesellschaftsinterne Harmonisierungsbemühungen noch durch gerichtliche Verfahren dauerhaft befriedet werden konnten, dazu, dass einer der streitenden Gesellschafter von sich aus die Gesellschaft verlässt oder durch die Übrigen ausgeschlossen wird. Auch wenn das zu einer finanziellen Schwächung der Gesellschaft durch den regelmäßig damit verbundenen Liquiditätsabfluss für Abfindungszahlungen führt, kann es für das Unternehmen der bessere Weg sein, wenn die streitige Gemeinschaft der Gesellschafter dauerhaft aufgelöst wird.

Bei Gesellschaftergruppen mit gleich hoher Beteiligung kann es Sinn machen, Regelungen für den Auseinandersetzungsfall bereits im Gesellschaftsvertrag anzulegen, ähnlich wie bei einer Joint-Venture-Gesellschaft.[2136]

Aber auch ohne vorhergehende Auseinandersetzung kann sich die Situation ergeben, dass ein Gesellschafter von sich aus aus der Gesellschaft ausscheiden will, um einem absehbaren Streit zuvorzukommen oder schlicht um den Wert seiner Beteiligung zu realisieren. Unabhängig davon, ob der Gesellschafter von einem ihm zustehenden Kündigungsrecht Gebrauch macht oder zwangsweise aus der Gesellschaft ausgeschlossen wird, zeigt sich spätestens bei der Bestimmung der Höhe seiner Abfindung erhebliches Konfliktpotenzial. Es besteht ein natürlicher Konflikt zwischen dem Interesse des Ausscheidenden an einer möglichst hohen Bewertung einerseits und dem Bestreben der im Unternehmen verbleibenden Gesellschafter, nur eine möglichst geringe Abfindung zur Schonung der Liquidität der Gesellschaft zahlen zu müssen, andererseits.

1.4.6.2 Eigenkündigung

1.4.6.2.1 Eigenkündigung des Personengesellschafters

Während bei Kapitalgesellschaften (AG, GmbH) eine vom Gesellschafter ausgehende Kündigung seiner Beteiligung, also ein Austritt ohne Übertragung der Beteiligung auf eine andere Person, gesetzlich nicht vorgesehen ist, kann der Gesellschafter einer Personengesellschaft nach dem gesetzlichen Leitbild auf das Ende eines jeden Geschäftsjahres kündigen (§ 132 HGB). Daher ist es für den Bestand des Familienunternehmens wichtig, dass Regelungen im

2136 Dazu z. B. *Robles y Zepf/Girnth/Stumm*, BB 2016, 2947 (2949 f.).

Gesellschaftsvertrag diese Kündigungsmöglichkeit beschränken,[2137] z. B. eine Kündigung nur alle fünf Jahre zugelassen ist mit einer langen Ankündigung von z. B. einem Jahr.

Regelungen im Gesellschaftsvertrag einer Personengesellschaft, die die Kündigung auf Dauer ausschließen oder sie durch ihre Ausgestaltung so erschweren, dass sie einem Ausschluss des Kündigungsrechtes gleichkommen, sind unzulässig (§ 723 Abs. 3 BGB). Hierzu gehört z. B. eine unangemessen niedrige Abfindung im Falle der Kündigung. Sie kommt nach der Rechtsprechung einem Kündigungsausschluss gleich und ist somit nichtig.[2138] Auch gesellschaftsvertragliche Regelungen, die zugunsten der Liquiditätsschonung der Gesellschaft das Recht des einzelnen Gesellschafters zur freien Selbstbestimmung über sein Ausscheiden aus der Gesellschaft einschränken sollen,[2139] werden an dem Maßstab gemessen, ob sie zu einer unangemessenen Erschwerung einer Kündigung führen. Letztlich muss es nach dem gesetzlichen Leitbild einem Personengesellschafter möglich sein, sich aus seiner Gesellschafterstellung zu lösen, ohne zu große finanzielle Einbußen hinnehmen zu müssen.

Da bei einem Ausscheiden eines Gesellschafters mit entsprechend hohem Abfindungsanspruch ggf. eine anschließende Insolvenz der Gesellschaft, in der die verbleibenden Gesellschafter dann das Nachsehen haben, nicht ausgeschlossen werden kann, kann per Gesellschaftsvertrag den übrigen Gesellschaftern die Möglichkeit gegeben werden, sich der Kündigung innerhalb einer Frist anzuschließen (Anschlusskündigung) und eine Auflösung der Gesellschaft zu verlangen, die dann zu einer Aufteilung des nach der Liquidation verbleibenden Gesellschaftsvermögens unter allen Gesellschaftern entsprechend ihrer Beteiligungsquote führt. Da das nicht im Interesse der Gesellschaft und der Gesellschafter ist, die das Unternehmen dauerhaft weiterführen möchten, ist eine solche Regelung nur als Ultima Ratio vorzusehen. Durch möglichst unattraktive Regelungen, die gerade noch von der Rechtsprechung als zulässig angesehen werden, sollte der Wille des einzelnen Gesellschafters, aus der Gesellschaft ausscheiden zu wollen, möglichst verhindert werden.

1.4.6.2.2 Eigenkündigung des Kapitalgesellschafters

Bei Kapitalgesellschaften ist eine Kündigung nur zulässig, wenn sie ausdrücklich im Gesellschaftsvertrag vorgesehen ist.[2140] Wenn diese Möglichkeit eingeräumt werden soll, sollten auch die Folgen des Ausscheidens und das Schicksal des Gesellschaftsanteils des kündigenden Gesellschafters klar und deutlich im Gesellschaftsvertrag geregelt sein.

2137 Gem. dem allgemeinen Vertragsrecht wird eine Bindung bis zu 30 Jahre im Einzelfall noch für vertretbar gehalten, BGH vom 19.01.1967, WM 1967, 315 (316).

2138 Vgl. z. B. BGH vom 13.06.1994, NJW 1994, 2536 (2537), BGH vom 13.03.2006, NZG 2006, 425, BGH vom 07.04.2008, NJW 2008, 2987 (2990), für reine Buchwertklauseln z. B. BGH vom 24.09.1984, NJW 1985, 192 (193), für Buchwert mit Ab- oder Zuschlägen z. B. BGH vom 26.10.1983, NJW 1984, 362 (364); BGH vom 09.01.1989, NJW 1989, 2685 (2686).

2139 Siehe dazu z. B. *Kirchdörfer/Lorz*, in: FS Hennerkes, 2009, 343 (345).

2140 *Nerlich, in Michalski/Heidinger/Leible/Schmidt*, GmbHG, 2017, § 60 Rz. 313.

Der Grundsatz der Erhaltung des Stammkapitals bedingt, dass ein Ausscheiden eines Gesellschafters aus der Gesellschaft nur unter Herabsetzung des Stammkapitals möglich ist, wenn er nicht seine Beteiligung auf einen Mitgesellschafter oder externen Dritten überträgt.

Wird eine Kündigung gleichwohl im Gesellschaftsvertrag zugelassen, müssen Alternativlösungen konstruiert werden, wie z. B. die Einziehung des Anteils oder die Übernahme des Anteils durch die Mitgesellschafter oder Dritte. Bei fehlender Leistungsfähigkeit der Gesellschaft bei Einziehung oder mangelnder Bereitschaft der übrigen Gesellschafter, den Anteil zu erwerben, sind diese Hilfskonstruktionen nicht zielführend und können sogar gefährlich sein[2141]. Gerade Ausscheidenskonstellationen, sei es aufgrund Kündigung, sei es aufgrund fehlgeschlagener Nachfolgeregelungen mit der Folge des Ausscheidens von Gesellschaftergruppen, können zu einem erheblichen Kapitalbedarf des Unternehmens führen, der häufig nur durch die Aufnahme eines Investors gedeckt werden kann. Das kann vorteilhaft für das Unternehmen, weil stabilisierend und ausgleichend zwischen den anderen Gesellschaftern, sein, aber auch zu zusätzlichen Spannungen aufgrund unterschiedlicher Interessenlage im Gesellschafterkreis führen. Denn ist ein Kündigungsrecht in der Satzung der GmbH vorgesehen, ohne dass die Rechtsfolgen eindeutig geregelt werden, führt dies im Zweifel dazu, dass die Gesellschaft aufzulösen ist.[2142] Im Unternehmensinteresse dürfte es daher sein, eine Kündigungsmöglichkeit eines Gesellschafters einer Kapitalgesellschaft grds. nicht oder nur unter erheblichen Beschränkungen vorzusehen. Denkbar ist bei Familiengesellschaften auch eine Regelung dieses vorhersehbaren Streitthemas in einem begleitenden Gesellschaftervertrag. Darin können für einen solchen Fall mittelfristige Übernahmekonstruktionen mit Treuhand- oder Unterbeteiligungslösungen mit einem Abbau oder Übernahme der Beteiligung und Zahlung der Abfindung in Raten vorgesehen werden, die eine Trennung zwischen Stimmrecht und wirtschaftlicher Inhaberschaft ermöglichen, aber das Interesse des Gesellschafters, zumindest mittelfristig das in seiner Beteiligung vermittelte Vermögen zu realisieren, nicht völlig ausschließen.

1.4.6.3 Ausschluss eines Gesellschafters

1.4.6.3.1 Ausschluss aus der Personengesellschaft

Auch oder gerade bei Familiengesellschaften kann es vorkommen, dass ein Gesellschafter von den übrigen aus der Gesellschaft ausgeschlossen werden soll. In Personengesellschaften ist das auch ohne Regelung im Gesellschaftsvertrag möglich. Nach § 140 HGB kann ein Gesellschafter durch gerichtliches Urteil ausgeschlossen werden, wenn hierfür ein wichtiger Grund vorliegt. Was ein solcher »wichtiger Grund« ist, ist letztlich unbestimmt. Es empfiehlt sich daher, im Gesellschaftsvertrag ausdrückliche Beispiele für solche, den Ausschluss rechtfertigende

2141 Siehe dazu nur *Haas*, in: Baumbach/Hueck, GmbHG 2017, § 60 Rz. 90, zur Haftung der übrigen Gesellschafter für die Abfindung des kündigenden Gesellschafters siehe BGH, NZG 2012, 259 (260 f.); BGH, NZG 2016, 742.

2142 So richtigerweise auch z. B. *Lutz*, 2020, Rz. 497.

wichtige Gründe zu nennen. Im Zweifelsfall entscheidet das Gericht darüber. Soll das vermieden werden, kann im Gesellschaftsvertrag bestimmt werden, dass für den Ausschluss ein mit qualifizierter Mehrheit gefasster Gesellschafterbeschluss ausreicht, also ein Gerichtsverfahren für den Ausschluss nicht erforderlich ist. Allerdings ist damit zu rechnen, dass der so gegen seinen Willen ausgeschlossene Gesellschafter dann seinerseits den Klageweg beschreitet, um die Rechtmäßigkeit des Ausschließungsbeschlusses seiner Mitgesellschafter überprüfen zu lassen, und damit doch letztlich wieder ein Gericht entscheiden muss, wenn keine anderen Streitschlichtungsmechanismen vorgesehen sind.

Der Gesellschaftsvertrag sollte nicht nur die Voraussetzungen, sondern auch die Folgen des Gesellschafterbeschlusses zum Ausschluss regeln, um möglichst weitere Streitpunkte zu vermeiden. Hierzu gehören der Zeitpunkt, ab wann der Gesellschafter ausscheidet, ob ihm Stimm- und Teilnahmerechte an Gesellschafterversammlungen während der Übergangsphase zustehen sollen, die Höhe und Berechnung der Abfindung, ob Ratenzahlung, Verzinsung der Abfindung, Sicherheit hierfür etc. die Informationsrechte während der Phase der Stundung der Abfindung und dergleichen. Ohne Regelung scheidet er mit Bekanntgabe des entsprechenden Einziehungsbeschlusses aus und bei einer Übertragungsverpflichtung mit dem Zeitpunkt des Wirksamwerdens der Übertragung.

Die Ausschließung eines Gesellschafters führt zur effektiven Reduzierung der Summe der Kapitalanteile mit der Folge der Anwachsung des entsprechenden Vermögensanteils bei den übrigen Gesellschaftern gegen Abfindungszahlung der Gesellschaft an den ausscheidenden Gesellschafter.

1.4.6.3.2 Einziehung von Kapitalgesellschaftsanteilen

Bei der Kapitalgesellschaft kann ein Gesellschafter durch die Einziehung der von ihm gehaltenen Anteile ausgeschlossen werden. Eine solche Einziehung ohne die Zustimmung des Gesellschafters ist jedoch nur aus wichtigem Grund möglich, der als Einziehungsgrund ausdrücklich im Gesellschaftsvertrag geregelt sein muss, § 34 Abs. 1 GmbHG.

Die Einziehung von Anteilen wirft eine Reihe von Folgefragen auf, da sie die Anteile vernichtet, und es dadurch zu einer Differenz zwischen der Summe der Nennbeträge der Gesellschaftsanteile und dem Stammkapital kommt. Die vielen in der Literatur intensiv diskutierten Fragen[2143] bieten reichlich Angriffsfläche für einen lang andauernden Gesellschafterstreit. Daher sollte der Gesellschaftsvertrag die Rechtsfolgen einer Einziehung eindeutig regeln. Unbedingt zusätzlich sollte als Alternative zu der Einziehung oder zum Ausschluss des Gesellschafters zugunsten der anderen Gesellschafter vorgesehen werden, dass sie vom ausscheidenden Gesellschafter verlangen können, dass er seine Beteiligung auf einen oder alle übrigen Gesellschafter oder von ihnen zu bestimmende Dritte oder die Gesellschaft zu übertragen hat, wenn

2143 Siehe dazu und zum Meinungsstand *Fastrich,* in: Baumbach/Hueck, GmbHG 2017, § 34 Rz. 20 und Rz. 17a, mit den Änderungen durch das MoMiG in § 5 Abs. 3 Satz 2 GmbHG.

die Voraussetzungen für eine Einziehung oder eine Ausschließung vorliegen. Der Kaufpreis, der dem ausscheidenden Gesellschafter von dem Übernehmer zu zahlen ist, entspricht dem, was dem ausscheidenden Gesellschafter nach dem Gesellschaftsvertrag als Abfindung für seinen Anteil zu zahlen wäre. In jedem Fall sollten die Hürden für ein solches Hinausdrängen von Gesellschaftern hoch gelegt sein, um insbes. bei einer gegenüber dem tatsächlichen Wert des Anteils geringen Abfindung keine Begehrlichkeiten einer Gesellschaftermehrheit zu wecken.

1.4.6.3.3 Auflösung

Die Möglichkeit eines Gesellschafters, gerichtlich die Auflösung der Gesellschaft zu erzwingen, besteht für Personenhandelsgesellschaften gem. § 131 Abs. 3 Nr. 3 HGB durch Klage gegen die Mitgesellschafter und bei der GmbH gem. § 61 Abs. 1 GmbHG durch Klage gegen die Gesellschaft (vgl. § 61 Abs. 2 Satz 1 GmbHG). Das ist ein Recht, welches auch durch gesellschaftsvertragliche Vereinbarung nicht ausgeschlossen werden darf. Auch für eine solche Auflösungsklage ist ein wichtiger Grund mit entsprechendem Gewicht erforderlich und insbes. darf es kein geringeres Mittel geben, mit dem dem Interesse des klagenden Gesellschafters Rechnung getragen werden kann. Da in den meisten Fällen ein Austritt gegen Abfindung möglich sein dürfte, sind erfolgreiche Auflösungsklagen selten.

1.4.6.3.4 Abfindung

Scheidet ein Gesellschafter aus der Gesellschaft aus, ist ihm eine Abfindung zu zahlen, wenn nicht ein Dritter seine Beteiligung erwirbt. Damit stellt sich die Frage nach der Höhe der Abfindung. Die Frage nach dem »Wieviel« ist regelmäßig ein Garant für langjährige Auseinandersetzungen unter den Parteien. Daher gibt es hierzu auch eine große Zahl von Gerichtsentscheidungen. Dennoch existiert keine eindeutige allgemeingültige Grenze, ab wann eine Abfindungsregelung als unwirksam, weil zu niedrig im Vergleich zum wirklichen Wert der Beteiligung, anzusehen ist, und ab wann sie in einem von der Rechtsprechung nicht mehr akzeptierten groben Missverhältnis zum wirklichen Wert steht. Gleichwohl sollten Abfindungsregelungen im Gesellschaftsvertrag vorgesehen werden, nach denen sich die Höhe der Abfindung möglichst zweifelsfrei ermitteln lässt: Zum einen haben ausscheidende Gesellschafter ansonsten Anspruch auf den vollen Verkehrswert ihrer Beteiligung; zum anderen gibt es angesichts der vielfältigen Methoden zur Bestimmung dieses Verkehrswertes erhebliches Konfliktpotenzial.

Das Interesse des Unternehmens und der verbleibenden Gesellschafter am Erhalt der Substanz rechtfertigt regelmäßig einen Abschlag vom wirklichen Wert. Bei Familiengesellschaften wird z. T. sogar eine unentgeltliche Anteilseinziehung bei Vererbung an einen nicht nachfolgeberechtigten Erben für zulässig erachtet.[2144] Je nach Ausschluss- oder Einziehungsgrund kann

2144 BGH vom 20.12.1976, DB 1977, 342 (343).

bei der Höhe der Abfindung differenziert werden.[2145] Nur der Gleichbehandlungsgrundsatz der Gesellschafter untereinander darf nicht verletzt werden. Für den Ausschluss wegen Insolvenz eines Gesellschafters oder der Pfändung seines Anteils dürfen keine geringeren Abfindungen vorgesehen werden, als in anderen Fällen, um die Gläubiger des ausscheidenden Gesellschafters nicht zu benachteiligen.[2146] Klare Berechnungsklauseln für den Unternehmenswert und damit die Herleitung der Abfindung sind sinnvoll, schützen aber bei einer erheblichen Abweichung von einem deutlich höheren Verkehrswert oder von einem hohen Substanzwert nicht vor möglichem Streit. Welches Verfahren letztlich gewählt werden soll, ob ein Ertragswert- oder Substanzwertverfahren, ob Buchwertverfahren oder eine an Indices gekoppelte Berechnungsmethode, ist von Unternehmen zu Unternehmen unterschiedlich und kann nicht einheitlich beantwortet werden. Auf jeden Fall ist es sinnvoll, den Wert nach dem gewählten Verfahren – zumindest im Streitfall – durch eine im Gesellschaftsvertrag abstrakt benannte Instanz, z. B. den Wirtschaftsprüfer der Gesellschaft, abschließend festlegen zu lassen und nach Wahl des Unternehmens eine Stundung in mehreren Jahresraten vorzusehen. Fünf Jahre dürften i. d. R. möglich sein; ob eine solche Stundung angemessen ist, ist auch abhängig von den ansonsten bestehenden Konditionen der Abfindung, z. B. ob die Abfindungsraten angemessen verzinst werden oder eine Sicherheitsleistung gewährt wird.

1.4.6.3.5 Realteilung

Eine Möglichkeit zur Lösung von Gesellschafterstreitigkeiten oder gar einer Unternehmensnachfolge bei mehreren sich darum streitenden Berechtigten ist das Aufteilen des Unternehmens.[2147] Eine solche Realteilung erscheint dann sinnvoll, wenn verschiedene Geschäftsbereiche bestehen, die in gewissem Maße unabhängig voneinander sind, und eine möglichst vollständige und eindeutige Zuordnung der Betriebsmittel möglich ist. Um hierbei zukünftigen Auseinandersetzungen von vorneherein den Boden zu entziehen, ist es sinnvoll, sämtliche Leistungsbeziehungen, die zwischen den beiden zukünftig unabhängig voneinander agierenden Unternehmensteilen bestehen sollen, detailliert vertraglich zu regeln. Die Realteilung bietet gegenüber dem Ausscheiden eines Gesellschafters oder einer Gesellschaftergruppe den Vorteil, dass ein das Unternehmen schädigender Liquiditätsabfluss für die Abfindung unterbleibt. Das gilt allerdings nur, wenn nicht mangels Wertgleichheit ein Spitzenausgleich erforderlich wird.[2148]

2145 Siehe dazu *Roth*, in: Baumbach/Hopt, HGB 2014, § 131, Rz. 65; *Strohn*, in: MüKo GmbHG, 2015, § 34, Rz. 235.

2146 BGH vom 19.06.2000, NJW 2000, 2819 (2820).

2147 Dazu auch *Werner*, DSWR 2006, 89 (91); vgl. zum neuen Realteilungserlass des BMF sowie Anwendungsfragen *Riedel*, GmbHR 2019, 221 ff.; *Stenert*, DStR 2019, 245 ff.

2148 *Weidmann*, DStR 2014, 1500 (1501).

2 Das private Vermögen der Unternehmerfamilie

2.1 Steuerliche Behandlung von Privatvermögen

Nicole Schreiber/Benedikt Weber

2.1.1 Ertragsteuerliche Besonderheiten

2.1.1.1 Übersicht

Neben dem betrieblichen Vermögen halten Unternehmerfamilien oft zusätzlich nicht unbeträchtliches privates Vermögen. Die Konzentration dürfte auf im Privatvermögen gehaltene Immobilien, die ggf. vermietet werden, und auf Bankvermögen liegen. Das Vermögen kann auch in einer rein vermögensverwaltenden Gesellschaft gebündelt werden.

Hinweis !

Um bei der Bündelung von Privatvermögen in einer vermögensverwaltenden Personengesellschaft keine gewerbliche Prägung und insbes. keine Gewerbesteuerpflicht herbeizuführen, ist § 15 Abs. 3 Nr. 2 EStG zu beachten. Es sollte darauf geachtet werden, dass bei einer Personengesellschaft mindestens einer der Kommanditisten zum Geschäftsführer berufen wird und/oder mindestens eine natürliche Person Vollhafter ist. Wenn bei einer Personengesellschaft ausschließlich eine oder mehrere Kapitalgesellschaften persönlich haftende Gesellschafter sind und nur diese oder fremde Dritte zu Geschäftsführern berufen sind, dann gilt die Kommanditgesellschaft als gewerblich geprägt und die Einkünfte werden zu gewerblichen Einkünften umqualifiziert (§ 15 Abs. 3 Nr. 2 EStG).

2.1.1.2 Abgrenzung zwischen gewerblicher Tätigkeit und Vermögensverwaltung

2.1.1.2.1 Allgemeines

Regelmäßig wird eine Abgrenzung zwischen der reinen privaten vermögensverwaltenden Tätigkeit und einer gewerblichen Tätigkeit stattfinden müssen. Es ist dabei grds. davon auszugehen, dass bei der bloßen Verwaltung von eigenem Vermögen keine gewerbliche Tätigkeit zugrunde gelegt wird. Von einer Vermögensverwaltung wird i. d. R. dann ausgegangen, wenn die Erzielung von Einnahmen im Sinne einer Fruchtziehung aus zu erhaltenden Vermögenswerten überwiegt und nicht die Erzielung von Einnahmen durch Umschichtung substantieller Vermögenswerte in den Vordergrund tritt (R 15.7 Abs. 1 Satz 2 EStR 2012). Dagegen wird von einer gewerblichen Tätigkeit ausgegangen, wenn eine selbständige nachhaltige Betätigung mit Gewinnerzielungsabsicht unternommen wird, diese sich als Beteiligung am allgemeinen wirtschaftlichen Verkehr darstellt und über den Rahmen einer bloßen Vermögensverwaltung hinausgeht (R 15.7 Abs. 1 Satz 3 EStR 2012). Zur Betriebsaufspaltung vgl. II 6.4.

2.1.1.2.2 Gewerblicher Grundstückshandel

In Abgrenzung dazu ist der gewerbliche Grundstückshandel zu sehen. Wenn Privatpersonen Grundstücke veräußern, ist zur Prüfung, ob ein gewerblicher Grundstückshandel vorliegt, wesentlich auf die Dauer der Nutzung vor der Veräußerung und die Zahl der veräußerten Objekte abzustellen. Wenn nach Prüfung dieser Kriterien ein gewerblicher Grundstückshandel verneint wird, ist weiterhin zu prüfen, ob nicht ein steuerrelevanter Vorgang nach § 23 EStG vorliegt (vgl. 2.1.1.4).[2149]

Im Regelfall geht man davon aus, dass ein gewerblicher Grundstückshandel vorliegt, wenn innerhalb eines Fünfjahreszeitraums mehr als drei Objekte veräußert werden. Die Überschreitung der Drei-Objekt-Grenze führt zu einer Gewerblichkeit auch bzgl. der ersten drei Objekte.[2150] Als Objekte i. S. d. Drei-Objekt-Grenze gelten nur solche Objekte, bei denen zwischen Errichtung oder Erwerb oder Modernisierung einerseits und der Veräußerung andererseits ein enger zeitlicher Zusammenhang besteht.

! **Hinweis**

Die Verwaltung geht von einem engen zeitlichen Zusammenhang aus, wenn zwischen dem Erwerb oder der Errichtung und der Veräußerung nicht mehr als fünf Jahre liegen. In Ausnahmefällen kann, wenn weitere Umstände hinzutreten und den Schluss rechtfertigen, dass bei Erwerb oder Errichtung oder der Modernisierung eine Veräußerungsabsicht vorlag, auch ein Zeitraum von bis zu zehn Jahren betrachtet werden.[2151]

Als Veräußerung i. S. d. Drei-Objekt-Grenze gilt:

- Die Einbringung eines Grundstücks in das Gesamthandsvermögen einer Personengesellschaft, die als Veräußerung anzusehen ist.[2152]
- Die Einbringung eines Grundstücks in eine Kapitalgesellschaft gegen Gewährung von Gesellschaftsrechten.[2153]

2149 BMF vom 26.03.2004, BStBl I 2004, 434 Rn. 1.
2150 BMF vom 26.03.2004, BStBl I 2004, 434 Rn. 5; BFH vom 18.09.1991, BStBl II 1992, 135.
2151 BMF vom 26.03.2004, BStBl I 2004, 434 Rn. 6.
2152 BMF vom 26.03.2004, BStBl I 2004, 434 Rn. 7; BMF vom 29.03.2000, BStBl I 2000, 462.
2153 BMF vom 26.03.2004, BStBl I 2004, 434 Rn. 7, BFH vom 19.09.2002, BStBl II 2003, 394.

Hinweis !

Nicht als Veräußerung gilt jedoch die Übertragung eines Grundstücks in das Gesamthandsvermögen einer Personengesellschaft, für die der Übertragende keine Gegenleistung erhält (Einlage). Dies gilt ebenso bei der Realteilung, bei der Grundstücke einer vermögensverwaltenden Personengesellschaft oder Bruchteilsgemeinschaft auf die einzelnen Gesellschafter zu Alleineigentum übergehen.[2154]

Als Objekte i. S. d. Drei-Objekt-Grenze gelten Grundstücke jeglicher Art. Es kommt nicht auf die Größe, die Nutzung oder den Wert an. Ebenso ist unbeachtlich, ob es sich um bebaute oder unbebaute Grundstücke handelt oder ob der Veräußerer die Objekte selbst errichtet oder in bereits bebautem Zustand erworben hat.[2155] Auch Wohnungseigentum stellt ein eigenes Objekt dar.

Hinweis !

Bei der Beurteilung der Drei-Objekt-Grenze sind jedoch solche Grundstücke nicht einzubeziehen, die zu eigenen Wohnzwecken genutzt werden. Das Objekt muss jedoch dauerhaft und nicht nur vorübergehend (zur Vermeidung des gewerblichen Grundstückshandels) zu eigenen Wohnzwecken genutzt worden sein.[2156] Auch Grundstücke, die ohne Gewinnerzielungsabsicht veräußert werden, zählen nicht für die Bestimmung der Drei-Objekt-Grenze. Dies können beispielsweise teilentgeltliche Veräußerungen oder Schenkungen an Angehörige sein.[2157]

Beim unentgeltlichen Übergang von Grundstücken ist zwischen dem Erbfall und der Übertragung im Wege der vorweggenommenen Erbfolge oder Schenkung zu unterscheiden. Grundstücke, die aufgrund eines Erbfalls übergehen, sind unabhängig vom Umfang des Nachlasses nicht bei der Prüfung der Drei-Objekt-Grenze einzubeziehen.

Hinweis !

Eine Ausnahme hiervon wird nur dann gemacht, wenn der Erblasser bereits einen gewerblichen Grundstückshandel hatte und der Erbe diesen im Rahmen eines Gesamtplans fortführt oder der Erbe die Objekte vor der Veräußerung in einem so erheblichen Maße modernisiert, dass durch diese Maßnahmen ein Wirtschaftsgut anderer Marktgängigkeit entstanden ist.[2158]

Sind Grundstücke im Wege der vorweggenommenen Erbfolge oder durch Schenkung übergegangen und werden diese vom Rechtsnachfolger in einem zeitlichen Zusammenhang veräußert, dann erfolgt eine entsprechende Hinzurechnung dieser Objekte. Ein gewerblicher Grundstückshandel wird angenommen, wenn durch den Rechtsvorgänger und den Rechtsnachfolger in einem zeitlichen Zusammenhang mehr als drei Objekte veräußert werden. Der gewerbliche

2154 BMF vom 26.03.2004, BStBl I 2004, 434 Rn. 7.
2155 BMF vom 26.03.2004, BStBl I 2004, 434 Rn. 8.
2156 BMF vom 26.03.2004, BStBl I 2004, 434 Rn. 10.
2157 BMF vom 26.03.2004, BStBl I 2004, 434 Rn. 11.
2158 BMF vom 26.03.2004, BStBl I 2004, 434 Rn. 9.

Grundstückshandel und damit die Umqualifizierung der Einkünfte erfolgt beim Rechtsvorgänger hinsichtlich der veräußerten Grundstücke und beim Rechtsnachfolger hinsichtlich der unentgeltlich erworbenen und veräußerten Grundstücke.[2159]

BEISPIEL[2160]

V erwirbt im Jahr 01 vier Eigentumswohnungen E1, E2, E3 und E4. Im Jahr 03 veräußert er die Eigentumswohnungen E1, E2 und E3. Die Eigentumswohnung E4 überträgt er im Wege der vorweggenommenen Erbfolge im Jahr 03 auf seinen Sohn S. S hat im Jahr 02 die Reihenhäuser RH1, RH2 und RH3 erworben. Im Jahr 04 veräußert S die Reihenhäuser und die Eigentumswohnung E4.

Lösung

- Die Veräußerung der Eigentumswohnung E4 innerhalb eines zeitlichen Zusammenhangs durch S führt bei V zur Annahme eines gewerblichen Grundstückshandels. Der Gewinn aus der Veräußerung der Eigentumswohnungen E1 bis E3 ist bei V steuerpflichtig.
- Bei S ist der Gewinn aus der Veräußerung der Eigentumswohnung E4 steuerpflichtig. Auch aus der Veräußerung der drei Objekte RH1 bis RH3 erzielt er Einkünfte aus einem gewerblichen Grundstückshandel, weil die Veräußerung der Eigentumswohnung als sog. Zählobjekt mitzuzählen ist.

Wenn der Steuerpflichtige an Grundstücksgesellschaften beteiligt ist, ist zu unterscheiden, ob es sich um die Beteiligung an einer gewerblich tätigen Grundstücksgesellschaft oder an einer vermögensverwaltenden Gesellschaft handelt.

- **Beteiligung an gewerblich tätiger Grundstücksgesellschaft**
  Bei der nach § 15 Abs. 1 Satz 1 Nr. 2 EStG gewerblich tätigen Grundstücksgesellschaft erzielt die Gesellschaft in jedem Fall gewerbliche Einkünfte, so dass auf Ebene der Gesellschaft die Überschreitung der Drei-Objekt-Grenze nicht zwingend im Detail zu prüfen ist. Ob beim einzelnen Gesellschafter aufgrund der Beteiligung an der Grundstücksgesellschaft und dort veräußerten Objekten nach Zusammenrechnung mit Objekten einer anderen Grundstücksgesellschaft oder Objekten, die in seinem privaten Alleineigentum stehen, ein weiterer gewerblicher Grundstückshandel bei ihm persönlich vorliegt, ist jeweils gesondert zu prüfen.[2161]

2159 BMF vom 26.03.2004, BStBl I 2004, 434 Rn. 9.
2160 Beispiel entnommen BMF vom 26.03.2004, BStBl I 2004, 434 Rn. 9.
2161 BMF vom 26.03.2004, BStBl I 2004, 434 Rn. 14.

Hinweis !

Damit die Objekte der Gesellschaft bei der Beurteilung eines weiteren gewerblichen Grundstückshandels auf Ebene des Gesellschafters mit einbezogen werden, ist es jedoch erforderlich, dass der Gesellschafter zu mindestens 10 % an der Gesellschaft beteiligt ist oder dass bei einer Beteiligung von weniger als 10 % der Anteil am Verkehrswert des Gesellschaftsanteils oder der Anteil an dem veräußerten Grundstück mehr als 250.000 € beträgt.[2162]

- **Beteiligung an vermögensverwaltender Grundstücksgesellschaft**
  Wenn die Beteiligung an der Grundstücksgesellschaft im Betriebsvermögen gehalten wird, liegen stets gewerbliche Einkünfte vor. Eine weitere Prüfung muss nicht erfolgen.[2163]
  Wenn die Beteiligung an der Grundstücksgesellschaft im Privatvermögen gehalten wird, ist zu unterscheiden, ob die Grundstücke der Grundstücksgesellschaft veräußert werden oder ob der Anteil an der Grundstücksgesellschaft veräußert wird.
  Bei der Veräußerung von Grundstücken der Grundstücksgemeinschaft wird für die Beurteilung, ob auf Ebene des Gesellschafters die Drei-Objekt-Grenze überschritten ist, der Anteil des Gesellschafters an dem Objekt der Grundstücksgesellschaft einem Objekt gleichgestellt. Dies bedeutet, dass wenn die Grundstücksgesellschaft in einem engen zeitlichen Zusammenhang mehr als drei Objekte veräußert oder bei weniger als drei Objekten der Gesellschafter zusätzlich noch weitere Objekte veräußert, die ihm alleine gehören oder über eine andere Grundstücksgesellschaft, immer eine Zusammenrechnung stattfindet. Auch jeder Miteigentumsanteil an einem Grundstück stellt ein eigenes »Objekt« dar.[2164]
  Diese Zusammenrechnung findet aber nur unter der Voraussetzung statt, dass der Gesellschafter an der jeweiligen Gesellschaft zu mindestens 10 % beteiligt ist oder dass der Verkehrswert des Gesellschaftsanteils oder des Anteils an dem veräußerten Grundstück bei einer Beteiligung von weniger als 10 % mehr als 250.000 € beträgt.[2165]
  Veräußert ein Gesellschafter seinen Anteil an einer vermögensverwaltenden Grundstücksgesellschaft, so ist die Veräußerung der Beteiligung einer anteiligen Veräußerung der Grundstücke gleichzustellen. Dies bedeutet für die Beurteilung, ob die Drei-Objekt-Grenze mit Veräußerung der Beteiligung überschritten wird, dass die Anzahl der Grundstücke im Gesamthandsvermögen entscheidend ist. Voraussetzung für die Anrechnung von Anteilsveräußerungen ist jedoch, dass der Gesellschafter an der jeweiligen Gesellschaft zu mindestens 10 % beteiligt ist oder dass seine Beteiligung einen Verkehrswert von mehr als 250.000 € hat, wenn er zu weniger als 10 % beteiligt ist.[2166]

2162 BMF vom 26.03.2004, BStBl I 2004, 434 Rn. 14.
2163 BMF vom 26.03.2004, BStBl I 2004, 434 Rn. 16.
2164 BMF vom 26.03.2004, BStBl I 2004, 434 Rn. 17.
2165 BMF vom 26.03.2004, BStBl I 2004, 434 Rn. 17.
2166 BMF vom 26.03.2004, BStBl I 2004, 434 Rn. 18.

BEISPIEL[2167]

Ein Steuerpflichtiger erwirbt und veräußert innerhalb von vier Jahren drei Beteiligungen an verschiedenen Gesellschaften, zu deren Gesellschaftsvermögen jeweils ein Grundstück gehört.

Lösung

Die Drei-Objekt-Grenze wird nicht überschritten. Der Steuerpflichtige wird nicht im Rahmen eines gewerblichen Grundstückshandels tätig.

BEISPIEL[2168]

Ein Steuerpflichtiger erwirbt und veräußert innerhalb von vier Jahren zwei Beteiligungen an verschiedenen Gesellschaften, zu deren Gesellschaftsvermögen jeweils zwei Grundstücke gehören.

Lösung

Die Drei-Objekt-Grenze ist überschritten. Der Steuerpflichtige wird im Rahmen eines gewerblichen Grundstückshandels tätig.

Der gewerbliche Grundstückshandel beginnt regelmäßig dann, wenn der Steuerpflichtige mit Tätigkeiten beginnt, die auf die Vorbereitung der Grundstücksgeschäfte gerichtet ist.[2169] Der Gewinn soll durch Betriebsvermögensvergleich ermittelt werden. In Ausnahmefälle ist auch die Einnahmen-Überschuss-Rechnung möglich, wenn die Grenzen des § 141 AO nicht überschritten werden.[2170] Der gewerbliche Grundstückshandel endet mit Veräußerung des letzten Objekts oder der endgültigen Einstellung der Verkaufstätigkeiten.[2171]

2.1.1.3 Einkünfte aus Kapitalvermögen

Einkünfte aus Kapitalvermögen werden seit dem 01.01.2009 grds. nicht mehr mit dem persönlichen Einkommensteuersatz, sondern mit der Abgeltungsteuer von pauschal 25 % versteuert.[2172] Zu den Einkünften aus Kapitalvermögen gehören die laufenden Einkünfte sowie die Veräußerungsgeschäfte (§ 20 Abs. 1 und Abs. 2 EStG).

! **Hinweis**

Auf Antrag des Steuerpflichtigen erfolgt eine Günstigerprüfung hinsichtlich der Einkünfte aus Kapitalvermögen dahingehend, dass die tarifliche Einkommensteuer Anwendung findet, wenn diese niedriger als der Abgeltungsteuersatz ist. Der Antrag ist für den jeweiligen Veranlagungszeitraum für alle

2167 Beispiel entnommen BMF vom 26.03.2004, BStBl I 2004, 434 Rn. 18.
2168 Beispiel entnommen BMF vom 26.03.2004, BStBl I 2004, 434 Rn. 18.
2169 BMF vom 26.03.2004, BStBl I 2004, 434 Rn. 31.
2170 BMF vom 26.03.2004, BStBl I 2004, 434 Rn. 33.
2171 BMF vom 26.03.2004, BStBl I 2004, 434 Rn. 35.
2172 § 32d EStG, zzgl. Solidaritätszuschlag und ggf. Kirchensteuer.

Einkünfte aus Kapitalvermögen einheitlich zu stellen. Bei Ehegatten, die zusammenveranlagt werden, kann der Antrag ebenfalls nur einheitlich gestellt werden. Der Antrag wird für jeden Veranlagungszeitraum gesondert gestellt (§ 20 Abs. 6 EStG).

2.1.1.4 Einkünfte aus Vermietung und Verpachtung

Die laufenden Einkünfte aus Vermietung und Verpachtung werden mit dem persönlichen Einkommensteuersatz besteuert (§ 21 EStG i. V. m. § 32a EStG).

Die Veräußerung von privaten Immobilien kann nach § 23 EStG ein privates Veräußerungsgeschäft darstellen. Beträgt der Zeitpunkt zwischen Anschaffung und Veräußerung von Grundvermögen mehr als zehn Jahre, dann ist der Veräußerungsgewinn nicht steuerbar (§ 23 Abs. 1 Nr. 1 Satz 1 EStG). Beträgt die Haltedauer von Grundvermögen weniger als zehn Jahre, ist der Veräußerungsgewinn grds. steuerpflichtig. Dies gilt jedoch nicht, wenn das Grundvermögen zwischen Anschaffung bzw. Herstellung und Veräußerung ausschließlich zu eigenen Wohnzwecken genutzt wurde oder zumindest im Jahr der Veräußerung und in den zwei vorangegangenen Jahren zu eigenen Wohnzwecken genutzt wurde (§ 23 Abs. 1 Nr. 1 Satz 3 EStG).

2.1.1.5 Einkommensteuer bei internationalem Familienvermögen

Zu den ertragsteuerlichen Besonderheiten bei Zuzug und Wegzug vgl. II 6.8.

2.1.2 Erbschaft- und schenkungsteuerliche Gestaltungen

2.1.2.1 Überblick

Bei der Erbschaft- und Schenkungsteuer auf der privaten Vermögensebene sind insbes. im Zusammenhang mit Immobilien Steuergestaltungen zur Verminderung von Erbschaft- und Schenkungsteuer möglich. So können die bestehenden Steuerbefreiungsvorschriften zielgerichtet für die Reduzierung der Erbschaft- und Schenkungsteuer eingesetzt werden. Letztlich kann auch über die Nutzung der Freibeträge – entweder i. R. d. steuerfreien Zugewinnausgleichs oder der persönlichen Freibeträge – steuergestaltend vorgegangen werden.

Zu der persönlichen Steuerpflicht, den Steuerklassen und den persönlichen Freibeträgen vgl. 1.3.2.4.

2.1.2.2 Steuerbefreiungen nach § 13 ErbStG

Das Erbschaft- und Schenkungsteuergesetz sieht in § 13 ErbStG einige sachliche Steuerbefreiungen vor, die alle separat nebeneinander angewendet werden können. Dies sind auszugsweise die folgenden:

- Für Hausrat, einschließlich Wäsche und Kleidungsstücke, gewährt das Erbschaft- und Schenkungsteuergesetz einen Freibetrag von insgesamt 41.000 €, wenn der Erwerber der Steuerklasse I angehört. Daneben gewährt das Erbschaft- und Schenkungsteuergesetz für andere bewegliche körperliche Gegenstände den Erwerbern der Steuerklasse I einen Freibetrag von 12.000 €. Bei Erwerbern der Steuerklassen II und III beträgt der Freibetrag für Hausrat 12.000 €, einen weiteren Freibetrag für bewegliche körperliche Gegenstände gibt es für Erwerber der Steuerklassen II und III nicht (§ 13 Abs. 1 Nr. 1 ErbStG).
- Grundbesitz und Teile von Grundbesitz bleiben mit 85 % ihres Werts und Kunstgegenstände, Kunstsammlungen, wissenschaftliche Sammlungen, Bibliotheken und Archive mit 60 % ihres Werts steuerfrei, wenn folgende Voraussetzungen vorliegen:
  - die Erhaltung dieser Gegenstände liegt wegen ihrer Bedeutung für Kunst, Geschichte oder Wissenschaft im Interesse der Öffentlichkeit,
  - die jährlichen Kosten übersteigen i. d. R. die erzielten Einnahmen und
  - die Gegenstände werden in einem den Verhältnissen entsprechenden Umfang den Zwecken der Forschung oder der Volksbildung nutzbar gemacht.

  Werden neben diesen Voraussetzungen noch die folgenden erfüllt, dann erfolgt eine vollständige Steuerfreistellung:
  - der Steuerpflichtige ist bereit die Gegenstände den geltenden Regelungen der Denkmalpflege zu unterstellen und
  - die Gegenstände sind seit mindestens 20 Jahren im Besitz der Familie oder in dem Verzeichnis national wertvollen Kulturguts oder national wertvoller Archive nach dem Gesetz zum Schutz deutschen Kulturguts gegen Abwanderung eingetragen (§ 13 Abs. 1 Nr. 2 ErbStG).
- Zu den Steuerbefreiungen im Zusammenhang mit dem Familienheim vgl. 2.1.2.6 (§ 13 Abs. 1 Nr. 4a–4c ErbStG).
- Hat eine Person den Erblasser bis zu dessen Tod gepflegt – unentgeltlich oder gegen unzureichendes Entgelt – so bleibt ein Erwerb bis zu 20.000 € steuerfrei (§ 13 Abs. 1 Nr. 9 ErbStG).
- Zuwendungen zum Zwecke des angemessenen Unterhalts oder zur Ausbildung des Bedachten bleiben ebenso steuerfrei. Als angemessen gilt eine Zuwendung, die den Vermögensverhältnissen und der Lebensstellung des Bedachten entspricht. Wenn die Zuwendung dieses Maß übersteigt, so ist diese in vollem Umfang steuerpflichtig und nicht nur mit dem Anteil, der das angemessene Maß übersteigt (§ 13 Abs. 1 Nr. 12 i. V. m. Abs. 2 ErbStG).
- Die üblichen Gelegenheitsgeschenke bleiben ebenso steuerfrei (§ 13 Abs. 1 Nr. 14 ErbStG). Was als übliches Gelegenheitsgeschenk zählt, unterliegt einer relativen Betrachtungsweise. In gut begüterten Kreisen sind damit auch höherwertige Geschenke steuerfrei. Ob ein Gelegenheitsgeschenk vorliegt, ist anhand des Anlasses der Zuwendung, der Art des Geschenks und des Werts des Geschenks zu prüfen. Als Anlass kommen regelmäßige Ereignisse, wie

Geburtstage, oder einmalige Ereignisse, wie Examen, Hochzeit, in Betracht. Die Art des Geschenks richtet sich nach dem, was üblicherweise zu solch einer Gelegenheit geschenkt wird, also Technikgeräte, Schmuck, Sparkonto; nicht aber Grundstücksteile oder Betriebsvermögen. Beim Wert lässt sich keine relative Wertgrenze festlegen, sondern ist vielmehr nach den Umständen des Einzelfalls zu prüfen. Prüfungskriterien können dabei die Nähebeziehung zwischen Schenker und Beschenktem, das Herausstechen des Anlasses, die Vermögensverhältnisse des Schenkers oder die Wiederholbarkeit des Geschenks sein.[2173]

- Steuerfrei bleiben auch die Zuwendungen an inländische Stiftungen, die nach dem Stiftungsgeschäft ausschließlich und unmittelbar kirchlichen, gemeinnützigen oder mildtätigen Zwecken dienen. Dies gilt auch für andere Körperschaften, Personenvereinigungen und Vermögensmassen, auf die die Merkmale kirchlich, gemeinnützig oder mildtätig zutreffen (§ 13 Abs. 1 Nr. 16 ErbStG).
- Ebenso steuerfrei bleiben die Zuwendungen an politische Parteien oder Vereine ohne Parteicharakter, deren Zwecke jedoch entsprechend politisch ausgerichtet sind (§ 13 Abs. 1 Nr. 18 ErbStG).

2.1.2.3 Güterstandsschaukel

Die Möglichkeit der Güterstandsschaukel eröffnet Ehegatten, Vermögen durch Ausnutzung der Vorschrift nach § 5 ErbStG steuerfrei zu übertragen. Diese Vorschrift besagt, dass der Zugewinnausgleich nach § 1371 BGB grds. nicht als steuerbarer Erwerb gilt. Zu unterscheiden ist zwischen dem erbrechtlichen Ausgleich bei Tod eines Ehegatten und dem güterrechtlichen Ausgleich bei Vereinbarung der Beendigung der Zugewinngemeinschaft unter Lebenden. Der erbrechtliche Ausgleich spielt in der Gestaltungspraxis verständlicherweise keine große Rolle, kann jedoch einen zusätzlichen nutzbaren »Freibetrag« beim überlebenden Erben-Ehegatten darstellen.

Hinweis !

Beim erbrechtlichen Ausgleich wird die Zugewinngemeinschaft mit dem Tod eines Ehegatten beendet und der Erbteil des überlebenden Ehegatten pauschal um ein Viertel erhöht. Für erbschaftsteuerliche Zwecke bleibt jedoch der tatsächliche Zugewinn, den der Ehegatte (güterrechtlich) hätte verlangen können, steuerfrei (fiktiver Zugewinnanspruch). Die pauschalierte Ermittlung des Zugewinns nach § 1371 Abs. 2 BGB greift für steuerliche Zwecke nicht (§ 5 Abs. 1 ErbStG).

Der güterrechtliche Ausgleich wurde lange Zeit in der Rechtsprechung thematisiert, ist jedoch durch Urteile des BFH geklärt und als Gestaltungsinstrument anerkannt.[2174] Der güterrechtliche Ausgleich bei Beendigung des Güterstands der Zugewinngemeinschaft in anderer Weise als

2173 *Jülicher*, in: Troll/Gebel/Jülicher/Gottschalk, 2019, § 13 ErbStG Rn. 165 ff.

2174 BFH vom 12.07.2005, BStBl II 2005, 843; FG Düsseldorf vom 14.06.2006, EFG 2006, 1447; BFH vom 28.06.2007, BStBl II 2007, 785; BFH vom 24.08.2005, BFH/NV 2006, 63.

dem Tod eines Ehegatten oder der Ausgleich des Zugewinns nach § 1371 Abs. 2 AO bleibt nach § 5 Abs. 2 ErbStG ebenso steuerfrei.

Der BFH hat im Jahr 2005 entschieden, dass die Beendigung des Güterstands der Zugewinngemeinschaft durch vertragliche Vereinbarung und seine anschließende Neubegründung regelmäßig nicht rechtsmissbräuchlich ist. Der entstehende Ausgleichsanspruch bleibt nach § 5 Abs. 2 ErbStG steuerfrei.[2175] Die Steuerpflichtigen »schaukeln« also praktisch von der Zugewinngemeinschaft (aus dem gesetzlichen Güterstand) in die Gütertrennung (in einen vertraglichen Güterstand) und wieder zurück in die Zugewinngemeinschaft. Es ist nach der Rechtsprechung sogar zulässig, den Wechsel des Güterstandes und das Zurückschaukeln in die Zugewinngemeinschaft in einem Vertrag zu vereinbaren, aus Vorsichtsgründen sollte aber u. E. zumindest die Vereinbarung in zwei separaten Urkunden erfolgen (auch wenn diese unmittelbar aufeinander folgen).

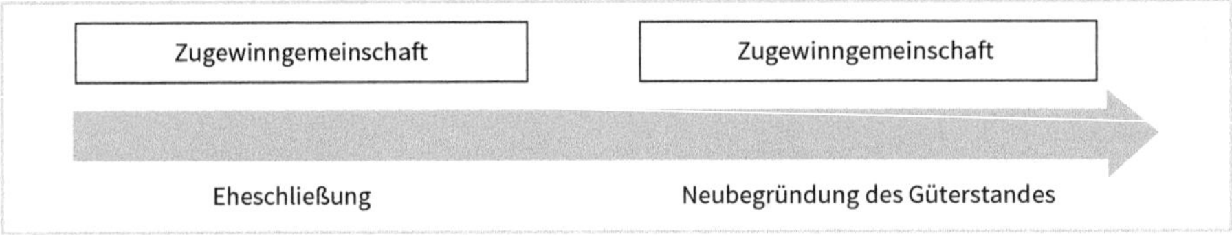

Ebenso ist zwischenzeitlich von der Rechtsprechung geklärt, dass die rückwirkende Vereinbarung der Zugewinngemeinschaft auf den Zeitpunkt der Eheschließung zivilrechtlich möglich ist.[2176] Der BFH folgt in mehreren Entscheidungen dieser zivilrechtlichen Beurteilung.[2177] Leider ist der Gesetzgeber dem in bestimmten Konstellationen nicht gefolgt. Insbes. bei der Auflösung der rückwirkend vereinbarten Zugewinngemeinschaft durch Tod mit erbrechtlicher Lösung gilt als Beginn der Zugewinngemeinschaft nicht der rückwirkend vereinbarte Zeitpunkt, sondern der Tag des Vertragsabschlusses (§ 5 Abs. 1 Satz 4 ErbStG i. V. m. § 1371 Abs. 1 BGB). Allerdings ist bei Auflösung der rückwirkend vereinbarten Zugewinngemeinschaft durch Tod mit güterrechtlicher Lösung und bei der lebzeitigen Auflösung der rückwirkend vereinbarten Zugewinngemeinschaft von Verwaltung und Rechtsprechung anerkannt, dass die rückwirkende Vereinbarung auch steuerlich gilt und in diesen Fällen eine Güterstandsschaukel sowohl zivil- als auch steuerrechtlich zulässig ist.[2178]

2175 BFH vom 12.07.2005, BStBl II 2005, 843; R E 5.2 Abs. 1 Satz 1 ErbStR 2019.

2176 BGH vom 01.04.1998, BGHZ 138, 239.

2177 Z. B. BFH vom 12.07.2005, BStBl II 2005, 843.

2178 FG Düsseldorf vom 14.06.2006, EFG 2006, 1447; BFH vom 12.07.2005, BStBl II 2005, 843; Erlass des Bayerischen Landesamtes für Steuern vom 05.10.2006, ZEV 2007, 48.

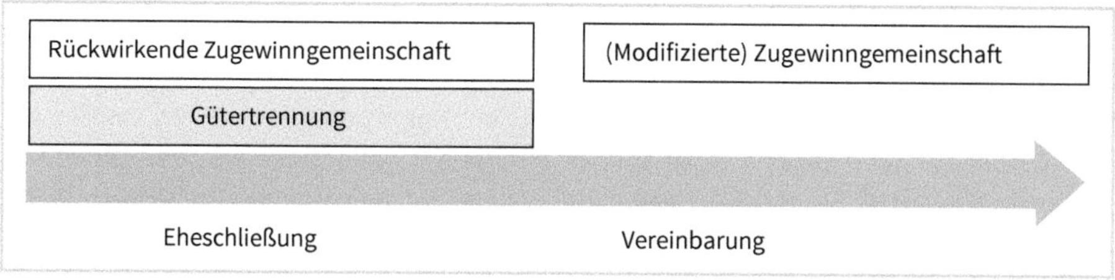

Der gesetzliche Güterstand der Zugewinngemeinschaft muss beendet werden, um den steuerfreien Ausgleichsanspruch auszulösen. Dies führt dazu, dass bei Modifizierung der Zugewinngemeinschaft durch Ehe- und/oder Erbvertrag unter Durchführung des Zugewinnausgleichs kein steuerfreier Ausgleichsanspruch entsteht. Der BFH hält eine Steuerfreiheit für nicht zulässig, da der gesetzliche Güterstand nicht beendet, sondern, wenn auch stark modifiziert und eingeschränkt, fortgeführt wird.

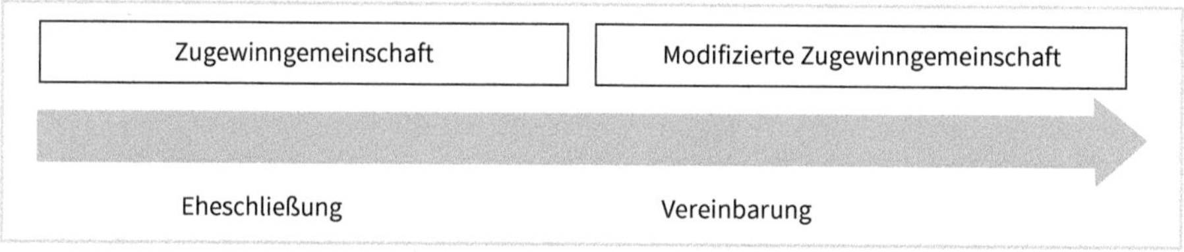

Der steuerfreie Ausgleichsanspruch entsteht auch beim fliegenden Zugewinnausgleich nicht. Dies ist der Fall, wenn bei bestehender Zugewinngemeinschaft der entstandene Zugewinn ausgeglichen wird, ohne dass der Güterstand der Zugewinngemeinschaft beendet wird. Hierbei entsteht nach dem Gesetz kein Ausgleichsanspruch. Die Zahlung ist als Schenkung zwischen den Ehegatten zu werten (R E 5.2 Abs. 3 ErbStR 2019).

2.1.2.4 Immobilienübertragung gegen Nießbrauch

Bei der Übertragung von Immobilien unter Nießbrauchsvorbehalt kann der Nießbrauch als Last vom Wert der übertragenen Immobilie in Abzug gebracht werden. Hierdurch vermindert sich die für die Schenkungsteuer maßgebliche Bemessungsgrundlage.

Die Bewertung der übertragenen Immobilie richtet sich nach dem zum Besteuerungszeitpunkt gesondert festgestellten (dem Verkehrswert angenäherten) gemeinen Wert (§ 12 ErbStG i. V. m. §§ 151 Abs. 1 Satz 1 Nr. 1, 177 BewG). Für die Ermittlung des gemeinen Werts sind – in Abhängigkeit der jeweiligen Grundstücksart – verschiedene Verfahren vorgesehen:

- **Vergleichswertverfahren**, für Wohnungseigentum, Teileigentum und Ein- und Zweifamilienhäuser (§ 182 Abs. 2 BewG i. V. m. § 183 BewG).
- **Ertragswertverfahren** für Mietwohngrundstücke, Geschäftsgrundstücke und gemischt genutzte Grundstücke. Für Geschäftsgrundstücke und gemischt genutzte Grundstücke

gilt dies jedoch nur, wenn sich für diese auf dem örtlichen Grundstücksmarkt eine übliche Miete ermitteln lässt (§ 182 Abs. 3 BewG i. V. m. §§ 184–188 BewG).

- **Sachwertverfahren** für Wohnungseigentum, Teileigentum und Ein- und Zweifamilienhäuser, wenn sich für diese kein Vergleichswert ermitteln lässt, für Geschäftsgrundstücke und gemischt genutzte Grundstücke, wenn sich für diese auf dem örtlichen Grundstücksmarkt keine übliche Miete ermitteln lässt und für sonstige bebaute Grundstücke (§ 182 Abs. 4 BewG i. V. m. §§ 189–191 BewG).

Ein niedrigerer gemeiner Wert kann jederzeit mittels eines Verkehrswertgutachtens nachgewiesen werden (§ 198 BewG).

Für die Berechnung der Nießbrauchslast werden die allgemeinen Vorschriften des Bewertungsgesetzes herangezogen. Grds. wird der Jahresertrag des Nießbrauchs mit den vom BMF vorgegebenen Vervielfältigern – je nach Abhängigkeit der Laufzeit – kapitalisiert. Der Jahresertrag orientiert sich an den erzielten Erträgen der Immobilie bei Vermietung bzw. den möglichen Erträgen, wenn die Immobilie nicht vermietet oder eigengenutzt wird (§§ 14–16 BewG). Etwaige Kosten sind entsprechend der vertraglichen Vereinbarung des Nießbrauchs zu berücksichtigen. Die Obergrenze des Jahresertrags des berechneten Nießbrauchs ist das 18,6-tel des nach den Vorschriften des Bewertungsgesetzes ermittelten Grundbesitzwerts (§ 16 BewG).

!

Hinweis

Wurde der Nießbrauch bereits i. R. d. Ermittlung des Verkehrswerts der Immobilie berücksichtigt, so kann er nicht nochmals als Last abgezogen werden. Eine Doppelberücksichtigung scheidet aus. Dies kann insbes. bei der Wertermittlung über ein Gutachten der Fall sein (§ 10 Abs. 6 Satz 6 ErbStG).

BEISPIEL

Sohn und Tochter sollen vom Vater (50 Jahre) das Familienheim mit Verkehrswert 2 Mio. € (Jahreswert: 60.000 €, Vervielfältiger 2019: 14,959) erhalten.[2179]

Lösung

Würden die Kinder die Immobilie erhalten, ohne dass sich der Vater den Nießbrauch vorbehält, wäre jeweils eine Schenkungsteuer von 90.000 €, insgesamt 180.000 € zu bezahlen. Diese ermittelt sich wie folgt:

• Erwerb je Kind	1.000.000 €
• Abzgl. Freibetrag je Kind	400.000 €
• Steuerpflichtiger Erwerb je Kind	600.000 €
• Steuersatz	15 %
• Schenkungsteuer je Kind	90.000 €

2179 Vervielfältiger entnommen BMF vom 22.11.2018, BStBl I 2018, 2306.

Wenn der Vater sich nun aber den Nießbrauch vorbehält, ist zusätzlich noch der kapitalisierte Nießbrauch als Last abzugsfähig. Diese ermittelt sich wie folgt:

• Jahreswert	60.000 €
• Vervielfältiger	14,959
• Nießbrauch	897.540 €

Der Nießbrauch wird je zu 50 % bei der Schenkung an den Sohn und der Schenkung an die Tochter abgezogen. Die Schenkungsteuer beträgt dann jeweils nur 16.636 €, insgesamt 33.272 €. Diese ermittelt sich wie folgt:

• Erwerb je Kind	1.000.000 €
• Abzgl. Nießbrauchslast je Kind	448.770 €
• Abzgl. Freibetrag je Kind	400.000 €
• Steuerpflichtiger Erwerb je Kind (gerundet)	151.230 €
• Steuersatz	11 %
• Schenkungsteuer je Kind	16.636 €

Bei Beendigung des Nießbrauchs können sich je nach Fallkonstellation unterschiedliche Ergebnisse ergeben.

- Bei Ablauf des Nießbrauchs mit Tod des Berechtigten ergeben sich grds. keine weiteren steuerlichen Konsequenzen, wenn der Nießbrauch entsprechend der vorgesehenen Laufzeit bestanden hat. Endet der Nießbrauch mit Tod des Nießbrauchers, sieht das Bewertungsgesetz jedoch eine Art »Mindestlaufzeit« (abhängig je nach Alter des Nießbrauchers) des Nießbrauchs vor. Wird diese Mindestlaufzeit unterschritten, so muss eine Neuberechnung auf die tatsächliche Dauer des Nießbrauchs durchgeführt werden (§ 14 Abs. 2 BewG). Dies wird regelmäßig zu einer höheren Steuerbelastung für die ursprüngliche Zuwendung führen.
- Wird auf das Nießbrauchsrecht vorzeitig verzichtet, wird mit dem Verzicht ein weiterer Schenkungsteuertatbestand ausgelöst. Geschenkt wird der Wert des Nießbrauchs zum Zeitpunkt des Verzichts. Auswirkungen auf die ursprüngliche Schenkung ergeben sich nicht.

Hinweis !

Bzgl. der Grunderwerbsteuer sei darauf hingewiesen, dass Grundstücksschenkungen unter Lebenden grds. grunderwerbsteuerfrei sind (§ 3 Nr. 2 Satz 1 GrEStG). Dies gilt jedoch nicht für Schenkungen unter Auflage. Diese unterliegen hinsichtlich des Werts von Auflagen, die bei der Schenkungsteuer abziehbar sind, der Besteuerung (§ 3 Nr. 2 Satz 2 GrEStG). Dies bedeutet, dass grds. die Schenkung unter Nießbrauchsvorbehalt eine Grunderwerbsteuerpflicht auslösen würde, es sei denn, eine andere Steuerbefreiung greift ein. Dies ist insbes. die Übertragung unter Ehegatten und unter Verwandten in gerader Linie, so dass im Familienverbund eine Grunderwerbsteuerpflicht nicht zum Tragen kommt (§ 3 Nr. 4 und 6 GrEStG).

2.1.2.5 Kettenschenkung

Von einer Kettenschenkung wird ausgegangen, wenn bei der Zuwendung eines Gegenstandes der Erstbedachte in die Rolle des Zuwendenden schlüpft und damit durch eine geschickte Aneinanderreihung von Zuwendungen und die Nutzung von günstigeren Steuerklassen und Freibeträgen eine Steuerersparnis eintritt.[2180] Dies ist beispielsweise bei Zuwendungen der Schwiegereltern an ihre Schwiegerkinder der Fall. Diese Zuwendungen würden grds. der Steuerklasse II unterliegen, nicht jedoch die Schenkung der Eltern an ihre eigenen Kinder und die Weitergabe an den jeweiligen Ehegatten der Kinder. Diese Vorgänge unterliegen der günstigeren Steuerklasse I.[2181]

Die Finanzverwaltung hat die Kettenschenkungen verständlicherweise lange Zeit als kritisch und ggf. als Gestaltungsmissbrauch angesehen. Klarheit schafft u. a. ein Urteil des BFH aus dem Jahr 2013.[2182] Kettenschenkungen werden demnach dann steuerlich anerkannt, wenn ein Elternteil seinem Kind eine Zuwendung (z. B. ein Grundstück) zukommen lässt und das Kind unmittelbar im Anschluss an die ausgeführte Schenkung einen Teil der Zuwendung (also z. B. einen Miteigentumsanteil) an seinen eigenen Ehegatten weitergibt, ohne seinem Elternteil gegenüber zu dieser Weiterschenkung verpflichtet zu sein. Es liegt dann keine Zuwendung des Elternteils an sein Schwiegerkind vor, sondern ein schenkungsteuerbarer Vorgang bzgl. der Schenkung Elternteil an eigenes Kind und ein schenkungsteuerbarer Vorgang bzgl. der Schenkung Kind an seinen Ehegatten.[2183]

Bei der Beurteilung, ob der Erstbedachte über den ihm zugewendeten Gegenstand frei verfügen kann, was Voraussetzung für die Anerkennung der Kettenschenkung ist, sind folgende Kriterien zu beachten:[2184]

- Berücksichtigung der abgeschlossenen Verträge
- Inhaltliche Abstimmung der abgeschlossenen Verträge untereinander
- Angestrebte Ziele der Vertragsparteien durch die Vertragsgestaltung

Maßgebend ist jeweils die Beurteilung der Gesamtheit der objektiven Gegebenheiten unter Berücksichtigung des Einzelfalls.

BEISPIEL: KETTENSCHENKUNG

Der Vater V schenkt

- seinem Schwiegersohn S einen Barbetrag von 250.000 € oder
- seiner Tochter T einen Barbetrag von 250.000 € und diese gibt freiwillig, ohne dazu verpflichtet zu sein, ihrem Ehemann den Betrag von 250.000 € weiter.

2180 *Gebel*, in: Troll/Gebel/Jülicher/Gottschalk, 2019, § 7 ErbStG Rn. 238.
2181 *Gebel*, in: Troll/Gebel/Jülicher/Gottschalk, 2019, § 7 ErbStG Rn. 238.
2182 BFH vom 18.07.2013, BStBl II 2013, 934.
2183 BFH vom 18.07.2013, BStBl II 2013, 934, Leitsatz.
2184 BFH vom 18.07.2013, BStBl II 2013, 934, Orientierungssatz.

Die Schenkungsteuerfreibeträge sind jeweils aufgrund von Vorschenkungen bereits aufgebraucht und sollen nicht weiter berücksichtigt werden.

Lösung

Bei der Schenkung direkt an S fällt eine Schenkungsteuer von 37.500 € an (Steuerklasse II, Steuersatz 15 %).

Bei der Schenkung an T fällt eine Schenkungsteuer von 17.500 € an (Steuerklasse I, Steuersatz 7 %) und eine weitere Schenkungsteuer für die Weitergabe an den Ehemann von nochmals 17.500 € (ebenfalls Steuerklasse I, Steuersatz 7 %), in Summe also 35.000 €.

Durch Nutzung der unterschiedlichen Steuersätze und der höheren Freibeträge in der günstigeren Steuerklasse I im Vergleich zur Steuerklasse II und III oder der Steuerklasse II zur Steuerklasse III kann über Kettenschenkungen ein Steuervorteil erzielt werden, der nicht zwingend von der Finanzverwaltung als rechtsmissbräuchlich angesehen wird. Eine Einzelfallprüfung hat jedoch zu erfolgen.

2.1.2.6 Befreiung des Familienheims und Wohnheimschaukel

Die Übertragung des sog. Familienheims kann sowohl bei der lebzeitigen Zuwendung als auch bei der Übertragung im Erbfall steuerbegünstigt erfolgen (§ 13 Abs. 1 Nr. 4a-4c ErbStG).

Bei der Zuwendung unter Lebenden wird die Schenkung des Familienheims zwischen Ehegatten und Lebenspartnern steuerfrei gestellt. Voraussetzung dafür ist:

- Ein Ehegatte muss dem anderen Ehegatten Eigentum oder Miteigentum am Familienheim verschaffen (§ 13 Abs. 1 Nr. 4a Satz 1 ErbStG; R E 13.3 Abs. 4 ErbStR 2019).
- Das Familienheim muss sich entweder im Inland oder im EU-/EWR-Ausland befinden (§ 13 Abs. 1 Nr. 4a Satz 1 ErbStG; R E 13.3 Abs. 3 ErbStR 2019).
- Als Familienheim gilt ein bebautes Grundstück, soweit darin eine Wohnung gemeinsam zu eigenen Wohnzwecken genutzt wird. In der Wohnung muss sich der Mittelpunkt des familiären Lebens befinden, die Befreiung ist daher für Ferien- oder Wochenendwohnungen nicht zulässig (§ 13 Abs. 1 Nr. 4a Satz 1 ErbStG; R E 13.3 Abs. 2 Satz 1–5 ErbStR 2019).

Hinweis !

Die Verschaffung von Eigentum oder Teileigentum wird nach dem Gesetz gleichgestellt, wenn der eine Ehegatte den anderen von eingegangenen Verpflichtungen im Zusammenhang mit der Anschaffung oder der Herstellung des Familienheims freistellt oder wenn der eine Ehegatte nachträgliche Herstellungskosten oder Erhaltungsaufwand für ein im gemeinsamen Eigentum der Ehegatten oder alleinigen Eigentum des anderen Ehegatten stehendes Familienheim trägt (§ 13 Abs. 1 Nr. 4a Satz 1 letzter HS, Satz 2 ErbStG).

! **Hinweis**

Bei einer Nutzung zu anderen als Wohnzwecken, z. B. die Nutzung eines Raums als Arbeitszimmer, ist dies unschädlich, wenn diese andere Nutzung von untergeordneter Bedeutung ist (R E 13.3 Abs. 2 Satz 9 ErbStR 2019). Auch die unentgeltliche Mitbenutzung für gewerbliche oder freiberufliche Zwecke ist grds. unschädlich, wenn die Wohnnutzung überwiegt (R E 13.3 Abs. 2 Satz 10 ErbStR 2019). Erfolgt die gewerbliche oder freiberufliche Mitbenutzung allerdings entgeltlich, so ist die Befreiung für das Familienheim auf den Anteil begrenzt, der dem eigenen Wohnzwecke dienenden Anteil entspricht (R E 13.3 Abs. 2 Satz 11 ErbStR 2019).

Beim Erwerb des Familienheims von Todes wegen ist dies unter den folgenden weiteren Voraussetzungen durch den Ehegatten oder auch durch die Kinder möglich:

- Der Erblasser musste bis zu seinem Tod in dem bebauten Grundstück eine Wohnung zu eigenen Wohnzwecken innegehabt haben oder aus objektiv zwingenden Gründen an der Selbstnutzung gehindert gewesen sein. Solch ein Grund liegt vor, wenn aufgrund einer Pflegebedürftigkeit die Führung eines eigenen Haushalts nicht mehr möglich war (§ 13 Abs. 1 Nr. 4b ErbStG; R E 13.4 Abs. 2 Satz 1–3 ErbStR).
- Der überlebende Ehegatte muss unverzüglich in die Wohnung einziehen und diese zu eigenen Wohnzwecken nutzen (oder weiternutzen). Unschädlich ist nur, wenn der überlebende Ehegatte selbst wegen objektiv zwingender Gründe an der Eigennutzung gehindert ist (§ 13 Abs. 1 Nr. 4b ErbStG; R E 13.4 Abs. 2 Satz 4 ErbStR 2019).
- Die Eigennutzung durch den überlebenden Ehegatten muss mindestens für einen Zeitraum von zehn Jahren erfolgen. Wenn der überlebende Ehegatte die Eigennutzung aufgrund Verkauf, Vermietung, längeren Leerstands oder unentgeltlicher Überlassung ganz oder teilweise aufgibt, dann entfällt die Steuerbefreiung mit Wirkung für die Vergangenheit (§ 13 Abs. 1 Nr. 4b ErbStG; R E 13.4 Abs. 6 ErbStR 2019).
- Beim Erwerb durch Kinder oder durch Kinder vorverstorbener Kinder ist zusätzlich zu den vorgenannten Kriterien eine Begrenzung der Wohnfläche auf höchstens 200 qm vorgesehen. Ist die vom Erblasser erworbene Wohnung größer, so tritt eine partielle Steuerpflicht für den übersteigenden Anteil ein (§ 13 Abs. 1 Nr. 4c ErbStG; R E 13.4 Abs. 7 ErbStR 2019).

! **Hinweis**

Auch beim Erwerb von Todes wegen kann der Erwerber die Steuerbefreiung dann nicht in Anspruch nehmen, wenn er bzgl. des Familienheims verpflichtet ist, dieses aufgrund letztwilliger oder rechtsgeschäftlicher Verfügung des Erblassers an Dritte weiterzugeben. Anwendungsfälle sind insbes. das Sachvermächtnis, welches auf begünstigtes Vermögen gerichtet ist, das Vorausvermächtnis, welches auf begünstigtes Vermögen gerichtet ist, ein Schenkungsversprechen auf den Todesfall oder eine Auflage des Erblassers, die auf die Weitergabe begünstigten Vermögens gerichtet ist (R E 13.4 Abs. 5 ErbStR 2019).

Insbes. die Steuerbefreiung bei lebzeitiger Zuwendung unter Ehegatten kann für die Übertragung von Vermögenswerten zwischen Ehegatten genutzt werden. Bei der sog. Wohnheimschaukel schenkt der eine Ehegatte dem anderen Ehegatten das Familienwohnheim steuerfrei und kauft dieses dann zurück. Auf diesem Weg kann »steuerfrei« und ohne Verbrauch von schenkungsteuerlichen Freibeträgen Barvermögen von einem Ehegatten auf den anderen übertragen werden.

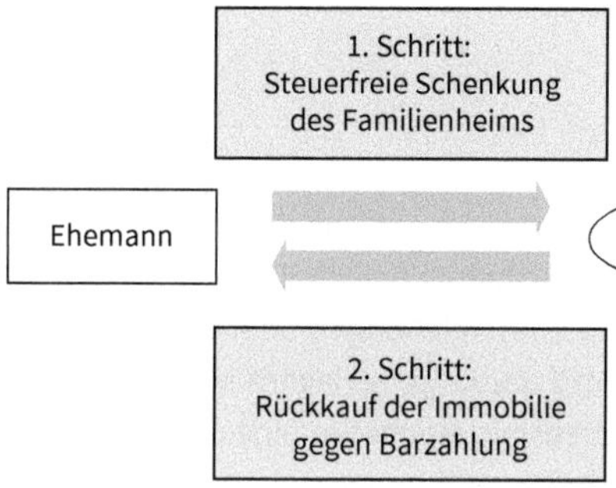

Hinweis !

Auch die mehrfache steuerfreie Übertragung eines Familienheims zwischen den Ehegatten zu Lebzeiten ist zulässig, wenn z. B. nach einem Umzug eine andere Immobilie als zuvor das Familienheim darstellt. Die Regelung ist nicht auf eine Immobilie pro bestimmtem Zeitraum beschränkt (R E 13.3 Abs. 5 ErbStR 2019).

2.1.2.7 Befreiung nach § 13d ErbStG bei Vermietungsobjekten

Für bestimmte zu Wohnzwecken genutzte Grundstücke sieht das Erbschaft- und Schenkungsteuergesetz einen Bewertungsabschlag von 10 % vor (§ 13d Abs. 1 ErbStG). Um diesen Bewertungsabschlag in Anspruch nehmen zu können, müssen kumuliert die folgenden Voraussetzungen vorliegen:

- Es muss sich um bebaute Grundstücke oder Grundstücksteile handeln, die zu Wohnzwecken vermietet werden (§ 13d Abs. 3 Nr. 1 ErbStG).
- Die bebauten Grundstücke oder Grundstücksteile müssen sich im Inland oder im EU/EWR-Ausland befinden (§ 13d Abs. 3 Nr. 2 ErbStG).
- Die bebauten Grundstücke oder Grundstücksteile dürfen nicht einem begünstigten Betriebsvermögen oder einem begünstigten Vermögen eines land- und forstwirtschaftlichen Betriebs gehören (§ 13d Abs. 3 Nr. 3 ErbStG).

Hinweis !

Der Bewertungsabschlag kann allerdings nicht in Anspruch genommen werden, soweit der Erwerber aufgrund einer letztwilligen Verfügung des Erblassers oder einer rechtsgeschäftlichen Verfügung des Erblassers die erworbenen Grundstücke oder Grundstücksteile auf einen Dritten übertragen muss. Gleiches gilt, wenn im Rahmen einer Teilungsanordnung der Erwerber die Grundstücke oder Grundstücksteile an einen Dritten überträgt (§ 13d Abs. 2 ErbStG).
Der Bewertungsabschlag gilt auch in Fällen der Ersatzerbschaftsteuer bei Stiftungen.

2.2 Internationale Bezüge bei Unternehmerfamilien

Dr. Michael Schellenberger

2.2.1 Grundsätzliches

Mit zunehmender Tendenz sind nicht mehr sämtliche Familienmitglieder in einem Staat und damit einer Jurisdiktion ansässig bzw. haben keine alleinige oder gemeinsame Staatsangehörigkeit mehr. Etwa kommt durch Eheschließungen oder andere Partnerschaftsformen die Berührung zu weiteren Staaten hinzu und/oder verlagern Mitglieder der Unternehmerfamilie temporär oder dauerhaft ihren Lebensmittelpunkt in eine andere Jurisdiktion. Um im privaten Bereich, insbesondere dem Güter- oder Erbrecht mit anderen Rechtskreisen in Berührung zu kommen, ist es noch nicht einmal erforderlich, dass Familienmitglieder eine ausländische Staatsangehörigkeit oder eine Ansässigkeit im Ausland haben. Bereits bei der Belegenheit von Familienvermögen im Ausland kann das Erfordernis bestehen, fremde Rechte in seine Überlegungen zur Strukturierung der rechtlichen Verhältnisse einer Familie einzubeziehen.

Elementar beim Umgang mit internationalen Rechtsfragen sind vor allem drei Dinge:

2.2.1.1 Begrifflichkeit des »Internationalen Privatrechts«

Jeder Staat bzw. jede Staatengemeinschaft hat sein eigenes Internationales Privatrecht. Dieses beantwortet die Frage, welches Recht man bei Berührung mit anderen Rechtskreisen aus eigener Sicht zur Anwendung bringt. Korrespondierend haben auch die anderen Staaten, die von einer konkreten Angelegenheit berührt werden, ihr eigenes Internationales Recht und beantworten diese Frage ebenfalls aus ihrer Sicht.

2.2.1.2 Die Befragung aller berührten Rechte

Da es kein einheitliches Internationales Privatrecht gibt, sind stets die Internationalen Privatrechte aller beteiligten Staaten zu befragen. Entweder ergibt die Befragung eine sog. »Harmonie« oder eine sog. »Dissonanz« zwischen den Internationalen Privatrechten. Im Fall der Harmonie herrscht Rechtsklarheit. Beide Internationalen Privatrechte bestimmen dasselbe anwendbare Recht. Im Fall der Dissonanz – also dem Ergebnis, dass aus Sicht der verschiedenen Staaten verschiedene materielle Rechte anwendbar sind – ist man auf die Ebene des Faktischen verwiesen und sollte prüfen, ob die Dissonanz durch Gestaltung beseitigt werden kann.

BEISPIEL FÜR EINE HARMONIE:

Ein Österreicher mit gewöhnlichem Aufenthalt in Deutschland verstirbt und hinterlässt Immobilien in Deutschland und Österreich. Beide Staaten stellen nach Art. 21 der Europäischen Erbrechtsverordnung (EU-ErbVO) auf den gewöhnlichen Aufenthalt ab. Damit findet auf den Nachlass deutsches materielles Erbrecht Anwendung.

BEISPIEL FÜR EINE »DISSONANZ«

Ein muslimischer Marokkaner verstirbt mit gewöhnlichem Aufenthalt in Deutschland. Er hinterlässt Immobilien in Deutschland und Marokko. Marokko stellt gem. dem malikitischen Recht zur Ermittlung des anwendbaren Erbrechts auf die Staatsangehörigkeit, Deutschland hingegen gem. Art. 21 EU-ErbVO auf den gewöhnlichen Aufenthalt ab. Damit tritt eine faktische Nachlassspaltung ein, die sich an der Belegenheit der Immobilien orientiert.

2.2.1.3 Die Vorsicht bei fremdrechtlichen Begrifflichkeiten

Jeder Rechtskreis definiert seine Rechtsbegriffe bzw. hat ein Verständnis über Umfang und Bedeutung, das sich nicht decken muss mit dem Verständnis anderer Staaten. Daher ist große Vorsicht geboten und davor zu warnen, fremde Rechtsbegriffe zu übersetzen und nach deutschem Verständnis zu interpretieren. Dies gilt auch in europäischem Kontext. Beispielsweise existiert in der deutschen Fassung der EU-ErbVO der Begriff des »Erbvertrags«. Dieser ist nicht deckungsgleich mit dem deutschen Rechtsbegriff des »Erbvertrags« sondern umfasst zusätzlich das deutsche »Gemeinschaftliche Testament«.

Konstellationen mit Auslandsbezug sind unzählbar, sodass sich die nachfolgenden Ausführungen auf die deutsche bzw. europäische Sicht beschränken und an der ein oder anderen Stelle leise Hinweise zur anglo-amerikanischen Sicht gegeben werden. Des Weiteren erfolgt eine sachliche Eingrenzung. Es werden die Grundzüge des deutschen bzw. europäischen Internationalen Privatrechts am Beispiel des Güterrechts und des Erbrechts dargestellt. Die Darstellung kann selbstverständlich keine individuelle und von einem Berater ausgearbeitete Lösung ersetzen, die den Geist der Unternehmerfamilie in sich trägt. Sie kann lediglich erste Anregungen für mögliche Gestaltungen geben. Die folgende Darstellung erhebt insb. keinen Anspruch auf Vollständigkeit, sondern konzentriert sich auf ausgewählte Fragestellungen. Sie soll einen ersten Einstieg in das Thema ermöglichen und die Grundlagen vermitteln, jedoch nicht als umfassendes Kompendium dienen.

Hinweis !

Bei Fachbegriffen im Internationalen Recht ist größte Vorsicht geboten, da jeder Staat unter dem ein und demselben Begriff etwas Unterschiedliches versteht. Auf EU-Ebene sind Fachbegriffe unionsrechtlich zu verstehen und dürfen nicht mit dem nationalen Verständnis ausgefüllt werden.

2.2.2 Das Internationale Erbrecht im Überblick (EU-ErbVO)

2.2.2.1 Allgemeines

Weist ein erbrechtlicher Sachverhalt in irgendeiner Weise einen Auslandsbezug auf, ist es zunächst notwendig, das anwendbare Erbrecht zu bestimmen, nach dem sich der Sachverhalt richtet. Ausschlaggebend für die Anwendung ausländischen Erbrechts kann z. B. sein, dass der Erblasser eine ausländische Staatsangehörigkeit besitzt, der Erblasser seinen gewöhnlichen Aufenthalt im Ausland hat oder Betriebsvermögen oder andere Vermögensgegenstände sich im Ausland befinden. In wenigen Fällen kann es auch auf die Staatsangehörigkeit bzw. den gewöhnlichen Aufenthalt von Begünstigten ankommen. Das auf einen Sachverhalt anwendbare Erbrecht wird mithilfe des sog. Erbkollisionsrechts, eines Teils des Internationalen Privatrechts, bestimmt.

Abzugrenzen ist das Erbstatut von anderen Statuten, die ebenfalls für die Beurteilung eines erbrechtlichen Sachverhalts von Bedeutung sein können und zur parallelen Anwendbarkeit eines anderen nationalen Sachrechts führen können. Neben familienrechtlichen Aspekten (Unterhaltsstatut, Adoptionsstatut, etc.) sollte dem Güterrechtsstatut besondere Aufmerksamkeit geschenkt werden. Denn das Erbstatut umfasst keine güterrechtlichen Fragestellungen, wenngleich diese erbrechtliche Auswirkung haben. Das Güterrecht, das die vermögensrechtlichen Wirkungen einer Ehe regelt, wird abweichend vom Erbstatut nach einer eigenständigen Kollisionsnorm bestimmt (in Deutschland Art. 15 EGBGB), mit der Folge, dass das anwendbare materielle Güter- und Erbrecht unterschiedlichen Rechtsordnungen unterliegen können. Daraus können sich besonders mit Blick auf die nicht in allen Rechtsordnungen gewährte güterrechtliche Erhöhung des Ehegattenerbteils (§ 1371 Abs. 1 BGB) Schwierigkeiten ergeben.

! **Hinweis**

In Fällen mit internationaler Berührung sind zumindest die anwendbaren Erbstatute, Güterrechtsstatute und die steuerlichen Anknüpfungsmomente aus Sicht jedes betroffenen Staates zu prüfen.

2.2.2.2 Die Bestimmung des anwendbaren Erbstatuts

2.2.2.2.1 Grundsätzliches

Das anwendbare materielle Erbrecht, im Internationalen Recht Erbstatut genannt, ist stets aus der Sicht aller beteiligter Staaten zu bestimmen. Bisher war das Erbstatut aus deutscher Sicht gem. Art. 25 f. EGBGB zu bestimmen und richtete sich nach der Staatsangehörigkeit des Erblassers. Seit dem 17.08.2015 (Bezugspunkt ist der Todesfall) sind die deutschen autonomen Regelungen in ihrer Wirkung jedoch durch die EU-Verordnung Nr. 650/2012 (Rom IV) ersetzt worden. Rom IV enthält gegenüber Art. 25 f. EGBGB einschneidende Abweichungen bei der Bestimmung des Erbstatuts:

2.2.2.2.2 Objektive Bestimmung des Erbstatuts

Anders als Art. 25 Abs. 1 EGBGB (Staatsangehörigkeit des Erblassers) knüpft Art. 21 Abs. 1 Rom IV zur objektiven Bestimmung des anwendbaren Erbrechts an den letzten gewöhnlichen Aufenthalt des Erblassers an. Verstirbt ein Deutscher mit letztem gewöhnlichen Aufenthalt in Frankreich, unterliegt die Rechtsnachfolge von Todes wegen gem. Art. 21 Abs. 1 Rom IV französischem Recht; nach Art. 25 Abs. 1 EGBGB wäre deutsches Erbrecht anwendbar gewesen.

Ergibt sich im Einzelfall, dass der Erblasser im Todeszeitpunkt offensichtlich eine engere Verbindung zu einem anderen Staat hatte, als demjenigen seines gewöhnlichen Aufenthalts, so ist nach Art. 21 Abs. 2 Rom IV das Recht dieses Staats anzuwenden. In diesem Fall wird also das Anknüpfungsmoment des gewöhnlichen Aufenthalts überlagert durch eine offensichtlich engere Verbindung. In der Praxis wird sowohl Bedeutung und Umfang des Rechtsbegriffs des gewöhnlichen Aufenthalts als auch der Rechtsbegriff der offensichtlich engeren Verbindung durch die Rechtsprechung des EuGH auszufüllen sein.

Anders als Art. 25 Abs. 2 und 3a Abs. 2 EGBGB, die eine kollisionsrechtliche Nachlassspaltung, also die Anwendbarkeit verschiedener Rechte auf verschiedene Teile desselben Nachlasses zuließen, folgt Art. 21 Rom IV dem Grundsatz der »strengen« Nachlasseinheit. Eine Ausnahme kann gem. Art. 30 Rom IV bestehen. Diese Vorschrift ähnelt Art. 3a Abs. 2 EGBGB, bleibt in ihrem Anwendungsbereich jedoch weit hinter diesem zurück.

BEISPIEL ZUR NACHLASSEINHEIT BZW. NACHLASSSPALTUNG

Bei einem deutschen Staatsangehörigen, der eine Immobilie in Florida erwirbt, kommt es nach dessen Tod unter Geltung von Rom IV aus europäischer Sicht zu keiner Nachlassspaltung mehr wie noch gem. Art. 25 Abs. 1, 3a Abs. 2 EGBGB. Hat dieser Erblasser seinen letzten gewöhnlichen Aufenthalt in Deutschland gehabt, findet aus europäischer Sicht deutsches Erbrecht auf den gesamten Nachlass Anwendung. Als Folge der Nachlasseinheit, wäre der gesamte Nachlass, unabhängig davon, ob er sich in Florida befindet oder nicht, anders als nach vorheriger Rechtslage von einem deutschen Pflichtteilsrecht betroffen, wenngleich bei der Umschreibung des Eigentums an der Immobilie faktisch das aus Sicht des Staates Florida anwendbare lokale materielle Erbrecht zu beachten sein wird, da der Staat Florida dem Grundsatz der Nachlassspaltung anhängt.

Unter Anwendbarkeit von Rom IV ist daher der Erwerb von Grundstücken im Ausland bei gleichzeitigem deutschem Erbstatut als Strategie zur Pflichtteilsreduzierung nicht mehr sinnhaft. Allerdings dürfte die Gestaltbarkeit des gewöhnlichen Aufenthalts andere Gestaltungsmodelle erlauben. Einzelheiten sind hier jedoch noch ungeklärt.[2185]

2185 Vgl. zu Pflichtteilsvermeidungsstrategien auch 1.2.1.3.2.

2.2.2.2.3 Subjektive Bestimmung des Erbstatuts

Art. 22 Abs. 1 Rom IV gewährt eine eingeschränkte Rechtswahlmöglichkeit, die sich von derjenigen des Art. 25 Abs. 2 EGBGB unterscheidet. Danach kann der Erblasser das Recht des Staats wählen, dem er im Zeitpunkt der Rechtswahl oder im Zeitpunkt seines Todes angehört. Die Rechtswahlmöglichkeiten gehen damit über diejenigen des Art. 25 Abs. 2 EGBGB hinaus, nach dem faktisch nur ausländische Staatsangehörige für in Deutschland belegene Immobilien das deutsche Erbrecht wählen konnten.

Der Erblasser muss im Zeitpunkt der Rechtswahl oder seines Todes die Staatsangehörigkeit des Staats innehaben, dessen Recht er wählen möchte. Ein Wechsel der Staatsangehörigkeit nach der Rechtswahl berührt deren Wirksamkeit demnach nicht. Bei mehrfacher Staatsangehörigkeit gestattet Art. 22 Abs. 1 Satz 2 Rom IV die Wahl zwischen diesen Rechtsordnungen. Die Wahl kann nach Abs. 2 ausdrücklich oder konkludent erfolgen und muss die Form einer Verfügung von Todes wegen einhalten. Die Wirksamkeit dieser Verfügung bestimmt sich dabei unmittelbar nach dem gewählten Recht selbst, Art. 22 Abs. 3 Rom IV.

! **Hinweis**

Unter der Geltung von Rom IV gibt es in weitaus mehr Fällen eine Wahlmöglichkeit des anwendbaren materiellen Erbrechts. Bestehende Gestaltungen sollten daher hinterfragt werden.

2.2.3 Das Internationale Güterrecht im Überblick (EuGü-VO)

2.2.3.1 Allgemeines

Das Güterrecht ist bei jeder Nachfolgeplanung zwingend zu berücksichtigen, da es die vermögensrechtlichen Fragen bei Beendigung der Ehe regelt. Endet die Ehe durch Tod, hat das Güterrecht auch Einfluss auf den Umfang des Erbrechts, vgl. beispielsweise für Deutschland § 1371 BGB. Da das Internationale Privatrecht hinsichtlich des anwendbaren materiellen Güterrechts u. a. aus deutscher Sicht an andere Tatsachen angeknüpft wird, als das anwendbare materielle Erbrecht, treffen oftmals zwei verschiedene materielle Rechte aufeinander.

2.2.3.2 Anwendbares materielles Güterrecht aus deutscher Sicht

Aus deutscher Sicht ist das Anknüpfungsmoment für das anwendbare materielle Güterrecht der erste gemeinsame gewöhnliche Aufenthalt der beiden Ehegatten nach der Eheschließung (Art. 26 Abs. 1 a) EuGü-VO). Gibt es keinen solchen gemeinsamen gewöhnlichen Aufenthalt, wird auf die gemeinsame Staatsangehörigkeit abgestellt (Art. 26 Abs. 1 b) EuGü-VO). Gibt es auch keine gemeinsame Staatsangehörigkeit, wird auf das Recht desjenigen Staates abgestellt, dem die Ehegatten gemeinsam am engsten verbunden sind (Art. 26 Abs. 1 c) EuGüVO.

2.2.3.3 Rechtswahl

Hinsichtlich der Anwendbarkeit des materiellen Güterrechts empfiehlt es sich jedenfalls, eine Rechtswahl vorzunehmen. Diese bietet Rechtsklarheit und verhindert in vielen Fällen auch, dass sich das anwendbare materielle Güterrecht bei späteren Veränderungen wandelt. Nach deutschem Internationalem Güterrecht bestehen umfassende Wahlmöglichkeiten. So können nach Art. 22 Abs. 1 EuGü-VO folgende materielle Güterrechte gewählt werden:

- das Recht eines Staates, in dem die Ehegatten oder künftigen Ehegatten oder einer von ihnen zum Zeitpunkt der Rechtswahl ihren/seinen gewöhnlichen Aufenthalt haben/hat oder
- das Recht eines Staates, dessen Staatsangehörigkeit einer der Ehegatten oder künftigen Ehegatten zum Zeitpunkt der Rechtswahl besitzt.

Hinweis !

Im Güterrecht gibt es vielerlei Wahlmöglichkeiten. Da einzelne Staaten von einer Wandelbarkeit des anwendbaren Güterrechts ausgehen, ist bei Auslandsberührung auf jeden Fall eine zumindest klarstellende Rechtswahl zu empfehlen, um weitestgehende Rechtssicherheit zu erlangen.

2.2.4 Zielsetzungen und Gestaltungen im internationalen Erb- und Güterrecht

2.2.4.1 Vermeidung der Kollision verschiedener Rechte

Unternehmerfamilien sollten bei der Berührung internationaler Rechtskreise in erster Linie darauf achten, dass die Anwendbarkeit eines ausländischen materiellen Rechts – sei es im Güterrecht, im Erbrecht oder einem anderen zivilrechtlichen Bereich, zu keinen Kollisionen verschiedener Rechte führt. Hatte ein Familienmitglied kurz nach der Eheschließung einen anderen gewöhnlichen Aufenthalt als im Zeitpunkt des Todes, fallen die anwendbaren Rechte auseinander. Dies kann zu einer rechtlich unklaren Situation führen, was unbefriedigend ist. Eine Rechtswahl hätte hier Abhilfe schaffen können.

2.2.4.2 Vermeidung der Anwendbarkeit verschiedener Rechte auf denselben Sachverhalt

Grundsätzlich sollte in zweiter Linie darauf geachtet werden, dass Fälle, wie das Auseinanderfallen der anwendbaren Rechte bei Güter- und Erbstatut, vermieden werden, um größere Rechtsklarheit zu haben und nicht ggf. von sich ändernder bzw. ausdifferenzierender Rechtsprechung abhängig zu sein.

2.2.4.3 Gestaltungen im internationalen Erb- und Güterrecht

Die dritte Linie – sozusagen die Kür – bildet die bewusste Gestaltung der anwendbaren Rechte durch tatsächliche oder rechtliche Instrumente, ggf. unter bewusster Außerachtlassung der vorbeschriebenen Grundsätze, um spezielle Gestaltungsziele zu erreichen. Tatsächliche Instrumente können etwa die Verlagerung von Vermögen, die Verlagerung des gewöhnlichen Aufenthalts bzw. des Wohnsitzes oder gar der bewusste Wechsel der Staatsangehörigkeit sein. Im Güterrecht kann auch der Ort der Eheschließung eine Rolle spielen.

2.2.4.4 Beispiel einer Gestaltung im internationale Erb- und Güterrecht

Gestaltungen im internationalen Güter- bzw. Erbrecht sind stets auf den Einzelfall zugeschnittene Gestaltungen, die einer umfangreichen Vorprüfung aller anwendbaren Rechte aus der Sicht des jeweiligen Staates bzw. Rechtskreises bedürfen. Daher soll hier lediglich ein Beispiel aufgezeigt werden, das nicht verallgemeinerungsfähig ist:

> BEISPIEL
>
> Eine Unternehmerin möchte verhindern, dass ein »missratenes« Kind seinen Pflichtteil gegen ihre Erben geltend machen wird. Sie verlagert daher ihren gewöhnlichen Aufenthalt und Wohnsitz nach Dänemark. Dänemark kennt kein Pflichtteilsrecht nach deutschem Verständnis, sondern gewährt lediglich einen Geldanspruch geringerer Höhe, der eher den Charakter eines Unterhaltsabsicherungsanspruchs hat. Ob diese Gestaltung im Lichte von Rom IV tatsächlich verhindern wird, dass das »missratene« Kind in Deutschland seinen Pflichtteil geltend machen kann, wird vom EuGH noch zu klären sein.[2186]

2.3 Legalisierung von Vermögen

Dr. Björn Demuth/Tina Stiehler

2.3.1 Einführung

Das Thema »Selbstanzeige« war in 2014 in aller Munde. Grund dafür waren viele noch nicht legalisierte Vermögen deutscher Steuerpflichtiger, die in der Schweiz oder anderen Staaten belegen waren. Das Problem war aber nicht etwa die Existenz von Konten im Ausland, beispielsweise in der Schweiz. Dies ist prinzipiell völlig legal. Das Problem bestand vielmehr darin,

2186 Vgl. zu diesem Thema etwa *Everts*, Neue Perspektiven zur Pflichtteilsdämpfung aufgrund der EUErbVO?, ZEV 2013, 124.

dass die Einkünfte aus diesen Konten nicht in Deutschland erklärt und versteuert worden sind. Solange die Vermögenssteuer noch in Deutschland existierte (wurde zum Ende 1995 vom BVerfG für verfassungswidrig erklärt und damit ab 1996 faktisch abgeschafft), waren Konten im Ausland, die nicht dem deutschen Fiskus offenbart wurden, per se Teil einer Steuerstraftat. Danach waren nur noch die Einkünfte daraus einkommensteuerlich problematisch. Dabei spielt es keine Rolle, dass diese Einkünfte ggf. sogar im Ausland höher besteuert wurden als in Deutschland. Seit Einführung der sog. Abgeltungsteuer mit dem Steuerflatsatz von 25 % zzgl. Solidaritätszuschlag und ggf. Kirchensteuer lag die EU-Zinsabschlagsteuer mit 35 % (zumindest seit dem Jahr 2011; davor war dieser Steuersatz niedriger) sogar höher. Ebenso liegt etwa die sog. Verrechnungssteuer der Schweiz mit ebenfalls 35 % höher. Sie wird etwa auf Dividenden Schweizer AGs und gewisse Veräußerungsgewinne (auch capital gains genannt) und Zinseinkünfte aus Schweizer Quellen (etwa Unternehmen) erhoben. Laut Doppelbesteuerungsabkommen zwischen Deutschland und der Schweiz vom 11.08.1971 in der aktuellsten Fassung vom 27.10.2010 darf die Schweiz jedoch lediglich bis zu 15 % Quellensteuer endgültig behalten und muss die mehr vereinnahmten (pauschal vorausgezahlten) Steuern wieder erstatten, sofern der Erstattungsantrag binnen drei Jahren nach Ablauf des Kalenderjahres, in dem die Dividenden und Zinsen fällig geworden sind, in der Schweiz auf dem entsprechenden Formblatt gestellt wurde. Dessen ungeachtet muss Deutschland also lediglich 15 % der im Drittland auf die Bemessungsgrundlage gezahlten Steuer anrechnen. Der zu viel gezahlte Betrag muss im Drittland erstattet verlangt werden, um keine Doppelbelastung zu erleiden. Nicht mehr erstattungsfähige Beträge (etwa wegen Fristablaufs für den Antrag) werden in Deutschland weder als Werbungkosten noch in sonstiger Weise berücksichtigt.

In der Vergangenheit wurde das sog. Bankgeheimnis ausgenutzt, um unentdeckt steuerpflichtige Einkünfte und Vermögenswerte unversteuert zu belassen, wobei die ausländischen Steuern oft übersehen wurden. Dies hatte seinen Ursprung in der Vermögenssteuer aber danach eigentlich seine Sinnhaftigkeit verloren. Sämtliche Amnestieprogramme (z. B. 2004 in Deutschland) waren weitgehend erfolglos geblieben. Seit der Finanzkrise haben die Staaten wegen der Einnahmenknappheit diese Situation nicht mehr akzeptiert und durch den Ankauf gestohlener Kontendaten (CD-Ankäufe) das Bankgeheimnis ausgehebelt. Folge war eine Welle von Selbstanzeigen, die einer Entdeckung der unversteuerten Einkünfte und der daran anknüpfenden strafrechtlichen Verfolgung vorbeugen sollten. Hinzu kam, dass vorrangig und federführend über die USA massiver Druck auf die Banken ausgeübt wurde, indem Straf- und Bußgeldverfahren gegen führende Bankvertreter und die Banken eingeleitet wurden sowie mit Entzug der Banklizenz gedroht wurde. Dies hat insbesondere die Schweizer Banken veranlasst, ihre Kunden zu einer Legalisierung ihrer Anlagen zu drängen. Bereits zuvor hatte Liechtenstein die sog. »Weißgeldstrategie« ausgegeben und offiziell Druck auf die Bankenwelt ausgeübt, nicht deklarierte Anlagen nicht mehr zu unterstützen. All dies betrifft jedoch vorrangig die Privatpersonenbesteuerung.

Parallel, aber etwas später startend, hat die Staatengemeinschaft auch begonnen, Unternehmen, die keine oder nur geringe Steuern in den Ländern, in denen Sie erhebliche Umsätze erzielen, stärker zu kontrollieren. In Deutschland wurden in vielen Bundesländern bereits zusätzliche Betriebsprüfer eingestellt, um so angeblich höhere Steuergerechtigkeit durchzusetzen, aber mit dem erklärten Ziel, das Steueraufkommen zu erhöhen. Diese Aktion steht also weniger unter dem Gerechtigkeitsaspekt als vielmehr unter der Ägide, Mehrsteuern zu erzielen. Teilweise wird in der Praxis sogar die Motivationslage der Unternehmen erhöht, indem sehr zügig Strafverfahren eingeleitet werden, wenn der Hauch des Verdachts besteht, dass nicht ausreichend Steuern gezahlt sein könnten. Die Frage eines möglichen Vorsatzes tritt dabei oft in den Hintergrund. Aber auch in den anderen westlichen Industriestaaten sieht es nicht anders aus.

Zugleich hat im internationalen Besteuerungsrecht ein Wettbewerb der Staaten um den Zugriff auf Steuerbemessungsgrundlagen begonnen. Dies war die Geburtsstunde der BEPS Initiative. Zugleich haben die Staaten untereinander die Unterstützungsbereitschaft gestärkt. Insbes. die OECD-Regeln über Amtshilfe und Informationsaustausch wurden erweitert und umfassender zwischen den Staaten bilateral – zumeist in Doppelbesteuerungsabkommen – aufgenommen. Ab Ende 2017 haben zudem die ersten automatischen Auskunftsabkommen mit einer Informationsflut über Steuerquellen von Privatpersonen begonnen. Die USA sind mit FATCA bereits früher gestartet, was für verschiedene Banken, für die der US-Markt weniger bedeutsam ist, dazu führte, mit allen Kunden die unter diese US-Bestimmungen fallen könnten, die Geschäftsbeziehungen zu beenden.

Vor diesem Hintergrund hat sich das Umfeld für Steuerhinterziehung dramatisch verschärft, vorrangig noch auf privater Ebene, zunehmend aber auch auf unternehmerischer Ebene. Umso wichtiger wird es zukünftig, seine steuerlichen Pflichten in jedem Land, zu dem Berührungspunkte bestehen, sorgfältigst und konsequent zu erfüllen. Da dies oft aufgrund der Komplexität und sich ständig ändernder Rechtslagen (Gesetzessituation aber auch veränderlicher Rechtsprechung zur Auslegung der Gesetze) an Grenzen stoßen kann, sind »Reparaturmöglichkeiten« zunehmend bedeutsamer, um dramatischen Strafen und Bußen zu entgehen. Zwischenzeitlich wird Steuerhinterziehung etwa in Deutschland schärfer verfolgt und bestraft als andere Strafdelikte. Dies hat auch der Gesetzgeber in Deutschland und anderen Ländern erkannt und das Institut der sog. »Selbstanzeige« (international »voluntary disclosure«) nicht abgeschafft. Die Anforderungen wurden aber zum 01.01.2015 deutlich verschärft.

2.3.2 Steuererklärungspflichten

Dr. Björn Demuth

In Deutschland gibt es vielfältige Steuererklärungspflichten. Diese erstrecken sich auf die verschiedensten Steuerarten wie die Einkommensteuern einschließlich der darauf erhobenen Nebenabgaben (etwa Solidaritätszuschlag oder Kirchensteuer), die Lohnsteuern als besondere

Erklärungsform für Unternehmer, die Angestellten Gehälter zahlen, die Umsatzsteuer, Schenkung- und Erbschaftsteuer usw. Teilweise sind die Erklärungspflichten zunächst auf Mitteilungen an das zuständige Finanzamt, die sog. Anzeigepflichten (etwa für Schenkungen gem. § 30 ErbStG), beschränkt, oder es handelt sich um schlichte vorläufige abschlägige Voranmeldungen wie bei den unterjährigen Erklärungen für Lohnsteuer oder Umsatzsteuer, um vorläufige Steuerabführungen, etwa die Kapitalertragsteuer nach §§ 20, 43 EStG oder um echte Steuererklärungen, wobei letztere regelmäßig zu erstellen sind (etwa für die jährliche Körperschaft- und Einkommensteuer oder auf besonderen Anlass oder Aufforderung zur Abgabe durch das zuständige Finanzamt (etwa § 31 ErbStG)).

2.3.3 Steuerstrafrechtliche Tatbestände

Werden nun steuerliche Pflichten, etwa zur Abgabe von (korrekten) Steuererklärungen, nicht eingehalten oder fehlerhaft erfüllt, kann dies eine Ordnungswidrigkeit oder gar Straftat begründen.

Steuerordnungswidrigkeiten (einschließlich Zollordnungswidrigkeiten) sind grundsätzlich Verstöße gegen steuerliche Gebote von geringerem Gewicht oder geringerer Schuld (etwa Fahrlässigkeit). Dabei handelt es sich um Taten, die das Gesetz als solche bezeichnet bzw. mit einer Geldbuße ahndet (§ 377 Abs. 1 AO). Das betrifft vor allem die leichtfertige Steuerverkürzung gem. § 378 Abs. 1 AO, also Taten, die den objektiven Tatbestand einer Steuerhinterziehung erfüllen (§ 370 Abs. 1 AO), jedoch nicht vorsätzlich, sondern nur leichtfertig, eine Form der groben Fahrlässigkeit, begangen wurden. Als Steuerordnungswidrigkeit gelten jedoch auch Steuergefährdungen i. S. v. § 379 AO und die Gefährdung von Abzugssteuern (§ 380 Abs. 1 AO) sowie die Verbrauchsteuergefährdung (§ 381 Abs. 1 AO), die Gefährdung der Einfuhr- und Ausfuhrabgaben (§ 382 Abs. 1 AO) und weitere Tatbestände (etwa §§ 383 Abs. 1, 383a Abs. 1 AO). All diese letzteren Formen der Ordnungswidrigkeiten können sowohl vorsätzlich als auch fahrlässig (teilweise ist zumindest Leichtfertigkeit erforderlich) begangen werden, wobei die Abgrenzung des Schuldvorwurfs äußerst schwierig ist. Hier hilft der Erlass des BMF vom 23.05.2016, Az.: IV A3 - S 0324/15/1000, DB 2016, 1228 ff. zu § 153 AO.

Steuerstraftaten – darunter fallen auch Zollstraftaten – sind in § 369 AO grob umrissen und in den §§ 370, 372 bis 374 AO spezifiziert.

Eine Besonderheit des Steuerordnungswidrigkeits- und Steuerstrafrechts ist die Regelung der sog. Selbstanzeige (§ 371 Abs. 1 AO). Danach kann, ähnlich dem Gedanken der Kronzeugenregelung, jeder Straffreiheit erlangen, der durch Nachholen der korrekten steuerrelevanten Angaben die Finanzbehörden in die Lage versetzt, die Steuer doch noch korrekt zu erheben, sofern er dies vollständig und richtig tut, die Tat nicht bereits zuvor aufgeflogen ist oder die Gefahr der Entdeckung besteht (etwa durch Einleitung einer Betriebsprüfung oder dergleichen) und die Steuer – ggf. zzgl. eines Strafzuschlages (§ 398a AO) und der Hinterziehungszinsen i. S. v. § 235 AO – vollständig binnen der gesetzten Frist entrichtet.

2.3.4 Verjährungsfristen

Die steuerlichen Verjährungsfristen bestimmen, wann eine Steuer wegen Zeitablaufs (sog. Festsetzungsverjährung, vgl. §§ 169 ff. AO) nicht mehr festgesetzt oder berichtigt werden darf oder eine festgesetzte Steuer nicht mehr beigetrieben werden darf (§§ 228 AO sog. Vollstreckungsverjährung).

Grundsätzlich beträgt die Festsetzungsfrist – sofern diese nicht etwa durch eine Betriebsprüfung, ein Rechtsmittel oder anderweitig gehemmt oder unterbrochen ist – vier (Kalender-) Jahre. Sie verlängert sich jedoch im Falle einer Steuerordnungswidrigkeit auf fünf Jahre und in Steuerhinterziehungsfällen (Steuerstraftaten) sogar auf zehn Jahre.

All diese vorgenannten Fristen beginnen nach § 170 AO mit Ablauf des Kalenderjahres, in dem die ursprünglich (unrichtige) Steuererklärung (z. B. Einkommensteuer- oder Erbschaftsteuererklärung) eingereicht wurde, spätestens jedoch mit Ablauf des dritten Kalenderjahres, das auf den Ablauf des Kalenderjahres folgt, in dem die Steuer entstanden ist (sog. Anlaufverjährungsfrist).

Speziell für Steuerstraftaten im Zusammenhang mit Kapitalerträgen sind mit Wirkung zum 01.01.2015 Verschärfungen in Bezug auf den Fristanlauf eingeführt worden. Danach beginnt die Festsetzungsfrist für die Steuer auf Kapitalerträge, die aus Staaten oder Territorien stammen, die nicht Mitglieder der Europäischen Union oder der Europäischen Freihandelszone sind (z. B. Schweiz) und die nicht aufgrund von automatischen Informationsaustauschvereinbarungen mitgeteilt werden, frühestens mit Ablauf des Kalenderjahres, in dem das Finanzamt Kenntnis von diesen Kapitalerträgen erlangt hat (z. B. durch Angaben in der Steuererklärung durch den Steuerpflichtigen), spätestens jedoch zehn Jahre nach Ablauf des Kalenderjahres, in dem die Steuer entstanden ist (vgl. § 170 Abs. 6 AO).

Durch diese Verschärfung wird ein Hinausschieben des Beginns der Festsetzungsfrist bei Steuerhinterziehung von Kapitalerträgen bewirkt. Dabei ist der Begriff »Kapitalerträge« nicht auf eine spezielle Einkunftsart beschränkt, sodass auch gewerbliche Einkünfte »Kapitalerträge« i. S. v. § 170 Abs. 6 AO sein können. Entscheidend für die Anwendbarkeit ist also die Einkunftsquelle und nicht die steuerliche Einkünftequalifikation.

Ferner beginnt die Festsetzungsfrist bei der Erbschaftsteuer, wenn der Erbe seine Anzeige des Erwerbes von Todes wegen (§ 30 Abs. 1 ErbStG) abgibt, mit Ablauf des betreffenden Jahres oder, wenn er dies trotz Kenntnis von seinem Erwerb nicht tut, drei Jahre nach Kenntniserlangung des Erben.

Besonderheit in diesem Zusammenhang ist die Schenkungsteuer, deren Verjährung erst mit Ablauf des Jahres zu laufen beginnt, in dem die Schenkung angezeigt wurde (§ 30 Abs. 1 ErbStG) oder in dem der Erbfall des Schenkers eingetreten ist. Dies wird vielfach übersehen.

BEISPIEL

1970 schenkten die Eltern ihrem minderjährigen Kind 200.000 DM (über dem damaligen Freibetrag). Die Eltern verstarben im Jahr 2014, ohne dass die Zuwendung den Finanzbehörden angezeigt wurde.

Lösung

Die Festsetzungsfrist für die Schenkungsteuer zzgl. 6 %[2187] Hinterziehungszinsen (§ 235 AO) p. a. beginnt erst mit Ablauf des Jahres 2014, so dass diese Schenkungsteuer noch bis Ende 2024 festgesetzt werden kann.

Eine einmal festgesetzte Steuer muss binnen fünf Jahren durchgesetzt werden, damit keine Vollstreckungsverjährung eintritt.

Von der steuerlichen Festsetzungs- und Vollstreckungsverjährung ist die strafrechtliche Verfolgungsverjährung zu unterscheiden. Hiernach kann nach Ablauf der Verjährung eine Steuerstraftat durch das Finanzamt bzw. die Staatsanwaltschaft nicht mehr geahndet werden.

Im Normalfall regelt sich die Verjährung einer einfachen Steuerstraftat (z. B. Steuerhinterziehung bei einem jährlichen Hinterziehungsbetrag von weniger als 25.000 €) nach den allgemeinen Grundsätzen des StGB, vgl. §§ 78 bis 78c StGB. Hiernach verjährt eine einfache Steuerhinterziehung nach fünf Jahren.

Anders als die steuerrechtlichen Fristen beginnt die strafrechtliche Verfolgungsfrist mit Beendigung der Tat zu laufen. Dies ist bei der Hinterziehung von Veranlagungssteuern wie Einkommen-, Erbschaft- oder Schenkungsteuer in der Regel der Tag der Bekanntgabe des (ersten) unrichtigen Steuerbescheides. Spätere Änderungen der Veranlagungen sind hierfür unbedeutend.

Nicht ganz eindeutig lässt sich der Beginn der Verjährung bestimmen, wenn eine Steuerhinterziehung durch Unterlassen der Abgabe einer Steuererklärung oder einer Anzeige begangen wird, da in diesem Fall kein Steuerbescheid ergeht. Nach allgemeiner Auffassung soll die Verfolgungsverjährung beginnen, »wenn die Steuerfestsetzungen in dem jeweiligen Veranlagungsbezirk im Allgemeinen abgeschlossen sind«.[2188] Im Allgemeinen ist eine Steuerfestsetzung wohl

2187 BFH vom 25.04.2018, IX B 21/18, es bestehen erhebliche Zweifel, ob 6 % Zins noch verfassungsgemäß ist, da sich an der Höhe seit 1961 nichts geändert hat. Das Zinsniveau hat sich allerdings seither grundlegend verändert. Der Freistaat Bayern hat bereits beim Bundesrat einen Antrag auf Absenkung des Zinssatzes nach § 238 AO auf 0,25 % pro Monat (3 % p. a.) vorgelegt.

2188 BGH vom 19.01.2011 – 1 StR 640/10 Rz. 9; *Jäger*, in: Klein, AO, § 370 Rn. 92.

abgeschlossen, wenn die Veranlagung im jeweiligen Bezirk zu 90 % erfolgt ist. Dies ist als Tatfrage in jedem Einzelfall zu ermitteln.

Für die Erbschaft- und Schenkungsteuer kann jedoch mangels kontinuierlichen abschnittsbezogenen Veranlagungsverfahrens kein allgemeiner Veranlagungsschluss festgestellt werden. Fristbeginn wird deshalb in solch einem Fall angenommen, wenn die Veranlagung bei rechtzeitiger Anzeige der Schenkung oder Erbschaft (3 Monate nach Vollzug der Schenkung, vgl. § 30 ErbStG) frühestens bekannt gegeben worden wäre. Dies wird einen Monat nach Ablauf der Anzeigefrist unterstellt (obwohl dies nicht der tatsächlichen Veranlagungspraxis entspricht).[2189]

Besonders schwere Fälle (etwa, wenn der hinterzogene Betrag mindestens 25.000 € beträgt (§ 371 Abs. 2 Nr. 3 AO)) einer Steuerhinterziehung verjähren hingegen erst nach zehn Jahren, vgl. § 376 Abs. 1 AO. Diese zehnjährige Frist für besonders schwere Delikte wurde durch Änderungsgesetz mit Wirkung zum 25.12.2008 neu eingeführt. Diese Verlängerung entfaltet nach Art. 97 § 23 EGAO für alle bei Inkrafttreten des Gesetzes noch nicht abgelaufenen Fristen Wirkung. Dies bedeutet, alle ab dem 26.12.2003 begangenen besonders schweren Steuerdelikte verjähren erst nach zehn statt nach fünf Jahren. Die Zehnjahresfrist gilt also für die Veranlagungszeiträume, für die der unrichtige Steuerbescheid ab dem 26.12.2003 zugeht.

Zwar war vom Gesetzgeber anlässlich der Verschärfungen im Selbstanzeigenrecht zum 01.01.2015 angedacht, die strafrechtliche Verfolgungsverjährung auch für die einfache Steuerhinterziehung auf zehn Jahre anzuheben, aber dies wurde vernünftigerweise nicht umgesetzt, so dass es zunächst bei der differenzierten strafrechtliche Verjährungsregelung bleibt.

2.3.5 Selbstanzeige

2.3.5.1 Allgemeines

Wie bereits zuvor angesprochen bietet das deutsche Steuerrecht – wie viele andere ausländische Rechtsordnungen – die Möglichkeit, eine Strafbarkeit wegen Steuerhinterziehung i. w. S. zu beseitigen, in dem der/die Täter und/oder Beteiligten durch »tätige Reue« dem zuständigen Finanzamt die richtigen/erforderlichen Angaben für eine korrekte Steuerveranlagung, vor Entdeckung der Tat, mitteilt/en. Dadurch wird jedoch nicht jeder Mittäter oder Gehilfe straffrei, sondern nur diejenigen, die bei der Selbstanzeige mitwirken bzw. ihre Vollmacht zur Erstellung der Selbstanzeige erteilt haben oder in den Schutzbereich derselben einbezogen sind.

2189 BGH vom 25.07.2011 – 1 StR 631/10 Rz. 38 ff.; wistra 11, 428.

2.3.5.2 Voraussetzungen einer wirksamen Selbstanzeige

2.3.5.2.1 Positive Voraussetzungen

Eine Selbstanzeige nach § 371 AO ist nur wirksam, d. h. strafbefreiend, wenn

- diese rechtzeitig beim Finanzamt eingereicht wurde, d. h. zuvor die Tat nicht entdeckt oder bereits eine Betriebsprüfung rechtmäßig angeordnet und mitgeteilt wurde und auch nicht schon zu einem früheren Zeitpunkt für die relevanten Jahre Korrekturen vorgenommen worden sind,
- diese vollständig und richtig ist,
- diese sich auf folgende Zeiträume bezieht:
  - für alle noch nicht verjährten **Steuerstraftaten**. Die Verjährung beginnt in der Regel mit dem Erhalt des Steuerbescheids, in dem die Steuer zu niedrig festgesetzt wurde. Sie dauert ab diesem Zeitpunkt fünf Jahre bei der einfachen Steuerhinterziehung und zehn Jahre in schweren Fällen. Ein schwerer Fall liegt insbesondere vor, wenn tatsächlich mehr als 25.000 € zu wenig Steuern gezahlt wurden oder es fast zu einem Schaden von mehr als 100.000 € gekommen wäre (sog. Gefährdungsschaden).
  - neu ab 01.01.2015 mindestens jedoch für die letzten zehn Jahre. Da der Beginn der Zehnjahresfrist im Gesetz nicht genau geregelt ist, sollte das erste Jahr auch für den Teil nacherklärt werden, der schon mehr als zehn Jahre zurück liegt,
- die verkürzten Steuern und die darauf entfallenden Zinsen innerhalb einer vom Finanzamt gesetzten Frist vollständig nachgezahlt werden (gem. § 371 III AO),
- für die Steuerhinterziehungen, die 25.000 € übersteigen und noch nicht verjährt sind, ein Strafzuschlag von bis zu 20 % entrichtet wird; hier gilt die Mindestfrist von zehn Jahren nicht. Der Zuschlag bezieht sich auf das jeweilige Jahr.

Die Selbstanzeige bedarf keiner Form.[2190] Aus Beweisgründen ist aber die Schriftform geboten. Der notwendige Inhalt der Selbstanzeige beinhaltet die Informationen, die erforderlich sind, um die Steuer korrekt festzusetzen. Die Finanzbehörden müssen aufgrund der gelieferten Materialien in der Lage sein, ohne langwierige Ermittlungen den Sachverhalt abschließend aufzuklären und eine korrekte Festsetzung vorzunehmen.[2191] Eingereicht werden muss die Selbstanzeige nach h. M. beim sachlich wie auch örtlich zuständigen Finanzamt, wobei ausreichend ist, dass die Anzeige am Ende die zuständige Behörde erreicht.[2192] Eine Selbstanzeige kann durch Täter oder Teilnehmer erstattet werden. Durch Dritte kann eine Selbstanzeige nur im Fall einer wirksamen Stellvertretung getätigt werden. Der Vertreter muss hierbei durch den Täter persönlich

2190 OLG Hamburg vom 27.01.1970, 2 Ss 191/69, NJW 1970, 1386; OLG Köln vom 28.08.1979, 1 Ss 574 – 575/79, DB 1980, 58.

2191 *Seer*, in: Tipke/Kruse, AO/FGO, 156. Lfg. 04.2019, § 371 AO Rn. 24.

2192 *Hoyer*, in: Gosch, AO/FGO, 146. Lfg, § 371 Rn. 38; folglich genügt, wenn die nicht zuständige Finanzbehörde die Selbstanzeige an die zuständige weiterleitet, wozu sie grds. auch verpflichtet ist. In der Zwischenzeit können sich aber verschiedene Risiken ergeben. Deshalb sollte die zuständige Stelle gleich sorgfältig ermittelt werden.

veranlasst worden sein und die erteilte Vollmacht muss sich ausdrücklich auf die Selbstanzeige beziehen. Eine bzgl. allen Steuerangelegenheiten erteilte Vollmacht ist nicht ausreichend.[2193]

2.3.5.2.2 Negative Voraussetzungen (Sperrwirkungen nach § 371 Abs. 2 AO)

Straffreiheit tritt in den folgenden Fällen nicht ein:

- **Bekanntgabe der Anordnung einer Außenprüfung (Nr. 1 Buchst. a)**
  Nach der alten Rechtslage trat die Straffreiheit nicht ein, wenn dem Täter oder seinem Vertreter eine Prüfungsanordnung nach § 196 AO bekannt gegeben worden ist, bevor die Berichtigung, Ergänzung oder Nachholung der zu einer Selbstanzeige gebrachten unverjährten Steuerstraftaten vorgenommen wurde.
  Diese Vorschrift wurde zum 01.01.2015 dahingehend verschärft, dass der bisherige Begriff des »Täters« durch den des »an der Tat Beteiligten« ersetzt worden ist. Damit erstreckt sich die Sperrwirkung über den Täter bzw. dessen Vertreter hinaus ebenso auf Teilnehmer i. S. d. §§ 26, 27 StGB. Das bedeutet, sobald einem Täter oder einem an der Tat Beteiligten die Prüfungsanordnung nach § 196 AO für eine steuerliche Außenprüfung bekannt gegeben worden ist, verliert auch der andere Täter oder der Anstifter oder Gehilfe die Möglichkeit zur Abgabe einer Selbstanzeige mit strafbefreiender Wirkung, selbst wenn die Prüfungsanordnung ihm persönlich nicht bekannt gegeben wurde und dieser sonst keine Kenntnis hierüber erlangt hätte. Die Neuregelung wiegt umso schwerer, als dass nach dem Gesetzeswortlaut unerheblich ist, wem aus dem aufgeführten Personenkreis gegenüber die Prüfungsanordnung bekannt gegeben wird. Die Bekanntgabe gegenüber einem Teilnehmer löst damit ebenfalls die Sperrwirkung hinsichtlich des Täters aus.
  Eine erhebliche Erleichterung enthält die Neuregelung allerdings insofern, als die Sperrwirkung sich auf den sachlichen und zeitlichen Umfang der angekündigten Außenprüfung beschränkt. Bisher erstreckte sich die Sperrwirkung hinsichtlich derselben Steuerart zugleich auf solche Zeiträume, die nicht in der Prüfungsanordnung bestimmt wurden. Somit ist es nun erstmals noch möglich, Selbstanzeige für die anderen – nicht der Prüfung unterfallenden – Zeiträume zu erstatten. Sobald die Außenprüfung abgeschlossen ist, entfällt die partielle Sperrwirkung der Prüfung wieder und die Möglichkeit der Selbstanzeige lebt wieder in vollem Umfang auf.[2194]
  Voraussetzung für das Eintreten der Sperrwirkung ist immer die zwingende Wirksamkeit der Prüfungsanordnung. Das ist üblicherweise dann zu bejahen, wenn sie den Steuerpflichtigen, bei dem eine Außenprüfung stattfinden soll, bezeichnet und aus ihr die Steuerart sowie der Besteuerungszeitraum, auf den sich die Prüfung erstrecken soll, hervorgeht. Weiter muss die Prüfungsanordnung schriftlich oder elektronisch[2195] und mit einer Rechtsbehelfsbelehrung ergehen sowie gegenüber dem Täter, seinem Vertreter oder dem Begünstigten bzw. dessen Vertreter bekanntgegeben werden.

2193 *Seer,* in: Tipke/Kruse, AO/FGO, 156. Lfg. 04.2019, § 371 AO Rn. 15.
2194 *Seer,* in: Tipke/Kruse, AO/FGO, 156. Lfg. 04.2019, § 371 AO Rn. 73.
2195 *Seer,* in: Tipke/Kruse, AO/FGO, 156. Lfg. 04.2019, § 371 AO Rn. 66.

- **Bekanntgabe der Einleitung eines Straf- oder Bußgeldverfahrens (Nr. 1 Buchst. b)**
  Bisher trat Straffreiheit nicht ein, wenn dem Täter oder seinem Vertreter die Einleitung des Straf- und Bußgeldverfahrens vor Einreichen der Selbstanzeige bekannt gegeben worden ist. Seit 01.01.2015 wurde dieser Tatbestand dahingehend verschärft, dass Straffreiheit schon dann nicht mehr eintritt, wenn einem an der Tat Beteiligten oder dessen Vertreter die Einleitung des Straf- und Bußgeldverfahrens bekannt gegeben worden ist. Der Zeitpunkt, ab dem ein solches Verfahren als eingeleitet anzusehen ist, ergibt sich aus §§ 397 und 410 AO. Danach genügt ein bloßer Aktenvermerk, dass ein Verfahren eingeleitet worden sei, nicht. Vielmehr bedarf es dafür stets eines zielgerichteten äußeren Handelns. Die Einleitung kann ausdrücklich erfolgen oder sich konkludent aus einer Amtshandlung ergeben. Es genügt somit nicht, wenn der an der Tat Beteiligte zufällig von der Verfahrenseinleitung erfährt.
  Eine sachliche Verschärfung erfährt der Sperrgrund durch das Schwarzgeldbekämpfungsgesetz vom 28.04.2011. Danach ist eine Selbstanzeige nicht nur für die im Bußgeldverfahren benannte Tat ausgeschlossen, sondern für alle unverjährten Steuerstraftaten.
- **Erscheinen eines Amtsträgers (Nr. 1 Buchst. c)**
  Ist bei einem Täter ein Amtsträger der Finanzbehörde zur steuerlichen Prüfung erschienen, scheidet eine Straffreiheit aus. Zum 01.01.2015 wurde diese Regelung insofern geändert, als dass die Straffreiheit nur beschränkt auf den sachlichen und zeitlichen Umfang der angekündigten Außenprüfung ausscheidet. Mit der Beschränkung wird gewährleistet, dass eine strafbefreiende Selbstanzeige für Zeiträume, die nicht von dem konkreten Auftrag des Prüfers umfasst sind, grundsätzlich möglich bleibt, es sei denn, es tritt auch in diesem Zusammenhang der Sperrgrund der Tatentdeckung ein.
- **Erscheinen eines Amtsträgers zur Ermittlung einer Steuerstraftat oder Steuerordnungswidrigkeit (Nr. 1 Buchst. d)**
  Ursprünglich war der Sperrgrund der Nr. 1 Buchst. d in Nr. 1 Buchst. c enthalten, verselbständigte sich jedoch mit Einführung des AOÄndG vom 22.12.2014. Der Anwendungsbereich ist allerdings sehr marginal und betrifft z. B. Ermittlungen der Steuerfahndung gegen Unbekannt und Durchsuchungen, die damit zusammenhängen, gem. § 103 StPO. Hier verhält es sich ebenso, dass die Möglichkeit der Selbstanzeige mit Vollendung der Ermittlungen wieder auflebt.
- **Erscheinen eines Amtsträgers zur Umsatzsteuer- und Lohnsteuer-Nachschau (Nr. 1 Buchst. e)**
  Mit dem zum 01.01.2015 neu in § 371 Abs. 2 Nr. 1 Buchst. e AO eingefügten Sperrgrund wird gesetzlich festgelegt, dass keine Straffreiheit eintritt, wenn ein Amtsträger zu einer Umsatzsteuer-Nachschau gem. § 27b UStG, einer Lohnsteuer-Nachschau nach § 42 g EStG oder einer Nachschau nach anderen steuerrechtlichen Vorschriften erschienen ist und sich ausgewiesen hat.
  Nach der Gesetzesbegründung soll eine Selbstanzeige in zeitlicher Hinsicht nur während der Dauer der Nachschau suspendiert sein[2196] und die Selbstanzeigemöglichkeit nach Beendigung der Maßnahme, etwa mit Verlassen der Geschäftsräume, wieder aufleben, sofern

2196 BT-Drs. 18/3018, 11 (»in der Zeit«).

nicht aufgrund der im Rahmen der Nachschau gewonnenen Erkenntnisse die Tat als entdeckt gilt. Ergeben sich bei der Nachschau jedoch Auffälligkeiten, ist ein nahtloser Übergang zur Außenprüfung möglich, ohne dass vorher eine Prüfungsanordnung erforderlich ist (§ 27b III UStG, § 42 g IV EStG, § 210 IV AO). Dann liegt sogleich der Sperrgrund der § 371 Abs. 2 Satz 1 Nr. 1 Buchst. c vor.[2197] Formal muss der Amtsträger sich ausweisen, da ansonsten der Steuerpflichtige nicht wissen kann, ob eine Nachschau gerade stattfindet oder nicht.[2198]

- **Tatentdeckung (Nr. 2)**
  Eine Straffreiheit kommt nicht in Betracht, wenn »eine der Steuerstraftaten« bereits ganz oder teilweise entdeckt war, als die Berichtigungserklärung abgegeben wurde. Nach dem alten Recht kam es dagegen auf die Entdeckung »der Tat« zum Zeitpunkt der Berichtigung an. Die Entdeckung einer bloßen Steuerordnungswidrigkeit schließt also eine strafbefreiende Selbstanzeige eindeutig noch nicht aus, weder für Ordnungswidrigkeiten noch für Steuerstraftaten.
  Über die Person des Tatentdeckers sagt das Gesetz nichts aus. Damit kann grundsätzlich jedermann eine Tat entdecken. In Betracht kommen insbes. Amtsträger der Finanz- und Strafverfolgungsbehörden, Richter und Angehörige anderer Behörden, aber auch sonstige Dritte wie Amtsträger ausländischer Behörden oder Privatpersonen, wenn mit der Weiterleitung an die zuständige Behörde zu rechnen ist.[2199] Dabei ist allgemein vorauszusetzen, dass bereits durch die Kenntnis von der Tat eine Lage geschaffen wird, nach der bei vorläufiger Tatbewertung eine Verurteilung des Beschuldigten wahrscheinlich ist.
  Wann eine Tat entdeckt ist, ist nicht gesetzlich geregelt. Nach dem Wortsinn müssen über die Kenntnis von Anhaltspunkten hinaus, die zur Einleitung eines Ermittlungsverfahrens erforderlichen Voraussetzungen gegeben sein. Ein bloßer Anfangsverdacht genügt dafür also nicht. Der Tatverdacht muss sich vielmehr soweit konkretisiert haben, dass bei vorläufiger Tatbewertung die Wahrscheinlichkeit einer Verurteilung gegeben ist.[2200] Dies beurteilt sich sowohl objektiv anhand der entdeckten Verdachtsgründe als auch subjektiv aufgrund der Einschätzung des Entdeckers. Von einem »Entdeckt-Sein« kann ausgegangen werden, wenn zumindest Einblick in die Steuerakten des Betroffenen genommen wurde.[2201]
  Wurde die Tat entdeckt, reicht dies noch nicht zum wirksamen Ausschluss einer Selbstanzeige. Erforderlich ist gem. § 371 Abs. 2 Nr. 2 AO, dass der Täter auch Kenntnis davon hatte oder bei verständiger Würdigung der Sachlage haben müsste (subjektives Element).
- **Hinterziehungsbetrag von über 25.000 € (Nr. 3) – aber unter Umständen Absehen von der Strafverfolgung gem. § 398a AO (schwere Steuerhinterziehung)**
  Bisher trat Straffreiheit nicht ein, wenn die verkürzte Steuer oder der für sich oder einen anderen erlangte nicht gerechtfertigte Steuervorteil einen Betrag von 50.000 € je Tat überstieg. Seit 01.01.2015 gilt diesbezüglich eine enorme Verschärfung. Der Schwellenbetrag wurde aufgrund haushaltspolitischer Gründe auf 25.000 € herabgesetzt. Der maßgebliche

2197 *Seer*, in: Tipke/Kruse, AO/FGO, 156. Lfg. 04.2019, § 371 AO Rn. 94.
2198 *Hunsmann*, NJW 2015, 113 (115); BT-Drs. 18/3018, 12.
2199 *Kohler*, in: MüKo StGB, 2015, § 371 AO Rn. 273.
2200 *Kohler*, in: MüKo StGB, 2015, § 371 AO Rn. 260.
2201 *Kummer*, in: Wabnitz/Janovsky, 2007, § 18 Rn 126.

Bezugspunkt für diese Freigrenze bleibt jedoch nach wie vor die einzelne Tat. Entschärft wird diese Regelung allerdings durch § 398a AO. Dieser bestimmt, dass von der Verfolgung der Straftat, bei der die Straffreiheit aufgrund der Höhe der verkürzten Summe nicht eintritt, abgesehen wird, wenn die Steuer, die Hinterziehungszinsen gem. § 235 AO und evtl. die allgemeinen Zinsen der Steuernachforderung nach § 233a AO innerhalb einer angemessenen Frist beglichen werden und zusätzlich eine Strafgebühr zugunsten der Staatskasse bezahlt wird. Die Strafgebühr beträgt gem. § 398a Abs. 1 Nr. 2 AO 10 % der hinterzogenen Steuer, wenn der Hinterziehungsbetrag 100.000 € nicht übersteigt, 15 % der hinterzogenen Steuer, wenn sich der Hinterziehungsbetrag im Rahmen von 100.000 € bis 1 Mio. € hält oder 20 % der hinterzogenen Steuer, wenn der Hinterziehungsbetrag 1 Mio. € übersteigt. Der Zuschlag ist p. a. isoliert zu ermitteln.[2202] Es handelt sich bei § 398a AO also um ein Verfolgungshindernis.
Voraussetzung für das Erlangen des Strafverfolgungsverbots nach § 398a AO ist aber auch, dass keiner der übrigen Ausschlussgründe aus § 371 AO greift, die Straffreiheit also nur an der Höhe der unterschlagenen Steuer scheitert. § 398a AO greift zusätzlich auch, wenn ein besonders schwerer Fall i. S. d. § 370 Abs. 3 Satz 2 Nr. 2–5 AO begangen wurde. Anwendbar ist § 398a AO allerdings nur auf zeitlich nach dem 01.01.2015 eingegangene Selbstanzeigen.

- **Sonderregelung für Umsatzsteuervoranmeldungen und Lohnsteueranmeldungen (Abs. 2a)**
  Mit der Einführung des AOÄndG vom 22.12.2014 entschied sich der Gesetzgeber, Umsatzsteuer und Lohnsteuer vom Vollständigkeitsgebot mit Wirkung zum 01.01.2015 auszunehmen und somit eine nachträgliche Korrektur fehlerhafter Umsatzsteuervoranmeldungen und Lohnsteueranmeldungen möglich zu machen. § 371 Abs. 2a AO erlaubt nun eine Teilselbstanzeige, bei der keine Anwendung der 25.000 €-Grenze stattfindet. Somit ist eine mehrfache Korrektur unabhängig vom Gegenstandswert möglich. Weiter wird geregelt, dass eine Entdeckung der Steuerstraftat aufgrund einer Umsatzsteuervoranmeldung oder Lohnsteueranmeldung die Straffreiheit nicht ausschließt. Außerdem regelt § 371 Abs. 3 Satz 2, dass eine fristgerechte Entrichtung der Hinterziehungszinsen unerheblich für den Eintritt der Straffreiheit ist. Gem. § 371 Abs. 2a Satz 3 AO gilt dies alles jedoch nicht für Steueranmeldungen, die sich auf das Kalenderjahr beziehen, demnach also nicht für die Umsatzsteuerjahreserklärung.[2203]
- **Wiederaufleben der Selbstanzeigemöglichkeit bei einer Betriebsprüfung und bei einem eingeleiteten Strafverfahren**
  Die Sperrwirkung nach § 371 Abs. 2 Nr. 1 Buchst. a und c AO endet im Falle einer Betriebsprüfungs- oder Außenprüfungsanordnung und beim Erscheinen eines Amtsträgers zur Prüfung, sobald die Mitteilung des Prüfberichts nach § 202 Abs. 1 AO bzw. der Steuerbescheid abgesendet wurde.[2204] Bei einem eingeleiteten Strafverfahren ist die Sperrwirkung

2202 *Jäger*, in: Klein, AO-Kommentar, 11. Aufl., 2012, § 398a Rn. 37.
2203 *Füllsack/Bürger*, Praxis der Selbstanzeige, 1. Aufl., 2015, 6. Besonderheiten bei Umsatzsteuer und Lohnsteuer, § 371 Abs. 2a AO Rn. 229.
2204 *Schauf*, in: Kohlmann, Steuerstrafrecht, 63. EL, Mai 2019, § 371 Rn. 439; *Hoyer*, in: Gosch, AO/FGO, 146. Lfg., § 371 Rn. 87.

nach § 371 Abs. 2 Nr. 1 Buchst. b AO beendet, sobald das Strafverfahren rechtskräftig abgeschlossen oder dem Beschuldigten die Einstellung des Verfahrens nach § 170 Abs. 2 StPO mitgeteilt wurde.[2205] Das Wiederaufleben der Selbstanzeigemöglichkeit tritt jedoch nicht ein, wenn Strafklageverbrauch durch Urteil (§ 260 StPO), Strafbefehl (§ 409 StPO) oder eine Einstellung (§ 153a Abs. 1 Satz 5 StPO) eingetreten ist. Dies bringt dem Steuerpflichtigen den Vorteil, dass er für im Urteil nicht erkannte Taten nicht mehr verurteilt werden kann. Finden gleichzeitig eine Betriebsprüfung und ein Ermittlungsverfahren statt, müssen also beide Vorgänge abgeschlossen sein, um die Selbstanzeigemöglichkeit wieder aufleben zu lassen. Eine Beendigung ist bei der Betriebsprüfung durch Mitteilung des Prüfberichts und bei dem Ermittlungsverfahren, z. B. durch die Einstellung, gegeben.

2.3.5.3 Teilselbstanzeige

Unter einer Teilselbstanzeige wird eine Nacherklärung i. S. d. § 371 AO verstanden, in der die steuerlich erheblichen Tatsachen der Finanzverwaltung nicht in vollem Umfang zutreffend offenbart werden. Früher war die Rechtsprechung der Auffassung, dass eine Teilselbstanzeige hinsichtlich der aufgedeckten Tatabschnitte wirksam war und es somit zumindest diesbezüglich zur Straffreiheit führte, sofern auch die weiteren Wirksamkeitsvoraussetzungen einer Selbstanzeige erfüllt waren. Nunmehr hat der BGH diese Auffassung aufgegeben. Er erachtet eine Teilselbstanzeige nicht länger für ausreichend, um Straffreiheit zu erlangen.[2206] Eine strafbefreiende Selbstanzeige liege nur bei einer Rückkehr zur Steuerehrlichkeit und damit nur dann vor, wenn der Täter vollständige und richtige Angaben, also »reinen Tisch«, macht. Dies ergebe sich aus dem Wortlaut des § 371 Abs. 1 AO. Das Wort »insoweit« beziehe sich nicht auf den Umfang der gemachten Angaben, sondern allein auf den Umfang der Strafbefreiung. Diese trete daher erst dann ein, wenn die Angaben insgesamt richtig sind.

Durch die Neufassung des § 371 Abs. 1 AO im Rahmen des Schwarzgeldbekämpfungsgesetzes wurde die Teilselbstanzeige per Gesetz abgeschafft.[2207] Sämtliche unvollständigen Selbstanzeigen, die nach Inkrafttreten der Neufassung des § 371 Abs. 1 AO am 03.05.2011 bei der Finanzbehörde abgegeben werden, sind daher als Teilselbstanzeige zu beurteilen und deshalb in vollem Umfang unwirksam. Die Vollständigkeit einer Nacherklärung bemisst sich an der lückenlosen Offenlegung sämtlicher unverjährter Steuerstraftaten der betroffenen Steuerart. Abweichungen bis zu 5 % sind dabei laut BGH unschädlich, wobei hier auch wichtig ist, ob ein bewusstes Weglassen oder ob eine Schätzung des Steuerpflichtigen vorliegt.[2208] Im unmittelbaren Anschluss an die Entscheidung des Bundesgerichtshofs kam in der Praxis die Frage auf, wie mit Teilselbstanzeigen zu verfahren ist, die im Vertrauen auf den Fortbestand der alten

2205 *Schauf*, in: Kohlmann, Steuerstrafrecht, 63. EL, Mai 2019, § 371 Rn. 617; *Hoyer*, in: Gosch, AO/FGO, 146. Lfg., § 371 Rn. 87.
2206 BGH vom 20.05.2010 – 1 StR 577/09, DStR 2010, 1133.
2207 BGBl I 2011, 676.
2208 Kompendium Steuerstrafrecht, 3. Aufl., 2017, 18.1.3.

Gesetzesauslegung abgegeben wurden. Der Gesetzgeber hat im Rahmen des Schwarzgeldbekämpfungsgesetzes mit Art. 97 § 24 EGAO die Gewährung von Vertrauensschutz für Altfälle abschließend geregelt. Bei Selbstanzeigen, die bis zum 28.04.2011 bei der zuständigen Finanzbehörde eingegangen sind, ist § 371 AO in der bis zu diesem Zeitpunkt geltenden Fassung mit der Maßgabe anzuwenden, dass im Umfang der gegenüber der zuständigen Finanzbehörde berichtigten, ergänzten oder nachgeholten Angaben Straffreiheit eintritt. Eine nach Inkrafttreten der Norm erstattete Selbstanzeige ist als erstmalige Selbstanzeige zu werten, so dass eine vollständige zweite Selbstanzeige eine Heilung der früheren Teilselbstanzeige ermöglicht[2209]. Wird jedoch eine neue Selbstanzeige eingereicht, obwohl nach dem 28.04.2011 bereits eine Selbstanzeige abgegeben wurde, und betrifft die neue Selbstanzeige auch Steuern, die bereits unter der alten Selbstanzeige offengelegt wurden, ist keine der Selbstanzeigen mehr wirksam.

Früher war die Frage, ob eine undolose oder dolose Teilselbstanzeige vorlag, ohne Bedeutung, da eine Teilselbstanzeige unabhängig davon zu Straffreiheit führte. Eine undolose Teilselbstanzeige liegt vor, wenn der Steuerpflichtige eine Selbstanzeige abgibt, von der er glaubt, dass sie vollständig ist. § 371 AO unterscheidet jedoch nicht nach dolosem und undolosem Verhalten. Richtigerweise sollte eine undolose Teilselbstanzeige aber trotzdem zur Straffreiheit führen, da der Steuerpflichtige die Selbstanzeige in gutem Glauben auf deren Vollständigkeit abgab und vollständig zur Steuerehrlichkeit zurückkehren wollte.[2210]

Nimmt man die Möglichkeit einer undolosen Teilselbstanzeige nicht an, so muss die Teilselbstanzeige zumindest zu einer Strafmilderung nach § 46 StGB führen, wobei beim Umfang die Umstände, unter welchen die Erklärung abgegeben wurde, zu beachten sind, also ob eine Tatentdeckung möglicherweise unmittelbar bevorstand und zu befürchten war.[2211]

2.3.5.4 Verfahren

Nach Eingang der Selbstanzeige beim Finanzamt wird die Straf- und Bußgeldsachenstelle ein Steuerstrafverfahren einleiten und bekanntgeben. In diesem Zusammenhang kann ein Fragebogen auszufüllen sein, der dann i. d. R. innerhalb von zwei Wochen an die vorgenannte Stelle einzureichen ist.

Die Selbstanzeige wird grundsätzlich von Beamten der Steuerfahndungsstelle auf Vollständigkeit und Richtigkeit geprüft. Danach ergeht ein Prüfungsbericht, den die Veranlagungsstelle auswertet. Sie setzt sodann die nachzuentrichtenden Steuern und die Zinsen (0,5 % pro Monat auf die Einkommensteuer und den Solidaritätszuschlag)[2212] fest. Daraufhin ergehen berichtigte

2209 BT-Drs. 17/5067, 25.
2210 *Schauf*, in: Kohlmann, Steuerstrafrecht, 63. Lfg. 05.2019, § 371 AO Rn. 235.
2211 NStZ-RR 2019, 81; *Gehm*, Kompendium Steuerstrafrecht, 3. Aufl., 2017, 18.1.2.
2212 Siehe Fußnote 39.

Steuerbescheide. Der Berichtigungszeitraum kann max. 13 Jahre, bei Veranlagungen mindestens 11 Jahre betreffen. Es steht jedem Finanzamt jedoch zu, die Aufarbeitung und Überprüfung einer Selbstanzeige intern zu verteilen. Es wäre also verfahrensmäßig kein Fehler, wenn dies intern durch die Veranlagungsstelle selbst oder durch die Betriebsprüfung statt durch die Steuerfahndung erfolgt.

In jedem Fall ist darauf zu achten, dass die Selbstanzeige vollständig ist und dem Finanzamt Zahlenmaterial und Unterlagen geliefert werden, die ausreichend sind, um die verkürzten Steuern ohne größeren Zeitaufwand festzusetzen. Eine unvollständige Selbstanzeige führt nicht zur Strafbefreiung. Eine Selbstanzeige bei der Einkommensteuer muss alle bisher nicht erklärten Besteuerungsgrundlagen (für alle Einkunftsarten und nicht nur für ein ausländisches Konto) enthalten. Eine sogenannte Teilselbstanzeige ist, wie oben gesehen, nicht mehr möglich. Es gibt jedoch keine Pflicht, Steuererklärungen überhaupt oder neu auszufüllen. Die korrekte und vollständige Darstellung der steuerlich relevanten Sachverhalte und Zahlen ist ausreichend. Allerdings ist je nach Fall zu überlegen, ob nicht doch die Einreichung von Steuererklärungen auf den amtlichen Steuererklärungsformularen vorteilhafter wäre.

Ist die Selbstanzeige vollständig, wird nach Zahlung der Steuern, der Hinterziehungszinsen und ggf. des Strafzuschlags das Steuerstrafverfahren wieder eingestellt werden. Während dieses Verfahrens hat der Selbstanzeiger die Stellung eines Beschuldigten.

Zur Unterbrechung des Zinslaufes ist es empfehlenswert, bereits nach Abgabe der Selbstanzeige den ermittelten Gesamtbetrag der nachzuentrichtenden Steuern und Strafzuschläge und Hinterziehungszinsen an die Finanzkasse zu leisten. Dies hat unter anderem zur Folge, dass die ab diesem Zeitpunkt anfallenden Zinsen vom Finanzamt zu erlassen sind. Aufgrund der gesetzlichen Verschärfungen ab dem 01.01.2015 über die Wirksamkeit einer abgegebenen Selbstanzeige sind die Steuern, Strafzuschläge und Hinterziehungszinsen ohnehin zeitnah – oder am besten gleichzeitig – an die Finanzkasse zu entrichten.

2.3.5.5 Selbstanzeige im Erbfall

Stirbt der Steuerpflichtige, bevor er eine Selbstanzeige erstattet hat, kann sich der Erbe strafbar machen, wenn er die Fehlerhaftigkeit der Steuererklärung kennt oder später erkennt. Voraussetzung für seine Korrekturpflicht nach § 153 AO ist, dass eine unrichtige oder unvollständige Steuererklärung des Erblassers vorliegt – ungeachtet, ob es bereits eine Steuerhinterziehung/-verkürzung war oder nicht –, und der Erbe dies nachträglich, aber vor Ablauf der Festsetzungsfrist (er)kennt. Der Erbe ist zu einer unverzüglichen Anzeige und zu einer Richtigstellung verpflichtet. War er neben dem Erblasser Mittäter oder Gehilfe, scheidet eine schlichte Berichtigung nach § 153 Abs. 1 und 2 AO aus. Es gibt dann nur die Möglichkeit der Selbstanzeige (§ 371 AO).

Unterlässt der Erbe eine Anzeige nach § 153 AO, obwohl er dazu verpflichtet ist, so begeht er damit eine eigene Steuerhinterziehung durch Unterlassen (§ 370 Abs. 1 Nr. 2 AO). Bei einer späteren – noch möglichen – Selbstanzeige wird dann meist der noch nicht festsetzungsverjährte Zeitraum von zehn Jahren nacherklärt. Die Finanzverwaltung bezweifelt jedoch oft die Wirksamkeit der Selbstanzeige im Erbfall, da ein Verstoß gegen das Vollständigkeitsgebot in zeitlicher Hinsicht vorläge. Hier gibt es unterschiedliche Auffassungen:

Fraglich ist, in welchem Umfang eine Korrektur erfolgen muss, um dem Vollständigkeitsgebot gerecht zu werden. Die Verfolgungsverjährung nach einem Erbfall beginnt gem. § 78 StGB mit der Beendigung der Tat und dauert dann, je nachdem, fünf (§ 78 Abs. 3 Nr. 4 StGB) oder zehn Jahre (§ 376 Abs. 1 AO). Ob ein besonders schwerer Fall der Steuerhinterziehung vorliegt, ist von der Betrachtungsweise abhängig. Der BGH nimmt ein großes Ausmaß bei einem Hinterziehungsbetrag von mehr als 50.000 € an.[2213]

Unternimmt man eine Gesamtbetrachtung, werden alle Hinterziehungen des Erblassers zu einer einzigen Hinterziehung des Erben zusammengefasst. Hat also der Erblasser beispielsweise von 1995–2015 jährlich 7.000 € Steuern hinterzogen und starb am 01.01.2016, so werden die Jahre 2005–2014 zu einer Steuerhinterziehung des Erblassers zusammengefasst (70.000 €). Damit liegt dann ein besonders schwerer Fall der Steuerhinterziehung (§ 370 Abs. 3 S. 2 Nr. 1 AO) vor. Die Hinterziehung verjährt bei dieser Argumentation dann erst 2026.

Demgegenüber werden bei einer Einzelbetrachtung die Veranlagungszeiträume einzeln betrachtet. Stellt man hier auf die zehnjährige steuerliche Festsetzungsverjährung ab (§ 169 Abs. 2 Satz 2 AO), müsste der Erbe aus vorherigem Beispiel (Annahme: Selbstanzeige in 2020) die Jahre 2009–2014 nacherklären. Stellt man auf die fünfjährige strafrechtliche Verjährung ab (§ 78 ff. StGB), hat der Erbe lediglich für das Jahr 2014 eine Korrekturpflicht (bei Bekanntgabe des Steuerbescheids Ende 2015).

Bei einer Gesamtbetrachtung kommt es also eher zu einem schweren Fall der Steuerhinterziehung und damit zu einer Verdopplung der Verjährungsdauer auf zehn Jahre, die dazu noch weitere zehn Jahre – also insgesamt über zwanzig Jahre – beim Erben verfolgt werden kann. Dies erscheint nicht sachgerecht, da eigene Hinterziehungen des Erblassers als Täter einzeln beurteilt werden und damit früher verjähren und weniger schnell zu einem schweren Fall werden, wohingegen die fremden Hinterziehungen des Erben aufgrund dessen Unterlassung der Korrektur der Zehnjahresfrist unterliegen und somit später verjähren.[2214] Die Folge der langen Verjährung ist, dass im Sonderfall zwanzig Jahre vom Erben nacherklärt werden müssen und dieser somit schlechter gestellt ist als der Erblasser selbst, wenn kein Erbfall eingetreten wäre. Demnach kann richtigerweise nur eine Einzelbetrachtung vorgenommen werden. In der

2213 BGH vom 27.10.2015 – 1 StR 373/15 –, BGHSt 61, 28–36.
2214 *Heuel*, wistra 2015, 289, 293.

Verwaltung wird jedoch immer wieder die Gesamtbetrachtungsweise angewandt.[2215] Spannend wird diese Beurteilung dann, wenn der Erbe bereits Mittäter war oder aber Gehilfe des Erblassers. Richtigerweise kann es hier immer nur zur Einzelbetrachtung (grüner oder orangefarbener Pfeil in der Graphik) kommen wie beim Erblasser, und auch dieser Fall zeigt, dass nichts anderes für den Erben gelten kann, der erst später Kenntnis von der Korrekturpflicht erlangt.

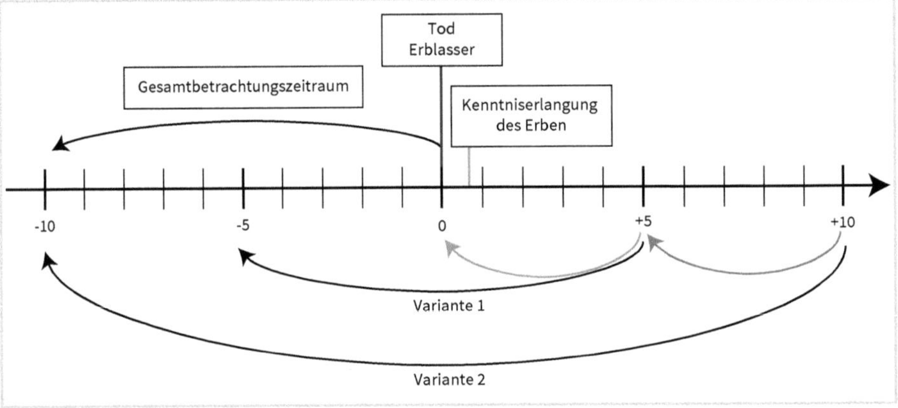

Variante 1: Hat der Erblasser im Gesamtbetrachtungszeitraum einen Betrag von weniger als 50.000 € Steuern hinterzogen, verjähren die Taten des Erblassers als Gesamtpaket innerhalb von fünf Jahren. Erstattet der Erbe dann fünf Jahre nach dem Tod des Erblassers eine Selbstanzeige, so muss sich diese Selbstanzeige auf die letzten zehn Jahre beziehen, da die Taten des Erblassers, die bei Zugrundelegung der Gesamtbetrachtung zu einer Tat zusammengefasst werden, noch nicht verjährt sind. Bei Einzelbetrachtung (grüner Pfeil) wäre für alle Zeiträume bereits Verjährung eingetreten.

Variante 2: Der Erblasser hat im Gesamtbetrachtungszeitraum mehr als 50.000 € Steuern hinterzogen. Deshalb liegt ein besonders schwerer Fall vor und die Verjährung verdoppelt sich auf zehn Jahre. Erstattet der Erbe zehn Jahre nach dem Tod Selbstanzeige, muss sich diese nach der Gesamtbetrachtungsmethode dann auf die letzten zwanzig Jahre beziehen. Bei Einzelbetrachtung läge bereits kein schwerer Fall vor und fünf Jahre nach der Tat, also fünf Jahre nach dem Erbfall, träte Verjährung ein.

2215 *Heuel*, wistra 2015, 289, 292; *Radermacher*, StBW 2014, 956, 1000.

2.4 Immobilienvermögen in Familienunternehmen und Unternehmerfamilien

Dr. Kai-Guido Schick/Kathrin Groß

Familienunternehmen bzw. Unternehmerfamilien verfügen häufig über ein nicht unerhebliches Immobilienvermögen. In vielen Fällen wächst dieses Immobilienvermögen über Jahrzehnte, wird jedoch selten bewusst strukturiert. Der Grund hierfür liegt zumeist darin begründet, dass dem Immobilienvermögen in vielen Familienunternehmen im Vergleich zum operativen Geschäftsbetrieb eine lediglich untergeordnete Funktion beigemessen wird. Dahinter steht häufig die Überzeugung, dass das Immobilienvermögen primär dazu bestimmt ist, dem operativen Geschäftsbetrieb des Familienunternehmens zu dienen.

Die Realität vieler Familienunternehmen sieht jedoch anders aus. Nicht jede Immobilie, die sich im Eigentum des Familienunternehmens befindet, dient dem operativen Geschäftsbetrieb. Stattdessen haben viele Familienunternehmen einen beträchtlichen Bestand an Immobilien aufgebaut, die mit dem operativen Geschäftsbetrieb des Familienunternehmens nichts mehr zu tun haben. Typische Beispiele aus der Praxis bilden von der Unternehmerfamilie genutzte Immobilien, wie der Stammsitz der Familie, oder Immobilien, die zunächst für den operativen Geschäftsbetrieb bestimmt waren, die diese Zwecksetzung jedoch verloren haben, z. B. weil Betriebe oder Betriebsteile aufgegeben oder verlagert wurden. Darüber hinaus haben viele Familienunternehmen vermehrt die Immobilie als Vermögens-/Wertanlage für sich entdeckt. Die Ursache hierfür ist vornehmlich im niedrigen Zinsumfeld und der Angst vor Geldentwertung zu suchen. Die vorstehend skizzierten Entwicklungen in Verbindung mit vielfach stark gestiegenen Immobilienpreisen haben dazu geführt, dass dem Immobilienvermögen in Familienunternehmen heutzutage eine deutlich höhere wirtschaftliche Bedeutung zukommt, als dies früher der Fall war.

Trotz dieses Bedeutungszuwachses zeigt sich in der Beratungspraxis häufig, dass der sinnvollen Strukturierung von Immobilienvermögen nur selten im erforderlichem Maße Beachtung geschenkt wird. Dies kann, insbes. im Falle einer Krise, zu erheblichen Risiken sowohl für das Familienunternehmen als auch für die Unternehmerfamilie führen. Vor diesem Hintergrund sollen nachfolgend unterschiedliche Möglichkeiten der Strukturierung des Immobilienvermögens dargestellt werden.

2.4.1 Funktion von Immobilienvermögen

Der Strukturierung von Immobilienvermögen sollte die Überlegung vorangestellt werden, welche Funktion die konkrete Immobilie für das Familienunternehmen oder die Unternehmerfamilie erfüllt bzw. langfristig erfüllen soll. Nur wenn hierüber Klarheit besteht, kann eine optimale

Struktur aufgebaut werden. Dabei lassen sich in der Praxis vier verschiedene Funktionen beobachten:

- betriebsnotwendige Immobilien,
- eigengenutzte Immobilien,
- Immobilien als Wertanlage,
- Immobilien ohne konkrete Zwecksetzung.

2.4.2 Strukturierung betriebsnotwendiger Immobilien

Betriebsnotwendige Immobilien sind Immobilien, die einen unmittelbaren Bezug zum Geschäftsbetrieb des Familienunternehmens aufweisen. Dies sind v.a. Immobilien, die aktiv durch das Familienunternehmen für den operativen Geschäftsbetrieb genutzt werden, wie z. B. Produktionsgebäude, Verwaltungsgebäude oder Lagerflächen. Hierunter können aber auch Immobilien fallen, hinsichtlich derer erst in der Zukunft eine Nutzung durch das Familienunternehmen beabsichtigt ist, wie z. B. bereits erworbene Flächen für eine zukünftig geplante Erweiterung des Geschäftsbetriebes. Im Wesentlichen bestehen drei Optionen, wie das betriebsnotwendige Immobilienvermögen strukturiert sein kann. Zum einen können sämtliche betriebsnotwendigen Immobilien im Eigentum des Familienunternehmens stehen. Alternativ kann die Unternehmerfamilie Eigentümerin der betriebsnotwendigen Immobilien sein und diese an das Familienunternehmen verpachten (häufig bekannt unter dem Begriff der Betriebsaufspaltung). Die dritte Möglichkeit besteht darin, dass Immobilien weder vom Familienunternehmen noch von der Unternehmerfamilie gehalten werden, sondern das Familienunternehmen diese von Dritten anmietet, sei es direkt oder im Wege eines »Sale and lease back«.

2.4.2.1 Immobilien im Eigentum des Familienunternehmens

Im Regelfall ist es naheliegend, das betriebsnotwendige Immobilienvermögen dort zu belassen, wo es genutzt wird, d. h. auf Ebene des Unternehmens. Dies bedeutet, das Unternehmen ist zugleich Eigentümer der von ihm genutzten betriebsnotwendigen Immobilien.

Diese Struktur weist insbes. die nachfolgend dargestellten **Vorteile** auf:

- **Geringer Aufwand bei der Vermögensverwaltung:** Die Struktur ist einfach und mit einem geringen Aufwand sowohl für die Implementierung als auch die laufende Abwicklung verbunden. Insbes. vermeidet der Erwerb von Eigentum durch das Unternehmen die Komplexitäten alternativer Gestaltungen wie der Betriebsaufspaltung (dazu sogleich ausführlich unter 2.4.2.2), bei der durch den Abschluss von Pacht- oder Mietverträgen erst die Rechtsgrundlage für die Nutzung der Immobilien durch das Unternehmen geschaffen werden muss. Zudem entfallen bei dieser Struktur viele Abwicklungsthemen wie z. B. die Abrechnung von Pacht oder Miete sowie von Betriebskosten.

- **Unabhängigkeit des Unternehmens:** Als Eigentümer des betriebsnotwendigen Immobilienvermögens genießt das Unternehmen die stärkste Rechtsstellung. Es ist frei darin, zu welchem Zweck es Immobilien nutzt, ob es Grundstücke bebaut und ob es diese zu einem späteren Zeitpunkt veräußert. Wenn Immobilien lediglich gepachtet oder gemietet werden, ist dies regelmäßig mit Beschränkungen hinsichtlich Nutzbarkeit, Bebaubarkeit sowie im Hinblick auf eine etwaige Veräußerung verbunden.
- **Verkauf von Unternehmen bzw. Unternehmensteilen:** Steht das betriebsnotwendige Immobilienvermögen im Eigentum des Unternehmens, ist dieses grds. frei darin, bei einer Veräußerung des Unternehmens oder von Teilen des Unternehmens auch über die zugehörigen Immobilien zu verfügen. Soweit Immobilien lediglich gepachtet oder gemietet sind, besteht diese Möglichkeit nicht.
- **Sicherheiten:** Als Eigentümer des betriebsnotwendigen Immobilienvermögens kann das Unternehmen die in seinem Eigentum stehenden Immobilien als Sicherheit für Kredite belasten. Diese Möglichkeit besteht im Falle der Pacht oder Anmietung von Immobilien nicht.

Unbeschadet der vorstehend skizzierten Vorteile weist diese Struktur jedoch einen ganz gravierenden **Nachteil** v.a. aus Sicht der Unternehmerfamilie auf: die mangelnde Risikoabschottung. So wird es im Falle der Insolvenz des Unternehmens regelmäßig auch zu einer Verwertung des Immobilienvermögens kommen.

Um dieses Risiko auszuschließen und den Wert des Immobilienvermögens langfristig für die Familie zu erhalten, bedienen sich viele Familienunternehmen bzw. Unternehmerfamilien des Mittels der Betriebsaufspaltung. Deren Vor- und Nachteile sollen nachstehend näher beleuchtet werden.

2.4.2.2 Immobilien im Eigentum der Unternehmerfamilie (»Betriebsaufspaltung«)

Bei der Betriebsaufspaltung ist nicht das Unternehmen Eigentümer des betriebsnotwendigen Immobilienvermögens, vielmehr wird dieses dem Unternehmen von der Unternehmerfamilie mittels eines Pacht- oder Mietvertrages zur vorübergehenden Nutzung gegen Entgelt zur Verfügung gestellt. Die Details der Strukturierung einer Betriebsaufspaltung unterscheiden sich von Familienunternehmen zu Familienunternehmen erheblich. Bisweilen verpachtet der Firmengründer als Privatperson einzelne Immobilien an das Unternehmen. Häufiger findet sich jedoch die Gestaltung, dass das betriebsnotwendige Immobilienvermögen in einer sog. Besitzgesellschaft gebündelt wurde, an der der Firmengründer oder sonstige Familienmitglieder beteiligt sind und die das Immobilienvermögen an das Unternehmen verpachtet. Teilweise hält die Besitzgesellschaft zugleich die Anteile am Unternehmen, dem sie die Immobilien zur Verfügung stellt (Mutter-Tochter-Struktur), teilweise stehen Besitzgesellschaft und Unternehmen als Schwestergesellschaften nebeneinander. In den meisten Fällen wird die Besitzgesellschaft in der Rechtsform einer Personengesellschaft (z.B. als GmbH & Co. KG) geführt, während das operativ tätige Unternehmen die Rechtsform einer Kapitalgesellschaft (zumeist GmbH) aufweist. Es sind jedoch auch Fälle zu beobachten, in denen sowohl Besitzgesellschaft als auch Unternehmen einheitlich in der Form der Personengesellschaft oder der Rechtsform einer Kapitalgesellschaft betrieben werden. Auch in der inhaltlichen Ausgestaltung dessen, was überlassen wird, können sich Betriebsaufspaltungen beträchtlich unterscheiden. Manche Betriebsaufspaltungen sehen vor, dass die Besitzgesellschaft dem operativ tätigen Unternehmen nur die Immobilie(n) zur Verfügung stellt. Vielfach erfassen sie jedoch auch die Überlassung von weiteren betriebsnotwendigen Wirtschaftsgütern, wie insbes. Maschinen und sonstiger Geschäftsausstattung.[2216]

!

Hinweis

Mit einer Betriebsaufspaltung lassen sich sehr unterschiedliche Zielsetzungen verfolgen. Aus der rechtlichen Perspektive dient die Betriebsaufspaltung v.a. dazu, das Immobilienvermögen vom operativ tätigen Unternehmen zu trennen und vor dem Zugriff von Gläubigern des Unternehmens zu schützen. Darüber hinaus verschafft die Betriebsaufspaltung dem Verpächter, d. h. dem Besitzunternehmen, in Form der Pachtzahlungen eine konstante Einnahmequelle. Daneben lassen sich mit der Betriebsaufspaltung aber auch steuerliche Zielsetzungen verfolgen, wobei der Hauptanwendungsfall die Schaffung begünstigten Vermögens für Schenkung-/Erbschaftsteuerzwecke bildet. Für steuerliche Zwecke wird von einer Betriebsaufspaltung erst dann gesprochen, wenn zusätzlich zu der Aufspaltung von Betriebs- und Besitzgesellschaft eine personelle sowie sachliche Verflechtung entsprechend der Vorgaben der Finanzverwaltung besteht.[2217]

Die Betriebsaufspaltung kann erhebliche **Vorteile** mit sich bringen:

- **Haftungsabschottung:** Der wesentliche Vorteil der Betriebsaufspaltung liegt darin begründet, dass im Falle wirtschaftlicher Schieflage oder Insolvenz des operativ tätigen Unternehmens das Immobilienvermögen nicht in die Haftungsmasse des Unternehmens fällt und damit langfristig für die Familie erhalten werden kann.
- **Schaffung stabiler Einnahmesituation für die Familie:** Bei der Betriebsaufspaltung erfolgt die Nutzungsüberlassung auf Basis eines Pacht- oder Mietvertrages, auf dessen Grundlage die Besitzgesellschaft Pacht oder Miete für die Überlassung der Immobilie(n) vom operativen Unternehmen erhält. Anders als die Beteiligung am Ergebnis des Unternehmens, das starken Schwankungen unterliegen kann, wird die durch das Unternehmen zu leistende Pacht oder Miete in der Regel fest fixiert. Die Betriebsaufspaltung eignet sich vor diesem Hintergrund dazu, der Familie über die Pacht-/Mieteinnahmen eine stabile Einnahmesituation zu verschaffen, die keinen so starken Schwankungen unterliegt wie die Beteiligung am Ergebnis des operativ tätigen Unternehmens.
- **Sicherung von Einfluss der Familie:** Die Abspaltung des Immobilienvermögens vom Unternehmen sichert den Einfluss der Familie auf dessen Verwendung. Unabhängig davon, wie

2216 *Binz/Sorg*, Die GmbH & Co. KG, 2018, § 26; *Langenfeld*, in: *DWS-Institut* (Hrsg.), I. Teil, 14.1 Rz. 391; *Levedag/Obser*, in: Münch Hdb GesR, Band 2, 2019, § 58 Rz. 72 ff.

2217 *Levedag/Obser*, in: Münch Hdb GesR, Band 2, 2019, § 58 Rz. 72 ff.; *Hennig*, RNotZ 2015, 129 ff.

sich das Unternehmen entwickelt und wie dieses gesteuert wird, bleibt der Einfluss der Familie auf die Verwendung des Immobilienvermögens gewahrt. Dem Unternehmen als Pächter ist z. B. eine Veräußerung der überlassenen Immobilien nicht möglich.
- **Wertsteigerung im Familienvermögen:** Etwaige Wertsteigerungen des Immobilienvermögens mehren das Familienvermögen, nicht das Vermögen des Unternehmens.

Unbeschadet der vorstehend skizzierten Vorteile sind mit einer Betriebsaufspaltung auch **Nachteile** verbunden bzw. erweisen sich Vorteile für die Familie ggf. als Nachteile aus Sicht des Unternehmens:
- **Zusätzlicher Aufwand:** Soll eine Betriebsaufspaltung funktionieren, muss sichergestellt sein, dass sowohl die Interessen des Unternehmens als auch die Interessen der Familie in angemessenem Umfang Berücksichtigung finden. Vor diesem Hintergrund genügt es nicht, wie dies häufig in der Praxis zu beobachten ist, einen »Standard-Pachtvertrag« zwischen Familie und Unternehmen abzuschließen und sich darauf zu verlassen, dass die Interessen zwischen den Beteiligten auf ewig gleichgelagert bleiben. Stattdessen ist es notwendig, sich bei jeder Betriebsaufspaltung Gedanken darüber zu machen, wie aus Sicht des Unternehmens der langfristige Zugriff auf das betriebsnotwendige Immobilienvermögen sichergestellt werden kann, wie Risiken verteilt werden und in welchem Umfang Einflussmöglichkeiten der Familie, z. B. auf die Nutzung des Immobilienvermögens, bestehen sollen. Zu diesen Aspekten der Vertragsgestaltung kommt ein zusätzlicher Aufwand für die buchhalterische Erfassung und Abrechnung von Pacht- oder Mietzahlungen, Betriebskosten sowie Kosten für Instandhaltung oder Instandsetzung.
- **Finanzierung des Unternehmens:** Da durch die Betriebsaufspaltung das betriebsnotwendige Immobilienvermögen rechtlich vom Unternehmen abgespalten wird, kommt es oft zu Problemen, wenn auf Ebene des Unternehmens Finanzierungsbedarf entsteht, der nicht aus eigenen Mitteln gedeckt werden kann. Mangels Eigentums am Immobilienvermögen scheidet die Belastung des Immobilienvermögens als Sicherheit aus. Dies beschränkt in der Folge die Investitionsmöglichkeiten des Unternehmens, das ggf. auf andere Finanzierungsmittel zurückgreifen oder Investitionen zurückstellen muss. Darüber hinaus können sich bei der Betriebsaufspaltung Probleme hinsichtlich der Sicherungsübereignung auf Kredit erworbener Anlagen ergeben, jedenfalls wenn diese eine feste Verbindung mit dem Gebäude aufweisen und damit in die Haftungsmasse des Grundstücks fallen.
- **Sanierung des Unternehmens:** Durch die Abspaltung des betriebsnotwendigen Immobilienvermögens vom Unternehmen kann es zu Schwierigkeiten bei der Sanierung des Unternehmens kommen. Der Vorteil aus Sicht der Familie, das Immobilienvermögen in der Krise abzuschirmen und für die Familie zu sichern bzw. Einfluss bei einer etwaigen Sanierung zu behalten, korrespondiert insoweit mit dem Nachteil aus Sicht des Unternehmens, dass Sanierungsbemühungen mit der Familie abgestimmt werden müssen und ggf. an der Familie scheitern können.
- **Beschränkungen im laufenden Geschäftsbetrieb:** Befindet sich das betriebsnotwendige Immobilienvermögen nicht im Eigentum des Unternehmens, sondern wird dieses dem Unternehmen lediglich von der Besitzgesellschaft auf Basis eines Pacht- oder Mietvertrages

auf Zeit zur Verfügung gestellt, ist das Unternehmen bei der Nutzung der Immobilien an die pacht- oder mietvertraglichen Vorgaben gebunden. Als Folge hieraus können Maßnahmen wie z. B. die Umnutzung einer Immobilie oder deren Modernisierung die Zustimmung der Familie erforderlich machen.

- **Verkauf von Unternehmen oder Unternehmensteilen:** Wenn das Unternehmen oder Teile von diesem verkauft werden, lässt sich ein Verkauf regelmäßig nur dann realisieren, wenn das Immobilienvermögen, das für den Fortbetrieb des Unternehmens oder des verkauften Teilbereichs notwendig ist, mit veräußert werden kann. Da das Unternehmen im Fall der Betriebsaufspaltung nicht Eigentümer des betriebsnotwendigen Immobilienvermögens ist, lässt sich dies nur mit Zustimmung bzw. Mitwirkung der Besitzgesellschaft realisieren.
- **Risiko Pachthöhe:** Bei der Betriebsaufspaltung erhält die Besitzgesellschaft normalerweise eine festgelegte Pacht oder Miete, wobei alternative Gestaltungen, wie z. B. die Koppelung der Pacht an bestimmte Unternehmenskennzahlen, möglich sind. Die Schaffung einer stabilen Einnahmequelle für die Familie korrespondiert insoweit mit dem Risiko für das operativ tätige Unternehmen, auch dann eine festgelegte Pacht an die Besitzgesellschaft zahlen zu müssen, wenn die Ergebnisse des Unternehmens einen Mittelabfluss in der vorab festgelegten Höhe nicht zulassen.
- **Steuerrecht:** Die Abspaltung des betriebsnotwendigen Immobilienvermögens vom Unternehmen und Verlagerung in die Sphäre der Familie hat komplexe steuerliche Folgewirkungen. Diese sind nicht nur bei der erstmaligen Ausgestaltung der Betriebsaufspaltung zu berücksichtigen, sondern laufend im Blick zu behalten. Insbes. Gesellschafterwechsel auf Ebene des Unternehmens bzw. der Besitzgesellschaft oder Änderungen der Steuergesetzgebung können gravierende steuerliche Konsequenzen nach sich ziehen.

!

Hinweis

In der Praxis zeigt sich häufig, dass Betriebsaufspaltungen zwar konzeptionell aufgesetzt wurden, diese jedoch nicht so gelebt werden, wie dies erforderlich ist, um die damit beabsichtigten Ziele auch tatsächlich erreichen zu können. Insbes. begegnet man immer wieder Fällen, in denen trotz Betriebsaufspaltung auf Drängen von Banken bzw. sonstigen Vertragspartnern oder schlicht aus Unachtsamkeit Sicherheiten durch die Besitzgesellschaft für Verbindlichkeiten des operativen Unternehmens gewährt werden. Dies geschieht zumeist durch die Bestellung von Grundschulden, die auf den Immobilien der Besitzgesellschaft zur Eintragung gebracht werden oder in Form von Bürgschaften oder Garantieerklärungen, die die Besitzgesellschaft für das operativ tätige Unternehmen abgibt. Beides führt dazu, dass eines der Kernziele der Betriebsaufspaltung, die Haftungsabschottung, nicht erreicht werden kann. Vor diesem Hintergrund sollte unbedingt dafür Sorge getragen werden, dass es nicht zu solchen Durchbrechungen kommt bzw. bereits eingetretene Durchbrechungen schnellstmöglich wieder beseitigt werden.

2.4.2.3 Anmietung von Immobilien / Sale and lease back

Nicht alle Immobilien, die ein Familienunternehmen nutzt, befinden sich im Eigentum des Familienunternehmens oder der Unternehmerfamilie. Vielmehr machen auch Familienunternehmen häufig von der Möglichkeit Gebrauch, Immobilien von Dritten anzumieten. Die Gründe für eine Anmietung von Immobilien sind vielfältig. Eine Anmietung von Immobilien ist v.a. dann sinnvoll, wenn Immobilien nur kurz- oder mittelfristig benötigt werden oder die Nutzungsdauer einer Immobilie noch nicht absehbar ist. In vielen Fällen erfolgt eine Anmietung auch deshalb, weil der Erwerb einer Immobilie zu teuer oder nicht finanzierbar erscheint oder der Eigentümer einer Immobilie nicht gewillt ist, diese zu verkaufen.

Ein **Vorteil** der Anmietung im Vergleich zum Erwerb liegt darin begründet, dass deutlich weniger Kapital gebunden wird und damit für andere, v.a. die operativen Zwecke des Unternehmens eingesetzt werden kann. Ein **Nachteil** der Anmietung von Immobilien liegt darin, dass Mietverträge zeitlich befristet sind, so dass sich über einen Mietvertrag nur eine vorübergehende Nutzung erreichen lässt. Ein weiterer Nachteil ist, dass Änderungen oder Umbauten innerhalb der Immobilie im Falle der Anmietung i. d. R. mit dem Eigentümer abgestimmt werden müssen bzw. dessen Zustimmung bedürfen. Zudem entstehen im Falle einer Anmietung von Immobilien, insbes. wenn es um Investitionen in die Immobilie während der Laufzeit eines Mietvertrages geht, in der Praxis häufig Interessenkonflikte, die sich nur schwer auflösen lassen. Hauptstreitpunkte zwischen dem Mieter als Nutzer der Immobilie und dem Vermieter als Eigentümer sind zumeist, ob und in welchem Umfang Erneuerungsmaßnahmen durchgeführt werden, wer die Kosten daraus trägt und in welchem Umfang sich diese auf den laufenden Geschäftsbetrieb des Mieters auswirken dürfen.

Ob sich auf der Zeitachse gesehen der Erwerb oder eine Anmietung von Immobilien mehr rechnet, ist einzelfallabhängig und wird naturgemäß maßgeblich auch von nicht vorhersehbaren Faktoren wie insbes. der Nutzungsdauer und der weiteren Wertentwicklung der Immobilien beeinflusst.

Hinweis !

Wenn Immobilien angemietet werden, sollte große Sorgfalt bei der Ausgestaltung des Mietvertrages angewandt werden. Dabei spielen nicht nur Laufzeit und Miete eine entscheidende Rolle. Insbes. die Regelungen zu Instandhaltung/Instandsetzung/Erneuerung, zu baulichen Veränderungen und zum Zustand der Immobilie bei Rückgabe nach Ende der Laufzeit des Mietvertrages sollten kritisch beleuchtet und je nach Interesse auf die Bedürfnisse des Unternehmens angepasst werden.

Neben der originären Anmietung von Immobilien ist immer wieder auch ein Trend zu sog. »Sale and lease back«-Transaktionen erkennbar. In deren Rahmen veräußern Unternehmen betriebsnotwendiges Immobilienvermögen z. B. an Finanzinvestoren, um dieses langfristig wieder von diesen zurück zu mieten. Regelmäßig ist dies verbunden mit der Möglichkeit, das Immobilienvermögen nach der vertraglich vereinbarten Laufzeit des Pacht- oder Mietvertrages gegen Zahlung eines zuvor festgelegten Betrages zurückkaufen zu können.[2218] Sale and lease back ist

2218 Zum Sale and lease back siehe auch *Hansen*, in: Graf v. Westphalen, Der Leasingvertrag, 2015, N. II.; *Martinek/Omlor*, in: *Schimansky*, 2017, § 101 Rz. 19 ff.; *Koch*, in: MüKo BGB, Band 3, 2016, Finanzierungsleasing, Rz. 13 ff.

dabei nicht auf die Veräußerung von Immobilienvermögen beschränkt. In der Praxis erfolgt z. T. auch eine Veräußerung sowie Rückanmietung sonstigen Anlagevermögens.

Zu den **Vorteilen** von Sale and lease back zählen:

- **Mittelzufluss:** Der wesentliche Vorteil von Sale and lease back liegt darin, durch die Veräußerung von Immobilien zusätzliche Liquidität für das Unternehmen zu generieren, die für Investitionen oder für die Rückführung von Krediten genutzt werden kann.
- **Hebung stiller Reserven:** Durch die Veräußerung von Immobilien können stille Reserven gehoben und damit die Finanzsituation des Unternehmens verbessert werden.
- **Verkürzte Bilanz:** Die Veräußerung von Immobilienvermögen führt bei Rückführung von Krediten aus dem Erlös zu einer Verkürzung der Bilanz und damit zu einer höheren Eigenkapitalquote.

Obwohl Sale and lease back in Einzelfällen für ein Unternehmen Vorteile aufweisen kann, erscheint diese Struktur für Familienunternehmen aus den nachfolgenden Gründen **weniger geeignet:**

- **Verlust von Kontrolle:** Bei Familienunternehmen liegt ein stärkerer Fokus als bei sonstigen Unternehmen darauf, der Familie langfristig Einfluss auf das Unternehmen zu sichern oder der Familie eine langfristige Einnahmequelle zu erhalten. Die Veräußerung betriebsnotwendigen Immobilienvermögens an einen Dritten steht häufig in Widerspruch zu dieser Zielsetzung, da wesentliche Vermögenswerte aus dem Unternehmen herausgelöst und damit sowohl der Kontrolle des Unternehmens als auch der Kontrolle der Familie entzogen werden.
- **Haftung:** Die Übertragung des Eigentums an einen Dritten hat zur Folge, dass die Immobilien in die Haftungsmasse des Erwerbers fallen. Finanzielle Engpässe oder gegebenenfalls die Insolvenz des Erwerbers, können damit unmittelbar auch das Unternehmen sowie dessen Geschäftsbetrieb betreffen.
- **Sukzessiver Mittelabfluss:** Dem anfänglichen Mittelzufluss korrespondiert über die Folgejahre ein Mittelabfluss in Form der monatlich bzw. jährlich zu leistenden Pacht- oder Leasingraten zuzüglich Verzinsung.
- **Aufdeckung stiller Reserven:** Die Aufdeckung stiller Reserven ist nicht immer gewollt und mit steuerlichen Nachteilen verbunden.
- **Nachteile wie bei Betriebsaufspaltung:** Im Übrigen sind mit Sale and lease back-Konzepten im Kern sämtliche Nachteile verbunden, die auch i. R. d. Betriebsaufspaltung zutage treten. Dies hängt damit zusammen, dass, von Details abgesehen, Vergleichbares geschieht wie bei der Betriebsaufspaltung. Erschwerend kommt i. R. v. Sale and lease back jedoch hinzu, dass anders als im Falle der Betriebsaufspaltung nicht der Einfluss der Familie auf das Unternehmen steigt, sondern der Einfluss von Investoren, die naturgemäß nicht dieselbe Verbundenheit mit einem Unternehmen aufweisen wie die Familie.

2.4.2.4 Weitere Möglichkeiten der Haftungsabschottung

Wie bereits dargestellt wurde, liegt eines der Ziele der Betriebsaufspaltung in der Haftungsabschottung. Da die Betriebsaufspaltung neben einigen Vorteilen aus Sicht des Unternehmens auch nicht unerhebliche Nachteile mit sich bringt, werden nachfolgend zwei weitere Strukturierungsmöglichkeiten aufgezeigt, wie auch Maßnahmen innerhalb des Unternehmens das Immobilienvermögen vor etwaigen Haftungsrisiken aus dem operativen Geschäftsbetrieb schützen können.

Eine Möglichkeit liegt darin, nicht sämtliches Immobilienvermögen innerhalb einer Gesellschaft zu halten, sondern betriebsnotwendiges Immobilienvermögen auf verschiedene Gesellschaften, z. B. nach Geschäftsbereichen getrennt, aufzuteilen.[2219] Eine Haftungsabschottung nach Geschäftsbereichen funktioniert selbstverständlich nur, wenn Geschäftsbereiche auch tatsächlich, insbes. in Finanzierungsfragen, getrennt geführt werden können.

Die zweite Möglichkeit liegt darin, das betriebsnotwendige Immobilienvermögen innerhalb des Unternehmens in einer separaten Besitzgesellschaft zu separieren. Diese Besitzgesellschaft stellt das betriebsnotwendige Immobilienvermögen sodann anderen Gesellschaften des Unternehmens mittels Pacht- oder Mietvertrag zur Nutzung zur Verfügung. Der Unterschied zur klassischen Betriebsaufspaltung, wie sie unter 2.4.2.2 dargestellt wurde, liegt in diesem Fall darin, dass die Anteile an der Besitzgesellschaft nicht von der Unternehmerfamilie gehalten werden, sondern vom Unternehmen. Der Vorteil dieser Form der Haftungsabschottung ist, dass sie die Nachteile der klassischen Betriebsaufspaltung, wie sie aus Unternehmenssicht bestehen, vermeidet. Der Nachteil dieser Form der Haftungsabschottung ist, dass sie nur solange funktioniert, wie nur einzelne gesellschaftsrechtlich separierte Geschäftsbereiche in Schieflage geraten. Im Falle der Krise des gesamten Unternehmens vermag sie nicht den gewünschten Effekt zu erzielen. Zudem eignet sich diese Form der Haftungsabschottung naturgemäß nicht dazu, das Immobilienvermögen für die Unternehmerfamilie zu erhalten.

Hinweis !

Wie die Betriebsaufspaltung zwischen Unternehmen und Familie kann dieses Konzept nur dann funktionieren, wenn das betriebsnotwendige Immobilienvermögen nicht als Sicherheit für die Finanzierung des operativen Geschäftsbereiches benötigt wird. Zudem ist auch hier in der Praxis die Problematik zu beobachten, dass es im Laufe der Zeit häufig zu ungewollten Durchbrechungen der Haftungsabschottung kommt, z. B. indem Garantien oder Haftungen für andere Gesellschaften des Unternehmens bzw. in der Unternehmensgruppe übernommen werden. Eine Gefahr, die innerhalb des Unternehmens naturgemäß noch größer ist als bei der Betriebsaufspaltung zwischen familiengeführter Besitzgesellschaft und operativem Unternehmen.

2219 Zu Holdingstrukturen siehe auch *Hübner*, in: Sudhoff, Unternehmensnachfolge 2005, 1204 ff.; *Emmerich*, in: Emmerich/Habersack, Aktien- und GmbH-Konzernrecht, 2019, § 15 Rn. 15 ff.

2.4.2.5 Zusammenfassung

Der Vergleich der vorstehend dargestellten Strukturierungsvarianten zeigt, dass bei Familienunternehmen neben Alleineigentum des Familienunternehmens an den betriebsnotwendigen Immobilien die Betriebsaufspaltung eine sinnvolle Option darstellen kann. Die Betriebsaufspaltung ermöglicht es, das betriebsnotwendige Immobilienvermögen langfristig zugunsten der Unternehmerfamilie zu sichern, insbes. wenn es zu einer Krise des Unternehmens kommen sollte. Es zeigt sich jedoch auch, dass die Abspaltung des betriebsnotwendigen Immobilienvermögens vom Unternehmen und die Verlagerung in die Sphäre der Familie eine Vielzahl weiterer Konsequenzen nach sich ziehen, die sorgfältig bedacht werden müssen. Dabei ist es wichtig, sich dieser Konsequenzen bewusst zu sein und geeignete Regelungen vorzusehen, die den Interessen von Unternehmen und Familie Rechnung tragen.

Eine Anmietung von Immobilien ist v.a. dann zu beobachten, wenn Immobilien nur kurz- oder mittelfristig benötigt werden oder eine nicht gewünschte Kapitalbindung vermieden werden soll. In vielen Fällen kann eine Anmietung eine sinnvolle Variante zum Erwerb darstellen, vorausgesetzt, die Ziele des Unternehmens lassen sich in angemieteten Immobilien sinnvoll umsetzen. In diesem Zusammenhang kommt der Ausgestaltung des Mietvertrages eine zentrale Bedeutung zu.

Sale and lease back-Transaktionen ergeben v.a. dann Sinn, wenn aus Sicht des Unternehmens Liquiditätsbedarf entsteht, der nicht anderweitig als durch die Veräußerung von Betriebs- und/oder Immobilienvermögen gedeckt werden kann. Sollte man sich zu diesem Schritt entschließen, muss man sich des Umstandes bewusst sein, dass das Unternehmen bei dieser Gestaltung einen Teil seines Vermögens aus der Hand gibt, was zwangsläufig mit dem Verlust von Einfluss und Gestaltungsmöglichkeiten verbunden ist. Da im Falle von Sale and lease back eine Übertragung von Immobilienvermögen an einen Dritten und nicht die Familie erfolgt, ist eine umso höhere Sorgfalt auf die Absicherung des Unternehmens und dessen berechtigte Interessen zu legen als bei der »lediglich« familieninternen Betriebsaufspaltung. Dies betrifft insbes. die Sicherung des Zugriffs des Unternehmens auf das Immobilienvermögen (Dauer der Nutzungsüberlassung, Rückkauf, dingliche Absicherung) und auch die Festlegung der wirtschaftlichen Rahmenparameter wie Pachthöhe, Kostentragung für Instandhaltung bzw. Instandsetzung, Erneuerungen sowie Festlegung des Rückkaufswertes.

2.4.3 Strukturierung eigengenutzter Immobilien

Eigengenutzte Immobilien sind Immobilien, die durch den Unternehmer oder die Unternehmerfamilie genutzt werden. Eigengenutzte Immobilien gehören sinnvollerweise in die Sphäre der Familie und nicht in die Sphäre des Unternehmens, und zwar aus folgendem Grund: Immobilien, die im Eigentum des Unternehmens stehen, gehören zur Haftungsmasse des Unternehmens und haften auch dann für Verbindlichkeiten des Unternehmens, wenn sie nicht durch

Grundschulden belastet wurden. Vor diesem Hintergrund sollte bei privat genutzten Immobilien dafür Sorge getragen werden, dass rechtzeitig eine Zuordnung zur Sphäre der Familie erfolgt, um zu vermeiden, dass im Falle der Krise neben die Gefährdung des Unternehmens eine Gefährdung der privaten Wohnsituation der Familie tritt. Zudem bergen privat genutzte Immobilien, die sich im Vermögen des Unternehmens befinden, steuerliche Fallstricke (z. B. verdeckte Gewinnausschüttung).

Im Hinblick auf die eigentumsrechtliche Zuordnung selbstgenutzter Immobilien innerhalb der Familie sind verschiedene Gestaltungen möglich. Im Vordergrund steht dabei die Frage, wem das Eigentum an der Immobilie und damit langfristig deren Vermögenswert zustehen soll, einem einzelnen Familienmitglied oder der Familie als solcher. In letzterem Fall ist zumeist eine Einbringung in eine zu diesem Zweck gegründete Familiengesellschaft zu empfehlen, da die Alternative, die Bildung einer Miteigentümergemeinschaft, eine Vielzahl von Problemen und Konfliktpotenzial birgt.

2.4.4 Strukturierung von Immobilienvermögen als Wertanlage

Viele Familienunternehmen/Unternehmerfamilien besitzen neben dem betriebsnotwendigen Vermögen ein erhebliches sonstiges Vermögen, u. a. auch in Form von Immobilien. Dieses sonstige Immobilienvermögen ist häufig über Generationen gewachsen, z. B. weil Immobilien, die zunächst zum Geschäftsbetrieb zählten, später jedoch nicht mehr benötigt wurden, behalten wurden oder Gewinne aus der operativen Geschäftstätigkeit in Immobilien als wertbeständige Kapitalanlage investiert wurden. Gerade in den letzten Jahren hat insbes. der Erwerb von nicht betriebsnotwendigen Immobilien als Wertanlage in erheblichem Umfang an Bedeutung zugenommen. Auch in diesem Hinblick stellt sich die Frage nach einer sinnvollen Strukturierung.

2.4.4.1 Unternehmensnahe Strukturierung

Nicht betriebsnotwendige Immobilien, die als Wertanlage dienen, sollten nur dann in der Sphäre des Unternehmens gehalten werden, wenn beabsichtigt ist, dass die Erträge aus diesen, d. h. die Einkünfte aus der Verpachtung oder der Vermietung der Immobilien sowie die Einkünfte aus einem späteren Verkauf, dem Unternehmen und nicht der Familie zufließen sollen. Zu diesem Zweck erworbene oder behaltene Immobilien können einen positiven Effekt haben, bieten solche Immobilien doch einen Risikopuffer, auf den das Unternehmen zurückgreifen kann, wenn Kapital benötigt wird.

Soweit Immobilien der Sphäre des Unternehmens zugeordnet werden, ist es in der Regel sinnvoll, dass das Unternehmen diese nicht betriebsnotwendigen Immobilien nicht selbst erwirbt, sondern diese vom operativen Geschäftsbetrieb des Unternehmens separiert. Ein Gestaltungsmittel kann sein, dass das nicht betriebsnotwendige Immobilienvermögen durch eine separate

Besitzgesellschaft gehalten wird, deren Anteile das Unternehmen hält. Hierdurch kann erreicht werden, dass es nicht zu einer Vermischung von operativer und vermögensverwaltender Tätigkeit innerhalb des Unternehmens kommt. Auch lassen sich auf diese Weise die Ergebnisse dieser beiden Bereiche separieren. Durch die Schaffung geeigneter Holdingstrukturen, bei denen die Besitzgesellschaft und das operative Unternehmen nebeneinanderstehen, kann zudem vermieden werden, dass im Falle der Krise ein Zugriff der Gläubiger des operativen Unternehmens auf die Vermögenswerte der Besitzgesellschaft erfolgt. Dies bedingt selbstverständlich, dass keine Belastung des Immobilienvermögens mit Grundschulden zugunsten des operativen Geschäftsbereiches erfolgt.

2.4.4.2 Familiennahe Strukturierung

Soweit Erträge sowie Wertzugewinne aus Immobilien nicht dem Familienunternehmen, sondern der Unternehmerfamilie zufließen sollen, ist es notwendig, dass die Immobilien nicht vom Unternehmen, sondern von der Familie erworben bzw. gehalten werden. Dies hat zudem den Vorteil, dass auf diese Weise sichergestellt ist, dass Immobilien im Falle der Krise des Unternehmens nicht in die Haftungsmasse des Unternehmens fallen.

! **Hinweis**

Eine solche Struktur der Trennung des Immobilienvermögens vom Unternehmen lässt die Möglichkeit der Familie, Erträge aus den Immobilien dem Unternehmen zur Verfügung zu stellen, grds. unberührt. So können zu jeder Zeit auch unter dieser Struktur die Erträge aus den Immobilien oder aus deren Verkauf dem Unternehmen zur Verfügung gestellt werden, sei es in Form von Gesellschafterdarlehen oder durch Stärkung des Eigenkapitals des Unternehmens im Rahmen einer Kapitalerhöhung. Die Entscheidung darüber, wie sie die Einkünfte zu verwenden beabsichtigt, obliegt in diesem Falle jedoch ausschließlich der Familie. Sie bleibt mithin unter dieser Struktur frei darin, die Einkünfte an die Familie auszuschütten, weitere Investitionen in Immobilien zu tätigen oder diese Einkünfte dem Unternehmen zur Verfügung zu stellen.

Was die Details der Strukturierung anbelangt, so sind der rechtlichen Gestaltungsfreiheit nur wenige Grenzen gesetzt und entsprechend vielgestaltig sind die in der Praxis zu beobachtenden Modelle. Dies hängt auch damit zusammen, dass viele Unternehmerfamilien vermehrt dazu übergehen, Immobilieninvestitionen auch außerhalb der eigenen Familie zu tätigen, indem z. B. Co-Investments mit Dritten eingegangen werden oder – häufig unter Hinzuziehung von Family Offices – mehrere Unternehmerfamilien gemeinsam Investments tätigen. Eine Bündelung von Immobilienvermögen mit dem Vermögen anderer Familien sowie das Tätigen gemeinsamer Investments bietet den Vorteil von Synergien bei der Verwaltung sowie eine größere Risikostreuung, ist jedoch naturgemäß auch mit einem Verlust an Eigenständigkeit und Kontrolle verbunden.

Wenn man von dem Sonderfall von Co-Investments mit Dritten absieht, die regelmäßig besondere Strukturen erfordern, hat sich in der Praxis, jedenfalls wenn das Eigentum an Immobilien nicht einzelnen Familienmitgliedern zugeordnet werden soll, die Bündelung von Immobilien in Familiengesellschaften etabliert.[2220] Unter dieser Struktur werden die Immobilien in eine separate Gesellschaft eingebracht, deren Anteile von den Mitgliedern der Unternehmerfamilie gehalten werden. Eine solche gesellschaftsrechtliche Lösung hat deutliche Vorteile, z. B. im Vergleich zur Bildung von Miteigentum an Immobilien durch die Mitglieder der Unternehmerfamilie. In den meisten Fällen wird für eine solche Familiengesellschaft die Rechtsform der Personengesellschaft gewählt, zumeist die der GmbH & Co. KG. Die Personengesellschaft bietet v.a. den Vorteil, dass sie die größte Gestaltungsfreiheit bereithält und die Gesellschaftsverträge für Dritte nicht einsehbar sind. Je nach wirtschaftlicher und steuerlicher Zielsetzung kommen jedoch auch andere Rechtsformen in Betracht. In der jüngeren Vergangenheit finden sich zunehmend komplexere Strukturen, bei denen das Immobilienvermögen auf verschiedene Gesellschaften verteilt wird. Dahinter stehen zumeist besondere Wünsche bei der Ausgestaltung der Vermögensnachfolge sowie steuerliche Erwägungen und Entwicklungen, insbes. im Bereich der Grunderwerbsteuer.

Eine Bündelung von Immobilien in einer Familiengesellschaft bietet im Vergleich zu alternativen Strukturierungsvarianten, wie z. B. einer Zuordnung von Immobilien zu einzelnen Familienmitgliedern oder v.a. im Vergleich zur Bildung einer Miteigentümergemeinschaft, u. a. folgende **Vorteile:**

- **Vermögenserhalt:** Durch eine Bündelung des Immobilienvermögens innerhalb der Familiengesellschaft wird einer Veräußerung von Immobilien durch einzelne Familienmitglieder entgegengewirkt und damit die Chance für einen langfristigen Erhalt des Immobilienvermögens für die Familie erhöht.
- **Nachfolgeplanung:** Im Rahmen der Bündelung von Immobilienvermögen in einer Familiengesellschaft können Nachfolgekonzepte integriert werden, insbes. kann durch Erbfolgeklauseln sowie güterrechtliche Regelungen der Erhalt des Immobilienvermögens im Familienverbund gesichert werden.
- **Einheitliche Verwaltung:** Die Bündelung des Immobilienvermögens innerhalb einer Gesellschaft erlaubt eine einheitliche Geschäftsführung und damit ein einheitliches und effektives Management des Immobilienvermögens. Die Geschäftsführungsbefugnis kann dabei unabhängig von den Beteiligungsverhältnissen an der Familiengesellschaft, z. B. auch als Sonderrecht eines Gesellschafters, ausgestaltet werden.
- **Risikostreuung:** Da Immobilien, je nach Art und Lage, unterschiedlichen Wertentwicklungen unterliegen, erlaubt die Bündelung des Immobilienvermögens innerhalb von Familiengesellschaften eine gleichmäßige Verteilung von Chancen und Risiken auf alle Mitglieder der Familie.

2220 *Hübner*, in: Sudhoff, Unternehmensnachfolge 2005, 1164 ff.; *Stengel*, in: Beck Hdb der PersGes, 2014, 1228 ff.; *Spiegelberger*, 2009, § 8; *Crezelius*, 2009, § 14.

- **Übertragbarkeit:** Die Bündelung von Immobilienvermögen in Familiengesellschaften ermöglicht eine leichtere Übertragung, da anstelle der schwerfälligen Übertragung von Immobilien die einfacher zu vollziehende Übertragung einer Beteiligung tritt. Damit ist häufig auch eine Kostenersparnis verbunden.
- **Flexibilität:** Die Bündelung von Immobilienvermögen in Familiengesellschaften erlaubt flexible Gestaltungen hinsichtlich der Beteiligungsverhältnisse, hinsichtlich der Geschäftsführung sowie hinsichtlich der Gewinnverwendung.
- **Steuerbarkeit:** Mittels gesellschaftsvertraglicher Regelungen wie Veräußerungsverbote, Nachfolgeklauseln etc. kann eine Steuerung der Beteiligungsverhältnisse an der Familiengesellschaft langfristig abgesichert werden.

2.4.5 Strukturierung von Immobilien ohne Zwecksetzung

Neben dem betriebsnotwendigen Immobilienvermögen sowie eigengenutzten Immobilien und Immobilien, die als Wertanlage gehalten werden, finden sich in Familienunternehmen bisweilen auch Immobilien, hinsichtlich deren Zwecksetzung keine eindeutigen Vorstellungen bestehen. Häufig handelt es sich hierbei um Immobilien, die zu irgendeinem Zeitpunkt in der Historie des Familienunternehmens angeschafft wurden, die jedoch nach gegenwärtiger Erkenntnis für betriebliche Zwecke auf absehbare Zeit nicht benötigt werden. Ein typisches Beispiel sind Erweiterungsflächen oder an das Betriebsgelände angrenzende Immobilien, die sich das Unternehmen in der Voraussicht gesichert hat, das Wachstum und die Erweiterung des Unternehmens am Standort zu ermöglichen.

Da eine sinnvolle Strukturierung nur möglich ist, wenn Klarheit über die Funktion besteht, die einer Immobilie zukommen soll, ist es schwer, eine geeignete Struktur für Immobilien ohne konkrete Zwecksetzung zu entwickeln. Maßgeblich werden immer die Umstände des Einzelfalls sein. Hinsichtlich solcher Immobilien, die aktuell keine Zwecksetzung haben, jedoch langfristig für eine etwaige Erweiterung des Geschäftsbetriebes oder unter Umständen als Ausgleichsflächen benötigt werden, erscheint zunächst eine Zuordnung zum Unternehmen sinnvoll. Sobald absehbar ist oder jedenfalls spätestens wenn feststeht, dass solche Immobilien langfristig nicht für betriebliche Zwecke benötigt werden, z. B. weil die am Standort geplante Erweiterung unrealistisch geworden ist, sollte über die neue Zwecksetzung solcher Immobilien nachgedacht und ggf. entsprechend der neuen Zwecksetzung eine neue geeignete Struktur für diese Immobilien gefunden werden.

2.4.6 Praxisüberblick über Themen / Hindernisse bei der Umsetzung der gewünschten Zielstruktur

In der Praxis zeigt sich immer wieder, dass, auch wenn eine geeignete Struktur für das Immobilienvermögen gefunden wurde, sich häufig Fehler bei deren Umsetzung einschleichen. Dies liegt zumeist darin begründet, dass wichtige Aspekte nicht bedacht werden oder nicht in ausreichendem Maße klare Vereinbarungen getroffen werden. Als Folge kommt es häufig zu Streit zwischen den Beteiligten oder, noch gravierender, die Ziele, die mit der Strukturierung verbunden waren, seien sie steuerlicher oder zivilrechtlicher Natur, werden verfehlt. Nachfolgend soll deshalb ein kurzer Überblick über einige besonders wichtige Themen gegeben werden, die i. R. v. Strukturierungsüberlegungen bedacht werden müssen, sowie auf etwaige Hindernisse hingewiesen werden, die i. R. d. Strukturierung von Immobilienvermögen auftreten können:

- **Interessenkonflikte:** Bei der Trennung des betriebsnotwendigen Immobilienvermögens vom operativ tätigen Unternehmen treten zwangsläufig Interessengegensätze auf. Dies betrifft insbes. die Modalitäten der Nutzungsüberlassung, wie z. B. die Festlegung der Pachthöhe, Nutzungszweck, Modernisierung etc. Vor diesem Hintergrund und um Streit zu vermeiden, sind klare Regelungen und eine angemessene Risikoverteilung unumgänglich.
- **Steuerliche Überlegungen:** Die Strukturierung von Immobilienvermögen kann nicht losgelöst von steuerrechtlichen Überlegungen vorgenommen werden. Dies bedeutet, dass bei jeder Strukturerneuerung bedacht werden muss, welche steuerlichen Wirkungen damit einhergehen. Dies betrifft nicht nur den Bereich der Betriebsaufspaltung, sondern jegliche Art der Strukturierung, wenngleich es insbes. im Bereich der Betriebsaufspaltung eine Vielzahl von steuerlichen Detailfragen zu beachten gilt, die unmittelbar Einfluss auf die Ausgestaltung des Pachtvertrages zwischen Besitzgesellschaft und Unternehmen haben.
- **Grunderwerbsteuer:** Die Übertragung von Immobilien löst regelmäßig Grunderwerbsteuer aus. Dies gilt sowohl bei einer Übertragung von Immobilien als auch im Falle der Übertragung von Anteilen an Gesellschaften, in deren Eigentum sich Immobilien befinden. Vor diesem Hintergrund ist vor einer unmittelbaren oder mittelbaren Übertragung von Immobilien mit dem Ziel einer Umstrukturierung des Immobilienvermögens darauf zu achten, ob sich diese steuerneutral darstellen lässt.
- **Finanzierung:** Wenn Immobilienvermögen aus der Sphäre des Unternehmens in die Sphäre der Familie verlagert werden soll, kann es erforderlich sein, die Zustimmung von finanzierenden Banken des Unternehmens einzuholen. Dies wird häufig auch dann notwendig sein, wenn Immobilien nicht belastet sind, da die Verschiebung von Immobilienvermögen in vielen Fällen Auswirkungen auf die Werthaltigkeit des Unternehmens sowie dessen Finanzkennzahlen haben wird, sodass unter Umständen Verpflichtungen aus Finanzierungsverträgen verletzt werden. Zudem muss bei einer solchen Verlagerung mitbedacht werden, wie sich eine solche Verlagerung auf die zukünftigen Finanzierungsmöglichkeiten des Unternehmens auswirkt.
- **Kosten:** Die Übertragung von Immobilienvermögen ist stets mit Kosten verbunden. Neben etwaigen Grunderwerbsteuerbelastungen, sind insbesondere Notarkosten sowie Grundbuchkosten zu berücksichtigen, die im Rahmen der Übertragung von Immobilien anfallen.
- **Auslandsimmobilien:** Soweit zum Vermögen Immobilien zählen, die im Ausland gelegen sind, ist diesem Umstand gesondert Rechnung zu tragen. Insbesondere sind in diesem Kontext etwaige im Ausland geltende Erwerbs- und Veräußerungsbeschränkungen zu beachten. Darüber hinaus können durch das Halten im Ausland gelegener Immobilien steuerliche Anknüpfungspunkte geschaffen werden, die bis hin zur Doppelbesteuerung führen können.

2.4.7 Steuerliche Behandlung von Immobilienvermögen

Dr. Wolf-Georg Freiherr von Rechenberg

2.4.7.1 Allgemeines

Bei der steuerlichen Behandlung von Immobilienvermögen kommt es zunächst darauf an, zu unterscheiden, ob sich das Immobilienvermögen im betrieblichen Bereich oder im Bereich der privaten Vermögensverwaltung befindet. Allerdings kann im Privatportfolio gehaltenes Immobilienvermögen unter den besonderen Voraussetzungen des gewerblichen Grundstückshandels bei nicht sorgfältig geplantem Umgang zu Betriebsvermögen »mutieren«. Dies hat erhebliche negative steuerliche Konsequenzen.

Immobilien im Ausland unterliegen regelmäßig dem steuerlichen Regime des jeweiligen Staates, in dem sie liegen. Einkünfte aus Immobilien im Ausland unterliegen demzufolge regelmäßig nicht der Besteuerung in Deutschland. Etwas anderes kann dann gelten, wenn die Immobilie in einer inländischen oder ausländischen Kapitalgesellschaft gehalten wird. In diesem Fall sind die Gewinnausschüttungen auf der Basis des jeweiligen Doppelbesteuerungsabkommens regelmäßig in Deutschland steuerpflichtig. Die unentgeltliche Eigennutzung durch den Gesellschafter oder ihm nahestehende Personen führt dann zu einer verdeckten Gewinnausschüttung, die in Deutschland steuerpflichtig ist.[2221] Dennoch kann bei vernünftiger Steuerplanung der Einsatz von Kapitalgesellschaften zum Erwerb und dem Halten von ausländischen Immobilien ein gutes Gestaltungsinstrument sein. Allerdings dürfen neben den ertragsteuerlichen Gesichtspunkten auch der Gesichtspunkt der Erbschaftsteuer und unter Umständen die Wegzugsbesteuerung nach § 6 AStG nicht außer Acht gelassen werden.

2.4.7.2 Immobilien im Betriebsvermögen

Für Immobilien im gewerblichen Betriebsvermögen gelten die gleichen Regeln wie für die sonstigen Gegenstände im Betriebsvermögen. Die Einkünfte, die etwa durch die Vermietung erzielt werden, fallen wie alle anderen Einkünfte des Betriebs als gewerbliche Einkünfte an. Sämtliche Ausgaben im Zusammenhang mit den Immobilien und auch die steuerlich anerkannten Abschreibungen für Abnutzung sind bei der Ermittlung des betrieblichen Ergebnisses für Steuerzwecke zu berücksichtigen.

2221 BFH vom 12.06.2013 – I R109–111/10.

Dasselbe gilt auch für Immobilien, die sich zwar nicht im zivilrechtlichen Eigentum des Unternehmens befinden, die aber im Eigentum von Gesellschaftern stehen. Soweit diese Immobilien betriebsnotwendig sind oder aber als Betriebsvermögen behandelt werden, stellen sie steuerlich Sonderbetriebsvermögen des jeweiligen Gesellschafters dar. Das bedeutet, sie werden steuerlich genauso behandelt wie das übrige Betriebsvermögen. Dies kann etwa bei der Veräußerung von Immobilien von Bedeutung sein, da hier stets ein betrieblicher, steuerlich relevanter Gewinn anfällt, wohingegen bei Immobilien im Privatvermögen ein Veräußerungsgewinn dann steuerfrei sein kann, wenn die Spekulationsfrist von zehn Jahren abgelaufen ist (§§ 22, 23 EStG). Dieselbe Konsequenz tritt ein, wenn es sich bei dem Rechtsverhältnis, bei dem der Gesellschafter einer Kapitalgesellschaft eine ihm privat gehörende Immobilie vermietet, um einen Fall der Betriebsaufspaltung handelt (vgl. hierzu II 6.4).

2.4.7.3 Immobilien im Privatvermögen

2.4.7.3.1 Eigengenutzte Immobilien

Für die steuerliche Einordnung von Immobilien in das Privatvermögen ist zunächst zu unterscheiden, ob es sich um eigengenutzte Immobilien, um nicht oder nicht regelmäßig vermietete Immobilien oder um Immobilien handelt, die regelmäßig zur Erzielung von Mieteinnahmen genutzt werden.

Eigengenutzte Immobilien sind einkommensteuerlich, abgesehen von der Möglichkeit zur Geltendmachung von haushaltsnahen Dienstleistungen und Handwerkerleistungen,[2222] nicht relevant. Sonstige Aufwendungen, die nicht unter die vorgenannten Regelungen fallen, sind steuerlich nicht geltend zu machen. Da es sich um Immobilien im Privatvermögen handelt, gelten für eigengenutzte Immobilien die Regelungen über die Besteuerung von Spekulationsgewinnen. Danach sind Veräußerungsgewinne aus dem Verkauf von Immobilien nur dann zu versteuern, wenn sich die Immobilie weniger als zehn Jahre beim jeweiligen Eigentümer befunden hat. In diesem Zeitraum können auch Veräußerungsverluste steuerlich geltend gemacht werden.

Allerdings unterliegen eigengenutzte Immobilien einer besonderen Behandlung im Rahmen der Erbschaft- und Schenkungsteuer. Zunächst ist es aufgrund der Regelung von § 13 Abs. 1 Nr. 4a ErbStG möglich, dass ein Ehegatte dem anderen Ehegatten ein Familienheim oder Miteigentum an einem Familienheim, das heißt einer Immobilie, die von der Familie selbst genutzt wird, zu Lebzeiten als sogenannte ehebedingte unbenannte Zuwendung steuerfrei ohne Berücksichtigung irgendwelcher Freibeträge überträgt.

2222 § 35a EStG; vgl. hierzu *Frotscher/Geurts*, EStG § 35a/1 ff.

Steuerfrei ist darüber hinaus die Vererbung eines Familienheims an den überlebenden Ehegatten (§ 13 Abs. 1 Nr. 4b ErbStG) oder Kinder des Erblassers (§ 13 Abs. 1 Nr. 4c ErbStG) allerdings unter der Voraussetzung, dass die geerbte Immobilie vom Erwerber selbst zu eigenen Wohnzwecken genutzt wird.

2.4.7.3.2 Vermietete Immobilien

Vermietete Immobilien im Privatvermögen führen einkommensteuerlich zu Einkünften aus Vermietung und Verpachtung (§ 21 EStG). Die Einkünfte sind im Rahmen einer Einnahmenüberschussrechnung den Ausgaben gegenüberzustellen und unterliegen der persönlichen Steuerpflicht der Eigentümer. Werden die Immobilien von einer vermögensverwaltenden Personengesellschaft gehalten, werden die Einkünfte nach den allgemeinen Regeln für Personengesellschaften den beteiligten Gesellschaftern steuerlich zugerechnet. Sämtliche im Zusammenhang mit dem Vermietungsobjekt aufgewendeten Leistungen einschließlich Finanzierungskosten und Abschreibungen für Abnutzung können steuerlich als Werbungskosten geltend gemacht werden.

Für die Veräußerung von Immobilien im Privatvermögen gelten die Vorschriften der Spekulationsbesteuerung (§§ 22, 23 EStG). Veräußerungsgewinne und Verluste sind dann steuerlich nicht relevant, wenn der Veräußerungsvorgang nach Ablauf von zehn Jahren nach der Anschaffung liegt. Umgekehrt sind Veräußerungsgewinne und Verluste steuerlich zu erfassen, wenn die Veräußerung binnen zehn Jahren nach Anschaffung erfolgt. In diesem Zusammenhang ist von Bedeutung, dass in solchen Fällen der Veräußerungsgewinn dadurch erhöht wird, dass die im Besitzzeitraum steuerlich geltend gemachten Abschreibungsbeträge zugerechnet werden (§ 23 Abs. 3 Satz 4 EStG).

Für vermietete Wohnimmobilien gilt bei der erbschaftsteuerlichen Behandlung die Sonderregelung des § 13c ErbStG. Danach wird der nach dem Bewertungsgesetz festgestellte erbschaftsteuerliche Bedarfswert für solche Immobilien nur zu 90 % bei der Ermittlung der Erbschaftsteuer zugrunde gelegt.

2.4.7.3.3 Gewerblicher Grundstückshandel

Auch wenn Mitgliedern der Familie oder einer vermögensverwaltenden Familiengesellschaft nicht nur eine Immobilie, sondern mehrere Immobilien gehören, sind die Einkünfte im Regelfall der privaten Sphäre und damit der Einkunftsart Einkünfte aus Vermietung und Verpachtung zuzuordnen, für die die oben genannten Grundsätze gelten. In besonderen Fällen kann jedoch das Halten der Immobilien im Privatvermögen zu gewerblichen Einkünften, mit den damit zusammenhängenden steuerlichen Konsequenzen, führen. Dies ist dann der Fall, wenn der Umgang mit Immobilien im Privatvermögen steuerlich als »gewerblicher Grundstückshandel« eingestuft wird. Dieses Institut ist im Gesetz nicht geregelt, sondern hat sich aufgrund von Aktivitäten der Finanzverwaltung auf der Grundlage langjähriger Rechtsprechung der Finanzgerichte entwickelt.[2223]

Die Finanzverwaltung hat in einem ausführlichen BMF-Schreiben[2224] zur Abgrenzung zwischen privater Vermögensverwaltung und gewerblichem Grundstückshandel Stellung genommen. Dabei soll es für die Frage, ob private Vermögensverwaltung oder schon gewerblicher Grundstückshandel vorliegt, wesentlich darauf ankommen, wie die Grundstücke vor der Veräußerung genutzt wurden und wie viele Objekte veräußert wurden. Die Annahme eines gewerblichen Grundstückshandels setzt, wie auch sonst bei gewerblichen Einkünften, die Beteiligung am allgemeinen wirtschaftlichen Verkehr voraus. Dies ist nach Auffassung der Rechtsprechung jedenfalls gegeben, wenn Kontakt nach außen zu einer Mehrzahl von Käufern und Verkäufern gegeben ist.[2225]

Als Indiz für das Vorliegen eines gewerblichen Grundstückshandels sehen Verwaltung und Rechtsprechung eine Überschreitung der »Drei-Objekt-Grenze« an. Diese soll dann gegeben sein, wenn innerhalb eines Zeitraums von fünf Jahren mehr als drei Objekte veräußert worden sind. Wegen der Einzelheiten kann auf das nachfolgende vereinfachte Prüfschema der Finanzverwaltung, das in dem oben genannten BMF-Schreiben enthalten ist,[2226] verwiesen werden.[2227]

2223 Zum gewerblichen Grundstückshandel siehe auch oben III.1.1.1.2.2.
2224 BMF vom 26.03.2004 – IV A 6-S2240-46/04, BStBl I 2004, 434.
2225 BMF vom 26.03.2004, a. a. O. Tz. 4 mit weiteren Nachweisen.
2226 BMF vom 26.03.2004, a. a. O. nach Tz. 36.
2227 Die Angaben zu den Tz. in dem Schema beziehen sich auf die Textziffern des BMF-Schreibens.

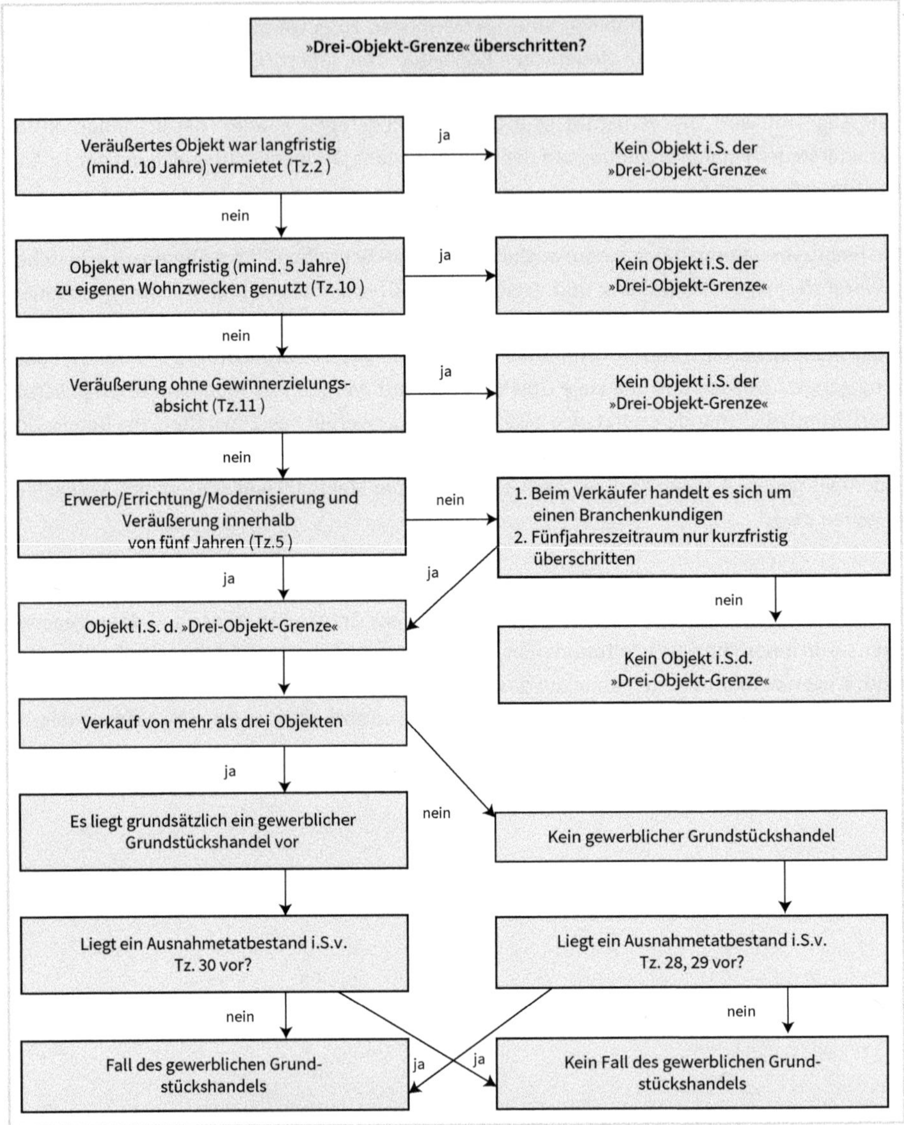

Allerdings muss noch auf einige Besonderheiten hingewiesen werden:

Bei der Frage, was ein Objekt im Sinne dieser Regelung ist, kommt es nicht auf besondere Eigenschaften des Grundstücks an, etwa im Hinblick auf die Größe, die Nutzungsart, den Wert, darauf, ob es bebaut oder unbebaut ist und wer die Bebauung vorgenommen hat.[2228] Allerdings sind auf Dauer zu eigenen Wohnzwecken genutzte Immobilien in der Regel nicht in die Ermittlung der Drei-Objekt-Grenze einzubeziehen. Dies gilt jedenfalls dann, wenn die Immobilie mehr als fünf Jahre zu eigenen Wohnzwecken genutzt wurde.[2229] Auch die Einbringung eines Grundstücks in das Gesamthandsvermögen einer Personengesellschaft kann als Veräußerungsvorgang im Sinne dieser Rechtsprechung angesehen werden.[2230] Gerade bei vermögensverwaltenden Familiengesellschaften, die unter anderem auch Immobilien im Portfolio haben, ist die Frage der Gewerbetätigkeit nach den gleichen Grundsätzen zu prüfen. Werden daneben noch weitere Immobilien gehalten, so werden dem Gesellschafter die von der Familiengesellschaft getätigten Veräußerungen dann zugerechnet, wenn seine Beteiligung mindestens 10 % beträgt, und dann bei der Betrachtung der Drei-Objekt-Grenze mit den sonst von ihm getätigten Immobilientransaktionen zusammengerechnet.[2231]

Wurden Immobilien im Rahmen der vorweggenommenen Erbfolge übertragen oder dem Eigentümer geschenkt, ist darauf zu achten, dass nach der Auffassung der Finanzverwaltung auch Veräußerungen durch den Rechtsnachfolger bei der Ermittlung der Drei-Objekt-Grenze einbezogen werden. Dies kann zu dem erstaunlichen Ergebnis führen, dass die bisher vom bisherigen Eigentümer getätigten Verkäufe ebenso wie die Veräußerungen der unentgeltlich erworbenen Grundstücke durch den Rechtsnachfolger als gewerbliche Grundstücksverkäufe angesehen werden.[2232] Nicht in die Ermittlung der Drei-Objekt-Grenze einzubeziehen sind Grundstücke, die der Eigentümer durch Erbfall erworben hat, es sei denn, bereits der Erblasser hat die Voraussetzungen des gewerblichen Grundstückshandels erfüllt.[2233]

Die Einstufung der zunächst als private Vermögensverwaltung angesehenen Tätigkeit als gewerblicher Grundstückshandel führt dazu, dass die Gesellschaft oder der private Eigentümer gewerbliche Einkünfte gem. § 15 EStG erzielen. Die gehaltenen Immobilien werden demzufolge Betriebsvermögen. Veräußerungsgewinne (aber auch Veräußerungsverluste) sind demzufolge in die Ermittlung des steuerlichen Einkommens einzubeziehen. Wird die Drei-Objekt-Grenze überschritten, werden nicht nur die letzte Immobilientransaktion, sondern sämtliche Immobilientransaktionen in dem jeweiligen Fünfjahreszeitraum auch rückwirkend als auf die Erzielung gewerblicher Einnahmen gerichtete Geschäfte behandelt. Dies hat zur Folge, dass auch Steuerveranlagungen aus der Vergangenheit geändert werden können. Verfahrensrechtliche Grundlagen für solche Änderungen sind dann gegeben, wenn die Steuerfestsetzungen unter dem Vorbehalt der Nachprüfung (§ 164 AO) oder lediglich vorläufig (§ 165 AO) erfolgt sind. Jedoch auch wenn es derartige Nebenbestimmungen in den Steuerbescheiden nicht gibt, kommt

2228 BMF vom 26.03.2004, a. a. O.
2229 BFH vom 16.10.2002, BStBl II 2003, 245.
2230 BMF vom 26.03.2004, a. a. O. Tz. 6.
2231 BMF vom 26.03.2004, a. a. O. Tz. 16.
2232 BMF vom 26.03.2004, a. a. O. Tz. 9.
2233 BMF vom 26.03.2004, a. a. O.

eine Änderung bis zum Ablauf der Festsetzungsverjährung wegen neuer Tatsachen in Betracht (§ 173 Abs. 1 Nr. 1 AO).

Wegen der Einordnung der Geschäfte als gewerblich scheitert auch die Anwendung der steuerlichen Regeln für außerordentliche Einkünfte gem. § 23 EStG, und damit die steuerfreie Veräußerung nach mehr als zehn Jahren Besitzzeit. Zusätzlich handelt es sich um gewerbesteuerpflichtige Einkünfte.

Die steuerlichen Konsequenzen können demzufolge erheblich sein, wenn man bei einer zunächst auf private Vermögensverwaltung angelegten Immobiliengesellschaft und/oder im Hinblick auf im Privatvermögen gehaltene Immobilien die Grenze zum gewerblichen Grundstückshandel überschreitet. Befinden sich also im Privatvermögen der Familie Immobilien ist jedenfalls dann, wenn die Immobilien dort nicht auf Dauer gehalten werden, sondern auch Immobilien entwickelt und weiterveräußert werden eine sorgfältige Steuerplanung unbedingt erforderlich.

2.5 Kunstvermögen in Unternehmerfamilien

Dr. Katharina Garbers-von Boehm/Dr. Wolf-Georg Freiherr von Rechenberg

2.5.1 Einleitung

Kunst erfreut sich nicht nur als kulturell und historisch bedeutsamer Gegenstand mit hohem Symbolwert, sondern auch als alternative Anlageklasse einer zunehmenden Beliebtheit. In Zeiten niedriger Zinsen und stetig neuer Rekord-Auktionsergebnisse erscheint Kunst als Wertanlage in einem anderen Licht.

Viele Familienunternehmen, Unternehmerfamilien, einzelne Familienmitglieder oder das Family Office sammeln bzw. investieren in Kunst oder erwägen dies. Dabei steht meist nicht die schnelle Wertsteigerung im Vordergrund, sondern Kunst wird als längerfristiges Investment gesehen. Gleichzeitig wird häufig der sinn- und identitätsstiftenden Seite der Kunst ein hoher Stellenwert eingeräumt.

Hinzu kommt, dass Kunst unter bestimmten Voraussetzungen steuergünstig vererbt bzw. verschenkt werden kann. Schließlich lässt sich in besonderen Fällen eine Erbschaftsteuerschuld sogar mit Kunst begleichen.

Im Bereich des Kunsthandels ist – jedenfalls in Kontinentaleuropa – teilweise immer noch eine gewisse Zurückhaltung bei der Verschriftlichung von Vertragsbeziehungen zu spüren. Dies darf aber keineswegs darüber hinwegtäuschen, dass im Zusammenhang mit Kunst teilweise rechtlich hoch komplexe Fragen aufkommen können.

Nachfolgend werden einige rechtliche und steuerliche Themen, die im Zusammenhang mit dem Sammeln von Kunst auftreten können, angesprochen. Da die rechtlichen Fragestellungen, die im Zusammenhang mit einer Kunstsammlung auftauchen können, fast so vielfältig sind wie die Kunst selbst, können diese Ausführungen keinen Anspruch auf Vollständigkeit erheben.

2.5.2 Sammlungsaufbau

Sicherlich ist der erste Schritt beim Sammlungsaufbau auf faktischer, nicht auf rechtlicher Ebene zu gehen: Was soll überhaupt gesammelt werden? Zeitgenössische Kunst oder klassische Moderne? Alte Meister oder Kunst des 19. Jahrhunderts? Oder unabhängig von Epoche und Technik Werke zu einem bestimmten Thema, in einer bestimmten Technik oder in einem bestimmten Stil? So sammelt beispielsweise *Marli Hoppe-Ritter*, Mitinhaberin der Firma *Ritter Sport*, für das MUSEUM RITTER ausschließlich Kunst zum Thema Quadrat.

Sodann stellt sich die Frage, ob über Galerien und/oder Händler und/oder Auktionshäuser gekauft werden soll. Vertraut die Familie ihrer Nase, oder soll der fachmännische Rat eines Kunstberaters eingeholt werden? Diese Entscheidung kann Werk für Werk und je nach Sammelgebiet unterschiedlich ausfallen. Daneben ist es grundsätzlich denkbar, die Geschicke des Kaufens gänzlich in fremde Hände zu legen und in einen Kunstfonds zu investieren. Allerdings entgeht dem Käufer dann der Werkgenuss.

Wertstabilität ist bei Kunst keinesfalls garantiert. Der Kunstmarkt unterliegt als Ganzes Schwankungen; Wertentwicklungen einzelner Werke lassen sich erst Recht kaum zuverlässig vorhersagen. Allerdings gibt es mittlerweile Tools wie die Seite »Artrank«, die anhand bestimmter Kriterien wie z. B. Präsenz in wichtigen Blogs etc. die Entwicklung insbesondere ganz junger Künstler auf dem Markt »vorhersagen« möchte. Vor allem aber können die entscheidenden Wertfaktoren wie Zustand, Echtheit, Provenienz meist nur von Kennern zutreffend beurteilt werden. Hinzu kommen – je nach Vertriebskanal – relativ hohe Transaktionskosten.

Vor diesem Hintergrund ist es ein legitimes Anliegen beim Erwerb von Kunst die mögliche Wertentwicklung des Werkes mit zu bedenken. Damit Kunst möglichst wertstabil ist, sollte beim Kauf einiges bedacht werden und ggf. externer Kunstsachverstand hinzugezogen werden. Zudem sollten Risiken rechtlich so weit wie möglich abgesichert werden.

Die nachfolgenden Ausführungen geben unsere Erfahrungen und Beobachtungen in der Praxis wieder.

2.5.2.1 Der Ankauf von Kunst

Abhängigkeit von der Kunstrichtung, dem konkreten Werk und der Quelle, aus der das Werk stammt (Atelier, Primär- oder Sekundärmarkt), sind von Fall zu Fall unterschiedliche Dinge zu beachten.

2.5.2.1.1 Allgemeine faktische Hinweise

Folgendes kann dazu ganz allgemein und rein faktisch gesagt werden:

Handelt es sich um zeitgenössische Kunst, so können häufig konservatorische Gesichtspunkte eine Rolle spielen: Wird es beispielsweise Glühbirnen oder Neonröhren in 20 Jahren noch geben? Was ist, wenn sich verwendete Materialien plötzlich zersetzten? Wie ist es bei der Verfallskunst? Die Echtheit ist bei lebenden Künstlern – auch wenn diese zu Lebzeiten bereits gefälscht werden – ein geringeres Problem: Der Sammler sollte, wenn er auf dem Sekundärmarkt einkauft, vorsichtshalber den Künstler oder seinen Erstgaleristen kontaktieren.

Bei Werken, die nicht zeitgenössisch sind, also beispielsweise der klassischen Moderne, des 19. Jahrhunderts oder bei Altmeistern, sollte vor dem Kauf das einschlägige Werkverzeichnis konsultiert werden. Bei Zweifeln an der Werkidentität oder wenn das Werk nicht im Werkverzeichnis aufgeführt ist, sollte eine Authentifizierung durch den führenden auf diesen Künstler spezialisierten Experten vorgenommen werden (siehe dazu unten 2.5.2.1.2).

Auch spielt bei Werken, die vor 1945 geschaffen worden sind, das Thema Provenienz eine wichtige Rolle: Schon aus moralischen Gründen möchte niemand ein Werk mit einer zweifelhaften Provenienz besitzen. Auf dem internationalen Kunstmarkt sind solche Werke, die sich als NS-Raubkunst erweisen, zudem faktisch nicht handelbar. Dieses Risiko sollte daher so weit wie möglich durch Aufklärung der Provenienz ausgeschlossen werden (siehe dazu unten 2.5.2.2.3).

Weiter sollte sichergestellt werden, dass an einem Werk nicht Dritte Rechte haben, dies also beispielsweise einem Dritten als Sicherheit bestellt wurde und deshalb nicht veräußert werden kann oder das Werk tatsächlich einer anderen Person (z. B. der Ehefrau des Verkäufers) gehört.

Auch das Urheberrecht kann eine Rolle spielen. Wenn beispielweise ein Kunstwerk vom Künstler nicht veröffentlicht wurde oder vom Eigentümer entstellt wurde, dann hat der Urheber einen Anspruch darauf, dass das Werk vernichtet wird. Letzteres ist insbesondre bei ortsbezogener Kunst, die aus ihrem Kontext gerissen wurde, möglich: Hier sollte im Zweifel mit dem Künstler oder seinen Erben Kontakt aufgenommen werden.

Es gilt, diese und weitere Risiken durch möglichst weitgehende Sachverhaltsaufklärung und zudem vertragliche Absicherung zu minimieren.

2.5.2.1.2 Sachverhaltsaufklärung im Vorfeld

Die Sachverhaltsaufklärung kann, gerade bei Werken, die von nicht mehr lebenden Künstlern geschaffen wurden, das Beiziehen eines Experten erfordern. Hierbei ist sicherzustellen, dass der Experte tatsächlich über den entsprechenden Sachverstand verfügt. Dies ist in der Regel bei dem Autor oder den Autoren des für den Künstler einschlägigen Werkverzeichnisses der Fall, sofern ein solches existiert. Ist zu dem Werk bereits eine Expertise erstellt worden, ist es aus haftungsrechtlichen Gründen am Günstigsten, wenn diese möglichst auf den beabsichtigten Verkauf des Werkes Bezug nimmt und ausdrücklich zur Weitergabe bestimmt ist.

Zudem ist es auch grundsätzlich möglich, den Verkäufer zu bitten, dass vor dem Verkauf ein naturwissenschaftliches Gutachten einzuholen ist. Zu regeln ist dann, wer die Kosten hierfür trägt.

2.5.2.1.3 Käuferfreundliche Vertragsgestaltungsmöglichkeiten

Ein Kaufvertrag (§§ 433 ff. BGB) zwischen Käufer und Verkäufer kommt grundsätzlich durch zwei übereinstimmende Willenserklärungen zustande, Angebot und Annahme, § 145 ff. BGB.

Ist ein Kaufvertrag wirksam zustande gekommen, schuldet der Verkäufer dem Käufer die Übereignung der Kaufsache, der Käufer schuldet die Zahlung des Kaufpreises.

Zwar kann ein Kaufvertrag grundsätzlich auch mündlich wirksam geschlossen werden, der Käufer sollte jedoch unbedingt darauf bestehen, dass ein Kaufvertrag schriftlich abgefasst wird.

Im Käuferinteresse kommen insbes. folgende vertragliche Gestaltungsmöglichkeiten in Betracht:

- Ein wichtiges Instrument, den Käufer im Kaufvertrag im Falle einer Fälschung bestmöglich abzusichern, sind Garantieklauseln (vertragliche Echtheitszusicherungen).
- Der Schutz wird größer, wenn diese Garantie in Kombination mit einem Verzicht auf die Einrede der Verjährung für die Echtheit oder mit einem Rückgaberecht, das über die gesetzliche Gewährleistungsfrist hinausgeht, ausgestaltet wird.
- In Betracht kommt auch die Vereinbarung eines zusätzlichen vertraglichen Rücktrittsrechts vom Vertrag für den Fall eines negativen Untersuchungsergebnisses nach Vertragsschluss.
- Ebenfalls möglich ist es, den Vertrag und die Übereignung unter der Bedingung (§ 158 BGB) zu schließen, dass das Ergebnis einer näher zu definierenden Untersuchung des Werkes für die Echtheit des Werkes spricht.
- Einen Sonderfall stellen Auktionen dar: Bei Auktionen kommt der Kaufvertrag nicht durch den Vertragsschluss, sondern durch den Zuschlag zustande, § 156 BGB.

2.5.2.2 Umgang mit problematischen Werken

2.5.2.2.1 Rechtsbehelfe bei Fälschungen

In den letzten Jahren haben mehrere Fälschungsskandale das Vertrauen der Käufer in den Kunstmarkt beeinträchtigt. Kenner der Materie gehen davon aus, dass bis zu 30 % aller Kunstwerke auf dem Markt gefälscht sind.[2234]

Ob die Behauptung, dass dort, wo ein kluger Sammler bei einem seriösen Händler kauft, »das Sammler-Risiko, einer Fälschung aufzusitzen gegen Null gehe«[2235], sich so aufrechterhalten lässt, darf bezweifelt werden. Die jüngeren Skandale haben gezeigt, dass selbst ausgewiesene Kenner vor Fehltritten nicht gefeit sind. So erfand der Fälscher *Wolfgang Beltracchi* die Provenienzen der von ihm gefälschten Werke gleich mit und konnte so bewirken, dass die Fälschungen aus seiner Hand erst nach einer naturwissenschaftlichen Analyse als solche auffielen.

Besteht der Verdacht, dass eine Fälschung erworben wurde, so ist eine Reihe von Überlegungen anzustellen. Zunächst einmal sollte dem Verdacht durch Nachforschungen nachgegangen werden, sofern noch keine Verjährung eingetreten ist: Denkbare Erkenntnisquellen sind auch hier das Werkverzeichnis, Kontaktaufnahme mit dem Werkverzeichnisautor und sodann stilkritische, graphologische, lichttechnische sowie chemische Untersuchungen des Werkes. Es gibt mehrere deutsche und internationale Institute, die derartige Analysen durchführen können. Hervorzuheben sind das *Rathgen Forschungslabor* in Berlin, das *Dörner Institut* in München und das *Schweizerische Institut für Kunstwissenschaft* (SIK-ISEA) in Zürich.

Die Sachverhaltsermittlung ist nicht einfach, denn die naturwissenschaftlichen Methoden können ein Werk immer nur Abschreiben, jedoch niemals Gewissheit über seine Echtheit bringen. Die stilkritische Analyse hingegen ist nur eine Meinung und als solche natürlich fehlbar.

Erhärtet sich nach diesen Untersuchungen und Einschätzungen der Fälschungsverdacht, so ist zu ermitteln, welche Rechtsbehelfe in Betracht kommen. Hierbei sind folgende Fragen zu prüfen:

Bei einem Fälschungsverdacht kann nach dieser Checkliste vorgegangen werden:
- Wann wurde das Werk erworben?
- Wann wurde die Fälschung bemerkt?
- Ist es denkbar, dass der Verkäufer den Käufer arglistig getäuscht hat?
- Wurde die Echtheit des Werkes vertraglich zugesichert?

2234 So beispielsweise Hauptkommissar *Ernst Schöller*, abrufbar unter (letzter Abruf am 12.01.2015): http://www.sueddeutsche.de/kultur/faelschungen-auf-dem-kunstmarkt-ein-jaeger-falscher-schaetze-1.273690.
2235 *Irle*, 1997, 25.

- Gibt es eine Rücknahmegarantie?
- Gibt es eine Expertise? Welche Rolle hat diese beim Kauf gespielt? Von wem wurde sie in Auftrag gegeben?

Denkbare Rechtsbehelfe sind grundsätzlich das kaufrechtliche Gewährleistungsrecht, gerichtet auf Schadensersatz statt der Leistung oder Rückerstattung des Kaufpreises oder die Anfechtung, durch die sich der Kaufvertrag dann in ein Rückgewährschuldverhältnis umwandelt.

Daneben kommt unter bestimmten Voraussetzungen – sofern eine Expertise im Vorfeld eingeholt wurde – die Inanspruchnahme des Experten in Betracht.

Die Unechtheit eines Kunstgegenstandes stellt unter der Voraussetzung einen Sachmangel dar, dass eine bestimmte Herkunft durch den Kaufvertrag festgelegt ist: Dann weicht die Ist- von der Soll-Beschaffenheit ab, § 434 Abs. 1 Satz 1 BGB.

Umstrittene Frage im Bereich der Gewährleistung für Fälschungen ist auch nach der BGH Entscheidung ›**Buddha aus Sui-Dynastie**‹[2236] immer noch, wie weit ein Haftungsausschluss für Katalogbeschreibungen in Allgemeinen Versteigerungsbedingungen reichen kann. Auf der einen Seite steht hier das Interesse des Versteigerers, der eine Vielzahl von Gegenständen innerhalb sehr kurzer Zeit begutachten muss, an einem möglichst weit reichenden Haftungssauschluss; auf der anderen Seite steht das Interesse des Käufers, der Katalogbeschreibung eines Auktionators vertrauen zu können und den Kauf einer Fälschung möglichst unkompliziert rückgängig machen zu können.[2237]

Wird ein Gegenstand unter Bezugnahme auf den Inhalt einer Expertise verkauft, so spricht vieles dafür, dass der Inhalt der Expertise eine Beschaffenheitsvereinbarung darstellt[2238] und mithin auch ein etwaiger formularmäßiger Gewährleistungsausschluss nicht greift.

Gibt es eine Expertise, so stellt sich zudem die Frage nach der Haftung des Experten, wenn es sich bei dem Begutachtungsvertrag um einen Vertrag mit Schutzwirkung zu Gunsten Dritter handelt.[2239]

Die Anfechtung einer nach § 123 BGB (arglistige Täuschung oder Drohung) anfechtbaren Willenserklärung muss binnen Jahresfrist erfolgen. Die Frist beginnt mit dem Zeitpunkt, in welchem der Anfechtungsberechtigte die Täuschung entdeckt. Die Anfechtung ist jedoch gänzlich ausgeschlossen, wenn seit der Abgabe der Willenserklärung zehn Jahre verstrichen sind.

2236 BGH vom 09.10.2013, NJW 2013, 3570, mit Anm. *Garbers-von Boehm*, Mängelhaftung beim Kauf von Kunst in einer Auktion, GRUR-Prax 2013, 504.

2237 BGH vom 09.10.2013, a. a. O., mit Anm. *Raue/Hollenders*, Freizeichnungsklauseln in der Kunstauktion – Katalogbeschreibung »Buddha aus Sui-Dynastie«, GRUR 2014, 96.

2238 *Wertenbruch*, NJW 2004, 1978.

2239 *Wertenbruch*, NJW 2004, 1978; *Hoyningen-Huene*, NJW 1975, 964.

Gewährleistungsansprüche aus dem Kaufvertrag verjähren hingegen in der Regel innerhalb von zwei Jahren ab Übergabe der Kaufsache. Daneben kommen deliktsrechtliche Ansprüche in Betracht. Die Beweislage und mithin der Ausgang eines solchen Rechtsstreits sind stets vom Einzelfall abhängig.

2.5.2.2.2 Ansprüche gegen den Experten?

Gibt es eine Expertise, so stellt sich zudem die Frage nach der Haftung des Experten, wenn es sich bei dem Begutachtungsvertrag um einen Vertrag mit Schutzwirkung zu Gunsten Dritter handelt (§ 311 Abs. 3 Satz 1 BGB).

Voraussetzung nach dem Gesetz ist stets, dass für den Gutachter erkennbar ist, dass er das Gutachten nicht nur für seinen Auftraggeber (Verkäufer) angefertigt, sondern dieses auch Dritten (insbesondere dem Kaufinteressenten) vorgelegt werden soll.

Die Rechtsprechung hat im Bereich der Immobiliengutachten die Haftung des Gutachters bejaht, weil der Gutachter einen Dachschaden übersehen hatte.[2240]

Ob diese Rechtsprechung auf Kunstsachverständige übertragbar ist, ist fraglich. Urteile von deutschen Gerichten zur Haftung von Kunstexperten sind (noch) nicht recherchierbar.

2.5.2.2.3 Umgang mit zweifelhaften Provenienzen

Wie oben dargestellt, hat der Verkäufer aus dem Kaufvertrag die Pflicht, dem Käufer das Eigentum an dem Werk zu verschaffen. Selbst wenn der Verkäufer nicht Eigentümer des Werkes ist, kann der Käufer wirksam Eigentum an dem Werk erwerben, wenn er selbst gutgläubig ist, § 932 BGB. Dies ist jedoch anders, wenn das Werk einem Dritten »abhandengekommen« ist, beispielsweise weil es gestohlen wurde.

Vor diesem Hintergrund sollte sich der Käufer kundig machen, woher das Werk, das er erwirbt kommt und so weit wie möglich sicherstellen, dass das Werk, das er erwirbt, nicht einem anderen gestohlen wurde.

Auch der Verkäufer muss sich kundig machen: Denn gem. §§ 40 ff. Kulturgutschutzgesetz (KGSG) ist es verboten, gestohlenes Kulturgut in Verkehr zu bringen.

Dies gilt in besonderem Maße, wenn ein Werk erworben wird, das vor 1933 entstanden ist: In diesen Fällen spielt die Provenienz eine zunehmend wichtige Rolle.[2241]

2240 BGH vom 10.11.1994, NJW 1995, 392.

2241 Abrufbar unter (letzter Abruf am 12.01.2015): http://www.faz.net/aktuell/feuilleton/kunstmarkt/the-european-fine-art-fair-lasst-mich-den-loewen-auch-noch-spielen-12847501.html.

Zwar sind bei rein formaljuristischer Betrachtung in vielen Fällen von NS-Raubkunst Ansprüche der Alteigentümer oder ihrer Erben längst verjährt: Der Herausgabeanspruch aus Eigentum verjährt nach deutschem Recht nach 30 Jahren. Hinzukommen können, selbst wenn das Werk dem ursprünglichen Eigentümer beispielsweise durch Plünderung oder unrechtmäßige Konfiskation abhandengekommen ist, Gutglaubenserwerbstatbestände wie der Erwerb des jetzigen oder des vormaligen Eigentümers in einer öffentlichen Auktion (§ 935 Abs. 2 BGB).

Jedoch gebieten es auch hier die Sorgfaltspflichten gem. §§ 40 ff. KGSG sicherzustellen, dass es sich nicht um gestohlenes Kulturgut handelt. Diese Pflicht trifft jedermann.

Den Handel trifft darüber hinaus die Pflicht, Provenienzen zu erforschen. Hierbei muss mindestens der zumutbare Aufwand betrieben werden, der sich nach dem Wert des Kunstwerkes richten wird. Besteht jedoch der Verdacht, dass ein Kulturgut zwischen 1933 und 1945 dem damaligen Eigentümer NS-verfolgungsbedingt entzogen wurde, entfällt die Begrenzung auf den zumutbaren Aufwand, und es ist jeder Aufwand zu betreiben, bis ein derartiger Verdacht ausgeräumt werden kann.

Nicht nur aus rechtlichen, sondern auch aus moralischen Gründen möchten die meisten Käufer nicht ein Werk erwerben, das eine dunkle, ungeklärte Vergangenheit hat.

Aus diesem Grund haben sich im Kunsthandel teilweise Gebräuche herausgebildet, die sog. Washingtoner Prinzipien anzuwenden.

Diese Prinzipien besagen, dass bei Raubkunst »faire und gerechte Lösungen« gefunden werden sollen, möglichst durch Rückgabe.

An sich handelt es sich bei diesen Prinzipien um nicht bindendes internationales Recht (»soft law«), das in Deutschland nur für öffentliche Einrichtungen (Museen, Archive, Bibliotheken etc.) im Wege der Selbstbindung verbindlich ist.

Jedoch fühlt sich der internationale Auktionshandel ebenfalls durch die Washingtoner Prinzipien gebunden:[2242] Wird ein Werk in eine Auktion eingeliefert und machen die Erben des jüdischen Alteigentümers Restitutionsansprüche geltend, so wird das Auktionshaus das Werk in aller Regel erst dann in die Auktion geben, wenn der Konflikt zwischen dem Einlieferer und dem Anspruchsteller durch ein »Settlement«, das häufig Erlösteilung zwischen dem Anspruchsteller und dem Einlieferer beinhaltet, gelöst ist. Dies ist bei den internationalen Auktionshäusern *Christie's* und *Sotheby's*, die beide eigene Abteilungen für Provenienzrecherche unterhalten,

2242 Siehe beispielsweise die Guidelines des internationalen Auktionshauses *Christie's*, abrufbar unter (letzter Abruf am 12.01.2015): http://www.christies.com/services/restitution/guidelines.

längst gängige Praxis. Aber auch die nationalen Auktionshäuser nehmen das Thema Provenienz zunehmend ernst.

Begleiterscheinung von Restitutionen ist häufig, dass das Werk, nach Lösung des Konflikts, einen überdurchschnittlich hohen Auktionspreis erzielt. Dies mag auch damit zusammenhängen, dass ein Käufer dann eine gewisse Sicherheit hat, dass weitere Konflikte über die Provenienz des Werkes nicht auftreten werden. Beispielsweise erzielte bei den Herbstauktionen 2014 eine Zeichnung von *Adolph Menzel* »Stehende Rüstung« beim Auktionshaus *Villa Grisebach* in Berlin bei einem Schätzpreis von 100.000 bis 150.000 € einen Hammerpreis von 2,8 Mio. € und brach damit den Weltrekord für *Menzel*. Die Zeichnung war zuvor von der *Albertina* an die Erben von *Adele Pächter*, der Frau von *Menzels* Händler *Hermann Pächter*, restituiert worden. Bei den Herbstauktionen in New York wurden zwei *Schiele*-Zeichnungen mit der Provenienz des 1938 nach Dachau deportierten *Fritz Grünbaum* versteigert, einmal bei *Sotheby's* ohne Restitutionsvereinbarung mit den Erben Grünbaums zum unteren Schätzpreis und einmal bei *Christie's* mit Restitutionsvereinbarung mit den Erben *Grünbaums* zu mehr als dem doppelten Schätzpreis.[2243]

Die sog. Washingtoner Prinzipien sind für Privatleute zwar nicht bindend, es wird jedoch zunehmend auch erwartet, dass private Sammler sich der Provenienz ihrer Werke stellen.

Nach Plänen der Bundesregierung soll das noch recht junge »Zentrum für Kulturgutverluste«, das im Januar 2015 an den Start gegangen ist, auch privaten Sammlern und Museen, die freiwillig den Washingtoner Prinzipien folgen, bei der Identifizierung NS-verfolgungsbedingt entzogener Kulturgüter helfen.[2244]

Es sprechen also viele, vor allem moralische und faktische, aber auch rechtliche Gründe dafür, beim Kauf von Werken, die vor 1933 entstanden sind, genau hinzusehen, sich nach der Provenienz zu erkundigen und sich diese ggfs. nachweisen zu lassen.

Trotz der faktisch wachsenden Bedeutung der Provenienz, hat das OLG Köln jüngst entschieden, die Beschreibung einer Provenienz eines Kunstwerks in einem Versteigerungskatalog eines Auktionshauses stelle in der Regel keine Grundlage für eine Beschaffenheitsvereinbarung oder Garantie dar. In Allgemeinen Versteigerungsbedingungen könne die Haftung eines Auktionshauses, jedenfalls in Bezug auf die Provenienzangaben, wirksam ausgeschlossen werden.[2245]

Ob diese Rechtsprechung auch nach Inkrafttreten des Kulturgutschutzgesetzes und den in diesem zugrunde gelegten Sorgfaltspflichten hinsichtlich Provenienzen (§ 42 Abs. 1 Nr. 3 KGSG) noch Bestand hat, darf stark bezweifelt werden.

2243 Abrufbar unter (letzter Abruf am 12.01.2015): http://www.spiegel.de/kultur/gesellschaft/egon-schiele-versteigerung-bei-sotheby-s-und-christie-s-a-1001349.html.
2244 http://www.deutsches-zentrum-kulturgutverluste.org/.
2245 OLG Köln vom 27.03.2012, NJW 2012, 2665.

2.5.2.3 Rechtlicher Rahmen der Kunstberatung

Die Kunstberatung ist kein neues Phänomen. Schon *Peter der Große* hatte Berater, die bei der Anschaffung und Auswahl von Kunstwerken ihre Expertise zur Verfügung stellten und Kontakte für ihn herstellten. Bekannt ist insbes., dass *Peter der Große* in Amsterdam von *Georg Gsell* beraten wurde.

Idealerweise überblickt der Kunstberater aufgrund seiner Erfahrung die Tendenzen des Kunstmarkts insgesamt. Er kann Anzeichen erkennen, die auf eine vielversprechende Entwicklung eines Künstlers hindeuten. Daneben verfügt er über wertvolle Kontakte und kann seinem Kunden so Zugang zu begehrten Werken verschaffen. Im Sinne dieser Idealvorstellung ist der Berater das Bindungsglied zwischen der Kunstszene und kunstinteressierten wie potenten Sammlern oder Investoren.

Die Hauptleistung der Kunstberatung liegt danach meist in der Auswahl und der Vermittlung von Kunstwerken. Hinzukommen können, insbesondere bei der Vermittlung von Werken nicht mehr lebender Künstler, Unterstützungsleistungen bei der Authentifizierung des Werkes. Neben dieser Vermittlungs- und Beratungsleistung kümmert sich der Berater häufig auch um den Transport des Kunstwerkes sowie um dessen Versicherung.[2246]

Da in jüngster Zeit Missstände im Bereich der Kunstberatung publik geworden sind, sollte der Käufer bei der vertraglichen Ausgestaltung eines entsprechenden Vertrags Sorgfalt walten lassen.

2.5.2.3.1 Ausgestaltung des Vertragsverhältnisses zum Berater

Bei der Ausgestaltung des Vertragsverhältnisses zwischen Sammler und Berater sind verschiedene Konstellationen denkbar, wobei unterschiedliche Diskretions- und Geheimhaltungsinteressen der Parteien zu berücksichtigen sind: Manchmal wünschen die Auftraggeber es, diskret im Hintergrund zu bleiben, so dass der Berater für seinen Auftraggeber die Verträge mit den Künstlern, Auktionshäusern oder Galeristen vermitteln und letztlich auch abschließen wird, ohne dabei offenzulegen, wer sein Auftraggeber ist. Abgesehen davon ist es Vermittlungsgeschäften immanent, dass ein direkter Abschluss – ob für das konkrete Geschäft oder die Zukunft – zwischen den Parteien vermieden werden soll.

In aller Regel handelt es sich bei der Rechtsbeziehung zwischen einem Kunstberater und seinem Kunden um einen typengemischten Vertrag, der in seiner konkreten Ausgestaltung vom Inhalt des Auftrags und der Ausgestaltung der konkreten Rechtsbeziehung abhängig ist. Schwerpunkt ist häufig eine Vermittlungsleistung gegen Provision. Hinzu kommen Beratungsleistungen und

2246 Siehe zum Mehrwert der Kunstberatung: *Werkmüller* (Hrsg.), in: Family Office Management, dort: *Van Delden/Werkmüller*, in: Art Advisory und Art Management, 677 ff.

Zusatzleistungen, die die Abwicklung des Kunstkaufs erleichtern sollen und die zumeist dienst- oder werkvertragsrechtlicher Natur sind. Gelegentlich ist die Kunstberatung auch als reine Beratungsdienstleistung ausgestaltet.

Besteht die Hauptleistung in der Vermittlung, sind vertretungsrechtlich unterschiedliche Ausgestaltungen denkbar: Der Kunstberater kann grundsätzlich in fremdem Namen für fremde Rechnung oder in eigenem Namen für fremde Rechnung tätig werden.

Dem Diskretionsinteresse beider Parteien geschuldet ist, dass häufig ein direkter Kontakt zwischen Verkäufer und Sammler nicht zustande kommt. Dies bringt ein gewisses Missbrauchspotenzial mit sich: Um dies zu vermeiden, sollte der Käufer im Beratungsvertrag klarstellen, dass vollständig Rechnung zu legen ist und ggfs. der Sammler mit dem Verkäufer direkt Kontakt aufnehmen kann. Der Käufer sollte auf vollständige Transparenz beharren. Abrechnungen und Belege des Vermittlers sollten – trotz allen Vertrauens – stets sorgfältig geprüft werden.

Denkbar und weniger anfällig für Missbrauch ist neben der provisionsbasierten Vergütung eine Ausgestaltung als reine Beratungsleistung nach Stunden- oder Tagessätzen.

2.5.2.3.2 Vergütung des Beraters

Meist knüpft die Vergütung des Beraters an die Vermittlungsleistung an: Für eine erfolgreiche Vermittlung eines Kunstwerkes erhält der Kunstberater dann ein Honorar bzw. eine Provision von in der Regel zwischen drei und fünfzehn Prozent des jeweiligen Kaufpreises.

2.5.2.3.3 Vertragsverhältnisse beim »beratenen Kauf«

Das Vertragsverhältnis stellt sich je nach Beauftragung des Beraters unterschiedlich dar:

- **Bei Stellvertretung**
  Wenn der Berater wirksam als Stellvertreter für den Kunden auftritt, bestehen Gewährleistungsansprüche ausschließlich im Verhältnis zwischen dem Kunden und dem Händler. Der in Stellvertretung auftretende Berater oder Vermittler wird nicht Partei des Kaufvertrages und wird auch nicht in den Vertrag zwischen dem Kunden und dem Händler mit einbezogen. Seine Haftung gegenüber dem Kunden bestimmt sich allein aus dem Beratungs- bzw. Vermittlungsvertrag, der entsprechend so ausgestaltet werden sollte, dass der Kunde möglichst gegen den Berater und den Verkäufer vorgehen kann.
- **Bei Einkaufskommission**
  Erscheint eine Stellvertretung des Vermittlers – insbesondere mangels Offenkundigkeit – im konkreten Fall ausgeschlossen, schließt der Vermittler als Einkaufskommissionär zunächst einen Kaufvertrag über das Werk mit dem Händler als Eigengeschäft ab. Weiterhin wird sodann ein Kaufvertrag zwischen dem Kunden und dem Vermittler über das bereits

erworbene Werk geschlossen. Die jeweiligen Rechtsverhältnisse zwischen dem Händler und dem Vermittler sowie zwischen dem Kunden und dem Vermittler sind dabei rechtlich völlig selbständig voneinander zu betrachten. Rechte und Pflichten erwachsen nur jeweils innerhalb der einzelnen Vertragsverhältnisse. Damit ist der Vermittler grundsätzlich gegenüber dem Kunden zur Gewährleistung verpflichtet.

2.5.2.4 Urheberrechte und Kunstkauf

Der Käufer von Kunst erwirbt einen Gegenstand – das Kunstwerk.[2247]

Die Dimension Urheberrecht hat der Erwerber bei diesem Geschäft oft nicht im Bewusstsein. Urheberrechtliche Relevanz hat der Kunstkauf daher in der Regel kaum.

Das Thema Kunstkauf und Lizenzeinräumung wird jedoch dann virulent, wenn Sammler ihre Bestände medial präsent halten wollen oder wenn Kunstwerke ausschließlich aus einem Konzept bestehen. Zudem kann bei konservatorischen Problemen (ausgeblichene Prints; Restaurierungsmaßnahmen) eine urheberrechtliche Vereinbarung und nachträgliche Rechteeinräumung durch den Autor notwendig sein.

Erwirbt der Käufer ein Werkoriginal, so erwirbt er das Ausstellungsrecht (§ 18 UrhG), d. h., er erwirbt die Befugnis, das Original aufzuhängen, selbst – auch erstmalig – auszustellen oder zu Ausstellungszwecken zu verleihen. Weitergehende Rechte werden häufig auch nicht benötigt, da der Werkgenuss als solcher frei ist.[2248]

Das Urheberrecht des Künstlers an dem Werk besteht neben dem Eigentumsrecht des Käufers fort (§ 44 Abs. 1 UrhG). Die Rechte an ein- und demselben Gegenstand fallen also auseinander.

Grundsätzlich ist das Kunstwerk also Eigentum wie jeder andere Gegenstand auch: Der Erwerber ist nicht verpflichtet, sich um den Zustand des Kunstwerkes zu kümmern. Er muss nicht besonders sorgfältig mit dem Werk umgehen. Dunkeln beispielsweise die Farben nach, braucht er es nicht zu restaurieren.

Dieser Grundsatz erfährt allerdings einige Einschränkungen: Solange das Werk urheberrechtlich geschützt ist, darf der Käufer es weder verändern noch umgestalten (§§ 23 Satz 2, 39 UrhG) oder gar entstellen (§ 14 UrhG). Beispielsweise ist es ihm untersagt, ein Wandgemälde teilweise zu übermalen oder Teile eines aus verschiedenen Bestandteilen, Materialien oder Objekten bestehenden Gesamtkunstwerks zu entfernen.

2247 Ausführlich zu Urheberrecht und Kunstkauf: *Bullinger/Garbers-von Boehm*, What you see is what you get? Zur Bedeutung von Lizenzen beim Kunstkauf, in: Wöhrn/Bullinger/Grunert/Ohst, 2013, 91.

2248 BGH vom 20.01.1994, NJW 1994, 1216.

Das Urheberrecht schützt den Urheber zwar vor Veränderungen des Werkes und vor Entstellungen; die vollständige Zerstörung oder Vernichtung durch den Eigentümer wird vom Gesetz jedoch nicht ausgeschlossen.[2249]

Außerdem kann der Erwerber das Werk auf all diejenigen Arten nutzen, welche die gesetzlichen Lizenzen und Schranken des Urheberrechts (§§ 44a ff. UrhG) vorsehen. Ein Museum darf Exponate auch unter bestimmten Voraussetzungen in Ausstellungskatalogen zeigen (§ 58 UrhG). Befindet sich das Kunstwerk bleibend an öffentlichen Plätzen, darf auch dessen Eigentümer hiervon Postkarten herstellen und vertreiben (§ 59 UrhG). Ein Museum darf Werke aus seinem Bestand an andere Museen verleihen, muss aber hierfür eine angemessene Vergütung zahlen (§ 27 Abs. 2 UrhG).

Tatsächlich besteht auf Käuferseite häufig das Bedürfnis, mit dem Werk mehr zu machen, als eigentlich nach dem Urheberrechtsgesetz erlaubt ist, also die urheberrechtlichen Befugnisse an dem Werk zu erweitern. Der Sammler möchte Fotos der eigenen Sammlung ins Netz stellen, Wandgemälde nach Umzug oder Renovierung an anderer Stelle aufbringen, vielleicht ein Videokunstwerk öffentlich vorführen oder auf YouTube stellen. Außerdem möchte der Eigentümer sich für den Fall absichern, dass beispielsweise eine von ihm erworbene Fotoarbeit verbleicht oder der Datenträger, auf dem sich ein Video-Kunstwerk befindet, an Qualität einbüßt.

Insbes. in drei Konstellationen sollten Lizenzen beim Kunstkauf bereits eine Rolle spielen, um späteren Konflikten vorzubeugen.

2.5.2.4.1 Sicherheitskopien, Replacement-Lizenzen und Restaurierung bei verfallenden Materialien

Bei hochempfindlichen Materialien oder verderblichen Bestandteilen ist absehbar, dass das Werk sich verändern wird. Manchmal ist beim Kauf jedoch noch nicht klar, wie sich bestimmte Materialien entwickeln werden, beispielsweise wenn das Material neuartig ist. Sammler haben – auch über die gesetzlichen Gewährleistungsfristen hinaus – ein Interesse daran, dass das Werk oder Teile dessen ersetzt werden können, wenn ein Schaden entsteht oder das Werk verfällt. Bei Werken aus hochempfindlichen Materialien ist danach zu unterscheiden, ob die Empfindlichkeit nur Begleiteffekt ist (z. B. bei Videokunst, Fotografien), oder ob der Verfall des Materials selbst zum Konzept des Werkes gehört. Handelt es sich um eine technisch bedingte Empfindlichkeit, wie z. B. bei Fotos, die naturgemäß verblassen oder rotstichig werden, dann kann sich der Käufer absichern, indem er mit dem Künstler bzw. seinem Galeristen vereinbart, dass gleich eine Sicherheitskopie mitgeliefert wird, die erst dann zum »Original« wird, wenn das Werk Schäden aufweist und die Vernichtung des beschädigten Prints bescheinigt wurde. Alternativ ist es denkbar, dass sich der Käufer von dem Künstler bei digitalen oder digitalisierten

2249 Siehe dazu auch BR-Drs 1/62, 45 zu § 14 UrhG. Zu dem Streit, ob die Vernichtung eines Werkes das Urheberrecht des Schöpfers beeinträchtigt: *Wandtke/Bullinger*, 2009, § 14 UrhG Rz. 22 ff.

Fotos gleich eine Datei auf einem Datenträger mitliefern lässt, verbunden mit der Lizenz, nach vom Künstler festgelegter Maßgabe (oder sogar bei einem festgelegten Labor) einen weiteren Ausdruck zu erstellen, den der Künstler dann gegebenenfalls auch signiert – selbstverständlich wieder unter der Voraussetzung, dass der beschädigte Print vernichtet wird. Der so entstandene Ausdruck rückt in der Edition an die Stelle des vernichteten Ausdrucks. Vorteil dieser Konstruktion ist, dass keine sachgemäße Lagerung einer zweiten Arbeit notwendig ist und dass die Edition nicht vergrößert wird. Diese »Replacement-Lizenz« soll mit dem körperlichen Werk übertragbar sein: Wird die Arbeit verkauft, erhält der Käufer neben dem körperlichen Werkstück den Datenträger, der mit der Replacement-Lizenz verknüpft ist.

In Abgrenzung dazu dürfte es bei Verfallskunst und Eat Art eher schwierig sein, den Künstler von der Idee einer solchen Replacement-Lizenz zu überzeugen: Bei dieser Kunstrichtung wird der Verfall von Materialien, die in Werken verwendet werden, gerade in das Werk einbezogen. Das Werk »Strange Fruit (For David)« der New Yorker Künstlerin *Zoe Leonard*, das 1999 vom *Philadelphia Museum of Art* gekauft wurde,[2250] besteht aus mehreren hundert Einzelteilen: Ausgehöhlte Schalen von Avocados, Apfelsinen, Bananen, Grapefruit und Zitronen wurden von der Künstlerin mit verschiedenfarbigen Fäden, Reißverschlüssen und Knöpfen wieder geschlossen. Die Künstlerin verarbeitete auf diese Weise den Tod eines engen Freundes. Es ging ihr gerade darum, in der Tradition der »nature morte« den langfristigen Verfall sichtbar zu machen. Eine ähnliche Problematik stellt sich für Eigentümer der Schokoladen-Arbeiten des Künstlers *Dieter Roth*: Die Schokolade wird fleckig, zersetzt sich oder wird von Schädlingen befallen. Die Verfallsästhetik gehört bei den Arbeiten von Roth jedoch dazu: Durch den Verfall findet eine Verwandlung des Materials statt, wodurch das Material selbst andere und neue ästhetische Werte erhält. In diesen letztgenannten Fällen, in denen der Verfall selbst etwas ausdrückt, verbietet sich die Idee einer Replacement-Lizenz. Selbst eine Restaurierung sollte in diesen Fällen möglichst zurückhaltend und möglichst nur im Einvernehmen mit dem Künstler erfolgen.

2.5.2.4.2 Lizenz für die Sammler Homepage

Eine weitere Konstellation, in der der Erwerb einer Lizenz neben dem Erwerb des körperlichen Werkes sinnvoll sein kann, ist die **Sammler-Homepage**: Immer mehr Sammler oder institutionelle Sammlungen möchten ihre Neuerwerbungen oder ihren gesamten Bestand im Internet in Form von Bilddateien der Öffentlichkeit zugänglich machen. In diesem Fall kann der Sammler bereits beim Kauf des Werkes eine Lizenz hierfür gegen eine angemessene Vergütung erwerben, d. h. mit dem Künstler selbst eine Nutzungsvereinbarung abschließen. In der Regel wird für die Zwecke des Sammlers eine einfache Lizenz ausreichend sein. Andernfalls sind die entsprechenden Rechte in der Regel im Nachhinein mit der Verwertungsgesellschaft Bild Kunst zu klären.

2250 Abrufbar unter (letzter Abruf am 11.02.2016): http://www.philamuseum.org/collections/permanent/92277.html.

2.5.2.4.3 Lizenzen bei Konzeptkunst

Bei **Konzeptkunst** spielen Lizenzen seit jeher eine zentrale Rolle. Da die Idee bei dieser Kunstgattung wichtiger ist als die Verkörperung der Idee, ist es manchen Arbeiten immanent, dass die materialisierte Erschaffung des Kunstwerkes nicht durch den Künstler selbst, sondern durch Dritte ausgeführt wird: Der Künstler räumt also einem Dritten eine Lizenz ein, seine Idee nach seinen Anweisungen zu materialisieren. Beispielhaft seien die wall drawings von *Sol LeWitt*, mit denen er 1968 begann, genannt. Diese Arbeiten weisen die Besonderheit auf, dass sie nicht durch körperliche Übergabe des Gemäldes oder der Wand, sondern durch Übergabe eines Zertifikats und einer Gebrauchsanweisung des Werkes veräußert werden. Die wall drawings werden grundsätzlich von *Sol LeWitts* Assistenten bzw. eigens hierfür ausgebildeten Künstlern nach seinen schriftlichen Anweisungen ausgeführt. In einem Zertifikat, das neben der Gebrauchsanweisung an den Käufer übergeben wird, heißt es: »This is to certify that the Sol LeWitt wall drawing number # evidenced by this certificate is authentic. [...] This certification is the signature for the wall drawing and must accompany the wall drawing if it is sold or otherwise transferred.«

Durch diese Konstruktion ist die Fungibilität derartiger Konzeptkunst gesichert: Durch das Zertifikat, das eine Lizenz zur Reproduktion des wall drawings – unter der Bedingung, dass das ursprüngliche wall drawing zerstört wird – darstellt, ist es veräußerbar.

Die Kehrseite der Medaille ist, dass derartige Werke auf dem Markt ohne dazugehöriges Zertifikat praktisch nicht veräußerbar sind: Folglich hatte sich ein amerikanisches Gericht mit der Schadensersatzklage eines Sammlers gegen eine Chicagoer Galerie auseinanderzusetzen, die das Zertifikat, das zu einem *Sol LeWitt* wall drawing gehörte, das sie an den Sammler verkauft hatte, nicht mehr auffinden konnte.[2251]

2.5.3 Strukturierung von Kunstvermögen: Kunst im Vermögen des Familienunternehmens oder im Privatvermögen der Unternehmerfamilie

Je nachdem, ob die Kunst sich im Vermögen des Familienunternehmens oder im Privatvermögen der Unternehmerfamilie oder einzelner Familienmitglieder befindet, gelten unterschiedliche Regeln, auf die nachfolgend noch vertieft eingegangen wird.

Vorangestellt werden die wichtigsten »Stellschrauben«, die schon bei der Überlegung, ob das Werk durch das Unternehmen oder privat angeschafft werden soll, einfließen sollten: nämlich die Abschreibungsmöglichkeiten auf der einen Seite und eine mögliche Erbschaftsteuererleich-

2251 *Heather Gillers*, Chicago gallery lost part of Sol DeWitt piece, Chicago Tribune vom 30. Mai 2012, abrufbar unter (letzter Abruf am 11.02.2016): http://articles.chicagotribune.com/2012-05-30/entertainment/chi-chicago-art-gallery-sued-lewitt-20120530_1_art-collector-suit-drawings.

terung bzw. -befreiung sowie die Möglichkeit zur steuerfreien Veräußerung auf der anderen Seite. Außerdem ist zu berücksichtigen, dass nach der Regelung des § 13 b Abs. 4 Nr. 3 ErbStG Kunstgegenstände im Unternehmensvermögen generell als Verwaltungsvermögen angesehen werden und damit die erbschaftsteuerliche Begünstigung des Betriebsvermögens beeinträchtigen können.

Um das Ergebnis vorwegzunehmen: Da die Finanzverwaltung Abschreibungsmöglichkeiten bei Kunst nur sehr restriktiv zubilligt, hingegen bei Kunst im Privatbesitz weitgehende Erbschaftsteuerbefreiungen denkbar sind, wird sich, wer die Wahl hat, in aller Regel für die Privatanschaffung des Werkes entscheiden.

Hauptanreiz, Kunst für das Unternehmen anzuschaffen, könnten Abschreibungsmöglichkeiten sein. Abschreibungsmöglichkeiten setzen jedoch voraus, dass ein Wertverlust der abzuschreibenden Sache stattfindet, was bei Kunst häufig nicht der Fall sein wird.

Die Rechtsprechung unterscheidet insoweit zwischen Gebrauchskunst und Werken anerkannter Künstler.

Werke der Gebrauchskunst können gem. § 7 Abs. 1 EStG in der Tat abgeschrieben werden.[2252] Für Werke anerkannter Künstler gibt es hingegen – keine steuerlichen Abschreibungsmöglichkeiten.[2253]

Doch wie wird Gebrauchskunst von Werken anerkannter Künstler abgegrenzt?[2254] Das Wesen der »Gebrauchskunst« besteht – so die Rechtsprechung – darin, dass sie – vornehmlich als Dekorationsgegenstände, z. B. in Gaststättenbetrieben – dem Zeitgeschmack unterliege und ihre wirtschaftliche Nutzungsdauer deshalb erfahrungsgemäß im Allgemeinen kurz sei. Der BFH spricht insoweit von »marktmäßig gehandelten Stücken«.[2255] In der Praxis grenzt die Rechtsprechung grundsätzlich einzig und allein nach dem für ein bestimmtes Werk gezahlten Kaufpreis ab. Übersteigt der Preis ein Limit, das allerdings nirgendwo verbindlich festgelegt ist, wird der Kunstgegenstand regelmäßig steuerrechtlich als »Werk eines anerkannten Künstlers« und damit als nicht abschreibbar behandelt. Nach der bisherigen Rechtsprechung liegen die Höchstgrenzen im Regelfall deutlich unter 10.000 €.[2256]

Handelt es sich danach um Gebrauchskunst, so gibt es Sonderabschreibungsmöglichkeiten, auf deren Darstellung hier jedoch verzichtet werden soll. Denn in aller Regel wird es sich bei einem Kunstwerk, das Teil einer Familien- oder Unternehmenssammlung wird, nicht um Gebrauchskunst handeln.

2252 Zu der Abgrenzung ausführlich *Müller-Katzenburg/Hofmann*, BB 2000, 2563; *Ludwig Schmidt/Kulosa*, EStG § 7/107.
2253 BFH vom 23.04.1965, BFHE 82, 370.
2254 Siehe ausführlich dazu, die derzeitige rein wertmäßige Abgrenzung durch die Finanzverwaltung stark kritisierend: *Ebling*, DStR 2008, 1522.
2255 BFH vom 23.04.1965, BFHE 82, 370; BFH vom 02.12.1977, BFHE 124, 172.
2256 *Ebling/Schulze*, 2. Aufl., 2013, 509 ff., insb. Rn. 799, Fn. 1396 ff. mit Ausführungen zu Einzelfällen.

Die Norm des § 13 Abs. 1 Nr. 2 ErbStG lässt es für denjenigen, der die Wahl hat – namentlich den Familienunternehmer – attraktiv erscheinen, Kunst eher privat als für das Unternehmen anzuschaffen. Denn die Befreiungsregelungen gem. § 13 Abs. 1 Nr. 2 ErbStG sind nach einhelliger Auffassung grundsätzlich nur für Kunst im Privatvermögen anwendbar: Zwar sollen die Regelungen auch dann anwendbar sein, wenn sich die Kunst im Betriebsvermögen eines gewerblichen oder freiberuflichen Einzelunternehmens befindet.[2257] Befindet sich die anerkannte Kunst hingegen im Betriebsvermögen einer Kapitalgesellschaft, so ist eine Befreiung nach dem Gesetzeswortlaut ebenso ausgeschlossen wie bei gewerblichen und freiberuflichen Personengesellschaften. Denn Gegenstand der Übertragung ist dann der Anteil an der Kapitalgesellschaft, zu deren Betriebsvermögen die Kunst gehört, nicht aber die Werke selbst.[2258]

Zwar wird dies in der Literatur stark kritisiert, weil der Grund für die besondere steuerliche Behandlung von Kunst, diese zumindest zeitweise der Öffentlichkeit zugänglich zu machen bei Kunst im Besitz von Unternehmen genauso gegeben ist – es entspricht jedoch der Rechtslage **de lege lata.**[2259]

Ein weiterer Aspekt spricht gegen die Anschaffung von Kunst durch das Unternehmen: Bei einer Wertsteigerung des Werkes ist grundsätzlich die Differenz zwischen dem Veräußerungspreis und dem Buchwert zu versteuern.

Der steueroptimierte Erwerb von Kunst durch den Familienunternehmer kann jedoch – je nach Gesellschaftsform des Unternehmens unter verschiedenen Voraussetzungen und mit unterschiedlich hohem Spareffekt – durch ein Vermietungsmodell gestaltet werden, das zu Einsparungen bei Einkommens- und Gewerbesteuer führen kann:[2260]

Bei einer Kapitalgesellschaft ist der private Erwerb durch den Unternehmer und die anschließende Vermietung an die Kapitalgesellschaft denkbar.

Bei Kapitalgesellschaften mit einem größeren Gesellschafterkreis ist auch denkbar, dass sich einzelne Gesellschafter zu einer GbR zusammenschließen, deren Zweck es ist, Kunst zu kaufen und an das Unternehmen zu vermieten.

Bei einer Personengesellschaft kann ein Dritter, z. B. die Ehefrau des Unternehmers, das Werk erwerben und anschließend an die Gesellschaft vermieten.

Die Mietzahlungen können dann jeweils als Betriebsausgaben geltend gemacht werden.

2257 *Jülicher*, in: Troll/Gebel/Jülicher-Jülicher, ErbStG (47. EL, April 2014), § 13 ErbStG Rz. 25 m. w. N.
2258 *Hoheisel/Graf Nesselrode*, DStR 2011, 441.
2259 *Hoheisel/Graf Nesslerode*, DStR 2011, 444 f.
2260 So auch *Ganteführer/Wacker*, 2006, 10.

2.5.4 Verkauf von Kunst

2.5.4.1 Zivilrechtliche Fragestellungen

2.5.4.1.1 Haltefristen und Vorkaufsrecht

Häufig verlangen Galeristen, gerade bei zeitgenössischen Positionen, eine Mindesthaltefrist sowie ein Vorkaufsrecht oder eine Rückkaufoption für den Fall, dass der Sammler sich wieder von seinem Werk trennen möchte. Hintergrund hierfür ist oft, dass es schlecht vorhersehbar ist, wie ein junger Künstler auf dem Auktionsmarkt abschneiden wird. Viele Galeristen möchten daher lieber vermeiden, dass Werke des Künstlers auf dem Sekundärmarkt gehandelt werden und den Künstler lieber in Ruhe aufbauen. Denn schneidet der Künstler auf dem Auktionsmarkt schlecht ab, so wird die Galerie Schwierigkeiten haben, höhere Preise zu rechtfertigen, die aber aus Sicht des Galeristen notwendig sind, um in die Aufbauarbeit (Messen, Publikationen, ggf. Finanzierung von Produktionen etc.) investieren zu können. Schnellen die Preise in die Höhe, so kann dies einen enormen Druck auf den Künstler ausüben und es kann schwierig sein, das Niveau dauerhaft zu halten.

Selbst wenn eine derartige Regelung nirgendwo schriftlich festgehalten und nur einseitig mündlich geäußert wurde, kann die Missachtung dieser Usance das Verhältnis zum Händler trüben und als Vertrauensbruch verstanden werden.

Ist ein Vorkaufsrecht wirksam ausgestaltet und verbindlich vereinbart und verstößt der Sammler dagegen, kann dieses vertragswidrige Verhalten Schadensersatzansprüche auslösen.

Bei Haltefristen dürfte hingegen der Schaden in aller Regel schwer zu bemessen sein; hier steht dann der Vertrauensbruch im Vordergrund.

2.5.4.1.2 Ausgestaltung von Vermittlungsverträgen aus Verkäufersicht

Wichtig ist es beim Verkauf eines Werkes, alle Optionen in Erwägung zu ziehen.

Die Entscheidung, wie ein Werk angeboten werden sollte, verlangt letztlich Überblick über die Konditionen der verschiedenen Häuser bzw. Händler und solide Marktkenntnis.

Folgende Möglichkeiten gibt es in der Regel:
- eigenhändiger, privater Verkauf,
- Verkauf über ein internationales Auktionshaus,
- Verkauf über ein nationales Auktionshaus,
- Verkauf im Wege des private sale eines internationalen oder nationalen Auktionshauses,
- Verkauf über einen Händler.

Die Entscheidung, wie ein Werk am besten angeboten werden sollte, hängt zum einen mit dem Werk an sich und mit dem Markt für den jeweiligen Künstler zusammen. Sodann ist – juristisch und wirtschaftlich – zu prüfen, welcher potenzielle Verkäufer bereit ist, welche Vertragskonditionen zu gewähren.

- Ist der Vermittler gewillt darauf zu verzichten, vom Verkäufer eine Kommission zu verlangen?
- Ist der Vermittler gewillt, eine Garantie zu geben?
- Übernimmt der Vermittler Marketing- und Transportkosten?
- Im Fall einer geplanten Auktion: Ist das Auktionshaus gewillt, den Käufer an der Käuferprovision partizipieren zu lassen (sog. »enhanced hammer«)?
- Wie kann verhindert werden, dass das Werk in einer Auktion keinen Käufer findet und anschließend auf dem Markt »verbrannt« ist?

Hierbei kann es sich sehr lohnen, Vergleichsangebote einzuholen.

Schließlich sind der Zugang zu dem Werk in der Veräußerungsphase und ggfs. die Zahlungs- und Übergabemodalitäten (Eigentumsvorbehalt, ggfs. Bürgschaft) rechtssicher auszugestalten.

BEISPIEL

Ein schwieriges, da sehr großes Werk (Installation) eines national bedeutenden Künstlers, der den Sprung auf den internationalen Markt grundsätzlich geschafft hat, soll veräußert werden, Schätzpreis im sechsstelligen Bereich. Das Werk wird zunächst im private sale von einem großen internationalen Auktionshaus, das für den Sammler bereits Werke anderer Künstler erfolgreich vermarktet hat, für die Dauer von einem halben Jahr angeboten. Ein Käufer findet sich in dieser Zeit nicht. Das internationale Haus bietet sodann an, das Werk ohne Mindestverkaufspreis und gegen eine Verkäuferprovision von mehr als 15 % zu veräußern, Transportkosten und Marketingkosten soll der Verkäufer übernehmen. Vor dem consignment lässt sich der Sammler beraten. Die Berater empfehlen daraufhin dringend, Vergleichsangebote einzuholen: Ein weiteres internationales Haus lehnt die Vermarktung des Werkes ab, mit dem Hinweis, es sei für den internationalen Markt nicht geeignet. Zwei nationale Häuser geben attraktive Angebote ab, wobei letztlich die größere Expertise des einen Hauses für den konkreten Künstler bei der Wahl der Vermarkters ausschlaggebend ist. Über eines dieser Häuser, das das Werk vereinbarungsgemäß als »Highlight« bewirbt, wird das Werk letztlich sehr erfolgreich und für den Veräußerer völlig kostenneutral vermarktet.

2.5.4.2 Kulturgutschutzrecht

Das Thema Kulturgutschutz ist an sich unabhängig vom Verkauf von Werken und kann jederzeit im Zusammenhang mit dem Besitz eines Werkes »von nationaler Bedeutung« eine Rolle spielen. In der Praxis spielt das Kulturgutschutzgesetz jedoch häufig eine Rolle im Zusammenhang mit Kunsttransaktionen und damit in Zusammenhang stehenden Im- und Exporten, da es die Veräußerbarkeit eines Werkes einschränkt, weshalb es hier kurz angesprochen werden soll.

Seit der Reform des Kulturgutschutzgesetzes ist dessen Bedeutung in der Praxis gestiegen: Während zuvor Exporte innerhalb des EU-Raumes noch ohne Exportgenehmigung möglich sind, werden künftig Exportgenehmigungen für jeden Export, auch innerhalb der EU, beantragt werden müssen, wenn gewisse Alters- und Wertgrenzen überschritten sind (bei Gemälden beispielsweise 70 Jahre und 300.000 €).

Das Kulturgutschutzgesetz erlaubt es, den jeweiligen für Kulturangelegenheiten verantwortlichen obersten Landesbehörden eines jeden Bundeslandes, Werke, deren Abwanderung einen wesentlichen Verlust für den deutschen Kulturbesitz darstellen würde, durch die Eintragung auf die »Liste national wertvollen Kulturguts« mit einem Exportverbot belegt werden. Das Exportverbot gilt schon während des Eintragungsverfahrens, also ab Antragstellung.

Die Entscheidung, was im Einzelfall als »national wertvolles Kulturgut« in ein Verzeichnis eingetragen wird und damit dauerhaft in Deutschland verbleiben muss, ist Sache der Länder. Die für die Eintragung zuständige oberste Landesbehörde hat vor ihrer Entscheidung einen Sachverständigenausschuss anzuhören, in dem sachkundige Personen aus dem Bereich der Museen und Ausstellunghäuser, des Archiv- und Bibliothekswesens, der Wissenschaft, des Handels sowie der privaten Sammlerinnen und Sammler vertreten sein müssen. Eine Entscheidung über die Eintragung muss künftig innerhalb einer Frist von sechs Monaten getroffen werden.

Die Einleitung eines Eintragungsverfahrens kann grundsätzlich auch auf Antrag des Eigentümers erfolgen. Dieses ist vor dem Hintergrund zu sehen, dass der Eigentümer, wenn er national wertvolles Kulturgut der Öffentlichkeit zugänglich macht, von steuerlichen Vorteilen profitieren kann (insbes. vollständige Befreiung von der Erbschaft- und Schenkungsteuer).

Da die oben genannten, sehr auslegungsbedürftigen Kriterien ausdrücklich nicht daran geknüpft sind, dass der Künstler beispielweise deutscher Staatsangehöriger war oder in Deutschland gelebt hat;[2261] ist es für Eigentümer häufig schwer, Eintragungsentscheidungen, die die Veräußerbarkeit ihres Eigentums schwer einschränken, nachzuvollziehen. Eintragungsentscheidungen sind daher schon nach derzeitiger Rechtslage Gegenstand gerichtlicher Auseinandersetzungen.[2262] Es ist zu erwarten, dass dies künftig häufiger vorkommen dürfte.

Die Verzeichnisse national wertvollen Kulturguts der Länder werden auf www.kulturgutschutz-deutschland.de zusammengeführt und veröffentlicht. Ein Werk, das auf der »Liste national

2261 http://www.kmk.org/fileadmin/veroeffentlichungen_beschluesse/2010/2010_04_29-Verzeichnis-Kulturgut-Archive.pdf.

2262 Siehe zuletzt das Urteil des VerwG Berlin vom 22.01.2015 – 1 K 228.11 betr. der Eintragung von Arbeiten von *George Grosz*.

wertvollen Kulturguts« eingetragen ist, kann nicht exportiert und mithin nicht ohne weiteres auf dem internationalen Kunstmarkt veräußert werden. Die Ausfuhr eines gelisteten Werkes ist strafbar.

2.5.4.3 Steuerrechtliche Fragestellungen im Zusammenhang mit dem An- und Verkauf

Beim Ankauf und dem Verkauf von Kunst gilt es aus steuerlicher Sicht insbesondere Folgendes zu beachten:

2.5.4.3.1 Private Vermögensverwaltung

Die Sammlung beginnt zumeist mit dem privaten Erwerb von Kunstgegenständen, seien es Bilder, Skulpturen, Fotografien, Installationen oder sonstige Werke der bildenden Kunst durch Mitglieder der Unternehmerfamilie. Hierbei handelt es sich grundsätzlich um Aktivitäten im steuerlich nicht relevanten Bereich der privaten Vermögensverwaltung. Der Erwerb dieser Gegenstände erfolgt steuerlich im Regelfall neutral. Dies bedeutet, dass die Kosten für den Erwerb und die Erhaltung der Gegenstände steuerlich nicht geltend gemacht werden können und das Halten der Gegenstände steuerlich nicht relevant ist.

Wertveränderungen im Bereich dieses Vermögens, die sich bei Kunstgegenständen regelmäßig durch die Veränderungen des Marktes für die Werke des jeweiligen Bestellers ergeben, haben steuerlich keine Auswirkungen. Demzufolge ist die Veräußerung von Kunstgegenständen insoweit zunächst neutral, d. h. ein etwa erzielter Gewinn ist nicht zu versteuern und ein etwa erlittener Verlust kann steuerlich nicht geltend gemacht werden.

Etwas anderes gilt jedoch dann, wenn Kunstgegenstände im Privatvermögen innerhalb der Spekulationsfrist des § 23 EStG d. h. innerhalb von einem Jahr nach Anschaffung veräußert werden. Kunstgegenstände gehören nämlich nicht zu den Gegenständen des täglichen Gebrauchs, die gem. § 23 Abs. 1 Nr. 2 Satz 2 EStG von der Erfassung nach diesem Steuertatbestand ausgeschlossen sind.[2263] Werden Kunstgegenstände binnen eines Jahres nach ihrer Anschaffung mit Gewinn verkauft, ist der erzielte Veräußerungsgewinn einkommensteuerpflichtig. Veräußerungsgewinn ist die Differenz zwischen dem Verkaufserlös auf der einen Seite und den Aufwendungen, die dem Steuerpflichtigen für die Anschaffung des Gegenstandes entstanden sind. Dieser Veräußerungsgewinn ist im Jahr des Zuflusses gem. §§ 22 Nr. 2, 23 Abs. 1 Satz 1 Nr. 2 EStG steuerpflichtig. Er ist im Jahr des Zuflusses des Veräußerungsgewinns im Rahmen der Jahressteuererklärung anzugeben und zu versteuern. Dasselbe gilt konsequenterweise, aber auch für einen durch die Veräußerung von Kunstgegenständen innerhalb eines Jahres nach

2263 Vgl. *Blümich/Glenk*, EStG, 2015 § 23 Rn. 64.

Anschaffung erlittenem Veräußerungsverlust. Dieser kann im Rahmen der Einkommensteuerveranlagung im Jahr der Veräußerung des Gegenstandes bei der Ermittlung der Einkommensteuer geltend gemacht werden. Die Haltefrist von einem Jahr berechnet sich nicht nach der tatsächlichen Übergabe. Vielmehr beginnt sie bereits mit dem Abschluss des entsprechenden schuldrechtlichen Geschäftes, also typischerweise des Kaufvertrages, auch wenn der Gegenstand zum Zeitpunkt des Abschluss des Vertrages nicht sofort übergeben wird, etwa weil er später geliefert oder zunächst noch weiter beim Künstler oder in einer Galerie ausgestellt wird. Entsprechendes gilt für das Veräußerungsgeschäft.[2264]

Der Erwerb von Kunstgegenständen unterliegt, soweit der Erwerb vom Künstler oder von einem Verkäufer erfolgt, der kein Kunsthändler ist, einem ermäßigten Steuersatz von 7 % gem. § 12 Abs. 2 Nr. 13 UStG. Der Erwerb von Kunsthändlern oder von gewerblichen Auktionshäusern unterliegt dem normalen Steuersatz von 19 %. Allerdings haben diese die Möglichkeit, bei der Berechnung der Umsatzsteuer die Besonderheit der Vereinfachung der Besteuerung i. R. d. Differenzbesteuerung nach § 25a UStG in Anspruch zu nehmen. Bemessungsgrundlage für die Umsatzsteuer ist in diesen Fällen nicht der gesamte Kaufpreis, sondern die Differenz zwischen dem Verkaufspreis und dem Einkaufspreis.[2265]

2.5.4.3.2 Gewerblicher Kunsthandel?

2.5.4.3.2.1 Allgemeines

Besondere steuerliche Sorgfalt ist darüber hinaus dann geboten, wenn Kunstgegenstände nicht nur mehr zum Aufbau einer Sammlung regelmäßig angeschafft und auf Dauer behalten werden, sondern i. R. d. Sammlertätigkeit auch regelmäßig oder jedenfalls wiederholt Stücke veräußert werden. Bei einer solchen Konstellation besteht das steuerliche Risiko, dass sich der Kunstsammler aus Sicht der steuerlichen Vorschriften zum umsatzsteuerlichen Unternehmer entwickelt und seine Kunstsammlung sich als Betriebsvermögen eines gewerblichen Kunsthändlers darstellt.

Die Grenzen zwischen der reinen privaten Vermögensverwaltung mit vereinzelter Veräußerung von Gegenständen einer Sammlung (außerhalb der Spekulationsfrist) und einer umsatzsteuerlich und ertragsteuerlich relevanten Tätigkeit als Kunsthändler sind fließend. Die Auswirkungen können jedoch erheblich sein. Dies gilt nicht nur für den Umstand, dass im Falle einer Tätigkeit als gewerblicher Kunsthändler sämtliche Veräußerungsgewinne, auch außerhalb der Spekulationsfrist steuerpflichtig sind, sondern auch dafür, dass für den Verkauf jedenfalls grundsätzlich auch Umsatzsteuer anfällt und in Rechnung zu stellen ist. Wird das Mitglied der Familie aufgrund der Tatsache, dass es Kunstgegenstände nicht nur anschafft, sondern regelmäßig auch wieder veräußert, zum steuerlichen Unternehmer, sind nicht nur die Gewinne (aber auch Verluste) aus

2264 *Blümich/Glenk*, EStG, 2015 § 23 Rn. 161 ff.
2265 Dazu siehe sogleich 2.5.4.3.2.2.

der Veräußerung von Kunstgegenständen steuerlich zu erfassen. Die Kunstsammlung wird vielmehr insgesamt Betriebsvermögen mit der Konsequenz, dass selbst bei der Aufgabe der gewerblichen Tätigkeit etwa dadurch, dass man deutlich macht zukünftig nur noch zu kaufen, eine Unternehmensaufgabe vorliegt, bei der die stillen Reserven zum Zeitpunkt der Aufgabe, das heißt die Wertsteigerung der Objekte zwischen Anschaffung und der Aufgabe steuerlich zu erfassen sind. Dies gilt selbst dann, wenn die Kunstsammlung vererbt und die Aktivitäten als Kunsthändler vom Erben oder den Vermächtnisnehmern nicht fortgeführt werden.

2.5.4.3.2.2 Umsatzsteuerlicher Unternehmer

Die Einordnung als umsatzsteuerlicher Unternehmer erfolgt zu noch geringeren Voraussetzungen. Gem. § 2 UStG ist umsatzsteuerrechtlich Unternehmer, wer eine gewerbliche oder berufliche Tätigkeit selbstständig ausübt. Eine gewerbliche oder berufliche Tätigkeit ist wiederum als jede nachhaltige Tätigkeit zur Erzielung von Einnahmen definiert. Kriterien, die für eine Unternehmereigenschaft sprechen sind insbes. eine mehrjährige Tätigkeit, planmäßiges Handeln, eine auf Wiederholung angelegte Tätigkeit, die Ausführung mehrerer Umsätze, die Intensität des Tätigwerdens, die Beteiligung am Markt und das auftreten wie ein Händler. Gewerblich oder beruflich ist dabei jede nachhaltige Tätigkeit zur Erzielung von Einnahmen (nicht zwingend von Gewinnen!). Es kommt allein auf das wirtschaftliche Tätigwerden an. Beschränkt sich die Familie dagegen auf das Halten von Kunstgegenständen als Vermögensanlagen liegt keine wirtschaftliche bzw. unternehmerische Tätigkeit vor.[2266] Nach Auffassung der Finanzverwaltung liegt eine nachhaltige wirtschaftliche Tätigkeit vor (Abschn. 2.3 Abs. 5 UStAE), wenn sich anhand der nachfolgenden Kriterien ein entsprechendes Gesamtbild der Verhältnisse ergibt:

- mehrjährige Tätigkeit,
- planmäßiges Handeln,
- auf Wiederholung angelegte Tätigkeit,
- die Ausführung mehr als nur eines Umsatzes,
- Vornahme mehrerer gleichartiger Handlungen unter Ausnutzung derselben Gelegenheit oder desselben dauernden Verhältnisses,
- langfristige Duldung eines Eingriffs in den eigenen Rechtskreis,
- Intensität des Tätigwerdens,
- Beteiligung am Markt,
- Auftreten wie ein Händler,
- Unterhalten eines Geschäftslokals,
- Auftreten nach außen (z. B. gegenüber Behörden).

Im Falle der Veräußerung von Gegenständen aus einer Kunstsammlung ist daher vor allem auf das Auftreten wie ein Händler, sowie auf die mehrmalige und auf Wiederholung angelegte Tätigkeit abzustellen. In der Praxis wird zumindest eine umsatzsteuerliche Unternehmerschaft oftmals dann vorliegen, wenn das Sammeln von Kunst derart aktiv erfolgt, dass nicht nur

2266 *Stadie*, in: Rau/Dürrwächter, UStG, 2012, § 2 Rn. 245.

Gegenstände eingekauft werden, sondern auch regelmäßig Verkäufe stattfinden. Dies kann insbesondere dann der Fall sein, wenn im Rahmen einer Verbesserung der Qualität oder Struktur der Sammlung in der Vergangenheit angeschaffte Stücke niederer Qualität eines Künstlers oder einer Kunstrichtung oder solche Stücke mit weniger Perspektive veräußert werden zu Gunsten von neuen Stücken besserer Qualität einzelner Künstler oder einer Kunstrichtung oder zur Verbesserung der Struktur der Sammlung. Insbesondere dann wenn regelmäßig auf Auktionen Stücke verkauft aber auch angekauft werden ist das Risiko, dass man als umsatzsteuerlicher Unternehmer angesehen wird relativ groß. Man tut also gut daran, den Umschlag von Kunstgegenständen in engen Grenzen zu halten und insbesondere nicht wiederholt am Markt aufzutreten, d. h. Kunstgegenstände nicht regelmäßig etwa in Auktionen anzubieten.

Zu berücksichtigen ist, dass für Kunsthändler im umsatzsteuerlichen Sinn besondere Vorschriften für die umsatzsteuerliche Behandlung gelten. Danach gilt für Kunsthändler die Möglichkeit einer Option für die sog. Differenzbesteuerung (§ 25a UStG). Danach bemisst sich die Umsatzsteuer nicht nach dem Verkaufspreis sondern der Differenz zwischen dem Einkaufspreis und dem Verkaufspreis. In Fällen in denen sich der Einkaufspreis eines Kunstgegenstandes nicht (mehr) ermitteln lässt oder der Einkaufspreis unbedeutend ist, wird der Betrag, nachdem sich der Umsatz bemisst mit 30 % des Verkaufspreises angesetzt (§ 25a Abs. 3 UStG). Allerdings entfällt in diesen Fällen der Vorsteuerabzug. Zudem ist der jeweilige Unternehmer nach Abgabe der Optionserklärung für mindestens zwei Jahre an diese gebunden (§ 25 Abs. 2 letzter Satz UStG). Die Änderung geht darauf zurück, dass bis zum 31.12.2013 der Handel mit Kunstgegenständen nur einem ermäßigten Steuersatz von 7 % nach § 12 Abs. 2 Nr. 13 UStG unterlegen hat. Jetzt gilt diese Ermäßigung nur noch für den Erwerb der Gegenstände vom Künstler selbst, dessen Rechtsnachfolger und für importierte Kunst.

2.5.4.3.2.3 Gewerblicher Kunsthandel

Die steuerrechtlichen Hürden zur Annahme eines einkommensteuer- und gewerbesteuerlichen Kunsthandels sind nur unwesentlich höher. Werden hier Kunstgegenstände nicht nur für die Sammlung angeschafft sondern auch wiederholt verkauft, etwa – wie oben dargestellt – um die Qualität der Sammlung zu verbessern, Werke von Künstlern, die sich nicht durchgesetzt haben, abzugeben und neuen modernen Trends zufolge, besteht insbesondere dann, wenn dies regelmäßig und durch Teilnahme am öffentlichen Markt etwa auf Auktionen erfolgt ein hohes Risiko, dass hierdurch die Grenzen der privaten Vermögensverwaltung überschritten werden. Dann mutiert die Kunstsammlung zum Betriebsvermögen und der Sammler zum (gewerblichen) Kunsthändler. Mit der Folge, dass die Einkünfte aus dem Umschlag der Kunstgegenstände der Einkommensteuer und Gewerbesteuer unterliegen. Die Steuer entsteht immer dann wenn aus dem Verkauf der Kunstgegenstände Veräußerungsgewinne erzielt werden. Für die Ermittlung der Gewinne gelten die allgemeinen Regelungen des Einkommensteuerrechts. Veräußerungsgewinn ist demzufolge die Differenz zwischen den Anschaffungskosten und dem Veräußerungspreis abzüglich der Veräußerungskosten. Der Kunstsammler wird außerdem auch bilanzierungspflichtig. Darüber hinaus besteht das Risiko, dass die Kunstgegenstände schlechthin als Gegenstände des Umlaufvermögens in die Bilanz aufzunehmen sind. Da das Umlaufvermögen nach der Vorschrift des § 6 Abs. 1 Nr. 2 EStG jeweils zum Bilanzstichtag zu bewerten ist, führen Wertsteigerungen auch ohne Veräußerung der Kunstgegenstände zu einem steuerlichen Gewinn, genauso wie Wertverluste zu steuerlich geltend zu machenden Verlusten führen.

Liegt ein einkommensteuerrechtlicher Gewerbebetrieb vor, unterliegt das Ergebnis auch der Gewerbesteuer (§ 2 Abs. 1 Satz 2 GewStG).

Sollen Teile der privat gehaltenen Familiensammlung veräußert werden, um beispielsweise bei einem Generationenwechsel das Sammlungsprofil neu auszurichten, stellt sich die Frage, wie dieser Vorgang steuerlich zu bewerten ist. Werden aus der Sammlung immer wieder Werke verkauft, so stellt sich die Frage, ob dadurch der Sammler zum Händler wird, mit der Folge, dass er durch diesen »Handel« einkommens-, gewerbesteuer- und mehrwertsteuerpflichtig wird.

Gem. § 2 Abs. 1 Satz 1 GewStG unterliegt jeder im Inland betriebene, stehende Gewerbebetrieb der Gewerbesteuer. Die (rechtsformunabhängige) Legaldefinition des Gewerbebetriebs ergibt sich aus § 2 Abs. 1 Satz 2 GewStG i. V. m. § 15 Abs. 2 EStG. Danach ist eine selbstständige nachhaltige Betätigung, die mit der Absicht, Gewinn zu erzielen, unternommen wird und sich als Beteiligung am allgemeinen wirtschaftlichen Verkehr darstellt, Gewerbebetrieb, wenn die Betätigung weder als Ausübung von Land- und Forstwirtschaft noch als Ausübung eines freien Berufs noch als eine andere selbständige Arbeit anzusehen ist. Gem. § 15 Abs. 2 Satz 3 EStG kann ein Gewerbebetrieb auch dann vorliegen, wenn die Gewinnerzielungsabsicht nur ein Nebenzweck ist.

- **Selbstständige Betätigung**
  Selbstständigkeit liegt vor, wenn die Tätigkeit auf eigene Rechnung und Gefahr und unabhängig, d. h. selbstbestimmt erfolgt.
- **Nachhaltigkeit**
  Durch das Merkmal der Nachhaltigkeit wird die gewerbliche Tätigkeit von den einmaligen (Veräußerungs-)Handlungen und von der Vermögensverwaltung abgegrenzt.
- **Wiederholungsabsicht**
  Nachhaltig ist eine Tätigkeit, wenn sie mit der Absicht auf Wiederholung ausgeübt wird. Entscheidend ist, dass der Tätige von Beginn seiner Tätigkeit an den Willen zur Wiederholung der Handlungen bei sich bietender Gelegenheit haben muss mit dem Ziel, sich daraus eine Erwerbsquelle zu verschaffen. Dafür genügt es, dass die Tätigkeit nur vorübergehend aufgenommen wird.
- **Einmalige Tätigkeit**
  Eine einmalige Tätigkeit erfüllt ausnahmsweise diese Voraussetzung, wenn sie mit dem Willen ausgeübt wird, sie zu wiederholen oder auf andere Weise objektiv als nachhaltig anzusehen ist. Nachhaltigkeit liegt insbes. vor, wenn zwar die Tätigkeit auf einem einmaligen Entschluss beruht, die Durchführung aber mehrere Handlungen erfordert.
- **Beteiligung am allgemeinen wirtschaftlichen Verkehr**
  Eine Beteiligung am allgemeinen wirtschaftlichen Verkehr liegt vor, wenn ein Steuerpflichtiger mit Gewinnerzielungsabsicht nachhaltig am Leistungs- oder Güteraustausch teilnimmt.

Damit werden solche Tätigkeiten aus dem gewerblichen Bereich ausgeklammert, die zwar von einer Gewinnerzielungsabsicht getragen werden, aber nicht auf einen Leistungs- oder Güteraustausch (z. B. Betätigung als Bettler) gerichtet sind. Eine Beteiligung am allgemeinen wirtschaftlichen Verkehr kann bereits vorliegen, wenn ein Unternehmen seine Leistungen nur gegenüber einem Abnehmer erbringt. Nicht davon umfasst ist die Verwaltung eigenen Vermögens. Erforderlich ist, dass die Tätigkeit auf eine unbestimmte Zahl von Personen ausgedehnt wird, was jedoch bereits dann angenommen wird, wenn der Tätige bereit ist, an jeden zu leisten, der die Kaufbedingungen erfüllt. Eine Teilnahme am allgemeinen wirtschaftlichen Verkehr kann selbst dann gegeben sein, wenn die Verkaufsabsicht nur einem begrenzten Personenkreis (oder auch nur einer Person) bekannt ist. Es wird nicht gefordert, dass eigene Leistungen angeboten werden; die Tätigkeit durch Makler oder Vertreter genügt. Ein Unternehmen, das sich überhaupt nicht an die Allgemeinheit wendet und gar nicht die Absicht hat, sich in das Wirtschaftsleben einzuschalten, stellt jedoch keinen Gewerbebetrieb i. S. d. § 15 Abs. 1 EStG dar.

- **Gewinnerzielungsabsicht**
  Die Gewinnerzielungsabsicht ist eine innere Tatsache, die nur anhand äußerer Merkmale durch eine in die Zukunft gerichtete und langfristige Bewertung der Wesensart und der Art der Bewirtschaftung des Betriebs ermittelt werden kann.
  Die Gewinnerzielungsabsicht setzt das Erstreben eines Totalgewinns von der Gründung bis zur Veräußerung, Aufgabe oder Liquidation voraus. Sie fehlt, wenn die Einnahmen lediglich die Selbstkosten des Betriebs decken sollen. Dagegen steht es der Gewinnerzielungsabsicht nicht entgegen, wenn der Tätige den Gewinn gemeinnützigen Zwecken zuführen will oder ihn an Dritte (freiwillig oder unfreiwillig) abführt. Der Qualifizierung als Gewerbebetrieb steht es nicht entgegen, dass sich für den Betrieb über einen längeren Zeitraum hinweg lediglich Verluste ergeben, solange anzunehmen ist, dass in der Zukunft wieder mit der Erzielung von Gewinnen gerechnet werden kann.
- **Keine privilegierten Gewinneinkünfte**
  Die Tätigkeit darf weder als Ausübung von Land- und Forstwirtschaft noch als Ausübung eines freien Berufs oder einer anderen selbständigen Tätigkeit zu qualifizieren sein.

2.5.4.3.2.4 Anwendung in der Praxis

Immer wieder hatte der BFH Gelegenheit, sich zur steuerlichen Behandlung von Kunstverkäufen zu äußern:

Zur Umsatzsteuer hat der X. Senat des BFH[2267] entschieden: Wer Privatvermögen in mehreren gleichartigen Akten veräußert, handelt nur dann als Unternehmer, wenn die Veräußerungen nicht mehr seinem »Eigenleben« zuzuordnen sind. Dies setzt voraus, dass er sich »wie ein Händler« verhält. Ein Briefmarkensammler, der aus privater Neigung sammelt, unterliegt auch dann, wenn diese Tätigkeit »nachhaltig« ist nicht der Umsatzsteuer, wenn er Einzelstücke veräußert,

2267 BFH vom 29.06.1987, BStBl II 1987, 744.

die Sammlung teilweise umschichtet oder die Sammlung ganz oder teilweise veräußert. Ein bloß nachhaltiges Umschichten von Privatvermögen genüge nicht, um unternehmerisches Handeln annehmen zu können.

In einer weiteren Entscheidung[2268] heißt es: »Ein Münzsammler, der aus der Versteigerung seiner Sammlung (an zahlreiche Ersteigerer) [...] einen Erlös von ca. 190.000 DM erzielt, ist nur dann Unternehmer, wenn er sich anlässlich des Aufbaus der Sammlung wie ein Händler verhalten hat.«

Wann dies genau der Fall ist, hat der BFH jedoch offengelassen, so dass eine Grauzone verbleibt.

Der V. Senat des BFH[2269] hat zur Entscheidung der Frage, ob der Erbe einer Kunstsammlung bei deren entgeltlicher Veräußerung nachhaltig tätig und dadurch zum Unternehmer im umsatzsteuerrechtlichen Sinne wird, die Aussage des FG, der Kläger habe sich »wie ein Händler« verhalten, nicht angewendet und wiederum geprüft, ob das Tatbestandsmerkmal der »Nachhaltigkeit« gem. § 2 Abs. 1 UStG gegeben sei, das es anhand folgender Kriterien beurteilen wollte: Zahl der Verkäufe und der verkauften Gegenstände, Dauer der Verkaufstätigkeit, Höhe der Erlöse, Werbung, Benutzung eines Ladenlokals, Auftreten nach außen, Verwertung von Kenntnissen und Kontakten aus dem Kunsthandel, Ausbildung.

Auch in jüngerer Vergangenheit hat der V. Senat des BFH[2270] erneut entschieden, dass die Beurteilung der Nachhaltigkeit einer beabsichtigten Einnahmeerzielung von einer Reihe verschiedener – nicht abschließend festgelegter – Kriterien abhänge. Für die Beurteilung der Frage, ob ein Gegenstand zum Zwecke einer wirtschaftlichen Tätigkeit erworben wird, sei auch die Art des Gegenstandes zu berücksichtigen. Zur Abgrenzung zwischen Händlereigenschaft und Liebhaberei sei darauf abzustellen, ob die äußeren Umstände beim Ankauf und Verkauf denen eines Händlers entsprächen. Damit hält der BFH an seiner »wie-ein-Händler-Formel« fest.

Nach der Rechtsprechung des V. Senats des BFH ist auch der Umstand zu berücksichtigen, ob eine einzige (Kunst-)Sammlung »en bloc« aufgegeben wird. So verhielt es sich in den oben umrissenen Briefmarken- und Münzsammlerentscheidungen. Auf eine Sammlungsauflösung en bloc seien die Erwägungen, die der BFH zur Beurteilung der Nachhaltigkeit der Unternehmereigenschaft in seiner sog. eBay-Entscheidung[2271] getätigt hat, nicht übertragbar.[2272]

Es verbleibt also eine Grauzone, wann aus dem »gentleman dealer« ein Händler mit den entsprechenden steuerrechtlichen Konsequenzen wird.

2268 BFH vom 16.07.1987, BStBl II 1987, 752.
2269 BFH vom 24.11.1992, BStBl II 1993, 379.
2270 BFH vom 27.01.2011, BStBl II 2011, 524.
2271 BFH vom 26.04.2012, BStBl II 2012, 634.
2272 BFH vom 26.04.2012, a. a. O., 2. Orientierungssatz; vertiefend *Roth/Loose*, UR 2014, 169.

2.5.5 Verleihen von Kunst – Leihverträge

Das Verleihen von Kunst hat – unter den richtigen Bedingungen – nur Vorteile:

Der Eigentümer spart sich teure Lager- und Versicherungskosten und nebenbei wird sein Werk der Öffentlichkeit präsentiert, somit bekannt und im Wert gesteigert.

Allerdings sollten beim Leih- oder Depositalvertrag mit dem Museum einige Fragen möglichst detailliert geregelt werden, da die gesetzlichen Regelungen für die Leihe sehr lückenhaft sind:

- Kostentragung für Erhaltungs- und Restaurierungskosten (in der Regel das Museum),
- Präsentationspflicht und -Modalitäten,
- zeitliche Dauer,
- Kündigungsrecht in besonderen Fällen,
- Ausleihen an Dritte, kurzfristige Rückgaben an Leihgeber,
- Zustandsprotokolle, Abstimmungspflichten bei Restaurierung,
- Transport (Kosten, Gefahrtragung etc.), Haftung,
- Rechteinhaberschaft,[2273]
- Reproduktionen,
- Vorkaufsrecht.

2.5.6 Schenken und Vererben von Kunst

2.5.6.1 Allgemeines

Besondere Vorschriften gelten für Kunstgegenstände im Familienbesitz schließlich dann, wenn sie Teil eines Privatvermögens darstellen und nicht unternehmerisch gebunden sind, im Falle der Schenkung oder im Erbfall.

Kunstgegenstände gehören wie alle sonstigen Vermögensgegenstände zum Vermögen des Schenkers oder Erblassers. Ihre Zuwendung unterliegt daher dem Grunde nach den Vorschriften des Erbschaft- und Schenkungsteuergesetzes. Allerdings gelten hier beim Verschenken oder Vererben von Kunst einige besondere begünstigende Regelungen.

2273 Siehe zur Rechteinhaberschaft beim Kunstkauf: *Bullinger/Garbers-von Boehm*, What you see is what you get? Zur Bedeutung von Lizenzen beim Kunstkauf, in: Wöhrn/Bullinger/Grunert/Ohst, 2013, 91.

2.5.6.2 Steuerbefreiung gem. § 13 Abs. 1 Nr. 2 ErbStG

2.5.6.2.1 Teilweise Steuerbefreiung

Gem. § 13 Abs. 1 Nr. 2 Buchst. a ErbStG erfolgt eine Steuerbefreiung i. H. v. 60 %, soweit Kunstgegenstände im Privatvermögen gehalten werden.

Für diese teilweise Steuerbefreiung ist die kumulative Erfüllung von drei Voraussetzungen erforderlich. Mit Blick auf die Kunstgegenstände bzw. die Kunstsammlungen müssen

- die Erhaltung wegen ihrer Bedeutung für Kunst, Geschichte oder Wissenschaft im öffentlichen Interesse liegen,
- die jährlichen Kosten in der Regel die erzielten Einnahmen übersteigen,
- sie in einem den Verhältnissen entsprechenden Umfang den Zwecken der Forschung oder der Volksbildung nutzbar gemacht sein oder werden.

2.5.6.2.1.1 Öffentliches Interesse

An das Merkmal des »öffentlichen Interesses« werden hohe Anforderungen gestellt. Für die inhaltsgleiche, auf Grundbesitz bezogene Vorschrift des § 32 Abs. 1 Nr. 1 GrStG, welche den Erlass von Grundsteuern regelt, wird vom Bundesverwaltungsgericht[2274] gefordert, dass das öffentliche Interesse in rechtlichen Bindungen zum Ausdruck kommt, die hohen Anforderungen unterliegen und über das hinausgehen, was beim Grundbesitz Grundstückseigentümern von der Rechtsordnung z. B. aufgrund bauordnungsrechtlicher Bestimmungen, allgemein zugemutet wird.

Die Rechtsprechung lässt jedoch offen, wie das öffentliche Interesse für von Grundbesitz losgelöste Kunstgegenstände zu bestimmen ist. Kunstgegenstände unterliegen, soweit sie nicht in das nationale Verzeichnis wertvollen Kulturguts aufgenommen sind und dem Kulturgüterschutzgesetz oder dem Kulturgüterrückgabegesetz unterliegen, keiner allgemeinen rechtlichen Bindung durch ein Gesetz, wie etwa dem Bauordnungsrecht für Bauwerke.[2275]

Das öffentliche Interesse ist aber nicht losgelöst von der Bedeutung des Kunstwerks für die Kunst, Geschichte oder Wissenschaft zu beurteilen. So wurde für die auf Grundbesitz bezogene Vorschrift des § 32 Abs. 1 Nr. 1 GrStG vom Bundesverwaltungsgericht entschieden, dass die Bedeutung für die Kunst voraussetzt, dass auf dem Grundstück befindliche Anlagen das ästhetische Empfinden in besonderem Maße ansprechen oder zumindest den Eindruck vermitteln, dass es sich dabei um etwas nicht Alltägliches oder um eine Anlage mit Symbolgehalt handelt.[2276] Dass ein Museum Interesse an einer Leihgabe des Werkes bekundet, kann ein Beleg für das »öffentliche Interesse« sein. Ist eine solche Interessenbekundung nicht nachweisbar,

2274 BVerwG vom 21.09.1984, BStBl II 1984, 870.
2275 *Kosner/Willmann*, BB 2013, 1310.
2276 BVerwG vom 21.09.1984, BStBl II 1984, 870.

ist die Tatsache, ob die Erhaltung bestimmter Kunstwerke wegen ihrer Bedeutung für die Kunst, Geschichte oder Wissenschaft im öffentlichen Interesse liege, durch ein Gutachten der landesrechtlich zuständigen Behörde zu erbringen. In diesen verbleibenden Zweifelsfällen, deren Anzahl im überschaubaren Bereich liegen dürfte, ergibt sich für den Steuerpflichtigen ein durchaus erhöhtes Risiko. Denn das Vorliegen des (besonderen) öffentlichen Interesses ist nicht aus der Ermittlung einer Mehrheitsmeinung oder aus dem Urteil eines Experten ermittelbar, sondern von der – gerichtlich freilich voll überprüfbaren – Beurteilung der jeweiligen Behörde abhängig. Lediglich bei zum Grundbesitz zählenden Denkmälern, die in die Denkmalliste oder ein entsprechendes Verzeichnis eingetragen sind, besteht für den Steuerpflichtigen eine gewisse Sicherheit, da die Finanzverwaltung bei diesen Gegenständen davon ausgeht, dass der Nachweis erbracht worden ist.[2277]

2.5.6.2.1.2 Unrentabilität des Kunstwerks auf Dauer

Die jährlichen Kosten müssen in der Regel die jährlichen Einnahmen übersteigen. Dies ist insbesondere dann erfüllt, wenn im Zusammenhang mit den genannten Gegenständen keinerlei Einnahmen erzielt werden.[2278] Ein gelegentlicher Überschuss ist unschädlich,[2279] es kommt auf die Erwartung einer dauernden Unrentabilität auf Grund prognostizierender Beurteilung an.[2280] Darüber hinaus ist zu beachten, dass nur tatsächliche Einnahmen zu berücksichtigen sind. Wertsteigerungen des Kunstwerks zählen nicht dazu.[2281]

2.5.6.2.1.3 Den Zwecken der Forschung oder Volksbildung nutzbar gemacht

Die Gegenstände müssen in einem den Verhältnissen entsprechenden Umfang den Zwecken der Forschung oder der Volksbildung nutzbar gemacht sein oder werden. Dies ist sicher der Fall, wenn das Werk dauerhaft an ein Museum verliehen ist. Hierzu genügt es aber auch, wenn die Kunstgegenstände regelmäßig zu Ausstellungen ausgeliehen werden, z. B. im Rahmen eines Kooperationsvertrags. Die Werke können auch vor Ort beim Sammler dem Publikum zugänglich gemacht werden. Der Besucherkreis kann auf interessierte Kreise zugeschnitten werden, wenn die Kunstwerke diesen ohne weiteres zugänglich sind und die Zugangsmöglichkeit allgemein erkennbar ist (R 13.2 Abs. 4 EStR).

Es kann – auch in Anbetracht des insoweit eindeutigen Wortlautes des Gesetzes – nicht deutlich genug darauf hingewiesen werden, dass die Nutzbarmachung zu Forschungszwecken nicht bereits im Zeitpunkt der Steuerentstehung erfolgen muss. Es genügt, wenn der Erwerber für die Erfüllung dieser Voraussetzung sorgt.[2282]

2277 *Kosner/Willmann*, BB 2013, 1309.

2278 *Steiner*, ErbStB 2004, 19.

2279 FG Stuttgart vom 29.10.1957, EFG 1958, 155.

2280 BVerwG vom 08.07.1998, BStBl II 1998, 590.

2281 *Meincke*, 2012, § 13 ErbStG Rz. 12.

2282 Mit deutlichem Nachdruck *Steiner*, ErbStB 2004, 19: »Dieses Erfordernis muss noch nicht im Zeitpunkt der Steuerentstehung vorliegen, sondern kann nach dem ausdrücklichen Gesetzeswortlaut auch noch durch den Erwerber erfüllt werden!« *Jülicher*, in: Troll/Gebel/Jülicher, ErbStG (47. EL, April 2014), § 13 ErbStG Rz. 35 m. w. N.

2.5.6.2.2 Vollständige Steuerbefreiungen

Für eine 100 %-ige Steuerbefreiung nach § 13 Abs. 1 Nr. 2 Buchst. b ErbStG müssen neben den bereits benannten Voraussetzungen zudem folgende Voraussetzungen alternativ[2283] erfüllt sein:

- der Steuerpflichtige muss bereit sein, den Kunstgegenstand den geltenden Bestimmungen der Denkmalpflege zu unterstellen,
- der Kunstgegenstand muss sich mindestens 20 Jahre im Besitz der Familie befinden oder in dem Verzeichnis national wertvollen Kulturguts oder national wertvoller Archive eingetragen sein.

2.5.6.2.2.1 Denkmalpflege

Von der Rechtsprechung nicht eindeutig geklärt ist die Frage, welche Anforderungen an die »Bereitschaft« des Steuerpflichtigen zu stellen sind, seine Sammlung den geltenden Bestimmungen der Denkmalpflege zu unterstellen.

Einigkeit besteht darin, dass es für die Unterstellung des Kunstgegenstandes unter die Bestimmungen der Denkmalpflege nicht erforderlich ist, dass der Gegenstand von den jeweiligen landesrechtlichen Regelungen erfasst wird, sondern es ist ausreichend, dass die bloße Bereitschaft durch eine Kontaktaufnahme mit der jeweiligen Denkmalbehörde der Länder unter Beweis gestellt wird.

Weitere Klärung ergibt sich aus einer Entscheidung des BFH, in der es heißt, dass die zur Erlangung der vollständigen Steuerbefreiung einer Kunstsammlung erforderliche Bereitschaft des Steuerpflichtigen, die Gegenstände den geltenden Bestimmungen der Denkmalpflege zu unterstellen, ein subjektives Tatbestandsmerkmal sei. Auf dessen Vorliegen könne nur anhand objektiver Sachverhalte geschlossen werden. Indizwirkung für die Bereitschaft könnten eine Erklärung gegenüber der zuständigen Denkmalbehörde oder der Abschluss eines Leih- und Kooperationsvertrages mit einem fachlich einschlägigen Museum entfalten.[2284]

Hinsichtlich der ersten vom BFH genannten Möglichkeit, der Erklärung gegenüber der Denkmalbehörde, gibt es jedoch folgende faktische Schwierigkeit: Zwar kennen alle Denkmalschutzgesetze der Bundesländer Sachgesamtheiten bei Baudenkmälern (Ensembleschutz) oder bei Bodendenkmälern (Grabungsschutzgebiete). Bei beweglichen Sachen definieren jedoch nur die Länder Baden-Württemberg, Hessen, Mecklenburg-Vorpommern, Niedersachsen, Nordrhein-Westfalen, Schleswig-Holstein, Sachsen, das Saarland und Thüringen bewegliche Sachgesamtheiten als denkmalfähig und denkmalwürdig, die anderen Bundesländer nicht.[2285] Dies

2283 Nicht: kumulativ, vgl. *Leisner*, ZEV 2003, 438.
2284 BFH vom 12.05.2016, II R 56/14.
2285 *Heuer/von Cube*, ZEV 2013, 643; sowie *Heuer/von Cube*, DStR 2017, 129.

kann in der Praxis zu Schwierigkeiten bei der Verwirklichung des o.g. Tatbestandsmerkmals »Bereitschaft, dem Denkmalschutz zu unterstellen« führen.

Für den Fall, dass die denkmalrechtliche Unterschutzstellung einer Sammlung im betreffenden Land nicht möglich ist, soll nach dem Ländererlass ersatzweise an die Eintragung in die sog. »Liste national wertvollen Kulturgutes« nach dem Kulturgutschutzgesetz angeknüpft werden.[2286] Ob dies jedoch gewünscht ist, ist aufgrund der damit verbundenen begrenzten Verkehrsfähigkeit eingetragenen Kulturgutes gut zu überlegen.

2.5.6.2.2.2 20-jähriger Familienbesitz oder Eintragung in das Verzeichnis

Die Eintragung in das Verzeichnis national wertvollen Kulturguts ist streng begrenzt und von der Entscheidung der obersten Landesbehörde, nach der Einholung von Sachverständigengutachten, abhängig. Steuerpflichtige, die eine Übertragung unter einer Vollbefreiung beabsichtigen, sollten daher mehr auf den 20-jährigen Familienbesitz des Kunstgegenstandes achten, als eine Eintragung in das Verzeichnis national wertvollen Kulturguts anzustreben.

Für den 20-jährigen Familienbesitz wird man darauf abstellen müssen, ob es sich um »Kunstgegenstände« oder »Kunstsammlungen« handelt. Bei Kunstgegenständen ist die 20-jährige Besitzdauer für jedes einzelne Objekt nachzuweisen, die Betrachtung ist also objektbezogen. Bei der Kunstsammlung, die als wirtschaftliche Einheit begünstigt werden soll, wäre eine objektbezogene Betrachtung der einzelnen Sammlungsbestandteile verfehlt. Hier muss vielmehr die Sammlung insgesamt gewürdigt werden.[2287] Dabei herrscht Uneinigkeit darüber, ob es ausreicht, dass mit der Sammlungstätigkeit mindestens 20 Jahre zuvor begonnen wurde, oder die Sammlung insgesamt bereits als solche mindestens 20 Jahre im Familienbesitz sein muss. Die Rechtsprechung hat diese Frage bisher nicht entschieden. Der BFH hatte in verschiedenen Entscheidungen diese Frage vielmehr ausdrücklich offengelassen.[2288] In einem Urteil vom 12.05.2016 hat der BFH nun klargestellt, dass sich sämtliche Gegenstände der Sammlung schon seit über 20 Jahren im Besitz der Familie befunden haben müssen. Werke, die diese Voraussetzungen nicht erfüllen, werden bei der vollständigen Steuerbefreiung nicht berücksichtigt. Sie kommen aber in der Regel in den Genuss des 60 %igen Wertabschlages.[2289]

Im Ergebnis lässt sich damit nicht mehr an der bisher vertretenen Meinung festhalten, dass der 20-jährige Familienbesitz jedenfalls dann besteht, wenn der wertmäßig überwiegende Teil, der auch aus zahlenmäßig wenigen, aber hochwertigen Stücken bestehen kann, diese Besitzdauer aufweist.[2290] Vielmehr kommt es auf jedes einzelne Stück und seine Besitzdauer an. Dies gilt jedoch nicht, wenn aus einer Sammlung ein einzelner Kunstgegenstand herausgetrennt und

---

2286 FinMin Bay vom 07.04.2004, 34-3812 – 038 – 9172/04.

2287 *Heuer/von Cube*, ZEV 2013, 643.

2288 BFH vom 14.11.1980, BStBl II 1981, 251; BFH vom 06.06.2001, BFH/NV 2002, 28, m. Anm. *Wachter*, Schenkung von Kunstgegenständen – Schätzung des gemeinen Werts, ZEV 2002, 331; dazu *Heuer*, DStR 2002, 845.

2289 BFH vom 12.05.2016, II R 56/14, DStR 2016, 1804.

2290 So noch *Heuer/von Cube*, ZEV 2013, 643; jetzt aber auf dem neuesten Stand dies., DStR 2017, 129.

als Einzelstück verschenkt wird. Mit der Absonderung verliert der Gegenstand die Sammlungseigenschaft und kann nur noch als einzelner Kunstgegenstand steuerlich privilegiert sein. Insoweit muss dieser Gegenstand selbst mehr als 20 Jahre zum Familienbesitz gehört haben.[2291]

Der Familienbegriff ist weit zu verstehen und umfasst jedes Verwandtschaftsverhältnis.[2292]

2.5.6.2.3 Rückwirkender Wegfall der Steuerfreiheit

Die Steuerfreiheit oder -begünstigung unter diesen sämtlich zu erfüllenden Voraussetzungen fällt rückwirkend weg, wenn die Gegenstände **innerhalb von zehn Jahren nach dem Erwerb** veräußert werden oder auch nur eine der oben genannten Voraussetzungen innerhalb dieses Zeitraums entfällt (§ 13 Abs. 1 Nr. 2 Satz 2 ErbStG). Letzteres kann allerdings begrifflich nicht für die vorletztgenannte Voraussetzung gelten.

2.5.6.3 Übertragung an steuerbegünstigte Organisationen

Eine vollständige Steuerbefreiung für die Zuwendung auch von Kunstgegenständen ist gegeben, wenn diese an inländische Kirchen, inländische steuerbegünstigte Körperschaften oder ausländische steuerbegünstigte Körperschaften übertragen werden (§ 13 Abs. 1 Nr. 16 Buchst. a, b und c ErbStG). Besonderheiten gelten allerdings für ausländische steuerbegünstigte Körperschaften außerhalb der EU und des EWR.

Dasselbe gilt, wenn Zweckzuwendungen für steuerbegünstigte Zwecke erfolgen. Nach § 13 Abs. 1 Nr.17 ErbStG sind Zuwendungen jeglicher Art, also auch die Zuwendung von Kunstgegenständen an eine ausländische steuerbegünstigte Situation ebenfalls von der deutschen Erbschaftsteuer befreit. Soweit ausländische Institutionen begünstigt sind, ist allerdings stets zu prüfen ob und in welchem Umfang auch das jeweilige ausländische Steuerrecht eine Steuerbefreiung oder Steuerbegünstigung vorsieht. Dies hängt im Wesentlichen mit dem jeweiligen steuerbegünstigten Status der bedachten Institution ab. Dies ermöglicht es insbesondere auch Kunstgegenstände an ausländische, steuerbefreite Institutionen ohne Belastung mit deutscher Erbschaftsteuer zu übertragen.

Die Steuerbefreiung aller vier genannten Möglichkeiten knüpft von der sachlichen Begründung zwar nicht an die Eigenschaft der Zuwendung als Kunst oder Kunstsammlung an, da der Empfänger jedoch steuerbegünstigt sein muss, bieten sich diese Regelungen insbesondere dann an, wenn Kunstgegenstände nicht auf Dauer in der Familie verbleiben sollen, sondern ohne Belastung mit Erbschaft- oder Schenkungsteuer an Institutionen übertragen werden sollen, die sich mit Kunst beschäftigen. Allerdings darf auch bei der Übertragung von größeren

2291 BFH vom 06.06.2001, BFH/NV 2002.
2292 *Kipp*, 1927, § 18 ErbStG Rz. 130; *Zimmermann*, 1919, § 7 Rz. 2.

Kunstsammlungen nicht unterschätzt werden, dass es nicht immer leicht ist auch potenzielle Erwerber davon zu überzeugen, ihnen zugewandte Kunstgegenstände in ihre Sammlungen aufzunehmen und entsprechend damit zu verfahren. Schließlich stellt sich auch für die bei der Erbschaftsteuer begünstigten Erwerber die Frage nach der Balance zwischen den laufenden Aufwendungen und dem etwaigen Einnahmen aus der Einbindung in die jeweilige Sammlung zum Beispiel des bedachten Museums.

2.5.6.4 Gestaltungsmöglichkeiten

Die dargestellte teilweise und vollständige Befreiung von der Erbschaftsteuer bringt interessante Gestaltungsmöglichkeiten mit sich.

Kunst ist der Vermögensgegenstand, der unter den günstigsten Voraussetzungen vererbt werden kann, nämlich wie dargestellt unter bestimmten Voraussetzungen sogar steuerfrei.

Folgende Konsequenzen können in der Praxis in Betracht gezogen werden:

Zum einen ist es denkbar, andere Vermögensgegenstände schon frühzeitig, also 20 Jahre vor dem Ableben in Kunst umzuschichten. Zum anderen sind Schenkungen zu Lebzeiten denkbar. Wenn die geschenkten Kunstgegenstände bei Vorliegen eines 20-jährigen Familienbesitzes innerhalb eines Zeitraumes von zehn Jahren nicht veräußert werden, so bleibt es bei der einmal gewährten Steuerbefreiung. Wird die Kunst nach zehn Jahren verkauft, so kommen die Kinder in den Besitz von Bargeld zu Lebzeiten des Erblassers – und zwar steuerfrei. Allerdings bietet gerade die letztgenannte Regelung durchaus Spielraum für Gestaltungen.

Schließlich kann die Kunst zur Erfüllung der Voraussetzungen befristet für einen Zeitraum von mehr als zehn Jahren einem Museum zur Verfügung gestellt oder sonst ausgestellt werden. Wird dann nämlich etwa eine Sammlung für den Zeitraum von zehn Jahren einem Museum zur Verfügung gestellt und erst danach wieder in den Privatbesitz genommen, sind die Erwerber nach Ablauf dieser Zeit frei, über die Gegenstände zu verfügen, insbes. also auch, diese[2293] zu veräußern.

Eine interessante Gestaltungsvariante im Rahmen der Übertragung von Kunstgegenständen im Familienbesitz ist schließlich die schenkweise Übertragung oder Vererbung zu Gunsten einer eigenen, gemeinnützigen Institution. In der Praxis sehr häufig ist beispielsweise die Übertragung derartiger Sammlungen an eine vom Erblasser und/oder der Familie errichtete

2293 Die in den Erbschaftsteuerrichtlinien (R E 13b.21 Abs. 2) vorgesehene Ausnahme, wonach Kunstgegenstände nicht zum Verwaltungsvermögen zählen, wenn sie Bestandteile eines Museums zur Unternehmensgeschichte und in einer für ein Museum üblichen Art und Weise für die Öffentlichkeit zugänglich sind, dürfte praktisch wenig relevant sein. In der Praxis spielt Letzteres v.a. für sehr große Sammlungen eine Rolle wie z. B. etwa für die Sammlung Würth.

gemeinnützige Stiftung. Besonders interessant kann etwa die Zuwendung einer Kunstsammlung an eine gemeinnützige GmbH sein, die auch vom Schenker oder Erblasser gehalten werden kann. Es ist lediglich darauf zu achten, dass ein gemeinnütziger, der Kunst verbundener Unternehmensgegenstand vorliegt und auch die sonstigen Voraussetzungen an den Inhalt von Satzungen gemeinnütziger Körperschaften erfüllt werden. Dabei ist allerdings nach einer Entscheidung des BFH darauf zu achten, dass keine eigennützigen oder eigenwirtschaftlichen Interessen des Stifters im Vordergrund der Tätigkeit der gemeinnützigen Organisation stehen.[2294] Ist die zehnjährige Bindefrist für die erbschaftsteuerliche Begünstigung abgelaufen, sind diese Gegenstände erbschaftsteuerlich entstrickt, d. h., ihre Veräußerung löst keine rückwirkende Festsetzung von Erbschaftsteuer mehr aus. Entfällt zudem nach einem Zeitraum von mehr als zehn Jahren die Gemeinnützigkeit der Gesellschaft, kann allerdings im Rahmen der Regelungen über das steuerliche Betriebsvermögen dieser Gesellschaft auch durch Verkauf oder Liquidation der Gesellschaft zu Gunsten der Gesellschafter (z. B. der Rechtsnachfolger des Übertragenden) über diese Vermögenswerte durch die Gesellschaft wieder frei disponiert werden, ohne dass eine Erbschaftsteuerbelastung eintritt. Gerade in diesem Zusammenhang ist von besonderer Bedeutung, dass Kunstgegenstände – wie oben gesagt – auch in dieser Gesellschaft Gegenstände des Anlagevermögens sind und während der Besitzdauer nicht abgeschrieben werden. Ihre Anschaffungskosten entsprechen dem gemeinen Wert zum Zeitpunkt der Übertragung in das Betriebsvermögen der gemeinnützigen Gesellschaft. In dieser Höhe besteht auch ein einkommensteuerlicher Vorteil desjenigen, der den Gegenstand in die gemeinnützige Gesellschaft einbringt. Zu beachten ist aber, dass der Spendenabzug der Höhe nach auf 20 % des Gesamtbetrags der Einkünfte oder 4 ‰ der Summe der gesamten Umsätze und der im Kalenderjahr aufgewendeten Löhne und Gehälter bemessen wird.

2.5.6.5 Bewertung von Kunstvermögen im Falle der Schenkung oder Erbschaft

Im Falle einer Schenkung oder einer Erbschaft ist der Wert der übertragenen Gegenstände zur Ermittlung der Besteuerungsgrundlage für alle steuerpflichtigen Erwerbe zu ermitteln.

Kommt keine vollständige Steuerbefreiung in Betracht, gehört es gem. § 30 Abs. 4 Nr. 3 ErbStG zu den Pflichten des steuerpflichtigen Erwerbers, der Finanzbehörde den Wert des erworbenen Gegenstands anzuzeigen.

Liegen die Voraussetzungen für eine vollständige Steuerbefreiung nicht vor, ist der Wert der übertragenen Kunstgegenstände als Bemessungsgrundlage für die Erbschaftsteuer zu ermitteln.

Dabei ist gem. § 12 Abs. 1 ErbStG i. V. m. § 9 Abs. 1 BewG der »gemeine Wert« zugrunde zu legen. Der gemeine Wert wird durch den Preis bestimmt, der im gewöhnlichen Geschäftsverkehr

2294 BFH vom 24.05.2016, V B 123/15, BFH NV 2016, 1253.

nach der Beschaffenheit des Wirtschaftsguts bei einer Veräußerung zu erzielen wäre, § 9 Abs. 2 BewG. Es handelt sich um das steuerrechtliche Pendant zum »fair market value«.[2295] Da die Erbschaft- und Schenkungsteuer auf den Übertragungsstichtag abstellt (§ 11 ErbStG), ist der Verkaufspreis für einen an diesem Stichtag fingierten Verkauf zu ermitteln. Dies ist – jedenfalls bei Unikaten – nur mittels Schätzung möglich. Dabei zeichnet sich allgemein eine Tendenz zur vorsichtigen Schätzung ab.[2296]

Die Finanzämter und Finanzgerichte scheuen die Einschaltung eines Sachverständigen zur Bewertung des übertragenen Vermögens meist wegen des damit verbundenen Kostenaufwands. Daher wird in der Praxis der Wert der übertragenen Kunstgegenstände häufig von den historischen Anschaffungskosten, dem Versicherungswert oder einem später tatsächlich erzielten Verkaufspreis abgeleitet.[2297] Diese Vorgehensweise führt jedoch naturgemäß häufig zu unangemessenen Ergebnissen. So kann – bei ungünstiger Marktlage – der Verkaufspreis in einer Situation, in der der Steuerpflichtige (fiktiv) zu einem bestimmten Stichtag verkaufen muss, auch deutlich unter den historischen Anschaffungskosten liegen. Umgekehrt kann ein Versicherungswert oder ein später (bei ggf. besserer Marktlage) tatsächlich erzielter Kaufpreis deutlich über dem am Stichtag erzielbaren Verkaufspreis liegen.

Um einer langwierigen Auseinandersetzung mit der Finanzverwaltung vorzubeugen, empfiehlt es sich daher, für die Bewertung der übertragenen Kunstgegenstände selbst ein Sachverständigengutachten in Auftrag zu geben. Wichtigster Gesichtspunkt bei der Erstellung dieses Sachverständigengutachtens ist dabei erfahrungsgemäß, dass die Bewertungsmethodik möglichst transparent und für den Finanzbeamten nachvollziehbar dargestellt wird.[2298] Die Hürde, die so ermittelten Werte in Zweifel zu ziehen, ist dann für die Finanzverwaltung erheblich höher.

Bevor indes ein individuelles Sachverständigengutachten in Auftrag gegeben wird, sollte auf Wertangaben in den Datenbanken der großen Kunstauktionshäuser abgestellt werden. Darin wurde in der obergerichtlichen Rechtsprechung in Pflichtteilsangelegenheiten ein hinreichender Nachweis gesehen.[2299] Inwieweit sich diese Ratio auf Fragen der Wertermittlung im Rahmen der Erbschaftsteuer übertragen lässt, ist aufgrund der kaum vorhandenen Rechtsprechung[2300] zu Bewertungsfragen offen.

2295 Zu diesem Begriff *Sandner*, DS 2009, 169.
2296 *Crezelius*, ZEV 2014, 639.
2297 *Viskorf*, DStZ 2002, 881.
2298 *Heuer*, DStR 2002, 847.
2299 OLG Köln vom 05.10.2005, NJW 2006, 625, mit Anm. *von Oertzen*, Erfüllung eines Wertermittlungsanspruchs bzgl. Kunstgegenständen durch Bewertungen von *Sotheby's* und *Christie's*, ZEV 2006, 77; ablehnend *Heuer*, DS 2008, 165.
2300 Diesen Befund teilend: *Crezelius*, ZEV 2014, 639.

Im Übrigen haben Rechtsprechung und Literatur für die Bewertung von Kunstgegenständen ein mehrstufiges Verfahren entwickelt, welches einer stichtagsbezogenen Wertung in größtmöglichem Umfang Rechnung tragen soll und dessen Kriterien nachfolgend dargestellt werden.[2301]

- **Erster Schritt: Ermittlung zeitnaher Verkäufe vergleichbarer Werke**
  Die Ermittlung zeitnaher Verkäufe vergleichbarer Werke kann über einschlägige Datenbanken (wie z. B. www.artnet.com, www.artprice.com[2302]) erfolgen. Hier hat der Sachverständige nach Künstler, Schaffensperiode, Technik, Qualität, dargestelltem Sujet, Maß, Provenienz, Erhaltungszustand und sonstiger Kriterien vorzugehen. Auf dieser Stufe wird eine Ermittlung häufig nur auf Basis von Auktionsergebnissen möglich sein, da Händler- und Privatverkäufe regelmäßig nicht veröffentlich werden.
- **Herstellung der Vergleichbarkeit von Parallelobjekten**
  Hinsichtlich der veröffentlichten Preise ist in einem zweiten Schritt zwischen Netto-Verkaufspreis, Hammerpreis und Gesamtzuschlagspreis zu unterscheiden. Hier ist ggf. die Sellers Commission und die Buyers Premium in Abzug zu bringen.
- **Herstellung der einheitlichen Währung**
  Die Vergleichsumsätze sind nunmehr in eine einheitliche Währung umzurechnen. Die veröffentlichten Auktionsergebnisse sind daher zum Tageskurs des Zuschlags in Euro umzurechnen.
- **Bewertung im engeren Sinne**
  Auf dieser Bewertungsstufe kommen der eigentliche kunsthistorische Sachverstand und die Marktkenntnisse des Sachverständigen zum Tragen. Zur Schaffung größtmöglicher Bewertungstransparenz ist auf dieser Stufe eine Begründung erforderlich, warum der Sachverständige das bewertete Objekt höher oder niedriger als die Vergleichsobjekte einschätzt. Hier sind sämtliche wertbildende Faktoren wie Echtheit, Erhaltungszustand, Signatur, Provenienz, Marktfrische, Qualität, Marktgängigkeit, Sujet und Format, marktgerechtes Angebot, Vergleich des nationalen und internationalen Markts sowie die gegenwärtige »Mode« zu berücksichtigen.
- **Gewichtung der Vergleichsobjekte**
  Schließlich hat eine Gewichtung der Preise der Vergleichsobjekte zu erfolgen. Hierbei ist insbesondere eine Preisentwicklung von zeitnahen und zeitfernen Verkäufen zum Bewertungsstichtag nachzuvollziehen. Ausschläge in beide Richtungen sind dabei zu eliminieren.
- **Versicherungswert**
  Zu erwähnen ist noch, dass ein Anhaltspunkt für die Wertermittlung natürlich auch der Wert sein kann, den der Steuerpflichtige oder sein Rechtsvorgänger bei der Sachversicherung zur Bemessung des Versicherungsschutzes angegeben hat. Hier zeigt sich auch das Dilemma die Annahme eines hohen Sachversicherungswertes führt gleichzeitig zu einer zumindest faktischen Einschränkung des Spielraums bei der Bewertung für erbschaftsteuerliche Zwecke.

2301 BFH vom 06.06.2001; *Heuer*, DStR 1995, 438; ders., NJW 2008, 689; *Lohr/Prettl*, in: Schlitt/Müller, 2010, Rz. 230.
2302 Beide Nachweise aufgelistet bei *Steiner*, ErbStB 2004, 19.

- **Weitere Bewertungsfaktoren**
  Das so gewonnene Bewertungsergebnis ist einer abschließenden Betrachtung unter Prämisse einer vorsichtigen Bewertung zu unterziehen (R 9.3 Satz 2 EStR). So können z.B. Paketabschläge vorgenommen werden, etwa wenn ganze Künstlernachlässe übertragen werden oder Sammlungen, deren Größe der Markt nicht aufnehmen könnte. Auch Paketzuschläge für besonders wertvolle zusammenhängende Sammlungen sind jedoch denkbar. Schließlich sind in der Regel Abschläge für Kunstgegenstände vorzunehmen, welche in das Gesamtverzeichnis national wertvollen Kulturguts aufgenommen wurden. Faktisch bedeutet eine solche Aufnahme ein Exportverbot und somit eine erhebliche Einschränkung der Handelbarkeit. Der entsprechende Wertverlust kann in Einzelfällen 50 bis 75 % betragen.
  Es ist darauf hinzuweisen, dass auch die Finanzverwaltung von einer möglichst vorsichtigen Bewertung ausgeht. Um eine möglichst ausgeglichene und einheitliche Bewertung von Kunstwerken sicherzustellen (auch wenn die entsprechenden Kunstgegenstände zum Stichtag am Markt nicht gefragt sein sollten), nimmt die Finanzverwaltung daher einen Wertabschlag vom zuvor ermittelten Wert vor. So jedenfalls lautete ein gleichlautender Verwaltungserlass der Länder vom 18.06.1997. Dieser Erlass hat zwar keine Geltung mehr – dies ist jedoch nicht unbedingt als Aufgabe der Verwaltungsauffassung zu verstehen. In der Praxis wird der Bewertungsabschlag jedenfalls in der Regel weiterhin vorgenommen. Wie hoch der Bewertungsabschlag im Einzelnen ausfällt (z.B. 15 oder 30 %, in Einzelfällen auch höher) steht im Ermessen der jeweiligen Behörde.

2.5.6.6 Entrichtung der Steuerschuld durch Hingabe von Kunst

Abschließend ist für Zwecke der Erbschaftsteuer noch auf eine einmalige Sonderregelung im Gesetz zu verweisen. Nach § 224a AO besteht die Möglichkeit, dass ein Steuerpflichtiger Erbschaftsteuer schuldet, dass im Rahmen eines dazu abgeschlossenen öffentlich rechtlichen Vertrages anstelle der Zahlung in Geld das Eigentum an Kunstgegenständen, Kunstsammlungen, wissenschaftlichen Sammlungen, Bibliotheken, Handschriften und Archiven, dem Land zu übertragen, dem das Steueraufkommen zusteht. Dies kann aber nur dann erfolgen, wenn an deren Erwerb wegen ihrer Bedeutung für Kunstgeschichte oder Wissenschaft ein öffentliches Interesse besteht. Dabei ist nicht Voraussetzung, dass die zu tilgende Steuer auf dem Umstand beruht, dass Kunstgegenstände zum Nachlass gehören.[2303] Gerade für große renommierte Kunstsammlungen bietet sich so die Möglichkeit, die tatsächliche erbschaftsteuerliche Liquiditätsbelastung der Liquidität des Nachlasses zu reduzieren. Dies kann insbes. durch die Kombination der teilweisen Steuerbegünstigung gem. § 13 Abs. 1 Buchst. 2a ErbStG und dieser besonderen Möglichkeit der Hingabe von Kunstgegenständen an Zahlung statt erfolgen. Die Hingabe von Kunstgegenständen erfolgt auf der Grundlage eines öffentlich-rechtlichen Vertrages, der nicht mit der Finanzverwaltung, sondern mit der Behörde abzuschließen ist, die in dem betreffenden Bundesland die Fachbehörde für die Beurteilung der Frage ist, ob das Kunstwerk

2303 *Koenig/Fritsch*, AO, 3.A § 224a/1 m. w. N.

eine Bedeutung für Kunst, Geschichte oder Wissenschaft hat und der Erwerb deshalb im öffentlichen Interesse ist. Ein Anspruch auf den Abschluss eines solchen Vertrages besteht allerdings nicht.[2304]

Zudem sieht das Gesetz für die Zeit für die Verhandlungen über eine solche Vereinbarung, die typischerweise nicht allein mit der Steuerverwaltung sondern den für Kultur zuständigen Behörden geführt werden, die Stundung der zunächst festgesetzten Erbschaftsteuer vor (§ 224a Abs. 4 Satz 1 AO). Die Stundung erfolgt zinslos, wenn es später zum Abschluss einer entsprechenden Vereinbarung kommt (§ 224a Abs. 4 Satz 2 AO). Scheitert das Bemühen, eine solche Vereinbarung zu Stande zu bekommen, endet die Stundung und die festgesetzte Steuer ist für den Zeitraum der Stundung regulär mit dem gesetzlichen Satz von 6 % p. a. zu verzinsen.

2.5.7 Fazit

Als Gesamtfazit zu diesem Kapitel bleibt festzuhalten, dass die Investition in Kunst Risiken, aber auch große Chancen bietet – nicht nur monetär. Damit die Chancen vollumfänglich zum Tragen kommen können und die Risiken so weit wie möglich ausgeschlossen werden, bedarf es eines planvollen Vorgehens und eines langfristigen Zeithorizonts.

2304 *Koenig/Fritsch*, AO, 3. A § 224a/11.

3 Family Governance in Familienunternehmen

Dr. Christoph Lächler/Hans Christian Blum

3.1 Governance in Familienunternehmen

Governance-Fragen sind bei Familienunternehmen vielschichtiger als bei Unternehmen, die sich in Hand von strategischen Anlegern und Investoren oder von Finanzinvestoren befinden. Die Familie ist als Ankerinvestor mit einer langfristigen strategischen und generationsübergreifenden Perspektive an dem Unternehmen beteiligt und ist zugleich auch Dreh- und Angelpunkt für den langfristigen Erfolg des Unternehmens. Dieser auf den ersten Blick positive Einfluss auf das Familienunternehmen kann sich auch schnell zu seinem Nachteil verkehren. Denn die komplexen Verbindungen zwischen Familie, Unternehmen und Eigentum birgt bei Familienunternehmen ein besonderes Risikopotenzial.[2305] Zwar ist die Familie die Gemeinsamkeit, die alle verbindet, doch machen auch zwischenmenschliche Konflikte vor einem Unternehmen nicht halt. Die Hintergründe und Auslöser derartiger Konflikte können mannigfaltig sein: Nicht alle Familiengesellschafter sind am Unternehmen in gleichem Umfang beteiligt oder im Familienunternehmen operativ tätig. Zündstoff für Konflikte können Meinungsverschiedenheiten über Vermögensausrichtung der Familie, Führung und Perspektive des Unternehmens ebenso wie rein menschliche Faktoren liefern, die mit dem Unternehmen nichts zu tun haben,[2306] wie Neid oder Missgunst zwischen einzelnen Familienmitgliedern, Generationenkonflikte oder Interessenskonflikte, die beispielsweise aus Ehescheidungssituationen herrühren.

Es lässt sich unschwer erkennen, dass die klassischen Corporate-Governance-Empfehlungen und Regelungen, die sich an Gesellschaften mit einem breiten Anlegerpublikum richten, für Familienunternehmen zu kurz greifen. Die Diskussion um Corporate-Governance-Fragen hat ihren Ursprung v. a. in dem Principal-Agent-Konflikt (börsennotierter) Publikumsgesellschaften. Die Interessengegensätze zwischen den Anteilseignern als Prinzipalen und den eingesetzten (Fremd-)Managern als Agenten wird durch die eingeschränkte wirksame Kontrollmöglichkeit der Unternehmensleitung durch die Anteilseigner verstärkt. Ziele der Corporate-Governance-Grundsätze für Publikumsgesellschaften sind daher vornehmlich, Verhaltensmaßstäbe für die Unternehmensleitung und -überwachung zu setzen und das bestehende Transparenzdefizit zu beseitigen.[2307] Diese Konfliktsituation stellt sich bei Familienunternehmen nicht so vordringlich. Allenfalls bei Einsetzung eines Fremdmanagements oder in dem Fall, dass ein beherrschender

2305 Mit erläuternden und weiterführenden Hinweisen zu dem sog. Drei-Kreise-Modell, vgl. *Lorz/Sarholz*, FuS, Sonderheft/2014, 4 f.

2306 Zu den verschiedenen Konfliktformen in Familienunternehmen vgl. weiterführend *Kellermanns/von Schlippe*, in: Koeberle-Schmid/Fahrion/Witt (Hrsg.), 2012, 431.

2307 Hierzu mit weiterführenden Hinweisen *Lange*, BB 2005, 2585.

Familienstamm auch die Geschäftsführung innehat, tritt der Principal-Agent-Konflikt zutage, wenn auch in abgeschwächter Form, da in Familienunternehmen die Überwachungs- und Kontrollmöglichkeiten durch die Familieneigentümer meist effektiv und unmittelbar ausgestaltet sind.[2308] Vielmehr kommt in Familienunternehmen sowohl dem Verhältnis der Gesellschafter untereinander als auch dem Verhältnis der Familie zum Unternehmen bzw. der Unternehmensleitung wichtige Bedeutung zu. Unter Governance in Familienunternehmen ist demnach »*die Organisation von Führung und Kontrolle sowie die Sicherung des Zusammenhalts der Unternehmerfamilie und des Unternehmens*« zu verstehen.[2309]

3.2 Governance-Systeme in Familienunternehmen

Für den langfristigen wirtschaftlichen Erfolg eines Familienunternehmens ist es entscheidend, neben einer effizienten Governance auf Unternehmensebene (Corporate Governance oder Business Governance)[2310] auch geeignete Regelungen auf Familienseite (Family Governance) zu etablieren und an die jeweils aktuelle Unternehmens- und Familiensituation anzupassen.[2311] Die beiden Regelungssysteme sind vielfach überlappend und miteinander verzahnt, was bei deren Ausgestaltung berücksichtigt werden muss.[2312]

Ziel der **Corporate Governance** ist die Schaffung professioneller Führungs- und Kontrollstrukturen, die zugleich auch eine verantwortungsvolle Einflussnahme der Inhaber bzw. Gesellschafter auf ihr Unternehmen sicherstellen. Leitlinie für die handelnden Familienmitglieder und externe Dritte ist dabei die sog. Professional Ownership, mit dem Ziel einer nachhaltigen Steigerung des Unternehmenswerts zur Sicherung der langfristigen Überlebensfähigkeit des Familienunternehmens.[2313]

Ziel der **Family Governance** ist es, »*das Zusammengehörigkeitsgefühl der Mitglieder der Inhaberfamilie und deren Identifikation mit dem Unternehmen zu stärken und langfristig zu festigen*«.[2314] Handlungsmaßstab bei der Family Governance ist der sog. Fair Process, nämlich für sämtliche Familienmitglieder faire, transparente und überprüfbare Regeln für die Gesellschafter und deren Zugang zum Familienunternehmen zu schaffen.[2315]

Die beiden Regelungssysteme, Corporate Governance und die Family Governance, werden oftmals in einer Familienverfassung verbunden. Neben den relevanten Regelungsaspekten der

2308 Ausführlich hierzu *Lange*, BB, 2005, 2587.
2309 *Koeberle-Schmid/Witt/Fahrion*, in: Koeberle-Schmid/Fahrion/Witt (Hrsg.), 2012, 28.
2310 Zu den Fragen der Corporate Governance s. im Einzelnen II 1.6.
2311 *Hastenteufel/Staub*, StB 2019, 185.
2312 *Rohner*, in: Gummert, Münchener Anwaltshandbuch Personengesellschaft, 3. Aufl., 2019, § 3 Rn. 43 ff.
2313 *Koeberle-Schmid/Witt/Fahrion*, in: Koeberle-Schmid/Fahrion/Witt (Hrsg.), 2012, 29.
2314 Am 29.05.2017 wurde die dritte Auflage des Governance Kodex für Familienunternehmen vorgestellt.
2315 Weiterführend hierzu *Koeberle-Schmid/Witt/Fahrion*, in: Koeberle-Schmid/Fahrion/Witt (Hrsg.), 2012, 29.

Corporate Governance und der Family Governance (hierzu nachfolgend 3.4) werden in einer Familienverfassung (hierzu in 3.3) auch Ziele und Werte der Familie sowie das Verhältnis und die langfristige Ausrichtung der Familie zu ihrem Unternehmen niedergeschrieben.

3.3 Familienverfassung

3.3.1 Funktion und Inhalt

Die Familienverfassung, vielfach auch als Family-Business-Governance-Verfassung oder Familienkodex bezeichnet, soll neben den relevanten Regelungsaspekten der Corporate Governance und Family Governance die Werte, Zielvorstellungen und Leitlinien für die Ausrichtung und Entwicklung des Familienunternehmens niederschreiben und damit Leitbild und Richtschnur für das Handeln im Familienverbund sowie für die Gesellschafter, die Geschäftsführung und sonstige Governance-Gremien des Familienunternehmens sein.[2316] Nach einer Studie[2317] verfügt nur ein Viertel der Familienunternehmen über eine Familienverfassung. Im Vergleich zu solchen Familienunternehmen, die keine Familienverfassung haben, handelt es sich um Unternehmen, die signifikant größer und älter sind und mit durchschnittlich 13 Familiengesellschaftern über eine größere Anzahl von Gesellschaftern verfügen. Ohne Frage kann eine Familienverfassung auch bei kleineren Unternehmen dazu dienen, Konflikte zu vermeiden und nachhaltig den Zusammenhalt der Familie, die Bindung zum Familienunternehmen ebenso wie die Professional Ownership zu fördern.

Eine Familienverfassung lässt sich in die nachfolgenden Hauptregelungsbereiche untergliedern:[2318]

- Zielsetzung der Familienverfassung,
- Werte und Ziele der Familie und des Unternehmens,
- Corporate Governance und
- Family Governance.

Adressatenkreis der Familienverfassung ist der Familienverbund also solcher, sprich die gegenwärtigen Gesellschafter des Familienunternehmens, aber auch die Familienmitglieder, die zum potenziellen Gesellschafterkreis gehören oder nach der familieninternen Definition Teil der Familie sein sollen, unabhängig von ihrer gegenwärtigen oder zukünftigen Gesellschafterstellung.

Die Familienverfassung soll im Allgemeinen das Innenverhältnis des Familienverbunds und das Verhältnis als Inhaberfamilie zum Familienunternehmen regeln. Im Unterschied hierzu

2316 *Fleischer*, NZG 2017, 1201.
2317 *Schween/Koeberle-Schmid/Bartels/Hack*, Studie: Die Familienverfassung, Zukunftssicherung für Familienunternehmen, 2011, 14 f.
2318 Vgl. *Reich/Bode*, DStR 2018, 305.

betreffen der Gesellschaftsvertrag, die Gesellschaftervereinbarung oder sonstige gesellschaftsrechtliche Dokumente nur diejenigen Familiengesellschafter, die auch selbst Anteile am Familienunternehmen halten.

! **Hinweis**

Im Hinblick auf ihren Adressatenkreis ist zu empfehlen, eine Familienverfassung nicht in juristischer, sondern in für jedermann verständlicher Sprache zu verfassen. Eine Familienverfassung soll lediglich Leitlinien für die Familie und das Unternehmen aufstellen und als richtungsweisende Vorgabe für die Ausgestaltung rechtlicher Dokumente wie Gesellschaftsvertrag, Gesellschaftervereinbarung und Geschäftsordnungen für die Geschäftsführungs- und Aufsichtsorgane dienen. Ferner muss auch darauf geachtet werden, dass die Familienverfassung inhaltlich nicht überfrachtet wird und Details sinnvollerweise der gesellschaftsrechtlichen Dokumentation überlassen werden.[2319]

3.3.2 Verbindlichkeit der Familienverfassung

Aus juristischer Sicht stellt sich die Frage, ob und in welchem Umfang die Regelungen einer Familienverfassung rechtlich verbindlich sind. Mit dem Begriff der Verfassung ist die Vorstellung verbunden, dass es sich hierbei um das ranghöchste Regelungswerk an der Spitze einer Normenpyramide handeln muss. Dennoch werden nach h. M. die Regelungen der Familienverfassung als nicht unmittelbar rechtlich bindend angesehen.[2320] Sie sind damit weder klageweise durchsetzbar noch vollstreckbar. Es wäre jedoch zu weitgehend, den Regelungen der Familienverfassung jegliche Verbindlichkeit abzusprechen und diese als reine Absichtserklärungen zu werten. Denn die Familienverfassung soll gemeinsame Grundlage für die Beziehungen der Familienmitglieder untereinander und für das Verhältnis der Familie gegenüber dem Familienunternehmen sein. Ihr Verpflichtungsgehalt ist zunächst insbes. moralischer Natur.[2321] Da die Regelungen der Familienverfassung den Konsens der Familienmitglieder abbilden, besteht die Erwartung, dass sich die Familienmitglieder nach den Vorgaben der Familienverfassung verhalten und aktiv an der Umsetzung ihrer Ziele und Vorgaben mitwirken. Die Familienverfassung enthält für die Corporate und Family Governance Handlungsaufträge und Vorgaben für das Verhältnis der Familienmitglieder zueinander, ihrem Verhältnis zum Unternehmen ebenso wie für die Governance des Unternehmens. Die Umsetzung dieser Vorgaben erfolgt zumeist im Gesellschaftsvertrag, in einer etwaigen Gesellschaftervereinbarung, in Geschäftsordnungen der vorgesehenen Gremien sowie ggf. auf der Ebene der Familienmitglieder i. R. v. ehe- oder erbvertraglichen Vereinbarungen. Allen vorgenannten gesellschaftsrechtlichen und vertraglichen Vereinbarungen kommt rechtlich bindende und durchsetzbare Wirkung zwischen den

2319 Vgl. *Reich/Bode*, DStR 2018, 305; *Koeberle-Schmid/Schween/May*, BB 2011, 2499, 2501; *Schulz/Werz*, ErbStB 2007, 310, 313; *Kirchdörfer/Lorz*, FuS 3/2011, 105.

2320 *Hennerkes*, 2004, 61; *Kalss/Probst*, 2013, Rz. 3/23; Kirchdörfer/Breyer, FuS, Sonderheft/2014, 21.

2321 *Kalss/Probst*, 2013, Rz. 3/23; *Kirchdörfer/Breyer*, FuS, Sonderheft/2014, 21.

jeweils Beteiligten zu, sodass die Familienverfassung in den sie spiegelnden Regelungswerken zumindest mittelbar bindende Wirkung hat.

Da die vorgenannten Vereinbarungen im Lichte der Familienverfassung umgesetzt werden, liegt es nahe, die Vorgaben der Familienverfassung auch im Streitfall für die Auslegung dieser Vereinbarungen heranzuziehen. Es spricht auch einiges dafür, dass die Regelungen auf Gesellschafts- bzw. Gesellschafterebene im Streitfall bei Beurteilung der gesellschaftsrechtlichen Treuepflicht herangezogen werden könnten.[2322]

Hinweis !

Es empfiehlt sich, in der Familienverfassung klarzustellen, ob es sich bei den Regelungen um lediglich moralische Verpflichtungen handeln soll, oder ob und in welchem Umfang sie quasi als schuldvertragliche Nebenvereinbarung zu den sonstigen Vereinbarungen wie Gesellschaftsvertrag oder Gesellschaftervereinbarung verbindlich und durchsetzbar sein sollen.[2323]

3.3.3 Erarbeitung und Anpassung

Die Regelung einer Familienverfassung, insbes. die Festlegung ihrer Zielsetzung sowie der Werte und Ziele der Familie und des Unternehmens, lassen sich nur individuell für jede Unternehmerfamilie und jedes Familienunternehmen beantworten. Eine Familienverfassung ist daher stets in enger Abstimmung mit den Familienmitgliedern auf Basis eines breiten Konsenses zu entwickeln und auszuarbeiten. Es bietet sich an, zunächst die grundlegenden Regelungen einer Familienverfassung i. R. v. Workshops schrittweise zu erarbeiten. Die Familie sollte durch jeweilige Vertreter angemessen repräsentiert sein, eine effiziente Arbeitsatmosphäre ergibt sich mit nicht mehr als 20 teilnehmenden Familienmitgliedern. Es hat sich auch vielfach bewährt, die Familienverfassung zusammen mit einem externen Berater in einem moderierten Prozess zu erarbeiten. Die Fragen, die sich i. R. d. Erarbeitungsprozesses stellen, bringen auch Themen zur Sprache, die höchst sensibel sind oder bereits in der Vergangenheit zu Unstimmigkeiten zwischen den Familienmitgliedern geführt hatten.

In regelmäßigen Abständen sollte dann ein breiterer Familienkreis in die Erarbeitung einbezogen werden, da die Familienverfassung gemeinsame Basis der Werte und Ziele der gesamten Familie und des Unternehmens verkörpert. Die gemeinsame Erarbeitung einer Familienverfassung ist ein Prozess, der sich über mehrere Monate hinziehen kann.

Eine Familienverfassung unterliegt dem Wandel der Zeit und entwickelt sich über Familiengenerationen fort. Mit zunehmendem Alter und zunehmender Größe des Familienunternehmens

2322 In diese Richtung auch *Kirchdörfer/Breyer*, FuS, Sonderheft/2014, 21.
2323 Vgl. *Wicke*, ZGR 2012, 485.

ebenso wie mit der damit verbundenen wachsenden Anzahl der Familiengesellschafter steigen die Herausforderungen und die Komplexität der erforderlichen Regelungen. Aus diesem Grund ist die Familienverfassung in regelmäßigen Abständen kritisch auf ihre Aktualität hin zu überprüfen und ggf. anzupassen. Die Familienverfassung sollte vorsehen, dass beispielsweise nach Ablauf von fünf Jahren der Familienrat bzw. Gesellschafterausschuss darüber entscheidet, ob die Familienverfassung einer Anpassung bedarf.

3.3.4 Governance Kodex für Familienunternehmen

In Praxis und Wissenschaft besteht Einigkeit darüber, dass eine gute Governance maßgeblich zum Erfolg eines Unternehmens beitragen kann. Nichts anderes gilt für Familienunternehmen.

Für deutsche börsennotierte Gesellschaften findet der von einer Regierungskommission erarbeitete »Deutsche Corporate Governance Kodex« (DCGK) Anwendung, der gesetzliche Vorschriften zur Leitung und Überwachung deutscher börsennotierter Gesellschaften darstellt und darüber hinaus Empfehlungen und Anregungen zu guter und verantwortungsvoller Unternehmensführung abgibt. Die Empfehlungen des DCGK sind nicht verbindlich, erfahren aber über die jährlich abzugebende Entsprechungserklärung nach § 161 AktG eine gesetzliche Grundlage. Ziel des DCGK ist es, die Corporate Governance deutscher börsennotierter Unternehmen transparent zu machen und das Vertrauen der nationalen und internationalen Anlegerschaft, der Kunden, Mitarbeiter und der Öffentlichkeit zu fördern.

Für Familiengesellschaften gibt es bislang kein vergleichbares Regelungswerk einer öffentlichen Stelle. Dies ist vor allem darauf zurückzuführen, dass Governance-Systeme in Familienunternehmen jeweils an die individuellen Wünsche und Ziele des Familienunternehmens anzupassen sind. Ein Einheitskodex in Gestalt des DCGK erscheint daher weder regelbar noch praktikabel.

Von einer privaten Initiative wurde 2004 der »Governance Kodex für Familienunternehmen – Leitlinien für die verantwortungsvolle Führung von Familienunternehmen« erarbeitet, der am 19.06.2010 zum ersten Mal veröffentlicht und am 29.05.2015 in dritter Auflage vorgestellt wurde.

Ausweislich seiner Präambel »*will der Governance Kodex für Familienunternehmen deutlich machen, welche Fragestellungen die Inhaber zur Sicherung guter Governance beantworten sollten*«.[2324] Der Governance Kodex für Familienunternehmen orientiert sich daher nicht an dem Konzept des DCGK und will insbes. keine verbindlichen Vorgaben für die Ausgestaltung der Governance in Familienunternehmen aufstellen.[2325] Er bietet der Unternehmerfamilie die

2324 Governance Kodex für Familienunternehmen, 2015, Präambel.
2325 *May/Koeberle-Schmid*, DB, 2011, 488.

Möglichkeit und zugleich Hilfestellung, anhand einer Checkliste die richtigen Fragen im Zusammenhang mit der Erstellung einer individuell ausgestalteten Familienverfassung zu stellen. So unterteilt sich der Kodex selbst in folgende Kapitel:[2326]

- Selbstverständnis der Inhaber
- Ausgestaltung der Inhaberrechte und -pflichten
- Aufsichtsgremium
- Unternehmensführung
- Ergebnisermittlung und -verwendung
- Übertragbarkeit der Inhaberschaft, Ausscheiden aus dem Inhaberkreis
- Family Governance
- Erstellung und Gültigkeit eines eigenen Governance Kodex

Aus inhaltlicher Sicht bestätigt sich dieses Bild: Der Governance Kodex für Familienunternehmen greift lediglich mögliche Regelungsaspekte der Governance-Systeme auf, enthält jedoch keine konkreten Reglungsvorschläge. Die inhaltliche Umsetzung bleibt einer individuellen Ausgestaltung vorbehalten.

3.4 Family Governance

Eine gute Family Governance ist stets individuell erarbeitet und an die Situation der Familie angepasst. Nachfolgend können daher auch nur einzelne Regelungsaspekte einer Family Governance angesprochen werden, die i. R. d. Erarbeitung einer individuellen Family Governance berücksichtigt werden sollten.

Im Zentrum der Family Governance steht die Gesellschafterversammlung. Durch die Gesellschafterversammlung wird unmittelbar Einfluss auf die Unternehmensführung genommen, so dass die Gesellschafterversammlung zugleich Bindeglied und Schnittstelle zur Corporate Governance ist. Abhängig von der Größe der Familie sind weitere, oft in der Family Governance anzutreffende Gremien der Gesellschafterausschuss sowie ggf. das Family Office.

Zentrale Instrumente zur Förderung des Familienzusammenhalts und zur Identifikation mit dem Unternehmen (s. hierzu nachfolgend 3.4.4) sind gemeinsame Aktivitäten (Family Activity) und damit zusammenhängende Fortbildungs- und Weiterbildungsveranstaltungen im Hinblick auf die Professional Ownership sämtlicher Gesellschafter (Family Education). Als Ausdruck des sozialverantwortlichen Handelns der Unternehmerfamilie ist häufig auch ein gemeinnütziges Engagement der Familie oder einzelner Familienmitglieder in der Öffentlichkeit anzutreffen (Family Philanthropy). Ferner sollte die Family Governance Regelungen zur Lösung von Konflikten vorsehen.

2326 Governance Kodex für Familienunternehmen, 2015.

3.4.1 Gesellschafterstellung als Bindeglied zwischen Familie und Familienunternehmen

Die Gesellschafterstellung und damit die Inhaberschaft ist in einem Familienunternehmen eng mit der Zugehörigkeit zur Unternehmerfamilie verknüpft und berechtigt zur Teilnahme an der Gesellschafterversammlung.

Die Gesellschafterversammlung ist in Familiengesellschaften regelmäßig oberstes Organ der Gesellschaft. Dies trifft jedenfalls für die Rechtsformen der GmbH und der GmbH & Co. KG zu, die bei Familiengesellschaften als häufigste Rechtsform anzutreffen sind. Sie entscheidet i. R. v. Gesellschafterbeschlüssen über grundsätzliche Fragen der Ausrichtung des Familienunternehmens, Besetzung wichtiger Organe und Gremien, Eigenkapitalausstattung der Gesellschaft sowie sonstige Strukturmaßnahmen. Den Gesellschaftern kommt damit eine wichtige Rolle zu. Neben ihrem Recht zur Teilnahme an Gesellschafterversammlungen, der Ausübung ihres Stimmrechts sowie der Wahrnehmung ihres Informationsrechts gegenüber der Geschäftsleitung steht ihnen das Gewinnbezugsrecht als wesentliches Vermögensrecht eines Gesellschafters zu.

3.4.1.1 Festlegung des Gesellschafterkreises

Kennzeichnend für die allermeisten Familienunternehmen ist, dass sich die Gesellschaftsanteile stets in Familienhand befinden müssen. Wie weit der Kreis der familienzugehörigen Gesellschafter gefasst wird, ist eine zentrale Frage, die einer klaren Grenzziehung bedarf und von den Gesellschaftern entschieden werden muss.

- Kommen als Gesellschafter
- nur leibliche Abkömmlinge,
- jeweils nur ein leiblicher Abkömmling,
- eheliche oder nicht eheliche Abkömmlinge,
- auch Adoptivkinder,
- nur im Familienunternehmen aktive Gesellschafter,
- Ehegatten

in Betracht?

Die Ausweitung des Gesellschafterkreises auf Ehepartner zieht gleichzeitig die Frage nach sich, wie in einem Fall der Scheidung bzw. Zerrüttung der Beziehung zu verfahren ist. Vor dem Hintergrund der damit verbundenen Schwierigkeiten und dem damit verbundenen Regelungsbedarf sollte im Zweifel davon abgesehen werden, auch Ehepartner in den Gesellschafterkreis aufzunehmen.

Wer als Gesellschafter in das Familienunternehmen aufgenommen werden darf, ist üblicherweise Regelungsgegenstand des Gesellschaftsvertrags und ggf. auch der Gesellschaftervereinbarung. An den hierin definierten Kreis der Berechtigten darf eine Übertragung von Gesellschaftsanteilen in der Regel ohne Zustimmung der Mitgesellschafter vorgenommen werden, wohingegen eine Übertragung an Dritte, welche nicht ausdrücklich dem Gesellschafterkreis zugehörig sind, nur mit Zustimmung der übrigen Gesellschafter erfolgen darf.

Im Gesellschaftsvertrag sind sowohl Regelungen zur rechtsgeschäftlichen Übertragung als auch für Übertragungen von Todes wegen im Rahmen einer erbrechtlichen (gesetzlichen oder testamentarischen) Nachfolge zu berücksichtigen.

3.4.1.1.1 Rechtsgeschäftliche Übertragungen

Die Ausgestaltung von Regelungen, die die Übertragung von Gesellschaftsanteilen beschränken oder erst ermöglichen, ist abhängig von der Rechtsform des Familienunternehmens. Anteile an Kapitalgesellschaften wie Aktien (AG) oder Geschäftsanteilen (GmbH) sind grundsätzlich ohne Zustimmung der Gesellschafter oder der Gesellschaft übertragbar. Beschränkungen der Übertragbarkeit, sog. Vinkulierungsklauseln, können in der Satzung bzw. dem Gesellschaftsvertrag vereinbart werden. Im Falle der Übertragung von Gesellschaftsanteilen an Personengesellschaften bedarf die Übertragung grundsätzlich der Zustimmung sämtlicher Gesellschafter, sofern der Gesellschaftsvertrag keine abweichende Regelung vorsieht. Vinkulierungsklauseln und das Zustimmungserfordernis bei der Übertragung von Gesellschaftsanteilen an Personengesellschaften haben nicht lediglich schuldrechtlichen Charakter, sodass eine Übertragung an einen Dritten, der nicht zum Gesellschafterkreis gehört, ohne Zustimmung unwirksam ist.

3.4.1.1.2 Vererbung der Beteiligung

Für den Fall einer Vererbung der Beteiligung sind Art und Umfang der Gestaltung im Gesellschaftsvertrag abhängig von der jeweiligen Rechtsform (zu den erbrechtlichen Gestaltungsmöglichkeiten im Einzelnen s. 1.2.2.1): Anteile an Kapitalgesellschaften sind vererblich, ohne dass es hierzu einer ausdrücklichen Regelung bedarf. Mit dem Tod des Erblassers fällt die Beteiligung an dem Familienunternehmen automatisch in den Nachlass. Für den Fall, dass in die Familiengesellschaft Erben als Gesellschafter einrücken könnten, welche nicht zum definierten Gesellschafterkreis gehören, müssen entsprechende Schutzvorkehrungen getroffen werden. Hierfür kommen bei einem GmbH-Gesellschaftsvertrag Regelungen über den zwangsweisen Ausschluss des Gesellschafters (Zwangseinziehung) oder auch eine Zwangsübertragung von Gesellschaftsanteilen auf für den Gesellschafterkreis zulässige Personen in Betracht. Bei Personengesellschaften muss der Gesellschaftsvertrag mittels einer sog. Nachfolgeklausel die Beteiligung an der Familiengesellschaft vererblich stellen. Ausnahme hiervon ist die Beteiligung eines Kommanditisten, die von Gesetzes wegen vererblich ist (§ 177 HGB). Um sicherzustellen, dass auch nur die für den Gesellschafterkreis zulässigen Personen als Gesellschafter in die Gesellschaft einrücken, bietet es sich an, den zulässigen Gesellschafterkreis in die Nachfolgeklausel explizit aufzunehmen (sog. qualifizierte Nachfolgeklausel). Mit dem Tode des Erblassers erwerben diejenigen (gesetzlichen oder testamentarischen) Erben die Gesellschafterstellungen, welche dem Gesellschafterkreis angehören können. Sind keine nach der qualifizierten Nachfolgeklausel zulässigen Erben vorhanden, steht diesen Erben ein Abfindungsanspruch zu.

!

Hinweis

Es ist darauf zu achten, letztwillige Verfügungen eines Familiengesellschafters im Lichte der Regelungen des Gesellschaftsvertrags auszugestalten. Letztwillige Verfügungen, die den Vorgaben des Gesellschaftsvertrags widersprechen, können zu einer Liquiditätsbelastung der Gesellschaft oder der Gesellschafter für die Zahlungen von Abfindungen führen.

3.4.1.2 Möglichkeiten der freiwilligen Aufgabe der Gesellschafterstellung

Neben dem Ausscheiden eines Familiengesellschafters von Todes wegen gibt es auch andere Gründe, warum ein Familiengesellschafter seine Beteiligung am Familienunternehmen ganz oder teilweise aufgeben will. Denn je länger sich ein Familienunternehmen in der Hand der Familie befindet, desto vielfältiger werden die Interessen der Gesellschafter. Die aktive Tätigkeit im Familienunternehmen steht nicht mehr im Vordergrund, wenn Mitglieder der nachfolgenden Generationen eigene berufliche Interessen verfolgen oder aus sonstigen Gründen das Interesse am und die Identifikation mit dem Familienunternehmen schwinden.

3.4.1.2.1 Motive und Konfliktpotenziale eines Gesellschafterausstiegs

Die Motive eines Ausstiegs können im Familienunternehmen begründet sein. In Betracht kommen insbes. unterschiedliche Auffassungen über die Ausrichtung des Unternehmens oder die Ausschüttungspolitik. Die Gründe können aber auch in der Person des Gesellschafters selbst zu finden sein, beispielsweise wenn der Gesellschafter private Liquidität benötigt, sei es aus einer wirtschaftlichen Notsituation heraus oder sei es vor dem Hintergrund einer geänderten Vermögensallokation, einer Scheidung oder zur Befriedigung eines hohen Lebensstandards.

In Abhängigkeit von der Höhe der Beteiligung des ausscheidewilligen Gesellschafters kann dessen Ausscheiden zu einer ernsthaften finanziellen Belastungsprobe für das Familienunternehmen und die übrigen Gesellschafter werden. Besonderes Konfliktpotenzial birgt die emotionale Verbindung zwischen Familie und Familienunternehmen. Das Ausscheiden als Gesellschafter des Familienunternehmens ist gleichzeitig auch ein Stück weit ein Rückzug aus der Familie. Umso wichtiger ist es, in Familiengesellschaften Vorkehrungen zu treffen, damit der Rückzug eines Gesellschafters aus dem Familienunternehmen in geordneten Bahnen verlaufen kann.

3.4.1.2.2 Lösungsmöglichkeiten und Regelungsbedarf

Zur Sicherung des familiären Zusammenhalts und Verhinderung eines etwaigen Ausstiegs eines Familiengesellschafters sollte versucht werden, Konflikte zwischen den Gesellschaftern oder die Unzufriedenheit einzelner Gesellschafter mit der Führung des Unternehmens intern zu lösen. Hierzu können die Einrichtung eines Gesellschafterausschusses bzw. Familienrats (hierzu 3.4.3) oder gemeinsame Aktivitäten der Familie (hierzu 3.4.4.1) beitragen.

Lässt sich ein Ausstieg des Gesellschafters nicht verhindern, stehen verschiedene Lösungsansätze zur Verfügung. I. R. d. Family Governance werden die jeweiligen Regelungen lediglich skizziert. Detaillierte Regelungen sind dem Gesellschaftsvertrag sowie ggf. einer Gesellschaftervereinbarung vorbehalten.

- **Börsennotierung**
  In dem eher seltenen Fall einer Börsennotierung des Familienunternehmens wird der Ausstieg eines Gesellschafters erheblich erleichtert. Es stellen sich i. d. R. weder Fragen der Fungibilität der Beteiligung noch ihrer Bewertung. Die Entscheidung für den Ausstieg hängt vor allem von der allgemeinen Börsenverfassung ab. Sofern Mitgesellschafter die Beteiligung nicht übernehmen wollen, ist der freie Verkauf über die Börse mit keiner finanziellen Belastung des Familienunternehmens oder der anderen Gesellschafter verbunden.
  In dem üblichen Fall einer nicht börsennotierten Familiengesellschaft müssen Mechanismen im Gesellschaftsvertrag und ggf. in einer Gesellschaftervereinbarung etabliert werden, die es einem Gesellschafter ermöglichen, seine Beteiligung am Familienunternehmen in einem akzeptablen Zeitrahmen und zu angemessenen Konditionen zu veräußern bzw. auf sonstige Weise seine Gesellschafterstellung aufzugeben. Denn es kann keinem Gesellschafter in rechtlich zulässiger Weise zugemutet werden, auf Dauer in der Familiengesellschaft eingemauert zu werden.
- **Familienbörse**
  Ist der Gesellschafterkreis ausreichend groß, besteht die Möglichkeit, einen familieninternen Handel von Gesellschaftsanteilen, eine sog. Familienbörse einzurichten. Die Ausgestaltung des Handels sowie die Modalitäten der Bewertung können sehr flexibel gehandhabt werden. Ein Verkauf kann beispielsweise auch durch die Einschaltung eines Treuhänders, dessen Funktion beispielsweise ein Family Office wahrnehmen kann, durchgeführt werden, sodass auch die Möglichkeit besteht, den Verkauf der Gesellschaftsanteile und die Preisfindung anonym zu gestalten. Da i. d. R. kein so umfassender Handel von Gesellschaftsanteilen stattfinden wird, dass sich aus Angebot und Nachfrage ein repräsentativer Marktpreis ermitteln lässt, bedarf es bei jedem Kauf bzw. Verkauf eines Mindestpreises, der anhand eines vereinbarten Bewertungsverfahrens festgelegt wird.
- **Andienungspflichten**
  Zur Sicherung der Kontinuität der Beteiligung in Familienhand werden üblicherweise Andienungspflichten im Gesellschaftsvertrag und ggf. in einer Gesellschaftervereinbarung vorgesehen. Ein veräußerungswilliger Gesellschafter ist hiernach verpflichtet, seine

zur Veräußerung stehende Beteiligung an dem Familienunternehmen zunächst den Mitgesellschaftern entsprechend ihrer Beteiligungsquote am Familienunternehmen zum Kauf anzubieten. Sofern Mitgesellschafter von ihrem Erwerbsrecht keinen Gebrauch machen wollen, wächst ihr Erwerbsrecht quotal den Mitgesellschaftern an. Der Mechanismus der Andienungspflichten wird an die jeweilige Gesellschafterstruktur angepasst. Die zur Veräußerung stehende Beteiligung kann beispielsweise auch in mehreren Stufen verschiedenen Familienstämmen zum Verkauf angeboten werden.

Um Konfliktpotenzial bei der Bewertung der Beteiligung weitgehend einzudämmen, empfiehlt es sich, die anzuwendende Bewertungsmethode im Voraus festzulegen (zu einzelnen Fragen der Bewertung s. auch nachfolgend 3.4.1.3). Für den Fall von Streitigkeiten über die Durchführung des Bewertungsverfahrens sollte ein Streitschlichtungsmechanismus vorgesehen werden, wonach ein Schiedsgericht über streitgegenständliche Bewertungsfragen eine für alle Beteiligten verbindliche Entscheidung fällt.

Die Einhaltung der Regelungen zur Andienungspflicht können durch eine Vinkulierungsklausel (s. hierzu bereits 3.4.1.1) sichergestellt werden. Nur für den Fall, dass das Andienungsverfahren ordnungsgemäß durchlaufen wurde, muss der Übertragung der Beteiligung zugestimmt werden.

Sofern sich keine ausreichende Anzahl an Mitgesellschaftern findet, welche bereit sind, die zu Veräußerung stehende Beteiligung vollständig zu übernehmen, besteht für den ausscheidenswilligen Gesellschafter zunächst keine Möglichkeit, seine Beteiligung zu veräußern. Denn in aller Regel wird eine Veräußerung an Dritte, die nicht zum Gesellschafterkreis gehören, nicht zulässig sein.

- **Austrittsrecht**

  Um ein dauerhaftes Einmauern des Gesellschafters zu verhindern, wird dem Gesellschafter ein Recht auf Austritt aus der Gesellschaft mittels Kündigungserklärung eingeräumt. Im Falle einer Personengesellschaft, die auf unbestimmte Zeit errichtet ist, lässt sich die Möglichkeit, die Gesellschaft ordentlich zu kündigen, ohnehin nicht ausschließen.

  Bei Kapitalgesellschaften – wie beispielsweise einer GmbH – muss eine solche Kündigungsmöglichkeit im Gesellschaftsvertrag ausdrücklich vorgesehen sein. Durch die Erklärung der Kündigung bleibt die Beteiligung des kündigenden Gesellschafters zunächst unberührt. Seine mitgliedschaftlichen Rechte und Pflichten gehen erst mit Wirksamkeit einer Einziehung oder Zwangsabtretung unter.[2327]

  Tritt ein Gesellschafter durch Kündigung aus der Familiengesellschaft aus, führt dies i. d. R. dazu, dass ihm ein Anspruch auf Abfindung aus dem Vermögen der Gesellschaft zusteht.

Die Zahlung einer Abfindung führt zu einem Liquiditätsabfluss aus dem Gesellschaftsvermögen. Sie stellt damit eine wirtschaftliche Belastung der Gesellschaft und mittelbar ihrer Gesellschafter dar. Aus diesem Grund sollten die Gesellschafter bestrebt sein, die Kündigungsmöglichkeit

2327 Vgl. *Sosnitzka*, in: Michalski, GmbH-Gesetz, Anh. § 34 Rn 63 ff.

und die damit verbundenen Modalitäten der Abfindung möglichst durch entsprechende Regelungen im Gesellschaftsvertrag zu beschränken. Als Beschränkungsmöglichkeiten kommen die

- Festlegung langer Kündigungsfristen,
- Beschränkung der Höhe der Abfindung und Ausgestaltung der Zahlungsmodalitäten in Betracht.

Das Kündigungsrecht einer auf unbestimmte Zeit errichteten Personengesellschaft darf nach den Vorgaben des § 723 Abs. 3 BGB nicht dauerhaft ausgeschlossen oder unzumutbar erschwert werden.[2328] Dies gilt insbes. dann, wenn der Gesellschafter keine anderweitige Möglichkeit hat, seine Beteiligung zu veräußern. Für angemessene Kündigungsfristen gibt es keine starren Grenzen, vielmehr ist die Frage der Unzumutbarkeit jeweils eine Einzelfallentscheidung. Der BGH hatte in einer Entscheidung zwar eine Unkündbarkeit bis zu 30 Jahren für unbedenklich erklärt.[2329] In neuerer Zeit hat der BGH Zeitbestimmungen zwischen fünf und zwölf Jahren noch als akzeptabel angesehen.[2330] In der Praxis ist daher zu empfehlen, Kündigungsbeschränkungen restriktiv zu behandeln und anderweitige Beschränkungen wie Vinkulierung etc. zu nutzen.

Eine weitere Beschränkungsmöglichkeit besteht in der Festlegung der Höhe der Abfindung. Der generelle Ausschluss einer Abfindung oder ein von Anfang an bestehendes grobes Missverhältnis zwischen Abfindung und Verkehrswert der Beteiligung ist in aller Regel sittenwidrig und damit unwirksam.[2331] Folge ist, dass der Gesellschafter einen Anspruch auf Abfindung zum vollen Verkehrswert hat.[2332] Die in der Praxis häufig anzutreffende Beschränkung der Abfindung auf den Buchwert ist grundsätzlich zulässig.[2333] Mit sog. Buchwertklauseln ist insbes. bei wirtschaftlich erfolgreichen Unternehmen die Gefahr verbunden, dass sich die Abfindungshöhe in einem groben Missverhältnis zum tatsächlichen Anteilswert befindet und dem Gesellschafter nach der Rechtsprechung ein angemessener Abfindungsanspruch zusteht.[2334] Daher sollte von Buchwertklauseln nur zurückhaltend Gebrauch gemacht werden. Die Familiengesellschaft bzw. ihre Gesellschafter sind jedoch nicht verpflichtet, das wirtschaftliche Risiko eines Gesellschafters, der seine Beteiligung aufgeben will, zu tragen. Eine Abfindung muss daher nicht zum Verkehrswert erfolgen, vielmehr werden Abschläge von bis zu 30 % des Verkehrswerts in der Praxis als angemessen angesehen.[2335]

Letztendlich lässt sich die wirtschaftliche Belastung der Abfindungszahlung auch durch die Ausgestaltung der Zahlungsmodalitäten reduzieren wie beispielsweise durch die Festlegung

2328 *Schäfer*, in: MüKo BGB, 2017, § 723 Rn. 70 ff.
2329 BGH vom 19.01.1967, WM 1967, 315 (316).
2330 BGH vom 13.03.2006, NZG 2006, 425: fünf Jahre; BGH vom 21.03.2005, NJW 2005, 1784 (1786): zehn–zwölf Jahre.
2331 BGHZ 135, 387 (389 f.).
2332 BGHZ 116, 359 (375 f.).
2333 Vgl. BGH vom 24.09.1985, NJW 1985, 192 (193).
2334 BGHZ 123, 281 (289).
2335 Vgl. *Sosnitzka*, in: Michalski, GmbH-Gesetz, § 34 Rn 91.

von Ratenzahlungen. Regelungen zu Ratenzahlungen sind nach der Rechtsprechung dann unwirksam, wenn sie die Interessen des ausscheidenden Gesellschafters in grob unangemessener Weise missachten, was bei einem Zahlungsaufschub von 15 Jahren oder mehr angenommen wurde.[2336] I. R. d. Interessenabwägung ist auch zu berücksichtigen, ob die Gesellschaft zur sofortigen Auszahlung der Abfindung ohne Weiteres in der Lage wäre und wie weit die Abfindung hinter dem Verkehrswert zurückbleibt. Aus diesen Gründen sollte in der Praxis die Abfindungszahlung nicht über einen Zeitraum von fünf Jahren hinaus gestreckt werden.[2337]

!

Hinweis

Kommt es zu Streitigkeiten über die Höhe der Bewertung oder deren Durchführung, empfiehlt es sich – wie auch bei den Regelungen zu Andienungspflichten – einen Streitschlichtungsmechanismus vorzusehen.

3.4.1.3 Zwangsweise Aufgabe der Gesellschafterstellung

Als äußerstes Mittel (ultima ratio) kann ein Gesellschafter gegen seinen Willen aus der Gesellschaft ausgeschlossen werden, wenn in seiner Person ein wichtiger Grund dafür vorliegt. Dies ist dann der Fall, wenn diese Gründe unter Berücksichtigung sämtlicher Umstände des Einzelfalls den Fortbestand der Gesellschaft unmöglich machen oder zumindest ernsthaft gefährden und den übrigen Gesellschaftern daher der weitere Verbleib in der Gesellschaft nicht zuzumuten ist.[2338]

Vor dem Hintergrund der Verknüpfung zwischen Familie und Familienunternehmen empfiehlt es sich, von einem Gesellschafterausschluss nur zurückhaltend Gebrauch zu machen. Die Ausschlussgründe werden im Gesellschaftsvertrag präzisiert und das Verfahren zum Ausschluss festgelegt. Bei einer GmbH kann die Gesellschafterstellung insbesondere auch durch die im Gesellschaftsvertrag vorgesehene Regelung einer zwangsweisen Einziehung oder zwangsweisen Übertragung beendet werden. Eine Zwangseinziehung oder Zwangsabtretung kommt in einer Familiengesellschaft insbes. dann in Betracht, wenn durch erbrechtliche Nachfolge Gesellschafter in die Familiengesellschaft einrücken, die nicht zum Kreis der berechtigten Gesellschafter gehören (s. hierzu bereits 3.4.1.1).

Der ausgeschlossene Gesellschafter hat Anspruch auf eine Abfindung. Hier gelten die Ausführungen zum Austrittsrecht entsprechend (s. 3.4.1.2.2). Es ist allgemein anerkannt, dass die Höhe der Abfindung bei Ausschlusstatbeständen einen höheren Abschlag vom Verkehrswert haben darf. In der Regel ist in solchen Fällen ein Abschlag von 50 % zulässig.[2339]

2336 BGH vom 09.01.1989, NJW 1989, 2685 (2686).
2337 Vgl. *Sosnitzka*, in: Michalski, GmbH-Gesetz, § 34 Rn 74.
2338 Vgl. bereits BGH vom 01.04.1953, BGHZ 9, 157 (163 f.).
2339 Vgl. *Sosnitzka*, in: Michalski, GmbH-Gesetz, § 34 Rn 91.

3.4.2 Beschäftigung im Familienunternehmen

Die Beschäftigung von Familienmitgliedern wird ganz unterschiedlich gehandhabt. So wird von der Unternehmerfamilie bewusst die Entscheidung getroffen, dass Familienmitglieder im Unternehmen nicht operativ tätig werden. Wenn Familienmitglieder die Möglichkeit erhalten, im Familienunternehmen operativ tätig zu sein, sollten hierfür familieninterne Regelungen getroffen werden. Um Konflikten und Störpotenzialen im Familienunternehmen vorzubeugen, sollten für die Beschäftigungsmöglichkeit klare Vorgaben bestehen. Exemplarisch seien die folgenden Vorgaben genannt:

- Mindestalter,
- schulische und/oder universitäre Ausbildung,
- unternehmensspezifische Kenntnisse,
- Praktika im Familienunternehmen,
- Praktika oder Berufserfahrung außerhalb des Familienunternehmens,
- Auslandserfahrung,
- Zugehörigkeit zu einem bestimmten Familienstamm.

Damit die nachfolgende Generation bereits früh mit dem Unternehmen und seiner Tätigkeit in Berührung kommt, bietet es sich an, im Familienunternehmen Praktika zu absolvieren, entweder bereits i. R. d. Schulausbildung oder zu einem späteren Zeitpunkt während des Studiums oder als Vorbereitung auf den Berufseinstieg.

Ferner muss darauf geachtet werden, dass die Familienmitglieder unter denselben Voraussetzungen in ein Beschäftigungsverhältnis mit dem Familienunternehmen eintreten wie sonstige Mitarbeiter. Dies gilt nicht nur für die Qualifikationsvoraussetzungen, sondern unter anderem auch für die Vergütung und die Beurteilung der erbrachten Arbeitsleistung. Ferner sollte in Erwägung gezogen werden, für die Beschäftigungsmöglichkeit im Familienunternehmen eine Regelaltersgrenze zu vereinbaren. Die im Unternehmen tätigen Familienmitglieder müssen sich ihrer Vorbildfunktion für die übrigen Mitarbeiter im Unternehmen bewusst sein und die von der Familie verfolgten Werte und Ziele bewusst leben.

Hinweis !

Es empfiehlt sich, Regelungen für die Beschäftigung von Familienmitgliedern im Familienunternehmen in der Family Governance und ggf. in einer Gesellschaftervereinbarung nieder zulegen.

3.4.3 Familienrat und Gesellschafterausschuss als Family-Governance-Gremien

In Familiengesellschaften ist häufig zu beobachten, dass die Zahl der Gesellschafter von Generation zu Generation anwächst, da die unternehmerische Beteiligung nicht nur auf einen Nachfolgeberechtigten übertragen wird. Mit wachsender Zahl der Familiengesellschafter reduziert sich die Einflussmöglichkeit jedes einzelnen Gesellschafters auf das Unternehmen. Dies ist in besonderem Maße dann der Fall, wenn die Gesellschafter zwar eine Beteiligung an dem Familienunternehmen halten, aber nicht im Unternehmen beschäftigt sind. Mit dieser schwindenden Möglichkeit der Einflussnahme nimmt oftmals die emotionale Bindung zu dem Familienunternehmen ab. Die Gesellschafter werden sich bewusst, dass ihre Möglichkeiten, auf die unternehmerische Entwicklung Einfluss zu nehmen, kein entscheidendes Gewicht mehr haben. Mit der abnehmenden emotionalen Bindung zum Familienunternehmen steigt gleichzeitig die Gefahr, dass sich die Interessen der Familiengesellschafter diametral auseinander entwickeln und dies zu Konflikten führt.

Um dem entgegenzuwirken, bietet es sich an, einzelne Gesellschafter damit zu betrauen, sich intensiv mit dem Familienunternehmen zu beschäftigen und als Bindeglied zwischen dem Familienunternehmen und den Gesellschaftern zu fungieren. Die für diese Aufgabe gewählten oder berufenen Gesellschafter nehmen ihre Aufgaben in einem Family-Governance-Gremium wahr, beispielsweise in einem Familienrat oder auch Gesellschafterausschuss. Sind an einem Familienunternehmen mehrere Familienstämme beteiligt, so bietet es sich an, die Interessen eines jeden Familienstamms zu bündeln und familienstammintern einen Interessenvertreter zu benennen, der als Vertreter in dem Governance-Gremium die Interessen dieses Familienstamms wahrnimmt.

3.4.3.1 Aufgaben und Befugnisse

Welche Aufgaben und Befugnisse Family-Governance-Gremien haben, hängt davon ab, welche Größe das Familienunternehmen hat und ob Gremien wie ein Aufsichtsrat oder Beirat eingerichtet wurden, in denen bereits teilweise Familienmitglieder wirken.[2340] Nimmt z. B. bereits ein Gremium der Corporate Governance die Funktion der Überwachung und Beratung der Geschäftsführung einschließlich der Wahrnehmung sonstiger Geschäftsführerangelegenheiten wie beispielsweise deren Bestellung und Abberufung wahr, so wird sich die Aufgabe des Family-Governance-Gremiums in erster Linie mit der Stärkung der Familienbindung befassen.

In Abhängigkeit von den dem Family-Governance-Gremium zugewiesenen Aufgaben lässt sich zwischen Familienrat und Gesellschafterausschuss unterscheiden.[2341]

Ein Familienrat soll den familieninternen Zusammenhalt stärken. Aufgabe des Familienrats ist es zum einen, die Gesellschafter und sonstigen Familienmitglieder regelmäßig über das Unternehmen zu informieren und ggf. hierzu Fragen zu beantworten. Zum anderen soll der Familienrat Aufgaben zur Stärkung der familiären Bindung wahrnehmen. Hierzu gehören die Organisation der Family Activities, Family Education und der Family Philanthropy (s. hierzu ausführlich

2340 Vgl. *Sanders*, NZG 2017, 961.
2341 Zu dieser Aufteilung ausführlich vgl. *Brockhoff/Koeberle-Schmid*, in: Koeberle-Schmid/Fahrion/Witt (Hrsg.), 2012, 331ff.

3.4.4). Da in dem Familienrat idealerweise auch Gesellschafter mit wirtschaftlicher Fachkompetenz vertreten sind, kann der Familienrat auch die Gesellschafter beraten und Entscheidungen der Gesellschafterversammlung über Kapitalmaßnahmen, Investitionen und sonstige strategische Themen für das Familienunternehmen vorbereiten.

Ein Gesellschafterausschuss hingegen wird neben den Zusammenhalt der Familie fördernden Aufgaben vornehmlich Entscheidungs-, Beratungs- und Überwachungsaufgaben gegenüber der Geschäftsleitung wahrnehmen, die ihm von der Gesellschafterversammlung übertragen wurden. Übernimmt der Gesellschafterausschuss umfängliche Überwachungs- und Beratungsaufgaben der Geschäftsführung, sollten die in den Gesellschafterausschuss entsandten Familienmitglieder über entsprechende Kompetenz und Erfahrung verfügen. Unterliegt das Familienunternehmen der gesetzlichen Verpflichtung, einen mitbestimmten Aufsichtsrat einzurichten, so wird darauf zu achten sein, einem Gesellschafterausschuss alle diejenigen Rechte und Pflichten zuzuweisen, welche nicht zwingend bei dem mitbestimmten Aufsichtsrat verbleiben müssen.

Hinweis !

Damit das jeweilige Family-Governance-Organ seine Aufgaben optimal wahrnehmen kann, muss ein Austausch zwischen Geschäftsführung und ggf. einem Aufsichtsrat oder Beirat mit dem Family-Governance-Organ in regelmäßigen zeitlichen Abständen sichergestellt sein. Entsprechende Auskunftsverpflichtungen sind in der Corporate Governance, beispielsweise in den Geschäftsordnungen für die Geschäftsführung und den Aufsichtsrat bzw. Beirat, zu verankern.

3.4.3.2 Einrichtung von Family-Governance-Gremien

Die Größe der Family-Governance-Gremien, sei es in Form eines Familienrats oder eines Gesellschafterausschusses, wird in Abhängigkeit von der Größe und Struktur der Familie sowie der Größe des Familienunternehmens gewählt. Sind an dem Unternehmen mehrere Familienstämme beteiligt, sollte jeder Familienstamm durch mindestens einen Vertreter in dem Family-Governance-Gremium repräsentiert werden. Andererseits ist zu bedenken, dass zu große Gremien ein effizientes Arbeiten erschweren. Ferner sollte festgelegt werden, in welchem zeitlichen Turnus Sitzungen des Gremiums stattfinden. Orientiert man sich an den gesetzlichen Vorgaben für Aufsichtsräte, werden mindestens zwei Sitzungen im Kalenderhalbjahr abgehalten.

Welche Kompetenzen die Mitglieder der Family-Governance-Gremien mitbringen müssen, hängt ganz von der Größe und den Aufgaben ab. Kommt dem Gremium – wie beispielsweise im Falle eines Gesellschafterausschusses – auch eine Überwachungs- und Beratungsfunktion der Geschäftsführung zu, muss im Gesellschafterausschuss auch eine erforderliche Expertise in den Bereichen Finanzen, Steuern und ggf. branchenspezifische Spezialkenntnisse (Technik etc.) vorhanden sein. Im Hinblick auf die Aufgabe der Förderung des Familienzusammenhalts und der Funktion als Moderator sind Sozialkompetenz und Kommunikationsfähigkeit gefragt.

Wenn die Mitglieder der Family-Governance-Gremien ein Stück weit Rechte und Befugnisse der Gesellschafter wahrnehmen, bedarf ihre Berufung oder Wahl einer Legitimation im Gesellschaftsvertrag.

!

Hinweis

Die Regelungen für die Besetzung und auch die Modalitäten ihrer Berufung oder Wahl, sind – je nach Funktion des Gremiums – entweder im Gesellschaftsvertrag oder in einer Gesellschaftervereinbarung festzulegen. Die Mitglieder der Gremien können beispielsweise unmittelbar von der Gesellschafterversammlung auf Vorschlag gewählt werden. Die Vorschlagsliste der Kandidaten kann entweder aus der Mitte der Gesellschafterversammlung oder von einem anderen Gremium, wie z. B. Aufsichtsrat oder Beirat, erstellt werden. Denkbar ist jedoch auch, dass jeder Familienstamm das Recht hat, ein Mitglied für das Gremium zu benennen und auch ggf. abzuberufen.

3.4.4 Family Activity, Family Education und Family Philanthropy

Je größer die Unternehmerfamilie ist, umso mehr empfehlen sich gemeinsame Aktivitäten zur Förderung des familiären Zusammenhalts. Neben der sozialen Komponente soll auch die Qualifizierung der Inhaltsinhaber gefördert werden.[2342]

Die gemeinsamen Aktivitäten, nachfolgend Family Activity genannt, sollen sich nicht nur darauf beschränken, anlässlich von Geburtstagen, Hochzeiten und sonstigen feierlichen Anlässen zusammenzukommen, sondern in erster Linie darauf abzielen, den Zusammenhalt untereinander und die Identifikation mit der Unternehmerfamilie und dem Familienunternehmen zu stärken (hierzu nachfolgend 3.4.4.1).

Der zweite Baustein, nämlich die Förderung der sozialen Kompetenz und die Qualifizierung der Inhaber, nachfolgend Family Education genannt, dient v. a. dazu, dass sich die Familiengesellschafter ihren Gesellschafteraufgaben im Sinne einer Professional Ownership widmen (hierzu nachfolgend 3.4.4.2).

Ferner ist zu beobachten, dass zahlreiche Unternehmerfamilien zur Wahrnehmung ihrer gesellschaftlichen Verantwortung Stiftungen gründen oder sich auf sonstige Weise gemeinnützig engagieren (Family Philanthropy, hierzu 3.4.4.2).

2342 Governance Kodex für Familienunternehmen, 2015, Ziff. 7.3 (Family Governance).

3.4.4.1 Family Activity

Family Activities stellen eine engere Bindung zwischen den Familienmitgliedern und dem Familienunternehmen her. Zielgruppe sind insbes. diejenigen Familienmitglieder, die keine aktive Rolle im Familienunternehmen einnehmen. Angesprochen sind demnach in erster Linie nicht im Unternehmen aktive tätige Gesellschafter oder sonstige Familienmitglieder, wie beispielsweise Ehe- und Lebenspartner oder auch Abkömmlinge als zukünftige Gesellschafter. Die Family Activities können als Rahmenprogramm zur alljährlichen Gesellschafterversammlung abgehalten werden, ebenso wie im Rahmen sonstiger unterjähriger Veranstaltungen mit Familienbezug. Das Programm sollte für die jeweiligen Ansprechpartner unterschiedlich gestaltet sein, wobei auch Kinder angemessen einbezogen werden.[2343] Zuständig für die Organisation und Koordination der Family Activities ist der Familienrat bzw. Gesellschafterausschuss.

3.4.4.2 Family Education

Zielgruppe der Family Education sind Gesellschafter, die nicht operativ in dem Familienunternehmen tätig sind sowie insbes. Nachkommen als zukünftige Gesellschafter, um sie im Sinne einer Professional Ownership fortzubilden und auf ihre zukünftige Gesellschafterstellung vorzubereiten.[2344] Neben allgemeinem Basis- und Hintergrundwissen zu dem Familienunternehmen sowie Branchenspezifika wird auch Grundwissen in Finanzierung und Bilanzierung vermittelt, um die Finanz- und Ertragslage des Familienunternehmens einschätzen zu können. Ebenso muss darauf geachtet werden, dass die Gesellschafter über die gesellschaftsrechtlichen Aspekte Bescheid wissen und etwaige ehe- und erbvertragliche Regelungen an die Erfordernisse des Gesellschaftsvertrags angepasst werden. Die Gesellschafter werden auch über die Regelungen einer Familienverfassung, sofern vorhanden, und die Grundzüge der Corporate and Family Governance informiert.

Als weiteren Aspekt sollten Kenntnisse in der eigenen Vermögensanalyse und Vermögensvorsorge vertieft werden, denn das Familienunternehmen dient ihren Gesellschaftern als wesentlicher Vermögensbestandteil, der gleichzeitig als Zukunftssicherung dient. So kann sichergestellt werden, dass einzelne Gesellschafter aufgrund ihrer privaten finanziellen Ausrichtung nicht mittelbar zur Belastung der Mitgesellschafter werden.[2345]

Wie auch für die Family Activities ist es sinnvoll, für die junge Generation der Unternehmensnachfolger speziell gestaltete Unterweisungen aufzusetzen. Das Family-Education-Programm

2343 Zur Ausgestaltung der Family Activity ausführlich *Brockhoff/Koeberle-Schmid,* in: Koeberle-Schmid/Fahrion/Witt (Hrsg.), 2012, 373 ff.

2344 *Rohner,* in: Gummert, Münchener Anwaltshandbuch Personengesellschaft, 3. Aufl., 2019, § 3 Rn. 102.

2345 Ausführlich zu den Ausgestaltungsmöglichkeiten der Family Education vgl. *von Peter/Rieder/Störmann/Koeberle-Schmid,* in: Koeberle-Schmid/Fahrion/Witt (Hrsg.), 2010, 375 ff.

sollte inhaltlich entweder durch Mitglieder des Familienrates bzw. Gesellschafterausschusses durchgeführt werden. Für die Vermittlung besonderen Wissens können externe Referenten eingeladen werden. Sofern ein Family Office besteht, kann auch dieses einen Teil des Family-Education-Programms gestalten.

3.4.4.3 Family Philanthropy

Unter Family Philanthropy ist das gesellschaftliche Engagement der Unternehmerfamilie, losgelöst von dem Familienunternehmen, zu verstehen.[2346] Ein gesellschaftliches Engagement ist häufig bei größeren Unternehmerfamilien, insbes. in den nachfolgenden Generationen zu beobachten. Dies hängt v. a. damit zusammen, dass nicht mehr alle Familienmitglieder im Unternehmen selbst tätig sind, sondern sich anderweitig nach ihren individuellen Interessen und Fähigkeiten betätigen wollen. Family Philanthropy wird daher üblicherweise nicht von sämtlichen Familienmitgliedern gleichermaßen, sondern möglicherweise nur von einer Gruppe von Familiengesellschaftern mit Unterstützung der gesamten Unternehmerfamilie durchgeführt.

In welcher Form ein solches Engagement durchgeführt wird, ob es um die Förderung einzelner unabhängiger Kleinprojekte geht oder ob gar eine Stiftung mit einem bestimmten Förderungszweck errichtet wird, ist eine Frage, die sich die Unternehmerfamilie stellen muss.

Ebenso wie die Family Activity dient die Family Philanthropy dazu, den internen Zusammenhalt der Familie zu fördern und sich durch gemeinsame Aktivitäten nach außen sichtbar sozial zu engagieren.[2347]

3.4.5 Konfliktvermeidung

Da eskalierende Konflikte innerhalb der Familie oftmals nicht spurlos an Familienunternehmen vorbeigehen, sollten Regelungen, i. R. d. Familienverfassung es ermöglichen, Konflikten präventiv entgegenzuwirken.[2348] Zu den Möglichkeiten der Streitvermeidung und Konfliktlösung s. ausführlich 1.4.

Ein einfaches, aber dennoch bewährtes Mittel zur Konfliktvermeidung ist eine zwischen den Familiengesellschaftern gelebte transparente und offene Kommunikation. Denn durch Informationsgefälle können sich Gesellschafter schnell benachteiligt fühlen. So besteht zwischen denjenigen Gesellschaftern, die operativ in die Führung des Familienunternehmens eingebun-

2346 *Rohner*, in: Gummert, Münchener Anwaltshandbuch Personengesellschaft, 3. Aufl., 2019, § 3 Rn. 103.

2347 Mit weiterführenden Hinweisen zu den Ausgestaltungsmöglichkeiten der Family Philanthropy vgl. *von Peter/Rieder/Störmann/Koeberle-Schmid*, in: Koeberle-Schmid/Fahrion/Witt (Hrsg.), 2012, 383 ff.

2348 *Habbe/Gieseler*, NZG 2016, 1010.

den sind und denjenigen Gesellschaftern, die lediglich eine finanzielle Beteiligung halten, per se ein gewisses Informationsungleichgewicht. Jedenfalls sollte aber auf Gesellschafterebene ein Informationsniveau bestehen, das über den Internetauftritt der Gesellschaft, Jahresabschlüsse und etwaige sonstige allgemein zugängliche Informationen hinausgeht. Die Informationsweitergabe erfolgt nach festen Vorgaben und liegt beispielsweise in der Zuständigkeit des Familienrats bzw. des Gesellschafterausschusses. Spätestens i. R. d. alljährlichen Gesellschafterversammlung werden alle Gesellschafter auf einen gleichen Informationsstand gebracht werden. Darüber hinaus ist es sicherlich sinnvoll, die Gesellschafter im Wege von monatlichen oder quartalsweisen Berichten über das Familienunternehmen zu informieren.

Kommt es im Einzelfall zu Konflikten, sei es im Verhältnis zwischen dem Familienunternehmen und einzelnen Gesellschaftern, oder sei es auf der Ebene der Familiengesellschafter bzw. der Familienmitglieder untereinander, so sollte die Familienverfassung bzw. die Family-Governance-Vorgaben dazu machen, in welcher Form sich die Betroffenen zunächst um eine vermittelnde Lösung des Konflikts bemühen müssen, beispielsweise über Gespräche mit dem Vorsitzenden des Familienrates bzw. des Gesellschafterausschusses. Lässt sich der Konflikt unter Einschaltung des Familienrats bzw. des Gesellschafterausschusses nicht bereinigen, kann als weiterer verpflichtender Schritt ein (externer) Moderator zur Deeskalation hinzugezogen werden.

Ist eine streitige Auseinandersetzung nicht mehr vermeidbar, so sollte der Gesellschaftsvertrag und ggf. die Gesellschaftervereinbarung Regelungen für die Durchführung solcher streitigen Verfahren vorsehen.[2349] Maßgeblich muss sein, dass das Familienunternehmen keinen Schaden davon trägt.

3.4.6 Family Office

3.4.6.1 Hintergrund

Viele Familien nutzen ein sog. Family Office für die Verwaltung des eigenen Familienvermögens. Der Ursprung der Family Offices geht daher auf sog. **Single Family Offices** zurück, einem Familienbüro für eine einzige Familie. Diese Form des eigenen Family Office ist für viele Familien keine Option, sei es wegen der notwendigen Vermögensgröße von meist über 300 Mio. €, sei es, dass ein eigenes Beratungsteam mit fest angestellten Personen nicht gewünscht wird. Die Alternative für diese Familien ist die Beauftragung eines sog. **Multi Family Offices**.

Die ersten Family Offices wurden in den Vereinigten Staaten von den unternehmerischen Patriarchen des beginnenden Industriezeitalters gegründet. Ziel war es, unabhängig von Banken und provisionsgesteuerten Finanzdienstleistern eine hochwertige, neutrale Beratung zu

2349 Für Konfliktmanagement im GmbH-Gesellschaftsvertrag vgl. *Otte*, ZKM 2018, 126.

erhalten. Diese Familien hatten erkannt, dass es beschwerlich und ineffizient ist, die komplexen Anforderungen, die große Vermögen mit sich bringen, mit einer Vielzahl von Beteiligten (Banken, Steuerberatern, Juristen, Immobilienspezialisten usw.) von Fall zu Fall zu lösen. Eine unnötige zusätzliche Komplexität wird aufgebaut, wenn gleichzeitig jedes Familienmitglied seine Belange für sich selbst regelt. Sinnvoller ist eine zentrale Steuerungseinheit, die ganzheitlich die Belange der Familie organisiert.

Nach dem Verkauf des Familienunternehmens wird oft die Gründung oder die Mandatierung eines Family Offices erwogen. Die Alternative ist ein Modell, in dem die Familie nach dem Verkauf des Unternehmens diverse Banken und private Vermögensverwalter beauftragt, Teilportfolios, meist nur das liquide Vermögen betreffend, individuell zu verwalten. In diesem Fall muss die Familie selbst sicherstellen, dass sie die Koordinatorenrolle übernimmt, da es keine organisierte Abstimmung zwischen den einzelnen Vermögensverwaltern gibt.

Der Markt der Multi Family Offices ist mittlerweile so groß wie auch schwer überschaubar. Gewählt werden kann typischerweise zwischen folgenden Multi-Family-Office-Varianten: (i) Family Office mit eigener Vermögensverwaltung und Controlling & Reporting; (ii) Family Office ohne eigene Vermögensverwaltung, aber eigenem Controlling & Reporting; (iii) Single Family Office, welches bestimmte Dienstleistungen auch an andere Familien erbringt; (iv) Family Office einer Bank (mit eigener Vermögensverwaltung).

In der Praxis setzen sich immer mehr Mischformen durch. Der Vermögensinhaber wird in die Lage versetzt, sein eigenes Family Office zusammenzustellen, ohne dass er ein einzelnes Multi Family Office mandatiert, bei Vermeidung der Kosten eines eigenen Single Family Offices. Der Vermögensinhaber bringt hierbei meist seine eigene Expertise ein und wählt für die weiteren Expertisen eine stark begrenzte Zahl von Family-Office-Partnern aus.

Das Family Office oder die Mischform hiervon soll die Familie in allen Belangen unterstützen; sei es mit eigener Expertise oder mit einem guten Netzwerk. Entsprechend der strategischen Asset Allocation werden durch das Family Office Vermögensverwalter für die Verwaltung einzelner Assets oder Teilen hiervon beauftragt. Zur Kontrolle der beauftragten Vermögensverwalter hat sich in der Praxis die Erstellung von Anlage-, Umsetzungs- und Controllingrichtlinien bewährt. Durch diese Richtlinien wird die Tätigkeit der Vermögensverwalter eindeutig und unzweifelhaft geregelt. Gleichzeitig wird die Grundlage für effektives Reporting & Controlling geschaffen. Der Vermögensinhaber erhält eine Transparenz und kann hierdurch die beauftragten Vermögensverwalter kontrollieren und deren Tätigkeit bewerten. Die Überprüfung der Vermögensverwalter ist eine der wesentlichen Aufgaben eines Family Offices. Periodisch werden diese Auswertungen mit der Familie besprochen und geprüft, ob an der Ausrichtung der Vermögensanlage Änderungen stattfinden sollen.

3.4.6.2 Family Office in der Family Governance

Die Einrichtung eines Family Offices kann eine weitere sinnvolle Maßnahme einer Family Governance sein.[2350] Das Family Office erbringt für die Familie die Dienstleistungen, welche die Familie bündeln und gemeinsam für die Familie offerieren möchte. Durch die gemeinsame Beauftragung von Vermögensverwaltern bzw. dem Reporting & Controlling lassen sich deutliche Kosteneinsparungen herbeiführen. Aber auch das Koordinieren und Organisieren von Familien- und Unternehmensaktivitäten kann Bestandteil des Aufgabengebiets eines Family Office sein. Das Family Office kann letztlich die Rolle der Bündelung der Familieninteressen auf der privaten Seite der Familie darstellen.

2350 *Hastenteufel/Staub*, StB 2019, 185 (188).

4 Stiftungen und Unternehmerfamilie

Dirk Schauer

4.1 Einleitung

Nach der sog. funktionalen Betrachtungsweise wird als Stiftung eine Vermögensmasse bezeichnet, die durch den Stifter freiwillig und endgültig auf einen von ihm verschiedenen Rechtsträger mit der Widmung übertragen wurde, zur Verwirklichung eines vom Stifter festgelegten Zwecks verwaltet und verwendet zu werden.[2351]

Zwar ist die Zahl der neu errichteten Stiftungen in Deutschland leicht rückläufig, gleichwohl verzeichnete der Bundesverband Deutscher Stiftungen 2019 mit über 22.500 rechtsfähigen Stiftungen in Deutschland einen neuen Höchstbestand, und es wird davon ausgegangen, dass daneben weitere 20.000 nicht rechtsfähige Stiftungen im Bundesgebiet existieren.[2352]

Die Stiftung ist darauf ausgerichtet, den bei ihrer Errichtung festgeschriebenen Stifterwillen, wie er sich insbesondere auch im Stiftungszweck niederschlägt, mithilfe des Stiftungsvermögens dauerhaft zu verwirklichen. Sie unterliegt damit nicht den wechselnden Interessen von Mitgliedern oder Anteilseignern, ihr wohnt ein sog. Ewigkeitsgedanke inne, der für das Wesen der Stiftung prägend ist.

Aufgrund dieses Wesens und der Gestaltungsmöglichkeiten kommt der Stiftung im Bereich der Unternehmens- und Vermögensnachfolge eine besondere Bedeutung zu. In vielen Fällen ist es ein vordringlicher Wunsch des Unternehmers bzw. der Unternehmerfamilie, das Familienunternehmen und -vermögen über Generationsgrenzen hinaus in seinem Bestand zu erhalten. Hierzu bedarf es eines Schutzes des Familienunternehmens/-vermögens vor einer Gefährdung und Zersplitterung durch Erbgänge, Steuerbelastungen, Scheidungsfolgen, feindliche Übernahmen und dergleichen. Oftmals besteht auch der Wunsch des Unternehmensgründers, sicherzustellen, dass das Unternehmen nach seinem Ausscheiden und selbst über den eigenen Tod hinaus nach bewährten Grundsätzen und Prinzipien fortgeführt wird. Weitere Aspekte sind oftmals ein philanthropisches Engagement, die Absicherung der Unternehmerfamilie und die Heranführung der Nachfolger an das Familienunternehmen. Die unterschiedlichen Formen der Stiftung ermöglichen es bei bewusster Gestaltung, die Vorzüge einer Stiftungskonstruktion in den unterschiedlichsten Ausgangssituationen zur Erreichung der vorstehenden Ziele und Wünsche nutzbar zu machen.

2351 *Hüttemann/Rawert*, in: Staudinger, BGB, Vorbem. zu §§ 80 ff. Rn. 1.
2352 http://www.stiftungen.org/.

4.2 Formen der Stiftung

Stiftung ist nicht gleich Stiftung. Ausgehend von dem funktionalen Stiftungsverständnis können anhand bestimmter Kriterien verschiedene Stiftungsformen unterschieden werden. Zunächst kann eine Unterscheidung danach erfolgen, ob die Stiftung als solche selbst rechtsfähig ist. Danach kann die rechtsfähige Stiftung des bürgerlichen Rechts im Sinne der §§ 80 ff. BGB von der nicht rechtsfähigen Stiftung (auch als treuhänderische, fiduziarische, unselbständige oder Auflagen-Stiftung bezeichnet) unterschieden werden. Wesentlicher Anknüpfungspunkt ist weiterhin der Stiftungszweck. Leitbild ist die gemeinwohlkonforme Allzweckstiftung. Eine Stiftung kann danach jeden beliebigen Zweck verfolgen, solange dieser Zweck nicht gegen ein gesetzliches Verbot, Verfassungsgüter oder die guten Sitten verstößt.[2353] Verfolgt die Stiftung ausschließlich gemeinnützige oder präziser steuerbegünstigte Zwecke im Sinne der §§ 52 ff. AO, wird gemeinhin von einer gemeinnützigen Stiftung gesprochen. Dies trifft auf 95 % der rechtsfähigen Stiftungen in Deutschland zu.[2354] Verfolgt die Stiftung hingegen (auch) andere Zwecke, wird von einer privatnützigen Stiftung gesprochen. Von einer unzulässigen Selbstzweckstiftung wird indessen dann gesprochen, wenn sich der Zweck der Stiftung darauf beschränkt, das eigene Vermögen seiner selbst willen zu verwalten und zu erhalten.[2355] Ist der Zweck der Stiftung ausschließlich oder überwiegend auf die Förderung des Wohls einer oder mehrerer Familien gerichtet, wird diese als Familienstiftung bezeichnet. Auch das Stiftungsvermögen kann für eine Unterscheidung herangezogen werden. Während der Grundtyp der Stiftung seinen Zweck allein aus den Erträgen des Stiftungsvermögens verwirklicht, ist eine Verbrauchsstiftung darauf ausgerichtet, für die Verwirklichung ihres Stiftungszwecks ihren Vermögensstock aufzuzehren. Ebenfalls an das Stiftungsvermögen knüpft die Unterscheidung Kapital- und Anstaltsstiftung an. Eine Kapitalstiftung verwirklicht ihren Stiftungszweck aus ihrem Vermögen durch Einsatz ihrer finanziellen Mittel, zumeist den Erträgen des Stiftungsvermögens, während eine Anstaltsstiftung ihren Zweck unmittelbar durch ihr Vermögen, d. h. durch Einsatz der in ihrem Vermögen befindlichen Gegenstände, z. B. einer Klinik oder einem Kunstmuseum, verwirklicht. Weiterhin ist von einer unternehmensverbundenen Stiftung die Rede, wenn sich im Stiftungsvermögen Gesellschaftsbeteiligungen an einer unternehmenstragenden Gesellschaft befinden (Beteiligungsträgerstiftung) oder die Stiftung selbst unmittelbar Träger der Unternehmung ist (Unternehmensträgerstiftung, relativ selten).

Die vorstehenden Stiftungstypen schließen einander nicht aus, sondern können in den unterschiedlichsten Kombinationen vorkommen. So sind etwa eine Familienverbrauchsstiftung oder eine gemeinnützige nicht rechtsfähige Beteiligungsträgerstiftung ebenso denkbar wie ein Nebeneinander einer gemeinnützigen und einer Familienstiftung im Rahmen einer sog. Doppelstiftung. Schließlich kommen sog. Stiftungsersatzformen hinzu, bei denen etwa eine Stiftung als Komplementärin einer Stiftung & Co. KG fungiert oder Rechtsträger anderer

2353 *Hüttemann/Rawert*, in: Staudinger, BGB, Vorbem. zu §§ 80 ff. Rn. 7 und § 80 Rn. 15, 37 ff.
2354 http://www.stiftungen.org.
2355 *Hüttemann/Rawert*, in: Staudinger, BGB, Vorbem. zu §§ 80 ff. Rn. 319 ff.

Rechtsform möglichst stiftungsähnlich ausgestaltet und organisiert werden, so etwa bei einer Stiftungs-GmbH, oftmals als gemeinnützige GmbH, oder dem Stiftungsverein. Die Körperschaft wird regelmäßig auf die Verwirklichung eines bestimmten Zwecks ausgerichtet, ihr wird ein zu erhaltender Vermögensstock übertragen und es werden möglichst stiftungsähnliche Kompetenz- und Organstrukturen eingerichtet.

Hinzu kommen die Stiftungsrechtsformen des ausländischen Rechts. Im Kontext der Unternehmensnachfolge seien hier beispielhaft die Stiftungsrechtsordnungen in Österreich und Liechtenstein genannt, die ebenfalls in die Gestaltungsüberlegungen einbezogen werden sollten, wenn eine Stiftungsstruktur für den Unternehmer in Betracht kommt, insbes. bei gegebenem Auslandsbezug.[2356]

Hinweis !

Bei der Wahl der geeigneten Stiftungsform sind deren jeweilige Besonderheiten und die Umstände des konkreten Einzelfalles zu beachten.

4.2.1 Die rechtsfähige Stiftung

4.2.1.1 Errichtung

Nach §80 Abs. 1 BGB sind zur Entstehung einer rechtsfähigen Stiftung das Stiftungsgeschäft und die Anerkennung durch die zuständige Stiftungsbehörde am Sitz der Stiftung erforderlich.

4.2.1.1.1 Stiftungsgeschäft

Das Stiftungsgeschäft ist eine einseitige, nicht empfangsbedürftige Willenserklärung. Das Stiftungsgeschäft kann durch Erklärung unter Lebenden oder durch Verfügung von Todes wegen, durch Testament oder Erbvertrag, errichtet werden.

Stiftungsgeschäft unter Lebenden

Das Stiftungsgeschäft muss nach §81 Abs. 1 BGB die verbindliche Erklärung des Stifters enthalten, ein Vermögen zur Erfüllung eines von ihm vorgegebenen Zweckes zu widmen, und der Stiftung eine Satzung geben, die mindestens Festlegungen enthält über Namen, Sitz, Zweck, Vermögen und Bildung des Vorstands der Stiftung.

Gem. §81 Abs. 1 Satz 1 BGB bedarf das Stiftungsgeschäft unter Lebenden der Schriftform (§126 BGB). Umstritten ist die Frage, ob das Stiftungsgeschäft dann der notariellen Beurkundung bedarf, wenn es die Zusicherung eines Vermögensgegenstands beinhaltet, bzgl. dem

2356 Vgl. II 4.2.3.

zur Begründung einer Übertragungsverpflichtung die notarielle Beurkundung vorgeschrieben ist. Diese Frage stellt sich u. a. bei der Zusicherung einer Immobilie im Stiftungsgeschäft. Nach einer Ansicht genügt die Schriftform auch dann, wenn das Stiftungsgeschäft die Übertragung von Grundstücken vorsieht. Argumentiert wird damit, dass § 311b BGB für Verträge gelte; bei dem Stiftungsgeschäft handle es sich hingegen um ein einseitiges Rechtsgeschäft. Auch eine Analogie verbiete sich für das Stiftungsgeschäft. Als Begründung wird auf die Entstehungsgeschichte des § 81 Abs. 1 BGB a. F. abgestellt. Danach ist die zunächst auch für das Stiftungsgeschäft vorgesehene Beurkundungspflicht mit der Begründung fallen gelassen worden, das Anerkennungsverfahren ersetze die Richtigkeitsgewähr der notariellen Form.[2357] Dagegen wird eingewandt, dass das Anerkennungsverfahren nur der Überprüfung der Anerkennungsfähigkeit der Stiftung diene und nicht den § 311b BGB zugrunde liegenden Funktionen der Beurkundung, namentlich Warnfunktion, Beweisfunktion, Schutzfunktion. Insbes. träfen die Behörden nicht die allgemeinen und speziellen Prüfungs- und Belehrungspflichten, denen der Notar bei der Beurkundung von Grundstücksgeschäften unterworfen sei.[2358] Besteht das Dotationsvermögen der Stiftung im Wesentlichen aus Immobilienvermögen, löst sich die Formfrage in der Praxis durch das Gebührenrecht des GNotKG auf. Denn die notarielle Beurkundung des Stiftungsgeschäfts und die anschließende Auflassung vor demselben Notar löst keine Mehrkosten gegenüber einem privatschriftlichem Stiftungsgeschäft aus: Im Fall des privatschriftlichen Stiftungsgeschäftes bedarf es für die Eigentumsübertragung des zugesicherten Grundstückseigentums ebenfalls noch der gesonderten Auflassung an die Stiftung,[2359] welche ihrerseits der notariellen Form bedarf und für deren Beurkundung eine 2,0-Gebühr nach KV 21100 GNotKG anfällt. Wird hingegen das Stiftungsgeschäft notariell beurkundet, fällt für dieses, als einseitige Willenserklärung, eine 1,0-Gebühr nach KV 21102 GNotKG an und die Gebühr für die Beurkundung der anschließenden Auflassung reduziert sich gem. KV 21201 GNotKG auf eine 1,0-Gebühr, wenn das ihr zugrunde liegende Kausalgeschäft (Stiftungsgeschäft) vor demselben Notar beurkundet worden ist. In Summe belaufen sich die Notargebühren in beiden Fällen auf 2,0 Gebühren.

Stiftungsgeschäft von Todes wegen

Eine Stiftung kann auch durch Verfügung von Todes wegen, durch Testament oder Erbvertrag,[2360] errichtet werden. Das Stiftungsgeschäft von Todes wegen muss die Formvorgaben des Erbrechts an eine wirksame Verfügung von Todes wegen einhalten, namentlich in einem eigenhändigen Testament vollständig von dem Erblasser-Stifter geschrieben und unterschrieben, § 2247 BGB, oder in einem öffentlichen Testament oder einem Erbvertrag notariell beurkundet sein, §§ 2232, 2276 BGB.

2357 OLG Schleswig-Holstein, Beschluss vom 01.08.1995 – 9 W 50/95, DNotZ 1996, 770; *Weitemeyer*, in: MüKo BGB, 2018, § 81 Rn. 8; *Hüttemann/Rawert*, in: Staudinger, 2017, § 81 Rn. 16; *Backert*, in: BeckOK BGB, 2019, § 81 Rn. 2; *Stumpf*, in: Richter, Stiftungsrecht, 2019, § 4 Rn. 13.

2358 OLG Köln, Beschluss vom 05.08.2019 – 2 Wx 220/19, 2 Wx 227-229/19 = ZEV 2019, 72; *Ruhwinkel*, in: MüKo BGB, 2019, § 311b Rn. 32; *Schumacher*, in: Staudinger, 2018, § 311b Rn. 59; *Wochner*, DNotZ 1996, 770; *Ellenberger*, in: Palandt, 2019, § 81 Rn. 3; *Schwarz*, DStR 2002, 1718, 1721.

2359 BayObLG, Beschluss vom 25.06.1987 – Breg. 2 Z 67/87, NJW-RR 1987, 1418.

2360 BGH, NJW 1978, 943, 944.

Das formgültige Stiftungsgeschäft muss sodann die grundlegenden Festlegungen der Stiftung enthalten. Namentlich muss es der Stiftung einen bestimmten Stiftungszweck geben und ihr ein bestimmtes Vermögen widmen; es sollten jedoch zumindest auch alle wesentlichen Festlegungen der Stiftungsverfassung in der Form der letztwilligen Verfügung enthalten sein, insbes. Name, Sitz und die Bildung des Vorstands der Stiftung, und nicht lediglich auf eine nicht in der Form der Verfügung von Todes wegen beigefügten Stiftungssatzung verwiesen werden.[2361]

In der Praxis ist es üblich, die Stiftung von Todes wegen mit einer Anordnung der Testamentsvollstreckung zu kombinieren. Der Testamentsvollstrecker hat u. a. oder ausschließlich die Aufgabe, für die Anerkennung der Stiftung durch die Stiftungsaufsichtsbehörde zu sorgen. Dazu wird dem Testamentsvollstrecker in der Praxis die Aufgabe und Befugnis übertragen, erforderliche Anpassungen der Stiftungssatzung vorzunehmen, so dass die Anerkennungsfähigkeit der Stiftung sichergestellt werden kann. Soweit es sich um eine steuerbegünstigte Stiftung handelt, wird dem Testamentsvollstrecker zudem die Aufgabe übertragen werden, im Vorfeld der behördlichen Anerkennung in Abstimmung mit der Finanzverwaltung die Einhaltung der satzungsmäßigen Voraussetzungen der Steuerbegünstigung sicherzustellen. Fehlt die Anordnung der Testamentsvollstreckung, so hat das Nachlassgericht die Stiftung von Todes wegen der zuständigen Behörde zur Anerkennung mitzuteilen, § 83 Satz 1 BGB.

Wird die Stiftung von Todes wegen errichtet, so muss die Testamentsvollstreckung über das gestiftete Vermögen mit der Anerkennung der Stiftung enden; eine Dauertestamentsvollstreckung über das einer Stiftung durch letztwillige Verfügung überlassene Vermögen ist unzulässig.[2362] Grds. zulässig ist hingegen die Dauertestamentsvollstreckung über ein einer bereits bestehenden Stiftung zugewendetes Vermögen.[2363]

Hinweis !

Im Regelfall empfiehlt es sich, die Stiftungserrichtung unter Lebenden vorzunehmen, denn auf diese Weise kann der Stifter die Stiftungserrichtung selbst begleiten und die Stiftung noch zu seinen Lebzeiten prägen.

4.2.1.1.2 Anerkennung

Ihre Rechtsfähigkeit erlangt die Stiftung durch den staatlichen Hoheitsakt der Anerkennung. Für die Anerkennung ist die nach den Stiftungsgesetzen der Länder bestimmte Stiftungsbehörde zuständig, in deren Gebiet die Stiftung ihren Sitz hat.

2361 *Schlüter/Stolte*, Stiftungsrecht, 2016, Kapitel 2: Die Errichtung einer Stiftung, Rn. 142 ff.; MHdB GesR V, 2016, 2. Teil. Stiftung bürgerlichen Rechts, 15. Kapitel. Rechts- und Erscheinungsformen, § 79 Stiftung bürgerlichen Rechts Rn. 181 ff.; OLG Zweibrücken, Beschluss vom 05.11.1999 – 3 W 112/99, NJW-RR 2000, 815; LG Berlin, Beschluss vom 26.05.2000 – 87 T 708/99, NJWE-FER 2000, 293; OLG Stuttgart, Beschluss vom 10.06.2009 – 8 W 501/08, ZEV 2010, 200 m. krit. Anm. *Wachter*.

2362 OLG Frankfurt a. M., ZEV 2011, 605; *Weitemeyer*, in: MüKo BGB 2018, § 83 Rn. 17; a. A. *Schewe*, ZEV 2012, 236.

2363 *Weitemeyer*, in: MüKoBGB 2018, § 83 Rn. 17.

Die Anerkennung erfolgt auf Antrag und ist zu erteilen, wenn das Stiftungsgeschäft den Anforderungen des § 81 Abs. 1 BGB genügt, die dauernde und nachhaltige Erfüllung des Stiftungszwecks gesichert erscheint und der Stiftungszweck das Gemeinwohl nicht gefährdet, § 80 Abs. 2 BGB. Bis zur Anerkennung der Stiftung als rechtsfähig ist der Stifter zum Widerruf des Stiftungsgeschäfts berechtigt, § 81 Abs. 2 Satz 1 BGB.

! **Hinweis**

In der Praxis erfolgt eine frühzeitige Einbindung der Stiftungsbehörde. Es empfiehlt sich, den Entwurf der Stiftungssatzung vor Errichtung des Stiftungsgeschäfts mit der Stiftungsbehörde abzustimmen. Insbes. bei komplexeren Gestaltungen oder Gestaltungen mit Sonderelementen sollte eine enge Abstimmung gesucht werden, um Komplikationen im Anerkennungsverfahren zu vermeiden. Bei gemeinnützigen Stiftungen erfolgt zudem eine Vorabprüfung der Einhaltung der satzungsmäßigen Vorgaben der Gemeinnützigkeit. Viele Stiftungsbehörden verlangen die Vorlage einer Bestätigung der zuständigen Finanzbehörde, dass die Stiftungssatzung in der eingereichten Fassung den Anforderungen des Gemeinnützigkeitsrechts entspricht.

4.2.1.2 Satzungsgestaltung

Der Mindestinhalt der Stiftungssatzung ist in § 81 Abs. 1 Satz 3 BGB festgelegt: Name der Stiftung, Sitz der Stiftung, Zweck der Stiftung, Vermögen der Stiftung und Bildung des Vorstandes der Stiftung. Eine Stiftungssatzung sollte sich freilich nicht auf rudimentäre Regelungen beschränken, nicht zuletzt wegen der eingeschränkten Möglichkeit nachträglicher Anpassungen der Stiftungssatzung in wesentlichen Bereichen. Die Praxis zeigt, dass die unreflektierte Übernahme von rudimentären Mustersatzungen zwar den Aufwand der Errichtung reduziert, die Stiftung jedoch nur dann den wahren Willen des Stifters dauerhaft und unter sich verändernden Umständen nachhaltig erfüllen können wird, wenn die Stiftungssatzung mit großer Sorgfalt und Weitblick nach den individuellen Bedürfnissen des konkreten Einzelfalles gestaltet wird. Der Aufwand zur Ermittlung der konkreten Wünsche und Ziele des Stifters und der entsprechenden, individuellen Ausgestaltung der Stiftungssatzung ist gut investiert.

4.2.1.2.1 Stiftungszweck

Die zentrale Festlegung des Stiftungsgeschäfts liegt in der Bestimmung des Stiftungszwecks. Der Stiftungszweck ist für den gesamten Bestand der Stiftung maßgebend. Auch die Organe der Stiftung sind bei ihrer Tätigkeit alleine zur effektiven und dauerhaften Verwirklichung des Stiftungszwecks und des Stifterwillens verpflichtet.[2364]

2364 *Dutta*, in: Richter, Stiftungsrecht, 2019, § 5 Rn. 45 f.; Rawert, Non Profit Law Yearbook 2012/2013, 52; BGH, NJW 1987, 2364.

Der Stiftungszweck muss im Stiftungsgeschäft hinreichend bestimmt festgelegt werden, andernfalls scheitert die Anerkennung der Stiftung.[2365] Nicht zuletzt muss auch die Anerkennungsbehörde in die Lage versetzt werden, anhand der Festlegung des Stiftungszwecks und der Zweckverwirklichungsmaßnahmen die sog. Lebensfähigkeitsprognose überprüfen zu können. Sie muss beurteilen können, ob das Stiftungsvermögen eine dauerhafte und nachhaltige Verwirklichung des vorgesehenen Stiftungszwecks erwarten lässt. Der Stiftungszweck sollte jedoch auch nicht zu eng formuliert werden, um der Stiftung einen gewissen Handlungsspielraum zu erhalten. Denn ist der Stiftungszweck einmal festgelegt, ist eine spätere Abänderung im Grundsatz nur unter sehr restriktiven Voraussetzungen möglich.

Der Stifter kann auch mehrere Stiftungszwecke und eine Vielzahl zulässiger Maßnahmen der Zweckverwirklichung vorgeben. In diesem Fall sollte der Stifter in der Stiftungssatzung jedoch klarstellen, in welchem Verhältnis die einzelnen Stiftungszwecke zueinander stehen oder ob der Stiftungsvorstand nach seinem Ermessen über die Verwirklichung der Stiftungszwecke sowie die Gewichtung der Zweckverwirklichungsmaßnahmen entscheidet.

Ausgehend von der Festlegung des Stiftungszwecks gelten die nachfolgenden Besonderheiten für die verschiedenen Stiftungstypen.

Privatnützige Stiftung
Der Stiftung kann jeder beliebige Zweck gegeben werden, der nicht gegen ein gesetzliches Verbot, die guten Sitten oder Verfassungsgüter verstößt. Ist der Stiftungszweck nicht ausschließlich gemeinnützig, d. h. dient er nicht allein oder überwiegend dem Wohl der Allgemeinheit, liegt eine privatnützige Stiftung vor. Ein solcher Stiftungszweck kommt in Betracht, wenn der Stifter eine Fokussierung auf die Förderung des Gemeinwohls nicht wünscht.

Gemeinnützige Stiftung
Eine steuerbegünstigte Stiftung (oftmals wird die Bezeichnung »gemeinnützige Stiftung« in einem weiteren Sinne für sämtliche steuerbegünstigten Stiftungen synonym verwendet) verfolgt ausschließlich und unmittelbar gemeinnützige, mildtätige oder kirchliche Zwecke im Sinne der §§ 52 ff. AO.

Der Steuergesetzgeber honoriert ein solches altruistisches Engagement und gewährt derartigen Körperschaften bestimmte Steuervergünstigungen, da sie ausschließlich darauf ausgerichtet sind, Aufgaben zu verwirklichen, die im Grundsatz dem Staat im Interesse der Allgemeinheit obliegen.

Ist es dem Unternehmer/Stifter ein Anliegen, sich zum Wohle der Allgemeinheit zu engagieren, so ist hierfür die Errichtung einer gemeinnützigen Stiftung ein attraktiver Weg. Die Stiftung

2365 *Weitemeyer*, in: MüKo BGB, 2018, § 81 Rn. 33.

eröffnet dem Stifter die Möglichkeit, den konkreten, gemeinnützigen Zweck sowie die Art und Weise der Zweckverwirklichung auf Dauer nach seinen Vorstellungen verbindlich vorzuschreiben. Weiterhin ist eine gemeinnützige Stiftung aufgrund ihrer öffentlichen Rezeption ein besonders attraktives Vehikel, um das gemeinnützige Engagement öffentlichkeitswirksam zu realisieren und eine Strahlkraft zu entfalten, die auch Dritte zur Unterstützung des Stiftungszwecks bewegt.

Familienstiftung

Eine einheitliche Definition der Familienstiftung besteht nicht. Sie lässt sich charakterisieren als privatnützige Stiftung, deren Zweck im Wesentlichen auf die Begünstigung der Mitglieder einer oder mehrerer bestimmter Familien gerichtet ist.

Eine Familienstiftung i. S. d. § 1 Abs. 1 Nr. 4 ErbStG ist gegeben, wenn nach der Stiftungssatzung der Stifter, seine Angehörigen und deren Abkömmlinge zu mehr als der Hälfte bezugs- oder anfallberechtigt (Destinatäre) sind.[2366] Eine Familienstiftung ist auch dann gegeben, wenn die genannten Destinatäre zu mehr als einem Viertel bezugs- oder anfallberechtigt sind und zusätzliche Merkmale ein »wesentliches Familieninteresse« belegen.[2367] Dies kann insbes. dann gegeben sein, wenn die Familie wesentlichen Einfluss auf die Geschäftsführung der Stiftung hat.[2368]

Zweck einer Familienstiftung ist i. d. R. die Begünstigung von Mitgliedern einer bestimmten Familie. Die Regelungen der Stiftungssatzung müssen vorgeben, wie der Kreis der »Familie« im konkreten Fall zu definieren ist (unabhängig von der Regelung in §§ 1589, 1590 BGB). Sie legen damit den Kreis der potenziellen Destinatäre fest. Eine übliche Definition des Destinatärskreises umfasst den Stifter, seine Ehefrau und die Abkömmlinge des Stifters. In der Stiftungssatzung kann weiterhin geregelt werden, nach welchen Kriterien aus diesem Kreis der potenziellen Begünstigten die tatsächlich konkret begünstigen Personen ausgewählt werden und wer nach welchen Vorgaben darüber entscheidet, ob und in welcher Form diese Destinatäre eine Zuwendung der Stiftung erhalten.[2369] Die Stiftungssatzung kann es dem Ermessen des Stiftungsvorstands überlassen, ggf. unter Beachtung von Förderrichtlinien oder unter Mitwirkung eines Kontrollorgans, zu entscheiden, welche Personen aus dem Destinatärskreis eine Leistung der Stiftung erhalten, ggf. zu welchem Zweck, in welchem Umfang und in welcher Form.

Der Familienstiftung kommt oftmals eine Art Holdingfunktion zu, indem sie wesentliches Familienvermögen für die Familie dauerhaft bündelt und erhält, um einer Vermögenszersplitterung durch Erbfälle, Schenkungen, Pflichtteilsansprüche, Ausgleichszahlungen, Wegzugsbesteuerungen etc. vorzubeugen. Zugleich kann die Familienstiftung die langfristige Versorgung und

2366 R E 1.2 Abs. 2 ErbStR 2011.
2367 R E 1.2 Abs. 2 ErbStR 2011.
2368 R E 1.2 Abs. 2 ErbStR 2011.
2369 *Hüttemann/Rawert*, in: Staudinger, BGB, 2017, Vorbem. §§ 80 ff. Rn. 259 ff.; *v. Oertzen/Reich*, DStR 2017, 1118, 1120; *Weitemeyer*, in: MüKo BGB, 2018, § 85, Rn. 49 f.

wirtschaftliche Absicherung der Familienmitglieder sicherstellen sowie dazu genutzt werden, die Kontinuität des Familienunternehmens zu sichern.

Wird auf die Familienstiftung eine wesentliche Beteiligung am Unternehmen übertragen, können der Erhalt und die Fortführung des Unternehmens nach den in der Satzung dokumentierten Vorgaben des Stifters zum Bestandteil des Stiftungszwecks erhoben werden. Diese Vorgaben binden die handelnden Stiftungsorgane langfristig. Die Stiftung übt dann ihre Rechte und Pflichten als Gesellschafterin durch ihre Stiftungsorgane in Erfüllung ihres Stiftungszwecks entsprechend aus. Auf diese Weise kann die Fortführung des Stiftungsunternehmens nach den Vorstellungen des Stifter-Unternehmers perpetuiert werden.

Doppelstiftung

Bei einer Doppelstiftung handelt es sich nicht um eine besondere Stiftungsform im eigentlichen Sinne, sondern um den kombinierten Einsatz einer gemeinnützigen und einer privatnützigen, meist Familienstiftung, die nebeneinander als Gesellschafter einer Gesellschaft auftreten. Daher ist »die Doppelstiftung« grds. auch kein originär stiftungsrechtliches Thema, sondern im Kern auf Ebene der Gesellschaft, an der beide Stiftungen beteiligt sind, zu gestalten. Eine Doppelstiftung kommt meist dann in Betracht, wenn der Stifter zwar den Einfluss der Familie auf das Unternehmen sowie die Absicherung der Familie sicherstellen möchte, aber auch bereit (oder beispielsweise aufgrund von drohenden Erbschaftsteuern gezwungen) ist, einen Teil der Beteiligung zu steuerbegünstigten Zwecken zu widmen.

Im Grundmuster einer Doppelstiftung wird der Familienstiftung eine kapitalmäßig geringere Beteiligung, aber mithilfe eines Mehrfachstimmrechts oder alleinigen Stimmrechts auf Ebene der Gesellschaft die Entscheidungsmacht zugewiesen, während der gemeinnützigen Stiftung eine kapitalmäßig höhere Beteiligung, jedoch mit geringerem oder keinem Stimmrecht zugewiesen wird. Im Einzelfall erfolgt daneben eine disquotale Gewinnzuweisung zugunsten der Familienstiftung.

Auf diese Weise werden Einfluss und Absicherung der Unternehmerfamilie erreicht und zugleich eine existenzgefährdende Steuerbelastung bei der Einbringung und eine wiederkehrende Erbersatzsteuer auf die wesentliche Kapitalbeteiligung vermieden und die nachhaltige Verwirklichung gemeinnütziger Zwecke ermöglicht.

4.2.1.2.2 Organisation der Stiftung

Die rechtsfähige Stiftung ist eine juristische Person und handelt nach außen durch ihre Organe. Einziges obligatorisches Organ der Stiftung ist der Vorstand. Der Vorstand vertritt die Stiftung als organschaftlicher Vertreter im Rechtsverkehr nach außen, §§ 86, 26 BGB. Daneben ist der Stifter frei, weitere, sog. fakultative Organe zu schaffen und diese mit Befugnissen auszustatten. Da die Stiftung über keine Mitglieder oder Anteilseigner verfügt, die eine aus Eigeninteresse motivierte Kontrolle des Vorstandes ausüben könnten, ist es eine wesentliche Aufgabe bei Errichtung der Stiftung, die Besetzung und Kompetenzen der Organe sowie die Einräumung von gegenseitigen Informations- und Kontrollrechten gezielt zu gestalten, um ein wirkungsvolles System der Checks & Balances zu implementieren. In der Praxis wünscht sich der Stifter darüber hinaus einen besonderen Einfluss auf »seine« Stiftung, so dass auch die Gestaltung von Sonderrechten für den Stifter in Betracht zu ziehen ist.

Stiftungsvorstand

Der Vorstand führt die Geschäfte der Stiftung und vertritt die Stiftung als Organ im Außenverhältnis, §§ 86, 26 BGB. Findet sich keine abweichende Aufgabenzuweisung in der Stiftungssatzung, ist der Vorstand allzuständig.

Der Stifter ist bei der Ausgestaltung des Vorstands weitestgehend frei. Er kann in der Satzung insbes. Regelungen treffen zur Zahl der Mitglieder (mind. ein Mitglied), Besetzung (v.a. Qualifikationsmerkmale), Bestellung (Kooptation, Wahl durch ein Überwachungsorgan, Vorschlags- und Entsendungsrechte), Abberufung und Ausscheidensgründe, Vertretungsbefugnis, Amtszeit, Vergütung, Beschlussfassung und Sitzungen. Um die Stiftungssatzung nicht mit Regularien zur Binnenorganisation der Stiftungsorgane zu überfrachten und um eine unkomplizierte Anpassung dieser Regelungen zu ermöglichen, kann die Möglichkeit zum Erlass einer Geschäftsordnung des Stiftungsvorstandes in die Satzung aufgenommen werden. Eine entsprechende Ermächtigung sollte ausdrücklich in die Satzung aufgenommen werden.[2370]

Mitglieder des Vorstandes haften der Stiftung gegenüber für Schäden, die der Stiftung aus einer pflichtwidrigen, schuldhaften Amtsführung entstehen. Ist das Vorstandsmitglied ehrenamtlich tätig oder übersteigt seine Vergütung 720 € jährlich nicht, haftet es der Stiftung gegenüber für Schäden aufgrund von Pflichtverletzungen gesetzlich nur bei Vorsatz oder grober Fahrlässigkeit, §§ 31a, 86 BGB. Die Haftungsprivilegierung kann in der Satzung aber auch für entgeltlich tätige Stiftungsvorstände erweitert werden; dies muss jedoch ausdrücklich geschehen.[2371]

Fakultative Stiftungsorgane

Der Stifter kann weitere Stiftungsorgane, insbes. ein Kontrollorgan, einrichten. Ein solches Kontrollorgan wird oftmals als Stiftungsrat, Kuratorium, Stiftungsbeirat oder Familienrat bezeichnet. Der Stifter ist in der Bezeichnung des Kontrollorgans ebenso frei wie in der Bestimmung seiner Befugnisse. Dem Kontrollorgan typischerweise zugewiesene Aufgaben sind die Bestellung, Abberufung, Entlastung[2372] des Vorstandes und die Vertretung der Stiftung gegenüber dem Vorstand, die Mitwirkung an Grundlagenentscheidungen (beispielsweise Satzungsänderungen)

2370 *Waldner/Wörle-Himmel*, in: Sauter/Schweyer/Waldner, Der eingetragene Verein, 2016, Rn. 151 ff.
2371 *Hüttemann/Rawert*, in: Staudinger, 2017, § 86 Rn. 70 m. w. N.
2372 Inwiefern von einer solchen Entlastung verbindliche Wirkungen ausgehen, wird uneinheitlich beurteilt, vgl. eingehend: Rösing, Die Entlastung im Stiftungsrecht, Diss. 2013, 51 ff. m. w. N.

und die Prüfung der Rechnungslegung.[2373] Darüber hinaus kommt dem Kontrollorgan oftmals eine Beratungsfunktion gegenüber dem Stiftungsvorstand zu, wozu eine entsprechende Besetzung des Organs, etwa mit einem bestimmten Anteil fachkundiger Personen, vorgesehen werden sollte.

Die Hauptaufgabe bei der Gestaltung der fakultativen Organe liegt darin, eine zweckmäßige Aufgabenabgrenzung zum Vorstand und eine wirkungsvolle interne, wechselseitige Kontrolle zwischen Vorstand und Aufsichtsorgan sicherzustellen (Checks & Balances). Wichtige Aspekte dabei sind Inkompatibilitätsregelungen (die Mitgliedschaft in einem Organ schließt die Mitgliedschaft in einem anderen Organ aus), Zuweisung von Auskunftsrechten an das Aufsichtsorgan und Auferlegung von Informationspflichten des Vorstands gegenüber dem Aufsichtsorgan, Zuweisung der Bestellungs- und Abberufungskompetenz, Entlastungskompetenz bzgl. der Vorstandsmitglieder an das Aufsichtsorgan, Zuweisung der Befugnis zur Gewährung einer Vergütung für den Stiftungsvorstand an das Aufsichtsorgan, Verpflichtung des Stiftungsvorstands zur Vorlage der Rechnungslegungsunterlagen und eines Wirtschaftsplans sowie Genehmigungskompetenz diesbezüglich beim Aufsichtsorgan und Zustimmungsvorbehalte und Vetorechte des Überwachungsorgans bei Grundlagengeschäften (Satzungsänderungen, Zweckänderungen etc.), Geschäfte mit Mitgliedern eines Stiftungsorgans oder diesem nahestehenden Personen.

Die Mitglieder des Kontrollorgans müssen sich überdies der Verantwortung ihrer Tätigkeit bewusst sein, nicht zuletzt können sie der Stiftung gegenüber haften, sofern sie ihre Überwachungspflicht schuldhaft verletzen und der Stiftung daraus ein Schaden entsteht.[2374]

Ein fakultatives Stiftungsorgan muss aber nicht als überwachendes Organ ausgestaltet werden, es ist ebenso möglich, ihm oder einem weiteren Stiftungsorgan eine lediglich beratende oder repräsentative Aufgabe zuzuweisen.

Sonderrechte des Stifters

Der Stifter steht mit Anerkennung der Stiftung dieser grds. wie jeder Dritte gegenüber. Möchte sich der Stifter jedoch einen besonderen Einfluss auf die Stiftung vorbehalten, so muss er dies innerhalb der Satzung durch entsprechende Gestaltung tun. Als mögliche Stifterrechte kommen insbes. das Recht auf Mitgliedschaft in einem Stiftungsorgan, namentlich dem Stiftungsvorstand oder einem Kontrollorgan, das Recht auf Bestellung und Abberufung der weiteren Mitglieder der Stiftungsorgane, besondere Informationsrechte und Auskunftsansprüche gegenüber den Stiftungsorganen, Mehrfachstimmrechte bei der Willensbildung innerhalb eines mehrgliedrigen Stiftungsorgans, Zustimmungsvorbehalte und Vetorechte bzgl. Maßnahmen

2373 *Godron*, in: Richter, Stiftungsrecht, 2019, § 6 Rn. 86 ff.; *Hof*, in: v. Campenhausen/Richter, Stiftungsrechts-Handbuch, 2014, § 8 Rn. 80.

2374 Vgl. BGH vom 20.11.2014 – III ZR 509/13, NZG 2015, 38.

der Stiftungsorgane, insbes. Grundlagenänderungen, und Sonderregelungen zur Vertretungsbefugnis in Betracht.[2375]

!

Hinweis

Zu beachten ist, dass der Stifter auch bei Ausübung von vorbehaltenen Sonderrechten stets an den historischen Stifterwillen, wie er bei Errichtung der Stiftung dokumentiert und perpetuiert wurde, gebunden bleibt.[2376]

4.2.1.2.3 Stiftungsvermögen

Im Rahmen des Stiftungsgeschäfts muss sich der Stifter dazu verpflichten, der Stiftung bestimmte Vermögenswerte als Grundstockvermögen zu übertragen, § 81 Abs. 1 BGB.

Dieses gestiftete Grundstockvermögen muss nach Umfang und Zusammensetzung eine dauerhafte und nachhaltige Erfüllung des konkreten Stiftungszwecks gesichert erscheinen lassen. Dabei ist zu berücksichtigen, dass die Stiftung ihren Stiftungszweck im Grundsatz allein aus den Erträgen des Grundstockvermögens und etwaiger Zuwendungen Dritter erfüllt und nicht das Grundstockvermögen selbst zur Zweckverwirklichung aufzehrt (anders bei der Verbrauchsstiftung, vgl. II 4.2.1.2.4).

Im Grundsatz kommt damit jeder Vermögenswert als Gegenstand des Stiftungsvermögens in Betracht, der entsprechende Erträge erwarten lässt, z. B. Bar- und Wertpapiervermögen, Immobilienvermögen aber auch Unternehmensbeteiligungen oder unmittelbar unternehmerisches Vermögen (unternehmensverbundene Stiftung, vgl. II 4.2.1.2.5).

Da stets der konkrete Stiftungszweck und die für die Zweckverwirklichung vorgesehenen Maßnahmen zu betrachten sind, gibt es keine absolut bezifferbare Mindestkapitalausstattung. Vielmehr bedarf es einer Lebensfähigkeitsprognose im konkreten Einzelfall. Diese vom Stifter angestellte Prognose überprüft die Stiftungsbehörde im Rahmen des Anerkennungsverfahrens. Bei geringeren Vermögen sollte alternativ die Errichtung einer nicht rechtsfähigen Stiftung oder einer Verbrauchsstiftung in Erwägung gezogen werden.

Zur Sicherung der dauerhaften Zweckverwirklichung gilt der stiftungsrechtliche Vermögenserhaltungsgrundsatz. Danach ist das gestiftete Grundstockvermögen einschließlich späterer Zustiftungen, die dazu bestimmt sind, den Vermögensstock der Stiftung zu erhöhen, in seinem Bestand dauerhaft zu erhalten, soweit nicht der Stifter eine abweichende Anordnung trifft. Der Vermögenserhalt kann nominal zu betreiben sein, d. h. der absolute Wert des Vermögens bei

2375 Vgl. zu den denkbaren Sonderrechten *Kögel*, FuS, 2014, 47 ff.; *Burgard*, Gestaltungsfreiheit im Stiftungsrecht, Habil. 2000/2001, 275 f.; *Jeß*, Das Verhältnis des lebenden Stifters zur Stiftung, 1991, 75 ff.

2376 *Jakob*, Schutz der Stiftung, Habil. 2005/2006, 142 ff.

Errichtung kann zu erhalten sein, er kann real, d.h. bereinigt um den Kaufkraftschwund zu betreiben sein, oder das Stiftungsvermögen kann auch in seiner konkreten Zusammensetzung, d.h. in seiner Substanz zu erhalten sein. Der Stifter sollte seine diesbezüglichen Vorstellungen in der Stiftungssatzung daher konkretisieren.[2377]

Aus dem Stiftungsgeschäft erwächst mit Anerkennung der Stiftung die einklagbare Verpflichtung des Stifters, das gestiftete Vermögen auf die Stiftung zu übertragen.

Dritte (wozu nach der Anerkennung auch der Stifter selbst zählt) können der Stiftung nach der Errichtung Zuwendungen im Wege der Zustiftung oder der Spende machen und auf diesem Wege weiteres Vermögen auf die Stiftung übertragen. Eine Zustiftung liegt vor, wenn sich aus der Zuwendung ergibt, dass das zugewendete Vermögen dem Grundstockvermögen der Stiftung zugeführt und vom Vermögenserhaltungsgrundsatz erfasst werden soll; demgegenüber liegt eine Spende vor, wenn das zugewendete Vermögen unmittelbar zur Erfüllung des Stiftungszwecks verwendet soll und damit, im Fall einer gemeinnützigen Stiftung, dem Gebot der zeitnahen Mittelverwendung unterliegt.[2378] Daneben besteht die Möglichkeit, Zuwendungen in das freie Vermögen der Stiftung, d.h. in die freie Kapitalrücklage zu tätigen.[2379] Diese Mittel sind weder dem (dauerhaft zu erhaltenden) Vermögensstock zuzuführen, noch müssen sie zeitnah zur Zweckverwirklichung verwendet werden.

In der Praxis bestimmt i.d.R. der Stiftungsvorstand die konkrete Anlage des Stiftungsvermögens. Um sicherzustellen, dass die Vermögensanlage professionell und dauerhaft nach den Vorgaben der Stiftungssatzung, des Stifterwillens und den gesetzlichen Vorgaben erfolgt, sollte eine klare, transparente Handlungsdirektive in Form von Anlagerichtlinien vorliegen. Als Grundlage hierzu kann der Stifter im Stiftungsgeschäft allgemeine, nicht zu detaillierte Grundprinzipien für die Vermögensanlage vorgeben und die Ermächtigungsgrundlage sowie den Auftrag an die Stiftungsorgane erteilen, diese allgemeinen Grundsätze in konkrete Richtlinien für den Vorstand umzusetzen und fortlaufend an die geänderten Marktbedingungen anzupassen. Ordnungsgemäß gestaltete Anlagerichtlinien beinhalten für den Vorstand, nicht zuletzt auch in haftungsrechtlicher Hinsicht, verbindliche Vorgaben, an denen er sich messen lassen muss, auf die er sich aber auch berufen kann. Ein etwaiges Kontrollorgan sollte bei der Errichtung und Aktualisierung der Anlagerichtlinie eingebunden sein und die laufende Kontrolle des Vorstands bzgl. der Einhaltung der Anlagerichtlinie ausüben.

2377 Meyn in: Meyn/Richter/Koss, Die Stiftung, 3. Aufl., 2013, Rn. 156.
2378 Schauhoff in: Schauhoff, Handbuch der Gemeinnützigkeit, 2010, § 3 Rn. 64.
2379 Vgl. *Mecking*, Dotation ins freie Vermögen, Stiftung & Sponsoring 2008, 23; IDW RS HFA 5, Rn. 61 ff.

4.2.1.2.4 Verbrauchsstiftung

Als Verbrauchsstiftung i. e. S. wird eine Stiftung bezeichnet, die ihr gesamtes Stiftungsvermögen zur Verwirklichung ihres Stiftungszwecks planmäßig aufzehrt.[2380] Die Verbrauchsstiftung ist folglich darauf ausgelegt, ihren Stiftungszweck nicht lediglich aus den Erträgnissen des Stiftungsvermögens zu fördern und ihren Vermögensstock auf unbestimmte Zeit ungeschmälert zu erhalten, sondern darauf, das dotierte und zugestiftete Vermögen zur Zweckförderung vollständig aufzuzehren. In Erwägung zu ziehen ist ihre Errichtung insbes. für kleinere Dotationen oder befristete Vorhaben.

Neben der Verbrauchsstiftung i. e. S. ist auch eine Ausgestaltung als sog. Verbrauchsoptionsstiftung denkbar.[2381] Einer solchen ist der Verbrauch des Stiftungsvermögens nur unter bestimmten, vom Stifter vorgegebenen Voraussetzungen gestattet, etwa bei einem Rückgang der Erträge des Stiftungsvermögens. Weiterhin ist es denkbar, dass die Stiftung mit einem Grundstockvermögen ausgestattet wird, das dem Gebot der Vermögenserhaltung unterliegt, und darüber hinaus das jeweils überschießende Grundstockvermögen dem Verbrauch unterworfen wird.[2382] Schließlich kann die Stiftung zunächst als herkömmliche rechtsfähige und auf ewige Dauer angelegte Stiftung errichtet und den Stiftungsorganen im Stiftungsgeschäft die Befugnis verliehen werden, die Stiftung im Wege einer formellen Satzungsänderung unter bestimmten Voraussetzungen mit Genehmigung der Stiftungsaufsichtsbehörde in eine Verbrauchsstiftung »umzuwandeln«.[2383]

! **Hinweis**

Mit Inkrafttreten des Ehrenamtsstärkungsgesetzes und Einführung des § 80 Abs. 2 Satz 2 BGB n. F. ist die grundsätzliche Zulässigkeit der (zeitbefristeten) Verbrauchsstiftung anerkannt. Die gesetzgeberische Klarstellung unterstreicht, dass moderne Stiftungskonstruktionen durch Nutzung der bestehenden Gestaltungsmöglichkeiten, etwa durch gezielte Einbeziehung eines Verbrauchselements, flexible Lösungen für den konkreten Einzelfall bieten können.[2384]

4.2.1.2.5 Unternehmensverbundene Stiftung

Spätestens seit der Stiftungsreform im Jahr 2002 ist die Zulässigkeit einer unternehmensverbundenen Stiftung anerkannt.[2385] Bei einer solchen tritt die Stiftung entweder unmittelbar als Träger eines Unternehmens auf (sog. Unternehmensträgerstiftung) oder sie hält eine Beteiligung an dem in anderer Rechtsform ausgestalteten Unternehmensträger, z. B. einer AG, einer

2380 *Rawert/Hüttemann*, in: Staudinger, BGB, § 81 Rn. 70; *Weitemeyer*, in: MüKo BGB, 2018, § 80 Rn. 130f.
2381 Begriff in Anlehnung an *Reuter*, in: MüKo BGB, 2012, § 81 Rn. 21.
2382 *Sauer u. a.*, StiftungsBrief 12/2009, 227 (230).
2383 *Weitemeyer*, in: MüKo BGB, 2018, § 81 Rn. 40.
2384 Vgl. etwa die Überlegungen zu einer Familienverbrauchstiftung von *Tielmann*, NJW 2013, 2934.
2385 Vgl. eingehend *Fischer/Breithecker*, 2014, 21 ff.

GmbH oder einer KG (sog. Beteiligungsträgerstiftung). Die heute weitaus häufigere Form ist die Beteiligungsträgerstiftung. In der Unternehmensnachfolge kann die unternehmensverbundene Stiftung zur Sicherung der Unternehmenskontinuität dienen. Dabei bietet sich oftmals eine Ausgestaltung als beteiligungstragende Familienstiftung an, ggf. in Kombination mit einer gemeinnützigen Stiftung (Doppelstiftung).

Wird der Stiftung eine Unternehmensbeteiligung mit der Maßgabe übertragen, diese dauerhaft zu halten und ihre Rechte aus der Beteiligung dazu einzusetzen, die Unternehmensfortführung zu sichern, sollten besondere Vorgaben diesbezüglich in die Stiftungssatzung aufgenommen werden. U. a. sind besondere Vorgaben über die Zulässigkeit bzw. Einschränkungen bzgl. einer Veräußerung der Unternehmensbeteiligung zu erwägen. Viele Satzungen unternehmensverbundener Stiftungen beinhalten außerdem mehr oder weniger ausführliche Festlegungen zu den Werten und Grundsätzen, nach denen die Stiftung ihre Gesellschafterrechte ausüben soll, beispielsweise um eine dauerhafte Fortführung des Unternehmens nach den gewachsenen Wertvorstellungen des Stifters zu gewährleisten.[2386]

Soweit sich im Vermögen der Familienstiftung eine wesentliche Beteiligung an einem operativ tätigen Unternehmen befindet, stellt sich die Aufgabe, eine zweckmäßige Verzahnung zwischen der Organisationsverfassung der Stiftung und des Unternehmens zu gestalten. Auf Ebene der operativen Gesellschaft bedarf es klarer Regelungen, bei welchen Entscheidungen eine Zustimmung der Stiftung erforderlich ist. Es bietet sich ggf. an, für operative Entscheidungen auf Ebene der Gesellschaft selbst ein Expertengremium, beispielsweise einen Gesellschafterausschuss oder Beirat, zu etablieren, um eine schnelle und fachkundige Entscheidungsfindung sicherzustellen. Eine Zustimmung der Stiftung und innerhalb der Stiftung ggf. darüber hinaus eine Zustimmung eines Kontrollorgans könnte für grundlegende und/oder strategische Entscheidungen vorbehalten bleiben. Schließlich ist zu regeln, ob und unter welchen Voraussetzungen sich Familienmitglieder in die operative Leitung des Unternehmens einbringen können.

Besonderes Augenmerk ist bei der Gestaltung darauf zu richten, zum Wohle der Stiftung, aber auch des Unternehmens die nötige Flexibilität zu wahren. Im Interesse beider muss eine flexible Reaktion auf ungewisse künftige Entwicklungen möglich bleiben. Nicht selten steht einer solchen Reaktion eine zu starre Verzahnung zwischen Stiftung und Unternehmen im Weg. So kann es etwa zum Wohle des Unternehmens oder auch der Stifterfamilie unter Umständen doch erforderlich sein, die Unternehmensbeteiligung zu veräußern oder das Unternehmen umzuwandeln.

2386 Vgl. dazu beispielsweise die öffentlich abrufbare Stiftungssatzung der Carl-Zeiss-Stiftung.

4.2.1.3 Satzungs- und Grundlagenänderungen

Um dem Ewigkeitsgedanken einer Stiftung gerecht werden zu können, ist es unerlässlich, dass die Stiftung durch ihre Organe mit Anpassungen der Satzung auf sich ändernde innere und äußere Verhältnisse reagieren kann. Nur eine flexible, nicht aber eine starre Organisation kann auf Dauer Bestand haben.

Als strukturelle Maßnahmen zur Anpassung der Stiftung an veränderte Verhältnisse kommen in Betracht: Satzungsänderungen, Zweckänderungen, Umwandlung in eine Verbrauchsstiftung, Zulegung und Zusammenlegung (»Fusion«) und die Auflösung der Stiftung.

4.2.1.3.1 Einfache Satzungsänderungen

Einfache Satzungsänderungen sind Anpassungen der Stiftungssatzung, die den Stiftungszweck und das Wesen der Stiftung unberührt lassen.[2387] Findet sich keine besondere Regelung zur Zulässigkeit einer einfachen Satzungsänderung in der Stiftungssatzung, so ist der Stiftungsvorstand zur Änderung der Stiftungssatzung ermächtigt (und nach teilweise vertretener Ansicht auch verpflichtet), wenn sich innere oder äußere Umstände objektiv verändert haben und diese Veränderung so wesentlich ist, dass am Maßstab des historischen Stifterwillens die beabsichtigte Satzungsänderung geboten ist.[2388] Darüber hinaus muss die Satzungsänderung insgesamt dem Stifterwillen entsprechen.[2389]

Zahlreiche Landesstiftungsgesetze beinhalten Regelungen zur Zulässigkeit und den Voraussetzungen einer einfachen Satzungsänderung. Ungeachtet der Frage, ob die materiellen Ermächtigungsnormen der Landesstiftungsgesetze wegen fehlender Gesetzgebungsbefugnis unwirksam sind, ist jedenfalls die landesgesetzlich in vielen Fällen vorgeschriebene Genehmigungsbedürftigkeit der Satzungsänderung zu beachten.[2390]

4.2.1.3.2 Zweck- und Grundlagenänderungen

Zur Vornahme von Zweckänderungen und weiteren Grundlagenänderungen (Umwandlung in eine Verbrauchsstiftung, Zulegung und Zusammenlegung,[2391] Aufhebung) sind die Organe der Stiftung nach überwiegender Ansicht nur befugt, wenn ihnen der Stifter diese Befugnis selbst im Stiftungsgeschäft mit hinreichender Bestimmtheit zugewiesen hat.[2392]

2387 *Hüttemann/Rawert*, in: Staudinger, 2017, § 85 Rn. 24.

2388 *Hüttemann/Rawert*, in: Staudinger, 2017, § 85 Rn. 17 ff.; BGH vom 22.01.1987 – III ZR 26/85, NJW 1987, 2364.

2389 *Hüttemann/Rawert*, in: Staudinger, 2017, § 85 Rn. 19.

2390 *Hüttemann/Rawert*, in: Staudinger, 2017, § 85 Rn. 29.

2391 Vgl. zur Zulegung und Zusammenlegung *Schauer*, ZEV 2017, 613; *Schauer*, Die Zusammenführung rechtsfähiger Stiftungen, geltendes Recht und Reformentwurf zur Zulegung und Zusammenlegung, Diss., 2017.

2392 *Arnold*, in: Hüttemann/Richter/Weitemeyer, 1. Aufl., 2011, Rn. 27.51; *Hüttemann/Rawert*, in: Staudinger, 2017, § 85 Rn. 14, 16, § 87 Rn. 4; *Weitemeyer*, in: MüKo BGB, 2018, § 85 Rn. 5; *Happ*, Stifterwille und Zweckänderung: Möglichkeiten und Grenzen einer Änderung des Stiftungszwecks durch Organbeschluss, 2007, 109, 113 f.

Die Satzungsermächtigung muss die materiellen Voraussetzungen hinreichend bestimmt vorgeben und darf die Stiftungsorgane nicht zur autonomen Grundlagenänderung ermächtigen, d. h., die Satzungsregelung darf die Grundlagenänderung nicht in das freie Ermessen der Stiftungsorgane stellen, sondern sie muss die objektiven Voraussetzungen selbst hinreichend konkret umreißen.[2393]

Im konkreten Einzelfall muss sodann ein rechtfertigender Grund[2394] bzw. objektiv eine so wesentliche Veränderung innerer oder äußerer Umstände vorliegen, dass am Maßstab des historischen Stifterwillens die beabsichtigte Grundlagenänderung geboten ist.[2395] Darüber hinaus muss die konkret beabsichtigte Grundlagenänderung dem Stifterwillen entsprechen.[2396]

Verschiedene Landesstiftungsgesetze sehen Regelungen zur Zulässigkeit und den Voraussetzungen von Zweckänderungen, der Zulegung und Zusammenlegung sowie der Aufhebung vor. Im Bereich der Grundlagenänderungen ist besonders umstritten, ob die landesgesetzlichen Ermächtigungstatbestände für die Stiftungsorgane wirksam sind; wirksam ist jedenfalls die regelmäßig landesgesetzlich vorgeschriebene Genehmigungsbedürftigkeit der Grundlagenänderung.[2397]

4.2.1.3.3 Ermächtigung im Stiftungsgeschäft

Der Stifter kann und sollte im Stiftungsgeschäft eigene, konkrete materielle und formelle Vorgaben machen, unter welchen Voraussetzungen Satzungsänderungen zulässig sind und welche Stiftungsorgane dabei mitwirken müssen. Des Weiteren sollte der Stifter bewusst entscheiden, ob und welche Grundlagenänderungen (Zweckänderung, Umwandlung in eine Verbrauchsstiftung, Zulegung und Zusammenlegung, Aufhebung) er den Stiftungsorganen eröffnen möchte, unter welchen konkreten Voraussetzungen diese eröffnet sein sollen und welche Organe an einer solchen Maßnahme mitwirken müssen.

Es empfiehlt sich, die Grundlagenänderungen in einen zweckmäßig gestuften Ermächtigungskatalog mit gestuften Tatbestandsvoraussetzungen einzubinden. Besondere Mehrheitserfordernisse und Zustimmungserfordernisse des Kontrollorgans sind für schwerwiegende Eingriffe in gleicher Weise üblich wie die Anordnung einer vorherigen Anhörung des noch lebenden Stifters. Bei gemeinnützigen Stiftungen sollte sichergestellt werden, dass die Maßnahme den

2393 *Happ*, Stifterwille und Zweckänderung: Möglichkeiten und Grenzen einer Änderung des Stiftungszwecks durch Organbeschluss, 104 ff.; *Hüttemann/Rawert*, in: Staudinger, 2017, § 85 Rn. 9 f.; *Reuter*, in: MüKo BGB, 2012, § 85 Rn. 2 ff.; *ders.*, NZG 2004, 939, 942; *Weitemeyer*, in: MüKo BGB, § 85 Rn. 4; *Wiesner*, Korporative Strukturen bei der Stiftung bürgerlichen Rechts, 84 ff.

2394 BGH vom 22.01.1987 – III ZR 26/85, NJW 1987, 2364.

2395 *Hüttemann/Rawert*, in: Staudinger, 2017, § 85 Rn. 17 ff.

2396 *Hüttemann/Rawert*, in: Staudinger, 2017, § 85 Rn. 19.

2397 *Hüttemann/Rawert*, in: Staudinger, 2017, § 85 Rn. 29.

Status der Gemeinnützigkeit nicht gefährdet und eine Umsetzung der Maßnahme erst nach entsprechender Abstimmung mit der Finanzverwaltung erfolgt.

4.2.1.3.4 Reform des Stiftungsrechts

Seit 2012 ist die Reformdiskussion im Stiftungsrecht erneut im Gang. Es wurde eine Bund-Länder-Gruppe »Stiftungsrecht« eingerichtet, die im Jahr 2018 ihren Abschlussbericht der Innenministerkonferenz vorgelegt hat. Die Arbeitsgruppe spricht sich darin für eine umfassende Reform des deutschen Stiftungsrechts aus und legt einen ausformulierten Diskussionsentwurf für ein Gesetz zur Reform des deutschen Stiftungsrechts vor.[2398] Seither besteht die Aufforderung der Innenministerkonferenz an die Regierung, auf dieser Basis einen Regierungsentwurf zu entwickeln. Der Diskussionsentwurf der Arbeitsgruppe ist insbes. auf eine Vereinheitlichung des Stiftungsrechts auf Bundesebene ausgerichtet und würde das materielle Stiftungsrecht im BGB konzentrieren und die Landesstiftungsgesetze um dieses entlasten. Ein wesentlicher Bestandteil des Diskussionsentwurfs ist eine umfassende Regelung zur Zulässigkeit und den Voraussetzungen von Satzungs- und Grundlagenänderungen durch die Stiftungsorgane und die Stiftungsbehörde. Es bleibt die weitere Entwicklung zu beobachten. Stifter sollten schon heute die möglichen künftigen Änderungen des geltenden Rechts v.a. im Bereich der Satzungs- und Grundlagenänderungen bei der Gestaltung beachten.

4.2.1.4 Stiftungsaufsicht

Die rechtsfähige Stiftung unterliegt der behördlichen Stiftungsaufsicht. Umfang und Inhalt regeln die jeweiligen Landesstiftungsgesetze. Die Stiftungsaufsicht beinhaltet die Anerkennung der Stiftung sowie die Überwachung der laufenden Verwaltung. Sie ist eine reine Rechtsaufsicht und keine Fachaufsicht. I. d. R. hat die Stiftung gegenüber der Stiftungsaufsicht jährlich Rechnung zu legen. Die Stiftungsaufsicht hat ein Einsichts- und Prüfungsrecht. Die Stiftungsaufsicht kann einzelne Maßnahmen der Stiftung beanstanden bzw. Handlungen anordnen. Darüber hinaus kann die Stiftungsaufsicht Organe abberufen und neu bestellen. Als ultima ratio bei Unmöglichkeit der Zweckverwirklichung oder Gemeinwohlgefährdung kann die Stiftungsbehörde nach § 87 Abs. 1 BGB den Zweck der Stiftung ändern, die Stiftung mit einer anderen Stiftung zusammenführen oder aufheben. Neben den besonderen stiftungsrechtlichen Eingriffsermächtigungen stehen der Stiftungsbehörde auch die Ermächtigungsnormen des allgemeinen Verwaltungsrechts wie beispielsweise der Verwaltungszwang aus § 70 VwVfG zur Verfügung.[2399]

2398 Abrufbar im Internet unter URL: www.innenministerkonferenz.de, 208. Sitzung der Innenministerkonferenz, Anlagen zu TOP 46.

2399 OVG Lüneburg, Beschluss vom 20.07.2017 – 8 LA 145/16, BeckRS 2017, 118830 = npoR 2018, 215.

Weiterhin sehen viele Landesstiftungsgesetze vor, dass bestimmte Rechtsgeschäfte im Voraus der Stiftungsbehörde gegenüber angezeigt oder von dieser genehmigt werden müssen.[2400] Hierunter fallen je nach Landesstiftungsgesetz beispielsweise die Aufnahme von Darlehen, Haftung/Schuldübernahme/Bürgschaften für fremde Schulden, Veräußerung/Belastung von Immobilien, Rechtsgeschäfte mit Stiftungsorganen oder nahestehenden Personen oder sonstige Rechtsgeschäfte, die das Stiftungsvermögen besonders belasten oder gefährden können.

Für Familienstiftungen ist die laufende Stiftungsaufsicht durch landesstiftungsgesetzliche Regelungen oftmals gelockert und in mehreren Bundesländern sogar vollständig ausgeschlossen:

Bundesland	Sonderregelung betreffend die Aufsicht über Familienstiftungen
Baden-Württemberg	keine übergreifende Befreiung, lediglich Befreiung von Anzeigepflichten für besondere Geschäfte, § 13 Abs. 2 StiftG-BW
Bayern	Der Stiftungsaufsicht unterstehen nur Stiftungen, die »öffentliche Zwecke« i. S. d. Art. 1 StiftG-Bay verfolgen.
Berlin	Gem. § 10 StiftG-Berl beschränkt sich die Aufsicht über Familienstiftungen darauf, dass die Stiftungsbehörde die Zusammensetzung der Stiftungsorgane überwacht und auf eine effektive interne Kontrolle zwischen den Organen hinwirkt.
Brandenburg	Gem. § 4 StiftG-Brdbg überwacht die Aufsicht Familienstiftungen nur insoweit, dass eine Gemeinwohlgefährdung nicht vorliegt.
Bremen	Gem. § 17 StiftG-Bremen beschränkt sich die Aufsicht über Familienstiftungen auf Maßnahmen nach § 87 BGB und die Sicherstellung der Handlungsfähigkeit der Organe.
Hamburg	Gem. § 5 StiftG-HH überwacht die Aufsicht private Stiftungen nur insoweit, dass sie öffentlichen Interessen nicht zuwiderlaufen.
Hessen	Gem. § 21 StiftG-Hess überwacht die Aufsicht private Stiftungen nur insoweit, dass sie öffentlichen Interessen nicht zuwiderlaufen.
Mecklenburg-Vorpommern	keine Sonderregelung
Niedersachsen	Gem. § 10 StiftG-Nds beschränkt sich die Aufsicht über privatnützige Stiftungen auf Maßnahmen nach § 87 BGB und die Sicherstellung der Handlungsfähigkeit der Organe.
Nordrhein-Westfalen	Gem. § 6 StiftG-NRW überwacht die Aufsicht privatnützige Stiftungen nur insoweit, dass sie gesetzlich geschützten öffentlichen Interessen nicht zuwiderlaufen.
Rheinland-Pfalz	Gem. § 9 StiftG-RhlPf überwacht die Aufsicht private Stiftungen nur insoweit, dass sie dem öffentlichen Interesse nicht zuwiderlaufen.

2400 Vgl. § 13 StiftG-BW, Art. 19 StiftG-Bay, § 7 StiftG-NRW, § 9 StiftG-SchlHol.

Bundesland	Sonderregelung betreffend die Aufsicht über Familienstiftungen
Saarland	Gem. § 10 StiftG-Saarl beschränkt sich die Aufsicht über privatnützige Stiftungen auf Maßnahmen nach § 87 BGB und die Notbestellung von Vorstandsmitgliedern.
Sachsen	keine Sonderregelungen
Sachsen-Anhalt	keine Sonderregelungen
Schleswig-Holstein	Gem. § 19 StiftG-SchlHol beschränkt sich die Aufsicht über Familienstiftungen darauf, ihren Bestand zu bewahren und die Einhaltung von Rechtsvorschriften zu überwachen.
Thüringen	keine Sonderregelungen

Übersicht Sonderregelungen betreffend die Aufsicht über Familienstiftungen

4.2.2 Die nicht rechtsfähige Stiftung

Die nicht rechtsfähige Stiftung hat große praktische Bedeutung; der Bundesverband Deutscher Stiftungen schätzt, dass es deutschlandweit ca. 20.000 nicht rechtsfähige Stiftungen gibt.[2401] Die nicht rechtsfähige Stiftung wird definiert als eine Vermögenszuwendung an einen Stiftungsträger, welcher das zugewendete Vermögen entsprechend den Vorgaben des Stifters von seinem eigenen Vermögen getrennt zu verwalten und dauerhaft zur Förderung des vom Stifter bestimmten Zwecks zu verwenden hat.[2402]

Der wesentliche Unterschied zwischen der nicht rechtsfähigen Stiftung und der rechtsfähigen Stiftung besteht darin, dass die nicht rechtsfähige Stiftung keine juristische Person ist und daher nicht selbst, sondern nur durch den Stiftungsträger handeln kann.[2403] Die Vorschriften der §§ 80 ff. BGB sind auf die nicht rechtsfähige Stiftung weder direkt noch analog anwendbar.[2404] Sie beruht letztlich allein auf einer schuldrechtlichen Vereinbarung zwischen dem Stifter und dem Stiftungsträger.[2405] Dabei wird versucht, mit den Mitteln des Vertragsrechts eine rechtsfähige Stiftung zu »simulieren«.

Als Stiftungsträger kommt grundsätzlich jede natürliche oder juristische Person in Betracht.[2406] Neben öffentlich-rechtlichen Körperschaften, gewerblichen Anbietern wie Banken und speziellen Stiftungszentren übernehmen auch rechtsfähige Stiftungen die Trägerschaft für unselbständige Stiftungen. Die Auswahl des Stiftungsträgers sollte sorgfältig erfolgen. Dabei spielen insbesondere die zivil- und steuerrechtliche Kompetenz und Erfahrung sowie die Professionalität

2401 Pressemitteilung des Bundesverbandes Deutscher Stiftungen vom 23.04.2012, http://www.stiftungen.org/de/presse.
2402 Vgl. *Hüttemann/Rawert*, in: Staudinger, BGB, 2017, Vorbem. zu §§ 80 ff. Rn. 319 m. w. N.
2403 *Hof*, in: v. Campenhausen/Richter, 2014, § 36 Rn. 1; *Richter*, in: Stiftungsrecht, 2019, § 23 Rn. 9.
2404 *Hüttemann/Rawert*, in: Staudinger, BGB, 2017, Vorbem. zu §§ 80 ff. Rn. 324.
2405 *Hof*, in: v. Campenhausen/Richter, 2014, § 36 Rn. 3.
2406 *A. Werner*, in: Werner/Saenger, 2008, Rn. 951.

des Stiftungsträgers, die zu erwartenden Kosten, die Zusammensetzung des Stiftungsvermögens und der verfolgte Stiftungszweck eine wesentliche Rolle. Da die nicht rechtsfähige Stiftung in besonderem Maße von der Kontinuität des Stiftungsträgers abhängig ist, bietet sich die Wahl eines möglichst »unsterblichen«, d. h. auf Ewigkeit angelegten Stiftungsträgers an. Im Notfall kann auch ein Wechsel des Stiftungsträgers in Betracht kommen, zumindest soweit dies bei Errichtung der Stiftung bedacht und geregelt wurde. Dem Stiftungsträger werden üblicherweise zumindest ein Aufwendungsersatz und darüber hinaus oftmals eine Vergütung in Abhängigkeit vom Ertrag des Stiftungsvermögens gewährt.

Die nicht rechtsfähige Stiftung bietet einige Vorzüge gegenüber der rechtsfähigen Stiftung: Sie bedarf zu ihrer Entstehung nicht der vorherigen Anerkennung durch die Stiftungsbehörde und kann damit zügiger errichtet werden, sie unterliegt nicht der laufenden Aufsicht der Stiftungsbehörde (im Einzelfall kann diese aber auch gewünscht sein). Sie bietet einen erweiterten Gestaltungsspielraum und größere Flexibilität (z. B. bei Satzungsänderungen und bei Erhalt des Einflusses des Stifters). Zudem kommt die Expertise des Stiftungsträgers den von ihm verwalteten Stiftungen zugute und die gemeinsame Verwaltung ermöglicht die Erzielung von Synergieeffekten, womit die nicht rechtsfähige Stiftung insbesondere für Stiftungsvorhaben mit geringerer Kapitalausstattung eine interessante und kostensparende Alternative darstellt. Gleichwohl kann die nicht rechtsfähige Stiftung ein eigenes (Körperschaft-)Steuersubjekt und nach den Bestimmungen des Gemeinnützigkeitsrechts eigenständig steuerbegünstigt sein.

Für die Errichtung einer nicht rechtsfähigen Stiftung bedarf es stets der Mitwirkung des Stiftungsträgers, so dass unter Lebenden ein zweiseitiges Rechtsgeschäft zwischen Stifter und Stiftungsträger in Form des »Stiftungsgeschäfts« erforderlich ist.[2407] Dabei handelt es sich jedoch nicht um ein Stiftungsgeschäft i. S. d. § 81 BGB. Vielmehr kann die zivilrechtliche Vereinbarung entweder als Schenkung unter Auflage oder als Treuhandvertrag ausgestaltet sein.[2408] Darüber hinaus kann die unselbständige Stiftung auch im Rahmen einer Verfügung von Todes wegen im Weg einer Zuwendung unter Auflage gestaltet werden.[2409]

Durch das Stiftungsgeschäft verpflichtet sich der Stifter, das gestiftete Vermögen unentgeltlich auf den Stiftungsträger zu übertragen. Mit Übertragung des Stiftungsvermögens auf den Stiftungsträger ist dieser aufgrund der vereinbarten Auflage verpflichtet, das Stiftungsvermögen entsprechend den Vorgaben im »Stiftungsgeschäft«, der »Satzung« und den Beschlüssen bzw. Weisungen eines etwaigen Kontrollgremiums von seinem eigenen Vermögen getrennt zu erhalten, zu verwalten und zur Verwirklichung des Stiftungszwecks zu verwenden.[2410] Der nicht rechtsfähigen Stiftung wird regelmäßig eine »Satzung« gegeben, die inhaltlich der einer rechtsfähigen Stiftung nachempfunden ist und technisch die Auflage des Stiftungsträgers bzw.

2407 *Hüttemann/Rawert*, in: Staudinger, BGB, 2017, Vorbem. zu §§ 80 ff. Rn. 320.
2408 BGH vom 12.03.2009, NJW 2009, 1738, 1739; *Hof*, in: v. Campenhausen/Richter, 2014, § 36 Rn. 31 ff.
2409 *Schauer*, npoR 2013, 120.
2410 *Hüttemann/Rawert*, in: Staudinger, BGB, 2017, Vorbem. §§ 80 ff. Rn. 248.

das Treuhandverhältnis konkretisiert. Es sind u. a. Regelungen zu Stiftungszweck, Namen, Sitz, Vermögen und zur Einrichtung eines fakultativen Kontrollgremiums möglich und sinnvoll. Auf die diesbezüglichen Ausführungen zur rechtsfähigen Stiftung sei daher an dieser Stelle verwiesen. Das Fehlen einer laufenden, staatlichen Aufsicht über die unselbständige Stiftung erhöht die Bedeutung einer wirksamen internen Kontrolle. Um eine solche zu ermöglichen, ist eine interne Transparenz mittels Informationsrechten und Berichtspflichten zu gewährleisten und dem Kontrollgremium sind Kontroll- und Genehmigungskompetenzen sowie die Befugnis einzuräumen, die Vollziehung der Auflage gegenüber dem Stiftungsträger zu überwachen und durchzusetzen.[2411]

Da es sich bei der nicht rechtsfähigen Stiftung letztlich um ein schuldrechtliches Verhältnis zwischen Stifter und Stiftungsträger handelt, sind auf Basis einer Einigung zwischen diesen auch nachträgliche Änderungen leichter möglich als bei einer rechtsfähigen Stiftung. Um die Reaktionsmöglichkeiten im Sinne des Stifters sicherzustellen, sind für derartige Fälle bereits bei Errichtung der Stiftung geeignete Vorgaben im »Stiftungsgeschäft« zu machen, wobei hier große Freiheit bei der Ausgestaltung besteht. Aufgrund der Gestaltungsfreiheit bietet sich die nicht rechtsfähige Stiftung auch als Vehikel für eine Erprobungsphase des Stiftungsvorhabens an. Gerade vor diesem Hintergrund ist es oftmals angedacht, die nicht rechtsfähige Stiftung auf mittlere oder lange Sicht in Form einer rechtsfähigen Stiftung fortzuführen. Die hierfür erforderliche »Umwandlung« wird wiederum durch eine entsprechende Ermächtigung und Verpflichtung des Stiftungsträgers im »Stiftungsgeschäft« der nicht rechtsfähigen Stiftung ermöglicht.[2412]

In steuerlicher Hinsicht ist zu beachten, dass die unselbständige Stiftung nach Ansicht des BFH keine Familienstiftung i. S. d. ErbStG ist.[2413] Dies hat zur Folge, dass eine unselbständige Stiftung, deren Zweck ausschließlich oder überwiegend in der Förderung des Wohls einer oder mehrerer bestimmter Familien liegt, zwar zivilrechtlich als unselbständige Familienstiftung bezeichnet werden kann, sie jedoch im Erbschaftsteuerrecht weder der Erbersatzsteuer nach § 1 Abs. 1 Nr. 4 ErbStG unterliegt noch in der Schenkungsteuer bei einer Vermögensübertragung anlässlich der Errichtung der unselbständigen Familienstiftung die Steuerklassenprivilegien des § 15 Abs. 2 ErbStG eingreifen. Vielmehr kommt bei einer Vermögensübertragung »auf« die unselbständige Familienstiftung eine Erbschaft-/Schenkungsbesteuerung als Zweckzuwendung i. S. d. § 8 ErbStG oder als unmittelbare Zuwendung an die Destinatäre der Stiftung in Betracht.[2414]

In der Unternehmensnachfolge kann die nicht rechtsfähige Stiftung im Einzelfall wegen ihrer größeren Gestaltungsfreiheit und Flexibilität, der fehlenden staatlichen Aufsicht und der Möglichkeit der Errichtung ohne staatliche Anerkennung von Interesse sein.

2411 *Herzog*, Die unselbständige Stiftung des bürgerlichen Rechts, Diss. 2005, 87 f.; *Schiffer/Pruns*, in: Schiffer, 2013, § 11 Rn. 51.

2412 *Möller*, ZEV 2007, 565 (566); *O. Werner*, in: Werner/Saenger, 2008, Rn. 342.

2413 BFH vom 25.01.2017 – II R 26/16, DStR 2017, 597.

2414 *Burandt/Rojahn/Milatz*, ErbStG, 2019, § 8 Rn. 1 ff; *Weinmann*, in: Weinmann/Revenstorff/Offerhaus/Erkis, Erbschaft- und Schenkungsteuerrecht, 2. Schenkungssteuerrecht, 2017, Rn. 5 ff.

4.2.3 Stiftungen nach ausländischem Recht

Kommt im Kontext der Unternehmensnachfolge eine Stiftungsstruktur grds. in Betracht, lohnt sich für den Unternehmer, v.a. bei internationalem Bezug, auch ein Blick auf das Stiftungsrecht außerhalb Deutschlands. Insbes. in Bezug auf die Gestaltungsfreiheit, die Möglichkeiten der Einflussnahme bzw. nachträglichen Änderungen der Stiftungsverfassung, die Aufsicht über bestehende Stiftungen und die steuerliche Behandlung von Stiftungsstrukturen bestehen erhebliche Unterschiede bereits zwischen dem Recht in Deutschland, Liechtenstein, Österreich und der Schweiz. Eine eingehende Erörterung der Besonderheiten des ausländischen Rechts lässt der Rahmen der vorliegenden Darstellung nicht zu. Unter den genannten Umständen lohnt jedoch eine nähere Betrachtung. Die Besonderheiten im ausländischen Recht können im Einzelfall ausschlaggebend sein, damit die individuellen Gestaltungsziele und Wünsche des Unternehmers bestmöglich umgesetzt werden können. Vgl. eingehend Blum/Schauer/u.a., Stiftungsrechtlicher Standortvergleich D-CH-AT-FL, Ein Überblick über die wesentlichen stiftungs- und steuerrechtlichen Grundzüge in Deutschland, der Schweiz, Österreich und Liechtenstein, Rote Seiten Stiftung & Sponsoring 04.2017.

4.3 Stiftungssteuerrecht

Ein Stiftungssteuerrecht i. e. S. existiert in Deutschland nicht. Stifter, Stiftungen und Destinatäre unterliegen den steuerrechtlichen Bestimmungen der Einzelsteuergesetze. Allerdings knüpfen zahlreiche Sonderbestimmungen in den Einzelsteuergesetzen an das Vorliegen einer Stiftung, Familienstiftung oder einer gemeinnützigen Körperschaft an. Da ca. 95 % der rechtsfähigen Stiftungen als steuerbegünstigt anerkannt sind, kommt den Bestimmungen des Gemeinnützigkeitsrechts in den §§ 51 ff. AO besondere Bedeutung zu.

4.3.1 Rechtsfähige Stiftung

Bei der Besteuerung von Stiftungen ist zwischen der Besteuerung bei der Errichtung, der Auflösung und der laufenden Besteuerung während des Bestehens der Stiftung zu unterscheiden. Hinzu kommen Fragen der Besteuerung des Stifters, der Destinatäre der Stiftung und der Zuwendungen, die dritte Personen an die Stiftung tätigen.

4.3.1.1 Besteuerung bei der privatnützigen Stiftung

Die privatnützige Stiftung verfolgt nicht ausschließlich steuerbegünstige Zwecke i. S. d. §§ 52 ff. AO und genießt daher nicht die steuerlichen Vergünstigungen, die mit dem Status der Gemeinnützigkeit verbunden sind.

4.3.1.1.1 Errichtungsbesteuerung

Werden der Stiftung aufgrund eines Stiftungsgeschäfts unter Lebenden oder aufgrund einer vom Erblasser angeordneten Stiftung Vermögensgegenstände unentgeltlich übertragen, unterliegt der Erwerb der Stiftung der Schenkung- bzw. Erbschaftsteuer gem. § 7 Abs. 1 Nr. 2 ErbStG bzw. § 3 Abs. 2 Nr. 2 ErbStG. Wird einer bereits bestehenden Stiftung unter Lebenden oder von Todes wegen eine unentgeltliche Zuwendung in Form der Zustiftung oder Spende gemacht, unterliegt der Erwerb ebenfalls der Schenkung- bzw. Erbschaftsteuer gem. § 7 Abs. 1 Nr. 1 ErbStG bzw. § 3 Abs. 1 Nr. 1 ErbStG.

Die Schenkungsteuer entsteht bei einer Zuwendung unter Lebenden mit Ausführung der Zuwendung, § 9 Abs. 1 Nr. 1, 2 ErbStG. Bei Errichtung der Stiftung von Todes wegen entsteht die Erbschaftsteuer nicht bereits mit dem Erbfall, sondern erst mit Anerkennung der Stiftung nach § 82 BGB, § 9 Abs. 1 Nr. 1 Buchst. c 1. Alt. ErbStG.[2415] Diese Verzögerung des Steuerentstehungszeitpunkts kann dazu führen, dass zwischen Erbfall und Steuerentstehung Wertveränderungen (z. B. Kursänderungen von Wertpapieren), Erträge oder Surrogationsfälle eintreten, die zu einer Wertveränderung führen, die nach der Rechtsprechung der Finanzgerichte den steuerpflichtigen Erwerb von Todes wegen bei der Stiftung beeinflusst.[2416] Bei einer Zuwendung von Todes wegen an eine bereits bestehende Stiftung ist der Zeitpunkt der Steuerentstehung abhängig von der Art der Begünstigung der Stiftung (Erbenstellung, Vermächtnisnehmer, Auflagenbegünstigung), § 9 Abs. 1 Nr. 1 ErbStG.

Für die privatnützige Stiftung, die nicht zugleich Familienstiftung ist, greift § 15 Abs. 2 ErbStG nicht ein, das bedeutet, die Zuwendung unterliegt in der Schenkung-/Erbschaftsteuer der Steuerklasse III gem. § 15 Abs. 1 ErbStG, mit einem Freibetrag gem. § 16 ErbStG i. H. v. 20.000 € und einem Steuertarif von 30 % für Erwerbe bis 6 Mio. € und 50 % für Erwerbe über 6 Mio. €.

Die Stiftung kann indessen die allgemeinen Steuerbefreiungen der §§ 13 ff. ErbStG für ihren Erwerb in Anspruch nehmen, d. h. insbes. die Regel- und Optionsverschonung der §§ 13a, b ErbStG für den Erwerb von Betriebsvermögen nutzen und bei einem sog. Großerwerb von mehr als 26 Mio. € begünstigtem Betriebsvermögen zur sog. Verschonungsbedarfsprüfung nach § 28a ErbStG optieren.[2417] Zu beachten ist allerdings, dass die Tarifbegünstigung beim Erwerb von Betriebsvermögen nach § 19a ErbStG beim Erwerb durch eine Stiftung nicht greift; diese Vergünstigung gilt nur bei einem Erwerb durch eine natürliche Person.

Wird der Stiftung Grundbesitz unentgeltlich übertragen, ist der Erwerb von der Grunderwerbsteuer befreit, es greift der Befreiungstatbestand des § 3 Nr. 2 Satz 1 GrEStG. Erfolgt die Übertragung hingegen (teil-)entgeltlich, fällt Grunderwerbsteuer an.

2415 R E 9.3. ErbStH 2011.
2416 *Richter/Gollan*, in: Die Stiftung, 2013, Rn. 560.
2417 Vgl. I 1.3.

Die Übertragung von Vermögenswerten auf eine Stiftung kann ertragsteuerliche Folgen auslösen.[2418] Werden Vermögensgegenstände des Privatvermögens unentgeltlich auf eine privatnützige Stiftung übertragen, fallen keine Ertragsteuern an.[2419] Werden Vermögensgegenstände aus dem steuerlichen Privatvermögen (teil-) entgeltlich auf die Stiftung übertragen, kann dies z. B. bei entgeltlicher Übertragung von Immobilien innerhalb der Zehnjahresfrist des § 23 Abs. 1 Satz 1 Nr. 1 EStG Ertragsteuern beim Zuwendenden auslösen. Werden Vermögenswerte aus dem steuerlichen Betriebsvermögen unentgeltlich auf die Stiftung übertragen, kann dadurch ein Entnahmegewinn mit Realisierung der anteiligen stillen Reserven vorliegen, § 6 Abs. 1 Nr. 4 Satz 1 EStG.[2420] Wird hingegen ein Betrieb oder Teilbetrieb auf eine privatnützige Stiftung unentgeltlich übertragen, kann das betriebliche Vermögen ertragsteuerfrei auf die Stiftung überführt werden, die Buchwerte des erworbenen Vermögens werden fortgeführt, § 6 Abs. 3 EStG bzw. § 11d Abs. 1 EStDV.[2421]

4.3.1.1.2 Laufende Besteuerung der Stiftung

Rechtsfähige Stiftungen des privaten Rechts mit Sitz oder Geschäftsleitung im Inland sind unbeschränkt körperschaftsteuerpflichtig, § 1 Abs. 1 Nr. 4 KStG. Sie unterliegen mit ihren Einkünften im Grundsatz der Körperschaftsteuer gem. §§ 8, 23 KStG i. V. m. § 2 Abs. 1 EStG.

Besteht eine Steuerpflicht, können Einkünfte aus allen Einkunftsarten erzielt werden, § 8 Abs. 1 KStG, § 2 EStG. Die Stiftung kann -anders als Kapitalgesellschaften wie die GmbH oder die AG – sowohl gewerbliche als auch nicht gewerbliche Einkünfte erzielen.[2422] Gewerbesteuerpflichtig sind rechtsfähige Stiftungen des privaten Rechts, wenn sie einen inländischen Gewerbebetrieb unterhalten, § 2 Abs. 1 GewStG.

Im Übrigen unterliegt die Stiftung – wie alle anderen Steuersubjekte auch – der Grundsteuer auf ihren Grundbesitz. Als Arbeitgeber ist sie zum Lohnsteuerabzug und zur Abführung der Sozialversicherungsbeiträge verpflichtet. Im unternehmerischen bzw. gewerblichen Bereich unterliegt sie der Umsatzsteuer.

4.3.1.1.3 Besteuerung von Zuwendungen an Destinatäre

Zuwendungen an Begünstigte (Destinatäre) der Stiftung sind einkommensteuerpflichtig. Die Zuwendungen können entweder als Einkünfte aus Kapitalvermögen nach § 20 Abs. 1 Nr. 9 EStG der Kapitalertragsteuer von 25 % unterliegen oder – nachrangig – als sonstige Einkünfte nach § 22 Satz 1 Nr. 1 EStG besteuert werden.[2423]

2418 Vgl. II 6.6.
2419 *Richter*, in: Richter, Stiftungsrecht, 2019, § 23 Rn. 18, 41, 44a.
2420 *Richter*, in: Richter, Stiftungsrecht, 2019, § 23, Rn. 46.
2421 *Richter*, in: Richter, Stiftungsrecht, 2014, § 23, Rn. 48 ff.
2422 *Richter*, in: Richter, Stiftungsrecht, 2019, § 24, Rn. 7.
2423 Offengelassen vom BFH vom 03.11.2010 – I R 98/09, BStBl II 2011, 417.

§ 20 Abs. 1 Nr. 9 EStG unterliegen Leistungen einer nicht von der Körperschaftsteuer befreiten Stiftung, sofern die Zuwendung der Stiftung einer Gewinnausschüttung i. S. d. § 20 Abs. 1 Nr. 1 EStG wirtschaftlich vergleichbar ist. Wann im Einzelfall diese Vergleichbarkeit bejaht wird, ist noch nicht abschließend geklärt.[2424] Nach Ansicht des BFH ist allein ausschlaggebend, ob die Stellung der Destinatäre wirtschaftlich derjenigen eines Anteilseigners entspricht, was jedenfalls dann der Fall sei, wenn die Destinatäre unmittelbar oder mittelbar Einfluss auf das Ausschüttungsverhalten der Stiftung nehmen können.[2425] Die Finanzverwaltung konkretisiert ihre Auffassung v.a. in Bezug auf Familienstiftungen dahingehend, dass sie alle wiederkehrenden oder einmaligen Leistungen einer Stiftung unter § 20 Abs. 1 Nr. 9 EStG erfassen möchte, die von den beschlussfassenden Stiftungsgremien aus den Erträgen der Stiftung an den Stifter, seine Angehörigen oder deren Abkömmlinge ausgekehrt werden.[2426]

Anzumerken bleibt, dass eine satzungsmäßige Leistung der Stiftung an ihre Destinatäre zwar ohne Gegenleistung erfolgt, aber dies dennoch nicht freigiebig und damit auch nicht in schenkungsteuerbarer Weise geschieht, sondern Rechtsgrund der Leistung der Stiftungszweck selbst ist.[2427]

4.3.1.1.4 Aufhebungs- und Auflösungsbesteuerung

Der Erwerb des Anfallberechtigten einer Stiftung bei Aufhebung der Stiftung unterliegt gem. § 7 Abs. 1 Nr. 9 ErbStG im Grundsatz der Schenkungsteuer. Zur Bestimmung der Schenkungsteuerklasse (§ 15 ErbStG), des Freibetrags (§ 16 ErbStG) und des Steuertarifs (§ 19 ErbStG) ist gem. § 15 Abs. 2 Satz 2 ErbStG auf das Verwandtschaftsverhältnis zwischen dem Stifter als Schenker und dem Anfallberechtigten als Erwerber abzustellen. Es gelten wiederum die allgemeinen Steuervergünstigungen der §§ 13 ff. ErbStG.

! **Hinweis**

Zu beachten ist, dass ein Vermögensanfall beim Stifter selbst der Erbschaftsteuerklasse III unterfällt. Um die entsprechend ungünstigen Steuerfolgen zu vermeiden, kann überlegt werden, die wesentliche Vermögenszuwendung des anfallberechtigten Stifters im Rahmen einer Zustiftung nach Anerkennung der Stiftung vorzunehmen, die unter einer auflösenden Bedingung für den Fall der Aufhebung der Stiftung steht, so dass § 29 Abs. 1 Nr. 1 ErbStG nutzbar gemacht werden kann.

Vor Aufhebung einer Stiftung kann erwogen werden, ob sich die Schenkungsteuerlast durch eine vorherige (satzungsmäßige) Zuwendung der Stiftungsmittel mindern lässt.

2424 Vgl. die Darstellung bei *Richter*, in: Richter, Stiftungsrecht 2019, § 24, Rn. 72 ff.
2425 BFH vom 03.11.2010 – I R 98/09, BStBl II 2011, 417.
2426 BMF-Schreiben vom 27.06.2006, BStBl I 2006, 417.
2427 *Fischer*, in: Fischer/Jüptner/Pahlke/Wachter, ErbStG – Kommentar, 2017, § 7 Rn. 463; *Richter*, in: Richter, Stiftungsrecht 2019, § 24 Rn. 82; RFH vom 11.05.1939 – IIIe 17/38, RStBl 1939, 789; vgl. auch BGH, NJW 2010, 234 ff.

Nicht abschließend geklärt ist die Frage, ob der Erwerb bei Aufhebung der Stiftung ausschließlich der Schenkungsteuer gem. § 7 Abs. 1 Nr. 9 ErbStG unterfällt oder zugleich auch der Ertragsteuer gem. § 20 Abs. 1 Nr. 9 EStG oder ob danach zu differenzieren ist, ob Grundstockvermögen der Stiftung oder verbliebene Erträge des Stiftungsvermögens ausgekehrt werden. Das BMF vertritt die Auffassung, dass unter § 20 Abs. 1 Nr. 9 EStG alle wiederkehrenden oder einmaligen Leistungen einer Stiftung fallen, die von den beschlussfassenden Stiftungsgremien aus den Erträgen der Stiftung an den Stifter, seine Angehörigen oder deren Abkömmlinge ausgekehrt werden und folglich der Stifter, seine Angehörigen oder deren Abkömmlinge entsprechende Einkünfte aus Kapitalvermögen erzielen, was auch gelten soll, wenn die Leistungen anlässlich der Auflösung der Stiftung erbracht werden.[2428] Demgegenüber hat der BFH für einen Fall vor dem 01.01.2017 und damit vor Änderung des § 20 Abs. 1 Nr. 9 EStG entschieden, dass § 20 Abs. 1 Nr. 9 EStG a. F. nicht unterschiedslos alle wiederkehrenden oder einmaligen Zahlungen einer Stiftung erfasse, die von den beschlussfassenden Stiftungsgremien aus den Erträgen der Stiftung an den Stifter, seine Angehörigen oder deren Abkömmlinge während des Bestehens der Stiftung oder anlässlich ihrer Auflösung ausgekehrt werden. Die Auszahlung des Liquidationsendvermögens an den ausschließlich Anfallberechtigten sei nicht – wie von § 20 Abs. 1 Nr. 9 EStG a. F. vorausgesetzt – mit Gewinnausschüttungen i. S. d. § 20 Abs. 1 Nr. 1 EStG wirtschaftlich vergleichbar. Soweit die Auszahlung bei Auflösung der Stiftung Stiftungsvermögen beinhalte, sei sie dem Grunde nach als Kapitalrückgewähr zu qualifizieren. § 20 Abs. 1 Nr. 9 EStG a. F., der eine Belastungsgleichheit zwischen Kapitalgesellschaft zu Anteilseigner und Stiftung zu Destinatär herstellen soll, erfasse nach seinem Sinn und Zweck nur Leistungen, die als Verteilung des i. R. d. Gesellschaftszwecks erwirtschafteten Gewinns anzusehen sind, nicht hingegen die Vermögensverteilung aufgrund einer Auflösung der Gesellschaft. Für »Altfälle« vor 2007 kommt eine Ertragsteuer auf die Auszahlung des Stiftungsvermögens bei Auflösung der Stiftung nach der Rechtsprechung des BFH damit entgegen dem BMF-Schreiben nicht in Betracht. Nach der überwiegenden Ansicht der Literatur ist die Begründung auch auf »Neufälle« ab 2007 zu übertragen; Rechtsprechung dazu fehlt bislang noch.[2429]

Grunderwerbsteuer fällt aufgrund der Behandlung als Schenkung gem. § 3 Nr. 2 Satz 1 GrEStG nicht an.

Verfügt die aufgehobene Stiftung über Betriebsvermögen, kann es infolge der Aufhebung gem. § 6 Abs. 1 Nr. 4 EStG zu einem Entnahmegewinn kommen. Auch hier sind die allgemeinen Maßgaben zu beachten.[2430]

2428 BMF-Schreiben vom 27.06.2006, BStBl I 2006, 41.
2429 *Richter*, in: Richter, Stiftungsrecht, 2019, § 26 Rn. 15; *Meilicke*, DStR 2017, 227, 228; *Oppel*, ZEV 2018, 540; *Meilicke*, DStR 2017, 227, 228.
2430 Vgl. II 6.6.

4.3.1.2 Besonderheiten bei der Familienstiftung

Eine einheitliche steuerliche Definition der Familienstiftung besteht nicht, sie lässt sich charakterisieren als privatnützige Stiftung, deren Zweck im Wesentlichen auf die Begünstigung der Mitglieder einer oder mehrerer bestimmter Familien gerichtet ist:[2431]

Eine Familienstiftung i. S. d. § 1 Abs. 1 Nr. 4 ErbStG ist gegeben, wenn nach der Stiftungssatzung der Stifter, seine Angehörigen und deren Abkömmlinge zu mehr als der Hälfte bezugs- oder anfallberechtigt (Destinatäre) sind.[2432] Eine Familienstiftung ist auch dann gegeben, wenn die genannten Destinatäre zu mehr als einem Viertel bezugs- oder anfallberechtigt sind und zusätzliche Merkmale ein »wesentliches Familieninteresse« belegen.[2433] Dies kann insbes. dann gegeben sein, wenn die Familie wesentlichen Einfluss auf die Geschäftsführung der Stiftung hat.[2434] I. S. d. § 15 AStG liegt eine Familienstiftung vor, wenn nach der Stiftungssatzung der Stifter, seine Angehörigen oder deren Abkömmlinge zu mehr als der Hälfte bezugs- oder anfallberechtigt sind. Zusammenfassend muss sich der Charakter einer Familienstiftung daraus ergeben, dass es der Familie nach der Satzung und dem Stiftungsgeschäft theoretisch möglich ist, das Stiftungsvermögen wirtschaftlich zu nutzen und die Erträge an sich zu ziehen.[2435]

Steuerlich gelten für die Familienstiftung grds. dieselben Grundsätze wie für eine allgemeine, privatnützige Stiftung (vgl. oben). Sie unterliegt im Grundsatz mit ihren gesamten Einkünften der Körperschaftsteuer gem. §§ 8, 23 KStG i. V. m. § 2 Abs. 1 EStG; gewerbliche Einkünfte unterliegen der Gewerbesteuer, § 2 Abs. 1 GewStG. Besonderheiten bestehen im folgenden Umfang:

4.3.1.2.1 Steuerklassenprivileg bei Errichtung

Die Vermögenszuwendung auf die Stiftung i. R. d. Errichtung einer Familienstiftung erfährt eine Steuerklassenprivilegierung nach § 15 Abs. 2 Satz 1 ErbStG. Danach wird für die Erbschaft-Schenkungsteuer die Steuerklasse nach dem Verwandtschaftsgrad des Stifters zur entferntesten nach der Stiftungssatzung (neben dem Stifter) potenziell bezugsberechtigten Person ermittelt.[2436] Dies gilt auch dann, wenn diese Person im Zeitpunkt der Errichtung der Familienstiftung noch nicht unmittelbar bezugsberechtigt ist, sondern sie es erst in der Generationenfolge wird. Bei der Errichtung einer Familienstiftung ist deshalb als »entferntest Berechtigter« derjenige anzusehen, der – ohne einen klagbaren Anspruch haben zu müssen – nach der Satzung Vermögensvorteile aus der Stiftung erlangen kann.[2437] Vor diesem Hintergrund ist im Einzelfall zu überlegen, ob ein designierter Co-Stifter, der mit dem Stifter in der Seitenlinie verwandt ist,

2431 BGH vom 22.01.1987 – III ZR 26/85, NJW 1987, 2364.
2432 Vgl. § 15 Abs. 2 AStG; R E 1.2 Abs. 2 ErbStR 2011.
2433 R E 1.2 Abs. 2 ErbStR 2011.
2434 R E 1.2 Abs. 2 ErbStR 2011.
2435 BFH, DStR 1998, 331.
2436 R E 15.2. ErbStR 2011.
2437 R E 15.2 Abs. 1 ErbStR 2011.

eine eigenständige Familienstammstiftung errichtet, um günstigere Steuerklassen (und Freibeträge) zu ermöglichen[2438] und auch perspektivisch in der Erbersatzsteuer Vorteile zu haben (s. u.).

Nach der Regelung des § 15 Abs. 2 ErbStG genießen Zuwendungen an eine Familienstiftung die Steuerklassenprivilegierung aber nur dann, wenn sie i. R. d. Stiftungserrichtung nach § 3 Abs. 2 Nr. 1 ErbStG oder § 7 Abs. 1 Nr. 8 ErbStG erfolgen.[2439] Eine spätere Zustiftung ist im Grundsatz nicht privilegiert. Etwas anderes gilt nach verbreiteter Ansicht dann, wenn die spätere Zuwendung auf einer verbindlichen Verpflichtung im Stiftungsgeschäft beruht.[2440]

4.3.1.2.2 Erbersatzsteuer

Besonderes steuerliches Merkmal der Familienstiftung ist der Umstand, dass das Vermögen einer Familienstiftung gem. § 1 Abs. 1 Nr. 4 ErbStG in Zeitabständen von je 30 Jahren der sog. Erbersatzsteuer unterliegt.

Die Erbersatzsteuer fällt erstmalig nach Ablauf von 30 Jahren nach der ersten Übertragung von Vermögen auf die Familienstiftung an, § 9 Abs. 1 Nr. 4 ErbStG. Vor diesem Hintergrund ergibt ein »Anstiften« im Sinne einer frühzeitigen Errichtung der Familienstiftung mit nur geringem Anfangsvermögen und nachträglicher Dotation mit dem wesentlichen Vermögen beispielsweise von Todes wegen nicht immer Sinn, da dadurch ggf. schon ein wesentlicher Teil der Erbersatzsteuerfrist verbraucht sein kann, bis das wesentliche Vermögen auf die Stiftung übergeht.

Mittels der Erbersatzsteuer wird ein Erbgang im Hinblick auf das gesamte, am jeweiligen Besteuerungsstichtag vorhandene Vermögen der Familienstiftung gesetzlich fingiert: Gem. § 15 Abs. 2 Satz 3 ErbStG wird bei der Erbersatzsteuer der doppelte Freibetrag nach § 16 Abs. 1 Nr. 2 ErbStG gewährt und der Steuersatz der Steuerklasse I nach dem Vomhundertsatz angewendet, der für die Hälfte des steuerpflichtigen Vermögens gelten würde. Die Besteuerung entspricht damit einer Vererbung von einem Elternteil auf zwei Kinder.[2441]

Die Erbersatzsteuer ist eine Stichtagssteuer, so dass bzgl. Vermögensstand, Bewertung, Begünstigungsfähigkeit, Steuerentstehung, persönlicher Steuerpflicht die Verhältnisse bei Ablauf der 30-Jahres-Frist maßgeblich sind. Lediglich bzgl. der Frage, ob eine Familienstiftung

2438 Zur Frage, ob auch innerhalb einer rechtsfähigen Stiftung für verschiedene Destinatärsgruppen jeweils eigenständig funktionale Stiftungen bzw. Vermögensmassen gestaltet werden können, die in Bezug auf die Steuerklassenprivilegierung eigenständig behandelt werden: *v. Oertzen/Reich*, DStR 2019, 317 ff.

2439 *Meincke*, § 15 Rn. 21; *Richter*, in: Richter, Stiftungsrecht, 2019, § 11 Rn. 65 ff.; R E 15.2 Abs. 3 ErbStR 2011.

2440 *Geck*, ZEV 2010, 202, 204, Anm. zu BFH vom 09.12.2009 – II R 22/08; *Troll/Gebel/Jülicher*, ErbStG, § 15 Rn. 112; *Richter*, in: Richter, Stiftungsrecht, 2019, § 11 Rn. 67.

2441 *v. Löwe/du Roi Droege*, ZEV 2006, 530.

i. S. d. ErbStG am Stichtag vorliegt, werden nicht nur die Verhältnisse zum Stichtag betrachtet, sondern es wird der gesamte 30-Jahres-Zeitraum vor dem Stichtag betrachtet.[2442]

Die Familienstiftung kann zu einer Verrentung der Erbersatzsteuer in 30 gleichbleibende Teilbeträge bei einem Zins von 5,5 % p. a. optieren, § 24 Satz 2 ErbStG, was überschlägig ca. zu einer Verdopplung des effektiven Zahlbetrages führen würde.

Die Familienstiftung kann auch bei der Erbersatzsteuer die allgemeinen Steuerbegünstigungen des ErbStG, insbes. die Vergünstigungen für Betriebsvermögen nach §§ 13a, 13b, 28a ErbStG nutzen, vgl. § 13a Abs. 11 ErbStG, § 28a Abs. 7 ErbStG, § 13d Abs. 4 ErbStG.

! **Hinweis**

Der Erbersatzsteuertermin, der 30 Jahre im Voraus absehbar ist, sollte mittels entsprechender Strukturierung vorbereitet werden.

4.3.1.2.3 Steuerliche Neuerrichtung bei Wesensveränderung

Um zu verhindern, dass Familienstiftungen zunächst mit einem Destinatärskreis mit sehr engem Verwandtschaftsverhältnis zum Stifter errichtet werden, um die Steuerklassenprivilegierung zu nutzen und anschließend durch Satzungsänderung der Destinatärskreis nachträglich »an der Steuer vorbei« ausgeweitet wird, behandelt die Finanzverwaltung eine entsprechende Satzungsänderung wie eine Neuerrichtung der Familienstiftung, die erneut und von der ursprünglichen Errichtung eigenständig der Schenkungsteuer unterliegt: Die Änderung des Stiftungscharakters einer Familienstiftung durch Satzungsänderung, gleichgültig, ob sie zu Lebzeiten oder erst nach dem Tode des Stifters erfolgt, gilt erbschaftsteuerrechtlich als Errichtung einer neuen Familienstiftung (§ 7 Abs. 1 Nr. 8 ErbStG). Dies gilt entsprechend, wenn durch die Satzungsänderung lediglich bisher nicht bezugs- oder anfallberechtigte Familienmitglieder oder Dritte in den Kreis der Destinatäre aufgenommen werden und die Errichtung der Stiftung bei bereits damaliger Zugehörigkeit der neu aufgenommenen Destinatäre seinerzeit nach einer ungünstigeren Steuerklasse zu besteuern gewesen wäre. Die durch Satzungsänderung entstandene »neue« Stiftung gilt als Erwerber des Vermögens der »bisherigen« Stiftung (§ 7 Abs. 1 Nr. 8 ErbStG). Sie ist nach dem Verwandtschaftsverhältnis des nach der Stiftungsurkunde entferntest Berechtigten zu dem ursprünglichen Stifter (Erblasser oder Schenker) zu besteuern (§ 15 Abs. 2 Satz 1 ErbStG). Die Aufhebung der bisherigen Stiftung wird dagegen im Aufhebungszeitpunkt nicht gesondert besteuert. Die bei der Errichtung der bisherigen Stiftung festgesetzte Steuer und die bereits entrichtete Ersatzerbschaftsteuer erlöschen nicht.[2443] Die

2442 BFH vom 10.12.1997 – II R 25/94.
2443 R E 1.2 Abs. 4 Satz 2–6 ErbStR 2011.

Steuerklasse wird in diesem Fall nach dem Verwandtschaftsverhältnis des Stifters zur nunmehr entferntesten potenziell bezugsberechtigten Person bestimmt.[2444]

4.3.1.2.4 Besteuerung der Destinatäre

Bzgl. der Besteuerung der Destinatäre der Familienstiftung kann auf die Ausführungen zur privatnützigen Stiftung verwiesen werden: Danach unterliegen Leistungen von in Deutschland ansässigen rechtsfähigen Familienstiftungen an ihre Destinatäre, sofern ein zumindest mittelbarer Einfluss der Destinatäre auf das Ausschüttungsverhalten gegeben ist, der Kapitalertragsteuer gem. § 20 Abs. 1 Nr. 9 EStG.

4.3.1.2.5 Aufhebungs- und Auflösungsbesteuerung

Bzgl. der Besteuerung der Anfallberechtigten kann auf die Ausführungen zur privatnützigen Stiftung verwiesen werden: Der Erwerb des Anfallberechtigten einer Stiftung bei Aufhebung der Stiftung unterliegt gem. § 7 Abs. 1 Nr. 9 ErbStG im Grundsatz der Schenkungsteuer; für die Bestimmung der Steuerklasse greift § 15 Abs. 2 Satz 2 ErbStG.

Hinweis !

§ 15 Abs. 2 Satz 2 ErbStG modifiziert nicht die Person des Schenkers, d. h., auch die Auskehrung an den Stifter selbst ist schenkungsteuerbar, und zwar in der Steuerklasse III. Dieses ungünstige steuerliche Ergebnis lässt sich vermeiden, indem ein entsprechendes Rückforderungsrecht für den Fall der Aufhebung i. R. d. Zuwendung vereinbart wird.[2445]

4.3.1.3 Besonderheiten bei der gemeinnützigen Stiftung

Etwa 95 % der rechtsfähigen Stiftungen in Deutschland sind als steuerbegünstigt i. S. d. §§ 51 ff. AO anerkannt. Sie sind damit als sog. gemeinnützige Stiftungen steuerlich privilegiert.

4.3.1.3.1 Voraussetzungen der Steuerbegünstigung

Die Voraussetzungen, unter denen eine steuerliche Begünstigung in Betracht kommt, sind in den §§ 52–68 AO einheitlich und für alle Steuerarten übergreifend geregelt.[2446] Die Stiftung muss auf die Verwirklichung von in der AO abschließend definierten steuerbegünstigten Zwecken ausgerichtet sein und diese Zwecke ausschließlich (§ 56 AO), selbstlos (§ 55 AO) und unmittelbar (§ 57 AO) verwirklichen. Die nach der Satzung verfolgten Zwecke einer steuerbegünstigten Stiftung müssen gemeinnützig, mildtätig oder kirchlich sein. Unter gemeinnützig i. S. d. § 52 AO

2444 R E 1.2 Abs. 4 Satz 4 ErbStR 2011.
2445 BFH 25.11.1992 – II R 77/90, BStBl II 1993, 238.
2446 Koenig, in: Koenig/Cöster/Fritsch, AO, 2014, § 51 Rn. 7.

wird die Förderung des Gemeinwohls bzw. der Allgemeinheit auf einem in § 52 Abs. 2 AO definierten Gebiet verstanden. Mildtätigkeit i. S. d. § 53 AO meint die Unterstützung wirtschaftlich oder geistig/seelisch/körperlich hilfsbedürftiger Personen. Kirchliche Zwecke i. S. d. § 54 AO dienen der Förderung einer Religionsgemeinschaft.

Nach der in § 55 Abs. 1 Nr. 4 AO normierten sog. Vermögensbindung muss die Stiftungssatzung gewährleisten, dass das Stiftungsvermögen auch nach einer Aufhebung oder Auflösung der Stiftung für gemeinnützige Zwecke gebunden bleibt. Die Satzung muss daher bestimmen, dass das Stiftungsvermögen in diesem Fall einer Körperschaft zufällt, die die Mittel ausschließlich für steuerbegünstigte Zwecke verwenden darf. Zwar ist es auch zulässig, in der Satzung vorzusehen, dass das Stiftungskapital bei Auflösung oder Aufhebung der Stiftung an den Stifter oder seine Erben zurückzugewähren ist, § 55 Abs. 1 Nr. 4 i. V. m. Abs. 3 AO. In diesem Fall ist die Hingabe des Stiftungsvermögens jedoch nicht steuerlich privilegiert, d. h., es können insbes. keine Sonderausgabenabzüge (Spendenabzüge) geltend gemacht werden.

Das Gemeinnützigkeitsrecht verlangt, dass die Einhaltung der Voraussetzungen der steuerlichen Gemeinnützigkeit in der Stiftungssatzung durch entsprechende Satzungsbestimmungen verankert ist. Aus diesem Grund sieht § 60 AO vor, dass die Stiftungssatzung die Formulierungen der Mustersatzung nach der Anlage zu § 60 AO enthalten muss. Entgegen der Tendenz einiger Finanzverwaltungen bedarf es nach jüngster finanzgerichtlicher Rechtsprechung keiner wörtlichen Übernahme der Mustersatzung.[2447]

Neben den vorstehend genannten satzungsmäßigen Voraussetzungen der Gemeinnützigkeit muss auch die tatsächliche Geschäftsführung der Stiftung diesen Vorgaben entsprechen, § 63 AO.

Als Ausnahme vom Ausschließlichkeitsgebot gestattet das Gemeinnützigkeitsrecht nach § 58 Nr. 6 AO, dass die Stiftung bis zu einem Drittel ihres Einkommens dazu verwendet, in angemessener Weise den Stifter oder dessen nächsten Angehörige zu unterhalten, ohne dass die Anerkennung der Gemeinnützigkeit gefährdet wird. Einkommen i. S. d. Vorschrift sind alle steuerpflichtigen und steuerfreien Einkünfte nach § 2 Abs. 1 EStG im jeweiligen Veranlagungszeitraum.[2448] Als nächste Angehörige gelten: Ehegatten, Eltern, Großeltern, Kinder, Enkel (auch falls durch Adoption verbunden), Geschwister, Pflegeeltern und Pflegekinder.[2449] Die Unterhaltsleistungen müssen in einem angemessenen Rahmen erfolgen, der sich nach dem Lebensstandard des jeweiligen Zuwendungsempfängers bestimmt.[2450]

2447 FG Hessen vom 28.06.2017 – 4 K 917/16.
2448 AEAO zu § 58 Nr. 5 Ziff. 5.
2449 AEAO zu § 58 Nr. 5 Ziff. 6.
2450 AEAO zu § 58 Nr. 5 Ziff. 7.

4.3.1.3.2 Errichtungsbesteuerung

Zuwendungen an eine gemeinnützige Stiftung sind gem. § 13 Abs. 1 Nr. 16 Buchst. b ErbStG von der Schenkung- und Erbschaftsteuer befreit, sofern sie nach der Satzung, dem Stiftungsgeschäft oder der sonstigen Verfassung der Stiftung sowie ihrer tatsächlichen Geschäftsführung ausschließlich und unmittelbar kirchlichen, gemeinnützigen oder mildtätigen Zwecken i. S. d. §§ 52–54 AO dienen. Die Befreiung fällt mit Wirkung für die Vergangenheit weg, wenn die Voraussetzungen für die Anerkennung der Stiftung als kirchliche, gemeinnützige oder mildtätige Institution innerhalb von zehn Jahren nach der Zuwendung entfallen und das Vermögen nicht begünstigten Zwecken zugeführt wird. Die Freistellung von der Erbschaft-/Schenkungsteuer lässt die Befreiung von der Grunderwerbsteuer nach § 3 Nr. 2 Satz 1 GrEStG nicht entfallen, sofern einer gemeinnützigen Stiftung Grundbesitz unentgeltlich zugewendet wird.

In ertragsteuerlicher Hinsicht ist bei unentgeltlicher Übertragung einer Beteiligung an einer gewerblich geprägten Personengesellschaft auf eine gemeinnützige Stiftung die seit dem 30.06.2017 gültige Fassung des § 6 Abs. 3 EStG zu beachten: »Wird ein Betrieb, ein Teilbetrieb oder der Anteil eines Mitunternehmers an einem Betrieb unentgeltlich übertragen, so sind bei der Ermittlung des Gewinns des bisherigen Betriebsinhabers (Mitunternehmers) die Wirtschaftsgüter mit den Werten anzusetzen, die sich nach den Vorschriften über die Gewinnermittlung ergeben, sofern die Besteuerung der stillen Reserven sichergestellt ist [...]«.

Nach Ansicht der Finanzverwaltung ist die Besteuerung der stillen Reserven nach Übertragung auf eine gemeinnützige Stiftung dann nicht mehr gewährleistet, wenn die Beteiligung bei der gemeinnützigen Stiftung keinen wirtschaftlichen Geschäftsbetrieb darstellt, da dann im Falle einer späteren Veräußerung die fortgeführten stillen Reserven der Versteuerung nicht unterworfen werden könnten; die Übertragung führe infolgedessen beim Übertragenden zur Aufgabe des Mitunternehmeranteils nach § 16 Abs. 3 Satz 1 EStG und damit zur Entnahme ins Privatvermögen, wobei die Entnahme nach § 6 Abs. 1 Nr. 4 Satz 4 EStG zu Buchwerten erfolgen könne, wenn die den Mitunternehmeranteil umfassenden Wirtschaftsgüter der gemeinnützigen Körperschaft unentgeltlich überlassen werden.[2451] Umfasst der Mitunternehmeranteil auch Verbindlichkeiten, liegt dabei keine unentgeltliche Überlassung i. S. d. § 6 Abs. 1 Nr. 4 Satz 4 EStG vor, so dass die Anwendung des Buchwertprivilegs nicht möglich ist und die in dem Mitunternehmeranteil verhafteten stillen Reserven zwingend aufzudecken sind.[2452]

2451 *Korn/Strahl*, in: Korn, Einkommensteuergesetz, 117. Lfg., § 6 Rn. 469.5; OFD Frankfurt a. M., 27.07.2016, S 2241 A-129-St 213; vgl. zur Kritik an der Verwaltungsauffassung *Kirchhain*, DB 2016, 1605.
2452 OFD Frankfurt a. M., 27.07.2016, S 2241 A-129-St 213.

4.3.1.3.3 Laufende Besteuerung

Einkünfte der gemeinnützigen Stiftung im Bereich der Vermögensverwaltung und im ideellen Bereich (insbes. Spenden, Zustiftungen, öffentliche Fördermittel) sind von der Körperschaft- und Gewerbesteuer befreit, § 5 Abs. 1 Nr. 9 Satz 1 KStG, § 3 Nr. 6 Satz 1 GewSt.

Soweit die Stiftung einen wirtschaftlichen Geschäftsbetrieb i. S. d. § 14 AO unterhält, unterliegt sie mit ihren Einkünften aus dem Gewerbebetrieb der partiellen Steuerpflicht, § 5 Abs. 1 Nr. 9 Satz 2 KStG, § 3 Nr. 6 Satz 2 GewSt. Ein wirtschaftlicher Geschäftsbetrieb i. S. d. § 14 AO liegt vor, soweit die Körperschaft eine selbständige nachhaltige Tätigkeit betreibt, durch die Einnahmen oder andere wirtschaftliche Vorteile erzielt werden und die über den Rahmen einer Vermögensverwaltung hinausgeht. Die Absicht, Gewinn zu erzielen, ist nicht erforderlich. Betreibt die steuerbegünstigte Körperschaft also selbst einen Gewerbebetrieb, liegt insoweit steuerlich ein wirtschaftlicher Geschäftsbetrieb vor. Eine Rückausnahme von der partiellen Steuerpflicht besteht dann, wenn die Tätigkeit einen Zweckbetrieb i. S. d. §§ 65 ff. AO darstellt. Ein steuerbegünstigter Zweckbetrieb setzt voraus, dass er der Verwirklichung des steuerbegünstigten Zwecks der Stiftung dient, für die Zweckverwirklichung erforderlich ist und nicht in wesentlichem Umfang in Wettbewerb tritt.

Betreibt die steuerbegünstigte Körperschaft den Gewerbebetrieb nicht unmittelbar selbst, sondern ist sie lediglich an einer Gesellschaft beteiligt, die einen solchen Gewerbebetrieb unterhält, ist zu differenzieren:

Die Beteiligung einer steuerbegünstigten Körperschaft an einer Kapitalgesellschaft ist grds. dem steuerfreien Bereich der Vermögensverwaltung zuzuordnen, § 14 Satz 3 AO. Sie stellt jedoch dann einen wirtschaftlichen Geschäftsbetrieb dar, wenn mittels der Beteiligung tatsächlich ein entscheidender Einfluss auf die laufende Geschäftsführung der Kapitalgesellschaft ausgeübt wird oder ein Fall der Betriebsaufspaltung vorliegt.[2453] Dabei wird angenommen, dass für die vom BFH verlangte Einflussnahme die Wahrnehmung gesetzlich zustehender Gesellschafterrechte nicht generell genüge. Auch rechtfertige das abstrakte Bestehen einer Mehrheitsbeteiligung allein nicht die Annahme einer tatsächlichen Einflussnahme. Dagegen soll ein entscheidender Einfluss auf die laufende Geschäftsführung zumindest naheliegen, wenn hinsichtlich der Geschäftsführung zwischen der Beteiligungsgesellschaft und der gemeinnützigen Körperschaft Personalunion besteht. Besteht die Beteiligung an einer Kapitalgesellschaft, die selbst ausschließlich der Vermögensverwaltung dient, so liegt auch bei Einflussnahme auf die Geschäftsführung kein wirtschaftlicher Geschäftsbetrieb vor.[2454]

Die mit einer Mitunternehmerschaft verbundene Beteiligung an einer Personengesellschaft (OHG, KG) ist regelmäßig ein wirtschaftlicher Geschäftsbetrieb, es sei denn, dass die

2453 Vgl. BFH vom 30.06.1971 – I R 57/70 – BStBl II, 753; H 15.7 Abs. 4–6 EStH; AEAO zu § 64 Abs. 1 AO Tz. 3.
2454 AEAO zu § 64 Abs. 1 AO Tz. 3.

Personengesellschaft nur vermögensverwaltend tätig ist; eine bloße gewerbliche Prägung genügt nicht zur Begründung eines wirtschaftlichen Geschäftsbetriebs.[2455]

Nach § 3 Abs. 1 Satz 1 Nr. 3 Buchst. b GrStG ist die gemeinnützige bzw. mildtätige Stiftung von der Grundsteuer befreit.

4.3.1.3.4 Spendenabzugsmöglichkeit für Zuwendungen

Zuwendungen an eine steuerbegünstigte Stiftung können nach § 10b Abs. 1 Satz 1 Nr. 1 EStG bis zu 20 % des Gesamtbetrags der Einkünfte oder nach § 10b Abs. 1 Satz 1 Nr. 2 EStG bis zu 4 ‰ der Summe der gesamten Umsätze und der im Kalenderjahr aufgewendeten Löhne und Gehälter als Sonderausgaben abgezogen werden.

Zuwendungen in das zu erhaltende Vermögen einer Stiftung können auf Antrag des Steuerpflichtigen im Veranlagungszeitraum der Zuwendung und in den folgenden neun Veranlagungszeiträumen bis zu einem Gesamtbetrag von 1 Mio. € zusätzlich zu den Höchstbeträgen nach § 10b Abs. 1 EStG abgezogen werden. Zusammenveranlagte Ehegatten können seit der Änderung durch das Ehrenamtsstärkungsgesetz mit Wirkung zum 01.01.2013 Zuwendungen in den Vermögensstock einer Stiftung bis zu einem Gesamtbetrag von 2 Mio. € als Spenden geltend machen (§ 10b Abs. 1a EStG).

Voraussetzung für einen Spendenabzug ist jeweils die Vorlage eines von der bedachten steuerbegünstigten Körperschaft nach amtlichem Muster ausgestellten Zuwendungsnachweises (»Spendenbescheinigung«), § 50 Abs. 1 EStDV.

Nach Anerkennung der Stiftung durch die Stiftungsbehörde als rechtsfähige Stiftung des bürgerlichen Rechts kann die Stiftung die Feststellung der satzungsmäßigen Voraussetzungen der Gemeinnützigkeit nach § 60a AO beantragen. Nach Erlass des Feststellungsbescheids ist die Stiftung zur Ausstellung von Spendenbescheinigungen berechtigt. Die Einhaltung der Vorgaben der Gemeinnützigkeit werden danach regelmäßig i. R. d. Körperschaftsteuerveranlagung festgestellt (Freistellungsbescheid).

4.3.1.4 Besonderheiten bei der Verbrauchsstiftung

Für die privatnützige Verbrauchsstiftung gelten in steuerlicher Hinsicht die bereits bei der privatnützigen Stiftung dargestellten Grundsätze, so dass auf die Ausführungen dort verwiesen werden kann.

2455 BFH BStBl II 1989, 134; BFH vom 25.05.2011 – I R 60/10, ZEV 2011, 554.

Die steuerliche Begünstigung der (gemeinnützigen) Verbrauchsstiftung bestimmt sich, auch nach Inkrafttreten des Ehrenamtsstärkungsgesetzes,[2456] nach den allgemeinen Regeln der §§ 51 ff. AO. Besonderheiten bestehen hinsichtlich der steuerlichen Abzugsfähigkeit von Zuwendungen an steuerbegünstigte Verbrauchsstiftungen. Zwar besteht die Möglichkeit des einfachen Spendenabzugs nach § 10b Abs. 1 EStG auch bei einer Spende an eine steuerbegünstigte Verbrauchsstiftung. Die weiterreichende Sonderabzugsfähigkeit von Vermögensstockspenden nach § 10b Abs. 1a EStG ist seit dem Ehrenamtsstärkungsgesetz ausdrücklich ausgeschlossen worden. Nach § 10b Abs. 1a Satz 1, 2 EStG n. F. ist die Sonderabzugsfähigkeit allein für Spenden in »das zu erhaltende Vermögen« einer Stiftung und nicht für Spenden in »das verbrauchbare Vermögen« eröffnet. Ist der Verbrauchsstiftung der vollständige Verbrauch ihres Vermögens uneingeschränkt gestattet, so ist die Sonderabzugsfähigkeit danach eindeutig zu verneinen. Gliedert sich das Vermögen einer Stiftung in einen Teil, der zu erhalten ist, und einen Teil, der verbraucht werden kann, dann gilt Folgendes:[2457] Die Spenden in den Teil des Vermögens, der zu erhalten und nicht für den Verbrauch bestimmt ist, sind nach § 10b Abs. 1a EStG abziehbar. Die Spenden in den Teil des Vermögens, der verbraucht werden kann, sind dagegen nach § 10b Abs. 1 EStG abziehbar. Der Spender muss daher gegenüber der Stiftung deutlich machen, für welchen Teil des Vermögens seine Zuwendung erfolgt. Enthält die Satzung der Stiftung eine Klausel, nach der das zu erhaltende Vermögen in Ausnahmefällen vorübergehend zur Verwirklichung der steuerbegünstigten Zwecke verwendet werden kann, aber der Betrag dem zu erhaltenden Vermögen unverzüglich wieder zugeführt werden muss, liegt kein verbrauchbares Vermögen vor. Das gilt auch dann, wenn die Stiftungsaufsicht den Verbrauch des Vermögens unter der Bedingung des unverzüglichen Wiederaufholens genehmigt.

4.3.1.5 Besonderheiten bei der Doppelstiftung

Bei der Doppelstiftung als sog. »Kombinationsmodell« wird die unterschiedliche steuerliche Behandlung privatnütziger und gemeinnütziger Stiftungen gezielt genutzt. Zu diesen Grundlagen wird daher auf die Ausführungen zur steuerlichen Behandlung der gemeinnützigen und der privatnützigen Stiftung sowie der Familienstiftung verwiesen.[2458] Aus dieser Kombination der steuerlichen Behandlung der beteiligten Stiftungen ergibt sich Folgendes:

Die Übertragung der kapitalmäßig höheren Beteiligung auf die steuerbegünstigte Stiftung ist gem. § 13 Abs. 1 Nr. 16 Buchst. b ErbStG von der Schenkungsteuer befreit. Es unterliegt lediglich die Übertragung der Beteiligung auf die Familienstiftung der Schenkungsteuer nach § 7 Abs. 1 Nr. 8 ErbStG nach der dargestellten Maßgabe.[2459]

2456 BGBl I Nr. 15, 2013, 556 ff.
2457 BMF-Schreiben vom 15.09.2014, IV C 4 – S 2223/07/0006:005.
2458 Vgl. II 4.2 und II 4.2.1.2.
2459 Vgl. II 4.3.1.1.1.

Die Zuwendung an die gemeinnützige Stiftung kann der Stifter im Rahmen seiner persönlichen Einkommensteuer nutzbar machen.[2460]

Weiterhin unterliegt lediglich die Familienstiftung bzw. die von ihr gehaltene kapitalmäßig geringere Beteiligung im Abstand von 30 Jahren der Erbersatzsteuer.[2461]

Die Erträge, welche der steuerbegünstigten Stiftung zugewiesen werden, sind von der Körperschaftsteuer und Gewerbesteuer freigestellt, soweit sie außerhalb eines wirtschaftlichen Geschäftsbetriebes anfallen.[2462] Um sicherzustellen, dass die Erträge bei der gemeinnützigen Stiftung nicht dem wirtschaftlichen Geschäftsbetrieb zugewiesen werden, ist – entsprechend den obigen Ausführungen – als Rechtsform unterhalb der Stiftungen entweder eine Kapitalgesellschaft oder eine ausschließlich vermögensverwaltende Personengesellschaft vorzusehen, auf die die gemeinnützige Stiftung keinen beherrschenden Einfluss ausübt. Die Erträge, welche der Familienstiftung zugewiesen sind, unterfallen bei dieser der Körperschaftsteuer; werden die Erträge aus Kapitalvermögen erzielt, greift ab einer Beteiligung von mind. 10 % § 8b KStG ein, so dass diese Einkünfte auf Ebene der Stiftung zu 95 % außer Ansatz bleiben.

4.3.2 Nicht rechtsfähige Stiftung

Die nicht rechtsfähige Stiftung kann als Zweckvermögen des privaten Rechts ein eigenständiges Körperschaftsteuersubjekt nach § 1 Abs. 1 Nr. 5 KStG sein und damit – unabhängig vom steuerlichen Status ihres Trägers – besteuert und auch als steuerbegünstigt anerkannt werden. Eine als Steuersubjekt eigenständige, nicht rechtsfähige Stiftung im steuerlichen Sinn liegt jedoch nur dann vor, wenn die nicht rechtsfähige Stiftung wirtschaftlich selbständig ist, d. h. das Stiftungsvermögen vom Vermögen des Treuhänders getrennt ist.[2463] Dies erfordert, dass das Stiftungsvermögen gesondert vom sonstigen Vermögen des Treuhänders verwaltet wird.[2464] Weiterhin dürfen auch die Erträge des Stiftungsvermögens dem Treuhänder als zivilrechtlichem Rechtsträger steuerlich nicht zugerechnet werden. Dies hindert den Treuhänder daran, das Vermögen und dessen Erträge für seine eigenen Zwecke zu verwenden, so dass ihm faktisch nur die Stellung eines Vermögensverwalters zugewiesen ist.[2465] Hierfür kommt insbes. in Betracht, dass die nicht rechtsfähige Stiftung und der Treuhänder unterschiedliche Zwecke verfolgen oder die nicht rechtsfähige Stiftung und der Treuhänder zwar identische Zwecke haben, aber die nicht rechtsfähige Stiftung über eigene Stiftungsgremien verfügt, die unabhängig von dem Treuhänder über die Verwendung der Mittel entscheiden.[2466] Schließlich ist noch

2460 Vgl. II 4.3.1.3.2.
2461 Vgl. II 4.3.1.2.2.
2462 Vgl. II 4.3.1.3.3.
2463 *Hüttemann/Herzog*, DB 2004, 1001, 1002 ff.; OFD Frankfurt a. M. vom 30.08.2011, DStR 2012, 610.
2464 OFD Frankfurt a. M. vom 30.08.2011, DStR 2012, 610.
2465 So schon RFH, RStBl 1943, 658 f.
2466 OFD Frankfurt a. M. vom 30.08.2011, DStR 2012, 610.

Voraussetzung für eine wirtschaftliche Selbständigkeit der nicht rechtsfähigen Stiftung, dass Stifter und Treuhänder nicht das Recht haben dürfen, die Zweckbindung jederzeit wieder aufzuheben.[2467] Die rechtliche Bindung muss also von einer gewissen Dauerhaftigkeit sein, wobei diese durch die engen Voraussetzungen eines – immer möglichen – Widerrufs aus wichtigem Grund nicht beeinträchtigt wird.[2468]

Ist die nicht rechtsfähige Stiftung als eigenständiges Steuersubjekt anzuerkennen, kann sie auch unabhängig von ihrem Stiftungsträger steuerbegünstigt sein, wenn sie selbst die Voraussetzungen der §§ 52 ff. AO erfüllt.

4.4 Stiftungsähnliche Körperschaften anderer Rechtsform

Neben den oben beschriebenen »klassischen« Formen der Stiftung haben sich im Laufe der Zeit weitere stiftungsähnliche Rechtsformen entwickelt. Der Grund für diese Entwicklung liegt darin, dass zwar der Stiftungsgedanke als attraktiv, jedoch die Rechtsform der Stiftung in manchem Fall als zu starr empfunden wird. Es haben sich daher eine Reihe von Körperschaften entwickelt, die auf dem Grundgedanken einer Stiftung aufbauen oder bei denen eine Stiftung nur einen Teil der gesellschaftsrechtlichen Konstruktion darstellt. In der Praxis am häufigsten verbreitet sind die gemeinnützige Gesellschaft mit beschränkter Haftung (gGmbH) und die Stiftung & Co. KG.

4.4.1 Die gemeinnützige GmbH

Die Stiftungs-GmbH, bei Verwirklichung ausschließlich steuerbegünstigter Zwecke auch gemeinnützige GmbH oder gGmbH genannt, kommt als Ersatzform zur rechtsfähigen Stiftung des bürgerlichen Rechts in Betracht (im Folgenden gGmbH). Prominente Beispiele sind etwa die Robert Bosch Stiftung GmbH, die Mahle Stiftung GmbH, die Baden-Württemberg Stiftung gGmbH, die Stiftung Mercator GmbH oder die Dietmar Hopp Stiftung gGmbH.

Bei der gGmbH handelt es sich zivilrechtlich zunächst einmal um eine reguläre GmbH, auf die sämtliche Regelungen des GmbH-Gesetzes zur Anwendung kommen.[2469] Der frühere Streit um die Zulässigkeit des Firmenzusatzes »g« für »gemeinnützig« hat sich durch die Reform durch das Ehrenamtsstärkungsgesetz seit 2013 erledigt; die Abkürzung »gGmbH« ist nunmehr ausdrücklich zulässig, § 4 Satz 2 GmbHG.[2470]

2467 FG München vom 28.05.1999, EFG 1999, 1096 f.
2468 *Rengers*, in: Blümich, EStG, § 1 Rn. 107.
2469 *Priester*, GmbHR 1999, 149.
2470 Zu früheren Meinungsstand s. Paulick, DNotZ 2008, 167.

Durch gesellschaftsvertragliche Gestaltung wird die Organisation der Gesellschaft an diejenige einer rechtsfähigen Stiftung angenähert, um die gewünschte Perpetuierung des »Stifter-Gesellschafter-Willens« zu erreichen. Gleichwohl handelt es sich bei der Stiftungs-GmbH nicht um eine Stiftung i. S. d. §§ 80 ff. BGB, sondern um eine GmbH, die gem. § 1 GmbHG zur Förderung eines nicht notwendig erwerbswirtschaftlichen Zwecks errichtet wird.[2471] Die gGmbH verfügt, anders als die rechtsfähige Stiftung, über Mitglieder, namentlich ihre Gesellschafter.

Die Vorteile einer gGmbH gegenüber der rechtsfähigen Stiftung werden regelmäßig in dem Fehlen eines behördlichen Anerkennungsverfahrens, der fehlenden laufenden Stiftungsaufsicht, der weitergehenden Gestaltungsfreiheit und v.a. in der Möglichkeit des Stifter-Gesellschafters gesehen, nach Errichtung der gGmbH den Gesellschaftszweck (einfacher) anpassen und verändern zu können.[2472] Gerade die stärkere Möglichkeit der Einflussnahme des Stifter-Gesellschafters macht die gGmbH – ggf. auch als Vorstufe zu einer rechtsfähigen Stiftung – interessant. Der Stifter-Gesellschafter kann das Wirken der Gesellschaft zu seinen Lebzeiten lenken und beeinflussen sowie allfällige Änderungen bzw. Anpassungen vornehmen. Zugleich verbleibt ihm die Möglichkeit, nach seinem Tode eine endgültige Perpetuierung seines Willens zu erreichen, indem er die von ihm gehaltenen Gesellschaftsanteile an der gGmbH letztwillig in eine rechtsfähige Stiftung einbringt.

Dem stehen Nachteile gegenüber, deren sich der potenzielle Stifter-Gesellschafter bewusst sein sollte. Zunächst resultiert aus der größeren Einflussnahmemöglichkeit ein geringeres Maß der Perpetuierung des »Stifter-Gesellschafter-Willens«;[2473] sind sich nach dem Ausscheiden des Stifters die nachfolgenden Gesellschafter einig, kann eine Änderung der Satzung in jede Richtung erfolgen. Zum anderen greift für eine steuerbegünstigte gGmbH nicht § 58 Nr. 6 AO, der es nur Stiftungen gestattet, nahe Angehörige mit bis zu einem Drittel der Einkünfte der gemeinnützigen Stiftung angemessen zu versorgen. Auch kann für Zuwendungen an eine Stiftungs-GmbH der erweiterte Sonderausgabenabzug des § 10b Abs. 1a EStG nicht geltend gemacht werden. Weiterhin unterliegt die Stiftungs-GmbH gegenüber der rechtsfähigen Stiftung den handelsrechtlichen Rechnungslegungsvorschriften. Und schließlich kann im Einzelfall das Fehlen der staatlichen Aufsicht auch gerade als Nachteil empfunden werden, insbes. in der Zeit nach dem Stifter.

Kennzeichnend für die gemeinnützige GmbH ist deren besonderer Gesellschaftszweck. Der Gesellschaftszweck beschreibt das von den Gesellschaftern mit der Gesellschaft verfolgte Ziel, während der Unternehmensgegenstand die Betätigungsfelder der Gesellschaft im Außenverhältnis umschreibt, mit deren Hilfe der Gesellschaftszweck erreicht werden soll. Lediglich der Unternehmensgegenstand ist nach den zivilrechtlichen Vorgaben des § 3 Abs. 1 Nr. 2 GmbHG im Gesellschaftsvertrag anzugeben. Demgegenüber ist im Falle einer steuerbegünstigten gGmbH

2471 *Saenger*, in: Werner/Saenger, Die Stiftung, 2008, Rn. 937.
2472 Vgl. *Saenger*, in: Werner/Saenger, Die Stiftung, 2008, Rn. 941.
2473 Vgl. *Saenger*, in: Werner/Saenger, Die Stiftung, 2008, Rn. 941.

neben dem Unternehmensgegenstand im vorstehenden Sinne auch der Gesellschaftszweck aufgrund der gemeinnützigkeitsrechtlichen Vorgaben des § 60 Abs. 1 AO im Gesellschaftsvertrag so bestimmt anzugeben, dass allein anhand des Gesellschaftsvertrages geprüft werden kann, ob die satzungsmäßigen Voraussetzungen der Steuervergünstigung erfüllt werden. Der Zweck darf zwar auf eine Gewinnerzielung gerichtet sein; es dürfen aber nur solche Zwecke verfolgt werden, die nach den §§ 51 ff. AO als steuerbegünstigt anerkannt sind. Aufgrund der gemeinnützigkeitsrechtlichen Vorgaben dürfen keine Gewinnausschüttungen der Gesellschaft an ihre Anteilseigner erfolgen; Gewinne der Gesellschaft müssen vielmehr ausschließlich und unmittelbar für die steuerbegünstigten Zwecke der gGmbH verwendet werden.[2474] Über die zwingenden Satzungsbestandteile bei einer steuerbegünstigten Stiftung hinaus enthält die Mustersatzung der Abgabenordnung auch besondere Regelungen nur für Kapitalgesellschaften. Diese sind ebenfalls in den Gesellschaftsvertrag aufzunehmen. Sie betreffen den Ausschluss der Gewinnbeteiligung der Gesellschafter und die Begrenzung des Abfindungsanspruchs ausscheidender Gesellschafter.

Im Übrigen bedingt die stiftungsähnliche Ausgestaltung der gGmbH weitere besondere Regelungen. Bei der Willensbildung der Gesellschafter wird das Stimmgewicht oftmals nicht am Kapitalanteil ausgerichtet, sondern den altruistisch agierenden Gesellschaftern werden Pro-Kopf-Stimmen zugewiesen. Wesentliche Änderungen des Gesellschaftsvertrages der gGmbH werden hohen Anforderungen unterstellt. Die Geschäftsanteile werden einer Vinkulierung unterworfen und es werden besondere Einziehungs- und/oder Zwangsabtretungsrechte für den Todesfall eines Gesellschafters vorgesehen, damit die verbleibenden Gesellschafter den Gesellschafterkreis im Todesfall eines Gesellschafters faktisch im Wege einer Art »Kooptation« nachbesetzen können.

4.4.2 Stiftung & Co. KG

Wie die GmbH bei der GmbH & Co. KG ist bei der Stiftung & Co. KG die Stiftung i. d. R. alleinige persönlich haftende Gesellschafterin, die gem. §§ 164, 170 HGB zur Geschäftsführung berechtigt ist.[2475] Zwar ist nicht ausgeschlossen, dass die Stiftung daneben auch an dem Kapital der Kommanditgesellschaft beteiligt ist, allerdings nähert sich die Stiftung & Co. KG dann umso mehr der Beteiligungsträgerstiftung an, je größer der von der Stiftung gehaltene Kapitalanteil an der Stiftung & Co. KG ist.[2476]

2474 *Schauhoff*, in: Schauhoff, Handbuch der Gemeinnützigkeit, 2010, § 9 Rn. 4 f.
2475 Vgl. zur Zulässigkeit der Stiftung & Co. KG: MHdB GesR V, 2016, 2. Teil. Stiftung bürgerlichen Rechts 15. Kapitel. Rechts- und Erscheinungsformen § 82 Stiftung & Co. Rn. 4 ff.
2476 *Netzer/Stadie*, NJW 2000, 3457, 3459.

Die Rechtsform der Stiftung & Co. KG wird im Bereich der Unternehmensnachfolge eingesetzt, um das Eigentum am und die Leitungsmacht im Familienunternehmen voneinander zu trennen.[2477]

Bei einem Familienunternehmen in der Rechtsform der Stiftung & Co. KG sind die Familienmitglieder i. d. R. die Kommanditisten der Gesellschaft. Das Unternehmen bleibt somit im Eigentum der Familie, während die Unternehmensleitung der Komplementär-Stiftung übertragen ist und dort nach dem perpetuierten Stifterwillen ausgeübt wird.[2478] Der Gefahr der Zersplitterung durch den Verkauf von Kommanditanteilen kann durch die Vinkulierung der Kommanditanteile entgegengewirkt werden.

Der Anstoß zur Gestaltung einer Stiftung & Co. KG kann auch aus dem Bereich der Mitbestimmung kommen. Denn die Stiftung & Co. KG unterliegt im Gegensatz zur GmbH & Co. KG nicht der Mitbestimmung nach dem Mitbestimmungsgesetz. Sie wird von §§ 1, 4 MitBestG nicht erfasst. Weniger Vorteile bringt die Stiftung & Co. KG hingegen im Bereich der Publizitätspflichten, da sie i. R. d. KapCoRiLiG ebenfalls der Publizitätspflicht unterworfen wurde.[2479]

2477 Netzer/Stadie, NJW 2000, 3457; Schwarz, BB 2001, 2381.
2478 Schwintowski, NJW 1991, 2736, 2738.
2479 *Mutter/Angsten*, in: Gummert, Münchener Anwaltshandbuch zum Personengesellschaftsrecht, 2019, § 1 Rn. 139.

Literaturverzeichnis

Achleitner/Kaserer/Kauf/Günther/Ampenberger, Börsennotierte Familienunternehmen in Deutschland, Stiftung Familienunternehmen, München 2009

Achleitner/Schraml/Tappeiner, Private Equity in Familienunternehmen – Erfahrungen mit Minderheitsbeteiligungen, Stiftung Familienunternehmen, München 2008

Aigner, Der Ausfall eines Darlehens, insbesondere Gesellschafterdarlehens, im Privatvermögen, DStR 2016, 345

Altendorf/Köcher, Nießbrauch an (mitunternehmerischen) Personengesellschaftsanteil, GmbHStB 2013, 13

Arnet/Hartmann, Der Schweizer Treuhänder 2004, 833

Ascheid/Preis/Schmidt, Kündigungsrecht, 4. Auflage, München 2012

Assmann/Pötzsch/Schneider, Wertpapiererwerbs- und Übernahmegesetz, 2. Auflage, Köln 2013

Assmann/Schütze, Handbuch des Kapitalanlagerechts, 4. Auflage, München 2015

Bachmann/Richter, Die steuerneutrale Umstrukturierung der Erbengemeinschaft mit Betriebsaufspaltung, DB 2014, 1282

Baetge/Kirsch/Thiele, Bilanzrecht Kommentar, (Loseblattwerk), Bonn

Baldamus, Neues zur Betriebsstättengewinnermittlung, IStR 2012, 317

Bamberger/Roth/Hau/Poseck, Beck'scher Online-Kommentar zum Bürgerlichen Gesetzbuch: BGB, München

Barsch, Die Rechtspraxis von Beiräten in Familienunternehmen, in Bayreuther Studien zu Familienunternehmen, Band 2, Hrsg. von Rolf Uwe Fülbier, Knut Werner Lange, Kay Windthorst, Dissertation, Bayreuth 2016

Bauer, Vorhaben der »GroKo« zu Leiharbeit und Werkverträgen: Befürchtungen aus Arbeitgebersicht!, DB 2014, 60

Bauer/Diller/Göpfert, Zielvereinbarungen auf dem arbeitsrechtlichen Prüfstand, BB 2002, 882

Baumbach/Hopt, Handelsgesetzbuch: HGB, Kommentar, 39. Auflage, München 2020

Baumbach/Hueck, GmbHG, Kommentar, 22. Auflage, München 2019

Baums, Eigenkapital: Begriff, Aufgaben, Sicherung, ZHR 2011, 160

Baus, Die Familienstrategie. Wie Familien ihr Unternehmen über Generationen sichern, 5. Auflage, Wiesbaden 2016

Beck'scher Bilanz-Kommentar, 11. Auflage, München 2018

Beck'scher Online-Kommentar Arbeitsrecht, Edition: 37, München 2015

Beck'sches Formularbuch Zivil-,Wirtschafts- und Unternehmensrecht, Deutsch-Englisch, 3. Auflage, München 2014

Beck'sches Handbuch der AG, 2. Auflage, München 2009

Beck'sches Handbuch der GmbH, 5. Auflage, München 2014

Beck'sches Handbuch der Personengesellschaften, 4. Auflage, München 2014

Beck'sches Notar-Handbuch, 6. Auflage, München 2015

Beck'sches Steuer- & Bilanzrechtslexikon, München 2019

Beermann/Gosch, Abgabenordnung Finanzgerichtsordnung, Loseblattkommentar, Bonn

Behringer, Compliance für KMU, 2. Auflage, Berlin 2016

Behringer, Compliance kompakt, 4. Auflage, Berlin 2018

Beisel/Andreas, Beck'sches Mandatshandbuch, Due Diligence, 2. Auflage, München 2010

Beisel/Klumpp, Der Unternehmenskauf, 7. Auflage, München 2016

Benndorf/Otto, Sinn und Zweck von Projektgesellschaften bei amilienunternehmen, BB 2012, 731

Berens/Brauner/Strauch/Knauer, Due Diligence bei Unternehmensakquisitionen, 88. Auflage, Stuttgart 2019

Bergjan/Schwarz, Scheitern von Vertragsverhandlungen von M&A-Transaktionen: Die Breakup-Free-Klausel im Letter of Intent, GWR 2013, 4

Berle/Means, The Modern Corporation and Private Property, New York 1967

Bertelsmann Stiftung/Stiftung Familienunternehmen, Das gesellschaftliche Engagement von Familienunternehmen, Gütersloh 2007

Bierich/Hommelhoff/Kropff (Hrsg.), Unternehmen und Unternehmensführung im Recht, Festschrift für Johannes Semler zum 70. Geburtstag, Berlin 1993

Binz/Mayer, Anteilsvinkulierung bei Familienunternehmen, NZG, 2012, 201

Binz/Sorg, Die GmbH & Co. KG, 12. Auflage, München 2018

Bischoff/Kotyrba, Wohnsitzverlegung in die Schweiz – Steuerfolgen und Steuerplanung, BB 2002, 382

Bitter/Heim, Anmerkung zu BGH, Urteil vom 05.03.2015 – IX ZR 133/14, ZIP 2015, 638

Blasche, Satzungssitz, tatsächlicher Verwaltungssitz und inländische Geschäftsanschrift: Neue Gestaltungsmöglichkeiten bei innerdeutschen Sachverhalten, GWR 2010, 25

Blum/Schauer, Vermeidung von Haftungsfällen für Stiftungsorgane, BW-Bank Stiftungsmagazin, Heft III, 2014, 24

Blumenberg, Seminar L: Wegzug und Zuzug von Kapitalgesellschaften, IStR 2009, 549

Blumers, Wertungswidersprüche in § 6 Abs. 3 und 5 EStG, DB 2013, 1625

Blumers, Die Familienstiftung als Instrument der Nachfolgeregelung, DStR 2012, 6

Blümich, Außensteuerrecht (ASt), München.

Blümich, EStG, KStG, GewStG, Loseblattkommentar, München

Blümich, Umwandlungsteuerrecht (ASt), München.

Boos/Fischer/Schulte-Mattler, KWG, CRR-VO, Kommentar, 55. Auflage, München 2016

Böttcher, Managementbeteiligungen im Spiegel der aktuellen BGH-Rechtsprechung, NZG 2005, 992

Brambring, Güterstandsklauseln in Gesellschaftsverträgen, DNotZ 2008, 724

Braun, Bilanzielle Behandlung von Gesellschafterdarlehen mit Rangrücktrittsklausel, DStR 2012, 1360

Braun/Wybitul, Übermittlung von Arbeitnehmerdaten bei Due Diligence – Rechtliche Anforderungen und Gestaltungsmöglichkeiten, BB 2008, 782

Breithaupt/Ottersbach, Kompendium Gesellschaftsrecht, München 2010

Brenner, Der Verwässerungseffekt im Rahmen von Kapitalerhöhungen bei einer personalistischen GmbH, in: Hommelhoff/Schmidt-Diemitz/Sigle (Hrsg.), Familiengesellschaften, Festschrift für Walter Sigle zum 70. Geburtstag, Köln 2000, 341

Breuniger/Ernst, Private Equity und Mittelstand – Flexible Beteiligungsformen an inhabergeführten Unternehmen, FR 2008, 659

Bron, Der neugefasste § 50i EStG und seine Gefahren – mit Kanonen auf Spatzen schießen, DStR 2014, 1849

Brösztl, Das Familienunternehmen als Quelle des wirtschaftlichen Wachstums, in: Hommelhoff/Schmidt-Diemitz/Sigle (Hrsg.), Familiengesellschaften, Festschrift für Walter Sigle zum 70. Geburtstag, Köln 2000, 3

Bruse, Zeiten, Fristen und wirtschaftliche Abgrenzungen im Unternehmenskaufvertrag, in: Wachter, Vertragsgestaltung im Zivil- und Steuerrecht – Festschrift für Sebastian Spiegelberger zum 70. Geburtstag, Bonn 2008, 598

Buth/Hermanns, Restrukturierung, Sanierung, Insolvenz, 4. Auflage, München 2014

Buth/Herrmanns, Unternehmenspolitische Erwägungen zum Beirat in der GmbH und der KG, DStR 1996, 597

von Campenhausen/Richter, Stiftungsrechtshandbuch, 4. Auflage, München 2014

Campos Nave/Bonenberger, Korruptionsaffären, Corporate Compliance und Sofortmaßnahmen für den Krisenfall, BB 2008, 734

Caspar/Dias/Elstrodt, The five attributes of enduring family businesses, The McKinsey Quarterly, January 2010, 15

Cichy/Jander-McAlister, Minderheitsbeteiligungen von Finanzinvestoren an Familienunternehmen, BB 2012, 723

CMS Hasche Sigle, Steueroptimierte Gestaltungen in Restrukturierung, Sanierung und Insolvenz, Stuttgart 2013

Cordes, Herausforderung »Governance« bei Haniel und anderen Familienunternehmen, in: Kirchdörfer/Lorz/Wiedemann/Kögel/Frohnmayer (Hrsg.), Familienunternehmen in Recht, Wirtschaft, Politik und Gesellschaft, Festschrift für Brun-Hagen Hennerkes zum 70. Geburtstag, München 2009, 151

Cordes, Gewerbesteueranrechnung: Begrenzung auf die tatsächlich zu zahlende Gewerbesteuer bei mehreren unternehmerischen Engagements, DStR 2010, 1416

Cranshaw, Anfechtbarkeit gegenüber mittelbarem Gesellschafter nach Abtretung einer § 39 Abs. 1 Nr. 5 InsO unterliegenden Forderung, jurisPR-InsR, 07/2013, Anm. 1

Cravotta, in: WIFU, Managementstrukturen in älteren deutschen Familienunternehmen (verarbeitendes Gewerbe) – Eine bundesweite Recherche des Wittener Instituts für Familienunternehmen, WIFU Working Paper Series Nr. 6, 2010

Creifelds, Rechtswörterbuch, 21. Auflage, München 2014

Crezelius, Kunst im Nachlass – Ertrag- und erbschaftsteuerrechtliche Probleme, ZEV 2014, 637

Crezelius, Unternehmenserbrecht, 2. Auflage, München 2009

Cziupka/Kliebisch, Probleme der Steuerung des Gesellschafterbestandes durch schuldrechtliche Vereinbarungen zwischen Aktiengesellschaft und ihren jeweiligen Aktionären, BB 2013, 715

Damrau, Der Minderjährige im Erbrecht, 2. Auflage, Bonn 2010

Davies, Merger Control 2015: The international regulation of mergers and joint ventures in 77 jurisdictions worldwide, London 2014 *de Lind van Wijngaarden/Egler*, Der Beschlagnahmeschutz von Dokumenten aus unternehmensinternen Untersuchungen, NJW 2013, 3549

Debatin/Wassermeyer, Doppelbesteuerung (Loseblattwerk), München

Dendorfer/Krebs, Zur Konfliktlösung durch Meditation bei Gesellschaftsstreitigkeiten, MittBayNot 2008, 85

Deutsches Aktieninstitut e. V. (Hrsg.), Mitarbeiterbeteiligung mit Aktien: Eine Umfrage unter börsennotierten Unternehmen in Deutschland, Frankfurt am Main 2013

Deutsches Aktieninstitut e. V. (Hrsg.), Praxisleitfaden: Einführung von Mitarbeiteraktienprogrammen, Frankfurt am Main, Februar 2018

Deutsches Aktieninstitut e. V. (Hrsg.), Warum sich Beteiligungsprogramme für Mitarbeiter, Arbeitgeber und Gesellschaft lohnen, Frankfurt am Main, November 2018

Diem, Akquisitionsfinanzierungen, 4. Auflage, München 2019

Dierks/Sandmann/Herre, Das neu überarbeitete COSO-Rahmenwerk für Interne Kontrollsysteme und die Konsequenzen für die deutsche Unternehmenspraxis, CCZ 2013, 164

Dorfmueller, Die Errichtung von internationalen Holdingstrukturen durch deutsche Konzerne, IStR 2009, 826

Dötsch/Patt/Pung/Möhlenbrock, Umwandlungssteuergesetz (UmwStG), 7. Auflage, Stuttgart 2012

Dreher/Thomas, Die D&O-Versicherung nach der VVG-Novelle 2008, ZGR 2009, 31

Drinkuth, Hinauskündigungsregeln unter dem Damoklesschwert der Rechtsprechung, NJW 2006, 410

Drouven/Mödl, US-Gesellschaften mit Hauptverwaltungssitz in Deutschland im deutschen Recht, NZG 2007, 7

Drüen, Wegfall oder Fortgeltung der verfassungswidrigen Erbschaftsteuergesetzes nach dem 30.06.2016?, DStR 2016, 643

Dürr, Unternehmensführung und Moral, in: Kirchdörfer/Lorz/Wiedemann/Kögel/Frohnmayer (Hrsg.), Familienunternehmen in Recht, Wirtschaft, Politik und Gesellschaft, Festschrift für Brun-Hagen Hennerkes zum 70. Geburtstag, München 2009, 445

Duve, Vermeidung und Beilegung von Gesellschaftsstreitigkeiten, AnwBl 2007, 389

DWS-Institut (Hrsg.), Handbuch Familienunternehmen, (Loseblatt) Köln

Dzida, Berücksichtigung von Leiharbeitnehmern bei der Betriebsratsgröße, ArbRB, 2013, 338

Ebenroth/Boujong/Joost/Strohn, Handelsgesetzbuch, 3. Auflage, München 2014

Eberspächer, Das Familienunternehmen im Mittelstand, in: Hommelhoff/Schmidt-Diemitz/Sigle (Hrsg.), Familiengesellschaften, Festschrift für Walter Sigle zum 70. Geburtstag, Köln 2000, 25

Ebert, Der Ort der Geschäftsleitung in internationalen Holding-Konzernstrukturen, IStR 2005, 534

Ebling, »Gebrauchskunst« – Ein Zauberwort: Die Problematik der wirtschaftlichen Abnutzung von Kunstwerken, DStR 2008, 1522

Ebling/Schulze, Kunstrecht, 2. Auflage, München 2012

Eckhardt/Hermanns, Kölner Handbuch Gesellschaftsrecht, 2. Auflage, Köln 2014

Egger, Hinweisgebersysteme und Informantenschutz, CCZ, 2018, 126

Eggers/Dublanka/Akin, Mitarbeiterbeteiligungen – Aktuelle Trends und Meinungen in Deutschland 2013. Kurzumfrage der HayGroup, Frankfurt am Main, 2013

Eiben, M&A in deutschen Familienunternehmen – Ergebnisse einer empirischen Erhebung, WHU, Vallendar 2007

Eilers/Jander-McAlister, Family Investors: Eine neue Klasse von Investoren, DB 2018, 1513

Eilers/Koffka/Mackensen/Paul (Hrsg.), Private Equity, 3. Auflage, München 2018

Emmerich/Habersack, Aktien- und GmbH-Konzernrecht, 89. Auflage, München 2019

Erbacher/Klarmann, Beurkundungspflichten beim Unternehmenskauf, CFL 2011, 151

Erfurter Kommentar zum Arbeitsrecht, 15. Auflage, München 2015

Erker, Beiräte – Der institutionalisierte Einfluss Dritter, Konfliktvermeidung in Familienunternehmen, DStR 2014, 105

Erle/Goette/Kleindiek/Krieger/Priester/Schubel/Schwab/Teichmann/Witt (Hrsg.), Festschrift für Peter Hommelhoff zum 70. Geburtstag, Köln 2012

Eschenlohr, Beschränkungen der Austritts- und Kündigungsmöglichkeiten des Gesellschafters einer Familien-GmbH, in: Hommelhoff/Schmidt-Diemitz/Sigle (Hrsg.), Familiengesellschaften, Festschrift für Walter Sigle zum 70. Geburtstag, Köln 2000, 131

Ettinger/Jaques (Hrsg.), Beck'sches Handbuch Unternehmenskauf im Mittelstand, 2. Auflage, München 2017

Fabis, Gesellschaftskonflikte in Familienunternehmen – Vermeidungs-und Lösungsstrategien auf gesellschaftsvertraglicher und individualvertraglicher Ebene, Berlin 2007

Felden/Hack, Management von Familienunternehmen, Wiesbaden 2014

Fett/Spiering, Handbuch Joint Venture, 2. Auflage, Heidelberg 2015

Fielmann, Fielmann: von der KG zur AG – ein Erfahrungsbericht aus vier Jahrzehnten, in: Dauner-Lieb/Freudenberg (Hrsg.), Familienunternehmen im Fokus von Wirtschaft und Wissenschaft, Festschrift für Mark K. Binz, München 2014, 199

Firsching/Graf, Nachlassrecht, 11. Auflage, München 2019

Fischer, Existenz-und Vertretungsnachweise bei US Corporations, ZNotP 1999, 352, 353

Fischer, Finanzierungsstrategien im Zeichen des Ratings – Das Ende der Hausbank?, in: Rödl/Scheffler/Winter (Hrsg.), Internationale Familienunternehmen – Festschrift für Bernd Rödl zum 65. Geburtstag, München 2008, 203

Fischer, Strafgesetzbuch, 66. Auflage, München 2019

Fischer/Breithecker, Unternehmensverbundene Stiftungen, 4. Auflage, Berlin 2014

Fischer/Jüptner/Pahlke/Wachter, ErbStG – Kommentar, 6. Auflage, Freiburg 2017

Fissenewert, ISO 19600 – Ein offener und flexibler Standard in einem normierten Kontext, CB 2016, 89

Fitting/Engels/Schmidt/Trebinger/Linsenmaier, Betriebsverfassungsgesetz: BetrVG, 27. Auflage, München 2014

Fleischer, Das Rätsel Familienverfassung_Realbefund, Regelungsnatur, Rechtswirkungen, ZIP 2016, 1509

Fleischer, Aktienrechtliche Compliance-Pflichten im Praxistest: Das Siemens/Neubürger-Urteil des LG München I, NZG 2014, 321

Fleischer, Aktuelle Entwicklungen zum Stimmrecht des Nießbrauchers am Anteil einer Personengesellschaft im Zivil-, Ertrag- und Erbschaftsteuerrecht, ZEV 2012, 466

Fleischer/Schneider, Tag along- und Drag along-Klauseln in geschlossenen Kapitalgesellschaften, DB 2012, 961

Flick/Wassermeyer/Baumhoff/Schönfeld, Außensteuerrecht Kommentar (Loseblattwerk), Köln.

Formularbuch Recht und Steuern, 8. Auflage, München 2014

Fox/Hüttche/Lechner, Mitarbeiterbeteiligung an der GmbH, GmbHR, 2000, 521

Frankfurter Kommentar WpPG und EU ProspektVO, 2. Auflage, Frankfurt am Main 2017

Freundl, Die Stiftung – das Gestaltungsinstrument der Unternehmensnachfolge, DStR 2004, 1509

Fuhrmann/Wälzholz, Formularbuch Gesellschaftsrecht, Köln 2012

Fuhrmann, Neue Erkenntnisse zum Poolvertrag im Sinne von § 13 b I Nr. 3 Satz 2 ErbStG, NZG 2019, 1016

Gantefϋhrer/Wacker, Kunst: Recht & Steuern – Schwerpunktthemen für den Kunstsammler, Köln 2006

Geck, Der Rentenerlass IV zur Vermögensübergabe gegen Versorgungsleistungen – Schwerpunkte und Bewertung aus Sicht der Beratungspraxis, ZEV 2010, 161

Geck, Übergabe von Mitunternehmeranteilen gegen Versorgungsleistungen: Gestaltungsüberlegungen hinsichtlich der Mitübertragung von Sonderbetriebsvermögen, DStR 2011, 1303

Geibel/Süßmann, Wertpapiererwerbs- und Übernahmegesetz, 2. Auflage, München 2008

Geißler, Aktuelle und fortdauernde Rechtsprobleme bei der GmbH & Still, GmbHR 2008, 515

Gemeinhardt, Verträge unter Angehörigen – steuerliche Anerkennung, GmbHR 2012, 739

Geserich, Die steuerliche Behandlung von Aktienüberlassungen und Aktienoptionen, DStR-Beihefter 2014, 53

Geyrhalter/Zirngibl, Kaufpreisklauseln in Unternehmenskaufverträgen, in: Wachter, Vertragsgestaltung im Zivil- und Steuerrecht – Festschrift für Sebastian Spiegelberger zum 70. Geburtstag, Bonn 2008, 667

Glos, Familienunternehmen und Politik, in: Kirchdörfer/Lorz/Wiedemann/Kögel/Frohnmayer (Hrsg.), Familienunternehmen in Recht, Wirtschaft, Politik und Gesellschaft, Festschrift für Brun-Hagen Hennerkes zum 70. Geburtstag, München 2009, 451

Gollnick, »Wann, wenn nicht jetzt? Plädoyer für den Unternehmensverkauf«, VentureCapital Magazin 04/01/2014, 52

Göpfert/Meyer, Datenschutz bei Unternehmenskauf: Due Diligence und Betriebsübergang, NZA 2011, 486

Göthel, Grenzüberschreitende M&A-Transaktionen, 4. Auflage, Köln 2015

Göthel, Vertragsgestaltung bei internationalen Joint Ventures, BB 2014, 1477

Gottschalk, Herzblutangelegenheiten, FINANCE, Heft 7/8/2003, 80

Gottwald, Insolvenzrechts-Handbuch, 5. Auflage, München 2015

Götz, Die Bestellung der Führungsposition in familiengeprägten mittelständischen Kapitalgesellschaften, in: Hommelhoff/Schmidt-Diemitz/Sigle (Hrsg.), Familiengesellschaften, Festschrift für Walter Sigle zum 70 Geburtstag, Köln 2000, 67

Götze/Winzer/Arnold, Unternehmerische Mitbestimmung – Gestaltungsoptionen und Vermeidungsstrategien, ZIP 2009, 245

Graewe, Leitung und Kontrolle – Der Deutsche Corporate Governance Kodex und Nonprofit Organisationen, Hamburg 2011, 216

Graf/Bisle, Der »Governance Kodex für Familienunternehmen«: Kein Ersatz für »maßgeschneiderte« Gesellschaftsverträge, DStR 2010, 2409

Graf-Schlicker, Insolvenzordnung, 4. Auflage, Köln 2014

Greven, Der Umgang mit Gesellschafterdarlehen bei M&A-Transaktionen, BB 2014, 2309

Grobys/Panzer, StichwortKommentar Arbeitsrecht, 2. Auflage, Baden-Baden 2014

Gullo, Das neue Mediationsgesetz: Anwendung in der wirtschaftsrechtlichen Praxis, GWR 2012, 385

Gummert/Weipert (Hrsg.), Münchener Handbuch des Gesellschaftsrechts, Band 1: BGB-Gesellschaft, Offene Handelsgesellschaft, Partnerschaftsgesellschaft, Partenreederei, EWIV, 5. Auflage, München 2019

Haarmann/Schüppen, Frankfurter Kommentar zum WpÜG, 3. Auflage, Frankfurt 2008

Haas, Die Besteuerung der Destinatäre der Familienstiftung, DStR 2010, 1011

Habbe/Gieseler, Freunde kann man sich aussuchen, Familie hat man – Strategien zur Vermeidung und Lösung von Konflikten in Familienunternehmen, NZG 2016, 1010

Habersack, Die Erstreckung des Rechts der Gesellschafterdarlehen auf Dritte, insbesondere im Unternehmerverbund, ZIP 2008, 2385

Habersack/Mülbert/Schlitt, Unternehmensfinanzierung am Kapitalmarkt, 4. Auflage, Köln 2018

Habig/Berninghaus, Die Nachfolge im Familienunternehmen ganzheitlich regeln, 3. Auflage, Berlin 2010

Hagenmüller/Sommer/Brink, Handbuch des nationalen und internationalen Factoring, 3. Auflage, Frankfurt 1997

Haisch/Helios, Investment Steuerreform aufgrund AIFMD und KAGB, BB 2013, 23

Hamann/Sigle, Vertragshandbuch Gesellschaftsrecht, 2. Auflage, München 2012

Hanke/Socher, Fachbegriffe aus M&A und Corporate Finance – Die Gestaltung des Unternehmenskaufvertrages, NJW 2010, 1576

Häring, Strukturdaten, wirtschaftliche Bedeutung und Zukunftsstrategien baden-württembergischer Familienunternehmen, Hohenheimer Beiträge zur Entrepreneurshipforschung und -praxis Nr. 15, Stuttgart 2005

Haritz/Menner/Bilitewski, UmwStG, 5. Auflage, München 2019.

Hartmann, Der Pflichtteilsverzicht des Erwerbers im Übertragungsvertrag, DNotZ 2007, 812

Hasselbach/Ebbinghaus, Die KGaA als Unternehmensform für den deutschen Mittelstand, DB 2015, 1269

Hastenteufel/Staub, Family Business Governance, Konfliktmanagement und finanzielle Stabilität als wesentliche Erfolgsfaktoren deutscher Familienunternehmen?, StB 2019, 185

Haunschild/Wallau, Institut für Mittelstandsforschung Bonn: Die größten Familienunternehmen in Deutschland, IfM-Materialien Nr. 192, Bonn 2010

Hauschka/Moosmayer/Lösler, Corporate Compliance, 3. Auflage, München 2016

Hauschka/Greeve, Compliance in der Korruptionsprävention – was müssen, was sollen, was können die Unternehmen tun?, BB 2007, 165

Hay/Grüneberg, Berücksichtigung von Leiharbeitnehmern bei den Schwellenwerten in der Unternehmensmitbestimmung?!, NZA 2014, 814

Heckschen/Glombik, Erscheinungsformen der Mitarbeiterbeteiligung an der GmbH, GmbHR 2013, 841 f.f.

Heinemann, Entwicklungen im Registerverfahrensrecht (I), FGPrax 2015, 1

Henn/Frodermann/Jannott, Handbuch des Aktienrechts, 8. Auflage, Heidelberg 2009

Hennerkes, Corporate Governance – Einheitskodex für Familienunternehmen: Nein Danke!, BB 7/2010, I

Hennerkes, Die Familie und ihr Unternehmen – Strategie, Liquidität, Kontrolle, Frankfurt 2004

Hennerkes/Binz/May, Die Steuerungsfunktion des Beirats in der Familiengesellschaft, DB 1987, 469

Hennerkes/Kirchdörfer, Die Familie und ihr Unternehmen – Strategie, Liquidität und Kontrolle, Frankfurt am Main 2015

Hennerkes/Kirchdörfer, Der Verkauf des Familienunternehmens, in: Moll (Hrsg.), Festschrift für Hans-Jochem Lüer zum 70. Geburtstag, München 2008, 535

Hennerkes/Kirchdörfer (Hrsg.), Unternehmenshandbuch Familiengesellschaften, 2. Auflage, Köln 1998

Hennerkes/May, Der Gesellschaftsvertrag des Familienunternehmens – Ein Überblick über Gestaltungsschwerpunkte, NJW 1988, 2761

Hennig, Die Betriebsaufspaltung in der Nachfolgeplanung, RNotZ 2015, 127

Henssler/Strohn, Gesellschaftsrecht, 4. Auflage, München 2019

Henssler/Willemsen/Kalb, Arbeitsrecht Kommentar, 5. Auflage, Köln 2012

Herrmann, Der Umfang des notariellen Formerfordernisses bei GmbH-Geschäftsanteilsübertragungen am Beispiel von Finanzierungszusagen – Keine Verbesserung durch das MoMiG, GmbHR 2009, 625

Herrmann/Heuer/Raupach, Einkommensteuer- und Körperschaftsteuergesetz, Kommentar (Loseblattwerk), Köln

Herzog, Die unselbständige Stiftung des Bürgerlichen Rechts, Baden-Baden 2005

Hess/Worzalla/Glock/Nicolai/Rose/Huke, BetrVG – Kommentar zum Betriebsverfassungsgesetz, 9. Auflage, Neuwied 2014

Hettler/Stratz/Hörtnagl (Hrsg.), Beck'sches Mandatshandbuch Unternehmenskauf, 2. Auflage, München 2013

Heuer, Die Bewertung von Kunstgegenständen, NJW 2008, 689

Heuer, Die Wertermittlung von Kunstgegenständen, Der Sachverständige 2008, 165

Heuer, Der gemeine Wert von Kunstgegenständen, DStR 2002, 845

Heuer, Die Bewertung von Kunstgegenständen, DStR 1995, 438

Heuer/von Cube, Ordnung als Leitmotiv – Der erbschaftsteuerrechtliche Sammlungsbegriff, ZEV 2013, 643

Heurung/Ferdinand/Kremer, Reform der Wegzugsbesteuerung, IStR 2020, 90

Hinderer, Familienunternehmen und M&A-Transaktionen, in: Kirchdörfer/Lorz/Wiedemann/Kögel/Frohnmayer (Hrsg.), Familienunternehmen in Recht, Wirtschaft, Politik und Gesellschaft, Festschrift für Brun-Hagen Hennerkes zum 70. Geburtstag, München 2009, 369

Hinsch/Horn, Das Vertragsrecht der internationalen Konsortialkredite und Projektfinanzierungen, Berlin 1985

Hinterhuber/Minrath, Der Beirat einer mittelständischen Familienunternehmung – Ein Beitrag aus unternehmerischer Sicht, BB 1991, 1201

Hintzen, Die Zwischenholding als Strukturelement internationaler Konzerne, DStR 1998, 1319

Hippeli, Wertpapiererwerbs- und Übernahmegesetz, Stellungnahmen zu öffentlichen Angeboten und Angebotsänderungen, BaFinJournal Juli 2014, 17

Hippeli/Hofmann, Die Stellungnahme des Vorstands und Aufsichtsrats der Zielgesellschaft nach § 27 WpÜG in der Anwendungspraxis der BaFin, NZG 2014, 850

Hippeli/Schmiady, Übernahmerechtliche Aspekte der Unternehmensnachfolge bei börsennotierten Familienunternehmen, ZIP 2015, 705

Hoenig/Klingen, Grenzen der Wissenszurechnung beim Unternehmenskauf, NZG 2013, 1046

Hofer, Negativer Kaufpreis beim Unternehmenskauf-Gestaltungsmöglichkeiten zur Absicherung der Verkäuferinteressen, BB 2013, 972

Hoffmann-Becking/Rawert (Hrsg.), Beck'sches Formularbuch Bürgerliches, Handels- und Wirtschaftsrecht, 11. Auflage, München 2013

Hohaus/Inhester, Rahmenbedingungen von Management-Beteiligungen, DStR 2003, 1765

Hohaus/Kaufhold, Garantien des Managements bei Private Equity-Transaktionen, BB 2015, 709

Hoheisel/Graf Nesselrode, Kunst im Betriebsvermögen und Erbschaftsteuer, DStR 2011, 441

Holler, Das Recht der Familienunternehmen und ihre Besonderheiten in der Rechtsanwendung und -gestaltung (Teil I): Das Gesellschaftsrecht der Familienunternehmen – Auf dem Weg zu einem Sonderrecht?, DStR 2019, 880

Holler, Das Recht der Familienunternehmen und ihre Besonderheiten in der Rechtsanwendung und -gestaltung (Teil II): Vom Familienverband der Gesellschafter zum besonderen Gesellschaftszweck der Familiengesellschaft als Geschäftsgrundlage und Wesensmerkmal des Familienunternehmens, DStR 2019, 931

Holler, Die Familienverfassung im Recht der Familienunternehmen: Eine (gesellschafts-)rechtliche Einordnung aus Sicht der Gestaltungspraxis, ZIP 2018, 553

Hölters (Hrsg.), Handbuch Unternehmenskauf, 8. Auflage, Köln 2015

Hölters, Aktiengesetz, 3. Auflage, München 2017

Holtzbrinck, Zukunftssicherung von Familiengesellschaften unter besonderer Berücksichtigung von Medienunternehmen, in: Hommelhoff/Schmidt-Diemitz/Sigle (Hrsg.), Familiengesellschaften, Festschrift für Walter Sigle zum 70. Geburtstag, Köln 2000, 33

Holzapfel/Pöllath, Unternehmenskauf in Recht und Praxis, 14. Auflage, Köln 2010

Hommelhoff/Hopt/von Werder (Hrsg.), Handbuch Corporate Governance – Leitung und Überwachung börsennotierter Unternehmen in der Rechts- und Wirtschaftspraxis, 2. Auflage, Köln/Stuttgart 2009

Hommelhoff/Schmidt-Diemitz/Sigle (Hrsg.), Familiengesellschaften, Festschrift für Walter Sigle zum 70. Geburtstag, Köln 2000

Höreth/Zimmermann, Verordnung zur Anwendung des Fremdvergleichsgrundsatzes auf Betriebsstätten nach § 1 Abs. 5 AStG – Betriebsstättengewinnaufteilungsverordnung – BsGaV, DStZ 2014, 743

Hoyningen-Huene, Zur Haftung des Versteigerers und Sachverständigen, NJW 1975, 962

Huber/Sterr-Kölln, Nachfolge in Familienunternehmen: Den Generationswechsel erfolgreich gestalten, Stuttgart 2006

Hübschmann/Hepp/Spitaler, Abgabenordnung – Finanzgerichtsordnung, Köln.

Hueck/Canaris, Das Recht der Wertpapiere, 12. Auflage, München 1986

Hüffer/Koch, Aktiengesetz: AktG, 14. Auflage, München 2020

Hümmerich/Boecken/Düwell, AnwaltKommentar, Arbeitsrecht Band 2, 2. Auflage, Bonn 2010

Hunsmann, Neuregelung der Selbstanzeige im Steuerstrafrecht, NJW 2015, 113.

Hüttemann/Herzog, Steuerfragen bei gemeinnützigen nichtrechtsfähigen Stiftungen, DB 2004, 1001

Hüttemann/Rawert/Schmist/Weitemeyer (Hrsg.), Non Profit Law Yearbook 2012/ 2013, Hamburg 2013

IDW (Hrsg.), IDW Prüfungsstandard: Grundsätze ordnungsmäßiger Prüfung von Compliance Management Systemen (IDW PS 980), WPg Supplement 2/2011, 78

IDW (Hrsg.), WP-Handbuch 2006, Band I, 13. Auflage, Düsseldorf 2006

Irle, Fälschungen – Gewährleistung, Prüfungstechniken, Typologie, Nordstern Kunstreihe, Köln 1997

ISO, Draft International Standard ISO/DIS 19600, Compliance management systems – Guidelines, Genf 2013

Jacobs/Endres/Spengel, Internationale Unternehmenbesteuerung, 7. Auflage, München 2011

Jannott/Frodermann, Handbuch der Europäischen Aktiengesellschaft, 2. Auflage, Heidelberg 2014

Jansen, Akquisitionen und Fusionen von und durch Familienunternehmen – Ausgewählte Theorien, Thesen und Tests, in: Kirchdörfer/Lorz/Wiedemann/Kögel/Frohnmayer (Hrsg.), Familienunternehmen in Recht, Wirtschaft, Politik und Gesellschaft, Festschrift für Brun-Hagen Hennerkes zum 70. Geburtstag, München 2009, 389

Jansen, Cash Pool und Fremdfinanzierung im Konzern – Zusammenhänge und rechtliche Fallstricke, in: Erle/Goette/Kleindiek/Krieger/Priester/Schubel/Schwab/Teichmann/Witt, Festschrift für Peter Hommelhoff zum 70. Geburtstag, Köln 2012, 495

Jansen/Beyerlein, Konfliktlösung in Familienunternehmen, BB 2012, 733

Jesch/Haug, Das neue Investmentsteuerrecht, DStZ 2013, 771

Jesch/Striegel/Boxberger, Rechtshandbuch Private Equity, München 2010

Jünemann, Der neue Güterstand der Wahl-Zugewinngemeinschaft: Familienrechtliche Grundlagen und erbrechtliche Wirkungen, ZEV 2013, 353

Just/Voß/Ritz/Zeising, Wertpapierprospektgesetz (WpPG) und EU-Prospektverordnung: WpPG, Kommentar, München 2009

Kachaner/Stalk/Bloch, What You Can Learn from Family Business, Harvard Business Review, November 2012

Kaetzler/Schücking, Sind Gesellschafterkonten aufsichtspflichtig?, NJW 2014, 1265

Kahle/Cortez, Zuzug von Kapitalgesellschaften im Ertragsteuerrecht, FR 2014, 673

Kallmeyer, GmbH-Handbuch, (Stand: 44. EL, April 2013), Köln

Kalss/Probst, Familienunternehmen, Wien 2013

Kaminski, BFH erleichtert Gestaltung der vorweggenommenen Erbfolge durch unentgeltliche Übertragung eines Mitunternehmeranteils bei gleichzeitiger Ausgliederung von Sonderbetriebsvermögen, Stbg 2013, 53

Kamps/Stenert, Das Unternehmertestament im Mittelstand: Überlegungen für die steuerliche Beratung (Teil 2), DB 2019, 990

Kästle/Heuterkes, Leaver-Klauseln in Verträgen über Management-Beteiligungen im Lichte der neusten OLG-Rechtsprechung, NZG 2005, 289

Kästle/Oberbracht, Unternehmenskauf – Share Purchase Agreement, 33. Auflage, München 2018

Kauch/Wiehe, Registrierung einer California Corporation als Gesellschafterin einer deutschen GmbH, RIW 1991, 32

Kay/Suprinovič, Unternehmensnachfolgen in Deutschland 2014 bis 2018, Institut für Mittelstandsforschungen, Daten und Fakten 11, Bonn 2013

Kayser/Thole, Heidelberger Kommentar zur Insolvenzordnung, 9. Auflage, Heidelberg, 2018

Kenyon-Rouvinez, Familienunternehmen »richtig« führen – auch durch die Nachfolge, in: Koeberle-Schmid/Fahrion/Witt, Family Business Governance – Erfolgreiche Führung von Familienunternehmen, 2. Auflage, Berlin 2012, 81

Kersten/Bühling, Formularbuch und Praxis der Freiwilligen Gerichtsbarkeit, 26. Auflage, Köln 2018

Kersting/Bitzer/Dupierry, Nachfolgemanagement in Familienunternehmen, Berlin 2014

Kespohl, Gestaltungsmöglichkeiten bei der Nachfolge in Familienunternehmen, GWR 2011, 130

Kiehte, Vermeidung der Haftung von geschäftsführenden Organen durch Corporate Compliance, GmbHR 2007, 393

Kindhäuser/Neumann/Paeffgen (Hrsg.), Strafgesetzbuch, 5. Auflage, Baden-Baden 2017

Kipp, Kommentar zum Erbschaftsteuergesetz in der Fassung vom 22. August 1925, Berlin 1927

Kirchdörfer/Beyer, Family Business Governance im Familienunternehmen als Instrument der Streitprävention, FuS, Sonderheft/2014, 13

Kirchdörfer/Braun, Der Verkauf eines Familienunternehmens, die langfristige Bindung des Erlöses und die Strategie der Vermögensanlage, FuS 2011, 58

Kirchdörfer/Lorz, Abfindungsklauseln in Gesellschaftsverträgen von Familienunternehmen, FuS 2012, 176

Kirchdörfer/Lorz, Unternehmensnachfolge – Rechtliche und steuerliche Gestaltungen, 2. Auflage, München 2011

Kirchdörfer/Lorz, Corporate Governance in Familienunternehmen, Familienfassungen und Schnittstellen zum Gesellschaftsvertrag, FuS 2011, 97

Kirchdörfer/Lorz, Freiwilliges und erzwungenes Ausscheiden von Gesellschaftern aus Familienunternehmen, in: Kirchdörfer/Lorz/Wiedemann/Kögel/Frohnmayer (Hrsg.), Familienunternehmen in Recht, Wirtschaft, Politik und Gesellschaft, Festschrift für Brun-Hagen Hennerkes zum 70. Geburtstag, München 2009, 343

Kirchhof, Einkommensteuergesetz (EStG), 19. Auflage, Köln 2020.

Klein, Abgabenordnung, 12. Auflage, München 2014

Klein, Familienunternehmen, Theoretische und empirische Grundlagen, 2. Auflage, Wiesbaden 2004

Klein-Wiele, Der Poolvertrag im Familienunternehmen, NZG 2018, 1401

Knierim/Rübenstahl/Tsambikakis, Internal Investigations, 2. Auflage, Heidelberg 2016

Koblenzer, Management Buy-Out (MBO) und Management Buy-In (MBI) als Instrumente der Unternehmensnachfolgeplanung, ZEV 2002, 350

Koeberle-Schmid/Fahrion/Witt, Family Business Governance, Erfolgreiche Führung von Familienunternehmen, 2. Auflage, Berlin 2012

Koeberle-Schmid/May, Governance in Familienunternehmen, ZRFC 2011, 54

Koeberle-Schmid/Schween/May, Governance Kodex für Familienunternehmen in der Praxis – Ergebnisse einer Studie über Familienverfassungen, BB 2011, 2499

Kölner Kommentar zum WpÜG, 2. Auflage, Köln 2010

Koenig, Abgabenordnung, 3. Auflage, München 2014

Kohlhepp, Betriebsaufspaltung bei Verpachtung über Zwischengesellschaft (Anmerkungen zu FG Hamburg, Urteil vom 5.2.2013, 3 K 190/11, DStRE 2014, 129), DStR 2014, 1143

Kohlmann, Steuerstrafrecht Kommentar (Loseblattwerk), Köln

Korintenberg, Gerichts- und Notarkostengesetz, 20. Auflage, München 2017

Korn, Einkommensteuergesetz Kommentar (Loseblattwerk), Bonn

Kornblum, Bundesweite Rechtstatsachen zum Unternehmens- und Gesellschaftsrecht, GmbHR 2015, 687

Kornblum, Bundesweite Rechtstatsachen zum Unternehmens- und Gesellschaftsrecht, GmbHR 2014, 694

Kort, Die Regelung von Risikomanagement und Compliance im neuen KAGB, Vorbild für alle Kapitalgesellschaften?, AG 2013, 582

Kosner/Willmann, Kunstgegenstände als Steuerobjekt in der Substanzsteuer, BB 2013, 1309

KPMG AG Wirtschaftsprüfungsgesellschaft, Private Equity, Ein Leitfaden für Familienunternehmen und Mittelstand, Berlin 2012

Krafka/Kühn, Registerrecht, 9. Auflage, München 2013

Kraft, Außensteuergesetz (AStG), 2. Auflage, München 2019.

Kraft, Gründung und Beendigung nationaler Holdingstrukturen als betriebswirtschaftlicher und steuerplanerisches Gestaltungsproblem, DStR 1999, 1499

Krause, Corporate und Family Governance in Familienunternehmen als Teil des Risikomanagements, BB 2012, 714

Krenberger/Krumm, Ordnungswidrigkeitengesetz, 5. Auflage, München 2018

Kropp, Die Vorsorgevollmacht, FPR 2012, 9

Krüger, Die Gesamtplanrechtsprechung des BFH und das verkannte subjektive Tatbestandsmerkmal DStZ 2014, 194

Kübler (Hrsg.), Handbuch Restrukturierung in der Insolvenz – Eigenverwaltung und Insolvenzplan, 2. Auflage, Köln 2015

Kübler/Mertens/Werner, Festschrift für Theodor Heinsius zum 65. Geburtstag am 25. September 1991, Berlin 1991

Künzel/Schmid, Wählen ja, zählen nein? Leiharbeitnehmer und Unternehmensmitbestimmung, NZA 2013, 300

Küting/Eichenlaub, Cash-Pooling-Zahlungen in der insolvenzrechtlichen Fortbestehensprognose, GmbHR 2014, 169

Küttner, Personalbuch, 22. Auflage, München 2015

Küttner, Personalbuch, 26. Auflage 2019, Online Ausgabe

Kuntz, Die Auslegung von Material Adverse Chance (MAC)-Klauseln in Unternehmenskaufverträgen, DStR 2009, 377

Kußmaul/Delarber/Müller, Betriebsstättengewinnaufteilungsverordnung-Entwurf – Ein allgemeiner Überblick, IStR 2014, 466

Kutsch/Kersting, Mitarbeiterbeteiligung zur Finanzierung und Sanierung, BB 2011, 373

Lackner/Kühl, Strafgesetzbuch, 29. Auflage, München 2018

Lambrich/Reinhard, Schwellenwerte bei der Unternehmensmitbestimmung – Wann beginnt die Mitbestimmung?, NJW 2014, 2229

Land, Rechtsfragen des internationalen Unternehmenskaufs, BB 2013, 2697

Lange, Der Beirat als Element der Corporate Governance in Familienunternehmen, GmbHR 2006, 897

Lange, Corporate Governance in Familienunternehmen, BB 2005, 2585

Lange, »Material Adverse Effect« und »Material Adverse Change«-Klauseln in amerikanischen Unternehmensverträgen, NZG 2005, 454

Lange/Sabel, Steuerung der Gesellschafterstellung in Familienunternehmen, NZG 2015, 1249

Lange/Sabel, Nachfolgeplanung unter Einsatz ausländischer Stiftungen, ZStV 2014, 201

Langenfeld/Miras, GmbH-Vertragspraxis, 8. Auflage, Köln 2019

Langhein, Vertretungs- und Existenznachweise ausländischer Kapitalgesellschaften, ZNotP 1999, 218

Lauster, Behandlung von Gesellschafterdarlehen im Rahmen von M&A-Transaktionen im Lichte der jüngsten Rechtsprechung des Bundesgerichtshofs, WM 2013, 2155

Lauster/Stiehler, Doppelbesicherung und zeitliche Reichweite von Gesellschafterfinanzierungen – Rechtssicherheit durch die jüngste Rechtsprechung des BGH, BKR 2012, 106

Leibinger-Kammüller, Führung von Familienunternehmen – Streit- und Konfliktmanagement, in: Kirchdörfer/Lorz/Wiedemann/Kögel/Frohnmayer (Hrsg.), Familienunternehmen in Recht, Wirtschaft, Politik und Gesellschaft, Festschrift für Brun-Hagen Hennerkes zum 70. Geburtstag, München 2009, 37

Leisner, Die steuerfreie Übertragung von Kunstgegenständen nach § 13 Abs. 1 Nr. 2 ErbStG, ZEV 2003, 436

Leithaus, »Stehenlassen« von Gewinnen durch Alleingesellschafter-Geschäftsführer als einem Gesellschafterdarlehen wirtschaftlich entsprechende Leistung, NZI 2014, 27

Leitzen, Der Umzug von Kapitalgesellschaften und seine registerrechtlichen Folgen, RNotZ 2011, 536

Lembke, Der Einsatz von Fremdpersonal im Rahmen von freier Mitarbeit, Werkverträgen und Leiharbeit, NZA 2013, 1312

Lenski/Steinberg, Gewerbesteuergesetz (Loseblattwerk), Köln

Lettl, Betriebswirtschaftliche Vor- und Nachteile bzw. Gefahren der Unternehmensorganisation in Form der Holding-Struktur, DStR 1997, 1016

Levedag, Gewinnrealisation bei mitunternehmerischen Übertragungsvorgängen, GmbHR 2014, 337

Levedag, Überführungen und Übertragungen einzelner betrieblicher Wirtschaftsgüter in betriebliche Personengesellschaften, GmbHR 2013, 673

Leyendecker/Mackensen, Beurkundung des Equity Commitment Letter beim Unternehmenskauf, NZG 2012, 129

Leyendecker-Langner, (Un-)Zulässigkeit von Aktienrückkaufprogrammen bei öffentlichen Übernahmen, BB 2013, 2051

Lieder, Die »Hinauskündigung« von Manager- und Mitarbeitergesellschaftern – Zugleich Besprechung der BGH-Urteile vom 19.9.2005 – II ZR 173/04 (Managermodell) und II ZR 342/03 (Mitarbeitermodell), DZWIR 2006, 63

Link, Neue insiderrechtliche Anforderungen bei öffentlichen Übernahmen in Deutschland, M&A Review 2016, 30

van Lishaut/Schumacher, Besonderheiten der Zinsschranke bei Personengesellschaften, DStR 2008, 2341

Littmann/Bitz/Pust, Das Einkommensteuerrecht (Loseblattwerk), Stuttgart

Lohbeck, Societas delinquere non potest – Ein Federstrich des Gesetzgebers und das Unternehmen ist strafbar?, JSE 2014, 5

Loritz, Die Reichweite von Vinkulierungsklauseln in GmbH-Gesellschaftsverträgen, NZG 2007, 361

Lorz/Pfisterer/Gerber, Beck'sches Formularbuch GmbH-Recht, München 2010

Lorz/Sarholz, Streitdynamik und Konfliktsituation, FuS, Sonderheft/2014, 3

Löwe/du Roi Droege, Ist die Erbsatzsteuer bei Familienstiftungen reformbedürftig?, ZEV 2006, 530

Lucks, M&A-Projekte erfolgreich führen, Stuttgart, 2013

Lutter, Umwandlungsgesetz, 5. Auflage, Köln 2014

Lutter/Hommelhoff, GmbH-Gesetz, Kommentar, 20. Auflage, Köln 2020

Lutz, Der Gesellschafterstreit, 3. Auflage, München 2013

Lützeler, Herausforderung für Arbeitgeber: Die psychische Gesundheit im Arbeitsverhältnis, BB 2014, 309

Maier, Gedanken zum Familienunternehmen, in: Familiengesellschaften, in: Hommelhoff/Schmidt-Diemitz/Sigle (Hrsg.), Familiengesellschaften, Festschrift für Walter Sigle zum 70. Geburtstag, Köln 2000, 51

Manner, »DIS-Musterklausel für gesellschaftsrechtliche Streitigkeiten wird mit Spannung erwartet«, BB 2009, 1263

Manthey/Hinrichs, Der Phantom-Aufsichtsrat in Schwellenunternehmen – ein Nachruf, NZG 2014, 1096

Manz/Lammel, Stille Beteiligungen an Kapitalgesellschaften: Eigenkapitalcharakter und Rang in der Insolvenz nach Inkrafttreten des MoMiG, GmbHR 2009, 1121

Marotzke, Gesellschafterdarlehen und flankierende Grundpfandrechte im Fokus des Insolvenzrechts (Teil 1), DB 2015, 2431

Martinius/Stubert, Venture-Capital-Verträge und das Verbot der Hinauskündigung, BB 2006, 1977

May, Erfolgsmodell Familienunternehmen, Hamburg 2012

May, Familienunternehmen erfolgreich führen – Von der Inhaber-Strategie zur Unternehmens-Strategie, in: Witt (Hrsg.), Management von Familienunternehmen, ZfB-Special Issue 2/2009, 113

May/Koeberle-Schmid, Governance Kodex als Leitlinie für die verantwortungsvolle Führung von Familienunternehmen, DB 2011, 485

Mayer, Grenzen von Aktionärsvereinbarungen, MittBayNot 2006, 281

Mayer-Uellner/Otte, Die SE & Co. KGaA als Rechtsform kapitalmarktfinanzierter Familienunternehmen, NZG 2015, 737

Meckbach, Wahl des Satzungssitzes der Kapitalgesellschaft: Forum Shopping bei inländischen Gesellschaften?, NZG 2014, 526

Meincke, Erbschaftsteuer- und Schenkungsteuergesetz, 16. Auflage, München 2012

Menkel, Gewinnvortrag als »gleichgestellte Forderung« gem. §§ 39 I Nr. 5, 135 I InsO, NZG 2014, 982

Menner/Bexa, Praktische Vorgehensweise bei der Einführung eines Tax Compliance Management Systems im Unternehmen, CCZ 2019, 129

Menzel/Wolff, Der minderjährige Kommanditist – bei Gründung, unentgeltlicher Anteilsübertragung und Erwerb von Todes wegen, MittBayNot 2010, 186

Merkt, US-amerikanisches Gesellschaftsrecht, 3. Auflage, Frankfurt 2013

Meyding/Adolphs, Veräußerung von Konzernteilen im Rahmen von M&A-Transaktionen, BB 2012, 2383

Meyer, Korruptionsvermeidung – Eine Frage des richtigen Trainings?, CCZ 2014, 113

Meyn, Stiftung und Vermögensverzehr, Stiftung & Sponsoring, Beilage Rote Seiten 3/2013, 4

Meyn/Richter/Koss, Die Stiftung, 3. Auflage, Freiburg 2019

Michalski/Heidinger/Leible/J. Schmidt, Kommentar zum Gesetz betreffend die Gesellschaften mit beschränkter Haftung (GmbH-Gesetz), 3. Auflage, München 2017

Mohr, Ausgestaltung von Mitarbeiterbeteiligungen bei GmbH, GmbH-StB 2005, 305

Möller, Die Überführung von Treuhandstiftungen in rechtsfähige Stiftungen, ZEV 2007, 565

Möllers, Die juristische Aufarbeitung der Übernahmeschlacht VW-Porsche – ein Überblick, NZG 2014, 361

Möllmann/Möllmann, Gestaltung der GmbH-Satzung bei Venture Capital-Finanzierung (Private Equity), BWNotZ 2013, 74

Moosmayer, Compliance, Praxisleitfaden für Unternehmen, 3. Auflage, München 2015

Moosmayer, Modethema oder Pflichtprogramm guter Unternehmensführung? – Zehn Thesen zu Compliance, NJW 2012, 3013

Mülbert, Sicherheiten einer Kapitalgesellschaft für Verbindlichkeiten ihres Gesellschafters, ZGR 1995, 578

Müller, Auswirkungen von »Basel II« auf die Finanzierung des deutschen Mittelstands, DStR 2009, 64

Müller/Wolff, Verlagerung von Zuständigkeiten auf den Beirat der GmbH, GmbHR 2003, 810

Müller-Bonanni/Müntefering, Grenzüberschreitende Verschmelzung ohne Arbeitnehmerbeteiligung? Praxisfragen zum Anwendungsbereich und Beteiligungsverfahren des MgVG, NJW 2009, 2347

Müller-Christmann, Das Gesetz zur Stärkung des Anlegerschutzes und Verbesserung der Funktionsfähigkeit des Kapitalmarktes, DB 2011, 749

Müller-Katzenburg/Hofmann, Abschreibungsmöglichkeiten bei Kunstgegenständen, BB 2000, 2563

Münchener AnwaltsHandbuch Erbrecht, 4. Auflage, München 2014

Münchener AnwaltsHandbuch Personengesellschaftsrecht, München 2019

Münchener Handbuch des Gesellschaftsrechts, Band 1: BGB-Gesellschaft, Offene Handelsgesellschaft, Partnerschaftsgesellschaft, Partenreederei, EWIV, 555. Auflage, München 2019

Münchener Handbuch des Gesellschaftsrechts, Band 2: Kommanditgesellschaft, GmbH & Co. KG, Publikums-KG, Stille Gesellschaft, 5. Auflage, München 2019

Münchener Handbuch des Gesellschaftsrechts, Band 3, Gesellschaft mit beschränkter Haftung, 4. Auflage, München 2012

Münchener Kommentar zum Aktiengesetz, Band 1, 4. Auflage, München 2018

Münchener Kommentar zum Aktiengesetz, Band 2, 5. Auflage, München 2019

Münchener Kommentar zum Aktiengesetz, Band 6, 3. Auflage, München 2011

Münchener Kommentar zum Bilanzrecht (Loseblattwerk), München

Münchener Kommentar zum Bürgerlichen Gesetzbuch, Band 1, 88. Auflage, München 2018

Münchener Kommentar zum Bürgerlichen Gesetzbuch, Band 3, 8. Auflage, München 2019

Münchener Kommentar zum Bürgerlichen Gesetzbuch, Band 12, 76, 7, 10, 7. Auflage, München 2018

Münchener Kommentar zum GmbH-Gesetz, 3. Auflage, München 2018

Münchener Kommentar zum Handelsgesetzbuch, Band 1, 4. Auflage, München 2016

Münchener Kommentar zum Handelsgesetzbuch, Band 2, 4. Auflage München 2016

Münchener Kommentar zum Handelsgesetzbuch, Band 3, 3. Auflage, München 2012

Münchener Kommentar zum Handelsgesetzbuch, Band 4, 3. Auflage, München 2013

Münchener Kommentar zum Strafgesetzbuch, Band 5, 3. Auflage, München 2019

Münchener Kommentar zur Insolvenzordnung, Band 1, 4. Auflage, München 2019

Münchener Kommentar zur Insolvenzordnung, Band 2, 5. Auflage, München 2016

Mylich, Probleme und Wertungswidersprüche beim Verständnis von § 135 I Alt. 2 Nr. 2 InsO n. F., ZGR 2009, 474

Nachmann/Blank, Gesellschaftersicherheiten in der Insolvenz – Wann haftet der Gesellschafter für doppelbesicherte Drittdarlehen?, GWR 2012, 198

Nägele, Der Anstellungsvertrag des Geschäftsführers, BB 2001, 305

Nerlich/Römermann, Insolvenzordnung, (Loseblattkommentar), München

Niehues, Unternehmensbewertung bei Unternehmenstransaktionen – Unter besonderer Berücksichtigung kleiner und mittelständischer Unternehmen, BB 1993, 2241

Niemeier, Die »Mini-GmbH« (UG) trotz Marktwende bei der Limited?, ZIP 2007, 1794

Niethammer, Die Beteiligungsgesellschaft als Mitunternehmer – Ende der Familie als Inhaber und Gestalter?, in: Rödl/Scheffler/Winter (Hrsg.), Internationale Familienunternehmen – Festschrift für Bernd Rödl zum 65. Geburtstag, München 2008, 217

Nietzer/Stadie, Die Familienstiftung & Co. KG – eine Alternative für die Nachfolgeregelung bei Familienunternehmen, NJW 2000, 3457

Niggemann/Hartisch, Durch Strategie und Taktik zum maximalen Unternehmens-Verkaufspreis. Sparkassen Firmenberatung Spezial 7/2011, 1

Nodoushani, Die Bedeutung der Treuepflicht für die Finanzierung von Personengesellschaften, BB 2014, 2051

Oetker, Handelsgesetzbuch, 666

Ohmann-Sauer/Langemann, Der Referentenentwurf zur Einführung einer »gesetzlichen Frauenquote«, NZA 2014, 1120

Olbing, Die GmbH als Holding, GmbH-StB 2003, 263

Oppenländer/Trölitzsch, Praxishandbuch der GmbH-Geschäftsführung, 2. Auflage, München 2011

Ostertun/Reimer, Wegzugsbesteuerung, Wegzugsberatung, München 2007

Ott, Gesellschafterdarlehen bei der GmbH, StuB 2015, 43

Otto, »Eigenkapitalraub« und »nicht erwünschtes Verhalten«: Private Equity zwischen betriebswirtschaftlicher Logik und der Idee vom Unternehmen an sich, AG 2013, 357

Otto, Gesellschafterstreit und Anteilsfungibilität in der gesellschaftsrechtlichen Vertragspraxis, GmbHR 1996, 16

Palandt, Bürgerliches Gesetzbuch, 78. Auflage, München 2019

Pape, Zur Wirksamkeit von Corporate Compliance, CCZ 2009, 233

Paulick, Das Ende der »gGmbH« im Gemeinnützigkeitsrecht? DNotZ 2008, 167

Peemöller, Bewertung von Familienunternehmen, in: Rödl/Scheffler/Winter/, Internationale Familienunternehmen, Festschrift für Bernd Rödl zum 65. Geburtstag, München 2008, 165

Peemöller/Gehlen, Financial Due Diligence bei Carve-Out-Transaktionen, BB 2010, 1139

Peltzer, »Hinauskündigungsklauseln«, Privatautonomie, Sittenwidrigkeit und Folgerungen für die Praxis, ZGR 2006, 702

Peltzer, Beirat und familienfremdes Management in der Familiengesellschaft – eine Plauderei, in: Hommelhoff/Schmidt-Diemitz/Sigle (Hrsg.), Familiengesellschaften, Festschrift für Walter Sigle zum 70. Geburtstag, Köln 2000, 93

Peltzer, Die Vergütung des Aufsichtsrates – im Gesellschafts- und Steuerrecht, in: Claussen/Hahn/Kraus (Hrsg.), Umbruch und Wandel – Herausforderungen zur Jahrhundertwende, Festschrift für Professor Dr. Carl Zimmerer zum 70. Geburtstag, München 1997, 377

Peters/Westerheide, Short-term Borrowing for Long-term Projects: Are Family Businesses More Susceptible to »Irrational« Financing Choices, Discussion Paper No. 11–006, Mannheim 2011

Pfeiffer, Vollmacht und Vertretungsnachweis beim Auslandsbezug im deutschen Handelsregisterverfahren, Rpfleger 2012, 240

Picot, Unternehmenskauf und Restrukturierung, 4. Auflage, München 2013

Picot, Handbuch Mergers & Acquisitions, 5. Auflage, Stuttgart 2012

Picot, Handbuch für Familien- und Mittelstandsunternehmen, Stuttgart, 2008

Plate/Groth/Ackermann/v. Schlippe, Große Deutsche Familienunternehmen: Generationenfolge, Familienstrategie und Unternehmensentwicklung, Göttingen 2011

Pohl, Die »vermögensverwaltende« Personengesellschaft im Abkommensrecht – Rechtsänderungen durch den neuen § 50i EStG, IStR 2013, 699

Pöllath/Greitemann/Viskorf, Verkauf von Familienunternehmen: Strategie – Recht – Steuern, in: Rödl/Scheffler/Winter (Hrsg.), Internationale Familienunternehmen – Festschrift für Bernd Rödl zum 65. Geburtstag, München 2008, 301

Pöllath/Rodin/Wewel (Hrsg.), Private Equity und Venture Capital Fonds, 1. Auflage, München 2018

Powilleit, Compliance im Unternehmen: Rechtliches Risikomanagement als Wertschöpfungsfaktor, GWR 2010, 28

Priester, Stimmrechtsausschüsse und Satzungsregelungen, GmbHR 2013, 225

Priester, Gewinnthesaurierung im Konzern, ZHR 2012, 268

Priester, Nonprofit-GmbH-Satzungsgestaltung und Satzungsvollzug, GmbHR 1999, 149

Prinz, Hochproblematische Verschärfung der »§ 50i EStG-Entstrickungsregelung« im Kroatien-Anpassungsgesetz, GmbHR 2014, R241

Prinz, Neue Rechtsprechung zum »uferlosen Betriebsvermögen« bei einer Betriebsaufspaltung, DB 2014, 1218

Prinz (Hrsg.), Umwandlungen im Internationalen Steuerrecht, Köln 2013

PWC, Zukunft der Familienunternehmen – Anker für Wirtschaft und Gesellschaft, 2014

PWC, Die Zukunft der Familienunternehmen – der Kern der Wirtschaft, 2012

Raffel, Das Unternehmen für den Verkauf richtig vorbereiten, M&A REVIEW 2011, 466

Raffel, Familienunternehmen akquirieren Unternehmen anders, M&A REVIEW 2006, 117

Raffel, Das Akquiseverhalten im Clan, FINANCE 12/2005, 20

Raiser/Veil, Mitbestimmungsgesetz und Drittelbeteiligungsgesetz, 6. Auflage, Berlin 2015

Rauscher/Krüger, Münchener Kommentar zur Zivilprozessordnung, 4. Auflage, München 2013

Rawert, Die Stiftung als Familiengesellschaft (?) – Zur Virtualisierung gesellschaftsrechtlicher Strukturen durch das Stiftungsrecht, ZGR 2018, 835

Rechenberg/Ludwig, Kölner Handbuch Handels- und Gesellschaftsrecht, 4. Auflage, Köln 2017

Reichert, GmbH & Co. KG, 7. Auflage, München 2015

Reichert, Vinkulierung von GmbH-Geschäftsanteilen – Möglichkeiten der Vertragsgestaltung, GmbHR 2012, 713

Reinicke/Leibner, Die Unternehmensnachfolgeberatung – typische Fehlerquellen und ihre Vermeidung, NWB 2004, 547

Reuter, Änderung des Vereins-und Stiftungsrechts durch das Ehrenamtsstärkungsgesetz, npoR 2013, 41

Reuter, Die Anfechtbarkeit der Rückzahlung von Gesellschafterdarlehen im Cash-Pool: Explosive Massenvermehrung nach § 135 InsO, NZI 2011, 921

Reymann, Vorsorgevollmachten von Berufsträgern, ZEV 2005, 457

Richardi, Betriebsverfassungsgesetz, 16. Auflage, München 2018

Richter/Gollan, Der Gesetzentwurf zur Entbürokratisierung des Gemeinnützigkeitsrecht, npoR 2012, 186

Richter/Wachter, Handbuch des Internationalen Stiftungsrecht, Bonn 2007

Rieble, Schutz vor paritätischer Unternehmensmitbestimmung, BB 2006, 2018

Riedel, M&A im Mittelstand: Verkauf von GmbH-Beteiligungen (Überblick), GmbH-StB 2012, 245

Riekhof/Brüchner, Mitarbeiterbeteiligung im Mittelstand: Erwartungen und Auswirkungen, Vorstudie: Umfrage unter AGP-Mitgliedern, PFH Private Hochschule Göttingen, 2011

Rittershaus, Der enthauptete Stamm, in: Hommelhoff/Schmidt-Diemitz/Sigle (Hrsg.), Familiengesellschaften, Festschrift für Walter Sigle zum 70. Geburtstag, Köln 2000

Ritzer/Stangl, Zum Entwurf eines neuen BMF-Schreibens zu § 8c KStG, DStR 2014, 977

Rödl/Scheffler/Winter, Internationale Familienunternehmen, Festschrift für Bernd Rödl zum 65. Geburtstag, München 2008

Rolfs/Giesen/Kreikebohm/Udsching, Beck'scher Online-Kommentar Arbeitsrecht, 33. Edition 2014, München

Römermann (Hrsg.), Münchener Anwaltshandbuch GmbH-Recht, 4. Auflage, München 2018

Rösing, Die Entlastung im Stiftungsrecht, Dissertation, Hamburg 2013

Roth/Altmeppen, Gesetz betreffend die Gesellschaften mit beschränkter Haftung (GmbHG), 9. Auflage, München 2019

Roth/Loose, Abgrenzung zwischen Privatveräußerung und unternehmerischer Tätigkeit, UR 2014, 169

Rotsch, Criminal Compliance, Baden-Baden 2015

Rowedder/Schmidt-Leithoff, Gesetz betreffend die Gesellschaften mit beschränkter Haftung: GmbHG, Kommentar, 6. Auflage, München 2017

Roxin, Straftaten im Rahmen organisatorischer Machtapparate, GA 1963, 193

Ruby/Seibold, Patronatserklärung – Finanzierungshilfe mit Risiken und Nebenwirkungen, bfd Infoline, 03/2009, 19

Ruter/Thümmel, Beiräte in mittelständischen Familienunternehmen, 2. Auflage, Stuttgart 2009

Sabel/Schauer, Strukturierung einer Familienholding: Gesellschaftsrecht vs. Stiftungsrecht, ZStV 2018, 81

Säcker, Die handelsrechtliche Haftung für Altschulden bei Übertragung und Vererbung von Handelsgeschäften, ZGR 1973, 261

Sanders, Der Beirat als Instrument der Family Business Governance in der Entwicklung des Familienunternehmens, NZG 2017, 961

Sandner, Wert ≠ Wert, DS 2009, 169

Sauer, Die Gestaltung des Innenverhältnisses von General- und Vorsorgevollmachten, RNotZ 2009, 79

Sauer, Verbrauchsstiftungsmodelle zur Gestaltung kostenaufwendiger gemeinnütziger Projekte, SB StiftungsBrief 12/2009, 227

Sauter/Schweyer/Waldner, Der eingetragene Verein, München, 2016

Schäfer/Hillesheim, Die Gesellschafterstellung auf Zeit im Rahmen eines Geschäftsführerbeteiligungsmodells (Managermodells), DStR 2003, 2122

Schaub, Arbeitsrechts-Handbuch, 15. Auflage, München 2013

Schaub, Stimmbindungsvereinbarungen im neuen Transparenzregister, DStR 2018, 871

Schauhoff, Handbuch der Gemeinnützigkeit, 3. Auflage, München 2010

Scherer, Münchener Anwaltshandbuch Erbrecht, 5. Auflage, München 2018

Scherer, Familienunternehmen: Zivil- und steuerrechtliche Besonderheiten bei der Gestaltung des Gesellschaftsvertrages, BB 2010, 323

Scherer/Blanc/Kormann/Groth/Wimmer, Familienunternehmen, 2. Auflage, Frankfurt am Main 2012

Schiffer, Die Stiftung in der Beraterpraxis, 3. Auflage, Bonn 2013

Schimansky/Bunte/Lwowski, Bankrechts-Handbuch, 5. Auflage, München 2017

Schindler, Das Austrittsrecht in Kapitalgesellschaften, München 1999

Schippers, Organvertretende Generalvollmachten, DNotZ 2009, 353

von Schlippe, Psychologie der familieninternen Nachfolge in Familienunternehmen, in: Kirchdörfer/Lorz/Wiedemann/Kögel/Frohnmayer (Hrsg.), Familienunternehmen in Recht, Wirtschaft, Politik und Gesellschaft, Festschrift für Brun-Hagen Hennerkes zum 70. Geburtstag, München 2009, 39

von Schlippe/Nischak/El Hachimi, Familienunternehmen verstehen, 2. Auflage, Göttingen 2008

Schlitt/Müller, Handbuch Pflichtteilsrecht, München 2010

Schlüter/Stolte, Stiftungsrecht, 2. Auflage, München 2013

Schmeisser/Clausen, Mezzanines Kapital für den Mittelstand zur Verbesserung des Ratings, DStR 2008, 688

Schmid, Der erfolgswirksame Rangrücktritt, FR 2012, 837

Schmidt, Anteilssteuerung durch Vinkulierungsklauseln, GmbHR 2011, 1289

Schmidt, Die Stellung des Gesellschafters in der Familiengesellschaft – Sicherung des Familieneinflusses, in: Tröger/Wilhelmi (Hrsg.) Rechtsfragen der Familiengesellschaften: Symposion aus Anlass der Emeritierung von Professor Dr. Harm Peter Westermann, Heidelberg 2006, 37

Schmidt, Einkommensteuergesetz, 38. Auflage, München 2019

Schmidt, Gesellschaftsrecht, 4. Aufl., Köln/Berlin/Bonn/München 2002

Schmidt-Diemitz, Einstweiliger Rechtsschutz gegen rechtswidrige Gesellschafterbeschlüsse, Aachen, 1996

Schmidt-Hern, Anforderungen an Rangrücktrittsvereinbarungen, DB 2015, 1153

Schmidt-Hern/Behme, Mehrerlösklauseln in Unternehmensverträgen, NZG 2012, 81

Schmittat, Das Vorsorgeprinzip in der Vertragsgestaltung – Zu Grundlagen und Grenzen, RNotZ 2012, 85

Schneider/Korn, Die Auswirkungen des neue Kostenrechts auf Rechtswahlklauseln in M&A-Transaktionen, WM 2015, 62

Schneider/Wiechers, Zur Zulässigkeit von Vereinbarungen über Rückübertragungen gesellschaftsrechtlicher Beteiligungen von Managern und Mitarbeitern, DB 2005, 2450

Schnittker/Benecke, Wegzug und Zuzug von Personengesellschaften, FR 2010, 565

Schoberth/Ihlau, Besonderheiten und Handlungsempfehlungen bei der Bewertung von Familienunternehmen, BB 2008, 2114

Schoberth/Wittmann, Financial und Tax Due Diligence bei der Akquisition von Familienunternehmen – Besonderheiten und Handlungsempfehlungen, BB 2012, 759

Scholz, Kommentar zum GmbHG, 11. Auflage, Köln 2012 ff.

Schönke/Schröder, Strafgesetzbuch, 30. Auflage, München 2019

Schramm/Hansmeyer, Transaktionen erfolgreich managen, München 2010

Schuberth/von der Höh, Zehn Jahre »deutsche« SE – Eine Bestandsaufnahme, AG 2014, 439

Schulte/Balk, Compliance im Mittelstand und in Familienunternehmen, ZRFC 2011, 62

Schulte/Pohl, Joint-Venture-Gesellschaften, 4. Auflage, Köln 2015

Schulze zur Wiesche, Grenzüberschreitende Betriebsaufspaltung, BB 2013, 2463

Schulze zur Wiesche, Neue Rechtsprechung zur Einbringung von Einzelwirtschaftsgütern und zur Übertragung von Mitunternehmeranteilen, DStR 2012, 2414

Schulze zur Wiesche, Vorweggenommene Erbfolgeregelungen und Erbauseinandersetzung hinsichtlich des Betriebsvermögens, DStZ 2013, 25

Schulze/Dörner/Ebert/Hoeren/Kemper/Saenger/Schreiber/Schulte-Nölke/Staudinger, Bürgerliches Gesetzbuch, 10. Auflage, Baden-Baden 2019

Schüppen/Schaub (Hrsg.), Münchener Anwaltshandbuch, Aktienrecht, 2. Auflage, München 2010

Schwark/Zimmer, Kapitalmarktrechts-Kommentar, 4. Auflage, München 2010

Schwarz, Die Stiftung als Instrument für mittelständische Unternehmensnachfolge, BB 2001, 2381

Schwarz/Pahlke, Kommentar zur Abgabenordnung und Finanzgerichtsordnung (Loseblattwerk), Freiburg

Schwarz/Widmann/Radeisen, Kommentar zum Umsatzsteuergesetz, (Loseblattwerk), Freiburg

Schween/Koeberle-Schmid/Bartels/Hack, Studie: Die Familienverfassung, Zukunftssicherung für Familienunternehmen, INTES Akademie für Familienunternehmen GmbH, Bonn-Bad Godesberg, 2011

Schwennicke/Auerbach, Kreditwesengesetz (KWG) mit Zahlungsdiensteaufsichtsgesetz (ZAG), Kommentar, 2. Auflage, München 2012

Schwintowski, Die Stiftung als Konzernspitze?, NJW 1991, 2736

Seibt/Wunsch, Managementgarantien bei M&A-Transaktionen, ZIP 2008, 1093

Seifart/v. Campenhausen, Stiftungsrechts-Handbuch, 3. Auflage, 2009

Seitz, Die wesentlichen Änderungen bei der Vermögensübergabe gegen Versorgungsleistungen durch den sog. 4. Rentenerlass, DStR 2010, 629

Mitsch (Hrsg.), Karlsruher Kommentar zum Gesetz über Ordnungswidrigkeiten, . Auflage, München 2018

Sick/Pütz, Der deutschen Unternehmensmitbestimmung entzogen: Die Zahl der Unternehmen mit ausländischer Rechtsform wächst, WSI Mitteilungen 1/2011, 34

Siebert, Anm. zu OLG Hamm: Zur Reichweite einer Mehrerlösklausel beim Unternehmenskauf, FD-HGR 2008, 256799

Sigle, Zur Beteiligung familienfremder Manager an Familien-Personengesellschaften, in: Bierich/Hommelhoff/Kropff (Hrsg.), Unternehmen und Unternehmensführung im Recht, Festschrift für Johannes Semler zum 70. Geburtstag, Berlin 1993, 767

Sigle, Famlienstämme im Gesellschaftsrecht, in: Hoffmann-Becking/Ludwig (Hrsg.), Liber amicorum Wilhelm Happ: Zum 70. Geburtstag am 30. April 2006, Köln 2006, 295

Sigle, Zur Psychologie der Familiengesellschaften, in: Pfeiffer/Wiese/Zimmermann (Hrsg.), Festschrift für Heinz Rowedder zum 75 Geburtstag, München 1994, 459

Söffing, Aktuelles zur Betriebsaufspaltung, BB 2006, 1529

Sosnitza, Manager- und Mitarbeitermodelle im Recht der GmbH – Zur aktuellen Rechtsprechung im Zusammenhang mit Hinauskündigungsklauseln, DStR 2006, 99

Spahlinger/Wegen, Internationales Gesellschaftsrecht, München 2005

Spiegelberger, Unternehmensnachfolge, 2. Auflage, München 2009

Spindler/Stilz, Kommentar zum Aktiengesetz, 4. Auflage, München 2019

Staub, HGB Großkommentar, Band 1, 5. Auflage, Berlin 2009

Staub, HGB Großkommentar, Band 2, 5. Auflage, Berlin 2008

Staub, Überlegungen zur Erfassung und Steuerung rechtlicher Risiken im Unternehmen (aus Schweizer Sicht), CCZ 2009, 121

Staudinger, Kommentar zum Bürgerlichen Gesetzbuch, Berlin

Steinbeck, Besicherung von Gesellschafterverbindlichkeiten durch die GmbH, WM 1999, 885

Steiner, Kunst und Erbschaftsteuer, ErbStB 2004, 17

Stiftung Familienunternehmen (Hrsg.), Die volkswirtschaftliche Bedeutung von Familienunternehmen, München 2011

Stradtmann, Praktische Herausforderungen im Post-Merger-Integrationsprozess bei Familienunternehmen am Beispiel der Martini-Braun-Gruppe, in: Rödl/Scheffler/Winter (Hrsg.), Internationale Familienunternehmen – Festschrift für Bernd Rödl zum 65. Geburtstag, München 2008, 31

Stummel, Standardvertragsmuster zum Handels- und Gesellschaftsrecht, 5. Auflage, München 2015

Sudhoff, Familienunternehmen, 2. Auflage, München 2005

Sudhoff, GmbH & Co. KG, 6. Auflage, München 2005

Sudhoff, Personengesellschaften, 8. Auflage, München 2005

Sudhoff, Unternehmensnachfolge, 5. Auflage, München 2005

Süß, Erbrecht in Europa, 3. Auflage, Angelbachtal 2015

Süß/Wachter, Handbuch des internationalen GmbH-Rechts, 2. Auflage, Bonn 2011

Tanck, Die Flucht in den Pflichtteilsergänzungsanspruch!, ZErb 2000, 3

Thomson Reuters, M&A REVIEW, Legal Advisors, Full Year 2014, 3

Thümmel, Möglichkeiten und Grenzen der Kompetenzverlagerung auf Beiräte in der Personengesellschaft und in der GmbH, DB 1995, 2461

Tielmann, Die Überlegungen zu einer Familienverbrauchstiftung, NJW 2013, 2934

Tipke/Kruse, Abgabenordnung/Finanzgerichtsordnung, (Loseblattwerk) Köln

Triebel/Balthasar, Auslegung englischer Vertragstexte unter deutschem Vertragsstatut- Fallstricke des Art. 32 I Nr. 1 EGBGB, NJW 2004, 2189

Tröger/Wilhelmi, Rechtsfragen der Familiengesellschaften, Symposion aus Anlass der Emeritierung von Professor Dr. Harm Peter Westermann, Köln 2006

Troll/Gebel/Jülicher, Erbschaftsteuer- und Schenkungsteuergesetz, 47. Auflage, München 2014

Turner, Beiräte in Familiengesellschaften, in: Hommelhoff/Schmidt-Diemitz/Sigle (Hrsg.), Familiengesellschaften, Festschrift für Walter Sigle zum 70. Geburtstag, Köln 2000, 111

Uebele, Das »Unternehmen« im europäischen Datenschutzrecht, EuZW 2018, 440

Uffmann, Interim Management in Zeiten nachhaltiger Unternehmensführung? Blick auf ein relativ unbekanntes Phänomen am Beispiel des Nachfolgeprozesses von Familienunternehmen, ZGR 2013, 273

Uffmann, Überwachung der Geschäftsführung durch einen schuldrechtlichen GmbH-Beirat?, NZG 2015, 169

Uhlenbruck/Hirte/Vallender (Hrsg.), Insolvenzordnung, Kommentar, 15. Auflage, München 2019

Ulmer, Zur Berechnung der für die Anwendung des MitbestG auf Kapitalgesellschaften maßgebenden Arbeitnehmerzahl, in: Kübler/Mertens/Werner, Festschrift für Theodor Heinsius zum 65. Geburtstag am 25. September 1991, Berlin 1991, 855

Ulmer/Habersack/Henssler, Mitbestimmungsrecht: Kommentierung des MitbestG, des DrittelbG, des MgVG und des SEBG, 3. Auflage, München 2013

Ulmer/Habersack/Löbbe, Gesetz betreffend die Gesellschaften mit beschränkter Haftung (GmbHG), Band 2, 2. Auflage, Tübingen 2014

Ulrich, Compliance in Familienunternehmen, ZRFC 2011, 68

Viskorf, Kunstgegenstände und Sammlungen im Erbschaft- und Schenkungsteuerrecht, DStZ 2002, 881

Vollmer, Der unternehmensleitende Beirat, WIB 1995, 578

Vorholt/Dimarch, Haftung von Führungskräften und die Konsequenzen für die Praxis, NZA-Beilage, 2018, 108

Wabnitz/Janovsky, Handbuch des Wirtschafts- und Steuerstrafrechts, München 2007

Wabnitz/Janovsky, Handbuch des Wirtschafts- und Steuerstrafrechts, 4. Auflage, München 2014

Wachter, Erleichterung der Unternehmensnachfolge, DB 2013, 200

Wachter, Gesellschaftsrecht; Auslandsgesellschaft; Nachweis, DB 2004, 2795

Wachter, Güterstandsklauseln in GmbH-Satzungen, GmbH-StB 2006, 234

Wachter, Praxis des Handels- und Gesellschaftsrechts, 4. Auflage, Köln 2018

Wälzholz, Aktuelle steuerliche Gestaltungsprobleme des mitunternehmerischen Nießbrauchs am Anteil einer Personengesellschaft, DStR 2010, 1930

Wälzholz, Gesellschaftervereinbarungen neben der GmbH-Satzung, GmbHR 2009, 1020

Wälzholz, Vermögensnachfolge mit Familien-Pool-Gesellschaften, FamRB 2007, 85

Wälzholz, Alternative Regelungstypen zum Gesellschafterausschluss – Texan Shoot out, Tag along, Drag along, Russian Roulette, Bieterverfahren, GmbH-StB 2007, 84

Wälzholz, Der Beirat im mittelständischen Unternehmen – Chancen, Grenzen und Probleme, DStR 2003, 511

Wandtke/Bullinger, Praxiskommentar zum Urheberrecht, 3. Auflage, München 2009

Ward/Aronoff, Passion and its place in business, 1995, Nation's Business 83 (3), 50

Ward/Aronoff, Suggestions for nonfamily managers, 1993, Nation's Business 81 (8), 62

Ward/Aronoff, Outside directors: how they help you, 1992, Nation's Business 80 (3), 10

Ward/Aronoff, You deserve the best managers, 1991, Nation's Business 79 (2), 38

Wassermeyer, Doppelbesteuerung: DBA Schweiz, (Loseblattwerk) München.

Wedemann, Gesellschafterkonflikte in geschlossenen Kapitalgesellschaften, Tübingen 2013

Weidmann, Beilegung von Gesellschafterstreitigkeiten bei zweigliedrigen Gesellschaften mit identischen Beteiligungsverhältnissen, DStR 2014, 1500

Weinmann/Revenstorff/Offerhaus/Erkis, Erbschaft- und Schenkungsteuerrecht, 4. Auflage, München 2017

Weggenmann, Die Umwandlung als Steuerfalle – zur Neufassung des § 50i EStG, DB 2014, M5

Weitnauer, Handbuch Venture Capital, 6. Auflage, München 2019

Weitnauer, Der Beteiligungsvertrag, NZG 2001, 1065

Weller, Corporate Governance in geschlossenen Gesellschaften: Status quo und Anforderungen, ZGR 2012, 386

von *Werder/Li*, Aktuelle Entwicklungen bei Managementbeteiligungsprogrammen im Rahmen von Leveraged Buy Outs, BB 2013, 1736

von *Werder/Talaulicar*, Entsprechenserklärung; Corporate Governance Kodex, DB 2010, 853

Werkmüller, Family Office Management, 2. Auflage, Heidelberg 2010

Werner, Die Vertreterklausel im Gesellschaftsvertrag der GmbH und der GmbH & Co. KG, StBW 2013, 1075

Werner, Gesellschaftsvertragliche Nebenvereinbarungen, StBW 2011, 331

Werner, Der Gesellschaftsvertrag des Familienunternehmens und seine Besonderheiten, StBW 2010, 811

Werner, Wie mit Gesellschafterkonflikten im Familienunternehmen umgehen?, DSWR 2006, 89

Werner/Saenger, Die Stiftung, Berlin 2008

Wertenbruch, Gewährleistung beim Kauf von Kunstgegenständen nach neuem Schuldrecht, NJW 2004, 1977

Wesselbaum-Neugebauer, Die GmbH und Co. KG versus Betriebsaufspaltung – Vermeidung einer gewerbesteuerlichen Doppelbesteuerung?, GmbHR 2007, 1300

Westermann/Wertenbruch, Handbuch Personengesellschaften, (Loseblattwerk), Köln

von *Westphalen*, Der Leasingvertrag, 7. Auflage, Köln 2015

Wicke, Corporate Governance-Fragen in der Kautelarjurisprudenz kleiner und mittlerer Unternehmen, ZGR 2012, 450

Wicke, GmbHG, 2. Auflage, München 2011

Wicke, Echte und unechte Bestandteile im Gesellschaftsvertrag der GmbH, DNotZ 2006, 419

Widmann/Mayer, Umwandlungsrecht, (Loseblattwerk) Bonn

Wiechers, Der Schutz von Minderheitsaktionären vor einer Konzernbildung durch das Übernahmegesetz, Aachen 2003

Wied, Die Ausstattung einer Joint Venture-GmbH durch ihre Gesellschafter und zu beachtende Grenzen, GmbHR 2014, 908

Wiedemann/Kögel, Beirat und Aufsichtsrat im Familienunternehmen, München 2008

Wiedmann/Sevfert, Richtlinienentwurf der EU-Kommission zum Whistleblowing, CCZ 2019, 12

Wieland/Steinmeyer/Grüninger, Handbuch Compliance-Management, 2. Auflage, Berlin 2014

Wigand/Haase-Theobald/Heuel/Stolte, Stiftungen in der Praxis, 3. Auflage, Wiesbaden 2011

Willemsen/Hohenstatt/Schweibert/Seibt, Umstrukturierung und Übertragung von Unternehmen, 4. Auflage, München 2011

Winkler, Unternehmertestament und gesellschaftsvertragliche Nachfolgeklauseln, ZErb 2006, 195

Winnefeld, Bilanz-Handbuch, 5. Auflage, München 2015

Wisskirchen/Bissels/Begiebing, Unternehmerische Mitbestimmung – unvermeidbar?, FuS 2012, 209

Wisskirchen/Goebel, Arbeitsrechtliche Aspekte der Verlagerung von Arbeitsplätzen ins Ausland (Off-Shoring), DB 2004, 1937

Wlotzke/Wißmann/Koberski/Kleinsorge, Mitbestimmungsrecht, 4. Auflage, München 2011

Wochner, Stiftungen und stiftungsähnliche Körperschaften als Instrumente dauerhafter Vermögensbindung, MittRhNotK 1994, 89

Wöhrn/Bullinger/Grunert/Ohst, Festschrift für Artur-Axel Wandtke zum 70. Geburtstag am 26. März 2013, Berlin/Boston 2013

Wolf, Börsennotiertes Familienunternehmen – die Tradition im Rücken, den Kapitalmarkt im Blick, in: Dauner-Lieb/Freudenberg/Werner (Hrsg.), Familienunternehmen im Fokus von Wirtschaft und Wissenschaft, Festschrift für Mark K. Binz, München 2014, 839

Wolf, Abfindungsbeschränkungen bei Familiengesellschaften, MittBayNot 2013, 9

Zellweger/Kammerlander, Family Business Groups in Deutschland: Generationenübergreifendes Unternehmertum in großen deutschen Unternehmerdynastien, Center for Family Business der Universität St. Gallen, 2014

Zetzsche, Family Offices und Familienvermögen zwischen Recht und Regulierung, ZIP 2017, 945

ZEW (Zentrum für Europäische Wirtschaftsforschung GmbH), Wirtschaftliche und gesellschaftliche Bedeutung von Familienunternehmen, Abschlussbericht, Kurzfassung, Mannheim 2008

Ziemons/Jaeger, Beck'scher Online-Kommentar GmbHG, 38. Edition (Stand: Februar 2019), München 2019

Ziemons/Jaeger, Beck'scher Online-Kommentar GmbHG, 21. Edition (Stand: Dezember 2014), München 2014

Zimmermann, Erläuterungsbuch zum ErbStG, Berlin 1919

Zöllner/Noack, Kölner Kommentar zum Aktiengesetz; AktG, 3. Auflage, Köln 2013

Stichwortverzeichnis

H

W

PI13805287-01
9838686